中央高校基本科研业务费
——华中科技大学文科重点专项资助项目成果（项目批准号2016AE015）

中国新闻传播教育年鉴

（2017）

中国新闻史学会新闻传播教育史研究委员会 编

武汉大学出版社
WUHAN UNIVERSITY PRESS

图书在版编目(CIP)数据

中国新闻传播教育年鉴.2017/中国新闻史学会新闻传播教育史研究委员会编.—武汉:武汉大学出版社,2017.8
ISBN 978-7-307-19439-7

Ⅰ.中… Ⅱ.中… Ⅲ.新闻学—传播学—教育研究—中国—2017—年鉴 Ⅳ.G210-54

中国版本图书馆CIP数据核字(2017)第153221号

责任编辑:王智梅 胡国民　　责任校对:李孟潇　　版式设计:韩闻锦

出版发行:**武汉大学出版社** (430072 武昌 珞珈山)
(电子邮件:cbs22@whu.edu.cn 网址:www.wdp.com.cn)
印刷:武汉精一佳印刷有限公司
开本:787×1092 1/16 印张:49.75 字数:998千字 插页:20
版次:2017年8月第1版 2017年8月第1次印刷
ISBN 978-7-307-19439-7 定价:238.00元

《中国新闻传播教育年鉴（2017）》编委会

《中国新闻传播教育年鉴（2017）》编辑部

2016年6月18日，新闻传播学类专业教学指导委员会第七次全体会议暨
学科评议组工作会议在中国传媒大学举行

2016年6月18日，新闻传播学类专业教学指导委员会第七次全体会议暨
学科评议组工作会议在中国传媒大学举行，图为会议会场

2016年12月，第二届全国新闻与传播专业学位研究生教育指导委员会第一次工作会议在北京大学召开

2016年5月，新媒体传播学年会在浙江大学举办，图为会议合影

2016年8月28日，中国新闻史学会应用新闻传播学研究委员会成立大会在中山大学传播与设计学院举行

2016年11月5日，“2016中国传媒经济与管理年会——舆论新格局·传媒新常态”学术研讨会在西安交通大学举行

2016年11月19日，中国新闻史学会媒介法规与伦理研究委员会成立大会
在南京师范大学随园校区举行，顾理平教授当选为媒介法规与伦理研究委员会首任会长

2016年12月，第15届中国广告教育学术年会在华南理工大学召开，会议以“使命与责任：中国广告的创新与未来”为主题

2016年12月3日，中国新闻史学会编辑出版研究委员会成立大会暨
河南大学编辑出版教育30年高层论坛在河南大学举行

2016年12月9日，国务院新闻传播学科评议组在华中科技大学举行
全国新闻传播学博士点课程交流会，图为会议部分代表合影

2016年11月25日，上海市卓越新闻传播人才教育培养基地
建设经验交流会在上海交通大学召开

2016年11月30日—12月1日，“亚洲新闻传播学院院长论坛”在上海举办。
此次论坛由国务院新闻办公室主办、上海外国语大学新闻传播学院承办，
来自亚洲22个国家和地区的近百位新闻传播学界专家学者共襄盛会

2016年4月，上海卓越新闻传播人才教育基地教学研讨会在华东师范大学召开

2016年5月28—29日，“全媒体时代新闻传播教育教学创新高峰论坛”在南京晓庄学院举行

2016年11月15日，“发现、重构和共享：国际互联网时代的新闻与人才培养国际论坛”
在复旦大学举行，来自海内外的30多位院长参加了会议

2016年6月17日，中宣部、教育部在郑州大学召开共建新闻学院工作推进会

2016年3月31日，共建合作平台，促进媒体创新——“新华网—广外”合作协议签约仪式暨教研实习基地授牌仪式现场

2016年5月27日，海南省委宣传部和海南师范大学部校共建新闻传播与影视学院第三次会议召开，海南省委宣传部常务副部长常辅棠兼任学院名誉院长

2016年9月14日，山东大学新闻传播学院正式成立，山东广播电视台台长、
党委书记吕芃担任新闻传播学院院长

2016年8月13—14日，新疆维吾尔自治区党委宣传部和新疆大学
部校共建项目之一“送培训下基层”活动在喀什市举行

2016年8月20日，“部校共建”新闻学院暨黑龙江大学高清数字演播中心启用仪式
在黑龙江大学举行。黑龙江省委宣传部、省政府新闻办，省委高校工委、省教育厅领导及
黑龙江大学党委书记刘德权、校长何颖共同启用高清数字演播中心

2016年10月，中国新闻学传播学学科发展论坛在兰州大学举行

2016年3月19日，浙江大学传媒与国际文化学院策略传播系筹建论证会在杭州召开

2016年9月24—25日，第九届中国新闻学年会暨“中国新闻学的未来发展之路”研讨会在浙江传媒学院举行

2016年6月8日，美国国务院主管公共外交与
公共事务的次国务卿理查德·斯坦格尔（Richard Stengel）率团访问中国人民大学新闻学院，
并就中美人文交流新趋势与媒体角色话题与学院师生座谈

2016年11月，华中科技大学新闻学院院长张昆一行访问
美国伊利诺伊大学香槟分校并与该校签署合作备忘录

2016年4月25日，来自俄亥俄大学的Yusuf Kalyango教授以“和平新闻学与
危机传播管理”为主题，与广东外语外贸大学的同学们分享了他在专业领域的见解与看法

2016年7月9日，“中国人文社会科学论坛2016：中俄新闻教育与传媒发展”暨“中俄新闻教育高校联盟”成立大会在中国人民大学国学馆举行

2016年11月，华中科技大学新闻学院与国际中华传播学会在美国费城签订战略合作协议

2016年5月，华中师范大学“媒体融合时代的战略传播”教学周正式开营

2016年7月21日，中国人民大学“未来传播学堂”成立仪式暨“数字传播精英人才培养论坛”在北京举行

2016年11月10日，湖北大学新闻传播学院与深圳市委宣传部联合召开“深圳市媒体报道传播效力评估”研讨会

2016年11月，衡阳师范学院与衡阳市旅游外侨民宗局签订合作协议，由新闻与传播学院全面负责该局官方微信公众号“乐游衡阳”的内容生产与运营，以推动衡阳旅游资源与形象的宣传

2016年12月8日，中国新闻史学会新闻传播教育史研究委员会副会长、上海大学新闻传播学院教授李建新应邀观摩“碧桂园杯全国冠军邀请赛”，实现了新闻教育界与棋界的互动

2016年3月26—27日，由中国新闻史学会舆论学研究委员会主办、
人民网舆情监测室承办的第二届中国舆论学论坛在人民日报社召开

2016年1月，由华中科技大学与中国新闻史学会公共关系史研究委员会举办的
第八届公关与广告国际学术论坛在新西兰举行，图为会议开幕式上当地毛利人为会议代表举行的碰鼻礼

2016年4月17—18日，由伊朗德黑兰书城主办的“萨迪与孔子研讨会”在伊朗首都德黑兰书城萨迪中心召开，
中国新闻传播学者白贵、程曼丽、刘卫东等与会

2016年5月14日，第二届中国民族影视高层论坛（2016）暨民族影视专业委员会成立大会在中南民族大学召开

2016年6月，中国特色社会主义新闻学教学研究基地揭牌典礼暨
中国特色社会主义新闻学理论创新研讨会在复旦大学举行

2016年5月21日，“引领新常态　融合促发展”论坛暨
中国广播电视学与新媒体研究会2016年年会在华南理工大学召开

2016年6月18日，“全球化时代的传播、媒介与政府治理”国际学术论坛
在中国传媒大学举行

2016年10月，中国人民大学新闻与传播论坛（2016）/马克思主义新闻观与当代中国新闻业论坛在北京举行

2016年9月，第五届新闻史论青年论坛暨北京大学新闻学研究会年会在北京大学举行

2016年11月，第四届国家传播战略高峰论坛在武汉光谷举行，
该论坛由华中科技大学国家传播战略协同创新中心举办

2016年11月，第四届传播视野下的中国研究论坛在暨南大学新闻与传播学院召开

2016年10月29日，东华大学时尚传播研究中心联合国际中华传播学会
在上海召开“第三届时尚传播国际论坛”

2016年12月3日，来自国内外80余所高校的160多位专家学者齐聚苏州大学，参加2016年中国传播学论坛

2016年12月，第九届公关与广告国际学术论坛在香港浸会大学传理学院举行

2016年12月，“使命与责任”——第十五届中国广告教育学术年会在广州大学城举行

2016年12月9日，由中国传媒大学新闻传播学部承办的
第四届中国网络视听大会“媒体融合发展台长峰会”在成都举行

2016年12月15—17日，由中山大学互联网治理中心、复旦大学传播与国家治理研究中心
共同举办的“网络理政：数字政府建设与城市治理”学术研讨会在复旦大学举行

2016年12月16日， 传播媒体与文化建设高端论坛在重庆大学举行

2016年11月14日，“广播电视学与新媒体”专业教学理论与
实践研讨会在武汉大学举行

2016年12月27日，由湖南日报社、湖南大学新闻传播与影视艺术学院联合主办的“中部文娱产业创新发展高峰论坛”在长沙开幕，论道文化娱乐产业发展的中部机遇，为“文娱湘军”崛起献策

2016年1月16日，河南省广告传媒业商会2015年年会暨金火花奖颁奖盛典现场

2016年4月，中韩广告文化交流学术研讨会与会嘉宾合影
此论坛由中国新闻史学会广告与传媒发展研究委员会和韩国广告与公关学会共同举办，
华东师范大学传播学院、北京大学新闻与传播学院共同承办

2016年7月，第二届洞庭湖生态经济区绿色发展与生态文化建设论坛暨
新世纪第六届新闻评论高层论坛在湖南省益阳市举行

2016年8月4日，第六届中国西部传媒与社会发展高层论坛在新疆大学举行

2016年9月，第二届世界名山学术研讨会暨高校公共外交论坛在九江学院举行

2016年10月，史量才研究学术研讨会在杭州召开，图为会议合影

2016年12月1日，马克思主义新闻观与中国媒介化社会建设研讨会暨
第二届民意中国论坛在复旦大学举行

2016年1月30日，“中国国际公共关系协会学术年会与工作坊”在云南大理举办

2016年6月，由云南大学新闻学院、浙江大学传媒与国际文化学院等合办的
“文化研究：仪式·展演·空间”高级研修班在昆明开班

2016年11月，第二届中国新闻史青年学者论坛在华中科技大学举行

2016年11月11日，口述历史国际周·2016暨第二届“口述历史在中国”学术研讨会
在中国传媒大学崔永元口述历史研究中心开幕

2016年12月2—6日，中国新闻史学会公共关系史研究委员会在香港浸会大学和
香港城市大学举办第三期战略传播与公共关系工作坊

2016年12月3—4日，安徽省第八届新闻传播学科研究生论坛成功举办，
论坛主题为“交往·媒介·互联：新改革时代的新闻与传播”

2016年7月，北京大学创意传播管理（CCM）暑期学校部分小组到蓝色光标参观交流

2016年9月，由福建省委宣传部、厦门大学、福建师范大学主办的“重走长征路”联合采访活动圆满落幕

2016年5月25日，长江师范学院传媒学院2015级学生赴武陵山区（渝东南）
土家族苗族文化生态保护实验区——酉阳龚滩开展专业实践活动

2016年11月8日，南京政治学院军事新闻传播系2016级新学员齐聚学术会堂，
隆重举行新闻专业职业信仰宣誓仪式

2016年12月10日，第四届全国大学生体育影像节在上海体育学院圆满落下帷幕

2016年11月8日，“滚滚长江，致敬长征！——‘重走范长江之路’大型新闻教育实践活动”启动仪式
在四川大学举行，图为学生在江油关前的合影

2016年5月24日，由国侨办宣传司、天津师范大学等共同举办的
“海外华文媒体与天津新闻界合作交流圆桌会”在天津师范大学举行

2016年7月，两岸大学生创客营在北京大学开营，图为大会合影

2016年11月，北京外国语大学国际新闻与传播学院学生媒体《107调查》
获2015—2016“校园学报新闻奖”多项大奖

2016年12月17日，方汉奇新闻史学思想研讨会暨方汉奇从教65周年纪念大会在中国人民大学举行

2016年12月17日，方汉奇新闻史学思想研讨会暨方汉奇从教65周年纪念大会在北京举行，
图为方先生接受华中科技大学新闻与信息传播学院的贺礼

2016年12月17日，在方汉奇新闻史学思想研讨会上，中国人民大学常务副校长王利明教授向方汉奇先生献花

2016年5月28日，北京大学新闻与传播学院举行建院15周年大会暨“传播大讲坛”开讲仪式

2016年12月24日，河北大学新闻传播学院院史报告会（1981—2016）在河北大学新校区举行

2016年6月，“对焦——北京外国语大学师生优秀摄影作品收藏展”在北京外国语大学图书馆展出，
这是北京外国语大学国际新闻与传播学院成立两周年主办的系列庆祝活动之一

2016年12月10日，暨南大学新闻教育70周年庆典暨第五届南方传媒学术论坛与会代表合影

2016年9月3日，四川大学传媒校友会隆重成立

2016年10月16日，南京财经大学新闻学院召开校庆60周年校友座谈会

2016年6月，中国新闻史学会新闻传播教育史研究委员会
常务理事会暨中国新闻传播教育年鉴编委会在新疆石河子大学举行

2016年11月5日，中国新闻史学会新闻传播教育史研究委员会
2016年学术年会暨
《中国新闻传播年鉴（2016）》首发式在沈阳举行，
图为罗以澄、童兵、邱佩煌、赵玉明、何梓华、吴高福、
刘建明、郑保卫、张昆（从左至右）会前的合影

2016年11月5日，中国新闻史学会新闻传播教育史研究委员会
2016年年会在辽宁大学召开

2016年11月5日，中国新闻史学会新闻传播教育史研究委员会
2016年学术年会暨
《中国新闻传播教育年鉴（2016）》首发式现场

河北大学新闻传播学院
学术引领 探索前行
河北大学新闻传播学院36年薪火相传，1981年新闻学科创设，1998年获得新闻学专业硕士学位授予权，2006年获得新闻传播学一级学科硕士学位授予权，2011年获得新闻传播学一级学科博士点授予权。
学院以"求真秉正"为理念，坚持精英教育，坚持学术引领，追求知识体系的与时俱进，追求思想品格的求真务实，追求行为风格的精益求精，正在跨文化传播、视听传播、数字传播、宋元出版史、太行山红色新闻史、城市传播、舆论与社会等研究方向上探索前行。
2012年4月，新闻传播学院全程参与国宝《坤舆全图》（清・南怀仁）原稿复制，设计制作《坤舆全图》作为国礼由刘延东国务委员赠送比利时政府
视听传播：《高等院校广播电视新闻传播系列教材》被全国多所高校采用
荣誉证书
宋代出版史
元代出版史
晋察冀抗日根据地新闻出版史研究
当代新闻写作
获奖证书
学院试图通过知识体系的创新，实现人才培养的创新，达到从职业传播向公共传播的转型。

河北大学新闻传播学院

部校共建育英才

广西大学的新闻教育始于1972年学校新增设的中文系（理论写作、新闻和文艺创作）的三个专业之一，是国内最早招收新闻学本科生的四所院校之一。1986年获得新闻学硕士学位授予权，当时全国只有5个新闻学硕士点。学院现设四个本科专业：新闻学、广播电视学、广告学和播音主持专业。新闻学专业是广西大学第一批（七个）“国家级特色专业”之一。

广西壮族自治区党委宣传部常务副部长、广西大学新闻传播学院院长唐华给学生进行大课导读

2014年7月8日，广西壮族自治区党委宣传部与广西大学正式签约共建新闻传播学院。双方共建管理机构、精品课程、骨干队伍、实践基地和研究智库。共同打造了“开放式读书活动”等14门课程，聘请了16名媒体骨干、部门领导和著名专家到校授课，获广西教学成果一等奖。

广西大学传媒实验教学示范中心投资2200万元，共2235㎡，设有全媒体交互中心、摄影摄像实验教学中心、报刊全媒体实验室、广播电视编辑实验室等13个实验室，学生的实验条件实现了质的飞跃。

此外，学院拥有国家级大学生校外实践基地1个、自治区级协同育人平台1个、与主流媒体共建的校外就业基地12个，学生的实践平台延展至业界。

新闻传播学院全媒体交互式演播中心

学院共培育了2500多名本科生，600多名研究生，大部分院友已成为国内主要媒体的业务骨干和领导，学生的业务能力得到了业界的广泛认可。近三年来，学生在各类竞赛中捷报频传，获得省部级以上奖励一百余项。

院代表队荣获全国大学生演讲比赛团队一等奖

院学生参与广西“两会”特别报道

广西大学新闻传播学院

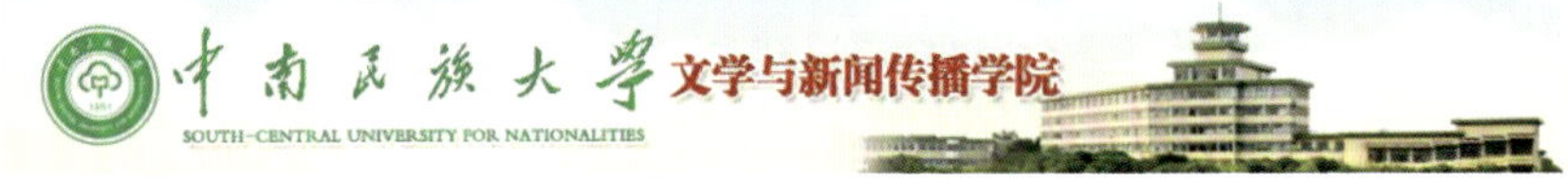

凸显民族特色　培养优秀人才

中南民族大学文学与新闻传播学院始于1952年成立的中央民族学院中南分校（中南民族大学前身）语言文化班。目前有汉语言文学、新闻学、广告学、广播电视学、汉语国际教育5个专业。

中南民族大学1995年开始招收新闻学专业本科生，2007年开始新闻传播学研究生教育，拥有传播学二级硕士点、新闻与传播硕士专业学位授权点。目前已经培养了新闻传播类本科生4000余名、研究生200余名，60%以上为少数民族学生，不少毕业生已经成为少数民族和民族地区的新闻传播业务骨干。学生在“挑战杯”全国大学生系列科技学术竞赛、全国大学广告艺术大赛、中国大学生计算机设计大赛等赛事中获得国家级奖项200余项，部分同学被授予“全国创业英雄”“国家民委系统抗震救灾先进个人”等荣誉称号。

近年来学生获得的荣誉及奖项

学院整合了新闻传播学学科的骨干教师力量，建设了民族文化传播研究中心。中心下设民族文化传播战略研究所、民族文化生态传播研究所和民族文化影像传播研究所等3个研究所。近年来，民族文化传播研究中心成员共获得国家社科基金项目和教育部项目14项，出版了一批有影响力的著作和研究报告，为国家民委、湖北省民宗委和民族地区的传媒与文化发展提供了有益的参考。

中南民族大学民族文化影像传播实验教学中心为湖北省重点实验教学示范中心。该中心现有2390㎡的实验教学场地，以及1300余万元的实验教学设备。下设田野调查实验室、摄影实验室、新闻广告综合实验室、非线性编辑制作实验室、语音编辑制作实验室、数码印务实验室、影视人类学数据库、少数民族非遗影像数据库等，着力培养学生的民族文化影像采集、制作、存储与传播等能力。

虚拟演播实验室

非线性编辑制作实验室

中南民族大学文学与新闻传播学院

今日年鉴，明日信史

张 昆

作为一项全国规模集体协作的大制作，《中国新闻传播教育年鉴（2017）》（下称“2017版”）终于在大家的期盼中，如期登场，与全国新闻传播教育界、新闻传播业界同行见面。这是继2016年第一本《中国新闻传播教育年鉴（2016）》出版之后，新闻传播教育界期待中的重要事件，是新闻传播教育入史的基础工程，是新闻传播教育自身正规化、制度化建设的重要步骤，也是中国新闻传播教育趋向成熟的基本标志。

一、内容宏富体系完备的大制作

作为一部兼具及时性、全面性、权威性、政策性、资料性的大型工具书，“2017版”基本上坚持“2016版”的体系结构和叙事风格。以记录当代历史、反映新闻传播教育实态为职志，结构恢弘，纲举目张。汇集国内新闻传播教育界全体的人力资源，协同努力，完成了约百万言的皇皇巨著。在主要栏目设置上，“2017版”延续了院系巡礼、教育家研究、口述史研究、行业组织和相关学会介绍、学科专业建设、本科人才培养、研究生与博士后流动站、各类获奖、学生竞赛、新闻教育研究、大事记及各种附录。整体上再现了中国新闻传播教育界2016年整体风貌。① 在文献解读和数据采集方面，在对象选择和材料甄别方面，也坚持了业内认同的基本原则，从而维系了年鉴编纂的基本传统。

“2017版”在内容和体系建构方面，还推陈出新，大胆地做了一些改进：其一，将年鉴的首篇由大跨度历史综述改为年度综述，从新闻传播教育的宏观视野，全面勾勒了中国新闻传播教育界在2016年的各种发展、变化及存在的问题。其二，在人物史方面，除了原有的“教育家研究”“口述史”以外，增加了一个新的专栏“新任院长施政方

① 张昆. 新闻传播教育年鉴编纂的必要性论析［J］. 现代传播，2016（11）.

略”，邀请2016年新上任的四位著名高校新闻学院的院长，请他们纵论治院方略，在重视历史传承的同时，着眼于当代的最新发展。其三，“2017版”还首度以学术地图的形式，白描大区（包括以各省、直辖市、自治区为基本单位组成的大区域，如华北、华中等区等）新闻传播教育的总体概况。其四，“2017版”还以“他山之石”为栏目名称，介绍国外一些著名新闻传播院系在媒介融合背景下适应社会需求的新举措，为当下中国新闻传播教育改革提供了可资借鉴的参照系。特别要指出的是，“2017版”还设置了一个新的专栏“新闻传播教育史钩沉”，请当代中国新闻传播教育史的见证人和亲历者，就新闻传播教育史上重大的历史事件、重大问题、重要人物、重要过程，在基于事实的基础上，撰写回忆文章，再现历史真相。

《中国新闻传播教育年鉴》是对中国当代历史的记录，在新闻传播领域与已有的其他三种年鉴：《中国新闻年鉴》《中国广播电视年鉴》和《中国新闻传播学年鉴》相映成趣，实现了优势互补。其一是《中国新闻年鉴》，这是新闻传播领域出版历史最为悠久的年鉴，创刊于1982年。由中国社会科学院新闻与传播研究所主持编纂。由于是第一部新闻传播年鉴，虽然是以报刊广播电视行业为主体，但还是包罗万象，广泛涉及新闻教育、新闻学术等领域。后来随着《中国广播电视年鉴》的出版，其核心内容开始专注于报刊行业，属于行业性年鉴。随后对新闻教育、新闻学术的重视也日益淡化。其二是《中国广播电视年鉴》，顾名思义，该年鉴主要面向广播电视行业，由国家广播电影电视总局《中国广播电视年鉴》编辑委员会编纂，编辑部设在中国传媒大学，专注于广播电视行业的发展变化，在性质上与《中国新闻年鉴》相似。其三是《中国新闻传播学年鉴》，首部《中国新闻传播学年鉴》由中国社会科学出版社出版于2016年，中国社会科学院新闻与传播研究所编纂。这部年鉴不同于前面两部，其主要宗旨是记录前年中国新闻传播学学术研究、学术交流的进展、变化，兼及新闻传播教育尤其新闻传播院系的动态，对于新闻传播行业的演进基本上没有涉猎。2016年，《中国新闻传播教育年鉴》出版后，与《中国新闻传播学年鉴》充分沟通协作，确定了彼此的重点领域与合作的空间。《中国新闻传播学年鉴》主要领域在新闻传播学学术研究、交流领域，尽量不进入新闻传播教育领域，即便涉及，也做概略性的呈现；而《中国新闻传播教育年鉴》则专注新闻教育，虽然不可能与新闻传播学术完全脱离，但是即便是涉及学术层面，也仅限于新闻教育研究，其他研究则以概述或统计的方式表现。这样一来，在新闻传播领域，同时四部年鉴并存，可谓四星连珠，各有擅长，彼此互补。每本年鉴都有不可替代的存在价值。中国新闻传播事业的繁荣、新闻传播教育和新闻传播学术的发展，于此可见一斑。①

总的来看，“2017 版”相对于同类性质的其他年鉴，体现了自己的特点。首先，全球视野，国家本位。顾名思义，《中国新闻传播教育年鉴》是书写、记录当代中国新闻传播教育界的故事。中国是年鉴编纂者基本的对象范围。但是在全球化的今天，中国已经深深地融入到了全球体系之中，彼此血肉相连，不可须臾分离。没有中国，世界不可能完整；脱离世界，中国也不可能独善其身。年鉴的编纂者站在全球化的高度，本着中外一体的系统思维，确定当代中国在全球体系中的具体坐标，在专注于讲述中国新闻教育界故事的同时，还给中国新闻教育界同仁提供了一个可以比较、参详的参照系。“他山之石”专栏的开设，其意图即在于此。

其次，广泛搜罗，资料翔实。新闻传播教育年鉴可作为一部多维、全息的新闻教育史的基础。教育是千年大计，关系国家兴亡，文脉传承。新闻传播教育更是如此。新闻传播教育本身自成体系，包括政府政策、社会支持、学校环境、经费来源、师资队伍、专业设置、目标定位、教育理念、学生心态、公众期待、课程体系、教材建设、教育技术、实践环节、科学研究、学术交流、学生工作、媒体关系等，这一切要素尽在新闻传播教育年鉴的关注之中，无所遗漏。收录于其中的不仅是那些“有意”的史料，即那些原作者“有意”想以自己的文字左右时人和后人的视听的文献，还有那些人们平时并不在意或者无意中留下来的，但是对于后来者了解这段历史至关重要的资料、档案。“前者虽然具有相当的价值，但在历史研究者看来，后者更为可靠。”② 这些丰富的资料对于建构基于教育的社会文化史，具有重要的意义。

再次，人事一体，点面结合。恩格斯指出，“任何人类历史的第一个前提无疑是有生命的个人的存在”，“这是一些现实的人，是他们的活动和他们的物质生活条件，包括他们得到的现成的和他们自己的活动所创造出来的物质生活条件”。③ 新闻传播教育也是如此。中国新闻传播教育年鉴的编纂，其最初的立意即是为中国当代新闻教育书写历史，为新闻教育工作者树碑立传。人，主要是教师是新闻传播教育的主体。学生则是学校新闻教育的中心。这些人都是有意识、有情感的。用梁启超的话说，“历史为人类心力所造成，而人类心力之动因极自由而不可方物，心力既非物理的或数理的因果律所能完全支配，则其所产生之历史自亦与之同一性质”④。在师生之外，或者由师生演绎

① 张昆．新闻传播教育年鉴编纂的必要性论析［J］．现代传播，2016（11）．

② ［法］马克·布洛赫．为历史学辩护［M］．张声和，程郁，译，北京：中国人民大学出版社 2006：9．

③ 马克思恩格斯全集：第 3 卷［M］．北京：人民出版社，1960：23．

④ 梁启超．中国历史研究法［M］．上海：华东师范大学出版社，1995：151．

的各种故事，也是教育年鉴关注的重要内容。没有一个个具体的事件，没有一件件具有人性的教育故事，人只是抽象的枯燥的人。在叙述教育故事的时候，年鉴还注意到鲜活的个案，一个个鲜活的个人，一个个具体的院系，一个个活跃的团队，在年鉴中得到生动的展示；与此同时，以地区、国家为本位的新闻教育的宏观叙事，综述、表格、统计数据，如年度新闻传播教育综述、专业教育的历史回眸、教育地图的绘制，专业、学位点、各类学生的统计等，与丰满的个案相结合，当今中国的新闻传播教育的再现才显得那么富有质感、富有深度。

最后，由表及里，动静相宜。新闻传播教育年鉴呈现给大家的是中国新闻传播教育丰富多彩的现实，多维、多元主体演绎的话剧，这其间既有一眼就能够看到、也能够看透的人与事、各种引人注目的现象；也有对现象背后的原因、对事件前后左右因果关联的解读，这则是一般人所看不见的。年鉴通过翔实的叙事，提供了一个认识当代中国新闻传播教育表里的最佳的视角。而且这种叙事所呈现的不是静态新闻传播教育，而是进化的、发展的、变化的。正如辩证唯物主义告诉我们的，世界万事万物无时无刻不在运动变化之中。这种变化可以宏观角度来观察，一年一本的年鉴，叠加起来，就可以展现出新闻传播教育发展演进的轨迹，正如我们看电影，由于人类视神经的滞后效应，每秒钟看到几幅相近画面的连放，就可以意识到画面的运动感；也可以从微观角度来审视，一年之内，新闻传播教育的各个要素、各个主体、各个环节本身也会有阶段性的发展与变化。新闻传播教育的发展演变是绝对的，但是在一个特定的时间段内，它又有相对的稳定性。一个政策、一种传统、一种风格，不可能在一天形成，也不可能在一天内完全改变。变动与稳定的统一，是历史的规律，也是新闻传播教育发展的规律。

二、年鉴成为信史的可能与问题

《中国新闻传播教育年鉴》作为以记录现实为主旨的权威性工具书，其作用当然体现在当下，对于当今的新闻传播教育界能够起到参照、资鉴的作用。但是它的主要主要价值还不在今天，而在于将来。犹如一坛陈年老酒，埋藏的时间越长，醇香越盛。历时越久，价值越大。设想几十年后，几十本年鉴并列排放在一起，一部完整的中国新闻传播教育的历史就展现在我们的面前。在这个意义上，可以说，今日年鉴，即为明日信史。年鉴何以能够成为明日的信史？我以为有以下几点值得注意：

首先，年鉴是作者亲身经历，当事者自己书写的历史，在相当程度上保证了年鉴的客观性和公信力。《中国新闻传播教育年鉴》的编纂者就是活跃在新闻传播教育界的主力军，是中国当代新闻传播教育历史的创造者，也是历史的亲历者。他们所讲述的是他们亲身参与的、经历的，或看到的历史。一般而言，历史发生的时间越早，离作者生活的时代越远，由于时间的磨损，许多事件湮没无闻，这时要想完整地再现历史，就显得十分困难了。所以，古代史家理想的境界就是当事人、当代人记当代事。这时历史的陈述没有中间环节，在一定的程度上消除了误解、曲解的可能。古希腊史学家修昔底德名著《伯罗奔尼撒战争史》便属同时之记。修氏曰："予所记者，乃亲历之事，或闻之于亲历者，而加以证实者"。罗马史家塔西佗亦亟称"今日之事"。近世意国哲人克罗齐亟言："真实之史乃当代史耳。"① 亲身经历的、当代的历史便于做到真实，也必须真实。因为当事者众，他们都还健在，他们都是历史的活证人，任何记录的错误都能够随时得到纠正，史家要维持自己的公信力必须以严肃公正的态度，秉笔直书。清代戴名世就讲明了这个道理："夫与吾并时而生者，吾誉之而失其实，必有据其实而正之者，吾毁之而失其实，其人必与吾争辩，而不吾听也，若乃从数十百年之后而追前人之遗迹，毁之惟吾，誉之惟吾，其人不能起九原而自明也。"② 这说明，作为当事者编纂的当代历史记录，其可信度应该得到肯定。

其次，年鉴的编纂，实际上是属于"及时史"或"当代史"的范畴。因为研究对象离今天时间近，而且还能请当事者说话，其叙事的真实与客观比较容易得到保障。对于及时史，法国历史学者有过精辟的论述。"'即时史'这一略带刺激性的用语，在60年代初得到普及并成了常用语，它不仅试图缩短社会生活与对这些社会生活所作的初步解释之间的时间差距，还试图让这段历史的参与者说话；它不仅要求快速反映历史，还要依靠这些作为活资料的参与者来建立这一史学。"③ 这正是年鉴编纂的魅力所在。意大利历史学者克罗齐则将这种"及时史"纳入当代史的范畴。在它看来，"'当代史'通常是指被视为最近过去的一段时间的历史，不论它是过去五十年的、十年的、一年的、一月的、一日的、还是过去一小时或一分钟的。但是，如果我们严密地思考和精确地叙述，则'当代'一词只能指那种紧跟着某一正在被作出的活动而出现的、作为对那一活动的意识的历史"④。这里的时间单位中包括一年，很显然这正是年鉴对应的时

① ［美］汪荣祖. 史传通说——中西史学之比较［M］. 北京：中华书局，1989：206-207.

② ［美］汪荣祖. 史传通说——中西史学之比较［M］. 北京：中华书局，1989：208 页. 又见戴名世著之《南山集》卷 1，第 13 页（总 98 页）.

③ ［法］J. 勒高夫，R. 夏蒂埃，等. 新史学［M］. 姚蒙，译 . 上海：上海译文出版社，1989：200.

④ ［意］贝奈戴托 · 克罗齐 . 历史学的理论和实际［M］. 道格拉斯 · 安斯利，英译 . 商务印书馆，1986：1.

间刻度。这种时间刻度，离事件发生的时间既近又远，说近，事件刚刚结束，大家记忆犹新；说远，事件或过程已经完结，当事者激动的心情已经平复。这是研究事件、解析过程的最佳的时间节点。法国史学家梯也尔提出：“写史的可谓理想时刻，也许是历史的参与者从当时的活动中脱身出来，并摆脱了曾经激励过他的激情，但对一系列自己曾影响过其进程的事件记忆犹新的时刻。”① 这种时间特质，在一定的程度上保证了叙事的客观与真实。

最后，从完整的意义来看，相对于正史而言，年鉴其实只是一种半成品。与完全意义上的历史作品还不一样。《中国新闻传播教育年鉴》的及时性和资料特性，使得这部年鉴还不是一部正史，充其量只是一部关于新闻传播教育的资料长编。说它是资料长编，丝毫没有贬低它的历史价值。而是说它由于没有经过过多的加工，在更大的程度上保留了历史的原汁原味。就像矿冶工程，对某种矿石提纯度越高，那么它原本带有的其他元素就会被剔除得越多，它就越不像原来的矿石。《中国新闻传播教育年鉴》作为一种半成品，或许会保留不少用处不大的“杂质”，但说不定这个杂质在将来会提炼出更加宝贵的物质。在条件不成熟的情况下，尤其是在离历史事件时间距离太近的情况下，沉淀不够，或者与事件或当事人之间各种关联，可能会影响到我们对它的认知和判断。所以半成品有半成品的价值，甚至比成品的价值更高。其最大的价值就是其本身包含了原汁原味，为后来者著述信史奠定了坚实的史料基础。德国历史哲学家席勒曾对历史学者们抱有强烈的不信任感。在他看来，那些不容易保存下来的史料中，“大部分又由于其撰写者的激情、无知、往往甚至是由于其天才而被弄得面目全非，不可辨认”②。所以，在暂时无法求得真相、获得正解时，保留原始资料，不要勉强地对这些资料进行深加工，是一种正确的选择。

但是，我们说今日年鉴，明日信史，不是一种绝对的判断。这只是一种可能，一种很大的可能。只是说年鉴的编纂为后来治史者提供了丰富的资料，保存了部分历史的原汁原味，以便后来者感受到历史的真切。同时也要指出，年鉴与信史还有距离，要成为明日信史，还面临着诸多的问题。这些问题不解决，年鉴与信史之间就难以画上等号。

第一，如前所言，年鉴编纂处理的对象属于“及时史”“当代史”的范畴。对象离编纂者时间近是件好事，事情刚刚结束或正在进行，还有一定的热度，大家没有淡忘，还记忆犹新。但也正是因此，也会滋生一些问题。距离太近，处理太快，历史还来不及

---

① ［法］J. 勒高夫，R. 夏蒂埃，等. 新史学［M］. 姚蒙，译 . 上海：上海译文出版社，1989：203.

② 转引自李秋零. 德国哲人视野中的历史［M］. 北京：中国人民大学出版社，1994：181-182.

沉淀，也就无法或很难看清真相；或者由于事件或过程还在进行中，远未终结。所以“无法预见或不可能知道结局，也就是说，研究‘即时’史的学者常常不知道他所研究的那段时期会有怎样的结局”①。虽然这种无知也能够成为一种美德，但是如果硬要勉强地扮演历史判官的角色，就历史人物、事件或过程来做出结论，那就有风险了。中国古代所以提倡隔代修史，这也是其中一个重要的原因。

第二，如前所述，年鉴编纂者、叙事者多是历史的当事者、见证者，换言之，他们都是历史的局中人。局中人往往会有当局者迷的一面。古人云，不识庐山真面目，只缘身在此山中。同时，既然是局中人，而局中人总会有自己的立场、态度或诉求，譬如说党派、学派立场，或某种程度的利益相关性，这种立场和利益关联会或多或少影响到编纂者的叙事态度。这和其他社会科学的研究完全相同。“过去的科学尤其是社会科学不能与党派偏见分开，并不能证明党派偏见有益于这些学科，而恰恰说明党派偏见是无可避免的。只有在党派偏见促进了科学进步的情形下，它才是有益的。”② 但是事实表明，历史叙事、年鉴编纂者的学派背景、政治立场，常常“使研究过程和研究结果从属于研究者意识形态或政治倾向的需要而从不考虑这究竟意味着什么，包括研究者本人受意识形态或权威的支配，如果没有这些支配，那些研究过程和研究结果可能与意识形态或权威的需要产生很大的矛盾③。”对于学者而言，其隶属的学派或学缘关系，其对于某一学术旨趣和风格的偏好，也会在一定程度上引发其在学术上的偏见，从而影响到其最终的研究结果。在这个意义上，对历史的叙事和判断，局外人可能更有说服力。

第三，编纂者主观目的影响。人是有意识、有情感的动物，其一切行为都有其内在的动机和目的。不管这种动机或目的具有什么样的正当性，当这种目的或动机成为支配事实判断或选择的依据时，则可能影响到历史叙事的公正、客观。孔子在中国历史上被视为万世师表，史称“孔子作春秋，乱臣贼子惧”。但其编纂《春秋》时，“时或为目的而牺牲事实”。梁启超在反思中国史学传统时称：“我国人无论治何种学问，皆含有主观的作用，搀以他项目的，而绝不为纯客观的研究。……惟史亦然，从不肯为历史而治历史，而必侈悬一更高更美之目的，如‘明道’、‘经世’等，一切史迹，则以供吾目的之刍狗而已。其结果必至强史就我，而史家之信用乃坠地。此恶习起自孔子，而二

① ［法］J. 勒高夫，R. 夏蒂埃，等. 新史学［M］. 姚蒙，译. 上海：上海译文出版社，1989：211.

② ［英］埃里克·霍布斯鲍姆. 史学家——历史神话的终结者［M］. 马俊亚，等，译. 上海：上海人民出版社，2002：155.

③ ［英］埃里克·霍布斯鲍姆. 史学家——历史神话的终结者［M］. 马俊亚，等，译. 上海：上海人民出版社，2002：142-143.

千年之史无不播其毒。孔子所修《春秋》，今日传世最古之史书也。宋儒其谓‘寓褒贬，别善恶’；汉儒谓其‘微言大义，拨乱反正’；两说孰当且勿深论。要之，孔子作《春秋》别有目的，而所史事，不过借作手段，无可疑也。”① 孔子尚且难以保证《春秋》的中正客观，而其崇高的目的竟是原因之一，实在难以接受。《中国新闻传播教育年鉴》的编纂者们虽然学养深厚，品格卓越，自然会有自己的目的和动机，而且绝大多数是高尚的、纯粹的，这些动机有些源自于自身，有些是外部强加的。作为凡夫俗子，我们自然也会犯孔夫子也回避不了的错误。

第四，选择之难。《中国新闻传播教育年鉴》以记录事实为本，依靠事实说话。但是事实本身并不会说话，只有历史学家、只有记录者想让他说话时，“它们才能说；让哪些事实登上讲坛说话，按什么次第讲什么内容，这些都是由历史学家决定的”②。年鉴编纂者面对着去年发生的种种事件，各种现象，万千人物，绝对不可能做到有闻必录。他必须进行选择，分清主次轻重。史学家葛兆光对此有过精辟的论断：“从有史官的时候开始，历史就在不断筛选它应当记载的东西，记载和忽略、记忆和遗忘始终相伴，因为历史时间中曾经发生的事情和曾经存在的人物太多，历史学家没有办法一一登录在案，就连给皇帝写‘起居注’的官员也不可能事无巨细地笔笔入帐。预设里‘重要’、‘次要’与‘无关紧要’总是在支配着书写，思想史只记载激动人心的时代便是因为它对某个时代感到‘激动人心’以及觉得它应当继续‘激动人心’。”③ 在编纂年鉴时，编纂者们都希望尽可能全面、尽可能客观，尽可能公正，即便经过自己的筛选，其最后展现出的应该与原来的总体大体上保持一致。这种愿望其实很难实现，因为支配他们选择的因素太多，诸如世界观、政治意识、新闻价值、历史观、学缘学脉、知识结构、情感好恶等，他们实在难以排除这些因素的影响，而做出纯粹中正、客观的判断。

三、秉持史家精神打造教育信史

如前所述，年鉴并不必然会成为明日的信史。从年鉴到信史之间还有很长一段路要走。要实现编纂者最终的目的，满足新闻传播教育界的期待，我以为应该从如下几个方

① 梁启超．中国历史研究法［M］．上海：华东师范大学出版社，1995：44-45.

② ［美］卡尔·贝克尔．历史是什么？张耕华．历史哲学引论［M］．上海：复旦大学出版社，2004：31.

③ 葛兆光．十七世纪至十九世纪中国知识、思想与信仰［M］．上海：复旦大学出版社，2000：15.

面努力：

第一，坚持专业精神，臻于良史境界。

对于年鉴编纂者来说，应该秉持史家的精神，而臻于良史的境界。这并不是每个编纂者能做到的。唐代史学家刘知己曾感叹，自古文士多而史才少，清代学者章学诚更是直言："千古多文人，而少良史。"（《文史通议·史德》）那么良史何在？什么样的人才称得上良史？宋代史学家曾巩说："古之所论良史者，其明必足以周万事之理，其道必足以适天下之用，其智必足以通难知之意，其文必足以发难显之情。然后其任可得而称也。"（《南齐书·序》）这种境界实在太高，我们编辑部同仁实在难以企及。但是我们可以将此作为一种追求、一种向往，尽一切努力尽可能接近这一目标。

为此，首先要有一种强烈的使命感、责任感。司马迁在《太史公自序》中说："先人有言，自周公卒，五百岁而有孔子。孔子卒后，至于今五百岁。有能绍明世，正易传，继春秋，本诗书礼乐之际。意在斯乎。小子何敢让焉。"在这里，司马迁面对历史责任当仁不让的情怀跃然纸上。由于史家的职业要求是秉笔直书，不避讳，不隐恶，当面对权贵暴力威胁时，能否抵抗强权，就成为衡量良史的重要标志。春秋时代，齐国的崔杼杀了国君。"大史书曰：崔杼弑其君。崔氏杀之，其弟嗣书，而死者二人。其弟又书，乃舍之。南史氏闻大史尽死，执简以往，闻既出矣，乃还。"（《左传：鲁襄公二十五年》）其中大史及其弟弟，还有南史氏，为了职业理想，宁折不弯，视死如归，其精神实在是令人感佩。如果年鉴编纂者也具慷慨赴死的职业精神，何愁年鉴不成！其次，要秉持中立、公正的原则。《说文解字》这样解释史字："记事者也。从又持中。中，正也。"吕谦举说："史官的地位崇高，是由于史职的重要。'史为宇宙之公器'，史官必须秉持天下之大公，而记载公是公非。"① 这表明古人对历史记事的要求是中正客观，无所偏袒，善恶必书。最后，编纂者对于历史、对于编纂工作本身，应该心存敬畏。余英时说："学历史的人，至少应该有严肃感、尊严感，对生命有严肃感的人，才能真正懂得历史，有严肃感的人，对他的时代必须密切地注意，绝不能将自己关在书房里，只管自己书桌上的事情。"② 只有这样秉持史家的精神，时刻关注新闻传播教育，对教育事业心存敬畏，才能以史家笔法，构建新闻传播教育年鉴的完整体系。

第二，广泛占有资料，加强史实的核实与甄别。

根据年鉴编纂本身的要求，资料搜集是一个非常艰巨的任务，而且还必须在很短的时间内完成。在这方面，年鉴编纂者要学习司马迁。司马迁为了撰写第一本纪传体通

---

① 吕谦举. 中国史学思想的概述［J］. 人生（半月刊）（香港），1965（342）：2-11.

② 余英时. 史学史家与时代［J］. 幼狮月刊（台北），1974（39）5：2-11.

史，全心投入，“网罗天下放失旧闻，考之行事，稽其成败兴衰之理”（《报任安书》）。在这里，广泛地搜集资料只是第一步，资料汇集起来后，还要加以核实，在此基础上稽其成败兴衰之理。人们说历史研究困难，其实难就难在事实的核实方面。科林伍德在研究古希腊史学发展时，发现“希罗多德或者修昔底德的著作，大体上都有赖于历史学家与之有过接触的那些目击者的证词。而历史学家作为一个研究者的技巧就在于这一事实，即他必须反复追究那些事件的目击者，直到他在报道者本人心目中能唤起一副这些事件的历史图画，远比报道人能为自己所自动提供的任何历史图画更加完备、更为一致为止”①。这里的“反复追究”是资料核实、甄别的另外一种表述。很显然，在历史学家搜集的庞大资料库里，经过反复核实，最终能够被纳入历史著述中的只是其中极少一部分。而这正是其最可靠的基础。只有将历史叙事建立在确定无疑的事实的基础之上，年鉴才有成为信史的可能。

资料的考核和甄别，是一项富有技术含量的复杂工作，同时也需要排除各种私心杂念，尤其是感情因素的影响。一位美国历史学者曾这样描述核实、甄别资料的情形：“我们会核实引用的每一条公开资料（剔除手稿资料仅仅是因为我们无法得到它们），首先看看是否引语和注脚是精确无误的，接着看看是否每条引语或释义都是忠实于资料的本意和语境的；是否资料本身是值得信赖的且不偏不倚的（或者不这样的，是否被作者考虑到了）；是否作者从资料中得出了恰当的推论；是否每条重要的或有争议的情境中的事实是基于相关的和可靠的来源；而且是否有着其他的相关且可靠的来源，它们没有被参考或引用，但它们也许支持着其他的事实和结论。”② 当然，希梅尔法布的方法对于年鉴的编纂未必完全实用，年鉴编纂所需要的资料与正史的资料有相当的差异性，但是它们之于资料的严谨求实的精神则是完全一致的。

排除各种感情因素的影响也非常重要。汪荣祖说：“岁远易诬，言古史之异同难明；时近多诡，言近史之恩怨多乖。所谓恩怨多乖者，盖因代近则人情有以干扰史事也。”③梁启超在《中国历史研究法》第五章中说：“吾二十年前所著《戊戌政变记》，后之作清史者记戊戌事，谁不认为可贵之史料？然谓所记悉为信史，吾已不敢自承。何则？感情作用所支配，不免将事迹放大也。”这两位学者所言，在年鉴编纂中确实普遍存在。年鉴记当代史或及时史，当事者多为新闻传播教育界的当红主角，与编纂者客观上存在者各种各样的联系，或师承同源，或同校学友，或院校同僚，或前辈师长，或衣食单

① ［英］科林伍德. 历史的观念［M］. 何兆武，张文杰，译. 北京：商务印书馆，2004：57-58.
② ［美］格特鲁特. 希梅尔法布. 新旧历史学［M］. 余伟，译. 北京：新星出版社 2007：22.
③ ［美］汪荣祖. 史传通说——中西史学之比较［M］. 北京：中华书局，1989：203.

位，等等，在撰述相关章节内容时，感情因素的影响是难以完全排除的，但是编纂者至少应该提醒自己，秉持中正客观的史家精神，将感情的影响降至最低的限度。

第三，既综合又分析，坚持整体与片段的统一。

新闻传播教育界首先是一个完整的系统，包罗万象，百川归一。但是这个整体又是由一个一个具体的要素、片段，或子系统有机整合而成的。对新闻传播教育的历史记录，不能满足于整体的呈现，而应该在整体呈现的基础上，进行分析、解剖式的探究和展示。英国历史学者汤因比指出："人们必须把现实分解成无数孤立的片段，才能理解现实。这种分解和分类的过程无疑会错误地呈现现实，但这又是有意识思考的不可避免的后果，否则就只能像神秘主义者那样完全消极地凭直觉感受神圣的统一。"①他的结论是："思想只要一启动，就会把现实打粹，但马上又会把现实加以组合。"② 我们可以在年鉴的体系建构方面科学地解决这种条分缕析与综合统一的关系。整体的综合性叙事是不可缺少的，这既可以用综述性文字，又可以用图表的方式来呈现，以涵括中国新闻传播教育整体的宏大叙事来满足教育界了解全局的需求。同时，我们还需要做进一步的分析，可以以地区、以专业、以学校、以教学、以科研，或者以教育过程的不同环节，通过显微的方式来展示新闻传播教育的各个片段和细节，以及这些片段与细节的相互关系。这种细分和解剖不是最终的目的，最终目的还是细分基础上的重新整合、更高层次的整合。

第四，争取教育界的支持，延伸信息采集网络。

《中国新闻传播教育年鉴》的编纂是一个涉及面广、耗时耗力的系统工程。虽然年鉴的编纂以中国新闻史学会新闻传播教育史研究委员会为依托，而新闻传播教育史研究委员会的会员来自于国内整个新闻传播教育界。但是相对于年鉴编纂的基本要求，相对于新闻传播教育界的期待，年鉴编辑部的人力物力资源还十分有限，难以满足编纂工程所需。要把这一件大事做好，还需要从三个方面努力：首先，建立健全年鉴编辑部的职能。《中国新闻传播教育年鉴》每版百万字篇幅，涉及面广，涵盖了新闻传播教育各个要素、各个环节、各个层次、各个院系、各个专业、各个学科、各个地区等，包罗万象。编辑部作为神经中枢的工作特别繁重，它不仅要联通编委会和各个作者、各个教育单位、各个信息采集点，而且还承担着对稿件的编辑、整理工作，还有年鉴的出版事务

---

① ［英］阿诺德·汤因比. 历史研究（修订插图本）［M］. 刘北成，等，译. 上海：上海人民出版社，2000，彩图 87 解说.

② ［英］阿诺德·汤因比. 历史研究（修订插图本）［M］. 刘北成，等，译. 上海：上海人民出版社，2000：423.

等。编辑部的组成要进一步优化，其职能也要进一步拓展和强化。其次，要延伸信息采集网络，将神经末梢延伸到整个新闻传播教育界。当下的中国新闻传播教育仅本科层面的专业点就有1244个，办有新闻传播教育的高校近700所。高校在校新闻传播专业学生约25万人。遍布全国各省、自治区、直辖市，从本科、硕士、博士到博士后流动站一条龙。当前的信息采集网络还需要进一步延展，其神经末梢需要延伸覆盖到所以办新闻传播教育的地方，无所遗漏。其信息采集行为应该常态化、制度化，以保障信息资源源源不断的供给。最后，各个新闻教育主体、高等教育管理部门的支持。《中国新闻传播教育年鉴》的编纂不仅是新闻传播教育史研究委员会的事情，更是整个中国新闻传播教育界的事情。要编好这部年鉴，需要新闻教育界各个主体、各个成员的共同努力，共襄盛举。

总之，《中国新闻传播教育年鉴（2017）》虽然是一本服务于新闻传播教育界的大型工具书，但我们又不能仅仅把它看成一本普通的工具书。这本年鉴的编纂是一个重要的学术工程，对于新闻传播学科、新闻传播教育的重要性自不待言。它还涉及更为广泛的社会文化史的重要领域，也是政治经济历史的重要注脚。年鉴的编纂不仅直接关系到中国新闻传播教育的历史记忆，影响到新闻传播教育以什么姿态进入历史，而且还会在一定程度上决定未来新闻传播教育的起点。在这个意义上，年鉴的编纂是一项重要的学术使命，必须秉持史家的职业精神，以打造信史的使命意识，来指导年鉴的编纂工作。这样才能克服年鉴编纂者认知的偏差、盲点，摆脱各种现实利益、情感的羁绊，才能取得新闻传播教育界同仁的认同、理解和支持，如此，今日年鉴，方能成为明日信史。

目　　录

上篇　总　论

中篇　平台与人物

下篇 成果与政策

上篇　总　论

第1章　2016年中国新闻传播教育综述

近些年来，我国媒介技术的变革逐渐深化，传统媒体行业面临着更为深刻的改革与转型，互联网新媒体又如雨后春笋不断涌现，这一变化同时影响着我国新闻传播教育的未来发展。2016年，“变革”成为我国新闻传播教育领域的典型词汇，无论是教育教学还是学术研究，都围绕着“变革”在进行，新技术在走进校园，新文化在冲击传统，新模式在改变新闻传播教育，2016年是我国过去新闻传播教育改革的延续与深入，但同时也呈现出新的特点和趋势。

1.1　人才培养

新闻传播教育最重要的目的就是为我国新闻传播事业培养优秀的专业人才，满足新闻传播事业对人才的迫切需求，从而促进我国新闻传播事业的快速发展。目前我国的新闻传播事业处于急剧变革的时期，因此，2016年我国新闻传播教育在不断调整、不断适应的过程中，在传统的新闻传播教育的基础上，出现了一些新的现象、新的特点，值得新闻传播教育界重视。

1.1.1　本科教育的重实践化与教学环境的开放化

本科阶段在整个新闻传播教育的过程中，应该说是处于最根本、最基础的阶段，本科生只有拥有扎实的专业基础，才能在未来的新闻传播学习研究或工作中发挥作用，所以，各大高校在本科教育阶段以培养能适应信息传播变革和社会发展需求的未来新闻传播从业者为主要目标。

2016年以来，随着媒介技术的不断发展，更新换代的周期越来越快以及信息传递模式的不断优化，我国新闻传播本科教育也正发生着一些较为明显的变化。

首先，教学内容上，对学生新闻传播实践能力的培养更加重视。相较于以往新闻教育将更多的注意力放在新闻传播理论的层面，2016年则渐渐出现一些偏向于具体新闻传播实践操作技术的教学内容。变化的出现，很大程度上源于学生就业的压力，而正因为此，2016 年 7 月在四川大学文学与新闻学院 2015—2016 本科教学研讨会上，本科生代表就专业的课程设置、课堂教学、实习实践等存在的问题，提出了学生们的看法，他们表示：希望在教学中重具体实践、重技术培养，并提出了跨学科学习的想法。而有一些新闻院校则已经在实践教学上迈出了重要一步。2016 年 5 月，南京师范大学新闻与传播学院 2015 级新闻班的同学在课堂上就切切实实体验了一次真实的新闻发布会，任课教师邀请了一家互联网医院的相关负责人，到课堂介绍医院情况并答学生记者问，最后由学生们独立整理稿件，亲自完成整个新闻发布会流程。华中科技大学新闻与信息传播学院也依托新闻评论的特色教育展开了教学实践，院长张昆教授指出：新闻评论特色教育，第一是培养了很多的评论人才，第二是建设了一批极为有经验的教学团队，第三是创造了非常成熟的评论人才培养模式。此举也值得其他新闻院校借鉴。

其次，课程设置与社会现实的联系愈加紧密，尤其是在新媒体技术方面。以传统纸媒为对象的新闻教育已经无法满足当今新闻传播事业发展的趋势，所以在中国人民大学新闻学院 2016 年 3 月公布的网络与新媒体专业（互联网新闻方向）本科生培养方案中，类似于“数字传播技术与应用”“音频视频内容制作”“跨媒体传播实验”“网络信息整合”和“新媒体管理”等方面的课程已经成为专业基础课和必修课，由此可见在新闻人才的培养过程中，高校新闻传播教育已经逐渐在向适应社会变革的方向转型。

最后，教学环境多样化，“走出去”的课堂正在越来越多的高校出现。开放的教育模式既可以开阔学生的专业视野，也能让学生更加真实地站在行业一线，去体验未来的工作环境或操作流程。例如 2016 年 9 月华中科技大学 2015 级传播班的同学就在班主任的带领下参观了腾讯大楚网，从业界一线了解门户网站的运营模式，实地展开了一场别开生面的新媒体专业教育。另外，为纪念范长江代表作《中国的西北角》正式出版 80 周年暨中国粪宁红军长征胜利 80 周年，四川大学新闻文学与新闻学院在 2016 年 10 月进行了“重走范长江之路”的大型新闻教育实践活动。

丰富多样的教育形式，不仅能在一定程度上盘活人才培养的模式，还能较大限度地调动学生的学习积极性，提高本科新闻传播教育的质量。值得一提的是，为了优化本科专业结构，构建科学合理的本科专业结构体系，2016 年，教育部准予武汉大学撤销新闻学（2 年）、编辑出版学（2 年）两个第二学士学位本科专业，对于新闻教育者来说，这是提高本科人才培养素质的重要一步。

1.1.2　研究生的多元化培养与专业特色的塑造

相较于本科教育而言，研究生阶段的新闻传播教育对学生和老师的要求都更为严格，无论是理论水平还是实践操作，研究生教育都上升了一个层次。研究生阶段的新闻传播教育有别于本科生培养，不仅是因为研究生区分为学术型硕士研究生、专业型硕士研究生和博士研究生，还在于新闻传播教育在研究生阶段对理论深度与实践操作要求更高，学科交叉属性更为复杂。

相比之前的新闻传播研究生教育，2016 年各大重点高校对研究生的素质提出了更高、更多元的要求。根据中国人民大学 2016 年 5 月公布的最新硕士研究生培养方案，研究生应该掌握马克思主义基本理论和专业知识，具有从事科学研究或独立承担技术工作的能力，并熟练掌握一门外语，另外，不仅要求毕业生能熟练掌握新闻传播专业的实际业务，还要求在理论研究和教学能力培养上有较强的专业素质。

同时，教育部门对各高校新闻传播教育也进行了更严格的评审。2016 年 12 月，国务院学位委员会新闻传播学科评议组就对厦门大学新闻传播学院进行了硕博学位授权点的评估，考察新闻传播研究生培养的成绩与不足，该校黄合水老师同与会专家探讨了两个思考点：一是新闻传播为应用型学科，学院教学有学硕、专硕之分，学硕讲求方法，专硕实务课当社会课；二是新闻传播当偏向人文学科还是社会学科。陆绍阳老师则关于学硕、专硕提出思考，阐述要不要设立国家标准的核心课程，要不要建立专硕的标准教材的问题，这些都值得所有新闻传播教育的从业者继续思考。

而南京大学在博士研究生的培养中独辟蹊径，打造出博士培养的“南京特色”。贯穿 2016 全年的“博士之家学术午餐会”为南京大学新闻传播学院的博士生们提供了绝佳的学术交流平台。学院不仅邀请了新闻传播学界的专家，比如暨南大学的邓绍根教授就以“美国在华新闻事业的兴起，1831—1872”为题与南京大学博士生进行了交流（第三季第 13 期，总第 63 期）；还邀请了一些跨学科领域的学者，比如南京大学哲学系暨马克思主义研究中心副教授孙乐强老师就“马克思再生产理论研究”以及博士期间学术研究经验做了分享（第四季第 6 期，总第 76 期）。这些面对面的学术交流和博士生活的分享，不仅能够为博士生在学术研究方面提供切实的参考，而且将学术溶于生活，有利于让博士生们更为理性地面对艰苦的博士生涯，苦中作乐，以老带新，避免学术研究走弯路，陷入“死胡同”。

总的来说，研究生的培养更具针对性，而培养要求也较往年更高，很大程度上是因为 2016 年以来国家对新闻传播教育更加重视。2016 年 2 月 19 日，习总书记实地调研人民日报社、新华社、中央电视台 3 家中央新闻单位，并主持召开党的新闻舆论工作座谈会，总书记深刻论述了新的时代条件下党的新闻舆论工作的“职责使命论”，为新闻舆论工作指明了努力方向、提供了根本原则。

1.2 教育改革

近年来，新闻传播教育落后于新闻传播行业的现实发展已经是不争的事实，所以新闻传播教育改革毋庸置疑，并且迫在眉睫。自2001年12月复旦大学与上海市委宣传部率先试水省部共建模式以来，“省部共建”已经逐渐步入深度合作的阶段，同时在新闻传播教育的具体改革上，各地呈现出多点创新的局面，可以说，2016年新闻传播教育改革走进了一个新的时代。

1.2.1 部校共建模式步入深度合作阶段

部校共建模式对于我国的新闻传播教育而言，是一种全新的尝试，没有前人经验可循，但正因为如此，才具有无限的可能性，才有可能走出一条不同于欧美的中国特色新闻教育之路。

2016年10月21日，厦门大学新闻传播学院召开了“部校共建校外实践教学基地暨校外班导师工作启动会议”，这次会议将厦门大学新闻传播学院的部校共建模式又向前推进了一步。会上初步确定了校外实践基地与校外班导师的七项工作模式，主要内容包括：厦门大学新闻传播学院将在各校外实践教学基地挂牌，并为校外班导师（辅导员）颁发聘书；各校外实践基地为新闻传播学院学生提供实习实践平台；学院将邀请基地专家参与各级实务课程的建设，推行双导师制，邀请校外班共同对在校学生进行指导；学院将邀请基地导师参与大型活动评审、各类科创竞赛和大学生创新创业训练计划、毕业实习指导工作；学院与基地之间互派教师为对方开设课程或者讲座，取长补短，互通有无，共同进步，等等。

此举不仅能够从一定程度上缓解我国高校新闻学院普遍存在的教师队伍偏理论化问题，还能将前沿的业界热点引入大学课堂，加强学界与业界的互动交流，同时能在人才培养上更加贴近现实。当然，由于工作刚刚启动，还难以评估效果。厦门大学新闻传播学院闫立峰副院长也表示：“目前各方面还处于磨合期，各种工作模式也还在构想阶段，我们将在接下来的合作中，慢慢寻找定位，形成一个行之有效的工作机制。”①

---

① 厦门大学新闻传播学院．学院召开部校共建校外实践教学基地暨校外班导师工作启动会议［EB/OL］．厦门大学细纹传播学院官网，http：//comm. xmu. edu. cn/Article/ShowArticle. asp? ArticleID＝5411，2016-10-28.

2016 年 6 月 26 日，武汉大学召开了“湖北省委宣传部与武汉大学共建新闻学院院务委员会第二次会议暨省新闻宣传与舆论引导座谈会”，并在会上正式成立了湖北省新闻传播能力建设研究中心。该中心由湖北省委宣传部与武汉大学共同建设，以湖北省新闻宣传、舆论引导、传播创新、新媒体发展、媒体融合等领域研究为核心，以增强和提升湖北省新闻传播能力为重点，努力打造立足湖北、面向全国、着眼世界的新闻传播能力建设研究基地和国家新型智库，为湖北省和国家开展新闻宣传、舆论引导和对外传播工作提供科学的理论指导和坚实的决策支持。

自省部共建模式推广以来，武汉大学新闻与传播学院发生了一系列的新变化，取得了一系列新成果、新进展，成功举办了“马克思主义新闻观大讲堂”系列讲座，青年教师培养“双一”计划等一批特色项目在参与部校共建的第一批试点高校中初步彰显示范效应。在 2016 年 4 月，中宣部、教育部召开的部校共建新闻学院工作推进会上，湖北省委宣传部副部长王茂亮做了典型发言，得到了中宣部新闻局的充分肯定。①

2016 年以来，中国人民大学、浙江大学等高校省部共建专题会先后召开，省部共建模式在我国新闻传播教育改革的进程中正有序开展，并取得了一些成效，但由于无经验可循，在工作方法、具体合作模式等方面还需进一步优化，以有序、平稳、有效地推进我国新闻传播教育事业的发展。

1.2.2　教育改革呈现多点创新格局

新闻教育改革不仅在宏观模式上有所突破，同时在具体操作方法上也呈现出多点创新的趋势，不同高校根据各自的具体实际，进行了创新式的教学改革，通过更具针对性、更具互动性、更具现实意义的方式，来适应当今社会对新闻传播人才的要求。

2016 年 6 月，南京师范大学新传学院就召开了校级教改课题结项验收会，四个申请结项的教改课题均聚焦于相对具体的课程教改，分别是“多元融合新闻实践教学的创新模式研究”（高山冰主持，重点项目）、“融媒体时代国际传播课程体系的研究与建构”（庄曦主持，一般项目）、“摄影课程的改革与创新”（汤天明主持，一般项目）、“摄影评论教学的理念与方法研究”（许敏主持、一般项目）。课程教改应该说是新闻传播教育改革的一线，学生能最直接地感受到新闻传播教育的最新变化，而教师也能从教学实践中获得学生体验的直接反馈，师生互动，适应调整，不断推进新闻传播教育的深化改革。在南师大新传学院专家的评审中，这四个课题都较好地完成了课题申请书所拟

---

① 武汉大学新闻学院．省校共建新闻学院，打造传媒新兴智库［EB/OL］．武汉大学新闻学院官网，http：//news. whu. edu. cn/info/1002/43811. htm. 2016-06-30.

定的各项任务，达到了预期的目标和效果。

2016 年 10 月，为改变以往传媒类实验课程重课堂教学、轻学生自主实验操作的问题，浙江大学传媒与国际文化学院则开展了“探究性实验教学项目的实践与探索”课题，具体是在实验软件操作学习的基础上增进了自主创新设计的实验教学环节，促进了学生创新意识和实验探究能力的提升。数据统计与分析结果显示，该学年开设的 18 个具有传媒特色的设计类探究性实验教学项目均取得了较好的实验效果。① 在公众与媒介联系日益紧密的当代社会，尤其是在媒介技术日新月异的新媒体时代，作为新闻传播事业未来的专业人才，学生更应该熟练掌握新闻传播所必需的技能。浙江大学此次改革不仅符合新闻传播教育发展的规律，更为其他高校的新闻传播教育教学改革积累了经验。

新闻传播教育改革的推进不仅在宏观上深化了部校共建的新闻传播教育模式，还在具体方法上丰富了我国新闻传播人才培养的方式。

2016 年，我国高校还在不断与其他国家高校进行交流，相互学习、相互借鉴，以期能从中西新闻教育的互动中，探索出一条具有中国特色的新闻教育发展之路。

1.3 学科与专业建设

学科与专业建设是新闻传播教育发展的基础，尤其是在媒介技术日新月异、人人都可成为自媒体的新媒介社会，更应加强新闻传播教育的学科与专业建设，缩小学界与业界的差距，使我国高校所培养的新闻传播学子，能够满足社会主义新闻传播事业的发展需要。

1.3.1 马克思主义新闻观教育成为新闻传播学科与专业建设的核心要务

2016 年 2 月 19 日，中共中央总书记、国家主席、中央军委主席习近平在北京主持召开党的新闻舆论工作座谈会并发表重要讲话。他强调，党的新闻舆论工作是党的一项重要工作，是治国理政、定国安邦的大事，要适应国内外形势发展，从党的工作全局出发把握定位，坚持党的领导，坚持正确政治方向，坚持以人民为中心的工作导向，尊重新闻传播规律，创新方法手段，切实提高党的新闻舆论传播力、引导力、影响力、公信

---

① 浙江大学传媒与国际文化学院 . 2015—2016 学年传媒学院本科生探究性实验教学项目考核结果公示［EB/OL］. 浙江大学传媒与国际文化学院官网，2016-10-26，http：//www. cmic. zju. edu. cn/index. php？ c = index&a = detail&id = 10260.

力。习近平在讲话中强调，新闻观是新闻舆论工作的灵魂。要深入开展马克思主义新闻观教育，引导广大新闻舆论工作者做党的政策主张的传播者、时代风云的记录者、社会进步的推动者、公平正义的守望者。

习近平还指出：新闻院系教学方向和教学质量如何，在很大程度上决定着新闻舆论工作队伍素质。而这也进一步明确了在党的新闻舆论工作中，新闻传播教学的“源头”地位和作用。

在学习习总书记讲话的浪潮下，我国新闻传播院校先后对马克思主义新闻观教育进行了学术探讨和深化落实，积极在马克思主义新闻观的引领下加强学科与专业建设。2016 年 6 月 23 日，《人民日报》深度报道了安徽师范大学新闻与传播学院在马克思主义新闻观建设上的创新成果。报道指出，安徽师范大学新闻与传播学院以举办系列讲座为主线，构建马克思主义新闻观教育课程体系，围绕马克思主义新闻观和中国特色新闻传播理论开展教育教学，及时修订教学培养方案，完善学科体系；以开展系列活动为抓手，掀起深学笃信马克思主义新闻观热潮，引导学生自我学习、自我提高；以搭建系列平台为依托，开辟马克思主义新闻观教育社会课堂；以深化系列研究为重点，为马克思主义新闻观教学提供学理支撑。①

北京师范大学新闻传播学院副院长王长潇则根据本校实际，阐释了学校践行马克思主义新闻观的具体内容，在其撰写的文章《践行马克思主义新闻观重在创新人才培养》中谈道：作为践行马克思主义新闻观的创新人才培养单位，北京师范大学新闻传播学院由光明日报社与北京师范大学合作共建。目前，从学院发展的整体情况看，学院践行马克思主义新闻观基本落到了实处，具体表现在：一是人才培养目标明确，定位准确，即面对媒体融合发展的新趋势，努力培养传媒业未来发展所需的全媒体、复合型和创新型新闻传媒人才；二是从本科生、硕士研究生到博士研究生，形成了完整的人才培养体系；三是课程设置合理，能满足各类人才培养的课程需求；四是强化了理论与实践并重的教学理念；五是创新思想观念，把培养具有马克思主义新闻观的卓越新闻传播人才作为出发点和落脚点。②

2016 年 6 月 25 日，暨南大学新闻与传播学院召开了“广东省新闻传播学类专业教学指导委员会会议”，会上广东省新闻传播学类专业教学指导委员会主任、暨南大学党

① 安徽师范大学新闻与传播学院．《人民日报》深度报道新传学院马克思主义新闻观教育成效［EB/OL］. 安徽师范大学新闻与传播学院官网，2016-06-27，http：//chm. ahnu. edu. cn/84/view/208858？refresh.

② 王长潇．践行马克思主义新闻观重在创新人才培养［N］. 中国新闻出版广电报，2016-06-03.

委书记林如鹏教授强调新闻院校应强化马克思主义新闻观教育，将之融入新闻传播人才培养的全过程，并对教学团队、人才培养方案、人才培养模式、实践教学、教育资源共建共享模式实施改革。暨南大学新闻与传播学院执行院长表示：希望各个新闻院校深入推进马克思主义新闻观教育，启动新闻传播专业建设的供给侧改革。

2016 年 10 月 22 日，“中国人民大学马克思主义新闻观研究中心”揭牌仪式暨“马克思主义新闻观与当代中国新闻论坛”在中国人民大学举行。该中心的成立不仅意味着北京市委宣传部与中国人民大学“部校共建”有了标志性的成果，也为马克思主义新闻理论研究与人才培养提供了平台。中国人民大学马克思主义新闻观研究中心主任表示，该中心将发挥中国人民大学长期以来在马克思主义研究方面的多学科优势和马克思主义新闻思想研究的传统优势，力争建成马克思主义新闻思想研究的交流平台、人才培养平台、传播平台和文献数据平台。① 另外，该中心已组织相关专家设计论证一系列课题，这些课题将以委托指定或面向社会公开招标的方式开展研究，2016 年的研究项目已基本确定，将择机向社会公布。

2016 年下半年，我国马克思主义新闻观教育建设进入高潮阶段，各大新闻院校不断加快马克思主义新闻观教育的学科及专业建设；但同时应注意在建设过程中结合院校实际，推陈出新，打造出一条适合本校的马克思主义新闻观建设之路。

1. 3. 2 互联网与新媒体是新闻传播学科与专业建设的新趋势

新媒介技术的快速发展，不仅对新闻传播业界形成强势倒逼，而且对新闻传播学界、教育界也提出了很大的挑战。传统媒体行业的大变革导致媒体人才需求的转向，懂新媒体技术，熟悉互联网媒体的人才受到业界的欢迎，新闻传播学的专业建设和学科优化已经成为互联网语境下新闻传播院校必须解决的问题。

2016 年是我国新闻传播院校改革不断深化的一年，互联网与新媒体成为新闻传播学科与专业建设的趋势。有数据表明：自 2012 年教育部学科目录开设“网络与新媒体”专业以来，全国已经有 140 余所院校开办此专业，并且每年都有大量高校在申办。② 2016 年 1 月 19 日，教育部通过了中国传媒大学“媒介音视频”重点实验室的验收，这标志着中国传媒大学首个教育部重点实验室筹建完成，“媒介音视频”教育部重点实验

---

① 中国人民大学新闻学院．中国人民大学马克思主义新闻观研究中心成立［EB/OL］．中国人民大学新闻学院官网，2016-10-23，http：//jcr. ruc. edu. cn/xinwen/dongtai/content-1196. html.

② 暨南大学新闻与传播学院．网络与新媒体专业建设恳谈会热烈举行［EB/OL］．暨南大学新闻与传播学院官网，2016-06-22，http：//xwxy. jnu. edu. cn/html/news/2016/0622/742. html.

室正式投入运行，这标志着我国新闻传播学向媒介技术研究迈进了重要一步。教育部专家组认为，中国传媒大学“媒介音视频”实验室面向国家文化传播战略需求，结合中国传媒大学在广播与电视领域的优势与特色，针对现代视听媒介领域的前沿科学问题、关键技术和应用趋势展开研究，确定了“传播声学与媒介音频”“视觉感知与媒介视频”以及“融合媒体与智能网络”三个研究方向，定位明确，特色突出，实验室在理论研究、技术创新与应用系统研发所取得的成果为传媒业发展提供了重要支撑。

在我国新闻传播教育的另一重镇——上海，复旦大学也于 2016 年 6 月启动了上海新媒体实验中心的建设，新媒体实验中心将以大数据分析为核心，对应于互联网时代正在发生的社会生活变化和需求，推进新闻教学科研转型，服务于媒介、用户、社区、社会和城市建设。建成后的中心将是一个服务于教学科研、促进学界业界交流融合、面向国家新闻媒体发展的多功能开放式跨界创新平台。该中心拟建有全媒体内容实践区、数据采集汇聚分析区、可视化传播实验区、创新展示体验区、远程连线空间、新媒体创新工作室等功能平台，预计 2017 年全面启用。该中心还邀请了一批国内外顶尖专家担任顾问团成员，为实验室的发展建言献策。

暨南大学为加快推进网络与新媒体专业的建设，于 2016 年 6 月 21 日召开了“网络与新媒体专业建设恳谈会”，就“课程体系建设”“人才培养模式创新”以及“授课经验总结与交流”三个领域展开了交流，并对以“毕业创作”代替“毕业论文”的创新做法展开了深入讨论，还提出争取建设全国第一个“网络与新媒体”慕课群，在全国形成影响力。

我国新闻传播学科与专业建设目前正走在改革的快车道上，各新闻院校为了跟上时代的步伐，都在加紧完善课程体系、创新人才培养模式，在此过程中当然也暴露出一些问题，比如专业建设规范程度不够，一味求新而不考虑师资配备与专业实际。这些问题导致了一些资源的浪费与负面影响，值得新闻传播教育界警惕。

1.4 科学研究

2016 年以来，有关新闻教育的科学研究中最突出的两个字就是“改革”，以“新闻传播教育”为关键词在“中国知网”进行搜索，结果显示有 900 余篇论文对此问题进行了阐述。纵观这些文献，其研究侧重点有两个：其一是新媒体时代，我国新闻传播教育所面临的困境与改革；其二是大数据浪潮之下数据新闻人才的培养模式。

1.4.1　互联网新媒体时代新闻传播教育的转型与探索

自 2001 年上海市委宣传部与复旦大学签署部校共建协议，一直到 2013 年推广以来，我国新闻传播教育的部校共建模式逐渐成为各地新闻学院所效仿的模式。

如果说部校共建是新闻教育宏观层面改革的高屋建瓴，那么互联网新媒体背景下新闻传播教育变革就是微观层面的稳扎稳打。南京师范大学新闻与传播学院院长顾理平在《新媒体环境下新闻传播教育的核心、支撑与融通》一文中认为，新闻传播教育在人才培养过程中必须始终坚持创新能力培养这样一个核心，培养真正适合社会需要的人才；在教学过程中坚持理论教学和实践教学的有机结合，回应时代对人才的要求；坚持技能学习、创新训练和社会服务这样一种人才融通培养方式。① 由此可见，在新媒体时代的新闻传播教育更加注重与社会现实的接轨，而接轨过程中学生的创新能力培养与技能学习是尤为重要的，新闻传播教育正在不断实践与改革，探索属于中国特色的传媒教育之路。

新闻传播教育的变革首先应该是思想的变革。安徽大学新闻传播学院院长姜红教授在接受媒体采访时表示：当下中国，新媒体的发展速度及更新换代的程度已经深深地影响了每个人的生活，我们的学生毕业后有很大一部分从事与新媒体相关的工作，所以，我们在教学科研等各方面都在进行准备。她认为，首先要在观念层面认识到当下的新媒体革命是一场新传播革命，它所带来的将是一场对传统媒体业具有颠覆性的“哥白尼革命”，因此教学和科研的各方面，都要经历新媒体背景下的“范式转型”。她还提到安徽大学新闻传播学院近几年出现的变化，比如：在专业设置方面，新成立了“网络与新媒体专业”；在实验教学方面，建立了全媒体实验室，打通传统媒体与新媒体的教学实践，并且与多个新媒体单位合作共建实习实践基地；在科研平台方面，省人文社科重点研究基地“安徽大学舆情与区域形象研究中心”正在将研究重点转向大数据的挖掘和分析等工作；在教学方式方面，慕课、网络公开课、网络直播等形式也越来越多地被运用。② 从访谈中我们可以了解到目前新媒体技术不仅影响了人们的生活，甚至已经走入了新闻传播教育的课堂，这对于我国新闻传播教育改革来说是一个巨大的进步甚至跨越。

---

① 顾理平．新媒体环境下新闻传播教育的核心、支撑与融通［J］．现代传播（中国传媒大学学报）．2016（8）：141-144.

② 思涵．新媒介环境下的新闻教育观念——访安徽大学新闻传播学院院长姜红教授［J］．今传媒．2016（2）：1-3.

1.4.2　大数据浪潮下数据新闻人才的培养模式

自 2012 年全球编辑网络组织发起数据新闻奖评选活动以来，数据新闻的爆炸式增长已经给世界新闻界带来了巨大的冲击，也对新闻传播教育界提出了挑战。如何培养优秀的数据新闻人才，成为各大新闻传播院校必须面对的问题。

有研究者首先从国外数据新闻人才培养模式中寻找经验，陈积银、杨廉在《哥大新闻学院数据新闻教学的解读与借鉴》中介绍了哥伦比亚大学开展数据新闻教学的尝试。2010 年，哥伦比亚大学就正式启动了 TOW 数据新闻中心，其主要使命是为记者提供数字技能知识，促进数据新闻业的发展。2011 年秋，哥伦比亚大学新闻学院创造性地推出了“新闻与计算机硕士双学位项目”，算是在数据新闻潮流下的试探性变革。2014 年，该校又开设了新闻学硕士学位 LEDE 项目，这个项目旨在培养学生计算机编程、数据挖掘、数据处理、数据分析、数据呈现相关技术的能力。① 结合该校数据新闻人才培养的模式，研究者提出我国应从教学内容、教学策略和教学师资三个方面进行改革。考虑到我国数据新闻初步发展的现状，专家建议如下：首先，应当将数据统计、计算机编程等理工科类课程纳入课程体系；其次，在教学策略上应保证学生拥有充分的数据新闻接触，包括实践、讲座等方面的革新；最后，最为紧急的是要打破地域、学科等的界限，积极吸收引进数据新闻人才，满足数据新闻教学的需要。

但改革之路从来不是一帆风顺，中国传媒大学教授丁迈、助理研究员金梅珍在《我国数据新闻教育的困境与对策》一文中就指出了我国数据新闻教育遭遇阻碍的问题所在：我国新闻学专业招收的学生知识结构相对单一，复合型人才培养的难度较大；数据新闻教育模式尚未成熟，课程体系有待完善；师资结构组成单一，缺乏业界实践导师的加入，复合型教师团队亟待建设；学生实践以模拟实践为主，校外实践流于形式。研究者针对问题给出了一些对策，比如学生招收打破文理界限、完善课程体系与师资建设，以及提供可供实践的数据新闻创作平台等。② 值得注意的是，“数据新闻”作为一个新概念，在其人才的培养过程中，应该避免千篇一律，须结合各大高校具体实际，探索出一条具有各自特色的数据新闻人才培养之路。

---

① 陈积银，杨廉. 哥大新闻学院数据新闻教学的解读与借鉴［J］. 新闻大学. 2016（5）：126-132.

② 金梅珍，丁迈. 我国数据新闻教育的困境与对策［J］. 现代传播（中国传媒大学学报）. 2016（3）：157-158.

1.5　学术交流

新闻传播教育的发展离不开高水平的学术交流，尤其是高层次的研究生教学中，更是依赖不同观点之间的碰撞与思辨，从而让新闻传播理论与实践更好地为教育服务。2016年以来，有关新闻传播学的学术交流活动日益增多，并取得了一些实质性的成果。学术交流的重点议题主要集中在历史与现实两个维度：一是关于新闻传播史学及相关人物的研究、交流逐渐丰富，对老新闻教育家也更加重视；二是在大变局时代，媒体变革、媒介融合以及数字营销等方面的现实议题得到更多研究者的重视。从开放度和活跃度看，我国新闻传播学的学术交流也逐渐开放，中外之间“走出去”和“引进来”的对话更加频繁。

1.5.1　新闻教育家的思想研究与新闻传播史学的考证思辨

2016年对于我国的新闻传播教育界而言，应该说是一个具有历史节点意义的年份。2016年首先是我国新闻传播学界学术泰斗、教学名师、著名新闻史学家方汉奇先生从教65周年的历史性节点，他是新闻界和史学界始终尊敬的前辈，其新闻史学研究教学工作影响了新中国几代新闻工作者。2016年12月17日，中国人民大学新闻学院专门举办了“方汉奇新闻史学思想研讨会”，并对其学术成果进行了公开展示，以纪念他为我国新闻传播学术界和教育界所作出的贡献。

2016年12月10日是暨南大学新闻与传播学院成立70周年纪念日。1946年，暨南大学新闻与传播学院的前身——暨南传媒学堂诞生于上海宝山路。70周年纪念日当天，学院举办了“暨南大学新闻教育70周年庆典暨第五届南方传媒学术论坛”，与会代表纷纷致辞回顾暨大新闻教育70年的辉煌历程。此前，邓绍根教授还曾撰文《开山之功：冯列山与暨南大学新闻系的创建》缅怀暨南大学新闻系的开山鼻祖——冯列山先生。值得一提的是，冯列山先生1935年在慕尼黑大学获得了新闻学博士学位，成为第一个获得新闻学博士学位的中国人。①

除了对历史人物进行研究交流之外，2016年3月26日，南京大学新闻传播学院举办了“中国新闻史学会新闻传播思想史研究委员会成立大会暨第三届中外新闻传播思想

---

①　邓绍根．开山之功：冯列山与暨南大学新闻系的创建［EB/OL］．暨南大学新闻与传播学院官网，2016-11-07，http：//xwxy.jnu.edu.cn/html/news/2016/1114/840.html.

史高峰论坛”。此次论坛学者们就“关键概念·观念传播”“知识考古·学术考古”“话语·传播学批判学派”“学科反思与知识地图”四个主题进行了分享和探讨。中国传媒大学陈卫星教授在发言中表示，一个学科要回应这个时代的问题，这种问题，与其说是危机，不如说是挑战，因为观察的危机正在幻化成一种流变，我们需要从宏观或微观层面回到媒介传播思想研究活动的出发点。外国新闻史研究会前会长郭镇之教授也强调，面对当下碎片化现象，更深入的思考才能为今后思想历史的总结与思想的传播奠定良好的基础。① 可以说，我国关于中外新闻传播思想史的研究正在逐渐走向成熟，并且与现实相关照，不仅在学术上更加深刻，而且为中外新闻传播思想史的教学提供了更丰富的视角。

2016 年 11 月 12 日，中国新闻史学会与南京师范大学共同主办了第三届民国新闻史研究高层论坛，会议上学者们纷纷就最近的史学研究发表各自的看法，并进行讨论交流。中国社科院中国特色社会主义理论体系研究中心主任尹韵公研究员做了《红星何以能够照耀中国：兼论中国新闻史研究》的报告，对中国新闻史进行了较为系统的梳理分析。中国新闻史学会名誉会长、北京大学国家战略传播研究院院长程曼丽教授根据长期的史学研究，进行了以“从文化政治的角度看清末西方传教士及其报刊出版活动”为题的发言。暨南大学新闻与传播学院副院长邓绍根教授则从严谨的史学角度出发，对“新闻自由”的概念进行历史考证与深刻思辨，与学者们共同交流了《民国“新闻自由”概念史：从新名词到关键词》的研究文章。在论坛总结中邓绍根教授认为，本次民国新闻史高层学术论坛是一次“高规格”的参会人员、“高效率”的会议安排、“高质量”会议成果的“三高”学术盛宴，将对民国新闻史研究的进一步深入、全面、加速发展起到重要推动作用。② 依靠国内较高水平学术交流论坛的举办，我国有关新闻传播史学的研究正逐步进入深化阶段，一切历史都是当代史，而这也对当今新闻传播教育提供了更具历史意义的参考，以史为镜，以史为鉴，从历史中吸取经验教训，推动我国新闻传播教育事业的发展。

1.5.2 媒介技术革命下新闻传播学界与业界的挑战和突破

媒介技术变革对新闻传播事业的冲击有目共睹，但在冲击之下如何寻求突破，才是

---

① 南京大学新闻传播学院. 实录 | 中国新闻史学会新闻传播思想史研究委员会成立大会暨第三届中外新闻传播思想史高峰论坛开幕式隆重举行 [EB/OL]. 南京大学新闻传播学院官网，2016-03-30，http：//jc. nju. edu. cn/news. php? id=692.

② 南京师范大学新闻与传播学院. 我院举办第三届民国新闻史研究高层论坛 [EB/OL]. 南京师范大学新闻与传播学院官网，2016-11-15，http：//xinchuan. njnu. edu. cn/doc-1-21-view-1739. aspx.

现实必须考虑的问题，2016 年是媒介技术革命继续深化的一年，VR、AR 新技术的不断出现，无论对于业界还是学界，都是一大挑战。

2016 年 6 月 16 日，“2016 第四届数字营销传播研究与应用国际研讨会”在暨南大学召开，吸引了学界和业界的共同关注与参与。此次会议讨论的重点之一是“VR/AR 技术与数字营销”。暨南大学朱磊副教授、陈韵博副教授率先发布了《2016 中国 VR 营销生态白皮书》，全面梳理并分析了我国 2016 年 VR 营销的现状。同时，与会人员还提出了 VR/AR 在中国的发展趋势与瓶颈，进一步让研究者与参与者对媒介技术变革的思考回归理性。协同、即时、迭代、系统、沟通、跨界、柔性、聚焦，在“经济新常态”的外部大环境下，国内各行各业对大数据、数字营销、数字技术、数字伦理的理论研究与实际应用已经驶入快车道，此次会议的成功召开，将会在国家总体战略的指引下，为建立良性的数字营销国际化生态发挥重要的推动作用。

2016 年 6 月 25 日，“中国新闻史学会学术年会暨第二届新闻传播学学会奖颁奖典礼”在广州暨南大学举行。此次会议以“中国气派 世界眼光：新媒体时代的新闻与传播研究”为主题，论题涉及中外新闻史、中国台湾与东南亚华文新闻传播史、新媒体、广告与数字营销、国家形象与品牌传播、视听传播、少数民族新闻传播史、新丝路、马克思主义新闻观教育等近几年的学术研究热点。此后不久，第九届（2016）年中国新闻学年会于 9 月 24 日上午在浙江传媒学院新闻学院召开。此次年会的主题为“中国新闻学的未来发展之路”，在主题讨论环节 30 余名国内外专家以“中外新闻学学科发展与创新路径比较”“业界视角：新媒体环境下新闻学教育发展创新”为主题进行了充分研讨，后者从业界角度对在新媒体时代中国新闻学的未来发展进行了分析。

新媒体技术带来的冲击，不仅仅对媒体行业带来了变革，也正改变着与传媒相关的经济、科技、教育等方方面面。2016 年 10 月 15 日，上海交通大学媒体与设计学院、国际传播学会（ICA）共同主办了“2016 国际新媒体论坛”，此次论坛设置了“大数据时代下的传媒经济”“传统媒体转型之路”“新媒体环境下的新闻教育”“New Media Use and Effects”等 17 个分论坛，其中还包括“期刊论坛：中英文期刊论文发表经验之谈”和“院长论坛：新媒体教育之现状和未来”。议题既立足于当下的媒体发展与社会现实，又放眼技术之未来发展，将业界前沿问题引入学界研究，并且表现出对新闻传播教育的共同重视。

此外，中国传媒大学于 2016 年 11 月 22 日举办了“2016 中国互动营销趋势论坛”，论坛中有研究者提出了目前互动营销领域的三大难题：营销的系统化尚未建立；营销的概念逐渐被颠覆；产业渠道化完全没有打通。2016 年 12 月 14 日，中国传媒大学还举办了“媒介融合变革时代的电视发展”论坛，对媒介融合背景下电视政策、产业、文化和理论的创新等议题进行了深入讨论，并指出新媒体时代电视并没有走向衰落，依然承担着主流媒体的使命，传递着主流价值观。

这一系列的研究与讨论，将我国 2016 年新闻传播事业及新闻传播教育推向一个更贴近时代、更贴近每一个参与者的中心地位。

1.6 社会服务

新闻传播事业自诞生以来就是开放的，面向社会、面向现实、面向世界，同样，新闻传播教育也不应固步自封、闭门造车。2016 年我国新闻传播教育仍坚持开放的原则，但与往年有所不同的是，2016 年我国新闻传播教育在社会服务方面呈现出以下特点：

1.6.1 VR 工作坊异军突起，与新闻传播学界业界的合作深化

2016 年可谓我国 VR 研究的元年，VR 即虚拟现实的代称，它的工作原理是利用电脑模拟产生一个三维空间的虚拟世界，向使用者提供关于视觉、听觉、触觉等感官的模拟环境，让使用者如同身临其境，可以及时、没有限制地观察三维空间内的事物。

2016 年 3 月 25 日，由复旦大学新闻学院新媒体传播专业硕士项目与财新传媒合作的首届“复旦—财新 VR 内容创作工作坊”在新闻学院举办，这是国内最早由高校与社会媒体共同创立的有关 VR 研究、创作的平台。

2016 年 11 月 5 日，暨南大学新闻与传播学院联合千核科技有限公司共同举办了广东省新闻院校首个 VR 工作坊，主要目的是让学生能掌握 VR 技术的基本知识，学会 VR 实景拍摄和后期制作，拓展 VR 技术的运用。工作坊共安排了 5 期课程，包括 VR 基础知识讲解、VR 设备体验、VR 拍摄和后期制作，以及实践指导等。

VR 工作坊不止在东部发达地区落地，在新疆大学也诞生了我国西部首个“VR 工作坊”。2016 年 9 月 30 日由新疆大学新闻与传播学院院长张允教授牵头，中国人民大学新闻学院援疆教师于东东负责规划的“新疆大学新闻与传播学院 VR 工作坊”正式成立并运行。与其他院校不同的是，新疆大学 VR 工作坊是以大量 VR 技术应用实验来帮助实验者积累丰富的感性知识，为后续的理论研究进行铺垫，并设想结合国内外传媒领域中同类型 VR 作品进行对比分析，从而准确把握这种新技术的理论研究脉络。

同时，在媒介技术变革的冲击下，学界与业界的联系合作日渐紧密，并突出明显的时代特色，比如传统媒体向互联网全媒体的转型。

2016 年 7 月 21 日上午，中国人民大学“未来传播学堂”成立仪式暨“数字传播精

英人才培养论坛”在北京举行。中国人民大学“未来传播学堂”由中国人民大学新闻学院与蓝色光标传播集团共同建设，“未来传播学堂”第一阶段为10年，将跨媒体、跨学科、跨文化培养一批高级数字营销传播人才。中国人民大学和蓝色光标共建未来传播学堂，是中国大陆传播企业与传播院系首个深度合作项目，对于新闻传播院系学生、传播企业甚至整个传播行业的发展都具有里程碑的意义。

2016年11月2日，复旦大学新闻学院也与网易传媒签订战略合作协议，双方的强强联合能够汇聚各自的优势，连接业界和学界，优势互补、资源共享，为学生的新媒体业务实践能力的培养和社会合作资源的良性对接提供重要实践平台。

按照协议，双方将在建立前沿课程分享机制、学术与技术合作机制、学生实践实习机制三个方面展开合作。在前沿课程分享机制上，双方将通过前沿讲座和工作坊等多样化的形式，将网易传媒优质教学资源引入学校课堂，为复旦大学新闻学院的学生带来新媒体领域热点事件解读和前沿业务分享。在学术与技术合作机制上，双方将利用网易传媒提供的独家数据或第三方数据开展合作研究，联合制作、发布相应的学术报告。在建立学生实践、实习机制上，双方将着眼于“中国守艺人”“校园特约记者团”“网易专属特派员”等实习项目的合作，使同学们能有机会参与到新闻业界的实践中；网易传媒将邀请校媒公众号入驻“网易号”，并在技术和内容上给予一定的支持；同时，复旦新闻学院也将整合现有的新媒体前沿资讯、优秀师生作品等内容在网易平台发布。① 相对滞后的新闻传播教育如何搭上互联网传媒的顺风车？对此问题的解答，双方的合作应该说给其他高校与互联网传媒做了一次示范，对我国新闻传播教育的发展无疑具有深刻的意义。

当然，在新媒介技术的倒逼下，传统媒体亟待转型，近几年继“北京时间”“看看新闻”的成功转型之后，一批传统媒体逐渐向互联网靠近。2016年12月2日，《钱江晚报》与浙江大学传媒与国际文化学院共同签订合作备忘录，共建“24小时新闻实验室”，双方希望通过此次共建实验室的契机，探索大数据、人工智能、虚拟现实等前沿科技在新闻生产中的应用与实践，探索数据可视化、游戏化新闻等新媒体产品的开发与应用，探索互联网时代复合型人才的培养模式。② 除《钱江晚报》外，国内多家报业正利用大数据打造互联网媒体产品，创造新的商业模式，以互联网思维重构与用户的

---

① 复旦大学新闻学院. 网易传媒与复旦大学新闻学院签订战略合作协议［EB/OL］. 复旦大学新闻学院官网，2016-11-10，http：//www. xwxy. fudan. edu. cn/node2/fdxwxy/xyxw/u1ai107565. html.

② 浙江大学传媒与国际文化学院. 浙江大学传媒学院与钱江晚报，强强联合共建“24小时新闻实验室”［EB/OL］. 浙江大学传媒与国际文化学院官网，2016-12-05，http：//www. cmic. zju. edu. cn/index. php? c=index&a=detail&id=10409.

链接。

1.6.2　社会培训的国际化

在我国，新闻传播教育是一种较为开放的教育模式，包括继续教育、社会培训等方式的新闻传播教育也得到了广泛的应用和认可。在一些高水平的新闻院校、社会培训甚至呈现出国际化的趋势。比较成功的此类项目有中国人民大学新闻学院的“巴基斯坦青年学者访学项目”。自 2014 年起，中国驻巴基斯坦大使馆每年从巴基斯坦主流媒体中选拔 5 名优秀青年记者作为访问学者在新闻学院进行培训学习。2016 年 10 月 19 日，项目第三期正式开始，在为期 9 个月的时间里，他们将在北京、上海展开丰富多样的培训交流活动，包括涉及中国政治、经济、社会、文化及“一带一路”等诸多课题的专题讲座；实地参访人民日报社、中国国际广播电台、中国日报社、上海媒体集团等单位；参观调研知名企业；观摩外交部新闻发布会，等等。

另外，中国人民大学新闻学院作为中国新闻教育高水平院系，还承办了由中非新闻交流中心主办的“非洲记者培训班”，在 2016 年 2 月 29 日的开班仪式上，蔡文书记引用习近平总书记在中非合作论坛上的发言指出，“任凭时代社会发展变迁，中非相互理解、共同进步的协作精神不会改变”；她还表示，中国人民大学新闻学院将尽最大努力为非洲记者们提供信息量充分、互动充分、高质量的系列讲座。

随着中国与世界的联系愈加紧密，中国也需要通过合适的方式和渠道向世界展示一个真实的中国、一个具有大国风范的中国，通过对国际学生的教学与培训，能够为中国和世界之间架起一座相互沟通、相互理解的桥梁，这对塑造和展示我国的国家形象具有十分深远的意义。

当然，本土的社会培训仍然是我国新闻传播教育社会服务的重点。2016 年中国人民大学新闻学院青年教师方洁博士就为辽宁沈阳的华商晨报社作了“两会报道研究”的培训讲座，这是新闻学院与华商晨报社合作的业务培训（工作坊）系列教学计划的第一讲。其他如复旦大学新闻学院多年来先后与湖南广电集团、湖州日报社、湖南日报社、宁波日报社、绍兴日报社、泉州日报社、海峡导报社、常州日报社、浙江日报社、南通日报社，以及贵阳、合肥等媒体和地区合作开办新闻学研究生课程进修班。浙江大学传媒与国际文化学院还举办了各类研修班，包括“新闻采编与制作专题研修班”“文化产业发展专题研修班”“危机管理与舆情应对专题研修班”等社会培训课程。

社会服务作为我国新闻传播教育的一部分，一直在推动我国新闻传播教育的过程中发挥着重要作用。近年来，随着我国新闻传播教育的进步，有越来越多的国家和地区的人士来到中国学习、研究新闻传播，这对我国新闻传播教育的国际交流与持续发展具有深刻的双边意义。

1.7 国际化办学

新闻传播学作为一门舶来学科，对外的交流和合作对于促进学科的发展大有裨益。2016年以来，我国各大新闻传播院校积极地与国际知名院校互访交流，探讨合作办学的可能性，并取得了一系列的成果。

1.7.1 与国外传统知名院校的合作办学进一步深化

密苏里大学新闻学院作为老牌知名大学，对中国新闻传播教育的影响十分深远。20世纪以来，我国新闻传播教育界与密苏里大学新闻学院一直保持着密切的联系，并拥有悠久的合作办学历史。

2016年1月11日，为适应媒介融合大趋势，进一步提升学院综合实力，同时为学生发展提供更广阔的空间和机会，河北大学与美国密苏里大学新闻学院达成了联合办学意向。双方代表签订了《河北大学新闻传播学院与密苏里大学新闻学院本科双学位联合培养等合作项目意向书》，以及《河北大学新闻传播学院与密苏里大学新闻学院“信息技术与媒介协同创新研究中心”共建协议》。

2016年3月8日，密苏里大学新闻学院院长戴维·柯尔皮斯博士、副院长弗里兹·克罗普博士和环球交流项目部中国合作项目主任章于炎又来到了清华大学新闻与传播学院参观访问。柯尔皮斯院长表示希望双方能够在未来就增强合作的具体内容进行商讨，双方也同意在未来学士学位联合培养、研究生交换、教师及博士生进修深造、学术互访等方面展开新型合作模式探索，以推动双方的教育合作与交流。

但就目前而言，我国新闻传播院校与密苏里新闻学院的合作还有待继续深化，而中国传媒大学应该说是国内院校最早将合作计划付诸实践的。2016年3月7日，由中国传媒大学与密苏里新闻学院合作共建的“中传—密苏里传播学中外合作办学本科”正式揭牌，这是美国新闻传播学领域最具影响力的密苏里新闻学院在我国首个联合开设的本科传播学学位，标志着中国传媒大学与世界一流高校机制化合作共建一流学科取得又一成果。由教育部批准的中传—密苏里传播学专业代码为050305WH，学制4年，每年招生人数60人，学生根据培养情况可以获得中国传媒大学或者双方学位，并且2015届首届学生已经入学。中国传媒大学相关负责人表示：作为教育部首个批准的新闻传播类

“中外合作办学专业”，我校国际传媒教育学院将系统引进其优质新闻传播教育资源，建设中外合作办学的示范机构。

近年来，我国与国外院校的合作愈加广泛和深入，但需要注意的是，对于国外的教学理念或教育模式，不能一味地照抄照搬，必须根据我国目前新闻传播教育的现状以及媒介发展的现实状况，有计划、有步骤地实施，以适应我国新闻传播教育的发展趋势。

1.7.2　中俄新闻教育高校联盟的成立与我国新闻传播教育的国际化

我国新闻传播教育事业发展的早期，与美国的合作和联系最为广泛和深入，而近年来，我国新闻传播教育的国际化办学已呈现出全球化的趋势。2016 年以来，无论是有意向合作还是已经落地实施的国际化办学的国家来源，都向着更加多元的方向发展。

据不完全统计，我国新闻传播院校与亚洲、非洲、欧洲、美洲、大洋洲的高校均有合作办学的交流意向，有部分甚至已经开始着手进行具体细节的落实与实施。2015 年 5 月，中国国家主席习近平与俄罗斯总统普京共同宣布 2016 年和 2017 年为“中俄媒体交流年”，这是中俄两国在新闻传播、文化交流、国际话语体系构建等方面具有战略意义的重大举措。作为“中俄媒体交流年”的重大活动之一，2016 年 7 月 9 日，由中国人民大学主办、中国人民大学新闻学院承办、中国人民大学俄罗斯研究中心协办的“中国人文社会科学论坛 2016：中俄新闻教育与传媒发展”暨“中俄新闻教育高校联盟”成立大会在中国人民大学国学馆举办，这是 2016 中国新闻传播教育界最具时代意义和历史价值的一次国际合作。

教育部副部长郝平表示，2016 年是中俄睦邻友好条约签署 15 周年、中俄战略协作伙伴关系建立 20 周年，中俄高校共同成立中俄新闻教育高校联盟，将为双方的合作带来新活力。俄罗斯孔诺夫参赞也向中俄新闻教育高校联盟的成立致以祝贺，他表示，中俄新闻教育高校联盟的成立将有助于加强中俄两国在媒体领域的联系，培养两国高水平专业人才，提升俄罗斯媒体对中国和中国媒体对俄罗斯的报道力度。最后，中国人民大学新闻学院执行院长郭庆光宣读了中俄新闻教育高校联盟《北京宣言》。该宣言表示：联盟成员高校将互尊互信、和衷共济、互学互鉴、合作共赢，在新闻传播教育领域开展务实合作，共同为推动中俄人文交流合作、促进民心相通做出应有的贡献。① “中俄新闻教育高校联盟”成立大会结束之后，双方还就两国的新闻传播教育等议题进行了学术

---

①　中国人民大学新闻学院. 中国人文社会科学论坛暨“中俄新闻教育高校联盟”成立大会在中国人民大学举办［EB/OL］. 中国人民大学新闻学院官网，2016-07-11，http：//jcr. ruc. edu. cn/xinwen/dongtai/content-1159. html.

分享与探讨。

“中俄新闻教育高校联盟”首批成员单位包括：

19 所中国内地高校：中国人民大学、北京大学、清华大学、复旦大学、南京大学、浙江大学、武汉大学、厦门大学、中国传媒大学、北京外国语大学、上海外国语大学、黑龙江大学、新疆大学、暨南大学、重庆大学、郑州大学、华中科技大学、四川外国语大学、新疆财经大学。

2 所中国港澳地区高校：香港浸会大学、澳门大学。

14 所俄罗斯高校：莫斯科国立大学、圣彼得堡国立大学、俄罗斯人民友谊大学、莫斯科国立国际关系学院、莫斯科国立语言大学、喀山联邦大学、乌拉尔联邦大学、伊尔库茨克国立大学、伏尔加格勒国立大学、远东联邦大学、托木斯克国立大学、南联邦大学、沃罗涅日国立大学、圣彼得堡国立经济大学。①

除此之外，2016 年其他新闻院校还与世界上其他国家的高校进行了广泛的合作交流。尤其是中国传媒大学，自 2016 年 2 月起，就先后与泰国国立发展管理学院、英国诺丁汉特伦特大学、爱尔兰都柏林城市大学、德国柏林自由大学、日本城西大学、巴西南大河州联邦大学、加拿大西蒙菲莎大学、印度索迈亚大学、巴基斯坦旁遮普邦中央大学等高校进行了合作交流，并于 2016 年 3 月 17 日启动了教育部批准的中传—诺丁汉中外合作办学专业招生，首届招收传播学、新闻与传播、传媒经济学三个硕士学位的学生。

应该说，2016 年以来，我国新闻传播教育的国际化办学趋势正在加快，并且合作的程度正在加深，尤其是对于一些学科内的新兴研究方向，我国新闻传播院校正与国际接轨，并且与第三世界国家的联系也愈加紧密，这对于以后我国国际舆论的竞争力的提升以及国家形象的塑造都有深远的现实意义。

1.8　结　　语

2016 年是我国新闻传播教育坚持全面深化改革的一年，在习近平总书记的领导下，我国新闻传播教育在加强马克思主义新闻观教育方面取得了一定的成绩，提高了全国新

---

① 中国人民大学新闻学院. 中国人文社会科学论坛暨“中俄新闻教育高校联盟”成立大会在中国人民大学举办［EB/OL］. 中国人民大学新闻学院官网，2016-07-11，http：//jcr. ruc. edu. cn/xinwen/dongtai/content-1159. html.

闻传播专业师生的马克思主义素养。同时，在互联网新技术的倒逼机制下，我国新闻传播教育积极与社会现实接轨，将媒介新技术引入新闻传播教育教学，为新闻传播专业的学生带来了最新的技术体验。

但在这一系列成绩的背后，也存在着一些不可回避的问题。根据教育部学位管理与研究生教育司（国务院学位委员会办公室）下达的《2016 年动态调整撤销和增列的学位授权点名单的通知》，中南大学新闻传播学一级学科硕士学位授权点被取消。① 另外，在我国新闻传播学教育的改革进程中，还出现了建设无序、盲目扩张等现象，对全国新闻传播学教育的良性发展产生了一定的负面影响，在新闻传播学教育深化改革的未来，应当为此敲响警钟。

未来新闻传播教育的发展须朝着务实化的方向发展。过去我国新闻传播学界落后于业界的发展，造成了教育与现实的脱节，而改革以来，又出现了一些步子过快、不顾实际的现象，对此应引以为戒。新闻传播学教育的建设与发展须根据当时当地的具体实际，全面考虑院校发展的现实情况，一步一个脚印，用务实的精神对待新闻传播学教育的改革发展。

新闻传播教育应形成特色化的格局。我国新闻传播教育应该避免千篇一律、千校一面的状况，这不仅会造成新闻人才缺乏自我特点、缺乏创新精神的问题，还会阻碍我国新闻传播教育的健康发展。所以，不同类型的新闻院校最好根据各自的特点，利用有利条件，形成具有自我特色的办学面貌。

互联网时代的新闻传播教育也应努力实现共享化。目前，互联网媒介技术的发达不仅深刻改变了新闻传播行业，同时给新闻传播教育事业提供了便利，高校之间可积极利用新技术，共享课程资源、师资力量等，避免教育资源的浪费，将更多的资金和精力投入新闻传播教育的创新发展。

（李建新）

① 中华人民共和国教育部. 国务院学位委员会关于下达 2016 年动态调整撤销和增列的学位授权点名单的通知［EB/OL］. 中华人民共和国教育部官网，2016-09-23，http：//www. moe. edu. cn/s78/A22/xwb_ left/zcywlm_ xwgl/moe_ 818/201610/t20161019_ 285495. html.

第 2 章　中国新闻传播类专业教育发展的历史回眸

2.1　新闻专业教育的历史回眸

自 1918 年北京大学新闻学研究会成立以来，中国新闻专业教育已接近百年历史，与新闻事业相互促进，为其输送大量优秀人才。回顾新闻专业教育的发展历程，不难发现，其诞生和繁荣自有内在逻辑，并与政治、经济、文化和教育变迁密切相关。进入 21 世纪后，新闻专业教育迅猛发展，成绩斐然。与此同时，新时代和新技术给新闻专业教育提出全新要求，不仅要扩大规模，还要更新课程设置、教学内容和硬件设施，更要重新思考教育目标、培养理念。因此，新闻专业教育在历史回眸之际，必须分析现状，理清挑战与应对策略，调整教育模式，以便薪火相传，更好地服务于新闻事业。

2.1.1　新闻专业教育的起源和初步发展时期（1912—1949）

1. 开办新闻教育是大势所趋

18 世纪末，西方资本主义国家敲开中国大门，一方面凭借走私和非法贸易在中国获取经济利益，另一方面利用传教活动对中国进行文化渗透。在报业领域，西方列强纷纷在中国设立新闻机构，垄断了中国的新闻出版业，报业成为列强在中国攫取利益的重要阵地。这些西方新闻机构的设立，客观上也为中国人打开了一扇学习西方先进报业操作经验及管理理念的窗口。西方新闻学思想和实用主义哲学在这一时期对中国新闻业及新闻教育的发展产生了深刻的影响。

同时，外敌入侵、主权沦丧令中国知识精英觉醒，由他们引导的“新文化运动”倡导西学，高举科学、民主旗帜，呼吁国人反省，实现民族独立，引领国家走上富国强民之路。在新文化运动中，无论是维新派还是革命派，都视报业为社会变革必不可少的宣传工具，与他们的革命运动实践紧密相连。言论自由以法律的形式被确立了下来，随之而来的是效仿西方办报、办学，极大地促进了报业发展。

2. 新闻专业教育的起点

1918 年 10 月 14 日，北京大学新闻学研究会成立，标志着中国新闻教育的开始。该研究会被公认是中国最早的新闻教育和研究机构，第一次将新闻作为学术对象进行系统研究，被称为“报业教育之发端”。

北京大学新闻学研究会会长是新文化运动的倡导者、校长蔡元培，该研究会系统讲授并研习新闻学，由徐宝璜、邵飘萍任导师。研究会活动持续了两年多的时间，并在 1919 年出版了中国第一本新闻学著作《新闻学》，创办了第一份新闻学期刊《新闻周刊》。以此为基础，新闻学研究及新闻教育逐步展开。一批新闻学译著及中国学者的新闻专著问世，成为我国新闻学教育初期的教材，也帮助新闻学树立起学科地位。

3. 新闻专业教育的初步发展

20 世纪 20 年代开始，各高校纷纷开设新闻系。其中，最突出的是位于上海的圣约翰大学报学系和位于北京的燕京大学新闻系。

1920 年，《密勒氏评论报》主笔、密苏里新闻学院校友毕德生主持成立了上海圣约翰大学报学系，他仿照密苏里新闻学院的课程设置，为圣约翰报学系设置了一套美国式的新闻学课程，并出任首任系主任。上海圣约翰大学报学系开启了中国高等院校正规的新闻教育。

1924 年，美国人司徒雷登在北京成立燕京大学新闻系，燕京大学的办学方针、课程设置、学术思想、政治倾向都蕴含浓郁的美国特色。燕京大学新闻系在中国新闻教育发展史上享有盛誉，为中国新闻教育事业做了大量开拓性的工作，培养了大批优秀新闻人才。

随后，陆续问世的还有北京平民大学、法政大学、南方大学、国民大学等校的新闻科系，其中最具代表性的是北京平民大学新闻系、复旦大学新闻系和北平世界新闻专科学校等。

1937—1949 年是新闻教育的进一步发展时期。抗战爆发后，不少新闻系科和院校内迁，大后方和抗日根据地新闻事业蓬勃发展。抗战胜利后，内迁的院校回迁。这一阶段有代表性的新闻科系或院校有政治大学新闻系、社会教育学院新闻系和中国新闻专科学校等。

4. 新闻专业教育在起源和初步发展时期的特点

新闻教育在起步和初步发展阶段形式灵活、层次多样：既有正规入学、系统培养的，也有短期培训的；办学单位国立、民营等兼而有之；办学机构主要集中在上海、北京、南京、重庆和广州等少数几个大城市。这一时期新闻教育的最大特点是深受西方的影响，尤其是美国的影响。我国的新闻教育在初始阶段非常重视理论与实践的结合。不少新闻院系创办了自己的通讯社和学生实习报刊，所聘用的教员多在新闻实操领域任职。

总体来说，这个阶段在办学模式上主要仿照美国，以培养应用型人才为目标，以新闻专业知识与技能的培养训练为教学重点，美国的新闻教育模式影响和促进了中国新闻教育的发展。

2.1.2　新闻专业教育的调整和衰落时期（1949—1978）

1. 新闻专业教育的调整

1949—1966年，伴随着人民新闻事业的长足发展，中国新闻教育也经历了一系列的调整和发展。从根本上明确了新闻教育的为党的事业、为人民的事业和为社会主义事业服务的宗旨。在政治上，以马列主义、毛泽东思想为指导的基本原理、基本理论取代了旧的课程内容。在培养方法上，按社会主义建设的要求，结合党的新闻事业的需要，灵活又机动地安排课程，分不同类型、不同层次对正在从事新闻工作和将要从事新闻工作的人进行新时代背景下的新闻教育。新闻单位是党的耳目喉舌，党和政府加强了对新闻教育的领导和有计划的发展，调整的目的是优化结构、合理布局，这对现在的新闻教育的改革也有一定的借鉴意义。之后的极“左”路线虽然在一定程度上破坏了新闻教育的秩序，但总的来说，中国新闻教育的历史还有着坚实的基础，一些优良的传统仍然值得当今新闻教育界的继承和发扬。

从1949年到1966年属于调整时期，这一时期对旧中国的新闻教育进行了调整和改革，不少新闻院校外迁或停办，保留下来的有6所，即北京的燕京大学新闻系，上海的暨南大学新闻系、圣约翰大学报学系、复旦大学新闻系、民治新闻专科学校，以及苏州的社会教育学院新闻系。以培训在职干部为主的新闻教育机构开始创办起来，如北京新闻学校、中央宣传干部训练班、中央马列主义学院新闻班等。

1952年，北京大学中文系新闻专业成立，由罗列、蒋荫恩负责，燕京大学新闻系并入该专业；圣约翰大学和暨南大学的新闻系并入复旦大学新闻系，由陈望道负责。

1955 年，中国人民大学设立新闻系，由安岗任系主任。1958 年 8 月，北京大学中文系新闻专业并入中国人民大学新闻系。

同时，国家调整旧的课程体系，抽调大批在职干部进入整顿后或新建的新闻院系任教，师资队伍、教学设备和图书资料等日渐充实、完善，初步建立起社会主义新中国的新闻教育体系。

此后，江西大学新闻系、杭州大学新闻系、西安政法学院新闻专业、广州暨南大学新闻系等地方院校的新闻教育单位也相继创办起来。随后由于国民经济调整，新闻教育机构也相应进行整顿，到“文革”爆发前夕，中国内地逐步形成以中国人民大学新闻系和复旦大学新闻系为主的两个新闻教育基地。

2. 新闻专业教育的衰落

1966 年 5 月“文革”爆发后，中国人民大学被迫停办，复旦大学新闻系也暂停招生。从 1966 年到 1970 年这四年间，中国内地的新闻教育一片空白。1972—1976 年，北京大学中文系新闻专业和复旦大学新闻系开始招收三年制工农兵大学生，这是“文革”期间仅有的两家新闻教育机构。1976 年“文革”结束，1977 年我国恢复高考制度，1978 年中国人民大学复校，北京大学新闻专业并入中国人民大学新闻系。至此，全国开设新闻系（专业）的院校有中国人民大学、复旦大学、北京广播学院和暨南大学四家。

回顾这段历史，可以看到苏联教育模式对我国新闻教育的深刻影响。中华人民共和国成立后，内地废止了原来的美式新闻教育模式，从教学体制、教学计划、教学方法到教学内容都照搬苏联，没有考虑我国具体国情和新闻教育的发展规律。虽然在 1956 年后对苏联模式做了一些修改和调整，但其基本理念和运作方式并没有改变。在新闻教育中强调德育教育、政治挂帅，政治课的课时和门数有所增加，参加政治运动成为一项教学内容，纳入教学计划。当时提出的口号是“教育必须为无产阶级政治服务，必须同生产劳动相结合”，这最终导致了片面强调劳动和政治教育，甚至以劳动和政治教育来取代新闻学专业知识的传授和学习，教学计划被打乱，教学质量受到严重影响。

由于受到极“左”思潮的影响，新闻教育中把所谓姓“资”的课程（如报业经营管理等）一律从教学计划中删除；把涉及资产阶级报纸和报人的内容，全部从教材中抹掉；新闻史雷同于革命史或局限于无产阶级党报史，外国新闻史以批判资产阶级新闻事业为主要任务；大搞“无限上纲”的学术批判，在新闻学的教学和研究中形成了许多禁区。这些做法严重影响了我国新闻事业的正常发展，使我国新闻教育难以形成自己的体系和特色。

2.1.3 新闻专业教育的恢复时期（1978—2000）

1. 新闻专业教育的正常化

1977年年底，高考恢复，各大高校新闻科系的招生秩序恢复正常，中国新闻教育进入一个新的发展阶段。除中国人民大学、复旦大学两校新闻系以外，又陆续增加了郑州大学、安徽大学、中国人民警官大学、四川大学、河北大学等七所大学新闻系（专业）和一所培训在职人员的全国记协职工新闻学院。这一时期的新闻教学计划都做了重新修订，学制恢复到了“文革”前的四年制。

这一阶段的新闻学教育向更高层次迈进。中国社会科学院新闻研究所、中国人民大学、复旦大学开始恢复招收新闻学硕士研究生。1984年中国新闻学院、中国人民大学开始招收新闻学第二学位学生。同年，中国人民大学新闻系与复旦大学新闻系同时获得博士学位授予权，1985年开始招收博士研究生。这标志着我国新闻教育完成了由本科生向博士生的发展，形成了新闻高等教育的完整体系。

2. 全国新闻教育工作座谈会的召开为新闻教育事业的长足发展奠定基础

1983年，中共中央宣传部和国家教育部联合召开了全国新闻教育工作座谈会，着重讨论我国新闻教育的发展规划问题，发表了《关于加强新闻教育工作的意见》，会议要求大力加强新闻教育工作，凡有条件的省都争取建一个新闻系。这大大促进了新闻教育的快速发展，掀起了我国新闻教育的一个办学热潮。到20世纪80年代末，我国所有的大行政区都有了新闻教学点，内地新闻教育的格局大体形成。

3. 新闻专业教育形式多样化

改革开放以后，政治环境的变化、文化观念的转型，使人们有意识地在关注人、重新确立人的价值层面，思考新闻文化创造的本质。从终极式报道到动态式、进行式报道，使人参与事件发展的进程。从单侧面报道到多侧面报道，重建新闻的客观理性精神等。这些文化观念的变化和时代的要求使新闻教育呈现出多样化的教育形式。

1980年，中国人民大学函授学院率先在外省市开办新闻函授班。1985年，中央广播电视大学开始招收新闻专业学员，发放教材，利用电视进行辅导。1986年，全国高等教育新闻专业自学考试委员会成立。该委员会组织制订教学计划，编写相关教材，并陆续在北京、上海等地组织新闻专业自学考试。

1992年，中共十四大提出了建立社会主义市场经济体制的目标，为我国新闻教育发展提供了广阔的空间。1998 年在教育部修订后的本科专业目录中，新闻传播学升为一级学科，下设新闻学与传播学两个二级学科，并将专业调整为新闻学、广播电视新闻学、广告学、编辑出版学 4 个专业。这次学科调整的宗旨是贯彻教育方针，按照培养基础扎实、知识面宽、能力强、素质高的高级专门人才的总体要求，淡化专业意识，拓宽基础，加强素质教育和能力培养。

2000 年，根据《国务院关于进一步调整国务院部门（单位）所属学校管理体制和布局结构的决定》，我国的新闻传播教育从过去的“部门办学”转变为“中央与地方共建，以地方管理为主”的发展模式。这一教育管理体制的调整有力地促进了传媒相关专业教育新格局的形成。根据教育部的部署，全国绝大多数高校开展了“面向 21 世纪教学内容和课程体系改革”，新闻学专业按照新的专业目录作了调整，并在改革过程中对专业课程普遍作了压缩，增设了文化科学基础课程。

2.1.4　新闻专业教育的迅猛发展时期（2000 年至今）

1. 新闻专业教育发展的新机遇

21 世纪的信息技术革命、传播全球化、经济一体化为我国的新闻事业发展创造了机遇，新闻专业教育迅猛发展是我国社会进步的必然要求。

1）新闻教育迅猛发展是实现党的战略目标的客观要求

2016 年 2 月 19 日，习近平总书记到人民日报社、新华社和中央电视台调研，并在党的新闻舆论工作座谈会上发表重要讲话。讲话指出，党的新闻舆论工作要坚持党性原则，最根本的是坚持党对舆论工作的领导。党和政府主办的媒体是党和政府的宣传阵地，必须姓党。新闻舆论工作各个方面、各个环节都要坚持正确舆论导向。随着形势发展，党的新闻舆论工作必须创新理念、内容、体裁、形式、方法、手段、业态、体制、机制，增强针对性和实效性。要适应分众化、差异化传播趋势，加快构建舆论引导新格局。在新的时代条件下，党的新闻舆论工作的职责和使命是：高举旗帜、引领导向，围绕中心、服务大局，团结人民、鼓舞士气，成风化人、凝心聚力，澄清谬误、明辨是非，连接中外、沟通世界。新闻舆论工作者要转作风改文风，俯下身、沉下心，察实情、说实话、动真情，努力推出有思想、有温度、有品质的作品。要承担起这个职责和使命，必须把政治方向摆在第一位，牢牢坚持党性原则，牢牢坚持马克思主义新闻观，牢牢坚持正确舆论导向，牢牢坚持正面宣传为主。要深入开展马克思主义新闻观教育，引导广大新闻舆论工作者做党的政策主张的传播者、时代风云的记录者、社会进步的推动者、公平正义的守望者。

党构建和谐社会、追求人的全面自由发展的理论纲领，对新闻事业提出了更高的要求。为社会主义新闻传播事业培养出既有理论素养又有业务技能的人才，是当前我国新闻专业教育的重要任务。

2）信息科技进步和传媒业整合重组推动新闻教育的发展

伴随着数字技术的广泛运用与网络传播的迅猛发展，传媒形态的推陈出新与传媒产业的整合重组已是当今全球性的热门话题。在这一变局中，传媒业也正应势而动，从规则、流程到渠道、方式都在发生巨变。能够看到的变化有以下几个方面：首先，新闻信源结构与新闻传播主体发生变化："公民新闻" 对传统大众媒体发起挑战，它打破了传统媒体在新闻传播中的垄断和特权，并使传统媒体的信源结构发生了变化，传统媒体对新闻信息的 "议程设置" 功能受到影响。其次，新闻媒介组织结构与工作流程发生变化："融合新闻" 在全方位的技术运用和所有形态的媒介介质基础上整合新闻传播资源，建立新的流程，采编管理实行跨媒介团队合作，对多种媒介新闻生产流程进行重组整合。最后，新闻载体性能与新闻传播方式发生变化：新闻传播方式从传统媒介主导的单向式变为专业媒介组织与普通公民共同参与的分享式、互动式，大众传播与人际传播更加紧密地结合与汇流。这种新格局一方面造成新闻信息供给过剩，另一方面也促成人们对专业媒体组织整合、诠释信息的更多依赖。

因此，媒介融合对职业新闻工作者提出了更高的要求，进而也使新闻专业教育面临严峻挑战。

2. 新闻专业教育的迅猛发展

我国当前传播实践要求新闻教育与时俱进，新闻教育在办学规模、办学模式、课程体系、设备投入、产学研结合、国际交流等方面都获得长足发展。

（1）新闻学教育办学规模扩大。社会和新闻事业的发展，推动了新闻学教育的迅猛发展，新闻学教育的繁荣又为社会的发展和新闻事业的进步提供了有力的支持。到2015年年底，全国681所高校开设新闻与传播类专业，其中 "211" "985" 高校开设新闻与传播类专业的比例高达55.9%。这681所大学共设有1244个新闻传播本科专业教学点，本科生在校总规模超过22万人。此外，还有一级学科博士点15个，一级学科硕士点75个，二级学科博士点3个，二级学科硕士点13个。

（2）新闻学教育办学模式多元化发展。为了适应多样化的社会需求，新闻传播学办学模式呈现出多元化的态势，主要表现为三种类型：第一种以中国人民大学、复旦大学、中国传媒大学等国内著名的新闻院校为代表，以新闻院系为起点，自我发展，逐渐成长壮大，成为中国新闻教育的领航者；还有一些地方综合性大学最初以中文系为依托，立足于多学科并存的背景，探索出一条新闻教育的可持续发展道路。第二种是一些专业性和应用性较强的高校，它们根据自身的性质和特点，调整办学方向，探索出一条学科交叉、文理渗透、优势互补的办学道路，比如一些体育学院、外语学院、政法学院、财经学院等，分别利用专业资源的优势，开设体育新闻、国际新闻、法制新闻、财经新闻等专业。有的师范学院通过专业整合开设新的新闻传播类专业方向。第三种是新闻传播学的成人继续教育及民办教育，这种类型的办学方式灵活多样，但在生源素质、教学质量及社会实践等方面还有待提高。

（3）新闻学教育新型课程体系逐步确立。新闻学科课程体系改革应该确保提供宽阔的人文科学基础知识教育、新闻专业知识教育、科学思维方法的培养、科学工具的使用能力培养、新闻专业工作能力培养等；在课程体系的设计上，需要考虑通识教育和新闻专业教育两个领域的课程体系建构。

在新闻专业领域的课程体系建构中，传统新闻学的核心课程依然占主导地位，新的教学方法（如案例式教学、实践式教学等）在不断尝试应用，高质量的专业教材也在不断出版。

（4）新闻学教育设备投入加大。在媒介融合的趋势下，新闻学教学平台的建设强调“多功能、跨媒体、可扩展”。广播电视节目制作室、网络实验室、激光照排室、数字流媒体编辑室等在各高校陆续建立起来，代表性的有中国传媒大学、中国人民大学、清华大学、武汉大学等。这些教学平台为提高学生的专业技能创造了良好的学习环境，实现了传播技术数字化、新闻媒体产业化及新闻教育专业化三者的有机结合。

（5）新闻学教育产学研相结合。新闻学是一门应用性学科，与业界联合以提高教学和科研的前瞻性、培养人才的适用性，日益受到各个新闻教学机构的重视。产学研结合目前主要有几种做法：一是在各主要新闻媒体单位建设学生实习基地；二是接受各媒体单位人员进修学习；三是合作举办各种类型的专题培训班或研讨班；四是共同实施有关的科研项目，以及合作从事科研成果的效益转化等。

（6）新闻学教育国际交流日益频繁。扩大新闻学教育和科研的国际交流与合作，培养国际性新闻传播人才是新闻传播教育重要的战略目标。所谓国际化人才就是要有国际视野，关心和了解国际形势及其发展，具有国际交往能力的人。

中国内地在培养国际化人才方面已探索出 5 条有效途径：一是与国外新闻院校联合办学，使学生获得赴国外学习和实践的机会，同时接受国外学生来我国学习；二是引进相关的国外经典教材，推行双语教学；三是派青年骨干教师出国进修或做访问学者；四是引进国外师资；五是参与或举办国际学术研讨会。

2.1.5 当前新闻专业教育面临的挑战与对策

1. 新闻专业教育的困境

在我国新闻教育迅猛发展的过程中，教育市场化趋势的负面影响逐渐显现出来，有一些问题需要引起重视。根据中国人民大学新闻学院新闻传播教育课题小组针对国内新闻传播院系所做的调查报告，可以窥见目前新闻学教育发展面临的值得关注的问题。具体表现在以下三个方面：

（1）在师资队伍方面。国内新闻传播院系师资队伍存在着梯队构成、学历结构、知识结构等方面的问题。在部分院系，现有教师的知识结构更新不够及时，与业界发展要求存在一定差距，来自业界的教师资源比较匮乏，个别院系在访谈时表示还缺少新闻传播学科的尖端领军人才。

（2）在专业课程建设方面。在媒介融合的大背景下，新闻传播整个学科的范式亟待调整，课程体系建设也需要新思路，许多院系的专业实践体系化、规范化程度尚显不足。在研究生培养方面，如何准确定位学术硕士和专业硕士不同的培养方向、教学标准、授课特色等还需要进一步探索。

（3）在资源条件方面。现今信息技术发展突飞猛进、媒体变革加剧，高校教学设施想要与业界保持同步，在资金方面有很大缺口。有些院系还缺少与国际一流院校、一流学者直接对话与交流的机会，新闻传播研究视阈亟待开拓。有些院系在给学生提供出国交流机会、图书资料库文献数据库建设、实验室设备投入等领域，都受到现有资源条件的制约。

通过对多家国内新闻传播院系的调研，该小组发现，近五年各新闻传播院系教学改革的主要内容偏重于以下几个方面：通识教育与专业教育的比重有了进一步调整、新闻传播学具体专业的边界渐趋淡化、积极探索提升国际化路线、努力拓展建设教学实践基地、实验教学进一步优化调整。其中，“通识教育与专业教育的比重调整”“新闻传播学具体专业的边界淡化”是针对具体教育内容的调整规划；“实践基地的拓展建设”“实验教学的进一步设计调整”侧重于教学手段与外围资源的利用；而“对国际化路线的探索”则与我国新闻传播教育正在努力与国际学术界对接的现状有关，也在调研中体现得较为突出。

在媒介生态变化的环境下，教育方式和理念亟待调整。全媒体时代对媒体人提出了更多更高的要求，学生需要在诸多方面进行提升，需要讲授的课程越来越多，这势必带来课程的紧张。如何在减负的同时使学生适应新的媒体环境，还值得探索。不少院系推动课程体系创新建设，推动菜单式的培养方案，鼓励学生根据自己的特长和兴趣选择课程，进一步修订培养计划，调整课程结构，加快专业融合进程。其中，中国传媒大学广告学院就在不断完善执行多年的“研究讨论课”教学模式，尝试教师研究课题带动下的方向型小班教学，探索层次化教学对人才培养的价值。

2. 新闻专业教育的发展路径

面对社会的急剧变化、技术的快速进步、业界的迅猛发展，中国新闻学教育在秉承自己优秀传统的同时，需要清醒地看到自身的局限，瞩目未来趋势，坚持改革创新，提高人才培养的前瞻性和实用度。

中国新闻教育未来发展路径需要遵循与新闻实践的融合、与信息技术的融合、与国际社会的融合这三个方向性的原则。

（1）与新闻实践的融合。新闻学界与新闻业界的融合在今天变得十分迫切，主要有以下三个方面的要求：

首先，联手改革新闻实务课程。中国新闻教育机构需要把更多具有丰富实践经验的新闻业界人士引入实务新闻学教学的课堂，构建吸引富有专业工作经验和专业教学能力的新闻工作者加盟新闻教育的机制，特别是要让业界优秀人士担任实务新闻学学分课程的授课任务。在这样的结合中，需要选择优秀的教材，制定严谨的教学方案，对新闻实务课程所涉及的专业工作原则、技术方法体系进行精准认定，对教学的方式和方法进行科学的规范，对于任课教师进行严格的选择和考察，以保证新闻学实务课程的教学既能够得到来自新闻实践前沿的智慧滋养，也不失课程模式的严谨和技术体系的缜密。

其次，联手打造实践教学基地。今天，不少新闻院系在课程设置中安排了实践教学环节。但是，实践教学的实施方式、时间安排、考核标准大相径庭。目前高校新闻学专业的实践教学需要达到以下三个目标：一是实习基地的种类要丰富；二是要让学生进入真实的职业角色；三是严密规划、科学管理。新闻人才的培养是媒体机构和教育机构共同的任务。今天的新闻教育，需要对学生实践教学做出严密的定性与定量规划，并且制定相关的管理制度。

再次，联手推进双向交流机制。除了目前每年举办的各种学术交流会议和各式专业培训之外，新闻业界和学界需要建立起常设的交流机制。双方互通信息、交流观点、分析问题、商讨对策，打破相互隔绝的常态，创造能量交互的机制。在学界与业界的交流机制中，其中最为重要的是联席科研机制。学界和业界需要聚焦于共同关心的中国新闻业发展的前沿性问题和趋势性问题，联手推进对策研究、方法研究和理论研究。具有影响力的学界机构和业界机构应该率先建立起这样的交流机制，政府管理部门和行业组织机构应该推进这一机制的建成。中国新闻学界和业界要联手打造中国新闻教育的平台。

（2）与信息技术的融合信息。传播技术深刻影响着新闻传播的方法、途径、效果，影响着新闻传播的模式与趋向。面对这样的技术演变趋势，今天的新闻教育需要高度关注与技术的结合：一是搭建多功能、跨媒体、可融合的实验教学平台，开发技术教育课程体系；二是打通与技术界进行能量交换的各种通道，了解技术动态，把握技术趋势，熟悉技术思维、拓展技术应用；三是让具有科学技术背景的教师充实师资队伍，由他们形成对提高师资队伍科学技术素质、对提高课程建设科学技术含量的带动。

（3）与国际社会的融合。在全球化的大趋势下，整个世界的经济联系日益增强，文化交往日益频繁，与此同时，相互冲突的几率也随之剧增。经济的一体化和文化的多元性相互交织，复杂运行，就其密切程度而言，今天的世界正在越来越快地演变成一个村庄。

置身于这样的国际环境中，中国的新闻工作者需要了解多元文化、理解多元文化、尊重多元文化，从而掌握在多元文化中展现自己、与人交流、和谐共生的专业工作方法，要有更广阔的视野、更博大的胸怀。赢得他人尊重的前提是尊重他人，只有更多地了解多元文化，更深入地理解多元文化，才能更为深刻地认知自己所属文化群落的价值，才能为促进多元文化的和谐相处、共生共荣，进行有效的专业工作。

目前，与国际社会融合的重要工作包括以下几个方面：

第一是构建有利于提高学生跨文化交流能力的课程体系。课程是锻造人才的模具，它关系到人的知识体系的建造，而知识体系对一个人的品质、胸怀、眼界、思维方式和专业能力有着决定性作用。从业界对跨文化传播的专业人才的需求和国际新闻教育机构课程体系设置的一般规律上看，新闻教育机构对培养对象的教育需要达到三个目标：知晓国际范围内政治、经济、文化发展的整体情况和态势；了解人类社会多元文化体系的形成过程、基本现状及存在意义；掌握跨文化的观察方法、思维方式和传播技能。

第二是强化师生的外语能力。外语的重要性已经被中国改革开放 30 多年的实践所不断阐释和证明。在美国 21 世纪就业技能委员会向总统提交的 21 世纪美国对学校培养人才要求的专题报告中，外语能力作为 21 世纪人才的三大基础中智力基础的要素之一，被置于重要位置。21 世纪的新闻传播，将随着国际社会相互关联的密切程度的提高和网络技术应用的普及程度的提高，加快其国际化的趋势，而新闻专业人才的外语能力是进行国际信息交流的基本能力之一。

第三是促进各种形式的国际交流。各种形式、场合的国际交流不仅有助于新闻专业人才了解国际社会现状、丰富国际交往的阅历、提升国际交流的能力，而且是我们向国际社会描述中国现状、讲述中国理念、解析中国问题、塑造中国形象的重要机会。

（赵建国）

2.2　广播电视学教育的历史回眸

自 20 世纪初无线电广播在我国出现迄今已近百年，在这一百年里，广播电视逐渐从新兴媒体发展成为主流媒体与强势媒体，为适应和满足广播电视事业的发展需要，我国的广播电视学教育也随之开展起来，迄今已形成全方位、多元化、多层次教育体系。

2.2.1　广播电视学教育发展的历史过程

1. 广播电视学教育的起源

我国的广播事业起步于 20 世纪 20 年代，广播电视教育也源于此。当时，广播电台主要为外商、政府及一些军阀所拥有。除了 30 余座由国外的商人、驻华机构和军队开办的广播电台，以及少数民营广播电台外，大量的电台由政府创办。中国人自办的第一座广播电台由奉系军阀于 1926 年 10 月在哈尔滨开办。国民党南京政权建立后，于 1928 年 8 月开办了中央广播电台，此后开办了 150 多座党政军官办广播电台。

为了便于各地收听官办广播，国民政府建立的中央广播电台于 1929 年开办了广播收音员训练班，培训内容为“广播机原理”“广播器材的维护使用”“接收机原理与装修”“播音训练”等。首批培训学员共 13 人，培训结束后大多派往各地负责播音及收音工作。此期培训班可被视为广播教育事业的起源。此后，国民政府中央广播电台及中央广播事业管理处又多次举办了无线电收音员培训班，培训人员近千名。

与此同时，中国共产党也开始筹建广播电台，1929 年秋天，周恩来主持筹建的第一座中共地下电台在上海建立。随着中国共产党无线电事业的开展，共产党也开始培养自己的无线电广播人才，最早的时候主要是送往国民党开办的无线电培训班学习或者赴苏联学习，然后再由这些人员向其他党员传授相关知识。长征后，为了进一步拓展革命根据地的通信及广播事业，中共开始开办培训班及创建相关学校，如 1935 年 10 月成立的军委通信学校，主要培训军队无线电报务人员。这些早期的广播培训班主要是培养通信技术人才及播音员，而较少涉及新闻方面的理论及业务。

广播真正成为高等院校的教育内容则是到了20世纪三四十年代。我国早期的新闻教育机构有北京大学新闻学研究会、北京平民大学报学系、燕京大学新闻系、上海民治新闻学院、复旦大学新闻系和中央政治大学新闻系等，但这些院系开办时主要关注纸质媒体的新闻理论与实务。随着广播电台的大量开办、广播的日益普及广播影响力的增强，这些院校也陆续开始研讨广播作为新闻媒体的重要作用及传播功能，并将广播纳入教学体系之中。最早开设广播相关课程的是中央政治大学新闻系，它于1935年开设了“无线电学”课程，1943年升级为新闻学院后，将部分学生直接安排进入国民党的中央广播电台学习。此外，民治新闻专科学校也于1943年开设“广播学”课程，复旦大学新闻系还设立了专门的广播收音室。这些高等院校的广播课程不再集中于早期培训班强调的技术知识了，而是逐步过渡到广播新闻传播方面的内容。

2. 广播电视学教育的初创

新中国成立后，广播事业进入了一个新的发展阶段。面对当时广播网建设不完善、广播业基础薄弱等问题，第一次全国广播工作会议于1952年12月在北京举行，确定了“重点建设，稳步前进”的事业方针，培养和训练广播事业干部成为广播事业发展的重要任务。

1954年3月，中央广播事业局在北京首次开办了广播技术人员训练班，开始培训中级广播技术人员，学员部分来自本系统，部分来自社会上的初中生。训练班先后开六期，学习期限半年到两年不等，共培训技术人员922人。与此同时，中央广播事业局还举办过四期播音员训练班和一期收音员训练班，学员均从社会招收，其中播音员160人、收音员40多人，经培训后分配到中央人民广播电台和各地广播电台工作。在此阶段，高等院校积极介入广播人才的培养中，复旦大学、北京大学、中国人民大学新闻系开设广播业务课程，聘请广播部门的负责人、编辑、记者授课。

20世纪50年代中后期，中国的电视事业诞生。1958年5月1日，中国第一座电视台、中央电视台的前身——北京电视台试验播出后，上海、哈尔滨等城市也相继开办了电视台，广播电视事业得到进一步发展与扩充。

1958年9月2日，在党中央对广播事业发展做出指示，尤其提出要创办大学、培养广播专门人才的要求下，中央广播事业局在原有的广播技术人员训练班的基础上，成立了北京广播专科学校。该校最初设有发送、传音、电视3个工科专业，学员包括广电系统选送人员及高中毕业生，当年11月该校还开办了波斯语和西班牙语本科班，培养对外广播的专门人才。同年9月，第一所中专广播学校——湖南省广播技术学校在湖南成立，随后福建、甘肃、山西、山东、贵州等省也建立了一批广播中专学校，为所在地区培养中专层次的广播人才。

此后，为了进一步培养广播电视方面的高等本科人才，1959 年 4 月 2 日，经国务院批准，在北京广播专科学校的基础上组建北京广播学院。当时设立了新闻系、无线电系、外语系等共 11 个专业，以培养大学本科生（学制文科 4 年、工科 5 年）为主，同时培养 2~3 年制专科生。到 20 世纪 60 年代中期，北京广播学院共开办了 30 余个专业，其广播电视学教育初具规模和特色。北京广播学院是我国第一所培养广播电视专门人才的高等学府，北京广播学院的建立和发展标志着中国广播电视学教育进入一个新的阶段。

1966 年“文化大革命”开始后，社会生产和生活都遭受了巨大冲击，不仅广播电视单位基本瘫痪、未能正常进行生产和服务；而且大部分学校陆续停课、整个高等教育也呈现极端混乱的状态，广播电视学教育因此陷入停滞。1969 年北京广播学院被迫停办（直至 1973 年，北京广播学院才得以重办），20 世纪 50 年代末、60 年代初先后开办的一批中专广播技术学校也在这段时间内陆续被撤销。

3. 广播电视学教育的重新起步

“文化大革命”结束后，全国各行各业都历经恢复与重建，广播电视事业发展也重回正轨。广播电视事业的恢复与发展呈现出对广播电视人才的迫切需求，广播电视学教育的重新启动显得尤为重要。1980 年召开的第十次全国广播工作会议提出要建设一支能独立工作的编采队伍，以便在中央和省市各地的电台电视台布局记者站和通信网，也提出要推动北京广播学院进一步发展。此后，在 1983 年召开的第十一次全国广播工作会议上又提出了加强广播电视人才培养和培训的三条措施：首先，重点办好北京广播学院，并筹办第二所高等广播电视院校；其次，普遍开办广播电视中等专业学校；最后，要争取有更多的大专院校增设与广播电视业务对口的专业。

在专业性广播电视院校建设方面，作为第一所广播电视高等教育本科院校，北京广播学院在 1978 年后招生规模迅速扩大，1977—1992 年间，北京广播学院共招收本专科生 5000 余人。1979 年，北京广播学院开始招收硕士研究生，1981 年成为首批硕士学位授予单位，到 1992 年，共培养硕士生 400 余人。同时，第十一次全国广播电视会议提出建设的第二所广播电视高等院校也于 1986 年在杭州成立，名为浙江广播电视专科学校，后于 1994 年更名为浙江广播电视高等专科学校。1985 年，上海市广播电视局、上海市新闻工作者协会和静安区教育局联合创办了上海新闻广播电视职业学校，开设新闻编务、新闻管理、音响录音和电视摄像、广播电视技术 4 个专业。1992 年，陕西省太原市也创建了一所广播电视类的成人高等学校——国家广电总局（部）管理干部学院。

此外，还有10多个省份办有广播电视中专学校。这些专业性广播电视院校基本上由广电总局和部分省级广电厅（局）主办，主要为各级广播电视单位培养人才。

一些综合性大学也陆续开办广播电视学专业。中国人民大学、复旦大学、武汉大学、北京大学、厦门大学等学校在20世纪80年代初纷纷开设了新闻系或新闻学专业，此后又于20世纪80年代中期在新闻学专业的基础上开设广播电视新闻学专业。到20世纪90年代初，四川大学、南京大学、杭州大学等学校也陆续开设广播电视学专业。还有一些综合院校的中文系或者影视戏剧院校也开设了影视文学、电视剧编导、电视文化等广播电视相关专业。

此外，一些党政部门还与高等院校合办广播电视类的课程班或函授站，如北京广播学院在20世纪80年代一直开设有函授课程，并在很多省市与自治区开设了函授站。1983年，福建省广播电视局与福建师范大学还联合举办了中文专科函授班等。广播电视学的办学形式日益多样化。

4. 广播电视学教育的迅速发展

20世纪90年代后，在市场经济日益活跃、人们生活方式转变及由此产生的大量信息和娱乐需求的背景下，我国的广播电视事业迅速发展起来，其产业规模、管理体制、制播方式都发生了巨大变化。与此同时，中国高等教育也开始从精英教育向大众教育转型。与之相呼应，广播电视学教育的规模和层次在20世纪90年代后都得到了大幅提升。

首先，专业性广播电视院校陆续转型为传媒类院校。2000年以前，专业性广播电视院校基本都由广电部门主管，2000年2月起，根据国务院有关决定，北京广播学院归教育部管理，浙江广播电视高等专科学校和国家广电总局（部）管理干部学院分别改由地方管理。2004年9月，经教育部同意，北京广播学院正式更名为中国传媒大学。更名后，该校充分发挥传媒领域学科特色和综合优势，已形成以新闻传播学、艺术学、信息与通信工程为龙头，文学、工学、艺术学、管理学、经济学、法学、理学等多学科协调发展、交叉渗透的学科体系，目前已发展成为国内广播电视学教育重镇。浙江广播电视高等专科学校于2000年2月转制为国家广电总局与浙江省政府共管，以浙江省管理为主。2004年5月，教育部批准该校升格为本科院校，并更名为浙江传媒学院，目前该校已初步形成以传媒类和艺术类专业为主干，并涉足文学、艺术学、经济学、工学、管理学等多学科的专业体系。原国家广电总局管理干部学院则于2000年9月划转山西省政府领导，山西省教育厅管理并与国家广电总局共建，并更名为广播电影电视管理干部学院，是全国唯一独立设置的广播影视类高职高专和成人高校，也是广电总局的干部培训基地，2013 年经教育部批准后更名为山西传媒学院并升格为本科院校。中国传媒大学、浙江传媒学院、山西传媒学院的陆续建院意味着专业性广播电视院校开始向涵盖面更广的传媒类院校转型，并由此带动辽宁传媒学院、四川传媒学院、河北传媒学院等一批传媒类高校的组建。

其次，广播电视学教育的办学规模日益扩大。全国高等院校广播电视学教育规模呈加速度扩张，除了广电类或传媒类院校外，越来越多的综合类院校以及师范、财经、体育、政法、理工类专业院校均涉足广播电视学教育。以广播电视新闻学专业为例，1985—1999 年专业点数量增长相对缓慢，一共增设了 17 个广播电视新闻学专业点，但自 2000 年到 2009 年广播电视新闻学专业点呈现出爆发式增长，每年平均增加 13 个专业点。到 2015 年，全国开设广播电视新闻学专业的院校高达两百余所。相对于综合类院校往往依托多学科交融互补的优势注重培养宽口径广播电视人才，专业院校往往更讲求广播电视学教育的特色性方向。

最后，广播电视学教育层次也有了大幅提高。早在 1979 年，北京广播学院在招收首届硕士研究生时，就将中国广播史和电视新闻列入招生目录。到了 20 世纪 90 年代中后期，越来越多的院校在新闻学、传播学或艺术学硕士点、博士点下开设了广播电视新闻学或广播电视艺术学等研究方向。2002 年，复旦大学在博士学位授权一级学科下设置了广播电视学专业，中国传媒大学在博士学位授权一级学科下设置了广播电视新闻学专业。迄今，几乎所有的拥有博士学位授权的新闻传播院系都设有广播电视学专业，或在新闻学或传播学专业下设广播电视方向。

总体而言，经过几十年的高速发展，我国的广播电视学教育发展已相对成熟，已构建起包括中等专业教育、高等教育、研究生教育在内，从学历教育到职业教育、函授教育等不同教育形式的全方位、多元化、多层次教育体系。

2.2.2 广播电视学教育的三种专业取向

广播电视学教育在其发展过程中主要形成了三种专业取向，包括秉持新闻学传统的广播电视新闻学专业取向，注重艺术创造的广播电视艺术学专业取向，以及强调技术开发与应用的广播电视工程学专业取向。最早期的广播电视学教育主要集中于广播电视技术方面，虽然一些学校的新闻系开设了广播电视学相关课程，但并未形成独立的专业方向。20 世纪 80 年代以后，随着广播电视学教育的恢复与发展，大量的新闻院系开始设立广播电视新闻学专业，广播电视新闻学统领着广播电视学教育的学科方向。20 世纪 90 年代中后期以来，广播电视学教育开始由偏重于新闻学向艺术、动画、文化、设计等其他领域延伸。

这种发展过程与趋势得到了国家政策层面的回应。1992年11月，国家技术监督局颁布的国家标准《学科分类与代码》中，把“广播与电视”列为新闻学与传播学学科范围内的二级学科，它包括“广播电视理论”“广播电视史”“广播电视播音”“广播电视业务”以及“广播电视其他学科”等三级学科；另外，还在艺术学学科下将“广播电视艺术”与“电影”“戏剧”“戏曲”等并列为三级学科。国务院学位委员会在1997年颁布的《授予博士、硕士学位和培养研究生的学科、专业目录》中，将“广播电视艺术学”列为艺术学下的二级学科。1998年教育部颁布修订的本科专业目录中，“新闻传播学”升为一级学科，“广播电视新闻学”为其下的二级学科，并在艺术类本科专业中设立了“播音与主持艺术”“广播电视编导”“录音艺术”“动画”“摄影”“戏剧影视美术设计”“戏剧影视文学”“导演”8个与广播电视相关的专业。

2012年9月，教育部对1998年印发的普通高等学校本科专业目录和1999年印发的专业设置规定进行了修订，形成了《普通高等学校本科专业目录（2012年）》和《普通高等学校本科专业设置管理规定》。新目录中有3个一级学科涉及广播电视相关专业，包括“新闻传播学”“艺术学”与“工学”。新目录将一级学科新闻传播学下的二级学科“广播电视新闻学”专业修改为“广播电视”专业。一级学科艺术学下与广播电视相关的专业则主要为“戏剧学”“戏剧影视文学”“广播电视编导”“戏剧影视导演”“戏剧影视美术设计”“录音艺术”“播音与主持艺术”“动画”以及“数字媒体艺术”。一级学科“工学”下则设立三级学科“广播电视工程”。

目前广播电视新闻学专业主要由一些综合类院校开办，较为重视人文学科基础和新闻技能训练的传统，这些院校大多此前已创办新闻学专业，而后在此基础上增设广播电视学专业。如复旦大学、中国人民大学、武汉大学等综合类院校的新闻学科都具有较为悠久的历史和较高知名度，也是国内最早一批开设广播电视新闻学专业的学校。复旦大学新闻学院的前身复旦大学新闻系创办于1929年9月，其广播电视新闻学专业创建于1984年，拥有广播电视学的硕士点与博士点，在教学上注重广播电视新闻、广播电视艺术和广播电视文化的融合。中国人民大学新闻系（1988年，新闻系改名为新闻学院）成立于1955年，是新中国成立后党和政府领导创办的第一家新闻教育机构。其广播电视学专业成立于1985年，2009年发展为广播电视系，同年获得硕士学位授予权并开始招收硕士研究生，2012年正式设立广播电视学博士点，并从次年开始招收博士研究生，培养以广播电视新闻为核心的应用型专业人才与研究型人才。武汉大学新闻与传播教育始于1983年的新闻系，1985年增设广播电视新闻学专业，2000年成立新闻与传播学院后下设广播电视系，1998年获得传播学硕士学位授予权，2003年获得新闻传播学一级学科博士学位授予权，其后开始招收传播学专业广播电视方向硕士研究生与博士研究生。据“中国高等教育学生信息网”数据显示，截至 2016 年年底，共有 225 所高校在新闻传播学类别下开设了广播电视学专业。

广播电视艺术学专业早期主要集中于传媒（广电）类院校和艺术类院校。1959 年北京广播学院成立时，便在新闻系设立了编采专业、播音专业、文艺专业、电视摄影专业。但当时需求量较小，仅有北京广播学院（中国传媒大学）和浙江广播电视高等专科学校（浙江传媒学院）等少数学校开设。20 世纪 90 年代至 21 世纪初，广播电视事业的繁荣催生了对播音主持、广播电视编导等艺术类人才的大量需求，一大批学校纷纷创办此类专业，广播电视艺术学专业点数量蔚为大观。根据“中国高等教育学生信息网”数据显示，截至 2016 年年底，在本科培养阶段，开设“广播电视艺术学”专业点的高校数量为“播音与主持艺术”207 所、“广播电视编导”206 所、“录音艺术”32 所、“动画”356 所、“影视摄影与制作”40 所、“戏剧影视美术设计”45 所、“戏剧影视文学”89 所、“数字媒体艺术”197 所、“戏剧影视导演”22 所。

广播电视工程学专业由于教学技术门槛较高，开设此类专业的院校数量较少，目前仅 10 余所高校开设了广播电视工程学专业，主要集中于传媒类院校和理工类院校，如中国传媒大学、浙江传媒学院、四川传媒学院、南京邮电大学、重庆邮电大学、上海工程技术大学、西安邮电大学等。

总体而言，目前开设广播电视相关专业的院校数量众多，但数量的高速增长背后仍有隐忧：一是开展广播电视学教育的院校在区域分布上呈现东部中部南部多、西部北部少的不平衡状态；二是由于大量院校广播电视学专业于近年仓促上马，组织机构及教学人员为临时拼凑而成，学科建设水平不高；三是从学科发展的整体情况来看，广播电视学专业重复建设情况严重，大量的学校偏好开设学科壁垒较低的广播电视新闻学及广播电视艺术学专业，而较少关注广播电视工程学专业发展，造成教育资源的浪费，以及学校教育与社会需求的失衡。

2.2.3　融媒体时代广播电视学教育的探索与创新

随着新兴媒体技术的快速发展，新媒体不断出现，报刊、广播电视这些传统媒体与新媒体之间的融合趋势不断增强，这些变化不仅对传媒行业和社会生活产生重大影响，也给广播电视学教育带来巨大挑战。

一方面，技术革命与传媒生态变化使得广播电视学教育不能局限于培养“精通”广播电视业务的人才，而应塑造既熟悉多媒体和融媒体理论与业务，又具有深厚跨学科领域知识，还能具备较高技能的复合型通才。面对这种新的要求，国外一些新闻传播院系已进行了一些改革，如美国密苏里新闻学院格外重视融合新闻的业务教学，哥伦比亚大学新闻学院则专门与计算机学院合作开设了数据分析的研究生项目。这些改革事实上体现了广播电视学教育日益走向跨专业与跨学科发展的趋势。

国内也有一些新闻传播院校进行了有益的探索与尝试，在新闻传播学科中实现专业之间打通的同时，还通过课程开设甚至组建新的学院来实现人文、社会、科学、艺术不同领域的交叉融合。复旦大学新闻学院的改革实践颇具代表性。复旦大学新闻学院以培养全能型、应用型、复合型记者为目标，不仅在本科招生时将其下属的“新闻学”“广播电视新闻学”“传播学”“广告学”4个专业合并为一个新闻传播学类，打破内部的专业间隔，而且还从2012年开始实施“2+2”培养模式，本科生在其就读的前两年可在经济学方向、社会学方向、汉语言文学方向、电子信息科学与技术方向中任选一个方向，并按上述4个方向的教学计划进行学习，同时修读新闻传播学类的一些基础课程；第三、第四学年，按照新闻传播学各专业的培养方案学习。通过学习，系统掌握两门学科本科专业知识。此外，新闻学院自2013年起开设的全新专业硕士学位项目“新媒体传播”专业硕士项目（MA Program of New Media Communication）更是强调人文社科与理工科的跨学科融合，其融合实现机制主要体现于三个方面：一是招生打破学科界限，招收来自文理各专业的推免生，希望从基础上形成各专业背景的学生相互交流、激荡思想、促进创新的氛围。二是课程体系分为基础、前沿、内容、商业和数据五大板块，在坚持传统新闻教育注重内容生产的同时，强化对技术、数据、产品和运营能力的培养。四成课程打破新闻学院的单一学科界限，与其他院系合作开展教学。如由信息学院和计算机学院联合教授的“新媒体技术导论”，主讲计算机网络和多媒体的基础知识；由计算机学院教授的“新媒体应用编程”，介绍新媒体领域常用的编程语言，特别是与内容生产和数据分析密切相关的HTML5、R和Python；由管理学院教授的“新媒体商业模式”，主讲新媒体商业运营和创新创业；而“新媒体数据挖掘”“数据新闻与可视化”“计算新闻传播学”等系列课程则聚焦大数据挖掘分析，是国内最早开设的一批实验性课程。三是建立“新媒体传播跨学科”前沿讲座模块，由各学科专家轮流主讲，并形成若干个学科交叉创新课题组。当然，广播电视学教育的跨专业、跨学科发展并无最佳模式，各个院校应结合自身的现实情况和优势特色进行改革创新。

另一方面，传媒行业日新月异，更加强调广播电视学乃至新闻传播教育要注重“学”与“术”的结合，在加强理论教学的同时，更须注重学生实践能力的培养。

从校内实践平台建设方面看，开设独立实验课被认为是加强实践技能训练的必要教学方法。如武汉大学新闻传播学院早在2006年便开始启动独立实验课，这种实验课不再依附于传统理论课，教授环节、考核方式、作业布置都与理论课有所不同，目前拥有的独立实验课有新闻摄影、电视摄像实验、非线性编辑实验、数码摄影实验和电脑图文设计实验等。中国人民大学新闻学院也通过开设“跨媒体传播实验”专业课程，将课堂教学与学生媒体建设相结合，在吸纳全院本科生阶段性地到学生媒体如《新闻周刊》、网络电视台、网络电台和网站中进行实习的同时，指派专业教师对学生的媒体实验进行指导和管理，将每一个学生媒体的业务成果纳入课堂教学的点评指导范围，由此探索一种新的实验教学模式。

除了独立实验课程外，还有一些院校积极搭建多媒体实验室或融媒体实验室。如清华大学新闻与传播学院设立的“清新传媒”包含报纸、电视、APP、微信等多种媒介类型，学生必须在有限的时间内将新闻内容进行编辑，实现多媒体情境下的新闻生产。除“清新传媒”外，清华大学新闻学院还建成演播室、彭博实验室、清华—数码视讯媒介融合实验室等，全方位打造媒体融合的模拟情境。汕头大学长江新闻与传播学院则与美国密苏里大学新闻学院开展合作，于 2007 年成立了国内新闻传播院校第一个媒体融合实验室，创建面向媒体融合的课程体系、学术科研和新技术研发等。南京大学金陵学院也于 2008 年年底斥资近 700 万元人民币建成名为“未来”的媒体融合实验室。此后，浙江传媒学院、中国人民大学等高校陆续建起媒体融合实验室，在探索融合媒体实验教学的同时，也以此为平台进行媒体融合技术与应用创新，推动媒体融合发展。

与业界进行互动，合作开设各种实践性课程与讲座也是提升学生实践能力的重要途径。如中国人民大学新闻学院与腾讯合作开辟了“腾讯课堂”，在新媒体领域与业界合作，请业界精英进课堂；除此之外，中国人民大学还开设了拼盘类课程，学院权威教师和业界专家合作上课（如“媒介案例及批评课”）。武汉大学新闻与传播学院则聘请了 40 多位海内外知名的新闻传播学者和业界人士担任学院的兼职教授或客座教授。清华大学拓展了新闻业务课程与主流媒体、国企和地方社会实践基地的合作，如选修“新闻编辑”课程的学生都有机会到媒体参观、学习，旁听编前会或与资深记者“结对子”，深入现场锻炼选题策划、多媒体编辑以及评报与节目评析能力。厦门大学新闻传播学院与福建省委宣传部合作开展的“海西传媒讲坛”，邀请福建省内外传媒界的知名人士和新闻管理部门、媒体单位领导，为学生开办专题讲座，以此传递新闻界、传播界的前沿知识和先进理念。

这些探索与创新推动了广播电视学教育与媒体融合发展的结合，由此实现从实践到理论再到实践，业界和学界的互动，知识与技术的交融，推动着广播电视学教育继续前行。

◎ 参考文献：

[1] 高有祥. 广播电视艺术类本科教育培养模式的观察与思考——以播音主持、编导专业为例 [J]. 现代传播，2012（11）.

[2] 欧阳云玲. 我国新闻教育实践课程体系的研究——兼论媒介融合情境下新闻课程改革［J］. 东南传播，2015（3）.
[3] 彭爱萍. 中国内地广播电视新闻学专业教育现状调查报告［J］. 现代传播，2011（4）.
[4] 王文利. 我国广播电视教育的四个历史时期［J］. 东南传播，2010（11）.
[5] 王文利. 中国广播电视新闻研究简史［M］. 长沙：湖南师范大学出版社，2008.
[6] 王云鹏，龙耘. 中国广播电视教育和研究概观［J］. 现代传播，1994（4）.
[7] 赵玉明主编. 中国广播电视通史［M］. 北京：中国广播电视出版社，2014.
[8] 赵玉明. 中国大陆广播电视教育的回顾与前瞻［J］. 现代传播，1993（6）.
[9] 赵玉明. 十年来中国大陆广播电视教育的新发展［J］. 现代传播，2006（1）.

（殷　琦）

2.3　广告专业教育的历史回眸

时至今日，中国广告专业的高等教育已有30多年的历史，这一专业教育的发展演进，一方面与中国改革开放之后高等教育的发展步骤紧密一致；另一方面，也在不断的成熟独立中呈现着自身特有的风貌。在即将迎来中国改革开放40年以及中国广告业恢复40年的纪念年份，中国的经济形态和广告行业都在面临着一个巨大的转型机遇，对于广告专业高等教育而言，同样面临一个不可回避的裂变，因此在这样的时间节点之前，回顾和反思是非常有意义的。

2.3.1　争议与困惑中的起点（1983—1991）

1979年以后，随着中国改革开放的启动，广告行业应声而动。对于广告教育的呼唤也就随之而来。早在1980年，北京商学院研究生张庶平在《人民日报》就发表了署名文章《要研究点广告学》，提出了我国广告业恢复后广告学研究的问题，这篇文章也被称为“最早的广告研究宣言”。这在某种意义上已经开始了对于广告教育的呼唤。1981年1月31日，《人民日报》发表唐忠朴撰稿的评论员文章《广告的生命在于真实》，则对于广告的本质开始了进一步的探讨。

新型的广告价值和理念被广泛认同后，广告成为热门的行业和专业，但当时中国广告业刚刚恢复，除了一些美术院校和外贸院校因商品出口宣传的需要，还保留着少量商标、包装、装潢等方面的专业或课程，其他高等院校没有一门专门的广告课程。但是，一些敏感的院校已经开始了广告专业课程方面的探索。1982 年，尚未开设广告专业的中国人民大学，出现了一位以广告为研究方向的硕士研究生，被聘请辅导其专业课和硕士论文的唐忠朴，在人民大学开设了我国第一门广告课程——“广告学概论”。1981 年，国家工商行政管理局与北京财贸学院共同组建北京财贸学院工商行政管理系，按照工商行政管理“三管一打”的职能，设置广告管理、商标管理、市场管理、个体管理、打击投机倒把、企业登记管理、合同管理 7 门专业课程，同时开始组织编写《广告管理》教材。同年 9 月，该系面向北京招生，1982 年开始面向全国招生。1983 年，《广告管理》教材编写完成，“广告管理”课程开课。

厦门大学因其海外背景成为中国第一所开设广告专业高等教育的院校。1983 年香港著名传播学教授余也鲁与厦大合作创办广告专业并引资建设了一座教学楼。1983 年 6 月，中国第一个广告学专业在厦门大学新闻传播系创办，并于 1984 年 9 月招收首批本科生。与中国广告业的从无到有一样，当时广告专业教师也几乎都是从其他专业改行过来的，或中文、或经济、或新闻以及美术设计等。

自 1983 年厦门大学开设广告专业后的 5 年时间里，国内都没有新增广告专业。一方面是院校广告专业教育尚未全面展开，另一方面是广告行业对提高广告运作水平的需求，促使广告管理机构和广告协会积极举办各种形式的广告从业人员在职培训活动，普及广告理论基础知识，其中与已经开设广告课程的院校合作，又成为一种重要的培训形式。一些较早开设广告专业课程的院校，也开始尝试通过大专班等形式培养广告专业人才。北京商学院（现北京工商大学）20 世纪 80 年代初就开始了广告教育。当时学校在市场学和商业企业管理学的课程中有关于广告的章节。自 1986 年开始，在商业经济、企业管理和会计学等专业中开设广告课程。1987 年，北京商学院举办了全国首届大专培训班。1987 年 8 月 21 日—9 月 5 日，为普及广告理论基础知识、更新广告观念，北京商学院与中国广告协会报纸委员会联合举办“现代广告理论知识培训班”。1988 年 9 月，北京广播学院设立广告学专业，这是我国内地高等院校中第二个广告专业。1989 年，北京广播学院与中国广告协会联合办学，开设“广告专业证书班”。深圳大学大众传播系于 1990 年开设了广告学专业。这期间，暨南大学、长春广播电视大学也或前或后开始了广告专业方面的课程和教育。

但这一阶段高等教育界对广告学成为独立学科仍主要集中在“有术无学”之争上。一部分人认为，广告是技术含量较低、操作简单的工艺美术活动，相当一部分高校对广告学科的兴办与建设持观望态度。然而，市场经济的浪潮所激发出来的营销需求以及蓬勃发展的广告行业，对于广告教育有着极大的需求，这使得广告教育在争论与困惑中迈出了第一步。

除了高校的广告教育之外，广告从业人员对于广告的思考也与教育界形成激烈的碰撞，这一时期广告界聚焦的是广告主的需求，为他们解决怎么做广告和为什么做广告的问题。一方面是在业界实践中的自身探索，另一方面海外广告公司也通过各种交流给予启蒙，现代广告观念逐渐引入国内，广告行业与广告教育界在一些基础问题的探究中不断地成长起来。

现代广告观念的大力推广和普及，促进了全国广告行业观念的转变。社会各界，特别是教育界与学术界的专家，紧紧围绕经营理念的转变和经营模式创新做文章，在全国各地多次开办广告学术讲座和专题培训。这些广告培训内容既贴近广告人的日常工作，又拓展了他们的视野，不仅传播了广告基本知识和观念，而且由于和企业联系，有现场经验作为早期的教学案例，某种程度上对广告业发展具有重要的推动作用，为在广告界普及现代化知识，提高广告人的技术素养作出了积极贡献和有益探索。

1986 年 2 月 22 日，中国广告函授学院在北京举行了开学典礼。中国广告函授学院是由中国广告协会主办的高等专科函授学校，以培养国家急需的广告经营管理和业务专门人才为目的。该学院学制三年，首批招收学员近 5000 名。学院聘请了一大批大专院校的教授、讲师和中外广告专家授课，系统地讲授“广告史”“政治经济学”“哲学”“企业管理概论”“计算机基础”“广告概论”“传播学”“社会学”“市场学”“广告心理学”“广告美学”“现代汉语”“现代文学”等基础课程和“广告策划”“广告创作与设计”“广告写作”“广告调研与效果测定”“广告组织与管理”“国际经济贸易”等专业课程。① 学院以函授为主，分期向学员寄送教材和辅导材料《函授通讯》，并且在有条件的地方设立辅导站，进行面授或音像教学。到 1988 年，已经向辅导站发放音像教材 49 小时。1989 年 8 月 1 日，中国广告函授学院第一批学员完成学业，经考试分别获得毕业证书或结业证书。

与此同时，这一时期广告学专业杂志与书籍也随着广告活动的恢复开始出版发行。《中国广告》（1981）、《国际广告》（1985）、《广告人》（1989）陆续创刊。1988 年 8 月，国家工商行政管理局、中国广告协会联合编辑出版我国广告界第一部大型工具书《中国广告年鉴》。《广告知识与技巧》（1980）、《广告与商业》（1980）、《广告学》（1985）、《现代商业广告学》（1988）等书籍的陆续出版，弥补了国内广告教材的空白。其中 1981 年 9 月唐忠朴等主编的《实用广告学》是中国大陆广告事业恢复以来的第一

① 见 1986 年 1 月编印的中国广告函授教材《广告简史》前言。

本广告专业教材；1991 年由唐忠朴主编的《现代广告学名著丛书》，介绍了西方和港台地区较先进的广告理论，这是中国首次大规模引进并集中出版的海外广告学名著，在中国广告业界产生了广泛深远的影响。

这一阶段，广告学术会议还比较少，全国范围的广告学术会议仅有 1990 年厦门大学与中国广告协会合作举办的国内首次广告教育研讨会，会议集中探讨了广告教育和广告人才培养的问题。

这一时期广告教育起步的动力，除了来自于经济大势和业界的强烈需求与推动，高等教育对应用型专业的逐渐认可也是一个重要推动力量。《中国教育发展和改革纲要（1990—2000 年）》指出：各高等学校都要面向社会主义现代化建设，大力培养多种规格、侧重应用的人才，同时也要注意培养适当数量从事研究和教学的人才。这种教育思路的转型，源于对新的经济形势的适应与推动的需求。而广告教育在最初的起步中，就已经充分显现了应用教育的特色，那就是与业界保持紧密的互动与关联，这种特征也一直延续至今。

2.3.2　动力支持下的提速（1992—1998）

1992 年，是中国改革开放持续深化、快速迈进的一个节点，对于广告行业而言，是一个迅速攀升的节点，同样也是“中国广告教育的一个分水岭”①；因为广告行业的大发展，对于广告人才提出了更为明确且巨大的需求，这使得之前对是否开办广告专业不确定的高校，在之前五所院校的带动下，开始纷纷创办广告专业，从而使得广告教育实现了一个质与量的攀升。广告专业在越来越多的高校出现。1992 年创办广告专业的高校有北京商学院、南昌大学、四川大学、浙江广播电视大学等。1993 年开办广告专业的高校有北京大学、上海大学、武汉大学等。1994 年创办广告专业的大学有暨南大学、吉林大学、兰州大学、北京电影学院等。1995 年复旦大学、北京印刷学院、首都经贸大学开办广告专业。1996 年中国人民大学开办广告专业。这之后，一批实力较雄厚的综合性大学，如清华大学等，也相继开办广告相关专业。这一时期开办广告专业的院校约有 90 所。

除了开办专业，广告教育的层次也逐渐提高，北京广播学院（现中国传媒大学）1993 年开始招收我国首批广告学方向的硕士研究生，成为国内首个招收广告学硕士的高校。1994 年 3 月，北京广播学院成立我国内地第一个广告学系。1999 年，北京大学广告学专业获准招收广告硕士研究生。这标志着我们的广告教育向纵深方向

① 陈培爱. 中国广告教育二十年的发展与基本经验初探［J］. 江西财经大学学报，2000（2）.

发展。

除了前文提到的《中国教育发展和改革纲要（1990—2000年）》，1995年中共中央、国务院也发布了《关于加速科学技术进步的决定》，提出了“实施科教兴国战略”的重大决策，这意味着高等教育被举国重视，成为推动经济发展与社会进步的重要支撑点，一系列的具体政策也切实推动了高等教育的普及与发展。1993年7月国家工商行政管理局、国家计划委员会发布的《关于加快广告业发展的规划纲要》中，明确提出要大幅度增加对广告教育的投入，加快各类广告人才培养步伐，逐步建立起广告专业技术资格认证制度。这种教育氛围使得广告教育的发展得到了充分的合理性，从而为广告教育提供了有利的政策环境和强大的政策推动力。

这一时期的广告行业迅速发展、壮大，完成了较为完整的产业构建，并通过具体的经济效应和社会效应，获得了社会各界的认可，广告成为改革开放的标志之一，“广告是经济的晴雨表”，也成为当时的主流观念。① 在经历了国外先进的营销理念的冲击之后，中国企业在思想观念和行动上都有了突破和发展，市场竞争的加剧使许多企业在广告上煞费苦心，中国企业正在朝着更加成熟的方向发展，营销理论日益盛行。

但广告业的快速发展，也导致一些缺口的出现，最为突出的就是专业教育跟不上实践的发展。如果说，广告业高速增长的实践回答了“要不要做广告”的问题，那么，随着社会主义市场经济的发展，在企业和社会对广告的需求日益增强和提高的情况下，“如何做广告更有效”则愈显重要。

而这一时期广告教育的问题却非常明显，首先就是师资问题，其次就是专业定位、课程设置混乱以及办学资源不充分等问题，这既与许多广告专业快速上马有关系，也与广告专业是处于从无到有的发展状况有关系，这在一定程度上影响了广告教育的质量。一些院校在专业建设粗具雏形之后，开始着手摸索建立专业体系并深入一线，开展科研尝试，试图弥补这一问题。并且，试着通过与产业在教育、研究、人才培养等方面进一步的深度合作，来推动这一问题的解决，1996年，“电通·中国广告教育合作项目”的启动，就是其中的典型代表。

与此相呼应，在1992—1999年间，国内又出现几次广告专业图书出版热潮。尤其是1997—1999年间，众多院校出于学科建设的需要推出大批专业教材，广告专业出版走向兴盛。这一时期的主要代表著作有黄升民的《中国广告活动实证分析》《广告观》《一个广告学者的视点》和《新广告观》，苗杰的《现代广告学》，丁俊杰的《现代广

---

① 丁俊杰，唐子忠. 中国广告观念三十年变化［M］. 陈培爱主编. 创新与开拓——中国广告理论探索30年（1978—2008）. 厦门：厦门大学出版社，2009.

告活动理论与操作》《现代广告通论》，以及陈培爱的《中外广告史》等。这些著作分别从历史与现实、理论与实务、分析与评论等角度对当时广告业的各个方面进行了剖析。1995 年 1 月，中国首家广告专业书店——北京广告人书店在北京创办。1996—1997 年间包括《广告公司的经营与管理》《广告调查》《电波广告》《平面广告》《广告媒体研究》等在内的《龙媒广告选书（第一辑）》“广告理论系列”陆续出版。为了推动广告人才培养步伐，国家工商局 1993 年逐步建立起广告专业技术资格认证制度。1994 年 1 月起，国家工商局开始对广告从业人员进行广告专业技术岗位资格培训。并为此专门编写了《现代广告专业基础知识》《广告心理学》《消费者行为学》，作为全国广告专业技术岗位资格培训教材。

除了专业教材，专业期刊也成为行业知识交流的重要渠道。1994 年 4 月，中国广告协会主办的《现代广告》杂志在北京创刊，后改为月刊，是名列国家新闻出版署、中国期刊方阵中唯一的广告专业期刊。1996 年，《国际广告》同美国《广告时代》签订版权协议，成为大陆首家获得国外杂志中文版授权的广告专业杂志。1993 年，一份广告行业报纸《广告导报》在湖南长沙创刊，其内容主要以广告业界资讯为主。1999 年，《广告导报》由报纸改为杂志，并迁至北京。1998 年，由北京广告协会主办的广告市场综合服务月刊《广告直通车》杂志创刊。

与此同时，高校成立的研究机构在很大程度上提升了广告专业研究的深度和广度，从而有利于填补专业研究的空缺。1994 年 6 月，中国人民大学成立现代广告研究中心，组织广告公司研究广告行业规范、协助保障广告业合法权益，向社会普及广告和营销知识。成立于 1995 年的中国传媒大学广告学院 IMI（创研）市场信息研究所，在该时期从专业调查机构过渡为研究与经营合二为一的新型学术研究组织，并连续出版我国城市居民消费行为与生活形态研究方面的专著。该研究专著是我国第一部连续型的城市消费研究年鉴，也是涉及 21 个城市居民消费行为资料的数据库。

针对广告教育出现的诸多问题，许多专业人士也提出了探讨的思路。1997 年，徐俊基和陈海涛在《漫谈广告教育》中提出了要控制高校争办广告专业的不良势头。1998 年党春直发表《对河南省广告教育现状的思考》。这两篇文章提出了不同的改进思路。

2.3.3　加入 WTO 后的扩张（1999—2009）

进入新世纪，尤其是中国加入 WTO 后，广告业继续稳步发展，但随着中国广告市场逐渐开放，国际资本在中国广告市场深度介入，中国市场开始活跃并日益成熟，广告的市场利润直线下降，与广告相关的产业链在缩短，广告资源和人力在分散，广告行业的竞争在加剧，广告行业面临着前所未有的生存压力。

而这一阶段的高等教育也进入扩招阶段，从1999年开始，在国家教委扩招改革的政策推动下，高校开始大规模扩招，这一方面源于随着经济和社会的快速发展，人才的需求缺口开始日益明显；另一方面，也是为了让更多的人能够接受高等教育，满足广告公众接受高等教育的需求。但随着扩招的出现，就业难度也开始日渐增大，使得很多高校的教育理念开始进一步向就业倾斜。

于是，从1999年我国的高等教育进入扩张期后，越来越多的高校开办广告专业。1999年，首都经济贸易大学成立广告专业，隶属该校城市学院。2001年，北方工业大学成立广告学本科专业，中央民族大学设立广告学本科专业。2002年，北京工业大学设立广告学本科专业。中央财经大学、华北电力大学、北京服装学院等院校也纷纷增设广告学专业。1999年之后开始广告本科招生的高校占所有高校的68.9%，与1993年至1998年开始本科招生的高校所占比例的26.2%相比，增长率高达163%。① 较早设立广告专业的院校，则陆续开设硕士研究生、博士研究生等更高层次的广告专业教育，为广告行业培养高级人才。2000年北京广播学院招收第一届广告学方向博士研究生，成为国内第一所培养高层次广告专业研究生的院校。

2000年2月2日，北京联合大学广告学院成立，这是全国第一所专门的广告学院。在面向市场培养应用型人才的办学理念的指导下，北京联合大学广告学院以广告为龙头，开设广告系、艺术系、广告设计与视觉设计系三个系11个专业方向，其广告学专业当时被教育部和北京市列为全国高职重点建设专业。

2002年9月北京广播学院（现中国传媒大学）广告学院成立，下设广告学系、艺术设计系、公共关系系，以及IMI（创研）市场信息研究所、IAI国际广告研究所、媒介研究所、广告主研究所、图文创意研究室等多个学术研究所，涵盖了本科、双学位、硕士以及博士等各个培养层次。独立开办广告学院的办学理念不仅强化了北京广播学院（于2004年更名中国传媒大学）的广告学建设，而且逐渐提升了其在国际广告教育领域的影响力。这之后，中国传媒大学广告学院在城市消费者消费行为研究、媒介经营与产业化研究、中国广告发展史研究以及广告主营销战略与广告活动研究等领域取得了丰硕成果。

截至2004年，全国共有111所高等学校开办广告学专业，其中教育部直属高校25所，部委高校4所，省属高校79所，民办高校3所。而到了2008年，全国高校中设立广告学专业的高校达231所（含广告与艺术设计专业）。至此，广告高等教育已经打破

① 张树庭. 广告教育定位与品牌塑造［M］. 北京：中国传媒大学出版社，2005：1.

单一的教学模式，确定了不同的培养目标，初步构建了各种层次、各种方式的广告教育体系，并成为与业界联系最紧密的专业教育。为配合社会上的需求，广告学术教育界以编写教材、主讲广告专业课程、为广告主和媒体论证项目、为广告节担任广告作品评委等多种形式，提升广告学界在业内的知名度和服务信誉。

为了应对进一步复杂的市场格局，中国的广告教育界越来越关注广告行业自身的行业生态，立足于本行业，服务于本行业，关注中国广告业在特定发展阶段所遇到的热点问题，了解国内外经济与广告业界的发展动向，倾听广告主、广告人、广告公司及媒体的心声，坚持学术研究与理论建设，使广告教育界真正成为学术水准高、市场生存能力强的智力型宝库。中国广告学术与广告教育取得了新的成就，院校广告研究机构成为广告学术研究的主力，并结出了丰硕的教学科研成果。其中，较有影响力的有厦门大学编撰的《21 世纪广告丛书》专业教材、中国人民大学主编的《21 世纪新闻传播学系列教材》、复旦大学出版社主编的《博学·广告学系列》、中南大学出版社和中国广告协会学术委员会联合编写的《当代广告学专业系列教程》、中国传媒大学广告专业系列化专业教材、高等教育出版社出版的《普通高等教育“十五”国家级规划教材·广告专业系列》、北京大学编撰的《广告学精品教程》丛书，等等。这些研究成果成为对整个广告业乃至社会进步具有积极作用的知识财富和社会财富，从理论上指导了广告业的健康发展。

在继续保持学术研究质量的前提下，许多广告教育专业都在广告学术研究中导入市场机制，开掘自身的智力资源优势，逐渐使学术研究、行业培训、业务咨询和专业交流等步入良性循环的轨道，做好学术成果的转化工作，在社会上创出了广告领域的知识品牌；以学术的力量和成果向社会宣传中国广告业的成绩，宣传中国广告业对经济发展和社会进步的积极作用。

许多大学的广告专业纷纷成立自己的研究团队，中国传媒大学 IAI 国际广告研究所从 2000 年开始编撰出版《IAI 中国广告作品年鉴》，逐渐构建一个广告作品的数据库，同年成立媒介研究所，2001 年成立广告主研究所，并且于 2001 年创办《市场观察·媒介》杂志；2002 年厦门大学成立品牌与广告研究所，北京大学也成立广告研究所。2005 年 7 月，由中国传媒大学和《国际广告》杂志社共同倡议建设中国广告博物馆，中国首个广告博物馆建设正式启动。

但是，这一时期广告教育的问题依旧明显，许多专家学者对此进行了关注。1999 年曾迪来提出目前广告教育中存在盲目性，而且广告专业的学科归属问题认识比较模糊、经费的不足制约着广告教育的发展、专业师资队伍素质有待进一步提高。① 丁俊

① 曾迪来. 对当前高校广告教育的几点思考［J］. 现代大学教育，1999（1）.

杰在2002年连续发文对我国当时广告教育问题进行剖析，他在《我国广告教育存在的几个问题》① 一文中认为，我国广告教育办学动因的盲目性，学科定位比较模糊，师资力量跟不上，教学设备匮乏等问题。之后又发文《三谈我国广告教育存在的问题》②，文章从台湾广告教育的发展切入，对比内地与台湾广告教育发展的差距，提出了改进的建议。此外，陈刚、杨海军、孙瑞祥、张发松等也针对广告教育问题提出了自己的观点。

随着1999年以后全国广告教育的大发展，全国性的广告学术会议开始增多，1999年10月，第一届中国广告教育研讨会举办，同年10月，北京广播学院（现中国传媒大学）与台湾世新大学举办的华文广告世纪论坛，开创了海峡两岸广告学术交流的先河。2005年6月，第二届全球华人广告教育论坛在北京大学举办，探讨广告教育如何应对产业变迁。

2.3.4 数字化转型中的裂变（2010年至今）

互联网的兴起不仅仅改变了媒体的产业格局，对于整个营销传播行业也产生了巨大的冲击，因为它改变了整个信息传播方式，颠覆了诸多产业的根基，带动了经济形态的整体转型，这意味着既往的广告的概念效力已经有所下降，那么广告教育是否也会有些滞后？

一份2015年的我国广告教育调查报告，通过对我国230多所高校广告专业的调查，显示目前我国内地高校广告专业的培养目标及方向仍集中于广告学类（策划、创意、媒介等）和广告设计类（设计、制作等）这两个主要门类③，根据学校优势和行业需求，强调专业不同的培养特色。个别学校根据行业发展增设了数字、策略、会展等，一定程度上反映出高校在人才培养方向的创新。2010年，中国传媒大学广告学院创办新媒体系，这标志着广告专业教育开始注重新媒体的影响力，开始不断转型，这作为广告专业教育数字化转型的一个起点具有标志性意义。在此前后，国内许多广告系都已经开设各类新媒体课程。

与此同时，一系列带有数字化特色的广告教材问世，如北京大学出版社的《21世纪新闻与传播学系列教材》，清华大学出版社的《高等学校数字媒体专业规划教材》《新媒体广告传播》（舒咏平著，2015）、《大数据时代的精准广告》（鞠宏磊，2015）

---

① 丁俊杰. 我国广告教育存在的几个问题［J］. 大市场（广告导报），2002（8）.

② 丁俊杰. 三谈我国广告教育存在的问题［J］. 大市场（广告导报），2002（11）.

③ 侯键，李丽娜. 我国广告现状调查［J］. 现代广告，2015（6）.

等。另外，广告研究开始向纵深方向发展且成果颇丰，如《中国广告传播研究轨迹》（丁俊杰，2015）、《大视频时代广告策略与效果测量研究》（黄升民，2014）、《中国城市居民广告观研究》（黄沈敏，2014）、《中国广告产业竞争优劣势研究——基于全球前五广告大国的实证分析》（代婷婷，2015）、《广告折射台湾社会价值观的变迁》（林升梁，2015），等等。

在这一时期的相关学术会议中，数字营销逐渐成为主角。到 2013 年，中国网络营销大会已举办 6 届，网络营销成为一个日渐成熟的营销体系，影响力巨大。2015 年 4 月召开的全球知名数字营销与广告峰会，以及 2015 年 6 月召开的第九届虎啸高峰论坛（原中国广告趋势论坛），都涉及数字营销与广告。同年 9 月召开的第十四届中国广告教育学术年会，和 12 月召开的中国高等教育学会广告教育专业委员会 2015 学术年会暨第六届中国广告教育论坛，也开始探讨互联网时代广告教育的创新与发展。

2.3.5　总结

回望过往可以发现，中国广告教育一路走来并非轻松，而转型期的压力又会激发出怎样的裂变，目前并非清晰可见。但是毫无疑问的是，中国广告教育一直积极应变，努力构建广告教育体系，积极培养广告人才。放眼未来，广告教育界有责任争取更为丰富的动力支撑，获得更为迅猛而充分的变革，从而为时代进步、社会发展提供更好的人才。与此同时，广告教育界需要研究未来中国广告业的发展创新之路，突破广告教育与学术研究象牙塔的局限性，加强广告教学、科研与广告实践的紧密结合，引导广告教学、科研向更有实用性和指导性的方向发展，提升广告学教育的层次和水平，重塑中国广告行业的尊严和社会地位，加强中国广告界的社会话语权。中国广告教育还有很长的道路要走。

（刘英华　宋红梅）

2.4　传播学教育的历史回眸

自 1978 年复旦大学首次将“传播”的概念引入中国起，传播学在中国已经走过近 40 年的岁月。从传播学引入国内到传播教育在中国日趋繁荣，回望历史，中国的传播学教育在国家政策的支持和教育研究者的努力下取得了快速的发展，已经逐步形成了本科—硕士—博士的连续层次，此间包含了传播学教育所取得的成绩，以及问题与思考。

2.4.1　传播学的介绍与引入

1. 发展概况

与世界上大多数国家一样，中国的新闻学教育早于传播学教育。传播学教育经历了悄然起步、蓬勃兴起、健康发展到不断转型的不同时期。

在我国，最早接触并介绍传播学的学者当属复旦大学的郑北渭教授。早在 1957 年，他就和几位同事在复旦大学新闻系所办的刊物《新闻学译丛》上刊登翻译过来的介绍传播学的相关文章。1978 年 7 月，复旦大学新闻系郑北渭率先在该系内部刊物《外国新闻事业资料》上发表了有关传播学的编译文章《公共传播学的研究》和《美国资产阶级新闻学：公共传播学》，这标志着传播学开始传入中国。

20 世纪 70 年代末，新闻媒体和新闻理论教育界的广大从业人员在十一届三中全会路线的指引下，解放思想，大胆接触、探索各种重大理论问题和实践问题，与此同时，对蕴含强大生命力的传播学以空前渴望的心情予以关注。在此过程中，传播学正式登陆中国，拉开了中国传播学教育与研究的序幕。值得特别肯定的是，复旦大学新闻系在传播学的引入与教育方面功不可没。

到 1979 年，传播学研究的第二次浪潮再度掀起，张隆栋、郑兴东、居延安等京沪一批知名学者发表大量学术论文，将传播学的基本理论，包括传播过程理论、传播效果理论、受众理论、传播学分支理论、符号理论、“把关人”理论、传播社会功能及传播方式等，系统、详尽地予以介绍和阐述。1982 年春，施拉姆在学生余也鲁的陪同下对中国进行访问，并发表了一系列演讲，对其后中国的传播学研究影响很大，他的这次中国行被称为中国传播学的“启蒙之旅”。

中国倡导的改革开放政策使中国各行各业走向了新的征程，传播学教育研究的活力也日益增加，一个以“请进来、走出去”为形式广泛进行学术交流的局面也逐步形成。从 20 世纪 80 年代初起，全国各地的新闻传播系所和新闻单位，每年共派出近百位学者去国外访学、进修传播学。

1985 年 2 月 1 日，首都新闻学会成立了传播学研究组，这标志着传播学学科地位已经得到了半官方的认可。次年 6 月，复旦大学成立了我国高校中第一个传播学研究机构“文化与传播研究中心”，标志着传播学学科开始在高校中得到正式认可。

1995 年之后，我国部分高校开始招收传播学硕士研究生。

1997 年 6 月，国务院学位委员会、国家教育委员会颁布的《授予博士、硕士学位和培养研究生的学科专业目录》中，将新闻学由过去的二级学科调整为一级学科，改为“新闻传播学”，下设新闻学和传播学两个二级学科。1997年，复旦大学、中国人民大学设立传播学博士点。

自1997年新闻传播学被划定为一级学科以来，新闻传播学教育发展非常迅速。中国传播学者与世界各国、各地的传播学者之间的广泛接触和交流，其本身就是一种人际传播活动，促使中国传播学教育研究健康、快速发展。继复旦大学新闻系后，中国人民大学、中科院新闻研究所、暨南大学、北京广播学院（现为中国传媒大学）等相继开设了传播学课程。

1998年7月教育部公布了《普通高等学校本科专业目录》，将文学学科门类中的原“新闻学类”改为“新闻传播学类”，并将其所含专业调整为新闻学、广播电视新闻学、广告学和编辑出版学4个专业；新世纪之初又增加了传播学和媒体创意两个专业。传播学本科专业是一个新设立的、教育部限批的本科专业。

1998年，复旦大学建立了中国第一个新闻传播学博士后流动站。

2000年，复旦大学、中国人民大学被批准为具有一级授予权的新闻传播学博士点，复旦大学被教育部确定为传播学的国家级文科研究基地。

2001年，教育部首批复旦大学、中国农业大学、中国传媒大学、华南师范大学四所高校设立传播学本科专业。

2006年，首届全国传播学本科教育联席会议在深圳大学召开，并成立了联席会议组委会，每年召开一次。该会议针对传播学本科教育，讨论的主要议题是传播学核心课程构建、传播学专业教材建设、传播学师资建设和传播学学生就业等问题。全国传播学本科教育联席会议是在教育部新闻学科教学指导委员会的支持和指导下共同商讨和推动传播学本科教育的平台。同时，有关学校还面向社会开展传播学教育，为社会举办各类形式的培训班、进修班，使社会各界数以万计的人员接受、掌握了传播学科知识。

从2011年开始，全国48所高校招收“新闻与传播专业硕士”。

2. 国内传播学与新闻学教育

在国内的大学教育中，“新闻学”与“传播学”自始就是两个不可分割的概念，传播学几乎无一例外地被归入新闻学科，绝大多数的院系被命名为“新闻与传播学院”。在相关的专业划分与数据统计中，“新闻传播学”也被归入同一类别，成为普遍使用的名称。

众所周知，传播学起源于美国二战时期的宣传说服研究和战后总统选举中对大众传播媒介的利用研究，是一门建立在社会学、心理学、符号学、新闻学等众多学科研究成果及研究方法之上的边缘学科，因此与新闻学有着某种先天的联系。一直以来，传播学将新闻视为一种重要的社会传播形式，并将其作为重要的研究对象，从控制、媒介、内容、受众及效果等方面对其进行深入剖析；同时传播学也为新闻学的学术理论发展提供了许多重要的理论依据。因此很多人顺理成章地认为传播学和新闻学的研究内容比较接近，学科之间并不存在明显的分界。

传播学最初由新闻学界引入并为新闻工作者所研究，而新闻学界对传播理论的研究则集中于大众传播相关理论。研究成果的出现及其在新闻实践工作中的理论支撑作用激发了新闻界对大众传播理论的研究兴趣，这又促进了研究成果源源不断地出现，两者之间的相互作用及循环的过程推动了大众传播学教育和研究的发展，大众传播学在高校和学界得以广泛快速的传播。

然而，大众传播学的教育并不等同于传播学教育。对于学科的基本认知，会极大地影响培养目标，而培养目标又直接影响课程体系的设置。高校传播学教育与新闻学教育的培养目标与课程设置存在一定程度重合的现象。在教学中，从专业名称的确定到教学方案、课程体系的设置实际上都面临如何科学认识传播学的问题。比如：不少大学设置了“新闻与广播电视学”“新闻与大众传播学”这类理论与技术、理论与实践相结合的专业，课程主要集中在多媒体及新媒体、大众媒体、传播学、广播电视、大众传播史、新闻学、文化与大众文化、信息社会与信息化、媒介产业、国际及跨文化传播、广告等方面，而这些课程似乎也很难简单地归属于新闻学或传播学。对于课程设置存在的问题，一些高校对传播学课程和新闻学进行差异化细分。在细化课程方面，复旦大学、浙江大学等高校的传播学专业开设了“传播研究方法”“大众传播与社会”“大众传播与文化”“传播与科技”“网络传播”等丰富的课程。

中国新闻传播学科的发展过程中，新闻学与传播学的关系始终也是学界讨论的关键点。传播学教育的新闻化源于传播学与新闻学一直以来的界限不清晰，两者的胶着也导致传播学教育与传统的新闻学教育相类似。究其原因，我国教育界给出的答案是中国早期的新闻学教育工作者将西方的传播学引入中国的目的是改进传统的新闻学教育。因此，传播学教育在中国的早期发展，是作为辅助新闻学教育的工具性课程而开设的，是为了适应中国新闻学教育事业发展的需要而存在的。如果说与新闻学教育的特殊关系是中国传播学教育的一个显著特点的话，新闻传播学的提出和学科的初步形成就是中国新闻传播教育的一个标志性成果。如前所述，20 世纪末国家公布的研究生学科专业目录和本科专业目录中先后出现“新闻传播学”；这就意味着在中国，新闻学和传播学教育是并行的关系，传播学是在新闻学的基础上发展起来的，或者说受到了新闻学很深的影响。传播学的兴起在一定程度上为新闻学教育的发展提供了良好的学术土壤，使其在大学中的学术身份与地位得到加强。在学术层面，传播学让研究者们看到了另一片繁花盛开、广阔无垠的研究领地；在教育层面，传播学又给传统新闻学带来了更为丰富的理论滋养与批判意识。

然而，信息社会的到来，传播科技的进步及第四媒体的崛起，也使情况变得更加复杂。首先，传统新闻传播媒体的科技含量增大；其次，网络的综合性、多维性、互动性使得新闻传播活动更加丰富多彩；最后，随着社会的进步，“大传播”观念的建立，大众传播业与电信产业开始走向进一步的融合。这些变化对新闻传播教育事业都是严峻的挑战，也促使我们对新闻传播人才进行重新认定。显然，侧重于培养学生采编能力的传统新闻教育已经不能适应新媒介环境需要，因此在许多西方发达国家的传媒相关专业教育中，新闻学与传播学教育之间的界限日趋模糊。

2.4.2　传播学教育体系的不断完善

新中国诞生后，中国新闻教育在苏联的框架下开始起步，已经走过了 60 多年。改革开放后，西方传播学传进中国，一晃也走过近 40 年；如今全国的新闻与传播学教育机构据统计有 1080 个院系专业点，可谓遍地开花。新闻传播学教育的发展对我国当前及未来新闻传播事业的发展有重要的影响，完善新闻传播教育的区域分布、改变新闻传播学培养模式都是发展新闻传播教育的重要内容。

传播学教育的本科层次培养方案在传播学各个学历教育层次中是最完善的，明确的专业定位、完整的课程体系、充足的教学时间等，有力地保证了传播学本科教育的质量，但是问题依然存在，如：教学深度难以把握；理论教学的主导地位导致“学而无用”；教学与学术研究分离导致学科发展缓慢等。如前所述，传播学本科教育则起步较晚但发展较快，2001 年国家教育部首批 4 所高校设立传播学本科专业。到 2008 年为止，传播学本科开设院系已经达到 33 所。

传播学专业硕士研究生教育，是传播学专业教育中重要的一环。据国务院学位委员会新闻传播学科评议组召集人童兵教授介绍，目前全国共有新闻与传播学硕士点 123 个，其中新闻学 60 个、传播学 63 个；博士点 19 个，其中新闻学 10 个、传播学 9 个；一级学科博士学位授权点 6 个；另有新闻传播学博士后流动站 5 个。

传播学专业博士研究生教育是传播学专业教育中的最高层次。1997 年，复旦大学、中国人民大学设立传播学博士点，到目前已有 10 所大学拥有传播学博士学位授予权。

当然，规模的扩大并不必然带来教育质量的提高，这些也不同程度地反映了中国目前传播学博士教育的现状。

1. 本科教学

1998 年教育部将本科学科门类中的“新闻学类”改为“新闻传播学类”，并将其所含专业调整为新闻学、广播电视新闻学、广告学和编辑出版学 4 个专业。新世纪之初又增加了传播学和媒体创意两个专业。近年来，新闻传播学本科教学获得较大发展。

据统计，本科层次的教育，截至 2005 年，全国共有 661 个新闻传播学类本科专业点，其中新闻学 209 个，广告学 232 个，广播电视新闻学 146 个，编辑出版学 50 个，传播学 24 个；研究生层次的教育，截至 2006 年年底，全国共有新闻与传播学硕士点 123 个，其中新闻学 60 个、传播学 63 个；博士点 19 个，其中新闻学 10 个、传播学 9 个；一级学科博士学位授权点 6 个；另有复旦大学、中国人民大学和中国传媒大学新闻传播学博士后流动站 3 个。2007 年，武汉大学也拥有了博士后流动站。

到 2008 年 6 月，在我国高等学校设立的新闻传播学专业点达到了创纪录的 877 个，具体的数字是：新闻学 267 个，广播电视新闻学 188 个，广告学 323 个，编辑出版学 64 个，传播学 31 个，媒体创意 4 个。这些新闻传播学专业点分布于全国 300 多家高校之中。

而今这些数字与日俱增，据统计：2013 年国内 1080 所大学设新闻与传播类专业，涉及 7 个本科专业，分布如下：307 所大学设有新闻学专业，225 所大学设有广播电视专业，365 所大学设有广告学专业，55 所大学设有传播学专业，80 所大学设有编辑出版专业，43 所大学设有网络与新媒体专业，5 所大学设有数字出版专业。

教育模式是指在教育理论的指导下，对教育过程的组织方式及其相应策略的模式化概括。传播学本科与硕士阶段采用的教育模式差别很大，本科阶段以教师课堂讲授加实验指导为主，辅之以课外专业实习来完成学业。硕士阶段则更多的是案例教学和课堂小班讨论教学。

对于发展中的传播学专业本科教育来说，实验教学和专业训练是非常重要和关键的环节。实验教学和专业技能训练开展情况怎样，直接影响到传播学专业教育的效果。

1）本科实验教学情况

实验教学、实验室建设情况，开设传播学的各个学校不尽相同。实验教学的开设受软硬件两方面的影响：硬件主要是受制于教育经费的投入，实验室电脑及显示设备的配置，传媒编排系统等的引进。不少学校申请开设新闻传播专业的时候还停留在“廉价教育”的理念，停留在“一本书、一支粉笔、一群学生”的模式中，没有经费投入，不重视实验教学。还有的学校是因为没有实验教学的相关教师，虽有相关设备设施，也没有发挥应有的用处。传播学实验教学情况，总体上来说，是不容乐观的。

首先，独立实验课的开设情况不理想。部分学校没有开设独立实验课。学校不能开设独立实验课，一方面是师资所限，缺乏实验课程老师；另一方面，就是实验条件的限制，对传播学实验室的资本投入不够，无法给学生提供实践的平台。不少院系的传播学专业设置在新闻类院系，与新闻学专业共存于一个学院。传播学专业并没有专用实验室，或是跟新闻学等专业共同使用，或是借用新闻学等专业的实验室。在开设实验课程时，受实验条件限制，只能以报纸编排、新闻摄影等为主要内容，没有独立实验课。这些限制直接导致的结果就是学生的实践训练不够，难以达到信息社会传播学专业工作者的标准，在高校人才输出的过程中出现培养和实践脱节的问题。

其次，已开设的实验室课程存在问题。如传播学实验教学跟新闻学重合，专业定位区别不大。

再次，微观设计制作实验较多，综合性传播管理控制实验较少。面向网络环境下信息传播综合管理方面的实验基本上还是空白。

2）专业技能训练

专业设置和培养模式具有一定的稳定性，短时期内是不会改变的。中国大陆传播学教育现状决定了传播学专业不可能完全独立于新闻学。在网络环境下，作为培养社会信息采集选择、加工制作和传播服务专业人才的教育，传播学教育在专业技能训练方面，有别于新闻学教育，有些方面应该加强，有些方面需要调整。

一般的新闻采编不再是传播学学生专业实践的主要内容，即便是以新闻传播来定位的院系也是如此。传播学专业学生在进行新闻采编技能训练的同时，要加强计算机软硬件的训练和使用，分析软件的使用等。

在信息时代，传播学学生专业实践的重点应该是调查分析和信息编辑。会做定量定性分析，会做市场调查、会计算机实践操作，会信息编辑、会网站后台系统信息上传、会图片编辑软件的使用不仅是学生能力的证明，更是传播学专业在信息社会专业定位的表现，是受信息社会影响的结果。

3）课程设置

不同的高校分属不同类别，在学分设置上也不统一，有的高校是以 16 学时为 1 学分，如首都经济贸易大学、中国农业大学等，有的高校是以 18 学时为 1 学分，如上海交通大学、国际关系学院等。由此可见，高校传播学本科课程设置亟待规范。这里主要谈传播学本科课程的设置。

在传播学本科专业课程的主要组成方面，专业课程设置是专业培养方案的一部分，是根据人才培养目标的需要为本专业学生量身定做的一套课程体系，它一般包括课程名称、学时、学分等几个方面。

目前国内传播学本科专业的课程设置一般分为如下几个大类：

• 专业核心（必修）课程，根据不同学校的专业定位而设置不同，如华中科技大学的专业必修课程为网站跟踪调查、动画制作与网页设计、网络编辑与策划、网络传播综合实践、网络信息管理、电子商务导论、网站分析与设计、传播科技史等。

• 专业选修课程，一般是以培养学生的兴趣为主，根据学校开设的课程和学生的兴趣来选择，可以在学校的选修课范围内选，也可以在学院的选修课程中选择。如新闻摄影、广告创意策划、市场调查方法、媒介经营策略等课程。

• 通识类课程，如大学语文、大学英语、体育、毛泽东思想概论、邓小平理论、经济学原理、哲学原理等课程。

• 专业基础课程，如新闻学概论、传播学概论、传播研究方法、传播伦理与法制、中外新闻传播史、公共关系学、广告学、市场营销、媒介经营管理等。

• 实践课，一般包括专业实践和社会实践，如军训、专业见习、毕业实习、毕业设计等课程。

就传播学专业主干课程而言，通过对部分学校的考察发现如下几类课程是作为传播学专业的主干课程：传播学概论类课程、传播学研究方法类课程、新媒体/网络传播类课程。接下来是跨文化传播类、影视类课程、传播史论类课程等。具体说明如下：

• 在传播学本科主干课程中，传播学概论、传播学研究方法等课程出现频率最高，各学校普遍开设。同时部分学校还在主干课程中加入其他基础课程，如华中科技大学的C语言程序设计、复旦大学的媒介经营与管理等。这些课程的开设并作为主干课程，其实是为特色课程服务的，如华中科技大学开设C语言程序设计课程是为学生设计和制作网页打基础的。

• 在特色课程方面，区别较大，学校的专业定位和方向不同，决定了传播学专业主干课程与特色课程的开设。如华中科技大学以网络传播类课程为特色，中国农业大学以乡村新闻传播类课程为特色等。

• 从各学校传播专业主干课程和特色课程的分析来看，结构尚且合理，传播学是一门融合性很强的学科，应该保留它的多样性，允许不同背景的学校保留各自的专业特色，并开设不同的特色课程。信息社会，更应该在重视人文思维培养的前提下，加强专业特色建设。

2. 硕士教学

高校恢复招生后，只有中国人民大学、复旦大学、中国社会科学院等几所学校或科研院所设有新闻学硕士点。在新闻传播学硕士的培养规划中，绝大多数高校拥有新闻学和传播学硕士点，不同院校设置了部分相同的研究方向，说明新闻传播学硕士培养在研究方法、基本理论等方面形成了相对成熟的学术体系，初步形成了中国语境下新闻传播学科的模式。

在中国大陆，传播学研究生层次和本科专业教育区别很大，培养方案不如本科完善和重视，在学制、学分、专业方向和专业课程等方面，各个学校自成一派，传播学硕士教育的专业方向设置比较随意。专业方向的设置从最初的传播学理论研究，扩展到传播理论、传播实务、网络传播、传播与出版、文化传播、艺术传播等多个方向。

在发展基础好的高校里，现有的新闻学和传播学硕士点中开设的研究方向较为细致，充分结合学校特色与区域特色。中国人民大学的传播学硕士点中就有新媒体研究，传播实务研究中含有公关、出版和广告；兰州大学结合当地的实际发展，开设了民族传播学，较好地为地方经济服务；复旦大学和华中科技大学均凭借其所处地区经济高速发展，开设了与传播技术相关的研究方向。

(1) 传播学硕士专业教育模式。在传播学硕士教育模式中，主要谈课堂教学组织方式、专业实践训练内容、学术能力与专业技能等方面的内容。

对于传播学硕士研究生教育的课堂教学组织方式，学生和老师各有所好：教师喜欢和经常采用的是教学方式依次是现象案例分析模式、小组讨论式教学、探究式教学、情境体验式教学、自学—辅导式；而学生的排序是现象案例分析模式、情境体验式教学、小组讨论式教学、探究式教学、自学—辅导式。现象案例分析是教师的首选方式，学生也喜欢。传播学硕士教育的课堂教学方式，更多的是案例教学和小组讨论，跟国外传播学教育比较接近。本科教育多采用教师课堂讲授。这也从一定程度上反映了传播学专业教育的层次不同，要求不同，采用的教育方式不同。

与本科生相比，传播学专业研究生应该具备更高的素养和能力。与同一学历层次的相关学科（新闻学）学生相比，也应该具备其他专业不具备或者不强的素质。

各个学校传播学硕士开设的方向不一致，故课程设置偏差较大。传播学硕士专业教育的培养方案中，不少学校的专业课程是按照专业方向来单独设置课程，除学校公共课、学位基础课相似以外，其余课程都不同，如专业必修课和专业选修课等，在中国人民大学、南京大学的课程设置中表现明显。

在专业必修课程设置中，老牌的新闻传播学院（系）一般包含新闻理论类课程。新申请的传播学专业硕士点则一般没有新闻类课程，如武汉理工大学、上海理工大学等。也就是说，新闻学类课程是否设置在传播学专业硕士的课程中（包括必修或选修）和传播学是否设置在新闻学院有关系。如武汉理工大学传播学设置在文法学院，上海理工大学传播学设置在出版印刷与艺术设计学院。

(2) 传播学本科与硕士的衔接。教育衔接，指的是不同教育层次之间，如何通过教育课程设置、教育模式、考试模式等进行有效的连接，并使两者连贯。传播学本科和硕士教育的衔接是传播学专业教育中承上启下的关键环节，包括考试上的衔接、课程的衔接、专业方向的衔接、学历衔接等几个方面。

课程衔接是传播学专业本科与硕士教育衔接的首选方式，也是目前大多数学校对跨专业报考传播学硕士的考生普遍选取的培养模式。通过补修传播学专业本科的部分课程，加强学生的自我专业素养，从而达到传播学硕士的培养目标。另外，通过设置弹性学制来培养跨专业报考传播学硕士人才，也是采用比较多的一种方式。通过对跨专业学生延长学制，如 2 年制改为 2. 5 年制，将 2. 5 年制改为 3 年制，学制变长了，教育内容补充和专业实践就有时间保障。

传播学教育已经从零星的研究发展为包含本科、硕士、博士和博士后科研流动站“四位一体”的完整教育教学体系。

3. 博士教育

我国大陆新闻传播学博士是从 1984 年开始的，至今有 30 多年的历史，中国人民大学和复旦大学首先招收第一批新闻传播学博士生，国务院学位委员会、国家教育委员会在 1997 年颁布的《授予博士、硕士学位和培养研究生的学科专业目录》中将新闻传播学正式设定为一级学科，下设新闻学和传播学两个二级学科。

在 2010 年经国务院学位办评审的具有博士学位授予权的培养单位有 15 个：中国人民大学、复旦大学、中国传媒大学、武汉大学、华中科技大学、清华大学、北京大学、上海大学、浙江大学、厦门大学、暨南大学、四川大学、中国社会科学院、南京师范大学、解放军南京政治学院。

2. 4. 3　网络时代传播学教育的转型

关于传播学学科体系的建构问题，自 2009 年以来，国务院学位委员会和教育部放宽了对二级学科的管理，获得一级学科博士授予权和硕士授予权的高校可以自行设置二级学科。经过专家评审、国务学位委员会指定网站公示、授权单位学位评定委员会通过、国务院学位委员会备案等环节即可。

进入信息社会，对传播学专业学生的需求主要是具有良好信息素养的复合型、专业型、创新型信息传播人才。新媒体时代，信息素养比较好的新闻传播工作者应该具备如下几个方面的信息素质：具有独立学习的能力、具有完成信息过程的能力、能利用不同的信息技术和系统、能促进信息利用的内在化价值、拥有关于信息世界的充分知识、能批判性地处理信息、具有个人信息风格，而传播学教育理念和教育实践与信息社会要求的差距逐渐增大。

传播学与其他学科之间的学科交叉是大势所趋，也是学科改革的动力所在。学科间交叉融合已经探索多年，信息科学与传播学的交叉，传播学与法学、经济学、国际关系等学科的交叉是学科交叉的主流方向，更重要的学科则交叉发生在信息技术科学和传播学、传媒研究之间，媒介融合已涉及媒介的各个环节。在媒介融合的趋势之下，传媒生态正在发生巨大变化。媒介融合不但改变着新闻界，也在改变着新闻传播学的建设和发展。

首先，网络媒体及移动媒体的出现，促使新闻传播学教育观念的变化。未来的信息传播主体是网络媒体，因此，作为专业新闻传播工作者，仅仅懂得怎样捕捉信息、怎样传播信息，显然是不够的，还需要对媒介发展有清晰的认识。其次，开放的社会更加促进了新闻传播教育的国际化与全球化。伴随着开放，对外交流日渐增多，特别是加入WTO 后，中国的新闻传播事业已迎来一个崭新的阶段。要使未来新闻传播学教育与国际接轨，在观念上必然趋向国际化与全球化。新闻传播学在欧美经过了半个多世纪的发展，已经积累了大量的研究成果。这些研究成果的引进和介绍需要一批既有新闻传播学专业知识背景又精通外语的人来担当。再次，未来新闻传播学教育必将向复合化发展。21 世纪新闻传播人才的才智结构将呈现三个特征：文（科）、理（科）结合趋势增强；艺术与技术结合趋势增强；理性思维与动手能力结合趋势增强。

在互联网信息时代，新闻传播从业者从事的不只是新闻传播，还是外延极为广泛的信息传播，新闻传播学如果还依照媒体差异进行学科设置和规划，以媒介形态为学科划分标准的话，显然无法与传媒产业自身的发展相适应。因此，我们的新闻传播学教育在以大众传播为主要内容的同时，不能忽视人际传播、组织传播、跨文化传播等重要领域的开拓。适应变化的形势，新闻传播学的人才培养模式也将发生很大改变，单一的新闻学、电视学、广告学、摄影学等专业分类将发生改变，只要进入这一领域学习的人都应该学习这些专业知识。另外，新闻传播学教育将从一次性的学校教育转向全社会的终身学习。

互联网时代新闻传播的教学手段应该强调教育的形象性、直观性、针对性和启示性，呈现出数字化、多媒体化；教学方式将以互联网络为媒介，不再局限于哪个学校、哪个课堂，它可以连接全球任何一所高等院校，甚至于任何一家新闻单位，打破了传统教育的地域、时间和空间界限，呈远程化、随机化。网络的交互式传播为教学提供了一个便于操作的平台，学生与教师不会因课堂视野、信息的限制而束手束脚，他们之间的交流将在开放式动态的过程中进行，教与学互动。

2.4.4 历史发展中的问题与思考

对于起步较晚的中国传播学而言，传播学与新闻学边界的模糊不清、核心理念与学术立场的模棱两可，使当前中国的传播学教育尚处于思考与探索阶段，在确立明确的教育目标、形成鲜明的教学特色方面仍然存在较大的空间。

传播学在中国落地，传播学教育在中国发展总体上呈现出与时俱进、健康积极的特点，但是发展中存在的一些问题必须引起重视。

1. 教学水准待提升

我国目前传播学教育在量上比以往有很大的提升，但质上进步不明显，仍处于介绍、评价西方传播学和探讨中国传播学理论体系的初级阶段，且介绍、评价的对象大部分是“通论”“概论”一类。对中国传播学理论体系的探索、建设也没有标志性成果，未形成有本土特色的传播学教育和研究方法，少有代表人物和学派。

2. 学科定位应明确

传播学与新闻学应各有理论框架、研究范畴、核心概念与研究方法，不会引起从属与否的纠葛，而直至今日仍争论不休的主要原因还在于新闻学界一种欲说还休的情结。为了厘清界限，有的学者认为传播学以理论研究为主，课程设置要放在硕士阶段以上；新闻学以实践应用为主，适合本科生教育。这种划分是不恰当的。我们应该明确传播学为社会科学之一员，传播学有自己的概念系统（如符号、信息、关系、反馈等）、理论框架（如受众理论、效果理论等）和研究方法（如调查法、个案研究、焦点小组、访谈等），走的是建构与阐释相结合的路径。

3. 教学研究相对匮乏

目前我国的传播学研究更多的是在介绍西方的传播学理论，力图建立属于自己的传播学理论体系。但正因这一独立的理论体系尚在建构之中，具有中国特色的传播学教学研究尚无从谈起。教学研究匮乏，直接导致教学实施过程没有科学的理论指导。西方传播学主流学派的形成过程中大量使用的实证研究方法，是建立在社会认可和强大的经济力量支持的基础上。考察西方传播学理论中那些有代表性的观点、模式，其形成几乎无一例外地得到了特定的社会力量的支持，因而具备了现代社会科学研究所必需的研究目标、控制实验条件、足够的研究样本以及开展研究时使用的技术手段。这些条件在目前我国传播学研究中是很难满足的。

4. 教材建设亟待重视

20 世纪八九十年代，中国的传播学者在教材建设上是尽心尽力的，也出了近百本教材和译著。但是，对外交流有限、最新资料信息缺失及诸多自身原因，导致中国目前传播学教材建设呈表面繁荣、实质薄弱的现象，全国公认的佳作不多。

传播学教育，尤其针对本科生的传播学教育，目前最迫切需要改变的是教材建设。既要帮助学生度过人生校园生活最后的成长阶段，又要在课堂上让学生对本专业的基本理论入门，且发生持久的兴趣。教材编写适当，能够激发学生追寻理论并与实践结合的兴趣。

上述问题所形成的现状，既使人们看到中国对传播学教育与研究的积极态度，又使人深感中国传播学教育、研究尚未跳出固有模式与水平的问题。因此，要推动本学科教学水平的提升，必须不断加强传播学理论研究尤其是本土化等方面的探究，以期建立具有中国特色的传播学教育、研究模式和完善的学科理论体系。

（林　文）

2.5　编辑出版教育的历史回眸

我国编辑出版教育，主要指针对图书、期刊、音像出版、电子出版，以及数字出版、新媒体出版的高校编辑出版教育，旨在为国家新闻出版事业培养与造就坚持四项基本原则，具备编辑出版专业理论与专业知识的专门人才。

我国编辑出版教育历史悠久，然而，现代教育意义上编辑出版教育事业完整、全面的发展，开始于改革开放新时期。经过 30 多年的发展，现在我国高校编辑出版教育已经形成了包括本科、硕士、博士教育在内的较为完整的教育体系。

1953 年，上海出版印刷高等专科学校成立，这是新中国第一所出版印刷类全日制普通高等学校，专门培养出版印刷业高技能人才。60 多年来，为我国出版印刷业培养了数万名生产、技术骨干和各级管理人才。

1955 年 11 月，国家文化部出版事业局在《出版事业十五年远景计划（1953—1967）》中，提出在第二个五年计划（1958—1962）期间，将“会同高等教育部在适当的高等学校增设编辑系、美术装帧系、图书贸易系”，首次明确提出建立图书编辑、装帧、贸易较为完整的高校出版专业。

1958 年，国家文化部文化学院设立印刷工艺系，1961 年文化学院撤销，印刷工艺系并入中央工艺美术学院。

1978 年，经国务院批准，在中央工艺美术学院印刷工艺系基础上成立北京印刷学院。经过 58 年的发展建设，学校已经成为学科特色鲜明、师资力量雄厚、科学研究创新、办学格局开阔的传媒类大学，成为我国印刷业专门人才培养的重要基地。北京印刷学院初步形成了传媒科技、传媒文化、传媒艺术、传媒管理四大特色学科专业群，建成了具有时代特征的数字印刷、数字出版、数字媒体艺术、数字媒体技术构成的新型数字媒体专业群，拥有 4 个北京市重点建设学科，7 个一级学科硕士学位授权点，5 个专业硕士授权点，19 个二级学科硕士学位授权点，28 个本科专业。学校已经为社会培养输送了 5 万余名毕业生。

1983 年 6 月，党中央、国务院发布《关于加强出版工作的决定》，明确提出："今后调做编辑工作的，必须具备大学以上的文化专业水平，至少必须具备相当于大学的文化专业水平。""要加速发展北京印刷学院，在以后条件具备时，可改为出版学院，要选择有条件的大学设立图书发行专业。"该决定明确提出出版专业编辑人员文化建设的学历要求，对高校发展编辑出版专业描绘了美好前景。

1983 年，武汉大学图书情报学院建立了图书发行学专业。此后，武汉大学图书发行专业发展成为我国高校编辑出版教育的特色专业。

1984 年，我国马克思主义理论家、政论家和社会科学家胡乔木数次向国家教育部建议在高校试办编辑出版专业，教育部研究胡乔木同志建议后，明确给予答复，要在我国高等学校设置编辑学专业。胡乔木对于推动高校编辑出版专业教育的发展作出了重要贡献。

1985 年，教育部决定在北京大学、南开大学和复旦大学设立编辑出版专业，招收本科生。从此，我国高校相关院系进入了明确以"编辑出版"作为专业主题词的发展新时期。

1998 年，教育部颁布《普通高等学校本科专业目录》，将编辑学本科专业和图书发行学本科专业整合为编辑出版学专业，列在新闻与传播学一级学科之下，将编辑出版学列为二级学科。

该目录将出版专业过去不尽统一的各种名称统一为"编辑出版专业"，明确了专业名称，规范了专业定义，并将编辑出版专业第一次正式列入《普通高等学校本科专业目录》。该目录明确了编辑出版专业的培养目标是："具备系统的编辑出版理论知识与技能、宽广的文化与科学知识，能在书刊出版、新闻宣传和文化教育部门从事编辑、出版、发行的业务与管理工作及教学与科研的编辑出版学高级专门人才。”①

1986年，河南大学依托汉语言文学专业硕士点招收了我国第一届编辑出版限额专业方向硕士研究生。

1988年，武汉大学开始招收编辑出版方向的硕士研究生。南京大学、北京大学、北京师范大学等院校也在相关专业之下培养了一批以编辑出版为研究方向的硕士生，北京大学、武汉大学等院校还招收培养了以编辑出版为研究方向的博士生。

1998年，国务院学位委员会批准北京印刷学院出版系和河南大学文学院招收传播学硕士研究生，研究方向为编辑、出版、发行，提升了编辑出版专业的办学层次。

据国内学者研究及统计，截至2002年12月，我国高校设立编辑、出版、发行等专业的院校已有40余家。截至2005年12月，我国已有100余所高校开办了编辑出版专业，其中教育部备案的有55所，在校学生近万人，专业教师500余人。现今，我国设置编辑出版学专业和开设编辑出版学课程的高校已达216所，涵盖国内大部分省、市、自治区。这些高校中包含38个学科硕士学位授权点、14个出版专业硕士授权点、7个博士学位授权点。部分民办高校也开设了编辑出版专业，如浙江万里学院、西安欧亚学院等。全国设立的编辑出版研究机构已达20余家，北京大学、武汉大学、河南大学、河北大学、华中师范大学、南京大学、陕西师范大学等均设有编辑出版研究机构。

现在，我国高校编辑出版专业已经形成了专科、本科、硕士研究生、博士研究生教育相对完整的体系及格局。

我国高校编辑出版专业自创办以来，由于历史原因，大致形成了5种院系模式：设在中文系（人文学院）；设在图书馆学系（信息管理学院）；设在新闻系（新闻传播学院）；设在理工科院系；其他。

综合考量，我国高校编辑出版专业基本上属于同一模式，但又各具特色。大致可以划分为研究型、教学研究型、应用技术型3种，各有所偏重。代表性高校大致有：北京大学、武汉大学、南京大学、南开大学、河南大学、河北大学、陕西师范大学、四川大学、安徽大学、上海印刷专科高等学校、北京印刷学院、湖南师范大学、华中师范大学、华中科技大学、吉林师范大学、内蒙古大学等。既有著名高校，又有地方综合大学，也有技术应用高校。既有公立高校，又有民办高校。例如北京大学编辑出版专业创办于1985年，最初设在中文系，2001年由信息管理系转入新闻与传播学院，其培养目标是：具备系统的编辑出版理论知识与技能、宽广的文化与科学知识，熟悉有关编辑出版方面的政策法规，能在书刊、音像、电子出版、新媒体出版等媒体、新闻宣传和文化

---

① 教育部. 普通高等学校本科专业目录（1998年颁布）［SO/OL］.［1998-07-06］. http://old. moe. gov. cn/publicfiles/business/htmlfiles/moe/s3882/201010/xxgk_109699. html.

教育部门从事编辑、出版、策划、管理以及科研和教学等工作的编辑出版学高级专门人才。32 年来，北京大学编辑出版专业积累了丰富的办学经验，形成了理论与实践并重，重点培养出版经营管理和现代出版技术人才的特色与优势。该专业要求学生掌握编辑出版学的基本理论；全面系统地掌握编辑、出版、管理学的基本原理，掌握网络与电子出版技能，能够理论联系实际，运用所学理论解决实际问题；建立宽广的知识面，熟悉中外编辑出版历史与现状等；掌握信息检索工具，具备较强的文字和口头表达能力，熟练地掌握一门外语，掌握计算机操作和应用技能等。北京印刷学院编辑出版学专业是北京市 100 个品牌建设专业之一，2010 年获批建设国家级特色专业。依托北京市传播学重点建设学科和北京出版产业与文化研究基地、北京市跨媒体出版重点实验室、中国编辑研究资料中心及期刊研究所等研究机构，与中国科技传媒股份有限公司等单位联合建设国家级校外人才培养基地，面向出版产业一线，形成专业鲜明、注重实践的培养特色，在印刷出版类高等院校拥有较高的专业影响。北京印刷学院主要培养掌握编辑出版、语言文化、经济管理等方面的基本知识和基本理论，具备书刊编辑策划、出版经营管理、出版物市场营销、出版新技术等方面的知识与能力，能够在出版单位、发行部门、新闻机构等从事编辑策划、出版管理、发行营销等方面工作的应用型高级专门人才。该学院同时招收文史类、理工类学生，开设有传播学、出版学、编辑学、中国编辑出版史、出版法规、选题策划、出版社经营管理、出版物市场营销、出版物成本核算、版权贸易、出版应用写作、校对实务、多媒体信息采集与处理、网络出版技术、计算机排版系统、读者学、公共关系学等课程。内蒙古大学蒙古学研究院设有新闻出版学系编辑出版专业，主要采用蒙古语授课。

（1）师资队伍建设。我国高校一直比较注重编辑出版专业师资队伍建设，现在部分高校已经建成了比较完整独立的师资队伍。从历史发展角度考察，师资主要有四种来源：文理科其他专业；编辑出版行业；编辑出版学科；出版业及相关学科兼职。

（2）教材建设。作为国家教委“八五”规划教材、新闻出版署专业系列教材重点项目，1996 年，由辽宁教育出版社出版了我国第一套编辑出版专业系列教材，计 18 种。这套教材由我国著名出版家、著名学者担任领导、编审及作者，它基本奠立了我国编辑出版专业教材系列的规制及模式。之后，根据出版业及出版教育的新发展，国内一些高校又陆续编写出版了一部分编辑出版专业教材。例如苏州大学出版社《现代出版学丛书》、中国人民大学出版社《新编 21 世纪新闻传播学系列教材》之《编辑出版学系列》、华中师范大学出版社之《出版学建设丛书》等。其中，由苏州大学出版社组织编写并于 2003 年陆续出版的《现代出版学丛书》最具代表性。共出版三辑，计 22 种。第一辑 7 种：《中国编辑出版史》《现代出版产业发展论》《现代出版学》《现代印刷技术概论》《现代图书编辑学概论》《现代书业企业管理学》《现代图书营销学》。第二辑 6

种：《现代书评学》《现代校对学概论》《版权贸易新论》《出版法规及其应用》《现代出版选题学引论》《图书营销案例点评》。第三辑 9 种：《现代图书编辑实务教程》《海外出版业概述》《现代出版经济管理学》《著作权法概论》《现代出版信息检索》《现代出版专业英语教程》《现代编辑汉字识读用辨析》《现代新闻出版编校实用手册》《现代出版英语词汇手册》。

（3）课程建设。经过近 40 年的建设，我国高校编辑出版专业基本完成了相对成熟完整的课程体系建设。各校在此基本统一的课程体系内，根据各自办学实际及定位，各有侧重，各具特点。课程体系一般由 3 部分组成：公共课、专业课、选修课。专业课主要有：中国编辑出版史、外国出版史、出版学概论、世界出版概论、书籍编辑学、期刊编辑学、出版社经营与管理、图书营销学、选题学及选题策划、书业法律基础、著作权法概论、书评学及书评写作、出版校对、中文工具书使用等。2000 年以来，针对并适应新技术、新媒体、新出版的迅猛发展，设计并增加了数字出版类课程。选修课大致可分为两类：专业选修课、相关知识选修课。例如河北大学，重点培养学生的文化基础，开设有古籍整理、出版史原著选讲、文献学、目录学与版本学选讲、中国文化经典选讲等。

（4）专业资料建设。我国高校编辑出版专业积极购置图书资料，为教学科研提供保障，部分高校已经建设成了基本的资料系统。例如河北大学，自 2001 年设立编辑出版本科专业起，即连续购置专业书籍，订购专业期刊、报纸，持续不断。2001 年 9 月，学院组织专人专程去北京韬奋图书中心等书店集中购置编辑出版类图书，初步奠定了专业资料建设基础。即以专业期刊、报纸而论，订有：《读书》《博览群书》《中国出版》《中国编辑》《编辑学刊》《编辑之友》《中国图书评论》《编辑学报》《出版科学》《出版业》《科技与出版》《出版广角》《现代出版》《出版参考》《中国新闻出版报》《中国图书商报》《中华读书报》《文汇读书周报》等。购买了国内编著的编辑出版类教材、专著、年鉴、文集、图册、传记、相关专业书籍，以及翻译出版的出版类书籍。

（5）实验室建设。由于出版业具有显著的技术性、操作性及实践性，我国编辑出版专业教育一直比较注重实验室建设。特别是随着新技术、新媒体、新出版的出现与迅猛发展，编辑出版教育机构更是积极投入，加强了实验技术、设施、设备及实验体系的建设。例如北京印刷学院、上海理工大学立足于传统的学科优势及特色均建立有完整的试验平台及实验教学系统。部分高校已经建立了相对完整的专业实验室，配备了计算机、扫描仪、数字出版设备乃至印刷机等。

（6）科学研究。近 40 年来，我国高校编辑出版教学科研人员在编辑出版学、新闻学、传播学以及其他学科研究领域取得了丰硕的研究成果。老中青相结合，辛勤耕耘，涌现了一批著名学者，发表了一批在国内外具有良好影响的学术成果。这个学术群体申请批准立项并完成了多项国家、教育部及其他省部委、厅级研究项目，出版了多部学术著作及教材，发表了多篇学术论文。研究成果主要集中在5个方面：编辑出版史、编辑出版理论、编辑出版实务、编辑出版文化、编辑出版相关领域。

据国内学者统计，截至2006年，我国共出版编辑出版学专著及教材420余部（种）。1994—2007年，仅《编辑之友》《编辑学报》《出版发行研究》《中国出版》《编辑学刊》《科技与出版》等期刊发表编辑出版专业论文近2万篇。

仅以出版史研究为例，近40年来，取得了丰硕的成果。根据全国哲学社会科学规划办公室网站公布的数据，1993—2009年，仅涉及“编辑史”“出版史”等史论研究的国家社科规划课题共计195项，其中与图书馆学、情报与文献学相关的“编辑史、出版史”研究课题共计38项，与中国文学相关的研究课题共计35项，与中国历史学相关的共计30项，与新闻与传播学相关的共计25项。

据统计，我国出版文化史研究论著，2000—2004年出版有375种，之后每年出版150种左右，2008年达到178种。

2008年12月，中国书籍出版社出版了由中国出版科学研究所承担的国家社科基金重点资助项目、国家“十五”“十一五”重点图书出版项目《中国出版通史》。全书计九卷，从古至今，时间跨度长达3000多年，对包括我国少数民族、港澳台地区的中国出版史作了全面系统的研究论述，构建起了中国出版史的文化“长廊”及学术体系，对于进一步推动我国出版史、印刷史、思想史、学术史、文化史等方面的研究，弘扬中华民族优秀文化传统作出了学术贡献。

（7）研究生教育。1986年，河南大学依托汉语言文学专业硕士点招收了我国第一届编辑出版限额专业方向硕士研究生。之后，武汉大学、清华大学、南京大学、北京大学、北京印刷学院、北京师范大学、复旦大学、西安交通大学、四川省社会科学院、华中理工大学（后与其他高校合并为华中科技大学）等也相继依托相关专业招收了编辑出版学方向硕士研究生。

1998年，国务院学位委员会批准河南大学和北京印刷学院联合开设编辑出版学硕士学位授予点，标志着我国高校编辑出版专业正式独立设置硕士研究生学位教育。这一决定使编辑出版学专业研究生教育取得了突破性发展，开创了编辑出版专业研究生教育的新阶段。

2003年，武汉大学、北京大学、北京广播学院等具有一级学科授予权的院校设置相关专业，开始以出版发行学、出版学等专业名录招收博士生。

截至2007年，我国招收编辑出版专业方向硕士研究生的高校共有35所、38个办学点。其中，58%的办学点列为传播学学科，其次为新闻学、图书馆学学科。其他少数列名为新闻传播学、编辑出版学、出版发行学、语言学、情报学。

此前，我国高校招收编辑出版专业研究生，国家并无明确的学科及其归属上的规定，编辑出版专业的学科问题一直是一个存在争议的问题。高校招收研究生，一般均采用“挂靠”“借鸡生蛋”的办法。从学院角度看，主要从属于新闻传播学院、文学院、信息管理学院、出版学院。从学科专业角度看，主要从属于传播学、新闻学、编辑出版学、图书馆学、语言学、出版发行学专业。

2010 年，我国积极发展专业研究生教育。国务院学位委员会批准设立“出版专业硕士”学位，获得首批授权资格的高校有 14 家，即：北京大学、南京大学、武汉大学、中国传媒大学、复旦大学、南开大学、四川大学、河南大学、河北大学、安徽大学、北京印刷学院、湖南师范大学、华中科技大学、吉林师范大学。

随着新技术、新媒体及数字出版的兴起与发展，我国高校编辑出版专业研究生教育积极改革、调整、适应。例如北京印刷学院、上海理工大学、华中科技大学、武汉大学、中国传媒大学设置了网络编辑研究方向。

我国高校编辑出版专业博士研究生教育也获得了进步与发展。有的高校通过合作方式招收博士后。据统计资料，现有 7 个博士生授权点，但专业名称和所授予的学位各不相同。如北京大学新闻与传播学院博士点专业名称为“政治学（国际传播）”，研究方向为“中外出版管理”，授“法学博士”学位，北京大学信息管理系博士点专业名称为“编辑出版学”，授予“管理学博士”学位。河北大学新闻传播学院在新闻传播学一级学科博士点下设有编辑出版学方向，授予“文学博士”学位。

（8）学术交流。编辑出版教育和科研群体通过访学、讲学、培训、进修、学术会议等途径，积极开展编辑出版教育及学术交流，促进了编辑出版教育的健康发展。交流大致分为 3 种类型：内地间交流、内地与港澳台地区交流、中国与欧美交流。例如，由北京大学新闻与传播学院现代出版研究所、台湾南华大学出版事业管理研究所、河北大学新闻传播学院编辑出版研究所倡导并主办的“海峡两岸出版论坛”，每年设定一个学术主题，自 2005 年至今已连续举办 11 届，建立了海峡两岸出版教育的良好合作交流关系。由中国、日本、韩国编辑出版组织合作举办的国际出版学研讨会，也已举办多届，每届均有我国高校编辑出版专业学者参与。例如由中国编辑学会轮值主办的第 11 届国际出版学研讨会，于 2004 年 10 月在武汉举行。这次研讨会的主题是：“面向现实，面向未来，探讨国际化出版的发展前景。”来自中、日、韩等亚洲各国的 70 余位专家学者参加了此次研讨。由国家新闻出版广电总局、高等学校出版专业教学指导委员会主办的“高校出版专业中青年骨干教师高级研修班”，每年举办一届，至今已举办三届。每届均通过专家讲座、分组讨论、参观考察等方式就出版业发展的新形势、新问题，以及出版教育改革、质量、发展等问题展开积极研讨。

（9）专业实习。编辑出版专业实践性较强，目的在于培养学生的应用能力与操作能力。我国高校编辑出版专业自初创时起，就比较注重教学实习，在实际教学中建立起了实习制度，在课程体系构建中，专门设立有必要而充分的实习时间。例如河北大学新闻传播学院编辑出版系利用近京地理优势与京津冀一体化政策优势，设计、组织、率领学生每年参观考察北京国际图书博览会、中国印刷博物馆，以及中国数字出版年会、中国现代文学馆等。本科大四学生基本上有在北京出版媒体及其他媒体实习的经历。省内，院系组织学生参观考察省新华印刷厂、省博物馆及民营书业基地等。一些学生将实习期间的收获及材料作为毕业论文写作的选题及主题。部分学生毕业后即选择原实习媒体作为工作单位。河南大学编辑出版专业始终坚持实践导向，专业教师要去河南大学出版社锻炼，同时聘请有实践经验的资深出版人任兼职教师，教育学生了解出版实际过程。苏州大学对编辑出版方向研究生提出了“五个一”的实践要求，即：初校 100 万字、三校 100 万字、责编一本书、上一次订货会、下一次印刷厂。以操作类人才培养为目的的高校，基本上将实习确定为基本教学内容，构建了实习教学型教育模式。

（10）与业界广泛开展合作。我国高校编辑出版专业自诞生时起，即积极与出版界广泛开展合作。合作方式主要有：（1）建立实习基地；（2）建立人才培养基地；（3）举办专题讲座；（4）参观考察；（5）举办学术会议；（6）聘请教师。通过合作，基本上形成了产学研整体发展的教育体制。

国家新闻出版广播电视总署以及地方政府有关部门出台政策措施，积极促进合作。2005 年 11 月，国家新闻出版总署在上海理工大学出版印刷学院设立“出版印刷人才培养基地”。该基地的主要职能是：为上海市和全国出版印刷行业培养出版、印刷专业全日制专科、本科和研究生层次的高级专门人才，适应上海市和全国出版、印刷企业对印刷、复制、动漫游戏、电子出版、数字印刷等方面的技能人才的需要。2006 年 3 月，在南京大学设立“出版印刷人才培养基地”。2006 年，在北京印刷学院设立“出版印刷高级人才培养基地”。2011 年 9 月，在武汉大学设立“高级印刷人才培养基地”。该基地的主要职能是：根据我国新闻出版印刷产业发展的趋势，培养符合产业需要的印刷专业人才；开展前瞻性人才培养模式研究，探索并尝试培养数字印刷、绿色印刷等新兴领域的专业人才；承担印刷专业硕士、在职研究生培养，申办相关博士点，推动印刷专业的学科建设；承担新闻出版系统委托的人才培养项目，并提供师资和学习条件支持；开展新闻出版产业政策、重大理论与实践问题的研究；承担新闻出版行政主管部门和行业委托的课题研究和技术研发项目；组织印刷专业的学术研讨和学科建设研讨等活动，建立印刷行业产学研交流与合作平台；推进印刷专业学科建设，承担印刷专业的骨干课程教材和相关培训教材的编写工作。

北京印刷学院与中国出版集团等多家大型出版传媒集团建立合作关系。2012 年 11 月，中国科技出版传媒股份有限公司与北京印刷学院合作建立市级校外人才培养基地。

（11）对外交流与合作。我国高校编辑出版专业积极拓展国际视野，通过多种方式开展国际交流与合作。主要方式有：参加国际性出版会议，以及相关国际性学术会议；国外访学、进修；聘请国外专家学者讲学，举办讲座；参观考察国外出版教育；撰文研究介绍国际出版教育情况；翻译出版国外出版业、出版学研究及出版教育图书；合理吸收并采用西方出版教材、材料进行教学；利用新媒体开展交流。

例如北京印刷学院新闻出版学院，先后与英国爱丁堡龙比亚大学、美国佩斯大学、澳大利亚堪培拉大学等开展了多层次、多形式的联合培养项目，与美国怀俄明大学开展了短期学生交流项目。2013 年，与欧盟文教总司、英国科技出版公司，以及北京大学、台湾世新大学等单位合作，多次举办中欧数字出版论坛、中英国际出版论坛、海峡两岸华文出版论坛等高规格、高水平学术活动。河北大学新闻传播学院聘请美国高校教师定期为传播学硕士研究生授课，举办学术讲座，选派青年教师赴美国高校进修学习。

随着新技术、新媒介、新出版的发展，特别是数字出版，已成为世界出版的新形态，知识经济及信息经济大发展，编辑出版专业一方面面临着紧迫而严重的挑战，同时也面临着新的历史发展机遇。显然，媒介越发达，编辑出版专业理应越兴盛。因为从广义编辑出版角度而言，媒介规范、健康、正确、专业化的发展，必然相应需要大量的编辑出版专业人员。高素质的编辑出版专业人员，将从媒介技术，特别是从媒介内容方面为媒体发展提供专业保障。全媒体时代的来临，比以往任何时候都需要更多更优秀的编辑出版专业人才。因此，以高校编辑出版教育为主体的编辑出版教育事业必将具有更加广阔的发展空间。今后，我国高校编辑出版专业教育在坚持讲授学习基本理论与基础知识的前提下，应当增加新技术、新媒体、新型出版类课程，进而开辟并增设基于新技术、新媒体、新型出版的出版理论、文化理论乃至哲学理论课程，积极探索理论、一般知识与新技术科学结合的发展道路，不断培养出适应全球化社会与时代发展的高水平专业人才。

（田建平）

2.6　网络与新媒体教育的历史回眸

2017 年 1 月 22 日，中国互联网络信息中心（CNNIC）发布的第 39 次互联网发展状况统计报告显示，截至 2016 年 12 月，我国网民规模达 7.31 亿。① 互联网和新媒体已渗透到社会生活的各个方面，信息 GDP（IGDP）已经成为衡量国家发展水平的最新指标。网络与新媒体相关产业的迅速发展导致市场对人才的需求不仅在数量上激增，对高校网络与新媒体人才培养模式也提出了挑战。

2.6.1　网络与新媒体专业发展历史

1. 网络与新媒体专业发展阶段

网络与新媒体专业的开设，是基于互联网等新兴媒介形态对新闻传播行业及整个社会的巨大推动，是应对数字信息时代发展所需，顺应移动互联媒介融合的趋势要求而产生的。该专业的发展主要可分为自行探索、逐步过渡以及迅速发展三个阶段。

20 世纪 90 年代末至 2010 年是高校自行探索“网络与新媒体”专业发展阶段。为迎合市场人才需求，各高校在新闻与传播类专业下自行开设网络新闻、网络传播或新媒体等专业方向。这一阶段最早进行网络新媒体教育探索的是重点高校，在此期间，全国有 6 所重点高校开设了新闻学或传播学专业的网络（新闻）传播方向，如华中科技大学（1998 年组建网络新闻本科班，1999 年传播学专业设立网络新闻传播方向）、清华大学（1996 年招收新媒体研究方向研究生）、中国人民大学（2000 年新闻学专业设立网络传播方向，2008 年增设数字新闻传播专业）、武汉大学（2001 年新闻学专业设立网络传播方向）、暨南大学（1999 年在研究生专业设置网络传播方向，2009 年广告学专业设立网络与新媒体方向）、中国传媒大学（2006 年新闻学专业设立网络新闻方向）。② 随后省部属高校和三本地方院校也开始跟上步伐，如河南工业大学 2003 年开设网络与传播课程，随后在广播电视新闻学专业设置网络传播方向。2007 年南京大学金陵学院开设媒体融合专业（方向），2009 年江西先锋软件职业技术学院国际互联网传媒分院联合江西互联网科学研究院开设全国第一个国际互联网传媒专业。③

---

① 中国互联网络信息中心（CNNIC）. 第 39 次中国互联网络发展状况统计报告［EB/OL］.［20741-15］. http://www1.cnnic.cn/hlwfzyj/hlwxzbg/hlwtjbg/201701/t20170122_66437.html.

② 张合斌. 网络与新媒体专业的缘起、动态及其建设探究［J］. 新闻界，2015（4）.

③ 张合斌. 网络与新媒体专业的缘起、动态及其建设探究［J］. 新闻界，2015（4）.

2011—2012 年为教育部正式确立“网络与新媒体”专业的过渡阶段。为呼应互联网时代对新闻传播人才的新要求，2010 年教育部首次组织开展“新媒体与信息网络”专业申报工作，这是“网络与新媒体”专业前身。2011 年和 2012 年教育部批准招生“新媒体与信息网络”专业高校 10 所，包括中国传媒大学、湖南师范大学等。2012 年教育部调整专业目录，取消“新媒体与信息网络”，在新闻传播类专业中特设“网络与新媒体专业”（050306T）。此次学科动态调整，把网络与新媒体同计算机网络类专业区分开来，优化了学科专业结构，更加符合当前新媒体产业发展对该专业人才的细分需求定位。同时校企合作办学模式开启，如 2011 年 6 月由重庆师范大学与北京时间碎片新媒体公司共同筹办的全国首家新媒体学院成立，9 月面向全国首批招生 200 名。①

2013 至今是“网络与新媒体”专业正式确立并得到蓬勃发展时期。每年都有不少高校增设开办“网络与新媒体”专业，2013 年教育部公布开始招生网络与新媒体专业高校 36 所，2014 年 51 所，2015 年 36 所，2016 年 47 所。据调查显示：2010—2014 年 5 年间开设网络与新媒体专业招生的一本院校数量远远低于二本、三本院校。② 截至 2016 年，开设此专业的高校数不断攀升。在此期间，不少高校聚集就网络新媒体专业的理论建设和专业发展进行洽谈协商，并取得一系列成果。如 2013 年 5 月 23 日，由华中科技大学主办、由北京大学出版社协办的首届高校网络与新媒体专业建设研讨会上，26 所相关高校参加会议并最终确定网络与新媒体专业主干课程 1 门、专业选修课程 12 门，包括“网络文化”“新媒体与社会”“网络与新媒体研究方法”“网络与新媒体文学”“西方新媒体理论”“网络与新媒体技术应用”“数字出版导论”“融合新闻学导论”“网络游戏”“网络与新媒体用户分析”等，由此国内首个系统、权威的网络与新媒体专业课程体系形成。③

2. 网络与新媒体专业发展现状和培养目标探索

目前，全国设置网络与新媒体专业的院校多分布于中部和东部地区，长江流域和珠江流域是网络与新媒体教育的集中地。从院系分布来看，网络与新媒体专业多数还是分布于新闻传播院（系）、传媒学院（系），少部分分布于文学院（系）、人文社科学院（系）、文化传播学院（系）等，还有为数不多的高校将网络与新媒体专业设立在商学

① 高虹．中外新媒体教育发展报告［R］．中国新媒体发展报告 2012. 北京：社会科学文献出版社，2012：151.

② 夏莉霞．高校网络与新媒体专业人才培养研究［J］. 新闻传播，2016（3）.

③ 余红，吴琼．我国网络与新媒体专业教育探索与思考——对华中科技大学网络传播专业十七年“试错”的反思［J］．东南传播，2014（5）.

院（系）、法学院（系）、教育学院（系）等院系。①

虽然业界在网络与新媒体专业的培养目标的讨论上存在争议，各高校在培养模式、课程设置上也有着不同的具体培养目标和自己的办学特色，但在总体方向上的意见较一致的，即网络与新媒体专业应采取跨专业跨学科教育，培养专业性、复合型人才。从市场对新媒体岗位的需求调查显示，社会最需要的新媒体人才前三名分别是：后台研发、文本编辑、产品经理。目前，新媒体岗位招聘对专业背景的要求也呈现出两种情况，即需要跨专业的融合型人才和精通某一领域的专才。具体来说，互联网内容维护、产品设计等岗位更倾向于需要复合型人才，而数据分析、后台研发、产品测试等技术性岗位需要技术专才。② 互联网模式下所需要的人才将不再拘泥于传统的单一知识项目学习，在动态的市场需求面前，最重要的是培养其可塑造性能力和创新性思维能力。

3. 网络与新媒体教育办学现状和培养模式探索

经过 10 多年的摸索，国内许多高校的网络与新媒体专业的发展都从自身特点出发探索自己的教学模式和课程设置。余红（2014）在 114 所“985”“211”高校中具体提炼出了 24 所设立网络或新媒体相关本科专业（方向）的高校，并将其进行总结和分类，分成 5 种最具代表性的培养模式③，具体如表 2-1 所示：

表 2-1 **不同高校网络与新媒体专业教学模式**

教学模式	有代表性的“985”“211”高校
网络策划与新闻	中国人民大学、北京大学、兰州大学、西北大学、东北师范大学、湖南师范大学、华南理工大学传播学（跨媒体新闻方向）、南京理工大学
网络传播技术	武汉大学、华中科技大学、华中师范大学
网络传播素养	复旦大学、北京师范大学（网络传播专业）、中国科技大学、大连理工大学
网络编辑	华南理工大学编辑出版学（网络传播与电子出版方向）、中国传媒大学编辑出版学（新媒体编辑方向）、内蒙古大学
数字媒体艺术	北京交通大学、中国传媒大学、北京师范大学（数字媒体艺术专业）、安徽大学、华南师范大学、华南理工大学、哈尔滨工业大学、东华大学

① 安珊珊，栗兴维．中国高校网络与新媒体专业教育的结构乱象及其治理路径［D］．沈阳：中国新闻史学会新闻传播教育史研究委员会 2016 年学术年会论文，2016.

② 余红，李婷．我国网络与新媒体人才需求调研与专业培养［J］．现代传播，2014（2）：136.

③ 余红，吴琼．我国网络与新媒体专业教育探索与思考——对华中科技大学网络传播专业十七年“试错”的反思［J］．东南传播，2014（5）.

由表 2-1 所示，以中国人民大学为代表的网络策划与新闻的教学模式更偏向于以传统新闻学训练为主，以互联网信息传播和应用为辅；以武汉大学、华中科技大学为代表的网络传播技术教学模式则以互联网应用和技能训练为主，以传统新闻学训练为辅；以复旦大学为代表的网络传播素养教学模式则偏向于以传播学训练为主，互联网信息传播和应用为辅。课程设置上（余红，2014），中国人民大学的公共基础课和传统新闻课程居多，占到了总体课程的 58%，武汉大学的必修课中有 57%的网络传播及技术类课程，复旦大学传统新闻学课程和传播学课程占 69%，且传播学的比例高于新闻学。① 不同于前三种教学模式的新闻传播类课程居多，以华南理工大学编辑出版学（网络传播与电子出版方向）为例，在出版专业的基础课程外主要增加了多媒体素材采集与制作、电子与网络出版、数字出版与网络编辑等。北京交通大学则在艺术领域增加了网站设计、交互式数字媒体（见表 2-2）。

表 2-2　**华南理工大学和北京交通大学课程设置对比表**

代表高校	专业基础课程	网络及新媒体类课程
华南理工大学	编辑学、传播学概论、中外编辑出版史、新闻学基础、媒介伦理与法规、书刊编辑实务、传播技术基础等	网络传播、文化创意产业概论、多媒体素材采集与制作、电子与网路出版、数字出版与网络编辑等
北京交通大学	素描、构成设计、视觉传达设计、视听语言、镜头画面、非线性编辑、动画剧作、摄影摄像技术与艺术、影视广告等	计算机图形设计、数字图像处理、数字音频技术、网络技术与动态网站设计、动画设计、动画制作、游戏程序设计、影视特效、网站设计、交互式数字媒体、数字建筑漫游、新媒体艺术等

总体看来，我国高校的网络与新媒体专业教学模式虽各有千秋，在主干课程或专业课程设置的实际操作中各有侧重，但都向着“宽口径、厚基础、精专业”方向发展，以实现培养综合性、复合型新闻传播人才的目标。

① 余红，吴琼．我国网络与新媒体专业教育探索与思考——对华中科技大学网络传播专业十七年“试错”的反思［J］．东南传播，2014（5）．

2.6.2　网络与新媒体专业发展已取得的成就和经验

1. 网络与新媒体专业取得的成绩

1）开设院校越来越多

针对每年教育部公布的普通高等学校本科专业备案或审批结果的新增备案专业名单，开设“新媒体与信息网络专业”（2010，2011）和“网络与新媒体专业”（2012—2016）的高校统计如表2-3所示：

表2-3　　**网络与新媒体专业开设院校统计表**

年份（年） 类型（所）	2010	2011	2012	2013	2014	2015	2016	合计
一本	1	1	3	5	8	5	4	54
二本	0	5	15	11	14	24	29	98
三本	2	8	28	20	29	7	14	108
合计	3	14	46	36	51	36	47	260

由表2-3可以看出，截至2016年，开设网络与新媒体专业招生的高校数量越来越多，共计260所。

2）院校分布状况

（1）院系分布越来越均衡。虽然目前网络与新媒体专业，大多设在新闻传播学院（系）、传媒学院（系）、文学院（系）等，但也有部分高校将网络与新媒体专业设立在商学院（系）、法学院（系）、教育学院（系）、商务传媒学院（系）、传媒管理系（院）、计算机科学与技术学院（系）、经济系（院）和财经传媒系（院）等院系。将网络与新媒体专业设置到这一类院系中，网络与新媒体专业可以受到这些院系原本特色的影响。在学习一些跨专业知识时，减少了学科之间的隔阂，有助于真正实现跨学科学习。

（2）地域分布越来越平衡。设置网络与新媒体专业的院校，多分布于中部和东部地区，且分布日益均衡。由图2-1可知，目前网络与新媒体专业院校多分布在湖北、安徽、广东、四川、陕西、北京、重庆、河南、湖南、江苏、浙江等省市，新疆、宁夏、重庆等分布较少，辽宁、河北、辽宁、江西、甘肃、贵州、山东、上海、云南等省市居中。网络与新媒体专业院校的分布与相应区域的经济（特别是网络经济）发展需求相关。

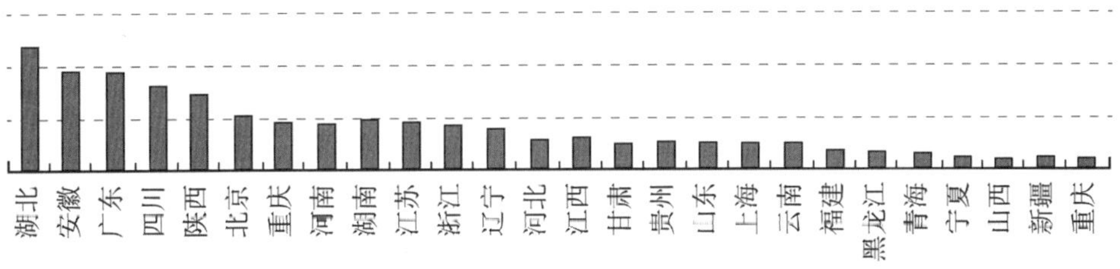

图 2-1　网络与新媒体专业院校地域分布

总体而言，目前我国网络与新媒体专业发展态势日趋完善。从开设院校来看，开设网络与新媒体专业的一本院校数量远低于二本、三本院校，实践性得到凸显；从全国各院校分布的地理位置来看，设置网络与新媒体专业的院校，多分布于中部和东部地区，且日益均衡（见图 2-1）；从院系分布来看，除传统的新闻传播院（系）、传媒学院（系）、文学院（系）等院系外，还有为数不多的高校将网络与新媒体专业设立在商学院（系）、法学院（系）、教育学院（系）等院系。①

2. 网络与新媒体专业发展经验

（1）坚持跨院合作、院媒互动提升师资力量。网络与新媒体专业属于交叉应用型专业，教师理论和技术“二手都要硬”。通过各高校跨院合作、院媒互动两种模式来将其他院校的老师和一线媒体工作者转化为本专业的优质师资，由此来打造紧扣新媒体行业需求的高素质人才。

新闻传播学院通过“借用”其他学院优秀教师、融合教学实验的方式与相关院系跨院合作，完善教师体系，解决课程融合性差的问题，多院合作共同进行新媒体专业人才的培养。如 2008 年，中国传媒大学成立新媒体研究院，主要分成新媒体技术、新媒体内容和新媒体经营三大块，技术放在工学院，内容放在广告学院或者新闻与传播学院，经营则放在媒体管理学院。这既解决了人文学科社会科学和自然科学的对话能力相对较弱，影响其跨学科教学和研究的协作力度的问题；同时又保留原有专业特色，在优化组合的基础上突出新媒体的专业性。

一线媒体人掌握了一手的市场需求信息与最前沿的传媒技术，院媒互动一方面能使

① 安珊珊，栗兴维．中国高校网络与新媒体专业教育的结构乱象及其治理路径［D］．沈阳：中国新闻史学会新闻传播教育史研究委员会 2016 年学术年会论文，2016.

新闻院系的人才培养更贴合市场需求；另一方面能解决新闻院系因技术设备落后而致使人才培养受限制的窘局。如中国传媒大学在师资力量及机构设置方面进行了较早的“新媒体转型”，为新媒体教学科研和人才培养发挥了关键性的支撑作用。目前我国高校网络与新媒体专业通过聘用一线媒体从业者或返聘退休的业界精英担任兼职教师，既拓展了学生的视野，也为学生搭建了去媒体实习的平台，使学生真正做到“边学边用”，在实战中掌握未来职场所需要的技能。

（2）坚持紧密学科融合、完善课程设置。“文化为体，科技为酶”是互联网之精髓，目前网络与新媒体专业在课程设置方面打破了传统学科间的相对独立性，实现文科（艺术）、理工科和术科的跨学科融合。各高校都从自身特点出发，探索自己的教学模式和课程设置。国内已形成各具特色的培养模式，其一是以传统新闻训练为主，以互联网信息传播和应用为辅。该模式以中国人民大学为代表，充分利用其在传统新闻学领域内的强大师资力量和深厚的教学积淀形成了以新闻学训练为主、网络技术与新媒体研究为辅的教学风格。其二是以互联网应用和技能训练为主，以传统新闻学训练为辅。该模式以武汉大学和华中科技大学为代表。教育理念侧重于以实务和技术教学为主，辅以新闻传播学训练。① 其中，一些技术性特别强的课程与软件学院数字媒体专业共享师资，这样既促进了学科互设与知识越界的协作，又完善了共性学科的支撑体系。

（3）注重实践教学。为了适应数字技术革命的发展，为新媒体教学提供与新闻实践前沿接轨的技术条件，新闻院校加大了实验实践教学方面的投入。如中国人民大学新闻学院把实验中心的建设作为新闻传播学科建设的一个支柱，花费 1000 万元对“新闻传播实验中心”进行数字化提升改造，由北大方正集团提供网络信息发布系统、多媒体数字报纸出版系统等，学生在学习新闻传播业务课程时，可以在一个仿真的环境中掌握相关知识、相关技能。学院还鼓励学生创办了网络电视台、网络电台和网站，形成“接力传媒集团”，吸纳全院本科生阶段性地进行业务实验。②除了依托高校的实践平台的打造，一些高校还主动与新闻媒体或前沿科技企业共建新媒体人才实践基地，进行校企合作培养的尝试。如同济大学传播与艺术学院与上海文广新闻传媒集团签约共建教学实践基地；南开大学与日本索浪株式会社、数字好莱坞株式会社合作开展数字媒体人才培养和技术研发；深圳大学与深圳市融创天下科技发展有限公司联合共建“新媒体研究中

① 高虹．中外新媒体教育发展报告［R］．中国新媒体发展报告 2012. 北京：社会科学文献出版社，2012：151.

② 蔡雯. 新闻院校如何培养新型的新闻传播人才——由胡锦涛总书记在人民大学新闻学院的谈话引发的思考［J］. 新闻记者，2010（10）.

心”；中国传媒大学动画与数字艺术学院与新华视讯手机电视台有限公司合作共建新华社手机电视动漫频道等。实验室基于实战的教学和科研模式，提供了解决学生能力与业界需求脱节的有益尝试，使学生不出校门，即可加入到媒体实战工作中去。

（4）产学研合作助力人才培养。高校纷纷成立各自的科研机构，如中国传媒大学、北京大学、华中科技大学分别设有新媒体研究院、新媒体营销传播研究中心、网络传播与新媒体发展研究中心等。学者们追踪最前沿的新媒体课题，有意识地把科学研究转化为教育成果，使学生能及时获得最新最有用的新媒体知识，展开技能训练，在一定程度上实现了科研与教学的相互促进。

（5）网络与新媒体专业发展中存在的问题与原因。从 1996 年华中科技大学新闻与信息传播学院率先在全国招收网络新闻传播的本科生算起，国内开设新媒体方面的课程到现在有 21 年历史，但是直到 2013 年上半年，新闻传播学类才正式新增网络与新媒体专业作为二级学科，该专业的设立正是教育部对网络与新媒体专业快速发展的回应。也就是说，网络与新媒体专业正式产生也不过 4 年之久。因此，国内的网络与新媒体教育仍处于起步阶段，各方面发展仍不完善，学科发展仍不成熟，学科体系有待健全，教育模式仍处于探索阶段，教材、师资等各方面配套不够完善。这一方面是由于中国新媒体产业总体来说刚刚起步，同时发展速度过快，业界本身也没有掌握其规律，经营模式和理念还未成形，教育界难以有效针对业界需求展开教学；另一方面，很多大学的网络与新媒体课程沿袭了传播学或者新闻学的思路，而这一与互联网和新媒体密切相关的新专业需要扭转传统的教育模式，必须经历课程改革和师资培训整合的阵痛方能转型。①

2.6.3　网络与新媒体专业目前面临的问题及成因

1. 学科发展不够成熟

（1）学科理论基础需要夯实。专业的学习需要强大的理论支撑，而新专业的教学在这一方面明显缺失。当前，网络与新媒体专业的理论基础多是立足于新闻学和传播学的基本理论，网络与新媒体在理论方面亟待创新和发展，形成有本土特色的网络与新媒体学科理论体系和教育方法。

（2）学科体系不够健全。新一代数字技术和网络通信技术的快速发展引发的媒介

---

① 匡文波，孙燕清．美国新媒体专业教育模式分析及对中国的借鉴［J］．现代传播，2010（8）．

融合①对现有学科体系提出挑战。但融合的各学科基本上处于独立的地位，相互之间不发生内容上的关联，只是把课程一次性打包输送给学生，很多新闻学院的网络与新媒体专业的新闻基础训练的课程比重明显高于新媒体领域，这与新闻院校其他专业没有实质上的区分，直接导致新媒体专业名不副实，不具备区别于其他专业的优势与竞争力。②此外，由于专业形式与内容实质的脱离，使得该专业处于位置不明的尴尬境地。

（3）教学研究相对不足。在中国知网上以“网络与新媒体专业教育”为关键词进行检索，搜索到742篇相关文献，排除与网络和新媒体专业教育无关的文献，只剩下49篇，学界对网络与新媒体专业教育的研究匮乏，直接导致教学实施过程没有科学的理论指导。这一方面是由于网络与新媒体专业发展历史较短，各个高校的网络与新媒体教育尚处于探索期；另一方面也由于网络与新媒体专业与实践的发展结合紧密，当前网络与新媒体发展迅速，业界情况变化较快，专业教学的发展之路尚不明晰，较少出现可资借鉴和具有前瞻性的教育教学方法。

2. 培养模式尚需完善

人才培养模式是指在一定的教育思想和教育理论指导下，为实现培养目标而采取的教育教学活动的组织样式和运行方式等。人才培养的诸要素包括培养目标、课程体系、教学方法、教学形式、教学的运行机制、非教学培养途径等，概括而言，即是培养目标和培养方式。

网络与新媒体专业属于新生专业，从现有的教育实践来看，国内高校在课程设计方面相对滞后，在教育理念上依然沿袭了传播学或者新闻学的理念。③

（1）培养目标定位模糊。网络与新媒体专业教育在培养人才时，培养的目标性差，难以给予网络与新媒体专业人才以准确的能力倾向。模糊的培养目标，会使网络与新媒体专业的课程设置，难以适应学生的能力培养和潜力挖掘。开设网络与新媒体专业的高校，大多将该专业设置在新闻传播学学科之内，从课程设置和培养方案上来看，往往很大程度上沿用和借鉴新闻传播学的相关内容，这就导致网络与新媒体专业之新得不到充分体现。此外，网络与新媒体专业人才培养中的技术比重应该占多少、理论比重占多少，新媒体人才总目标下面又应该分为哪些具体的培养方向，这些问题，很少有高校能

---

① 匡文波，孙燕清．美国新媒体专业教育模式分析及对中国的借鉴［J］．现代传播，2010（8）．

② 余红，吴琼．我国网络与新媒体专业教育探索与思考——对华中科技大学网络传播专业十七年“试错”的反思［J］．东南传播，2014（5）．

③ 匡文波，孙燕清．美国新媒体专业教育模式分析及对中国的借鉴［J］．现代传播，2010（8）．

在人才培养计划中做出清晰的回答。除了市场需求多元化和教学资源有限等客观原因外，目前教育界对于如何教授这一多学科融合的专业也存在着诸多争议。已创办的网络与新媒体专业大多仍处于摸索阶段，培养目标的确定都还需要实践的检验。①

（2）课程结构失衡。网络与新媒体专业是学科交叉融合、综合性较强的复合型专业，是一个跨学科、跨门类的结合体。②在课程体系设置上，部分高校在专业课程的整体结构上存在失衡现象，课程设置不成体系，理论性课程和实践性课程搭配不得当，难以使学生学以致用。譬如有的院校新闻传播类的相关课程设置过多，与传统的新闻学、传播学等专业差别甚微，直接导致新媒体专业名不副实，该专业的学生并不因此具备区别于其他专业的优势与竞争力；有的院校软件技术类课程设置过多，形成与艺术设计类专业和信息工程类专业"打擂台"的尴尬境地，且技术软件更新速度太快，而四年的大学培养周期过长，容易使学生沦为疲于奔命的技术工匠；有的高校各方面课程都有所涉猎，且主次不分明，貌似可以满足所有相关行业职位，但其实学生只懂皮毛，无一技之长，在市场上毫无竞争力。③

（3）教学方式跟不上时代发展。大多数开设网络与新媒体专业的院校依旧延续了传统新闻学教育的方式，在具体专业框架内将课程组合起来进行授课，采用的是大杂烩式的多课程融合，但其实许多学科课程之间的内在逻辑与联系并没有完全打通，学生仍然是机械地、个别地在学习相关课程。这种方法难以跟上时代发展的步伐，学生很难了解到专业的全貌，也难以建立起对课程之间内部联系的理解。目前，由于客观条件的限制，在网络与新媒体专业进行这种教学创新模式试验和探索的高校较少。

（4）创新思维能力培养欠缺。网络与新媒体专业学习过程中，学生思维能力和基础认知能力的培养，是为提高其判断能力和认知框架的建构能力。训练学生的基础思维能力，也有利于其在跨学科跨专业学习中，将相关学习知识相融合，为学生的学习提供一个构建自己认知框架，并整合各学科知识理论资源的土壤。但现有的网络与新媒体专业人才培养方案中，对创新思维能力的重视明显不足。

3. 教学配套条件不足

（1）实验设备落后，实践基地短缺。网络与新媒体专业作为一门实践性强的专业，对于摄、录、编、播设备和网络实验室的要求颇高，除了个别院校的配套设置完备之

① 燕道成．新媒体与信息网络专业人才培养的策略创新［J］．湖南师范大学社会科学学报，2013（5）：139.

② 朱旭辉，网络与新媒体学科发展路径的探析［J］．编辑学刊，2013（6）.

③ 夏莉霞．高校网络与新媒体专业人才培养研究［J］．新闻传播，2016（5）．

外，许多高校的教学设备落后、教学硬件设施缺乏、现有教学实践设备老化、新型网络技术使用器材缺失，这些严重制约了专业的持续健康发展，为教学研究和教学改革带来了重重困难，办学资金不足以及投入不够的问题严重。

此外，各高校为呼应社会对专业人才培养的需求，纷纷在培养计划中增加实践性课程的课时，加大了实习培养的力度，但网络与新媒体专业的实习基地需要大力拓展，实践基地的数量较少，专业相关性不强，并且众多实践实习基地的建设流于表面，实践性课程教育目标、实施方式、过程组织均缺乏科学性，无法真正发挥实习基地的作用。①

(2) 师资力量薄弱。网络与新媒体专业属于交叉应用型专业，理论和技术“两手都要硬”。目前，无论是行业内还是学术界，真正了解、研究、精通网络与新媒体专业的应用型和学术型人才都十分匮乏。目前网络与新媒体专业的高校教师多是从新闻传播学或信息技术学转型而来，但原有的学科体系和新专业的融合贯通不是短时期能够实现的。

在师资培训方面，只有少数实力较强的一本院校有能力派遣教师出国访问学习，大部分高校鼓励教师参加学术交流活动进行行业技能培训、学历进修或到企业一线锻炼；然而学校不能够提供实际有效的政策支持，双师型人才培养沦为一纸空谈。并且在执行聘请业内精英人士充当兼职教师等时，国内许多高校设置的高学历门槛和低薪并待遇，让许多行业专家望而却步。②

(3) 教材供给不足，教材建设亟待重视。教材是学生学习过程中的重要参考资料，教材编写适当，能够激发学生追寻理论并与实践结合的兴趣。网络与新媒体专业正式成立才短短几年，已经有相关的专业教材 100 多本。但是，当前市场上的教材呈现良莠不齐的状况。要推动本学科教学水平的提升，网络与新媒体精品教材建设是一个亟待解决的问题。

2.6.4　网络与新媒体专业发展趋势与展望

我国网络与新媒体专业的发展趋势可以从以下几个方面展望：

1. 专业规模不断扩大

基于网络与新媒体现有规模，紧抓技术和融合优势，加强高校和传媒机构联合，整合本土高校和国外高校的优势力量，进一步扩大专业规模，加大资金投入，使实验配置更加完备。

---

① 夏莉霞．高校网络与新媒体专业人才培养研究［J］．新闻传播，2016（5）．

② 夏莉霞．高校网络与新媒体专业人才培养研究［J］．新闻传播，2016（5）．

2. 办学质量不断提升

进一步落实师资培养方案，加大资金投入，不断提升师资队伍，丰富教研活动，给予足够课题经费支持，丰富教学研究，进一步完成科研成果转化，并不断创新教学方法，完善教材编写。

3. 专业内涵要不断提高

专业学习需要强大的理论支撑，作为较新兴专业，网络与新媒体专业尤其需要。教育教学中，要加强理论支持，延伸和构建新的理论，加大外文论著和相关新理论的引进。① 此外，经过长时间的“试错”，专业培养目标定位应更加清晰，课程设置更加完善，更加立足于社会需求和高校定位，前瞻性增强，与时俱进。

4. 学科融合更加紧密

网络与新媒体专业教育，旨在培养复合型人才，是要培养综合性，跨界人才，掌握多学科知识是关键。加强多学科知识的“通识”渗透，加强对学科技能的“通识”掌握。② 在新媒体运营的过程中，不仅需要新闻传播学类的知识，还需要社会学、心理学、营销学、管理学、计算机等知识的运营。这部分课程，主要还是在为网络与新媒体专业学生的市场适应能力做铺垫。

5. 专业发展将更好地满足社会多元化需求

网络与新媒体专业的学校教育，最终目的是将学生推向市场，迎接市场的需求挑战，网络与新媒体专业建设应以市场发展为导向，考虑专业出口与行业需求对接③。提高网络与新媒体专业人才与市场具体工作的匹配度。未来专业教育中，注重理论和实践学习，加强校企合作，明确培养目标，加强人才培养的针对性，使学生能够更好地适应社会，更准确地找到自己的职业定位，也是为了提高学生的实践能力，提高就业率。

（余红　黄诚）

---

① 余红，吴琼．我国网络与新媒体专业教育探索与思考——对华中科技大学网络传播专业十七年“试错”的反思［J］．东南传播，2014（5）．

② 董小玉，全球化·数字化·融合化——我国新闻传播教育改革的“三个关键词”［J］．现代传播，2013（5）．

③ 赵腊梅．新媒体技术“挪用”与专业教育重构［J］．教育教学论坛，2016（11）．

2.7　公共关系教育的历史回眸

从历史上看，中国公共关系教育可以追溯至20世纪30年代，迄今已有80余年的历史。新中国成立以来的公共关系教育则要从20世纪80年代算起，迄今已发展了30多年。从民国时期的短暂出现，到改革开放初期的快速发展，再到新世纪以来的转型升级，中国公共关系教育走出了一条与其他学科不太相同的成长路径——在专业教育不断普及和发展的同时，一直面临所谓“专业性”与“正当性”的身份危机。而今，随着公共关系社会应用价值日益凸显，公共关系教育的重要性更加突出，其学科归属、专业设置、人才培养等基础问题仍需进一步明晰。

2.7.1　民国时期公共关系教育的短暂创建（20世纪30年代）

随着历史资料的最新公开，中国公共关系教育的历史向前推进了50年。1934年，“公共关系理论”作为燕京大学新闻学专业的必修课程被引入中国，成为中国公共关系教育有资料可查的“开端”。当时，以梁士纯、王一之为代表的一批研究者积极从事战时宣传与国际宣传的研究，引介拉斯韦尔（Harold Lasswell）、李普曼（Walter Lippmann）、伯奈斯（Edward L. Bernays）等人的思想与观点，编译、撰写大量论文与专著。梁士纯本人更是身体力行，抗战期间先在上海组织地下抗敌宣传，后在美国做“足迹踏遍四十州”的巡回演讲，被国宣处工作人员视为成功案例。①

1936年，梁士纯出版《实用宣传学》，该书专门论述了“对于公众的关系”，指出：“……如果没有事实的证明，便不能取信于人。对于公众关系最主要的一点，在使一种营业可得公众的称许，更把那种优点表明出来，以推广这种公众称许的范围。”② 该书参考文献更是列出了当时美国很有影响的公关宣传著作，如公关之父爱德华·伯奈斯的《舆论的结晶》（*Crystallizing Public Opinion*）、沃尔特·李普曼的《公共舆论》（*Public Opinion*）、约翰·郎（John C. Long）的《公共关系》（*Public Relations*）等公共关系理

① 沈锜．论国际宣传［J］. 新闻学季刊，1940（1）．摘自：王晓乐．中国现代公共关系实践之发轫——对全面抗战时期国际宣传的历史考察［J］. 新闻与传播研究，2016（10）.

② 梁士纯．实用宣传学［M］. 商务印书馆，1936：114. 摘自：王晓乐．中国现代公共关系实践之发轫——对全面抗战时期国际宣传的历史考察［J］. 新闻与传播研究，2016（10）.

论著作。这也是有资料可查的第一次对西方公共关系理论的引介。①

民国时期的公共关系教育，在随后 15 年左右的时间里断断续续开展。公关在当时的引入是以政治驱动为主要因素，关注的焦点是战时动员与宣传，以及政治宣传与民意调查，对商业宣传虽有涉猎，但因缺少适合的经济环境而无法深入。② 鉴于中国特殊的政治社会局势，公关教育在这次短暂出现之后，并没有真正发展起来。直到 50 年之后，受到新中国经济建设尤其是改革开放的市场驱动，公共关系教育才再次被引入中国，并逐步发展起来。

2.7.2　改革开放以后公共关系教育的引入与发展（20 世纪 80 年代至 90 年代）

1. 改革开放初期公共关系教育的引入

1978 年，中共中央十一届三中全会制定并实施“改革开放”的伟大决策。从此，“市场经济”成为中国经济社会发展的重要方向。经济社会的发展，为公关教育的再次创建提供了契机。进入 20 世纪 80 年代初期，以现代酒店业为代表的一大批企业公共关系实践的发展，极大地推动了中国公共关系事业的发展，不仅扩大了公共关系在社会上的影响力，也为公共关系教育的创建提出了切实的需要。

在此背景下，中国公共关系教育以短期职业培训的独特方式应运而生。1985 年 1 月，深圳市总工会最先创办公共关系培训班，开我国公共关系培训之先河；同年 6 月，北京大学研究生院举办公共关系讲座，为公共关系的及时传播和普及作出了重要贡献。此后，公共关系高级专门人才的培养开始起步，许多院校纷纷开设公共关系课程，设立公共关系专业。③

1985 年，厦门大学新闻传播系邀请海外著名公共关系学者为本科生开设“公共关系原理与实务”课程，系统地把西方的公共关系课程引进中国内地正规的大学课堂。同年 9 月，深圳大学创立大众传播系，开设公共关系学大专专业，标志着中国公共关系教育的正式起步。1986 年 11 月，中国社会科学院新闻研究所编著的《公共关系学概论》在科学普及出版社出版；同年 12 月，王乐夫等编写的《公共关系学》在辽宁人民出版

---

① 王晓乐．民国时期公共关系教育创建始末——中国近代公共关系教育若干史料的最新发现［J］．新闻与传播研究，2010（6）．

② 王晓乐．民国时期公共关系教育创建始末——中国近代公共关系教育若干史料的最新发现［J］．新闻与传播研究，2010（6）．

③ 赵冰梅，阎光亮．发展公共关系教育的关键［J］．辽宁教育学院学报，1995（2）．

社出版。这两本教材的问世，意味着中国公共关系教育有了自己的教材和学科体系。①

1987 年 6 月，中国公共关系协会（CPRA）正式成立，标志着作为中国公共关系教育的基础——公共关系行业有了最权威的管理机构。中国公共关系协会下设学术委员会，成为中国公共关系理论研究的最高学术指导机构，举办了大量的学术研讨活动，出版了大量的学术著作和教材。同年，国家教委（教育部）正式把“公共关系”列入行政管理、工业经济、企业管理、旅游经济、市场营销、广告学、新闻学等专业的必修课。此后，全国 300 多所大学开设了公共关系课程。②

1988 年，时任国际公共关系协会主席的阿兰·莫杜尔访华，在深圳大学等地发表演讲，标志着中外公共关系教育交流的开始。同年，中国第一张公共关系报纸《公共关系报》在杭州创刊，为中国公共关系教育提供了理论研讨的舞台，而当年在杭州召开的第一届全国省市公关组织联席会议也为中国公关教育界创造了良好的沟通平台。

1989 年 3 月 19—31 日，北京大学与香港中文大学在北京联合主办“公众关系学”讲习班，这次讲习班是国内首次以高校系统为主，与大公司、大企业合作的公众关系学理论与实践相结合的高级研讨班。讲学班注重把培训人才与学科建设结合起来，在公关领域起到了“播种”的作用。③ 1989 年 6 月 20 日，黑龙江公共关系协会被黑龙江省政府编制委员会批准为副厅级建制，常设机构秘书处为正处级单位。该会创办了我国第一所公共关系学院——黑龙江省公共关系专科学校（大专），并于当年 9 月 25 日正式开学。④ 1989 年 12 月，由深圳大学、杭州大学、兰州大学、中山大学、复旦大学五校联合发起的“第一届全国高校公关教学研讨会”在深圳大学召开，会议研讨了公共关系专业的课程设置，原则通过了《公共关系教学大纲》。⑤

2. 20 世纪 90 年代公共关系教育的粗放发展

带着公共关系初入中国的激情，从 20 世纪 90 年代初开始，中国公共关系教育呈“井喷”态势⑥：一些相关院系纷纷开设公关课程甚至专业，公关专业一度在十余个院系或专业里开设；各种公共关系函授、培训班也如火如荼，一度成为相关院系教育市场

---

① 余明阳. 中国公共关系教育 20 年综述［J］. 公关世界，2006（9）.

② 余明阳. 中国公共关系教育 20 年综述［J］. 公关世界，2006（9）.

③ 张华. 北京大学与香港中文大学联合主办“公众关系学”讲习班［J］. 北京大学学报，1989（3）.

④ 余明阳. 中国公共关系史 1978—2007［M］. 上海：上海交通大学出版社，2007：53.

⑤ 余明阳. 中国公共关系教育 20 年综述［J］. 公关世界，2006（9）.

⑥ 余明阳. 中国公共关系教育 20 年综述［J］. 公关世界，2006（9）.

化改革实践的重要方向；各种公共关系论文、专著和教材如雨后春笋竞相出版，尤其是公共关系教材，其种类之多、规模之巨，成为同一时期人文社会科学研究领域的一大“景观”；一批公共关系教育者也在市场经济的大潮下开启了“两栖”模式，有的致力于社会服务，有的走出校园独立创业。

然而，这个时期的公共关系更像是一个“过路”的学科，是“处在十字路口上”的学科，来来往往的人很多，但真正驻足扎根的人很少。不少学者只写过一两篇文章，或出版过一两本书，然后就“告别公关”而“重操旧业”了。公共关系教育呈现一种“虚热”的势头，并在 20 世纪 90 年代后期面临全面“调整”：大量公共关系专业停办；除《公关世界》杂志以外，一些公共关系报刊先后转向或停刊；“全国高校公关教学研讨会”继深圳、杭州、兰州、北京、武汉召开五届之后停办。不过，这个时期，仍有几个重要“大事件”推动着中国公共关系教育向前发展。

1990 年，深圳大学开始出版总计 11 种的中国第一套公共关系教材《当代传播与公共关系系列》，其中包括《公共关系原理》《公共关系实务》《公共关系案例》《公关素质论》，许多内容填补了公共关系研究的空白。1991 年，中国国际公共关系协会在北京成立，此后该协会在中国公关与国际交流方面做了大量的工作，也构成了两大全国性公关组织优势互补、相得益彰的局面。同年 5 月，中国公共关系协会举办“中国十年杰出企业公关评优颁奖大会”，时任中共中央政治局常委、全国政协主席李瑞环致电话贺词。他在贺词中指出，中国公共关系事业的发展，是中国改革开放的必然趋势，它以新兴的管理科学，协调各方面关系，密切党和广大人民群众的联系，调动各种积极因素，维护安定团结，促进社会主义建设。此后，薄一波和杨成武等老一辈国家领导人也发来贺电。这次活动被认为是给中国公共关系事业“定了调”。中国公共关系协会常务副会长李兴国教授后来对贺电的解读是：“当年正值‘内求发展、外塑形象’的观念流行，李瑞环把公共关系上升到了国家利益。”①中国公共关系教育的合法性身份得到史无前例的高层认同。

1992 年 4 月，上海电视台举办首届公关精英电视大赛。此后，各种公关评奖、比赛纷至沓来。从某种意义上说，中国公共关系教育进入一种“泛社会”的层面。② 1991 年 7 月，深圳大学大众传播系参加 1990 年世界公关最佳金奖评选活动，参评项目“在中国创立并推进公关教育”，获得“特别公关项目金奖”，开启中国公关教育获得国际

---

① 胡百精．合法性、市场化与 20 世纪 90 年代中国公共关系史纲——中国现代公共关系三十年（中）［J］．当代传播，2013（5）：4-14.

② 余明阳．中国公共关系教育 20 年综述［J］．公关世界，2006（9）．

认同的先河。1993 年 8 月，中国广播电视出版社出版了全球总容量最大的公关书籍《中国公共关系大辞典》。

1994 年经国家教委（教育部）批准，中山大学创办了我国第一个公共关系本科专业，同时，中山大学在行政管理硕士学位点设立政府公共关系研究方向。① 这不仅填补了我国公关专业本科和硕士研究生学历教育的空白，而且形成了我国公关教育从成人教育到函授培训，从高校的专科、本科到研究生的多层次、多形式的教学与培养体系。② 1999 年 5 月，国家劳动和社会保障部出版的《中华人民共和国职业分类大典》将“公关员”作为一门新职业列入该大典的第三类职业，这标志着国家正式承认“公共关系”这一职业。从此，高层次的公共关系职业教育培训被提升到中国内地公共关系教育的议程上来。

2.7.3 新世纪以来公共关系教育的优化与提升（2000 年至今）

新世纪以来，现代转型与风险社会、市场经济与消费文化、新媒体与话语权再分配、全球化与国际对话构成中国公共关系发展的宏观背景。③经历了 20 世纪 90 年代的粗放式迂回发展，新世纪以后的公共关系教育逐渐走向专业化和规模化的新时期。尤其是随着中国加入 WTO，申奥、申博成功，互联网在中国的普及，以及非典等重大突发事件的频频发生，社会各界对公共关系教育与研究越发重视，中国公共关系教育从迂回中走向专业化和规模化。公共关系的教育体系逐渐完善，公共关系的学术研究日益成熟。

1. 公共关系教育体系逐渐完善

相对于 20 世纪 90 年代，21 世纪以来中国公共关系教育呈现比较稳定的发展态势。

在本科教育方面，截至 2013 年，全国设置有公共关系学本科专业的高校为 18 所，其中“211”高校（含 985 高校）8 所，按其设置时间先后是中山大学、中国传媒大学、东华大学、上海外国语大学、海南大学、南昌大学、华东师范大学、西南大学；普通高校、独立学院和民办大学有 10 所，按照设置时间先后是上海师范大学、大理学院、上海第二工业大学、浙江传媒学院、广西财经学院、内蒙古财经大学、中山大学南方学

---

① 查灿长，张娜．2008 年我国公共关系专业教育与学术研究报告［J］．中国广告，2009（6）．

② 谢光辉，谢昱．我国公共关系教育的发展与展望［J］．宁夏教育，2010（9）．

③ 胡百精．社会转型、专业化与新世纪以来中国公共关系史纲——中国现代公共关系三十年（下）［J］．当代传播，2013（6）：12-17、20．

院、中国计量学院、北京师范大学—香港浸会大学联合国际学院、中山大学新华学院。① 公共关系学界成立全国公共关系学专业院长（系主任）联席会议制，并制定《全国普通高等学校公共关系学本科专业介绍》（2011）和《公共关系学本科专业建设指南》（2012），成为各校开办公共关系专业的参考依据。

在人才培养与教学模式方面，各校积极探索符合本校实际的特色化办学模式，探索出诸如中山大学“善策划、懂管理、会传播”，华中科技大学“创意思维—策略制定—问题解决”，上海外国语大学“英语 8 级+公关专业知识与技能的复合型国际公关人才”，广西财经学院“面向中国—东盟自由贸易区的国际公关人才”的多层次人才培养定位。华中科技大学提出集创想—研究—实战“三位一体”的创造性、研究型、实战性的教学模式（TRC，Teach+Reach+Consult），兰州大学提出把实体机构、专业教育、科研成果有机结合、互动推进、共同发展的“产学研一体化”人才培养模式。这些探索与创新都极大地推动了中国公共关系本科教育的发展。

与此同时，研究生层次的公共关系教育也在稳步发展。2003 年 12 月，中国第一个公共关系硕士点在复旦大学新闻学院诞生。中国人民大学也于 2006 年开始招收公共关系与传播学专业在职研究生。此后，中山大学、中国传媒大学、上海外国语大学、北京林业大学等多所全国重点高校设置了公共关系学硕士点。② 更多一些高校以“研究方向”形式在传播学二级学科之下开设公共关系研究方向，并招收硕士研究生。例如厦门大学的传播学专业硕士就包括传播学、广告学、公共关系学三个招生方向。

在博士研究生教育方面，华中科技大学从 2005 年开始在第一批自设的二级学科博士点里设置了“广告与公共关系”的博士点，复旦大学和上海外国语大学从 2006 年开始招收公共关系方向的博士研究生，中国人民大学从 2007 年开始招生。2013 年，华中科技大学自主设置目录外二级学科公共关系学博士点通过专家评审。由此，国内第一个二级学科公共关系学博士点正式诞生。③ 该学科点以“学术高地、政府智库”为发展特色，集教学、科研和国际交流合作于一体，致力于营造突出“教学模块化、学术规范化、合作国际化、服务社会化”，同时深具知识自主性的研究场域，搭建一个具有学术大视野、科研大团队的高级公共关系人才的培养平台，培养具有独立进行科学研究的能力，善于运用科学研究方法，能创造性地对各类社会组织的公共关系实践给予理论阐释

---

① 杨晨 . 2013 中国公关教育观察报告［J］. 国际公关，2014（2）.

② 吴世家 . 中美公共关系高等教育比较研究［D］. 复旦大学，2007.

③ 中国广播网，2013 年 8 月 19 日，http：//yz. chsi. com. cn/kyzx/yxzc/201308/20130819/494063959. html.

与理论指导，解决我国社会组织主体公共关系理论和实际问题，能从事公共关系学理论研究、高等学校公关教学和传播实务战略咨询与管理工作的高层次专门人才。一批公共关系博士点（或培养方向）的建立，不仅使我国公共关系学历教育涵盖了专科、本科、硕士、博士全部层级，更为国家培养了一大批青年教师和研究者，他们经过博士学历的专业训练，成为我国公共关系教学与研究的重要生力军。

2. 公共关系学术研究日益成熟

新世纪以来，公共关系研究日益回归到“学术”层面上来，尤其是随着公共关系应用领域的转型巨变，公共关系研究越发突破既有的“是什么”和“怎么做”的粗浅研究层次，逐渐在危机公关、政府公关、国际公关等领域发展起来，并不断形成自己的研究视角和研究议题。图 2-2 是笔者在 CNKI 以“公共关系”为主题词检索到的 2000 年以来的论文发表数据。从图中很容易看出，公共关系研究在最近十余年间一直保持在较高的论文发表量上，呈现出一种比较稳定的态势。

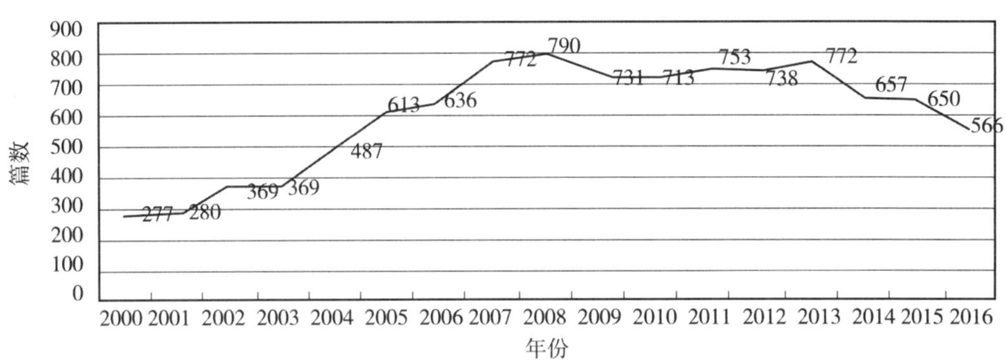

图 2-2　新世纪以来公共关系论文发表情况统计

公共关系研究议题也呈显著的变化。有研究系统考察了 1992—2012 年我国公共关系研究知识积累的内在结构发现（如图 2-3 所示）①，过去 20 年间我国公关研究议题的整体网结构包括了 23 个议题（网络密度 = 1.77，标准差 = 1.40），其中，中心度居于前四的议题分别为公关策略、危机管理、公关内涵和新媒体（点度中心度分别为 40、36、24、24）。上述中心度较高的四个议题中，公关内涵和公关策略是公共关系研究一以贯之的主要议题。而新媒体和危机公关议题则反映了新世纪以来时代变革对公共关系研究

① 陈先红．公共关系学的想象：视域、理论与方法［J］．现代传播，2016（5）．

的影响——随着媒介化社会与风险社会的到来，围绕新媒体公关和危机公关的研究越来越多。以政府公关为例，三起重大突发事件直接推动了政府公共关系的发展：2003 年“非典”事件促使中国政府公关自觉；2008 年汶川地震事件标志中国政府公关走向专业化；而 2011 年温州动车事故则对新媒体环境下的中国政府公关提出新的挑战。①

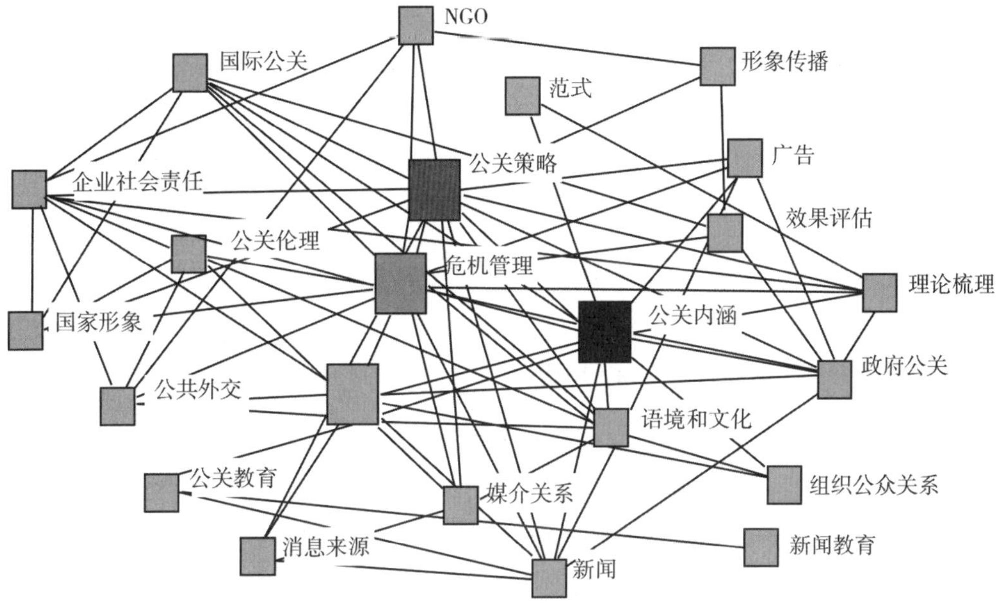

图 2-3　1992—2012 年我国公关研究议题的整体网

从研究成果来看，除了稳定的论文生产以外，教材编写和研究专著也明显提升。熊源伟的《公共关系学》（安徽人民出版社）于 2003 年出至第三版；李道平的《公共关系》（经济科学出版社）于 2011 年出至第四版；居延安的《公共关系学》（复旦大学出版社）于 2013 年出至第五版；张克非的《公共关系学》（高等教育出版社）也于 2014 年出至第三版……此外，陈先红的《现代公共关系学》（高等教育出版社，2009），胡百精的《公共关系学》（中国人民大学出版社，2008）等一批新编撰的公关教材则在知识结构和理论观点上作了明显的创新。研究专著上，陈先红的《公共关系生态论》（2006），胡百精的《中国公共关系史》（2014），邓理峰的《声音的竞争：解构企业公共关系影响新闻生产的机制》（2014）等一批公共关系专著在理论创新、历史挖掘及深度探索上不断扎根，很好地发展了中国化的公共关系理论研究。

① 廖为建，张宁．政府公共关系［M］．北京：中国人民大学出版社，2014：42-43.

与此同时，一大批国际公共关系著作的译介，进一步促进了中国公共关系学术的发展。2002年，卡特里普、森特、布鲁姆等人合著的美国最经典的公共关系教材《有效的公共关系》（第八版），经明安香翻译由华夏出版社出版；2004年，菲利普·莱斯礼的《公关圣经》，经由汕头大学出版社出版；2006年，拉铁摩尔等人的《公共关系：职业与实践》，经由北京大学出版社出版；2008年，格鲁尼格的《卓越公共关系与传播管理》，经由北京大学出版社出版；2011年，道·纽森，朱迪·范斯里克·杜克，迪恩·库克勃格等人编写的《公共关系的本质》，经由复旦大学出版社出版；2014年，《宣传》《取悦公众》《舆论的结晶》《每一分钟诞生一位顾客》等一批公共关系经典文献，经胡百精教授翻译，在中国传媒大学出版社集中出版。西方公共关系经典著作的不断译介，极大地促进了中外公共关系学术的交流，进而促进了中国公共关系研究的发展。

2.7.4 当前公共关系教育面临的问题与展望

1. 当前公共关系教育发展存在的问题

（1）公共关系职业身份危机制约公共关系教育的发展。无论中外，公共关系从其诞生之日起就面临职业身份的正当性争议。具体“争议”① 如：公共关系到底是“真”还是“假”，公共关系是“黑”还是“白”，公共关系是“公”还是“私”，公共关系是“善”还是“恶”，公共关系是“阴”还是“阳”，公共关系是“术”还是“道”，公共关系是“美”还是“丑”，公共关系是“大”还是“小”，等等。除此以外，公共关系职业的正当性危机还涉及它对新闻、广告，以及其他政治、生活领域带来的负面影响等。由于职业身份的正当性危机，公共关系经常成为人们批评的对象，这种质疑直接影响了中国公共关系教育的健康发展。近年来，在各种所谓的“伪公关”“黑公关”“假公关”大行其道的情境下，中国公共关系教育同样面临“污名化”的身份危机。一些高校为了淡化“公共关系”的身份色彩，在系所名称上“做文章”，将原有的以“公共关系”命名的系、所、中心，更名为“咨询策划”“公共传播”“整合传播”“策略传播”等。

（2）公共关系学科归属不清阻碍公共关系教育的发展。早期公共关系教育的粗放式发展，导致今天公共关系学科归属依然悬而未决。在我国，公共关系的学科地位虽然早已得到确认，但学科归属一直未能确定。目前有三个官方文件涉及公共关系的学科归

① 陈先红，张明新等．公关30年：中国公众的公共关系认知调查［J］．原文引自 中国公共关系协会编：中国公共关系年度报告［M］．武汉：华中科技大学出版社，2015.

属：一是由国务院学位委员会修订的《授予博士、硕士学位和培养研究生的学科、专业目录》，其中“公共关系学研究”归属在二级学科传播学（代码 050302）之下的应用传播学研究领域，这反映了公共关系教育与新闻传播教育的关系密切程度，中国早期的公共关系教育的主体力量是从新闻传播院系发展起来的。二是中国标准化研究院起草制定的《中华人民共和国国家标准学科分类与代码表》，其中“公共关系学”被列为二级学科，代码为 84054，归属于社会学类（代码 840），当前国家社科基金项目申报依然采纳这个分类，其字母代码是 SHP。三是《经教育部批准设置的目录外专业名单》，公共关系学专业代码为 110305W，归属于公共管理类（代码 1103），由于是目录外专业，公共关系学本科专业在那个期间的创建数量很少、地区分布也不平衡。① 直到 2012 年，在教育部新修订的《普通高等学校本科专业目录》中，公共关系学获得了目录内专业身份，但依然在管理学“公共管理类”之下，专业代码是 120409T。如此一来，公共关系学经常在新闻传播学、社会学、管理学等学科门类之间“打架”，因处学科交叉地带而难以进入所在学科的中心，由此造成公共关系学科长期的“边缘化”，从而不利于公共关系教育的健康发展。

（3）公共关系学术力滞后限制公共关系教育的发展。黄懿慧曾指出，学术力滞后、学科主体性不高，是阻碍公共关系在中国进一步发展的深层因素。② 然而，公共关系学术力不足恰恰与公共关系学科本身的定位有关。如前所述，作为一个舶来品，公共关系在 20 世纪 80 年代，由一批外资、合资企业（以服务业为代表）引入中国大陆，具有明显的实用价值取向。在人才教育上，公关教育以培养掌握公关技能的应用人才为目标，由此开设了一大批专业培训机构，编撰出一大批培训教材（这也是中国公关学术研究的一大特色）；在业务实践上，公关唯“甲方”是从，以为甲方宣传造势、出谋划策为使命，常以“策略、谋略、战略”示人，带有浓厚的工具色彩；在学术研究上，公关研究大多围绕实际效果展开，产生一批立足实用目的、围绕案例分析而成的经验研究成果（更像经验教训总结式的成果）。学科定位的偏颇，使得中国公共关系教育很多时候停留在公关技巧的普及和推广上，满足于为学生提升一些所谓的“公关技能”，为业界培养所谓的“实用人才”，而未能真正发展出自己的学科体系和知识框架。因此，学术力滞后严重威胁了公共关系教育的基础，导致公共关系教育一直在技能层面徘徊，而丧失了应有的学科阵地。

---

① 廖为建 . 做公关教学要有定力［J］. 传播，2004（43）.

② 杨晨 .2013 中国公关教育观察报告［J］. 国际公关，2014（2）.

2. 公共关系教育未来发展的几点展望

（1）整合学界资源，打造公共关系教育的学术共同体。经过30余年的发展，中国公共关系教育已然走过引入期、虚热期，目前正进入理性发展期，建立一个规范化、专业化、标准化的公关教育体系的条件已经形成。① 公共关系教育应该跨越职业身份危机、学科归属不一和学术力滞后的困境，努力整合现有资源，致力于打造中国公共关系教育的学术共同体。

未来，或许可以从以下三个方向加强公共关系学术共同体的建设：一是“回归”，即调整现有学科专业目录，将公共关系学科重新放回新闻传播学科；二是“共建”，即在维持现有学科归属不一的情景下，发挥各自的资源优势，形成联合共建的格局；三是“独立”，即脱离现有的学科关联，把公共关系学科发展为一门独立的人文社会科学。

在具体实施中，应鼓励增设公共关系本科教育，支持发展公共关系研究生教育，引导发展公共关系职业教育，真正优化公共关系教育的布局。同时应大力优化公共关系师资科研队伍结构，打造公共关系学术梯队，构建公共关系教育共同体，促进公共关系学科的发展。

（2）整合业界资源，推动公共关系学界与业界对接。合作办会、办赛，加强合作交流。诸如中国国际公共关系协会主办的大学生公共关系大赛，17PR主办的中国公共关系“金旗奖”等赛事评奖活动，直接帮助学生和教师与业界对接，为公共关系教育提供了很好的实践机会。

重视实习基地建设。公共关系界不仅包括以公关广告公司为代表的“乙方”，还有大量不同类型的“甲方”。尤其是一些新兴的互联网公司和新媒体机构，应该成为公共关系实习合作的重要对象。公共关系教育机构应建立更为精细化的教学实习机制，真正实现与人才出口的直接对接。

直接参与业界服务、指导工作。鼓励学界成为一些公关广告公司的顾问或合作伙伴，甚至直接成为一些政府、企业或社会组织的“乙方”，将教学科研成果直接运用于业界的现实需要，以项目形式引导学生、培养学生。

“走出去，请进来。”既要积极“走出去”，将一线教职员工派往公关广告公司或相关机构调研学习，以改变教师“业务能力老化”的现状；还要积极“请进来”，吸引一批公关广告公司或相关机构的骨干来学校举办讲座培训，同时在人才引进机制上努力向市场放开，真正吸纳一批优秀的业界师资充实到教师队伍中来。

---

① 黄懿慧．公共关系学科在中国的学术性危机［N］．中国社会科学报，2015-10-22，第3版．

（3）整合社会资源，拓宽公共关系教育服务社会边界。应打破狭隘的自我设限，广泛吸收广告学、市场营销学，乃至社会学、管理学、传播学、政治学等领域的营养，不断拓宽社会服务的实践边界。

就政治领域而言，随着政治体制改革的逐渐深入，尤其是政府职能定位与管理模式的不断变化，努力推动公共关系服务政府治理工作，在危机管理、形象塑造、政策推广、舆论引导等领域加强科学研究和人才培养，为政府公共关系实践奠定坚实的人才基础。同样，随着社会结构的不断分化，社会文化越发多元化，一些新兴的社会组织和群体越来越多，它们在形象塑造、危机应对问题上同样需要公共关系的专业帮助，从而为公共关系人才提供新的用武之地。如此等等，公共关系教育应努力整合社会资源，在传统企业公关、政府公关、非营利组织公关等简单化的分类标准下，进一步细分业务领域，不断开拓公共关系服务社会的空间和边界。

（4）整合国际资源，推动公共关系教育的国际合作。全球化时代，公共关系教育应积极整合国际资源，推动公共关系教育的国际化合作。

加强与国际公司的合作，创建公共关系教育的"电通模式"。电通公司是全球最大的广告传播公司，至今已有100多年的历史。1996年，"电通·中国广告教育合作项目"创建，20年来，通过各种形式从项目获益的广告专业教师达2000人次，学生达1.2万人次，很多成长为广告教育领域的学科带头人和杰出人才。据悉，教育部于2015年和2016年连续两次授予电通公司"最佳合作伙伴奖"。

加强国际性的学术共同体建设，创建公共关系教育的"多友模式"。"多友"又称"多闻雅集"，系香港城市大学"中国大陆新闻传播青年学者到访"计划项目的别称。该项目由香港城市大学媒体与传播系于2004—2005年成立，每年资助一批青年学者驻校学习交流一个月，旨在促进与内地高校新闻传播院系学术交流，以及协助内地新闻传播研究与国际接轨，至今已有著名院校的206位学者应邀到访，已在全国引起热烈的反响。

加强与国际公关教育机构及学术组织的合作交流。通过开展国际合作、校际合作等方式，与国际公关教育机构建立联合培养、师生互换、学分认证、合作交流等合作机制；与国际学术组织对接，积极承办国际性的学术会议，加强与国际知名高校，以及国际学术期刊（尤其是SSCI）的交流合作；不断提高中国公共关系教育与研究的国际化水平。

值得关注的是，2015年8月21日，我国首个国家二级公共关系学会——中国新闻史学会公共关系史研究委员会（PRSC）成立。学会秉承"开放、多元、包容、对话"的发展定位，汇集国内外学界业界和社会资源的高端智库研究力量，致力于打造具有国际视野、学术影响和公共情怀的公共关系学术共同体。这是中国公共关系学术史上一个里程碑的事件，为中国公共关系学科发展、专业建设和学术研究提供一个权威的专业的学术组织和平台。学会成立以来，续办“公关与广告国际学术论坛（简称 PRAD，已至第九届）”，成为国际公共关系学术交流的重要平台；举办“战略传播与公共关系工作坊”（已三期），成为国内学者学术交流的重要平台；正在编撰出版《公共关系学的想象（上、下册）》，力争打造中国公共关系研究的集成之作；合办“讲好中国故事创意传播国际大赛”（首届）和“金旗奖”案例评选活动（已至第七届）……相信以 PRSC 为代表的公关学人，一定能够不断推动中国公共关系教育的健康发展。

（刘晓程　秦冬雪　陈先红）

2.8　播音与主持艺术教育的历史回眸

从 1940 年 12 月 30 日中国共产党领导的第一座广播电台——延安新华广播电台诞生算起，人民广播播音事业已经走过了 70 多年的光辉历程。70 多年来，人民广播的播音员由最初延安新华广播电台的几个人，发展到现在全国的万人大军；播音理论建设由陕北台的“十天工作总结”，发展到现在的“中国播音学”；播音业务的研究、播音队伍的培养，由最初学习苏联经验，发展到现在高等学府有专门的院系、专业，有一支包括教授、专家在内的师资队伍，培养本科生、研究生等不同层次的播音专门人才。

播音与主持艺术专业，简称播音专业，属于戏剧与影视学一级学科下属的一个本科专业，它实际涉及戏剧与影视学、新闻传播学、中国语言文学、心理学、社会学等学科知识，是一个人文类交叉应用性专业。只有在充分认识到上述背景，以及相关学科对于播音专业的影响的基础上，我们才能对播音专业进行立体的透视，系统、完整、全面地揭示播音学发生发展的规律。

回眸中国播音与主持艺术教育的历史，我们必须从半个世纪的播音历史和丰富现实经验总结入手，梳理我国播音与主持事业的发展历程，探索播音与主持业界生态、学界动态和人才培养状况。

2.8.1　人民广播播音的生成

1940 年 12 月 30 日，从陕北高原的革命圣地延安，发出了一个明朗响亮、振奋人心的声音："延安新华广播电台，XNCR，现在开始播音……"这是人民广播第一位播音员徐瑞璋（播音用名"麦风"）通过话筒发出的声音。这声音，宣告了中国人民广播的诞生，标志着人民广播播音的开始。

当时延安新华广播电台在延安的清凉山，播音室是十几平米的一间窑洞，洞内四周钉着延安生产的粗毛毯，作为隔音用材。播音桌上只有一支话筒和一本字典。除此之外，播音室里还有 1 台破旧的手摇唱机和 20 几张唱片，这就是播音员的全部设备了。广播稿由新华社广播科提供。担任播音工作的是徐瑞璋、姚雯、萧岩、孙茜 4 位女同志。徐瑞璋同志的播音名字叫麦风，她是人民广播历史上的第一位播音员。这段时间播出过的重要文件和广播稿有：毛泽东同志为皖南事变发表的命令和谈话、《陕甘宁边区施政纲领》《在毛泽东旗帜下前进》和《伟大的国际劳动节》等。

1943 年的春天，广播发射机发生了重大故障，被迫中断播音。延安新华广播电台从 1943 年春天到 1945 年 8 月停播两年多。抗日战争胜利后经过紧张的工作，在 1945 年 8 月 30 日，延安新华广播电台恢复播音，直到 1949 年，孟启予同志领导播音组工作。她与当时的一批老播音员在播音事业的建设和人民播音风格的形成过程中起了开创和奠基的作用。延安台恢复播音以后，提出延安台是"人民的喉舌，民主的呼声"和"大家办广播"的口号。

1947 年 3 月 21 日起，国民党空军飞机开始对延安进行狂轰滥炸。延安台的播音员同编辑和机务人员一道，始终坚守工作岗位，直到最后撤离延安。21 日延安台改名为陕北新华广播电台。当时，毛主席、周总理、朱德、陈毅等老一辈革命家，十分重视广播和播音工作。1947 年春节，杨家岭中央大礼堂举行晚会，毛主席见到了延安台女播音员钱家楣同志，亲切地对她说："你们广播得很好。广播工作很重要，要努力把工作做好。"1948 年 3 月下旬，党中央和毛泽东同志离开陕北东渡黄河，于 5 月下旬来到河北平山县西柏坡村，陕北台也随新华总社一起由太行迁到平山。随着解放战争的节节胜利，人民广播也不断发展。据 1947 年 9 月统计，各解放区已经有广播电台 10 座。播音员的队伍也随之扩大了。

延安陕北新华广播电台的播音，开创中国无产阶级的民族化的一代新风，是革命战争年代中国无产阶级和人民大众战斗风格的生动体现。在《陕北台播音组关于训练和培养播音员的意见》和《北平新华广播电台训练播音员的方法》中，都把"要有一定的政治水平"，"定期传达宣传方针、宣传策略"和"有一定的政治水平"列为播音员的必备条件和选择播音员的重要标准。

2.8.2 新中国成立后的播音与主持艺术教育发展

1. 新中国成立后17年的播音与主持艺术

新中国成立时全国的广播电台已发展到40多座，并具备了一定数量的播音队伍。1949年10月1日，丁一岚和齐越登上天安门城楼，现场广播了开国大典的盛况。这是人民广播首次对全国进行重大政治庆典的实况广播工作，并由所有的地方电台联播。

1949年12月5日，北京新华广播电台正式定名为中央人民广播电台，当时又从全国各地电台抽调来一批优秀播音员，并从青年学生中招收了一批新人。1958年5月，我国第一座电视台——北京电视台开始试播。最初没有专职播音员，由中央台和北京市台播音员代播，不出图像。后来从中央台播音部调来沈力同志，才有了正式的专职电视播音员。沈力同志成为我国第一位电视播音员。20世纪60年代，赵忠祥被选到电视台，成为第一位电视男播音员。

2. 播音与主持艺术教育的初建

新中国成立以后，随着广播电视事业的发展，广播电视系统迫切需要相关技术人才和编辑干部。为了提高业务水平，开展专业教育显得尤为重要，最初的广播电视专业教育是从训练班开始的。1956年5月28日，刘少奇代表中共中央听取中央广播局工作汇报时，建议创办培养广播干部的高等学校。1958年9月2日，中央广播局在原有的广播技术人员训练班的基础上，创办了北京广播专科学校。1959年9月，经国务院批准，北京广播专科学校扩建为北京广播学院。北京广播学院的建立和发展，标志着我国广播电视高等教育进入了一个新的阶段。学院1960年开始开办播音专业训练班，铁城、虹云、徐曼、李娟等都出自该班，他们后来成为中央人民广播电台和中央电视台的播音业务骨干和北京广播学院的播音专业骨干教师。从1963年开始，北京广播学院正式开办两年制播音专业大专班。从此，我国有了培养播音人才的正规高等学校。

3. 十年动乱期间的播音与主持艺术教育

正当人民播音事业向前发展之际，1966年5月，开始了史无前例的“文化大革命”。在这一特殊历史时期，播音事业同其他事业一样，遭到严重破坏。选拔播音员的科学方法和培训方法被否定，北京广播学院被迫停办。

4. 十一届三中全会后播音与主持艺术教育的发展

党的十一届三中全会以后，人民播音事业进入了恢复、发展和创新的时期。播音专业的高等教育也得到了恢复和发展。北京广播学院 1974 年恢复办学，播音专业恢复招生，学制两年，连续招收了 74 级、75 级、76 级工农兵学员，他们当中有许多人成为中央台和地方台的业务骨干。同时，齐越调入北京广播学院担任教授，成为我国播音专业第一位教授。期间，学校还从中央台和地方台调入一批有经验的播音员担任播音教师，师资队伍得到加强。至此，我国播音高等教育和理论研究有了新的发展。

1977 年全国恢复高考制度，北京广播学院播音专业开始招收本科生，之后该校为我国培养了一大批杰出人才。例如，77 级、78 级、79 级、80 级这四届学生当中，许多人成为中央台、地方台和播音教育领域的业务骨干。在播音业界，耳熟能详的名字有汪良、张宏民、罗京、李瑞英等；在播音教学领域中，姚喜双、鲁景超、罗莉、卢静等都成为知名学者。

5. 改革发展时期的播音与主持艺术教育

1984 年，北京广播学院在原有播音专业的基础上成立了播音系，建立了播音发声、播音基础、文体播音等教研室。齐越、徐恒等从 1981 年起开始培养研究生。齐越开设了播音基础理论方向，培养了娄玉舟、敬一丹、付程、姚喜双共 4 名研究生；徐恒开设了播音发声方向，培养了陈京生 1 名研究生。

1996 年，北京广播学院建立了播音与主持艺术学院，张颂任院长。1998 年姚喜双任院长。播音与主持艺术学院的建立，促进了播音与主持艺术教育事业的发展。2000 年，播音与主持艺术学院成功申办了包括中国播音学方向在内的语言学及应用语言学博士点。至此，播音学有了自己的教授、副教授和讲师，并培养出了本科、硕士和博士不同层次的播音与主持艺术专门人才。1986 年，广播电影电视部在杭州创办了浙江广播电视高等专科学校，设立播音专业，至今已培养了多批播音专科毕业生。

6. 新世纪的播音与主持艺术教育

进入新世纪以来，播音与主持艺术教育也得到了快速发展，除中国传媒大学（原北京广播学院）播音与主持艺术学院开设播音与主持艺术方向和中国播音学方向硕士和博士点外，中国社会科学院研究生院也开设了包括播音与主持艺术方向在内的媒体语言学硕士点、博士点和博士后工作站。浙江传媒学院（原浙江广播电视高等专科学校）、中国传媒大学南广学院等也相继建立了播音与主持艺术学院。至此，播音与主持艺术专业从专科、本科、双学位、硕士研究生、博士研究生到博士后各级各类的人才培养已齐全，形成高层次人才培养体系，特别是播音本科专业在全国各种类型高校中全面开花。

2.8.3 不同类别院校播音与主持艺术教育发展综述

截至2015年12月30日，全国高等学校学生信息咨询与就业指导中心主办的阳光高考统计信息显示：播音与主持艺术专业全国普通高校毕业生规模为14000~16000人；高考文理科比例为文科83%，理科17%；男女比例中女生68%，男生32%（见图2-4）。全国开办播音与主持艺术专业的高校共207所，具体分布如下：

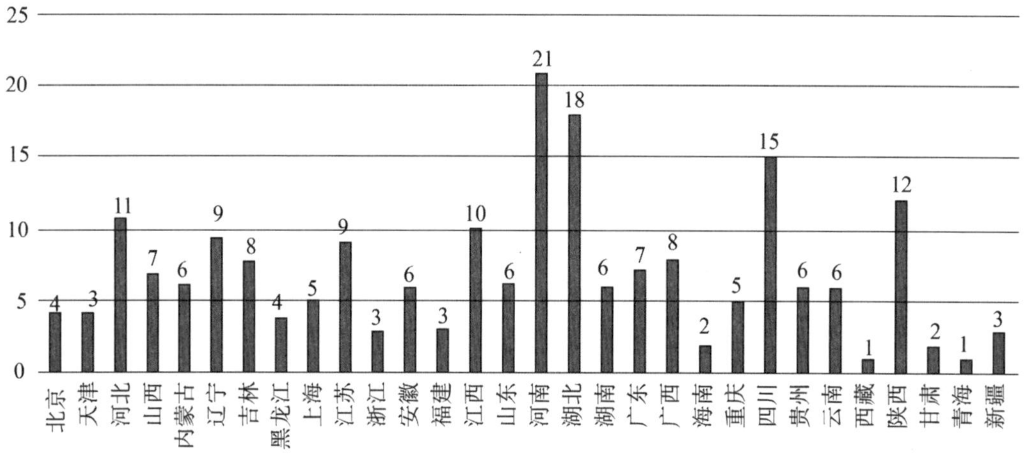

图2-4 全国开办播音与主持艺术专业的高校地域分布图

1. 中国播音与主持艺术教育的代表院系——中国传媒大学播音主持艺术学院

（1）中国传媒大学播音主持艺术教育的发展。中国传媒大学位于首都北京，是国家教育部直属“211工程”“985优势学科创新平台”的全国重点大学。学校致力于广播、电视、电影、网络、出版、报刊及新媒体等信息传播领域高层次人才培养和科学研究，是一所工、文、艺、理、管、经、法多学科协调发展，以信息传播为特色的综合性大学。

目前播音主持艺术学院下设播音系、播音与主持艺术研究所、语言传播研究所、普通话水平测试中心等系所，并建立了广播电视播音员、节目主持人培训交流中心。现有专职教学科研人员50多人，副高以上职称的占50%以上。全日制在校生800人，其中研究生100多人。

2002 年，中国矿业大学东校区整体并入北京广播学院。2004 年 9 月正式更名为中国传媒大学。学校的办学目标是将中国传媒大学建设成为综合性、研究型、开放式、国际化的世界一流大学。播音主持艺术学院的语言学及应用语言学学科，是部级重点学科，也是中国传媒大学传统优势学科，中国播音学是其重中之重。2005 年，中国播音学从语言学及应用语言学学科中分离出来，在新闻传播学一级学科下自主增列了"广播电视语言传播"二级学科，并招收博士生。2006 年在此基础上，将播音与主持艺术三个硕士专业方向从语言学及应用语言学专业分离，增设了"广播电视语言传播"专业硕士点，并开始招生。播音主持艺术学院现有博士生导师和硕士生导师 14 人。学院拥有一批国内一流水平的专家学者，承担了国家和省部级科研项目多项。

（2）中国传媒大学播音主持艺术教育的基本特征：

①系统化的教学内容。目前播音系开设了播音与主持艺术本科专业、高等职业技术教育播音与主持艺术专业。本科学生四年期间共学习 50 几门课程，既包括中国语言文学的主干课程，又加强了新闻传播学、文艺学课程，还设置了特色鲜明的专业课程，且做到理论与实践、大课与小课的相辅相成，突出了因材施教。为适应广播电视事业发展的需要，学院今后将陆续开设新的专业方向，拟开设体育评论解说、综艺娱乐节目主持等专业方向。

②专业化的教学团队。学院有一支教学经验丰富、科研能力很强、专兼职结合的师资队伍。一批高水平的教授、专家活跃在教学第一线。国内许多著名播音员、节目主持人和话剧、影视配音艺术家在该院兼职任教。改革开放以来，学院已向全国各地广播电视机构和其他传媒机构输送各类毕业生 2000 多人，培训在职人员 10000 多人，完成普通话水平测试 8000 多人次。一大批毕业生现已成为中央及省、市级广播电视台的业务骨干，其中许多人成为具有一定社会影响的优秀播音员和节目主持人。

③高规格的配套设施。学院具有良好的教学、科研条件，拥有 60 多个电视演播厅（室）和播音教学语录室，配备了目前最先进的数字视频和音频设备。普通话水平测试实验室、计算语言学实验室等也配备了国内一流设施。

2. 专业艺术院校播音与主持教育的发展综述

（1）专业艺术院校播音与主持教育的发展。截至目前，我国开设播音与主持艺术专业的专业艺术院校（不含民办和独立院校）共有 24 所。其中，较早成立播音与主持艺术专业的艺术类院校有上海戏剧学院和中央戏剧学院，之后，很多艺术院校也纷纷加开了播音与主持艺术专业，比如南京艺术学院、新疆艺术学院、云南艺术学院等。

（2）专业艺术院校播音与主持教育的发展特点：

①招生人数众多。相对于普通综合类院校的招生，专业艺术院校的招生数量多。一般普通综合类院校的招生控制在百人以内，而专业性院校的招生数量一般在百人以上。

②课程体系完备。受专业办学思维的影响，专业艺术院校的课程体系设置、专业方向划分更为齐全和完备。从课程设置来说，专业艺术院校的课程除播音与主持艺术的基础课程（普通话语音与发声、播音主持创作基础、电视主播与主持、广播主播与主持）之外，还安排了很多实践性、操作性很强的课程，如新闻采编与出镜主持、全媒体节目主持、广播节目编辑与制作、新闻现场报道、思维训练、表演基础、声乐、摄影摄像基础实践、非线性编辑实践等课程，专业艺术院校更为侧重学生技能技巧的培养。

③专业方向多样。在专业方向的划分上，专业艺术院校的划分更为细致和全面。普通综合类院校一般在招收播音与主持艺术考生时方向较为单一，统划为播音与主持艺术专业。专业艺术院校会将学生的专业方向细化，除了播音与主持艺术方向之外，还会开设双语播音、礼仪、影视配音、演艺主持等方向，学生的发展和定位也更为明确。

④硬件条件齐全。专业艺术院校硬件配置更为齐全和高端，形成独特的教学优势，部分院校：已配备 3D 高清“8+1”电视转播车，用于现场直播教学和实践；配备高清摄影摄像设备和高端数字摄影机，在摄影摄像实训中发挥作用；拥有配套的后期编辑设备和工作站，供学生学习后期剪辑包装。同时，学校专业的录音棚、音频工作室、大型演播厅为省、市级广播电视台节目录制提供场地和人员支持，为学生创造更多实践机会。

3. 综合院校播音与主持艺术教育的发展综述

20 世纪 90 年代，开办播音与主持艺术专业的学校仍是个位数，然而从 2000 年之后，播音与主持艺术专业如雨后春笋般蓬勃发展，截至 2015 年 12 月 31 日，我国开设播音与主持艺术专业的综合类高校有 100 多所。从最初的 2 所学校到不足 10 所高校用了 40 年的时间；从不足十所高校到百所高校，只用了十几年的时间。从目前的态势来看，综合院校播音与主持艺术教育的发展呈现如下特点：

（1）课程设置理论化。播音与主持艺术专业作为交叉性学科，对学生的形体、语言、控场能力和信息处理能力提出了严格要求，而播音与主持艺术专业的特殊性，也要求学生应具备相应的社会实践经验。现今综合院校开设播音与主持艺术专业通常是第一年学习基础知识，进行普通话和文学知识的教育；第二年进行专业性基础知识的讲授；第三年进行专业性实践课程；第四年组织学生进入相关单位实习，积累实践经验为就业做准备。

（2）因材施教的人才培养复合化模式。专业教学计划的修订必须遵循教育和教学的基本规律，以学生的质量和层次为依据，坚持知识、能力素质协调发展和综合提高的原则，按照创新人才培养模式，优化课程体系，拓宽专业口径，大力培养复合型人才。目前，播音与主持艺术专业人才培养模式大致可分为两类：A 类模式，该模式以培养新闻播音员、主持人、评论员、新闻记者和编辑类人才，着眼于毕业生将来成为高级广播电视新闻工作者为目标。因此，他们需要有深厚和扎实的新闻理论基础和新闻采写评论能力。B 类模式，该模式以培养综艺娱乐类节目主持人为目标，要求学生具备一定的表演、演唱等能力。

因此，综合院校有必要根据本身专业建立的平台，在修订专业教学计划和构建课程体系结构时，使之更符合人才培养过程中的教学要求。从当前创办播音与主持艺术专业的学科平台来看，大部分的综合院校由于新闻与传播学科的底子较好，将播音与主持艺术专业建立在新闻与传播学科平台之下，更倾向于 A 类培养模式，如武汉大学、河南大学、暨南大学、湖南师范大学、广州大学等。还有少部分的综合院校艺术学院的影视艺术专业比较强，将播音与主持艺术专业建立在影视艺术专业的平台之下，更倾向于 B 类培养模式，如重庆大学、四川师范大学、深圳大学等。不同专业平台，学生获得的知识结构不同，培养人才的方向也将有很大的不同。当然，如果能够兼顾两个平台的优势，根据学生的潜质因材施教，则是更为理想的状况。就大部分综合性院校来说，具有比较深厚的人文社科等综合的学科教育资源，而这些恰恰是很多艺术类专业院校所缺乏的，如中国传媒大学付程教授就提出：“中国传媒大学毕业生基础相对薄弱，知识面偏窄，后劲不足，尤其是新闻素质的培养急需加强。部分毕业生专业技能的适应性不强，特别是对节目整体驾驭能力不够，缺乏根据节目性质和任务进行自我调整的能力。”①

（3）专业知识背景扩大化。播音与主持艺术专业作为一门实践性很强的艺术类专业，有其自身特点。综合性大学只有遵循专业的培养规律，建立起与其相适应的人才培养模式、专业课程体系、专业教学理念、人才培养体制，才能培养出高素质的播音与主持艺术人才。相对于专业艺术院校，综合大学的播音与主持艺术专业的招生对学生的文化知识水平提出了更高的要求，文化课成绩在招生中的比重较大；而且近两年来出现了文化成绩比重进一步提高的趋势，目的在于使学生在高中阶段积累丰富的文化知识，入校后能更好地适应高校的学习氛围，也为日后的学习、就业打下更为坚实的基础。

---

① 付程 . 21 世纪对播音主持艺术专业教育的要求［J］. 现代传播，2001（1）.

4. 体育院校播音与主持艺术教育的发展综述

在全国的十几所体育高校中，截至 2015 年，开设播音与主持艺术专业的高校有武汉体育学院、河北体育学院、广州体育学院、上海体育学院、西安体育学院五所，还有像武汉体育学院体育科技学院这样的体育独立学院也开设了播音与主持艺术专业。

由于体育的社会影响日益扩大，2006 年西安体育学院在全国率先开设了体育节目播音与主持艺术方向。2008 年，广州体育学院、武汉体育学院、山东体育学院作为第二批公办体育类高校成功申请了该专业，广州体育学院和武汉体育学院于 2009 年开始招生，都以培养体育播音员、主持人、出镜记者、解说评论员作为特色，这也较为符合现实需求。因为当下从中央电视台到地方各级广播电视台，真正称职胜任、让受众满意的体育节目主持人，实在凤毛麟角、屈指可数。作为以培养优秀体育节目主持人为目标的体育播音与主持艺术专业的开设，从理论上说，貌似一条可行性路径，但是在具体操作上既无经验可循，又无模式参考。几家“先吃螃蟹”的体育类院校播音与主持艺术专业几乎都处于“摸着石头过河”的探索与尝试状态。

植根于体育院校的体育播音与主持艺术专业，其培养方向是体育节目播音员、主持人，专业性和针对性显然十分明确。因此，在最初的招生“选苗”环节与一般高校招收的播音与主持艺术专业考生标准有本质上的区别，以期实现该专业的预期价值。位于华中地区的武汉体育学院如今已成为我国体育学院中开办播音与主持艺术专业的翘楚。该校在招生考试中增加体育知识、体育常识等方面的考察，为学校体育解说评论方向的教学打下坚实基础。武汉体育学院新闻传播学院播音与主持艺术专业特别开设体育解说特色班，对学生进行定向培养。在校学生在央视、乐视组织的体育解说员大赛中取得优异成绩，多名毕业生已在国家一线体育媒体就业。2013 年，该专业的“体育解说评论”课程被评为省级精品视频公开课。2015 年，该专业成功获立省级专业综合改革试点项目。

体育院校播音与主持艺术教育经过多年的发展，具有如下特点：

（1）坚持新闻本质属性。“中国播音学”的问世，宣告了一个新学科——播音学的诞生。播音是播音员和主持人运用有声语言和副语言，通过广播、电视等传播媒介所进行的传播信息的创造性活动。简言之，播音员主持人既是新闻工作者，又是语言艺术工作者。体育解说是根据比赛进程即兴表达，它是体育节目与播音结合的高度即兴的播讲形式，它要求播讲者思维敏捷，语言反应迅速。

（2）发扬体育专业优势。体育专业是体育院校的本根所在，也是相关学科群发展壮大的先决优势条件。在近十年的发展中，体育院校为了落实播音与主持艺术教育中的体育特色，在课程设置上先后开设了“体育摄影”“体育解说评论”“体育传播学”“体育节目主持”等相关课程，旨在使学生通过理论学习和亲身参与体育运动，对体育学科、体育项目形成理性与感性相统一的认识。

（3）扩展国际前沿视野。随着信息技术的发展与电子传播经验的日益丰富，传统媒体和新媒体都能实现报道正在发生的新闻事件。从体育节目有声语言传播的角度来看，全球各大赛事基本以直播的形式播出，现场的鲜活元素需要及时捕捉，这些都要求播音员、主持人具有一定的双语主持、解说能力。因此，为了加强播音与主持艺术专业学生的外语能力，除了通识课中的外语课程以外，体育院校还开设了“体育项目英语”“体育英语视听说”等选修课程。

近年来，体育院校播音与主持艺术教育群体在借鉴相关教育成果的同时，结合自身的专业优势和特点在不断探索：一方面，体育院校根据自己的播音与主持艺术专业培养目标的“窄众定位”特色，尽可能避免泛泛的“同质化”倾向；另一方面，在尚没有成型经验可循的现实困难前，通过协作、联合的方式，正争取在短时间内探索出一条培养优秀体育节目解说员、主持人的有效途径。

5. 独立学院和民办学院播音与主持艺术教育的发展

2003 年 9 月 1 日，《中华人民共和国民办教育促进法》正式实施后，民办高校的车轮驶入了发展的快车道。截至 2015 年，开设播音与主持艺术专业的独立学院有 41 所。相比于公办院校，独立学院和民办学院播音与主持艺术专业的人才培养方向是在分析现代传媒中所需从业人员的层次状况的基础上，结合市场需求、社会人才需求进行定向培养。众多的民办及独立学院根据生源的实际状况和人才培养目标制订专业教学计划，旨在培养应用型高级专门人才，其人才主要输送至中小城市发展。

目前，独立学院和民办学院播音与主持艺术专业存在的主要问题，首先是师资队伍不够稳定，科研力量上相对薄弱。大部分民办及独立学院仅由知名教授“挂帅”，而在教学过程中，多以刚毕业的年轻教师为主导，又有很多资历相对老一些的教师是与新闻学、广告学等专业挂钩，很多的科研成果又与播音专业没有关系。在教师队伍整体结构上，高学历和高称职的教师较少，年龄居中的教师较少，形成了两头大、中间小的局面，因此民办学校及独立学院会大量聘请兼职教师以壮大自己的师资队伍，但这无疑对于学校本身教学的发展和进步造成一定负面影响。其次，从生源上看，大部分的民办及独立院校的招生模式已经纳入国家统一的招生计划中，但个别学校为了扩大招生人数，不断降低分数线，对学生整体素质的提高造成了不良影响。民办及独立学院的培养目标主要是以培养应用型人才为主，所以学生在校时间短，大部分时间花费在社会实践中，这就导致了学生在没有掌握足够的专业理论知识的情况下就踏上社会，造成专业整体素质的欠缺。

（郝 斌）

2.9 广播电视编导教育的历史回眸

广播电视编导是一门新兴的艺术类专业，现从属于戏剧与影视学类。其教育主干课程为“艺术学和新闻传播学”，辅之以“传媒艺术概论”“戏剧艺术概论”“电视节目策划”“电视艺术概论”“广播电视节目编辑与技术”“非线性编辑技术”等课程。可以看出，广播电视编导专业不仅是一门艺术类专业，更是一门知识与技术相结合的复合型专业。因此，广播电视编导教育培养的人才，不仅要求掌握广播电视节目从策划到制作、从拍摄到播出所需的专业知识的同时，还应具备较高的政治觉悟和艺术鉴赏等方面的能力，继而能够在广播电视系统、电影系统以及文化部门中，从事有关广播、电视节目编导、制作等方面的工作。

2.9.1 广播电视编导专业设立背景

1. 广播电视事业的发展

广播诞生于20世纪20年代的美国。在1926年10月1日，中国人自办（官办）第一座广播电台哈尔滨广播电台开始广播。它的出现，标志着我国的广播事业拉开了自给自足的序幕。全国各地的广播电台纷纷涌现。在电视方面，1958年5月1日，现中央电视台的前身，北京电视台，作为我国第一座电视台开始试播，标志着我国电视事业的开始。广播电视事业在中国的不断发展，使得我国对于广播电视编导人才的需求越来越明显。

2. 政策支持

面对媒体的发展，中国政府采取了相应举措。1956年毛泽东同志提出“百花齐放，百家争鸣”的方针，为文学艺术及科技工作者提供了极大的自由发展的空间。1978年，恢复了高考政策，为人才的培养提供了政策支持。十一届三中全会后，中国的科技和文艺工作者拥有了更为宽松、活跃的外部环境。政策的支持，使得中国的广播电视事业空前繁荣起来。有数据显示，仅 2014 年，中国电视荧屏上新增综艺节目的数量达到 106 档，电影、短片等更是供不应求。

3. 人民群众的需要

在国力日益增强、国民生活日益富足的情况下，人民群众对于日常娱乐多元化、多样化的需求也越来越大。社会急需能够策划、制作、播出广播电视节目电影等的复合型人才，广播电视编导专业便应运而生。

2.9.2　广播电视编导专业的设立

改革开放以来，中国共进行了四次大规模的学科目录和专业设置调整工作。由中国教育部主持制定与修订。《普通高等学校本科专业目录》是高等教育工作的一项基本的指导性文件。目录规定专业划分、名称及所属门类，反映培养人才的业务规格和工作方向，是设置、调整专业，实施人才培养，授予学位，安排招生、指导毕业生就业，进行教育统计、信息处理和人才需求预测等工作的重要依据。

1. 广播电视编导专业的正式设立

广播电视编导专业是在 1998 年第三次大规模学科目录和专业设置调整工作中出现的。

1998 年颁布的《普通高等学校本科专业目录》中，在艺术类下（代码 0504），新增广播电视编导专业（代码 050420）。广播电视编导专业正式成为艺术类下的一个独立专业。与音乐学、作曲与作曲技术理论、音乐表演、绘画、雕塑、美术学、艺术设计学、艺术设计、舞蹈学、舞蹈编导、戏剧学、表演、导演、戏剧影视文学、戏剧影视美术设计、摄影、录音艺术、动画及播音与主持艺术 20 个专业共同组成了艺术类学科。

此次《普通高等学校本科专业目录》是中国教育部第三次大规模的学科目录和专业设置调整，其按照“科学、规范、拓宽”的原则进行，使得本科专业目录的学科门类达到了 11 个，专业类 71 个，专业的种数由 504 种调减到 249 种，改变了过去过分强调“专业对口”的教育观念和模式。

2. 广播电视编导专业所属门类的变化

随着社会的进步，人文的发展，社会分工有了一定的变化，再加上教育设施的改变以及学科的不断实践，使得高校的专业设置面临进一步进行调整和改变的挑战。1998

年制定实施的本科专业目录及专业管理办法，在不断的实践中，明显存在着以下问题：一是不能适应我国经济社会的快速发展以及社会需求的不断变化；二是不能适应高校多元化、人才培养多规格的需要；三是新兴学科和交叉学科专业设置困难，不利于复合型、创新型、实践性人才的培养；四是与研究生培养《学科目录》的专业划分衔接不够。于是，2010 年，教育部成立由 166 名专家组成的 13 个学科专家组，具体承担新一轮本科专业目录修订工作。2012 年 10 月，第四次修订目录颁布实施。第四次修订新目录的学科门类由原来的 11 个增至 12 个，新增的门类为艺术学门类；专业类由原来的 73 个增至 92 个；专业由原来的 635 种调减至 506 种，其中基本专业 352 种，特设专业 154 种。

艺术学门类下设专业类 5 个，涉及 33 种专业。艺术学由戏剧与影视学类、艺术学理论类、音乐与舞蹈学类、美术学、设计学类 5 个专业类构成。而广播电视编导专业（代码 130305）属于戏剧与影视学类（代码 1303）下的专业。广播电视编导与表演、戏剧学、电影学、戏剧影视文学、戏剧影视导演、戏剧影视美术设计、录音艺术、播音与主持艺术、动画 10 个专业共同构成了戏剧与影视学。也就是说到 2012 年，最新专业目录显示，广播电视编导属于艺术学科下戏剧与影视学类的专业。

2. 9. 3　广播电视编导教育的发展

1. 从继承中不断发展

（1）继承：类似专业教育经验。在第三次大规模学科目录和专业设置调整工作之前，并没有广播电视编导专业。只有与广播电视编导专业类似的相关的专业，比如 1993 年第二次修订专业目录中的文艺编导（代码 050435）、电视编辑（代码 050436）等专业。1998 年版专业目录用广播电视编导专业取代了上述相关专业的称谓，但是取代并不意味着结束。中国传媒大学、浙江传媒学院的广播电视编导专业均分为两个方向，一个是文艺编导方向，另一个便是电视编辑方向。由此看来，广播电视编导专业是这些类似专业的综合与继承。

（2）发展：百余所高校开设专业。1977 年，我国恢复了高考制度。1999 年起，我国开始了大规模的高校扩招。1998 年全国普通高校招生 108 万人，到 2002 年全国高校计划招生 275 万人，增幅高达 154. 6%。广播电视编导专业于 1998 年设立，正处于高校扩招期，各大高校争相开设广播电视编导专业。到目前为止，开设广播电视编导专业的高校已有 150 多家。

2001 年以前，开设广播电视编导专业的院校包括北京大学、中国传媒大学、河北师范大学、同济大学、华东师范大学、上海戏剧学院、上海大学、南京师范大学、四川大学、四川师范大学等 20 所院校。

2001 年以后，开展广播电视编导专业的院校有内蒙古师范大学、山东师范大学、湖南大学、重庆邮电大学、西南大学、云南艺术学院、上海师范大学、河北大学、聊城大学、四川音乐学院、长安大学、西安外国语大学等。

在这 150 多所高校中，既有综合类院校、师范类院校，也有艺术类院校。其中“985”工程高校包括下面 8 所大学：北京大学、重庆大学、北京师范大学、湖南大学、四川大学、同济大学、东北大学、吉林大学。“211”工程高校包括 21 所：中国传媒大学、北京大学、重庆大学、北京师范大学、湖南大学、四川大学、同济大学、吉林大学、东北大学、西南大学、西北大学、上海大学、长安大学、华东师范大学、辽宁大学、陕西师范大学、南京师范大学、东北师范大学、安徽大学、暨南大学、湖南师范大学。特色艺术类院校 6 所：北京电影学院、中央戏剧学院、解放军艺术学院、上海戏剧学院、浙江传媒学院、南京艺术学院。

从以上数据可以看出，开设广播电视编导专业的院校层次不一，师资力量和教学条件大不相同。这些高校为传媒市场培养了大批广播电视编导专业人才的同时，也让广播电视编导教育更多地引起国家层面的重视。

2. 在重视中取得成绩

(1) 重视：成为高等学校特色专业建设点。“十一五”期间，为了促进高校面向社会需求培养人才、强化实践教学，帮助学校形成自己的特色与品牌，教育部、财政部决定分 5 批在高等学校立项建设 3000 个左右的特色专业建设点。

在这 5 批特色专业建设点中，第一批特色专业建设点主要是依据国家需要，在优先发展行业、紧缺专门人才行业和艰苦行业中，选择若干专业领域的专业点进行重点建设，由地方和高校推荐，教育部、财政部择优遴选，每个专业点给予 80 万元的经费支持。第二批至第五批特色专业建设点主要面向国家和区域经济社会发展需要，选择优势明显、特色鲜明的专业点进行重点建设，由各地和高校按照规划，结合实际，择优推荐，每个专业点给予 20 万元的经费支持。

建设高等学校特色专业是优化专业结构，提高人才培养质量，办出专业特色的重要措施。广播电视编导专业在第一批特色专业和第二批至第五批特色专业建设点名单中榜上有名。广播电视编导专业成为国内四个学校的特色专业，得到了重点建设和发展。有了教育部和财政部的支持，广播电视编导教育在开办规模、特点、培养模式、质量效果等方面取得了很不错的成绩。

（2）成绩：建立广播电视编导教育模范。

※哈尔滨工业大学广播电视编导专业（第一批特色专业建设点）

2007年，在第一批高等学校特色专业建设点名单中，广播电视编导专业就以其专业的独特性与社会需求的紧迫性名列其中。哈尔滨工业大学的广播电视编导（注：动漫方向）专业，成为国内第一批特色专业建设点之一，受到国家教育部、财政部80万元重点建设资金资助。

哈尔滨工业大学于2000年在国内最早设立广播电视编导（影视数字技术与艺术）专业。其突出特点有四：第一，它是目前国内仅有的几个具备系统的教学模式培养数字影视制作技术人才的学科点之一；第二，该专业以现代计算机技术为基础、艺术形象思维为引导，立足于培养艺术与技术结合的复合型影视技术人才；第三，该专业不设置艺术入学考试，直接从理科学生招收具有较高综合素质并喜爱数字媒体产业的学生；第四，该专业学生毕业成绩优异者，可保送攻读本系广播电视艺术学硕士学位。

该专业的培养目标是培养能够从自然现实中理解并寻找物质和生命运动的原理，从具体物质和生命运动的数学模型出发，寻找该运动的数学公式与算法，并将其转化为计算机图形和声音程序语言，再经由艺术的想象和创造，制作出具有艺术审美或工程仿真意义的数字化动漫、影视、网络以及虚拟现实形态的新媒体产品的技术人才。

哈尔滨工业大学广播电视编导教育培养模式是交叉复合型。在工科数学、物理、化学、外语等基础课程上，设置了美术、音乐、艺术与美学理论、新媒体传播理论、计算机与虚拟现实技术、数字化动漫与影视制作技术6个系列课程，形成了人文理工交叉、艺术与技术融会的教学培养体系。该专业是目前全国少数几所培养影视艺术与技术交叉型复合人才的专业点之一。

哈尔滨工业大学广播电视编导教育的质量效果，可以说是众多学校的模范。从其首届广播电视编导专业毕业生来看，一次性就业率估算逾九成。学生在学期间就参加了多部数字电影、多个电视节目和广告节目的制作，其中在教师指导下进行的《二十五个孩子一个爹》《走向太阳》等影片的数字化后期特技制作项目曾获国家奖项。据近些年观察，该专业本科毕业生流向大致分为三类：第一类，考入名校攻读硕士研究生；第二类，进入国内大型公司媒体策划部门，或进入北京、上海、广东、辽宁、吉林、黑龙江等地的电视台与影视传媒公司、网络与游戏制作公司；第三类，进入国内高校担任影视制作技术课程的教师。

哈尔滨工业大学充分利用了广播电视编导专业的独特性，并且与自己学校擅长的计算机技术结合起来，使得哈尔滨工业大学的广播电视编导教育在众多学校中出类拔萃，成功地完成了特色专业建设点的目标。它根据国家需要，为紧缺专业人才的传媒广播电视行业输送了大量成绩优异、表现突出、动手能力强的优秀专业广播电视编导人才。

※中国传媒大学广播电视编导专业（第三批特色专业建设点）

继哈尔滨工业大学广播电视编导专业成为高等学校特色专业后，2008年中国传媒大学广播电视编导专业获批特色专业建设点。

中国传媒大学原名北京广播学院，是教育部直属的国家“211工程”重点建设大学，是以传媒为特色的综合性大学。学校以大传播的理念、全媒体的视野，致力于广播、电视、电影、报刊、出版、网络及新媒体高层次人才培养和科学研究。

不同于理工院校的哈尔滨工业大学，中国传媒大学是一所艺术类院校，广播电视编导专业是其国家级特色专业。它的特点是师资队伍强，硬件设施齐全，办学悠久，影响力深远，在国内首屈一指。其广播电视编导专业分为两个方向：电视编辑方向和文艺编导方向，都是招收艺术类的考生。前者属于电视与新闻学院，后者隶属于影视艺术学院。

电视编辑方向着眼于媒体发展的学科和产业前沿，致力于培养具有综合素质、专业精神、团队意识和全局把握能力的创造性人才，为主流电视传媒机构输送各类电视节目的主创人员，塑造影响中国未来电视发展的高级编导人才和领军人物。并且，学生在入学时通过英语选拔，可进入电视与新闻学院“国际化背景下传媒人才培养创新实验区”进行学习，目标是培养优秀的后备国际新闻传播人才。同时，为拓展国际化视野，培养国际传媒精英创新人才，本专业学生通过选拔可进入该校“国际教授工作室”，学习先进的传媒理念与前沿特色课程。

文艺编导方向是原北京广播学院设置最早的专业之一，迄今已有50年的历史，在国内外广播电视艺术领域或部门具有首屈一指的影响力。它现属于中国传媒大学影视艺术学院文艺系，专业建设成熟且系统化，学历层次不但有本科，还有与之衔接的硕士和博士。该方向为在校学生开设广播电视史论、文艺理论、编导基础、艺术学概论、广播编导艺术、电视编导元素、电视编导艺术、广播电视栏目与频道策划，除此之外还开设了艺术、文学、美学、广播电视艺术学等方面基本理论和基本知识的相关课程，培养学生具备较高的艺术修养和艺术创造能力。

2009年，中国传媒大学“广播电视编导人才培养模式创新实验区”获批成为国家级人才培养模式创新实验区，成绩斐然。

※上海戏剧学院广播电视编导专业（第四批特色专业建设点）

上海戏剧学院于1990年创办“电视文艺编导专业”，1999年更名为“广播电视编导专业”，经过十余年的教学实践，“广播电视编导专业”被列入教育部、财政部第四批特色专业建设点。

该专业教学强调因材施教、开展针对性的小班授课；教学观念讲求系统、深入、扎实和具体，注重调动学生的个性发挥，培养激发学生的艺术思维和创新能力；强调创作实践，注重假期实习、毕业实习，大大提高学生的动手能力和创造能力。同时，学校提供的国际交流平台不断扩大，通过国家外国专家局“引进国外技术、管理项目”，邀请美国、德国、法国、英国、瑞典、瑞士、日本等国专家来院开设讲座，还与欧美各国及港澳地区著名影视高校建立交流学生项目。

该专业在校生在柏林青年电影节、金鸡百花电影节、北电国际学生影视作品展、希腊电影节、上海国际电视节、四川国际电视节、澳门国际电影节、全国大学生广告艺术大赛、央视主持人大赛、华东六省一市主持人大赛、海峡两岸主持人大赛、京津沪渝主持大赛等各类庆典、活动、赛事中均有不俗表现。

上海戏剧学院广播电视编导专业就业率一直保持在98%以上。很多学生被中央电视台、上海电视台、各省电视台、凤凰卫视等重要电视机构接收，成为骨干编导人员。毕业生在社会上均有不俗表现，受到业内人士好评，取得优异的业内评价成绩。

※浙江传媒广播电视编导专业（批四批特色专业建设点）

2009年教育部和财政部联合公布了第四批高等学校特色专业建设点，浙江传媒学院的广播电视编导本科专业名列其中，获得教育部财政部下拨专门建设经费20万元。这是继播音与主持艺术之后，浙江传媒学院拥有的第2个国家级特色专业建设点。

浙江传媒学院的广播电视编导专业从1991年开始招收专科生，在2003年开始招收本科生。该专业教学成熟，培养的学生受到了广电系统等用人单位的一致肯定。该专业依托浙江省A类重点学科“广播电视艺术学”，以“广播电视编导业务”“影视剧创作”和“电视导演基础”3门省级精品课程，以及“视听语言”等4门校级精品课程、影视艺术学院重点课程为教学基础，以省级重点示范实验室——电视编辑实验室及全国 50 多个实习基地为实践阵地，是国家培养广播电视高级专门人才的两大核心基地之一。

该专业含广播电视编导和文艺编导两个方向。它成为国家特色专业建设点后，学校在前期发展的基础上，从人才培养、专业建设的根本点上着手，深入分析专业特点，找准方向，集中力量重点发展。在集体讨论、广泛调研、统一研究的基础上，通过座谈会等形式将广播电视编导的专业特点和特色总结出来，紧紧抓住高等教育发展机遇和契机，充分利用学院和专业优势，依托省级重点学科的平台，将编导专业“特”和“色”的文章做好，围绕人才培养目标，提高人才培养质量。

浙江传媒学院是一所传媒类专业艺术院校，是目前全国培养广播影视及其他传媒专门人才的两大主要基地之一，素有“北有北广，南有浙广”之称。浙江传媒学院已经为中央和地方各省、市、自治区电视台、电台，为市、县级的电视台、电台及社会影视制作单位输送了大批的专业人才。

以上四个广播电视编导特色专业建设点的建设，圆满地完成了教育部和财政部下达的目标，取得了优异的成绩；同时，也为国内开设广播电视编导专业的院校对于如何开展广播电视编导教育树立了良好的榜样。我国的广播电视编导专业在教育部、财政部的重视下不断成长。

3. 在经验中奋力前行

从高等学校特色专业建设点来看广播电视编导教育的发展，可谓一目了然，以上四所学校的广播电视编导专业是中国各大高校广播电视编导专业的楷模。四所院校广播电视编导教育的特点、培养模式、质量效果给了众多开设广播电视编导专业院校很好的示范。其他高校相关专业要与自身学校特色结合，重视学生实践能力，给学生提供更大的学习交流平台，在不断发展中总结经验，吸取教训，才能使得广播电视编导教育日益完善。

重庆工商大学的广播电视编导专业在 2009 年批准设立，2012 年招收广播电视编导专业学生，目前在校本科生近 762 人。相较于其他院校来说，重庆工商大学的广播电视编导专业设立已经是较晚的。但是重庆工商大学的广播电视编导专业，吸取了优秀学校的广播电视编导教育经验。

一方面，其专业是为了适应重庆市经济社会发展和打造长江上游文化创意产业中心的战略需要，全面提升传媒教学、科研和社会服务能力而设立的。广播电视编导专业所在学院与重庆广播电视集团（总台）联合在重庆工商大学校内建立我国西部首家传媒运营实训中心，拥有重庆市最先进的 500 平米高清标准播出级演播室、800 平米专业级编辑机房、影片制作室、录音室、审片室等。

另一方面，重庆工商大学的广播电视编导专业充分与社会接轨，既给学生提供实践平台，又培养学生的实践能力，真正学以致用。重庆广播电视集团（总台）所属重庆卫视、重庆电视台生活频道、重庆电视台时尚频道、重庆电视台影视频道 120 多位职业传媒工作者团队整体平移进传媒运营实训中心，与师生一道创意策划、采编摄录、制作播出面向全国和重庆市电视观众的真实电视节目，实务教学由广电实战专家全面担纲，实现了传媒理论教学与传媒实务教育的高度整合：传媒学习与传媒实训全面同步、传媒理论及业务教学全面置入真实媒体环境当中。本科生足不出校可以加盟重庆广播电视集团（总台）优秀电视频道团队，在大学里运用所学传媒知识和技能制作出全国电视观众喜闻乐见的电视节目。这些体现了学院办学的鲜明特色。

可见，重庆工商大学的广播电视编导教育相较于早些时候开设广播电视编导专业的院校来说成熟了很多，这些都是在经验中不断创新的结果。

据统计，2004 年至 2008 年全国广播电视编导专业平均就业率在 70%～80%，2009 年至 2011 年有所提升，平均在 80%～85%（数据来源：全国高等学校学生信息咨询与就业指导中心）。广播电视编导专业的就业率比较高，就业前景广阔。这预示着广播电视编导专业的发展会越来越繁荣。类似重庆工商大学这样的院校，广播电视编导专业的教育质量也会不断完善、不断创新、不断提高。

广播电视编导教育，从继承中不断发展，在重视中取得成绩，在经验中奋力前行，为我国不断发展的广播电子媒体事业提供了更多更专业的人才。这些人才的储备将会为我国的电子媒体及广播事业注入新的血液，使其迸发出新的活力。

2.10　中国摄影高等教育发展历程与现状

2.10.1　早期中国摄影高等教育发展历程概述

1. 新闻摄影人才培养的开始

我国对于摄影人才的培养，在新中国成立之初，在延续革命战争年代组建摄影训练队所采用的短期集中训练的传统方法的同时，也开始在高等学校中设立摄影专业。

1952 年秋，上海复旦大学新闻系开设“新闻摄影与画刊编辑”课，1954 年，改为“新闻摄影”课，1957 年，复旦大学新闻系正式建立“新闻摄影教研组”。

1955 年，北京大学新闻学专业也开设了新闻摄影课。

1958 年秋，北京大学新闻学专业与中国人民大学新闻系合并，并在合并后的中国人民大学新闻系下建立“摄影教研室”，负责提高在职干部的新闻摄影知识。

1964 年中国人民大学新闻系正式成立新闻摄影专业（“文革”开始后停办）。江西大学新闻系 1962 年也开设过新闻摄影讲座。

1956 年中国摄影学会成立以后，建立创作辅导部，担负摄影艺术教育的任务。

2. 摄影人才培养与高等摄影艺术教育的起步

（1）新时代摄影人才培养初探。长期以来，我国摄影人才的培养依赖短期学习班或采取师傅带徒弟的形式，虽然也培养了一批摄影人才，但是远远不能满足摄影专业化发展的需求。

1983 年，中国摄影家协会委托中央工艺美术学院办了一年制的摄影艺术干部培训班，招收 20 名学生，设置艺术概论、美学常识、色彩学、名作欣赏、素描、传统装饰、平面构成、摄影技术技法和摄影创作实践课程。这也算是中国摄影教育首次与艺术高校的联姻。

（2）高等摄影艺术教育的起步。根据中国摄影家协会的统计，截至 1983 年，中国摄影家协会中的 1700 个会员中，受过高等教育的只占 28%。为此，中国摄影家协会着手推动高等摄影艺术教育的发展，整体提高摄影工作者的文化水平和艺术修养。

1983 年暑期，中国摄影家协会委托中国人民大学一分校开办两年制摄影艺术专修班，面向全国招收 104 名学生。

1984 年暑假，中国摄影家协会又委托江西大学举办两年制摄影艺术专修班，面向全国招收 94 名学生。还邀请国外的摄影专家和学者来校，举办各种专题讲座和学术报告 30 次。

1985 年，北京联合大学（1985 年经教育部批准成立的北京市属综合性大学，其前身是 1978 年北京市依靠清华大学、北京大学等创办的 36 所大学分校）经济管理学院和江西大学继续开办第二届专修班，招生规模与第一届相近，前者还开办了学制三年的广告摄影专业，招收高中毕业生 40 人。

1987 年，江西大学开办新闻摄影专业，学制三年。

1985 年 1 月，由中国摄影家协会主持在广东珠海召开了全国第一次摄影艺术教育会议，此次会议进一步推动了高等摄影艺术教育事业的发展。会后，全国又有武汉大学、汕头大学、南京师范大学、哈尔滨师范大学、重庆师范学院、鲁迅美术学院六所高等院校开办了摄影艺术专科。

1985年开始，武汉大学创办两年制摄影艺术大专班，到1989年，相继招收除西藏以外的各省市自治区的摄影工作者和业余摄影爱好者四百余人。

南京师范大学于1985年开始在美术学院设立摄影干部专修科，到1989年，举办了三届，共有毕业生120人。

鲁迅美术学院于1985年开设摄影干部专修科，1987年又创办了三年制的摄影专业证书班。

1985年开设摄影艺术专业的另外三所高等院校，除汕头大学只办了一期外，重庆师范学院和哈尔滨师范大学如今仍然在招生。

1986年，北京电影学院建立了图片摄影专业，首次设立图片摄影大专班。

1987年，中国人民大学开始招收四年制摄影本科生。

1989年，鲁迅美术学院成立摄影系，开始招收四年制摄影本科生，至今仍然在招生。陆续开办两年制摄影艺术专业的还有上海工程技术大学、安徽农学院、南开大学、天津职工工艺美术学院。

同时期开设摄影技术基础课的大学有：复旦大学、国际关系学院、中央工艺美术学院、中国人民警官大学、河北师范大学、内蒙古师范大学、山东艺术学院、苏州大学和南京艺术学院等。

1986年以后，开办摄影艺术专业的高等院校有：华中理工学院、南开大学、上海机械学院、天津职工工艺美术学院、上海长宁区业余大学、上海工程技术大学、上海大学等。

至1989年，全国开办高等摄影艺术教育的院校接近20所。

2.10.2 中国摄影高等教育的长足发展

中国高等摄影教育真正风起云涌是在20世纪90年代中后期。

1993年，大连医科大学与日本日中永和协会共同创建摄影系，开展三年制的专科摄影教育，2004年开始招收四年制本科生。

1994年，南京师范大学美术学院开始招收商业摄影本科生。

1995年，西安美术学院于开始招收图片摄影专业方向的专科生。

1996年，中国摄影家协会和北京电影学院合作在北京电影学院成立摄影学院，图片摄影专业从以电影摄影教学为主的摄影系分离出来，当年开始本科招生。

1998年，中央美术学院和澳大利亚格里菲斯大学昆士兰艺术学院在中央美院联合开办“视觉艺术（摄影）”硕士研究生班，标志着中国摄影教育高层次人才培养的开始。2002 年中央美院开启摄影本科教育，先前的研究生班“为摄影专业的成立提供了两方面最基本的保障，一是基本的硬件设备，二是师资”。

2002 年，中国美术学院传媒动画学院成立摄影系，同年招收第一届商业摄影专业方向本科生。

2002 年，北京广播学院（现中国传媒大学）成立摄影系，以影视剧摄影和图片摄影等为专业方向。

据不完全统计，如今全国开设摄影专业本科教学的高校有近百所。

2.10.3　国内院校摄影专业定位及培养目标

高校摄影专业的定位受学校办学优势的影响，也受社会需求的影响。有的倾向于艺术，有的倾向于商业，还有的倾向于专业特色……

艺术定位：中央美术学院、中国美术学院等高校的摄影专业依托于艺术院校的优势，专业方向先天地倾向于艺术。

商业定位：北京电影学院摄影学院从 2006 学年开始，招收商业摄影专业的学生，2010 年开始招收媒体影像制作专业方向本科生，同原来的图片摄影专业一起，构成其主要专业架构。中央工艺美术学院（现清华大学美术学院）本科招生伊始就定位于商业摄影。南京艺术学院传媒学院摄影系也确立商业摄影、影视摄影和数字图像技术三个专业方向。

专业特色定位：有的高校是以独特院校专业特色为招生标准的，比如：中国传媒大学招收电视摄影和电视照明专业。另外，部分院校明确其专业方向是商业或广告摄影，如大连轻工业学院艺术设计学院摄影系。同时，仍然有部分院校延续着以新闻传播学科为基础，在新闻传播学院中建立摄影专业，重点培养新闻传播类的摄影人才，如：新闻摄影记者、图片编辑、纪录片摄影师、纪实摄影师等。此类学校包括郑州大学、天津师范大学等。

随着视觉时代、数字时代的到来，更多的院校开始将平面的摄影教育转向影视、数字及多媒体摄影教育，这无疑增加了传统的摄影教学的科技含量，把传统摄影教学推向更广泛的领域，也更加符合当下社会对此类影像人才的需求。

2.10.4　全国高等院校摄影专业目录及培养目标（本科）

此处按地域分，将全国高校，分为华北、华中、华东、华南五大区域，详见表 2-4 所示：

表 2-4　　　　**各地区高校摄影专业目录与培养目标（本科）**

地区	省份地区	院校	隶属院系	培养目标
华北	北京	北京电影学院	摄影学院	培养能从事图片摄影、传媒、影像、平面广告、艺术设计、摄影理论研究、摄影教育及相关工作，德才兼备的高级专门人才
		中央美术学院	设计学院	注重摄影专业性与职业精神的同时，更着力于对学生艺术审美与判断、原创精神、社会责任感与横向拓展能力的培养，使之成为无论是在纯艺术或是商业应用领域最具竞争力的专业人才和社会角色
		中国传媒大学	戏剧与影视学院	主要培养从事电视新闻摄影、纪录片摄影、电视广告摄影、体育转播摄影及其他各类电视节目的策划、编导、摄影与制作等工作的复合型高级专门人才
		清华大学美术学院	信息艺术设计系	培养我国新一代既能掌握商业摄影技术，又能具备美术设计、电脑制作能力等全方位的高级摄影、设计人才
		北京服装学院	艺术设计学院视觉传达系	培养具有国际化的眼光和视野，了解商业视觉的运作规律，从事商业摄影、时装摄影、影像设计、广告传播的应用型高级专门人才
		北京印刷学院	设计艺术学院	培养具有广泛的文化、艺术修养和艺术理论知识；熟悉数字出版、数字传媒及相关文化创意产业的基本状况，系统掌握摄影专业、计算机影像编辑技术及媒体应用基本理论知识和技能，具备扎实的影像拍摄及编辑处理能力和较强的创新精神；能够在各类出版及媒体机构、广告公司、影视公司等文化创意产业从事策划、摄影及影视创作的高素质应用型、复合型高级人才

续表

地区	省份地区	院校	隶属院系	培养目标
华北	北京	首都师范大学科德学院	传媒学院（图片摄影方向）	培养具备广泛的科学文化和艺术理论知识，具备电影、电视、广告、图片摄影摄像能力，在图片摄影方面具有专长，能在图片社、报社、网络等各类平面媒体以及影视制作部门、广告宣传部门、音像出版部门等从事摄影艺术创作的高级应用型人才
			传媒学院（影视摄影方向）	培养具备广泛的科学文化和艺术理论知识，具备电影、电视、广告、图片摄影摄像能力，在影视摄影方面具有专长，能在电影厂、电视制作部门、广告宣传部门、音像出版部门从事摄影艺术创作的高级应用型人才
	天津	天津美术学院	实验艺术学院	旨在培养学生系统掌握摄影及艺术相关理论、技能、观念，具备对周围世界判断思考的能力，具有实验精神和自主创新能力，以及参与艺术创作研究，从事艺术教育，图像文化与传播或其他相关行业的工作能力
		天津理工大学	艺术学院	面向新闻、教育、服务行业及其他相关领域，培养具备广泛的科学文化和艺术理论知识，了解掌握中外摄影的最前沿发展趋势和成果，具有较高的艺术修养，具有较强的摄影技术和摄影实践创新能力，面向社会发展需求的摄影、摄像复合型人才
		天津师范大学	新闻传播学院	培养具备传媒艺术理论知识，具备图片摄影、摄像及制作能力，能够从事影视、图像文化、广告、宣传及其他传媒行业的应用复合型专门人才
		天津师范大学津沽学院	艺术设计学院	培养具备学科领域内的专业理论知识和修养，具备摄影、摄像能力和在各类媒体、广告、网络、设计公司、文化创意产业及企事业单位从事影像制作等相关工作的能力，同时具备在影像行业自主创业的能力，能够从事影像创作的专业应用型人才

续表

地区	省份地区	院校	隶属院系	培养目标
华北	河北	河北传媒学院	影视艺术学院	旨在培养具有一定的科学文化知识和美学知识，能够熟练掌握图片摄影的基本理论与拍摄技巧，在传播、广告、新闻、艺术创作等领域能够完成图片摄影的拍摄工作，操作技能过硬且具有一定审美修养的应用型专业摄影人才
	山西	山西传媒学院	制作系	主要培养掌握图片摄影的知识技能，具备图片拍摄创作能力，从事报纸、杂志和广告业务、服务行业等单位与图片摄影相关岗位的高等职业专门人才
		太原理工大学	艺术学院	培养具有广泛的科学文化和艺术理论知识，具备影视、新闻、广告、创意摄影、图片摄影与摄像能力，能在文化艺术领域、影视、新闻、商业广告、宣传出版等部门从事教学、研究、摄影创作工作的高级专门人才
		晋中学院	美术学院	秉承学校“自尊、自立、自信、自强”的优良办学传统，坚持教学、实践、科研相结合，鼓励学生参加各项专业影展，以骄人的成绩，展示青春的风采
	内蒙古	呼伦贝尔学院	美术学院	教学注重传承传统摄影的教学及研究领域，更注重数码摄影技术以及具备现代传播理念的当代摄影艺术教学模式及理念；要求学生在熟悉传统摄影手段的基础上进一步掌握数码图像技术
		呼兰浩特民族学院	传媒系	主要培养具备坚实的科学文化、艺术理论知识与摄影知识，具备广告、图片摄影摄像创作能力，能在新闻媒体、广告策划、文化宣传、音像出版等部门从事摄影艺术创作、教学和研究工作的应用型人才

续表

地区	省份地区	院校	隶属院系	培养目标
华北	内蒙古	内蒙古师范大学鸿德学院	影视分院	主要培养具有较高政治素质、职业道德素养和专业技能的应用型人才；能够胜任在电视台、报社、出版社、杂志社、网络媒体等单位，以及电影、电视和动画制作公司、文化传媒公司等企事业单位的摄影工作；还可以自主创业，创立图片社、影楼、婚庆公司等经营性实体，充分发挥摄影专业特长，服务于社会
华中	河南	河南大学	艺术学院	主要培养从事摄影、摄像专业工作和研究、创作、教学的高级专门人才
		中原工学院	艺术设计学院	主要培养从事新闻摄影、艺术摄影、广告摄影、图片展览、版面设计等工作的高层次专业技术人才
		安阳师范学院	美术学院	培养掌握摄影专业的基本形式、基本理论和基本技能，具有扎实的艺术功底和运用摄影、摄像技术进行艺术创作、编辑、制作的能力，能够胜任影视制作部门、广告宣传部门、音像出版部门从事摄影艺术创作、教学和研究工作的应用型人才
		商丘师范学院	现代艺术学院	培养德、智、体全面发展，有理想、有道德、有文化、有纪律，具备摄影专业理论知识、熟练掌握拍摄技巧，能够独立创作与处理图像，能够在视觉传播、新闻媒体、广告公司和文化宣传等部门从事摄影工作的艺术专门人才
		黄河科技大学	艺术设计学院	培养能够在电视台、广告公司、报社、杂志社、影楼、影视公司、图片社以及大中型企事业单位从事形象策划、人像摄影艺术创作、广告摄影、新闻摄影工作，以及在相关教育教学机构从事教学工作的应用型人才

续表

地区	省份地区	院校	隶属院系	培养目标
华中	湖北	湖北美术学院	设计系	在摄影数字化发展的趋势下，依托传统摄影脉络，培养学生的“专业创意能力、专业技术能力和专业应用能力”，培养适应社会需求的具有创造性思维与实践能力的专业型、复合型摄影人才
		武汉纺织大学	传媒学院	培养具有较高摄影与影视制作理论水平和数字艺术素养，能够掌握先进的数字摄影与数字影像技术，熟悉平面与动态影像制作的生产流程，能进行图片摄影、数字影视节目策划与创作、数字影视特效与合成、电视栏目及频道整体包装工作的科学和艺术相结合的复合型高级人才
		武昌工学院	艺术设计学院	培养具有新媒体思维和摄影技术与艺术理论基础，熟悉传统媒体与网络媒体特性，熟练使用传统与数字摄影、摄像设备，掌握现代图片摄影、图片处理、图片编辑、影像前期拍摄等技能，同时具有网络影像产品生产与传播能力的应用性技能型人才
		武汉传媒学院	动画与数字艺术学院	培养具备广泛的科学文化和艺术理论知识，掌握电视摄像、广告摄影和图片摄影创作的基本能力，能在电视台、报社、广告公司、网站以及其他广告宣传部门、企事业单位、专业制作公司从事摄影艺术创作、教学和研究工作的高级摄影专业应用型人才
		湖北商贸学院	艺术与传媒学院	培养具有广泛的文化科学知识，掌握影像传播和影视艺术基本理论，以及图像、影视拍摄的基本技能，能够在新闻系统、影视行业、图像与影视制作部门及有关行业从事新闻、广告、电视的摄影创作、信息采编与传播的应用型人才

续表

地区	省份地区	院校	隶属院系	培养目标
华东	上海	上海师范大学	人文与传播学院	主要培养具有传统及数码摄影专业知识、较强的摄影行业管理能力的专门人才，以满足社会发展的需求。注重开拓传统摄影的教学、研究领域，更注重数码摄影、摄像技术及现代传播理念。要求学生在熟悉传统摄影手段的基础上进一步掌握数码图像技术，能在未来拥有更多的一展身手的机会
		上海工程技术大学	艺术设计学院	摄影专业的建设始终紧扣上海经济体制改革和发展的需要，依托产业办学，产学紧密结合，坚持学校“应用型人才培养”的办学宗旨，依托区域创意经济发展的产业背景以及所在艺术设计学院的艺术设计办学氛围，致力于教学模式和教学思路的不断更新和优化，同时特别注重学习国外先进的教学理念和管理模式
		上海视觉艺术学院	新媒体艺术学院	主要培养具有双语双文化素养和较强的摄影管理能力的专门人才。在懂市场推广、懂文化经营的影像拍摄制作人才极其匮乏的大环境下，力求利用数码平台的专业优势，强化管理层面的知识培养，以满足社会发展的需求为目标开拓影像教学、研究领域，形成了更注重数码摄影、摄像技术以及具备现代传播理念的摄影专业思路
	山东	山东艺术学院	设计学院	培养能在有关文化艺术部门从事数字多媒体创作、教学、研究工作，具有独立思考与创造能力，懂得多媒体系统设计和相关设计知识，熟练掌握专业数字多媒体技术和影像创作的应用型人才

续表

地区	省份地区	院校	隶属院系	培养目标
华东	山东	山东工艺美术学院	数字艺术与传媒学院	培养学生的实践技能与创新能力，重视培养方案与社会需求对接，使学生具备扎实的专业基本功、较强的摄影应用技能和专业创新能力，成为在高等院校、新闻媒体、印刷出版类企事业单位、平面广告公司、婚纱影楼等从事有关工作的专业人才
		山东师范大学	美术学院	培养能独立从事摄影艺术创作、图片新闻采访、编辑，商业广告摄影、设计与制作、普通学校摄影教学和社会文化、出版单位多媒体影像产品设计、制作方面的专门人才。能胜任与摄影艺术、技术相关的各项专业工作
		齐鲁工业大学	艺术学院	培养具备广泛的科学文化和艺术理论知识，具备电影、电视、广告、图片摄影摄像能力，能在电影厂、电视制作部门、广告宣传部门、音像出版部门、专业图片公司从事摄影艺术创作教学和研究工作的高级专门人才
		济南大学	美术学院	培养德、智、体、美全面发展，具有人文素质与科学素质，基础扎实、实践能力强、具有创新精神的高级应用型专门人才。毕业生可胜任新闻出版、商业摄影、艺术摄影及企事业单位宣传等领域工作
		北京电影学院现代创意媒体学院	摄影技术与艺术系	旨在培养熟练掌握图片摄影的理论和技能，能够从事大型图片摄影创作的职业摄影师。此外，学生还要掌握一定的多媒体影像制作能力。学生在就业上不仅体现出具有一流图片摄影创作能力的明显优势，还能够从事多媒体影像的创作，满足日益走向融合的跨媒体制作的需求，具有较强的灵活性
		济南大学泉城学院	艺术学院	主要培养德、智、体、美全面发展，具备人文素质与科学素养，基础扎实、实践能力强、具有创新精神的高素质应用型专门人才。能够从事商业领域、媒体行业以及相关企事业单位的拍摄策划和设计制作等工作

续表

地区	省份地区	院校	隶属院系	培养目标
华东	江苏	南京艺术学院	传媒学院	以当代艺术理论与影像艺术实践为专业指导，以摄影史论为专业学习参照，以影像教学化技术为专业教学平台的摄影教学模式。培养具备创作能力的图片摄影、影视摄影和图像创作人才；培养具有现代意识并具备较强数字影像操控技能、制作技巧及相关研究工作能力的复合型高级人才
华东	江苏	南京林业大学	艺术设计学院	主要培养德、智、体全面发展，具有较系统的摄影理论知识，兼具媒体技术和人文艺术双重素质，能在摄影与传媒业从事影视剪辑、特效合成、创意策划、摄影创作、栏目包装、摄影广告创作、摄影专题制作等工作的高级数码摄影应用型人才
华东	江苏	南京师范大学	美术学院	培养知识结构合理，专业技能扎实，表现理念新颖，能适应现代社会需要；系统掌握图片录入及影像处理，图形表现等相关的媒体艺术表现语言的影像类专门人才
华东	江苏	南京师范大学泰州学院	美术学院	培养可从事艺术摄影、商业摄影，从事电影、电视、报纸、杂志、网络媒体、广告媒体的影像类工作，以及胜任大专院校、中等职业学校的教学工作，可为企事业单位宣传服务的应用型人才
华东	江苏	中国传媒大学南广学院	摄影学院	主要面向传媒与文化艺术领域、各级电视台、影视机构、平面媒体、网络媒体、出版单位，培养具有摄影艺术的知识与技能，具备较强图片摄影的专业理论与实践能力，且符合时代发展与市场需求的应用型、创新型人才
华东	江苏	江苏理工学院	艺术设计学院	注重培养具有广泛的科学文化和艺术理论知识，使学生具备摄制、编辑、策划、设计等方面的理论知识和实际操作能力，熟悉我国有关艺术与摄影方面的方针、政策和法规，了解中外艺术和摄影的历史、现状和发展方向，具备较强的现代摄影意识和能力，能独立完成以摄影创作为主的各种任务

续表

地区	省份地区	院校	隶属院系	培养目标
华东	江苏	扬州大学	新闻与传媒学院	培养具有较高艺术素养、思想境界和理论水平，较高的专业技术技能，能够独立从事影像艺术创作、适应影像传播事业需求的高级艺术创作、研究和传播的专门人才
		三江学院	美术系	主要培养具有平面摄影、影视摄影以及摄影与平面设计相结合的有技能重实践的应用型人才
	浙江	中国美术学院	传媒动画学院	主要培养具有扎实的摄影技术、开阔的影像艺术创作视野和比较全面的摄影艺术理论、兼具摄影实验精神和摄影应用能力的创新型和综合型的人才，为影像媒体教育机构、出版社、网络公司、广告公司等单位培养媒体艺术策划人才、图片编辑、教师、摄影记者和自由摄影师等
		浙江传媒学院	设计艺术学院	培养能主动适应现代社会经济、科技与文化艺术事业发展需要的，知识、能力、素质协调发展，具有较强社会责任感、良好职业素养和一定国际视野，具备摄影专业理论知识和技术技能及影视摄影理论与技能，适于在新闻出版、商业广告、文化宣传、网络通信等行业或部门从事摄影专业创作、研究和教学工作的基础实、素质高、能力强、具个性的应用型、复合型、创新型专门人才
		浙江农林大学	艺术设计学院、人文·茶文化学院	培养具备文艺理论知识和较高艺术素养，掌握摄影、摄像基本原理和操作技能，具备新闻、广告、影视创作、数字图像应用能力，能在广告业、影视部门、新闻媒体及服务行业、音像出版部门及教学科研部门从事摄影、教学和科学研究工作的应用型高级人才
		浙江财经大学	艺术学院	培养具有扎实的摄影实践技能和良好理论基础，熟练掌握现代影像表达语言和传播方式，并具备一定管理能力，能在各级机关、事业单位以及新闻、出版和广告行业从事摄影宣传、新闻报道和商业摄影等方面工作的德智体全面发展的高级复合型人才

续表

地区	省份地区	院校	隶属院系	培养目标
华东	浙江	丽水学院	中国青瓷学院	培养掌握文化艺术和相关学科基础知识理论；具备摄影基本理论、基本知识和基本技能；拥有摄影研究与创作能力；能在新媒体传播机构或机关企业单位或自主创业，从事影像拍摄或影像处理或影像传播的应用型人才
	安徽	安徽师范大学	新闻与传播学院	培养具备良好的思想道德素质、职业理想、敬业精神与健康心理，拥有摄影专业所必备的基本理论知识、扎实的摄影专业技能以及较强的摄影学科创作与研究能力，能够在新闻媒体、广告公司、文化宣传部门、其他有关事业单位，从事摄影、影视制作、计算机平面设计、广告策划与制作、文化宣传、社会教育、商业摄影工作的高级应用型专门人才
		淮南师范学院	美术与设计学院	旨在培养掌握广告摄影、新闻摄影和短片拍摄的理论与技法，掌握艺术学、文学、美学、影像艺术等知识，掌握视觉艺术的基本规律与摄影语言独特的表现技能；具有独立思考和解决影像创作过程中的审美表现与技术实践的能力，具有较高的影像文化艺术素养；能在新闻宣传单位、媒体制作公司、出版类企事业单位和部门从事相关工作的高素质应用型专门人才
		安徽师范大学皖江学院	视觉艺术系	主要培养具有良好的思想道德素质、身体心理素质、摄影专业素养、专业技能、专业水平，德智体美全面发展的摄影专门人才。要求学生熟悉传统媒体与网络媒体特性，熟练使用传统与数字摄影、摄像设备，掌握现代图片摄影、图片处理、图片编辑、影像前期拍摄等技能，在学习较扎实的摄影理论的基础上，成为具有动手拍摄能力、摄影创新思想和传播能力的应用型、技能型人才

续表

地区	省份地区	院校	隶属院系	培养目标
华东	安徽	安徽三联学院	艺术学院	培养具有一定理论基础、社会责任感、创新精神和实践能力，具备现代视觉艺术观念和科学技术及艺术理论知识，具备电影、电视、广告、图片摄影摄像能力的高级应用型专门人才
华南	广东	广州美术学院	视觉艺术学院	主要培养能从事图片摄影、数字化影像、传媒处理与制作，熟知平面广告、艺术设计基本规律，并能以此手段进行艺术设计与创作的高素质专门人才
		华南师范大学	教育信息技术学院	主要培养在摄影艺术、影像技术、影视制作、图像文化管理及其他传播媒介行业工作的复合型专门人才。毕业生适合在报社、杂志社、电视台以及音像出版、广告与文化宣传部门或企事业单位从事影像文化策划、设计、制作、经营与管理等相关工作
		韩山师范学院	美术与设计学院	培养德、智、体全面发展，具有摄影集艺术设计的理论、知识和能力，系统掌握摄影艺术设计技能，从事商业摄影、艺术摄影及艺术设计工作的专门人才
		广西艺术学院	美术学院	培养具备坚实的科学文化和艺术理论知识，具备广告、图片摄影摄像能力，能在新闻媒体广告策划、文化宣传、音像出版等部门从事摄影艺术创作、教学和研究工作的应用型人才
东北	辽宁	鲁迅美术学院	摄影系	以艺术摄影和商业摄影为主题，发挥高等美术院校造型艺术教学的优势，建立系统而科学的教学大纲，形成独具特色的摄影高等教学体系

续表

地区	省份地区	院校	隶属院系	培养目标
东北	辽宁	辽宁大学	广播影视学院	培养具备广泛的科学文化和艺术理论知识，具备电影、电视、广告、图片摄影摄像能力，能在电影厂、电视制作部门、广告宣传部门、音像出版部门从事摄影艺术创作、教学和研究工作的高级专门人才
		大连工业大学	艺术设计学院	主要培养学生具备较高文化艺术素养并熟练掌握摄影语言的能力，以造型艺术、视觉表达理论、影像创作技能为基础，结合国内外摄影教育和社会需求的现状及发展趋势，融合服装设计方向、形象设计方向、服装设计与表演方向及艺术设计专业的优势资源，培养学生的创新能力
		大连医科大学	艺术学院	培养具有扎实的摄影理论基础、良好的摄影专业技能、丰富的艺术修养与艺术创作能力，具备较好媒体工作素质与视觉书写能力，适应社会与时代需求的高级摄影专业人才
		鞍山师范学院	美术学院	培养具有扎实的摄影理论知识和技能，良好的人文、科学和艺术素养，掌握数字化摄影技术和手段，具备图片摄影与编辑、影视采编、影像后期数字制作与输出能力，具有较强的摄影艺术构思、表现和鉴赏能力，能在新闻、影视、广告、文化传媒、影楼、图片社、音像出版社等企事业单位从事摄影艺术创作、广告策划与制作、文化宣传和社会教学等单位工作的复合型应用人才
		沈阳城市学院	影视传媒学院	主要培养熟练掌握平面摄影、影视摄影等摄影相关业务技能的应用型人才
	吉林	吉林动画学院	电视与新媒体学院	面向电视行业与新媒体领域的发展需要，培养具有扎实的视觉文化修养和艺术理论知识，具备较强的图片摄影和电视摄像实践能力，以及鲜明的摄影专业特长和良好的职业素养，能在节目制作公司、报社、电视台、互联网络公司和商业摄影团队等胜任摄影摄像创作，完成后期制作，并具有创新思维的高级应用型专门人才

续表

地区	省份地区	院校	隶属院系	培养目标
东北	吉林	吉林艺术学院	设计学院	不仅要求学生学习教学大纲既定的知识与技巧，而且要求学生将自己所学到的技能与社会实践相融合，成为新型复合人才
	黑龙江	哈尔滨师范大学	传媒学院	培养基础扎实、专业特色鲜明、就业竞争力强的实践应用型人才
		哈尔滨学院	艺术与设计学院	开设商业摄影方向，以培养商业广告摄影师为主要目标。通过开设一系列相关课程、采取多种实践教学等方式为黑龙江省地方经济、文化建设培养“动手能力强”、有坚实的专业理论基础与创作能力、有较高文化素养的应用创新型专门人才
		黑龙江财经学院	艺术系	确立以素质教育为核心，技术应用能力培养为主线，对学生艺术审美与判断、社会责任感与横向拓展能力进行培养，使之成为无论是在纯艺术或者商业应用领域最具竞争力的专业人才和社会角色。培养具备广泛的科学文化和艺术理论知识，具备影视、商业广告、新闻纪实、平面图片摄影摄像的能力，能从事摄影艺术创作、教学的高级应用型人才
		黑龙江工商学院	艺术与传媒系	培养具有摄影理论基础，熟练掌握传统媒介形态的图片摄影、编辑和制作技能，具有影像制作与编辑能力的应用型人才
西南	重庆	四川美术学院	影视艺术系	办学方向以商业摄影和人文地理摄影为主，同时也重视对新闻摄影、纪实摄影和观念摄影的研究。为新闻单位、杂志社、商业摄影公司和图片公司等文化单位输送专门摄影人才，也为其他高校摄影专业提供师资

续表

地区	省份地区	院校	隶属院系	培养目标
西南	重庆	四川美术学院	美视电影学院	培养具备广泛的科学文化和艺术理论知识，具备电影、电视、广告、图片摄影摄像能力，能在电影厂、电视制作部门、广告宣传部门、音像出版部门从事摄影艺术创作、教学和研究工作的高级专门人才
		重庆大学	新媒体学院	主要培养既具有较强摄影实践能力又具有较高理论修养，既具有独特艺术感觉又具有强烈市场意识，既能分工合作又能独立制作，符合社会主义市场经济条件下商业摄影所需的高级专门人才
		重庆师范大学	设计艺术学院	培养具备广泛的科学文化和艺术设计理论知识，掌握图像摄影和影视摄影所需要的理论、知识和技能、技巧的高素质应用型高级专门人才。学生毕业后能在广告、摄影、影视、动漫生产等企业和音像出版、报刊、电视、网络等媒体从事摄影、摄像、影视合成等方面的工作
		重庆工商大学	国际演艺学院影视方向	为电影制片厂、电视台、电视剧制作中心、影视制作公司、电视广告制作公司、电视音像出版、电视研究机构培养从事纪录片摄影、影视摄影及其他各类电视文艺节目摄影的高级专门人才
		四川音乐学院	国际演艺学院平面方向	为电影制片厂、影视剧制作中心、广告公司、音像出版社、报刊社、新闻出版单位、平面设计形象设计公司、摄影艺术中心及其他有关单位培养图片摄影的高级专门人才
	四川	西南民族大学	艺术学院	培养掌握摄影艺术基本理论、基本技能，具有摄影创作、制作及图片编辑能力的高级专业人才。为全国各地区特别是少数民族地区的电视台、影视公司、专业广告公司，新闻媒体、摄影团体、文化艺术单位、企事业单位、大中专学校、艺术院校等输送从事摄影创作、市场开发以及教学与理论研究的高级专业人才

续表

地区	省份地区	院校	隶属院系	培养目标
西南	四川	四川传媒学院	摄影系	面向电影、电视系统、新闻出版，商业广告、网络动漫等有关行业，培养从事图片摄影、商业摄影、新闻摄影、艺术创作等工作的具备摄影专业理论知识、较强实践拍摄能力的应用型、复合型、创新型的传媒人才
		四川文化艺术学院	美术学院	通过摄影基础等课程的学习，使学生掌握摄影基本理论和基本操作技能，并具有新闻摄影报道、商业摄影等岗位职业能力，其中核心能力表现为具有新闻摄影记者报道能力、人像摄影师能力、广告摄影师能力等，能够在报社、杂志社、电视台和音像出版社、影楼、婚庆公司、广告公司与文化宣传、网络公司等部门或在企、事业单位从事图片摄影、摄像、图像后期处理等相关工作
	云南	云南艺术学院	电影电视艺术系	培养具备广泛的科学文化和艺术理论知识，具备电视、广告、图片摄影摄像能力及数字化影视制作的基本能力，能在电影厂、电视制作部门、广告宣传部门、音像出版部门从事摄影艺术创作、教学和研究工作的高级专门人才
		红河学院	美术学院	培养具备较高的人文情怀与科学素养，系统掌握摄影专业基础理论知识、摄影创作技能，具有较强的创新精神和专业实践能力，能够适应和服务地方经济与社会发展的应用型人才
		云南艺术学院文华学院	传媒艺术系	主要培养具备坚实科学文化和艺术理论知识，具备广告、图片摄影摄像能力，能在新闻媒体、广告策划、文化宣传、音像出版等部门从事摄影艺术创作、教学和研究工作的应用型人才
	贵州	贵州大学	艺术学院	该专业的艺术摄影与商业摄影相辅相成是其专业的特色，力求从原来的技术技法转变为思维创造的观念更新学习。该专业严格的基本功训练，使学生能具备专业摄影师的基本素质，填补贵州省高校培养高层次艺术摄影人才的空白，并力求成为贵州地域特色经济发展中重要的人才培养机构

续表

地区	省份地区	院校	隶属院系	培养目标
西南	贵州	贵州师范大学	美术学院	主要培养具有具备扎实的科学文化和艺术理论知识，具备摄影思维能力和影像设计能力，能在新闻媒体、文化宣传、广告策划、商业影像制作机构等单位从事摄影艺术创作、教学和研究工作的能适应新媒体时代的应用型的人才
西北	陕西	西安美术学院	影视动画系	培养具备广泛的科学文化和艺术理论知识，具备电影、电视、广告、图片摄影摄像能力，能在电影厂、电视制作部门、广告宣传部门、音像出版部门从事摄影艺术创作、教学和研究工作的高级专门人才
		西安理工大学	艺术设计学院	着重培养多学科的交叉知识在工作中灵活运用的能力。在教学上将摄影与艺术设计、纯艺术、印刷技术及数字化的多媒体技术密切结合起来。向社会培养“复合型”“应用型”人才，注重学生创新能力的培养，强化实践教学
		西北大学现代学院	艺术传媒学院	旨在培养具有新媒体思维、摄影技术与艺术理论基础，熟悉传统媒体与网络媒体特性，熟练使用传统与数字摄影、摄像设备，掌握现代图片摄影、图片处理、编辑、影像前期拍摄等技能，同时具有网络影像产品生产与传播能力的技能型应用人才
		西安建筑科技大学	艺术学院	培养高级摄影及影视制作艺术人才，毕业后可在新闻、影视、网络传播等单位或高等院校、企事业单位工作
		西安建筑科技大学华清学院	建筑与艺术系	旨在培养德、智、体、美全面发展，热爱摄影艺术，具备和掌握摄影摄像基本理论、基本知识和创作能力的学生，具有一定的艺术理论素养和较系统的专业知识，并具有较强摄影摄像业务与创作能力的高级专业人才

续表

地区	省份地区	院校	隶属院系	培养目标
西北	陕西	西安工程大学	艺术工程学院	培养具备摄影艺术专业理论知识和创造思维能力，具有较高艺术修养和较强审美能力，能够熟练从事摄影创作与教学、影像科研、影像生产及管理的复合型高级摄影专业人才
	新疆	新疆艺术学院	影视戏剧系	培养具备能在文化艺术、广播电视、企事业单位等部门从事艺术、新闻、出版、教育等方面的专业摄影摄像和电化教育工作；同时在电视传播、影视艺术创作、广告制作以及影楼等行业具备较强的策划、拍摄、制作等能力

注：目前湖南省、江西省、福建省、海南省、甘肃省、宁夏回族自治区、西藏自治区暂无设置“摄影专业”（本科）院校的相关信息。

（于全兴　车快　肖爽　梁舒涵　徐亮　刘金龙　郭赛）

第3章　中国华北地区新闻传播教育地图

3.1　专业设置

3.1.1　华北地区新闻传播学类高校专业开设情况

在华北地区开设的新闻传播学类专业包括编辑出版学、传播学、新闻学、广播电视新闻学、广告学、网络与新媒体、播音主持、数字出版、广播电视编导、摄影学十大类，其中新闻学、传播学、广播电视新闻学、编辑出版学是强势的专业方向，拥有这些专业的远多于开设其他专业的高校。

数字出版专业尚处于起步阶段，只有北京印刷学院、内蒙古大学有，广播电视新闻学也多于广播电视编导专业，广播电视编导专业有些开设在其他学院，例如河北大学的广播电视编导专业在艺术学院。在一些普通院校中也开设了广播电视编导专业，例如内蒙古赤峰学院、内蒙古师范大学鸿德学院、北京城市学院。开设播音主持专业的高校较少，只有河北大学、天津师范大学以及承德民族师范学院、河北传媒学院开设。开设摄影学的只有天津师范大学。另外，国际新闻、国际传播、蒙古语新闻学等成为语言类高校特色发展的内容。在其他专业特色强的高校中，一般也都结合自身优势开设有新闻专业方向，比如北京体育大学设有体育新闻方向、河北经贸大学设有经济新闻方向、中央财经大学设有财经新闻、中国政法大学设有传播法与传播伦理方向等。

部分院校实行新闻传播学大类招生，学生入学后学习一至两年，再进行专业分流。例如：天津外国语大学新闻学、传播学目前按照新闻传播大类招生，低年级实行大类培养，高年级仍然分为特色化方向，新闻学专业分为“国际新闻”和“融合新闻”两个方向；传播学专业设立了“国际传播”方向，并与美国阿尔玛文理学院开展“2+2”“3+1”合作项目；广告学专业分为“会展策划”专业方向和“中日 2+2”项目班。再比如河北大学按新闻传播学大类招生，二年级的时候根据个人志愿选择再分流为新闻学、编辑出版学、广播电视新闻学。

3.1.2 华北地区新闻传播类高校院系情况

在华北地区开设新闻传播类专业的高校中，有12所高校设有相对独立的新闻与传播学院，其中北京8所，分别是北京大学、清华大学、中国人民大学、中国传媒大学、北京师范大学、中国青年政治学院、北京语言大学、中国政法大学；天津一所，是天津师范大学；河北两所，分别是河北大学与河北师范大学；内蒙古一所，是内蒙古师范大学。而尚未设立独立新闻传播学院的高校，把新闻传播专业设在人文学院、文法学院、文学院、艺术与传媒学院、传媒系、文传系等。

在华北地区建立完整的新闻传播类专业教育体系的有中国传媒大学、中国人民大学、北京大学、河北大学、天津师范大学等为数不多的几个高校，绝大多数的高校未建立完整的新闻传播类专业教育体系。一方面是限于各方面资源的缺乏或者不完善，综合类高校实力较强，有足够的师资力量和资金等支持建立完整的新闻传播专业教育体系；而相对实力较差的普通高等院校，无论是在资金设备还是师资力量都要差很多，常常是老师能教什么就开设什么专业，而很少考虑到整体专业的发展和人才培养的需要。另一方面，除了院校实力的差距，还与地区的整体经济水平、传媒环境、办学传统等有一定的关系，京津冀地区有着较为完整的新闻传播类专业教育体系，尤其是北京，优秀的、高水平的传媒大多集中于此，北京很多高校拥有新闻传播教育的悠久传统，像北京大学、中国人民大学都是中国较早开设新闻专业的高校，北京大学更是在1918年就成立新闻研究会，新闻传播类专业发展较好的学校大多集中在北京，而山西、内蒙古地区则没有一所高校拥有完整的新闻传播学类专业教育体系，这些地区在新闻传播教育上没有悠久的传统，传媒发展环境也相对较差，对人才的需求因此也差一些。另一方面，一个地区的生源是有限的，一些高校已建立起较为完整的新闻传播类专业教育体系；其他学校则结合自身的特色设置专业，并未盲目模仿，增加重复类似的专业，以求发挥最大的特色。

3.1.3 华北地区新闻传播学类高校国家重点学科

国家重点学科是国家根据发展战略与重大需求，择优确定并重点建设的培养创新人才、开展科学研究的重要基地，在高等教育学科体系中居于骨干和引领地位。重点学科建设对于带动我国高等教育整体水平全面提高，提升人才培养质量、科技创新水平和社会服务能力；满足经济建设和社会发展对高层次创新人才的需求，建设创新型国家提供高层次人才和智力支撑；提高国家创新能力，建设创新型国家具有重要的意义。目前华北地区中国人民大学的新闻传播学是国家一级重点学科，中国传媒大学的新闻学是国家二级重点学科。中国人民大学、中国传媒大学、清华大学、北京大学、河北大学还拥有一级学科博士点。

3.1.4　华北地区新闻传播学类高校国家级特色专业

特色专业是高校在一定的办学思想指导下和长期的办学实践中逐步形成的具有特色的专业，主要是指某个专业在培养目标、课程体系、师资队伍、教学条件等方面具有较高的办学水平和鲜明的办学特色，已产生较好的办学效益和社会影响，是一种高标准、高水平、高质量的专业，是“人无我有，人有我优，人优我新”的专业。目前，我国高等教育还是按专业划分来进行人才培养。因此，专业建设的水平高低，直接关系到人才培养的质量。新闻学特色专业在北京地区有中国人民大学、清华大学、中国传媒大学、北京外国语大学、北京大学；天津地区有天津师范大学；河北地区有河北大学。广播电视新闻学特色专业在华北地区只有中国传媒大学。广告特色专业在华北地区也只有中国传媒大学，传播学特色专业有中国传媒大学和国际关系学院。

各高校通过新闻传播类国家级特色专业的建设，大大推动了学科建设和专业发展水平以及人才培养质量，在特色专业的建设下取得了很多成果，尤其是在教学和科研等方面，同时特色专业的建设可以极大地优化资源配置，将优势集中凸显，发挥在该地区的引领和示范作用，但是我们也应该看到，北京“一城独大”的现象，无论是在哪一方面北京都占有巨大的优势，其他地区无论是在国家重点专业还是在国家级特色专业的建设方面都远远落后于北京地区，而内蒙古、山西地区相比天津和河北则更为落后一些，这些地区的新闻传播学类专业的发展和建设还有很长的路要走。

3.2　本科教育

3.2.1　华北地区新闻传播类高校课程设置情况

调查发现，大多数高校新闻传播学类专业的课程体系由通识教育基础课程（一般分为必修和选修）、专业基础课程、专业核心课程、专业方向课程（一般多为选修）、实践教学环节。在大学一年级和二年级以通识教育为主，必修的课程一般为思想道德修养与法律基础、马克思主义基本原理、中国近代史纲要、毛泽东思想与中国特色社会主义理论概论、形势与政策等思想政治课程以及大学英语、大学数学、大学体育、大学计算机、军事理论等通识课程，选修的通识课程一般按照类别有人文科学类、自然科学类、社会科学类、艺术鉴赏类以及讲座等形式。在大二期间或者大二以后专业课程逐渐在增加，专业基础课程一般为概论或者理论性的课程，大多包括传播学理论、新闻学理论、广告学理论、出版学理论、公共关系理论、播音主持理论、中外新闻史、广播电视史等。专业核心课程以新闻学为例，一般包括新闻采访写作、新闻编辑、新闻评论、新闻摄影等。专业方向课程一般种类繁多，且结合各自学校的实际特色或者是资源开设，大多必须修读够一定学分才可以。以中国人民大学为例，新闻学方向的课程有深度报道、信息图表编辑、杂志编辑、英语采访与报道（双语）、数据新闻基础、融媒报道出境主持等。这一类的课程变动较大，多与时俱进，随着数据新闻、媒介融合等地发展，很多高校在专业方向课程中开设相关课程，而一些较为陈旧的课程则会随之取消，例如河北大学的报纸文体改革课程就已经取消。实践教学环节大多包括大学生创新创业训练、社会实践与志愿服务、专业实习、毕业论文/设计等。

各个高校的课程比重根据自身实际略有差异，相对而言，综合类高校的新闻传播学类专业重视理论，而普通高等院校则偏重于实践，例如北京吉利学院、衡水学院、廊坊师范学院设有新闻采编制作或者新闻实务专业。而特色类的高校则凸显特色教学，特色课程比重加大。

通过调查，我们发现在我国高校新闻传播学类的课程框架设置上，基础课的政治理论课的比重很大，通常情况下占有的学分也较多，但是这类课程在教学上常常存在教学方式落后，或者教学内容呆板问题，学生们常常是为了应付考试等，对这类课程的兴趣较小，使得政治思想教育收效甚微，而学校为了完成政治思想教育的任务不得不开设这类课程。我们应该反思新闻传播学类作为与政治密切相关的学科，应结合新闻教育的特色进行思想政治教育，而不是泛泛地谈思想政治教育，尤其是马克思主义新闻观、媒介素养等内容应该成为思想政治教育的重要部分。

新闻传播学类自诞生起就是社会学、政治学、心理学、文化学、人类学等多学科交叉的产物，新闻教育也应当不断汲取其他学科的精华，在对学生的培养上应该让他们汲取更为广阔的人文社会科学和自然社会科学的知识，社会学、经济学、法学、政治学、文学、计算机技术等都应该汲取。学生只有博采众长，在各个学科的交融和熏陶下才可以养成跨学科、多学科的思维，适应不断变化的传媒环境，找准自己的方向。而这些跨学科的科目课程在很多新闻院校是选修课，而选修也就意味着重视不够，常常还会因为各种原因而停开。多学科的背景绝不是几门选修课就可以培养和造就的，学院应该有系统和完善的规划，使得学生能够深入地学习这些人文社会科学知识，并能够切实掌握一些科学的研究方法和理论，这样才能在今后更好地应用到新闻传播学类课程的学习中去，真正实现多学科的交融和相互促进。在这方面只有少数高校做得比较好。以北京大学为例，北京大学社会科学类大类平台基础必修课程包括政府管理学院的政治学原理、中国政府与政治，法学院的行政法与行政诉讼法、法理学、知识产权法，社会学系的社会学概论、社会调查与研究方法、社会统计与数据分析，国际关系学院的国际政治经济学、中华人民共和国对外关系，信息管理学系的信息资源管理基础、信息检索与利用。但是华北地区的大多数的院校还缺少具有前瞻性的学科融合教学计划，很多地区的新闻传播学类开在文学院等，还是将新闻学看做一个纯文科的门类，对于其他门类学科的课程的汲取少之又少，而跨学科融合的内容也常常仅限于人文学科。

3.2.2　人才培养目标

培养目标是学校根据本国的教育需要以及该校的发展状况与教育任务而确立的，是教育的总方向。培养要求是学校对学生提出的特定要求，只有学生达到学校的培养要求，才算是合格的毕业生。培养目标与培养要求不同，培养出的学生也表现出不同的个性与特点。①

北京大学新闻学专业本科教育培养目标是：为社会培养和造就掌握国家政策法规、通晓新技术、精通外语、具有现代管理观念的新一代新闻与传播人才；为国家解决新闻与传播领域中面临的重大课题提供科学依据；构筑民族优秀文化与世界先进文明交流的桥梁。② 中国人民大学新闻学院培养方案：新闻学院实行新闻与传播学科大类招生，旨在培养适应信息传播变革和社会发展需求的高端、专业、融合、创新型新闻传播人才。③ 河北大学新闻传播学院培养目标：培养具有系统的新闻理论知识与技能，宽广的文化与科学知识，熟悉我国新闻宣传政策法规，能在新闻出版与宣传部门从事编辑记者与管理工作的应用型和复合型的新闻学专业人才；培养既具备一定的基础知识、研究能力，又具备较强的操作应用能力的新闻传播人才及新闻媒介经营管理人才。

以新闻学的培养为例，总结华北地区的新闻传播学类高校的本科生教育培养要求的共同特点大致包括以下几点：首先，具有坚定正确的政治方向，热爱社会主义祖国，拥护中国共产党的领导，掌握马列主义、毛泽东思想和邓小平理论的基本原理，树立科学的世界观，正确的人生观和价值观；遵纪守法，敬业爱岗，团结合作，在具有良好的思想品德和职业道德的基础上，还要熟悉我国关于广播电视、报刊和网站等新闻媒体的宣

---

① 岳芹芹. 论媒介融合背景下我国新闻教育改革［D］. 石家庄：河北经贸大学，2015.

② 北京大学新闻与传播学院官网，学院介绍 .

③ 中国人民大学新闻学院官网，新闻学院培养方案 .

传方针、政策和法规，了解新闻传媒业的前沿发展动态，具有较强的政治敏感和新闻敏感。

其次，具有良好的专业知识和技能，掌握新闻学基本理论与基本知识；掌握新闻采访、写作、编辑、评论、摄影等业务知识与技能；具有调查研究和社会活动能力；了解新闻工作的方针、政策和法规；了解中国新闻工作现状与发展趋势，了解外国新闻工作发展动态。

最后，要具有较高的文化素养、较强的文字表达能力。能熟练地运用现代传播技术，计算机技术，有较高的外语水平，有一定的创造能力。还要具有健康的体魄，达到大学生体育锻炼合格标准。

这是一般的新闻院校的培养要求，一些特色院校的新闻传播学类专业除了具有以上共性的要求，还另外增加一些与自身特色相关的要求，例如北京外国语大学要求精通一至两门外语，能够清晰而准确地运用外语撰写新闻稿或直接对外广播；还要通晓国际规则，能够参与并逐步主导国际新闻传播和维护国家利益；具有跨学科知识结构，掌握与国际新闻传播专业相关的政治、经济、国际关系、跨文化研究等学科的专业知识。

我们也应该看到各个高校新闻传播学类的人才培养大多还停留在传统媒体时代，比如对于报纸的采、写、编、评的重视和培养。而对于传媒环境的变化，尤其是新媒体日新月异，传媒技术不断更迭，互联网不断颠覆新闻的生产方式的大背景下，培养融合类的人才、技术型的人才、全媒体操作的人才、媒介经营管理人才等成为高校新闻教育培养的短板，很多学校还未把这些要求和标准列入培养方案，学院的培养也没有与时俱进，使得学生在就业的时候难以“对口”，尤其是在传统媒体人才饱和的情况下。

3. 2. 3　校园媒体实践平台建设情况

新闻教育既是理论教育又是实践教育，唯有理论联系实践，在实践中深入锻炼和体会，才能反哺专业知识的学习并且不断提高专业技能水准。因为受限于平时的课程，学生外出实习难度较大，校园内的媒体平台成为新闻传播学类学生锻炼的平台和基地。校园一般设有院报、学院网站、通讯社、学校网站、广播站等一系列官方的媒体，这些媒体都有学校或者学院的支持，无论是资金还是设备上，通常也配有专门主管的老师或者指导老师。新闻教育过程中学院大多鼓励学生们参与这些媒体来锻炼自己。随着新媒体的发展，校园媒体纷纷开设相应的微信公众账号、新浪微博等，例如北京大学青年、河北大学青年、清新时报等。还有一些学生和老师通过自办新媒体来锻炼自己。

但是，校园媒体作为新闻学科学生锻炼的平台也受到各方限制，发展也很困难。首先，学校社团、组织等大多以学生自发为主，且多集中在大一、大二年级，而大一、大二学生对新闻相关理论学习较少，最起码的采、写、编、评能力也很不到位，再加上没有专门的指导老师或者指导老师较少，学生们很难得到应有的指导和提高，只是凭借着仅有的兴趣写写文章。其次，校园媒体由于处在校园这个象牙塔中，且自身公信力和权威性较差，很难真正走入社会，因此大多局限于校园内部新闻和事件。最后，校园媒体如果不依靠学校相关部门，很难得到资金上的支持，发展步履维艰。

3.3 研究生培养

研究生教育是继续深入学习的过程，是在原有学科知识和能力的基础上，通过专业性理论、方法论等课程的学习以及必要的学术训练，增强对理论研究及其规范化要求的认识与理解，不断提高自身的专业素养和独立分析、解决问题的能力。研究生教育一般要求研究生在学习期间有一定数量的开拓性、创新性的成果公开发表，整体研究水平上一个台阶，毕业后能够成为新闻传播领域中从事理论研究、教学工作或实务工作的中高级人才。

研究生必修课程的设置更加专业化和细分化，内容也有了一定深度。研究生对于相关专业理论和方法论等课程大多需要深入学习。例如中国人民大学的视觉传播研究、网络传播研究、质化传播研究方法、量化传播研究方法等课程；北京大学的传播学理论研究、传播学研究方法等课程；天津师范大学的应用传播学等课程；河北大学的融合新闻学等课程。研究生培养单位在选修课的设置上更加多样化且更具多学科背景，与时代的发展潮流也紧密结合。以北京大学为例，选修课程有传播法研究、媒介分析、全球化与传播、跨文化交流研究、新闻与传播专家论坛、出版经营管理专题、视听语言、信息经济学与广告、传播伦理学研究、媒介文化演技、认知修辞学、社会心理修辞学、中外传媒史论、广告与营销研究、广告与公关研究、广告前沿问题研究、新闻传播史专题研究、新闻实务研究、高级统计、广告创意研究、品牌研究、广告与媒体研究、舆论研究、英语新闻写作、媒体与国际关系研究、说服学、新媒体与社会、媒介产业研究、传播学史、大众传媒与社会变迁、中国古代传播文化史料选读、广告与消费研究等。

随着中国社会的快速发展并且与国际社会的不断接轨，新闻传播教育也要不断开拓创新，新闻传播作为一门应用型的学科，必须适应社会和科技的发展。传媒业的发展壮大和新闻竞争的加剧，特别是以互联网为代表的新媒体的崛起，对新闻传媒人才的知识结构、素质修养提出了新的要求。为了适应新形势，很多高校为新闻传播类研究生开设了更注重新技术、实践性和职业性的媒介融合、媒介经营管理、网络与新媒体、数字出版等方向。与本科教育不同，本科教育注重政治理论修养、英语、计算机及基础专业知识学习，研究生教育则往更加细分的方向发展，在新闻学、传播学、广播电视新闻学等基础上又细分为不同的方向：新闻学多分为新闻史、新闻业务、新闻理论、国际新闻等；传播学多分为媒介经营与管理、传播理论、大众传播、文化传播、政治传播、健康传播、新媒体与网络传播、国际传播等；广播电视新闻学多分为广播电视史论、电视学、录片学、新媒体策划与制作等。学术型硕士更加注重理论的学习，而专业型硕士则偏向于实践与就业。

我国新闻传播研究生招生对象一般是具有新闻传播本科学历的应届毕业生或者在职人员，同时也鼓励其他学科和其他专业的学生报考。如今，高校的新闻传播院系招生时会吸引很多其他学科其他专业的学生，比如英语或小语种专业、法律专业、经济专业等，这些外专业的学生在招生时非但未受到歧视，反而得到青睐。尤其是国际传播、国际新闻等专业对小语种或者英语专业的要求较高，比如北京外国语大学、北京第二外国语学院、天津外国语大学等。

3.4　部校共建成为新闻传播学类人才培养的重要举措

近年来，新闻传播类专业成为华北地区高等教育中的热门专业，一些学校并没有足够的师资、教学设备，就盲目办学，造成了新闻传播教育质与量的矛盾。新闻传播教育的超常规发展导致了新闻传播教育教材、师资、实验设备等办学条件缺乏，教学质量得不到保证，造成新闻传播学专业人才“相对”过剩。随着我国高等教育大众化进程的加快，高校出现了在专业设置、课程设置、培养目标、办学层次等方面同质化的现象。一些高校也采取了一些改革的措施和创新的机制，力图改变现有的状况。很多高校采取了“部校共建”的形式来弥补短板，“借船出海”。

华北地区部校共建新闻学院情况“部校共建”清单如下：《人民日报》与清华大学；新华社与北京大学；《光明日报》与中国政法大学、北京师范大学；北京市委宣传部与中国人民大学；北京市委宣传部、中央人民广播电台与中国传媒大学；中国国际广播电台与北京第二外国语学院；天津市委宣传部与天津师范大学；河北省委宣传部与河北大学、河北师范大学；内蒙古自治区党委宣传部与内蒙古师范大学。山西的共建做法则是由山西省委宣传部牵头，协同省教育厅，依托山西大学、山西传媒学院、山西日报报业集团、山西广播电视台共建卓越新闻传播人才培养基地。部校共建是近年来我国新闻传播教育的一大亮点，也是探索新闻教育改革建设具有中国特色教育，加强马克思主义新闻观教育，推动新闻教育合作与交流的一大尝试。华北地区部校共建开展得较好，但是也显示出地域不均衡。部校共建的大部分院校主要集中在北京，其他省只是一两所高校，且大多是与省委或者市委的宣传部共建，与主流媒体共建的情况还较少。

具体来看，各地部校共建新闻传播学院主要采取以下共建模式：宣传部长或媒体机构负责人兼任各高校新闻学院院长，宣传部及媒体为高校学生提供实习实践平台，编辑记者进课堂授课、开讲座，高校教师到媒体业界挂职锻炼（例如 2014 年，内蒙古师范大学传媒学院张芸副教授、文学院王俊义副教授到内蒙古广播电视台挂职 1 年，蒙古学学院萨日朗副教授到内蒙古日报社挂职 1 年）。此外，不少地区的宣传部在共建的过程中为高校提供了政策以外资金方面的支持。

部校联姻提高了合作办学层次，通过多元培养主体的调动，优化了资源配置，提升了人才培养质量。该模式有利于聚合政策、师资、实践实习平台、资金等资源，打破一直以来制约新闻教育发展的资源壁垒，政府部门、新闻媒体和学校的积极性得以调动。①

部校共建有助于切实提升新闻教育质量、确立培养特色。与地方宣传部门共建，可使高校在政策、资金等方面得到支持；更为重要的是，能结合院校所在区域的社会、经济和媒体发展等实际情况，因地制宜地进行人才培养和人才输出，建构特色鲜明的培养体系。

部校共建的优势主要包括：

第一，得到了宣传部门及媒体的大力支持。绝大部分开展共建新闻学院的高校得到了宣传部门及媒体大力支持，在办学方向、人才培养规格等方面得到了指导性的意见和建议。宣传部门还拨付经费用于支持高校建设实习实践基地、媒体融合实验室等，个别高校得到的资金支持甚至超过了之前办学经费的总和。此外，由于部校共建，新闻院系在学校得到了更多的关注和支持，除了资金、办公用地之外，在学科地位上也有所上升。

第二，促进了新闻院系与业界的良性合作。共建之后，由于宣传部门的支持，大部分新闻院系与当地的媒体建立了良性合作，还有一些高校直接与媒体单位进行共建，在人才培养和学生实习实践等方面得到了更多的机会。

第三，高校教师有计划、分批次地到媒体一线挂职锻炼，编辑记者深入课堂为学生

① 周云倩. 部校共建与新闻人才培养模式改革［J］. 青年记者，2014（35）.

讲授课程，开设讲座，形成了新闻院系教师与业界编辑记者双向流动的局面，对于丰富和完善课程体系，更好地对接新闻业界人才需求起到了很好的效果。

第四，有利于加强高校马克思主义新闻观教育。共建之后，新闻院系更加注重马克思主义的新闻观教育，很多高校将其列入新闻院系学生的必修课程。

3.5 学术研究

3.5.1 华北地区新闻传播类高校实验室/资料室建设情况

据笔者搜集北京地区的数据显示，北京高校共有新闻传播专业实验室/资料室 22 个。其中北京大学的 3 个实验室/资料室共耗资 430 万元，清华大学最多，共有 7 个实验室/资料室。天津地区的数据显示，天津高校共有新闻传播专业实验室/资料室 11 个，均来自南开大学。山西地区的数据共有新闻传播专业实验室/资料室 6 个，其中晋中学院的实验室共耗资 100 万元。内蒙古地区能够统计到的高校建立实验室/资料室的数据是 32 个，其中内蒙古师范大学所建立的实验室耗资上千万。河北地区 20 所高校拥有专门的媒体实验室，仪器设备总值约 7000 万元。其中河北大学的文科实验中心、数字媒体传播虚拟仿真实验教学中心分别为国家级和省级实验教学示范中心。

调查发现，华北地区设有新闻传播学院的院校大多拥有与课程配套的实验室/资料室，尤其是广播电视、编辑出版、广告学、播音与主持这些需要相关设备和实验室支持教学的专业，很多学校都有相应的剪辑、设计、出版、演播室等，例如北京大学的平面设计实验室、非线编实验室、影视前期实验室。部分高校面临着实验室/资料室资金不足、设备老旧等问题，尤其是一些实力较差的高校。在一些没有设置独立新闻传播学院的院校，新闻传播学类没有或者少有专门的实验室，导致本专业学生需要和其他专业学生共用实验室/资料室。

3.5.2 华北地区 2013—2015 年新闻学与传播学国家社科基金青年项目与年度项目情况

根据国家社科基金网站相关内容，2013—2015 年度青年项目取得了较多的成果，如表 3-1、表 3-2、表 3-3 所示：

表 3-1　**华北地区 2013 年新闻学与传播学国家社科基金青年项目与年度项目**

华北地区 2013 年国家社科基金青年项目立项（新闻学与传播学）

所在地区	所在高校	项目名称	负责人
北京	北京邮电大学	移动社交网络的自我呈现与人际传播研究	黄　佩
北京	首都经济贸易大学	网游沉溺机制研究	冀付军
天津	南开大学	中国出版业数字化转型的媒介融合问题与对策研究	梁小建
天津	天津师范大学	社会化媒体信息扩散机制及舆论引导研究	荣　荣
天津	天津师范大学	网络空间内的公共表达与政治参与	孙卫华
河北	防灾科技学院	自然灾害事件中的信息传播研究	徐占品

华北地区 2013 年国家社科基金年度项目立项名单（一般项目 新闻学与传播学）

所在地区	所在高校	项目名称	负责人
北京	北京外国语大学	19 世纪在华外报与中国形象研究	谢庆立
北京	北京师范大学	数字时代传媒商业模式的创新研究	禹建强
北京	北京印刷学院	我国出版业文化遗产保护对策研究	彭俊玲
北京	北京工商大学	新媒体传播中个人信息安全的法律保护研究	路　鹃
北京	对外经济贸易大学	中国对外传播话语模式研究	刘立华
北京	中国传媒大学	中国在非洲国家形象与影响力研究	张艳秋
北京	中国政法大学	网络公关治理与网络公信力研究	刘徐州
河北	河北大学	新闻报道正能量传播研究	杨秀国
河北	河北大学	出版经纪人研究	杜恩龙
内蒙古	内蒙古科技大学	边疆民族地区网络舆情传播及其政府治理机制研究	刘建华

表 3-2　**华北地区 2014 年新闻学与传播学国家社科基金青年项目与年度项目**

华北地区 2014 年国家社科基金青年项目立项名单（青年项目 新闻学与传播学）

所在地区	所在高校	项目名称	负责人
北京	北京工商大学	对华文化战略下近代日本人在华北的办报活动与舆论宣传战研究	李杰琼
北京	中国传媒大学	中国对欧传播效果与策略研究	甘　露
北京	首都师范大学	网络谣言的形成原因与治理对策研究	陈国战

续表

华北地区 2014 年国家社科基金青年项目立项名单（青年项目 新闻学与传播学）			
北京	中央财经大学	微博“大 V”的圈子与互动效果研究	庞云黠
北京	中国青年政治学院	社交媒体对当代青年政治参与的影响与引导机制研究	卢家银
河北	河北经贸大学	移动互联网条件下的新闻传播新形态、特征、趋势及应对策略研究	景义新
华北地区 2014 年国家社科基金年度项目立项名单（重点项目 新闻学与传播学）			
所在地区	所在高校	项目名称	负责人
北京	清华大学	“新新媒介”环境下的报纸发展趋势及转型研究	王君超
北京	对外经济贸易大学	数字环境下我国图书出版业的商业模式重构研究	刘　军
北京	中国人民大学	基于大数据的视听传播效果研究	周　勇
北京	北京大学	广告产业中国模式的理论建构研究	陈　刚

表 3-3　**华北地区 2015 年新闻学与传播学国家社科基金青年项目与年度项目**

华北地区 2015 年国家社科基金青年项目立项名单（青年项目 新闻学与传播学）			
所在地区	所在高校	项目名称	负责人
北京	北京印刷学院	新媒体背景下数据新闻的生产与传播策略研究	肖　倩
北京	中国传媒大学	中国共产党反腐败传播历史研究（1921—2020）	姬德强
北京	中国人民大学	大数据时代网络舆情与网络社会治理研究	李　彪
北京	北京市农林科学院	新型城镇化进程中农村地区信息传播能力提升策略研究	冯　献
北京	中国人民大学	中国崛起背景下美国主流媒体对中国国家形象的建构机制研究	常　江
华北地区 2015 年国家社科基金年度项目立项名单（重点项目 新闻学与传播学）			
所在地区	所在高校	项目名称	负责人
北京	中国人民大学	习近平总书记的大国传播与公共外交思想研究	钟　新
北京	中国传媒大学	中国国际传播学术话语体系建构研究	李　智

3.6 社会服务

3.6.1 社会服务内涵界定

社会服务是高校一项重要的社会职能，其含义有广义与狭义之分。广义的高校社会服务是指“高等学校从国家设学目的、目标出发，根据自身所具备的功能、能力和资源，在办学实践中主动满足社会对高等教育的各种需求的过程”①。狭义的高校社会服务是指“高校在保证正常的人才培养和科学研究活动前提下，依托高校的教学、科研、人才和知识等资源优势，面向社会开展直接的服务性的促进经济和社会发展的活动，其具有社会指向性、直接现实性、学术性、发展性、服务的有限性等基本特征”②。可见，社会服务有直接和间接之分，广义的社会服务更侧重于间接的人才培养、科学研究，而狭义的社会服务则是直接为社会服务。本节的社会服务内容是指狭义的社会服务。

3.6.2 华北地区新闻传播类高校社会服务情况

高校作为一种重要的社会机构，社会的发展和变迁会制约高校的发展，影响高校的改革，也会直接影响到对高校的人才需求，而高校除了为社会培养人才之外还需要承担相应的社会责任。高校拥有充足的人才资源，高校的教师大多是社会上高学历的人群，他们在学术方面有着较高的造诣，而大量优秀的学生也使得高校成为人才的聚集地。科学的文化知识是社会实践的先导，高校可以为社会发展提供知识上的支持，积极主动地与有关政府部门、企业合作、共同科研，为他们出谋划策，进行培训讲课，或者直接为区域的发展提供相应的产品、发展基地等，实现科研成果的转化。尤其是地方性的高校，可以结合当地的特色，因地制宜地提供相应的社会服务，服务当地经济、社会、文化等的发展。

华北地区的新闻传播类高校的社会服务形式丰富多样，根据专业的不同和当地资源等的特色也有所区别，但是主要集中在对社会、对业界人员的培训，举办社会活动，与有关政府部门、企业合作等。新闻传播类学科的发展离不开社会服务这项重要的任务：通过对一些传媒、政府机关等单位的人员的培训，不仅有助于提高业界人士的专业技

① 徐同文. 区域大学的使命［M］. 北京：教育科学出版社，2004：13.
② 眭依凡，汤谦凡. 我国高校社会服务30年发展实践研究［J］. 中国高教研究，2008（11）.

能，还有助于高校借此机会了解业界的需求，从而可以有针对性地在教学中进行新的内容的摄入和改革；通过为当地经济、文化发展出谋献策，助推当地经济、文化等的发展，尤其是在文化创意产业等方面，新闻传播类可以说是极其“对口”，不仅为学生和老师提供了实践平台，让他们将所学知识真正运用到社会中去，还可以为当地的文化产业注入新的活力；通过举办一些活动，展示高校的风采，还可以引领社会风气，甚至塑造一种文化。

综合类的高校因其师资力量、社会知名度等优势，在培训这一方面做得比较成熟，尤其是北京地区的高校。北京地区名校云集，传媒企业众多，很多高校有长期固定的培训项目或者培训班等。中国传媒大学的培训学院依托中国传媒大学校内外优秀的师资队伍、雄厚的科研实力、广泛的国际影响力和合作关系，培训学院为社会提供传媒领域综合培训、政府企业领导干部媒介素养培训、文化创意产业培训、国际教育培训、青少年媒介素养培训、自考助学培训等多层次高质量的教育培训项目。培训领域覆盖传媒、广告、文化、艺术、管理等学科，较好地满足了各行业、各领域骨干人才知识更新、岗位适应、能力提升及情操陶冶的学习需求，相关培训处于业界领先水平。再比如北京大学开办公共传播“和平实践效果评估机制”培训班，中国人民大学为华商晨报社举办培训讲座。

在与企业合作、助力当地文化产业发展方面，以河北大学为例进行研究。河北大学地处历史文化名城保定，新闻传播学院的师生在业余时间结合保定的历史文化特色，挖掘其中的经济和文化价值。河北大学新闻学院接受业界委托，研究狼牙山风景区旅游形象传播策略，通过对历史文化村寨进行调研、勘探，整理地方文献典籍，充分发掘其历史文化底蕴，主张积极塑造“风光之美、英雄主义、乡村情调”新旅游形象，改变其“红色旅游”的刻板印象。河北大学新闻学院还曾接受某传媒公司委托，制定某酒品牌2013年市场营销战略方案。此外，还参与了多个文化创意产业项目的策划、创意、设计。

3.7　师资队伍

3.7.1　华北地区新闻传播类高校师资队伍情况

华北地区新闻传播类专业教师共有1600多名，其中助教只有很少一部分，以讲师和副教授为主，实力较强的新闻院校拥有较多的教授，普通的高校或者专业类的高校教授较少。依据各院系网页介绍资料，笔者初步统计各地区新闻传播专业高校教师的构成情况如下：

北京地区 27 所设有新闻传播专业类的高校目前拥有专业教师 540 名，其中，教授共有 146 位，占 27.04%；副教授共有 163 位，占 30.19%；讲师共 163 位，占 30.19%。教师队伍中研究生学历占大部分。在教师队伍中，有不少来自新闻行业，具有丰富的从业经验，能够更好地带领学生，在专业知识上有更为实际的经验传授。

天津地区 4 所高校目前拥有新闻传播类专业教师 96 名，其中，教授共有 16 位，占 16.67%；副教授共有 15 位，占 15.6%；讲师共 15 位，占 28.12%；助教共 57 位，占 15.63%。教师队伍中研究生学历占大部分。

据不完全统计，内蒙古 8 所高校中拥有新闻与传播教师共 211 位。其中副教授占比较大，拥有博士学位的共有 60 人。各高校经常开展一些知识讲座，并且聘用有丰富社会实践经验的教师前来授课。

山西省 10 所开设新闻传播类专业的高校目前拥有新闻传播类专业教师 349 名，其中，教授共有 41 位，占 11.7%；副教授共有 85 位，占 24.4%；讲师共 140 位，占 40.1%；助教共 57 位，占 16.3%。教师队伍中研究生学历占大部分，拥有博士学历的有 57 位，两位教师拥有海外留学经历。

河北地区高校新闻与传播专业目前拥有教师 422 名，其中教授（研究员）63 人，占比 14.9%；副教授（副研究员）108 人，占比 25.6%；讲师及助教 251 人，占比 59.5%。在所有教授、副教授、讲师及助教中，共有博士生导师 6 人，占比约 1.4%；硕士生导师 76 人，占比约 18.0%。就学历结构而言，拥有博士学位的专业教师共 37 人，占所有教师人数的 8.7%。曾在境外留学过的共 6 人，占比约 1.4%。参与境外访学的学者共 16 人，占比约 3.7%。有境内媒体从业经历的教师共 56 人，占比 13.3%。值得一提的是，拥有媒体从业经历的教师在所有教师中占比接近两成。20 所高校中，河北大学、河北经贸大学、河北师范大学、河北传媒学院的专业教师队伍建设较为完备，专业教师人数在 40 人以上。

良好的师资是新闻教育长远发展的根本，新闻教育作为与业界实践紧密联系的学科，受传媒技术发展、业界的实践以及相关法律政策的影响较大，因此需要一支结构合理、专业理论水平高、实践经验丰富的高水平教师队伍。在华北地区，一些高校组建了较为成熟的新闻师资队伍，正是在教师团队的带领下，新闻教育不断开拓创新，学科带头人发挥着领头羊的作用，在新闻传播的各个领域做出了大量的成果和结合当地资源的特色内容。但是新闻传播发展日新月异，高新技术不断刷新我们对于新闻业的认知，传统媒体的转型困境和新媒体的蓬勃发展带给学界越来越多的思考，业界对于新闻传播类人才的需求也日益多样化。相较于传统更注重采、写、编、评的模式，现今的传媒业更需要能够全媒体操作、拥有互联网思维、擅长媒介经营管理以及拥有一些技术的人才。因此从业界的反馈来看，华北地区新闻教育的师资队伍的建设还存在很多问题。

3.7.2 华北地区新闻传播类高校师资队伍存在的问题

1. 整体师资力量较为薄弱

随着高校的扩招，新闻传播类专业成为较为热门的专业，无论是本科生还是硕士生的数量都大幅增长，而老师的整体数量较少。北京大学新闻与传播学院的本科生 421 人、硕士生 195 人、博士生 89 人，而教师总人数只有 26 人，生师比达到了 27.12：1。中国青年政治学院新闻传播类本科生加硕士生一共 700 人，教师 27 人，生师比达到 25.93：1。天津师范大学新闻传播类本科生 2010 人，硕士生 90 人，教师总人数 70 人，生师比达到 30：1。以上几所高校都是华北地区新闻传播类教育发展较好的学校，但是生师比的比例还比较高，而且这是计算了全部的教师。当一些老师出去访学或者因其他事情不能授课时，实际能授课的老师更少。在山西、内蒙古地区的新闻传播类的教师资源相对于京津冀更加缺乏，山西大学新闻传播类只有 8 位教师，山西师范大学只有 6 位教师。生师比居高不下，也就意味着每个老师要带更多的学生，教授更多的课程，而且老师不仅要承担教学的任务，还有科研任务、自身的学习以及相关的社会服务等，甚至有的学校的老师还要承担辅导员的任务。这样繁重的负担使得老师疲于奔命，教学质量和自身的学习深造以及科研常常难以保证，或者只能顾及一项，教师的缺乏对于学生的发展形成很大的制约，教师不能更好地考虑到每一位学生，也不能有充足的时间来指导学生等。来自一些理工类院校的新闻传播类专业的师资力量就更为薄弱，学校重视程度不够，教师人数相对较少，职称也普遍不高。例华北电力大学广告学专业只有 7 位老师，北方工业大学广告学只有 8 位老师，河北科技大学新闻学只有 12 位老师。

2. 华北地区师资队伍的机构不合理

一方面，在华北地区独立开设新闻学院的高校占比较低，大多数的新闻传播类的专业开设在文学院、文法学院或其他人文社会科学院系等，因此，教授新闻传播类专业的老师多是有着文学类背景的教师，而不是真正的新闻传播类的专业教师。俗话说，“术业有专攻”，媒介素养的培养也不是一朝一夕，而是多年专业学习的积累。就华北地区的新闻传播教育而言，有着文学类背景的教师占了很大一部分，这些文学类的教师可以在通识教育（如文学课、语言课）中发挥他们的作用，但是涉及新闻实务、新媒体技术等方面就相对差很多。另一方面，随着高校的扩招，大学的竞争也越来越激烈，对老师学历的要求和门槛越来越高，大多数的学校要求具有博士学历，甚至还要求有出国经验，或者要求是“211”“985”工程院校毕业等。但是，这些条件只能招聘到高学历的教师，高学历并不意味着教学能力的突出，也不意味着媒体实践经验的丰富，恰恰相反，学术型的人才在这些方面往往相对欠缺。

3. 有媒体一线工作经验、境外学习工作经验的教师偏少，无法满足教学要求

当今互联网时代，在新媒体迅速发展，技术的作用在传媒发展中作用越来越大，很多新闻传播学类的教师还停留在传统媒体的经验中，知识没有及时更新，对媒体技术的掌握远远不够，难以跟上媒体发展变化的速度。在数字出版、媒介融合、数据新闻、大数据技术、虚拟现实技术等领域具有相关经验的老师少之又少。一些普通高等院校在这方面存在更大的问题，普通高等院校更侧重学生实践的培养。例如，新闻采编制作是很多学院的主要专业，但是教师的实践仍停留在传统媒体时代的经验，而且缺乏对综合素养的培养，而这些学校由于实力、资金等缺乏，也没有为教师构建再学习培养的平台和进入媒体锻炼的平台，这些学院新闻传播教育的发展更为艰难。

3.8　国　际　化

《国家中长期教育改革和发展规划纲要（2010—2020 年）》提出，中国教育要加强国际交流与合作，开展多层次、宽领域的教育交流与合作，提高我国教育国际化水平；培养大批具有国际视野、通晓国际规则、能够参与国际事务与国际竞争的国际化人才，等等。

新闻传播教育的发展直接影响到传媒的发展，而传媒的发展与一国在世界上的影响力、话语权以及形象的塑造都有着密切的关系。在全球化的进程中，软实力的较量成为主要形式，而一国的文化、政治、经济等都要通过新闻报道等形式对外传播。随着中国经济实力的增强，世界越来越关注中国，但是中国的媒体在国际传播体系中的地位和经济实力还不匹配。因此，国家也越来越注重国际传播和全球传播，尤其强调要讲好中国故事。随着中国的发展与世界接轨，新闻传播教育也应该向世界一流高校看齐。传播学诞生于美国，受欧洲源流的影响，我们更应该积极向国外学习。

华北地区的高校都不同程度上制定了与国际化相关的规划和措施，大多包括：在培养方案上，要求学生做到有国际视野，英语水平达到一定程度；在课程设置上，开设国际传播、跨文化传播或者双语课程；在实际交往中积极开展国际交流与合作。其中，国际交流与合作的形式有：引进国外学者和国外媒体人才进行授课、科研工作，开办讲座等；与国外大学合作办学；举办寒暑期夏令营等；参与国际交流项目；参加国际学术会议；吸纳留学生和派遣学生到不同国家新闻传播等学院学习；派遣学生到境外实习等。很多高校都有“2+2”“1+3”或者“1.5+1.5”等交换项目，也与很多国外的高校建立了友好关系。

在一些以外语为特色的外国语大学，国际化更加突出。北京外国语大学国际新闻与传播学院英语课程与英语专业基本一致，要求学生毕业时通过英语专业八级考试，并用英语撰写毕业论文。除中国新闻史、中文新闻采访与写作等少数课程外，其余专业课均使用英语讲授。学院聘请的教师多为在国外媒体有从业经验的教授。学院与英国卡博尔顿大学合作建立“北京外国语大学、博尔顿大学全媒体国际新闻硕士”项目，该项目毕业生可获得博尔顿大学硕士学位；与英国莱卡斯特大学、爱尔兰国立大学梅努斯分校有本科层次的合作项目；与英国兰卡斯特大学有“1+3”的本科合作项目，该项目毕业生可获得兰卡斯特学士学位；与新西兰奥克兰大学有硕士研究生的“1+1”合作项目，该项目毕业生可获得奥克兰大学硕士学位；有与奥地利维也纳大学和萨尔茨堡大学合作的传媒研究生交换项目；同时，还有与美国加州大学伯克利分校和长岛大学以及英国剑桥大学的寒暑期夏令营项目。

北京第二外国语学院国际传播学院在2016年就有丹麦哥本哈根大学本科交换项目、爱尔兰唐道克理工学院留学项目、英国斯旺西大学“3+1”本硕连读项目、英国东英吉利大学“2+2”双学位项目、美国北亚利桑那大学“2+2”双学位项目。

天津外国语大学国际传媒学院2016年参加“第四届中国电影国际年会”，还有与凤凰卫视美洲台合作的海外实习项目、与纽约电影学院合作的“3+2”留学项目、与美国阿尔玛文理学院合作的“2+2”和“3+1”留学项目、广告学专业中日“2+2”留学项目、与美国ALMA文理学院“2+2”合作项目。

除了这些以语言类为特色的高校，在华北地区，北京地区的国际化程度均高于其他地区。尤其是北京大学、中国人民大学、中国传媒大学、清华大学等传统实力较强的综合类大学，在国际化程度上比较突出。由中宣部、教育部及国家留学基金委员会支持开展的“国际新闻传播硕士海外实习项目”，就只面向中国人民大学、清华大学和中国传媒大学国际新闻传播专业的硕士研究生，通过“单位推荐、专家评审、择优录取”的选拔办法，最终通过面试的获选者将前往人民日报社、新华社、中国日报社、中国国际广播电台、中央电视台、中新社六家中央级媒体的驻外分支机构实习3~6个月。北京地区有着地理位置、经济发展水平以及政治文化水平的绝对优势，因此邀请一些名人办讲座或者进行交流相对容易。再加上北京地区的很多高校在世界上排名较靠前，在国际上有一定的知名度，拥有较多的国外学者或者有留学背景的教师，因此举办国际会议和国外高校合作交流较其他地区多。比如 2016 年北京大学新闻与传播学院有韩国成均馆大学法学院池成雨教授的讲座、彭博新闻社主编裴忻交流会、韩国言论仲裁委员会主席朴容相的演讲等。再如仅 2016 年中国人民大学新闻学院在国际交流方面就有：英国每日电讯报集团常务副总编与国际新闻硕士班座谈；美国次国务卿斯坦格尔率团访问中国人民大学新闻学院并座谈；“国际传播学协会 2016 年会 · 北京后续会议”在中国人民大学新闻学院举行；中国人民大学新闻学院举办“与非洲记者面对面”沙龙；中国人民大学新闻学院第三期“巴基斯坦青年记者访学项目”欢迎仪式举行；尼泊尔布班查尔大学谢伯德学院代表团访问新闻学院；中国人文社会科学论坛暨“中俄新闻教育高校联盟”成立大会在中国人民大学举办，等等。

通过调查发现，北京地区高校新闻传播学类的学生毕业出国留学或者出国交换的机会和项目也比较多，在山西和内蒙古两个省份的新闻传播学院的对外交换、国际合作与交流几乎没有，更不要说到境外实习了。河北省只有河北大学新闻传播学院拥有留学生和一些交换、交流项目。河北大学自 2012 年以来，已录取来自亚洲、拉丁美洲、非洲的本、硕、博的学生 23 人。河北大学与美国密苏里大学新闻学院联合办学，美国泽维尔大学、石溪大学、太平洋大学、新西兰奥克兰大学、英国兰开夏大学等学校的学者先后到河北大学访问与交流，河北大学也派遣老师到马来西亚、美国等地的高校进行深造、访学等。

（商建辉）

中篇　平台与人物

第 4 章　新闻院系巡礼

4.1　中国大陆新闻传播院系

4.1.1　中国传媒大学广告学院

1. 历史沿革

中国传媒大学广告学院成立于 2002 年 9 月，前身为原北京广播学院（现中国传媒大学）新闻传播学院广告系。1988 年 11 月，原国家教委批准北京广播学院开办广告学专业，北京广播学院成为中国内地第二所开办广告学专业的高校，专业设在当时的新闻系。1989 年首届广告学专业本科生入学，1993 年招收第一届广告学硕士研究生，此后于 2000 年在全国第一个设立了广告学专业博士学位，招收了第一届广告学方向博士研究生。至此成为国内创建广告学硕士、博士培养体系最早、学科建设最完整的高等院校。中国传媒大学广告学院一直坚守人文教育与通识教育的本质，遵循广告事业发展的趋势，参考先进国家广告教育经验，开创了符合中国国情的广告教学体系，理论与实务并重，教学与实践共存。经过近 30 年的长足发展，学院经过不断完善，坚持以教学科研为中心，将人才培养与科学研究相结合，已形成自身独特的教育教学体系，成为广告学、传播学乃至广告行业、传媒行业的领军教学单位。

2. 主要领导

丁俊杰，中国传媒大学广告学院院长，教授、博士生导师。1987 年毕业于原北京广播学院新闻系，获法学学士学位；2003 年毕业于原北京广播学院国际传播学院，获文学博士学位。1987 年 7 月毕业后留校工作至今。现在校内兼任亚洲传媒研究中心主任、首都传媒经济研究基地主任、党报党刊研究中心主任、口述历史研究中心主任。同时出任中国新闻史学会副会长、中国新闻奖评委、中国商务广告协会副会长、中国广告协会第三、四届学术委员会主任、中国广告博物馆秘书长等。2005 年入选教育部新世纪优秀人才支持计划。

3. 办学理念

广告学院立足广告学科作为应用型学科的现实，一直坚持把专业设计是否与产业实践紧密相连、学科位置是否置身产业发展前沿、科学研究是否回应产业的理论需求这三个问题作为衡量办学效果的标准，并贯穿到整个办学过程中。学院坚持“创造性能力的培养是教育教学的核心”的人才培养思路，努力使学院成为学生得到无限延伸的学习空间，使学院成为培养能推动市场经济发展的实践型人才的园地，培养具有国际视野和世界水准的顶尖人才的摇篮。在理论与实务并重的原则指导下，广告学院建立了广告与设计史论、品牌与营销、广告与公关实务、新媒体与广告传播、艺术设计等课程群，还设立了以科研为基础、实践教学应用为目的，依托这些条块课程群的研究所（基地）。

针对广告学强实用性的特点，广告学院坚持应用导向，重视能力培养来落实教学质量。力争将广告学院建设成为创造性人才产出的空间，能产出创新性思想的基地，造就对相关领域有贡献能力和创新能力的专业人才，同时广告学院要具有培养人才贡献能力和创新能力的基础和实力。广告学院对于在校学生提供系统全面的知识和理论，全面培养学生自主学习的能力，系统培养学生分析思考的能力，专门培养学生以媒介为重心的实践能力，着重培养学生遇到问题时解决问题的能力。为此，广告学院以市场营销、社会心理学、传播学、艺术设计等学科为基础，以媒介发展、消费信息研究领头，为媒介、企业、广告行业、政府有关管理部门培养专业人才，服务经济发展，贡献于国家和社会，力求使学生在服务媒介经营上，始终保持领先地位，同时力争使全体师生的创新成果，也能领先于广告业界实践第一线。

4. 办学规模

目前，广告学院在校本科生 662 人，在校硕士、博士研究生 230 人，其中博士生 59 人，学术硕士 125 人，专业硕士 41 人，MFA5 人。

截至 2016 年 12 月，广告学院在读本科港澳台学生 104 人，占本科总人数的 15.7%；留学生 68 人，占本科总人数的 10.3%；少数民族学生 90 人，占本科总人数的 13.6%。近几年攻读专业学位的留学生持续增长。2016 年与校内国际传媒教育学院紧密合作，在硕士层面招生培养稳步推进的基础上，与纽约理工学院联合开办广告学、视觉传达设计两个本科专业。

广告学院已经形成了一支精干的师资队伍，学院现有教职员工 55 人，其中专职教师 41 人，其中教授 16 人，博士生导师 8 人；专职科研人员 4 人；教学科研人员中具有博士学位的 29 人。其他行政办公人员 5 人。另外，目前聘有 20 余名学界和业界精英为客座教授。

在稳定师资队伍、提高师资专业教学水平的基础上，广开门路，引进国内外高规格师资力量。尤其是通过大量引进海外优秀人才，使海外优秀人才与校内现有人才融合，形成极具创新能力的师资团队。其中包括聘请国内外知名学者担任研究所、研究基地的首席专家。目前已有来自日本一桥大学以及我国香港大学、台湾铭传大学等知名国（境）内外大学的学者和客座教授来学院进行科研和教学工作。

广告学院自主支配的教学设施（教室除外）面积，从初期的仅 20 平米的一间办公室，发展到今天拥有 5000 多平米的教学科研办公空间。随着学院搬入 3000 平米的独立办公楼新址，以及 2000 多平米的中国广告博物馆德尔落成，在这两个基础设施的支持下，广告学院核心资源得到了很大的提升。

广告博物馆不仅是史论教学的平台，它更是一个数据库、作品库展示的平台。在中国广告博物馆中，有 10 万条广告，400 平米的展厅，有一个环形云雾的展示平台和回廊，两个演播馆，一个是 90 平米的演播馆，200 平米的演播馆，里面的设备已经初步完成电视台的设备构建。

学院的数字实验室的资源得以更充分地发挥。一楼的苹果机房，里面有 40 台设备；二楼戴尔机房有 80 台的设备，可以完成艺术设计创作和多媒体设计。三楼有两个重要的多功能中心，一个是国家广告研究院，还有首都传媒经济研究基地。位于四楼的是 CTR 数据库、音频工作站等多媒体制作工作室。学院的愿景是形成三楼学术实验室，四楼表现实验室，外加一个多媒体、一个数据库、一个博物馆，这将是未来广告学院的整体配置。

5. 机构设置

学院现下设 4 个系：广告学系、公共关系学系、设计系、新媒体与传播系。行政办公机构下设学院行政办公室、教学办公室和党委办公室。学院拥有 1 个国家级研究基地——国家广告研究院，1 个省部级研究基地——首都传媒经济研究基地，其他主要的科研与教学实践机构还包括：全国公益广告创新研究基地、北京市级广告实践教学示范中心、以中国广告博物馆为平台的广告史论基地、IMI 消费市场研究所、IAI 国际广告研究所、广告主研究所、媒介研究所、国际大学生创意培养实验区、中国传媒大学手机电视台、BBI 商务品牌战略研究所、危机公关管理研究所等。科研平台的建立和稳定，使学院站在了专业前沿，成为以创新引领教学和科研的专业知识创新重镇。

6. 专业设置

广告学院现有1个博士后科研流动站（新闻传播学），1个博士专业（广告学），2个硕士专业（广告学和设计艺术学），两个专业硕士专业（艺术硕士和新闻传播硕士），4个本科专业（广告学、新媒体与信息网络、公共关系和视觉传达设计）。

7. 专业特色

广告学院在20余年的专业发展历程中，不断拓展学科领域，取得了丰硕的研究和教学成果，打造了独树一帜的专业特色。学院坚持“创造性能力的培养是教育教学的核心”的人才培养思路，打造使学生的基础可能性得到无限延伸的学习空间，培养能推动市场经济发展的实践型人才的园地，使学院成为具有国际视野和世界水准的顶尖人才的摇篮。

截至目前，广告学院已经涵盖了本科、硕士以及博士三个人才培养层次。经过了近30年的发展过程，广告学院在为北京乃至全国输送大批广告专业人才的同时，也积累了丰富的办学经验，建立了一支高水平的教师队伍，具备了良好的教学科研的软硬件条件。迄今为止，广告学专业是北京市级乃至国家级特色专业。“广告学概论”课是国家级精品课程，同时也是“国家级精品资源共享课”。学院现有北京市级精品课程3门，分别是“广告学概论”“广告策划”和“广告设计”；出版杂志1种，其他调查统计年鉴和报告4种。

（1）课程建设。在专业课程体系建设上，广告学院以大学基础课为基础造就社会人才，以核心课程为躯干培育专门人才，以研讨课、实战大赛为灵魂造就具有创新能力的高级人才。目前已经建设了比较成熟的学院层面的基础课程群、专业理论课程群、核心课程群（广告学、新媒体与信息网络、公共关系、视觉传达设计）、研究讨论课程群（包括综合研究、战略研究、媒体研究等）。在这些核心课程群的引领下，形成学院各个专业教学的整体课程体系。

（2）教材建设。教材建设一直是广告学院建设的重要方面。教材建设的中心任务就是教师能够把服务社会的原创成果，及时转化为教学内容，呈现于教材之中。截至2013年末，广告学院入选《北京市高等教育精品教材目录》的教材已达6本。截至2015年末，广告学院在学校立项的“十二五”规划25本教材，已完成出版5本，完稿2本，其余教材编写正在有序进行。

（3）实践教学体系的构建。广告学院长期以来坚持理论和实践相结合、传授知识与培养能力相结合的实践教学的中心思想。这也是坚持“以学生为本，知识传授、能力培养、素质提高协调发展”教学思想的具体体现。在执行上，依托于广告媒体理论、统计及数据分析基础、多元统计及数据分析、广告媒介经营、影视广告制作等课程为基础建立起来的 10 个实验研究部门来实施。

8. 改革举措

随着我国广告市场的实际发展变化，结合我国高等教育中广告人才培养目标逐渐趋同的现实，为适应新媒体环境下的传播与营销的变化和需求，广告学院秉承可持续发展的观念，发扬团队协作的优势，进一步提高教学质量和科研水平，在加强实务教学的同时，深化品牌营销和新媒体传播的专业发展方向，力争建设有中国特色的广告教育。在与国际接轨的同时，根据国内对人才的需求，开展多种形式的广告教育和人才培养方式的改革，突出自身特色，实现人才培养和教学模式向国际化与高素质转型。

（1）人才培养目标的调整。知识传授和能力培养，是大学中实践性较强专业教育的根本使命。广告学院注重素质教育，把培养学生的能力放在首位，变培养知识型学生为培养能力型学生。以培养精英型专业人才为目标，把学生培养成为基础厚实、知识广博的优秀专业人才。在依循本学科的学理框架基础上，以社会需求为导向，以用人单位反馈作为检验教学成效和人才培养的核心标准。

（2）坚持实践导向，重视能力培养，改革课程体系。结合新技术的发展，以及企业与广告公司对广告人才的需求特点，着重在消费市场研究和传播创新能力人才培养上集中师资，结构课程。在“厚基础、强实践、重能力、求创新”指导思想指导下转变课程理念，将教学的重心从“教”向“学”转移，力争把课程向教学生学、使学生会的方向转变。为此，改革课程体系计划，各专业建立并完善基础课程、专业课程、外联课程和实践课程四大模块组成的课程体系，增强课程的系统性、层次性和先进性。强化传播学、营销学、社会学、设计艺术学等几大学科基础教学，加强专业内的综合和学科间的交叉，形成学科面较宽、综合性较强的专业课程新架构。

（3）改革教学管理机制。广告学院在 2015 年建立了学术委员会、教授委员会，发挥学术委员会、教授委员会在学科建设、教师聘任、教学指导、科学研究、学术道德等方面的作用，在教学改革和人才培养模式创新、青年教师课堂教学技能提升、提高课堂教学质量等方面发挥作用。

（4）师资队伍建设。根据事业发展需要，广告学院稳步扩大专业教师队伍，改变目前“小马拉大车”的格局。将教师置于教学、科研、实践的多重位置上，实现教学相长、教师与学生共同成长的目标，提高教师的实践性意识，为年轻教师的深造创造条件。鼓励教师多在核心期刊发表论文，积极参加国际、国内高规格学术研讨会，提高学院教师在学术界的影响力，督促每一位教师完成相应的科研任务量，加大研究成果学术化的力度，争取产生有重大社会影响的标志性成果。

（5）加强国际交流与合作。变自发性、散点式的国际交流活动为自觉性、目标式的国际交流活动，做好国际交流的规划，尽最大可能通过国际交流提升学院的国际化水平，并较好地服务于教学和科研。借助学校传媒高等教育国际联盟、国际传媒教育学院等平台，继续保持和亚太地区学界、业界各机构业已存在的良好合作关系，重点拓展同欧美地区学界、业界的交流与合作，与优势明显的境外高校对口学院建立起稳定的伙伴关系。

9. 学科建设

广告学院至今为止，横跨 3 个一级学科和一个综合新兴学科，拥有 4 个专业。分别是：广告学、公共关系学、网络与新媒体和视觉传达设计。四个专业通过跨学科的协同关系，形成互为学理基础、互为能力特质、互为技术能力的学科体系来培养有更加广阔市场的有用人才。多年来在新技术与传媒、媒介经营研究、广告史研究、广告主研究、品牌研究、舆情研究、国家形象、国家公关广告活动研究、消费研究、创意表现研究等领域取得了全国领先的研究成果，确保了学院的领先地位与发展后劲。

在国家广告研究院、中国广告博物馆、全国公益广告创新研究基地、首都传媒经济研究基地等平台上，政产学研用结合，带动全面学科建设工作。广告学院现在已经形成了消费者、市场调研研究群，广告史论研究群，广告主、企业研究群，公关舆情、国家形象研究群，媒介、新媒体研究群，设计创意研究群，公益广告、公益传播研究群 7 个主要研究群以及国家广告研究院、中国国家广告博物馆两个重要的学科研究平台。

自 2010 年起，丁俊杰教授作为第一首席专家负责教育部重点项目“马克思理论研究和建设工程”——《广告学概论》专项教材建设。项目组共计 12 名成员，其中有 4 人为我校教师。该项目落户广告学院，标志着广告学学科地位在我国高等教育体系的进一步确立，也标志着中国传媒大学广告学专业教材建设在国内领先地位的进一步确立。

2015 年，国家广告研究院启动“广告产业发展‘十三五’规划”和“互联网对广告业态环境的改变及其广告监管路径研究”两大课题研究工作。内容银行是在媒体融合背景下，基于海量内容所建立起来的开放式的内容交易和管理的系统平台，国家内容银行实验室项目继续在广告学院顺利推进。

广告史论研究群则密切关注中国广告在历史的发展中积淀下来的许多珍贵文物史料，对这些文物史料进行收藏与保护，以留存中国广告发展的历史。在史料的整理与编辑方面，团队现已完成 5 万条广告作品的数字化处理和 4 万条作品的采编入库的数字广告博物馆的资源采编工作。中国传媒大学荷兰孔子学院与中国广告博物馆推出联合主题展览“中国广告——当代中国消费生活和社会文化的镜像与流变”，在荷兰海牙成功展出（见图 4-1）。

广告主、企业研究群出版了历年《广告主蓝皮书：中国广告主营销传播趋势报告》。该蓝皮书围绕广告主营销广告活动，分别从基本营销策略、媒体选择策略、线下活动策略，以及与广告公司合作策略等多个角度来透视和把握广告主的营销广告活动趋势。

中国传媒大学广告学院正日渐发挥国内首屈一指的广告教育高等学府的影响力，向国际有影响的广告高等教育机构迈进。

图 4-1　中国传媒大学广告学院、中国广告博物馆联合中国商务广告协会
筹拍《中国广告四十年》纪录片启动仪式

（刘英华　李伊桐　刘捷）

4.1.2　河北大学新闻传播学院

1. 历史沿革

河北大学新闻专业创建于1981年，是改革开放后兴办的全国首批9家新闻学专业之一。1995年新闻系建立，1998年、2000年分别获得新闻学、传播学二级学科硕士学位授予权。2000年成立新闻传播学院，已建立发展成为拥有新闻学、广播电视学、广告学、编辑出版学、播音主持五个专业。含有新闻系、广播电视系、编辑出版系、广告系、文化教研室5个教学机构。2006年获得新闻传播学一级学科硕士学位授予权，均为河北首家。2007年新闻学专业被评为教育部首批国家级特色专业，成为全国800余个新闻传播类专业教学点中仅有的20个具有此项称号的专业之一。2010年获得新闻与传播、出版专业硕士授予权，在全国仅有北京大学等12所高校两个专业同时获批。2011年与北大、厦大、浙大等7所重点大学一道获得新闻传播学一级学科博士学位授予权，目前全国仅有15家高校拥有此授予权，除河北大学外均为全国重点。2013年新闻学专业被评为河北省重点学科。目前，有本科生1500余人，硕士研究生330余人，博士研究生15人，留学生2人。

2. 主要领导人

中文系新闻教研室阶段：新闻教研室主任谢国捷（1981.9—1982.12）；新闻教研室主任吴庚振（1982.12—1995.6）。

新闻系阶段：新闻传播系主任吴庚振（1995.6—2000.10）；新闻传播系副主任李广增（1995.6—2000.9）；新闻传播系副主任胡连利（1996.4—2000.7）。

新闻传播学院阶段：院长白贵（2000.10—2015.10）、副院长张威（2000.10—2006.11）、副院长杜友君（2002.6—2013.06）、副院长韩立新（2006.12—2015.10）、院长韩立新（2015.10—至今在任）、副院长杜浩（2013.07—至今在任）、副院长彭焕萍（2013.07—至今在任）。

3. 办学理念

立足实践前沿，着眼学术高端，构建跨界、跨域、跨代的学科知识体系，培养有责任感的，有世界眼光的新闻传播人才。目标是打造有高度、有深度、开放性的学术平台，成为在新闻传播学术界一个或数个领域拥有发言权的学术机构，同时又能脚踏实地为河北为区域经济社会发展提供强有力的智力支持的智囊机构。

4. 研究机构

（1）河北省新闻教育学会；（2）文化创意产业研究中心；（3）传媒与社会发展研究基地；（4）新闻研究所；（5）编辑出版研究所；（6）传媒实验中心；（7）河北省新闻传播教育学会；（8）河北大学读书促进会；（9）海峡两岸华文出版论坛秘书处；（10）广播电视研究所；（11）伊斯兰国家社会发展研究中心。

5. 专业特色

（1）依托综合性大学学科齐全的优势，注重全面素质教育。新闻单位对新闻传播毕业生普遍担心的是没有后劲，为了从根本上解决这一问题，河北大学新闻传播学院面向 21 世纪，依托综合性大学学科齐全的优势，按照全面素质教育的思路调整课程体系，不仅加大了哲学、中文、经济、历史、法律等学科的课程，而且还增设了高等数学与统计分析等理科课程。同时制订了综合素质指标测评体系，将德、智、体三方面的指标量化。此体系实施 20 余年来，效果明显，毕业生后劲十足，普遍获得用人单位的好评。

（2）走与新闻单位联合办学之路，较好地解决了理论联系实际、学生实习基地和实习经费不足的问题。新闻传播学属应用学科，要办好必须走出高墙深院。早在 1985 年，新闻专业就与河北日报社领导在联合办学问题上达成了共识，双方于 1990 年正式签订了联合办学协议。这一做法在全国高校中是施行得较早的，受到国家教委有关同志的肯定和一些著名新闻学家的好评，被认为具有首创意义。1992 年建立广播电视专业之后，又与省广播电视厅正式签订了联合办学协议。这样，就形成了理论基础课主要由学校的教师来上，实践课主要由新闻单位的记者编辑来上的局面。学校与新闻单位联成一体，交流学术、交流经验成为经常性活动。联合办学又为学生实习提供了稳定的基地，使得历届学生实习都取得突出成绩。其他专业建立后，这一优良传统得以延续。

（3）新闻传播学院一直以“立足国内，放眼全球”为发展战略，国际化一直是本院不断探索的方向。在国际化方面，自 2011 年以来，新闻传播学院在国际化的道路上越走越远。

①举办国际学术会议。2011 年 8 月 27 至 28 日，传媒与社会发展研究基地承办的第七届世界华文传媒与华夏文明传播国际学术研讨会在河北大学举行。此次研讨会以“适应、融合与创新——中国和平崛起与华夏文明的媒体传播”为主题，来自新加坡，以及中国内地、香港、台湾等地的 80 余位传媒专家、学者参加会议，并“文化交融与华文媒体变迁”“华文媒体与跨文化传播”“华文媒体与华夏文化的建构”“党报理论、实践及其文化表达”“受众对媒体文本的文化解读”“华文出版与华夏文明传播”“文化心理

与舆论”等议题进行了广泛交流与深入探讨。

大数据在信息生产层面、媒体传播层面和用户使用层面正促使新闻传播业态产生深刻的变化。为迎接大数据时代的媒介变革与创新，河北大学新闻传播学院联合国家社科基金重大项目“网络文化建设”课题组、河北省传媒与社会发展研究中心、中央人民广播电台新媒体中心、中国科技新闻学会网络媒体专业委员会、中国社科院世界传播研究中心、中国网络传播学会、美国太平洋大学传播学系，中国科技大学传播学系等机构一起邀请国内外政产学研用诸领域专家学者，于 2015 年 6 月 27—28 日，在河北大学举办“大数据与全球传播变革”国际学术研讨会。

②开展系列国际学术访问与交流活动。2011 年 3 月 21—30 日，新闻传播学院白贵院长对北阿巴拉马大学、石溪大学和圣克劳德大学展开为期 10 天的系列学术访问活动，并代表基地与多家美国同行签订合作办学的协议及进行多项学术交流活动。这是新闻传播学院在 2010 年与马来西亚等国家的高校签有合作意向之后的最重要的学术访问、交流活动之一。此类学术活动有力地提升了基地的学术研究国际化水平，也为广大师生提供了更为宽广的学术研究平台。2011 年度赴美国石溪大学新闻学院（Stony Brook University）暑期培训与文化交流班也于 8 月成功赴美。

2013 年 4 月 27 日，英国中央兰开夏大学传媒学院院长保罗·埃格尔斯顿来基地交流合作办学具体事宜。英国中央兰开夏大学传媒学院是该校最为优秀的学院之一，是一所理论与科技齐飞的新闻教学和研究机构，也是英国最著名的三大传媒学院之一。同年 7 月 8 日，新西兰奥克兰大学 Laurence Simmons 教授与周学麟先生莅临基地，与基地白贵主任等在新校区 B2 三楼会议室展开座谈。奥克兰大学 Simmons 教授简述了奥克兰大学该学科的教育现状以及研究领域等，并表示现已与欧洲、北美等高校在学术教育上来往密切，进而希望能够与亚洲各高校建立更紧密的联系，也很愿意同河北大学加强交流和沟通。对于此次来访，Simmons 教授表示面对面的交流，能够更有效地达成双方的共识，更有利于促成合作与发展。

2015 年 5 月 18 至 19 日，美国泽维尔大学大众传播系教授 Professor Melinda Shelton 一行来学院进行访学交流。

为适应媒介融合大趋势，进一步提升河北大学新闻传播学院的综合实力，同时，为了向学生提供良好的发展环境，学院与美国密苏里大学达成联合办学意向。2016 年 1 月 11 日，联合办学仪式在河北大学新校区举行（见图 4-2）。

③邀请海外学者来学院讲学。按照时间顺序，2011 年，邀请新加坡南洋理工大学传播与信息学院副院长郝晓鸣博士作报告——《传播研究：从中国走向世界》，美国明尼苏达州立大学—圣克劳德校区大众传播系彭增军博士作报告——《美国媒体的中国形

图 4-2　河北大学新闻传播学院与美国密苏里大学新闻学院举办联合办学签约仪式

象》，美国太平洋大学董庆文教授作报告——《新闻写作谈》《新媒体对当今社会的影响》，日本北海道大学渡边浩平教授作报告——《东日本大地震和媒体》。2012 年，邀请英国中央兰开夏大学传媒学院院长保罗·埃格尔斯顿（Paul Egglestone）来基地作报告——《School of Journalism and Digital Communication》。2013 年，邀请美国布法罗纽约州立大学传播系教授、博士生导师，哈佛大学费正清研究中心研究员，马萨诸塞大学传播与社会可持续发展研究中心高级研究员洪浚浩作报告——《从美国 2012 年总统选举谈媒体对美国社会与政治的影响》。2015 年，邀请美国太平洋大学传播系主任董庆文博士作报告——《网络跨文化交流对文化中心主义的影响研究》，美国太平洋大学曹小兵博士作报告——《美国高等院校研究》，美国圣克劳德州立大学大众传播系彭增军教授作报告——《新媒体伦理：传统与挑战》，美国圣母大学政治学博士柴绍锦作报告——《文明对话与艺术理解：以中阿人文交流为例》。

④送学院青年教师海外学习与进修。2009 年以来，已先后将 4 位教师派往马来西亚攻读博士学位。2015 年 2 月 28 日，学院 4 位教师抵达位于美国加利福尼亚州斯托克顿市的太平洋大学，正式开启为期一年的访学之旅。

⑤与国外高校建立研究机构。媒介研究是河北大学新闻传播学学科教学与科研的重点突破方向。多年的厚积薄发之后，该院不仅希望能对国内媒介研究有所提升，更希望能建立国际化视野，以国际化维度关照全球化媒介，尤其是媒介发展最发达的美国媒

介。2015年1月9日，河北大学中美媒介研究所正式成立。河北大学新闻传播学院院长白贵教授为该研究所的中方负责人，美国太平洋大学传播系主任董庆文教授为美方负责人。

⑥招收海外留学生。自2012年以来，该院已招生来自亚洲、拉丁美洲、非洲的本、硕、博的学生23人。他们分别来自巴基斯坦、亚美尼亚、印度尼西亚、越南、土耳其、哥斯达黎加、智利、塞拉利昂、摩洛哥、马达加斯加、科特迪瓦、佛得角、刚果(金)、肯尼亚、尼日利亚、博茨瓦纳、马里以及乌干达。

6. 学科建设成果

(1) 四个研究方向实力雄厚。新闻史论方向完成了国家社科基金项目“近现代回族报刊史研究”“新闻舆论监督研究”，教育部课题“基于网民心理的网络舆论引导研究”“新媒体环境下重大事件舆论引导策略研究”；目前承担国家社科基金项目“新媒体与当代中国伊斯兰教的传播研究”；联合主办过9届全国“新世纪舆论监督研讨会”；新闻史方向的“新闻从业者职业倦怠研究”和“商人形象建构研究”开创了新的研究领域。

应用新闻学方向完成国家社科基金项目“新闻报道亲和力研究”“‘三网融合’背景下网络电视台的建设、发展与影响研究”；目前承担国家社科基金项目“新闻报道正能量传播研究”“数据新闻制作流程与语义建构”。

传播理论方向完成了国家社科基金项目“媒介商业化的陷阱与出路”，教育部课题“传媒低俗化成因调查及智力对策研究”，目前承担国家社科基金项目“新时期我国涉农媒体战略转型研究”。曾主办中国传播学会成立大会暨第九次全国传播学研讨会以及第七届世界华文传媒与华夏文明传播国际学术会议，产生了国际影响力。

编辑出版学方向完成国家社科基金项目“中国出版企业实施多元化管理经营的途径”，目前承担国家社科基金项目“出版经纪人研究”“宋代出版史研究(960—1279)”。《元代出版史》是我国第一部断代出版史，完成教育部课题“晋察冀抗日根据地新闻出版史研究”。成功举办了第七届全国电子网络编辑年会及数字出版与新媒体发展研讨会，并与北京大学、台湾南华大学联合主办的“海峡两岸华文出版论坛”已经举办了10届，形成了学术品牌。

(2) 学科梯队结构合理、实力强大。新闻传播学院共有教职工78人，其中教学科研人员为70人，含教授22人，副教授31人，博士在读博士42人，平均年龄43岁，7人在全国本专业重要学会兼任理事以上职务。拥有高级职称和博士学位的教师数量在全国900多个办学点中优势明显。

(3) 高端科研成果丰硕。2009—2015年，完成国家级课题12项，教育部课题4

项，省社科项目28项。目前正承担的主要科研项目中国家级课题6项，教育部课题2项，地方政府项目9项，企事业单位委托项目15项，项目经费546万元。出版专著25部，其中12部在国家一类出版社出版。发表权威高端论文150多篇，多篇被《新华文摘》、“中国人民大学报刊复印资料”全文转载。获河北省社会科学优秀成果奖13项。其中一等奖2项；二等奖7项；三等奖4项。

7. 社会贡献度

（1）为各类媒体输送毕业生5000余人。毕业生就职于包括美联社、路透社、新华社、人民日报社、光明日报社、中国青年报社、《南方周末》、中央电视台、凤凰卫视、中央广播台、新浪、搜狐等数百家媒体。新闻联播主持人郭志坚、新闻直播间主持人梁艳、著名导演高群书等均是该院优秀毕业生。

（2）为各类新闻院校输送专业师资百余人。毕业生在美国石溪大学、英国斯特灵大学、中国传媒大学、中央民族大学、国家行政学院、中国青年政治学院、河海大学、安徽大学、内蒙古大学、燕山大学、河北师范大学等45所高校任教。

（3）服务社会成果显著。白贵教授主持的“做大做强河北出版集团的思路和建议”“京津冀协同发展下传媒战略联盟的模式选择”、杜恩龙教授主持的“基于全国态势看我省数字出版发展对策”，李亚男副教授主持的“河北广播电视发展策略研究”，杜浩教授主持的“京津冀文化创意产业协同创新的现状与对策”等成果得到省委常委重要批示。

（商建辉）

4.1.3　南京师范大学新闻与传播学院

南京师范大学是一所百年老校，百年发展铸就了学校的文化品格和学术精神。依托于学校丰厚的人文沃土，南京师范大学新闻传播教育已走过半个多世纪的风雨历程，新闻与传播学院也拥有了20多年的建院史。50年披荆斩棘、开拓进取，学院目前拥有6个本科专业，3个学术型硕士点，2个专业型硕士点。2006年新闻学获得博士学位授权资格。“十五”“十一五”期间，新闻学获江苏省重点学科，“十二五”期间新闻学获江苏省重点学科（培育），“十三五”期间获得江苏省重点学科。2006年新闻学专业被遴选为江苏省品牌专业，2007年被遴选为国家首批特色专业。2012年，新闻与传播学获江苏省重点专业（类）。在2012年教育部开展的第三轮学科评估中，南京师范大学新闻与传播学并列全国第16位。2015年武汉大学中国科学评价研究中心公布的全国本科专业排名中，南京师范大学新闻学专业在98个单位中排名第8位。

1. 办学缘起

作为师范院校，南京师范大学能够较早创办新闻专业，有其特殊的历史原因。1958年，鉴于新闻人才的缺乏，江苏省创办了新闻专科学校，后遭遇三年自然灾害，高校缩短战线，江苏新闻专科学校面临被撤销的命运。为了保存江苏省新闻教育的火种，江苏省将新闻专科学校并入南京师范学院，编入当时的政教系。经过南京师范学院、江苏省教育厅的申请，教育部1964年批准南师院开设新闻学专业，并于当年招收了第一届新闻专业学生。“文革”开始后，和全国很多新闻院系一样，南京师范学院新闻专业停止了招生（见图4-3）。

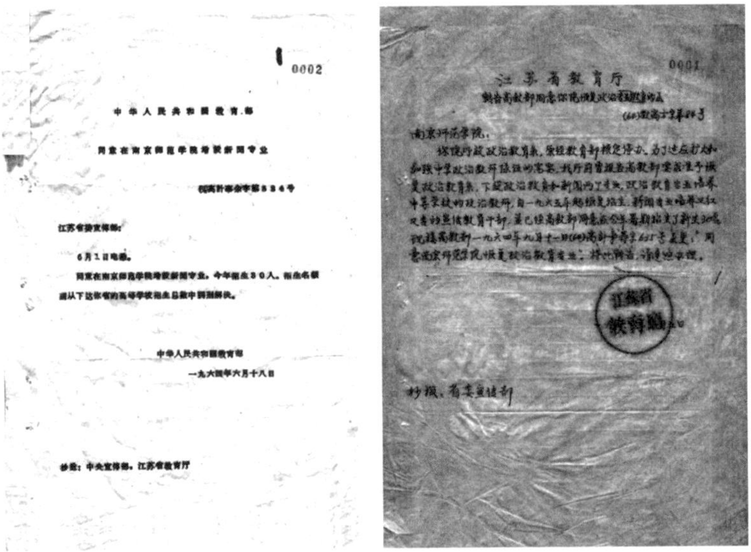

0002

中华人民共和国教育部

同意在南京师范学院增设新闻专业

(64)高计基会字第534号

江苏省委宣传部：

6月1日电悉。

同意在南京师范学院增设新闻专业，今年招生30人。招生名额请从下达你省的高等学校招生总数中调剂解决。

中华人民共和国教育部

一九六四年六月十八日

抄送：中央宣传部，江苏省教育厅

0001

江苏省教育厅

南京师范学院：

抄报：省委宣传部

图4-3　1964年教育部、江苏省教育厅批准创办新闻专业的文件

2. 历史沿革

南京师范大学能够在全国较早开启新闻传播教育历程，一方面取决于自身的艰苦卓绝、砥砺奋进，另一方面得益于省委宣传部的大力支持。早在20世纪70年代末，南京师范学院新闻学专业就探索过“部、委、报、校”合作办学的模式，这可被视为新时

期部校共建新闻专业的试点。1977 年全国恢复高考。鉴于江苏省新闻人才缺口的现状，江苏省委宣传部、新华日报社、江苏省教育厅和南京师范学院付出巨大努力，终于在江苏省当年高校招生指标中，争取到 40 个新闻专业的招生指标。新时期新闻专业设在了中文系，接受省委宣传部的直接领导，新华日报社和南京师范学院联办共管。新闻专业理论课教学由南京师范学院教师担任，班主任、实践课均由新华日报社负责委派。一些教育主管部门的同志认为，师范院校办新闻专业是“不务正业”，南京师范学院新闻专业招生再度停止。1984 年在省委宣传部直接干预下，新闻学专业再次获得 20 个招生指标。在省委宣传部、教育主管部门和省内媒体的鼎力支持下，南京师范学院逐渐探索出“部、委、报（台）、校”一体化办学模式。所谓“部、委、报（台）、校”一体化办学模式，是指省委宣传部、省教委、新闻单位和南京师范学院合作办学的模式，这种全新的办学模式曾在全国引起过较大的反响。

3. 办学特色

南京师范大学新闻与传播学院一直坚持“求真、善学”的教学理念，努力培育学生具有独立精神、博雅知识和创新能力的人才。新时期以来，新闻与传播教育培育了一批又一批优秀的人才，他们有的活跃在新闻传播学界，如中国社会科学院新闻研究所所长唐绪军教授，清华大学新闻与传播学院常务副院长陈昌凤教授、副院长崔保国教授，中国政法大学光明新闻学院院长陆小华教授，华南理工大学新闻与传播学院院长苏宏远教授，等等；有的活跃在新闻业务与宣传管理领导岗位，如江苏省委宣传部原副部长周世康、新华报业传媒集团社长周跃敏、凤凰出版传媒集团总经理周斌、《环球时报》副总编辑赵强等。

1995 年建院之初，学院就确立了“文科与理科渗透、技术与艺术结合、软件与硬件兼备”的办学方针，关注专业与学科发展的前沿，不断完善本科专业和研究生学位的结构。近年来，学院根据媒介环境的变化，不断对新闻传播培养模式进行改革，初步形成了一个“四级递进、两翼开放、立体复合、跨界协同”的创新人才培养体系。

4. 专业设置

自 1964 年设置新闻学专业以来，南京师范大学不断探索新闻传播教育的新路径，跟踪时代发展的步伐，不断调整专业设置。1995 年开设传媒经营与管理专业方向，1998 年开设体育新闻学和网络新闻学方向。其后经过不断调整，本科专业稳定为 6 个专业，即新闻学、广播电视学、广告学、网络与新媒体、广播电视编导和影视摄影与制作。硕士专业稳定为 5 个专业，即新闻学、传播学、戏剧与影视学 3 个学术型硕士点，新闻与传播学、广播电视学 2 个专业型硕士点（见表 4-1）。

表 4-1 新闻与传播学院专业与学位点建设情况

本科专业点建设		研究生学位点建设	
建设时间	建设的专业	建设时间	建设的学位点
1964	新闻学	1996	新闻学硕士点
1996	广播电视新闻学（现为：广播电视学）	2000	传播学硕士点
1998	网络新闻学（原为专业方向，2014 年经教育部批准改为网络与新媒体专业）	2002	广播电视艺术学硕士点（现改为：戏剧与影视学硕士点）
1999	广告学	2005	新闻学博士点
2001	广播电视编导	2010	新闻与传播学专业硕士点
2002	新闻摄影（原为专业方向，2016 年撤销）	2014	广播电视学专业硕士点
2015	影视摄影与制作		

5. 师资队伍

在师资队伍建设方面，学院提出“国内有影响、国际有声音”的奋斗目标，强化中青年教师队伍的培养，营造团队协作的氛围，形成一支资源分配科学、年龄结构合理的可持续发展的教学科研队伍。目前学院有专职教师 50 人，其中教授 16 人，副教授 16 人，具有博士学位的教师 32 人，博士在读 6 人。教师队伍中有江苏省青蓝工程中青年学术带头人 1 人，江苏省新闻出版领军人才 1 人，江苏省第二期青年文化人才培养对象 1 人。学院通过各种方式鼓励教师出国访学、参加学术会议，使学术交流实现制度化、日常化。近年有 15 位教师赴美国密苏里大学、北卡罗来纳大学、威斯康星大学，日本的东北大学，以及中国台湾的世新大学，中国香港的浸会大学、城市大学等高校访学或攻读学位；同时学院教师还赴美国、英国、奥地利、日本、新西兰等国参加学术会议。根据中宣部、教育部卓越人才计划，学院聘请四位业界精英作为兼职教授，他们是江苏广播电视总台台长卜宇、副台长陈辉，新华日报社社长周跃敏，南京广电集团总编辑高顺青。兼职教授的加盟一方面加强了马克思主义新闻观的教育，另一方面也加强了学院与业界的联系，促进了学院在应用型研究方面的发展。

近年来，学院根据传媒融合发展趋势的需要，不断提高“双师型”教师的比例。根据新闻传播学专业的特点，要求教师利用业余时间到媒体一线参与新闻采写编评、电视栏目策划与制作、广告创意与策划等实践，在提高新闻传播业务水平和业务能力的基础上，提高传媒理论教学与实践教学水平，构建“双师型”教学队伍。目前学院有 2 位国家级导演，多位教师在中新社、江苏广电集团、《新疆日报》等媒体有过从业经历。有近 10 位教师在江苏电视台、南京电视台《一周新闻热点》《通天下》《南京零距离》《亮见》《新闻夜宴》《万家灯火》等节目担任主持人、新闻评论员、特邀嘉宾等工作。

6. 学科建设

经过多年的建设和发展，南京师范大学新闻与传播学科建设取得了可喜的成绩。2006 年新闻学获得博士学位授权资格。“十五”“十一五”期间，新闻学获江苏省重点学科，“十二五”期间新闻学获江苏省重点学科（培育），“十三五”期间获得江苏省重点学科。在 2012 年进行的教育部学科评估中，新闻与传播学并列为全国第 16 位。目前，学科发展已经形成了中国报刊法制史和民国新闻史、新闻法规与伦理、媒介与农村社会发展和舆情与社会治理四个特色的学科发展方向。第一，中国报刊法制史与民国新闻史。倪延年教授领衔的中国报刊法制史与民国新闻史研究，经过 20 多年的学术积累，已经在全国新闻传播史研究领域确立了优势地位。该团队曾主持国家社科基金重大项目 1 项、重点项目 2 项、一般项目 2 项，省部级项目 6 项。第二，媒介法规与伦理。由顾理平教授领衔的媒介法规与伦理科研团队，经过多年努力已在全国具有了较大的学术影响。团队成员在新闻作品著作权、网络权利与义务、网络版权的界定与保护等领域，开展过一系列有针对性的研究，不断在应用性法理研究上寻求突破。第三，媒介与农村社会发展。从 20 世纪 70 年代中期开始，方晓红教授领衔的科研团队就较早涉足农村传播研究领域。方晓红教授曾主持 3 项相关的国家社科基金项目，研究专著《大众传媒与农村》《农村传播学研究方法初探》先后获得江苏省社科优秀成果三等奖、二等奖。第四，舆情与社会治理。以靖鸣教授为首的舆情与社会治理研究团队，是以中青年学者为基础的应用研究队伍。近年来该团队紧跟时代发展步伐，整合学院已有的科研资源，努力为党政机关和部门提供智库服务。该方向主持国家社科基金重点项目 2 项，一般项目 4 项，省部级项目十多项，项目研究涉及网络与国家安全、舆情与社会治理、手机舆情形成机制及应对、网络大 V 传播行为等内容。

7. 科学研究

南京师范大学新闻与传播学院“差异发展、把握特色、形成优势”的学科发展思路，不断丰富学科建设的内涵，逐渐确立在相关研究领域的特色和优势。“十二五”期间，学院共获国家社科基金项目 10 项，其中重大项目 1 项，重点项目 3 项。2016 年是

“十三五”开局之年，学院再获国家社科基金重点项目1项，一般项目1项。获得省部级及横向科研项目26项，纵向经费达到150余万元，横向经费达到250余万元。“十二五”期间，出版学术专著26部，在核心期刊发表200多篇论文，其中CSSCI收录论文105篇。有11项科研成果获得省部级奖项。2016年教育部学位中心公布A类期刊名单后，最好大学网对全国新闻传播院系2012—2015年在A刊上的发文量进行了统计，南京师范大学新闻与传播学科在A类期刊发文41篇，在全国新闻传播院系中排名17位。

8. 人才培养

学院鼓励和引导教师投身教学，不断推出课程建设与教学改革成果。在全国较早开设新闻法学、传媒经营与管理、三维动画制作等课程，学院教师编写的教材已有近百部。获得的主要教学成果有：普通高等教育“十一五”国家规划教材3部（《中国新闻史》《视听语言教程》《动画概论》），“十二五”规划教材1部（《当代电视编辑教程》），教育部马克思主义理论研究和建设工程“精彩一课”1门（“新闻学概论”，2015）；江苏省教学成果一等奖“四级递进四级递进、两翼开放、产学协同的复合型本科人才培养模式”（2013），江苏省研究生培养模式改革成果奖三等奖（2015），江苏省青年教师教学大赛一等奖1次（2014），江苏省优秀研究生课程“新闻理论研究”（2016），“叙事蒙太奇之平行蒙太奇”“时事新闻的著作权问题”分获江苏省微课比赛一、二等奖（2014），江苏省精品教材《视听语言教程》（2011），等等。学院拥有先进的教学实验条件：拥有实验设备1776台套，设备资产总值2000多万元；有400平米和300平米的演播厅各一个，电视编辑与制作实验室、新媒体制作实验室、影视制作与控制实验室、电子编辑实验室、电话调查实验室、卫星电视信息采集实验室等均处于国内先进水平。2007年，新闻与传播实验教学示范中心被遴选为江苏省实验教学示范中心，2008年被列为中央和地方共建高校特色优势学科实验室。

学院注重学生的学习交流和社会实践。在江苏广播电视总台、新华报业传媒集团、南京报业传媒集团、江苏科普影视中心、中国剪报社、新浪江苏网、南京市栖霞区委宣传部7个单位成立了省级江苏省人文社科研究生工作站。银都广告公司、中国剪报社在学院设立了银都奖学金、中国剪报奖学金。2013年南京青奥会期间，109位本科生、研究生成为国际奥林匹克广播服务公司（OBS）的实习生。实习生与志愿者有本质区别：志愿者以志愿服务为前提，主要是做赛事的服务工作；实习生有一定的薪酬，需要承担相应责任的技术工作。经过多轮协商谈判，学院成为OBS唯一的中国合作伙伴，学生们被分配在转播运行部、信息技术部、集锦制作部等核心部门，从事摄像助理、音频助理、专业翻译等六大核心工作。实习生们勤勉的工作态度、熟练的英语沟通能力和扎实的实践操作技巧，获得了 OBS 首席执行官 Yiannis 先生的高度赞扬。

近 5 年来，本科生获得各类专业竞赛奖 219 项，发表学术论文 78 篇，其中核心期刊 32 篇。学生完成省级以上大学生实践创新项目 20 多项，研究生科研创新项目 13 项，获得省级优秀硕士论文 5 篇。毕业生实现了全国就业，就业单位包括新华社、中新社、中央电视台、《中国青年报》《北京青年报》、上海文广集团、南方报业传媒集团等知名媒体，也有中宣部、中共中央办公厅、民政部等党政部门（见图 4-4）。

图 4-4　2014 年 109 位同学参与了青奥会的电视转播工作

9. 社会服务

坚持“面向实践、面向社会”的服务方针，与地方政府、媒体和企业共建协同创新机制，在产学研互动的基础上提升学科的社会影响力。2013 年，江苏省委宣传部、省政府办公厅联合发文，在南京师范大学成立江苏省党政机关新闻发言人培训中心。新闻与传播学院每月向江苏省人民政府报送 3 期《江苏政务舆情》简报。2010 年，受省委宣传部外宣办的委托，在调查研究的基础上完成了《江苏省对外宣传发展规划（2011—2015）》（草案）。2012 年，南京市成为中国第八个航海日主会场，这是南京市承办的一项重要的国家级活动。受南京市政府的委托，学院承担了航海日宣传效果评估任务，并在活动结束后发布了中国海航日传播效果调查报告。2014 年，第二节青奥会在南京举行，学院参与了南京奥林匹克博物馆的设计。南京奥林匹克博物馆坐落在南京市建邺区青奥国际风情街与青奥中心之间的青奥轴线上，建筑面积 7896 平米，展出面积 5034 平米。博物馆有各类展品近 600 件，照片近 400 张，雕塑 6 个，多媒体点位 29 个，互动娱乐项目 4 个。学院设计制作团队，承担了博物馆所有视频的导演、拍摄、剪辑、制作、动画的任务，很好地完成了青奥组委会交办的影像制作和传播任务，师生们的劳动结晶成为了奥林匹克博物馆永久的参观影像。

10. 国际交流

南京师范大学新闻与传播学院与英国斯特灵大学、奥地利萨尔茨堡大学以及台湾世新大学等高校达成了本科生、研究生交换培养协议。已有 80 位本科生、32 位硕士生赴境外学习半年以上；接待海外高校学生交流、来访 50 多人。有 12 位留学本科生获得学士学位，8 位留学研究生获得硕士学位。学院曾集中邀请来自英国、美国的森特・莫斯可、丹・席勒、格雷厄姆・默多克等 11 位国际知名新闻传播学者来校讲学。2016 年 4 月 21 日，奥地利萨尔兹堡大学 11 名交流生来访，学院专门设计了第 23 期求真善学沙龙，由张弢副教授指导中外同学如何理解“跨文化传播”。学生在南京师范大学交流期间，学院准备了多堂文化课程，介绍南京的历史、文化和传媒的发展。在南京师范大学与萨尔茨堡大学两校的交流中，一方面展现出中国新闻传播研究生的实力和魅力，另一方面也增强了中奥同学的友谊，提升了两国同学互相交流、学习的效果。这种通过中外交流，相互学习、相互借鉴的方式大大提升了学院的国际交流的氛围。

（骆正林）

4.1.4　湖南大学新闻传播与影视艺术学院

湖南大学是国家“211”“985”工程立项建设的教育部直属全国重点大学，“承朱张之绪，用湘学之长”，有“千年学府、百年名校”之美誉。新闻传播与影视艺术学院依托学校深厚的文化底蕴、继承学校优良的办学传统，秉持“夯实基础、强化实践、开放融合、追求卓越”的办学理念，21 年砥砺前行，已逐步建设成为富有特色的应用型、复合型卓越新闻传播人才培养基地。

1. 办学缘起

湖湘学人素有敢为人先的开拓精神，早期的湖南大学在清末维新运动时期即已开始新闻教育实践活动的探索。1897 年 4 月，近代湖南第一份新式报纸《湘学新报》（后改名《湘学报》）在长沙创刊，主编即由时务学堂（湖南大学前身之一）教习唐才常、陈为镒担任，旨在“开民智而育人才”，翌年又相继创办了《湘报》。民国湖南最有影响的报纸《大公报》亦由湖南大学校友创办。1915 年 9 月，出版发行长达 32 年的长沙《大公报》问世，总编辑由湖南大学的前身湖南高等学堂毕业生李抱一担任，湖南大学校友张平子、李晋康、宋让南、龙兼公等先后担任主笔。

我国现代著名教育家、时任湖南大学校长胡庶华先生非常重视新闻教育和新闻人才的培养。1934 年 3 月，胡庶华校长发表《大学教育与新闻人才》一文，认为“大学为研究学术造就人才之最高学府，欲求健全之新闻人才，非大学莫能养成”，“虽然近世学尚专精，但学其他各科者，若有志于新闻事业，未始不可为新闻界之杰出人才”，而新闻界之杰出人才应具备“健康之身体、高尚之人格、丰富之常识、纯洁之思想、勇毅之精神”等基本素养。在胡庶华校长的教育思想影响下，民国时期的湖南大学先后培养出了严怪愚、赵滋蕃等著名新闻工作者。

2. 历史沿革

在国家加快发展新闻传播教育的大背景下，湖南大学追随前贤脚步和先辈传统，于 1995 年重新启动了新闻传播教育，正式创办新闻学专业。自 1995 年以来，湖南大学新闻传播教育的发展，大体经历了三个阶段。

第一阶段是起步阶段。1995 年，湖南大学设立新闻学专业，归属于原湖南大学人文科学系。新闻学专业确立了培养应用型高级专门人才的办学定位，从一开始就注重对学生实践能力的培养。1999 年 1 月，获建国家大学生文化素质教育基地。

第二阶段是发展阶段。2002 年，学校成立新闻与传播学院，为新闻学专业搭建了独立发展的平台，新闻学由最初的一个专业方向增加到三个方向（新闻学、广播电视新闻、媒介经营管理），并增设了广告学专业；同年，湖南大学与湖南广播影视集团共同创办湖南大学广播影视艺术学院，设有播音与主持艺术、广播电视编导、表演 3 个本科专业。两院建立之初，便分别树立了“拓宽基础、加强实践、培养素质、提高能力”和“教师传授、自我拓展、实践转化”的办学理念，确定了应用型、复合型高级专门人才的培养目标。2003 年获建新闻学、传播学二级学科硕士点；2004 年获建湖南省人文社会科学重点研究基地——湖南省文化产业研究基地；2005 年获建新闻传播学一级学科硕士点；2007 年 12 月，新闻学专业入选第一批国家级特色专业；2008 年 6 月，湖南大学新闻传播实验教学中心被评为湖南省普通高等学校实践教学示范中心；2009 年 6 月，广播电视编导专业入选湖南省特色专业。

第三阶段是整合发展阶段。2010 年，在学校新一轮学科结构调整和资源整合中，新闻与传播学院和广播影视艺术学院合并，成立了新闻传播与影视艺术学院，旨在整合学科与专业资源，凸显学科与专业特色，打造学科与专业品牌。在全球化、融合化发展的背景下，学院确立了“夯实基础、强化实践、开放融合、追求卓越”的办学理念和卓越新闻传播人才的培养目标，学院步入了融合发展的快车道。2010 年获建新闻与传播专业学位硕士点（MJC）、文化传播二级学科博士点；2013 年获建新闻传播学类国家大学生校外实践教育基地。

3. 办学特色

学院坚持开门办学，积极探索校媒合作形式，打造校媒合作平台，逐步建立科学合理、行之有效的校媒联合培养机制，推动新闻传播教育与新闻传播实践相互贯通、深度融合、协同发展。

（1）能力与素质并重，强化“四大”教育教学理念。树立大实践教学观，践行“夯实基础、强化实践、开放融合、追求卓越”四大教育教学理念，坚持文化基础与专业实践并重，注重政治理论素养、新闻专业素养和社会责任感的培养，重视思维能力、动手能力、融合能力和创新能力的提升，积极引导学生追求卓越，全面发展。

（2）理论与实践并重，开辟“两化”实践教学途径。树立大课堂教学观，坚持理论与实践、课内与课外并重，以课堂教学为实践教学的重要基础，以实践教学为课堂教学的重要延伸，积极实施“课堂教学实践化，实践教学课程化”，使课堂教学与实践教学有机结合，实现课堂教学和实践教学的无缝对接。

（3）校内与校外结合，建立三级实践教学模式。树立全程实践教学观，坚持校内与校外相结合，坚持大学四年实践教学不断线，以专业实验室为基础平台，以校园媒体为强化平台，以新闻媒体为实战平台，构建了三级实践教学平台，形成了专业见习、专业实训、毕业实习三级实践教学形式，梯级化推动实现基础性、提高性、创新性三级实践教学目标。

（4）集中与分散结合，实施多种实践教学形式。树立多样化实践教学观，实施集中实践、分散实践、自主实践等多种实践教学形式，通过集中实践确保实现实践教学课程化和实践教学质量；通过分散实践和自主实践充分发挥学生的个性与创造性，使实践教学实现多样化和常态化。

4. 专业设置

1995 年，湖南大学正式创办新闻学专业；2002 年成立新闻与传播学院，设有新闻学、广告学两个本科专业，新闻学专业现有新闻学、媒介经营管理、网络与新媒体 3 个专业方向；2002 年湖南大学与湖南广播影视集团共同创办湖南大学广播影视艺术学院，设播音与主持艺术、广播电视编导、表演 3 个本科专业。2010 年新闻与传播学院和广播影视艺术学院合并，成立湖南大学新闻传播与影视艺术学院。现有在校学生 1200 多人，其中本科生 800 多人，硕士研究生 400 余人，博士研究生 16 人。通过 20 多年的建设与发展，学院已建立起从本科生教育到硕士生、博士生、博士后教育等完备的人才培养体系。

5. 师资队伍

学院现有专任教师和校内兼任教师 60 人，其中，教授 15 人，副教授 27 人；具有博士学位教师 28 人，在读博士教师 13 人。2 人分别担任教育部新闻学科教学指导委员会委员、戏剧影视广播类专业教学指导委员会委员，1 人担任全国新闻与传播专业学位研究生教育指导委员会委员，3 人入选教育部新世纪优秀人才支持计划，1 人入选全国新闻出版行业领军人才，1 人担任中国高等教育学会新闻学与传播学专业委员会理事，1 人担任中国新闻史学会理事，1 人担任中国电影家协会高校联盟副主任，1 人担任中国新闻摄影学会教育委员会副主任，1 人担任中国教育学会教育新闻宣传分会副会长，1 人担任中国广告协会学术委员会委员、中国高教学会广告教育专业委员会常务理事，2 人担任中国人文社会科学学报研究会编辑委员，5 人担任中国高校影视学会理事，2 人入选湖南省新世纪“121”人才工程，3 人入选湖南省新闻出版行业领军人才，6 人入选湖南省高校青年骨干教师培养对象，1 人获评湖南省“芙蓉百岗明星”，2 人入选湖南省首批文艺人才扶持三百工程。5 位教授遴选博士生导师，2 人享受国务院特殊津贴，先后从业界聘请 50 多位兼职教授和兼职研究生导师。

6. 学科建设

学院建有文化传播二级学科博士点、新闻传播学一级学科硕士点、新闻与传播专业硕士点（MJC）。拥有国家大学生文化素质教育基地、新闻传播学类国家大学生校外实践教育基地、湖南省普通高等学校实践教学示范中心等国家和省级实践教学平台；建有湖南省人文社会科学重点研究基地——湖南省文化产业研究基地，以及湖南大学文化创意产业研究中心、湖南大学媒介经济研究所、湖南大学科技新闻与传播研究所、湖南大学媒介文化研究所、湖南大学影视艺术研究所、湖南大学舆情研究所等校级科研机构、湖南红网网络传播研究中心等联合研究机构。在 2013 年教育部第三轮学科评估中，新闻传播学科在国内高校排名第 16 位。

7. 科学研究

学院先后承担各类科研项目 300 多项，科研到账经费 2300 多万元，其中国家社科基金重大招标项目 2 项、教育部哲学社会科学重大攻关项目 2 项、国家社科基金重点项目 2 项、国家文化产业发展重大专项资金项目 1 项（资助金额 500 万元）、国家社科基金一般项目 15 项、国家自然科学基金一般项目 1 项、国家出版基金主题出版项目 1 项；教育部社科重点项目 2 项、新世纪优秀人才项目 3 项、引智重点项目 3 项、湖南省社科基金重大委托项目 1 项，湖南省社科基金重点项目 6 项；教育部人文社会科学、广电总局社科、湖南省社科基金等部省级一般项目 100 余项。出版学术专著 85 部，在《新闻与传播研究》《国际新闻界》《现代传播》《新闻大学》《中国广播电视学刊》《出版发行研究》《电影艺术》等专业学术期刊公开发表论文 800 余篇，其中在 CSSCI 来源期刊发表论文 350 多篇，论文被《新华文摘》、"中国人民大学报刊复印资料"、《中国社会科学文摘》等收录 100 多篇次。先后荣获第六届高等学校科学研究优秀成果奖（人文社会科学）三等奖 1 项、湖南省哲学社会科学优秀成果奖一等奖 1 项、二等奖 7 项、三等奖 3 项、四等奖 4 项。

8. 人才培养

学院坚持"夯实基础、强化实践、开放融合、追求卓越"的办学理念，重视实践教学和学生综合素质能力的培养。新闻传播专业探索并建立了"一纵三横"的实践教学模式，影视艺术专业探索并建立了"教师传授、自我拓展、实践转化"的教育教学模式，培植出"课堂教学实践化，实践教学课程化"等实践教学的特色和亮点。学院坚持聘请业界资深专家指导办学、讲授课程，坚持统一安排专业实习，实践教学科学规范、卓有成效。学生频频在中央电视台节目主持人大赛、全国大学生广告设计艺术大赛、齐越朗诵艺术节、中国大学生电视节、全国"校园金话筒"竞赛等全国性学科专业竞赛中获奖。多年来，毕业生初次就业率均在 90%以上，毕业生遍及国内各大媒体和艺术团体，有不少毕业生进入国内外知名高校深造。

学院注重探索校媒联合办学，与媒体建立了长期战略合作关系。在省级以上主流媒体建立了 50 多家稳定的教学实习基地，并与人民日报社、中央电视台、中央人民广播电台、中国国际广播电台、中国日报社、经济日报社、中国青年报社、湖南日报社、湖南卫视、人民网、红网、《美国国际日报》、韩国 MBC 电视台等媒体签订长期合作协议，设立了 40 多家签约实习基地。近年来，先后获得国家和部省级等各种教研教改立项 100 多项次，在《光明日报》《中国高教研究》《中国大学教学》《学位与研究生教育》《现代传播》等发表教育教学研究论文 110 余篇；建有 2 门国家级视频公开课程、2 门慕课；出版专业理论和实验教材 30 多部；获得部省级教学成果奖特等奖 2 项、一等奖 4 项、二等奖 2 项、三等奖 1 项（见图 4-5）。

图 4-5　第二届红枫大学生记者节启动仪式

9. 社会服务

近年来，本学科以人才培养和科学研究为基础，依托本学科建立的湖南省文化产业研究基地、湖南大学舆情研究所、岳麓影视文化基地等智力资源优势，发挥高校智库作用，主动服务传媒和经济社会发展，并取得了显著成效。具体来说，主要体现在四个方面：一是积极为推进国家和地方的文化改革发展出谋划策，在科学研究、规划制定、决策咨询等方面发挥重要作用，努力为文化改革发展提供智力支持。二是本学科高度重视为地方媒体发展服务，在媒介融合和互联网+时代背景下，注重发挥自身智力优势，建立校媒互动合作机制，助推地方媒体科学发展。三是本学科重视关注社会舆情和教育网络舆情，注重对教育网络舆情和社会舆情典型案例开展系统分析和研究，积极为政府有关部门和相关行业提供舆情咨询服务。四是本学科注重依托影视文化人才培养基地和校园文化建设平台，传承与弘扬优秀影视文化，积极促进社会精神文明建设。此外，本学科教师还积极承担各种重要的社会兼职和学术兼职，注重依托科研机构搭建产学研一体化平台，热心为行业和社会多方位提供各种形式的咨政、咨询和培训服务，形成了稳定的服务机制，产生了广泛的社会影响。

10. 国际交流

学院重视推进教育教学国际化进程，积极开展国际交流与合作。每年有计划地选送2~3名中青年教师到国外高水平大学进修访学，有18名教师具有了1年以上国外访学经历。鼓励教师积极参加国际学术会议，近年来，学院教师先后赴美国、英国、韩国、新加坡、日本，以及中国香港、台湾、澳门参加国际学术会议和学术交流活动20多人次。积极推进本科生、研究生教育国际化进程，先后同美国密苏里大学，韩国湖南大学，新加坡南洋理工大学，以及中国台湾的铭传大学、世新大学，中国香港的香港中文大学、香港浸会大学等国外和境外高校建立了合作交流关系，构建起开放式的学术交流与办学平台。近年来，先后有110多名本科生、90多名研究生赴国外和境外高校进行交流学习。

（徐　琼）

4.1.5　安徽大学新闻传播学院

1. 学院概况

安徽大学新闻传播学院的前身是安徽大学中文系新闻专业，成立于1984年，属于“文革”后全国较早建立的新闻学专业。1998年，新闻学专业从中文系分离出来，成立新闻学系。2003年在新闻学系的基础上成立新闻传播学院，下设新闻学、广播电视新闻学、编辑出版学、广告学和数字媒体艺术5个系。现拥有新闻传播学一级学科硕士点1个，二级学科硕士点2个，专业硕士授予点一个；建有国家级精品课程1门，拥有国内一流的“新闻传播基础教学实验中心”，2007年被评为国内首批“国家级重点实验示范中心”。2010年新闻学专业获批国家和省级特色专业。2010年4月“当代媒介素养”入选首批中国视频公开课和校级精品课程。此外，新闻传播史论教学团队、新闻传播实践教学团队的成立带动了系列校级精品课程的建设。

2. 学科优势

学院在国内具有鲜明的办学特色和良好的声誉。本科人才培养以“三基一综合”（基础知识的夯实、基本能力的培养、基本技能的训练和综合素质的全面提高）为培养目标，作为安徽大学传统优势学科，由2009年武汉大学中国科学评价研究中心发布的中国研究生教育分一级学科排行榜中，该院新闻传播学研究生教育中一级学科新闻传播学排名17。2010年，芮必峰教授受聘担任“马工程”新闻传播史首席专家，体现了学界对学院新闻传播史论学术带头人和团队实力的认可。北大方正在全国仅捐助了5家高校建立实验中心，安徽大学新闻传播学院便是其中之一。其办学影响不但在安徽省新闻学本科教育中处于领先地位，而且已经波及全国。

（1）实验室建设。安徽大学拥有国内一流的“新闻传播基础教学实验中心”，2007年被评为国内首批“国家级重点实验示范中心”，用房面积达1000平米，人均实验用房每人达3平米。拥有国内最先进的数码照相机、摄像机、采访机、非线性编辑系统、电脑、服务器、刻录机等仪器设备，资产约700万元，在全国新闻传播学院的实验室中综合条件居领先地位。

（2）实习基地建设。2003年安徽大学与安徽日报报业集团签署协议，共建新闻传播学院。与此相配合，新闻传播实验教学中心在安徽日报及其所属的子报刊及网站建立了自己的“实习（实验）基地”。此后陆续与合肥晚报社、安徽商报社、《文汇报》安徽记者站以及地方媒体建立了合作关系。截至目前，已正式建立实习基地22家。

2008年6月，安徽大学新闻传播学院与复旦大学新闻学院联合成立“报刊与社会历史研究所”，并与社会力量合作成立了“老报刊”展览中心。该研究所的成立，为新闻学专业教师的教研与科研活动提供了一个新的空间，也是国内新闻传播院系中具有特色的实习基地。

2010年之后，应对互联网发展的新趋势，学院积极谋求与网络媒体平台合作共建学生实习基地。2014年，与人民网合作成立学生实习基地。此后与网易、合肥热线等媒体平台合作共建基地。

2014年，新闻传播学院与澳洲华夏传媒集团合作建立首个海外实习基地，也是首个研究生实习研究基地。

3. 学科特色

（1）注重科研与教学相结合。新闻史论是安徽大学新传学院科研团队的特色和优势方向。自创立学院以来，新闻理论的研究就是特色和传统。2007年，由新闻传播学院首任院长芮必峰教授主讲的本科基础课程“新闻学概论”获批为国家级精品课程，是全国新闻传播学领域第一门基础理论性课程，也是安徽大学第一个国家级精品课程。2008年由安徽大学新闻传播学院与复旦大学信息与传播研究中心共建中国报刊与社会历史研究所的成立（研究所所长芮必峰，常务副所长王天根，特聘研究员瑞泽东方老报馆董事长朱靖、馆长冯艺），进一步增强了新闻史研究的实力。

学院注重将科研团队的科研成果与教学成果相结合。一是依托国家级精品课程“新闻学概论”逐渐延展出延伸课程和校级精品课程。这些拓展课程由报刊史论团队的中青年骨干教师开设，与主体课程联动，形成优势互补的课程体系。二是以“中外新闻史”为核心逐渐拓展出“新闻史研究专题”“名记者研究”“中国近现代媒介与政治”“报刊与近代文化思潮”等多门专业选修课，这些课程从新闻史与新闻理论的关联着手，卓有成效地培养了学生的专业思维。近十年来，该院本科生考取研究生的比例一直保持在25%以上，近五年来考研率为20.42%，每年都有一些同学考取北京大学、清华大学、中国传媒大学、中国人民大学、复旦大学、浙江大学、南京大学、武汉大学、暨南大学、华东师范大学、上海交通大学等名校的新闻、传播等专业研究生。

（2）重视学科共建和服务地方。作为与媒体共建的学院，新传学院特别重视在实验中心建设和实习基地平台建设的基础上，吸引省内外传媒资源的引入。在广泛的合作交流基础上，为学院和学科提供发展后劲和前进动力。2010年12月成立的舆情与区域形象研究中心就是学科共建的重要平台之一。作为安徽省高校人文社科重点研究基地，该中心依托于安徽大学新闻传播学院，力图发挥学科优势，促进学科交叉融合，服务地方经济社会发展。中心下设网络舆情监测实验室和电话访谈调查实验室。现有专兼职研究人员17人，其中教授8人，副教授5人，11人拥有博士学位；其中“教育部新世纪人才支持计划”1人，安徽省学术技术带头人2人。

2014年，舆情与区域形象研究中心挂牌成为舆情与区域发展协同创新中心，根据“安徽急需、国内领先”的要求，充分发挥多学科、多功能的优势，积极联合国内外创新力量，有效整合创新资源，构建协同创新和协同育人的新模式、新机制，成为集聚和培养拔尖创新人才的基地，并取得一批标志性成果。挂牌以来，目前已经初步建成三大平台：舆情监测与研究中心、社会民意调查研究中心、区域形象研究中心。取得了教育部项目和国家社科基金项目各1项，与人民网舆情监测室、新浪安徽、北大方正等舆情研发机构，与中国青年报、安徽广播电视台、安徽日报报业集团、合肥报业传媒集团等新闻单位，与合肥市人民政府等省内地方政府进行协同，建立相关基地，展开合作研究。

（3）人才建设。在教学方面取得了丰硕成果。两位教授获得全国优秀教师、宝钢教育基金全国优秀教师称号，“新闻传播实践教学体系的改革与探索”获省级教学成果一等奖、“综合性大学新闻传播学人才培养模式的建构”获省级教学成果二等奖。

（4）教改措施。2004年至今，率先按新闻传播学大类招生，实行2+2模式，提升人才培养质量；本着“厚基础、宽口径”的人才培养原则，新闻学专业从2003年开始进行了打通专业招生的改革，实行“2+2”的人才培养模式，即学生进校时不分专业，一、二年级共同开设新闻传播类基础课程，三年级以后再分专业开设专业课程。这种改革在国内高校为数不多，我们经过了几年摸索过程，建立了一套新的课程体系。如将新闻学专业课程分成公共基础课、专业基础课、专业扩展课与专业提高课等几个层次和类型，公共基础课和专业基础课主要在一、二年级打通专业时完成，专业提高课与专业拓展课主要在三、四年级完成，同时完成专业实践课程。经过几年的探索，我们发现，这种课程模式在加厚基础知识的同时，也挤压了专业课程的拓展空间。2009年，进行调整，将“2+2”模式调整为“1.5+2.5”模式，即前一年半打通专业教学，后两年半分专业教学。这种调整的核心目的即在于提升新闻专业课程的比例，强化新闻理念与技能的培养。

2009年，以“分类新闻写作”课程为窗口，分“时政新闻”“法制新闻”“经济新闻”等不同专类，延请业界这一方面的专家或资深新闻人进入课堂，取得了较好的教学效果。

2010年，省内第一家实验教学学生自主管理中心，建设学生实践平台真知网。

2014年以后为应对新媒体革命的挑战，采取小学期教实践教学与课堂教学结合的培养方式（见图4-6）。

图4-6 安徽大学新闻传播实验教学示范中心

（5）教材建设。2001年开始，先后编辑出版了安徽大学出版社《二十一世纪新闻传播学丛书》、合肥工业大学出版社的《当代新闻传播学系列教程》，出版了《新闻报道方式论》《简明中外新闻事业史》《当代新闻采访教程》《网络新闻与传播教程》《当代媒介素养教程》《当代新闻写作教程》《深度报道的采访与写作》《新闻法教程》等系列教材。这些教材大部分已成为打通专业阶段新闻基础课的教材，为专业基础教学打下良好的基础。其中，《当代新闻写作教程》《深度报道的采访与写作》《新闻法教程》等教材入选安徽省教育厅“十一五”规划教材，《简明中外新闻事业史》还入选国家普通高等教育“十一五”规划教材。

(6) 服务地方。自建院以来，安徽大学新闻传播学院与本地传媒业的改革发展相结合，为安徽省新闻单位及相关行业输送大批专业人才，为地方社会发展作出了卓越的贡献。

省内外具有影响的报社、广播电台、电视台、网站以及省直机关、企事业单位对于学院新闻学专业毕业生的质量一致好评。

在科研服务地方经济方面，新闻学院教师承担了多项纵向课题。如“安徽传媒绩效考评机制研究”“安徽传媒体制改革和产业发展研究”“安徽省创意产业发展趋势研究”等，这些研究紧扣安徽地方传媒和经济的发展，具有现实的针对性。以安徽大学“舆情与地域形象研究中心”为重要的科研平台，组建“舆情与地域形象”研究团队，加大横向科研项目的立项，争取获得更多横向科研经费，增强服务地方政府与地方经济社会发展的能力；以“中国报刊与社会历史研究所”为平台，组织“新闻传播史论”科研团队，定期组织“中国报刊与社会历史”学术研讨会，安徽大学新闻传播学研究生论坛等国际、国内专题学术研讨会，在国内学术界发挥一定的学术影响力。

（刘　丽）

4.1.6　河南大学新闻与传播学院

1. 历史沿革

河南大学新闻与传播学院专业历史可追溯至 1948 年的中原大学新闻系。1948 年开封第一次解放后，以部分河南大学师生为骨干成立中原大学，下设新闻系，曾任中国社会科学院副院长的谢冰岩其时担任新闻系副主任。新中国成立后，中原大学新闻系师资编入河南大学不同文科专业，得以保留学脉。

编辑出版专业建于 1983 年，当时受河南省教委委托，河南大学开办河南省高校学报编辑业务培训班。1986 年，王振铎、宋应离等招收第一届编辑出版学硕士研究生。1990 年，中文系设立编辑出版方向。1992 年，正式设立编辑出版学本科专业，授予文学学士学位。1998 年，获批新闻学硕士学位授予点，下设编辑出版学和新闻学两个方向。1999 年，设立新闻学本科专业。

播音主持专业始于 1987 年中文系设立的高级口语实验班，1990 年组建文化传播教研室，1993 年正式创办广播电视新闻学专业，成为全国最早培养播音专业人才的院校之一。

广告学专业始于 20 世纪 80 年代开始的广告历史研究，在此基础上，1996 年，河南大学历史系设立了广告学专业，成为河南省最早的广告学专业之一。

2002 年 4 月，新闻与传播学院正式成立，融合了文学院、历史文化学院、艺术学院等相关专业，是河南省首家建制成立的新闻与传播学院。2012 年教育部第三轮学科评估结果显示，学院学科排名在全国同类专业中并列第 9 名，单列 19 名。

2. 人员机构

（1）院班子成员：

院长：李建伟（2002—2013）、张举玺（2013—2015）杨萌芽（2016—　）

书记：陈灿（2002—2007）、许俊峰（2007—2014）、王文科（2014—　）

副书记：翟俊涛（2002—2012）、马晓静（2012—2016）、涂钢（2016—　）

副院长：杨海军（2002—2008）、强海峰（2002—2013）、黎延璐（2002—2012）、翟俊涛（2012—2013）、严励（2008—　）、王建平（2013—　）、王鹏飞（2013—　）

（2）师资队伍。学院目前教职工人数为 82 人，专任教师 59 人。专任教师中教授 14 人，副教授 24 人，博士学位获得者 39 人。其中“黄河学者”2 人，校特聘教授 1 人，教育部全国卓越新闻传播人才教育培养专家委员会委员 1 人，全国出版专业学位教学指导委员会委员 1 人，教育部新世纪优秀人才 1 人，河南省教育厅学术技术带头人 6 人，河南省高等学校青年骨干教师 2 人，河南省高等学校哲学社会科学研究优秀学者 3 人，河南省高校科技创新人才 3 人。

（3）机构设置：

①实验中心。河南大学国家级新闻与传播实验教学示范中心 2008 年获批，是中西部首家国家级新闻与传播实验教学示范中心。下设广电传媒与音像制作实验室、广告创意与设计实验室、编辑出版实验室。实验中心有可以满足各专业研究和教学活动需要的

硬件设施，拥有非线性网络编辑工作站站（X-9100 系列）、三讯道演播室摄录系统（SONY 系列）、黑马校对 V12.0 全能版（单机版）、方正飞腾 4.1（专业版）等一批实验设备。首任主任、副主任为杨海军、涂钢；现任主任、副主任为杨萌芽、严励。

②研究机构：

传媒研究所：成立于 2006 年，是河南大学校级重点科研机构，张举玺教授、李勇教授先后担任所长。该所瞄准国际学术前沿，追踪世界传媒业发展动态，立足本土传媒发展的现实问题和需求，重点解决传媒理论、历史与实践中的突出问题、基础问题和重大问题，为我国传媒业的发展提供理论根据，为传媒政策、法规的制定提供智力支持，为传媒规律的探索和学科发展提供多学科、多视角的思考。传媒研究所下设三个方向：传媒策略与业务研究、传媒理论与批评、传媒史论研究。近年来，传媒研究所承担国家级项目 8 项，省部级项目 35 项，获省部级奖励 20 项，出版学术著作 70 部，发表学术论文 226 篇。

编辑出版研究中心：中心成立于 1997 年，时为王振铎教授牵头的新闻编辑出版研究所，2007 年更名为编辑出版研究中心，王刘纯教授担任中心主任。此后李建伟、王鹏飞分别担任中心主任。中心主要分为三个方向：出版产业与实务、数字与新媒体出版、编辑理论与出版史。

近 5 年来，编辑出版研究中心先后承担国家社科基金和省部级以上科研项目 24 项。承担河南省新闻传播学科唯一的省级双语课程“出版文化经典导读”。先后在出版专著《明伦出版学研究书系》两辑，共 12 部；出版教材《编辑出版学丛书》《新世纪编辑出版学系列教材》。在 CSSCI 期刊发表论文百余篇，荣获河南省社科二等奖科研奖励等 14 项。

影视艺术研究所：该所成立于 2009 年，邢勇、李勇、高红波先后担任所长。该所依托中国高等院校影视学会、中央电视台纪录片频道、河南电视台、河南大学新闻与传播学院、河南大学文学院、河南大学高校人文社会科学开放研究中心等机构平台，广泛联合社会各界研究团队。研究所目前下设三个研究方向：影视艺术研究（包括电视纪录片研究，电影学、电视学研究等）、影视文化产业开发（包括纪录片电子索引数据库的开发与网站建设）、影视艺术理论与文化传播研究（包括传播美学、影视艺术理论、媒介批判理论等）。在研的省部级及以上项目 18 项，出版著作 15 部，获省部级奖 6 项，创办有“纪录片索引网站”（http：//jlp. henu. edu. cn）。

3. 人才培养

（1）专业设置。学院现有四年制本科专业 6 个，文学类专业有新闻学、编辑出版学、广播电视新闻学、广告学；艺术类专业有播音与主持艺术、广播电视编导。新闻学与传播学为河南省一级重点学科，编辑出版专业为河南省特色专业。

学院目前拥有新闻与传播和戏剧影视学两个一级学科硕士点，设有跨文化传播二级博士点，拥有新闻传播硕士、出版硕士、艺术硕士（广电领域）三个专业学位点。新闻与传播学一级学科硕士点设有四个二级学科，分别为新闻学、编辑出版学、传播学和广告学。戏剧影视学下设两个二级学科：播音与主持艺术和广播电视编导。

（2）培养特色。河南大学新闻与传播学院秉持“知行合一、经世致用”的办学理念。“知行合一”是指既培育学生深厚的理论修养和丰厚的思想底蕴，又具备突出的实践动手能力，特别是优异的实战操作能力；“经世致用”是指培养的学生经得起社会实践的检验，适应新闻传播业的变化和社会发展要求的高级专门人才。

以此目标为指引，学院近年来提出了“博学、开放、创新”的教学理念，在人才培养模式上做出了系列改革。在博学层面，学院着力拓宽课程口径，除新闻与传播学专业课程外，开设了社会学、统计学等多学科课程，努力培育学生深沉的思想蕴藉，同时设置了视听节目制作、数据新闻等技术类课程，指导其掌握晖光日新的传播技术。在开放层面，学院依托实验中心，着力加强与业界的广泛合作，通过业界和学界的公开课程与深度的实习实践合作，努力实现新闻传播教学对新闻媒体的内容生产和经营管理的全模拟化，增强学生的实战水平；并通过与国内外知名院校的广泛合作，引进先进知识和思想，开阔学生视野。在创新层面，学院着力减少概论性质的理论课程，设置读本、文献课程，增加综合实验课程，努力实现毕业生胸中有经典文献、操作有实战训练的目标。

（3）教学活动。学院有着丰富的第二课堂活动和校园文化活动，并广泛参与国内知名的校园文化活动，在全省发挥着示范性影响。经过多年努力，各个专业的毕业生以基础扎实、作风踏实、表现优异闻名，就业单位好评率达到90%以上，“铁塔牌”新闻传播毕业生在省内外产生了良好反响。分述如下：

新闻学专业每年都有学生作品获得河南省新闻奖、河南省高校新闻奖，河南大学记者文化节暨河南大学新闻采写大赛，是学生展示新闻内容生产能力的重要平台，每年都吸引全省新闻界、新闻传播教育界的关注。

编辑出版专业组织有“模拟图书大赛”，展示学生的动手能力；每年世界读书日举办有“悦读文化节”，学生作品获得韬奋杯大学生创意大赛等各级奖项。

广告学专业负责组织全国大学生广告艺术大赛河南赛区的工作，同时每年举办河南大学广告节活动，学生作品获得国家级奖项10余项、赛区级奖项60余项。

播音主持专业在全国朗诵大赛、齐越节、夏青杯、全国声优大赛等全国性比赛中每年都有突出的成绩，每年一次的“绽放”毕业汇报演出，已是河南大学品牌活动与全省播音专业汇报演出的范本。

广播电视学和广播电视编导专业学生组织的“时光微电影展”，在国家级和省级媒体上皆有影响力，学生先后在中国高等教育学会、金鸡百花奖、科讯杯国际大学生影视作品大赛等竞赛中获得重要奖项。

4. 学科建设

河南大学新闻与传播学院建院 15 年来，学科建设已经颇有成效。目前，学院在既有的编辑出版学、广告学、播音与主持艺术等传统优势学科基础上，重点建设新媒体传播、网络舆情分析、影视文化传播等新兴学科，并且取得了国家级和省级科研项目资助，形成了有效的学科建设团队。其中，编辑出版专业为中国高等教育学会新闻学与传播学专业委员会编辑出版学研究分会会长单位，中国新闻史学会编辑出版研究委员会常务会长与秘书长单位（见图 4-7）。

图 4-7　学院举办编辑出版专业 30 年高层论坛

2016 年，河南省委宣传部与河南大学共建河南大学新闻与传播学院。纳入部院共建之后，成立的河南省新媒体研究中心，集合学院中青年学者努力建设引领全省的新媒体研究基地；学院为主体建设的河南大学舆情调查中心，针对省内外热点舆情，发布舆情研究报告，受到广泛关注；河南大学影视文化研究所已经取得了在国内有影响的成果。

秉持开放办学的理念，学院努力拓展国际化办学渠道。学院先后与英国爱丁堡龙比亚大学、澳大利亚拉筹伯大学达成合作意向，制订了合作培养方案和合作规划；与俄罗斯人民友谊大学签订了共建河南大学国际传媒学院的合作协议，与白俄罗斯国立大学签订了共建河南大学国际传媒与文化学院的协议。学院还先后与俄国莫斯科大学、乌拉尔大学，美国明尼苏达州立大学，英国考文垂大学，韩国中央大学，以及中国台湾世新大学、铭传大学、中华文化大学等海内外高校的新闻传播学院建立了学术交流渠道。目前，学院每年有近百名学生通过各种渠道出国留学、访学。学院将进一步拓展与英国牛津国际出版研究中心、美国密苏里大学、佛特汉姆大学等高校的合作，有效利用国外优质教育资源，提高办学的国际化水平。

5. 科研成果

学院成立以来，共获批国家社科基金项目 21 项；省部级以上科研项目近百项，获得省级社会科学奖等科研奖项 20 余项。以基础理论为主，近年来在跨文化传播、影视传播和舆情监测与分析等领域研究中取得了较大突破（见表 4-2）。

表 4-2　**国家级科研项目（2013. 1—2016. 12）**

项目名称	项目来源	主持人
数字出版企业版权战略管理研究	国家社科基金青年项目	王志刚
中国学术论著出版业态与编审评价机制研究	国家社科基金重点项目	王振铎
媒介融合视域下编辑理论创新研究	国家社科基金青年项目	段乐川
中俄战略伙伴语境下媒介合作研究	国家社科基金一般项目	张举玺
明代词学理论研究	国家社科基金一般项目	岳淑珍
实体信息与实体传播研究	国家社科基金后期项目	赵建国
当代摄影艺术的数字化生存与文化传播研究	国家社科基金艺术学项目	田欣欣
欧美移民电影研究（2000—2012）	国家社科基金青年项目	崔　军
新媒体编辑的叙事规律研究	国家社科基金一般项目	李建伟
民国报刊新闻述评的发生研究（1911. 10—1949. 9）	国家社科基金青年项目	刘英翠
当代文学“现代派”问题再研究	国家社科基金后期项目	李建立
“孤岛”文学期刊研究	教育部人文社会科学研究项目	王鹏飞

续表

项目名称	项目来源	主持人
有序的僵化——勃列日涅夫时期的苏联新闻与传播研究	教育部人文社会科学青年项目	张　珂
当代欧美媒介批判理论的批判与反思	教育部人文社会科学研究项目	李　勇
媒介形态嬗变与出版方式创新	教育部人文社会科学研究项目	阎现章
“互联网+”视域下电视融媒体产业创新发展研究	教育部人文社会科学青年项目	高红波
北美媒介批判理论研究	国家公派专项出国留学项目	李　勇

6. 社会服务

学院积极服务地方经济社会发展，为河南省经济社会发展提供思想资源和智力支持，自2002年以来，已经完成了对河南省近半地市媒体从业人员在职研究生进修班课程培训，为地方新闻宣传培养了大批高层次的新闻工作者。通过河南省委组织部的博士服务团和河南省高校与新闻单位互聘“千人计划”，学院10余名教师到新闻媒体挂职服务，为这些新闻媒体提高新闻宣传质量、增强生存发展能力作出了自己的贡献。2015年12月，学院承办河南省委宣传部主办的两期河南省新闻发言人培训班，对地市级以上新闻宣传部门近500名主要负责人应对舆论挑战、做好新闻宣传工作释疑解惑。此外，学院还与社会各个领域合作开展横向研究10余项，取得了良好的经济效益和社会效益。

（许　莹）

4.1.7　陕西师范大学新闻与传播学院

陕西师范大学地处具有深厚历史文化积淀的古都西安，建校于1944年，现为教育部直属、“211”工程重点建设院校，国家教师教育“985”优势学科创新平台建设高校。70多年来，陕西师范大学已建成学科门类齐全、培养层次完备、以教师教育和人文社科研究为主要特色的综合性研究型大学。学校现有4个国家重点学科，18个博士后科研流动站，15个一级学科博士学位授权点，103个二级学科博士学位授权点，40个一级硕士学位点，185个二级硕士学位点，1个教育博士专业学位点，20个硕士专业学位点。本科专业覆盖 12 个学科门类。陕西师范大学在人文社科领域有着较为深厚的学术积累，人文社科类各学科排名均在西北，乃至西部地区处于领先地位。

1. 历史沿革

陕西师范大学新闻传播学科起步于编辑学。早在 20 世纪 80 年代初期，陕西师范大学就召开全国最早的编辑学学术会议，并出版“文革”后最早的编辑学著作。90 年代初期成立编辑学研究室，1993 年开始在中文系招收新闻学本科生，1997 年成立新闻出版研究所，2000 年 6 月，学校整合校内新闻学、电化教育系、编辑出版系和电教影视中心，联合成立了新闻与传播学院，成为西北地区首家以学院建制的传媒教育机构，2003 年开始招收新闻学、传播学硕士研究生，2009 年开始招收文艺与文化传播学博士研究生，成为西北地区首家招收博士研究生，且硕士学位点最多的传媒教育机构。

2. 办学特色

建院近 17 年来，学院发挥西安，乃至整个西部地区的历史文化优势和陕西师范大学的人文社科优势，在学界、业界各方力量的支持下，在全院教职工的艰苦努力下，逐步形成以下办学思路与特色。

(1) 坚持以学科建设为先导，以队伍建设为重点，全面提高人才培养、科学研究和社会服务的能力和质量；

(2) 坚持凸显传媒类学科作为社会主流学科和特色学科的优势；

(3) 坚持文理艺多学科融合，凝练交叉学科方向、主流学科方向和资源富集学科方向，努力建成具有西部特色、时代特色和应用价值的学术研究体系；

(4) 坚持发挥传媒类学院的外向型特点，积极拓展社会服务领域，寻求与社会力量联合办学的新途径，谋求学院的跨越式发展；

(5) 坚持加快国际化进程，在人才培养和学术研究方面努力与国际接轨，拓宽“走出去、请进来”的渠道，广泛开展国际交流与合作；

(6) 坚持以人为本，教授治学，民主管理，努力创造团结、奋进、自由、和谐的人才培养环境和学院文化。

目前，已初步建成专业门类齐全、培养层次完备，并在西北地区领先的传媒教育基地，在学科建设、队伍建设、平台建设、教学科研、人才培养以及社会服务等方面取得了瞩目的成就。

3. 学科设置

学院学科设置较为齐全，覆盖面广，形成了文理艺相结合、学术型和实践型相结合的学科特色。学院在建有新闻系、编辑出版系、广播电影电视系、播音与主持艺术系和网络与新媒体5个本科教学系的基础上，全面完成了硕士研究生教育的布局，建有新闻传播学、戏剧影视学2个硕士一级学科，覆盖8个二级学科学术硕士点（新闻学、传播学、文艺与文化传播学、广播电视艺术学、新媒体艺术、电影学、影视批评学、戏剧戏曲学），3个专业硕士点（新闻传播硕士、出版硕士、广播电视艺术硕士），是国内硕士点最多的新闻传播教育机构之一。在博士研究生培养方面，学院先后于2008年、2012年自主设置了2个二级学科博士点“文艺与文化传播”和“媒介与社会变迁”。此外，学院与2012年与澳大利亚艾迪斯科文大学签署了联合培养传媒博士的协议，学院博士点增到3个。

4. 师资队伍

学院聚集了一支学历、职称、学缘、年龄结构合理，专兼职结合，实力较为雄厚的师资队伍。学院现有教职工72人，校内专兼职教师58人，有国外留学经历或国外取得学位的超过20%，其中教授15人，副教授24人，高级实验师3人，具有博士学位的教师30人，在读博士4人。另外，学院着力打造学界和业界相结合的人才队伍，从中央电视台等相关媒体机构遴选、聘任高威望、高水平的专家和学者30余人担任客座教授，外聘导师，充实兼职教师队伍，整体提升学院的影响力和教学水平。

教师中有三秦学者岗位1个，教育部新世纪人才1人，教育部教学指导委员2人，“马工程”专家2人，全国广播电视百优人才2人，陕西省文艺评论家协会主席1人，陕西省“百青”人才1人。

5. 教学平台

学院建有国家级、省部级各级各类软硬件平台，为学院稳步发展奠定了基础。学院在学校支持下，已建成国内一流的硬件环境。学校先后投资2000多万元建设的“数字传媒技术实验教学中心”是全国最早、设施最齐全的传媒实验室群落之一。该中心于2007年获批陕西省实验教学示范中心，2009年获批国家级实验教学示范中心，到目前为止是西北地区唯一的国家级传媒类实验教学示范中心。

在教育部实施的本科教学工程中，学院除了获批国家级实验教学示范中心外，还于2007年获批国家级人才培养模式创新实验区，该实验区除了在校内开办跨学科的辅修专业外，还先后承担了兰州大学、西藏民族大学、内蒙古师范大学、青海师范大学等高校的西部民族人才委托培养工作。新闻学、播音与主持艺术 2 个专业先后获批陕西省特色专业，编辑出版学获批陕西省人才培养模式创新实验区，2008 年获批陕西省动漫教学基地，2014 年新闻专业成为陕西省唯一的新闻专业综合改革试点单位，同时获批 2 门省级精品课程，2 个省级教学团队，1 位省级教学名师。由此，学院成为西北地区唯一拥有国家级建设平台和省级建设平台最多的传媒学院。在陕西省刚刚启动的双一流建设中，学院新闻学、播音主持艺术学入选陕西省一流专业。

6. 科学研究

学院先后组建中国西部电影电视研究中心、中国西部新闻传播与社会发展研究中心、知识媒体研究所、中国城市传播研究中心、西部数字出版产业协同创新中心、马克思主义新闻观中国化研究中心、中国—东盟文化传播基地、“一带一路”城市传播联盟、舆情检测中心、非虚构写作研究中心、口语传播研究中心等一批科研和社会服务平台。

学院以延安时期的新闻传播为依托强化了马克思主义新闻观中国化研究方向；以西部民族文化资源为依托凝聚民族文化传播研究方向；以西部影视资源为依托凝聚广播电影电视研究方向；以媒介史、媒介社会学，以及新兴媒介的生产实践为基础凝聚媒介文化研究方向；以数字媒介和业界正在经历的媒介融合为实践基础，展开一系列围绕新媒体的新兴学术增长点的探索，如数字出版研究、媒介融合研究、新闻可视化研究、文化遗产的数字化保护研究等。在这些研究方向内，学院在科研立项、论文发表、专著（教材）出版和举办学术会议等方面成绩斐然，出产了一批学术成果，成为西部新闻与传播研究的重要阵地，在学术界产生了积极影响。近十年来，学院完成各类科研立项 150 余项，其中国家级项目达 40 余项，陕西省重大文化精品项目 2 项，重大项目 2 项，科研经费总计超过千万元；在《中国社会科学》《新闻与传播研究》《现代传播》《国际新闻界》《新闻大学》等权威期刊发表论文愈 100 篇，学术著作和教材的产出愈 80 部；成功举办国际、国内学术会议 20 余次；先后获得国家级教学改革奖、陕西省哲学社会科学一等奖、陕西省高校教学成果特等奖、陕西省高校人文社科一等奖、陕西省“五个一”工程奖等 40 多项。

7. 人才培养

学院现有在校生规模在 1200 人之内，其中本科生 800 多人，硕士研究生 330 多人，博士研究生 16 人，另有驻站博士后 3 人，留学生 10 名。学院结合一流学科建设要求和当前媒体变局，在稳定现有规模的基础上，采取切实措施，狠抓人才培养质量，制订新的新闻传播人才培养的目标、方法和举措。

近年来，学院在已有的国家级和省级人才培养模式创新实验区、省级特色专业建设基础上，又在新闻专业开办“斯诺卓越新闻人才实验班”，并逐步开始实验传统媒体和新媒体融合、专业基础理论与全媒体技能融合、传播学科与相关学科融合，以及双导师制、三导师制等方法，开展对新媒体环境中人才培养模式的新探索。

学院连续九年开展“晨读经典”等特色活动，并举办九届“晨读经典大赛”，大大提升了传播学子的传统文化素养和综合素质，已形成品牌效应，受到校内外的广泛关注和多项奖励。

学院先后为社会各界培养人才5000余名。在校生和毕业生先后获得“中国新闻奖”“全国三八红旗手”“央视挑战主持人年度总冠军”、全国大学生朗诵比赛二等奖、陕西省主持人大赛一等奖、国际纪录片中国选片赛金奖、“全国新闻学子论文大赛”一、二、三等奖等各类奖励300余项。毕业生分布在中央电视台、中央人民广播电台、新华社、中青报、《新京报》、上海文广集团、南方报业集团、羊城晚报集团、广州日报报业集团、湖南卫视、深圳卫视、山东电视台、天津电视台、河南电视台、辽宁电视台、人民网、环球网等全国各大媒体。仅陕西广播电视台就有100多位我院毕业生。大部分毕业生集中在西部地区的各主要媒体、高等院校、党政机关和企事业单位，大多已经成为业务骨干，学院已经成为西部乃至全国重要的传媒人才培养和输送基地（见图4-8）。

图4-8　学生在延安新闻纪念馆专业见习

8. 社会服务

学院坚持服务社会、服务媒体、服务民生的办学宗旨，依托丰厚的教育资源和学科专业优势，积极参与社会服务工作，积极整合各种社会资源和社会力量，开展交流、合作和联合办学，走出一条开放办学的新途径。学院先后与陕西电视台、华商报社、陕西新闻出版广电局、陕西省新华出版集团、西安市委宣传部、陕西省文化产业投资集团、西部电影集团、曲江文化产业示范园区、东盟文化教育促进总会等单位合作，先后成立了“陕西电视台业务培训基地”“华商报社新闻培训基地”“陕西省报刊审读中心”“西安市委宣传部传媒人才继续教育培训基地”和“中国—东盟文化传播基地”等机构，为社会各界提供了高质量的优质的社会服务，受到了社会的肯定和认可。

近年来，学院各项事业快速发展。在 2012 年教育部学科评估中，该院新闻传播学科位列全国第 19 位，西部第 2 位，西北第 1 位。

2014 年 12 月 16 日，中共陕西省委宣传部与陕西师范大学签订了共建新闻与传播学院协议。学院正在以部校共建为机遇，努力将学院建成西部领先，且具有国内外影响力的传媒人才培养机构，为陕西乃至全国新闻传播及宣传文化事业的发展作出更大贡献。

（李　震）

4.1.8　上海理工大学出版印刷与艺术设计学院

1. 院系历史沿革

上海理工大学出版印刷与艺术设计学院是在原出版印刷学院、艺术设计学院基础上于 2007 年 5 月合并组建而成，是工、文、艺有机融合的多科类学院，是国家新闻出版总署与上海市政府共建学院，原国家新闻出版总署柳斌杰署长为学院名誉院长。

学院现设有印刷与包装工程、网络与新媒体、出版与数字传播、广告、艺术设计、环境设计、动画系、工业设计、美术系 9 个系，8 个学术研究机构，10 个本科专业。现有新闻传播学一级硕士学位授权点，印刷光学工程和传媒管理两个二级学科博士学位授权点。

学院是国家新闻出版总署出版印刷人才培养基地、上海市卓越新闻传播人才教育培养基地；印刷出版学科是上海市重点学科，数字出版与传播学科为国家新闻出版总署重点建设学科；学院建有现代出版印刷国家级实验教学示范中心，国家新闻出版总署数字传播科学重点实验室、国家新闻出版总署数字印刷工程研究中心。新媒体与出版印刷学科群是上海理工大学重点建设的六大学科群之一。

2. 机构设置

上海理工大学出版印刷与艺术设计学院院长为蔡锦达教授；汪维为学院党委书记，主持学院党务工作和思想政治工作；学院副院长姜君臣教授，分管教学、国际交流工作；学院副书记李景玉，分管学院学生工作、分团委工作。学院在新闻传播学科大类设有三个科系。

（1）网络与新媒体系。该系目前拥有专业教师 22 人，其中教授副教授 9 人，在读学生近 400 人。设传播学专业。主要培养培养适应产业发展的网络新媒体和数字传播人才。人才培养的特色是，既强调掌握传播学的基本理论和方法，又要求学生具有一定的数字传播技术能力、媒体创意设计能力与市场营销能力，着力培养面向网络传播、数字出版、数字媒体、网络营销等领域培养复合型、应用型、经营型的高级传播专业人才。

（2）出版与数字传播系。该系拥有专业教师 10 人，其中教授副教授 3 人，在读学生 380 余人。设编辑出版学专业。主要面向出版与数字传播行业，培养适应数字出版产业发展需要的高级应用型人才，培养学生具备系统的现代出版知识技能、宽广的文化科学知识、扎实的语言文字表达能力，具备数字出版新技术应用能力，能在数字出版、新闻传播、书报刊、文化教育企事业单位，从事出版传播策划、数字编辑、文字编辑、技术编辑、出版发行、数字营销、新媒体编辑等工作。本专业设有编辑、数字出版和发行 3 个课程组。主要课程有出版学概论、编辑实务与技能、数字出版实务、网络编辑实务、出版物营销实务、数字出版技术、出版物流与供应链管理、传播学原理、数字营销实务等。

（3）广告系。该系有专业教师 9 人，其中教授副教授 3 人，在读学生 250 多人。该系设广告学专业，利用我院在数字传播方面特有的国家级现代出版印刷实验教学中心先进的实验教学条件，确立移动互联网的互动广告创意表现与品牌传播为培养方向，形成了移动互联的数字创意设计与品牌策划的专业特色。培养在广告公司、新闻媒体广告部门、市场调查及信息咨询行业和其他企事业单位从事广告经营管理、广告策划创意、广告视觉设计、市场营销策划、市场调查分析工作的数字广告创意、品牌策划管理的专门人才及高素质技能型人才。

除上述与新闻出版传播相关的科系之外，学院还设有数字印刷研究所、印刷包装工程研究所、出版与传播研究所、品牌传播（营销）研究所、数字出版研究所、产品造型设计研究所、建筑规划设计研究所和“互联网与文化创意产业协同创新中心”8 个学术研究机构，采用合作培养和校企联动方式，开展科学研究和学生培养工作，成为行业和产业的重要技术研发基地和人才培养基地。

3. 办学规模

学院拥有一支以资深教授、学科带头人为核心的教师队伍，现有教职工近160人，其中专任教师135人；教授、副教授43人；硕士生、博士生导师42人；全国出版业领军人才4人。学院在校本科生、硕士、博士研究生近3000余人。学院与中国新闻出版研究院、上海文新集团上海世纪出版集团、上海印刷集团等建立了实践教学和产学研基地，是新闻出版、包装印刷、文化创意等行业和产业的重要技术研发基地和人才培养基地。

4. 专业设置

学院设有传播学、编辑出版学、广告学、印刷工程、包装工程、动画、视觉传达设计、工业设计、产品设计、环境设计10个本科专业。

硕士学位授予点有：新闻传播学专业，设新媒体传播、数据新闻学、媒介经济与管理方向；数字出版与传播专业，设数字出版、数字媒体传播方向；艺术传播专业，社设计艺术传播，新媒体艺术传播方向；印刷光学工程专业，设色彩再现理论与应用、数字图文信息处理方向；另有出版学与机械工程两个专业硕士点，出版硕士设出版经验管理、数字编辑与营销方向，机械工程以印刷包装技术与装备为培养方向。

学院有印刷光学工程和传媒管理两个博士学位授予点，印刷光学工程以数字水印技术和印刷关系和数字版权为研究方向，传媒管理设有出版印刷媒介管理、新媒体技术与管理、版权管理与媒介经济学等研究方向。

5. 学科建设

学院新闻传播学科的建设以出版传播为学科定位、以数字化技术融入出版传播学科这一工科、文科相结合方式为发展路径，以此在国内新闻传播学科中形成差异化、特色化发展的学科。学科建设中，强调在一定的传播学理论研究基础上，紧紧围绕出版传播数字化、移动化与网络化的行业发展趋势，从出版传播表达新媒体化、出版传播内容数字化、出版传播呈现艺术化三个角度凝练出本学科的研究方向、建构学科架构。

近些年来，本学科紧紧围绕出版传播学科的转型、深化与细化来开展工作，进而形成了以“新闻传播学”一级硕士点为先导，“传播学”“数字出版与传播”及“艺术传播”三个二级硕士点为支撑，“出版学”专业硕士点为行业拓展渠道、并涵盖传播学、编辑出版学及广告学三个本科专业的学科方向设置与协同发展格局。

伴随着数字化、移动化与网络化技术与出版传播学科融合的大背景，结合上海理工大学的计算机、光电等学科优势，学科通过陆续申报、建立了新闻出版总署数字传播科学重点实验室、新闻出版总署数字印刷工程研究中心、国家级现代出版印刷实验教学中心（教育部批准、投资）、现代传播科学实验教学中心（上海市教委批准、投资）的学科平台，整合学科资源并进行平台化的运作，逐渐形成了本学科工科、文科相结合的学科特色与优势。

6. 教学成果

学院坚持“工程型、创新性、国际化”人才培养定位，注重把人才培养和出版印刷、文化创意产业紧密结合，实施工、文、艺多专业交叉，多学科融合的教学思路，努力培养适应现代传媒、印刷复制和文化创意产业发展需求，具有国际视野和创新能力的高素质出版印刷与艺术设计人才。学院不断探索创新人才培养模式，加大实验教学平台和实践教学基地的建设投入，构建新媒体传播、出版印刷与文化创意产业全流程实践教学基地和教学模式。通过校企联合、项目合作等方式，聘请行业知名专家、邀请国内外名师、选送学生国外交流等途径，培养人才的国际化视野和产业实战能力。

学院在新闻传媒领域，拥有国家级精品课程一门，国家级规划教材一种，省级教学团队 3 个。近年来，学院教师获得各级各类教学成果奖 100 余项，其中省部级以上的奖项近 60 项目。

学院学生在教师指导下，申请创新研究课题 80 余项，获得专利 40 余项。学生在德国红点设计奖、全国大学生“挑战杯”学术科技竞赛、中国包装创意设计大赛、全国大学生工业设计大赛、上海大学生电视节、中国大学生广告艺术节学院奖、中国大学生书籍设计展等国际国家级竞赛中屡获殊荣，共获得国际级、国家级、省部级奖项 150 余项。

7. 科研成果

近 5 年来，学院承担国家级、省部级科研项目 120 余项，其中国家级研究项目 10 项，企业委托、合作开发项目 350 余项，各项科研经费达 3400 万元（见表 4-3）；公开出版专著、教材、发表论文 950 余部（篇），其中高水平论文 500 余篇。

表 4-3　　近年来承担的国家级科研项目

项目来源	项目类别	项目名称	负责人
国家社会科学基金项目	重点项目	数字化教育趋势教育出版转型升级与融合发展研究	施勇勤
国家社会科学基金项目	一般项目	知识联盟视域下科技期刊云出版平台构建与经营策略研究	任　健
国家社会科学基金项目	一般项目	基于智能移动终端的 9 岁儿童阅读能力实证研究	姜洪伟
国家社会科学基金项目	青年项目	移动舆论场重构与记者职业网络流动的关系研究	瞿旭晟
教育部人文社科研究项目	青年项目	数字出版的大都市产业集聚发展模式研究	金永成
教育部人文社科研究项目	青年项目	“执政方式现代化”视野下的新媒体政治传播策略研究	瞿旭晟
国家自然科学基金项目	联合基金	4D 特种电影“三叠纪海怪”	邓开发
国家自然科学基金项目	一般项目	耦合色域映射与色彩变换的地图色彩管理方法研究	刘　真
国家自然科学基金项目	青年项目	基于两级颜色通道的图像高保真分色研究	刘　真
国家自然科学基金项目	青年项目	基于压缩感知关联成像算法的激光跟踪机理研究	张雷洪
国家自然科学基金项目	青年项目	基于深度学习的复杂退化模糊图像恢复	陈晓钢
国家自然科学基金项目	一般项目	数据资产视角下出版大数据的构建与应用模式研究	张　博

8. 部校共建与校企联动

学院合并自成立之初，就是国家新闻出版总署与上海市政府共建学院。2005 年 11 月，上海市政府和新闻出版总署签署了共建协议。多年来，新闻出版总署在学科建设、教育改革、对外交流、信息沟通、实践教学、招生就业等方面对学院给予了大量的指导、支持，并把学院的发展列入国家新闻出版业的发展规划中。

学院不仅与中国新闻出版研究院密切交流，进行科研和人才培养合作，还和上海印刷集团、上海报业集团、上海世纪出版集团、江苏凤凰出版传媒集团、迪斯传媒集团、当纳利（中国）投资有限公司、希悦尔包装（中国）有限公司等 50 多家多内外大型出版、印刷以及传媒集团等合作，建立了实习基地和产学研基地。除此之外，学院还与中国新闻出版研究院合作，成立了上海市研究生协作培养基地，与上海张江数字出版文化创意产业发展有限公司合作，成立了上海市出版专业学位研究生实践基地。这些产学研密切合作的方式，加深了双方的合作，推动了产业领域的技术研发，提高了学院的人才培养水平（见图 4-9）。

图 4-9　“数字出版与传播”重点学科启动仪式

9. 社会服务与贡献

学院坚持问题导向研究范式，以各类高层次项目申报与行业应用为抓手，形成了一批决策咨询与行业应用成果，为行业及社会各界作出了一定的贡献。在决策咨询的社会贡献方面，学院申报上海哲学社会科学基金项目成果——“以打造专业性、平台化数字出版龙头企业为抓手，实现我市数字出版产业转型突破”，被上海市哲社办以《成果要报》形式发往上海市政府相关部门、研究机构及传媒集团，从政策优化层面对上海传统出版机构数字化转型产生了一定的影响。

在应用研究的社会贡献方面：出版资源数字化整合及云平台化转型的研究以科技期刊为抓手，在平台的治理结构、商业模式、利益分配机制及个性化知识服务方面与多家机构进行合作研究，研究成果对我国科技期刊联盟云出版平台内部管理完善及市场化拓展起到了一定的支撑作用。数字化时代儿童阅读能力发展及其影响因素的研究，聚焦儿童出版领军机构进行合作研究，并将研究成果应用到辅导儿童阅读的实践中去，在与出版社、在线教育公司等合作过程中，对行业作出了实质性贡献。按需（出版）印刷综合服务平台及其行业应用项目研究，服务于文化创意产业，将文化创意企业、大众用户、印刷企业联系起来，形成一种新按需（出版）印刷经营模式。该项目首次推出数字出版印刷的行业标准及规范，这是国内首个与按需出版印刷综合服务平台相关的标准及基本框架规范，这些行业标准和规范在全国数字出版传播领域起到引领、指导和服务作用。电子书包数字教育出版标准及其行业应用研究，聚焦数字教育、电子书包领域的标准化工作，结合上海等地的电子书包试点工作，针对数字教育出版标准的行业需求，研制并完成了“电子书包标准体系表”“电子书包基础术语标准”“电子书包内容质量标准”“电子书包元数据库标准”等数字教育出版领域的基础性标准草案的研制，其成果被全国新闻出版标准化委员会采纳。

10. 国际化教学

学院十分重视与国内外同行的交流与合作，先后与美国罗切斯特理工学院、美国奥特本人文学院、俄罗斯莫斯科印刷大学、加拿大菲莎河谷大学、瑞典布罗斯大学、英国考文垂大学、英国伦敦传媒与艺术学院、英国兰开夏中央大学、德国汉堡应用技术大学、法国南特大西洋设计学院、巴黎视觉传达学院、澳大利亚埃迪斯科文大学和新西兰奥克兰理工大学等国际知名学校开展交流合作，建立学术交流和人才培养模式，在印刷、出版、传播、艺术和动画等专业领域保持密切的学术交流与合作，并与澳大利亚埃迪斯科文大学、法国南特大西洋设计学院建立了“2+2”“3+1+2”等本科教育的国际合作项目。

（刘长庚）

4.1.9　郑州大学新闻与传播学院

1. 历史沿革

郑州大学新闻与传播学院前身是 1984 年 4 月成立的中原第一家新闻高等教育机构——郑州大学新闻系。1983 年 4 月，经原国家教委批准，郑州大学开办新闻学专业，同年 7 月开始招收四年制本科生。1984 年 4 月正式成立新闻系，2004 年 6 月改建制为新闻与传播学院。2014 年 6 月，新华社与郑州大学签约共建穆青研究中心；2014 年 12 月，河南省委宣传部与郑州大学签约共建新闻与传播学院。

郑州大学新闻与传播学院以穆青精神为指导，以“勿忘人民”为院训，致力于培养专业、敬业、乐业的新闻传播学人才。要求学生具有良好的思想道德品质、丰富的人文社会科学素养、扎实的新闻传播学理论知识，综合的多媒体实践技能，以及一定的经营管理意识。

2. 办学条件

郑州大学新闻与传播学院现有教师 58 人，其中专任教师 44 人。专任教师中有教授 8 人，副教授 24 人；博士 23 人；博导 3 人，硕导 31 人。有多位教师被评（聘）为河南省特聘教授、河南省优秀专家、河南省学术技术带头人、河南省教育厅学术技术带头人、河南省高等学校青年骨干教师、河南省高校科技创新人才、河南省高校哲学社会科学年度人物等。同时，学院还拥有一支来自媒体和省外高校的外聘和兼职教师队伍。学院与人民日报社河南分社、新华社河南分社、河南日报报业集团、河南电视台、河南人民广播电台、郑州报业集团、郑州电视台等多家媒体单位签订了校外培养基地合作协议；外聘媒体单位具有高级职称和丰富实践经验的兼职导师 50 余人。

学院现有省级教学实验示范中心“全媒体教学实验示范中心”。郑州大学全媒体实验教学示范中心建筑面积约 1600 平米，现有舆情监测实验室、视频演播实验室、语音综合实验室、资源管理中心等十几个基础教学和科研实验室。中心从全媒体时代人才培养、科学研究与社会服务需要出发，能够满足新闻学、广告学、广播电视学以及网络与新媒体等不同专业实验需求，融合传播视、听、图、文等多种媒体形态，全面覆盖纸媒、广电、网络、移动等不同媒体终端，功能齐全，体系完备。

3. 专业设置

郑州大学新闻与传播学院现有新闻学、广告学、广播电视学、网络与新媒体 4 个专业（系）。

（1）新闻系。新闻系是郑州大学新闻与传播学院建系最早、历史最为悠久的一个系。从 1976 年开始招收新闻学专业的学员，到 1983 年正式建系，新闻系的发展在全国普通高校中一直具于比较领先的地位。1990 年开始招收舆论学硕士，并于 1993 年正式取得新闻学硕士学位授予权，是全国最早的 6 家新闻学硕士点之一。2007 年，新闻系被教育部确定为第一批特色专业并在穆青研究、名记者研究、新闻作品研究等方面形成了自己独具的竞争力和特色；新闻系还是河南省新闻传播学科唯一的一个一级重点学科，在全省和中部地区享有一定的优势。

新闻学专业旨在培养具备系统的新闻传播学基本理论和技能、宽广的文化与科学知识，熟悉我国新闻、宣传的政策法规和伦理道德，了解世界主要国家的新闻传播行业发展和运行状况，具有行业发展的国际视野，树立良好的新闻传播职业道德，能在新闻媒体、编辑出版部门与宣传机关从事采编、宣传以及管理等方面工作的新闻传播类人才。从 2014 年起，开设新闻学专业穆青实验班。穆青实验班着力培养具有宽厚知识功底、独立思考精神、主动传播意识和有效传播能力，熟悉我国新闻、宣传政策法规，适应媒体转型的时代需要，能够在新闻出版、广播电视、新媒体行业和政府、企业、社会组织等机构从事新闻、宣传和管理工作的高素质复合型人才（见图 4-10）。

图 4-10　郑州大学新闻与传播学院 2015 级穆青新闻实验班学生赴延安采风

（2）广告系。秉承着“鼎立中原，创意天下”的办学理想，郑州大学广告学系正倾力打造广告教育和学术研究的知名品牌。

1992 年原新闻系创办了广告专业函授专科，并向全校学生开设了“广告策划”选修课。1995 年，创办河南省第一家广告学专业普通本科，现有广告设计与制作专科、广告学专业普通本科和广告学硕士研究生三个教学层次，是中国广告教育研究会的常务理事单位。河南省唯一的广告学术机构——河南省广告协会学术委员会设在该系。

郑州大学广告学系主要面向企业、广告公司、新闻媒体等，培养人文和专业素质深厚、实际操作能力娴熟、具有创造性思维品格、广告职业精神和国际性眼光的广告策划与创意、广告经营管理、营销传播等高级人才。广告系现有各类在校生达 200 余人，1000 余名毕业生遍布国内外广告界、新闻界和企业界。

（3）广播电视系。郑州大学广播电视学系成立于 2003 年，现有广播电视新闻学专业和播音与主持方向。在学校高度重视和直接领导下，经过全院教职员工的积极建设，形成了注重理念培育、强化能力培养、提高社会实践，具有强烈服务社会的意识和突出实际竞争能力的建设思路和专业特色。

广播电视学专业旨在培养德、智、体全面发展，具备系统的新闻学、传播学的基本理论和广博的文化科学知识，能够从事广播电视新闻策划、采编、摄制、主持、管理等工作的高级专门人才。学生应掌握马克思主义新闻学基本原理和新闻宣传政策，熟悉中外广播电视的历史和现状，具备广播电视新闻采访、写作、编辑、摄影、录音、口播等专业知识和基本技能，熟练运用影像语言，对影视产业具有较深入的理解，具有一定的广电艺术修养和较强的社会活动能力。广播电视新闻系拥有新闻摄影实验室、广播电视演播室、非线编实验室等多种教学实习设备和图书资料，建立了稳定的实习基地，为业界和学界输送、培养了大批人才。

（4）网络与新媒体系。为了适应新媒体发展的需要，郑州大学新闻与传播学院开设了网络与新媒体专业，并于 2016 年开始招生。网络与新媒体专业旨在培养德智体美全面发展的新媒体信息传播人才，能够较好地把握新媒体与信息网络领域的变革趋势及其业态多样性；掌握网络与新媒体传播战略与内容生产等知识体系，能够在新闻媒体、网站等新媒体机构、政府部门、企事业单位等各级各类组织，从事新媒体内容生产和运营管理、政府公共传播、企事业单位对外传播和组织文化建设等工作的应用型高级专门人才。

郑州大学新闻与传播学院支持教师在学术、教学各个方面的发展，初步形成了穆青与新中国新闻史研究、新媒体公共传播研究、文化产业研究、舆论思想与舆论场研究四个学术团队。2004 年建院以来，学院承担国家社科基金项目 16 项；承担教育部人文社科研究项目、河南省社科规划重大项目、河南省软科学项目等省部级项目 40 余项。

4. 研究机构

学院现有 4 个开放式研究机构：新华通讯社—郑州大学穆青研究中心、郑州大学文化产业研究中心、传媒发展研究中心和新媒体研究中心。

（1）新华通讯社—郑州大学穆青研究中心是全国高校唯一一家专门从事穆青研究的学术机构，于 2004 年 11 月在郑州大学正式成立。郑州大学穆青研究中心旨在通过对穆青生平和新闻思想和新闻实践学术活动的研究，揭示一个名记者的成长过程和历史作用，从而启迪当代传媒人更好地服务社会。郑州大学穆青研究中心的成立标志着穆青新闻理论和实践研究工作的正式启动。穆青研究中心将建设成全国性的开放式的研究中心，并筹划成立穆青基金会和设立穆青新闻奖。2016 年，新华通讯社—郑州大学穆青研究中心获批河南省高校人文社科重点研究基地。

（2）郑州大学文化产业研究中心。该中心是 2007 年郑州大学正式批准的校级科研机构，依托郑州大学新闻与传播学院，广泛吸纳了中文、历史、经济、旅游、编辑等方面的专家学者专门从事文化产业研究和策划。近年来先后承担了国家社科、中宣部、教育部、河南省委省政府各类科研项目 20 多项，出版和发表了一批高质量的研究成果，获得了多项国家和省部级奖。特别是在河南文化建设方面，先后参与了《河南省建设文化强省规划纲要》《河南省委、省政府关于大力发展文化产业的意见》、河南省 8 个文化改革发展实验区和全省多个地方的文化产业规划的调研、起草、评审和策划工作，多次参与河南省文化产业人才的培训工作，为河南文化强省建设作出了突出的贡献。

（3）郑州大学传媒发展研究中心的前身是成立于 1997 年的郑州大学新闻传播研究所，是河南省成立最早的媒介研究机构。近 20 年来，一直致力于新闻传播、传媒产业、广告营销等方面的学术研究和社会服务，承担完成了一系列的国家、教育部、河南省以及横向合作科研项目。郑州大学传媒发展研究中心汇聚了校内外著名的媒介研究专家，实行专家工作室独立与整合相统一的学术研究和社会服务制度，构建了为传媒界、广告界、企业界、政府等，提供课题合作、人才培训、舆情调查、管理咨询等全方位的研究与服务平台。

（4）郑州大学新媒体研究中心成立于 2014 年 7 月，现有比较稳定的研究人员 10 余位。中心围绕新媒体语境下的各种公共传播议题展开研究，试图在新媒体政治传播、文化传播、发展传播、国际传播等方向和领域整合力量，形成特色。中心自成立以来，以新媒体和公共传播为两个特色研究领域，孕育和产出成果。主要工作包括：2014 年 7 月，“新媒体公共传播”学科方向获得郑州大学首批基础与新兴学科方向重点项目资质和支持；以“新媒体和公共传播”为主题连续两年组织国际学术研讨会和以之为主题组织郑州大学“研究生创新论坛”新闻与传播学院分论坛活动；完成 34 个“新媒体公共传播”的专项课题申报和立项工作；推进研究生课程改革，增加和调整了新媒体、公共传播相关课程的比例和重要程度，确定了“全媒体型新闻与传播人才”的培养目标；协助建设郑州大学新闻与传播学院建设教学示范试验中心等。经过两年半的努力，中心围绕“新媒体公共传播”的研究初步开花结果：一是初步形成了特色学科方向，2015年12月，该学科方向入选河南省优势与特色学科平台；“舆论管理与公共传播”作为学科方向，从2014年开始招收博士；2016年6月，新闻学院获得了“公共传播”目录外二级博士点授权。二是产出了一大批科研成果，老师们依托中心的研究项目已发表学术论文70余篇，出版著作9部，孵化和培育出国家社科项目4项。

5. 学科建设

郑州大学新闻与传播学院在学科建设方面取得了快速发展。目前，学院拥有新闻传播学、戏剧与影视学2个一级硕士学位授权点和新闻与传播专业硕士学位授权点。2006年，新闻学学科被评为河南省重点学科；2007年，新闻学专业被评为教育部第一批特色专业建设点；2008年、2012年，新闻传播学科两次获河南省一级重点学科建设资助。

30多年来，新闻与传播学院已经为国家和社会培养各类人才7000多名，办学规模保持稳定增长态势。近5年来，平均每年招收新闻传播学类本科生260余名，硕士研究生90余名。目前，在校新闻传播学类本科生1043名，硕士研究生212名。

（魏　猛）

4.1.10　西南政法大学全球新闻与传播学院

1. 历史沿革

西南政法大学新闻传播学院是重庆市第一所经教育部正式批准建设的新闻学院，筹建于1994年，1995年开始面向全国招生。在我国法科大学里第一个开设新闻学专业，在全国第一家以法治新闻作为主要研究对象，在重庆市具有填补学科空白的开创性意义。赵中颉教授于1994年至2009年担任新闻传播学院院长，李珮教授于2009年1月至今担任新闻传播学院院长。

学院在办学之初，就明确地提出了“主新辅法”的培养模式，形成了新闻学和法学相结合的独特学科交叉优势，并整合了法学、哲学、文学、管理学等学科资源，以培养具有“媒介视野、法律正义、社会责任”的高素质法治新闻应用人才为目标。形成“媒介视野、法律正义、社会责任”三者并重的办学特色。经过全院师生艰苦创业，形成了新闻学和法学相结合的独特学科交叉优势，建立了有着鲜明的法学和应用特色的较为完备的新闻传播学科教育体系。在全国法科大学和重庆市高校中，最早设立新闻学本科专业招收本科生（1995），最早获得新闻学硕士学位授权点招收硕士研究生（2004），最早成为重庆市重点学科（2006），最早获得新闻传播学一级学科硕士学位授权点（2010），最早获得新闻与传播学专业硕士授权点（2010），2009 年获批重庆市法制新闻复合型人才培养模式创新实验区。

学院 2010 年更名为“全球新闻与传播学院”，这是学院保持发展法治新闻特色办学 15 年之后的一次理性拓展，以全球新闻视角打造国内一流新闻学科，以适应中国国力提升之后全球新闻传播对专业人才的需求，并将秉承“中国立场　全球视野　崇尚拙朴　匪敢巧华”的理念，充分整合国际国内资源，在法治新闻人才培养模式基础上拓展建立国际化办学模式和教学方法，培养具有全球视野的新闻与传播人才。

2. 办学理念和特色

（1）办学理念。学院坚持“主新辅法”的培养模式，并融入全球化视角，探索契合当今新闻传播教育变革发展理念、符合高等教育规律的教学改革新思路，注重不同专业和学科、课内与课外、校园与媒体、学院与海外名校及机构之间的融合与交流，通过全面、立体、包容和开放的教学体系建设，培养具有“媒介视野 · 法律正义 · 社会责任”的高素质法治新闻宣传人才和具有国际视野的新闻传播人才。

（2）办学特色：

法治新闻。新闻传播学科是全国第一个以法治新闻为特色的学科，依托西政法学背景，形成新闻学与法学学科交叉，培养了大批具有高素质法治新闻复合应用型人才。不少教师具有新闻传播学与法学交叉的学科背景，毕业生 40%左右在传媒机构工作，40%左右在公检法司宣传部门工作。

舆论与人权。当前人权问题已成为中西方矛盾斗争的焦点，学院依托于西南政法大学人权研究院，旨在通过舆论与人权相关理论与实践问题的研究，对我国人权事业建设、国际话语权阵地建设等进行正面引导，与西方世界争夺国际话语权，提升我国人权的国际对话与交流能力。成员在《人民日报内参》等内参上发表要报多篇，为中央决策提供理论依据；在《人民日报（海外版）》等报刊上发表多篇文章，回应西方人权霸权主义；为中宣部、外交部提供人权咨询建议多次，参与撰写 2013 年以来的中国人权蓝皮书，撰写人权舆情报告。

3. 专业设置

学院现有新闻学、广播电视学、传播学 3 个本科专业；新闻传播学一级学科硕士学位授权点，下设新闻学、传播学 2 个招生方向；新闻与传播学专业硕士授权点。

目前本科生每年招生 250 人左右，硕士研究生每年招生 70 人左右，硕士学位授位率达到 100%，本科学生年底就业率为 98%。

4. 人才培养

学院致力于培养德、智、体全面发展，有人文素养、有法治精神、有全球视野、有创新能力，掌握新闻传播基础理论和实践应用能力的高层次高素质专业人才。为我国主流媒体、公检法司宣传机构、企事业单位宣传部门、高等院校等，培养既懂新闻又懂法律的复合型创新人才。立足西部、面向全国，为国家和地区经济社会发展储备和提供实践型、高层次、专业化的新闻与传播人才资源。

经过全院师生的努力，2010 年 12 月，学院成为重庆市高等学校实验教学示范中心；2010 年，新闻学专业被确立为教育部财政第六批高等学校特色专业建设点；2011 年，成为重庆市“十二五”重点学科；2013 年 12 月，新闻学专业入选重庆市“三特行动计划”特色专业建设项目。2015 年，由该学科牵头的“舆情传播与风险管理学科专业群”成为重庆市高等学校特色学科专业群。

学院拥有重庆市新闻传播实验教学示范中心，教学硬件投入近千万元，先后建成了包括新闻演播实验室、新闻编辑实验室、新闻节目制作实验室、数字媒体制作实验室、5.1 数字环绕声实验室在内的全媒体实验室，满足了不同层次学生提升专业技能的需要。

5. 师资队伍

学院现有专任教师 58 人，其中教授 13 人，副教授 18 人，博士 39 人；其中博士生导师 3 人，硕士生导师 26 人，兼职硕士生导师 18 人。1/3 的教师具有法学学习背景，1/3 的教师具有海外学习和访学背景，1/3 的教师具有实务工作任职背景。

学院还有 1 名外籍教师，7 名海归博士，21 名教师拥有海外访学经历（见图 4-11）。

6. 科学研究

2014 年，学院成功申报国家社科基金重大课题“健全坚持正确引导舆论的体制机制研究”，实现了重庆市新闻传播学国家社科基金重大项目零的突破。近 4 年，教师获得国家级项目 12 项，省部级项目 36 项，横向项目 17 项，项目总金额合计 470 万元；出版专著 41 本，发表 SSCI 论文 1 篇，其他国外核心期刊论文 6 篇，CSSCI 论文 98 篇；获得国家级奖项 3 项，省部级奖项 3 项；学院出版了西南政法大学新闻传播学系列丛书

图 4-11　西南政法大学全球新闻与传播学院教师合影

（11 本，2015 年出版）、西南政法大学新闻传播学系列教材（11 本，2015 年出版），新闻传播学系列丛书（15 本，2016 年已出版），新闻传播学系列译著（11 本，2017 年出版），研究生论丛（10 本）逐渐发挥了学院与学科在全国的影响力。

世界与中国议程研究院、法治新闻研究中心、广播影视与新媒体研究院是学院三个重要的科研机构和学术平台。世界与中国议程研究院，致力于中国周边国家和中亚、南亚的研究，举办过“一带一路与重庆”等学术研讨会议，已产生一批显著性成果。法治新闻研究中心于 2004 年成立，目前形成了有鲜明特色的法学与新闻传播学相融合的较为完备的学科教育体系和科研创新体系。广播影视与新媒体研究院，主办了移动互联与媒介创新高峰论坛、推进广播影视与新媒体融合论坛、移动互联背景下的高校影视教育转型高峰论坛等全国学术会议。并在其召集下，成立了重庆市广播影视高等教育专业委员会。

7. 学科建设

学院坚持研究特色，形成了明确的研究方向：司法与传媒、法治新闻、广电与新媒体、舆论与人权。经过 23 年的发展，新闻传播学科已成为重庆领先、西部一流、全国有影响力的新闻传播学科。2013 年，教育部第三轮学科评估中，位列全国第 23 位、西部第 3 位、重庆第 1 位。

8. 社会服务

（1）引领学术发展。近年来，学院与联合国文明联盟、联合国教科文组织联合主办了亚洲媒介素养教育大会、主办了首届中国互联网与民主法制建设研讨会、影视传播与社会发展学术研讨会、广播影视与新媒体融合论坛、“一带一路与重庆”学术研讨会等。

（2）承担社会公共服务。学院为中央与地方宣传部门提供智力支持，服务社会公众。学院教授长期担任市委宣传部新闻阅评员；担任重庆地方媒体好新闻评审专家，并担任重庆卫视名牌栏目的出镜专家。

（3）充分发挥智库作用。学院成立了世界与中国议程研究院，相关成果多次获中央领导批示。学院推动成立了重庆市广播影视高等教育专业委员会，是重庆市乃至西部地区的广播电视理论研究中心。

（4）促进科研成果转化。学院教师刘川郁博士运用自身新闻传播专业知识创业，成为猪八戒网创始人之一，现兼任猪八戒网副总裁。该网站是中国最大的众包服务平台，中央领导人多次到此进行视察。2012 年以来，学院新增横向项目 17 项，横向项目经费合计 101.44 万元，其中国际合作项目 1 项，各级政府委托项目 8 项，其他企事业单位委托项目 8 项。

（赵文丹）

4.1.11　上海师范大学人文与传播学院

1. 学院发展概况

上海师范大学是上海市重点建设的高校，是一所以文科见长并具教师教育特色的文、理、工、艺等学科协调发展的综合性大学。人文与传播学院是上海师范大学教学科研最具实力的学院之一，学院前身是 1996 年成立的“人文学院”，随着学院的广告、编辑出版、广播电视新闻、公关等新闻传播学专业的发展和师资队伍的不断壮大，2003 年 3 月学院正式更名为“人文与传播学院”。

目前，学院的新闻传播板块有广告学系、影视传媒系、信息管理系和出版传媒系等，本科专业有广告学、广播电视新闻学、编辑出版学、戏剧影视文学、公共关系学、摄影和文化产业管理等。其中广告学和编辑出版学作为上海师范大学的重点学科，充分依托和整合学院优势资源，在新闻传播学专业中形成特色优势。学院拥有众多国家级、市级等重点人文和传播类学科，在此基础上发展的新闻传播学专业实务，拥有教育部普通高校人文社会科学重点研究基地、上海高校 E-研究院；作为上海市重点学科的“都市文化学”，学院在此基础上拓展了城市文化、城市品牌塑造等传播实务的研究。学院建有研究所 8 个、研究中心 26 个，如中国新广告研究中心、电子政务信息资源研究中心、现代出版研究中心、世界电影研究中心等，显示出学院雄厚的学术实力。

学院重视实验实训教学，建有资料中心、文科综合实验中心和广告学专业创新创业中心。其中，文科综合实验中心总面积 1200 平米左右，下设有 PC 机房、非线性编辑机房、自动录播实验室、摄影实验室、暗房、录音实验室、语音实验室、档案信息化综合实验室、虚拟演播室、数字出版实验室、社会工作实验室以及多媒体教室，均配备现代化的仪器设备，供相关专业，如广告学、摄影、广播电视新闻学等，进行实践性课程教学和学生课外练习使用。广告学专业创新创业中心是专门针对广告专业而设立的学术性资料室和研究机构，并为广大师生和研究人员提供创意产业方向的专业服务。此外，学院建有“上海编辑出版网”等 7 个门户网站；负责运营广告学专业的“云广告”微博平台；广播电视新闻学专业的“沪广旗舰店”、戏剧影视专业的“世界电影中心”和编辑出版专业的“话梅坊”等微信公众号平台，彰显学院在新闻传播学专业上软硬件设施的均衡化发展。

2. 学院发展特色

学院坚持“特色、创新、协调、开放、共享”的发展理念，充分发挥学科特色，形成了以人文学、传播学、新闻学等多学科协调发展，相互交叉渗透的学科体系。新闻传播学秉承“创中国文化之意”学术基因，在专业课程设置上，把“文学经典导读”等作为基础课程，培养学生熟悉中国传统文化乃至思维方式，运用本土文化元素贯通专业，重视对事件和传播现象的观察，将“始于形象，凝于思想，落实于方法”作为新闻传播学理论教学的核心思路。

1）传播学专业

依托于人文学科而不断发展壮大起来的传播学专业，其建设与发展一直是学院的重点与特色之一，学院致力于复合型创新人才培养，应用传播学发展势头良好。在教学理念方面，传播学专业旨在培养具有较高专业理论功底和文化洞察力、具有创新能力和扎实操作技能的高层次现代传播人才，并一直秉承广告传播教育高地培养创新型人才的传统，注重对学生的创新与创业能力，解决市场与产业实际问题能力的培养与训练，充分体现了应用型文科生教育特征。

在本科教育方面，广告学一直是学院在传播学专业上的翘楚，其始建于1993年，是全国较早开始本科招生的专业院校。结合行业需求与自身的人文传播优势，广告专业定位于服务行业发展，服务区域经济，培养具有创意及传播执行能力的本科应用型人才。目前已发展为教育部特色专业、第一批、第三批上海市教育高地、上海市优秀教学成果一等奖、二等奖获得单位，拥有新闻传播学一级学科硕士学位授予权。在2004年中国广告协会学术委员会的高校广告专业专项调查中，广告专业的知名度排名在全国第三，赢得了业界的广泛关注。

在课程特色方面，广告学致力于广告教育的提升，确立了以创意为核心，以创作为手段，培养广告创意创作人才的教学模式。在课程建构方面，主要有设计和创意技能类，还包括有营销类、摄影摄像类、传播类和素养类共六大类课程，丰富多样，培养多方位专业人才。课程体系上，形成了“基础+专业+综合”三合一的体系。其中，基础课程方面设立了涵盖人文素养与学科平台的课程。在专业课程方面，强调了广告创意传播技能的发想与执行，并通过“课堂教学+实践教学”模式，将知与行有机融合；综合性课程方面，主要体现在以项目为主导的课程作业中，通过长、短期项目平台为纽带，建立行业联动团队，让行业导师带教，训练学生的职业精神和专业技能，为学生提供展现平台。此外，专业还重视基础研究，设有七个教研平台，分别是：广告传播教研中心、广告影像创研中心、媒介融合实验室、国外专业教材数据库、IBM设计工作站、传播效果实验室和苹果影像工作站，并投入资金，积极引进国内外先进的教学设施和技术，供师生使用和研究。

知行合一的教学模式，让其专业的学生多次获得各类广告或设计比赛的国内外高层次奖项。如在全国大学生广告艺术大赛中连续三届蝉联冠军；2006年在美国莫比国际广告赛事中，本专业学生荣获三项学生奖项（全球共十项），这也是国内学生参加国际广告专业赛事中最好的成绩。此外，2014年以来陆续有学生获选戛纳幼狮项目，这些学生在中国区选拔赛中脱颖而出，代表中国学子远赴法国，与来自世界各地的广告学子融为一组进行比赛，并取得全球第二的优异成绩。

在学术研究方面，传播学硕士点于2006年设立，2007年正式招生，硕士点学科带头人是中国广告界、中国高校广告教育界重要人物之一的金定海教授，担任中国广告协会学术委员会主任，中国高等教育学会广告专业委员会副理事长，中国广告教育研究会副会长，中国商务广告协会副会长，中国广告协会学术委员会副主任，中央电视台广告策略顾问，《中国广告作品年鉴》编委会副主任、《国际广告》编委会副主任；荣获过上海市劳动模范、宝钢优秀教师奖、首届中国广告业年度“十大广告学人”称号、中国广告 25 年突出贡献大奖、中国广告 30 年突出贡献人物称号；著有《广告创意学》《上海广告业“十一五”发展战略研究》，发表过论文 70 余篇，参与主编《中国广告作品年鉴》等；还担任过国内外各大广告赛事的评委；金定海教授有着独特的教学理念和实践经验，主要担纲广告创意研究硕士方向，基于媒介融合的大数据分析和互动设计，研究广告的传播特性、功能、类别、程序，广告发展的历史与变化趋势；此外还有 3 个研究方向：一是创意与视觉传播研究，为特色研究方向，基于制作软件的动态与静态视图呈现方式转换，对视觉传播过程中信息的编码、解码、传播效果等问题进行研究；二是网络与新媒体方向，研究互联网新媒体自身特点及其在我国发展现状和存在的问题；三是会展与城市形象研究方向，对会展地的城市形象进行系统研究。

在项目联动方面，在学科带头人的重视和支持下，传播学专业先后与上海世博会事务协调局进行项目合作：为上海世博会志愿者文化产品进行开发、设计、制作；与凤凰网城市频道合作：主办《城市形象》专刊；与中视金桥国际传媒有限公司合作：发表《中国城市品牌成长攻略》；与《中国广告》合作：开展优秀广告月评，并发展为中国非选送广告创意大奖；与新浪微博合作，打造中国新广告研究中心的官方微博——“云广告”；与中国广告网合作：参与《广告·告白》和《老金时间》节目；与中国广告协会合作：为长城奖、黄河奖评审系统进行开发；与国家广告研究院合作：发表中国品牌发展白皮书（部分）；与中国高速公路协会合作：参与驿安高速公路新媒体传播方案。

传播学专业为各类广告公司、网络公司、工商企业以及各类电台、电视台等媒体单位培养营销策划、大型活动的策划、广告创意、广告文案、平面设计以及媒介推广等方面的专业人才。

2）新闻学专业

新闻学专业充分依托和整合学院优势资源，拥有一批具有广电新闻和网络新闻从业经验、高学历的师资力量；在办学理念、培养目标、课程设置等方面，均具有一定的特色优势。教学理念方面，其旨在培养具有较高专业理论、文化创意和扎实操作技能的高层次现代城市新闻传播研究与实务人才。

在课程特色方面，新闻学硕士点基于编辑出版学专业、广播电视学专业的教学、科研基础，拥有市级重点课程、市级实习基地，具有较强的传播实验教学设施和教学师资团队。学科研究与课程重点在传媒融合与新媒体研究，关注传统媒体与新媒体融合发展的国家战略、新闻传播学的一个新兴领域和前沿课题，关注学生把握新闻传播领域的发展趋势、提升媒介融合的学术素养以及实践操作能力。

在学术研究方面，目前新闻学硕士点的研究方向主要有8个方面。其中学科带头人陈丽菲教授，系上海师大出版传媒系主任，现代出版学研究中心主任、上海市编辑学会副会长、全国出版专业教指委委员，获得过中国图书奖优秀编辑奖、上海市哲学社会科学优秀成果著作二等奖、上海市编辑一等奖等各类国家级省部级奖项十数项，著有《出版新形态》《现代图书编辑实务教程》等书籍，发表过《数字出版特征及趋势探讨》等论文数十篇，在业界有着近20年的工作经历，其主要担纲出版文化与新媒体实务研究。此外，其他研究方向还有，媒介融合与发展研究、广播电视新闻发展研究、出版市场与营销研究、网络出版研究、传媒经济与管理、媒介发展与社会理论、广播电视新闻发展研究等。目前在研项目分别有：教育部人文社会科学研究青年基金项目“中国三网融合发展与公共服务问题研究”；上海市哲社规划课题“增强全民族文化创造活力研究”；上海市哲社规划基金项目“媒介融合时代传媒业经营模式的战略转型及路径研究”；上海市哲学社会科学一般项目“当代马克思主义媒介理论梳理与研究”；上海市教育科研项目“媒介融合时期高校新闻传播人才培养模式创新研究”等。

新闻学专业为图书、报刊、杂志、网络传播公司与广播电视各新闻部门、政府宣传与教育部门等培养相关专业人才。

3. 未来发展趋势

1）完善整个新闻传播学科的学科体系

无论是国内还是国外，新闻传播学都是方兴未艾的“朝阳学科”，人文与传播学院经过20余年建设，学院在新闻传播学专业上已取得很大成绩，但仍任重道远。正如习总书记《在哲学社会科学工作座谈会上的讲话》中指出：“要按照立足中国、借鉴国外，挖掘历史、把握当代，关怀人类、面向未来的思路，着力构建中国特色哲学社会科学，在指导思想、学科体系、学术体系、话语体系等方面充分体现中国特色、中国风格、中国气派。”① 习总书记对哲学社会科学发展的期待，也包含着对新闻传播学学科发展的期待。

今后，学院将逐步完善整个新闻传播学科的学科体系，不断改进教学内容和课程体系，同步国际，研发前瞻性新课和实训方案，打造以国际项目教学、媒介新技术为学科

---

① 习近平．在哲学社会科学工作座谈会上的讲话［EB/OL］．新华网，http：//politics.people.com.cn/n1/2016/0518/c1024-28361-4213.html.

驱动的应用型专业人才培养平台。

（1）新闻传播学专业融合。加强新闻学、传播学教学内容改革，学科内部的各个部分应该努力做到并存、融合、发展与创新。把众多枯燥的理论与社会热点新闻事件相结合，应用现代媒体传播手段和特点，加强教学内容和课程体系改革进程，重视基础课程，加强主干课程，扩大选修课程，课程设置应强调横向与纵向的平衡，把与传媒活动相关的各个学科的研究成果，运用到新闻传播学的基础理论研究中。

（2）学科建设向国际化并轨发展。计划孵化建设多门国际前沿性、学科引领性精品课程，实现国家级精品课程的突破，并有一定数量的精品课程进入“慕课”平台；诸如出版“中国新广告”等系列教材。学科提升方面，以国际化赛事为标杆，如“戛纳幼狮”选拔赛等，开拓大学生“中国元素”国际赛事，逐步扩大专业学生国际实习范围，探索出与国际同步，兼具中国特色的一流应用型文科人才培养模式。建立基于国际视野、行业发展变化的大数据库，定期评估行业需求与人才供给的数据变化，建立开放的、可调整的教学实践体系，以对应专业人才市场需求。立足上海，面向全国，走向世界。

（3）应用型人才和实践基地建设。新闻传播学专业要结合当代社会发展需要，加强学生实际操作技能和科研能力的培养，鼓励学生参与教师的课题研究与讨论，积极引入国际赛事，如在原有“莫比”“戛纳幼狮”等赛事获奖基础上，争取在参与国际赛事中打通教学与行业壁垒，落实学生的专业技能培养，并以此为基础建设教学创新团队。同时加强新闻传播学专业实践基地建设，与新闻、广告、公关、策划等业界进行紧密联系，给予学生更加自由、前沿、开阔的学习和实践平台，提高学生的实践能力与创新能力。

（4）专业教师队伍建设。构建有特色的学科团队，积极引进高层次人才和专业发展急需的短缺人才，通过内培外引，形成稳定的学科梯队。在获得“首届上海高校青年教师教学竞赛人文学科一等奖”基础上，结合学科特点，建设“双师”队伍，形成“产学研”共享平台，为学科专业建设和发展提供智力支持和人才保障。

2）在新媒体和数字技术方面进一步突破

新闻传播学科应跨越新闻学或大众传播学的学科藩篱，以互联网信息与传播技术为导向，以媒介融合和网络传播为核心，不断优化专业布局，未来专业建设的重心将转移到内涵建设，充分结合新媒体和数字技术，从大传播的宏观视角，从专业设置、课程规划、师资调配、人才培养模式以及研究方向等方面进行多维度全方位的重构。

随着新媒体和数字媒体产业的蓬勃发展，学院紧跟产业发展步伐，在相关研究方面进行不懈努力。未来，学院将努力构建诸如全媒体数字融合平台教学等，让学生掌握数字化平台一种交叉的能力和复合能力，学院将依托先进的教学平台，以新媒体数字技术为突破口，加大教学设施的硬件投入，建立诸如新媒体、数字化技术等研究中心，构建新型的新闻传播学科新格局，进一步实现理论和实践层面的双突破（见图 4-12）。

图 4-12　意讯社（AGI）专访报道“上海师大电影学堂”全新意大利电影项目启动

（张　华）

4.1.12　上海外国语大学新闻传播学院

1. 历史沿革

新闻传播学院的前身是上海外国语大学于 1983 年创立的国际新闻专业，是我国最早设立的国际新闻专业之一。先后经历了国际新闻专业、传播系、新闻传播学院、新闻学院与传媒学院、新闻传播学院等阶段。经过 30 余年的发展，新闻传播学院现已成为拥有本科、研究生、多语种国际新闻特色班等多个层次，以国际新闻学、教育技术学、广告学、广播电视新闻学等为特色的教学平台，以多语种国际舆情研究为特色的研究平台。

1983 年 6 月，经教育部批准，上海外国语学院率先在全国同类高校中开设了国际新闻专业，隶属英语系；9 月，国际新闻专业从本校二年级英语专业学生中招收新生 30 名。同年，经院长办公室会议决定成立传播系筹委会，包含国际新闻专业和教育传播与技术专业，国际新闻专业在编制上隶属英语系。1984 年学校在全国首次举办“英语+国际新闻”双学士专业班，国际新闻专业从三年级英语专业学生中招收学生 30 名，继续修读 3 年国际新闻专业课程，毕业时授予英语和国际新闻专业双学士学位，隶属于英语系。1985—1987 年暂停招生。1986 年英语系曾设立过英语国际新闻研究生专业，于 1990 年暂停招生。1986 年，首批国际新闻专业双学士毕业生毕业。1987 年，国家教委同意学校增设国际新闻专业，学制五年。1988 年 2 月，在外语电教馆的基础上，成立上海外语音像出版社和传播系，周秉勋为传播系主任。国际新闻专业于 1988 年秋季开始招生，同年与传播系脱离。1992 年国际新闻专业改为学制四年。

1993 年 5 月 7 日，在传播系的基础上，新闻传播学院正式成立，由国际新闻系、传播系和“上海中学生英文报”社 3 个实体组成。国际新闻系于 1998 年更名为新闻系。创建之初，新闻传播学院在这一学科主要有国际新闻学、传播学、广告学 3 个研究领域，主要研究方向为大众传播学、英语新闻问题、比较新闻学、传播理论与技术、教学媒体编制、广告心理学、市场营销学等。

2011 年 9 月，学校将新闻传播学院拆分为新闻学院和传媒学院。新闻学院拥有国际新闻专业；传媒学院拥有教育技术专业、广告学专业、广播电视学专业。

2014 年，为进一步加强新闻传播学一级学科建设，学校于 6 月 25 日发文，决定合并原新闻学院、传媒学院，成立新闻传播学院，为学校二级教学科研单位；同时撤销新闻学院、传媒学院建制。至此，新闻传播学院拥有新闻学、教育技术学、广告学、广播电视学、网络与新媒体 5 个本科专业；拥有新闻学、教育技术系、传播学、广告学 4 个硕士点；拥有英语教研室、计算机教研室。

2. 教学与人才培养

1）本科生教学

国际新闻专业创设于 1983 年，是中国最早设立的国际新闻专业之一。该专业旨在培养学生具有坚定的政治意识、宽广的国际视野，能深刻理解中国社会环境和国际地位，拥有基本的综合分析能力；拥有扎实的中英文语言功底、能有效开展适应多元文化背景的国际沟通能力和自我学习能力；初步掌握国际新闻传播的理论和实践运作规律，掌握全媒体时代国际新闻传播基本功，拥有过硬的英语新闻业务的实战能力。该专业已形成以国际新闻教育为基础的国际新闻、国际传播以及国际舆情研究的教育与研究平台。2011 年，新闻学专业入选教育部第六批高等学校特色专业建设点。2012 年，作为推进“上外—新华社战略合作项目”的重要内容，以第二专业辅修形式设立了“多语种国际新闻特色班”，培养既掌握国际新闻专业知识和技能，又精通两门外语的高端国际新闻传播人才。国际化办学特色日益突显，已与美国和欧洲的多所新闻传播院校合作开展学生海外留学和实习项目。拥有中央和地方多家知名媒体和单位实习基地，包括新华社、中央电视台、中国国际广播电台、上海市新闻办、《上海日报》、上海外语频道等。该专业教师团队是校级学术机构“中国国际舆情研究中心”的主要研究成员，该中心已成为中宣部舆情直报点，上报舆情多次受到国家领导人批示，已成为中国国际舆情研究的学术高地。

教育技术学专业创设于 1986 年，为教育学下设的二级学科，毕业授予理学学士学位。1998 年专业设硕士点，2012 年教育学科入选上海市高校一流学科（B 类）建设计划。专业旨在培养“互联网+”时代背景下（在线）教学系统设计与开发（如 MOOC 设计与开发，数字化学习环境与资源的设计与开发）、企业培训与绩效改进（如绩效分析、绩效干预措施设计与开发）等领域的国际化、复合型教育技术应用型人才。教学以学生为本，强化外语特色，采用国际上先进的课程体系，注重学生创新创业等实践能力培养，近几年，学生负责或参与完成的国家级和上海市大学生创新创业项目 26 个，其中多项荣获优秀项目称号。毕业生外语优势明显，专业竞争能力突出，就业率持续保持全国优秀水平。2013 年成立了学生实践平台“多媒体课件制作工作室（M 坊）”，与国内外企业合作，使学生接受市场化实战训练。2014 年学校成立“MOOC”（慕课）中心，教育技术系负责承担全校所有慕课课程建设工作，成为学校教育信息化建设的重要基地。

广播电视学专业（原广播电视新闻学专业）创设于 2001 年，2012 年更名为广播电视学，为新闻传播学二级学科，毕业授予文学学士学位。该专业旨在培养精通英语、具有较强国际广播电视新闻实战水平，熟悉多媒体、深谙创意与叙事、熟练制作各类广播电视节目的国际广播电视人才。2014 年，该专业入选“上海市卓越新闻传播人才教育培养基地（国际型）”。历年来连续开展“全球重大事件新闻双语报道团”学生实践活动，在全校有较大影响力；还拥有学生媒体“新电图电子媒介工作室”、新媒体项目“西索传媒”等实践平台。

广告学专业创设于 1998 年，2014 年设硕士点，是新闻传播学二级学科，毕业授予文学学士学位。致力于培养掌握扎实的英语语言能力，可在国际市场环境中从事营销传播管理、策划和创意的复合型人才。学生能熟练掌握英语综合技能，具备良好的沟通能力和客户管理能力，对产品、市场、消费者有深入的洞察并能提出有效的整合营销传播策略，能进行创意开发并具备一定的执行能力，具有创新意识和持续学习的能力。学生毕业后主要供职于各类广告公司、营销传播公司、媒介机构、市场咨询机构、生产企业的营销部门和政府机构等。该专业致力于整合业界各种优质资源，将业界导师引入教学模块，优化人才培养模式，强化项目制实践教学，使学校与市场无缝对接。学院以广告学为基础，获得国家级“媒体融合实验示范中心”建设项目，拥有全国高校唯一的“3D 影视制作基地”，设有多语种国际传播能力研究中心。

网络与新媒体专业创设于 2014 年，旨在培养能掌握全球网络信息传播的基本理念与新媒体实践应用能力，能熟练运用网络与新媒体技术开展全球范围内的内容生产、创意策划以及新媒体创业活动，并熟练掌握英语、具有国际沟通能力的全球化、网络化传播人才。不断整合全球网络与信息资源，对课程体系进行持续迭代与更新，从而保障与全球课程体系的对接与同步。毕业授予文学学士学位。强调动手实践能力，已建设完成国家级实验室“网络与新媒体实训基地”，“上外—IBM 大数据分析中心”在筹建之中。与东方网、上海外语频道等多家媒体建立战略合作伙伴关系，学生广泛参与上外英语网站、ICS、澎湃新闻等合作实践项目以及新媒体海外实践项目中。

新闻传播学院实验中心现有实验机房 9 个，面积达 440 平米，包括国际传播实验中心实验室和广播电视节目制作实验室各 2 个，数据新闻实验室、图形图像实验室、音频实验室 3D 实验室以及融合媒体实验室（国家“十二五”实验教学示范中心项目）各 1 个，其中国家级实验室 2 个，教学设备总金额达 1244 万元。网络与新媒体实训基地（教育部项目）已建设完成，拟建“IBM—上外大数据分析中心”。旨在建设成为具有“多语种+新闻传播+新媒体应用”特色的实践教学平台。

2）研究生教学

1986 年，曾设立过英语国际新闻研究生专业，1990 年暂停招生。1988 年起从英语本科毕业生中招生，学制 2 年，设立研究生班，1990 年暂停招生。1997 年，根据国务院学位委员会〔1997〕42 号文件精神，新闻学申报硕士学位授权点，于 1998 年获得比准，1999 年正式招生。该硕士点是全国传统语言类高校中首次增设的新闻学复合专业硕士点。2011 年 4 月新闻传播学被批准为一级学科硕士点。学院设有三个研究方向，即国际传播理论、国际新闻业务和多语种国际舆情研究。

1997 年，教育技术学增设硕士点，培养教育技术和绩效技术领域的应用研究人才。学科点目前设绩效技术、教学系统设计、跨文化培训、外语教学技术、教育绩效改进等研究方向。

2012 年年底，在新闻学和传播学一级学科硕士点下增设了广告学二级学科硕士点，2014 年正式招生。学科点目前设有广告创意与城市品牌传播、新媒体广告与数字营销、媒介经济与传媒文化等专业方向。

3. 师资队伍建设

在59名教职员工中，拥有博士33名，硕士24名；在48名专任教师中，拥有教授6名、副教授20名、讲师17名、助教3名，副高以上职称占全体教师54%；专职研究人员1名；长期外教3名，实验中心管理人员2名，辅导员2名，行政管理人员6名。有硕士生导师22名，其中博士生导师3名。上海市优秀教师2名，入选浦江人才计划3名，获得上海市人才发展资金1名，获得教育部留学回国人员科研启动基金1名，获得上海市优秀青年教师科研专项基金4名，获得教育部科研基金1名。2016年学院共有5个本科专业，536普通本科生10名入系留学生；共有4个硕士点，303名硕士研究生。

4. 科学研究

学院在多语种舆情分析与直报上取得重大进展。自2015年中国国际舆情中心成为中宣部国际舆情直报点以来，已向有关部委报送各类舆情材料217篇，获得采用115篇。据不完全统计，已有30余篇材料获得中央领导同志批示。学院教师在CSSCI来源期刊发表论文14篇；在CSSCI扩展板来源期刊发表论文6篇；在北京大学中文核心期刊发表论文1篇；在其他国内普通期刊发表论文19篇，在其他境外学术刊物发表论文1篇。收入国际学术会议论文集4篇；国内学术会议论文集2篇。递交国外或港澳台召开的学术会议论文4篇，国内召开的学术会议论文8篇。各类论文共计87篇。副教授吴瑛的论文《多种声音 一个世界：中国与国际媒体互引的社会网络分析》获得2016年上海市哲学社会科学研究优秀成果奖论文类二等奖，该奖项为省部级奖项。

5. 学科建设

新闻传播学学科拥有新闻学（含多语种国际新闻方向）、传播学和广告学等3个二级学科硕士点。2012年，新闻传播学学科入选上海高校一流学科（B类）。在2012年全国第三轮学科评估中，该学科在全国48个参评学科位次并列27位，在全国外语类院校中排列第一。

该学科突出“外语（多语种）+国际新闻传播”特色，致力于为全球媒体、跨国企业、国际组织和机构培养精通外语的高端国际新闻传播人才。以“多语种+国际新闻传播”为突破点，与新华社等中央媒体、全国外语类大学以及校内其他语种专业合作，开创了“多语种（英语+一门其他外语）+国际新闻”的跨学科、跨部门创新人才培养模式。2012年本学科一级硕士点获批上海市研究生教育创新计划：“新闻传播学学位点建设与人才培养探索”；2014 年推出“中国媒体与全球企业传播”的全英语硕士班，同时开设“多语种国际新闻”硕士班。

该学科已形成多语种国际新闻传播、国际舆情研究两大特色研究方向，拥有 3 个国家级实验中心（基地）：“十二五”国家级实验教学示范中心——“媒体融合实验中心”，教育部“网络与新媒体实训基地”，在教育部合作框架下成立“上外—IBM 大数据分析中心”。在此基础上创建了“全球融合媒体实训基地”。拥有一个上海市级社会调查中心——上海社会调查研究中心上海外国语大学分中心，承担上海城市发展所急需的与国际化相关的各类调查与研究项目。

该学科自 2005 年以来获得多项国际重大研究项目、国家重大招标项目、国家级和省部级其他科研项目、国家级和省部级教学项目。2014 年 3 月，该学科联合上海国际问题研究院，获批上海市发改委项目“全球多语种信息文本监测与分析平台”。2014 年 11 月，成功获批 1 项国家社科基金重大招标项目“多语种涉华国际舆情案例数据库”。

该学科 2008 年成立校级学术机构——中国国际舆情研究中心，建立了国内首个多语种国际舆情网站（www. globalpubopinion. org）。2015 年 7 月，该中心获准成为中宣部舆情信息直报点，积极对接国家重要战略决策，聚焦国内外重大热点焦点问题，借助互联网技术和多语种资源两大优势，推进新闻传播学、政治学、外国语言文学等学科交叉融合，严把舆情分析报告质量关，多次获得上级决策部门高度评价和中央领导批示。

2016 年，学院作为学校综合人事制度改革试点单位，全面启动各项改革，形成了学院融合发展的共识以及新一轮发展定位和规划，凝练出学科发展的“国际化、实践型”两大特色；确立了“十三五”规划指导思想和发展路径：以综合改革为平台，国际化合作办学建设为抓手，完善全国际新闻传播高端人才和多语种国际新闻传播创新培养模式。

2016 年 11 月 30 日至 12 月 1 日，首届“亚洲新闻传播学院院长论坛”由国务院新闻办公室主办，上海外国语大学承办。论坛以“新媒体 新亚洲——新闻传播在构建亚洲命运共同体中的作用”为主题，旨在通过亚洲国家新闻传播学院知名专家和学者开展对话，探讨新闻传播在推动构建亚洲命运共同体进程中的重要作用，研究新媒体给亚洲新闻传播带来的机遇与挑战，讨论如何在新媒体环境下重构亚洲新闻传播新局面。来自亚洲 22 个国家和地区的近百位新闻传播学界专家学者共襄盛会（见图 4-13）。

6. 社会服务

新闻传播学院积极开展社会实践，服务社会，包括学生支教和社会调查服务、建立产学研基地、为中央部委和地方政府提供舆情报告等。为了对接社会需求，学院新增上

图 4-13 “亚洲新闻传播学院院长论坛”在上海举办

海市新闻办和上海日报社两家实习基地；学生媒体工作坊“新电图电子媒介工作室”采用社会化的运营模式，承接校内外各类视频制作业务；于 2014 年 7 月成立全校“MOOC”中心，由教育技术系承担全部课程建设，不仅成为学校教育信息化的重要基地，而且所制作的上外优秀课程在全球范围内受到欢迎。

上外国际舆情中心自成为中宣部舆情信息直报点以来，至今已报送各类舆情材料 217 篇，获得采用 115 篇。据不完全统计，已有 30 余篇材料获得中央领导同志批示。中宣部在《采纳证明》中指出，直报点较好地对接中宣部需求，报送了多篇内容翔实、分析深入、建议可行的舆情稿件，体现了政治意识、大局意识、责任意识和业务能力。

（向丽华）

4.1.13 广西大学新闻传播学院

广西大学是广西壮族自治区办学历史最悠久、规模最大的综合性大学，广西唯一“211 工程”学校，教育部和广西共建的省部共建高校、中西部高校提升综合实力计划建设高校。学校创办于 1928 年，首任校长是马君武先生。1952 年，毛泽东同志亲笔为广西大学题写了校名。在近 90 年的办学历程中，广西大学逐渐形成了“勤恳朴诚，厚学致新”的校训，积累和沉淀了鲜明的办学特色、深厚的人文底蕴和独特的“西大”精神。

1. 发展历程

广西大学新闻传播学院的发展经历了三个阶段：初创阶段、新闻系成立、新闻传播学院成立。

初创阶段：1972 年春，针对广西理论写作、新闻报道和文艺创作人才奇缺的现实，自治区党委决定在广西高等学校创办文科专业。1972 年在广西大学中文系设立了新闻写作教研室，并开始招收第一批学员，广西大学新闻传播学专业教育由此起步。1977 年全国恢复高考，广西大学的新闻学专业招收了 40 名学生。

新闻系成立：1986 年在广西大学中文系内设立新闻系，同年，新闻学专业成为广西大学第三批“经国务院批准的硕士学位授权专业学科”，新闻系正式开始招收硕士研究生。当时全国只设有复旦大学、中国人民大学、中国传媒大学等 5 个新闻学硕士点。

“联合办学”是广西大学新闻传播学院的人才培养特色，这一探索和实践始于 20 世纪 80 年代，根据新闻学的专业特质，学院加强和业界的横向联合力度，取得较理想的社会效果，得到社会各界的盛赞，于 2007 年与广西大学其他 6 个专业一起荣获教育部“特色专业”称号。

新闻传播学院成立：2008 年 3 月 13 日，广西大学新闻传播学院正式成立。2008 年年初，经国家新闻出版总署发文，西南地区新闻传播人才培养基地正式落户广西大学；2010 年，中国—东盟文化产业（传媒）人才培养基地、广西新闻学会落户新闻传播学院；2010 年，新闻传播学院和越南河内人文社科大学达成“2+2”合作办学协议。2014 年 7 月 13 日，广西大学与广西壮族自治区党委宣传部签订共建新闻传播学院的协议，打造以马克思主义新闻观为统领、国内领先、特色鲜明的现代化新闻传播学院；建设成为广西新闻宣传系统在职干部培训基地，国家应用型、复合型新闻传播人才教育培养基地和面向东盟的国际新闻传播人才教育培养基地。

2. 专业设置

广西大学新闻传播学院现有新闻传播学一级学科硕士授予权，两个二级学科硕士点已全部布满。新闻学专业硕士点含新闻理论和历史、新闻业务、广播电视新闻 3 个方向，传播学专业硕士点含大众传播与社会、文化产业、媒介融合 3 个方向。

本科专业现有新闻学、广播电视新闻学、广告学和播音主持 4 个专业，新闻学实行大类招生分流培养的模式；广告学单独招生；播音主持专业招收艺术考生。办学 30 多年来，共培养硕士、本科及成人毕业生 6000 多人，毕业生社会承认度高，绝大部分毕业生成为党政部门、新闻传媒的骨干。现有在校生 1030 人，其中本科生 790 人，研究生 234，留学生 6 人。

3. 师资队伍

广西大学新闻传播学院有一支知识结构、职称结构、学历结构、年龄结构等优化合理的新闻传播学专业教师队伍。现有在职教职工 61 人，专任教师 40 人（外教 1 人），其中教授 7 人，副教授 18 人，博士和在读博士 22 人。此外还从国内知名学者、自治区领导和专家中聘请兼职教授 12 人。一位教授担任教育部高等学校新闻传播教学委员会委员。新闻传媒的教学必须与时俱进，学院要求专业教师必须在第一时间将科研资源向本科生开放并将最新研究成果及学科前沿知识融入教学内容。

近年来，先后获得部省级等各种教研教改立项 20 多项次，发表教育教学研究论文 11 篇；现有 1 门省级精品课程、2 门慕课；获得部省级教学成果二等奖 1 项、三等奖 2 项。

4. 基础设施

2015 年，新闻传播学院搬入“新闻出版人才培养基地大楼”。新大楼按照多功能、前沿性和世纪性原则进行建设，与新闻传播学院的总体建设目标和发展规划相吻合，除满足日常的教学、科研需要外，还能满足举办大型国际国内学术会议、学术论坛，中国—东盟博览会期间举办中国—东盟传媒论坛、媒体合作论坛等需要。

学院设有图书资料室和期刊阅览室，馆藏图书资料 5 万多册。

学校广播电视中心挂靠新闻传播学院，是学校和新闻传播学院学生的校内实习基地之一，由学院负责中心的日常业务管理工作，中心负责校内外广播电视新闻的采编播业务，现有有线电视网络系统和有线广播和两个频率的 FM 广播呼号。学生通过在广播电视中心的学习基本掌握广播电视的采编播业务技能。

新闻传播学院实验教学中心，实验教学中心下设全媒体交互演播室、摄影中心、视听观摩室、数码后期制作室。目前传媒教学实验中心总资产 1227（台件套），总值达到 2186.17 万元。摄影摄像设备完全满足两个班（100 人左右）同时上实训课，并可达到人均一台摄影、摄像机。校内外实习实训基地 20 多个，与广西各大媒体、中央驻广西的各媒体及广西各地级市的主要媒体和部分文化传媒公司、广告公司等单位签订了校外实习基地合作协议 15 个。其中，与广西电视台共建的校外实习基地为第一批国家级大学生校外实习实践基地。

5. 办学特色

广西大学新闻传播学院以马克思主义新闻观为指导，以数字化新闻教学为手段，培养优秀的新闻传播工作者、新闻教育和研究人才，发展成为区域领先、国内有影响的现代化新闻学院，其特色日益明显；建设成立足广西、面向全国、辐射东盟地区的新闻传播、宣传系统人才培训基地；成为全区新闻宣传和传播事业发展的理论和实践问题研究中心，实现教学、科研、培训、社会服务一体化职能。

根据“全媒体、应用型”人才培养目标的要求，精简专业必修课，增加选修特色课程，突出实践应用型人才课程体系的完善，真正做到学以致用。始于 20 世纪 80 年代的“联合办学”是广西大学新闻传播学院的人才培养特色。新闻传播学院从办学开始就十分重视实践教学，实践教学体系分为四个模块，分别是基础性实验模块、综合性实验模块、创作性实验模块、实习及毕业论文模块。

基础性实验模块主要帮助学生掌握和熟悉媒介生产制作流程，相关设备使用与保养基本操作，相关软件的基本使用，等等。

综合性实验模块主要培养学生实际动手操作能力，强化他们对相关设备与软件的综合掌控能力，能够创作具有一定专业水准的实验作品。

创作性实验模块是在以上两个模块学习的基础上，以提供一定情境和节目基本要求为前提，模拟真实新闻传媒社会活动，激发学生创意，从而创作出不同的节目形态和不同风格的新闻传媒和影像作品，并进而掌握不同类别传媒节目制作的实践操作能力和创作能力。

实习及毕业论文模块是实践教学中最高层次的模块。实习强调的是在真实的传媒实践活动中提高创新和创作能力，而毕业论文环节则是强调学生综合运用所学理论知识对新闻传媒领域前沿问题进行探索、思考，最终提出自己的见解，并激发和培养自己的创新思维。

6. 学科建设

学院有新闻传播学一级学科硕士点、新闻与传播专业硕士点（MJC）。学院为广西新闻传播教学指导委员会理事长单位；广西新闻学会挂牌点和常务理事机构。2007 年新闻学专业入选为国家级特色专业，2011 年广播电视新闻学专业入选广西高校特色专业及课程一体化建设项目。拥有 4 个自治区级教学实践和人才培养基地：中国—东盟文化产业（传媒）人才培养基地；广西马克思主义新闻观研究与实践基地；新闻传播学类国家大学生校外实践教育基地；广西高校实践教学示范中心。

“新闻采访与写作”为省级精品课程，“电视节目制作”为校级精品课程。双语课有6门，即“电视摄像”“传播学研究方法”“传播法规与职业道德”“市场营销学”“传播学原理”“新媒体概论”“新闻心理学”和“广告英语”；慕课有“广告策划与创意”和“设计基础”。

7. 科学研究

学院现有新闻传播研究所、东盟传媒研究所等研究机构。学科发展主要有三个方向：一是马克思主义新闻观理论与实践研究，该方向与自治区党委宣传部共同建设；二是依托广西少数民族地区特点，开展民族文化传播研究；三是与复杂性科学和大数据研究中心和中国研究院合作开展的新闻与文化大数据分析研究。

新闻传播学院近5年来承担国家社科基金和自治区级科研项目20余项，纵向科研经费420余万元，出版专著20部，教材6部；发表学术论文398篇，其中核心期刊137篇。获国家社科基金项目6项，教育部社科基金13项，自治区社科规划项目16项，纵向和横项项目120多项。获广西社会科学奖17项，其中二等奖1项，三等奖三项，获广西新闻奖（论文类）一等奖2项。

8. 人才培养

立足“宽口径、厚基础、强实践、重能力”的人才培养指导思想，以社会需求为导向，建立以精学专业基础课为重点、突出实践教学为特色、以马克思主义新闻观为保证的教学体系。根据媒介融合背景下“全媒体、应用型”人才培养要求，通过与传媒行业开展深度合作，协同育人，坚持“政治素质、文化底蕴、实践意识”人才培养思路，培养“优秀政治素质、深厚文化底蕴，较强实践能力”的适应全媒体时代需要的新闻传播卓越人才。学生毕业后能够在报纸杂志、广播电视、网络新媒体、新闻社、出版社等从事记者、编辑等工作，或在各级党政军机关、企事业单位从事新闻宣传、文秘公关等相关工作。既能胜任传统的采编播写的任务，也能承担起自媒体时代各单位急需的形象构建、舆情处置等工作。同时也为从事新闻传播教学研究工作进一步深造打下坚实的基础（见图4-14）。

学院积极探索协同育人、创新创业、校企合作等新模式、新方法、新渠道、新机制。通过开展“开放式读书活动”，让学生在汲取知识过程中将“践行马克思主义新闻观”常态化，做到“真学、真懂、真用”；搭建全媒体平台，实现学校、媒体双向人才培养和输送，走出一条部校共建新闻学院的新路子。2016年4月，该院与人民网广西频道共建广西新媒体实验室，双方共建新媒体技术、应用平台，向全区推出广西新媒体

图 4-14　2016 年 4 月，广西大学新闻传播学院学生直播《超级女声》（广西赛场）

年度发展报告，建设 500 个新媒体实验室工作站和 1 个电子商务实验平台。目前，新媒体实验室已经建立起由教师、人民网广西频道记者编辑及学生代表 50 余人组成的团队，人民网“中央厨房”“两微一端”、微电商、舆情监测四大产品已在新媒体实验落地实施。共建双方将不断整合资源，全面提升广西新媒体影响力，努力把广西新媒体实验室建设成为广西乃至全国独有的新媒体实验室、工作站网络，成为广西新媒体研究、实验、发展的高地，推动广西新媒体的发展。

学院积极推行本科生导师制、本科生弹性学制、本科生班主任制度，积极利用全媒体交互式演播中心、新媒体实验室、全媒体应用实验室和网络舆情调查实验室、《新传媒》院报及其微博、微信等，切实提高学生的全媒体应用实践能力。

学生在全国大学生演讲比赛、全国大学生广告设计艺术大赛、全国大学生艺术展演、上海大学生电影节、中美大学生影展、广西民族博物馆国际影展等国际性和全国性学科专业竞赛中获得多个特等奖、一等奖等。多年来，毕业生初次就业率均在 90% 以上，毕业生遍及国内各大媒体，有不少毕业生进入国内外知名高校深造。

9. 社会服务

2014 年共建以来，学院进一步加大了构建广西新闻传播教育与新闻实践相互贯通、深度融合、协同发展的力度，为加快实现“两个建成”服务，为建设21世纪“海上丝绸之路”服务，为中国—东盟合作迈向“钻石十年”服务。

一是积极为自治区党委宣传部开展“广西高校新闻传媒教师马克思主义新闻观培训班”做好服务工作；二是积极开办广西传媒业记者编辑专业技能培训班；三是积极为地方宣传和文化改革发展出谋划策，在科学研究、规划制定、决策咨询等方面发挥重要作用，努力为文化改革发展提供智力支持；四是依托学院的舆情研究室，积极为政府有关部门和相关行业提供舆情咨询服务。此外，学院教师按照国家相关政策和规定要求，积极承担各种重要的社会兼职和学术兼职，注重依托科研机构搭建产学研一体化平台，热心为行业和社会多方位提供各种形式的咨政、咨询和培训服务，形成了稳定的服务机制，产生了广泛的社会影响。

10. 国际交流

学院重视推进教育教学国际化进程，积极开展国际交流与合作。每年有计划地选送1~2名中青年教师到国外高水平大学进修访学，目前已有7名教师具有一年以上国外访学经历。支持和鼓励教师积极参加国际学术会议，近年来，学院教师先后赴美国、英国、韩国、新加坡、越南，以及中国香港、台湾、澳门等国外和境外参加国际学术会议和学术交流活动10多人次。积极推进本科生、研究生教育国际化进程，先后同美国蒙大拿大学新闻学院、英国威斯敏斯特大学传媒学院、佐治亚西南州立大学艺术科学传播学院、越南河内人文社科大学，以及中国台湾铭传大学、香港中文大学、浸会大学等国外和境外高校建立了合作交流关系，构建起开放式的学术交流与办学平台。近年来，先后有20多名本科生、研究生赴国外和境外高校进行交流学习。

（易　文）

4.2　港澳台地区新传播院系——香港城市大学媒体与传播系

香港城市大学媒体与传播系前身是由从美国至香港城市大学任教的祝建华、何舟、李金铨等老师在原英文与传播系中逐步设计与建立的媒体与传播本科、硕士与博士研究生专业。2008年7月香港城市大学媒体与传播系正式成立，目前提供媒体与传播多个专业的本科、硕士、博士教育，培养不同层次的从事信息传播实务与学术研究的专业人员。经过短短数年的发展，该系已经跻身于全球大学媒体与传播学科领域名列前茅的学系。根据国际高等教育资讯机构（QS）2017 年发布的年度世界大学媒体与传播学科排名，香港城市大学媒体与传播系名列第 27 位。

4.2.1　师资与学术地位

香港城市大学媒体与传播系以它的创新与进取精神以及教学与研究活力，吸引了来自海内外卓有成就的学者。目前该系有一个由 21 名教师组成的国际学术团队。教师中有国际知名的资深学者，也有从海内外知名大学博士毕业不久即在学术界崭露头角的青年学者，还有来自传媒业界的资深从业人员。从事新闻传播理论与实务教学的教师不仅有深厚的学养，有的还有多年从事新闻工作的经历。多位教师曾经在美国的大学长期执教。

香港城市大学媒体与传播系学术团队近年来取得的研究成果体现出其超越大中华地区的国际水准。在 2014 年香港政府大学教育资助委员会开展的大学学术水平评审中，香港城市大学媒体与传播系在媒体与传播研究方面的卓越成就获得充分肯定。该系教师 2007—2013 年 6 年的研究工作，包括研究成果、获得的经由专家评审的有竞争性的研究基金、学术地位三项，60%被评为世界领先与国际卓越。这一比例在全香港从事媒体与传播研究的大学中为最高，使该系成为香港城市大学全校 6 个在本领域领先的系科之一。

4.2.2　教学理念

该系的教学特色和发展方向是融合媒体教育 。在专业设置上不受严格的学科分类限制，设立跨学科和跨媒体的融合型专业。本科主要专业都包括跨专业领域的课程要求，学生必须学习并掌握这些领域的专业知识与技能。硕士各专业课程互通，一个专业的必修课同时也是另一专业的选修课。专业和课程设置涵盖多种媒体与信息传播方式，包括新闻、数码电视与广播、广告与公共关系、新媒体，着重训练学生在多媒体环境下开展信息传播或研究的能力。该系的媒体与传播学士学位专业，传播与新媒体硕士学位专业以及整合营销传播硕士学位专业等，都跻身为全球率先建立并且成功运行的融合媒体教育专业。

4.2.3　颁授学位专业

媒体与传播系目前提供本科、硕士、博士三个学位层次的五个专业：包括媒体与传播文学士、数码电视与广播文学士、传播与新媒体文学硕士、整合营销传播文学硕士，以及传播学哲学博士。该系的专业和课程设置强调新媒体技术的应用，采用最先进的技术设施，着重训练学生掌握各种传播方式的综合技能。各专业均整合跨学科理论与专业实践，为本地及大中华地区培养具有前瞻性的从事信息传播与研究的专业人员。媒体与传播系所有课程均采用英语教学。

1. 媒体与传播文学士（BA Media and Communication）

媒体与传播文学士，学制四年，致力于在日渐融合的媒体环境下培养掌握融合型媒体综合技能的信息传播人才，每年招收26名学生。此外还招收30名有副学士学位的学生。该专业课程设置强调传播媒体的融合，要求学生广泛接触大众传播的相关领域，包括新闻、广播电视、广告与公共关系、新媒体等。课程设置理论知识与实践课程相结合，实践课程则培养学生的动手能力，并为学生提供多种国内外实践机会。学生必须在多媒体新闻/出版和策略传播两个领域各修读两门课程，并通过选修其他相关课程进一步提高技能，从而培养媒体融合的广博视野和特长领域的专攻技能，能有效运用多种媒体和信息科技手段制作、编辑多媒体内容，在新闻、出版、广告与公共关系、新媒体等行业施展才能。

2. 数码电视与广播文学士（BA Digital Television and Broadcasting）

数码电视与广播文学士，学制四年，主要培养从事数码电视与广播行业的专业人才，每年招收23名学生。此外还招收28名有副学士学位的学生。在“视频2.0”的时代，该专业的教学强调广义的“视频”和“音频”专业知识与技能。课程内容不仅包括传统广播电视在新闻以及时事纪录类信息节目的制作和采、编、播的技能训练，同时也包括广告、宣传和微电影等作品的制作技能。在技术上，训练学生与时俱进，既掌握业界目前使用的技术，又在业界普及使用前掌握最新的技术，例如3D、4K以上的视频技术、虚拟现实、网络直播等。在融合媒体的应用上，训练学生声、像、图、文技能的整合以及使用新技术进行制作与播出，成为数码时代能熟练掌握与运用综合技能开展信息传播的专门人才。

3. 传播与新媒体文学硕士（MA Communication and New Media）

传播与新媒体文学硕士，学制一年，每年招收90名学生。该专业创立于1998年，是香港及亚太地区最早的新媒体硕士学位专业，旨在培养既懂传播理论又懂新媒体的专业人才，该专业凸显“全球化”“高科技”和“市场化”三个主题，充分利用学系配备的多个新媒体实验室，以促进学生在新闻传播理论应用和新媒体制作等方面的融合发展。该专业尤其强调理论与专业实务结合，60%以上的课程为专业实务课，包括互联网传播、多媒体传播、数码视觉媒体，网络数据管理、网络数据挖掘、社会网络分析、电子营销媒体等。从 2016 年开始，为使专业更加贴近信息技术和媒体行业的新近发展，传播与新媒体文学硕士专业发展为 3 个专业方向，分别是：媒体数据挖掘（Media Data Analytics）、数码视觉媒体（Visual Media）和数码媒体（Digital Media）。毕业生去向包括尼尔森、谷歌、阿里巴巴、腾讯、汇丰、中国移动、百度、香港无线电视（TVB）、凤凰卫视及新华社等互联网、科技和媒体公司。

4. 整合营销传播文学硕士（MA Integrated Marketing Communication）

整合营销传播文学硕士，学制一年，每年招收 90 名学生。该专业创立于 2009 年，为亚太地区最早的整合营销传播硕士专业，旨在培养能整合公共关系、广告、市场营销和危机管理等专业技能，为商业和政府机构进行整合性说服传播的人才。课程包括营销传播基础、广告制作与管理、公共关系策略、消费者行为，以及危机管理等。鉴于视频传播在各种说服传播领域日益重要的作用，该专业特别为学生开放在传播与新媒体硕士专业中的数码视觉传播专业方向。该硕士学位专业于 2017 年正式与美国西北大学开办整合营销传播硕士双学位项目。这个项目为美国西北大学在全球开展的整合营销传播双学位项目之一，旨在通过强强联合培养具有国际视野和整合传播专长的特殊人才。

5. 传播学哲学博士（PhD in Communication）

传播学哲学博士专业旨在培养从事新闻与传播领域研究的师资或高级研究人才，在博士研究生专业能力的培养与训练、研究成果、毕业去向等方面，媒体与传播系都领先于亚太地区各校传播学博士专业。

传播学哲学博士专业，学制三到四年，每年招收约 5 名博士研究生。入选者首先必须达到香港城市大学及该校人文社科学院的一系列标准（如已有学士/硕士学位、学习成绩优秀、英语考试达标等），其次符合该系学术定位（运用社会科学方法进行传播学基础研究）与培养目标（从事高校教学科研或媒体应用研究的高级人才）。该系博士研究生品质优秀，有相当一部分博士研究生入学时获得香港政府颁发的博士研究生奖学金。博士研究生入学后，第一年以修课为主，其后以研究为主。该系博士研究生目前有 4 门必修课，理论与方法各半。理论课强调广泛阅读及评述传播学经典文献。方法课训练从文献梳理、概念阐释、理论创新到数据采集、统计分析、结果解读的综合能力。此外，博士生在修读必修课程之外可以在本校其他院系以及香港其他院校选课，修读学分得到承认。城大还支持并资助博士生到海外访学半年。部分导师还鼓励和安排博士生到工业研究机构（如微软研究院、腾讯实验室等）短期实习。

该系博士生学术成就斐然。仅以博士研究生发表在社会科学引文索引（SSCI）和部分科学引文索引（SCI）期刊上的论文为例，自2008年建系至2016年底的8年间，他们共发表了53篇论文，其中三分之二是在1~2区期刊上（“1区”指期刊影响因子排名前25%；“2区”前25%~50%），其数量和质量为亚太地区各校传播学博士专业研究生之首。

自2017年起，该系扩展与内地大学联合培养传播学博士项目，联合培养博士研究生录取后将有两年时间分别在香港城市大学和城大深圳研究院学习，在该系导师指导下从事相关研究。目前已经与该系建立联合培养博士项目的有中国人民大学、复旦大学、上海交通大学、浙江大学、华中科技大学、中国科学院大学等学校的新闻传播与相关院系。

4.2.4 研究成果

媒体与传播系系致力于推动有理论价值且有益于实际应用的媒体传播研究，以多元方法及最前沿的设备深入研究各类传播媒体的结构，过程以及效果；同时深入探讨传播科技及媒体发展对政治、经济、社会和文化的影响。该系目前从事研究的教师共有15人，设有传播研究中心，互联网挖掘实验室和眼球追踪实验室，开展的研究课题范围甚广，主要涵盖7大领域，包括新媒体科技、媒介全球化、新闻与民意、广告与公共关系、媒介效果、计算传播学及健康传播，研究成果发表于各类顶级学术刊物。在教师平均研究成果数量、教师研究成果平均引用率方面都与国际上新闻传播领域的知名院校不相上下。2014年香港大学教育资助委员会主持的研究评审确认，该系教师研究工作中世界领先与国际卓越的比例远超过香港其他大学的同类院系。此外，该系传播研究中心因研究成果卓著，在2011年被《新闻学研究》（*Journalism Studies*）作为名列第二的国际新闻传播研究中心突出介绍，仅次于英国牛津大学下设研究新闻学的“路透研究院”（Oxford University's Reuters Institute）。除了在顶级国际期刊踊跃发表论文，该系教研人员积极与世界各地学者开展研究交流及合作，不仅在深具威望的专业传播学会如国际传播学会（ICA），新闻及大众传播教育学会（AEJMC）及中华国际传播学会（CCA）中担任重要职务，而且在许多顶级国际期刊如《传播研究》（*Communication Research*）、《传播学季刊》（*Journal of Communication*）、《国际民意研究期刊》（*International Journal of Public Opinion Research*）、《传播学年鉴》（*Communication Yearbook*）、《亚洲传播期刊》（*Asian Journal of Communication*）担任编委会成员。该系教师还接连获得国际学术机构，例如国际传播学会，颁发的学术研究奖项。

4.2.5　教学设施

香港城市大学媒体与传播系位于香港九龙塘的九层坐标建筑邵逸夫创意媒体中心内，拥有全球最先进的教学设施，包括：新闻演播厅、3D 虚拟演播厅、大型节目演播厅、多媒体实验室 I 和 II、广告设计与制作室、数码广播及录音室、视频编辑室、眼球追踪实验室、大数据挖掘实验室、中华视觉传播典藏中心等。所有这些设施里的软硬件都是最新和最前沿的，包括所有多媒体制作软件、数据分析软件、6K 摄像机、3D 摄像机、3D 投影和电视、4K 电视屏、虚拟现实设备、各种最新的移动和航拍设备等。本科学生与专业硕士研究生充分运用先进的教学设施，开展各种信息采集、制作、发布的实践活动，在模拟媒体机构实时运作的实习操作中培养新闻与其他信息采编制作与实时发布的技能与才干。该系教师与学生还利用这些先进设备制作大型纪录片和大型电视节目，如 4 集大型纪录片《廉政公署》、6 集 4K 大型纪录片《澳门澳门》、亚洲电视播出的系列纪录片《百年共和》前五集、3D 纪录片《雪域诗人——六世达赖喇嘛仓央嘉措》、凤凰卫视播出的《百年革命之西伯利亚》和后续篇，以及七集凤凰卫视的《世纪大讲堂》。该系的理念是，在技术和设备运用上，既要与业界同步又要领先于业界，以期培养今后业界的领军人物（见图 4-15）。

4.2.6　专业奖励与社会服务

媒体与传播系教师不仅专注于教学与研究，还广泛参与国际和地区的专业活动和社会服务。有 4 位教师分别创立和担任在美国成立的中华传播学会（Chinese Communication Association）的会长。该学会目前已发展为有 300 多名会员的学术团体，成为全球所有主要传播和媒体学会的附属成员。成员包括几乎所有知名的华人和其他国籍对中华传播有研究的学者。该系的教师还担任各主要新闻传播类学术期刊的评审。

李金铨老师获得 2014 年国际传播学会最佳博士生导师的殊荣，与全球最顶尖的学者齐名，为唯一获得该奖项的非西方人。

香港城市大学媒体与传播系与传播研究中心于 2004—2005 年设立“中国大陆新闻传播青年学者到访”计划，旨在促进与大陆高校新闻传播院系的学术交流，并协助大陆新闻传播研究与国际接轨。至今已有大陆高校 205 位学者应邀到访。

在服务当地社会方面，该系教师担任许多政府或非政府组织的重要职位，如香港大学研究资助局人文与社会科学部成员、香港学术与职业资历评审局评审委员、香港艺术发展局媒体与电影组别评审委员，香港立法会新媒体法律制定咨询的学界专家，香港新

图 4-15　香港城市大学媒体与传播系教学设施之一，3D 虚拟演播厅

闻教育基金司库，以及香港各类新闻与影视比赛的评委。

有些教师长期担任当地媒体的嘉宾评论员，如凤凰卫视、香港电台、OneTV、香港数码广播。一些教师在香港的主要报章如《信报》和《苹果日报》等发表专栏文章，评论香港社会问题或媒体问题。

由何舟老师联同新华社执导的纪录片《廉政公署》记载了香港廉政公署的历史、分析贪腐的根源，展现了香港社会在反贪腐方面所作出的努力。纪录片自 2014 年开始于内地和全球 70 多个城市播出，2015 年获中国金鹰奖第三名，为内地反贪腐教育提供了重要的参考。

祝建华老师近年来以计算社会科学家身份，参与了国内外大数据研究的发展、应用和推广。自 2012 年起，他在国内外不同场合举办数十次有关大数据应用的讲座与工作坊，并于 2016 年获得香港城市大学首届校长奖。

（香港城市大学媒体与传播系）

第5章　新闻传播教育界行业组织动态

5.1　新闻传播教育界主要管理组织2016年活动综述

5.1.1　国务院学位委员会新闻传播学科评议组

2016年新闻传播学学科评议组主要完成了以下几项工作：

1. 编写《博士硕士学位授权点申请条件》

受国务院学位委员会委托，编写《博士硕士学位授权点申请条件》并进行了完善和修改。为更好地体现当前国内新闻传播学研究生培养的水平，以在此基础上制定符合国内实际情况的申请条件，学科评议组面向国内15个拥有一级博士学位授权点的高校发出邀约，要求协助草拟博士点申请条件。从现有一级硕士授权点的高校和拥有二级博士点的高校中遴选了15家高校协助草拟硕士点申请条件。学科评议组秘书处在各校回馈《申请条件》的基础上编写了《博士硕士学位授权点申请条件》（草稿），该稿在2016年6月18日的学科评议组全体成员会议审核后提交教育部。2016年9月，经国务院学位委员会办公室要求进行了第一次修改。在教育部面向各地征求意见后，于2016年12月，经过了第二次修改，并予上报。该《申请条件》将成为未来学位授权点申报的入门条件和学位授权点合格评估的重要参考，对于新闻传播学学科的建设具有重要指导意义。

2. 进行新闻传播学研究生课程建设调研

教育部《关于委托有关国务院学位委员会学科评议组开展研究生课程建设情况调研的函》（教研司〔2016〕9号）要求各学科评议组从研究生课程设置、教材使用、教学内容、教学方法和评价方式等方面入手，对本学科研究生课程教育展开调研。学科评议组对此项工作采取的是组织高校课程在交流会、实地调查和意见征集等多渠道并行的方式。2016 年 12 月 9 日在华中科技大学召开了博士点课程交流会，2017 年 1 月 12 日在中山大学召开了硕士点课程交流会。

博士点交流会上有来自北京大学、中国人民大学、中国传媒大学、华东师范大学、南京大学、山东大学、武汉大学、华中科技大学、武汉大学、上海大学、暨南大学、河北大学、中国社会科学院研究生院、南京师范大学等高校科研机构的新闻传播学科负责人及代表出席，就课程设置、博士点建设、博士生培养与管理等具体事项进行交流探讨，反映了现阶段全国新闻传播学博士课程设置要素、博士培养的特点及问题等。会议由国务院学位委员会新闻传播学学科评议组成员、华中科技大学新闻传播学院院长张昆教授主持。

就课程设置基本情况而言，通常各校的博士生课程分为必修课和选修课，马克思主义与当代中国和外语为两门公共必修课，专业必修课主要从理论课程与方法论课程进行设置；选修课既包含新闻传播学科，也包含众多跨学科前沿课程。部分高校将文献阅读和文献研究列为单独的必修科目内容，并将文献阅读列为学生考核标准之一。对于跨学科专业成为新闻传播学专业的博士生，部分高校有针对性的课程培养计划，以补修硕士相关课程为主。博士课程中不乏一些导师根据自己的研究方向开设相关具体特色课程。

在博士生培养方面，各高校拥有较为具体和严格的要求和标准。许多高校鼓励或要求博士生出国进行学术交流访问。一些高校通过设定论文中期考核不通过率、全员盲审和组织预答辩等多种方式来保证博士论文的质量。

在交流会上，各高校也提出了存在的问题，如部分高校存在课程培养缺乏规范性和系统性的问题，部分高校因在职博士生过多而削弱了博士生整体的研究实力，博士生导师多但博士研究生少等问题。

（王　宇）

5.1.2　教育部高等学校新闻传播学类专业教学指导委员会

新闻传播学类专业教学指导委员会（以下简称“教指委”）是教育部聘请并领导的专家组织，具有非常设学术机构的性质，它接受教育部的委托，开展高等学校本科教学的研究、咨询、指导、评估、服务等工作。

2013—2017 年教育部高等学校新闻传播学类专业教学指导委员会由来自 39 所不同高校新闻院系的 40 位专家学者组成。中国传媒大学校长胡正荣教授担任主任委员，新闻传播学部部长高晓虹教授担任副主任委员兼秘书长。此外，还有来自中国人民大学、清华大学、复旦大学、武汉大学、暨南大学、四川大学的 6 位学者担任副主任委员。该届教指委秘书处设在中国传媒大学新闻传播学部。

1. 工作职责

（1）咨询：为教育部和高等学校提供关于国内外新闻传播学科专业教育发展的意见咨询和建议。

（2）制定标准与规范：接受教育部委托，研究专业结构和布局，制订新闻传播类专业规范、教学质量标准、课程教学基本要求、实验教学的基本规范，承担本科专业设置的核定任务。

（3）指导：指导新闻传播学学科建设、专业建设、课程建设、教材建设、实训基地建设、实验室建设等工作。

（4）评估：根据国家对新闻传播学科专业人才培养目标的有关要求，以及社会经济发展对人才的实际需要，对新闻传播学科专业教学质量进行监督和评估。

（5）服务：组织师资培训，交流教学建设和教学改革经验，宣传推广优秀教学成果。

2. 工作成果

该届教指委自成立以来，坚持严谨务实的工作作风，召开了 7 次全体工作会议。会议针对教学质量国家标准研制、新闻传播伦理与法规课程体系建设、部校共建新闻学院等问题进行专项研讨，着力推动新闻传播学教育国际化，取得了丰硕成果。

（1）召开教指委全体工作会议。该届教指委自成立以来，定期召开全体工作会议。在第一至第四次全体工作会议上，先后完成全国新闻传播高等教育调研、“新闻传播学类专业教学质量国家标准”研制、新闻传播学类专业学生的职业道德法律教育专项研讨以及媒介伦理与法规课程培训、各省市部校共建新闻学院经验分享与总结等工作。

2015 年 3 月 21 日，教指委第五次全体会议在福建师范大学召开，会上，委员们就“媒介融合与新闻传播教育改革”“媒介融合背景下新闻传播教育理念及人才培养模式创新”等主题展开了专项研讨；2015 年 12 月 19 日，教指委第六次全体会议在广西大学举行，与会委员介绍了各省市新闻传播学类专业优秀教育教学成果，并就 2015 年新闻传播领域教育教学改革的热点难点问题展开研讨。2016 年 6 月 18 日，通报当前新闻传播学类本科专业的基本情况以及教育部深化新闻传播教育综合改革的具体举措，按照教育部学位管理与研究生教育司的要求布置了新闻传播学研究生课程调研、学位授予申报条件研讨等相关工作。

（2）研制“新闻传播学类专业教学质量国家标准”。按照教育部的工作部署与要求，2015 年年底，教指委完成新闻传播学类专业本科教学质量国家标准（以下简称“国标”）的研制工作。在“国标”研制过程中，由主任委员胡正荣统筹安排，副主任委员牵头，在全国范围内分七大片区进行摸底调查并形成调研报告，在对调查报告的数据进行分析与整理的基础上，形成新闻传播学类专业教学质量国家标准（草案）并进行几轮研讨与论证。“国标”研制遵循了三个原则：第一，以人才培养质量为核心，把促进人的全面发展和适应社会需要作为衡量新闻传播人才培养水平的根本标准；第二，以好的经验与成果为基础，认真总结我国新闻传播学专业建设、人才培养、教学改革等方面的成功经验，合理借鉴国际先进做法；第三，以行业需求为导向，认真听取相关部门、科研院所、行业企业的意见和建议，作为国家标准的研制依据。2015 年 6 月，教指委根据教育部的要求，认真分析媒体融合趋势给新闻传播教育带来的机遇和挑战，结合李克强总理提出的鼓励大众创业，万众创新的精神指示，进一步完善修订“新闻传播学类专业本科教学质量国家标准”，使其更加符合学科规律与社会需求。2015 年年底，教指委将“新闻传播学类专业本科教学质量国家标准”定稿上报教育部高教司。

（3）推进新闻传播高等教育国际化。教指委自成立以来，一直致力于推动我国新闻传播高等教育国际化的进程，努力搭建国际间学术研讨与交流合作的平台，为中国学者以及高校师生创造与国外高水平大学及知名学者对话的机会。从 2014 年开始，教指委有组织、有计划地派代表团参加美国传播学会（NCA）年会、美国新闻与大众传播教育学会（AEJMC）年会等国际高水平学术会议。为扩大影响力，在国际舞台上发出中国声音，教指委积极努力，不断开拓，在 2015 年 8 月的 AEJMC 会议上举办了中国学者专场招待会，吸引了来自美国几十所高校的学者参加；2015 年 11 月，教指委代表团参加 NCA 年会，并与会议主办方联合举办主题为“比较研究视角：中美传播研究”的研讨会。会上，中西方学者就传播学研究的起源、异同等问题进行探讨与交流，并就今后在学术研究、师生交流与培训等领域的合作达成初步意向。2016 年，教指委继续派出代表团参加 AEJMC 和 NCA 学术年会，并在 NCA 会议上举办中国学者专场招待会以及“中美形象传播比较研究”圆桌论坛。

（4）组织“中法大学生新闻奖评选”。2014 年 10 月，教指委与法国里尔高等新闻学院联合设立“中法大学生新闻奖”，资助来自中法新闻院校各两组学生团队前往对方国家进行采访报道。2015 年，教指委面向中国传媒大学、中国人民大学、清华大学、复旦大学、武汉大学、暨南大学、四川大学、河北大学以及 14 所法国新闻院校联盟的新闻传播学相关专业在校学生征集报道选题方案。学生报名踊跃，至报名截止，教指委收到 31 个来自不同院校学生团队发来的选题计划。通过中法双方组织学界、业界专家进行评审，遴选出中标的学生团队，2015 年 10 月，所有入选团队已经完成作品拍摄与制作。2015 年 12 月 16 日，第一届中法新闻奖颁奖仪式暨第二届中法新闻奖启动仪式在中国传媒大学举行。法国里尔高等新闻学院国际合作部主任 Sylvie Larrière 女士出席颁奖，并与中方一起启动第二届中法大学生新闻奖评选。中法大学生新闻奖的设立，旨在丰富中法学生的课余生活以及新闻实践经验，加深双方大学生的彼此了解，培养高层次国际新闻传播人才。参与此项活动的学生纷纷表示收获颇丰，这项活动也得到了中国驻法大使馆的大力支持与高度赞扬。

（5）举办高水平国际学术会议，指导学科建设相关会议。2015—2016 年，教指委连续两年与美国国家传播学会联合举办“全球化时代的传播、媒介与政府治理”国际学术研讨会，会议邀请到中国记协书记处书记王冬梅、外交部新闻司副司长、新闻发言人洪磊、国家新闻出版广电总局宣传管理司司长高长力等业界专家出席会议并致辞。研讨会紧紧围绕“全球化时代的传播、媒介与政府治理”这一主题，设置了四个分论坛和两个研究生论坛。会议不仅从理论上讨论了传播的变革，而且深入到全球化语境中，探讨了管理机构在新传播时代如何与时俱进，加快策略调整，实际有效地应对压力与挑战。同时，媒介前沿的变化也带动高校学术研究的变化，连续两年国际会议的召开促进各国学者将智慧激荡的研究成果带入到教学中，为新闻传播高等教育的良性发展提供助力。

2015 年 11 月 13—14 日，在教指委的支持下，教育部人文社科重点研究基地——中国传媒大学广播电视研究中心、四川外国语大学新闻传播学院共同举办“现代传播体系建设：融合与秩序”暨全国外语类高校新闻传播学科建设与教学改革研讨会，来自 10 余所外语类高校新闻传播学院负责人共同就外语类高校新闻传播学科建设与教学改革的话题进行深入研讨。

为更好地应对媒介融合给新闻传播教育带来的挑战，2015 年 12 月 12 日，教指委与华南理工大学共同举办“媒体融合类专业建设与课程教学”研讨会，来自清华大学、中国传媒大学、华中科技大学、暨南大学、香港珠海学院、澳门大学等开设媒体融合类专业或专业方向的 34 个高校的近 60 名专家学者齐聚一堂，系统性研讨媒介融合类专业建设与课程教学，并为更好、更科学地建设这一新兴专业（方向）集思广益、献计献策。

2016 年 6 月 17 日，教指委与美国国际中华传播学会以及美国韩裔传播学会联合主办“全球传播与东亚：来自新媒体与社交网络的全球传播灵感”国际学术论坛，着眼于新媒体技术带来的文化交融，讨论全球传播给东亚传播学者带来的挑战与机遇，思考在当今时代传播者怎样发出最有力的声音，致力于为传媒领域打造良好的学术氛围，加强东西方学术交流。此次会议吸引到来自美国、中国、韩国最具影响力的国际知名新闻传播学者参与，受到新闻传播学界、业界的广泛关注。

（6）完成增设本科专业申报审核工作。教指委作为教育部聘请并领导的专家组织，接受教育部的委托，开展高等学校本科教学的研究、咨询、指导、评估、服务等工作。教指委根据教育部专业申报审核工作的整体要求，以“新闻传播学类专业本科教学质量国家标准”为依据，遵循“公平、公正”的工作思路，结合各高校的申报材料，对人才培养方案、师资队伍情况、实验设备情况等内容进行重点审核，并提出中肯的意见与建议，顺利地完成了2015—2016年新闻传播学类本科专业申报审核工作。

（冷　爽）

5.2　中国新闻史学会及所属二级学会2016年活动综述

5.2.1　中国新闻史学会2016年度活动综述

中国新闻史学会是中国新闻传播学方向唯一一家以研究中外新闻传播历史与现状、促进新闻传播学发展为宗旨的全国一级学术团体。学会于1989年4月经国家民政部正式批准在北京成立，业务主管单位为国家教育部，目前已有16个二级分会。2016年，中国新闻史学会运行平稳，工作开展顺利，业绩发展显著。

1. 召开理事会议，积极部署学会工作

2016年1月19日，中国新闻史学会京津冀常务理事会扩大会议在北京召开。中国新闻史学会名誉会长、中国传媒大学教授赵玉明，学会名誉会长、北京大学教授程曼丽等知名学者及京津冀地区的常务理事出席了此次会议。会议由中国新闻史学会会长陈昌凤主持。陈会长详细汇报了2015年的史学会的工作，并就工作思路与方法、二级分会管理等问题请教各位专家学者。与会嘉宾对学会过去一年的发展壮大予以肯定，对进一步完善学会管理制度，规范活动流程等方面提出了宝贵的意见和建议，对2016年如何结合学术热点开展科研活动形成了初步的思路和共识。

4月23日，中国新闻史学会常务理事会第五届第四次会议由厦门理工学院数字创意与传播学院和厦门大学新闻传播学院承办。来自全国新闻院校、新闻研究机构及媒体单位的 42 位常务理事出席了此次会议。会议期间，常务理事会听取了秘书处的 2015 年工作汇报。常务理事会议审议通过了第二届新闻传播学会奖评审结果。新申请成立的四个二级分会的筹组代表在会议上作了陈述。常务理事们最终审议通过了他们的申请报告，批准成立传播学研究委员会、全球传播与公共外交研究委员会、媒介法规与伦理研究委员会、应用新闻传播学研究委员会等四个研究委员会。常务理事会增补了辽宁大学新闻与传播学院程丽红教授、暨南大学新闻与传播学院支庭荣教授为新任常务理事，并对未来的学会工作进行了讨论。

2. 二级学会蓬勃发展，建章立制进行规范管理

2015 年，学会决定二级学会实现新的年度工作报告制度。2016 年 4 月 23 日，在中国新闻史学会常务理事会第五届第四次会议（厦门）上，二级学会分别报告了 2015 年工作和 2016 年的工作规划。常务理事对各个二级分会的工作进行了评议和评分，评选出新闻传播教育史研究委员会、外国新闻史研究委员会、网络传播史研究委员会等三个二级分会为 2015 年优秀二级学会。

新批准成立的二级学会纷纷举办成立大会，二级学会队伍壮大，蓬勃发展。截至目前，中国新闻史学会下设有 16 个二级学会。

3. 学会积极组织学术活动，精彩纷呈

2016 年 6 月 25—26 日，中国新闻史学会 2016 年学术年会以“中国气派 世界眼光：新媒体时代的新闻与传播研究”为主题在暨南大学召开。在学术年会主题发言中，南京师范大学倪延年教授、中国人民大学王润泽教授、北京外国语大学谢庆立教授、华东师范大学杨海军教授、暨南大学刘涛教授作了主题发言。参加 2016 年中国新闻史学会学术年会的 5 个二级分会先后举办了各自的分会论坛，包括 17 场主题论坛、2 场自由投稿论坛、1 场马克思主义新闻观教育研讨会。论题广泛涉及近几年的学术研究热点。100 多家新闻传播教育或研究单位的 220 多位专家学者围绕讨论主题进行了充分的学术交流，发表学术论文 120 多篇，为与会者奉献出一场场丰富的学术盛宴。各个分会协同合作，联合举办学术年会，创新探索联合办会机制和模式，积累了宝贵的经验。

11 月 5—6 日，第三届民国新闻史高层学术论坛在南京师范大学新闻与传播学院举办。主题演讲由国家社科基金重大项目“中华民国新闻史”首席专家、南京师范大学民国新闻史研究所所长倪延年教授主持。程曼丽教授、邓绍根教授以及张晓锋教授分别作《红星何以能够照耀中国：兼论中国新闻史研究》《从文化政治的角度看清末西方传教士及其报刊出版活动》《民国“新闻自由”概念史：从新名词到关键词》《偶像与镜鉴：新记〈大公报〉视野下的“孙中山”1926—1928）》的专题演讲。在分论坛交流中，与会专家学者各抒己见，学术思想碰撞，理论与实践交融。

11月19日上午，中国新闻史学会与中国人民大学新闻与社会发展研究中心、中国人民大学新闻学院主办的“新中国舆论学研究三十年”论坛暨中国人民大学舆论研究所成立三十年纪念研讨会在中国人民大学世纪馆举行。喻国明教授在论坛上发布报告《新中国舆论学研究30年的学术脉络与学术地图》。刘建明教授、陈力丹教授、喻国明教授、史安斌教授以及刘燕南教授作大会主题发言，分别就“民意是否永远正确”“中国舆论学研究的历史进程”“话语权表达与变迁”“战略传播和议题管理”“舆论研究的知与行”等议题进行深入阐释。

11月19—20日，中国新闻史学会同社科院新闻与传播研究所、华中科技大学信息与传播学院联合主办的“第二届中国新闻史青年论坛”取得了辉煌的成果，会议的主题是“洞见与脉络：新闻史中的个案研究及其超越”。论坛共分为十场专题学术研讨，内容涵盖广泛。

12月17日，中国新闻史学会还联合中国人民大学新闻学院、北京大学新闻学研究会主办了“方汉奇新闻史学思想研讨会暨从教65周年纪念会”，近百位来自海内外的专家参加了会议。同日，方汉奇新闻史研究学术展在中国人民大学图书馆举办；由中国记协前主席邵华泽先生题名的“汉奇苑”在中国人民大学新闻学院揭幕。

中国新闻史学会各二级分会积极组织召开常务理事会议研究工作，举办形式多样的学术研讨会探讨新闻传播学术。2016年研讨会达20场，会场遍布中国各地乃至海外。

中国新闻教育史学会不仅在辽宁大学新闻与传播学院召开了2016年学术年会暨马克思主义新闻理论研讨会，而且举办了首部中国新闻传播教育年鉴《中国新闻传播教育年鉴（2016）》首发式。会议围绕当代中国马克思主义新闻理论与教育实践研究、中国新闻传播教育史专题研究、中国新闻传播教育改革前沿研究等议题进行交流研讨，并召开新老院长对话会。第一部梳理和记录中国新闻传播教育近百年历史与现实画卷的力作——《中国新闻传播教育年鉴（2016）》由中国新闻教育史学会编辑，武汉大学出版社出版，共126万字，集结全国新闻传播院系100多位教师，耗时一年多完成。

4.“学会奖”扩大评奖范围和影响，引领学术发展

第二届“新闻传播学学会奖”新增了新闻学与传播学学术奖，保留原有的“新闻史专项奖（方汉奇奖）”，在学界产生了积极良好的影响，逐渐引领新闻传播学术发展。

中国新闻史学会第一次独立举办“新闻传播学学会奖”颁奖典礼。2015 年 3 月，中国新闻史学会联合教育部高等学校新闻传播学类专业教学指导委员会设立“新闻传播学国家学会奖”，旨在鼓励和奖励我国新闻传播学学者，尤其是青年学者以严谨的态度和科学的精神开展本学科领域的基础研究和前沿研究，并提升我国新闻传播学学术体系的本土意识和国际视野，促进中国新闻与传播学的深入开展。12 月，中国新闻史学会发布通知，将“新闻传播学国家学会奖”改名为“新闻传播学学会奖”。2016 年 5 月，第二届“新闻传播学学会奖”评选结果公布。6 月 25 日上午，“2016 年中国新闻史学会学术年会暨第二届新闻传播学学会奖颁奖典礼”隆重举行。

在“新闻传播学学会奖”的“优秀学术奖”中设立“方汉奇奖”，首次将“新闻史专项”命名为“方汉奇奖”。以中国新闻史学会创始人方汉奇先生命名此奖项，目的是鼓励新闻与传播史的研究。第二届“新闻传播学学会奖”的“优秀学术奖”评选对象从新闻传播史领域扩展至新闻传播学整个领域的学术论文和著作。

第三届学会奖征集工作已于 2016 年 12 月 15 日启动，2017 年 2 月 28 日截止征集。在“新闻传播学学会奖”的影响下，有些二级学会也进行了评奖颁奖活动。

5. 学会开拓对外交流领域，影响逐渐扩大

2016 年 2 月 21 日，第二届“向世界传播中国”（Networking China and the World）新闻与传播学国际研讨会在特拉维夫大学举行，中国新闻史学会 10 位代表参加了研讨会。研讨会由中国新闻史学会、以色列特拉维夫大学孔子学院、中国人民大学新闻学院联合举办。此届研讨会主题为“全球化时代下中国如何提升国际形象、推动建立公平公正的国际传播新秩序”，中外学者就中国“走出去”传播战略、国际媒体的中国形象变迁、媒体在国际传播中的作用等专题发表了学术演讲。特拉维夫大学孔子学院以方院长 Asaf Goldschmidt 博士主持了会议。中国新闻史学会会长陈昌凤在开幕式致辞，副会长王润泽书面致辞。特拉维夫大学 Ori Sela 博士，以色列汉学家、以色列以华传媒中心创始人兼主任裴则男（Alexander B. Pevzner）作了主题演讲，中国新闻史学会会长陈昌凤教授等多位学者发表了学术报告。

8 月 22—23 日，中国新闻史学会代表团出席在韩国大田举办的亚洲传播与新闻学会联合论坛。会议由韩国新闻传播研究学会（KSJCS）会长赵盛谦（韩国忠南大学）主持，国际传播学会（ICA）2016 会长、新加坡南洋理工大学汪炳华出席，来自中国、韩国、日本、新加坡、印度、斯里兰卡的亚洲 11 个新闻传播学会代表与会。

12 月 3—6 日，中国新闻史学会公共关系史研究委员会首届学术年会在香港浸会大学召开。来自海内外 250 多位学界、业界代表参加了会议。此次会议由中国新闻史学会公共关系史研究委员会首届学术年会、第九届公关与广告国际学术论坛、第三期战略传播与公共关系工作坊、2016 金旗奖颁奖盛典组成。会议还进行了两场学界—业界交流论坛。来自全球的 200 多位学者在 41 个中英文分论坛进行了论文发表与讨论。

学会对外学术交流也结出了学术硕果。英国学刊 *Interactions：Studies in Communication & Culture* 刊出《中国媒介史研究专辑》，由欧洲学者 GabrieleBalbi 博士/主任（Università della Svizzera italiana，USI），中国新闻史学会会长、清华大学陈昌凤，北京大学吴靖联合主编。刊出的有来自世界各国的学者对中国历史上的报刊、广播、电视对中国社会发展的影响的研究成果。

6. 学会其他工作有序运行，健康发展

2016 年，中国新闻史学会会刊《新闻春秋》共出版 4 期，刊物的理念和思路不断拓展，征稿对象有所扩大，刊出的作品质量不断提高。期刊按时寄送会员。学会大力拓展社会联系，先后与 3 家社会机构达成战略合作协议，并获得其在资金和学术发展等方面的支持。与江南影视艺术学院签订了《新闻春秋》合作协议，另位两家机构则支持新闻传播学学会奖的工作。

学会的微信公众号内容丰富、运营良好。学会网站运转正常，将进一步提升其影响力。

学会顺利完成了年检工作、年度财务审计工作。

（邓绍根）

5.2.2 中国新闻史学会新闻传播教育史研究委员会

2016 年，是中国新闻史学会新闻传播教育史研究委员会成立后的第 8 年，也是第 2 届理事会运作的第 4 年。这一年，学会最重要的工作是：历经两年多的筹备、100 多位编著者的共同努力，终于推出了中国新闻传播教育领域的第一本年鉴，在学界激起较大反响。中国新闻传播教育年鉴后续每年的编辑出版，也变成了学会日后运转的中心工作。围绕这一中心，学会进一步优化了组织结构，确定了常务理事会议和年度学术研讨会的重要议题。

1. 学会组织机构调整

2016 年 11 月 4 日晚上，学会召开了第二届第五次常务理事会议，对组织机构的调整进行了商议表决，主要议题为常务理事和副会长的增补。

其中常务理事人选的增补，主要依照以下三个原则提名：①所在院系具有代表性，力图在常务理事单位中尽量包括不同类型、不同地域的学校。②有利于学会发展、工作推进，中国新闻传播教育年鉴的编撰是学会目前的中心工作，武汉编辑部的力量亟待增强。③本人具有一定的资质与较高的学术水平。

对于副会长人选的增补，提名人选时主要考虑：①所在院系开办新闻教育的历史比较悠久、具有较强的代表性；②当事人对参与、支持学会的工作具有较高的积极性。

会议召开时学会的常务理事人数为 41 人，当天亲自出席或派代表参加会议的常务理事有 32 人，符合学会章程规定的 2/3 以上多数要求。经全体与会代表表决，一致同意湖北大学廖声武教授、华中师范大学张继木老师、河南工业大学尚恒志教授、重庆大学齐辉研究员、山东大学刘明洋教授、南京理工大学胡正强教授等作为各自院校的代表，成为学会新增的常务理事。至此学会的常务理事总数达到 47 人。

与会代表一致同意增补河北大学韩立新教授、天津师范大学孙瑞祥教授、辽宁大学程丽红教授为学会的新任副会长。此次会议上，张昆会长还向学会的副会长、常务理事颁发了正式聘书。

2. 中国新闻传播教育年鉴的编辑出版工作

自 2015 年起，学会确定将集全体会员之力、共同编写中国新闻传播教育领域的第一本年鉴，对中国新闻传播教育的历史与现状进行系统梳理与深入研究。于是，中国新闻传播教育年鉴的编辑出版工作变成了学会的核心工作。它既是学会开展工作的抓手、密切联系会员的纽带，也是向外展示学会风采的亮眼名片。学会“联络、团结全国新闻传播教育史专家、推动新闻传播教育史研究、促进新闻传播教育的发展”之宗旨通过它，得到了较好的贯彻与落实。

（1）《中国新闻传播教育年鉴（2016）》的完稿出版。《中国新闻传播教育年鉴（2016）》的酝酿与谋划，始于 2015 年，到 2016 年 10 月，经全国新闻传播院系 100 多位教师两年来的共同努力，该书终于顺利出版，全书达到了 126 万字，是一部颇有分量的大部头。

这本书的问世，凝聚了众多专家学者的心血汗水，数易其稿始成。以学会常务理事会为基础组建了年鉴编委会，由会长张昆教授担任主编。为了便于处理文稿及协调作者与主编的关系，又设立了年鉴编辑部。年鉴的最终出版，离不开编委会、主编、编辑部和撰稿作者的通力合作。

该书分为总论篇、平台与人物篇、成果与政策篇三大部分，共 12 章。作为中国新闻传播教育年鉴系列中的第一本，它并不只是记录当年的新闻教育活动，还是“还历史欠账”。基于此，这本年鉴既梳理了中国新闻传播教育从创办到发展的历史，追述了已故著名教育家的新闻教育活动和新闻教育思想，对著名新闻院校的老院长进行了口述史研究；而且也记录了中国新闻传播教育的发展现状，力求全面、系统、客观地记述其发展中的新变化、新问题、新成就、新经验。不仅回望了历史，梳理了中国大陆新闻传播教育演进的历史脉络；而且还盘点了家底，摸清明晰了专业布局、学科点布局、各校招生及师资情况；摸清了“江湖”，充分展示了中国新闻传播教育的不同流派和风格；解读了政策，提供了中国新闻传播教育相关重要政策的原始文本和深入解读。

（2）《中国新闻传播教育年鉴（2017）》启动、组稿。2016年6月25日，学会第二届第四次常务理事会议暨中国新闻传播教育年鉴编委会第二次会议在新疆石河子大学召开。会上，张昆会长通报了《中国新闻传播教育年鉴（2016）》的编撰进展，总结了编辑工作中的经验及问题、不足。随后，与会的代表共同讨论了《中国新闻传播教育年鉴（2017）》的编写大纲，并确定了分工合作方案。

经讨论，《中国新闻传播教育年鉴（2017）》将继续保持《中国新闻传播教育年鉴（2016）》的三大基本板块设置。但此次将按不同的专业类别梳理中国新闻传播教育的历史发展，并新增了“中国新闻传播教育地图”“中国新闻传播教育史钩沉”等栏目，及进一步开阔视野，关注海外新闻传播教育的最新动态等。

3. 年度学术研讨会的召开

2016年11月5日，学会2016年年会暨学术研讨会在辽宁沈阳召开，由辽宁大学新闻与传播学院承办。来自全国70多所高校的百余名专家学者参加了此次会议，围绕中国新闻传播教育的历史、现状及未来发展，展开了热烈讨论。

会上，首先举行了《中国新闻传播教育年鉴（2016）》的首发式。中国新闻传播教育界的前辈专家何梓华、赵玉明、童兵、罗以澄、吴高福、邱沛篁、郑保卫、刘建明诸位先生，与中国新闻史学会会长陈昌凤教授、本会会长张昆教授一同，拉下红绸，宣告了年鉴的正式亮相。

其后的主题发言环节，中国传媒大学赵玉明教授畅谈了自己对“新中国新闻教育亲历的认知和体会”；复旦大学张涛甫教授考察了“传播格局转型与新宣传”的重要变化；河北大学韩立新教授结合所在院系的教育改革实践、提出了“对象性与新闻+：新媒体激流中的新闻学专业知识体系的建构”方案；兰州大学李惠民教授论及“西部欠发达地区新闻传播教育发展的问题与思考”；南京大学段京肃教授分享了“独立学院新闻传播教育的思考”；辽宁大学程丽红教授阐述了“新闻传播教育的文化使命”。

下午的讨论分为三个小组同时进行，与会代表紧扣“当代中国马克思主义新闻理论与教育实践研究”“中国新闻传播教育史专题研究”“中国新闻传播教育改革前沿研究”等议题，展开了热烈深入的交流讨论。此次会议上，继续设置了学会 2015 年年会上备受关注与好评的“新老院长对话会”环节，28 位新老院长坐而论道，碰撞出了思想的火花。

新的一年，学会将继续发扬之前的优良传统，勇于开拓、群策群力，围绕中心工作，推进学会建设。我们将与诸位同仁一道继续踏实努力，为推动中国新闻传播教育的发展不懈奋斗！

（周婷婷）

5.2.3　中国新闻史学会外国新闻传播史研究委员会

1. 完成中国新闻史学会布置任务，撰写本研究委员会中英文简介

2016 年，外国新闻传播史研究委员会秘书处应中国新闻史学会要求，撰写了外国新闻传播史研究委员会中英文简介。具体内容如下：

中国新闻史学会外国新闻传播史研究委员会（简称“外新史会”）于 2008 年 11 月 8 日正式成立，是本着志愿原则成立的全国性非盈利学术组织。外新史会的宗旨是促进外国新闻传播史、中外新闻传播比较、外国新闻传播理论史等领域的研究，并开展新闻传播学国际学术交流，推动新闻传播教育发展。

Chinese Association of Global Communication（CAGC）was founded on November 8, 2008. It is a voluntary-based nationwide non-profit academic organization. CAGC aims to promote the research of foreign media history at home and abroad, comparative studies on history, theory andpractice of domestic and foreign journalism and communication. It also carries out international academic exchanges and cooperation in journalism education and communication studies.

2. 协办 2016 年中国新闻史学会外国新闻传播史研究委员会学术年会

2016 年 6 月 25—26 日该年会在广州暨南大学召开，由外新史会秘书处具体组织协

办。秘书处将此次年会主题定为“新媒体、新挑战、新机遇”，举办了四个主题发言、5 场主题论坛、2 个圆桌会议和常务理事会议。来自全国各地 20 多家新闻传播教育或研究单位的 30 多位专家学者参加了此次学术年会，共收到学术论文 34 篇。为了提高会议论文质量，鼓励学者提交优秀论文，秘书处从此次年会开始，创新性地以外新史会名义设立了“优秀论文奖”，表彰向本分会年会所提交的优秀论文。参评的论文要求为全文，经常务理事会成员匿名盲审推选。此次年会外新史会共表彰 10 位“优秀论文奖”获得者（含教师和学生）。

3. 外新史会荣获“优秀二级分会”表彰，数名会员获奖

在 2016 年年会开幕式暨中国新闻史学会第二届新闻传播学学会奖颁奖典礼上，外新史会因 2015 年工作成绩优异作为“优秀二级分会”获得表彰和奖杯。此外，外新史会常务理事夏倩芳获得“优秀学术奖”一等奖和三等奖。外新史会常务理事向芬获得“优秀学术奖”三等奖。在“中国气派世界眼光：新媒体时代的新闻与传播研究学术年会”主题发言环节中，外新史会会员、北京外国语大学谢庆立教授代表外新史会作了主题发言。谢庆立教授发言的主题是《为“天朝”建构“新世界”——19 世纪在华文化外报天文与地理知识传播现象》，他从传播动机、传播内容、传播效果三个维度，深刻剖析了在华外报的天文与地理知识的传播现象，史料丰富，论证有力。6 月 25 日下午和 26 日上午，外新史会先后举办 5 个论坛，分别为主旨论坛、外国新闻传播史研究、新媒体环境下的中国媒体研究、国家新闻传播中的社会万象（优秀论文专场）、新媒体与社会事件传播、国际新闻传播理论研究等。中国新闻史学会外国新闻传播史研究委员会举办了“新媒体，新挑战，新机遇”学术研讨会，清华大学教授郭镇之、上海大学教授张咏华、江南大学教授吴锋，分别以“新型电视的国际传播”，“倡导各方参与的互联网治理：中西相关探索中的共同点”，“How to Respond to Journalists’ Questions? A New Perspective on Chinese Premiers’ Aggressiveness at Press Conferences (1993—2015)”为题作主旨发言。

4. 召开 2016 年外新史会常务理事会议暨圆桌论坛

外新史会于 2016 年学会年会期间召开了常务理事会议暨圆桌论坛。参会者包括会长孙有中，副会长张举玺、辜晓进、蒋建国、马凌、张咏华、夏倩芳，常务理事陈彤旭、张珂、甄魏然、宋毅，副秘书长张小娅和秘书处所在单位北京外国语大学国际新闻与传播学院的执行院长章晓英。会上孙有中和章晓英两位教授介绍了即将出版的《国际传播》学术期刊和外国新闻传播研究领域的热点话题。孙有中会长还汇报了 2015 年外新史会工作和 2016 年工作计划，组织参会者讨论了 2017 年年会的会务准备事宜和主题，郑州大学新闻与传播学院即将承办下一届年会。孙会长对外新史会研究提出新的倡导：本学会不仅要研究外国新闻与传播的历史，也要关注其当代；不仅要研究外国新闻与传播的实践，也要关注其理论，同时要对中外新闻与传播的实践与理论进行比较研究。这种全球视野将成为本学会研究的特色与优势。孙有中会长在讲话中重申本学会的 4C+核心价值，即自由的学术交流（Communicate）、密切的学术合作（Collaborate）、活跃的学术创造（Create）、和谐的人际关爱（Care）。学会秘书处则应为上述目标的实现做到全方位的团队协同（Coordinate）。

5. 加强协同创新，拓展国际新闻与传播领域的学术平台

2016 年外新史会秘书处所在学院北外国际新闻与传播学院与中国国际广播电台、中国传媒大学共同创办《国际传播》，为研究国际新闻传播史、国际传播理论与实践的学者和业界人士提供了一个重要的学术交流平台。该学术期刊于 2016 年 11 月正式出版发行。这是一本面向国际传播从业人员和相关工作人员的学术期刊。该刊立足实践性，强化学理性，体现前瞻性。强调“一国一策”传播策略研究、受众研究、合作传播机制研究，努力推动中国国际传播理论建设和实践创新。该刊物由中国国际广播电台主办，由秘书处所在学院北外国际新闻与传播学院和中国传媒大学协办。总编辑部设在中国国际广播电台，北京外国语大学国际新闻与传播学院为西部编辑部，中国传媒大学国家传播创新研究中心为东部编辑部。

6. 开展中外学术对话

2016 年 10 月 15 日，外新史会秘书处、北京外国语大学国际新闻与传播学院与英国切斯特大学共同主办“当代马可·波罗——国家形象建设和中国品牌推广”学术对话。此次学术对话活动汇集了来自学界、业界、不同学科和国度的声音，从历史、文化、商贸、营销、品牌传播等角度，重新认识马可·波罗开启中西方交流和信息传播对话的精神。正如中国国际广播电台副台长胡邦胜在发言中强调：作为一名新闻人，唯有将理论知识、实践经验和观念更新三者结合，多走多听，打破传播学单一壁垒，丰富自己的知识结构，才能更好地为国家形象构建和品牌推广作贡献。

7. 服务社会，开展业界培训

2016 年 12 月，秘书处联合北外新闻学院为新华社开设了 2016 年“外文采编培训项目英文评论对外报道写作培训班”。北外新闻学院牵头组建了具有丰富新闻报道工作经验和专业培训经验的中外结合、业界和学界结合的师资团队。此次培训在有限的时间内，帮助学员加强英文评论写作能力，提高新形势下议题设置能力，助力新华社掌握对外传播的主动权、分析解读的定义权、舆论引导的话语权，实现从“被动回应”向“主动出击”的转变。培训为期 10 天，20 位来自新华社总社及国内各分社从事英文采编报道的编辑、记者参加了本次培训。

8. 建设外新史会成员新媒体信息交流平台

目前，外新史会在北外国际新闻与传播学院网页下设有外新史会网站，提供有关本学会的常规信息和最新活动通知。此外，学会还利用微信平台和邮件向会员发布、推送与新闻传播相关的国内外政策舆情信息、学术前沿动态（比如新书发布、会员论文/专著出版、会员获奖、中外学术交流与培训项目、找工作、国内外读博机会推荐等）。这些信息交流平台提高了学会内沟通效率，促进了学会成员间内部信息交流，增进了相互了解，加强了大家的联系和合作。

9. 外新史会秘书处开展常规学会管理工作

设在北京外国语大学的秘书处继续发展新会员，完善会员信息，建立会员成果资料库。2016 年秘书处已发展中外新会员约 10 名，并对外新史会会员信息档案进行了更新。此外，根据中国新闻史会工作布置情况，秘书处对 2016 年外新史会的工作进行了总结，对会员在本年的科研成果进行了统计。其中，2016 年有论文发表记录的 43 名成员共发表论文 176 篇，平均每人约 4 篇。希望接下来研究委员会能加强学会成员国际学术科研成果的数量，让更多的外国同行了解中国的新闻传播领域研究成果。

2016 年年会宣读的论文中，数篇已被中外数家专业学术期刊采纳发表。希望 2017 年外新史会年会能继续为专业学术期刊提供优质稿源。

5. 2. 4　中国新闻史学会少数民族新闻传播史研究委员会

中国新闻史学会少数民族新闻传播史研究委员会于 2011 年 7 月 19 日经国家民政部批准正式成立，是目前国内唯一以“少数民族新闻传播”为研究领域的全国性学术团体，接受教育部、民政部、中国新闻史学会的业务指导和监督管理。

1. 学会常规运作

2015 年 7 月 4 日，中国新闻史学会少数民族新闻传播史研究委员会 2015 年常务理事会议在西北民族大学本部校区召开。开幕式由西北民族大学新闻传播学院党委书记满宏主持，院长刘俭云教授致辞。研究会秘书长、中央民族大学刘立刚教授就研究会一年来的相关工作与本年度接下来的工作安排进行了汇报。随后，常务理事们就研究会 2015 年年会的相关事宜与中南民族大学高卫华教授、黄迎新教授进行了协商。

2015 年 11 月 7 日，在中南民族大学召开的会员大会上，常务理事会选举河北大学白贵教授为学会新任会长，增补内蒙古日报社《新闻论坛》主编陈玉文高级编辑为常务理事。

2016 年 5 月 10 日，中国新闻史学会少数民族新闻传播史研究委员会微信工作群成立。2016 年 6 月 10 日，中国新闻史学会少数民族新闻传播史研究委员会微信公众号上线。

2016 年 5 月 28 日，中国新闻史学会少数民族新闻传播史研究委员会常务理事会在河北大学召开。河北大学副校长李小亭、社科处处长陈志国、新闻传播学院院长韩立新参会并先后致辞。河北大学白贵教授、中央民族大学白润生教授、中央民族大学刘立刚教授、中南民族大学高卫华教授、大连民族大学于凤静教授、西北民族大学新闻传播学院满宏书记（副会长单位代表）、河北大学金强副教授出席了此次会议。学会新任会长白贵教授传达了中国新闻史学会第五届第四次常务理事会会议精神，并宣读了该次会议上评选出的第二届新闻传播学学会奖评审结果。之后，常务理事会就学会章程、入会条件的修改，副会长、常务理事、理事单位及相关人员的增补和调整，下一阶段学会的工作及发展方向等问题进行了讨论。2016 年 11 月 20 日，学会向中国新闻史学会秘书处汇报学会常务理事、理事单位及个人最新名单。

2. 特色学术活动

2015 年 7 月 18 日至 22 日，西北民族大学新闻传播学院赴甘南藏族自治州合作市卡加曼乡新媒体宣讲服务小分队（新闻传播学院）的 15 名学子在指导老师沈玉秋的带领下，到甘南合作市开展了暑期“三下乡”社会实践活动。

2015 年 8 月 27 日，“传播 团结 和谐 发展——第五届中国少数民族地区信息传播与社会发展论坛”在内蒙古大学开幕。学会理事单位内蒙古大学文学与新闻学院、内蒙古日报传媒集团《新闻论坛》杂志社共同承办这次会议，学会的一批理事及会员参加了会议。来自全国 20 多所高校和新闻出版等研究单位的专家学者出席论坛开幕式并就新闻传播学视野下的少数民族地区社会发展问题进行了探讨。论坛特设“内蒙古专场”，与会专家学者针对蒙古族传播思想、内蒙古地区新媒体发展与传播趋势等问题作了专门讨论。此外，三场分组讨论围绕边疆民族地区舆情分析、跨文化传播视野中民族文化传播研究等议题展开。

2015年11月5日至7日，中国新闻史学会少数民族新闻传播史研究委员会2015年年会暨第六届新媒体与民族文化传播论坛在中南民族大学举行。来自全国40多所院校(媒体)、100多位专家学者除聆听华中科技大学、武汉大学、中南民族大学、云南大学、中央民族大学7位专家的主题发言外，还就民族文化的国际传播和影像传播、民族文化史和人际传播、民族文化的新媒体传播、民族文化的大众传播与商业传播、媒体融合与民族高校新闻传播教育5个专题展开了深入讨论。此次论坛由分会主办，中南民族大学文学与新闻传播学院、民族文化传播研究中心承办。

2016年5月15日，第二届中国民族影视高层论坛研究生分论坛在中南民族大学举行。大连民族大学文法学院新闻系的于凤静教授、华中科技大学新闻与信息传播学院的牛静副教授担任此次论坛的点评专家。论坛由中国高校影视学会和中南民族大学联合主办，中国高校学会民族影视专业委员会和中南民族大学文学与新闻传播学院承办。民族影视专业委员会秘书处设在中南民族大学文学与新闻传播学院。来自中国传媒大学、贵州民族大学、湖北民族学院、中南民族大学等高校的26位博士、硕士参加此次分论坛。针对选手们的论文，于凤静教授提出自己的建议："在少数民族影视内容选取上，要从表面社会现象分析社会背景，深究其因果、探究其影响，这样会更全面，会上升一个层次。"论坛后半场主题为"民族影视文化传播与产业发展"，有14组选手进行了展示与讲解，其中中国传媒大学林吉安同学研究的论文《民族影像中的国家，市场与权利——新世纪少数民族电影的政治经济学研究》学术性强、视角独特，受到老师们的高度赞扬。

2016年5月30日，中国新闻史学会少数民族新闻传播史研究委员会会长、河北大学新闻传播学院原院长、新闻传播学博士一级学科带头人白贵教授应邀到内蒙古大学文学与新闻传播学院进行学术交流，并为师生作了题为《地方性知识与涉宗教报道媒体伦理的文化冲突》的学术讲座。讲座由副院长张丽萍教授主持，新闻专业本科生、研究生及部分教师到场聆听。

2016年6月18日，由浙江省社会科学界联合会、贵州民族大学传媒学院与宁波大红鹰学院共同主办的"2016·环境文化传播与新闻出版学术论坛"在宁波举行。此次论坛是浙江省社会科学界第三届学术年会分论坛之一，该年会以"传承历史、守正出新，海纳百川、兼收并蓄"为宗旨，提出了"创新话语体系，讲好浙江故事、贵州故事"的主张。

2016年6月25日，2016年中国新闻史学会学术年会暨第二届新闻传播学学会奖颁奖典礼在广州暨南大学拉开帷幕，少数民族新闻传播史研究委员会举办了"新丝路、新边疆、新传媒"的学术论坛，金强副教授以分会副秘书长身份参会，并担任了分论坛的点评人。学会白润生教授、于凤静教授、陈峻俊教授等参会。闭幕式上金强副教授向大会汇报了此次少数民族新闻传播史研究会分论坛的会议组织和学术讨论情况。

2016 年 8 月 4 日，由武汉大学媒体发展研究中心、西北大学中国西部传媒与社会发展研究院、中国人民大学新闻学院、暨南大学新闻与传播学院、新疆大学新闻与传播学院联合主办，新疆大学新闻与传播学院承办的“第六届中国西部传媒与社会发展高层论坛”在新疆大学举行。该论坛也是新疆大学新闻与传播学院 2016 年对口支援工作重点项目之一。来自暨南大学、武汉大学、西北大学、中国人民大学、中山大学、中国传媒大学等 57 所高校和相关机构的 120 余名代表参加论坛。该届论坛的主题是“互联网+时代的传媒发展与丝绸之路经济带建设”。上午的主论坛由新疆大学新闻与传播学院院长张允教授主持，中山大学张志安教授、武汉大学冉华教授、兰州大学林治波教授、西北大学杨立川教授、清华大学李彬教授、暨南大学彭伟步教授、广东外语外贸大学杨魁教授、新疆大学韩强教授依次作主题发言。

2016 年 8 月 4 日，“新疆形象宣传策略”咨询研讨会在新疆大学召开。此次会议是新疆维吾尔自治区党委宣传部、自治区教育厅和新疆大学三方共建新闻与传播学院的项目之一，由新疆大学新闻与传播学院新闻传播人才培训与咨询中心承办。此次会议主要研讨两个主题：一是新疆媒介形象的困境与出路，二是新疆大学对外形象与社会影响力提升策略。会议邀请了五名内地专家学者作主题发言，其他参会者共同研讨。自治区党委宣传部、新疆大学、新疆财经大学以及新疆主要媒体单位的 21 名代表参加了会议。

2016 年 8 月 22—23 日，学会常务理事、大连民族大学文法学院于凤静教授受邀作为中国新闻史学会七位代表之一，代表中国新闻史学会少数民族新闻传播史研究委员会出席了亚洲传播与新闻学会联合论坛（韩国大田）。于凤静教授同各国与会者进行了交流，并向各国与会者介绍了大连民族大学的概况、文法学院及新闻系的教学与研究情况、国际合作意向等。中国新闻史学会副秘书长常江代表会长陈昌凤致辞，并介绍中国新闻史学会的发展及研究现状、取得的成就。

2016 年 10 月 29—30 日，中国少数民族电影高层论坛在中央民族大学举行。论坛以“行走与思考——少数民族电影与民族文化”为主题，包括学术研讨、民族题材电影及纪录片展映和导演工作坊三个单元。降边嘉措、尹鸿、郑茜、左衡等来自全国六十多家高校、科研机构的学者，麦丽丝、刘湘晨、景宜、大海等来自业界知名导演，以及来自政府部门、行业协会的政策制定者约 150 人参与了论坛的讨论、交流与对话。14 位主旨发言、30 位专题发言、2 场导演工作坊呈现出了多元化、多维度的思想碰撞，针对民族影视政策、创作与市场等方面的困难与瓶颈、机遇与创新等进行了实践性总结与学理上的探讨。论坛还发布了中国少数民族影视银皮书项目启动信息，展映了《背山》《大河沿》等12部少数民族题材纪录片和电影。此次论坛承办单位中国民族影视研究中心2016年6月成立，由北京市民族电影展组委会和中央民族大学文学与新闻传播学院共同成立。研究中心整合既有校内外研究资源，并希望打造学界与业界互动的协同创新基地，在科学研究、人才培养、产学结合等方面形成科学研究平台、创作孵化平台和高素质影像人才培养平台。中心研究员由汉、藏、回、维吾尔、蒙古、壮、侗、朝鲜、裕固、拉祜、羌等多民族学者组成，中心的基本价值理念基于尊重民族文化的多样化，遵循影视创作的规律。此次会议也是中国民族影视研究中心举办的第一次高层论坛。

2016年11月13日，西北民族大学新闻学子“重走范长江之路”大型新闻教育实践活动甘肃段正式踏上征途。四川大学实践团队师生一行，从成都出发，经四川省平武县、松潘县等地，沿着范长江先生的西北之行路线重走“范长江之路”。西北民族大学新闻传播学院师生接力“范长江之路”甘肃段，奔赴临潭、卓尼两个地区，继续追寻范长江先生在甘肃留下的足迹。

（白贵　金强）

5.2.5　台湾与东南亚华文新闻传播史研究委员会

2016年是台湾与东南亚华文新闻传播史研究委员会成立的第六个年头，作为唯一一个在海外创办的分会，在中国新闻史学会的支持下，学会始终坚持以台湾与东南亚华文传媒为研究特色，努力将学会打造成为海外华文传媒研究与交流的平台，推动海外华文传媒的发展，推动海外华文传媒在“向世界说明中国”、宣传中国的和平发展，为提升国家“软实力”与“一带一路”国家战略的推进中发挥应有的学术作用。

2016年6月，学会积极响应中国新闻史学会召开“中国气派 世界眼光：新媒体时代的新闻与传播研究”学术年会的号召，向学会成员及华文新闻传播研究学者发出征稿函，组织了一批以“新媒体时代的海外华文新闻传播研究”为主题的学术稿件，学会常务理事叶虎副教授等20多位学者在此次学术年会分论坛上发表最新研究成果。

2016年11月18日，学会召开常务理事会议，阎立峰会长开宗明义指出，学会要办出自己的特点，要突出国际化、海外华人华侨的特色，正值我国发展“一带一路”战略的大背景之下，学会可以利用相关的学术成果为国家战略服务。赵振祥教授指出，六年的时间，学会已经具备了一定规模，特色也越来越明显，学会很多成员取得了国家社科基金，而且选题都是关于台湾与东南亚新闻传播研究的，各常务理事单位都有各自的优势，学会的特色会越来越明显。其他与会常务理事也就学会的发展分别发表了各自的建议。此次常务理事会增补了福建师范大学传播学院张梅副教授、泉州师范学院文学与传播学院蔡育红副教授为理事会成员。

2016 年 11 月 19—20 日，由学会主办，云南大学新闻传播学院承办的“海外华文传媒与跨文化传播”学术研讨会在云南大学翠湖校区召开。云南大学新闻学院副院长单晓红教授主持了上午的开幕式，云南省人民政府新闻办公室领导、云南大学校领导莅临致辞。阎立峰会长介绍了当下海外华文传播的概况和前景，指出了台湾与东南亚华文媒体在我国对外传播和跨文化传播中的重要性，以及对提高我国软实力方面起到的重要作用。开幕式后，厦门理工学院副校长、中国新闻史学会副会长赵振祥教授，台湾世新大学副校长陈清河教授，郑州大学新闻学院院长张举玺教授，西安交通大学人文学院院长杨琳教授，云南大学新闻学院副院长单晓红教授等五位嘉宾，就菲律宾、缅甸、俄罗斯华文媒体的传播情况以及跨文化传播与文化软实力、新媒体下的新闻产制模式等方面的论题发表了主题演讲。

此次研讨会吸引了来自境内外 20 多所高校的新闻传播学者以及业界专家参与，他们分别在“海外华文媒体发展与华人身份认同”“海外华文媒体现状与转型”“海外华文媒体个案研究”“跨文化传播的传播学解读”“跨文化传播与新媒体应用”“跨文化传播与新闻生产”6 大分论坛就各自学术研究成果与议题展开了分组研讨，集结了大量优秀的海外华文传媒与跨文化传播研究的学术论文，学者们积极交流，相互探讨，互相提出意见和建议，所发表论文的研究对象涵盖了中亚、南亚、东南亚等主要华文媒体。

2017 年，学会将不忘初心，继续努力，积极参与中国新闻史学会组织的各项活动，争取主办具有更大影响力的学术研讨会，并更加努力地与境内外华文媒体和研究学者进行联系沟通，搭建起大陆学者与台湾媒体和学者以及东南亚各国华文媒体和传播学者之间的桥梁，最终达到提升华人话语权，推动华文媒体繁荣发展，扩大华文媒体影响力的目的。

（孙慧英）

5.2.6　广告与传媒发展研究委员会

2016 年，中国新闻史学会广告与传媒发展研究委员会迎来了成立后的第一年。初创的第一年里，得益于中国新闻史学会的大力指导和支持，得益于各位委员的共同努力，研究委员会的各项工作顺利开展。2015 年 10 月 31 日研究委员会在华东师范大学正式成立，它作为中国新闻史学会下属的二级学会，是全国唯一的广告和传媒发展研究团体。它的成立为广告与传媒研究领域学者们搭建了一个重要的学术平台。学会目前拥有 30 个常务理事单位，集全国广告与传媒发展领域的学者与业界人士之力，秉持研究广告业与传媒业发展的历史与现状、促进传媒与广告业发展的宗旨，开展学术研究，探求历史规律，揭示发展趋势，服务传媒与广告业发展。

中国新闻史学会广告与传媒发展研究委员会成立以来，开展了形式多样的研究教育工作，2016 年各项工作情况如下：

1. 召开学术会议

2016 年，研究委员会主办、协办了 4 场高层次国内、国际学术研讨会，力争为广告与传媒学界、业界间搭建学术交流平台。

2016 年 4 月 22 日，研究委员会和韩国广告与公关学会共同举办了“2016 年中韩广告文化交流学术研讨会”。为增强中韩两国间的广告文化交流，共同传播儒家传统文化思想，会议邀请韩方广告学者 40 人、中方广告学者 25 人共同就“国家品牌”“韩流”“旅游产业”和“有关案例分析和研究”四个专题，以中韩广告战略传播与国家形象建构、“韩流”现象、中韩旅游广告产业发展研究、中韩广告文化交流等为主要内容进行研讨。为了今后中韩广告建立规模化、高层次、常态化的学术交流平台，中国新闻史学会广告与传媒发展研究委员会会长杨海军与韩国广告与公关学会会长李钟旻还共同签署合作协约，韩国驻上海总领事馆副总领事朴钟硕出席签约仪式。

4 月 23 日，研究委员会与北京大学新闻与传播学院联合主办的“第七届发展广告学论坛”在叶茂中营销策划机构召开，来自北京大学、武汉大学、华东师范大学、四川大学、上海外国语大学、安徽大学、首都经贸大学、上海大学 8 所高校广告专业的专家学者围绕国家重点社科项目“广告产业中国模式理论建构”课题展开研讨。

6 月 25—26 日，参与协办在广州暨南大学召开的“2016 年中国新闻史学会学术年会”。25 日上午召开的主题大会上，中国新闻史学会广告与传媒发展研究委员会会长杨海军教授围绕着“新媒体时代的新闻与传播研究”作了以《论中国当代广告话语变迁的历史轨迹》为题的大会发言。25 日下午和 26 日上午，研究委员会举办了“新媒体时代的广告与传媒”学术论坛，来自全国各地高校的 40 位专家学者就“新媒体时代的广告与传媒”“广告理论与广告史研究”“新媒体与广告新业态研究”“国家形象与品牌传播”等领域的最新进展进行研讨与交流。

9 月 24—25 日，参与主办在上海理工大学举办的“首届互联网+内容供给创新与文化创意产业高峰论坛”，为期两天的论坛分别围绕文化创意产业中“互联网+”和供给侧改革这两大战略问题，展开了对“国外互联网时代文化创意产业发展趋势研究”“基于互联网+的 IP 泛娱乐产业链研究”“传统媒体与新兴媒体融合发展研究”“互联网原住民网络亚文化和二次元现象研究”等议题的学术讨论和交流。来自中国人民大学、南京大学、复旦大学、上海交通大学、同济大学、华东师范大学、武汉大学、中山大学、厦门大学、华南理工大学等全国 30 余所高校、科研机构、行业知名企业以及政府机构在内的领导、专家学者和研究生等 200 余人参加论坛。

12 月 8 日，联合主办在河南大学举办的“河南大学广告专业 20 周年研讨会暨第八届发展广告学高峰论坛”，围绕“广告产业中国模式理论建构与广告教育”“新媒体环境下的品牌传播创新”“广告产业中国模式理论建构”“新媒体环境下发展广告学理论与实践创新”“场景时代的数字营销研究”“数字时代的广告理论建构与广告人才培养”6 个议题展开学术讨论和交流。此次会议有来自北京大学、武汉大学、华东师范大学、四川大学、里斯伙伴（中国）营销战略咨询公司、“好想你”枣业股份有限公司、上海剧星传媒股份有限公司等广告专业的学界和业界数十名专家学者参加了会议。

2. 日常工作顺利开展

2016 年 6 月 25 日，借助中国新闻史学会学术年会举办之机，研究委员会召开常务理事会会议。会议主要有三个议题：第一，秘书处向到会的各常务理事单位和会员介绍了研究委员会自成立以来的工作进展及下一步工作设想。第二，讨论新增理事单位。经理事会表决，同意吉林大学文学院暨新闻传播学院、暨南大学新闻与传播学院、华南理工大学新闻与传播学院、山西大学文学院、华中科技大学新闻与信息传播学院、河北师范大学新闻传播学院、南京林业大学人文学院为新增理事单位。第三，讨论并通过研究委员会会标。在广告与传媒发展研究委员会建设理念的统领下专门设计属于本研究委员会的独立标识（如图 5-1 所示），以提炼学会发展理念，对内增强学界、业界同仁的凝聚力，对外树立研究委员会形象为目的。

研究委员会秘书处有专人负责学会电子邮箱 ggycmfzs@ 163. com 的邮件收发，以保障学会信息能够及时传达给各位团体会员和个人会员，以便各位会员能够及时了解并关注学会的工作动态，增强会员凝聚力。

研究委员会秘书处积极配合中国新闻史学会各项工作要求，组织并协办 2016 年中国新闻史学会学术年会，撰写二级分会宣传材料，汇总并上报最新理事单位名单，向团体会员和个人会员发出缴纳会费通知等。

中国新闻史学会RCAMD
广告与传媒发展研究委员会

中国新闻史学会RCAMD
广告与传媒发展研究委员会

图 5-1　广告与传媒发展研究委员会标识

5.2.7　公共关系史研究委员会

中国新闻史学会公共关系史研究委员会（PRSC）是中国公共关系领域唯一的全国性学会组织，学会英文全称为“Public Relations Society of China”（缩写：PRSC）。学会于 2015 年 8 月 21 日在湖北武汉华中科技大学宣告成立，首任会长为陈先红教授。学会成立后，发展迅速。截至 2016 年年底，拥有会员 400 余人，常务理事单位 46 家，理事单位 140 家。PRSC 学会秉持“开放、多元、包容、对话”的发展定位，致力于打造具有国际视野、学术理想和公共情怀的公共关系学术共同体，推动中国公共关系学科发展、学术研究和学人对话，促进中国公共关系事业的健康发展。

PRSC 汇聚了学界、业界和社会资源的高端智库与研究机构，同时也是中外公关学术交流的重要平台。成立之后，学会的工作规划主要包括六个方面，即“六个一工程”：翻译一套国际化的公共关系经典译丛、出版一套本土化的公共关系学术专著、实施一系列高端的公共关系培训项目、联合其他单位举办一个国际化的大公关学术会议（PRAD）、打造一个 PRSC 学术年会、开发一系列智库型的专题研究项目。目前，许多工作已经落地实施，成效显著。

2016 年，PRSC 举行了一系列特色学术活动，在海内外形成了广泛的学术和社会影响力。

第一，PRSC 召开了系列学术会议，受到学界好评。

（1）2016 年 1 月 21—28 日，PRSC 学会在新西兰梅西大学召开第八届公关与广告国际学术论坛。此次会议主题为“数字化时代的战略传播”（Strategic Communication in the Digital Age），吸引了近 120 位来自世界各地的参会代表，涵盖亚洲、大洋洲、欧洲和北美四大洲，包括中国大陆、香港、台湾、澳门，以及马来西亚、泰国、英国、法国、德国、美国、澳大利亚、新西兰等国家和地区。

（2）2016 年 5 月 27—30 日，PRSC 学会在北京和天津两地举行一届三次常务理事会暨“天津静海区城市形象提升与对外宣传交流会”。此次会议的议程，包括 2016 金旗奖启动仪式、全聚德集团企业文化考察、PRSC 学会一届三次常务理事会、静海区城市形象提升与对外宣传交流会四个环节。

（3）2016 年 12 月 2—6 日，PRSC 在香港浸会大学和香港城市大学举行首届学术年会、第九届公关与广告国际学术论坛、第三期战略传播与公共关系工作坊、2016 金旗奖颁奖盛典。来自中国大陆、香港、台湾、澳门，以及美国、德国、俄罗斯、韩国、新西兰、瑞典等海内外 250 多位学界、业界代表参加了会议。

第二，发起“PRSC 学会奖”计划并顺利实施首届评选，引起广泛关注。

为进一步推进国内公共关系的基础理论研究，表彰国内公共关系学界的优秀学术成果，加强公共关系研究者之间的交流和对话，推动中国公共关系学术研究，PRSC 倡导并推进“学会奖”计划。PRSC 学会奖设置两个奖项：“中国公关 30 年贡献奖”与“中国公关优秀学术成果奖”，奖励在公共关系学术研究领域拥有一定成就的研究者。2015 年 11 月，“学会奖”计划开始正式启动，经过 8 个多月的筹备和实施，2016 年 8 月，首届“PRSC 学会奖”结果揭晓。10 位专家获得“中国公关 30 年贡献奖”（以姓氏拼音为序）：郭惠民、纪华强、李道平、李兴国、明安香、涂光晋、邢颖、熊源伟、余明阳、张云。另外，9 项成果获得“中国公关优秀学术成果奖”（包括 4 项著作奖和 5 项论文奖）。在 2016 年 12 月 2—6 日于香港举办的中国新闻史学会公共关系史研究委员会首届学术年会暨第九届公关与广告国际学术论坛（PRAD）上，隆重举行“中国公关 30 年贡献奖”及“学术成果奖”颁奖典礼，为获奖者颁发了奖状和奖金。

四部著作奖获奖作品为（以作者姓氏拼音为序）：

邓理峰著：《声音的竞争：解构企业公共关系影响新闻生产的机制》，中国传媒大学出版社，2014 年版。

胡百精著：《中国公共关系史》，中国传媒大学出版社，2014 年版。

胡百精译：《公共传播文丛 · 译著》，已出版 4 部：《每一分钟诞生一位顾客》《取悦公众：公关之父艾维 · 李和美国公关发展史》《宣传》《舆论的结晶》。

张雷著：《公共关系学派——一种广域的视野》，浙江大学出版社，2013 年版。

五项论文奖获奖作品为（以作者姓氏拼音为序）：

Xianhong Chen，Ouyang Chen，Ni Chen：*How Public Relations functions as news sources in China*，*Public Relations Review*（SSCI），2012 年第 36 卷，第 697~703 页。

陈先红、刘晓程撰：《专业主义的同构：生态学视野下新闻与公关的职业关系分析》，《新闻大学》，2013 年第 2 期，第 98~104 页。

张景云、刘畅、杜新建撰：《跨国并购沟通中的心理距离策略——中粮收购澳大利亚 Tully 糖业案例研究》，《管理案例研究与评论》，2013 年第 6 期，第 488~500 页。

张明新、陈先红、赖正能、陈霓撰：《正在形成的“认知共同体”：内地与台湾公共关系从业者职业认知比较研究》，《新闻与传播研究》，2014 年第 2 期，第 35~55 页。

张宁撰：《官员个人微博：一种政府公共关系角度的考察——以三个政府官员个人微博为中心》，见潘可武主编《新媒体研究：方法与概念》，中国传媒大学出版社，2015 年版，第 135~144 页。

第三，PRSC 积极推进海外经典译丛计划和基础理论著作撰写计划。

目前，PRSC 正集中人力物力，在积极编撰公共关系基础理论读本《公共关系学的想象》，以及海外公共关系经典译丛。同时，学会正在积极联系清华大学出版社、中国传媒大学出版社等机构积极推出。

第四，“讲好中国故事创意传播国际大赛”筹备完毕，举行了武汉地区的新闻发布会，开始面向社会动员和传播。该大赛依托学会会长陈先红教授的国家社科基金课题“讲好中国故事的‘元叙事’传播战略研究”，由中国外文局对外传播研究中心、华中科技大学新闻与信息传播学院、PRSC 学会共同主办，以“中国人的故事”“中国品牌的故事”“中国文化的故事”“中国模式的故事”以及“中国梦的故事”为主题，面向海内外大学生、媒体界、企业界和其他友好人士征集中国故事的创意文本。大赛的宗旨在于挖掘一批基于中国又超越中国、基于故事又超越故事的好作品，发现一批联通中外、通古博今的讲故事人才。2016 年 11 月 27 日，大赛总策划、PRSC 会长陈先红教授在第四届国家传播战略高峰论坛上作了新闻发布，介绍了大赛的缘起和参赛细则。PRSC 将联合另外两家单位于 2017 年 2 月在京正式启动，广泛面向海内外各界人士征集中国故事的创意文本。大赛报名系统将于 3 月 1 日正式开放，参赛者可在规定时间内登录中国网进行报名并提交作品。

（张明新）

5.2.8　传媒经济与管理研究委员会

在中国新闻史学会的支持下，传媒经济与管理研究委员会在 2016 年主要完成如下几方面的工作：

（1）2016 年 11 月 4 日晚，传媒经济与管理研究委员会召开会长会议。

此次会长会议的主要内容包括：第一，进一步明晰了研究委员会的组织结构；第二，进一步明确了研究委员会的未来发展方向；第三，商定出版研究委员会会刊事宜。

（2）2016 年 11 月 5 日在西安交通大学召开传媒经济与管理研究委员会学术年会。

11 月 5 日，由中国新闻史学会传媒经济与管理研究委员会、西安交通大学、中共陕西省委网络安全和信息化领导小组办公室联合主办，西安交通大学新闻与新媒体学院承办的“2016 中国传媒经济与管理年会——舆论新格局 · 传媒新常态学术研讨会”在西安交通大学隆重召开。

来自中央网信办、国家新闻出版广电总局、全国记协、新华社、中国社会科学院、北京大学、清华大学、复旦大学、中国人民大学、浙江大学、北京师范大学、武汉大学、暨南大学、上海大学和东道主西安交通大学等海内外近百所高校的专家学者与青年学子围绕“传媒、经济、舆论、管理”开展深入研讨。

此次年会还颁发了传媒经济学科杰出贡献奖与年度观点奖。

众多媒体平台报道了此次年会的盛况。

（3）2016 年 11 月上线微信公众号平台。

2016 年 11 月，上线传媒经济与管理研究专业委员会微信公众号平台（CCMEMR），使学会的成果交流与展示、日常信息交流以及会员管理等工作常态化。

（4）积极与国际传媒经济与管理领域内代表性组织联系，寻找合适的合作方式，包括协商与巴西大学联合主办 2017 IMMAA conference 的可能性。

（5）2016 年 11 月 19 日，中国人民大学举行“新中国舆论学研究三十年论坛——暨中国人民大学舆论研究所成立三十年纪念研讨会”。

2016 年 11 月 19 日，由中国人民大学新闻与社会发展研究中心、中国人民大学新闻学院、中国新闻史学会联合主办，中国人民大学舆论研究所承办的“新中国舆论学研究三十年论坛——暨中国人民大学舆论研究所成立三十年纪念研讨会”在世纪馆召开。来自全国的 20 余位舆论学研究领域知名学者、50 多家媒体及业界精英与现场近百名观众齐聚中国人民大学，对中国舆论学研究的历史进程、体系建构，以及新技术背景下的研究转向等多个主题进行了研讨。此次研讨会还发布了《新中国舆论学研究 30 年学术脉络与学术地图》研究报告，中心副主任李彪发布了《中国网民的信息生产及情感价值结构演变（2012—2016）——基于搜狗大数据的分析》研究报告。

（6）协商创办传媒经济与管理研究委员会会刊，并于2016年12月编辑出版传媒经济与管理研究专业委员会会刊《中国传媒经济与管理学刊》创刊号。

2016年，经多次协商，传媒经济与管理研究专业委员会与南京大学新闻传播学院联合出版《中国传媒经济与管理学刊》，该学刊作为会刊及学会学术发表主阵地，将承载委员会的主要学术研究成果。2016年12月，编辑出版了创刊号。

（7）进一步升级了专业学术网站“传媒经济·中国”。

（8）配合新闻史学会的要求提供相关材料、做好会员资料的整理与维护。

5.2.9 视听传播研究委员会

中国新闻史学会视听传播研究委员会于2015年12月5日成立。目前拥有67家理事单位，秘书处设在暨南大学。暨南大学新闻与传播学院执行院长支庭荣教授担任会长，刘涛教授担任副会长兼秘书长。学会主要以新闻传播学科下的广播电视学专业发展为研究依托，同时将研究领域拓展到电影、在线音视频、视听新媒体等视听内容形态，致力于搭建全国视听传播领域的学术对话和业务交流平台。一年来，中国新闻史学会视听传播研究委员会主要活动与下一步工作设想如下：

第一，2015年12月5日，中国新闻史学会视听传播研究委员会成立大会暨视听传播论坛于暨南大学举行，67家理事单位参会，共同商讨视听传播分会的专业内涵和未来规划；

第二，2016年6月25日，中国新闻史学会视听传播研究委员会举办“新媒体与视觉文化学术论坛”，主要围绕视觉文化时代的视听新媒体文本展开学术研讨，在视觉传播理论、图像事件研究方面形成了系列成果。相关成果发表于《暨南学报》（社会科学版）。

第三，2016年10—11月，中国新闻史学会视听传播研究委员会发起“传播中国行”系列学术活动，先后组织专家赴湖南（湖南大学、湖南师范大学）、云南（云南大学、云南师范大学）、广西（广西大学、广西民族大学）、重庆（西南大学、四川外国语大学）、吉林（吉林大学、延边大学）、黑龙江（黑龙江大学）等全国十多所大学开展调研与讲学，进一步明确了学会的服务内容和方向。

第四，2016年12月10日，中国新闻史学会视听传播研究委员会第一届理事会第二次会议暨新媒体与视听传播学术论坛于暨南大学举行，就学会未来的辑刊编辑、作品评选、专题工作坊等事宜展开研讨，制定了系列规划。

（刘 涛）

5.2.10　新闻传播思想史研究委员会

2016 年是新闻传播思想史研究委员会正式运作的一年，学会策划和组织了一系列有影响力的学术活动，学会成员学术发表方面也取得长足的进步。

2016 年 3 月 25—27 日，由中国新闻史学会新闻传播思想史研究委员会、南京大学新闻传播学院和《国际新闻界》杂志共同主办的“中国新闻史学会新闻传播思想史研究委员会成立大会暨第三届中外新闻传播思想史高峰论坛”在南京召开。来自清华大学、中国传媒大学、中国社会科学院新闻与传播研究所、中国人民大学、复旦大学、武汉大学、四川大学、厦门大学、香港中文大学以及东道主南京大学等多所国内知名高校的上百名学者出席了此次盛会。

2016 年 7 月 25—26 日，由中国新闻史学会新闻传播思想史研究委员会、南京大学新闻传播学院、安徽师范大学新闻传播学院和《国际新闻界》杂志共同主办的“中国传播思想史芜湖论坛”在芜湖召开。围绕“网络民族主义”这一主题，近 50 名学者参加了此次会议。借会议召开之际，学会还召开了首届常务理事会会议，共同商讨了学会未来的发展。

2016 年 10 月 15—16 日，在第十三届中国传播学大会暨南京大学新闻传播专业建设 80 周年庆典上，新闻传播思想史研究委员会主办了“传播批判学派的多元视野”的工作坊。学会的许多青年学者与会并发表了自己的研究成果。

在学术发表方面，2016 年，研究会成员在概念史、新闻思想史、传播批判理论史、反思经验主义传播理论、华夏传播思想史和学科史方面发表了大量有深度的论文，其中多数论文均在《新闻与传播研究》《国际新闻界》《现代传播》《新闻大学》发表，有些还以专栏的形式集体发表，产生了较大的学术影响。

（胡翼青）

5.2.11　应用新闻传播学研究委员会

作为中国新闻史学会的二级学会，应用新闻传播学研究委员会于 2016 年 4 月 23 日在中国新闻史学会第五届第四次常务理事会上获批，2016 年 8 月 28 日在中山大学正式成立。目前，该委员会共有 112 家理事单位（包括 3 家名誉理事单位），34 家常务理事单位。中山大学、复旦大学、武汉大学、清华大学、暨南大学、南京大学、郑州大学、广东外语外贸大学担任会长/副会长单位。复旦大学李良荣教授、武汉大学罗以澄教授担任名誉会长。

1. 召开成立大会，搭建交流平台

2016年8月28日，中国新闻史学会应用新闻传播学研究委员会成立大会在中山大学传播与设计学院举行。中国新闻史学会会长陈昌凤教授代表中国新闻史学会祝贺应用新闻传播学研究委员会正式成立。她表示，虽然新闻传播学是一个应用学科，但是长期以来，应用新闻传播学研究尚缺乏学理角度的承认，应用新闻传播学研究委员会的成立将弥补这一空缺。

一些国际著名传播学者也通过视频向研究委员会的成立表示祝贺。国际传播学会（ICA）分会会长、澳大利亚昆士兰科技大学（QUT）创意产业学院副院长Terry Flew表示："在全球新闻传播学研究面临新媒体及社会变迁日益严峻挑战的今天，中国应用新闻传播学研究委员会的加入将为国际应用传播研究的对话和发展贡献重要力量。"美国健康传播研究奠基者、乔治梅森大学传播学院健康与风险传播中心主任Gary Kreps教授认为："中国应用新闻传播学会的加入，充实着国际应用传播研究的专业队伍，全球应用传播学同仁为此感到高兴。"

当选首任会长的中山大学传播与设计学院院长张志安教授介绍说，应用新闻传播学研究委员会将围绕"繁荣新闻实务研究、促进应用传播发展"的主旨，既促进实务研究的理论化水平提升，又对接应用传播研究的国际学术前沿，为应用新闻传播学研究搭建一个融通学界和业界、国内与国际的学术交流平台。应用新闻传播学研究委员会的知识产出形式主要由以下4个方面构成：编辑一本当代应用新闻传播学的评论或者学刊；建设一个开放、共享的应用新闻传播案例库；开好应用新闻传播学研究委员会的年会，架起新闻学界与业界真正富有交流与沟通成效的"桥梁"；设立一个应用新闻传播学研究的学会奖。

成立大会之后是学会主办的首次专场研讨。8月28日下午，与会学者以"新闻实务研究的理论化路径""应用新闻传播学的实践创新""互联网时代的应用新闻传播研究"3个方面为主题，开展了热烈的讨论，凸显了学会应用新闻传播研究"学术共同体"的特色。正如李良荣教授所言，这是全国新闻实务教师们"抱团取暖的家"。

2. 支持"普惠新闻奖"，打造"学会奖"

作为打造学会奖的一个尝试，应用新闻传播学研究委员会成立后，积极与各方面合作，指导"普惠新闻奖"的组织和评选。

经过紧张而高效的筹备，2017 年 1 月 15 日，第二届普惠新闻奖颁奖礼在北京举行。本届普惠新闻奖由复旦大学新闻学院、武汉大学新闻与传播学院、中山大学传播与设计学院、中国人民大学普惠金融研究院、浙江大学互联网金融研究院、蚂蚁金服商学院等机构联合主办，由中国新闻史学会应用新闻传播学研究会和中国银行业协会担任学术指导机构。在参评的 400 个新闻作品中，最终遴选出了 5 大类（公共服务类、消息类、深度报道类、新闻评论类、融合报道类）获奖和入围作品，共计 20 篇。获奖者包括新华社、中央电视台、中央人民广播电台、财新传媒、澎湃新闻、南方周末等主流媒体。

在颁奖礼上，应用新闻传播学研究会会长张志安教授说："过去一年的媒介演进表明，这是所有人写所有人的时代，而普惠将有更大价值。"他表示，普惠新闻本质上体现了新闻公共性的价值。"新闻归根结底是为公众服务的，普惠新闻更加强调新闻要为每一个需要新闻的个体去服务"，他表示，只要秉承普惠的理念，坚守公共的价值，普惠新闻奖未来一定会成为中国新闻界、金融界，甚至是中国社会中有深远影响的新闻奖。

（卢家银）

5.3　其他新闻传播教育类学会 2016 年活动综述

5.3.1　中国高等院校影视学会

2016 年，中国高等院校影视学会（简称"影视学会"）以第十六届年会和第九届中国影视高层论坛为主线，以二级专业委员会建设与管理作为重点，大力推动学会事业迈向发展新阶段。在这一年，第十六届年会和第九届中国影视高层论坛隆重举行；理事会顺利完成换届工作、第五届理事会成立；5 个专业委员会相继面世、3 个创研中心陆续授牌成立，学术活动全年热点不断，是学会创建以来最为活跃的一年。

1. 第十六届年会与第九届中国影视高层论坛

2016 年 10 月 22—23 日，在山西传媒学院举办的第十六届年会，作为两年一届模式的最后一届而受到学界关注，参会人数 500 余人，为历届之最。作为第十六届年会的重头戏，第九届中国影视高层论坛也创下新的纪录，论坛共收到论文 205 篇，会议论文集超1000页。为此特别设立主题论坛1个，专题、专场分论坛16个，安排论文发言170余人。

（1）主题论坛。开幕式上，山西省人大常委会副主任周然、中广联合会副会长陶世明、中国传媒大学副校长廖祥忠教授、山西传媒学院院长王建国教授、中国高校影视学会会长胡智锋教授先后发表致辞。

该届论坛的主题是“图景与前景：‘互联网+’时代的中国影视”。仲呈祥、黄会林、高长力、卓伯棠、尤小刚、尹鸿6位影视学界、业界和管理层的领导、专家围绕主题从不同角度进行了精彩发言（见表5-1）。

表5-1　**第十六届年会主题发言**

发言人	职称/职务	题　目
仲呈祥	中国文艺评论家协会主席 中国传媒大学艺术研究院院长 中央文史馆馆员	文化自信与影视艺术学科建设
黄会林	北京师范大学资深教授 中国文化国际传播研究院院长	文化多样性与命运共同体
高长力	国家新闻出版广电总局宣传管理司司长	广播电视节目自主创新正当时
尤小刚	中国电视剧制作产业协会会长 北京京都世纪影视文化董事长	中国电视剧的历史发展与问题反思
卓伯棠	澳门科技大学澳门电影艺术研究院院长 香港浸会大学电影学院创院及首任院长	全球化背景下电影产业与教育的互动
尹　鸿	中国文艺评论家协会副主席 中国高等院校影视学会副会长 清华大学新闻与传播学院教授	“互联网+”时代的中国电影产业

（2）专题论坛与专场论坛。论坛共设置专题分论坛10场，分别是影视前沿观照、影视人才培养与新媒体研究、影视艺术与技术、影视理论辨析、影史钩沉、电影美学与民族观照、纪录片理论与创作、电视频道与传播研究、电视剧/节目/微电影现状研究、影视真人秀节目等。论坛期间，组委会还开辟第五届传媒艺术论坛、传媒与影视学术期刊专场论坛、影视教学委员会专场论坛、青年研究会专场论坛等6场特别专场论坛。其中传媒与影视学术期刊专场论坛特邀《现代传播》《电影艺术》《中国电视》等多家学术刊物与作者、读者面对面深入交流，与会的主编和编辑分别介绍了刊物的基本情况、

审编流程、稿件要求和热点需求。

（3）颁奖典礼。10 月 22 日晚，第九届“学会奖”、第六届“学院奖”和首届“学人奖”颁奖典礼隆重举行。第六届“学院奖”社会类获奖作品除电影类、电视类外还首次设立网络视听类作品类的奖项。

该届年会的一大亮点当属学会首次设立“学人奖”，中央文史馆馆员、中国文艺评论家协会主席仲呈祥教授，北京师范大学中国文化国际传播研究院院长黄会林教授，中国传媒大学电视学院高鑫教授获得“终身成就奖”，三位先生均是中国影视艺术研究和教育领域的开拓者、领军人，为中国影视艺术的繁荣发展作出了重要贡献。

2. 二级专业委员会的学术活动

2016 年，影视学会相继批准成立 5 家二级专业委员会和三个创研中心，具体如表 5-2 所示：

表 5-2　　**影视学会二级分会**

序号	二级机构名称	承办方	成立时间
1	民族影视专业委员会	中南民族大学文学与新闻学院	5 月 14 日
2	网络视听专业委员会	南京艺术学院传媒学院	5 月 28 日
3	影视教学专业委员会	浙江传媒学院	6 月 11 日
4	影视产业与管理专业委员会	四川大学文学与新闻学院	11 月 27 日
5	广播专业委员会	暨南大学新闻传播学院	12 月 15 日
6	新疆影视创研中心	新疆艺术学院	6 月 18 日
7	华莱坞创研中心	浙江大学传播研究所	11 月 26 日
8	创意设计与品牌传播创研中心	山西传媒学院	待定

（1）第二届中国民族影视高层论坛。为团结全国民族类高校影视教育工作者，推动中国影视教育的专业化发展，影视学会特批准由全国 20 多家民族类高校联合发起的民族影视专业委员会。5 月 14 日，民族影视专业委员会成立大会在中南民族大学召开，同期召开第二届中国民族影视高层论坛。来自国家民委的领导和四川大学、中央民族大学、中南民族大学等 60 多所高校的 130 位学者参与论坛。

该届论坛主题为“民族影视，美美与共”，主题论坛邀请武汉大学新闻传播学院冉华教授等7位学者作主题发言，他们分别从互联网传播视频化、国外原住民发展制播经验、真人秀本土化与民族化融合、民族电影的定位与语言自觉、西北民族影视文化传播潜力、少数民族文化资源影像化开发传播、少数民族非遗影像化记录与构建文化记忆等方面发表观点。论坛还开设“民族影视发展模式与战略传播”“民族影视与民族文化传播”和“民族影视文本阐释与意义生产”3个分论坛。

（2）首届影视教育高层论坛。2016年6月11日，影视教学专业委员会在浙江传媒学院召开成立大会，并同期召开首届影视教育高层论坛。来自全国60余所高校的120余人参加此次会议。成立影视教学专业委员会，旨在为高校影视专业教学提供更好的沟通渠道，为学会会员乃至全国影视专业从业者和研究者打造一个权威性、前沿性、共享性的高端平台。

在主题为“新媒体时代的影视教育研究”的论坛上，四川传媒学院院长罗共和教授与南京师范大学沈国芳教授，分别从艺术类院校和综合类院校的角度，详细阐释如何将新媒体应用到教学实践中。浙江传媒学院电视艺术学院副院长卢炜教授、天津师范大学音乐与影视学院系主任杨爱君教授则从教学模式的角度，讨论如何更好开展艺术类培养。上海大学温哥华电影学院刘海波教授，北京电影学院副教授、国家二级导演向往与大家分享了实践经验。在新技术应用方面，中国传媒大学戏剧影视学院王利丽副教授追根溯源新媒体技术VR，并强调影视创作过程中应体现人文价值和精神。众多专家的影视教育研究分享得到与会者的赞同。此外，还举行了以“江南影像”为主题的学术论坛。

（3）大数据时代的影视产业高峰论坛。2016年11月27日，影视产业与管理专业委员会成立大会在四川大学举行，期间举办“大数据时代的影视产业高峰论坛”，来自清华大学、四川大学、中国传媒大学等40多所高校的80余位专家学者以及业界机构高管与会。

在主题论坛上，南京艺术学院副校长李向民教授认为影视产业需要进行大刀阔斧的供给侧改革。峨眉电影集团董事长、峨眉电影制片厂厂长何世平先生探讨了地方国有电影企业的困境与出路。爱奇艺互联网增值服务事业部副总经理葛旭峰先生站在互联网角度分析了把电影搬上互联网的视频付费模式发展脉络及其市场机遇。澳门科技大学人文艺术学院院长张志庆教授认为互联网企业的加入使得影视行业竞争环境更加复杂，也给供给侧带来了方式创新和理念创新。在专题论坛和圆桌对话环节，与会专家认为影视产业的众多问题需要通过集约化、高效率、创新式的影视管理来有效解决。针对人才问题，影视产业与管理专业委员会主任委员、清华大学尹鸿教授指出当下能同时具备艺术鉴赏力和市场判断力的综合型人才奇缺，影视产业与管理专业委员会的成立，就是要在这方面着手解决问题。

（4）首届中国广播创新发展高端论坛。中国高校影视学会广播专业委员会成立大会暨首届中国广播创新发展高端论坛于 2016 年 12 月 15—16 日在广州暨南大学召开。来自四川大学、中国传媒大学、中国人民大学、湖南师范大学以及江苏省广播电视总台、内蒙古广播电视和安徽广播电视台等 100 多名代表，就“媒介融合时代广播的创新发展”这一主题，从理论和实践的双重维度进行了深入研讨，共同解读融媒时代赋予广播媒体的角色地位及机遇挑战。

在主题论坛上，江苏广播电视总台（集团）副台长、总经理黄信结合中国广播谈话类节目的成功实践，指出现代通信技术的进步、移动化车载场景的普及，以及广播自身适应性强和迭代升级速度快的特点，这些都成为广播能够成功突围的原因。广东广播电视台副总编辑赵随意和郑州人民广播电台台长葛向阳认为，广播媒体长期积累的公信力可以转化为品牌资源，以弥补传统广播影响力的不足。中国传媒大学王宇教授认为在激烈的竞争中应凭借专业的编辑、创作团队，注重本土内容的开发，信息观点的提升和深度解读，强化广播的服务性功能。暨南大学申启武教授特别强调“坚守”，指出广播媒体要坚守自己的媒介特性，做到“自己走路”，在创新与融合中塑造广播崭新的媒体形象。中国人民大学周小普教授认为，帮扶类广播节目是泛传播的新媒介生态下较能体现用户思维的节目类型，也是广播媒体践行理想、扩大社会影响、发扬“珠江精神”的途径。中广联合会学术委员会副主任覃信刚教授对“珠江模式”的理论和现实意义进行了总结，并分享了广东广播在“珠江模式”基础上的创新性发展。与会学者们还围绕广播的互联网思维及媒体融合创新进行了深入讨论。

此外，5 月 28 日网络视听专业委员会成立大会在南京艺术学院召开期间，举办了首届中国网络视听学术论坛。6 月 18 日，新疆影视创研中心在乌鲁木齐举行挂牌仪式，同期举办“丝绸之路经济带核心区建设与新疆影视创作创新研讨会”。12 月 16 日，影视教学专业委员会在教育部高校影视与戏剧学类专业教学指导会第七次会议在重庆师范大学举行期间，主办了第二届青年教师/博士论坛/影视传媒教学论坛。12 月 24 日，青年研究会在东北师范大学召开了中国高校影视学会青年研究会第二届理事会第二次会议，期间还举办了第四届“中国影视传媒青年论坛”。

3. 创作竞赛类活动

影视教育融教学、科研与创作为一体。影视学会及各二级专业委员会 2016 年举办多项创作类竞赛性活动，为会员及师生提供专业性高端交流平台。具体如表 5-3 所示：

表 5-3　　　　　　　　　　**各二级专业委员会活动一览表**

序号	活动名称	承办方	颁奖时间
1	第五届国际大学生微电影盛典	微电影专业委员会	2016 年 10 月 18 日
2	第四届全国大学生体育影像节	体育影视专业委员会	2016 年 12 月 5 日
3	首届“科德杯”无人机航拍竞赛	科德学院、微电影专业委员会	2016 年 12 月 23 日
4	首届全国大学生少数民族题材影视作品大赛	民族影视专业委员会	2017 年 6 月 30 日

（张国涛）

5. 3. 2　中国高等教育学会新闻学与传播学专业委员会

中国高等教育学会新闻学与传播学专业委员会（原名：中国新闻教育学会）于 1984 年 11 月 2 日在北京成立，是我国新闻与传播学科领域历史最悠久、规模最大的学术团体，历经 30 年的成长与发展，学会的理事单位从最初的 30 个已增至 180 多个。学会为促进中国新闻学与传播学的学科建设、教学改革、人才培养、学术研究等方面的沟通交流与提升发展发挥了积极而显著的作用。2016 年度学会充分发挥学术性团体的作用，团结全体会员单位的智慧和力量，努力进行理论研究和实践探索。一年来，学会各项工作富有成效，工作迈上新台阶，为推进学会的下一步发展奠定了良好基础。

（1）召开常务理事会。会议通报了高教学会对二级分会的最新管理政策和制度措施，讨论通过了部分常务理事的人员调整事宜，同时对三家新单位的入会申请（即吉林工程技术师范学院传媒学院、上海对外经贸大学国际商务外语学院新闻专业、上海电影艺术职业学院新闻采编专业）和部分会员单位增补常务理事单位的申请进行了认真、谨慎的审议。

（2）召开理事会年度大会暨学术研讨会。2016 年 11 月 13 日，主题为“跨媒体、跨学科、跨文化：新闻传播教育的变革与创新”的中国高等教育学会新闻学与传播学专业委员会第七届理事会第五次会议在浙江工业大学召开，国内新闻传播教育界的专家、学者和业界精英及媒体代表约 150 余人莅会。

（3）策划组织推选“全国新闻学与传播学教学创新项目”。该奖项由中国高等教育学会新闻学与传播学专业委员会和教育部高等学校新闻学学科教学指导委员会联合设置，每两年评选一次，每次表彰 10 个项目，在当年学会年会上表彰。该奖项设置的目的，在于推进中国新闻教育的创新与改革，进一步提高教学质量，优化教学成果，培养高质量的新闻传播人才。

（4）策划组织推选“中国新闻教育贡献人物”和“全国新闻学青年学者优秀学术成果”。前者旨在纪念和感谢为我国新闻教育事业作出贡献的教育工作者，从 2008 年开始每两年推选一次从事新闻工作满 30 年、年龄 70 岁以上的老教师。

（5）组织新闻传播师资培训。为推动全国新闻院校新闻教学与学术研究工作，提升新闻教学科研的质量和水平，2016 年 7 月 23—25 日，“2016 年全国新闻学教学科研高级研讨班”在安徽举办，研讨班由安徽师范大学新闻与传播学院承办，邀请了郑保卫、汪家驷、丁柏铨、马胜荣、周勇、雷跃捷、杜骏飞、张涛甫、刘鹏飞、陈良飞等学界名师、业界精英，他们先后为全国各地新闻院系教师带来了十余场高水平的学术讲座。研讨班课程教学安排紧凑、现场互动交流活跃、文艺联谊气氛热烈，取得了较好的学习研讨效果。

（6）促进新闻教育界专题交流。在学会的支持和有关专家的参与下，5 月 21 日，以“引领新常态，融合促发展”为主题的中国广播电视与新媒体研究 2016 年会在华南理工大学召开，2016 年 9 月 24—25 日，主题为“中国新闻学的未来发展之路”的第九届中国新闻学年会于浙江传媒学院召开。同年 12 月，第四届中国大学生新媒体创意大赛于北京召开。

（庄德莹）

5.3.3　中国高等教育学会广告教育专业委员会

1. 历史沿革

2009 年 7 月 25 日，中国高等教育学会广告教育专业委员会经民政部批准在北京登记成立。

2009 年 11 月 21 日，在北京万寿宾馆召开成立大会暨第一次会员代表大会。大会进行了揭牌仪式，并选举产生了以丁俊杰为理事长的第一届理事会。同时邀请全国人大代表、教育部原副部长吴启迪任名誉理事长。几经调整，目前吴启迪任名誉理事长，丁俊杰任理事长，乔均、陈刚、倪宁、吴予敏、金定海、刘瑞武、胡晓云任副理事长，刘瑞武兼任秘书长，张翔、张树庭、许正林、姚曦、韩志强、杨效宏、胡莹任副秘书长。

2010 年 2 月 8 日，在北京召开秘书长工作会议。2010 年 7 月 21 日，在南京大学新闻传播学院组织召开常务理事会议。2012 年 1 月 8 日，在中国传媒大学召开了理事长办公会。2012 年 4 月 20 日，在广西艺术学院召开常务理事会议。2013 年 11 月 23 日，在上海大学第一会议室召开了常务理事会议。2014 年 7 月 4 日，在内蒙古科技大学艺术与设计学院召开了常务理事会议。2014 年 12 月 20 日，在温州大学召开了理事长工作会。2015 年 12 月 4 日，在重庆大学艺术学院召开常务理事会议。

2016 年 12 月 4 日，在深圳大学国际会议厅召开常务理事会议。会议传达了年初中国高等教育学会秘书长会议的精神，并就开展第三届优秀论文评选、优秀教师评选和青年教师培训活动进行了讨论。到会常务理事纷纷提供了有益的意见与建议。

2. 2016 年开展工作

1）举办学术年会

第六届学术年会暨第七届中国广告教育论坛于 2016 年 12 月 4—5 日在深圳大学科技报告厅举办。此次年会共有来自全国 112 所高校的 210 多名专家学者参加。以“创新驱动与融合发展：当代广告教育背景”为主题，国内外广告学者、业界专家与专业教师共同出席，展开了对当代广告教育的深入探讨。在教育部新闻学科教指委副主任、中国高等教育学会广告教育专业委员会副理事长、中国人民大学倪宁教授的主持下，中国广告博物馆馆长、中国传媒大学黄升民教授，中国传媒大学广告学院常务副院长钟以谦教授，中国高等教育学会广告教育专业委员会副理事长、上海师范大学金定海教授，中国高等教育学会广告教育专业委员会副理事长、南京财经大学副校长乔均教授，暨南大学新闻与传播学院党委书记、副院长杨先顺教授，华南理工大学新闻传播学院品牌传播系主任韩红星教授，教育部新闻学科教指委委员、深圳大学传播学院院长王晓华教授分别发表了广告教育相关的主旨演讲。此次年会同时探讨了“大广赛与创新素质教育”和“媒体融合时代的广告教育创新”两个议题。在广告学术年会上，各专家学者对广告教育中的广告人才培养模式、课程改革、教学设计，广告研究中的中国广告学学科建设与知识创新等议题进行了广泛且深入的探讨。

2）组织学术交流活动

2016 年 3 月 25—27 日，第五期大广赛指导教师培训班在北京举办。来自全国 121 所高校的 173 名教师参加。培训班由全国各地知名专家、学者、企业董事长亲临授课。中国传媒大学广告学院张翔教授对第七届大广赛获奖作品作了点评并介绍了组织策划案创作的经验。上海师范大学文化与传播学院副院长、教授、博士生导师金定海讲述了“老师为什么不教这些”。香港设计协会主席韩秉华图文并茂地讲述了“创新时代的平面设计”。上海麦肯光明广告公司董事长莫康孙讲述了“公益广告创意”，The Gate 大中国区曾获多次国内外大奖的狄运昌用亲身经历介绍了互动广告创意、实效营销。互动大师董事长孟智平、江苏伯克生物制药股份有限公司董事长王飞都亲临现场进行不同一般命题设计软件的实际操作演示和营销落地实施讲演。两天半的时间进行了 8 次精彩演讲，有世界最前沿的专业信息、创新的理念、独特的创意、切实丰富的案例、精湛的设计、理论联系实际的教学创新形式，全新多维的课堂、实操上机，让所有参加培训班的教师享受了前瞻的、有创造性的、针对性强的文化大餐。这次学习班还建立了指导老师微信群，极大地方便了大家的交流。

2016 年 12 月 4 日至 5 日，在深圳大学科技报告厅举办第七届中国广告教育论坛。该届中国广告教育论坛以“创新驱动与融合发展：当代广告教育背景”为主题，举行了“广告教育——数字时代的广告教学”“广告教育——产业变革与课程改革”“广告研究——实证探索与人文关怀”三个分论坛。

3）举办第八届全国大学生广告艺术大赛

（1）基本情况。据统计，第八届大广赛共收到各类作品 176957 组，比上届增加 15%，覆盖全国 31 个省、自治区、直辖市，参赛高校共计 1357 所（包含二级学院在内共 2311 所院校），参赛学生人数近 80 万人，通过线上线下传播影响人数近千万。从数据分析看，大广赛在全国高校有着广泛的影响力。从作品数量看，大广赛得到了学校重视，教师认真组织学生参赛，大学生的参赛积极性很高。

名家名师校园创意巡讲活动是大广赛重要的环节，是宣传大广赛、企业文化进校园的重要途径，因此大广赛每届都是全力以赴、精心组织。全国各高校共举办了 71 场校园创意巡讲推广活动，其中 50 场名家名师校园创意巡讲、12 场 iH5 软件实操培训、9 场营销创客活动指导培训，共邀请了 20 位一线资深广告专家为同学们做创意讲座。每场活动平均有 15 所高校师生代表参加，共约 750 所高校参与，25000 名师生到场。

经全国总评审、复活赛、中国大学生好创意广告策划案现场决赛、网上公示、处理违纪作品等各环节，该届大广赛共评出全国一等奖 66 件、二等奖 190 件、三等奖 545 件、优秀奖 2340 件，共计 3141 件。

（2）第八届大广赛亮点：

第一，第八届大广赛主题口号是“创意我出彩”。

第二，增加了新的作品类别。为了顺应时代发展，紧随广告发展趋势，本届大广赛增加了营销创客类。营销创客就是在营销领域，将营销方案落地实施，实践自己所拟商业目标。为积极响应国家“大众创业 万众创新”发展战略、教育部“着力加强创新创业教育改革和大学生自主创业”的号召，大广赛组委会和命题企业一起搭建营销创客平台，并提供产品和创业实战辅导，充分挖掘大学生的营销才能、销售才能，培养商业智慧、沟通谈判水平，提高组织技能、执行力，打造个人综合竞争力，提高就业成功率。

第三，成立了宁夏赛区，承办院校是北方民族大学。至此，分赛区由原来的 28 个增至 29 个。

（中国高等教育学会广告教育专业委员会秘书处）

5.3.4 中国高等教育学会公共关系教育专业委员会

公共关系教育专业委员会是中国高等教育学会的分支机构。2016 年，在中国高等教育学会的直接领导下，公共关系教育专业委员会认真贯彻落实中央相关部委的政策、法规和具体要求，全面执行《中国高等教育学会分支机构管理办法》赋予委员会的工作职责，提升依法办会、依规办会的自觉性，积极推进高教公关专委会的建设与发展。2016 年主要开展了以下活动。

1. 召开理事长工作会议，学习文件，统一思想，研究确定本年度工作安排

2016 年 6 月 3 日至 4 日，中国高等教育学会公共关系教育专业委员会在北京召开四届四次理事长工作会议。理事长姜钟松和副理事长冯培、王群、彭向刚、鲍善冰、贺德亮、夏昌祥、李玉鸿与会。秘书长陈家义、副秘书长邵喜武列席此次会议。

秘书长陈家义向会议汇报了中国高等教育学会第二次分支机构秘书长会议精神，特别指出这次会议的中心内容就是认真学习、贯彻落实《教育部办公厅关于加强教育部业务主管社会组织行为规范的通知》的要求和精神，规范中国高等教育学会及各分支机构的相关工作。

会议组织学习《教育部办公厅关于加强教育部业务主管社会组织行为规范的通知》等中央部委文件，与会人员统一思想，进一步提升依法办会、照章办会的自觉性，适应新形势、调整思路、明确方向，促进公共关系教育专业委员会健康发展。

会议回顾总结了委员会 2015 年的工作，针对委员会所面临的新形势和任务，经过充分讨论研究，调整制定了本年度工作任务和具体措施。

根据中国高等教育学会关于各分支机构必须设立监事的规定，委员会聘请副秘书长邵喜武兼任委员会监事；根据秘书处的工作需要增补高永军理事为副秘书长，参加秘书处工作。

2. 确立委员会 2016—2018 年年度科研立项课题，积极推荐申报中国高等教育学会十三五规划课题

为进一步鼓励委员会教师在教学活动中积极开展教育教学研究，深化教育教学改革，加强教学基本建设，不断提高教育质量和育人水平，委员会于 2 月 26 日下发了高教公关专委会 2 号文《关于申报 2016 至 2018 年度科研课题的通知》，同时结合《中国高等教育学会关于高等教育科学研究“十三五”规划课题组织申报工作的通知》精神，于 3 月 30 日下发 5 号文《关于组织申报中国高等教育学会高等教育科学研究“十三五”规划课题的通知》，秘书处动员会员老师积极申报。

2016 年 6 月 4 日，委员会组织评审推荐专家组，对所报科研项目逐一进行评审，经理事长工作会议确定，推荐蒋楠教授的课题申报中国高等教育学会十三五规划课题的重点调研课题；推荐邵喜武教授、周海燕副教授、杨俊教授和王力副教授申报的四项课题申报中国高等教育学会十三五规划课题的一般课题。

同时确定蒋楠、邵喜武、周海燕所申报的三项课题为委员会的重点科研课题；杨俊、王力、余露所申报的三项课题为委员会一般课题。

委员会对这次所立课题均给予了资助。

6 月下旬，委员会根据申报情况又增补了熊焰、戴雯、王水娥、朱仁鹏等申报的 4 项课题为专委会“2016 年 7 月至 2018 年 7 月年度科研课题”的无资助一般课题，对其中的优秀科研成果提供发表论文、报奖评奖等方面的支持。

3. 评定表彰公共关系学优秀教育科学研究成果，积极推荐委员会教学科研成果参加评选《中国高等教育学会第九次高等教育科学研究优秀成果》奖

为进一步鼓励广大教师积极开展教育教学研究，不断提高教育质量和育人水平，进一步提升专委会的品牌意识，促进公共关系学科的发展，2016 年 3 月 20 日专委会根据本年度工作要点和中国高等教育学会的统一部署，下发了高教公关 4 号文“关于推荐申报《中国高等教育学会第九次高等教育科学研究优秀成果》的通知”。

2016 年 6 月 4 日，专委会组成评审专家组，对所报参评成果逐一进行评审，好中选优。经理事长工作会议研究，确定推荐韩喜平《中国高等教育的历史选择与时代回应》、彭向刚《公共关系学》、杨俊《新型实用公共关系》三项成果参加“中国高等教育学会第九次高等教育科学研究优秀成果”的评选。同时授予韩喜平、彭向刚申报的成果为高教公关专委会优秀科研成果一等奖，授予杨俊、蒋楠、赵宇峰申报的成果为二等奖。

以上获奖成果在第 18 次学术年会上予以表彰，颁发证书，同时给予一定的物质奖励。

4. 组织专家组对委员会2014—2016年度科研课题进行结题鉴定，6项课题5项通过结题，课题质量较高，出现许多创新亮点

根据委员会2014年5月11日下发的3号文《关于公布2014至2016年度科研课题立项通知》的规定，2016年7月之前须完成所立科研课题的研究工作，对按期完成课题的人员经专家中期检查和后期评审通过后，予以奖励性资助，在结题报告评审通过后划拨科研资助费。

2016年7月，委员会组织专家评审组，对按期提交的课题进行评审。评审组详细审阅了主持人的结题报告书、研究报告、鉴定专家组的意见、发表的论文以及其他相关资料，结合该课题平常开展的研讨活动与中期检查等过程性研究情况，进行了认真的分析、讨论，决定李伟华、高永军、王力所申报的专委会重点科研课题和余露、庄莉红所申报的一般科研课题通过鉴定准予结题。另一项课题因未按期提交结题报告，不予结题。

5. 召开四届四次常务理事会，理事长向大会汇报工作，提请大会研究决定重要事项

8月5日，委员会在贵州财经大学学术交流中心召开四届四次常务理事会。会议由秘书长陈家义主持。会上，姜钟松理事长向大会汇报了专委会2015年的工作情况和今年上半年的工作进展情况。通过了邵喜武兼任专委会监事和增补高永军为副秘书长等事项。

常务理事会根据中国高等教育学会分支机构管理办法规定，决定委员会于2017年适时召开第5次会员代表大会，按期举行理事会的换届改选工作。

6. 举办中国高等教育学会公共关系教育专业委员会第18次学术年会，表彰先进，公布科研立项项目，开展学术交流活动

2016年8月5日至7日在贵州财经大学学术交流中心召开第18次学术年会。来自全国各高校的50余位代表参加了此次会议。出席大会的委员会领导有理事长山东大学姜钟松教授；副理事长首都经贸大学党委书记冯培教授、上海市委党校第四分校校长王群教授、对外经济贸易大学彭向刚教授、山西大学党委副书记鲍善冰教授、昆明冶金高等专科学校夏昌祥教授；秘书长陈家义教授，副秘书长邵喜武教授、钱振林教授、高永军教授出席会议并与贵州财经大学学术交流中心有关工作人员组成会务组，为大会提供会务服务。

8 月 6 日上午 8 点半，召开全体人员大会。大会由副理事长王群教授主持。王群副理事长首先宣读了委员会《关于 2016 年 7 月—2018 年 7 月科研立项的通知》《关于公布 2014 至 2016 年度科研课题按期完成并通过鉴定的项目名单》和《关于表彰公共关系学优秀研究成果的决定》等文件。随后，理事长姜钟松教授向获得优秀成果一等奖的韩喜平、彭向刚颁发获奖证书和奖金，副理事长兼学术委员会主任彭向刚教授向获得二等奖的杨俊、蒋楠、赵宇峰颁发了获奖证书和奖金。

该届学术年会以“公共关系教育的机遇与挑战”为主题，采取专家讲座和讨论交流的形式，开展公关教育的深层次研讨。上午 9 时至 12 时，学术年会进行学术主题报告。与会代表听取了副理事长冯培教授题为“移动互联网时代的公共关系教育”和副理事长彭向刚教授题为“公共关系教育面临的机遇与挑战”的两个主题报告。当日下午，大会继续进行，由副理事长鲍善冰主持。杨晨、褚云茂、马自强、蒋楠、邢伟、缪春萍、萨支辉、庄莉红、杨俊、赵宇峰、段玉强 11 位专家教授围绕本次学术年会的主题，从不同的方向、不同的层面、不同的角度，通过大量的调研数据、翔实的案例分析，分别作了重点发言。会场气氛热烈，与会者各抒己见，相互学习，把整个年会推向高潮。

7. 完成中国高等教育学会部署的“五项清查工作”，提高依法办会的自觉性，确保公关专委会健康有序发展

从 2016 年 8 月中旬开始，遵照中国高等教育学会秘书处的统一部署，委员会秘书处在理事长姜钟松教授的亲自组织领导下，对照《教育部办公厅关于加强教育部业务主管社会组织行为规范的通知》的要求和精神，认真回顾近年来的工作历程，进行了全面的自检自查，没有发现有违法违规的现象存在。2016 年 9 月初委员会按期完成“五项清查工作”，并按时向中国高等教育学会递交了自查报告。

8. 获得中国高等教育学会“十三五规划课题”立项和“第九次高等教育科学研究优秀成果”奖，成果突出，双双实现零的突破

2016 年 9 月 21 日，中国高等教育学会《关于公布“中国高等教育学会第九次高等教育科学研究优秀成果奖”获奖名单的通知》，确定委员会副理事长韩喜平教授的论文《中国高等教育的历史选择与时代回应》获得一等奖，这是委员会第一次荣获中国高等教育学会颁发的高等教育科学研究优秀成果一等奖。

9 月 22 日，中国高等教育学会《关于公布“中国高等教育学会高等教育科学研究‘十三五’规划课题”立项名单的通知》，确定委员会蒋楠的课题“公共关系学专业教育对卓越人才培养的现状调研”为中国高等教育学会“十三五”规划课题的重点调研课题，实现委员会重点科研课题零的突破。邵喜武的课题“‘互联网+’背景下的高校公共关系教学应对研究”列为中国高等教育学会“十三五”规划课题一般课题。

9. 确保理事会明年按期顺利进行换届选举，认真做好选举工作的前期筹备和调研工作

按照《中国高等教育学会分支机构管理办法》的规定，理事会每届任期为四年，委员会将于2017年适时召开第五次会员代表大会进行理事会的换届选举工作。根据委员会四届四次常务理事会的决定，2016年10月中旬开始秘书处已着手为召开第五次会员代表大会进行调研工作，12月中旬召开理事长工作会议进行专题研究，确定2017年理事会换届改选的具体事项，组成工作班子，进入具体操作阶段。

（陈家义　孙瑞祥）

5.3.5　中国体育科学学会体育新闻传播分会

2016年度，中国体育科学学会体育新闻传播分会在推动我国体育新闻传播学术活动，促进我国体育新闻传播研究，服务中国体育事业和媒介事业，团结和凝聚国内体育新闻传播人才等方面取得了一定的成绩，受到了体育总局有关领导、学术界和传媒界的肯定与赞赏。

1. 组织建设

根据中国体育科学学会的要求，中国体育科学学会体育新闻传播分会按照会员比例和组成原则，于2016年12月进行了新一届常委和委员的换届工作。具体名单如下：

主任委员：陈　伟

副主任委员：郝　勤　张玉田　杜友君　曹　勇

秘　书　长：郭　晴

副秘书长：张德胜　邹　英

常　委：骆秉全　史国生　邹　英　张德胜　王晓东　徐承刚　马增强

委　员：魏　伟　陈国强　李金宝　李　鹏　李　芳　尚志强　武学军　毕雪梅　兰　馨　李　川　王庆军　郭　晴　万晓红　王艾莎

2. 学术活动

（1）第一届（成都）中国体育传播青年学者论坛。2016年7月1日至2日，第一届（成都）中国体育传播青年学者论坛在成都体育学院举行。来自国内高校的近 30 名体育新闻传播青年学者以“体育传播研究现状与新媒体应用”为主题进行了交流。

成都体育学院副院长舒为平教授、中国体育科学学会体育新闻传播分会副会长郝勤教授、成都体育学院新闻系系主任孙淑慧教授出席了开幕式。舒为平教授和郝勤教授分别致辞，希望各位青年学者以该学术论坛为平台，努力推动国内体育新闻传播研究的发展，促进国内外高校的交流与合作。

7 月 2 日上午，成都体育学院新闻系魏伟副教授，天津体育学院体育文化传媒系杨珍博士，南开大学传播学系陈鹏博士，四川省“体育传播”高水平研究团队负责人、成都体育学院新闻系郭晴教授，成都体育学院新闻系宗争博士，分别进行了《国际体育传播的转向和趋向 2010—2015》《英国体育传播研究的时代语境、核心关键词与架构探究》《国外体育新闻传播基本理论研究现状》《现状与未来：对我国体育新闻传播研究的思考》《符号学引入体育传播研究可行性分析》的学术报告。

7 月 2 日下午，南京体育学院体育系李金宝博士、广州体育学院体育新闻与传播系陈小英博士、郑州大学体育学院（校本部）郭红卫博士、中国体育报业总社新媒体中心副主任杨松分别进行了《浅议运动员形象权权利性质认定与归属困惑》《美国职业橄榄球联盟（NFL）的盈利逻辑》《追根溯源话“体育”》《拥抱新媒体，用创新改变体育传播未来》的学术报告。

经过一天的“大脑风暴”，九场高质量的学术报告和热烈自由的讨论交流，第一届（成都）中国体育传播青年学者论坛胜利闭幕。成都体育学院新闻系系主任孙淑慧教授致闭幕辞，欢迎各位学者常来成都体院交流学习。此次论坛由四川省体育传播高水平研究团队主办，成都体育学院新闻系承办，中国体育科学学会体育新闻传播分会协办，每两年一次，旨在为中国体育传播的发展贡献新鲜的学术力量。

（2）第十二届全国体育新闻传播学术研讨会。随着信息传播技术的飞速发展，媒体融合已从一种趋势变成一种现实，渗透在新闻传播的每一个环节，业界和学界的融合渗透日益加强，也就让新闻院校师生从事深层次新闻创作成为一种可能，通过创新创业来实现新闻人才的培养将逐渐成为新闻院系的新常态。在媒介融合的大背景下，高等院校如何将创新创业和新闻人才培养相结合，互生共荣，为社会培养更多更好的新闻人才，是时代赋予体育新闻工作者的一个重要课题。鉴于此，第十二届全国体育新闻传播学术研讨会于 2016 年 12 月 1—4 日在广州体育学院举行。此次会议的议题为：“媒介融合：创新创业与新闻人才培养。”邀请国内知名专家、学者以及业界新闻传播工作者围绕大会议题进行论文研讨与交流。

中国体育科学学会体育新闻传播分会副会长郝勤、新华社高级记者陈越、知名体育评论员金宝成、北京体育大学博士生导师于晓光、广州体育学院体育新闻与传播系主任王晓东、成都体育学院魏伟、南京体育学院王凯等分别作大会报告。专家学者们还以分会场主题报告和墙报展示的形式进行学术交流。此外，会场还开设书记论坛和研究生交流专场，为参加会议的高校师生提供更多交流学习的机会。

该会议由广体传媒全程直播，直播中采用 VR 技术进行 3D 立体还原，并通过网易新闻和章鱼 TV 实时转播，引起了高度关注和强烈反响，仅会议第一天，通过网易新闻收看开幕式和大会报告的人数已破万。

3. 学生活动

（1）“不忘初心 继续前进 我身边的追梦运动员” 主题征文大赛。作为体育事业发展的最重要人群，运动员们在赛场上挥洒汗水、拼搏荣誉，攀上一个又一个的人生高峰。退役之后，离开了熟悉的生活环境，卸下曾经的光环，他们走进社会，开启了各自新的人生。尽管走上了全新的职业生涯，但他们并不是空手而来，带着运动生涯赋予他们的人格塑造、品德锤炼、社会交往等方面的财富，在新的职场继续逐梦，带动更多的人实现自己的梦想。2016 年 10 月 13 日，由国家体育总局人事司倡议发起，由中国体育科学学会体育新闻传播分会、中国奥委会官网主办，首都体育学院协办，面向全社会开展了“不忘初心 继续前进 我身边的追梦运动员” 主题征文大赛，要求文章内容反映生活当中退役运动员生活和工作状态，表现出运动员群体所特有的性格特质和生活态度。征稿时间为 2016 年 11—12 月。征文结果在中国奥运会官网、中华全国体育总会官网、华奥星空、中国运动员职业发展驿站等媒体上进行报道传播。

（2）第四届全国大学生体育影像节。2016 年 3—12 月，由中国高等学院影视学会、中国体育科学学会体育新闻传播分会主办，上海体育学院体育新闻传播学院承办的第四届全国大学生体育影像节顺利举办。该活动共分为三个阶段：作品收集阶段、作品评选阶段和交流及颁奖阶段。2016 年 3 月，第四届全国大学生体育影像节启动征稿，历时 8 个月，共收到来自上海外国语大学、上海戏剧学院、南京体育学院、沈阳体育学院、首都体育学院、武汉体育学院、成都体育学院、天津体育学院、上海体育学院等十余所高校逾百部作品投稿，最终 19 部微电影作品和 83 幅摄影作品入围。参赛作品题材多样，内涵丰富，充分将体育与人文情怀结合。作品在记录下无数个精彩瞬间的同时，表达出体育精神的深刻内涵。通过专家评审和乐视体育网网络投票，该届影像节共评审出了摄影五大奖项和微电影最佳作品、优秀作品奖。作品展映以及颁奖仪式于 12 月 10 日在上海体育学院进行。

（冯瑞　李峰）

第 6 章　教育家研究系列

6.1　教育家研究

6.1.1　冯列山与暨南大学新闻学系

图 6-1　暨南大学首任系主任冯列山

暨南大学前身是 1906 年晚清政府为推行“宏教泽而系侨情”的华侨教育政策而创立于南京的暨南学堂，是我国历史上由国家创办的第一所华侨子弟学校。后迁至上海，于 1927 年更名为国立暨南大学后，逐渐成为世界华侨最高学府。1946 年 8 月，暨南大学创建新闻学系，几番波折、起起落落，于 2001 年扩建为新闻与传播学院，薪火相传，生生不息，逐渐成为华南新闻学术重镇、业界精英摇篮。2016 年，正值暨大新闻学系迎来建系 70 周年之际，追踪溯源，探求暨南大学新闻学系创建并开展系统新闻教育过程和缅怀首任系主任冯列山对暨大新闻教育的开山之功，不仅将拓展暨南大学的校史研究，而且能丰富中国新闻新闻史研究成果，具有重要的现实意义和学术价值（见图 6-1）。

1. 为暨大新闻教育定位：华侨报业生力军的摇篮

抗战胜利，外患终除，屡经战连祸接的暨南师生终于看到了复兴暨大、壮大暨大的希望。1946 年 1 月 16 日，暨南大学迁校委员会上海办事处迁入宝山路日本第八小学开始办公。3 月，全校师生携带图书仪器及随身用品，分乘多辆卡车，从建阳经龙游到兰溪，再换船到杭州，之后转往上海。5 月 14 日，国民政府教育部调何炳松任国立英士大学校长，委任李寿雍接任暨大校长。6 月，学校师生历经磨难，返回上海。学校制定院系调整、扩充规模的庞大计划，以使暨大真正承担起光大华侨高等教育、复兴中华民族的神圣使命。① 暨南大学百废待兴，迎来了一个崭新发展的新时代。

1946 年 6 月 15 日，李寿雍到沪履新，出任暨大校长。据《申报》6 月 16 日报道："关于院系之增设及调整二事与招生事宜，顷正向教部请示中。"② 在当时学校制定的院系调整计划中，其中有一项就是在文学院增设新闻学系。据《国立暨南大学概况》记载："新闻学是一种新兴的科学，为迎合时代的需要，教部于 1946 年授命本校增设新闻学系。"③ 1946 年 8 月 1 日，暨南大学对外发布招生通告，增设新闻学系已经获得教育部批准。当日《申报》刊登的《国立暨南大学招生》通告内容如下："一、招收：文学院：中国文学系、外国语文系、史地系、教育系、师范系、新闻学系；理学院：数理系、化学系、人类学系；法学院：法律系、政治系、经济系；商学院：会计银行系、国际贸易系、工商管理系一年级新生。二、报名：8 月 8 日至 12 日，考期：8 月 17 日至 18 日；地点：上海辣斐德路 1195 号临时大学。三、本期限收一年级新生，各系插班生招考日期另行公布。"

在招生工作开展的同时，暨南大学积极选聘师资力量，物色教授人选。8 月，暨南大学聘请冯列山先生为文学院新闻学系专任教授兼系主任，任期自 1946 年 8 月 1 日至 1947 年 7 月 31 日，月薪国币 600 元。据《申报》8 月 7 日报道："该校原有文理商三院，现由教部核准，自下学期起，增设法学院，分设法律、政治、经济三系。文学院增设新闻学系，加收师范生一班。理学院增设人类学系。"④ 各院系教授大致聘定者，有刘咸、刘大杰、邹文海、张毓珊、李率之、王应三、潘仆、陆铁乘、张海澄、孙贵定等 40 多位教授。

8 月 8 日，暨南大学报名开始后，考生踊跃报名，4 天报名已达 6000 人，大大超出了预期人数。原有考场不敷容纳，不得不改变原来方案分两期考试。第 3200 号以前，参加 8 月 17—18 日的第一期考试，第 3200 号以后的只能参加 20 日后的第二期考试。⑤ 其中新设的新闻学系甚受欢迎。9 月 21 日，暨南大学新生招考工作结束，公布新生录取名单，共录取新生正取生 481 人，备取生 136 人。其中文学院新闻学系正取生 35 人，

① 张晓辉．百年暨南史：1906—2006［M］．广州：暨南大学出版社，2006：177-178.
② 国立暨南大学，新旧校长交接［N］．申报，1946-06-16.
③ 冯翼伦．国立暨南大学概况［J］．读书通讯，1948（158）：17.
④ 暨南大学讯，教授聘定开始招生［N］．申报，1946-08-07.
⑤ 暨南大学招考［N］．申报，1946-08-15.

名单如下：高元、乐后雄、陈慧英、周叔华、孙耀君、冯尔祺、马翼伦、王萃鑫、马元照、周宏九、季德明、周东塾、李允淑、李钧介、刘功藩、刘菊林、贺师尧、叶徵尧、杨蕙善、何正木、朱谦、章学清、南登昆、王思曾、卢恒昌、郑志明、张寿同、郁飞、余则良、唐雨霖、林徵、徐世洪、龚维宁、王昊天、吴晓报；备取生 10 名：左步青、戴海清、李光新、张志良、罗贻蕙、吴振武、刘文蔚、蔡旭若、徐丽生、庄澈。①

10 月，暨南大学在完成了转系生、补录华侨生等考试以及校舍建设后，新学期于 11 月 10 日开学注册。11 月 18 日，二、三、四年级学生开始上课，11 月 29 日，一年级新生也正式上课。因此，暨南大学文学院新闻学系从 1946 年 8 月教育部批准增设，开始筹建和招生，到 11 月 29 日正式开课，开展系统新闻教育，历经时近 4 个月。

暨南大学聘请冯列山先生创建新闻学系，开展系统新闻教育。他从暨南大学华侨教育的学校定位出发，为了培养华侨新闻人才，创建新闻学系。据当时报道说："暨南大学，为华侨同学在国内之最高学府。暨大新闻系，自是培养发展华侨报业生力军的摇篮。"为什么要培养华侨新闻人才，"由于华侨事业之开展与祖国确有密切之关系，故发展华侨报业含有重大的意义"。② 因此，冯列山出任暨大新闻学系系主任后，提出了符合暨大华侨教育的发展定位："华侨报业生力军的摇篮。"

2. 冯列山是暨大新闻学系首任系主任的最佳人选

暨南大学聘请中国第一位新闻学博士学位获得者、报学名家、南洋报人、新闻学教授——冯列山出任首任系主任，主持新闻学系创建工作；而冯列山成长经历和新闻业绩使得他成为暨大新闻学系首任系主任的不二人选。

冯列山（Feng Li San，1907—1998），名立三，号瑞麟，1907 年 9 月 8 日出生于福建福安双峰村。其父冯文基，清末秀才，长期在闽沪两地经商，好结交文人雅士。冯列山在家乡读完小学后，于 1920—1925 年前往福州读中学。高中毕业后，前往上海就读复旦大学中文系。在校期间，他学习了文学、历史和新闻学，并对新闻学产生浓厚兴趣。1929 年 9 月，复旦大学新闻学系成立复旦大学新闻学会。该会"以联络社友感情，研究新闻学术，促进新闻事业"为宗旨，是中国高等院校中成立的第一个全校性新闻学术研究团体。除在校新闻系学生为"当然会员"外，已毕业的新闻系学生亦可加入，成为"名誉会员"；其他系科爱好新闻工作的大学生，经两名会员介绍并经学会干事会同意，可为"特别会员"。这个学会以学生为主体，由学会出面，聘请新闻系主任与教

① 国立暨南大学通告［N］. 申报，1946-10-24.

② 赵克惠 . 介绍"暨大"新闻系［N］. 中央日报，1947-08-23.

授为指导员或顾问，如戈公振、陈布雷、周孝庵、潘公展、黄天鹏、杨炳勋等，冯列山为“特别会员”，由此与新闻结下了不解情缘，走上了新闻生涯。在校期间，他关心爱护同学。据复旦大学校友祝秀侠回忆：“我当时离粤赴沪求学，原非家境所许，在校的学费、杂费多赖自己写点稿子，换稿酬支应。那时我有一本小说集，托人卖给亚东图书馆出版，得了三百大洋。初出茅庐，竟获厚酬，喜出望外，我在校后红屋附近租了一间房子，和冯列山兄同住。他是富家子弟，生活充裕，冬天他厚稠高枕，我则一张竹榻，就睡时以旧棉袍作被，冯兄并不小觑我，相敬相亲。他好食猪蹄，在小房间煮蹄共酌，常常沾了他的光，我也年少气豪，大有与狐貉者立而不耻之慨。我们读书常至深夜，也写稿投刊各大刊物上，讨论问题，切磋辩论，成为最好的益友。”①

1930年1月，冯列山在复旦大学毕业，获得文学学士学位，其名“冯立三”位列文学院第一。毕业后，由于新闻兴趣进入上海《申报》工作。1932年1月，一·二八淞沪抗战，时局动荡，他准备前往德国留学。是年秋，他因复旦大学优异成绩，获得德意志文化交流中心全额奖学金。1933—1934年，他求学弗赖堡大学。1934年夏，他前往慕尼黑大学新闻学系读书。他主修新闻学课程，辅修了德国文学史、宗教学，申请免修古希腊语和拉丁语课程。1935年5月，因成绩优异，他获得洪堡基金会奖学金，使得其博士论文《当代中国政治和文学杂志》得以继续修改完善，并于6月进入博士论文答辩。他的答辩老师评价说：“中国近代社会历史的变迁情况（政治、历史方面）都是体现在近代中国的传播媒介之中，而这些传播媒介对于当时的德国是十分陌生的，因此冯列山的此篇论文对于德国了解中国媒介是十分有价值和实践意义的。这篇呕心沥血之作，基于冯列山在上海《申报》的实践经验，对于研究中国新闻事业的发展有非常大的参考作用，同时也填补了当时研究国际报纸、报刊领域的研究空白。”博士论文顺利答辩通过后，冯列山成为第一个获得新闻学博士的中国人。

在攻读慕尼黑大学新闻学博士期间，他开始以《申报》驻欧特派员身份采访新闻，在《申报》上发表德国通讯，如《奥国政变与欧洲前途（上）》（1933.10.29）、《奥国政变与欧洲前途（下）》（1933.10.31）、《德国国会新选举的前夜》（1933.12.11）、《德国国会新选举》（1933.12.12）、《世界大战恐慌向瑞士袭来》（1934.01.11）等；在《申报月刊》上发表了《法国的外交政策与希特勒的前途》（1934年第3卷第9号）、《德国的农村生活》（1934年第3卷第12号）；在《时事类编》上，发表《德国往那里去？欧洲又往那里去？》（1934年第2卷第6期）。1935年，在中国报学史专家戈公振的鼓励下，他开始研究中外新闻史，先后为《东方杂志》撰写德国通讯《德国新闻纸的

① 施扣柱．青春飞扬：近代上海学生生活［M］．上海：上海辞书出版社，2009：432.

研究》《美国新闻事业的研究》《英国的报纸概观》《法国新闻事业的现状》等研究论文，向国内读者介绍了德国、美国、英国、法国等西方主要强国的新闻事业发展历史和现状，逐渐成为一位新闻学者。

1935 年，冯列山获得新闻学博士学位后，作为《申报》驻欧特派员前往欧洲各地采访和发表的新闻明显增多。1936 年，冯列山发表《斯文赫定访问记》等 11 篇新闻作品。1937 年，在国内报刊共发表 43 篇新闻作品，连载了《旅欧随笔》《惠勃尔登网球大会》《列山随笔》等。他积极采访欧洲新闻，为中国发声。据《翁文灏日记》1937 年 5 月 8 日记载："《申报》驻欧记者冯列山来见。"当时翁文灏任国民政府经济部长前往英国参加英女皇加冕典礼。

1937 年 7 月，抗日战争爆发后，冯列山取道伦敦回到上海，重返《申报》。他开始关注和研究海外华侨问题，先后撰写《二年来对于华侨之感想》《一年来社友之动向》《暹罗清迈府概况》《华侨在暹的地位与自然移殖》《暹罗清迈府概况》《对时局应有之认识》《华侨在暹的地方与移殖》等文章，并发表在《华侨半月刊》《厦联》《时论》《青年月刊》等刊物上。1938 年 3 月 1 日，他随申报馆员工乘广九线南下广州，前往香港，出任《申报》（香港版）出主笔，撰写社论，仅 1—6 月在《申报》发表 37 篇国际时评和通讯，连载《欧洲人眼中的中国》《希特勒——是英雄还是魔王》《第二次欧战的火药库——捷克》《回忆维也纳》《列山随笔》《旅行通讯》等作品，分析欧洲形势，谴责希特勒的法西斯暴行，预言第二次世界大战即将爆发的可能性。8 月，胡文虎在香港出版星系第六份报纸《星岛日报》，他应邀参加筹备工作并出任该报主笔，主持笔政。同时，他负责主编《星岛周报》。1939 年 8 月 1 日，星系报业收购新加坡《总汇新报》，胡文虎派他前往新加坡担任该报总编辑。他力主改革，使得原本业绩不好的《总汇新报》很快获得较大发展，读者反映良好。他身在海外，却心系祖国人民的抗日战争。8 月 21 日，中正中学校长庄竹林博士邀请他前往演讲。他不谈报业，畅谈抗战。他说："抗战已两年之久，前方浴血苦斗，海外侨胞加紧输将，此种精神毅力，举国同钦，而我中华民族在此洪流之大时代中，则历尽艰辛，以支持此抗战的伟业。……敌人估计我之实力，曾有三月可以解决在华战之豪语，讵知事实，却又大谬不然，此非其情报不确，亦非我之物质准备已足，盖敌方不知我之精神力量，可以克服物质的缺点也。最后，他以精神、军事、政治三大原因分析抗战必胜，光明正在前招手。"①

1941 年 12 月，太平洋战争爆发，1942 年 2 月，新加坡沦陷。他在获悉日军进攻马来亚后，替夫人葛青凡购买了前往印度的船票，先经印度返回重庆。日军进攻新加坡前

---

① 区如柏．百本树人［M］．新加坡：新加坡胜友书局，1992：50.

数日，友人劝他离开，因为日本人一定会追捕他。他乘坐最后一批轮船逃难离开，经滇缅公路前往重庆与家人团聚。新加坡沦陷后，他被日军列第三号的抗日报人，四处搜捕他。正因为他在香港和新加坡的办报经历，他成为海外华侨知名报人。

1942 年 9 月，冯列山被聘请为复旦大学文学院新闻学系教授。1943 年，他迁居成都，出任教燕京大学新闻学系教授。在燕京大学新闻学系教书期间，他教学相长，与学生密切交流，逐渐深入研究新闻学。他在新闻学著作《新闻讲话》中记叙了其撰写该著作的动机："七八年前，我在燕京大学新闻学系任教，当时有一批三四年级的同学，觉得离校在即，一般参考书都比较生硬，和实际的情形有点衔接不上。生怕毕业后跑到新闻界去，样样不在行，给人家笑话。他们大家商量的结果，便磨着我替他们做一个有系统的课外演讲，说是传授一点'秘诀'。起初我怕麻烦，因为要特别花费一些时间去准备，这间接会影响自己的研究工作；但经不起他们来了一批又一批，一次又一次，终于只好硬着头皮答应下来，每星期演讲两次。由于我比较了解学生在课堂里上课的情形，我就把这个'课外演讲'完全改变一种方式，采取闲谈的口气；当时跟他们一起到郊外，或者上茶馆去，讲得很轻松随便，根本没有任何拘束。这样讲了两个学期，显然大家都十分愉快，我自己的所得，便是这本书的底稿。"① 他还计划撰写《新闻学通论》《世界报业概观》《新闻伦理》《新闻哲学》，但是"连经变乱，不独生活不能安定，甚至参考书籍也早已失散各地"，断断续续写了六七十万字，《新闻学通论》约四十万字，《世界报业概论》约十多万字，还有一些却是研究"新闻"及"言论"的论文。正是他对新闻学的深入研究，学术造诣深厚，成为当时著名的新闻学教授和报学名家。在成都期间，他还积极投入其他新闻活动。1945 年 5 月，他负责《成都周报》编务工作。9 月，他被四川大学聘为夜校新闻组讲座教授，讲授新闻学。10 月，冯列山创办了以研究学术、发展文化为宗旨的《自由周报》。

1946 年 8 月，抗战结束后，内迁的各大高校纷纷回迁，迁避福建建阳的暨南大学在上海复校。由于冯列山毕业于上海复旦大学名校，是留学海外第一位获得新闻学博士的中国人；曾为《申报》驻欧特派员发表了诸多国际时评；归国后关注并研究海外华侨问题，南下香港和新加坡后出任香港《申报》和《星岛日报》主笔、《星岛周刊》主编、新加坡《总汇新报》总编辑，成为著名海外华侨报人；从新加坡回国后，先后被复旦大学、燕京大学、四川大学等名校聘为新闻学教授，且新闻学术造诣高，成果突出，成为当时著名报学名家。因此，1946 年 8 月，暨南大学在上海刚复校，校长李寿雍立即聘请冯列山为文学院新闻学系专任教授兼系主任。后来舆论界普遍认为："该系

① 邓绍根编．冯列山文集［D］．北京：世界知识出版社，2014：392.

拥有大批名教授。系主任冯列山先生，更为新闻界名宿。此前曾执教复旦新闻系，旋去英考察报业，返国后任香港星岛日报主笔，因己身与华侨有密切之关系，故于去夏掌暨大新闻系。"① 冯列山出任暨南大学新闻学系首任系主任，主持该系创建工作，由此成为暨南大学新闻学系的创立人。

3. 冯列山主持暨南大学新闻学系的成效

冯列山出任暨南大学新闻学系专任教授兼系主任后，表示："此后不再出任报馆，将致全力于新闻教育。"他根据暨南大学华侨教育的传统和自身丰富的海外新闻实践经验和高校新闻教育的经历，提出了将该系打造成"华侨报业生力军的摇篮"的发展目标。他认为：暨大新闻系之设立，其目的与教学方针，应与燕京、复旦以及社会学院之新闻系相同，但为针对侨胞侨务事业之发展，其教学方针有别于燕京、复旦各校者，且使命有异于他们。他还需详细阐述了培养目标："（一）提高侨胞之社会程度，令其熟悉祖国语言文字。因迄民国以来，我国拓殖海外之侨胞日渐增加，而华侨教育未能大兴，生长其地者，且有不识祖国文字者，社会程度甚幼稚非特阅报者少，即觅一有价值之新闻亦不易。（二）加强华侨报业组织。侨报发生虽早，然因编辑人才缺乏，执笔者来去无当，报馆内部时有变动，少有长时期以一定姿态用现之报纸。（三）为侨胞争取国际市场及其他。我国经此次战争，民气蓬勃，侨胞知识日渐增进，外人乃摧残之不遗余力。数十年来，我侨胞无远大眼光，以报纸为对外之利器，以至华侨事业之发展，备受外人之压迫，商业上无力与之相竞争。祖国与侨胞之感情之联络，又如长线放纸写。"因此，他强调："由此种种，华侨报业之发展在所必然，除目前暂由实业教育界以及热心海外事业之新闻界人士接充发展外，未来侨胞劲军之培养，即在新生之暨大新闻系。"②

在新闻教育中，冯列山是一位和蔼可亲的导师。他对 30 多位学生给予他们学术上、思想上充分的自由，谆谆教诲；教学范围非常广泛，除注重报业研究外，也重视广播电影业的研究。他希望："这批未来的新闻记者，能走入社会上每一个角度。"他认为：现今各个学校的教学方法都不太理想，也不够完整。因此，他参合中外各新闻学校的教学法，"取其中之积极，予以施教"。他希望用四年的时间进行大胆的尝试改革。他曾云："我以你们卅几位同学为试验班，试验我所想象中之教学法可否实现，希望能够有

① 赵克惠．介绍"暨大"新闻系［N］．中央日报，1947-08-23.
② 赵克惠．介绍"暨大"新闻系［N］．中央日报，1947-08-23.

三分之一的成功，也不枉我四年的苦心。”①

冯列山主持下的暨南大学新闻学系，学生新闻活动积极，朝气蓬勃，成效显著，受到好评。1947 年 8 月，国民党中央机关报《中央日报》专门发表文章《介绍“暨大”新闻系》，记载了成立一年的暨南大学新闻学系成绩：“暨大新闻系设立虽仅一年，然在名教授指导下，亦能察见一点成绩。那就是全系卅位同学，整天在融洽的空气里相研讨、学习，虽然他们没有办上一份刊物，但在沪市行销的杂志中，不难找出他们的文章。每天他们都是辛勤的，愉快的，埋着头在图书馆里，收集着有关的资料，研读新闻理论的书籍。至今他们没有一间足够容纳他们自修、工作、聚会的场所，但他们会在别的，在自己的宿舍里，做他们学习的基本工作——剪报、整报。晴朗的日子便集会在公园的草地上，相互解释读问题，作自我工作检讨，强烈的阳光下，闪现着卅张不同面孔。虽然个人的思想见地不同，但卅张面孔，却只是一张笑脸和一颗爱护自己学系的心。他们说：‘职业不好，我们可以用思想和智慧的工具来改造！’这群天真活泼的小伙计，在暨大带来和谐的学习空气，在暨大，他们是最被人注目的。”该报寄语说：“今年暑期，又将有一群，有志从事发展华侨报业的青年，走近他们的行列里。日久将汇成一河流，夹带着祖国的文化，播撒在海外各地。”②

冯列山优异的工作表现也受到了暨南大学师生的高度认可。1947 年 2 月，李寿雍校长聘请他兼任暨南大学训导长。1947 年 4 月 5 日，申报馆还专门为他向教育部开具身份证明：“敬启者，现任国立暨南大学新闻学系主任兼训导长。冯列山君曾于民国廿四年至二十六年担任本报驻欧特派员。民国廿七年担任本报香港版主笔。特此证明。此致。教育部。申报馆。谨启。卅六．四．五．”

随着国共内战的爆发，暨南大学师生在爱国学生自治会领导下，积极参加反美抗暴和“反饥饿、反内战、反迫害”运动中，并派学生前往南京请愿。暨南大学师生一直站在斗争的最前列，赢得了“东南民主堡垒”的美誉。5 月 28 日，国民党当局派遣大批军警、特务包围了暨南大学，逮捕暨大学生 60 多人。6 月 10 日，全市学生举行了一天控诉总罢课，才结束了波澜壮阔的“红五月”学生运动。此后，国民党政府指令各大院校当局处分参与学运的积极分子。暨南大学的许春澍、王世杰、陶玉麟被开除学籍，校方还分别以停止公费、勒令退学等方式辞退 100 余名学生，几占全部学生的十分之一，36 位同情和支持学运的教授亦被解聘。上海学联号召全市同学开展了“反开除、反退学、反无理处分”的斗争。6 月 26 日，大学 1946—1947 学年结束，开始放暑假；

① 赵克惠．介绍“暨大”新闻系［N］．中央日报，1947-08-23.

② 赵克惠．介绍“暨大”新闻系［N］．中央日报，1947-08-23.

但是，斗争还在继续。8 月 14 日，学生自治会号召全校学生声援被解聘教授，派代表前往慰问并向校方提出无条件续聘 36 位教授等要求。作为训导长，冯列山秉承校长主持全校训导事宜，负责师生思想政治工作。面临国民党和校方当局多种责难，他压力重重。在他新闻学系专任教授兼系主任聘请期（8 月 31 日）到来之际，他主动向暨南大学校方提出了辞呈。据《大公报》8 月 15 日报道说：暨南大学这次解聘大批教授事件，尚未圆满解决。被解聘的教授、讲师及助教三十余人及其家属生活，已成问题。他们原由校方供给住所，现在既遭解聘，自将被迫迁出，难免流离失所。又该校国际贸易系主任张毓珊、新闻系主任冯列山、史地系教授王成组已自动向校方辞职，原因未详。①

1947 年 8 月，冯列山离开暨南大学，但是他创立的新闻学系却在暨南大学异军突起，受到了各界好评。在 8 月 1—3 日，暨南大学新生报名中，竟有 404 名学生报考了新闻学系。经过 8 月 7—8 日考试，9 月 13 日放榜，录取了 22 人。② 同年 8 月，著名新闻学者储玉坤在撰写的文章《今日之中国新闻教育》中，已将暨南大学新闻学系列入“国内著名大学新闻系”之列，并推荐广大学生报考，“现在已到了暑假，各校新闻系，纷纷来沪招生。有志新闻专业的青年，也在考虑究竟应该投考那一个学校：据作者所知、特将国内著名的大学新闻系，介绍如次：（一）南京国立政治大学新闻系；（二）上海国立复旦大学新闻系、国立暨南大学新闻系、私立沪江大学新闻系、私立圣约翰大学新闻系；（三）北平燕京大学新闻系”③。

4. 离开暨大新闻学系之后的冯列山生活

冯列山离开暨南大学新闻学系后，一直在新闻战线辛勤耕耘。冯列山主持上海太平洋新闻公司，并继续开展新闻学研究。1947—1948 年，他先后撰写《新闻的意义》《什么是新闻学?》《新闻读法》等新闻学论文，发表在《民主论坛》《报学杂志》《大公报》等报刊上。1949 年 3 月，内战形势严峻，他携带全家，妻子葛青凡，儿子冯以东、冯以庄、冯以明，再次南下，前往新加坡定居，重返新闻界，开展新闻教育和业务工作。1949 年 7 月，他和刘益之等南洋报人开办为期三个月的新闻班，负责讲授“新闻学概论与新闻写作”，并充当顾问出版《新闻学研究》。该班 60 余人，大多成为星马华文报界的骨干力量，如陈名宗、宋兆良、梁明广和已故的潘书和、韩吉元与刘天凤等。此后，他负责主编大型学术性综合杂志《南洋月报》，并主编出版数十本《南洋商报丛

① 暨大三教授向校方辞职［N］. 大公报，1947-08-15.

② 暑假招考简讯［N］. 国立暨南大学校刊（复刊号），1947：11.

③ 储玉坤 . 今日中国之新闻教育［J］. 读书通讯，1947（138）：6.

书》，又担任《南洋商报》社论委员。1951 年，他的新闻学著作《新闻讲话》由新加坡南洋报社有限公司出版。同年，加入南洋学会，并出任理事。1963—1964 年，《南洋商报》主办新闻工作者训练班，他兼任训练班讲师。1971 年 5 月 2 日，新加坡政府援引“内部安全法令”逮捕当《南洋商报》总经理李茂成，总编辑仝道章、主笔李星可和公共关系经理郭隆生。冯列山临危受命，出任代总编辑兼编辑委员会主席及主笔。1972 年 5 月 1 日，冯列山退休，前后在新闻界工作 42 年，为中国和海外华侨新闻事业奉献了大半光阴。1998 年 8 月 12 日，冯列山在新加坡逝世，享年 91 岁。

因综上所述，冯列山不仅“在星洲报业史上应有一定的地位”，而且因为他是第一个获得新闻博士学位的中国人、民国驻欧洲特派记者的杰出代表、海外南洋的著名华侨报人以及在复旦大学、燕京大学、四川大学、暨南大学等中国著名高校从事新闻教育和学术研究工作的新闻学教授和研究者，且成果显著，造诣深厚，成为近代中国著名的华侨报人、新闻学者和新闻教育家。冯列山创建暨南大学新闻学系，对暨大新闻教育的开山之功，值得永怀铭记！

（邓绍根）

6. 1. 2　左荧的新闻教育实践与教育思想

左荧（1917—1984），著名新闻工作者、新闻教育家，中国人民广播事业和广播电视教育的开创者之一。左荧一生致力于我国广播电视事业的发展，对北京广播学院（现中国传媒大学）的创建和发展做出了奠基性的贡献。中国传媒大学出版社 2005 年 9 月出版的《风范长存——左荧纪念文集》（赵玉明主编）收入有左荧部分著述及纪念文章（见图 6-2）。

图 6-2　北京广播学院原党委书记左荧

1. 左荧生平

1917 年 7 月，左荧出生于河南省获嘉县。高中时期开始他便接受到进步思想的影响，立志救国救民。1937 年“七七事变”后，面对残破的家国河山，左荧与其他进步青年一道组织了“开封抗敌流动话剧团”并活跃于河南新乡、博爱、焦作、修武及太行山一带，通过话剧演出的形式投身抗日救亡，教育人民，团结抗战。一年后，左荧和剧团部分成员奔赴心中的圣地——延安，先后在陕北公学和陕公高级研究班学习，并作为学生代表出席了“西北青年救国会第二次代表大会”。1939 年，左荧进入延安鲁迅艺术文学院学习，任学生会主席。在这一年中，他光荣地加入了中国共产党，成为学生党支部书记。参加工作后，他先后担任鲁艺院务处指导员、《解放日报》编辑。1946 年他转入新华通讯社总社工作，担任新华社语言广播部（即陕北新华广播电台）编辑、军事组组长，是陕北台最早的编辑之一。解放战争时期，左荧跟随党中央来到河北省西柏坡，在中央领导同志的直接指导和帮助下参与报纸广播的稿件撰写工作，为瓦解敌军士气、团结教育人民作出了突出贡献。

新中国成立之后，左荧先后担任中央广播事业局办公室副主任、主任，总编室副主任、主任，编委，副秘书长，地方广播部主任兼国际联络部主任，业务研究室主任。在这期间，左荧为人民广播事业的发展做出了许多开拓性的工作：他立足所在岗位，与同事们一起发展地方广播事业、建立农村广播网，加强了广播事业的对外交流沟通。

1959 年 8 月，左荧被任命为新创办的北京广播学院党委副书记（后为党委书记），又任副院长兼新闻系主任。在这所专门培养广播电视人才的高等学校中，左荧主持日常工作，为新中国的新闻教育事业特别是广播电视教育事业作出了不可磨灭的贡献。其间他经历了学院的停办和改建；经历了十年动乱的迫害和打击；1973 年他被任命为北京广播学院复校筹备领导小组组长，开始了百废待兴的二次创业。1975 年，左荧先后任中国唱片社社长、中央广播事业局国际联络部主任，之后又被任命为中央人民广播电台代理台长（因病未到任）。长期的疲劳工作和“文革”中受到的迫害使他的身体大不如前，但他仍带病坚持工作、撰写文章。1984 年 12 月 4 日，左荧因病在北京逝世，享年 67 岁。

2. 左荧的新闻教育思想

从革命战争年代的新闻实践，到新中国成立后的广播电视管理和教育工作。左荧始终坚持实践与理论的高度统一。他注重人才、尊重知识，同时事必躬亲又勤于总结，逐渐形成了自己独特的新闻思想和教育理论。

1）坚持党性原则，用马克思主义理论武装学生头脑

新闻工作是一项具有高度政治性的工作，它要求从业人员除了拥有出众的专业素质和技能外，还需要具有高度的政治素质、喉舌意识和坚定不移的党性原则。只有拥有了这些素质，才能成为党和人民可以信赖的新闻工作者。

基于这个原则，左荧始终坚持将培养学生的党性原则放在首位，把德智体的全面发

展作为衡量学生成人成才的关键指标。为了时刻保持对学生思想情况的关注，及时帮助他们解决各种思想问题，左荧安排任课教师担任学生班主任，与学生们共同学习共同劳动。为了让学生们能时刻了解国家发展情况，左荧坚持邀请社会知名人士和中央部委领导为全校师生做有关形势政策的报告，讲解党和政府的方针政策，讲授全国广播电视事业的发展概况和世界各国新技术的发展情况。通过这种形式，全院师生的政策水平得到了提高，政治敏感性和责任感、使命感均得到了增强，坚定了为人民服务的信念。

2）坚持实践主导，强调深入一线调查研究

广播电视来源于实践，最终也要归于实践。因此左荧始终认为，广播电视人才的培养也应关注实践的反馈，满足实践的需要。要做到用实践教学、为实践教学，领导干部、教职员工和学生都要各司其职。

对于领导干部，他主张深入一线，通过亲自调查研究获取一手资料，进而发现问题、解决问题；对于青年教师，他要求授课不能仅停留于理论，而要有实践的补充和指导。要通过在新闻一线的学习和浸润，不断提升理论联系实际的水平，进而融会贯通，增强感性认识，提高授课质量；对于学生，左荧则强调要高标准严要求，做到写作的笔头、表达的口头和拍摄的机头“三过硬”。针对学生培养，他提出大学四年“写作一条龙”的主张：从入学之初的基础写作到毕业前夕应熟练掌握的新闻采访写作，不断夯实基本功的实践锻炼要贯穿学生大学学习的始终。

3）坚持特色办学，重视提升教学质量

在长期的教学实践中，左荧坚持将特色办学放在突出重要的位置上。作为专门培养广播电视人才的高等学校，广播学院与中国人民大学、复旦大学的新闻系既有交叉又有区别。在学习借鉴这些学校优良经验的基础上办出自己的特色，创办了我国最早的具有广播电视特色的新闻系，找到一条符合广播电视教育教学规律的发展之路是学院生存发展的基础。

左荧的特色办学理念，主要展现在两个方面。第一，强调教师队伍的专业性。邀请有经验、有理论水平的专家学者和一线新闻工作者任教；委派年轻教师去新闻工作一线锻炼能力、提升水平。第二，注重专业教材的编写。广播电视教育要体现出与报刊新闻教育的区别，就要首先在教材上有所突破。左荧坚持用自编教材进行教学，逐步形成了拥有广播电视独特规范和性质的教材体系，为广播电视学的发展奠定了基础。

在提升教学质量方面，左荧主张从基础入手。他反复强调基础课的重要性，要求学生通过学习现代汉语提高语言驾驭和表达的能力，他要求在教学楼走道和教室中悬挂小黑板用以标记错别字，提醒学生注重基本功的训练，培养一丝不苟的态度。

4）坚持服务国家，培养小语种人才

左荧重视外语教育，并把对外语教育的重视与国家需求紧密结合。在国家急需外语干部的情况下，他主张从非通用语种教育出发，为国家培养人才。这种理念不仅改善了国家外语干部短缺的状况，更弥补了以往外语教学中过分重视英语俄语，忽视其他小语种教学的短板。23 种小语种学科的建立，为广播电视系统和其他外事机构培养了多语言编辑、记者、播音员和翻译，也使广播学院成为全国重点外语院系之一。

3. 左荧的新闻教育实践

从参加革命工作开始，左荧就一直战斗在新闻宣传战线上。从《解放日报》到新华通讯社再到新华广播电台，左荧积累了丰富的新闻宣传工作实践经验。这些经验的积淀成为了他主持北京广播学院建设的宝贵财富，也让他逐渐成为一位杰出的新闻教育家。在他的带领下，这所当时全国唯一的传媒类专业高等学校在培养广播电视人才方面从无到有、从小到大，逐步发展成为现如今的中国传媒大学。

回顾左荧的新闻教育实践，大致体现在以下几个方面：

1）突出特色，办出水平

在北京广播学院成立之初，左荧就意识到了“个性”之于学院的意义。新中国刚刚成立十年，高等教育和其他很多领域一样，都处在方兴未艾的摸索和重建时期。当时，全国仅有中国人民大学和复旦大学等少数几所高校开设了新闻学等相关专业。向兄弟高校学习取经，成为办好广播学院的捷径。同时左荧也认为，广播学院要想办得好，就应突出广播电视特点，探讨广播电视的规律和性质，一切教学科研活动也要为广播电视服务。

在坚持特色办学理念的引领下，广播学院的教学实践从一开始就打上了牢牢的广播烙印。左荧十分重视教学参考材料和教材的编写工作，在他看来，教材是教育教学的基础，是体现教师思想和广播特色的载体。他要求全体任课教师注重教案的整理和准备，进而在此基础上每年拿出具有广播电视专业特色、反映广播电视性质和阐述广播电视理论的自编教材。在全校教师的共同努力下，仅两三年时间《中国新闻广播文集》《马恩列斯论报刊 · 列宁论广播》《毛泽东同志论宣传工作》，以及《采访写作》《新闻广播史》《广播概论》《编辑评论》《录音报道》等一批有广播电视专业特色的教学参考材料和教材就相继完成并在内部试用。在编写教材的基础上，左荧还注重专业书籍和期刊的编写工作，他以当时全国唯一一份广播电视专业杂志《广播业务》以及《广播电视资料》《广播业务译丛》等期刊为阵地，又先后主持编印了《社会主义国家广播电视事业概况》和《主要资本主义国家广播电视事业概况》两本著作。这些期刊和著作为学生和教师的学习和科研提供了丰富的一线实践材料和外国先进经验。

1964 年年底，中央提出了关于发展外语教学的 7 年规划，旨在不断扩充我国外交人才以应对愈发国际化的世界环境。在这种环境下，左荧敏锐地提出了自己的主张，他认为与专业外语类高校相比，广播学院在英语等通用语上优势并不突出，而一些非通用的小语种却可以成为学院的特色。于是一年之中，泰米尔语、意大利语、孟加拉语、乌尔都语、希腊语、葡萄牙语等 23 种小语种专业相继开设并开始招生。专业学习之余，外语系也结合学院特点，开设了采访、编辑、播音等课程，这些并举的措施让广播学院的外语系一跃成为全国重点外语院系之一，为中国国际广播电台和相关单位输送了一批小语种定向人才。

2）尊重人才，关心学生

办教育最重要的是人才。办好学校，最重要的问题是选择校长、教员和规定教育方针。来到广播学院之初，面对学校一穷二白的局面，左荧双管齐下，“不拘一格招人才”。一方面，从北京大学、中国人民大学、北京师范大学、中山大学等知名高校的相关专业中选拔了一批优秀毕业生充实到教师队伍中来；另一方面，又从中央人民广播电台、中国国际广播电台、广播科研所、无线处等一线工作单位抽调了部分经验丰富、业务过硬的“老广播”来到学院。这样一来，一个以老带新、理论实践兼备的近百人的教师队伍逐步搭建了起来。

面对教工队伍中的“小字辈”，左荧不但是领导，更是热心的“大家长”。他关注青年教师的成长和发展，针对部分青年教师偏重理论而实践缺乏的情况，左荧鼓励他们到广播工作一线去学习经验，获取感性认识。他还主动帮助青年教师联系实习、进修单位。一位刚刚毕业分配来学校的大学生，就被左荧安排去到当时全国知名的广播电台实习。在那几年中，左荧还利用出差的间隙找这位青年教师谈心，了解他的生活和学习情况，鼓励他继续努力，早日学成回校任教。

对“老广播”的关心更是无微不至。学院成立之初，左荧通过自己的努力将中央广播局业务研究室的康荫、苑子熙和陈海峰等人调入新闻系。这些“老广播”丰富的工作经验和出色的实践能力为学院带来了一笔无价的财富。左荧对人才的选择有自己的标准。他将中央广播局原副局长温济泽带进了广播学院，而此时的温济泽，已被打成“反党小集团”头目和“右派分子”。在当时面对这种情况，一般人避之犹恐不及，可左荧却甘心情愿冒着政治风险将温济泽调入新闻系，甚至在二人的私下谈话中以“同志”相称。这种对人才的尊重和信任也成为他在“文革”中遭遇批斗的直接原因。历史是客观的，也是公平的。1978 年 5 月，温济泽获得平反就是对左荧最大的肯定。

学生是学院的主人，也是学院的未来，这一点左荧确信无疑。本着对学生成人成才负责的原则，左荧从入学之初就对他们提出了“三过硬”的要求，即编采专业学生必须做到“笔头过硬”；播音专业、外语系学生要做到“口头过硬”；而摄影专业学生必须做到“机头过硬”。这种要求看似严格，可却在很大程度上督促了学生们的学习和实践。此外，左荧在学院的思想政治工作中提倡“班主任”模式，让教师与学生们一起学习一起劳动。在他看来，学生最敬重的就是老师，让老师担任班主任，可以更好地了解和解决学生们在生活学习中出现的各种问题和困难，帮助他们更好的面对大学生活。新闻系 59 级、60 级的毕业生走向工作岗位后，经过多年锻炼成为中央三台和许多地方台编采播的骨干力量。

3）注重实践，以身作则

广播电视是一种实践性非常强的专业，不仅要求教师有较强的理论水平，更要有扎实深厚的实践功底。左荧常说：“在前线只见兵而见不到带兵的人，怎么能打好仗呢？”他要求教师有实践经验，就千方百计地将青年教师送到全国各地的报社电台，让他们在那里拜师学艺，接受新闻采写编评的实战锻炼。他要求学生能在学习之余接受更多的实践熏陶，从大一入学开始就在学生中间组织各种参观、劳动、实习活动，让他们广泛的接触社会，接触广播实务。他倡导开门办学，把包括中央人民广播电台各部门主任在内的众多一线新闻工作者请进校园、请进课堂为同学们授课。只要是对学生成长成才有用的知识，左荧都张开双臂热烈欢迎。教育部副部长叶圣陶，以及语言学家吕叔湘、林焘，语言大师侯宝林，单弦表演艺术家白凤鸣等，都曾被邀请到学校座谈如何办好广播电视教育，并到课堂上介绍经验，开阔学生眼界。作为今后的广播电视工作者，左荧提出学生们不仅要有过硬的理论水平和实践能力，更要有坚定的共产主义信仰和敏锐的大局意识、前沿意识。基于此，左荧经常为全校师生做关于形势政策方面的报告，传达中央的有关方针、政策，以扩大学生的视野，让学生熟悉国家的大政方针和各方面的发展变化。

面对师生，左荧从不吝惜自己的知识和经验。作为主管全院日常工作的党委书记、副院长，左荧工作繁重，可为了更好地了解和掌握师生们的学习状态，他经常亲自下到教研室和教学班之中，跟教师们一起参与教学研讨，跟同学们一起听课学习分享经验。一有机会他就会召集师生代表进行座谈，了解他们的想法，听取他们在教育教学和学校建设方面的意见和建议。在办学中，左荧提出新闻系的学生要了解广播电视技术知识，为他们开设“广播技术常识”课，无线电系的学生要了解广播电视宣传知识，为他们开设“广播业务常识”课，外语系的学生要了解广播电视对外宣传，为他们开设了“对外广播业务讲座”课。左荧还主动承担了“广播业务常识”课程的开课任务，面对广大同学，他将广播的特点、性质和任务结合自己多年新闻和文艺工作的实践经验进行了深入浅出的讲解，课后他还主动提出要为同学们批改作业。在他看来，这是校领导下到教学一线，及时发现问题、解决问题的最好方法。

由于缺乏生动翔实的案例支撑，学生们的日常学习总有不解渴、不过瘾的感觉。同时广播电视这样一门学科，又对编辑记者的政治素质提出了很高的要求。面对这样的情况，左荧特意将自己在陕北新华广播电台工作时期珍藏的毛泽东同志撰写、批改的广播手稿贡献出来，作为新闻系教师教学交流的典范教材使用。当新闻系的教师们看到这六七张密密麻麻写满毛主席批示和修改的广播手稿后，大家激动不已，更加鼓足了干劲。用毛主席亲自修改、撰写的广播稿件为案例进行实践教学，极大地提高了学生的认知水平，使学生深受教育。

4）心系广院，爱校如家

在左荧的心中，广播学院就是他自己的家，他爱惜珍视这里的一草一木。在他心中，广播学院就像自己的孩子一样，看着他由小变大地成长，左荧心中有说不出的快乐和满足。在他的心目中，广播学院应该是一个全国广播电视人才培养的中心。因此，左荧在学院创立之初就提出了要创办“万人大学”，将广播学院打造成广播电视人的“灵魂家园”这一构想。初创的几年中，在左荧和同事们的带领下，学院最初几届学生先后入学，学院虽然不大，但处处洋溢着青春的朝气。

可紧接着到来的“三年困难时期”让全国高等教育事业面临迫切调整的寒冬。1961、1962 连续两年学院被要求停止招生，一批教职员工也被调整到其他工作岗位上。原本热热闹闹的校园一下子冷清空荡了。正当全院师生人心惶惶，担心刚刚成立的广播学院会因此夭折之时，突然传来了国家批准广播学院重新招生的指示。原来，为了应对当时中央和地方台播音员奇缺、年龄结构断层的严重问题，左荧积极努力，各方奔走，终于让中央有关部门同意广播学院于 1963 年以“中文专修科”的名义让新闻系重新招收播音班学员。就这样，广播学院在左荧等的努力下起死回生了。

在国家大力发展外语教学的背景下，左荧想方设法聘请外国专家来学院任教。专家们的住所距离学院较远，他就安排车辆接送专家上下课；为了让专家们能感受到学院的热情，他一有时间就将外国教师请到自己家中，一边嘘寒问暖，一边亲自下厨为他们烹饪地道的中国菜肴。一段时间过去了，昔日那些抱着“试试看”心态来到学院授课的外国教师被左荧的热情和真诚所感动纷纷将自己的真知灼见向学生们倾囊相授。他们中的许多人，不仅出色完成了授课任务，更成为了增进中外交流的使者。

为了打造广播电视人的“灵魂家园”，20 世纪 60 年代之初，左荧和同事们东奔西跑，辗转考察为学校的扩建争取资金、选取新址。在左荧的提议下，学校精心制作了一个模型：哪里是教学楼、哪里盖宿舍楼，哪里是礼堂都被细致地确定了下来。经过反复筛选，广播学院最终将新址确定在北京市东郊定福庄原石油中专的旧址上，也就是现在中国传媒大学所在地。

正当学院的发展势头渐起，一切都朝着左荧的构想迈进的时刻，一股席卷全国的“文革”风暴于 1966 年来临。在这场风暴中，左荧和广播学院遭遇了“灭顶之灾”。“文革”期间，“四人帮”将广播学院污蔑为彭真的“黑基地”，污蔑左荧是“黑帮分子”。在极“左”思潮的影响下，左荧遭到错误“审查”和批判，学院也被勒令解散。20 世纪 70 年代初，左荧和学校的部分员工一起被下放到河南淮阳的“五七干校”接受劳动改造。在那里，年过半百的左荧白天要承担繁重的体力劳动，晚上还要接受批斗、写反省材料，这样日复一日的折磨使他的身体大不如前。可左荧并未放弃自己的理想，因为他坚信正义终将战胜邪恶。

1973 年，在周恩来总理的关怀下，北京广播学院开始着手重新建设。受到鼓舞的左荧，顾不得身心上遭受的折磨和伤痛，一心投入到学院的重建之中。作为恢复北京广播学院筹备领导小组的组长，左荧带领大家砌围墙、挖水沟，修整在动荡中被损毁的校园。同时他又多方奔走，重建图书馆、劝说在“文革”中离职的教师回到学院任教。在左荧的不懈努力下，复校的广播学院举办了全国在职播音员学习班，受到全国各地播音员的一致好评。可这样的努力却在“批林批孔”的浪潮下被说成“克己复礼”，左荧再次受到批判。

接踵而至的批判没有动摇左荧的意志，在他的坚持和努力下，1974 年北京广播学院终于迎来了第一批工农兵学员的入学，学院正常的教育教学秩序得到了初步恢复。在此之后左荧还曾设想扩展学院的人才培养结构，以更好地为报社、通讯社输送人才。为此他曾和新华社副社长邓岗、原中国人民大学新闻系主任罗列等同志共商新闻人才培养的计划，但由于种种原因他的这些设想未能付诸实践。1974 年冬，因工作调动，左荧离开了北京广播学院，调任中国唱片社社长。

从革命战争年代的广播宣传到新中国成立后的广播管理和广播电视教育，左荧的一生与广播电视结下了深切的缘分。如今，昔日的北京广播学院已经发展成为中国传媒大学，一座具有一流师资力量和办学条件，蜚声中外传媒界的著名的万人学府。从这里走出的千千万万名传媒人才正活跃于祖国各条新闻战线。当年左荧定下的将北京广播学院打造成广播电视人“灵魂家园”的宏伟构想，正在一步步走向实现。

（冯　帆）

6.1.3　温济泽新闻教育理念与实践

温济泽（1914—1999），作为中国人民广播事业的主要奠基人之一，作为新中国广播新闻教育和新时期社会科学研究生教育的主要开拓者之一，为我国广播及对外广播事业、新闻教育事业作出了重要贡献，在新闻学、广播电视学、新闻教育等领域卓有建树（见图6-3）。

图6-3　中国社会科学院研究生院原院长、老一辈新闻工作者和新闻教育家温济泽

温济泽于1929年参加革命，从事地下工作，曾三次被国民党当局抓捕入狱，始终坚贞不屈。1937年国共第二次合作，温济泽方得以无条件释放出狱，在党组织的安排下于1938年到达延安。在延安，先后任陕北公学教员、中央宣传部干事、中央研究院研究员。1943年被调到《解放日报》副刊部，先后担任秘书、编辑、主编，开始了新闻工作生涯。1946年6月，在全面内战即将爆发的前夜，新华社成立了语言广播部，即延安新华广播电台编辑部，温济泽被调去担任编辑部主任，1948年后又兼任新华社社务委员会委员和英语文字广播编委会委员。在三年解放战争的日日夜夜里，温济泽率领延安新华广播电台（后改为陕北新华广播电台）的全体人员，在战火中完成了多次迁移，在极其艰苦的条件下坚持广播宣传，把党的声音传遍全国，无论在解放区还是国统区，在我人民解放军中还是国民党军中，都产生了巨大的影响。新中国成立后，温济泽担任中央人民广播电台副总编辑、中央广播事业局副局长。但在1958年受到错误打击，被划为“右派”。1960年初，温济泽调至北京广播学院（现中国传媒大学）新闻

系，重返教育岗位，其间也在中国人民大学新闻系讲授广播业务课程。“文化大革命”中，温济泽再次遭到迫害。打倒“四人帮”后，党中央拨乱反正，温济泽于 1978 年 1 月被调到中国社会科学院；5 月，在胡耀邦同志亲自批示下，错划“右派”问题得到改正。在中国社会科学院，温济泽先后担任院科研组织局副局长、学位委员会委员，研究生院副院长、院长、教授。在研究生院任职期间，他除了担负大量行政与教学领导工作外，还担负了哲学系和新闻系两门课程的教学，带研究生，同时发表了许多学术论著和文章。1985 年因病离休后，仍担任包括中国新闻教育学会等多个社会团体的领导职务和荣誉职务，编著了多达数百万字之多的著作和文章。代表性著作有《征鸿片羽集》（当代中国出版社 1995 年出版）、温济泽自述《第一个平反的“右派”》（中国青年出版社 1999 年出版）。纪念文集有方实、杨兆麟主编的《永远的怀念》（中国国际广播出版社 2002 年出版）和温飚、吕佩浩主编的《温济泽百年诞辰纪念文集》（中国社会科学出版社 2014 年出版）。

1. 温济泽的新闻教育实践

温济泽同志一生涉猎多个领域，其中，新闻教育实践活动主要集中在三个时期：北京广播学院时期、中国社会科学院研究生院时期和中国新闻教育学会时期。

1）北京广播学院时期（1960—1977）

温济泽在 1958 年被错划为“右派”后，下放劳动一年多，于 1960 年年初调到北京广播学院新闻系工作。起初，由于戴着“右派”帽子，他不能登台授课，只能在语言教研组做些教材选编和整理教学参考材料的工作。半年后，他摘掉了“右派”帽子，调到广播业务教研室工作，终于开始登台授课，很快就以其深厚的马列主义新闻理论学养和丰富的人民广播工作实践经验，以其勤奋积极的工作、深入浅出的讲授，赢得了大家的认可、爱戴和敬佩。

温济泽先后给新闻系 59 级、60 级、64 级和 65 级学生讲授新闻写作和广播业务课程。他的教学，始终坚持从实际出发，非常注重教学与实践紧密结合。他曾在《解放日报》和延安（陕北）新华广播电台从事多年新闻工作，十分明了新闻学是一门实践性极强的学科，而广播与报刊又有着不同的特点。因此他在教学中始终强调广播新闻工作者必须理解和掌握广播新闻的自身特点与写作方法。他特别注重第一手材料的挖掘和使用。为此，他三次主编延安（陕北）台的广播稿选，其中不少是他当年亲手改过或编过的，也不乏毛泽东等领导人修改和撰写的稿件。在讲课中，他不是空口说教，而是以此作为蓝本，融合自己多年的新闻广播工作经历、体会与经验，不仅讲稿件的写作背景和条件，还讲为什么要这样写、这样改，条分缕析、深入浅出地让学生们理解和体会到广播新闻理论与业务的基本要义、广播新闻稿件的写作技巧。他的讲课，内容新鲜、丰富、实在，把枯燥乏味的课程变得生动活泼、栩栩如生，大大提高了学生们的学习积极性，取得了很好的效果。

温济泽在教学中一直强调好的新闻工作者必须全面了解党的方针政策，深入生活、深入群众；他突破固有教学模式，提出开放式教学，在新闻系首创开设了“社会知识”和“政策讲座”两门新课。“社会知识”课就是组织同学们到工厂、农村参观，到新闻单位实习，让学生们走向广阔的社会，了解社会，体验生活，接触民间百姓，锻炼把书本知识与社会实践结合、在社会实践中运用书本知识的本领；“政策讲座”就是广邀党政机关负责人、各界专家学者讲课，使学生提高对党和国家方针政策的理解水平，开阔视野，增长多方面的知识。温济泽曾邀请当时一大批既是新闻文化艺术等部门党政负责人，也是新闻文化艺术界饱学之士的同志来为学生们析政策，谈学问、讲写作，使学生们从一开始接触新闻广播事业就有一个高的起点，为走向实际工作、从事新闻职业积蓄了必要的政治、业务“内存”。同时，他总是鼓励学生们下基层，到工矿、到农村实习采访，用事实和亲身经历说明扎根实际、扎根群众，体民情、察民意是一个新闻工作者尽好职责的基本功；他还提出“写作一条龙”的教学方法，即让同学们在从入学到毕业的 4 年间，不间断地练习各种文体的写作。他这种紧密联系实际、来自实践又回到实践的生动鲜活的教学，不仅使学生们当时就感到“受益匪浅”，而且在以后的新闻工作实际中也一再体会到其正确性。后来，学生们无不深感这些课程的所教所学在他们后来的实际工作中“极有裨益”。

在北京广播学院期间，温济泽除教课之外，还注意指导青年教师赵玉明、曹璐等，注重提高他们的政治理论水平和业务能力。此外，他还主编了《陕北台广播范文选》《广播稿选》《马恩列斯论报刊・列宁论广播》《毛泽东同志论宣传工作》等书籍，撰写了多篇有关如何写好新闻稿、如何做好广播新闻的论文，如《正确理解新闻对实际工作的指导作用》《关于广播形式的几个问题》《广播语言琐谈》《说不上口的句子》《也说谈心会这类形式》《一篇珍贵的新闻广播稿》等，论述了广播新闻语言特点与写作规律等。

温济泽离开北京广播学院后，还十分关注北京广播学院特别是新闻系的发展和建设。1989 年校庆期间，他和校友一起参观了校史展览，并合影留念。多次到广院做时事和学术报告。1994 年北京广播学院建校 40 周年，他题词“细看桃李满天下，来日成果更辉煌”，并满怀深情地写了《给同学们的一封信》，最后“祝北京广播学院新闻系取得新的辉煌胜利！祝每一个‘广院人’都能创造出无愧于前人的出色业绩！”

2）中国社会科学院研究生院时期（1978—1985）

温济泽 1978 年调到中国社会科学院，在科研组织局副局长岗位上工作一段时间后，为落实邓小平提出的恢复研究生制度的指示，于 8 月又受命创建中国社会科学院研究生院，并被胡乔木提名为研究生院副院长，负责所有实际行政领导与教学工作。在此期间，他不仅废寝忘食地投入到筹建社科院新闻研究所、研究生院的繁忙工作中，而且为搞好社会科学的研究生教育殚精竭虑。

温济泽创办研究生院的第一件要务，便是开展研究生院的建设工作，这包括院舍的土木基本建设、师资建设和教学、行政工作的制度建设等。

1978 年，研究生院当时的情形是上无片瓦、下无寸土，临时调来的十几个员工没有一个行家里手；与此同时，由于全社会科学院上上下下的强烈要求和报考人员的人多质优，使录取人数由原定的 100 多，增至 200 多，最后竟有 440 多人。面对“文化大革命”造成的社科人才青黄不接的严重局面，当时已六十多岁、体弱多病的温济泽开始只能四处借房办校，率领全院师生不断迁移教学点；同时他八方奔走，上下联系，左右交涉，实地查勘，力求建成一个能满足建设四个现代化需要和 21 世纪发展需要的社会科学研究生院。研究生院的新闻系，则是建立在社科院新闻所里，这也是他在担任科研局副局长期间，与安岗同志等克服各种困难，从无到有地一手创办起来的。

在参与筹建新闻所期间，温济泽于 3 月 14 日主持召开了一次讨论新闻学发展八年规划（1978—1985）的座谈会，参加者有安岗、海棱（新华社）、蓝鸿文（北京大学中文系新闻专业，当时中国人民大学尚未复校）和赵玉明（北京广播学院）等人，温济泽传达了胡乔木对新闻学发展八年规划的意见，主要内容为前言、重点项目、机构、队伍、措施。与会同志先后作了发言。会上提及当时全国新闻系有教师 105 人、学生 400 多人，这大概是当时北京大学、复旦大学和北京广播学院三校的统计数字。此后，温济泽还和安岗等同志分别主持了新闻系第一届研究生的入学口试工作。在新闻系，他除了自己亲自担任研究生指导教师，还聘请了当时负有盛名的新闻界专家，如戴邦、谢冰岩、沈如钢等，从而使新闻研究生的培养从理论到实践都有了最扎实的基础和保证。

温济泽高度重视全院的教学工作，特别注重马克思主义的学习。他亲自为研究生讲解马克思、恩格斯、列宁的原著，经常在全院作形势报告，或请专家进行时事政治分析，使学生加深对新时期党的基本路线的理解。在新闻教学方面，他亲自担负了时事政治、新闻理论等方面的教学任务，担任新闻和哲学两个专业的导师，指导多名研究生。他开设的“毛泽东哲学思想”和“新闻学理论”两门课，结合了他自己多年的革命历程与新闻广播工作中的经验教训，不仅有理论而且有实践，既有理论的高度，又有历史的厚度，也有生活的深度，极受学生的欢迎。他治学严谨，对自己所带的研究生要求十分严格。他的研究生为写好论文常常需要抄录几十万字的资料卡片，做几十本笔记；学生的论文，他每次都仔细阅看，而且都认真批改，提出修改意见，一丝不苟。曾有一位研究生，毕业论文经他一次又一次提出修改意见，进行了一遍又一遍的修改，最后才形成了正文五万多字，注释达两万多字的正式论文。他不但对论文写作的指导关怀备至，对研究生毕业以后的工作也多方联系，推荐适合的工作岗位，注意发挥他们的专长，为改革开放事业服务。

与此同时，温济泽也没有因繁忙而放弃研究工作。他继续在党史、哲学、新闻学特别是广播电视学、广播电视史学以及新闻教育学等领域耕耘开拓。他主编了《瞿秋白文集》（14 卷）、《革命烈士传》（10 卷）、《马恩列斯思想方法论》，撰写了《从邸报到现代新闻事业》《马克思的新闻思想及其发展》《我国新闻研究生教育发展概况》和《培养适应四化要求的新闻人才》等数十篇论文，推动对研究生和广大青年的革命传统教育、爱国主义教育，对如何促进研究生教育事业的发展提出了新的见解。

3）中国新闻教育学会时期（1984—1992）

1983 年，中共中央宣传部和教育部在北京召开新闻教育工作座谈会，会议期间，与会代表建议组建中国新闻教育学会。1984 年，在京的中国人民大学，北京广播学院等 7 所高校集会商讨筹建学会事项，初步建议由温济泽担任会长。温济泽十分重视学会的筹建工作，向时任中共中央政治局委员、中国社会科学院院长的胡乔木同志汇报了有关情况。经胡乔木同意后，成立大会于 1984 年 11 月 2 日在中南海举行。胡乔木同志出席大会接见了与会代表，并就新时期新闻教育的发展和新闻人才的培养问题发表了题为《新闻要跟上新的信息技术》的讲话，后收入《胡乔木谈新闻出版》一书。他还与时任中共中央书记处书记、中宣部部长的邓力群同志一起与代表合影留念。参加成立大会的有来自全国 30 所高校新闻系（专业）的代表。

随后举行的第一届理事会上推荐温济泽任会长，甘惜分、王中等任副会长，首任秘书长郑兴东（中国人民大学）。温济泽在讲话中对新闻教育学会的工作和办好新时期的新闻教育、培养大批新闻人才提出了希望和要求。1987 年 10 月，学会在成都换届，温济泽继续担任会长，继任秘书长为曹璐（北京广播学院）。直至 1992 年在宜昌再次换届，温济泽改任顾问。

新闻教育学会成立以后，多次在桂林、合肥、武汉、成都、兰州、郑州、宜昌等地召开年会。温济泽尽管工作繁忙，年老体弱，但还是多次与会，和中青年教师欢聚一堂，商谈新闻教育的改革问题。在此期间，温济泽在新闻学术性会议和新闻业务刊物上发表了有关新闻教育和新闻学研究的著述，其中有：《关于广播学、电视学的几点思考》（1986）、《纪念我国新闻学研究和教育事业创始七十周年》（1988）、《关于新闻学研究的几点意见》（1988）、《关于早期广播史研究中的一些问题》（1991）和《谈谈当代广播电视史研究中的一些问题》（1994）等。

2003 年，中国新闻教育学会根据有关管理部门的要求，更名为“中国高等教育学会新闻学与传播学专业委员会”至今。

2. 温济泽的新闻教育思想

温济泽根据自己长期的新闻工作实践和新闻教育实践，逐渐形成了比较系统的新闻教育思想。

1）育人理念：培养合乎时代和人民要求的新闻工作者

贯穿温济泽新闻教育生涯始终的一个根本的教育理念，就是他常常讲的，新闻教育“要培养合乎时代和人民要求的新闻工作者”，“培养适应四化要求的新闻人才”。

那么，什么样的人才是“合乎时代和人民要求的新闻工作者”，是“适应四化要求的新闻人才”呢？

温济泽认为，这样的人必须德才兼备。

论德，第一，要“坚持向党负责和向人民负责一致性原则”，“既要坚持无产阶级新闻工作的党性原则，把当好党的喉舌，传播马克思主义真理，宣传党的路线、方针、政策，作为自己最根本的任务；也要在当好党的喉舌的同时，当好人民的喉舌，报道他们的生活和情绪，及时反映他们的意见和呼声”，“成为与人民群众同甘苦、共患难的朋友”。第二，要“认清自己所处的时代，认清自己所担负的时代责任和历史使命”，要具有强烈的使命感和责任心。第三，要“树立牢固的全心全意为人民服务的思想”，他经常、反复地用毛泽东 1944 年在延安时给新闻工作者的一次讲话教育学生，“为人民服务，一定要全心全意，不能半心半意，也不能三心二意”，要把党的新闻事业办好，做好对群众的新闻宣传工作，“必须事事从人民的利益出发，处处为人民的利益着想”。

论才，要有较高的新闻业务水平和能力。这里，温济泽除强调新闻工作者不仅要熟练掌握和精通新闻采访、调查、写作、语言表达、编辑、排版、播出、摄影、发行等一个新闻从业者应该掌握的各种基础技能外，更强调新闻工作者应该是一个广闻博识的“杂家”。他认为：新闻报道的面极为广泛，因此新闻专业的基础课程也应该包括哲学、心理学、社会学、教育学等课程；文学课不能照中文系那样教，要根据新闻教学的特点教；选修课程面也要广一些。他特别指出，“在当代，自然科学与社会科学这量大门类的科学已在广大范围内互相交融，它们之间的界限正在进一步打破，两大门类之间的交叉学科、边缘学科日益增多和繁荣”。因此，社会科学、新闻系的学生，也“必须适应这种发展趋势和时代要求，要掌握、了解多方面的知识和技能，包括自然科学以及科学技术的发展，改变现有不合理的知识结构，打破学科专业的狭隘观念限制，多选修一些跨学科、跨专业的课程，做一个适应中国现代化建设的新闻工作者”。

2）培养模式：理论联系实际

温济泽认为，新闻学科是一个政策性和实践性很强的学科，学新闻的学生必须有较高的理论政策水平和丰富的实践经验。

他所说的理论，不光指新闻专业理论，更是指要学好马克思主义，学好马克思新闻理论，“要完整准确地掌握马克思主义、毛泽东思想的科学体系”。他说：“做党的宣传工作，只有不断提高自己的马克思主义理论水平，真正掌握了马克思主义的立场、观点、方法，才能正确地理解和宣传党的方针政策，才能做一个真正符合党和人民需要的新闻工作者”，“没有较高的马克思主义理论水平，没有正确的世界观、方法论，就不可能有新闻工作必不可少的政治敏感性和敏锐的政治洞察力”。他要求学生入学之初一定要通读、精读部分马恩的经典著作，并作为必读书目。他还亲自给研究生讲授这些著作的部分章节，引导大家联系当时的历史实际和当前实际，了解马恩著作的精神实质，不要死读书本。

他所说的实践，不仅是指新闻专业各种基础课程的实践，如采访，各种新闻体裁的写作等，更强调要进行社会实践，了解社会实际，要把这也作为新闻系学生的一个基本功。他经常以自己解放战争期间对蒋管区的广播宣传和新中国成立后领导对外广播的亲身体验，向学生们说明进行社会实践、了解社会实际的重要性和必要性。他说：进行新闻宣传，“就要了解国内、国外的实际，用马克思主义的立场、观点和方法来研究这些问题。我们每天宣传什么，怎样宣传，采用什么方式和方法以及从什么样的角度来宣传，都不能凭自己的主观意愿来决定，而应当根据对这两方面的实际情况来决定”。他还经常强调，要做好新闻宣传工作，必须对自己宣传的对象有全面、深入的了解，只有“做好这方面的社会调查，了解他们想知道什么，怎样讲才能说到他们心里去，才能使党的政策和主张为他们理解和接受”。

3）作风传承：坚持实事求是，坚持新闻真实性

温济泽历来主张，新闻教育必须把党的新闻工作的优良传统作风——实事求是传承下去。他反复教导学生：“实事求是，是贯彻党性原则的一项具体要求。表现在新闻工作中，就是坚持新闻的真实性。”他说，新闻的本源是事实，新闻工作者无论是采访还是编辑，都必须尊重客观事实，“新闻报道必须忠于事实”。他经常以延安（陕北）新华广播电台正反两方面的经验教训为例，指出：新闻的力量在于讲真话，只有靠胜于雄辩的事实才能团结人民、打击敌人。因此，作为新闻工作者，坚持新闻真实性，就一要做到“报道的事实必须完全真实，绝对不容许对人民说假话”；二要做到“不仅要向人民如实地报道一时一地的某一件事情，还要经常帮助人民了解真实的全面的情况”。

4）师德为先：身体力行

温济泽看重授业，更看重育人，培育学生良好的思想道德修养和职业道德。他的育人，有课堂上的传授，但更多的还是他以自己的行动为学子们做出无声的垂范。他曾蒙冤受屈20载，很长时期在政治上饱受歧视，但他在学生们面前没有流露过丝毫愤懑怨怼、消沉颓丧，而是不计工作环境、生活条件，不计毁誉荣辱，将全部身心投入到教学中。由此学生们看到了不以物喜不以己悲，唯以能为人民工作为重的人生态度。他在课堂上如实回顾和反思党的历史上、人民广播事业史上的辉煌与曲折，总结、分析成功的经验，挫折的教训，让学生们懂得了新闻工作者该怎样坚持求真求实，不唯上、只唯书，在面对谬误时勇于为真理而战。他对学生如亲人、良师、益友，既关心他们的思想、学业，也关心他们的生活、感情。他从不空谈一些没有生命的“大道理”，总是循循善诱地用自己的丰富经历和人生感悟，启发学生自己思考，引领学生跳出自我，提高境界。从中学生们感受到了人与人之间的平等、仁厚、博爱。

温济泽的苦心教诲和身体力行，对学生的成长产生了深远的影响。他在北京广播学院以及中国社会科学院研究生院的毕业生，特别是他主持研究生院时的早期毕业生，后来有不少已成为新闻传播界及社科界的著名专家学者、中坚力量，而且中央和各地的许多研究机构、高等院校、党政军部门等，也越来越多地活跃着他们的身影，一些人还担任了重要领导职务。他们在回顾自己的成长历程时，都认为温老师是使他们终身受益的引路人。

新闻界前辈温济泽同志虽已去世多年，但他的新闻教育思想内涵丰富深刻，在今天仍能给我们许多启迪和思考。更深入、更全面地整理他的新闻教育思想，挖掘其中的瑰宝，对我们培养新时期党的新闻工作者，为改革开放和社会主义现代化建设培养合格的新闻人才，是十分有意义的。

（温　飚）

6.1.4　何微新闻思想与新闻教育实践

何微（1916—1999），我国当代著名报人、新闻学家和新闻教育家（见图6-4）。半个多世纪以来，何微南北转战，为我国新闻事业的繁荣与发展付出了艰辛的劳动，作出了卓越的贡献。在战争年代，他亲赴前线，冒着枪林弹雨；在和平环境中，他深入基层，体察民情，写下了许许多多影响深远的篇章，在漫长的记者生涯和新闻教育生涯中，何微认真学习，勇于探索，形成了自己的新闻思想和新闻教育思想。总结和研究何微征战半个多世纪的光辉历程以及他的新闻思想和新闻教育思想，对于弘扬我国优秀新闻传统，激励后学，具有重要的现实意义。

图 6-4　何微百年纪念活动何微铜像揭幕仪式

1. 何微生平简介

何微，初名何畏，笔名米若、石冷。生于山西省祁县中医世家，是我国名记者和新闻学家。幼时何畏能通读《四书》《五经》，14 岁祁县中学未毕业就考取太原师范，之后抱着“教育救国”的信念弃学从教，任建安村两级小学校长，因勤奋好学，不满 20 岁即成为远近闻名的“祁县才子”。

1937 年 2 月，何畏弃教从戎，加入中国共产党人薄一波和国民党人阎锡山联合组织的“山西抗日牺牲同盟会”，成为该会决死队的一员。后因他是军营里为数不多的“知识分子”和“读书人”，不久便调入决死队政治部工作，在李力果主任手下，他一人编写油印小报《广播台》，向士兵和民众传播抗日思想，从此与新闻结缘。

1938 年 10 月，经过众多关卡，何畏徒步渡黄河来到了革命圣地——延安，走进抗大求学深造。他加入中国共产党，同时更名为何微。1939 年他抗大毕业，被分配到太南特委工作，毅然选择记者这个行业，并同白浪、王春和赵树理一起经办《黄河日报》，兼任该报社党支部书记，从此正式步入新闻界。

1940 年，何微调任太南《人民报》记兼《光明》杂志编委，曾带伤深入前线，成功报道著名的“百团大战”；1941 年何微任《太南导报》社长、新华通讯社晋冀豫分社社长；1941 年 9 月任《晋豫日报》社长；1943 年任太岳区文委书记、新华通讯社太岳分社副社长兼总编辑等职务；1946 年何微任新华通讯社战地记者，亲身参加了垣曲、翼城、灵石的战斗；1948 年调至华北《人民日报》，仍为战地记者；1948 年 9 月，人民解放军太岳八纵和太岳军区部队，会同西北野战军王震所部第二次对运城发起攻击，何微又率记者团上了前线；1949 年，何微就任山西日报社副社长兼任新华通讯社太原分社副社长，主持两社工作，在人民解放军攻克太原城后的第三天，成功领导出版第一张革命的《山西日报》；1950 年 1 月，何微奉调专任新华通讯社山西分社社长；1952 年进京就任新华通讯社华北总分社副社长兼任北京分社长，1954 年总分社被撤销后专任北京分社社长，其间他随新华通讯社代表团赴苏联学习并访问塔斯社；1956 年 10 月，他调任新华通讯社江苏分社社长。

1962 年，何微离开了供职多年的新华社，奔赴西安担任西北政法学院副院长。其间他放弃了中共中央宣传部要他赴银川主编《宁夏日报》的机会，除主持西北政法学院日常工作，还创办了我国西部的第一个新闻系。与此同时，何微应《西安晚报》之邀，与西安著名作家霍松林和傅庚生二人共同主持《秦中随笔》专栏。然至 1966 年上半年，全国政治局势大变。因邓拓、吴晗、廖沫沙三人在《北京晚报》上共同主持《燕山夜话》被定为“反党反社会主义反毛泽东思想”，《西安晚报》的《秦中随笔》与《北京晚报》的《燕山夜话》更被认为是“如出一辙”。何微被发配偏僻的穷山村唐藏进行劳动改造。

1972 年陕西省革委会开会时，李瑞山主任将何微调回新闻界。1974 年初，何微重返新闻界，任《陕西日报》总编辑。其间他曾率领中国记者协会代表团赴罗马尼亚考察地方新闻事业，跑遍该国五个县。在 1979 年的全国新闻工作会议和 1980 年的西北五省新闻工作会议上，何微坚决反对趁改革之机搞自由化和要把“西单墙”搬入党报的论点，重新提出了我国报纸的性质问题。

1982 年，何微被调任陕西省社会科学院院长，创办全国第一家新闻学术理论刊物——《新闻研究》并亲任主编。另外，他还担任着许多重要的社会工作，如陕西省社会科学联合会副主席、陕西省考古学会会长等。据不完全统计，他共发表了近百篇影响颇大的新闻学研究论文，约 80 万字，其中大多数论文被《中国新闻年鉴》《新华文摘》等有关书刊上转载和摘登，他不仅完成了一部总结党的新闻工作传统的专著《新闻科学纲要》（30 余万字），而且完成了 500 余字的《中国新闻思想发展研究文集》巨编和 20 余万字的《中国新闻思想发展研究专论》。

1983 年 8 月，武汉大学新闻学系挂牌成立，在武汉大学刘道玉校长的邀请下，何微于 1984 年只身南下武汉大学执教，很快创办了武汉大学新闻研究所并首任所长。1984 年 9 月，何微在刘道玉校长主持召开的学校党政联席特别会议上提出其新闻教育的理念，受到与会各位领导的赞许。

1992 年 6 月何微回西安工作，任陕西省社会科学院研究员、陕西省委党校兼职教授、南京大学兼职教授、浙江大学兼职教授等。

2. 何微的新闻教育思想与实践

何微教授是我国著名的老一辈新闻工作者、知名新闻理论家、新闻教育家。在我国新闻理论界，素有“北甘、南王、西北何”之称，何微的新闻教育思想早已为新闻理论界所称道。

何微的新闻教育思想与他独特的新闻思想观和新闻工作（包括新闻教学）实践一脉相承、密不可分。早在 1954—1956 年，时任新华通讯社北京分社副社长的何微，就为中国人民大学、北京大学和中国青年报社开办的新闻训练班开设过“新闻采访与写作教程”；1962 年，他调任西北政法学院副院长，领导创办了我国西部第一个新闻系。① 从那时起，何微就开始思考我国新闻教育问题，并一直予以关注。20 世纪 80 年代初期，特别是 1984 年，何微受当时武大校长刘道玉之邀，出任武汉大学新闻学教授、新闻研究所所长，直接指导并参与武汉大学新闻系本科生、研究生的教学工作。之后，他在很多场合谈到了自己关于办好新闻教育的想法，并撰写了一些新闻教育的论文，何微的新闻教育思想也由此逐渐形成。何微的新闻教育思想，是我国新闻教育思想宝库里的一笔宝贵财富，它形成于改革开放的时代背景之下，直接推动和促进了武汉大学乃至我国新闻教育的改革和发展。

（1）在武汉大学任教之初的新闻教育思想与实践。从 1984 年盛夏来到武汉大学至 1992 年 6 月回到西安，整整 8 年时间，何微教授都是在武汉大学度过的。来到武汉大学之初，有些人对他在 68 岁高龄来武汉大学任教难以理解，问道：何微，何为呢？偌大的年龄，偌高的资格，偌深的学识，偌长的经历，离开夫人来到武汉大学当个小小的新闻学研究所的所长，何苦来哉！他总先是摇摇头，哈哈一笑，而后一板一眼地回答说：“我来武大，一不为官，二不为名，三不为利，更有甚者，是‘赔了夫人又折兵’啊！

---

① 车英. 何微的新闻思想与新闻教育思想［J］. 武汉大学学报（哲学社会科学版），1996（4）：95.

但我为的是把武大新闻系办成第一流的新闻系，为的是把我们的学生个个都培养成社会主义革命和建设事业的合格新闻人才。”他是这样说的，也是这样做的。武汉大学车英教授曾撰文对何微教授在武汉大学期间的工作和生活做过精彩的描述：在风景如画的武汉大学校园里，每当第三节课下课铃响过之后半个小时左右，人们总是看到何老满身粉笔灰，左手提着讲义包，右手端着一个用酱菜瓶改做的茶杯。茶杯因使用了多年，瓶盖不严，茶水也就随着行走的晃动不时地从瓶口溢出，滴在他那灰色的中山装上与粉笔灰搅和，形成了白色的斑点。尽管连续 3 个小时的课堂授课使得年逾古稀的何老有些疲惫，但他还是迈着矫健的步伐走着……回到家里，“超载”过重的他，一屁股便坐在沙发上休息片刻，顾不了拍打自己身上的粉笔灰，又当起了“大师傅”——洗菜做饭。一餐非常简便的午餐之后，他又总是站在毛主席词《采桑子·重阳》书法立轴前，嘴里不时地在默读着：“人生易老天亦老，岁岁重阳。今又重阳，战地黄花分外香。”无穷的精神力量似乎使他一下子恢复了整整一上午的疲劳，他没有休息，健步走进书房，在堆着书刊报纸的书桌前坐下，孜孜不倦又不失时机地进行着中国新闻学理论和新闻教育学理论的研究与探索。

“办好新闻教育”与“培养出合格新闻人才”无疑是何微教授新闻教育思想的集中体现。早在 1983 年，何微总结了以往新闻教育中正反两个方面的经验，结合中国实际，发表了《面向未来改革新闻教育》一文。他指出：新闻教育应面向未来，要根据时代的要求和特点，在课程设置上，应增加一些“有新内容、能适应未来需要”的课程，如新闻管理学、微电子新闻学、比较新闻学、中国新闻思想发展史等。

何微认为，要办好新闻教育，关键在于抓好师资力量的培养工作，需要一批“名师”，进而促使“名师出高徒”。关于师资培养问题，他指出应在确立“坚定正确的政治方向”的基础上，大力补充新的知识，“由于学科间的相互渗透和结合”，新闻学专业教师原有的“知识结构远远不能适应这种新趋势，因为老知识培养不出能够适应未来的新闻人才。”第二个关键在于抓好新闻专业学生的培养，这是“面向未来改革新闻教育”之目的所在。对此，何微大体归结为：“一、培养学生具有为社会主义现代化服务的创新精神和综合判断能力；二、学习成绩卓著，知识直接接近现代化要求，将来能成为促进新闻事业发展的领导力量。”在此基础上，何微进一步提出：“我们应以政治家和社会活动家的标准要求新闻专业的学生。今后新闻专业的毕业生要有较高的马克思主义素养，有驾驭全局的能力，思维敏捷，知识储备充足，写作能力娴熟，能直接阅读外文报刊。”……

自何微教授进入武汉大学任教之后，由于更直接地接触了教学实际，从而使其新闻教育思想有了一次质的飞跃和进一步的深化。

（2）本科生教育是新闻教育的基础，新闻业务课专任教师必须参与新闻实践。武汉大学新闻与传播学院的罗以澄教授回忆，何老总是以朴实低调的姿态出现在众人面前，他刚来武大任教时不少学生只是把他当做一名普通的老教师看待。当时何老年岁已高，为了照顾他的身体，系里只是安排他指导硕士研究生。有一天他的真实身份给学生知道了，许多学生便再三要求他给本科生开课。何老对罗以澄教授表示："我是受邀担任武汉大学新闻学教授的，作为教授，当然要上课；否则就不能称为教授。何况，本科教育是新闻教育的根本所在，新闻专业本科教育搞不好，培养不出合格的新闻工作者，高校新闻教育就失败了。不要说学生有要求，就是学生没有提，我也要主动要求给他们上课。"

在此后的几年中，何微一直坚持给本科生开设"中国新闻思想史"课程，每周 2 学时，直至他离开武大。

当时武汉大学新闻系成立不久，不少教师是从中文系改行的，没有新闻实践的经验，专业课教学中经常出现"空对空"的现象。何微曾对罗以澄教授谈到，新闻学是一门应用学科，新闻教育的特色之一就在于它强烈的实践性，离开新闻实践，就成了无源之水。他还明确提出，新闻系教师，特别是新闻业务课专任教师，一定要有实务经验，系里要有计划地在新闻单位建立实习基地，把教师与学生一道送到新闻单位去实习。为此他还推荐了一批名记者、名编辑，担任武汉大学新闻系的兼职教授或者来系里讲课。这样下来，新闻专业课的教学自然面貌大变样了。

（3）新闻记者不是单纯的新闻写作匠应该是有远见卓识的新闻思想家，我们要培养的是合格新闻人才，而不是为新闻单位输送人手。武汉大学新闻创办伊始，就十分重视新闻写作课，每周安排 8 学时，并在办学方针上提出了本科生大学四年坚持写作不断线。何微曾经专门找罗以澄谈了他的意见，他说，对于新闻教育来说，写作类课程当然很重要，它是新闻工作者的一项基本功。但是新闻教育最终要培养的是能够适应现代新闻写作要求的新闻人才，而不是新闻写作匠。对于新闻人才来说，不仅要会写、写得快、写得好，更重要的是会思考，会观察问题、分析问题，是个有远见卓识、又有专业眼光的新闻思想家。在此基础上，何微进一步指出，新闻人才的知识结构应多元构成，要注意多学科的渗透。何微的这些思想，对于我们不断探索和完善我国新闻人才培养模式，有着很强的现实意义。

（4）新闻教育要面向未来，专业的课程设置、新闻教学内容与方法都要大力提倡新闻教育的前瞻性。何微认为新闻教育要面向未来、具有前瞻性，根据实践需要，不断修订课程门类，调整培养方案，逐步建立与现代化新闻教育相匹配的科研文献处理系统。

早在 20 世纪 80 年代初期，何微就明确提出，新闻专业的课程设置，要根据时代的要求和特点，增加一些“有新内容、能适应未来需要的”课程，如新闻管理学、微电子新闻学、比较新闻学、中国新闻思想发展史学等。① 何微关于增设课程的设想，如今在武汉大学新闻与传播学院已变成现实。

为了尽快培养出一专多能的合格新闻人才，克服新闻专业学生知识面过窄、后劲不足的弊端，何微在进入武大之初（1984 年 9 月），在学校有关领导参加的联席会议上，就明确提出逐步调整新闻专业学生培养方案，推行“双学位制”。“何微教授是中国地域内第一个从理论上阐述新闻教育采用‘双学位’制之人。”② 何微认为，新闻系可先在正常招生的同时，在全校范围内招考学生攻读第二学位，充分发挥武汉大学学科齐全、实力雄厚的优势。一旦时机成熟，则立即增设更高层次的“双学位”制，以适应当今社会对复合型人才的需求。

此外，何微还针对当时武汉大学新闻研究所和我国新闻学研究手段落后、设备简陋的实际，较早提出了新闻学科学研究要逐步建立起现代化的文献收集、分析、处理系统，提高新闻学研究的规范性和科学性，让新闻科研与新闻教育互相促进。

（5）高校新闻专业的业务课程教学要力求系统化，不能随意割裂课程体系之间的内在联系。在传统的新闻业务课程设置中，“新闻采访”“新闻写作”“新闻编辑”“新闻评论”基本上处于四课并立的格局。何微深感这种课程设置极易割裂新闻报道各环节之间的有机联系，既不利于学生融会贯通、互相促进，也不适应新闻实践的发展。

罗以澄教授回忆，20 世纪 80 年代中期，何微教授在和他讨论新闻系课程设置时，就明确表达了上述思想，并提出，首先应将“新闻采访”和“新闻写作”课程合二为一。他认为，写作是采访的目的和体现，采访是写作的前提条件，两课以合并讲授为宜。在他这一思想的启发下，新闻系已成申报成功省级教改重点项目，相信在不久的将来，他的这一设想就会得以实现。

3. 何微的新闻思想

何微是中国当代新闻学理论巨擘。在他的早年岁月里，何微有着深厚的史学教育和数十年的新闻工作实践，其新闻思想是其新闻实践的理性总结，是对新闻工作指导思想的根本厘定。何微的新闻思想，散见于他发表的近百篇长短文章、讲话、讲义、序言和跋当中，也集中体现在其所著的《新闻科学纲要》和《中国新闻思想发展研究文集》

---

① 何微. 面向未来新闻改革教育［J］. 新闻战线，1984（5）.

② 车英. 何微的新闻思想与新闻教育思想［J］. 武汉大学学报（哲学社会科学版），1996（4）.

(包括古代、近现代、当代三部分共约500万字)，大体可分为以下5个方面：

（1）关于社会主义新闻的党性原则思想。何微认为报纸的性质是报纸理论的根本问题，也是长期争论的焦点。1980年5月，何微在西北五省新闻工作会议上指出：报纸是有鲜明的阶级性的，社会主义的报纸是无产阶级政党的“喉舌”和“工具”，其本质特点有三：第一，报纸是阶级的舆论工具，担负着引导社会舆论的重任；第二，报纸主要是通过新闻报道直接反映当前世界上所发生的一切重大事件；第三，报纸有着极大的广泛性和群众性。报纸的实践证明，在阶级社会里，报纸始终是阶级的舆论工具。因此，对于报纸的性质，任何无视阶级性的提法都是不妥当的，严格来说是错误的。

（2）关于社会主义新闻的真实性原则思想。何微在《新闻的真实性》一文中对新闻真实性问题进行了全面详尽的论述。他指出：社会主义新闻工作者的职责是真实地描述客观事物，将真相告诉大众，不论在任何情况下，绝不容许以任何理由违反真实性原则。新闻的真实是必须与原客观实际相符合，不容包含丝毫主观随意性。因此，坚持新闻真实性，还需长期不懈地努力。

（3）关于我国新闻的舆论监督思想。关于新闻的舆论监督，何微认为不仅仅要运用舆论进行批评，而且还要运用舆论对新事物、优秀人物进行支持、推广和宣扬。何微重申：新闻是讲阶级性的，新闻媒介是为人民行施舆论监督权利服务的，新闻传播事业掌握着舆论工具，但任何人、任何集团都不可滥用舆论；新闻媒介所发表的舆论不可抵触国家法律，不可违背社会主义基本原则。

（4）关于无产阶级新闻的价值观思想。何微认为新闻价值是新闻学中的核心问题，是构成新闻的事实本身具有的、能够满足社会对新闻需要的素质的总称。新闻有无价值，主要看新闻所报道的事实有无价值。他提出新闻报道要突出时代性、现实性，按照社会主义社会的性质，以正面报道为主；但对于有些与人民生活有密切联系的、属于揭露批评式的报道，同样具有新闻价值的。

何微主张在确保新闻真实的基础上可从两种视角观察其新闻价值。宏观上可从5个主要方面判定：及时；简洁；新鲜；实用；符合党的宣传政策。微观上可从10个方面判定：新—新鲜；真—真实；近—接近；要—重要；味—趣味；决—时效；短—简洁；精—精练；活—生动；深—深刻。以上两种视角应以宏观为优先，因为这是一个方向问题。

（5）关于新闻学研究内容的建构思想。何微在维持传统的三大块即新闻理论、新闻史、新闻业务的基础上，根据时代的特点，提出了侧重于未来发展的新闻学研究内容的建构思想：一是新闻管理学，因为它是一门横跨于多种学科之间的综合性学科，是带有决定我国新闻事业是先进还是落后的一门关键性学科”；二是新闻人才学，这关系到我国新闻事业后继有人还是后继乏人的大问题；三是微电子新闻学，这是时代发展和科技进步的共同要求；四是对新闻学与大众传播学的比较研究；五是研究中国新闻思想发展史。

4. 何微的新闻史学思想

我国新闻的产生有悠久的历史，和古代纪事文有着不可分割的密切关系，也有其自身演变和发展过程。目前我国新闻事业发展史的三条发展主线包括“以中国报学史为主线”“以新闻界人物传略为主线”“以新闻事业专业史为主线”。何微提出“中国新闻思想发展史”也是不可缺少的一条发展主线。

（1）关于中国新闻思想发展史观的思想。何微在《武汉大学学报》1990 年第 1 期上刊文《关于中国古代新闻思想发展研究》，对先秦时期的我国古代新闻思想发展进行了颇为深入的研究，第一次提出“自有人类以来，就产生了新闻思想和新闻传播活动，而且人类的新闻传播活动从未停止过，它是由低级到高级发展，受到新闻思想的支配”；第一次科学地论证了二三百万年前即新生代第四纪更新世时期人类已有新闻思想和新闻活动等重大问题；第一次提出“ 在三千年前，关于新闻记述的要求和思想已基本形成”；第一次提出了《春秋左氏传》是我国第一部新闻作品选集，之后又撰文更全面翔实地对此进行论证。何微完成的约 500 万字的《中国新闻思想发展研究文集》，较为完整地勾勒出自远古时代到现代的我国新闻思想发展的大致脉络，填补了这一新闻学研究领域的空白。

（2）何微在 20 多年前研究的课题成为当代新闻学术界焦点。新世纪到来之前的 10 年，是中国新闻学术界从繁杂的思潮中渐渐沉静下来的 10 年。中国新闻学术界重新找到了本质的自我，主导中国新闻发展的内在力量。许多学者近来纷纷撰文，论述中国当代新闻行为和意识与中国传统文化的内在传承关系。这些当前新闻学术研究的前沿焦点，就是何微教授在 20 世纪 90 年代研究的课题之一。

（3）新闻现象的本质到底是什么？在不同的新闻研究层面，可能会为新闻现象的本质下不同的定义。

在技术层面，研究者认为，新闻现象不过是一些新闻工作者在产及传输新闻信息；在经营层面，学者会认为，所谓新闻现象，不过是一些财团商人通过出版、播出新闻信息内容，达到自己盈利的目的；而在政治学领域，新闻现象则常常简单化为一定党派用利益驱动媒体制造有利于自己、不利于对立面的舆论。

何微教授和弟子经过研究认为，从社会角度看待人类新闻现象，新闻实际上是言论自由的力量与言论控制的反力量之间的矛盾统一的互相作用的过程。不一定非得有了现代意义上的新闻媒体事业，才有新闻现象出现，伴随着文明时代的进化，人类古代的言论自由与言论控制的现象，是新闻本质得以真切表露的新闻现象。

（4）中国古代言论自由与控制的思想——世界新闻思想瑰宝。何微教授和弟子在研究中发现，五千年的中国历史长河里有两个阶段，是中国新闻思想发展历史中不可多得的黄金时期：其一是春秋战国时期；其二是盛唐时期。

春秋战国时期，束缚人类精神自由的奴隶制度面临瓦解。压抑了很久的士族文化喷发式成长，导致诸子百家分起，四处游说，著书立说，人类思想获得了一次难得的自由生长时期。当然，这种言论的宽松状态是有限的，社会最底层的人民无法享受到这种言论宽松的权利。这也与近代和当代资本主义社会标榜的言论自由精神有很大区别。

中国的盛唐时期，是中国历史上第二个言论相对宽松的时期。与春秋战国时期环境不同的是，这个时期不是因为战乱割据致使统治阶级管辖、控制能力的削弱而不得不放松言论控制；相反，为了封建江山的长治久安，统治者着意营造出一种针对贵族、官宦、名士的宽松言论环境，主动放松一些言论的戒律，废除一些过分严厉的言论过失惩戒标准，激励忠心耿耿的进言者大胆进言。

具有积极意义的是，盛唐开明君主实施的短暂的开明言论制度，给中国封建社会言论自由和言论控制的平衡找到了一个理想的范例。后世智者在要求言论自由的时候，常常将这个成功的范例援引出来。同时这个成功的范例也给中国封建文人一种在封建帝制和阶级等级中获得相对宽松言论环境，送去一点点希望的光线。

言论环境上宽松的两个时期和绝大多数言论环境十分恶劣的朝代，组成了中国古代言论自由与言论控制的历史。历史留下的却是历代智者对于言论自由与言论控制的种种评价、期待和惋惜。这些著作中体现的思想，成为在中国封建环境中言论制度的思想遗产。在今天我们研究这种课题的时候，这些思想遗产显得格外宝贵。

（5）谏诤实践和思想——中国古代言论思想集中体现。何微教授认为，谏诤是中国古代文人是大夫在朝廷中的特殊言论方式，往往会形成一定的舆论力量，纠正封建帝王的过失。对于中国古代谏诤现象和谏诤思想的研究，是研究中国古代新闻思想的一种独特角度。在等级制度十分严格的中国封建社会，处于不平等地位的臣子向君主进言要冒很大风险。而中国文臣向君王进言进谏，历史上从来没有停止过。有时，古代的进谏者，与其说是为了向君王进献良策和批评，到后来慷慨赴死，不如说是为了成就自己的忠心形象、名士气节和自己说话的权利的示威。

在本质上，中国古代文臣的发言权是没有法律保障的，在封建的不平等地位上是不可能有完全的言论自由的。言论自由只能生存在社会生产力相对发达、全社会平等、人权得以基本实现的社会中。

在中国古代漫长的奴隶制、封建制社会的历史中，只有谏诤现象真正体现了中国古代言论自由力量和言论控制力量，以及他们之间的矛盾、冲突、短暂的协调发展。

（整理者：周茂君　高阳　尤海涛①）

6.1.5　朱九思：迎着解放炮声走来的新闻教育家

朱九思说，他一辈子就干了两件事：做新闻和办教育。这两件事在他身上实现了完美的转换和结合。迎着解放的炮声一路走来，经历了革命洗礼的他，一生追求真理，用生命追求学术自由（见图 6-5）。

图 6-5　原华中工学院院长朱九思

1. 早期革命与新闻实践

朱九思（1916—2015），江苏扬州人，中国共产党资深革命家和当代著名教育家，我党早期卓越的新闻工作者，华中工学院（现华中科技大学）党委书记、院长。华中工学院新闻系的倡导者、策划者与创立者。为华中科技大学的建设与发展作出特别重大贡献的领导人。

朱九思原名朱康祝，10 岁那年，父亲为其上“洋学堂”特意取学名“九思”，源自《论语·季氏》，孔子认为君子当有九种思考之意。

1929 年，13 岁的朱九思进入江苏扬州中学读初中，由于成绩优秀，后来被挑选直接进入高中。扬州中学是当时国立中学当中最好的中学之一，有“北南开，南扬中”

① 本文根据车英主编《何微新闻思想与实践》一书整理，特别是对车英《我国新闻界有过这样一个兵——记著名新闻学家何微教授》，车英《何微新闻思想的形成及其内容分类》，车英、刘惠文《何微新闻思想简论》，吴高福《何微教授与武汉大学新闻教育》，强月新《何微新闻教育思想琐议——与罗以澄教授谈何老》，车英《何微新闻教育思想与实践》，张昆《新闻教育家何微先生》，邱江波《何微教授与中国古代新闻思想研究》等文吸收、借鉴颇多，特此感谢。

之称。在扬州中学，他受到良好的教育，对其今后走向的革命道路和办学起到了重要的作用。在扬州高中求学之时，一次无妄之灾促使他更加坚定地走向革命。那时他被当地国民党县党部抓去关了三天，理由是怀疑朱九思与共产党有关联。当时朱九思特别喜欢世界语，而世界语协会与共产党有关，从而就做出了这样的推论。朱九思后来回忆说："这三天对自己在思想上是有刺激的，有影响的，这次特别的'教育'，促使我走向革命。"在扬州中学，朱九思阅读了大量课外书，其中包括鲁迅、丁玲、茅盾等革命作家的作品。这些作品对他革命思想的萌芽起到了很大促进作用。

1935 年，朱九思 19 岁，因为家里经济条件限制，他没有继续考大学，后在其亲戚周厚覆的帮助下来到杭州，进入浙江大学做职员。1936 年春，朱九思的大哥朱康禐来信，信中说："你当小职员总不是个办法，为长久之计，哪怕家里喝稀饭也供你上大学！"正是由于有了兄长的支持和鼓励，朱九思卷铺盖卷离职背水一战，考取了武汉大学哲学教育系，这也是朱九思一生的转折点。

进入武汉大学之后，朱九思因对外语兴趣浓厚，于进校第二年转入外语系学习，这开拓了他的眼界，为今后借鉴国外成功办学经验做了铺垫。1937 年，国难当头，国人特别是青年学生的抗日情绪日益高涨，进步书刊大量涌现。正是在这种大环境下，朱九思和其他"左"倾学生一起在"卢沟桥事变"之后走上了抗日救亡的道路。朱九思在武大秘密了参加"青年救国团"的活动，组织"学生救国会"学生游行示威，声讨日本军队侵略罪行。由于其表现优秀，1937 年 10 月朱九思秘密加入中国共产党。12 月 12 日，朱九思怀揣其兄寄给他的 70 元生活费和董必武的亲笔介绍信，辗转来到了延安，开始了他新的革命道路。

朱九思来到延安之后，进入抗日军政大学第三期三大队学习，积极参加各项教学实践活动。1938 年 1 月，抗大政治部举行纪念上海"一・二八事变"展览，朱九思和一位女同志担任讲解员。一天，他们荣幸地为毛泽东主席进行了讲解，并且大胆地邀请毛主席即席为延安保育院的孩子们讲话。抗大三期的学习对于朱九思的革命生涯具有重要的意义，比如毛泽东提出的抗大校训"团结、紧张、严肃、活泼"就发生在第三期，后来朱九思在主政华中工学院的时候所制定的校训是"团结、求实、严谨、进取"，两校训如出一辙，抗大对朱九思的影响是巨大和深远的。1938 年 6 月，涌入延安的人越来越多，由于抗大缺少干部教员，还没有毕业的朱九思被编入抗大一大队八支队担任政治教育干事，完成了由学生到助教的身份转换。

根据中央军委部署，1939 年，朱九思被派往晋察冀军区，担任抗大第二分校政治主任教员。期间朱九思边教学边提升自我文化和政治素养，阅读了大量马克思主义著作。1942 年的整风运动对他影响最大，它促使朱九思深刻领会毛泽东思想，学会了把马克思普遍真理和中国革命实践相结合，使学习方法和思想方法都发生了根本变化。在后来办华中工学院的过程中都有所体现，成为他在工作中所贯彻和运用的基本方法。

1945 年 8 月日本投降，此时，朱九思任晋察冀军区冀晋纵队政治部民运部副部长，后在冀晋纵队政治部主任张平凯的动员下来到热河省人民武装委员会。有一次，由张平凯牵线，朱九思见到了当年在武汉大学的老同学李锐，在李锐的动员下，朱九思在 1946 年离开部队，到地方从事新闻工作，担任《冀热辽日报》（《群众日报》的前身）副总编辑，这个时期完成了从部队到地方的身份转换，开始了到地方从事新闻工作的生涯。

1948 年，朱九思担任《冀热辽日报》总编辑，并将报纸改名为《群众日报》。在办报过程中，朱九思带领一班人在物资极其困乏的情况下坚持办报。1948 年 12 月中旬，朱九思一班人随军队离开热河南下，到了天津南边的胜芳镇后与河北的干部会师，待命进城。在那里进行了创办《天津日报》的前期准备工作：成立《天津日报》报社，同时接收《民国时报》并将一大批政治过硬的员工留任。1949 年 1 月 15 日天津解放，17 日《天津日报》正式出版。虽然朱九思只任了半年总编辑，可是工作却有声有色，后来被媒体称为“迎着解放炮声走来的《天津日报》第一任总编”，并从“办报中练出了一双新闻眼”。朱九思说，“创办《天津日报》的过程为我积累了宝贵的城市办报的经验”，特别是养成了从政治上观察问题的敏锐眼光，从宏观上把握全局的能力，还有创新意识。

1949 年 8 月 4 日长沙和平解放，5 日，朱九思带领一班人进驻长沙，火速创办中共湖南省委机关报，为了与国民党省党部报纸《湖南日报》相区别，特意取名《新湖南报》，并请毛泽东主席题写报头。1950 年，朱九思领导新湖南报社创办以农民为对象的《大众报》，同时负责管理新华社湖南分社。

《新湖南报》的特点是城市和农村都报道，朱九思紧紧抓住新报的特点开展工作。他善于把党的思想路线与工作作风与报纸的实际结合起来，他倡导“派出去，请进来”，把记者派到基层一线，倾听民众的声音，把专家请进来介绍方针政策。这种互动式的办报机制开创了中国新的办报模式。在这种模式下，组织报道并引发了“李四喜现象”思想大讨论。《人民日报》曾四次发文介绍，中宣部发出通知向全国推广《新湖南报》组织报道的经验，关于“李四喜现象”的报道也成为湖南报业史上的经典之作。在典型性报道方面，朱九思抓住湘雅医院一起医疗事故，深入做调查性报道，震动了湖南省医药卫生界，使人民群众深切感受到“报纸是实实在在为他们的切身利益说话的”。

从 1946 年到 1952 年是朱九思 6 年的办报生涯。正是朱九思有了前期革命与办报的经历，才使今后华中工学院这样一所工科院校办好文科成为可能，直接也为今后指导华中工学院申办和办好新闻系提供了经验。

1952 年年底朱九思任湖南教育厅厅长，从新闻界转到教育界，从此开始了办教育的生涯。

2. 由新闻人到教育家的完美转换

1955 年，国务院正式任命朱九思为华中工学院（后为华中理工大学、华中科技大学）副院长（后任院长、党委书记），从此开始了长达 50 多年的大学管理与高等教育研究工作，由新闻人成为教育家。在朱九思身上，“新闻人”与“教育家”，实现了近乎完美的转换和结合。

1966 年“文化大革命”开始。在“文革”初期，朱九思首当其冲被揪斗，被冠以“走资本主义的当权派”“黑帮分子”“牛鬼蛇神”等反革命罪行，经历了严酷的批判斗争和劳动改造的冲击，其身心遭受了巨大的折磨，其办学生涯也停摆了。

1970 年在驻校军、工宣队队长刘昆山的信任和保护下，朱九思被宣布“解放”，这在全国高校中是唯一的。“文革”后期，朱九思在办学期间关注人才问题，他抓住历史机遇，在全国范围内聘请了一批好老师到华中工学院，扩大教师队伍数量，提升教学质量，为华中工学院的发展注入了动力与活力。他竭尽全力改善办学条件和科研条件，积极开展国际交流。1979 年，经中央批准，朱九思书记院长一肩挑。在他的带领下，华中工学院这艘轮船又伴随着时代的强音轰隆隆地起航了。

20 世纪 50 年代初期，我国高等教育照搬苏联模式，走专业化、单一化的发展道路。但是在多年的办学实践中，以朱九思为代表的一些高校管理者开始反思这种办学模式的弊端。1981 年，在华中工学院向教育部报送的《对拟定教育事业“六五计划”和十年设想的意见》中，就表达了这种意见。1981 年 7 月 10 日，院长朱九思在《光明日报》发表了《对目前高等教育中几个问题之我见》一文，大胆公开地提出要改变大学结构，把华中工学院办成以理工为基础的综合性大学。随后在给教育部的华中工学院《今后十年的规划与设想（草案）》中，又进一步提出十年内的目标是把华中工学院办成包括理工文科和管理学科的教学与科研并重的综合性大学，这标志着华中工学院的办学转型有计划地开始实施。华中工学院由 1966 年的 18 个专业，发展到 1984 年朱九思退任时的 51 个专业。他的办学智慧凝练于“敢于竞争，善于转化”之中，在全国独领改革的新潮流，率先在工科院校办文科。这彻底地改变了一所大学的走向，使华中工学院的前进之路变得更为宽阔。

华中工学院办文科初期时并非一帆风顺，由于教育部并不乐见此种做法而遇到了前所未有的困难。朱九思又一次展现出他对大事件的驾驭能力，充分利用了长期办学过程中积淀的人生智慧。第一种是采取先办研究所，等时机成熟再由所转系迂回的方法。初期先后成立四家文科研究所，引进一大批当时在教育界极有威望和学术成就的专家学者，为华中工学院的文科发展奠定了扎实基础，独领理工科大学向综合性大学发展之风骚。第二种是借助其本人人际资源向教育部疏通，采取直接办系的方法，后来华工外语系和新闻系的开办就是属于此种情形。

朱九思在办学过程中多次提到了“敢于竞争，善于转化”这句话。他说：“这是每一个革命者必须具有的精神状态。”“通过竞争，就肯定会有转化。转化又有两种：一是从弱转化到强，从小转化到大，从非重点转化到重点；二是相反的，从重点学校转化成非重点学校。一所学校是这样，在校内，各系各专业各学科之间也会是这样。事物总是可以转化的，问题在于你如何去转化。首先作为领导者，有没有敢于竞争、善于转化的思想。”华中工学院（华中科技大学）就是实现了这种转化的一个成功的范例，成为在华中地区与武汉大学并驾齐驱，在全国名列前茅的重点大学。

3. 开办华工新闻系

1983 年华中工学院（华中科技大学）新闻系建系，它在当时教育界产生了极大的反响。这不仅是华工历史上第一次筹建了一个文科系，更率先打破了我国 1952 年院校调整以来高校单科发展的模式，它以改革先锋的姿态，义无反顾地探索起创办综合性大学的发展之路。这与院长朱九思有紧密关系，他富有前瞻性和创造性的办学理念在创办新闻系的时候得到了充分体现。

新闻系的建立也不是一蹴而就的，它需要“天时、地利、人和”。首先是外部环境，即 20 世纪 80 年代全国性的新闻人才紧缺现状，其次是湖北省地方宣传主管部门对学校的支持，然后是院长朱九思自身成长经历与人脉缺一不可。

1976 年，“文革”结束，改革的春风暖遍了中华大地。各行各业百废待兴，各路媒体也纷纷复刊、复台。中国新闻事业从十年浩劫中重生，并在社会改革中显示出了广阔的发展前景。与之伴随的最大矛盾是人才的缺乏，并成为全国新闻业发展的当务之急。当时预测到 20 世纪末大概需要 9 万名新闻专业人才，每年至少需要 5 千多名毕业生，但实际情况是当时每年仅有 300 多名毕业生的供给量，形成了巨大的反差。

在这种形势下，1983 年中宣部和教育部在北京联合召开了全国新闻教育工作座谈会，会上着重讨论了我国新闻教育发展规划的问题。这是一次对我国新闻教育发展有着深远影响的会议，它鼓励各地高校多办新闻专业，以解决数量不适应社会需求的问题。这就为新时期我国新闻教育的大发展明确了指导思想，也提供了政策依据。此为“天时”，正是有这个大环境，才为华中工学院开办新闻系提供了可能。

湖北省委宣传部和本地新闻宣传单位也是华中工学院开办新闻系的重要推手。早在1981年，湖北省委宣传部副部长兼湖北日报社长雷行就对朱九思说：“你们可以办新闻系。”后来湖北省委宣传部多次向华中工学院表达希望其办新闻系的愿望，并表示如果创办新闻系，可以在人员以及物资等各方面给予支持。1983年为了实现本科早招生，湖北省委宣传部和华中工学院在当年秋季共同举办了两年制的干部专修班，它为本科前期招生做足了人员和办学经验的准备。成立创系筹备组之后，朱九思找到省委宣传部，要求调入一些在新闻采访一线工作的工作人员做教师。湖北省委宣传部很快从《湖北日报》调入汪新源到校任新闻系主任，从湖北电台调程道才到校任副主任。后来为了让系教师获得新闻实践经验，安排大量的老师去湖北本地媒体实习。湖北本地宣传部和媒体的支持，是为“地利”。

一件事情的成功离不开“人和”，华工新闻系的创办与几位人物密不可分。

首先与院长朱九思有密切的关系，正是朱九思有了前期的新闻实践，才使他在创办华中工学院文科专业的时候首先从创办新闻系入手，办新闻是他最熟悉的领域，能够从之前的工作实践中吸取经验教训。

其次与时任中宣部新闻局局长钟沛璋有密切的关系。1982年，朱九思赴京参加中共十二大，在人民大会堂开会时候碰到了老熟人钟沛璋。他对朱九思说：“老朱，你办个新闻系怎么样？”朱九思也在思考这件事，但由于没有文科底子，估计教育部是不会同意华中工学院办新闻系的。朱九思就实话实说，把难处给钟沛璋和盘托出：“教育部这一关怕不好过，如果你希望我办新闻系，那就请你帮忙过教育部这道关。”钟沛璋答应帮忙。中共十二大召开不久，他果然做通了教育部的工作，立刻打电话给华中工学院，让学校给教育部打报告申报开办新闻系。

还有一次是在1983年的全国新闻教育工作座谈会上，武汉大学和华中工学院（现华中科技大学）都表示想办新闻系。由于当时全国的新闻专业很少，往往一个省都摊不上一个，在一个城市办两个新闻专业，这在当时除了北京之外其他任何城市都没有先例。然而钟沛璋对华中工学院创办新闻专业给予了明确的支持。他说：“20世纪30年代在上海有三所大学办新闻系，在社会主义新闻事业蓬勃发展的今天，为什么不能在武汉的两所大学办新闻系？”他的话解放了大家的思想，后来的事实也证明，他的决定是完全正确的和具有前瞻性的。

4. 朱九思新闻教育思想

朱九思先生的新闻教育思想，是在长期的新闻实践与高校办学过程中逐渐形成的，横跨 60 年的革命生涯，成为其教育思想的重要组成部分。

1983 年 9 月 30 日，在华中工学院东一楼阶梯教室隆重举行了“新闻系成立暨第一届新闻专修开学典礼”。朱九思高瞻远瞩、统领全局，结合自己的新闻实践和华中工学院的办学积淀，在这次会上首次提出了“培养知识交叉新闻人才”的设想，并对学员提出了三点要求：第一，要有良好的精神状态去学习。不能因为干了几年新闻工作就不重视学习了，也不能因为学习难就退缩，读书要有攻坚的精神，知难而进。第二，要学更多的知识。一个好的记者要通古今、贯中西，还要懂经济、懂工业、懂管理。第三，要掌握更多的现代化工具和技能。不能仅靠笔杆子，还要会摄影摄像、录音和计算机，会开汽车。

虽然朱九思提出的要求从现在的角度来看很普通，似乎每个新闻从业人员都能够做到，但是在当时的环境下能提出这些要求和观点是非常超前的。

1993 年，朱九思在华中理工大学新闻系建系十周年纪念会上发表了讲话《新闻媒体贵在正确导向》，系统阐述了自己的新闻教育观：

（1）要办好新闻系，人才是关键，必须建立由行家组成的好的教师队伍来办学才能办好。他在总结创办新闻系的经验时说：“我在教育部同意我们办新闻系之后，就开始向湖北省委宣传部要人，首先是新闻系的负责人，希望湖北日报社和省广电厅各来一位，担任我们的系主任，因为这样好配合。第一任系主任汪新源和系党总支书记程道才同志就是从上面两个单位来的。”“正是因为这样，我们新闻系成立之时，在教师方面有一个很突出的特点，可以说‘文革’之后，全国不少大学创办的新闻系当中，我们的教师中科班出身的，从事新闻工作多年的占了统治地位，几乎是百分之百。我觉得要把新闻系办好必须有一批行家，只有行家来办，才能办好。”

（2）新闻媒体不可或缺的是言论。朱九思指出：所有媒介都要重视发表言论。首先，他回顾了毛泽东在国统区办《新华日报》时发言论的情况，“皖南事变”之后周恩来在重庆用言论控制《新闻日报》的舆论导向与国民党斗智斗勇的情形，延安时期的《解放日报》发表言论的情况和自己到达晋察冀时期了解到的邓拓在办报的过程中是如何重视言论的发表的情况，他从历史的角度阐述了我党在各个历史时期重视发表言论的史实。

其次，朱九思毫不客气地指出，1949 年之后，报纸的言论大大减少，并提倡就此问题展开研讨。同时他说，言论不是随意发表的，要在党委的领导下按照党的路线、方针、政策发表意见。报纸在党委的领导下多发表一点意见只有好处，没有坏处。同时朱九思又结合自己的工作实际指出学校校刊也应该有言论。

（3）新闻媒体要有导向意识。朱九思认为言论能起到非常好的导向作用。除了言论，诸如新闻通讯也是很好的引导舆论的形式。对于报纸来说，《人民日报》的《读者来信》加强了党与群众的联系，起到了其他版面起不到的作用。

（4）进一步提升广告质量。广告是发展社会主义媒介与社会主义经济所必需的。同时它是所在媒体的组成部分，要像认真对待言论和新闻报道一样对待广告。户外广告也要注意它的公益性，香烟等广告不宜刊登。

（5）坚决反对有偿新闻。在树立正确职业道德，反对有偿新闻方面，朱九思态度异常坚决。他说：我们要大声疾呼，有偿新闻要“坚决”反对。其现状与发展也是有迹可循的，从隐蔽到公开，数量由少及多，已经到了不可收拾的地步。这种现象要防微杜渐，见微知著。新闻系的教育内容应该把此事放在十分重要的位置，这样才能培养出正直的、革命的新闻工作者。

（6）要向老一辈新闻人邵飘萍学习。对于中国新闻史上的人物，朱九思特别强调了邵飘萍先生，特别是对其身上的骨气、正义感赞赏有加。希望新闻系的学生都能够做一个既能担道义，又能著文章的德才兼备的新闻工作者。

朱九思被誉为“中国当代新闻教育家”，是当之无愧、名副其实的。因为他在中国高等新闻教育改革史上，书写了一段堪称可以载入史册的篇章。

◎ 参考文献

[1] 朱九思．朱九思全集［M］．武汉：华中科技大学出版社，2015.
[2] 申凡．华中科技大学新闻传播教育史稿［M］．武汉：华中科技大学出版社，2013.
[3] 王炯华．朱九思评传［M］．武汉：华中科技大学出版社，2011.
[4] 梅世炎，胡伏秋．一段难忘的历史［J］．高等教育研究，2003（5）.
[5] 姚启和，许晓东．朱九思的教育思想和办学实践［J］．高等教育研究，1995（5）.
[6] 肖秋生．朱九思：办报炼出了一双新闻眼［N］．天津日报，2007-08-24.
[7] 梅世炎．朱九思院长“挖”人才［J］．武汉文史资料，2013（5）.
[8] 罗云．朱九思的大学教育理念［J］．高教探索，2001（3）.

（高坤　刘洁）

6.1.6　徐震——倡导“两典一笔”的新闻教育家

徐震（1929—1993），江苏昆山人，中共党员，新闻教育家、杂文家（见图 6-6）。徐震先后就读于上海暨南大学新闻系、复旦大学新闻系。1952 年从复旦大学新闻系毕

图 6-6　复旦大学新闻学院原院长徐震教授

业后留校工作，历任校团委书记、新闻系党总支书记、复旦大学党委宣传部长、文科处长等职。1959 年担任复旦大学新闻系党总支书记期间，他明确“两典一笔”的办系方针，即新闻专业的学生应熟读马列主义经典、中外古典名著和练就一枝“生花妙笔”。“两典一笔”办系方针的实施，使复旦大学新闻系为社会培养了一批又一批政治正确、理论厚实、业务过硬的新闻专业人才。“文化大革命”期间，徐震因曾经使用“公今度”笔名写作、发表杂文被打倒。“文革”结束后获得平反，重新走上工作岗位，1983 年担任复旦大学新闻系主任。1988 年复旦大学在新闻系的基础上成立新闻学院，徐震出任首任院长。徐震是复旦大学新闻学院成立和发展的重要开拓者之一。同时，他还兼任中国高等教育研究会理事、中国新闻教育学会常务理事、上海市新闻学会副会长等职。中共十一届三中全会后，徐震重拾“公今度”笔名，在报刊上发表了大量“激浊扬清、婉转从容、轻快锋利”的杂文，成为杂文名家。

1. 沪上求学，结缘复旦

1937 年，8 岁的徐震来沪求学，后进入上海青年中学读书，与成志谷、李国文等创办《四人丛刊》。1947 年徐震中学毕业，考入上海暨南大学新闻系。次年 5 月 1 日，他在昆山陆家浜加入中国共产党，从事党的地下工作，为中共地下外围组织雷社编印《迎春》《黎明》刊物，并开始写作杂文。1949 年 9 月暨南大学新闻系停办，他随暨南大学新闻系师生转入复旦大学新闻系学习。

1952 年 7 月，徐震从复旦大学新闻系毕业，留校担任“中国革命史”教员，从此开始了他在复旦一生的工作。留校后，徐震工作十分努力，从 1953 年起主编复旦大学校刊，同年 10 月任中共复旦大学党委常委兼团委书记。1956 年 9 月至 1957 年 1 月，他又先后担任复旦大学新闻系总支书记、共青团复旦大学委员会第一书记。不到 30 岁的徐震在复旦大学已崭露头角，成为青年教职员中的佼佼者。在留校之后的几年中，徐震一直处于繁忙的工作状态，放弃了自己的许多个人爱好：“从来没有完整的寒暑假，爱好的体育活动取消了，电影少看了，诗不写了，萧不吹了，图章也越刻越少，唯一坚持的爱好只有见缝插针地读书和写文章。”高强度的工作，长期的睡眠不足，损害了他的身体健康。

1957年，为响应党中央的知识青年“上山下乡”号召，徐震同200多名青年知识分子一起来到上海市宝山县葑溪乡参加劳动锻炼。作为复旦大学的优秀青年干部，他积极带领青年教师和学生下乡办学，以大队长的身份和大家一起参加劳动，希望通过具体的劳动来锻炼、改造自身和青年师生。

1958年1月，徐震在《复旦学报》发表《劳动锻炼是知识分子思想改造的有效途径》一文，对自己半年的“下放”生活进行总结。在这篇文章中，他仔细分析了知识分子在劳动锻炼中得到思想改造的过程、途径和规律，极大地肯定了党的“上山下乡”干部工作路线的正确性和对青年知识分子进行思想改造的必要性，肯定了知识分子作为支援农村的政治和文化力量的重要作用。他认为，知识分子通过劳动锻炼，突出的变化是思想感情的逐步工农化，这也正是劳动观点、群众观点、阶级观点三者的集中表现，正是“红”的实质。同时，他也批评了知识分子在对待农民问题时可能存在的“傲慢与偏见”、矛盾与反复。1958年年底，在离开葑溪乡之前，徐震又撰写了《试谈劳动锻炼的多快好省道路》，结合知识青年在劳动和改造过程中的许多具体实践，再次肯定了党的“下放”政策的正确性，强调了劳动锻炼的“三个斗争和一个关键（体力劳动、基层工作、群众关系，听党的话）”。这两篇文章，反映了徐震在这一时期思想的主旨。他同许多知识青年一样，在思想上是紧跟党的，十分赞成党提出的各项方针政策，积极投身劳动锻炼和思想改造，对人民群众有深厚感情，满怀激情和抱负投入国家建设和社会革新的大潮中。徐震对劳动锻炼改造思想的重视，为他后来确定新闻系的办系方针打下了基础。

2. 明确“两典一笔”办系方针

1959年1月，徐震结束在宝山县葑溪乡的劳动锻炼，返回学校继续担任复旦大学新闻系党总支书记。为明确复旦新闻系的办系方针，徐震指出，新闻教育自1956年以来发生了两场革命：一是党领导的整风和反右派斗争为新闻系确立了为无产阶级政治服务的正确方向；二是大跃进中的下乡劳动锻炼为新闻系找到了一条多快好省培养新闻干部的道路。因此，新闻工作者首先应该是一个政治工作者，新闻教育的首要任务是保证学生的政治质量；同时，新闻工作者还要拥有马列主义基础理论、新闻理论和业务知识、辞章知识和广博的文史基础知识；此外，新闻工作者还要有丰富的社会知识、健全的体魄和从事体力劳动的能力。有鉴于此，徐震倡导新闻专业要培养“心红、眼亮、手巧、足勤”的新闻工作者，复旦新闻教育要走“两典一笔”的“杂家”道路。所谓

“两典一笔”，就是新闻专业的学生既要学习马列主义毛泽东思想经典论著，又要熟读中外古典名著，兼顾辩证唯物论和文学修养，同时练好手中的一支笔，做到收放自如，立马可待。

徐震从政治觉悟、知识素养和具体实践三个方面对新闻专业的学生提出了综合要求。为落实这一办学方针，徐震领导复旦新闻系进行了以下教学实践：以五年为学习期限，首先要安排较长时间且集中的工农业劳动时间，结合劳动进行政治思想工作和适当的业务活动；保证至少一年半的新闻实践时间，使学生具有全面的基层报纸实践经验；加强政治、文史等课程等教学，指导学生广泛阅读，并安排练笔机会；建立完善的教学体系，包括基础理论教学、新闻理论和业务课程、劳动锻炼阵地和实习基地。

徐震在 1959 年明确的复旦新闻系“两典一笔”办系方针，继承并发展了老系主任陈望道的“好学力行”思想，对新的时期新闻专业学生的知识体系建构、理论学习和实践锻炼等重要问题作出了回答。复旦新闻系通过实施“两典一笔”的办系方针，为社会培养了一批又一批政治正确、理论厚实、业务过硬的新闻专业人才。

3. 因“公今度”笔名被打倒

从 1962 年 4 月起，徐震又先后担任复旦大学中文系党总支书记，复旦大学党委宣传部部长、教务处副处长、文科处处长。未满 40 岁的他，在复旦大学承担了多项重要的党政领导工作。

1966 年 5 月“文化大革命”爆发，徐震首当其冲被打倒，主要原因是他在报刊发表杂文所使用的笔名“公今度”，被认定为“攻击今天的社会主义制度”的缩写。徐震 1952 年从复旦新闻系毕业留校后，就在《新民晚报》等报刊上用“丁艾”的笔名发表杂文，每周至少一篇，两三年的时间就发表杂文 100 多篇。1961 年后，他开始改用“公今度”笔名。这一笔名的来历纯属偶然。某天，徐震写完一篇杂文后吐血了，躺在床上休息时随手翻阅一本线装诗集，其中四句诗“公无渡河，公竟渡河，坠河而死，当奈公何！”铿锵上口，吸引了徐震。他就把第二句“公竟渡河”改一个字，去一个偏旁，就有了“公今度”这个笔名。

“文革”期间，徐震以前撰写的杂文被视为“三家村”式“黑文”，“公今度”笔名更被解读为“攻击今天的社会主义制度”，饱受批斗之苦。批判徐震的大字报长达几十米，布满 17 个教室，他被浇墨汁、“坐飞机”、挂铁牌，多次抄家，遭受各种肉体和精神上的折磨。这严重损害了徐震的健康，特别是挂铁牌对他的颈椎造成了无可挽回的伤害，为他后来的瘫痪埋下了祸根。

正值壮年的徐震不仅忍受着批斗，还被迫停下了手中所有的工作，这对一个热爱工作的人来说无疑是巨大的打击。但徐震并没有被击倒，他通读了 7 遍《鲁迅全集》，对鲁迅的作品和思想有了更加深刻的认识。此外，赋闲在家的徐震还承担起各种家务和照顾孩子，为孩子们创造了一个相对安定的生活和学习氛围。

4. 出任复旦新闻学院首任院长

粉碎“四人帮”后，徐震获得平反，重新走上工作岗位，担任复旦大学文科处长、副教务长兼中文系鲁迅研究室主任等职。“文革”期间遭受的磨难和“失业”，使徐震在平反后分外珍惜工作的机会，他以极大的精力投入学校的各项工作，为复旦大学的振兴四处奔走。通过徐震的努力，沉寂多年的复旦大学文科教育在国家和学校的支持下焕发出新的生机，在教学、师资、校舍等各个方面都焕然一新。在恢复正常工作后，徐震也开始反思学术研究中存在的诸多问题，对“四人帮”的错误思想进行了批评，重申百花齐放、百家争鸣对发扬学术民主、促进学术繁荣的重要性，厘清了学术与政治的关系，批判了十多年来存在的“唯意志论”。在徐震看来，科学必须经得起反复论辩和实验，因而繁荣科学文化的前提是要解放思想，发扬民主，坚持真理，修正错误，学科的发展必须扫除学术民主的障碍，让思想冲破牢笼。

1983 年，徐震调任复旦新闻系主任。上任伊始，他推进新闻教育改革，复旦新闻系的专业由一个发展到四个，评定了一批教授、副教授、讲师。从事行政管理的同时，他也为学生讲授杂文课程。他还亲自担任主编，出版了我国第一套新闻学系列教材，共七本。1988 年，复旦大学新闻学院正式成立，徐震成为首任院长，并且兼任复旦大学文化与传播研究中心主任，主持国家重点科研项目“跨文化传播与四化建设”。担任复旦新闻学院院长期间，徐震非常重视学院的国际交流，多次受邀出访美、日、澳等国，并且接待来自多国的专家学者，着力为师生提供海外交流和留学的平台。

5. “公今度”杂文重焕生机

即使因写作杂文在“文革”中饱经磨难，也未磨去徐震的棱角和文人的风骨。“文革”结束后徐震重返工作岗位，在完成行政管理、教学科研事务之余，他重拾“公今度”笔名，一心投入“易惹事端”的杂文写作。每个星期天，他都会把时间花在创作杂文上，后来病情加剧，无法握笔，仍坚持创作，口述后由夫人记录。写作杂文，成为徐震在“文革”后的主要兴趣，也是他表达意见的主要方式。这一时期徐震共发表杂文 600 余篇，结集出版为《魂兮归来》《冷板凳上的话》《公今度杂文选集》《公今度杂文选（续集）》等多部杂文集。徐震在杂文写作上的坚持和勤奋，使得“公今度”这个名字广为人知。作为复旦新闻学院院长的徐震也许是低调的，但是杂文家“公今度”的名字却是响亮的。

徐震认为杂文应该是战斗性的，他推崇的是鲁迅的杂文，是文艺性政论。他强调写杂文既要讲究文字功夫，也要兼顾文章的思想性，即兼顾行文和内涵。徐震所认同的杂文，语言应该凝练、简洁、朴实，却又切中要害，逻辑清楚；同时，文章要旁征博引，用典丰富，塑造生动的形象，使文章幽默而又老练。杂文写作是一门艺术也是一门技术，既要兼顾艺术性，又要起到表达观点的功能，对作者有相当高的要求。“公今度”杂文是做到了以上几点的。新时期徐震以“公今度”笔名发表的杂文，密切结合生活，关注社会新近发生的各种事件，针砭时弊，涉及面广，不拘泥于某一类问题，而是真正的有感而发；这些杂文笔触幽默轻快却不油滑，真实且犀利，既高瞻远瞩又温和亲民，从鲁迅到莎士比亚，从批判历史到展望未来，从社会民生到科技进步，展示了徐震广博的知识和灵动的思维。“公今度”杂文从政治写到社会，从历史说到文学，从谈古到论今，从国内联系到国外，笔触锋利不失从容，充分表达了自己的观点，也展现了其为人的态度。著名杂文家赵超构先生（笔名“林放”）就称赞“公今度”的杂文是“激浊扬清、婉转从容、轻快锋利”。

1993 年 6 月 8 日，在经历了与病魔的长久抗战后，徐震不幸于上海病逝，终年 64 岁。早年的过度劳累和“文革”中经历的磨难，彻底摧毁了徐震的健康，在多次抢救后，还是离开了深爱的家人、朋友和学生，离开了他热爱的新闻教育和写作事业。跟许多那个年代的知识分子一样，徐震的一生曾意气风发，也曾跌入谷底，有过迷茫，也有过坚定，但始终不忘初心，以教育新闻人才、写作时事杂文报效国家。徐震的夫人周珂女士与之相伴四十载，她在丈夫去世后撰写的挽联，很好地概括了徐震的一生：“忆君当年为美好理想献青春热血才华横溢，叹风狂雨骤遂致英年罹恶疾；看公今日喜改革开放发老树新芽教文双挑，庆果硕花繁当可含笑赴泉台。”

◎ 参考文献：

[1] 周珂. 痛悼亲人追忆战友——徐震同志生平记略［J］. 编辑之友，1993（8）.
[2] 徐震. 劳动锻炼是知识分子思想改造的有效途径——葑溪乡半年的锻炼和工作［J］. 复旦学报（人文科学版），1958（1）.
[3] 徐震. 试谈劳动锻炼的多快好省道路［J］. 复旦，1959（2）.
[4] 徐震. 为坚持正确的办系方针而斗争［J］. 复旦，1959（11）.
[5] 黄俭. 惟其真实 才有生命——公今度印象［J］. 中国记者，1989（6）.
[6] 徐震. 扫除学术民主的障碍［J］. 复旦学报（社会科学版），1979（2）.
[7] 徐震. 杂文写作谈［J］. 新闻大学，1994（1）.

（杨唯汀）

6.1.7　汪新源——工科高校新闻教育开拓者

20 世纪 80 年代，改革风潮激荡，经朱九思校长大力倡导和推动，在教育部和湖北省委的支持下，华中工学院领全国风气之先，于 1983 年在工科高校率先成立新闻系。同年，经湖北省委宣传部推荐，汪新源从湖北日报社调任华中工学院新闻系，担任该系首任系主任，至 1992 年。他是中国工科高校新闻教育的拓荒者，是强调新闻教育实践应用的先行人，是喻家山下新闻学教育的持灯者（见图 6-7）。

图 6-7　汪新源

1. 沪鄂两地新闻术业坚韧求索

汪新源（1932—2014）出生在江苏苏州一个小商人家庭，早年参加中国共产党组织的革命运动。1953—1954 年，任中国共产主义青年团苏州市西区工作委员会秘书干事。1954—1958 年，调干入复旦大学新闻系学习，大学学历。1956 年，加入中国共产党。1958—1983 年在湖北日报社工作，历任湖北日报社政法文教部（1965 年 9 月，政法文教部与理论文艺部合并为宣教部，后调整为政宣科教部）记者、编辑、副主任，湖北日报社襄阳记者站站长，湖北日报社新闻大专班党支部书记。1983 年他调入华中工学院，担任新闻系系主任，至 1992 年离休，其间担任中国“三 S”研究会武汉分会副会长兼秘书长、中国新闻教育学会理事、湖北省新闻学会常务理事、武汉市公共关系学会副会长等社会学术职务。

（1）学识初成。1954 年 8 月，汪新源通过调干进入复旦大学新闻系学习。在校期间，他主要学习了新闻事业史、新闻工作理论与实践、新闻写作、新闻摄影以及文艺学、语法修辞、中国通史、世界经济及政治地理史和俄语等课程，学习成绩优秀。

"'好学力行'，是复旦大学新闻系的系训，也是复旦新闻教育的传统。""复旦新闻教育始终关注的两个重点：一是理论，一是业务。"复旦大学新闻系的教学理念和严格训练为汪新源打下了良好的专业基础，使他树立了理论和实践并重、高度重视业务实践的专业思想。

在大学学习期间，汪新源经历了复旦大学新闻系复杂曲折的阶段。1954—1955 年，复旦大学新闻系学习苏联模式，进行探索与实践。1956 年复旦大学新闻系在"向科学进军"和"百花齐放、百家争鸣"精神指引下，进行了颇有成效的新闻教育改革。"1957 年下半年，'反右'斗争将王中列为众矢之的。在中共中央直属各机关、中央国家机关、中共北京市委和人民解放军驻京干部大会上，王中作为反面典型遭到严厉的批判。"直到 1958 年 7 月，这场历时一年多的政治运动才告一段落。此时，汪新源完成了大学四年的学业，从复旦大学校园走向社会。

（2）荆楚施才。大学毕业后，汪新源被分配到湖北日报社工作。从 1958 年参加工作到 1983 年调离单位，这一干就是 25 年。在工作中，汪新源认真学习党和国家方针、政策，深入人民群众之中，采访报道社会主义建设新风貌新动态，撰写了大量反映湖北省发展建设的新闻作品。其代表作《一张招生海报贴出以后》（《湖北日报》，1982 年 7 月 26 日）发表后，《光明日报》《中国青年报》《文学报》转载或后续报道，在全国引发了较大影响。《活雷锋——朱伯儒》是具有全国影响的重大典型报道，汪新源是主要组织和编辑人员。

汪新源围绕报社工作重心开展采访报道工作，集中宣传了多个先进典型人物和事件。"1962 年，在编辑部进行广泛讨论的基础上，报社制定了《〈湖北日报〉改进工作条例》。"正是在这样的报社工作背景下，汪新源撰写了通讯《欢聚曲》等作品，报道了群众生活中感人至深的新闻事件。通讯《欢聚曲》报道了武汉铁路管理局江岸机务段老司机王俊才在广西僮族自治区河池县找到失散 18 年之久亲生儿子王衡堂的感人故事，收到读者的良好反响。

"文化大革命"十年浩劫后，我国出现新闻工作人员严重不足、新闻单位急需专业人才的现象。"为适应新时期宣传报道的需要，报社党委把新闻干部队伍建设提上了重要的议事日程。"1978 年 5 月 2 日，湖北日报社党委正式向湖北省委提交办新闻大专班的报告。省委宣传部积极协调，由湖北日报社和省广播电视局联办的新闻大专班于1978年10月在汉阳九真山正式开学。“当时报社抽调到广电学校任教的有汪新源、周政授、边静远、艾国云、陆平煌……”汪新源任新闻大专班党总支书记、班主任。在他的大力倡导下，新闻班注重抓“三个基本”，即传授新闻学基本理论、学习新闻工作基本知识、进行新闻业务基本功训练，在全班形成浓厚学习氛围。汪新源用他的工作热情激活了学员的学习积极性。

汪新源此时已人到中年，无论从人生阅历还是工作经历都有较丰厚的积淀，在新闻业务方面有丰富的经验。由于工作需要，他告别妻小长期住校，与50名同学朝夕相处，严谨细心，宽以待人，循循善诱。他和风细雨耐心讲解，深入浅出举事说理。多年过去了，当年学员依然非常感念他，称赞他“情驻九真山，热血铸师魂。吴侬软语柔，宽严为师表”。汪新源也惦记着同学们，即使在疾病缠身之时，他依旧用颤抖的手写下对同学们的勉励之词“祝新闻大专班同学们成为荆楚才子，文章巨公”。

2. 华工建树：新闻教育开启山林

1983年对于汪新源而言是具有转折意义的一年。这年7月，他服从组织安排，调入华中工学院，担任新闻系系主任一职，这使他由报人转变为新闻教育工作者。

1）工科高校新闻教育的拓荒者

改革开放之初，我国新闻事业、新闻教育以及相关研究机构、研究队伍和专业期刊由十年浩劫中再获新生，并在社会建设中展现出广阔发展前景。1977年国家恢复高考，北京大学、复旦大学、北京广播学院和广西大学等高校的新闻系、专业开始招生。四川大学、郑州大学、厦门大学和天津师范大学等高校也相继开设、开办新闻学课程、专业或学系。据当时华中工学院新闻系筹备小组成员之一的李白超回忆，1982年上半年，湖北省委宣传部的领导同志提出，希望华中工学院办新闻系。1982年9月，朱九思院长出席党的十二大时，中宣部新闻局局长钟沛璋同志又向朱九思提出希望华中工学院办新闻系，朱九思完全同意，并报教育部审批。经多方共同努力，教育部于1983年7月6日批准华中工学院设置新闻专业，从1984年开始招收本科生。

原华中工学院教务处负责师资工作的梅世炎说，“文革”后，学校师资队伍虽没有被打散，但面临教师人数偏少、教师素养较低等问题，“当时的校领导及时地抓住时机，狠抓师资培养，把师资队伍建设摆在‘四大建设’（教师队伍建设、学科建设、实验室建设、校园建设）之首位，作为学校发展中一项具有战略意义的任务”。作为新办文科专业，新闻系在初创阶段同样面临此类棘手难题。具有丰富新闻工作经验的朱九思认为，新闻专业要突出应用为主，实践先行，新闻系的教师要有新闻从业经验，发展新闻系应该从报社等媒体中引进优秀干部和工作人员担任教学、管理工作。他通过多方渠道得知汪新源工作业务水平高，思想政治素养好，担任政宣科教部副主任，是不可多得的人才。他指示当时的学校图书馆馆长刘春圃向湖北省委宣传部请示调湖北日报社汪新源来新闻系工作。宣传部部长表示：汪新源可以当系主任。1983 年 7 月 6 日，华中工学院新闻系正式成立，这是我国工科院校成立的第一个新闻系。系主任汪新源，总支书记刘春圃。1983 年 9 月 30 日，“新闻系成立暨第一届新闻专修科开学典礼”隆重举行，湖北省从此有了自己的新闻系，华中工学院院长朱九思发表了长篇讲话。

2）教学特色显著：交叉见长、应用为主

新闻系成立之初只有十余人，正是在这种教职员工极为短缺的情况下，新闻系积极落实学校要办好文科专业的指示，汪新源带领全系教职员工，齐心协力，下大力气抓好教学工作。华中工学院新闻系坚持“入主流、创特色”，在遵循新闻教育一般规律的同时，在文理交叉和应用见长两方面独具特色，在全国起到重要的引领作用。

（1）创造性建构“文理交叉”的课程体系。1983 年新闻系成立之初，“已经到岗可以任课的教师一个是汪新源，一个是申凡，后来又调来了教基础写作的姚里军”。在这种情况下，汪新源顶住压力，肩负起 83 级新闻干部专修班多门课程的教学任务，并于 1984 在全国创先开设了新闻心理学课程，“创出了国内第一门新闻学特色课程”。针对“新闻干部专修班学员年龄较大，有新闻实践经验但缺少基本理论知识和政治素质比较好，自己管理自己的能力也很强”的特点，汪新源针对性地采用多种教学方法，以新闻案例讲解和理论知识教学相结合的方式进行教学，课堂上多举他所知所做的新闻报道事例，课堂气氛活跃，学生反映上他的课知识记得牢、用得活。

随着 1984 年首届 70 多名新闻系本科生入学，新闻系逐步走上了办学的规范发展之路。最具有创新性和突出特色的工作是建构了“文理交叉”的课程体系。汪新源常说的一句话是：“和人大、复旦、武大办得一样，我们就不消办了。”他是这样说的，也是这样做的。他和学校相关处室领导充分沟通协商，开设出高等数学、自然科学概论、计算机及算法语言等自然科学必修课以及系列科技讲座。汪新源贯彻了朱九思校长“敢于竞争，善于转化”的教育思想，充分发挥工科院校的优势，打破了新闻教学的原有模式，融自然科学、人文社会科学于一体，重构新闻学课程体系，走出华中工学院独具特色的新闻教学之路。新的课程设置开阔了学生视野，锻炼了学生多向度的思维方式。

创新的课程体系在实践中也遇到过阻力。部分学生对高等数学这门课有畏难情绪和抵触心理，“我之所以报考新闻专业，就是不想学数学”，还有的同学认为学了也没用。这种情况在连续几届学生中都出现过。汪新源看到这种情况，对学生反复强调学习数学课的必要性和重要性，帮助学生认识知识交叉运用的广阔前景。多年以后，许多毕业生深切感受到自然科学系列课程在事业发展和思想方法上的重要作用，他们仍然清晰地记着汪新源和他们谈话时耐心细致的神情和话语中流露出的浓厚真情。

（2）大力落实“应用为主”的教学理念。应用为主是工科院校显著特色，更是新闻教学的重要规律之一，也是“文理交叉”的着力点。在汪新源领导下，全系把“应用为主”作为教学准则，十分重视学生动手能力的培养。新闻系教师要有实践经验，教师或者来自新闻媒体，或者到新闻单位和新闻宣传管理部门挂职锻炼。华中工学院集中资源、克服困难，坚持做到“四年写作训练不断线”，让每位学生在课程学习和多种形式的专业实习中都形成重视写作、提升写作水平的良好学习风气。全系教师都强调文字功夫的重要性，“咬文嚼字”已是课堂上下常有之事。汪新源所在的采访与写作教研室，尤为重视这点。他和教研室老师们在备课、授课、作业批改、大小实习等多个环节中贯穿实践教学理念，教学生怎样到基层媒体学习，怎样做好社会调查，怎样写调查报告等，汪新源在自己的课堂上更是强调此点。为了上好每一节课，他花大量时间搜集新闻报道案例，手头上没有现成资料，就去学校图书馆和其他学校借阅查找。他经常“回娘家”取经，和报社老同事谈新闻报道变化，说新闻采访案例。同时，他非常关心学生实习期间的实践学习动向，“逼着”学生找实习单位，指导学生一线新闻工作的注意事项，关心学生暑假社会实践的行程安排、日常生活和干部群众沟通交流情况。在硬件设施建设上，汪新源将大量精力用于建设图书资料室、摄影实验室和电视编辑、演播室中，加大了新闻系实践教学的投入力度。

新闻系师生共同创办《改革信息报》和学生拍摄纪录片《绿园曲》生动体现了“应用见长”的教学理念。

《改革信息报》是新闻系师生进行专业实践的“试验田”。作为编委之一的汪新源为此做了很多工作。他积极协调该报与光明日社驻湖北记者站和湖北省委宣传部之间的合作关系，调动大家的办报热情，指导具体办报工作。这张在全国公开发行的报纸，采、编、发行工作主要由新闻系教师、学生担任。在试刊三期后，1984 年 8 月 7 日，《改革信息报》正式出版。在发刊词中这样写道：“华中工学院新闻系师生，锐意改革，积极参加《改革信息报》的各项工作，既向全国各条战线上热心改革的人们提供信息，同时也将在这块基地上探索新闻教学与新闻实践密切结合的新路子。”该报宣传报道了在改革浪潮中涌现出的先进人物和事件，共出版 107 期，发行量 6 万余份，在全国有相当的影响。

当时即将毕业的 85 级干部专修班学生们满怀对母校的眷恋之情，想通过自己的专业实践“为学校拍摄一部纪录片，留下对学校的谢忱和感恩。……他们决定从学校美丽的校园切入，以‘森林交响曲’为概念，运用散文化的形式，全面反映华工的教学和科研成就”。学生们把拍摄任务进行了分工，利用大木箱吊篮拍升降镜头，用航拍留下华工校园及周边地区一组珍贵镜头，在较短时间内相继完成了校内取景拍摄等工作。《绿园曲》这部纪录片不仅在中央电视台播出，获得良好的社会反响，同时在国际上也展现了华中工学院的精神风貌。1987 年 6 月，应日本工业大学校长邀请，时任华中工学院校长黄树槐教授到该校考察访问。访问期间，播放了反映华中工学院校园风貌的电视风光片《绿园曲》。日本工业大学校长看完后赞叹不已，问黄树槐校长：“《绿园曲》是贵国中央台拍摄的么？”黄树槐笑着回答：“这是我校新闻系的学生编导摄制的。”“了不起，真了不起！”日本工业大学校长紧紧地握住黄树槐的手。

华中工学院新闻系自成立以来的短短几年间，已培养出勤于思考、善于动手、立足新闻学、文理兼修的优秀新闻学子。他们不仅在各级各类媒体上发表消息、通讯、报告文学、小说、诗歌等千余篇作品，而且在新闻理论刊物上发表论文两百余篇，新闻系学生学习成果可圈可点，影响颇大。

3）教育管理开拓进取：广揽人才、沟通协调、服务社会

汪新源在管理工作中做了大量开拓性的工作，他的工作重点放在解决“人”这个第一因素上，并作为新成立专业的负责人做了深入细致的沟通协调工作，开创性地对接社会需求。

（1）扩充师资，招贤纳士。汪新源当年工作的重中之重是人才。“华中工学院新闻系成立的前三年，师资的管理工作主要是调入教师、行政人员、教辅人员，配备干部。”他经常奔走于各地，物色优秀人才。同时，汪新源经常与新闻系党政班子成员一道研究新闻系师资建设问题。他和系党总支书记刘春圃，以及后任的书记程道才，系副主任程世寿、申凡，系办公室主任一起出谋划策，向学校领导写申请，打报告，摆出问题，说明困难，争取支持。在他任职的 9 年中，相继从外单位调入周泰颐、彭建安、程世寿、胡道立、吴廷俊、黄献文等，这些人当中有很多日后成为国内知名学者专家。汪新源所在的新闻系领导班子一面在外招贤纳士，一面留下华中工学院优秀毕业生，如刘燕南、陆晔、幸智敏、王志荣、王木林等，扩充新闻系师资队伍。

为了使新闻系师资结构更为合理，发展更有后劲，汪新源非常重视年轻教师的成长提高。他积极鼓励年轻教师到外单位进修实习，相继送出青年教师分别“到中宣部全国报纸经营管理干部研修班、湖北电视台、湖北人民广播电台……进修或实习；用送出去代培，或校内培养的方法，让系里年轻教师在职攻读硕士、博士学位，使这批年轻教师迅速成长起来，并在国内新闻教育界逐渐有了些名气”。这些工作优化了师资队伍结构，凝聚了师资优势力量，增添了新闻系发展活力和后劲。

（2）不断磨合，沟通协调。华中工学院新闻系是在工科学校的办学环境下创立起

来的，文科与理工科的天然区别使得新闻系在最初发展阶段面临着许多与学校管理层面交流沟通的难题和矛盾。新闻系与学校管理部门的不和谐之处体现“在课程的评价中，在考试方式方法上，在学生实习管理、毕业论文、优秀生选拔等许多方面”。

汪新源作为系主任，在新闻系与学校之间积极协调，在系内和书记一起做好教师职工的思想工作，引导大家保持冷静态度，克服现有困难，相互理解为重；在系外同校领导和学校管理部门积极沟通交流，表达心情，亮明观点，化解矛盾，争取支持。“在学校的措施和新闻系的努力下，新闻系的一些教学管理措施得到了学校管理部门的认可。……学校相关部门也几次到新闻系征求意见。总之，这种磨合有了明显的成效。”

任职期间，汪新源的工作作风始终没有变。他向全系公开宣布“搞五湖四海，绝不搞复旦派”。他对自己要求严格，言行一致。他带领的新闻系领导班子在工作上“有问题摆到桌面上，有意见可以争论，但要实行民主集中制，一旦决定，大家必须维护，同心同德搞好工作，从没有闹过不团结，也从没有闹过个人意气，打下了新闻系几十年良好风气的基础”。

（3）意识超前，服务社会。20 世纪 80 年代初期，新闻媒体仍然沿用计划经济的管理模式，随着改革开放步伐的加快，这种管理模式已经难以适应时代的要求了。因此，培养具备现代媒介管理和经营能力的专门人才，就成为新闻教育界关注的重点问题。

华中工学院在中宣部政策扶持下，在校领导积极倡导和推动下，于 1986 年 9 月开办了新闻事业管理干部专修班——这个在当时属于国内首创的超前专业。作为具体落实教学管理工作的新闻系，为该班的顺利开办做了大量工作，汪新源为此付出很多心血。他带领大家展开了师资配备、课程设置、教材编写等工作。为了找到合适的任课教师，他四处打听哪里有好老师，“包括调哈工大毕业在咸宁一所中专当校长的屠忠俊，这个既有理工科知识背景，又搞过管理的来研究、承担新闻管理的教学”。为了搞好开班前期的社会调查工作，汪新源带领相关老师“调查武汉市哪些学校、哪些教师开过印刷工艺、印刷机械一类的课程”。为了找到适合这个班教学的教材，他在学校图书馆查资料，翻文献，尽量做好教材的准备工作。

改革开放后我国高等教育蓬勃发展，但招生数量无法满足社会需求。在这种背景下，夜大、函大、广播电视大学等蓬勃发展起来。华中工学院开办成人教育有良好基础，新闻系在汪新源的带领下也加快了筹办工作进度。“1981 年从北京首先开始的‘高等教育自学考试’并没有新闻专业，1986 年开设了新闻专业，系主任汪新源闻风而动，到北京去争取，华中工学院新闻系成为湖北省‘高等教育自学考试’新闻专业的唯一主考单位。”汪新源负责教材和参考书编写、师资配备、经费开支等管理工作，此后相继承担了湖北、湖南两省的夜大班、函大班和走读班等各种成人高等教育班的部分教学管理工作。

4）重视科研工作，开创新闻心理学研究领域

（1）探索和推动。对于新闻业务，汪新源驾轻就熟，而对于科研、教研工作，刚刚进入新闻教育领域，他还没有形成规范的框架体系，繁重的教学、行政管理工作也占用了他较多的工作时间，汪新源在科研上经历了较长的探索过程。

在华中工学院工作时间长了，他渐渐知道了其他院系除了教学之外还有一个重头戏——科学研究，国家和学校给那些工科院系的科研经费之多、支持力度之大，极大地触动了他。他逐步认识到，搞好科研工作可以解决新闻系面临的许多问题，可以有效推动新闻系向纵深发展。在他的带动下，新闻系上上下下逐渐形成较为浓厚的科研氛围。汪新源本人逐步形成了理论与实践并重的科研工作模式。从1983年9月至1992年7月期间，汪新源在科学研究和教学研究等方面主要工作和成绩如下：

1987年，汪新源和屠忠俊承担了中宣部下达的“七五”国家社会科学研究课题“现代化事业和新闻改革”的子课题“报业经营管理研究”。

汪新源不仅注重自身科学研究和教学研究工作，同时为处于科研起步阶段的新闻系相关工作付出了很多心血。新闻系在1984年10月和1988年10月先后举办了“史沫特莱在中国”学术研讨会、全国首届新闻新学科学术研讨会，在新闻界、文化界产生了广泛的社会影响。在“史沫特莱在中国”学术研讨会闭幕会上，中国“三S”研究会武汉分会宣布成立，汪新源担任该组织副会长兼秘书长。在全国首届新闻新学科学术研讨会开幕式上，汪新源作了《开拓新闻新学科的前景和意义》的大会致辞。会议中，他宣读了自己的论文《论新闻心理学》，并担任了新成立的“新闻学新学科丛书编委会”主编。此外，汪新源还参加了1985年在呼和浩特举办的全国纪念埃德加·斯诺八十周年诞辰学术讨论会，1986年在桂林召开的全国新闻教育学会年会等学术活动。1987年，他兼任《新闻探讨与争鸣》编辑部主编。他在工作中始终贯穿着理论与实践并重的学术研究理念，将华工特色带入学界和业界，为新闻系科研工作顺利发展作出积极贡献。

（2）新闻心理学创新人：突出实践应用专注社会发展。新闻心理学是汪新源致力于研究的重要领域。他撰写的《略论新闻心理学》一文在1981年11月召开的湖北新闻理论工作会上宣读并印发。调入华中工学院以来，他更加致力于新闻理论的研究与实践，对新闻心理学的研究领域更为宽广，分析视角更为独到。1993年与沈俊法合著出版《记者心理学》一书，该书从记者的心理素质、记者的交际能力、如何培养记者的新闻敏感等层面深入浅出地做了学理与实践相结合的研究。同时，他将华中工学院新闻学发展特色与应用实践引入该研究领域，从宏观和微观角度对新闻心理学做出具有创见性的应用型研究。

1988 年 10 月，汪新源的专著《新闻心理学》正式出版。他在绪论中写道："新闻心理学是一朵含苞待放的新葩。对新闻心理学的研究，一方面，对源远流长的心理学来说，增添了一个分支；另一方面，它填补了我们心理学在新闻领域里的空白。……对新闻心理学的研究，使新闻学更加丰富多彩、生机勃勃，从而进入了一个新的领域。"全书从记者、采访对象和读者 3 个层面探讨新闻心理的体系构成，并援引大量真实案例进行分析说明。据笔者统计，仅第 3 章"记者的采访表情和风度"就引用 8 个事例，第 6 章"采访对象的访前心理"使用 12 个事例。这本书是汪新源关注社会发展状况，苦心研读前人著作，并和新闻采访报道一线工作实践有效融合的学术之作。

1992 年 7 月，汪新源离休。此后，他继续担任《新闻学探讨与争鸣》主编，同时在《市场指南报》和《楚天都市报》负责审读工作，上述工作至 1998 年均不再担任。1993 年华中理工大学新闻系迎来了建系 10 周年庆典。为此，汪新源写文章表达了他对新闻系的深厚感情，字里行间凝聚着一位老领导老教师对新闻系的真切情谊。当时和汪新源共事多年的新闻系教师申凡意味深长地说，汪新源为人正直，工作正派。他身上有新闻人特有的正气，为新闻系开了好头。2003 年 9 月，华中科技大学新闻与信息传播学院授予汪新源"学院建设贡献奖"和"学院发展和学科建设特别贡献奖"。2008 年 11 月，中国高等教育学会新闻学与传播学专业委员会授予汪新源"中国新闻教育贡献人物"荣誉称号。

汪新源，这位从改革开放春风中走来的新闻教育开拓者，为中国工科院校新闻专业的创办和发展做了大量创新性的工作，他为后人留下了喻家山下新闻教育难以忘怀的历史足迹。

◎参考文献：

［1］湖北日报社 60 年纪事本末（上卷）［M］．武汉：湖北人民出版社，2009：302.

［2］黄旦，肖晶．走自己的路：新中国新闻教育改革的"先声"——1956 年的复旦大学新闻系［J］．新闻大学，2009（3）.

［3］赵星．建国初期复旦大学新闻教育述评（1949—1957 年）［D］．复旦大学，2011（4）.

［4］湖北日报社 60 年纪事本末（上卷）［M］．武汉：湖北人民出版社，2009：295.

［5］湖北日报社 60 年纪事本末（中卷）［M］．武汉：湖北人民出版社，2014：201.

［6］梅世炎，胡伏秋．一段难忘的历史——原华中工学院师资队伍建设和朱九思［J］．高等教育研究，2003（9）.

[7] 申凡. 华中科技大学新闻传播教育史稿 [M]. 武汉：华中科技大学出版社，2013：253.
[8] 杨和平、郑阿曼. 工学院里第一家新闻系——华中工学院新闻系巡礼 [J]. 新闻探讨与争鸣，1987 (1).
[9] 汪新源. 应用为主交叉见长——从华中工学院新闻系的特色看新闻教育改革 [J]. 高等教育研究，1987 (4).
[10] 汪新源. 新闻心理学 [M]. 武汉：华中理工大学出版社，1988：2.
[11]《华中理工大学新闻系系庆十周年纪念册》中，1993 (10).

（李强　刘洁）

6.1.8 范敬宜新闻思想与实践研究

范敬宜（1931—2010），历任《辽宁日报》记者、副总编辑，《经济日报》总编辑，《人民日报》总编辑，清华大学新闻与传播学院院长。他是一位优秀的新闻工作者，是卓有贡献的新闻学研究者，也是诲人不倦的新闻教育家。办报实践中，他捍卫实事求是的精神，树立了严谨求实的新闻工作作风，为后世留下了一笔宝贵的新闻思想财富。新闻研究中，他较早提出“三贴近”的新闻报道改进方法并予以实践，阐述了党报宣传艺术的必要性和丰富内涵，追求新闻报道的“文化味儿”。新闻教育中，他提出“面向主流，培养高手”的教育理念，开“马克思主义新闻观”教育之先河，强调新闻学子的文化积累。一生著有《总编辑手记》《敬宜笔记》《马克思主义新闻观十五讲》《范敬宜文集》等多本著作（见图 6-8）。

1. 从书香门第到最基层：离基层越近，离真理越近

1931 年，范敬宜出生于江苏吴县，为北宋名臣范仲淹第 28 世孙。父亲范承达毕业于上海交通大学，但在范敬宜少时便早逝；母亲蔡佩秋出身于书香门第。范敬宜少时体弱多病，只读完一年级便只好休学在家。于是，母亲向他传授中国古典名著，曾留学美国的姑母则当了他的英文老师，并传给他西方文化概要。13 岁时，他就写出了“罢钓归来宿雨收，一溪绿水泛轻舟，诗情只在斜阳里，莫向云山深处求”的诗句。独自在家的时间很长，范敬宜读了很多报纸，如《大公报》《申报》《文汇报》等。闲暇时，他学着这些报纸，自办了一张家庭手抄小报，标题、内容、版式俱全，看起来像模像样。

图 6-8　2003 年 6 月，清华大学王大中校长聘任范敬宜为新闻与传播学院首任院长

因居住在上海一个叫“静园”的弄堂里，范敬宜给自己的小报起名《静园新闻》。报纸的内容为邻里小事，读者也是左邻右舍。

后来，母亲又为他请来吴门画派传人樊伯炎先生教他国画，范敬宜在山水书画方面有了一个良好的开端。1946 年，15 岁的范敬宜进入国学大师唐文治先生创办的无锡国学专科学校学习，其艺术、学术环境，培养了范敬宜对歌、词、曲、书法的兴趣。他在无锡国专的同窗、红学家冯其庸称他是“诗书画一体，情文韵三绝”，季羡林先生甚至以“四绝”称之，因为他还了解西方文化，“是古人难以望其项背的”。① 已故著名画家王个簃先生曾评价范敬宜在 17 岁时的习作“此生将来必夺我画人一席之地”。尽管范敬宜最终并没有专事艺术、诗词，但他认为“物艺相通”——“诗、书、画作为一种‘余事’对我的新闻生涯产生着潜移默化的作用，经常在我审时度势、谋篇布局之际，给我以灵感和启发”②。

1949 年，范敬宜以优异成绩考入上海著名的教会学校——圣约翰大学中文系。圣

① 胡显章 . 抖起精神继承范敬宜院长未了的事业［M］//范敬宜 . 范敬宜文集：新闻教育文选［D］. 北京：清华大学出版社，2011：123.

② 范敬宜 . 范敬宜诗书画［M］. 北京：新华出版社，2001：173.

约翰大学是中国第一所现代高等教会学府，培育出了顾维钧、林语堂、邹韬奋等一大批优秀校友。1951 年毕业后，范敬宜经分配进入了当时东北局机关报《东北日报》(《辽宁日报》前身)。初到东北日报社，范敬宜先在编辑部检查科检查纠正报纸文字差错，后调入文艺（副刊）组做编辑工作，同时也作为记者采写新闻。1953 年，《东北日报》借鉴苏联《真理报》用小品文开展批评的经验，也开辟了“小品文”专栏，范敬宜成为这个专栏的编辑之一，工作到 1957 年，总计发稿 100 余篇。这个时期他写出了《丑戏》《世界上最大的“窗帘”》等质朴有力的小品文。文章都短小精炼，以小见大，内容则比较多样，有的讲世界风云，有的讲国家大事，更多的则是讲市井小事。作品从不讲假话、大话、空话、废话和套话，单刀直入，直抒胸臆。

1957 年，26 岁的范敬宜因为两篇杂文被打成“右派”，并被送往辽阳种马场接受艰苦的劳动改造。范敬宜曾在《岳阳楼记：我心中的灯》一文中回忆起这段时期：“对于一个初出茅庐的青年来说，打击之沉重可想而知。小说里描写的悲愤、沮丧、绝望、屈辱的滋味，我都尝过。在那段艰难的日子里，默诵《岳阳楼记》便成为一种自我振作的精神力量。‘不以物喜，不以己悲，居庙堂之高则忧其民，处江湖之远则忧其君’，在古代政治家博大胸怀的对照下，个人的一点不幸就变得微不足道了。”

后来“文化大革命”爆发，30 多岁的范敬宜再次受到冲击，全家被下放到辽宁西部最贫困的建昌县二道湾子乡大北沟插队落户。山头上一个孤零零的小土屋成了他的家——没有电灯，没有收音机，连吃的水都要走几百米挑回来。在这样艰苦的环境里，范敬宜依然保持着乐观的心态。1971 年，他在《浣溪沙·夏锄》中写道：“一袭轻衫锄一张，清风拂面槐花香，燕山脚下麦初黄。难得书生知稼穑，犹堪明目辨莠良，喜看遍地绿如洋。”在他眼里，这段举步维艰的岁月却是了解土地稼穑的畅快日子。①

范敬宜一家刚到大北沟时，村里人都知道他是省城下来的“右派”，不敢轻易接近。但是他主动与村民亲近，积极参加劳动。当年大北沟的大队党支部书记卜祥玉回忆：在生产队参加劳动时，哪样活没人愿意干的，都是老范“承包”。比如种地培土的活儿，又脏又累，老范抢着干；收人粪尿没人愿意干，老范承担了。②

渐渐地，村里人与这位“右派”打成了一片，范敬宜也从农民们和基层干部那里了解到了农村土地上的事实。范敬宜下放的生产队十分贫穷，一次，他问起生产队长如何改变现状，队长认为只有实行“大包干”一个办法。范敬宜吓了一跳——此时“三自一包”已经被批判了好几年，这里的干部“路线觉悟”怎么这么低？然而，十年后，

① 李元宝．永恒的记忆——范敬宜与建昌［M］．北京：环球出版社，2011：123.
② 李元宝．永恒的记忆——范敬宜与建昌［M］．北京：环球出版社，2011：124.

农村开始广泛推行“包产到户”，极大地解放了生产力。“我们的学者、专家写出浩如烟海的文章批判‘三自一包’，结果并不如一个老农民的见识。”① 范敬宜由此认识到，要做好新闻工作、做出正确的判断，必须真正了解人民，了解中国国情——“离基层越近，也就离真理越近”。

在农村劳作之余，范敬宜最想成为农场或工厂的墙报编辑。在农场的3年中，他笔耕不辍，为乡亲们办事。当地一位县委书记，偶尔路过范敬宜所在的公社，发现了这位才情满腹的“右派”，千方百计把他借调到县里的农业办公室去工作，发挥他的长处。在县农业办公室期间，他跑遍了全县几乎所有的公社和大队，县里许多重要的报告、文件几乎都出自他之手。更为“神奇”的是，在下放的几年中，范敬宜还入党了——而此时，他还没有被摘掉“右派”的帽子。这是全国“右派”入党第一例。当时的县委书记说：“我们根据范敬宜的历史和现实表现，接收他入党完全不违反党章。如果将来说这样做错了，我首先戴高帽子、挂牌子去挨批斗。”②

扎根农村20年，使范敬宜深刻认识了农村的情况。1978年党的十一届三中全会后，他回到辽宁日报社，昔日的同事感到范敬宜与过去判若两人，原本华丽的文风一改而为朴实、平易而深刻的语言。③ 同时，他还照常下田间，访农家，一篇篇反映农村实际生活的稿件相继发表。1979年春天，正当全国出现一股否定三中全会精神的“倒春寒”时，范敬宜写出一篇《莫把开头当过头》，《人民日报》在头版头条位置全文转载，并在一篇长达600多字的编者按语里指出：作为新闻工作者，应该像《辽宁日报》记者范敬宜同志那样，深入实际，调查研究，用事实来回答对三中全会精神有怀疑的同志。④ 此后，《勿忘黄土地》《飞雪念村官》《月光如水照新村》《夜半钟声送“穷神”》等，都是范敬宜深入调查，反映农民心声和政策实践效果的经典报道，起到了帮助人们分清是非、正本清源的作用。

2. 新闻思想与实践：如果有来生，还是做记者

1984年，范敬宜担任中华人民共和国文化部外文出版局局长，1986年调任《经济

---

① 宋晓梦．人家何处无征途——访清华大学新闻与传播学院院长范敬宜［N］．光明日报，2002-04-23.

② 罗海岩．范敬宜的新闻人生［J］．采写编，2009（5）.

③ 傅旭．范敬宜的新闻生涯［EB/OL］．人民网．http：//www.people.com.cn/GB/14677/22114/32502/32503/2375311.html.

④ 傅旭．范敬宜的新闻生涯［EB/OL］．人民网．http：//www.people.com.cn/GB/14677/22114/32502/32503/2375311.html.

日报》总编辑。1993 任《人民日报》总编辑——此时，范敬宜已经 63 岁。在党报工作期间，范敬宜将在基层积累的记者经验与党报的特点、任务相结合，孜孜不倦地探索办好党报的方法。

这一时期，中国经过改革开放和实行市场经济体制，思想、观点更加多样化，人民对报纸的内容、形式、功能都提出了更高的要求。在此背景下，范敬宜认为自己作为一名党报总编辑，主要责任是把握好报纸的导向，从而使得报纸能够进行正确的舆论引导。"如果把握不好导向，在导向上出了问题，不仅会给党的事业造成重大损失，而且可能毁了一张报纸，毁了一支队伍。"①

其中，把握全局、大局是关键。"把握大局，既是坚持正确舆论导向的基础，也是衡量新闻价值的天平。"② 范敬宜要求记者具备把握全局的能力，此处的"全局"即中央政策在全国各地具体化的过程。他认为："《人民日报》能不能办得高出一筹，关键就在这里。"③ 一方面，把握全局能够使得记者在采访中不断地发现新情况、新题目——"一个记者能不能迅速发现新闻，关键是他心中有没有'全局'，他是不是通晓党的政策，了解实际情况"④。另一方面，把握全局能够增加报道的高度和深度；反之，如果缺乏对全局的把握，那么报道往往停留在就事论事的水平上。把握全局又需要从两个角度入手，一是"空间上的"，从制高点上看问题，"新闻工作者应该是高瞻远瞩的政治家"；另一个是"时间上的"，要求把历史和现状融会贯通。

做好舆论引导工作还需要相适应的宣传艺术。在《经济日报》工作期间，范敬宜就开始从新闻规律与艺术规律结合的角度，来探索和阐述"党报宣传艺术"。"党报宣传艺术"是特指中国共产党所领导的各级党报，在新闻宣传中所体现出来的策略与技巧。⑤ 1992 年，他在《经济日报》发表《贵在谋篇与布局》一文，从国画"六法"的"经营位置"谈起，认为布局的艺术实际上是"处理矛盾的艺术"。⑥ 1993 年，他又联系《经济日报》的新闻实践与时代背景，发表《舆论引导需要宣传艺术》一文，提出："艺术追求的是均衡、和谐、协调、完美，舆论引导所要达到的境界也是如此。讲究艺术的舆论引导，应该做到：讲成就而不引起怀疑，讲缺点而不引起泄气，讲发展而不引

---

① 王文利 . 范敬宜的总编观［J］. 当代传播，1998.
② 龙永泉 . 大局·深入·学养——范敬宜关于抓精品的演讲［J］. 新闻实践，1997（7）.
③ 温红彦 . 范敬宜：一生一世新闻缘［N］. 人民日报，2010-11-22.
④ 范敬宜 . 新闻的发现［J］. 新闻战线，1983（2）.
⑤ 王君超 . 范敬宜的新闻思想及对我国新闻事业的贡献［J］. 中国出版，2012，12（2）.
⑥ 王君超 . 范敬宜的新闻思想及对我国新闻事业的贡献［J］. 中国出版，2012，12（2）.

起攀比，讲调控而不引起忧虑，讲先进而不引起反感，讲问题而不引起恐惧。”①

多年的基层经历，使得范敬宜十分重视新闻工作与基层、实际的联系。进入经济日报社工作不久，范敬宜就提出经济报道的“三贴近”原则：贴近实际、贴近生活、贴近群众。但是，这一想法提出后受到不少质疑，被认为是“小报”思路，不能用来办中央大报。范敬宜回应这种质疑说：“一张党报如果办得脱离群众，群众不爱看，看不懂，才是真正的有失‘身份’。”② 但为了避免误解，范敬宜之后将“三贴近”进行了重新“包装”，修改为“和中央精神贴得近些更近些，和实际工作贴得近些更近些，和群众脉搏贴得近些更近些”。

范敬宜认为，“基层是政策的出发点和归宿”，因此“三贴近”的根本还是深入基层。为了鼓励“三贴近”的优秀报道，经济日报社还曾设立各种奖项。1989 年年底，该报通过策划系列报道“五个变迁”——《吃的变迁》《穿的变迁》《住的变迁》《行的变迁》《用的变迁》及“五个变迁的背后”，将老百姓各方面生活的变化与国家重点建设联系起来。报道一出，好评如潮。此后，“每遇到一些重大报道，同志们都比较自觉地去寻找那个和群众生活贴得最近的角度，为以后实现‘好戏连台，此起彼伏’的目标打下了思想基础”③。在《人民日报》工作期间，范敬宜告诫《人民日报》的记者们，眼睛不要总盯着《人民日报》那 0.2 平方公里，而要看到 960 万平方公里。④

“三贴近”是范敬宜在后来的新闻实践中一直身体力行并大力倡导的。但知之非难，行之不易。他曾作诗一首，对一些作风浮躁的记者提出善意的批评：“朝辞宾馆彩云间，百里万里一日还。群众声音听不到，小车已过万重山。”⑤ 1999 年 5 月 1 日，他在《新民晚报》发表《感人即在平易处》一文感慨：“看来，尽管我们天天提倡新闻报道要贴近群众，实际上是很难的。难就难在不容易冲破框子，放下架子，和老百姓平起平坐，向他们学习如何讲话，如何表达。只有平易，才能近人；只有近人，才能感人。最感人之处，即在平易之中。因为老百姓最喜欢的是实实在在，而不是成串的‘高级形容词’。”⑥

在人民日报社期间，作为总编辑的范敬宜每天都坚持在“值班手记”上写批语。这“手记”涉及方方面面的内容，丰富而朴实。既有关于新闻宣传工作的大局、舆论

---

① 范敬宜．舆论引导需要宣传艺术［J］．中国记者，1993（9）．

② 范敬宜．范敬宜文集：总编辑手记［M］．北京：清华大学出版社，2010：173．

③ 范敬宜．谈谈新闻工作者的社会责任（下）［J］．新闻实践，2004（3）．

④ 罗海岩．范敬宜的新闻人生［J］．采写编，2009（5）．

⑤ 李元宝．永恒的记忆——范敬宜与建昌［M］．环球出版社，2011：123．

⑥ 王君超．范敬宜的新闻思想及对我国新闻事业的贡献［J］．中国出版，2012（12）．

导向、抓精品、组织策划宣传报道战役的宏观构想，有对新闻采访、写作、编辑的具体要求，还有对于一篇文章、一块版面、一则导语、一条标题的精辟点评。这“手记”虽然是就《人民日报》的宣传报道工作有感而发的即兴篇章，论述的却多为新闻宣传工作的共性和一般规律。批语继承了中国古代笔记文体和读书眉批的传统，要言不烦、点到为止；后以《总编辑手记》一书的形式出版，成为编辑记者的案头参考书。

在《人民日报》工作期间，范敬宜是个特别平易近人的领导，经常在食堂排队买饭，然后跟大家挤在一起，在饭桌上聊选题。在报社里，他被称呼为“老范”。人民日报社原社长邵华泽追忆与老范共事的时光，十分怀念。他认为老范有两个长处，一是会办报，二是爱办报。办报很辛苦，常熬夜，他那时已是 60 多岁的人了，但对办报兴趣浓厚，一心扑在上面，生活却很简朴、不讲究。①

虽然担任过两大党报的总编辑，但范敬宜一直保持着记者的习惯，随时随地观察社会、发现新闻。后来，他到清华任教，仍然如此。清华大学新闻学院前党委书记王健华教授回忆说，范敬宜无论去哪儿都会随身带个本子、带支笔，看到有意思的事就记下来。他去一家小粥店吃饭，看到店里挂着一副有趣的对联——“艰苦岁月想吃肉，小康生活要喝粥”，范敬宜就赶紧掏出小本记下来，然后反复品味这副不知出自哪位高手的对联中蕴含的“大众哲学”。后来写成一篇《“小康生活要喝粥”的联想》，说自己是“从一个不大为人注意的角度，观察一下改革开放给普通百姓日常生活带来的历史性变化”。还有一次，他打车回家，到达的时候司机发现居民区大院有卫兵站岗，住的都是部级以上干部。司机恍然大悟：“哦！我明白了！你过去是个‘头儿’，现在是个‘老头儿’。”这一句话把范敬宜乐坏了：“哎呀！我觉得太深刻、太生动了！”回去之后范敬宜就写了一篇文章，题为《安于做个“老头儿”》，建议退休的干部们“安于做个老头儿，做个心情愉快的老头儿，在有条件的时候做个有所作为的老头儿”。

2001 年，清华大学在人文学院传播系的基础上，开始筹备建立新闻与传播学院，并于当年从全校二年级学生中招收了一个新闻学转系班，35 位同学，来自 16 个专业。班级成立后，进行了一周的开班教育，邀请三位名家，对学生进行专业启蒙，第一讲请的就是已经从《人民日报》退休的范敬宜。讲课当天天气异常炎热，教室没电扇，没空调，王健华教授找来一台小电扇放在讲台边，范敬宜就站着讲了近三个小时，神采飞扬。当日旁听的研究生刘鉴强慕名而来，听个开头，就按捺不住兴奋之情，向身边同学借来纸笔，边听边记，后来整理成文，刊发于《新闻记者》杂志。讲座后有问答环节，出身英语专业的陆娅楠问道：范老师，如果有来生，您最想做什么呢？老范沉吟片刻：

---

① 温红彦．范敬宜：一生一世新闻缘［N］．人民日报，2010-11-22.

如果有来生的话，我还是最想当记者、干新闻。《新闻记者》刊发刘鉴强的文章时，就用这句话作标题——“如果有来生，还是做记者”。① 范敬宜对新闻工作终身的热爱与执著，尽含于此。这句话也成为一届届清华新闻学子的座右铭。

3. 七十一岁任教清华：从“老范”到“范爷爷”

清华大学新闻与传播学院筹建时，考虑第一任院长人选，不少人希望邀请范敬宜担任。当时的人文学院的院长胡显章回忆一行去拜望范敬宜的情景：“有一见如故，相见恨晚之感。”范敬宜说，自己从人民日报社的岗位上退下后，有一个夙愿，就是办新闻教育。过去大学出来的新闻专业的毕业生不好用，常常要“回炉”。而清华应当培养主流媒体用得上的“高手”，如能参与这个过程，是自己的荣幸。这样，聘请院长的工作就算落定了，范敬宜开始参与学院的筹建工作。2002 年 4 月 21 日，清华大学新闻与传播学院正式成立。这一年，范敬宜已经 71 岁。

到清华任教后，范敬宜很快就推出了清晰的育人理念：“素质为本，实践为用，面向主流，培养高手。”范敬宜后来又多次解释和阐述“主流”与“高手”的含义。在他看来，“面向主流”包括由近及远、由表及里的三个层次。第一层次是指主流媒体，但并不仅仅是从中央到地方的党报，“主流媒体”包括一切符合主流意识的媒体；第二个层次是面向主流领域，第三个层次是面向主流的价值观。② “高手”包括几个方面：一是要有对国家、对社会强烈的责任感、使命感，要自觉地坚持正确的舆论导向。这种责任感基于对中国国情的了解，否则就失掉了根本。二是要有丰富的学养，即各类科学文化知识的综合。三是要有好的文笔。③

当时的清华新闻学院成立不久，百废待兴。范敬宜在课程设置和教育内容上，围绕这一教育理念进行了诸多开创性的探索。其中一项就是开设“马克思主义新闻观”课程。当时，党中央多次提出，要用马克思主义新闻观统领新闻教学。但是开设这门课程，一方面没有系统教材，一方面难度比较大——“既需要科学、准确地阐述马克思主义，更需要联系实际，特别是当前新闻工作的实际和我们同学思想的实际”④。但范敬宜和学院的老师一直积极准备。2005 年，“马克思主义新闻观”正式开课，这是国内新闻院校第一个开设针对全体学生的马克思主义新闻观必修课。

---

① 李彬．骊歌一曲意难分［J］．新闻记者，2012（12）.
② 李彬．将军一去，大树飘零——纪念新闻教育家范敬宜［J］．中国记者，2011（1）.
③ 范敬宜．范敬宜文集：新闻教育文选［D］．北京：清华大学出版社，2011：173.
④ 李彬．将军一去，大树飘零——纪念新闻教育家范敬宜［J］．中国记者，2011（1）.

每年马克思主义新闻观课程的第一次课上，范敬宜都会做一番“开场白”，阐述为什么要学习马克思主义新闻观，以及马克思主义新闻观主要有哪些主要观点。他认为，国家性质、时代发展和学院的教育方针，要求新闻学子必须学习、掌握马克思主义新闻观。

范敬宜经常引用毛泽东在“八大”开幕词中的一段话：“领导我们事业的核心力量是中国共产党，指导我们思想的理论基础是马克思列宁主义。”他认为，新闻具有很强的政治性和鲜明的意识形态特点，尤其需要马克思主义的统领。因此，作为传播马克思主义的一个主要的工具、渠道，新闻工作首要的任务就是用马克思主义的世界观、人生观、价值观去教育人、引导人、影响人。其次，新闻工作者是站在船头的“瞭望哨”，帮助人们了解现在所处的形势。因而新闻工作者最重要的本领是“判断”。判断需要眼力，“我们的眼力不够，就要借助望远镜和显微镜，既要看得远，又要看得细。而这个望远镜和显微镜，就是马克思主义的新闻观，就是马克思主义的立场、观点和方法”①。但是，范敬宜也提出，改革开放后，一方面人民视野更加开阔，另一方面社会中思想也更加复杂。马克思主义在中国的合理性等问题也被提出来讨论，而马克思主义应当是不可动摇的，否则绝不利于国家的稳定和发展。学院“面向主流，培养高手”的理念，不仅要求学生学习专业知识，更要掌握马克思主义新闻观。

讲课时，范敬宜从来都是以丰富的新闻工作经历作为“材料库”，是真正的“言传身教”。比如谈到马克思主义新闻观的几个要点，讲“实践第一”时，他回忆插队落户时，生产队长说要大包干，而范敬宜认为对方“政治觉悟低”的故事，从而强调“知屋漏者在檐下，知政失者在草野”，新闻工作者必须深入基层；讲“大局意识”时，他讲述特殊情况下，自己每天来来往往却无所收获，而从几位农民兄弟那里了解到人民真正的声音的故事，指出要看到“960 万平方公里的土地”；讲“与时俱进”时，他描述几十年来社会的变迁，表明“马克思主义是发展的、变化的”。

范敬宜认为，“社会责任”应当是学生们新闻人生的第一课。他讲自己幼时自己办手抄小报时，揭露邻居们的“秘闻”；读大学时写不实报道，嘲笑不喜欢的教授——都是没有社会责任意识的结果。但是在之后的新闻实践中，他意识到党报的报道、观点、说法对社会和政治有重大的影响。因此新闻工作者必须时刻树立高度的责任意识，保持清醒头脑，既要对党负责，又要对人民负责。范敬宜认为，新闻工作的责任意识有很多方面，其中最重要的是维护国家社会的稳定。因此记者的每一篇报道、每一篇文章，都

---

① 范敬宜．范敬宜文集：新闻教育文选［D］．北京：清华大学出版社，2011：173.

应该首先考虑有利或者不利于稳定，这是“最起码的责任心”①。

“培养高手”中重要的一点是“丰富的学养”。范敬宜提出：“新闻工作者的文化底蕴如何，直接关系到作品的影响力、震撼力、感染力。”② 因此，在培养新闻学子时，不能仅仅教授专业知识，更要启发学生探索历史、中外的优秀思想、知识和艺术，将新闻与文化有机结合起来。他经常说：“学新闻的如果只是整天吃‘压缩饼干’，吃浓缩‘维生素丸’，不吃五谷杂粮，不吃蔬菜鱼肉，就肯定会得贫血症。如果只是就新闻讲新闻，就新闻学新闻的话，成就必然有限。”③ 为此，他专门开设了一门“新闻中的文化”课程。这是面向全校新生的研讨课。这门课上，他为学生讲诗词、书画、文化传统、新闻经典，讲物艺相通的道理，春风化雨，娓娓道来。

在范敬宜的努力下，清华大学新闻与传播学院快速成长与发展起来。学院在业界的口碑和知名度不断提升，汇集不同风格、各有所长的教师都逐渐找到了自己的舞台。毕业后主动要求去主流媒体工作的学生越来越多。2002 年以前，不到 20%；2002 年上升到 40%；2003 年达到 60%；自 2004 年以来每年都超过 70%。④

但是，范敬宜所做的远远不止这些。在人民日报社，他是“老范”；在清华，他成了“范爷爷”。对于年轻的学生而言，他是良师，是益友，是亲人。71 岁、德高望重的老人家似乎只能“高山仰止”了。然而，范敬宜一到学校就赢得了学子们发自内心的喜爱。

范敬宜在清华期间，一共主持或开设过四门课：“记者素养与采编艺术”“评论与专栏写作”“新闻与文化”和“马克思主义新闻观”。大部分课程是开给本科生的，“新闻与文化”更是开给大一新生的课。范敬宜说，基础要打早，学生一进学校，就要给他们正面的引导。⑤ 范敬宜不会用电脑。每一堂课前，他都一字字写下要讲的内容，之后还会不断思考、增删修改；学生的每一篇作业都会亲笔修改、点评；同一门课在新的学期也总是有新的调整。

本着“新闻要与时俱进”的原则，范敬宜主动了解学生们的思想状态，还学习一些年轻人的“新鲜话”。“范院长居然知道‘郁闷’这个词!”很多学生还记得，2002

---

① 李彬．将军一去，大树飘零——纪念新闻教育家范敬宜［J］．中国记者，2011（1）.

② 李彬．将军一去，大树飘零——纪念新闻教育家范敬宜［J］．中国记者，2011（1）.

③ 李彬．将军一去，大树飘零——纪念新闻教育家范敬宜［J］．中国记者，2011（1）.

④ 乔申颖．71 岁来清华［M］//范敬宜．范敬宜文集：新闻教育文选［D］. 北京：清华大学出版社，2011：248.

⑤ 乔申颖．71 岁来清华［M］//范敬宜．范敬宜文集：新闻教育文选［D］. 北京：清华大学出版社，2011：251.

年春天，在第一次师生见面会上，当范敬宜讲到“我听到有的同学老是说‘郁闷’，你们今天有我们难以想象的好条件，有什么好‘郁闷’的呢?”台下笑声和掌声响成一片。也是从那时起，“范院长”“范老师”不知不觉变成了“范爷爷”。在学生们心中，他不仅是学识过人的老师，更是和蔼可亲的长辈。他不是可望不可即的高山，而是可以学习、可以交流、可以信赖与依靠的人。每次范敬宜到学院，办公室里都挤满了他的学生“小友”们。

说到和“范爷爷”打交道，很多学生都有自己的小故事。天马行空的课堂作业得到出乎意料的肯定；实习中做出的一点小成绩很快就传回学院。不少同学的作品经过范敬宜的修改，被推荐到《人民日报》等知名报纸杂志采用。还有的同学因为作品被推荐而成了校园名人。① 其中最典型的事例是大二学生李强。2005 年春天，学院李彬老师将李强的《乡村八记》交给范敬宜，他的兴奋、喜悦之情溢于言表：“我怀着惊异的心情，用了整整一个晚上和一个早晨的时间，一口气读完了李强同学这篇农村调查报告，内心受到强烈的震撼。”范敬宜一边写了千字评语，一边逐字逐句修改一些差错。然后，范敬宜将《乡村八记》送给温家宝总理，温总理为此亲笔复信，接着《人民日报》刊发温总理复信，以及《乡村八记》第一记《二姨家的收支明细账》。2007 年，李强师从范敬宜，攻读研究生，2009 年毕业，成为《人民日报》记者。如今，温总理复信中的一段话，已经镌刻在清华新闻学院的门厅：“从事新闻事业，我以为最重要的是要有责任心，而责任心之来源在于对国家和人民深切的了解和深深的热爱。”

至于得到范敬宜推荐，到中央媒体实习和就业的学生，更是数不胜数。为了推介学院的学生，以及询问实习生和毕业生工作情况，范敬宜不知道打了多少电话。有人问他：“干吗给自己找这么多事，每一届毕业生都这样，不嫌烦吗?”他回答说：“清华的学生都特别优秀，我特别愿意为他们创造一个好的工作环境，像这样的‘麻烦事’我一点也不怕，而且还很喜欢。”②

范敬宜曾对学生们说：“我们的学院，不仅是一个传道、授业、解惑的场所，而且是一个温暖和充满亲情的大家庭。我把你们视为自己可爱的孩子，今天，眼看你们像梁启超先生说的‘乳虎啸谷，鹰隼试翼’，真有一种说不尽的高兴。”也曾有人问他，把学生当孩子看，还能把学院办好吗？他的回答是，问问题的人“不了解在清华大学，

① 乔申颖 . 71 岁来清华［M］//范敬宜 . 范敬宜文集：新闻教育文选［D］. 北京：清华大学出版社，2011：247.

② 乔申颖 . 71 岁来清华［M］//范敬宜 . 范敬宜文集：新闻教育文选［D］. 北京：清华大学出版社，2011：247.

'孩子'是对学生的爱称；更不理解清华大学师生之间这种不是亲情胜似亲情的感情"。他希望同学们时刻不忘自己是"清华之子"，不忘为清华争气、争光。"希望同学们自强而不自大，自爱而不自赏，自律而不自外。不仅在学识上是第一流的，在技能上是第一流的，在为人处世上也是第一流的。今后不论到哪里，都把这种感情带到那里，把清华团结、友爱、和谐的传统校风、院风带到那里。"①

范敬宜到清华任教两年时曾作诗抒发自己的快乐："水木清华多异才，文章风骨续兰台，两年几席最堪忆，快事平生有几回。"在建院八周年的"院长手记"的结尾处，他说："能够在垂暮之年，度过这样一段心情舒畅的校园生活，更是我一生最大的幸福。"②

2010年，范敬宜因病住院。11月，病重之际，他得知获得"中国新闻教育奖"，非常高兴，学院师生也认为是实至名归。然而当月13日，他病情忽然加重，与世长辞。

学院师生们悲痛不已。2009年学院毕业的新华社记者周劼人，采写了新华社通稿《网悼"范爷爷"：大学生敬爱什么样的高校"官员"》。事后说道："一晚上，真的是边写边哭，无法继续。"学院的学生说："院长过世了，就是自己家的爷爷过世了，自己家的家人啊！怎么能不难过呢？"③

中国高等教育学会新闻学与传播学专业委员会主任高钢教授致信："范院长对中国新闻教育事业做出的贡献将铭记我们的心中，也一定会铭刻在历史上。"

清华新闻学院师生络绎吊唁，熊澄宇教授给老师群发邮件：

孔子的仁爱
墨子的坚忍
老子的深邃
庄子的豁达
集中国传统文化于一身者，范老是也。

（徐梦菡　李彬　王健华）

---

① 乔申颖.71岁来清华［M］//范敬宜.范敬宜文集：新闻教育文选［D］.北京：清华大学出版社，2011：251.

② 胡显章.抖起精神继承范敬宜院长未了的事业［M］//范敬宜.范敬宜文集：新闻教育文选［D］.北京：清华大学出版社，2011：124.

③ 李彬.骊歌一曲意难分［J］.新闻记者，2012（12）.

6.2　口述史研究

6.2.1　熊澄宇——清华大学传播学科首创功臣

图 6-9　原清华大学新闻与传播学院熊澄宇教授

熊澄宇（1954—　），美国杨百翰大学博士，清华大学教授，博士生导师，校学术委员会委员，中国新闻史学会传播学会会长，曾任清华大学传播系常务副主任，新闻与传播学院首任副院长，国家互联网发展与管理专家委委员，教育部教育技术教学指导委员会副主任（见图 6-9）。曾应邀为中共中央政治局集体学习讲解我国文化产业发展战略相关问题。主持并完成国家“863”计划、国家重大科技攻关项目、国家社会科学基金重大项目、国家软科学研究项目、全国艺术科学规划项目、全国教育科学规划项目等国家级科研课题。主要学术著作有：《熊澄宇集》《媒介史纲》《世界数字文化产业发展现状与趋势》《世界文化产业研究》《新媒体百科全书（译）》《西方新闻传播学经典名著选读》《中国现代远程教育发展战略研究》等。在其实际主持清华大学新闻与传播学院院务期间，别出心裁，另辟蹊径，为清华新闻传播教育的发展作出了杰出贡献。

这位出生于上世纪 50 年代的赣籍学者曾这样描述自己的半生历程：“1968 年下乡，当知青、工人、士兵；1977 年高考，做学生、编辑、干部；1990 年留美，获博士学位；1994 年回国，任教授、董事、顾问。党政军民工农商学我全都干过了，我的每一次身份变化都和时代发展连在一起，我的一生就是这个时代的见证。”

熊澄宇说，在今天这个时代里，学者要想找到自己的位置并不易，这就需要坚持，要能在一个更大的格局和空间中去面对人类社会的共同未来。事实上，这种以“全球视野”和“世界交往”为起点的博大胸怀恰是熊澄宇事业升腾的密码，也写就了他堪为国士的分量。

1. “我愿意不断地超越自己”

熊澄宇于1960年进江西省南昌市实验小学，1965年考入南昌市第三中学，1968年下乡插队。经过农村、工厂、部队各三年的历练，1977年，熊澄宇有幸成为恢复高考后江西师范学院南昌分院中文系的第一届学生。1982年他考入中国艺术研究院师从我国戏剧史论家郭汉城先生从事史论研究，1984年硕士毕业后，进入中国戏剧出版社工作，1990年赴美留学。

“我是自费到美国留学的，初衷是希望寻求一个更好的学术研究环境。当时我报了两所院校，一所是南加州大学的人类学系，另一所是杨百翰大学的戏剧电影系，两所学校都录取我了，但是杨百翰大学给我全额奖学金，所以就选择了这所学校，在美国的犹他州。1990年我36岁，觉得既然做学术研究，就希望事业平台更宽一些，我愿意不断地超越自己。我去美国之前已经出版了两本书，一本是《蒋士铨剧作研究》，另一本是合作的《南词叙录注释》。”熊澄宇说道：“后来我就去到了美国，在杨百翰大学读了四年，拿到了博士学位。我主修电影和戏剧，辅修计算机。”

熊澄宇回忆起这段留美过往，对许多细节仍记忆犹新：“上世纪九十年代我出国的时候，带的是打字机，到了美国以后，发现这里已经不用打字机了，他们都是用电脑，我就觉得这个太神奇了！特别是做作业的时候，打字机打错了还得涂抹，但是电脑打字可以直接删改、调整，非常方便。那时候中国还不能上网，但是在美国可以上网，所以就觉得这个网络也太神奇了！所以我就跟我导师商量想辅修，导师说可以，我就这样开始辅修计算机了。我的计算机成绩非常好，几乎每门课都是A，编程的逻辑思维能力也还可以。”

“1994年博士毕业后，我计划回国，不想留下的原因很简单，我觉得美国那个环境不能很好发挥我原有的学术基础。另外一个原因就是我的老师希望我回去，他说自己指导的好几个中国学生都留在国外了，他希望我回去为中国服务。所以当我跟他说想回中国的时候，他非常支持、非常高兴。”熊澄宇谈道，“我在美国的导师，是当时学院的院长，那时有六十多岁了，可惜现在已经去世了，我是他的关门弟子，他很鼓励我回国。再加上我自己也觉得，在中国的发展基础要比美国好得多，并且我的研究对象、事业关系、社会关系都在中国，所以我提出了回国”。

熊澄宇介绍道，“我是直接向中国驻美大使馆提出回国要求的，因为我不是公派生，是自费留学，那时候自费留学要求回国的人，他们不太遇到，所以就问我回国有什么条件？当时我没有提出其他要求，就只有一个条件，希望回国之后，能够给我一个E-mail账号，就是电子邮箱的账号”。熊澄宇解释道，“电子邮箱账号在今天根本就不是个事儿，你到网上可以随意注册一个，但在当时却很难。因为 1994 年我回国的时候，中国刚刚接入互联网，当时能够进入互联网的只有两个机构，一个是中国科学院，一个就是清华大学，其他单位都进不了。而且在这两个机构里面，拥有电子邮箱并能够和国外联系的，只有比较高层的院士、课题组，没有私人可以拥有电子邮箱直接跟境外联系。那时候就连私人电话、发传真都是受到限制的，今天的年轻人很难想象那样一种环境。因为我在国外已经习惯了生活在网络空间里面，也很明白网络的意义，它就是跟世界连通的窗口，我担心回国之后断了联系，所以就希望能够给我一个电子邮箱账号，希望回国之后还能保持和世界的联通。后来大使馆说这个要求有点难度，但是他们可以给国内发函征求意见，去问一问、试一试"。熊澄宇欣慰地说道，"最后大使馆给我回复，说清华大学答复可以提供给我一个个人电子邮箱账号，就是这样，我带着全家来到了清华大学"。

2. "我是清华人文社科学院的第一个海归博士"

值得一提的是，熊澄宇回国之时，正值清华大学恢复发展文科如火如荼之际，彼时清华文科百废待兴、求贤若渴，1994 年学成归来的熊澄宇成为清华大学刚刚成立于 1993 年的人文社会科学学院的一名讲师。"当时清华认为我这种复合型的学科背景很符合他们的需求，同时我又是从国外回来的，我是清华人文社科学院的第一个海归博士。但是回来之后，清华给我定的职称和工资只是讲师，而我在出国前就已是中级职称，并担任了出版社的总支书记，总编室主任。对此清华给我的回复是：按照政策只能以应届博士毕业生入职。好在那一年年底学校评职称，我把中级职称之后的学术成果整理出来参评，当年就确定为副教授。两年之后，1996 年，经学校专门委员会审定，我被破格评为正教授。"

回国执教的熊澄宇积极发挥其学术专长，开始了跨学科科研平台的搭建。"我 1995 年在清华人文社会科学学院里建立了一个机构，叫'多媒体艺术研究中心'，我当主任。那时候'多媒体'是个很新的概念，我主要从事的就是计算机的'界面研究'，也就是研究文本、视频、图片等不同媒体形态如何通过一个合适的界面交互呈现出来，我当时写的文章也主要是谈多媒体界面和电子出版物。我是中国进入互联网时代的见证人，1994 年中国接入互联网，1994 年我回国，从回国第一天开始，我就在中国的互联网平台上工作。我参与了国内第一份电子刊物教育部《神州学人》的策划，主持了国家计委第一个多媒体演示及网络查询系统的重大科技攻关项目，主持了科技部第一个国家互联网软科学项目，完成了国内第一部有关信息社会的专著《信息社会 4.0》。同时，中国人民银行软件系统的界面标准，也是我参与起草的。我参与的一些央行的软件开发项目，主要负责界面设计这一块工作。”熊澄宇感慨道，“也正是因为这些背景，我后面在清华做的学科建设才比较顺一些”。

谈及初至清华时如何发挥跨学科资源优势，推动科研平台整合，熊澄宇还特别回忆了两项由他牵头完成的重大工程。

“1995 年，国务院正式启动‘211 工程’，清华、北大是第一批接受审核的高校，当时清华校长王大中院士提出，我们要用现代多媒体技术来申报，以展现清华的能力和水平。那时候还没有出现 PPT 这种软件，大家主要还是使用胶片、投影来做汇报，所以，所谓多媒体技术就完全需要靠计算机编程来把视频、图片、文字、音乐串联在一起，变成一种交互展示形式。”熊澄宇介绍道，“当时清华有很多个机构都在做多媒体研究，王校长带着相关人员走了计算机系、精密仪器系、外语系等，他们在校内走了一圈之后来到我的多媒体艺术研究中心办公室，那时候我正好在做一个清华日晷的界面，王校长看完后觉得其他院系的技术很到位，但我这里的界面呈现效果很人性化，所以当即决定，由我来负责清华‘211 工程’的申报的多媒体展示，而此时距离最后评审只有五天时间了”。

在时间紧、任务重的情况下，在校办、科技处等职能部门帮助下，熊澄宇调动全校资源，亲自撰写交互脚本、指导编程、设计动画、协调音乐创作，选取多媒体素材、采集数据……他说，“那 5 天，我大概只睡了 6 个小时，指挥全校不同学科的人来完成这样一项对清华而言很有意义的事情。就在评审会的前一天，我们最终完成了。我把做好的这些东西装到一台当时在国内还不多见的 Thinkpad 笔记本电脑里，送给王校长审定，王校长当时就感觉到很好”。熊澄宇不无欣慰的回忆道，“评审会那天，北大先汇报，用的是胶片投影的方式，清华校长第二个上台，拿着一台笔记本电脑，屏幕一启动，立体声交响乐奏起，图片、文字、动画交互呈现，整个效果就不一样了。教育部的有关负责同志当场作出决定，以后各个高校申报‘211 工程’，都以清华为模式。评审通过以后，清华专门召开了一个庆功会，贺美英书记对我说，‘熊博士，你为清华立了大功’”。

“1996 年，国家计委发布‘八五科技攻关重点项目：多媒体演示，数据库及网络查询系统’招标，全国许多科研机构和高校都去竞标，清华也去了。当时我们拿出申报‘211 工程’的演示成果，相比别的机构都是在理论上提出各种方案，我们是实际已经做出来了，所以这个标就被清华拿下来了，项目由我牵头负责，经费是 360 万元人民币。”熊澄宇继续介绍，“这个项目最后呈现的是什么呢？就是一个巨大的多媒体数据库，我们最后把所有的信息全部集成到光盘中，可以在任何一个地方的计算机终端上通过授权，查询、演示国家各个领域的科技攻关成果。当时和我配合的包括精仪系制作光盘阵列、计算机系编程序、工艺美院做美术设计、电影学院做视频，这么多专业结合一起，我们才最终完成了这个项目”。熊澄宇总结道，“我的主要优势就在于跨学科的整合，我可以和计算机专业的人士交流，也可以和电影专业的人士交流，还可以和动漫专业的人士交流，只有和他们的专业领域能够对上话，他们才能跟你交流，所以我对这个项目的贡献主要是跨学科整合”。

3. “我们要从科学的角度来认识传播学的位置”

在迄今为止的诸多头衔中，熊澄宇最为看重的其中之一便是其“传播学者”的身份。作为清华大学传播系的创始人之一，熊澄宇对传播系的学科定位、团队组建、课程建设、教材编写、人才培养、平台搭建等方方面面，可谓事无巨细，殚精竭虑，付出了大量心血。回忆起当年开创基业时的执著与坚韧，他无怨无悔，那段艰辛却充实的学科建设之路在他的脑海中历历在目。

“清华在恢复发展文科的过程中，校领导召集文科教授前后开过 10 次座谈会，我大概参与了其中 4 次。正是在这个大背景下，我也在琢磨自己的发展与清华文科发展之间的关系。1997 年，教育部正式把传播学列入学科目录，当时我就跟校领导建议，提出清华的人文社会科学可以把传播学作为一个重点方向，因为传播学恰恰是一个多学科的平台，信息学、社会学、政治学、新闻学等许多学科都在这里有交叉，我觉得以清华在信息科学方面的基础，对办好传播学很有优势。另外，新闻学在中国的历史比较久，复旦、人大都有很长的办学传统，地位也比较稳固，但是传播学相对新兴，教育部直到 1997 年才承认它，所以我觉得清华要发展文科，从这个领域切入比较合适。”正是在这个思路下，熊澄宇开始了马不停蹄的学科建设推动工作。“我作为这个事情的主要发起人和推动者，在时任校党委副书记陈希、胡显章的支持下，主动找学校有关领导一个一个地谈话。从 1997 年到 1998 年，我前后陆续起草了大概七十多份报告，最后送呈到校领导那里的可能有一二十份。在 1998 年 2 月的校领导务虚会上，大体达成了共识，同意了这件事，然后就进一步论证资源整合的具体方案。”

在各方的共同努力和支持下，清华大学以中文系编辑专业和人文社科学院多媒体艺术研究中心为基础，于 1998 年 10 月正式成立传播系，由中文系系主任徐葆耕教授兼传播系代系主任，由熊澄宇任常务副系主任主持工作。熊澄宇坦陈，“不客气地说，我是清华传播学科的主要创始人”。

“从 1998 年成立传播系到 2002 年成立新闻与传播学院，我们用了四年的时间。在成立学院之前，我们主要是招硕士，直到 2003 年，我们才开始本科教学。学院成立之初，我们没有设系，而是设了四个研究中心，分别是新媒体传播研究中心，由我兼主任；一个是影视传播研究中心，由尹鸿兼主任；一个是国际传播研究中心，由李希光负责；还有一个媒介管理研究中心，最先是筹办，孙宝寅任主任，直到2004年孙宝寅退休，正式由崔保国负责。就这样，我们把这个平台做起来了。”熊澄宇继续说道，“那么在这个过程中，我们主要做了哪几件事呢？第一个是按照国外的传播学学科设置，把我们的学科方向和课程体系做了一个梳理，基本上遵循了美国和欧洲的学科结构：史论—方法—应用。第二个是译介和编写教材，2001年我编写了一本《新媒体与创新思维》作为研究生的教材，这本书收录了我亲自挑选的西方科学家、思想家撰写的论文十六篇，每篇约有两万字，都是直接从原文翻译过来的，这其中有12篇是第一次介绍到中国，当时在国内比较有影响。此外我们还编了一套清华传播译丛，把国外的教材引进过来。另外，我还做了一件比较有意思的事情，就是我从国外文献资料中选了十本书作为传播学的经典文献，文集名为《西方新闻传播学经典名著选读》，对此我还专门写了一篇介绍性的文章，叫《传播学十大经典著作解读》，发表在《清华大学学报》上。这篇文章有两万多字，清华学报的主编破例连载两期才发完。新华文摘全文转载了。此外我关于传播学科的介绍，还有一篇文章发表在2008年第二期的《新闻大学》上，题目是《中国传播学的形态、业态、生态》”。

“清华文科新建学院有个做法，通常会邀请一位业界的知名人士担任院长，当时的经管学院院长是时任总理朱镕基，法学院院长是全国人大常委会副委员长、前全国人大法工委主任王汉斌。于是我们推荐了一位人选，大家都比较认可，就是前《人民日报》总编辑、时任全国人大教科文卫委员会副主任委员范敬宜。范敬宜担任院长，清华大学校党委副书记胡显章做常务副院长，我和李希光、尹鸿分别担任副院长，2002年新闻与传播学院正式成立。”正是在这样的高规格起点之上，清华大学新闻与传播学院开始飞速发展，2003年即设立传播学博士点，2006年新闻传播学一级学科博士学位授予权获批，2011年与山东广电局、深圳广电集团共建博士后科研流动站……“1996年我破格被聘为正教授之后，其实就开始带博士生了，我也是我们学院最早开始带博士后的教授。我最早是与经济管理学院合作，在管理科学与工程一级学科指导博士后，现在暨南大学党委书记林如鹏教授就是我那时指导的博士后。后来我们学院也有了自己博士后科研流动站。”

然而，面对当前中国新闻与传播学的发展现状，熊澄宇却保有自己的看法，“从整个学科的角度来讲，我觉得有点不太理想，我们对传播学的认识还是不够，更多的是把传播学放在一个方法论的层面上去思考，但实际上，传播学是一个学科体系，我们需要做的工作就是让大家真正去理解传播学作为一个学科的内涵和外延，从科学的角度来认识传播学的位置。我们总说新闻是内容、传播是形式，内容主导形式，其实它们不是这种关系。我现在的想法是不要把新闻和传播做切割，因为从施拉姆时代开始，一直到后面的大师，他们都是在做学科融合，而我们却一直在做分割。所以走到今天，我认为应该倒过来，应该重新融合”。熊澄宇进一步说道，“作为一个体系的传播学，应该像任何一个学科一样，由史、论、方法、应用这四个方面构成。我和现任院长柳斌杰多次讨论过学科改革问题，我们的改革思路不是跟随，而是引领。我们想把学科重新划分：第一块是史论、方法，不分新闻史还是传播史还是媒介史，全都融在一起；第二块是媒体实务，不分报纸、广播、电视、网络，同样融合在一起，培养全媒体人才；第三块是传媒法规和媒介管理，一个学科应该有一套这个层面的东西，并且需要进一步拓展”。

熊澄宇最后说道，“传媒在不同的时代有不同的功能，我们从人际传播时代进入大众传播时代是一个变化，这个过程的主要特点是个人融入集体、集体融入社会，这是一个求同的过程。那么现在，我们又从大众传播时代进入到分众传播、交互传播时代，这个过程的特点是承认差异、尊重个性、多元并存，这是一个存异的过程。从个体到集体再到国家，这是社会的一个进步，而当国家发展到一定阶段，她能够认识到每个个体、群体的差异，这就是社会的又一个进步。所以我想，我们的学科建设就需要面向这个信息时代，需要基于对传媒的重新解读才能真正完成”。

4. “总书记希望我们为中央决策提供依据”

而除了为清华大学建功立业之外，熊澄宇还是国内新媒体与文化产业研究领域的知名专家及领军人物。他个人及其团队不仅在互联网领域完成了诸多学术及业务层面的国内第一，并且他本人还长期致力于推动互联网在国家战略和政策层面的发展，为中国当下及中国未来的新媒体与文化产业发展战略部署规划、绘制蓝图。

“我全程参与过六场国家互联网的中美战略对话、中英战略对话，好几次会议都是由我代表中国学者与美英学者对话，我对中国互联网在国家战略层面的发展作过一些思考。这其中有一件事值得说一下，很有意义。在参加了几次政府组织的战略对话后，我提出是不是可以在政府层面之外，在学者层面之上拓展一个对话机制。这个建议得到了美国学界的认同和微软公司的支持。2011 年，我作为团长带领中国互联网学者代表团访问美国，参加首届中美互联网学者论坛。我们这个代表团包括了来自清华、北大、中科院、人大、南大、北邮等高校的十来位国内互联网专家，美国代表团也是由来自普林斯顿、麻省理工、哈佛、哥伦比亚、西北大学等一流大学的十个左右学者组成，我们在美国普林斯顿大学开会对话，但是一开会就吵起来了，”熊澄宇笑道。

“为什么吵起来呢？美国方面说中国信息控制，信息流通不自由；中国方面说美国网络控制、技术垄断，指责美国政府通过技术平台垄断全球网络。在这种争论的过程中，也就没法对话了，然后我就跟与我共同担任大会们对接的美国普林斯顿大学科技政策研究所所长说，我想做一个发言引导一下大家。”熊澄宇记忆犹新，“那一年正好发生了东日本大地震，我就说，当面临人类共同灾难的时候，我们学者的思考角度是不是可以有些变化？意识形态的问题可以由政府来讨论，商业的问题可以由企业家来讨论，但是学者应该超越意识形态、超越商业利益，去看到人类共同的、宏观的未来。我说今天我们来这里讨论，是不是应该更多地站在学者的角度去讨论一下中美两国人民如何利用互联网一起推动人类社会的共同发展，如何能够对两国人民、两国社会产生更大益处。所以，作为学者，我们不要去争那些我们解决不了的问题，而是要去讨论我们能够解决的问题”。

正是在这样一番讲话之后，20 几位来自中美名校的互联网专家开始了积极的战略对话。“最后我们讨论了整整一天，起草了中美两国学者有关互联网共识的一份文字材料。关于共识，大家也争得很厉害，一些本来非常中性的词，例如‘信息自由’‘信息民主’等，放在特定环境中就变得非常敏感。所以后来我对普林斯顿大学的教授说，求大同存小异，把所有容易引起纠葛的那些词先拿掉，把我们都能达成共识的那部分东西留下来，然后再一起讨论、修改，直到大家最后都认可。这其中，包括互联网的意义、功能、社会作用，学者应该关心以及合作研究的问题等，我们都理出来了。后来，讨论的结果发布之后，我们发现，无论哪国学者，无论什么背景，其实大家都在关注同样的问题。这份共识由双方学者签字之后，我把材料发到了国内，经由相关途径直接送呈中央主管领导，后来中央领导作出批示，认为我们做的工作很有意义，希望国务院有关部门积极支持中美学者互联网论坛的后续工作。”熊澄宇进一步说道，“因为中美两国在互联网问题上从来就没有达成过一致，更不要提书面的共识，所以说我们通过民间外交的方式，在敏感的领域里做了一大突破。我们在政府平台之外搭建了一个学界平台，由论坛整合两国的代表性学者和资源，推动互联网的研究和发展。所以我觉得这件事情在国家互联网事业的发展中很有意义”。

除了在互联网研究领域卓有建树，熊澄宇同时还是国内文化产业领域的首席专家以及行业主管部委的专家顾问，多次参与中央相关政策的论证、起草，并于 2004 年在清华大学创建了国家文化产业研究中心，任主任至今。谈及中心成立的渊源，熊澄宇讲述起了一段重要的往事：

“2003 年，中央政治局集体学习关于文化的主题，当时邀请了两位专家讲课，一位是社科院新闻所副所长张西明，另一位就是我，我讲的题目是‘我国文化产业发展战略’。中央对我们的讲课内容和现场提问解答都比较认可，当时的总书记胡锦涛同志主持了这次政治局学习，结束后，总书记跟我作了一番个别谈话，”熊澄宇详细说道，

"胡总书记提出希望发挥清华大学的多学科优势，就文化产业的相关问题进行跨学科、跨领域的综合研究，为中央决策提供依据。他说话的时候，李长春、刘云山几位领导同志就站在我旁边。回来之后，我就把相关情况向清华的校领导作了汇报，没过多久，有关部门就打来电话询问总书记交办的事情有没有落实。正是在这个背景之下，2004年5月，经校务会议批准，以新闻与传播学院、经济管理学院、公共管理学院、法学院、人文学院、美术学院、信息学院等七个与文化产业研究相关的实体学院为依托，我们建立起了这个校级跨院系的研究平台，由我全面主持研究中心的工作"。

"我曾经担任过国务院信息化专家咨询委员会委员，现在担任了国家战略性新兴产业发展专家咨询委员会委员。在今年1月国家发改委公布的《战略性新兴产业重点产品和服务指导目录》（2016版）中，第一次将'数字创意产业'收录其中，国家将在'十三五'期间要求数字创意产业做到八万亿的市场规模，可见其前景。在当前国际国内的文化产业研究领域里，我们中心应该都算是领先的。2015年，上海社科院对全国的智库做过一个综合评估，在文化领域我们排在国内第二，仅次于中国社科院，这算是一个比较高的位置了。"面对研究成就的声名远播，熊澄宇流露出的是对事业的自信与从容。

5. "要为国家重大战略作贡献"

谈及时至今日学术研究的使命和追求，熊澄宇缓缓却坚定地说道，"既要为国家重大战略作贡献，又要担负国民经济主战场的责任，同时还应该做学术研究的引领和创新"。

"2016年6月份召开了文化部部长雒树刚到任后的第一次全国文化产业工作会议，应文化部领导的邀请，我在大会上作了一个主题报告，关于发展文化生产力的战略思考，大概讲了两三个小时。长期以来，我一直都在这里领域里参与对策研究，为中央做决策前的咨询，这要比决策后的解读更难，因为这需要把决策的利弊说清楚，或者提供出可选方案，最后由领导去定夺。此外还有一项工作，就是做重大社会实践的经验总结和模式推广。"熊澄宇举例道，"我是云南省政府的特聘顾问，在当时省委副书记丹增同志的安排下，跑了大半个云南省做文化产业调研，从云南现象到云南模式再到云南道路，我给中央写了八万字的报告作总结梳理，主要就是介绍云南怎样通过旅游文化和民族文化来推动社会经济的全面发展。另外我给中央写过一个内参报告，谈建设藏羌彝文化产业走廊的战略意义。也就是在中原文化区和少数文化区中间的一条走廊带，有关在过渡带里面怎样通过文化产业发展来推动社会发展，我当时提了四个核心要点：第一个叫做国家认同，第二个叫做民族和睦，第三个叫产业发展，第四个叫社会安定。首先得解决民族地区的国家认同问题，从历史上去梳理那些少数民族和中央政权的关系，并且要认识到藏族、羌族、彝族的宗教是同源的，找到民族自身的历史渊源和它们的连续性，然后通过产业发展来达到社会安定。后来得知中央领导有专门的批示，中央有关部门用五个亿资金来启动这个工程”。

作为跨学科战略专家，熊澄宇还谈到了主持编制国家“一带一路”文化产业规划的重要贡献。“我对于怎么认识国家‘一带一路’也提出了一些概念和想法，包括给中央写过内参，大体上中央是比较接受的，后来我写了篇文章发表在 2015 年第 10 期《求是》杂志上，题目是《以文明互鉴促民心互通》。主要是说，和古代相比，我们今天提出的‘一带一路’在内涵和外延上都发生了变化。首先从空间上看，古代是指以西安为起点，通过西北五省、中亚五国不断向西拓展的一条路；今天实际上是以中国为基础，面向全世界的拓展，海洋到哪里，它就延伸到哪里。其次从时间上看，以前说‘一带一路’是从西汉张骞出使西域一直到明代。但是今天的‘一带一路’是面向 21 世纪，它的时间是以今天为起点，面向未来。因此我对‘丝绸之路’梳理出的概念就是：历史传承、文化交流、经贸合作、创新未来。这其中最重要的就是创新未来，中国要用这个概念和全世界一起去创建一个全世界人民都能共享的美好未来。”

在对国家重大战略的贡献上，熊澄宇的作为还不仅止于此。“我担任了教育部高等学校教育技术学专业教学指导委员会的副主任，连续三届我一共做了 12 年。这期间我主持做了好几个重大课题，包括现代远程教育发展战略、中国软件人才培养的战略研究等。中国软件人才培养的战略项目是由我牵头做的，经过调研，我们给教育部写了一个报告，提出在现有教育体系之外，再建立一个软件学院体系，软件学院依附于现在的大学，但是又有所区别。后来这个建议被教育部批准了，在陈至立部长手上签署的，全国确定建立三十五所软件学院。这个事情对整个中国教育界的意义很大，因为它等于在现有的教育体制之外开辟了一个特殊的领域，也就是可以按照市场化的方式来进行软件人才的培训，我是这个战略研究项目的第一负责人。”

“第二项战略层面的工程就是把‘我国终身教育体系研究’，改成了‘我国终身学习体系研究’。当时教育部在讨论终身教育，经过研究后我觉得用‘终身教育’不如用‘终身学习’，因为教育是一个组织行为，它对所有受教育者来说，是有一定时间、空间限制的。但是学习可以是一个无限的行为，每个人他一辈子都应该学习。所以学习是终身的，但教育不是终身的。后来我在《人民日报》上发表了一篇文章《终身学习与全面小康》，那篇文章发表之后，受到了教育部领导的认可。后来由我主持了教育部中国现代远程教育发展战略研究课题，课题结项后由我主编并出版了专著《中国现代远程教育发展战略研究》。”熊澄宇总结道，“所以，从互联网、文化产业到‘一带一路’、软件学院再到终身学习体系、现代远程教育，我做的这种战略层面的研究是比较多的。我在 2002 年出版的《信息社会 4.0》一书中就提出了‘信息社会 4.0’的概念，并且提出了四个发展阶段，分别是信息技术、信息产业、信息经济、信息社会。当时那本书由有关部门选送给中央政治局领导参阅。我在书中主要提出了信息技术作为先进的生产力一定会推动社会形态的变化”。

“此外，在新媒体领域我还提出过一个重要观点，就是‘节点理论’。我认为今天最重要的不是信息发布者，也不是信息接受者，甚至不是媒介，最重要的是节点。因为在整个媒介系统特别是社交媒体里，每一个人都是整个系统当中的一个节点，这个节点既是起点，又是终点，并且连接成网络。所以，你很难用原来的传播学理论来解释它。这时候就需要我们进一步去完善。”熊澄宇补充道，“对于新媒体，我们现在多数是停留在对现象层面的描述上，还没有建立起新媒体的理论体系，实际上现有的西方传播学理论已经不能够完全解释今天的传播现象了，我应该要提供进一步的思考。作为一个思考者，就要去做这种事情，才有意义”。

6. “现代社会的竞争就是学习能力的竞争”

2004 年，熊澄宇在接受《三月风》记者采访时曾这样诠释他对“学者”二字的理解：“学者，本质上就是一个学习的人。”熊澄宇对于学习能力的重视由此可见一斑。

“现代社会的竞争就是学习能力的竞争，我们每个人每天都要面对不断发生新事物的世界，你怎样认识它？站在图书馆面对浩如烟海的知识海洋，你会困惑这辈子该怎么办？当我们面对未知的未来，你同样会感到无所适从。在这个时候，我们唯一能够做出的选择，就是学习。我们这些做老师的，实际上是在跟学生同步学习，你和他同步，你还要能够指导他，这就要求你的学习能力必须比他强。”熊澄宇说，“我现在清华主要开三门课，一门是媒介发展史，从公元前 3500 年一直讲到今天；一门是新媒体研究，讲可能发生的未来；一门是文化产业研究，就是讲当下。对于我来说，每一次上课，每一天面对学生，都是一次考试，检测的就是我的学习能力。你必须不断丰富你的知识，然后还要去思考，才能够去引导他们。我给政府做咨询也好、给企业做顾问也好，都是现场解答，大家面对的是同样一个事实，他们和你在进行同步思考，但是他们为什么需要你的大脑？这就要求你跟他们想的不一样，你能够带给他们启发”。

熊澄宇感慨道，“在现代社会做人文社科的研究，已经不像 30 年前我读书的那个时代了。那个时候我坐在善本库里面，每天一杯水两个馒头，我就能够很满足的沉浸在古代的信息资源里去获取知识。但是在今天它显然不够。我们需要什么呢？就需要到现实中去看、去交流、去讨论。只有交流才能知道对方的问题、焦虑和兴奋点在哪里，只有通过在一个更大平台上的数据比较，才能够确定自己的坐标”。

不仅是学者，熊澄宇还是一位从教几十年的资深教师，他在清华大学已经指导了一百多名硕士、博士、博士后。在谈及他的教育理念时，熊澄宇提出了四层境界，分别是：有教无类，因材施教，教学相长，学无止境。

“我简单解读一下。第一个有教无类，就是我刚才说的，我们去衡量一个学生，重要的不是看他掌握了多少知识，而是看他有没有继续学习新知识的能力。所以，到我们下来读研究生的人，几乎学什么专业的都有，学汽车的、学外语的、学计算机的，我觉得都没有关系。但是我一定要亲自面试，要跟他们交流。比如我有一个学生是学哲学出身，在和他沟通的过程中，就觉得他有很好的逻辑思维能力和抽象思维能力，所以虽然他此前从未学过新闻传播，我也觉得挺好。第二个是因材施教，我到清华来教这几十年书，就发现人跟人生来确实不太一样。清华的本科生生源极好，有的人在这方面擅长，有的人在那方面擅长，所以要根据人的情况来进行培养，要考虑到从不同的角度去发挥他的长项。”熊澄宇继续说道，“教学相长也是如此，‘师不必贤于弟子，弟子不必不如师’。因为当确定一个研究选题的时候，它一定是属于学术上需要解决的问题才有价值被提出，那么就需要你跟学生同步解决，甚至学生对这个领域的把握还应该超过你，乃至成为这个领域的专家。在教和学的过程中，它是一个相互推动、相互促进的过程，你根据对学术的整体了解来指导学生，学生提出问题又促使你去思考，你跟学生在同时进步。最后就是学无止境，这个不需要我解释，因为对所有人来说，我们都面临着巨大的未知数，都需要学习。我们现在对宇宙世界的认知大概只有25%，很多今天存疑且无法解释的东西，或许只有等将来才能够被验证。整个社会都在不断前进，就像流动的水一样，每个人都做好自己这一段，才不至于变成一个冻结面停在那里”。

对此，熊澄宇还特别向年青一代学者提出了几点寄语：“独立思考，批判精神，创新愿望，务实态度。”

“所谓独立思考，就是人作为个体存在的前提，每个人存在的意义是在于你和别人不一样，每个人都需要有自己独立的思考，一个大脑取代无数个大脑的时代已经一去不复返了。特别是对于学者来说，我觉得独立思考非常重要，也就是你的独特性、唯一性。所谓批判精神，是中国几千年来的士大夫传统。什么叫批判？就是责任感，就是家国情怀。我觉得一个社会、一个行业、一个学科不够好，但是我希望它好，这就是一种责任感。光有批判不行，你还要提出解决方案。所谓创新，就是你要提出怎么用别人没用过的方法来解决问题，要往前推动，要做得更好。务实态度，就是说你要把事情做成，必须脚踏实地，在你能力范围之内把事情做实，不能好高骛远，不能去追求做不到的事。”熊澄宇说，“这既是我对年轻人说的，也是我对自己说的，共勉吧”。

熊澄宇坦言，生活中的自己不喜欢进入舆论场，更不愿成为别人关注的热点。他说，“对于我们这个年龄的学者来说，尽可能地是通过自己的文章去发言，而不是通过别人的表述”。熊澄宇早年曾对清代文学家蒋士铨情有独钟，并写下过 15 万字的研究专著，而最让他欣赏的便是蒋士铨的那句“潇洒一官足，磊落半生穷”，这位乾嘉名士经世致用之奇美人生、腾踔万象之逍遥本色映照出的正是熊澄宇通文达艺、茹古涵今却清心自若、不求闻达的学者风骨。

中国美学中有“澄怀观道”之境，意谓以廓然胸襟悟宇宙灵气。此中真意直指中国人文化心灵的至高审美：以最自由最充沛的深心自我面对虚实一源的大千世界。其意趣中有既有佛家之出世空无、道家之超世逍遥，亦有儒家之入世有为，这种境界放在熊澄宇的身上，恰如其分。

（陈娜　张嘉芮）

6.2.2　倪宁：春在溪头荠菜花

倪宁教授（1952—　），安徽省肥东人，曾任中国人民大学新闻学系副主任、新闻学院副院长，中国人民大学学生处处长、校长助理、图书馆馆长。2009 年起，任中国人民大学新闻学院执行院长，实际主持新闻学院院务。在任内，在教学、科研、社会服务和学院管理方面采取了一些新举措，取得了显著的成绩（见图 6-10）。

图 6-10　原中国人民大学新闻学院执行院长倪宁

1. 早期经历

问题 1：能跟我们讲讲您与人大的缘分吗？

答：上大学之前，我做过土记者，做过报社、电台的通讯员，也做过县里和公社广播站的业余编辑，写过文字材料什么的，对新闻方面有了一定的兴趣。1977 年年底恢复高考，记得第一志愿就填报了北京广播学院。如果身体条件合格，也许我就是这个学校的校友了。1978 年夏天接着考，填报志愿时，正值人民大学复校招生，就选择作为第一志愿。当时我历史考分较高，按照优先录取相关专业的思路，以能保证被录取为前提，就把历史专业放在志愿的第一顺序，第二才是新闻。后来还是录取在新闻专业，可能是考虑我有这方面的经历吧。为填满志愿学校，还胡填了北京大学图书馆系，放在第五志愿。说起来也很好玩，历史专业没有学成，但前些年我做过国家清史纂修办公室的服务工作；在高考志愿上有图书馆那一抹痕迹，竟也当过学校图书馆的馆长，也许是天意，人生路上真的很神奇。

但到学校读了大半学期，还是因为身体问题回去养病了。1979 年复学，从 78 级退到 79 级学习。其实我的身体还是可以的，但就是人生路上有这个结，只能认。1983 年本科毕业以后就留校了，由学生成为教师，是人民大学教职员工中的一分子，一直到退休。

问题 2：能谈谈您留校后简要的工作经历吗？

答：1983 年毕业以后，虽然是作为报纸编辑教研室的教师被留下来，但最初是做教务秘书，在系办公室里面负责教学服务方面的事务。说起来，进入工作岗位以来，一直到离开学院执行院长这个职位，我就没有享受过不坐班的待遇。严格意义上来讲，一直在“双肩挑”：一方面有大量教学行政方面的工作要做，另一方面又惦记着教师的职责任务。刚开始工作的时候，主要精力在教学管理的行政事务上，留校两年后，担任系办公室主任，也走上讲台，先讲授编辑课，后来上广告方面的课。1988 年后，担任副系主任。1994 年改称为副院长，到 2002 年被免，在新闻学院（系）副职的位置上，前后差不多有 14 年之久。

2001 年 3 月，我就任学校学生处处长，3 年时间。2004 年到 2008 年，担任学校校长助理，这段时间，还兼任国家清史纂修领导小组办公室副主任，2004 年年底到 2009 年 11 月，又担任学校图书馆的馆长，做过学校文化科技园管委会的副主任。

但是教师的岗位是本职，所以也要找时间备课、上讲台，也做些肤浅的研究。逐级由讲师而副教授，到教授，指导学生。我从事的两方面课程教学，为我增益不少。我先教的是编辑课。编辑课有策划组织报道方面的内容，需要从宏观方面去思考问题，也涉及改稿纠错等细节，所以也逐渐养成在细微处发现问题的习惯。广告方面的课，也使我在教学研究过程中，强化市场意识和竞争意识，从经营的角度观察和思考学院的学科建设，教学组织和人才培养等，这样就可能多一些感悟。

2009 年 9 月，我回到新闻学院走马上任常务副院长，协助赵启正院长，后来变为执行院长。

我过去有一句话，“时间和精力都消失在阳光和空气里面，最终一无所得”。但还是要感谢这样的经历，虽然要忙累一些，但常常可以用两种以上角色的思路去考虑一些事情，对于新闻教育、新闻传播人才的培养，能够获得一些自己的想法。在学校相关部门任职，也为在学院任职积累了一些资源，有助于学院的学科建设、教学改革，为创新开辟一些通道。学问没做好，但新闻传播教育上，自认为还是有些心得的。

2. 教育事业与教育理念

问题 1：能跟我们谈一下当您重新回到新闻学院的管理岗位时，当时新闻学界和业界是一种怎样的态势呢？

答：进入 21 世纪，互联网的出现与发展对于我们新闻教育，是一个很大的冲击与挑战。互联网和新媒体的兴起，对媒体的运作、新闻信息的传播提出了很多课题，传统媒体正在失去它的优势。那么，对于学校专业教育，新闻人才的培养，如何适应新媒体环境下的传播，如何去组织和实施，都迫使我们做进一步思考。我上任时，这个态势更加严峻。我做学校图书馆馆长时，图书馆作为一个知识信息的集散地，也面临着相应的问题。比如纸质的信息载体，它的作用就在衰减，读者在减少。如何发挥图书馆的作用？数字化建设，适应网络信息环境，需要调整服务理念和方式。由此及彼，当我重回新闻学院的管理岗位时，首先就是感到在网络环境下新闻教育如何创新的压力。当时，有名的美国《基督教科学箴言报》宣布要在 2009 年将日报变为一天 24 小时、一周 7 天的电子出版物，业界震动。最初还不太走脑子，反正跟我的图书馆还有点距离。再一看，国内也波涛汹涌，网络媒体、网民激增，纸质媒体广告收入下落，“狼来了”的惊叫声此起彼伏。

而同时，全国新闻教育的发展势头都很猛，各兄弟院校都是各有各的高招，有些具有相当实力的院系，眼睛还盯着人民大学新闻学院，一股要超越的做派。兄弟院校群雄竞立，所面临的竞争环境相当险恶。

好在人大新闻学院有着优良的传统，所积累的资源，一流的学科，一流的师资，一流的学生，有条件应对各种挑战。问题在于如何配置资源，发挥优势。虽然我有一段时间在学校工作，但还是学院的一名教员，环境是熟悉的，所以进入角色还是比较容易的。但是，还是感到压力山大，真是“如临深渊，如履薄冰”。

问题 2：应对这样的挑战与态势，您当时有什么样的规划与思考呢？

答：对于学院发展的一些想法，可不是在又回院里履职才有的，有一个变化渐进的过程。不过，担任常务副院长和后来的执行院长，其中有些想法付诸实施容易一些。可从头说起。

我开始做系办公室主任的时候，系领导就给过我很多锻炼的机会。在具体工作中，我发现我们的新闻教学课程设置十几年几乎没有变化，专业课程包括新闻史、新闻采访写作、新闻（报纸）编辑、新闻理论、新闻评论、新闻摄影等，我读书的时候，和以前没有什么变化，再往前，甚至燕京大学那时都如此。基础通识课程呢，主要是文学方面，现代汉语、古代汉语、古代文学、现代文学什么的，比例很高，兼有一点历史方面的课程。但那时面向的是纸质媒体，应该也没有什么问题。1985 年是人民大学新闻系发展的一波高峰，那年创办广播电视专业，并为中央电视台专门开办了一个班，同时恢复新闻摄影专业招生，为新华社摄影部专门开办了一个摄影班。这实际上是新闻事业发展对新闻人才的培养提出了新的需求。新闻事业在发展，新闻系扩展了，专业课程是不是也要增加、兼容、相互渗透？基础课程、选修课程要不要放开一些？在我协助修订新闻系专业培养方案时，尽可能地注意适应新闻业发展的新变化，也注意利用人大人文社会科学的丰富资源，增加比如社会学、经济学等方面的选修课程。

本科阶段的教学组织，有一点需要考虑，应该要让学生毕业后拥有能进一步学习的能力。大学四年的学习是有限的，而人的学习是无限的、终身的。本科这四年，是一个承前启后的学习阶段，是非常重要的。它在中学的基础教育上进行专业教育，在专业教育里面它又是个基础教育，本科学习某一个专业，并不意味着以后一定就会干这个，但要能奠定一个他以后进入社会、在本专业领域或其他领域继续深造发展的基石。所以，新闻系本科教学的组织实施，基本上是围绕这些想法展开。20 世纪 90 年代，我有印象的几件事：第一件事，是本科教学（培养）方案的改革，各个专业之间，当时我们有广播电视专业、新闻摄影专业、新闻学专业，还有广告学专业，课程可以相互渗透；另一方面扩展基础知识教育，适当加大其他学科知识的课程，选修学校其他院系的课程，为我所用；而一些可以自学，可依靠社会获取知识、技能等。就是说，在有限时间内，尽可能地发挥学校教育优势，厚重学生的基础，储备学生的潜能。

第二件事，是增设高等数学课并建议学校在相关文科专业里也增加这门课，这是为了培养学生的思维能力，增强严谨素养。从事新闻传播，学生仅有文科思维是不够的，也要有理科的思维，要能进行严密的推理。当然，现在好像全国不论哪个专业，都有数学课，已经成为通识、基础教育的一部分，常态了。还有一件事，就是提出招收理科生，新闻学院学生文理兼收。这种做法，一是想把学习理科的优秀中学生招过来，壮大包括新闻传播在内的人文社会科学人才队伍；二来也希望能解决男女生比例失调的问题。但结果把理科生中的优秀女生都招过来了，男女生比例失调的问题没有解决，现在更加严重了。开数学课，招理科生，新闻学院（系）、人民大学是比较早的，不说对不对吧，至少是“吃螃蟹”的。

还有，新闻系也比较早地在新闻学专业中增设新媒体专业方向，注意到网络传播对于新闻业的影响，推动教学变革。

我到职之前的这些年，新闻学院在媒体融合的条件下推行人才培养创新，已做了很多工作，成绩斐然。大家都十分关心互联网条件下新闻传播的新特点、新变化，努力推进学院的教学改革。我归纳这些年学院所进行的探索，所形成的一些经验，深感在新的历史发展时期，新闻传播教育要处理好变与不变的关系，具体来说，就是抓好“两重”，实行“双跨”，力争“三融合”。

所谓“两重”，一是重基础。合格的新闻传播人才必须有坚实的基础，政治基础和学识基础。首先，他要懂政治，拥有正确的政治立场和政治倾向，这是做一个新闻工作者必须有的。同时还要有文史哲等各方面的基础，过去说新闻记者是万金油，什么都会一点，当然，我们也必须是“杂家”。其次，在新的历史条件下，除了传统的文史哲外，还要懂得这个社会，在如今的市场经济的情况下，面对市场，如何看待社会中各种变化，各种现象，怎么去判断，怎么去报道，甚至怎么去引导，不懂得这方面，你肯定就不能愉快胜任。还有，现在我们所面临的是一个转型速度在加快的社会，以前仅仅注重文史哲方面的基础就不够了，经济学、法学、社会学、市场学、国际关系等知识，也应该有所涉猎。

二是重实践。新闻传播是应用性学科，毕竟实践性、操作性的东西多一些，实践就意味着你所学的各方面的知识要能和实践结合并加以运用，现在流行一个词叫“体验”，你体验过后，才会对知识有一种感悟，才可能理解，才可能吸收，才可能上升，才可能变为自己的东西。我们给学生提供的实践平台，应该可以分为两类：课堂内外的结合和校园内外的结合，课堂里面他有很多跟课堂教学知识点结合紧密的作业和讨论，这些也可以延伸到课外，比如像《新闻周报》这样的园地，《新闻周报》是当年系里交给我来具体操作的，那是 1982 年 9 月份，仅是两块黑板。坚持到现在，信息载体已经全方位了，非常不容易；这块园地，新闻学院许多学生在里面耕耘过，多有所收获。胡锦涛总书记考察学院时，我还重点介绍了这个学生媒体。校园外的业务实习，也纳入教学计划，或随机安排。但教学实践，也要掌握一个度，不能顾此失彼，要和课堂学习有机结合起来，相得益彰。值得一说的是，学院推出了“新闻学子走基层”活动，作为促进教学与实践结合的一项内容。学院组织学生深入基层、广泛接触第一线，组织了赴山东省诸城市、湖南省中方县的调研、采访，既更深刻地认识社会，又锻炼了新闻实操能力。此外，组织教师利用假期到新闻机构和社会基层考察学习，进一步了解实际，收获应该也不小。

所谓“双跨”，一是跨学科，二是跨媒体。

跨学科，就是指新闻学院的学生，争取在本科学习阶段，能够较系统地学习掌握另外一个专业的知识，实现专业交叉。文科学生，这个“跨”是非常有必要的，做新闻传播，在当代，不仅要成为杂家，还要能成为专家。人民大学人文社科资源丰厚，土壤肥沃，应该充分利用，不能以专业为“阈”，也不能以院系为“阈”。打通院系、学科的疆域，形成资源互补，培养出来的人才会更优秀。我回到新闻学院之后，联系主导和法学院办了新法实验班，和国际关系学院办了新国实验班。本来还可以继续推广，比如与社会学，与经济学，与哲学等，后来学校推行本科教学改革，提出人才培养路线图，学生辅修、选修相关专业、课程，自由度大多了，学校学科资源可利用空间扩展了，新闻学院学生也可以通过这一途径争取丰富自己的学识结构。当然，跨专业的实验班，还可以总结提高，有条件时继续推广。

跨媒体，即打破媒体界限，适应媒体融合的人才需求。20世纪90年代我们曾经尝试过摄影、广播电视、纸媒等不同媒体的“跨”，相互渗透，做到一专多能。那么，现在互联网一统天下，更要加强“跨”的意识。这里，不仅有课程设置的问题，也有课程内容改造的任务。我有一个愿望，就是希望在互联网传播的基础上升级调整我们的课程、教材和教学内容，不愿看到现在某一新媒体出现，就开出许多新课，围绕这一媒体大讲特讲的现象蔓延。要融合，要统筹，要把视野打开。但这要涉及很多方面，存在不少困难。

“三融合”，就是媒体融合、学科融合和术业融合，是对两重双跨的具体化，从这三个方面去落实。

问题3：这样的规划与思考，对人才培养会产生什么影响呢?

答：新闻传播环境变了，新闻传播教育的培养目标就应该有所调整。因为媒体在变化，社会在变化，对于新闻信息传播人才的需求也在变化，媒体的发展，特别是互联网出现，影响到社会各个层面，都需要新闻信息传播的专门人才，我们的培养目标相应要扩展，要因时而变，智因势而动。打个玩笑的比方，我们至少要培养三种人：一种是放火的，就是专业的媒体从业人员，报道，进行舆论监督，引导；一种是救火的，处理危机，管理、协调组织机构与社会的沟通；还有一种是拉架的，管理、协调媒体与社会、机构之间的关系，保持信息传播的均衡和常态。

从素养来说，合格的新闻传播人才，我认为要有一点虎气，要有胆识，有专业精神，勇于善于运用报道的武器，舆论的力量，伸张正义，鞭挞邪恶；宽一点视野，就是要有高度，“不畏浮云遮望眼，只缘身在最高层”，站得高才能看得远。现在是市场经济，国际社会，互联网时代，视野一定要宽，要广思远看。高一点境界，从事新闻传播，职业具有特殊性，要能经得起诱惑，经得起挑战，没有境界是不行的。要站在老百姓的角度看问题，站在社会进步的角度去传播去报道。

我们说培养新型的、具有时代特色的新闻传播人才，我认为，一是思想意识要新。识时务者为俊杰，通机变者为英豪；明者因时而变，智者随事而制。我们正遭遇千百年未有之大变局，要有新的思维，较强的判断能力。二是知识结构要新，现在知识更新速度加快，要能自我更新调整，还要有能把知识变为才干的能力。三是专业技能要新，做到一专多能。简言之，要能顺应时代大潮，更能在引领这个时代中发挥作用，有所担当。我想，人民大学新闻学院的学生会努力的。

问题 4：您到任后，新闻学院的治理结构有了比较大的调整，能跟我们谈下这方面的情况吗？

答：啊，是这样的。学院当时有 11 个还是 13 个教研室，我记不清楚了。“山头”这么多，其实是不太好管理的；另外，我们国家大学里原先系和教研室这样的二级架构是沿袭苏联的，教研室多是以专业课程为基准设置。改革开放后，又开始学习美国大学的管理体系，如学院、系。这样，在学院里设置教研室，好像有些不伦不类，也不利于打通课程、资源互补、学科渗透。所以，下决心做一些调整。当然，不能拍脑瓜子，独断专行。于是，从上到下，进行调研，征求意见，学院一级的先统一认识，提出草案，然后再放下来，直至每个老师，征询他们的意见。也参考兄弟院系的治理结构，琢磨它们的想法做法，结合学院的实际情况，最后形成四系一部：新闻系、传播系、广播电视系、广告与传媒经济系和新闻史论教研部。当然，调整结果也引发个别老师的不同认识，甚至产生一些小矛盾。但大部分老师认为是正确的、合理的。后来也有微调，但大框架定下来，现在看四系一部还是比较合适的，有利于新闻学院师资力量的匀兑融合，有利于课堂教学和研究的有机展开。说实在的，这才有点像学院的编制架构。

在任这几年，我提出几个“年”，第一个年正好遇上建院 55 周年，于是提出院庆年，意在调整、集聚人心，鼓舞士气。第二个年是学科发展年，集思广益，提出当时还有点令人振奋的 12 个发展目标和方向，作为学院近年创新变革的重点。第三个年是教学管理年，通过周密细致的管理达到既定目标。第四个年是教材建设年，推动教材在互联网环境下全面更新。这似乎是“形式”，做口号文章，但实际上还是有用心的，一方面是抓重点带动全局；另一方面，有所侧重，相互支撑。我回来当执行院长，也有小心眼，就是希望通过这些，给年轻的院领导一些启示：学院院长应该怎么当？这当然是一厢情愿啦。

问题 5：都说大学是大师之谓也，但真正落实是在学院里，新闻学院教师队伍是如何建设的呢？

答：人民大学新闻学院教师队伍已经经历好几代了，成分也变化较大。复校以来，我看到的，如本校学生变成老师的，校外调来的，外校毕业过来的，国内外的，一直在丰富着这个集体。能到人民大学新闻学院来工作，都是很优秀的。我在任时在职教师近 60 人，有博士学位的 42 人，将近 75%，其中 6 人获得欧美知名大学的博士学位，有一年以上海外进修经历的教师占到大半。问题在于，一是薪火相传，后继有人，梯队合理；二是要有良好的氛围，有浓郁温馨的学院文化，让大家各得其所，各显其长。作为一院之长，至少要注意这两点。我面临的状况是：从年龄结构上，学院中年老师有些断层，这是历史造成的原因，无可奈何。从别的地方挖人，成本高，有的还会不服水土。只能视线下移，给年轻一些的老师更多的资源和机会。

当然，更重要的是扩充队伍。我在任期间，至少接收从海外和国内著名院校的拔尖创新人才 6 名，其中 4 人具有海外知名院校博士学位，包括一名外籍教师。应该说，基本形成了一支老中青三代结合、学科背景配置较为合理的高水平学术团队。特别是在年轻教师层面，我坚信已经储备了实力雄厚的力量，发挥得当，竞争力将很强。话说回来，配置引进的成本都不高。当然也有缺憾：一些有实践经验的人才，因为种种原因，被挡在院外；聘任兼职教授的工作也没有做好。

此外，要尽可能地为学院每一个老师提供研究发展的条件，营造良好的工作环境，使之安心岗位，安心事业。说起来，有些年龄大一些的老师，怀念过去"温暖小家庭"的氛围，而现时市场经济的大环境，不仅仅要继承，更要弘扬，在竞争条件下，在一些特定的利益面前，如何处理，怎样面对。所以，首先是我们管理层的人，我自身，以身作则，做好榜样，是非常重要的。用一种牺牲精神为"温暖小家庭"添柴加火，通过细微的关爱激发大家热爱学院、奉献学院的情感。我想我尽力去这样做，那几年学院总体上是和谐的。年终总结联欢，洋溢着欢乐的气氛。但肯定有不够周全的地方，不能完全满足每个人的需求。比如职称问题，就在我心里有一个去不掉的痛。好些个都够评聘教授的条件了，还在副教授的圈外徘徊，也无奈。

问题 6：那能跟我们讲讲学院学科建设、教学科研等方面的具体情况吗？

答：这几年还是做了一些事，有些发展变化的。首先，也是在赵院长的带动下，公共传播、公共外交发展较快，也产生了较大的影响，关键是初步形成了由政治传播、健康传播、环境传播、民族传播和公共外交等多元领域构成的公共传播学科体系；新媒体传播、危机传播、环境传播等新兴交叉研究产生了广泛社会影响；认知神经科学的研究也在学院落户，生根开花；以视觉传播研究为契合点，带动和整合广播电视和新闻摄影学科进入新的领域；以媒介融合为导向的新闻实务研究和以公共传播为重点的传播实务研究成果丰硕；加强完善马克思主义新闻理论的建设研究，老中青结合，中外结合，可谓人强马壮；新闻传播史研究有了新的拓展，推进新的史学方法的探索，并向专门史、思想史领域延伸；等等。

学院实验条件有了大幅度的提高。新闻传播实验中心顺利通过国家级实验教学示范中心验收，演播厅正式划归学院，非编等实验室使用率进一步提高，所形成的教学实验平台为改造课程体系、教学环节和教学方法等方面发挥了实质性作用，公共传播实验平台（特别是舆情分析系统、传播学—认知神经科学系统）也产生了学科效益、社会效益和经济效益。

关于人才培养，已经说了不少，也与教学改革密切相关，主要在于构建了新形势下的新闻传播人才培养模式，以此进行课程改造、教材建设和教学手段革新。像案例库建设、跨媒体实验工作坊，鼓励学生采用自主式、合作式、研究式为主的学习方式，加强能力培养的教学思路等，都已形成一套做法，成果突出。

科研方面，成果也有一说。我那几年，不完全统计，学院老师发表论文近千篇，专著 120 多部。其中可喜的是，在 SSCI 刊物上发表论文 12 篇以上，而且学术因子都较高。此外，学院获得科研课题近 120 项，国家级有 10 多项，省部级课题近 20 项，总经费达 1400 万元。

服务社会和贡献率也明显增大。学院为中央组织部、北京市委组织部、深圳市委宣传部等多级、多地党政部门，以及中石化、海航、创维等著名企业进行高端人才培训；与北京市网信办合作，对北京地区网络编辑培训，这已成为行业人才准入资质。

和兄弟院校的交流和合作大大加强。复旦大学新闻学院两任院长都专程来学院考察。说来我到复旦去都是顺访，欠他们的啊。国际交往加深，与美国密苏里新闻学院、哥伦比亚大学新闻学院、北卡罗来纳大学新闻与传播学院等世界一流新闻传播院缔结了战略合作伙伴关系。2013 年，我和蔡雯副院长等到美国考察 7、8 所大学，发现他们面临的情况与我们是类似的，都是在互联网的新形势下如何继续改革，如何培养新型的传播人才，认识差不多，碰到的问题也相似。赵院长出席学院主办的一次国际学术会议，评价说这是真正像样的国际会议。

谈到这些，无非说明学院全体教职员工的辛劳汗水没有白费。我们第三次蝉联学科评估第一，虽然是并列，但以一院之力对拚一个学校，是费了“洪荒之力”了。一句套话，“功劳是大家的，如果有差错，那是我的问题”。我说这话是真诚的。

3. 展望未来

问题 1：您刚才有提到“人大新闻学院这个传统的学院”这样的话语，这是什么意思？您对学院进一步发展有什么样的寄语？

答：我们的新闻教育，如果追溯到燕京大学、北京大学，已经快到“米寿”了，历史悠久，传统深厚啊。但我们过去主要是以纸质媒体服务见长的。互联网时代，一切都在变化，我们差不多和兄弟院系是站在同一起跑线上，而传统还有可能成为包袱。所以，创新改革，迎接以互联网为主体的新媒体传播的挑战，要有蓄养更大动力、承受更大压力的心理，把传统变成奋进的坚实基石。还是那句老话，要因时而变，因势而动，要有洗心革面、脱胎换骨的勇气与魄力。

另外，千万不能停留在以纸质媒体为出发点的新闻理论和操作方法上，千万不能在狭窄的新闻巷道里跳舞，要有大局观。不仅要练内功，还要善于与其他学科、专业融合，把气引过来，在更高更宽的层面上观察和把握新闻传播。

我有预感，在若干年内，我们这个领域可能迎来重大变化。要继续保持领先地位，必须有所准备。

（问：刘峻雨　答：倪宁）

6. 2. 3　陈桂兰——新闻人是捍卫正义和真相的勇士

陈桂兰（1944—　），江苏如东人，1968 年复旦大学新闻系毕业。军垦农场劳动锻炼一年后，历任《合肥晚报》记者、编辑，合肥人民广播电台台长、总编，合肥市广播电视局局长、党委书记。1993 年起，担任复旦新闻学院常务副院长、院长等职，兼任中国新闻教育学会副会长，上海市新闻学会副会长等职（见图 6-11）。

兼容并蓄，见地深远，和蔼可亲，知性优雅。作为曾经的复旦新闻学院“掌门人”，与新中国共同成长的一代媒体人，她数十年如一日痴心不改，从新闻实践到新闻教育事件，如今桃李成蹊，兀自热心新闻事业，耕耘不息。

图 6-11　原复旦大学新闻学院院长陈桂兰教授

1. “作为女性要有内在的力量”

单纯、坚定，这是陈桂兰忆起当年复旦求学生涯的两个关键词。“现在回想起来那段时光都让人热泪盈眶，很单纯也很美好。我从小比较喜爱读书，普通家庭出身，我能考上大学深造，很大程度上是因为我的父亲男女教育平等的观念，所以我才有了读书的机会。”

因为单纯，她很容易满足，而学生时代毫无疑问是最难忘的。“首先学习的机会最重要，在复旦学习的时光是最快乐的。现在我们退休的老同志聚在一起还说，这一辈子中来复旦读书是最正确的决定。”结缘复旦，圆梦复旦，对于后来能回到复旦工作她相当欣喜。“当然了，能再回到复旦工作，尽一己之力在社会各界的帮助下为大家做点事情也是一件很开心的事情。”她笑着，脸上洋溢着幸福。

生活对陈桂兰这么慷慨，作为回报，她认为应该也要倾情付出。“我觉得我能回复旦，并且在一定职务上为复旦新闻学院添砖加瓦，这是因为我心甘情愿为大家做点事情。”但身为女性，必然会面临一些难以预知的困难，对此陈桂兰很坦然：“作为女性，要有一种内在的力量，面对困难不轻易倒下，内涵永远比颜值重要。”看来内在强大绝不是男人的专利，女人亦如是。

如果说单纯很可爱，那么单纯到不谙世事，在“文革”那个特殊的年代就是一种幸运，物质上也许会吃亏，精神上却尽显洒脱。陈桂兰思绪很快飞回到四五十年前：“我这个人单纯的有点傻乎乎的，文化大革命‘一月风暴’的时候我所在的‘保守小组’要写检讨，写完没人愿意站出来在大会上宣读，我就傻到自告奋勇在相辉堂那么多人面前，诚诚恳恳地作检讨。在合肥的时候单位分给我 150 平米的房子，我没要，留给条件比较困难的同事了，当时人家还送了我一包红糖表示感谢。”

如今的陈桂兰，年过古稀心态依旧很好，这也让她看上去比实际年龄年轻了很多。“说起来我现在确实 70 多岁了，但总觉得自己还很年轻，我和我的两个女儿都成了很好的朋友。我们会互相推荐书看，我也会读一些时下比较流行的书籍，我和孩子们一起学习一起成长，这也是我心态比较年轻的原因。”

与书为伴，终生不老，唯其能重启思想，焕发热情。“现在退休了，重新看了一些以前想读没来得及仔细研读的书，趁自己身体好也时常去外面转转。晚年保持轻松愉悦的心情，对国内外新闻媒体保持批评和思考的态度。”而关于未来，陈桂兰心态相当平和，对生活有自己的理解。“我很佩服很多老师在晚年还坚持做一些学术上的研究，但至于自己要不要继续做点什么，就随遇而安吧！”

2. “公家之事蛮会求人，一己之私话都讲不清”

似乎是命中注定为复旦而生，陈桂兰有很深的复旦情结。合肥的人生履历光环闪耀，但一得到复旦邀请，就毫不犹豫回校任教了，即使已经身处高位，正值中年。“回复旦是一件非常正常的事情，在安徽的 25 年学到了很多看到了很多，也经历了很多，安徽那边的领导也好，群众也好，都给予了我鼓励和肯定——最美好的岁月都献给安徽了，就让人家走吧。”

不过，20 多年的人生经历，而且是最美好的青春年华，在合肥的工作记忆是刻骨铭心的，陈桂兰坦言的确难以瞬间释怀：“1968 年从复旦毕业，正值“文化大革命”期间，离开上海去军垦农场锻炼了一年，之后来到合肥报社，在那工作了 14 年。在这期间，将复旦所学运用到工作中。再后来，调任合肥广播电台，在那工作了 6 年，学习了很多广电方面的业务。”可以说，正是合肥的工作学习，打下了陈桂兰一生的事业基础，而且适逢升迁机会，对任何人都是一种诱惑。“当时决定要回复旦的时候，恰好是上级要调我到市里去工作。作为一名女同志，提升为局级干部是一个很难得的机会。”

回来的原因就是发自内心更深处的呼唤。“母校的盛情邀请，调动我一人的同时解决全家的迁沪问题。”另外也有为孩子未来发展考虑的客观需要，舐犊之心、母女之情是天然的，超越一切社会关系的。“离开安徽，最主要的是出于对孩子们的考虑，上海得天独厚的地理优势，包括教育条件，可以给孩子创造更好的成长环境。由于自己工作原因，对子女疏于照顾，感到十分愧疚。”当然，也因本性使然，不喜官场曲意逢迎，溜须拍马，崇尚本真、干净自然，更因为觉得自己本质上更适合做学问，“还有一个原因就是可以在学校里再学到更多的东西。而且从自身本质上来说，并不适合官场”。

回到复旦之初，陈桂兰担负“广播电视概论”“新闻媒介管理”“新闻职业道德”三门课程的教学。鉴于教学工作与之前的工作范围和性质有很大区别，为了尽快适应教育环境，转变角色，在老院长丁淦林教授和各位老教师的帮助下，陈桂兰也付出了极大的努力。

负责学院管理工作之后，“资金短缺”和“师资匮乏”这两个重担压在陈桂兰肩上。“当时学院办学条件之差大大出乎自己预料，”她现在想起来都记忆犹新，“连院长的办公桌都年久失修，桌子上的锁也是锈迹斑斑。实验室条件也非常简陋，中秋节给老师们买盒月饼的钱都没有。这些情况与复旦这所老牌院校和上海这座国际大都市都极不相称”。为了解决这些问题，陈桂兰开始四处拉拢资金。“我上任院长后接待的第一批参观访问团来自台湾，我把学院现在的条件陈诉给他们后，他们也十分动容，决定捐助我们。这第一笔资金就是南怀瑾先生资助的 200 万元人民币。随后上海新闻单位资助 200 万元，香港新华集团主席蔡冠深先生资助 200 万元，广州日报报业集团资助 100 万元，新闻传播教育国家‘211’项目获批 400 万元经费。”每一笔资金陈桂兰都清楚地记在心里。“除此之外，还有各种小额基金，这些钱没有一位领导老师用来谋私利，全部用于改善教学办公条件、老师福利待遇以及课程完善和学科建设等。”做了这么多年院长的陈桂兰始终没有买车，一直都是坐公交车上下班。

解决了“钱”的问题，还有“人才”的问题。受改革开放浪潮的影响，当时学院教师队伍人员流失严重，陈桂兰开始广为吸纳教学人才，同时充分尊重老教师的意见和建议，团结教育战线上的各方力量。“当时复旦新闻传播教育侧重于纸媒，之后我们就进一步充实了广播电视专业以及完善相关课程，并新增了广告专业。除此之外新闻学院在学术研究的台阶上也更上一步——在丁淦林老院长的帮助下设置了博士点，我们也是国内第一批设立博士点的新闻学院。”

陈桂兰认为，学术上也要有开放的心态，所以在任期间，复旦大学新闻学院开始努力与国际新闻传播学术研究接轨。来自世界各地的新闻传播学者来复旦大学访问，其中不乏自带资金、自带项目的专家学者，连年开展社会调查、广告、时政研究方法的培训和讲座。这在之前的新闻学院是从未有过的。

而关于公私界限和办事标准，陈桂兰可谓泾渭分明，更有趣的是，公事私事心态完全不同，导致形式和结果都迥异：“我这个人，为公家之事还蛮会求人的，但是为一己之私求人反而连话都讲不清楚。从安徽回复旦是我终身不悔的一件事，就如同我当初选择去复旦求学一样。”陈桂兰笑着，眼神里满满都是幸福。

3. “媒体人会继续战斗在新的阵地”

时光荏苒，光阴弹指。从 2004 年退休距今倏忽也有十余年，陈教授曾经一手管理的复旦大学新闻学院如今也百尺竿头更进一步。

对于现状她是这样认识的，“在教学队伍上更趋于年轻化，有一批年轻的老师视野更开阔，思维敏捷，技术手段的运用也都非常出色。这将十分有利于新闻学院的发展能跟上时代变迁潮流，现在的学生和 90 年代、新世纪初的学生也有很大不同”。陈桂兰说着，极为肯定。

当今时代是一个数字化、移动化时代，以网络、移动端为代表的第五媒体已经崛起，而传统媒体似乎正日趋没落，陈桂兰对此体会颇深。“科技的发展使传媒的状态发生了根本性的变化，仿佛一夜之间就翻天覆地，现在在我们眼前的是一个全面综合的新媒体时代，这种数字化、互动性强且平等的第五媒体的力量日益强大。而对于中国社会状态来讲，这种转变来得太快太猛烈。”

新形势下新闻学院如何与时俱进，继续做时代的弄潮儿？“复旦新闻学院初期以报刊新闻写作报道为教学基础，从制作新闻、出版新闻这样的角度来培养学生。如何认知当前的新媒体状态，以及在这种状态下如何改变提升我们的新闻教育，这两个问题是我们无论如何也没办法逃避的，反倒是首当其冲应当解决的问题。”陈桂兰教授的见解发人深省。

新媒体崛起的同时，也意味着传统媒体面临发展困境，对此陈桂兰豁达而积极：“我比较淡然和乐观，毕竟随着时代变迁和技术的发展，新事物代替旧事物是很自然的事情，纸媒可能会衰落但是媒体人会运用别的形式战斗在新的阵地。”

不过，陈桂兰认为，不管媒体如何变化，媒体人必须保持足够的清醒，不能忘记媒体的作用和本质。“我更希望在真真假假、纷纷扰扰的媒体环境中，能够有一个足够权威、可以让受众信服的声音来以正视听，来打通民间舆论场和官方舆论场，成为大众传播的中流砥柱，这样的媒体是我们现在迫切需要的。希望未来有更多的复旦人在这方面有所探索。”陈桂兰语气坚定，对复旦人的殷殷希望溢于言表。

4. “新闻工作者要有奋不顾身的正义感”

在新闻学习中，因实践操作往往高于理论学习，甚至有“新闻无学”的说法，新媒体环境下，人人都可成为自媒体，有越来越多的途径去报道新闻事件，发表评论和看法，所以，新闻媒体工作门槛似乎看起来更低了，作为老一辈新闻研究领域的学者专家，陈桂兰记忆深刻，她谈起有趣的往事：“‘新闻无学’的说法早就存在，在文科里最有学的大概是哲学。”说到这里陈桂兰笑了，“有次参加复旦哲学系的活动，时任宣传部部长复旦哲学系毕业的金炳华也在场，他笑称当年是不敢报新闻系才报的哲学系”。

但毫无疑问，陈桂兰对新闻学有严谨的理论追求和标准，“‘新闻无学’是一个世界性问题，‘实践之树常青，而理论是灰色的’，这个问题在新闻界尤为突出。甚至杨福家校长曾经提过把新闻学院拆掉搞个研究院，我怎么敢答应，堂堂新闻学院不就毁在我手上了？”之所以这么说，在陈桂兰心目中，新闻传播是国家和民族发展的重要保障，“反过来讲，新闻传播是非常重要的。在西方国家，新闻媒体被看做司法、立法、行政之后的第四种权力，会影响一个国家，影响一个民族甚至影响一个时代，我们怎能不去认真对待？无论学问有多深，它的重要性毋庸置疑”。陈桂兰说着，语气坚决。

当今时代信息传播渠道更加多元化，陈桂兰并不否认，“在新时代新环境下，更应当重视大众媒介传播的作用。传统媒体可能只对一部分人起作用，但新媒体时代，网络、移动媒体大范围的覆盖，越来越多的人受到影响”。作为复旦人，陈桂兰更关注的是怎么做：“我现在的焦虑之处有两方面，这也是我们复旦新闻学院应当认真研究的问题。第一个方面就是从宏观以及法制层面怎样对媒体做好管理工作，越来越多的人接触各种媒体，导致现在的管理工作面对的是一片海洋，这个问题很巨大，也很不易，但是也非常重要。”

无论怎样变化，陈桂兰认为媒体的惩恶扬善作用都不会变。“每个人的基本生存状况、受教育程度、思想素质都不尽相同，媒体管理的最终目标就是让善良的人大幅度、自由而有效地使用媒体，让部分心存恶念的人受到限制，对违规者加以惩处。大众传媒作为一种工具，应在良好的法制环境中加以使用。目前国内新闻传播相关法律太不完善。”

法律法规存在不足，陈桂兰更关心新闻记者素质问题，认为从业者职业道德非常重要，“要加强新闻道德建设，现在网上有言论说新闻记者队伍是第三腐败集团，现在新闻从业者当中的腐败问题还是比较严重的。我之前也做过一些研究。在当前社会腐败问题丛生的环境下，怎样加强新闻职业道德建设是个大问题。”她颇为忧虑地说。

作为老一辈新闻工作者，陈桂兰数十年兢兢业业，殚精竭虑，为我国的新闻事业付出了毕生的精力，始终保持着媒体从业者起码的良知、高度的责任心和正义感。“新闻工作者本是为国为民鼓与呼，岂能为了一己私利沉默不语？而目前对新闻腐败问题的管理和惩处力度都不尽理想，影响社会风气和国民利益。学校的就应当重视对学生的新闻职业道德教育，让学生有一个基本的概念，从事新闻行业不是升官发财的途径，而是对国民的进步奉献才智的阵地。”

陈桂兰说：“新闻工作者要有一种奋不顾身的正义感，我们培养的新闻人才是捍卫正义和真相的勇士，而不是蝇营狗苟之人。”的确如此，回首陈桂兰七十多年人生经历，从复旦读书到农场锻炼再到合肥工作，从合肥回归复旦，再到终老复旦，克勤克己，忠于理想和操守，抵得住诱惑经得起考验，始终以媒体人应有的脊梁做事，既有为人师表的责任担当，也有严谨科学的治学之风，让信仰和理想通过勤谨务实的学术追求完美实现，而恬淡本真、单纯洒脱的个性又让她无论任何环境都能心如止水，故能成就一段不凡女性的瑰丽人生和传奇。

（口述：陈桂兰　执笔：王盼盼）

6.2.4　赵凯：复旦培养了我，我当涌泉相报

赵凯教授（1944—　），江苏无锡人，1967 年 7 月毕业于复旦大学新闻系（见图 6-12）。高级编辑，享受国务院特殊津贴。大学毕业后赴青海工作，曾任《青海日报》编报室主任、经济部主任。1986 年被选派至中央党校进修。1991 年从青海调回上海工作，先后任上海人民广播电台副台长、东方广播电台党总支书记、上海市广播电视局副局长、上海市广播电影电视局党委书记。在上海市广电系统工作期间，参与策划、监制的广播电视节目屡获全国性新闻奖。2004 年 6 月至 2008 年 12 月担任复

图 6-12　原复旦大学新闻学院院长赵凯教授

旦大学新闻学院院长。

1. 学知识，接地气——8 年复旦求学生涯

1959 年，赵凯进入复旦大学工农预科（现为复旦附中）读书。工农预科读了 3 年，1962 年考入复旦大学新闻系。“复旦新闻系这一届我们班 30 个同学。当时国家处于困难时期，学校条件艰苦，招生不多。”据说，新闻这个专业，当年北大没有招生，人大也没有招生，全国这一年只有 30 个人考入新闻系。后来加上各种原因延迟毕业的同学，毕业时这一届总共 33 人。时隔 50 多年，赵老师依然记得当年同学的名字和后来从事的工作。在复旦新闻系学习期间，一年级上课还比较完整，到了二、三年级，就开始离开学校到宝山县罗店公社、奉贤县泰日公社、上海县龙华公社等地搞“四清”运动，一直到 1966 年 5 月“文化大革命”爆发，我们还在农村，到当年九、十月份才回到学校。

当时复旦大学新闻系为五年制，赵凯于 1967 年大学毕业，因“文革”爆发，推迟一年时间才分配工作。据赵老师回忆，当时假期放的很少，暑假、寒假都要上课，学习的课程主要有董荣华老师的“新闻学概论”、居欣如老师的“时事政策”、陶凤娇老师的“文选与写作”，还有林帆、夏鼎铭、张四维老师教我们新闻采访写作和古文等，内容包括马克思主义新闻理论基本观点、新闻的真实性、新闻从群众中来从实践中来以及陈望道老校长提出的“好学力行”“两典一笔”——经典、古典、生花妙笔。特殊历史时期大量社会活动占据了学生的读书时间，但是有一个好处就是了解社会和生活，下基层，到农村，跑生产队，干农活，接地气。而这些对于城市学生来说，一切都是从头学起。

2. 吃过苦头，扛过锄头，拾起笔头——24 年青海生涯

赵凯终于等到 1968 年分配工作，由于没有留在上海的名额，全班包括 12 个本地同学在内的 33 个同学都没有留在上海。“古人说‘西出阳关无故人’，我们则是‘西出下关无故人’啊。亲人都生活在南京的下关以南。”当时去青海的同学有 4 个，还有 2 个分到西藏，6 个同学一趟“西去的列车”奔向祖国大西北。当年到达青海民政厅后，赵凯和三位同学被安排到青海省独立师部队农场劳动锻炼，在黄河南岸，一百多个大学生组成了一个学兵连。同学们当时要犁地种粮食，劳动工具十分简陋，就是人手一把铁锹，生产条件也比较艰苦，期间发生了不少难忘的故事。有一次，一个冬天的下午，农场场长要赵凯去黄河北岸的连队，为《人民军队报》整理总结表彰先进的材料。他穿过当地撒拉族老乡的村庄到了黄河边，四处张望也没看见桥的影子。后来询问当地老乡，才知道河上结的厚冰就是过河的桥。在冰桥上蹲下身子连走带爬到了黄河对岸，见到农场来接的战士时已经天黑了。赵凯在独立师农场一年多的时间，曾参与了省军区二位英雄侯树林、张万祥事迹的采访写作，稿件刊发在《青海日报》头版；还在兰州军区《人民军队报》上发表《新时代部队的新思路》等文章。

1970年春，赵凯被分配到青海日报社工作，在青海日报社一直工作到1991年。采访中赵老师拿出了记录本，推了推眼镜，开始慢慢回忆这22年的经历。第一份工作是从夜班校对做起。每天晚上，他都要把稿子认真校对三遍，称之为一校、二校、三校，再送给编辑审阅。那时，报纸都是用一个一个铅字排版印刷的，如果在印刷前改稿子是很麻烦的，得把需要改动处的铅字一个一个拿出来，再一个一个改回去。以后，他当版面编辑，一版、二版、三版、四版都编排过。他笑着说，编辑审稿有三件宝贝——剪刀、糨糊和红笔，他把自己戏称为“老裁缝”。在青海日报社，赵凯当过记者、编辑，写过消息、通讯、评论。后来当了编报室主任，负责版面编排包括专副刊，上了20多年夜班，最后当了经济部的主任。

这段经历对赵老师教育很深。“在那遥远的地方，为了祖国的富强，人民的幸福，有太多太多的平平常常的人，不计名利、默默无闻地工作着，他们是中国的脊梁！”赵老师有一次沿着唐蕃古道采访公路道班。到了巴颜喀拉山口道班后，道班师傅见面只说了一声“你们来了，请坐”，然后就走了，到厨房给大家做尕面片去了。赵老师很好奇他怎么不先坐下来，和刚来的大伙打招呼、聊一聊，后来通过通讯干事才知道，道班工人时间长了就不太会说话了，平常就两三个人，一连几天可能没其他人来，互相能讲的事都讲完了，慢慢就很孤独，所以渐渐习惯了没话好说。一个人牵着藏獒，在公路上巡察、干活，走过来再走回去就是一天的工作，目的就是保证青藏公路的通畅。结束采访后，赵老师建议公路局和运输公司的司机，有空可以到道班停一停，多与道班工人说说话。“这些年里，普普通通的老百姓给我的教育很深，”赵老师说，“不管做什么工作，都要有责任心，敢于吃苦。不管是生活上、工作上、还是思想上都要吃苦。特别是新闻工作者，要眼观六路、耳听八方，不断问问题，找答案”。

3. 广播、电视、报纸——新闻业界多面手

1991年，赵凯从青海调回到上海，先后任上海人民广播电台副台长、东方广播电台党总支书记、上海市广播电视局副局长。1995年8月任上海市广播电影电视局副局长，1997年3月任上海市广播电影电视局党委书记。在上海市广电系统工作期间，赵凯老师参与策划、监制了部分有影响的广播电视节目，一些获得全国性新闻大奖，例如东方卫视播出的电视节目《外滩，上海新崛起的金融街》获得中国新闻奖一等奖，广播直播节目《邀请美国总统克林顿与上海市民交谈》获中国新闻奖二等奖，电视片

《人间正道》《共和国之魂》获中宣部“五个一”工程奖。结合自己的新闻实践、工作经验，赵老师还撰写了《对上海广播电影电视事业发展思路和管理模式的探索》《广播电视新闻应有自己的定义》《迈向新世纪的上海广播电影电视事业的几点思考》等多篇论文。其中《对上海广播电影电视事业发展思路和管理模式的探索》这篇论文，总结了上海广电媒体集团化管理的基本思路和基本模式，概括起来有两个“五”：一个是基本管理思路，有五句话——“以宣传为中心，以影视创作为重点，以事业发展为基础，以队伍建设为保证，以加强管理为抓手”；围绕这五句话，着重抓五个方面的管理，即五个统一：“统一了全局的发展战略和规划，统一了全局的宣传管理，统一了全局的技术管理，统一了全局的财务管理，统一了全局的基本建设管理。”这篇论文后来获得中国新闻奖论文一等奖，在新中国新闻事业50年征文评选中又获百篇优秀论文一等奖。

1998年12月，赵凯调任上海《解放日报》总编辑。任内正值新中国成立50周年，上海解放50周年，他与《解放日报》员工一起全面、出色地完成了相关报道工作。在解放日报社工作期间，赵老师撰写的论文《党报如何迎接新世纪的挑战?》，在全国党报工作会上获得好评，后获得中国新闻奖论文二等奖。

2000年1月，赵凯从解放日报社调到文汇新民联合报业集团工作，担任文新集团党委书记、社长。“当时处于世纪之交，全世界的传统媒体抓得紧，当时文新的新闻报道和广告经营成绩不小，效果也好。”他撰写的论文《我国报业集团面临的挑战及对策》，获中国报业（经营管理）优秀论文奖一等奖。

2013年10月，经中共上海市委批准，解放日报报业集团和文汇新民联合报业集团又整合重组为上海报业集团。此时赵老师已经从领导岗位退了下来，但仍然关心着新闻业的发展。谈到传统媒体的融合和转型，赵老师说，改革开放的时候，就曾经设想过，把上海的媒体包括《解放日报》《文汇报》《新民晚报》、上海电视台、上海东方电视台、上海广播电台，上海东方广播电台等整合起来。国际上就有这样的例子，比如日本的《朝日新闻》和朝日电视、《读卖新闻》和读卖电视。竞争对提高新闻的质量和传播力有很大好处。如今在媒体融合中，传统媒体要跟上时代的步伐，牢记自己的使命，发挥核心作用。

4. 涌泉相报——担任复旦新闻学院院长

2004年6月22日，赵凯老师接受复旦大学聘请，开始担任新闻学院院长。这是中共上海市委宣传部与复旦大学共建新闻学院、加强新闻教育与新闻实践结合的重要举措。中共上海市委宣传部与复旦大学从2001年起共建新闻学院，按照牢固树立宣传思想战线是一条十分重要的战线的思想，明确以马克思主义新闻观教育为核心，以数字化新闻教学为手段，培养合格的党的新闻宣传工作者，建设中国领先、世界一流的现代化新闻学院的目标。当天，时任中共上海市委常委、宣传部部长，复旦大学新闻学院院务委员会主任王仲伟及有关领导出席了聘任仪式。提到这一天，赵老师深情地说："我对新闻学院感激涕零。我当新闻学院院长那天，戴上红校徽，我说了句：滴水之恩，当涌泉相报，因为是复旦培养了我，没有复旦，没有新闻学院，也没有现在的我。"

赵凯老师担任复旦大学新闻学院院长后，着力推动了学院新院区建设。2005 年 1 月，新闻学院整体迁入国定路 400 号新院区。新院区占地 80 余亩，办公楼、教学楼和图书馆总建筑面积为 9300 平米，办公、教研与学习条件大为改善。2006 年，复旦大学国际出版研究中心、新媒体研究中心、媒介素养研究中心、纪录影像研究中心 4 家研究中心相继成立，以促进对经济全球化和高新技术条件下的新传播理论和实践的研究，开拓新的人才培养和输送空间，建设集研究智库、调研平台和资源于一体的学术实体，整体提升研究水平。2007 年，复旦大学新闻学院培训中心建成并投入运营。培训中心由一栋 21 层主体建筑和 5 层裙房组成，建筑面积 2.6 万平米，可以为新闻宣传行业培训、国际学术交流、新闻陈列展示提供一流的现代化设施。同年，SMG 演播中心建成并投入运营。该演播中心建筑面积 1.2 万平米，包括多个播演厅、导控室和编辑机房，不仅可以 24 小时进行电视节目直播，还可以为复旦大学新闻学院学生提供一流专业新技术的实习基地。

在学位项目方面，2004 年 9 月，由复旦大学管理学院与新闻学院合作开办的首届传媒管理方向 EMBA 项目开学，学员为新闻机构、政府部门及相关企业的高层管理人员。同时设立研究生单考班，给实践经验丰富的新闻从业人员提供理论学习机会，既满足了新闻业界的需求，也使新闻学院与业界的关系更加密切。2007 年 9 月，复旦大学——伦敦政治经济学院（LSE）合作的"全球媒介与传播双硕士学位项目"开启。该项目全英文授课，学制 2 年。在学科建设方面，2007 年 8 月，复旦大学新闻学专业、传播学专业双双被评为国家重点学科，复旦大学成为全国仅有的两所拥有新闻学和传播学国家重点学科的高校之一。

讲到教师队伍建设，赵凯老师说，当时复旦大学新闻学院教师队伍正处于青黄不接的阶段，最要紧的是老中青三代教师队伍的形成和巩固，"新闻学院软件建设的关键是教师队伍的建设，教师队伍建设的关键是老中青三代教师队伍相结合"。赵凯老师说："老教师有一个重点的方向，发挥学科领头人作用，根据实践发展对研究领域做出增加改变；中年教师，以讲课内容为主，有一个重点，扩展与巩固知识范畴。青年教师，首先把课讲好，找到有前景的新的研究方向，年轻人要追。复旦大学新闻学院要建成一流的新闻学院，关键在于人。人的关键是教师队伍，教师队伍的关键是领头人，要眼明心亮接地气。如上海市委宣传部定期召开新闻通气会，我们学院领导参加，回来后及时向教师传达，让老师们了解当前新闻宣传的情况，分享经验，查找问题，对把握舆论导向很有好处。”

关于学生培养，赵凯老师说，新闻学院要坚持正确的政治方向，也要培养多面手，学新闻的学生拿起笔能写稿子，拿起相机能拍照，拿起摄像机能录像，拿起录音机能录音，人人都是多面手，走上工作岗位后就会有很大优势。在网络新媒体时代，我们研究生招生也要吸收一些理科同学，特别是信息学院的同学。

2008 年 12 月，赵凯老师卸任新闻学院院长。在 4 年半的任期内，他以数十年的新闻实践经验投身于新闻教育领域，走新闻理论与实践相结合的办学之路，进一步巩固了复旦新闻学院在全国新闻教育界的领先地位。谈到赵老师为新闻学院建设所作的贡献，他谦虚地说：“成绩都是大家做的，不是我一个人做的，是因为新闻学院有一帮好同事、好老师、好同学。”

5. 一位老新闻人的寄语与期待

赵凯老师已经 72 岁，他将其大体分为三个 24 年：前 24 年在无锡、上海，中间 24 年在青海，后 24 年重新回到上海。前后从事新闻传播工作近 50 年，工作领域包括广播、电视、报纸等多种媒体，做过校对、记者、编辑，也做过媒体机构领导、新闻学院院长。最后，笔者请赵老师就复旦新闻学院未来的发展谈一些看法。他略作思考，提出了以下建议和期待：

如今时代发展很快，信息技术、传播技术变化很大，大数据、云计算、多平台、互联网日新月异，但是，仍要坚持新闻传播的基本理论不变，坚持马克思主义新闻观，坚持党的领导，保持改革定力，加快深度融合整体转型，提高传播力、引导力，牢记新闻真实性是新闻的生命等基本原则。2016 年记者节，习近平总书记就对广大新闻记者提出了四点希望：一是要坚持正确政治方向，二是要坚持正确舆论导向，三是要坚持正确新闻志向，四是要坚持正确工作取向。

教师队伍的建设要与时俱进，关注新问题，不断创新。新闻学院的老师要关注新的新闻传播现象，研究解决现实问题。

新闻传播业要紧跟时代步伐、聆听时代声音、回答时代课题，要接地气，坚持从实践中来，到实践中去。

重视与世界的交流，对于世界媒体发展现状要及时把握，比如 2017 年美国大选传统媒体的预测普遍出现差错等问题，都可以研究。

赵老师还补充说，可以定期安排新闻学院的校友来校做讲座，形成常态化的制度。另外，学院对外交流还不够多，也不够广，目前主要集中在美国、欧洲，对非洲、拉丁美洲及亚洲一些国家的新闻传播情况知之甚少，对世界还是不够了解，要打开这扇窗口。

（茹玟瑄）

6.2.5　张大芝：杭州大学新闻教育溯源

张大芝教授，1933 年出生，1948 年参加革命工作，1955 年考入复旦大学新闻系，1960 年毕业来杭州大学新闻系任教。1962 年杭州大学新闻系撤销后，他在杭州大学中文系公共语文教研室任教。改革开放后，他受命与其他教师一起筹备恢复新闻系。1988 年杭州大学新闻系恢复后，他任系主任，一直工作至离休（见图 6-13）。

图 6-13　张大芝先生

1. 从儿童团长到大学生

问：张老师，听说你是一个“红小鬼”，是不是？你小时候的经历很丰富，是吧？

答：“红小鬼”我算不上，因为“红小鬼”呢，讲的是红军年代的，一般跟随父母长辈参加长征或者部队。我当时参加部队已经是解放前夕了，是 1948 年秋天跟国民党打仗的时候。我 13 岁的时候是老家儿童团团长，又是区儿童团分团长，中心小学 4 个村庄的团长。我从来没说过是“红小鬼”，说不上是“红小鬼”，这是误会，我不敢当。

我 15 岁参加工作，在烟台工商局工作。国民党军队进攻胶东地区后，把烟台占领了，但是很快又被解放军赶出去了。烟台解放以后，我就和一个同学去工商局工作了，我们都有点文化，年纪也小，去考试看看能不能行。考试以后，我能行，我那个同学呢，稍微差一点，但是也录取了，到农场去了。那个农场是管理劳改犯的，他就去管劳改犯了。我被分配到县里的一个公营大酒厂，生产并销售烧酒、黄酒的，我在营运科里做练习生。干了一年，我就调到烟台总酒厂去了。我本来在营运科，被调到营业科去了，就搞搞统计计算。在这里住了不到两个月，我马上就南下了。

问：南下后你干过哪些工作？

答：南下以后，我一开始在台州的烟草管理处。1951 年调到台州专署人民检查处当检察员。做了不到一年，我调到台州地委宣传部。宣传部有两个科，宣传科和教育科，我呢就在教育科。在地委宣传部不到一年，我又被送到省委党校学习，学了半年，这是最长的一期。我毕业以后再回去，还是在教育科管地区干部教育。实际上我是变成做教育工作的。过了一年多，也就是 1954 年，台州地委撤销了，我就调到省委办公厅做了一名干事。我们一共就 5 个人，包括部长、秘书和 3 个干事。做了不到一年，我又从办公厅里调到省委工作处检查队（临时的），小组 10 个人中，我当了组长。

问：你对复旦大学新闻系读书还有什么印象？

答：我在复旦学生中年龄算是大的，同学们普遍比我小一两岁或者两三岁。我到学校已经 22 岁了。

我就在复旦专心学习了 5 年。新闻理论这门课很重要，我在复旦上过这门课。我在复旦学生里面成绩还是比较高的，虽然我只读过初中一二年级，但是我毕竟接触过新闻工作，学习容易上手。所以，我的新闻理论还是可以的。我系统地研究新闻理论就是在复旦读书时候开始的；写的话，是“文革”以后上这门课以后开始的，以前我没有写过，只写过通讯之类的新闻文章。我在复旦大学学得比较全面，每门课都很好，古代文学、现代文学都如此。

我在班上是党小组长（不是支部书记，也不是班长），在班长之上，就这么干了几年。但是，这个形式我越来越不适应。学习是不错的，就是那时运动越来越多，反右派、下农村等。下农村我又是甲班的头，我们头要管理王中教授，他是我们新闻系的主任、前山东《大众日报》总编辑。我觉得非常难做，但是我们同学还好，对王中并不迫害他，看他年纪大了，又是“老革命”，也没有什么大问题，就是右派，中央点名了。我们私下里对他还是比较同情。但是我不行啊，我在风口浪尖上。我们有 4 个班，每个班 25 个人，我管着 100 号人。在这种情况下，我就觉得很不愉快。王中呢，要无论如何都好好对待他，党委也这么说，我们学生也是这样做的，不会麻烦他去干什么大重活。

在学校 5 年写的并不多，下乡的时候也写过一篇，写下乡是在农村的田野上劳动，和农民们一起感受。毕业以后我写过一些作品，但是没有发表。那时候已经没有兴趣了，已经工作了，不是学生了。但是在复旦的时候，我写过两三篇杂文，发表在上海的《文艺月报》上，姚文元也有文章发表在那个刊物上。我看到过他几次，个子不高的，坐在资料室里看报纸。我写过几篇杂文，通讯也写过，两篇小说写什么的我忘记了。刊物派两个女同志跟我联系，一个是《文艺月报》总编辑的妻子，另一个记不清楚了，她经常到复旦大学来找我。其实我毕竟是一个学生，没有毕业，主要精力不在写文章上，偶尔会写两篇，只是在《文艺月报》发表过几篇文章，产生了一些影响。我在《人民日报》也发过许多好稿，还获得了好评。

2. 杭州大学早期的新闻教育

问：你怎么来到杭州大学新闻系？

答：当时，毕业分配是把我送到边疆地区的。由于我在学校也算小有名气，分配的档案送到学校党委副书记那里后，他把我作了调整，说这个人不可以这样处理。因为他是浙江人，我也就被调到浙江了。

问：你对当时新闻系还有什么印象？

答：杭州大学新闻系实际上是独立于本部的，在分部，在我们西溪校区对面的生科院那里。当时生物系、政治系、新闻系都在那里。新闻系在生物系隔壁，生物系在西面，我们在东面，就是今天学军中学那里面。当时那里有 3 幢楼，前面的楼是新闻系，后面的楼是政治系（也即在今天的省工会干校），西面的楼是生物系。

新闻系第一任系主任是江牧岳，第二任系主任是林淡秋，这两位都是做新闻工作的，都在新闻单位里做过领导，后来也当过我们杭州大学的党委书记、副校长，兼新闻系主任。我有时候会和他们这些高层领导见见面，或者到他们家进行谈话，但是都是很一般的话，不会讲有着力的话，无非是鼓励鼓励而已，不会告诉他们做什么或者研究什么。

再来说说其他教师。华祝考比我高一年级，他来得比我早。复旦大学来的还有几个人，有的在复旦大学的时候我就已经认识了。另一个是朱振华，是一个老讲师，我来时他已经调到金华师范学院（浙江师范大学的前身）去了，华祝考还在这里；还有一个复旦大学调来的教授，这个人是英国留学出身的，调到杭州大学来当教授的，他不到一年就调到北京去了。还有就是从中国人民大学调来的孟还和王旦凤。

跟我一道来新闻系的是陈克澄，他跟我不是一个班的，但是两个班常常在一起上课。陈克澄来新闻系不久，就被下放到食堂里去。他其实是一个很优秀的摄影师，在我们 100 多个同学中他是专家了。摄影课应该交给他，但是他连摄影这门课都没有接触过，就被下放了，做了几个月后，他又被下放到德清当中学老师，没办法了他只好回上海。他家是“大资本家”，很富有的（因此有条件购买摄影器材和设备），在上海也有名，但是在上海他也没办法找到工作，干脆到美国去了，在美国开了一个很大的摄影公司。

新闻系被撤销的时候，师生都很平淡地接受了。教师对新闻系已经不感兴趣了，调走的调走，剩下的人也不多了。作为从复旦大学刚来的，我和陈克澄、华祝考都没有发言权。本地调进新闻系都是外单位来的，不是原来杭州大学的。所以到底他们对新闻系被撤销有何反应，我也不是很清楚。

问：新闻系的师生关系如何？

答：当时很多两年制的基层的调干生，1958 年进来的，1960 年就毕业了，我不熟悉这群人。他们绝大部分是调干生，出身都很好，但是文化程度的话就不一定了，因为他们来自基层，公社、乡里、区里都有，而且当时对他们的学习要求也不是很高的，他们在学校学习只有两年，这两年又恰好遇到“大跃进”，能学到什么就不得而知了。另外这些老师呢，除了上面提到的这些，有许多“杂牌军”，包括我们后来来的老师都没有什么教学经验的，所以第一届学生能学到的不是很多，他们素质从理论上讲也许不够高，但是政治上还是很靠得住的。

第一届学生毕业是 1960 年 4 月分配工作时，邬武耀留下来了，他很实在，也不多讲，不会整人，不会讲假话，也不会出孬主意，做事情也很踏实。他原来是在宁波做公安工作，当秘书。“文革”期间他到省里参加了一个写作班，造反派把他作为一个笔杆子，派到省里工作。后来因为这个事情受到了牵连，但是没有受到处理，该用还是在用。他没有受到重用，最后就在新闻系做一般事务。他最初留在新闻系，后来新闻系撤销后，他调到中文系写作调研室，与我在一起。

问：今天你是如何评价当年的新闻系？

答：对于老的新闻系的看法？作为历史问题来看待，要吸取教训。根本问题是，大学就应该像个大学的样子，大学要有一定水平，有一定质量，包括入学的质量和毕业的质量。我们那个时候办学，入学不管，毕业不管，这样子到底算是什么呢？我来的时候，新闻系最初都是调干生，都是区乡干部，顶多是县里的干部，文化水平低，大家相差太大，这是一。没有经过考试，这是二。政治觉悟水平倒是差不多。工作经历也是差不多，但是作为学生的基本条件不具备。在学校中，老师上课也马马虎虎的，因为水平不一样，毕业也是马马虎虎的，水平也不一样，有考 0 分的，也有考 80 分的。

当时那个情况，第一是训练班性质的，课程也没有正式的要求和规格。第二呢，学生和老师，老师和老师，老师和领导，相互之间的关系是非常不好的，像官场一样，界限非常清楚。当时的新闻系差不多也是这个情况，互相不通气的，互相都有官架子。那个时候的新闻系，一副官腔。学生都是当官的，大小都是个什么长，教师也是什么长，那当时新闻系是副官架子，我从官场里出来的人都不习惯。我官场也呆过十多年，到杭州大学新闻系来也已经二十七八岁了。那个形式是不妙的，在一个学校出现那样局面是好了的。所以当时那个新闻系撤销了，大家都是高兴的，没有不高兴的。

3. 恢复杭州大学新闻系的前前后后

问：改革开放以后，学校为什么会恢复新闻系？

答：学校为什么要恢复杭州大学新闻系，这个不是我们下面提出来的。我猜想学校的动机可能是这样的：一是我们原来办过新闻系；二是我们浙江有人才，可以办新闻系；三是我们需要办新闻系来培养人才。当时的党委书记是叫黄逸宾，是我的老乡，山东烟台黄县（今龙口）人，与我隔壁县。他在杭州大学工作了许多年，本来是绍兴地委的副书记，后来任文化局长（今省文化厅），然后再来的杭州大学。他大概是 1973 年过来的，对学校是很了解的。因为是老乡的缘故，对我也比较了解，后来他还问我，为什么新闻系解散了呢？我回答不了这个问题，因为当时我也不在领导岗位上。我只知道，1958 年开始建这个新闻系的时候，水平很差，而且招生质量也很差，毕业出来水平也是比较差的，都是区乡里的干部，招上来的，就招了那么一届。办了 4 年之后，就撤销了。

黄逸宾到学校之后，“文革”也快结束了。新闻系撤销后，我就调到中文系去了。1982 年中文系设立新闻系专业的时候，我就开始当负责人。黄逸宾跟我谈过恢复新闻系的事，不仅与我一个人谈，也与王欣荣谈过。大概在 1980 年或 1981 年的春天，我邀请黄逸宾、谭克一起去建德参加一个活动。王欣荣也参加了这次活动。在那次去建德的活动当中，黄逸宾就提出，要重建新闻系，而且要招正规的学生，从高中毕业的学生中招，要建立一个正式的新闻系。我觉得要恢复新闻系还有困难，教室问题是主要问题。其次是教学的计划、经费、目的，是按照过去新闻系那样的教法，还是按照正规大学新闻系的教法。正规大学新闻系有正规的标准的，如果按照这个来计划，那还有一个时间问题。黄逸宾让我把这个作为正常的工作考虑进去，因为当时我们还没有其他同志可以做这项工作，其他人要不是调出进来，就不能够做这项工作的。他说：“这个事情定下来了你去做就是了。”我本来应该义不容辞，但是当着谭克同志的面，当着王欣荣的面，又不好讲什么。这次建德之行，黄逸宾又与我作了个别的谈话，他说学校党委想恢复新闻系，想来想去还是我主持工作比较合适。我说我已经多年没有做新闻工作了。他说，第一你是新闻毕业生总是真的，第二你是新闻系的高材生是真的，第三你复旦大学新闻系学生当中一个党的干部也是真的。党委书记亲自抓这件事，规模、对象、调研，他都有考虑，具体让我去操作这件事。党委书记的谈话对杭大新闻系的重建是有决定性作用的。

问：在恢复新闻系的过程中，哪几个人值得一提？

答：谭克与我们一起去建德，黄逸宾在建德与我个别谈话时，他也在场。我跟谭克同样很熟悉。他原来是山东省《烟台日报》的副总编辑，来浙江后担任《浙江日报》的副总编辑。我也曾是烟台地区的一个干部，与他是一个地方上的人。1954 年左右，他下放到建德劳动。当时在搞“新三反”运动，他被“反”了一下，有一些问题。他回来后，《浙江日报》没有要他。省委把他安排在省委办公厅工作，在农村办公室，因为他原来对农村工作很熟悉。我在党群办公室，是干事，他也没有职务。我去复旦大学读书的时候，他还写了介绍信给复旦大学新闻系主任王中，他和王中在山东就认识了。我到了复旦大学之后，王中被打成右派。那封介绍信我没打开看过。所以尽管他当时他不在杭州大学，但是因为他是新闻局局长，因此新闻系筹建的时候，我也把一些情况告诉他，听听他的意见。

洪一龙对我们新闻系的组建也有贡献。他是中宣部新闻局新闻教育处处长，宁波人，经常到我们杭州大学来。我们都是搞新闻工作的，就经常在一起聊一聊。他来杭州大学有好处，因为他在中宣部工作，我们有些难以把握的事情都可以请教他，比如说，我们新闻系办学方向，他的意见就是，不要以自己的小单位为圈子，要向大单位前进，比如说要像复旦一样，要像人大一样，至少这两个单位，新闻系建设的水平很好，要向这两个水平前进。这个我倒是很赞成的。

1982 年的一天，洪一龙打电话给我，说中央宣传部新闻局局长钟沛璋要来嘉兴办事，我们有什么事可去找钟局长。当时我们正在建系过程中，需要跟中央沟通一下，我们去北京的话也没这个条件。他们来浙江了，这个机会难得。洪一龙在这方面消息很多。在来嘉兴之前，洪一龙就在北京打电话给我，告诉我钟局长将去嘉兴，他已经跟钟局长打过招呼了，我们可以过去找他，问他有什么指示，他也可以和我们谈谈。当时只有桑义燐，王欣荣当时好像已经去山东了。所以晚上的时候，我就和桑义燐一起去了嘉兴，到了嘉兴地委招待所，找到了钟局长，和他谈了谈。我们主要向他汇报了我们杭州大学要重建新闻系的情况，并作了说明，即我们杭州大学原来有这个新闻系，后来撤销了，但是社会各界又很需要新闻人才，希望我们继续培养新闻人才，于是我们临时组建了一些新闻培训班，但是要真正解决这个问题，需要重新建立新闻系。钟局长是赞成这个事情的，他说，有这样一个条件，既然你们原来也办过新闻系，有新闻系的基础，在这样的情况下（当时改革开放了），能办新闻系，那就最好不过了。我们当时就是谈了这个问题。我们又向钟局长汇报了我们的办系的思路。我们杭州大学是一个地方大学，是为地方服务的，但是，更远大的目标，也是有要为中央推荐学生，推荐人才去的。所以我们目标就是，形成复旦大学、中国人民大学、杭州大学为前三的格局，其他学校很少有新闻系，复旦大学、人民大学这两个大学是我们的学习对象，我们决定是以复旦大学新闻系、人民大学新闻系为目标的。钟局长很赞成这个想法。他说，我们有这样一个态度，是好的，要立足于自己，就是数目不大，也要把队伍建立起来。所以，钟局长是很赞成我们的。

4. 杭州大学新闻教育的发展

问：新闻系恢复起来，师资问题是如何解决的？

答：新闻系恢复后，一个是师资问题，学校要我来解决。我当时说这个我可以解决的，因为我有这么多同学，他们有的不太满意当前的工作，有的原本是搞新闻的，结果搞别的东西去了，有的就是没有条件教新闻的。我觉得组织一批人来教书是没有问题的，毕竟我在我在复旦大学新闻系的同学有一百来号人，我也总算是个小头头，这还是可以做到的。另一个是经费问题。实际上，我们的经费不多的。房子学校给了，而经费却没像学校要很多。再一个是学生问题。我们也很简单，都是从高中毕业的学生中选的，不是像原来的新闻系一样，是调干生，不是大学要求的水平。

问：当时有没有想过要把新闻系办成怎么样的一个系？

答：我当时办新闻系有明确的目标，我绝对不会办 1958—1960 年的新闻系。当时新闻系的学生不是通过正规考试靠上来的，学校看中谁就把谁拉进来，一个人品质和素质怎么样，我们是不知道的。只要你按照正规标准对学生进行考试，按正规大学途径招收学生，那么我一定能办好。

建系问题上没有碰到什么太大的问题，担忧的是，怎么提高水平，能不能把我们的水平提到全国老三老四的地位，这倒是个问题。一般水平我是不考虑的。我是复旦大学出来的，我们的主要教师也是从复旦大学来的，简单来说，搬的就是复旦大学那一套，即按照复旦大学的教材、复旦大学的方法、复旦大学的课程来办，按照“复旦模式”来依样画葫芦就行了，没有什么特殊要求。复旦大学和杭州大学应该都培养有学问的人或者专家，至于政治上的可靠度有多少，这个我们可以判断。我们总要挑选好的学生，挑尖子。

问：你一生曲折多变，这对你在新闻系的工作有没有影响？

答：一生曲折的经历对我在新闻系并没有什么影响，也许我要做的事情可能更多，但是我能做到这个程度已经满足了，这样也好。

因为新闻系不比中文系，中文系底子厚，有很多老教授，知名的教授也不少，我们要超过他们是不可能的。我们新闻系正式恢复的时候，没有搞过任何活动或仪式。我离休的时候浙江省只有一家新闻系，现在已经遍地开花。

我很满意新闻系现在的现状。我不知道新到的学生怎么样。我们学校的老师，复旦大学都欢迎，可以去复旦大学当老师。这不是证明我们新闻系的老师很强吗？我觉得我们新闻系的老师都是不错的。

今后发展，按照现在的布局进一步提高就是了，但是呢，要经常关心中国人民大学、复旦大学的动态，他们是领头人，可能有所创新，要在他们的行列里，跟上队，排上号。我们离复旦大学这么近，而且有渊源关系，可以多学习学习。广东或者福建、江西、四川或者兰州的新闻系，都不及我们沿海同这两所学校近，我们不要闭关自守。

（问：何扬鸣　答：张大芝）

6.2.6　陈培爱：开拓在广告教育的荒原

陈培爱（1950—　），福建平潭人，毕业于厦门大学中文系。1983 年参与创建中国大陆高校第一个广告学专业。几十年来一直耕耘在广告教育领域，中国高校广告教育研究会会长，主编国家十五规划教材《广告学概论》，以及国内高校中第一套广告学系列教材《21 世纪广告丛书》10 本，对中国高等广告教育有开拓之功（见图 6-14）。

图 6-14　原厦门大学新闻与传播学院院长陈培爱教授

林育祯：2017 年春节后的一个清闲的周末，我们来到陈培爱教授在新闻学院二楼的一间办公室，开始随意地聊天，听他诉说他和广告之间的故事。我们的话题无拘无束，从人生体验到学术探究，围绕着厦大广告学科崛起的历史，交谈坦率而亲切。

我们的谈话由获奖开始。2016 年 11 月 18 日，在北京举行的第二届“中国广告名人堂”颁奖大会上，对陈培爱教授的颁奖词写着：“您是中国广告教育的先驱。30 多年的坚守与付出，创造了广告界的多个‘第一’。教海扬帆，引领年轻学子成为中国广告的栋梁之才。”

其实，早在 2008 年 4 月 18 日，中国广告协会与国家工商行政管理总局在上海召开的“中国广告 30 年 30 人”颁奖大会上，陈培爱教授就没有悬念地获得“中国广告 30 年历史贡献奖”。这个沉甸甸的奖项记录了陈老师这 30 年来在中国广告教育界的历程和贡献。

1. 继往开来，挥斥方遒

林育祯：30 多年前，您如何由一个中文系的教师，转型投身于广告教育中？您为何做出舍中文取广告的抉择？

陈培爱：我们应该清楚地记住这个具有历史意义的一天。1983 年 6 月 30 日，我国第一个广告学专业在厦门大学新闻传播系创办，其意义不言而喻，它使我国广告专业人才培养和广告理论研究开始走上规范和科学的发展轨道。当时的《文汇报》曾有过报道，说：“厦门大学新闻传播系开设的广告学专业，是我国高等院校中首创的新专业。”

我在厦门大学中文系毕业后留校任教，当时的研究方向是现代文学。新闻传播系创办时，由于工作需要，组织上把我从中文系调到筹建中的新闻传播系，并交给我负责广告学专业的新任务。应该说自“受命之日”起，就“寝不安席，食不甘味”。当时自己 30 出头，还处于懵懂状态，其实并不是很主动地去接受这个工作，只是为了完成组织交给的任务。现在想来当时还真有点糊涂，书生意气，但这条路总算走过来了。

林育祯：据史料记载，厦门大学与传播、广告还有一定的渊源，您能介绍一下这方面的情况吗？

陈培爱：早在 20 年代初，厦门大学曾办有“新闻部”本科教育。1926 年，由于历史原因新闻部停办。1979 年 12 月，在改革开放政策的推动下，香港《大公报》老报人刘季伯先生倡议复办厦门大学新闻系，并建议最好办“新闻传播系”。1983 年 6 月正式建立国内高等教育中第一个以“传播”冠名的新闻传播系，并率先设置了全国高校中首创的“广告学专业”。

厦门大学广告学专业的建立，除了历史的原因外，还有两点也很重要。一是传播学理论从 20 世纪 80 年代初引入中国大陆。传播学理论涵盖了新闻、广告、公关等研究领域，广告学作为应用传播研究的重要组成部分，在美国等发达国家早已进入大学的讲台，大陆在引入传播学理论的同时，有必要开展广告教育。二是自 1979 年以后，我国市场经济得到迅猛发展，企业的竞争意识加强，广告业随之得到发展。由于我国历来没有高层次广告人才培养基地，因此广告人才奇缺。为了填补广告人才培养的空白，适应广告业发展的需要，将厦门大学与广告的渊源进行到底，80 年代厦门大学一批有识之士共同为创办中国自己的广告学专业而努力。

在这样的背景下，1983 年厦门大学广告学专业应运而生，我本人只是其中一个幸运儿而已。

2. 百业待举，运筹帷幄

林育祯：作为国内第一个广告学专业，在开办初期一定有许多困难，你们又是如何克服的？

陈培爱：是的，开办初期遇到了很多困难。当时没有广告专业教师、没有课程设置模式、没有专业教材，除了一番热情，其他一片空白，而且第二年就开始招收本科生，广告学教育面临巨大的压力。作为教研室主任的我压力更大。那应该是最为困难的时候，我们只好“一路摸索着走过来”。当时广告教研室连我只有两个教师，而那位新教师刚分配进来就外出进修，我确实感到担子很重。在广告教育模式确立以后，厦大广告教育并不是马上就顺风顺水地展开，开办初期连上课的教材都没有。为了能够摸索出一套适合中国式广告教育的课程，我开始了南征北讨的调研过程。

在那知识与经济都相对贫困的年代，我最重要的武器是笔和稿纸，把散见于报刊中的粗浅的豆腐干式的有关广告的见解，都不厌其烦地一一摘抄。1984 年上半年，为了赶在当年 9 月能顺利开课，此时，我上杭州、转上海、赴北京、下广州，在酷热中四处奔波，埋头于各地图书馆。有时稍有收获，便激动不已，并遍访当时已小有知名度的广告界人士及有关广告单位，由此获取大量第一手资料。

为了得到更为权威、系统的资料，1986 年 9 月至 1987 年 1 月，我来到香港中文大学进修传播学、广告学、公共关系学。从 1984 年到 1987 年历时三年，融合港台有限的广告书籍及自己对广告的初步认识，终于捧出了粗浅的《广告原理与方法》这本影响一代广告人的具有中国特色的广告学教材，从此厦门大学有了第一本自己的教材，稍解了燃眉之急。

林育祯：您多次提到，厦门大学广告学专业的成功不是您一个人的功劳，在您的背后一定有得力的团队，请您介绍一下您在带领团队方面的情况。

陈培爱：好的。首先从解决教材入手，培养一支高水平的教师队伍。随着厦门大学广告学专业实现了中国大陆广告教育零的突破后，20 世纪 90 年代全国各高校的广告教育发展如雨后春笋，但是缺乏统一而权威的广告学专业教材。有鉴于此，我们在有了第一本自己的教材之后，我又带头主编了《21 世纪广告丛书》，一共 10 本，包括《广告原理与方法》《如何成为杰出的广告文案撰稿人》《广告策划与策划书撰写》《印刷广告艺术》《广告调研技巧》《广告攻心术》《企业 CI 战略》《商标广告策略》《广告经营管理术》以及《公关关系的基本原理与实务》。该丛书比较完整地涵盖了广告的各个领域，充分地指导了广告实践。这是我国学者出版的第一套广告学系列教材，为培养适应中国市场的广告人才作出了贡献。这套丛书由厦门大学出版社推出，成为国内目前为数极少的有影响的广告学丛书之一，并成为厦门大学出版社的畅销书，其中多数著作已再版发行，为厦门大学广告学专业树立在全国的学科地位奠定了基础。

厦门大学广告学专业通过不懈的努力，在全国同类学科中脱颖而出。1997 年，中国广告协会学术委员会组成专门课题组，对全国广告教育单位进行历时一年多的调查，其结果显示，厦门大学广告学专业在广告业界和广告教育界的知名度和美誉度，均名列所有同类院校前茅。1998 年，新闻传播系广告学教研室集体获得了厦门大学最高奖“南强奖”一等奖。2003 年，我协助教育部主编国家“十五”规划广告学系列教材 15 本。此后几年来，厦门大学广告著作已从厦门大学出版社走向全国各出版单位，分别在中国对外经济贸易出版社、中国经济出版社、中国商业出版社、中国物价出版社、中国财政经济出版社、中央广播电视出版社、北京大学出版社、复旦大学出版社、高等教育出版社等处出版。此外，我们也在上海东方出版中心出版了一套广告学丛书。

30 多年来，厦门大学广告学专业以《21 世纪广告丛书》为核心，建立了一套较完整的人才培养模式，受到了教育部的认可，向广告界输送了一大批栋梁之材，为起飞中的中国广告业添砖加瓦。

林育祯：陈教授一生致力于广告学科的建设，出版了 20 多部各类著作及近 200 篇论文，您能介绍一下对您学术生涯最有意义的学术成果吗？

陈培爱：首先要提到的是《广告原理与方法》这本著作。毫无疑问，该书是国内第一本从传播学原理研究广告的理论著作，也是广告理论本土化的早期成果之一。书中提出了以信息传播为主线贯串广告原理的观点。该书以传播学理论为主线，较全面地论述了广告的原则和规律，阐述了广告运作的一般程序与基本规律，首次在国内奠定了以传播学原理研究广告的理论框架。《广告原理与方法》1987 年 8 月顺利出版后，成为中国广告人的案头书，不仅扩大了厦门大学广告学专业的影响，而且影响了国内众多高校，很快被众多高校选为专业教材。在厦门大学出版社历经 30 年仍畅销不衰，其间经过两次修订重新出版。

2004 年，以《广告原理与方法》为理论范本，融入与时俱进的更新资料与创新内容新编的《广告学概论》由高等教育出版社出版，这是中国广告学科第一套国家规范的系列教材中的第一本著作，也是广告学专业第一本国家级规划教材，被学界认为具备了“权威性与学术性的统一”“全面性与前瞻性的统一”“严谨性与可读性的统一”“编排形式与教学目的的统一”。

其次要提到的是《中外广告史》这本书。如果说国内第一本从传播学原理研究广告的理论著作《广告原理与方法》，奠定了从传播学原理研究广告的理论框架，那么被认为中国大陆解放后第一本较系统的广告史书——《中外广告史》则为我国广告史的研究奠定了坚实的基础，大大扩展了广告学研究的深度，在一个侧面使广告学科的发展更为稳固。我认为这样的评价并不过分。

《中外广告史》的出版，应该感谢当时龙媒广告选书的筹划人徐智明先生，他当时要出版一套高质量的广告书籍，以解国内急需广告书籍之急，其中广告史的写作任务就交给了我。当时心里还有些忐忑不安，好在自1983年起，我已经开始有意识搜集广告史的材料，在立下军令状的压力下，终于将多年的研究结晶于1997年1月出版了《中外广告史》。这本磨砺了14年的采用历史唯物主义观点的著作，客观地展示了从原始社会到鸦片战争、鸦片战争到建国前和新中国成立以来的广告历史进程，反映了中国广告业发生、发展、变化的基本脉络。使广告学科在理论、业务研究上注入史的内涵，显得更加完整与全面，广告史的研究为广告理论的研究奠定了坚实的基础。广告史结合了人类文化史、传播史、文学、哲学、宗教、美术、经济等方面包含的各种知识和所反映的各种思想，在一定程度上为广告学与其他学科的综合交叉创造了有利条件。此书被学界评论为“我国第一本成形的广告史专著”“中国大陆解放后第一本较系统的广告史书”，被国内几十所高校作为研究生、本科及大专的教材，并获得福建省社科优秀成果二等奖。在此应该感谢徐智明先生当年的敦促。

林育祯：厦门大学广告学专业办学最为成功的地方是什么？

陈培爱：我们最引为自豪的，是目前已经被各大高校效仿的由厦门大学广告学专业摸索出的适应中国社会发展的广告教育模式。在“大广告”的思想体系统领下，以培养定位于信息传播的研究方向，面向国际，懂得国际市场营销、广告策划创意和媒介组合运作的复合性、创新型的高级广告专业人才为目标，从而确立了厦门大学的广告教育模式，揭开了中国广告教育开拓阶段艰辛而又充满希望的一页。

厦门大学广告学教育强调综合型高素质的人才培养，体现在课程设置体系中，能交叉渗透，按照培养目标确定内容与比例。专业课程设置主要由四大部分组成：一是经济类课程，如市场学、商品学、市场调查等；二是传播类课程，如传播学概论、媒介研究、传播史等；三是素质类课程，如文学、心理学、社会学等；四是广告学专业的专业课程，这部分占全部课程的四分之一，其中包括：广告学概论、广告策划、广告写作，广告设计、广播广告、电视广告、印刷广告、摄影广告、广告创意、广告管理学、广告心理学、广告艺术美学、商标广告学、公关原理与实务等。这些广告专业课程既有系统的广告学理论，又有操作性强的广告实践，对培养广告界急需的高级专门人才具有重大作用。

林育祯：根据您多年的办学经验，要如何评估办学的成功与否？

陈培爱：学校的产品是学生，对学生的评价有学校与社会两种标准。我认为不能完全囿于学校教育学生的标准，而要站在社会、广告业界的高度来培养广告人。以科学的发展观开展广告教育，使广告教育与广告业界协调地发展，与社会协调地发展。以学生的整体素质提升为主要培养目标，以专业特色与优势为重点，培养广告业界需要的人才。

为了做到广告的理论与应用这两个教育领域、两项教育功能的彻底深入，培养出真正合格、符合市场需求的人才，再通过这一批批理论功底与实践应用都极为扎实的人才来壮大广告教育的主体，真正实现良性、快速的增长，我们厦门大学打破传统的广告专业教育模式（广告教育应该由广告院校来完成），树立全新的大广告教育观念。所谓“大广告教育理论”，就是充分利用社会资源，实现广告教育的合理分工——由高等院校侧重于理论研究教育，由广告公司与企业完成应用与实践教育——融合理论与应用教育，为中国培养合格的广告人才。我认为广告作为应用型学科，广告教育不仅是高等院校也是专业广告公司和企业的责任。专业广告公司及企业与高等院校一样，也是广告教育的主体。

厦门大学团队 1983 年开创的这种“广告学人才培养模式”延续了 30 多年，沿着“量的发展——质的提升——国际接轨”的路子发展，对我国近百所高校的广告教育产生了巨大的影响及借鉴作用，由我牵头的此项成果 2005 年 10 月获得“福建省本科教学优秀成果一等奖”及国家级奖项“国家本科教学优秀成果二等奖”。我个人的“广告学概论”“广告策划”两门课程获得福建省精品课程奖，“广告理论研究”课程获得省优质硕士课程奖；学院在当年获得以广告学科为主导的“传播学博士点”。2006 年，我申报的“广告传播研究”课题获得国家社科基金课题；本人获得福建省第二届教学名师奖。我认为，社会的认可也是衡量成功的重要标志。

3. 高屋建瓴，裨补阙漏

林育祯：对中国广告教育发展的理念，您历来持何种主张？

陈培爱：广告学作为一门新的学科，在发展过程中也存在一些乱象，我们应始终清醒地认识到广告教育不能脱离社会这个大环境，而应该根据社会的发展不断调整、改善广告教育的发展方向。多年来，厦门大学始终引领着中国广告教育的走向。我个人长期坚持的广告教育发展的理念主要有三点：

（1）主张中国广告教育量的扩展。1983 年，厦门大学广告学专业设立。从 1983 年到 1992 年，虽然全国只有 6 所院校成立了广告专业，但是我们清醒地看到自从厦门大学首创广告学专业后，受到广告界的重视与欢迎，同时广告界对人才的需求越来越迫切，广告教育的前景是相当光明的。当时广告教育发展特点有三个：第一，广告教育远远跟不上广告业界对人才的需求；第二，1992 年前 6 所院校创办广告专业的态度是严谨的，办学条件虽然差一些，但准备是较充分的；第三，这一阶段广告教育表面上缓慢发展，而实质上已开始实力的积累，必将预示着下一轮广告教育的大发展。由于看到了社会对广告的需求，我们积极主张中国广告教育量上的扩展和积累，积极推动厦门大学广告学专业设立“全国高校广告学青年教师进修班”，为我国广告教育蓬勃发展准备了一大批的新鲜血液。

1992 年之后，全国高校广告学专业雨后春笋般纷纷设立，广告学专业在前 20 年左右的时间里迅速扩展到超过全国百所高校。广告学科从无到有，从一门新兴的边缘学科很快发展成为一门独立而很有发展前景的系统学科，并形成艺术型、经贸型、新闻传播型等三类为主的教育模式。在经过了前 20 多年发展之后，至 2007 年，中国的广告教育院校已达到 300 多所，有超过 6 万人的在校广告学专业的学生。

（2）主张中国广告教育由量的扩展到质的提升。当然，我们在中国广告学教育的蓬勃发展中并没有失去冷静。相反，在广告学教育的蓬勃发展之势中，开始反思广告学教育数量激增背后的得与失。由于众多高校培养目标趋同，培养出来的人才都是千人一面的“标准产品”或“通用产品”。于是，在 2001 年 11 月深圳召开的第二届中国广告教育研讨会上，我们适时提出了中国广告教育由“高速”向“高质”发展转变的思路，呼吁教育界与广告业界共同努力，采取切实可行的措施，尽快地提高我国广告教育的质量，实现我国高等广告教育的可持续发展。同时要加强广告教育的市场意识观念，我认为，“要使广告教育向‘高质’转化，就要强化市场意识、服务意识、效益意识，要从计划经济条件下的办学方式转变到市场经济条件下的办学方式”。

由于广告高校的共同努力，广告教育质的提升有了很大进步。从 2006 年开始，高校创办广告学专业的热度有所减缓，众多院校把教育质量的提升当做重中之重，从培养目标、师资队伍、课程设置、教学设备等方面，都全面重视。特别是广告学科的建设得到加强，广告学博士点有了较大增加，广告学方面的国家社科研究课题得到重视，国家级教学成果奖中有了广告学科的位置，一大批广告专业人才已经成为中国广告产业的骨干力量。

（3）主张中国广告教育的国际化视野。随着中国广告理论的研究正逐步走向成熟，广告的学科建设也已奠定了较为稳固的基础，中国的广告教育在“量”的积累的基础上已有明显的“质”的提高。这时我们继续对广告教育进行反思，清醒地看到由于国际间竞争的激烈，高等教育出现了国际化或全球化的趋势。我在一篇论文里指出：“WTO 已迫使广告产业界走向与国际接轨，作为向广告产业界输送人才的广告教育，其培养理念与培养目标必然要进行角色的转换。国内广告界迫切需要大量与全球化经济接轨的国际型创新广告行业人才。”广告是为企业的营销服务的，而企业营销是需要强硬的品牌做后盾。中国品牌与世界著名品牌之间的差距还是相当大的。广告人才必须为中国品牌的国际化服务，广告教育也必须面对国际化的挑战。认为必须从研究国际经济、国际广告管理法规、国际广告运行机制出发，充分认识国际化对中国广告的长远影响，从而得出中国广告的应对措施。而高校广告教育要与时俱进，作出必要的调整。

广告教育在我国发展的时间还不长。过去应用的广告理论大部分还是“舶来品”，广告学科的概念体系、理论体系及经验基础许多是从西方移植过来的，有些还需要很好的融合改造。广告教育国际化观点不是说广告教育要抛弃中国特色，恰恰相反，是指出随着各国、各地区的产品不断需要开拓外方市场，兼顾全球化和本土化的跨文化广告传播必将成为 21 世纪的主流广告形式。中国的广告教育与实践必须立足中国的社会实践，体现中国的传统文化，凝聚中国的智慧成果，显示中华文化的吸引力与辐射力。

4. 桃李不语，下自成蹊

林育祯：您刚才已经较详细地介绍了您在广告教育几个阶段的教育观念，接下来是否谈谈对广告教育未来的看法？

陈培爱：对中国广告教育的未来，我有几点建议：

(1) 大力培养具有创新能力的广告人才。教育部 1998 年 12 月 24 日制定的《面向 21 世纪教育振兴行动计划》中指出，高等教育要“瞄准国家创新体系的目标，培养造就一批高水平的具有创新能力的人才”。广告学是研究广告事业发展及其规律的科学，是一门应用性很强且不断创新的学科，是高等教育中有发展前景的应用型学科之一。广告教育应突出开拓创新精神，教给学生获取知识的能力与方法。1999 年 9 月由厦门大学新闻传播系首创的“首届中国广告协会学院奖”的成功举办，令人强烈地感到青年学生广告创新意识有明显的提高。广告教育要把学生的能力培养放到主导地位，使培养的学生由知识型转变为能力型。

(2) 广告实务界应支持中国广告教育的发展。制约我国广告业发展的一个主要因素是人才不足，广告业要在高水平上竞争，最终将是对高层次人才的竞争。院校广告教育实际上属于中国广告业的一个部分，广告业必须以极大的热情来支持院校的广告教育，使双方共存共荣。

（3）紧跟信息传播学科的发展步伐。目前，人类社会处于一个高度发达的信息时代，因特网在数字化的基础上对人类历史上的电子媒介进行大综合，具有空前强大的传播能力。广告教育处于广告事业与教育事业的交叉点，必须紧跟时代前进的步伐，以高科技手段提升广告教育的质量，体现广告教育的新水平。

（4）融入文化创意产业的洪流中。随着社会的发展、科技的进步，人类社会又迎来了以数字媒体为标志的现代传播方式和以文化艺术为主的创意经济。在我国大力提倡发展文化创意产业的洪流中，从有关政策到学者研究，人们将创意产业主要定义为动漫、影视、网游、工业设计、会展等，而少有提及广告，甚至有学者提出："中国目前还没有创意产业。"对于广告在创意经济时代的失语，我们又一次感到窒息的危机。

我在担任中国广告协会学术委员会主任期间，筹划了中国广告协会学术委员会，在2007年9月在青岛召开的学术研讨会上，积极倡导确定以"创意产业发展与中国广告产业升级的思考"为主题，旗帜鲜明地指出"相比其他行业，广告业天生就是创意产业的骨干力量"。清醒地看到广告业其实就是创意产业的一个部分，它们内在的特性和性质是相同的，只不过广告业的形成和发展比创意产业早，结构和内容也相对简单。创意产业是更高一层的创意市场，包含的内涵深入到社会的各个角落，带来的经济效益也更为可观。2008年我主编出版《创意产业发展与中国广告产业的升级》一书，向社会上质疑广告行业的人群提出——广告业天生就是创意产业的骨干力量！旗帜鲜明地与学术界继续推动中国广告业与广告教育往纵深方向发展的共同理念。

5. 忘身于外，不懈于内

林育祯：高校各学院的主要任务是加强学科建设，为人才培养奠定基础。新闻传播学科的专业有新闻学、广播电视学、广告学、编辑出版学、传播学等，全国有近千所高校办有上述专业，仅广告学专业就有420多所。在您的带领下，如何在如此竞争激烈的情况下，把厦门大学广告学专业建设成为同类专业中名列前茅的学科，成为厦门大学本科教育的一个有影响力的招牌？

陈培爱：你这个问题提得很好。厦门大学创办新闻传播类专业其实并不具备优势。厦门是个中等城市，缺乏省会城市的资源，媒体不够发达，实体工业薄弱，没有著名的产品品牌，无论是办新闻学还是办广告学，都缺乏社会资源。但事情是干出来的，只要思路对头，目标明确，坚持不懈，定能有所收获。厦门大学的广告学科有今天的成绩，我可以总结出三点经验：

（1）树立竞争意识。提到高校办学要有竞争，许多人可能都听不懂，或压根儿就没听说过。其主要原因是公办高校没有压力，比如课程是固定的，报酬是固定的，生源是源源不断的，分配可以是市场化的，根本就不需要竞争。因此，任何一个高校老师只要有机会，都可以当领导，因为他没有任何压力，只是当的结果有好坏之分罢了。我一贯认为只有引入竞争机制，高校办学才有源源不断的动力。

（2）树立差异意识。1983 年我们创办新闻传播系时，确定了三个专业：即新闻学、广播电视学和广告学。当时“新闻学”的老大哥是人大和复旦，广播电视学的领头羊是北广，我们就避开“红海”，而选择了广告学这片独有的“蓝海”，把主要精力投入到广告学专业，就容易在竞争中脱颖而出，确立了厦门大学在新闻传播学科中“三分天下”的地位，事实证明当初的选择是对的。

（3）树立品牌意识。创办专业容易，但要办出口碑，形成品牌效应很难。我们下决心把广告学专业办成品牌专业，以此带动其他两个专业的发展。2005 年我们获得传播学博士点，主要是依靠广告学专业的学科影响。

林育祯：采访的最后，陈教授以一句“不悔梦归处，只恨太匆匆”总结 30 多年与广告的结缘。当年凭着书生意气，终于是挥斥方遒，在中国的广告教育界划下浓墨重彩的一笔。30 多年走来，摸着石头过河，有过被人误解、彷徨和犹豫的时候，但是在 30 多年后的现在，他在说不悔的时候，脸上浮现的还是充满“挥斥方遒”的书生意气。

在我们一再要求下，陈教授终于自己评价了他本人在中国广告中的历史地位。他带着他那招牌式的淡然的微笑，缓缓道来：“这么说吧，广告是个充满惊喜的行业，但是在光鲜之余会失之沉静。我觉得我这 30 多年来对广告学、广告史以及广告教育的研究延宕了这个行业的广度和深度，让这个行业更为踏实，往更为健康和持续性的方向发展。要问我以后将如何推动中国广告业的发展，那就只有一句话——‘洛阳亲友如相问，一片冰心在玉壶’！”

（问：林育祯　答：陈培爱）

6.2.7　黄升民：百转千回中的选择

黄升民（1955—　），广东佛冈人，1978—1982 年，就读于北京广播学院新闻系编采专业，获得学士学位。1982 年毕业分配到中央电视台专题部担任编辑工作。1986 年留学日本，主攻社会学、广告学等，1989 年 2 月毕业于日本一桥大学研究生院，获社会学硕士学位。1990 年回国，在北京广播学院任教。1993 年被破格聘为副教授，1995 年被破格聘为教授。1999 年担任新闻传播学院副院长、广告学系主任。1999 年被聘为博士生导师。2002—2014 年担任中国传媒大学广告学院院长。2014 年至今担任中国传媒大学资深教授，中国广告博物馆馆长，为中国传媒大学的广告教育作出了重要贡献（见图 6-15）。

图 6-15　原中国传媒大学广告学院院长黄升民教授

1. 追根溯源：百转千回中的选择与历练

一个人的人生经历决定着一个人人生的高度。黄升民从 17 岁开始从事新闻工作到 35 岁学成回国创立与执教广告学专业。在这 17 年的时间里，先是担任文字记者、然后上大学学采编，接着在中央电视台当编辑，然而接下来人生大转弯自费出国留学，在 35 岁时选择到中国传媒大学（当时校名为北京广播学院）做一名广告专业的教师。

这其中虽然有那个时代特定的社会环境对个人命运的影响和作用，但是其中每一步的个人选择，却是如此坚定而高远。正是这样的周折起伏，正是这样的敢闯敢为，塑造了黄升民今后在广告教育领域独树一帜的学术风格，走出了一条不同凡响的践行之路

1972 年，正值热血青春的黄升民，受到当时班主任章以武先生的赏识和喜爱，并将他作为优秀生为即将恢复的高考作应考准备。但由于当时高考尚未恢复，1972 年夏天，高中毕业的黄升民在章以武等老师推荐下，经过重重考核进入《广州日报》担任文字记者工作，这一呆就是六年。虽说是文字记者头衔，但是彼时彼刻黄升民在刚刚复

刊的《广州日报》做得更多的是学徒工作，从厨房到铸字车间、排字车间再到校对部和发行部，而且在发行部的工作就是天天拨电话，通知订报。但是这种用师傅带徒弟和不分高低贵贱的轮岗式工作方式，也对黄升民日后一直以“农民”身份自居，对待学生和团队一直是平等劳作的管理风格深有影响。

在那样一个青涩的年龄，在那样一个动荡的环境，黄升民觉得自己急需积淀学识，沉静心绪。当时报社图书馆的老同志给黄升民一个小小的特权，可以晚上悄悄躲进图书馆内看书。对黄升民而言，这无异于找到了一个心灵港湾。他后来自己回忆道：“每到郭永华（图书馆馆员）晚上值班，我就溜进书库。第一本书是杨绛翻译的西班牙小说，叫《小赖子》，接着是塞万提斯的《唐·吉诃德》，再接着是马克·吐温的《汤姆沙耶历险记》。书一本一本地看，有政治，有经济也有历史，最多的是文学，我也逐步进入了文学的殿堂。开始的时候，喜欢马克·吐温，后来，喜欢雨果、罗曼·罗兰，巴尔扎克和托尔斯泰是后来才有认同。然而，在情绪上文风上对我影响最深的是屠格列夫。章以武说，你的文章总是很明快，不过，欢乐中常有一丝隐隐约约的忧伤。”这份在书籍中的沉浸和文学的润泽，促成了以后黄升民在学术上的独立视角以及他幽默犀利的独到文风。

1978 年，黄升民作为“文革”后第一届高考考生被北京广播学院新闻采编专业录取。对于这个选择，一是他希望有机会能走出去，看看更远的地方；二是他觉得新闻编采于己的兴趣和经历，还比较对口。回忆大学当年，独特而又活跃的 77 级编采班和随时局而波澜阵阵的大学生活给黄升民留下了深刻的记忆。77 级编采班里的同学年龄大，社会阅历丰富，且都经过“文革”的磨炼和动荡时局的考验，总是能够敏锐地捕捉社会时事的变动，担当敢于思考和表达的角色。如今德高望重的曹璐教授正是当年 77 级编采班的班主任。黄升民曾感怀过：“我怀念这里的老师，也怀念共同生活过的同学，但是，对 77 本身，淡淡的没有别人那种刻骨铭心的感情。这种淡淡的感情一直伴随我经历种种社会工作和漂洋过海自费留学，直到 8 年后又重回广院……母校对我而言，无法仰望，也不用仰望，只能平视，因为一花一草、一砖一木，在斑驳的汗迹之中可以看到我们劳作的痕迹。它不是那种温文尔雅的象牙宝塔，倒像生机勃勃的搏杀坛场。”

大学四年给黄升民最大的影响还是关于独立研究和批判性思维。大学三年级时候举办的一次新闻学理论研讨会令黄升民念念不忘。在那次研讨会上，他撰文发表了题为“中国新闻业的挑战与应战”的论文，这也是他对自己六年报纸生涯的一个思考。但是对于其中的一些观点和提法，大学内部存在严重分歧。这种争议和分歧虽然给黄升民一些或大或小的打击，但是也让他坚定了在对待问题和分析问题时独立的态度和批判的视角。

1982 年夏，黄升民进入中央电视台专题部担任《祖国各地》的编辑。在作为导演执导大型文献纪录片《唐蕃古道》时，他意气风发，满怀激情，顺着当年文成公主进藏的道路，从西安到西宁，从甘肃到西藏，他的脚步跋涉得越来越远。这正是黄升民一直憧憬的一线生活，尽管一路坎坷和艰辛，但是黄升民认为这正是在实现自己电视新闻人的理想。这段经历对黄升民在今后的教育理念里一直强调实践第一是一脉相承的。

在“非常想走出去看看这个世界，呼吸呼吸自由的空气”的心态影响下，1986 年 8 月，31 岁的黄升民踏上了东京求学之路，并最终选择了学术环境相对宽松，非常重视实证研究和跨学科发展的一桥大学，成为在日本新闻学、广告学界颇有名气的山本武利教授的开门弟子。东京求学四年，黄升民系统地接触了广告学专业，并确立了自己的专业教育理念和学术研究思想。这一点在他接受记者采访时也反复提道，“留学的 4 年时间，是一个培养学术思想和塑造独立人格非常重要的时期”。

总体来说，东京的求学从三个方面对其影响深远：第一，实证的研究方法。黄升民的导师山本武利教授非常重视研究资料的一手性、严谨性和系统性的分析，强调做现场调查和个案分析。第二，跨学科的专业设置。日本当时没有广告学系，而是可以在社会学系下，也可以在商学系下。这对构建综合多元的只是体系和培养跨学科的研究视野非常有益。第三，尝试多课题的探索。山本武利教授在培养研究生时比较强调课题的作用，在课题实施过程中，可以全面地调动知识储备，尝试多种研究方法，完成专业价值突破。黄升民在此期间就参与过比如消费者研究、企业的广告经营问题的研究、媒介的研究等多项课题。

1990 年，黄升民从日本回国，面临新的选择。正是之前波折的人生阅历让其明白独立做事和把握时机的重要性，黄升民一方面希望能在一个相对思想自由，纯粹宽松的环境里独立做事，一方面看到广告业对于当时的中国，是一门新兴产业，前景广阔。于是黄升民选择到北京广播学院任教。当时的北京广告学院已经开办广告学专业，设在新闻系。这是由新闻系前后两任系主任赵玉明和曹璐老师为谋划新的就业出路支持发展的，而且当时的曹璐老师极力邀请在当时作为极少的广告留学人才之一的黄升民回母校任教。

这个选择，黄升民以一个学者的坚韧和情怀，从开始到现在坚持了近 30 年。黄升民作为首任广告学院院长带领中国传媒大学的广告专业从无到有，开疆拓土，从一个广告专业一直发展到现在的国内创建广告学硕士、博士培养体系最早、学科建设最完整，学术成就最深厚的专业院系。

2. 披荆斩棘：广告教育之路的探索与开拓

黄升民从 1990 年开始执教广告学专业，到 2002 年创立广告学院，成为首任院长，直到2014年7月卸任，一直秉持着“农民”的信念，带着一群“小农”，一锹一锄，不破不立，干劲十足，画出了广告教育最宏伟的专业版图。

回国执教初期，广告学专业的发展困难重重。设立之初只是一个五六个人的教研室，要啥没啥，而且常专业教师被广告公司挖走，黄升民只好想办法自力更生，用“做项目”的方式创收自救。最典型的事例就是1992年的“潘婷派发”。京城炎夏，黄升民和丁俊杰老师亲自踩着脚踏车，带领30多个广告专业的学生进行60万份宝洁潘婷洗发水样品的派发活动，甚至引起当时《人民日报》的关注。之后把所得的钱拿来买电脑，买专业所需的特殊课程，如统计分析、专业英语等。黄升民当时还特意发表了“潘婷换电脑”的专稿。这次活动从一开始就奠定了黄升民所一直倡导的学院文化，这就是：白手起家，独立创业。这种精神也一直贯穿广告学院发展的始终。

1993年，黄升民带领设立了广告学硕士点，1994年，成立了广告学系，这是全国第一。2000年9月，广告学专业招收第一届博士研究生，这也是全国第一个设立广告学专业的博士点。至此中国传媒大学广告学院成为国内创建广告学硕士、博士培养体系最早、学科建设最完整的高等院校。2002年以来，广告学院学科建设逐渐形成了完整的建制，设置了广告学系、公共关系系、设计系和新媒体与传播系四个系，包括1个博士后科研流动站（新闻传播学），1个博士专业（广告学），2个硕士专业（广告学和设计艺术学），两个专业硕士专业（艺术硕士和新闻传播硕士），4个本科专业（广告学、新媒体与信息网络、公共关系和视觉传达设计）。经过近30年的发展，广告学专业成为北京市级乃至国家级特色专业，广告学院成为广告学、传播学乃至广告行业、传媒行业的领军教学单位。

对于自己在担任广告学院院长期间，如何进行广告专业定位，保持广告学院的核心竞争力的，黄升民对此在接受相关采访时，谈到了这样几个重要的方面：

（1）立足产业的办学理念。黄升民认为广告专业是一个跨学科的必须不断创新的应用型特色专业，其知识装置必须是融合的、最新的，其为学生培养的能力必须是多元的、实践的。“学科建设的基础和核心是专业的建设。包括专业设计和设置，专业的内涵与外延，专业的教育与出口等。大学的专业教育，一是专业技能之传授，二是专业知识之创新，这是大学专业教育的基本的要素，也就是大学专业生存和发展的理由。而学科发展的生命力在于其前瞻性，在于其与产业的发展紧密相连。正如辩证法所说一切实践为理论之母一样，产业的兴衰是大多数学科的生命之源，没有产业的需求，产业的依托和产业的互动，学科就是无源之水、无本之木。”

广告学院立足广告学科作为应用型学科的现实，一直坚持把专业设计是否与产业实践紧密相连、学科位置是否置身产业发展前沿、科学研究是否回应产业的理论需求这三个问题作为衡量办学效果的标准，并贯穿到整个办学过程中。从碎片化的消费者研究、网络舆情传播研究，广告业生态研究，到媒介的产业化、数字化变革，再到信息平台的研究，贯穿广告学院（专业，系）近30年的发展核心就是教学与产业的密切互动，这也使其成为同类院系中最具生命力，最具办学特色的院系。

（2）民主创新的核心竞争力。在黄升民担任十多年的广告学院院长期间，他身兼多职，既是教学严格的教授和博士生导师，又是拥有众多社会头衔和职务的知名学者。在繁重的学术研究、教学任务和社会事务中，他如何去繁就简，厘清种种，带领广告学院勃勃向前呢？在最近接受相关学者的采访中，黄升民谈到其最关键的就是建立科学的发展机制，其中包括三大法宝：

第一个是民主决策原则。“学院有一个很重要的规定，就是重大问题只要有一人提议二人附议，就可以召开领导班子会表决，如果问题得不到解决，就由全院表决。在处理各种问题时，我们都采用这一表决机制，这一表决机制可以避免因个人主观倾向导致的过失，特别是避免出现颠覆性错误。广告学院这么多年能够在竞争激烈的环境中独树一帜，就是因为有着强有力的‘代际承传’的‘生存机制’，就像是广告博物馆里的那颗老榆树，象征着广告学院源远流长的基因。”

第二个是一线原则。“在我们学院的运行中，一直坚持倾听科研学术一线的声音和教学一线的声音。我们认为，一线的体验、总结、感悟最宝贵，院各级领导要做好管理服务工作，就必须聆听来自前沿阵地一线的声音，向一线倾斜是一项管理的基本要求。”

第三个是鼓励创新原则。黄升民认为，一个学院是否强大，关键是看课程体系的完整程度以及知识创新的领先高度。广告学院在发展历程中，有三次重大创新让黄升民甚是得意。“一是20世纪90年代，国内广告学专业尚处于模仿学习的阶段，通常的做法是把国外的教材、方法拿过来。而我们则一边模仿一边‘加工’，依靠自己的力量建立了中国最早的市场研究体系，出版了中国第一部市场研究和消费者研究的城市消费行为年鉴，即‘IMI年鉴’。二是20世纪90年代中期，我们提出了媒介产业化研究，这个概念的提出与深化对于当时的中国传媒行业具有重大意义。三是广告产业的系统研究。1994年，我和丁俊杰老师受国家工商总局和中央电视台的委托，完成了全国第一部广告从业人员上岗资格考试教材和20集系列教学片《中国现代广告教育系列》；1998年，拍摄完成了20集系列纪录片《中国广告20年》，对于中国广告业的恢复和发展过程进行了深入的纵向梳理和分析，为国内广告产业研究打下了坚实的基础。”

（3）创新创业的团队文化。20世纪80年代中国只有两所高校广告学院创办了广告学专业，一是厦门大学，二是北京广播学院。进入90年代，广告专业迅猛发展，根据中国广告协会统计的数字，目前有230多所大学开设了广告专业。在激烈的竞争中，中国传媒大学广告学院在形成自身独特的教育教学体系的基础上，成为广告学、传播学乃至广告行业、传媒行业的领军教学单位。

广告学院目前在校本科生 640 余人，在校硕士、博士研究生 200 余人。学院现有教职员工 48 人，其中专职教师 41 人，其中教授 15 人，博士生导师 7 人。另外聘有 20 余名学界和业界精英为客座教授。广告学院自主支配的教学设施（教室除外）面积，也从初期的仅 20 平米的一间办公室，发展到了今天拥有 5000 多平米的教学科研办公空间，包括 3000 平米的独立办公楼新址，以及 2000 多平米的中国广告博物馆。

这些都是黄升民在担任院长期间带领着教师和学生团队赤手空拳打下的江山。在黄升民的眼里，学生和老师都是同等的伙伴和战友，大家都是一样平等劳作的“农民”，无非是根据年龄有“老农”“中农”和“小农”之分而已。这也正是黄升民奠定的广告学院的团队文化：靠自己的双手，劳动吃饭，在广告学院没有复杂的人情关系，就是靠做事联结的简单而又纯粹的团队关系。

进入广告学院的学生，从入门的那一刻，就迈入了“如火如荼的炼钢大熔炉”。一方面，要开足马力完成基础课程、专业课程、外联课程和实践课程四大模块组成的课程体系，跨度搭建传播学、营销学、社会学、设计艺术学等几大学科的核心构架，同时多元修炼广告与设计史论、品牌与营销、广告与公关实务、新媒体与广告传播、艺术设计等专业课程群；另一方面，要投身于各课题组、项目组的“大工地”。广告学院目前有国家级研究基地 1 个——国家广告研究院，北京市级研究基地 1 个——首都传媒经济研究所，专业博物馆平台 1 个——中国广告博物馆，专业研究机构 10 个，专业杂志 1 种，调查统计年鉴和报告 4 种。在这些课题和项目中，广告学子信息沟通、思想交锋、资源整合，全部进行“实战”，最大限度地减少了“信息孤岛”和“产业竖井”，学会了真刀真枪的市场调研，数据采集、资料梳理、策划提案和报告撰写等。除此之外，老师还带领学生参加全国大学生广告艺术大赛、中国广告学院奖、时报广告金犊奖、美国 OneShowChina（金铅笔创意大赛）、“中国策”等各种大型专业比赛，并与中国移动、中国联通、中国电信、中数传媒、央视国际、百度、腾讯、易传媒等知名新媒体运营机构的进行实习实践教学合作。正是在这样的“厚基础，重实战”的千锤百炼中，实现了黄升民最看重的团队的“教学相长”和“知识创新与知识爆炸”。

支撑广告学院发展的文化与精神正如黄升民常常对他的团队所说的，“我们选择了一种探索性的学术研究道路，需要白手起家寻找研究项目，一点一滴地积蓄本钱，一砖一瓦地建构平台，一手一脚地培育团队，这是一条非常艰辛的道路，没有什么参照物，也不知道歇脚点，其间充满困惑和孤独，所以，放弃的念头常常会在脑海闪现……广告学院的发展靠的是什么？就是这种精神，说干就干，边想边干。好多事情，就是要趁着年轻去做，做了再说吧。好好想，慢慢试，黄花菜都凉了……”

3. 史实之间：以“实为本”，以“史”为纲的学术理路

当年黄升民离开东京回国的时候，他的日本老师山本武利这样对他说：“你出身记者，所以以‘实’为本，然而，你在我身边学习起家的是‘史’，可以以‘史’为纲，纵横数百数千年。”黄升民从此记住这个说法，努力实践这个思想。当他担任院长之后，产业实践和学术建设同时并重，走出了一条具有独特思想和独立品格的学术理路。黄升民的学术研究的点用他自己的话说：“我们的设题和拓展均与产业实践紧密相关，研究具有严密的系统性，从基本事实出发，经过细致的实证分析导出理论框架，在基本框架之下，不断深入延伸形成系统理论。”这些研究领域的成果保证了广告学院的领先地位和发展后劲。

（1）在广告理论与广告史方面。2001 年，黄升民作为总编导带领广告史论研究团队，首创性完成以中国广告发展社会变迁为专题的《中国广告 20 年》纪录片，总长时 400 分钟，一共 20 集，从广告公司、企业、广告媒介等角度，生动展示了中国广告业的恢复、发展和起伏，具有非常高的史料价值。2009 年，又完成了《中国广告 30 年》大型研究文献及纪录片拍摄；2005 年完成《中国广告图史》著作并出版，这是第一部用图片为主要元素来记载中国广告发展历史的重量级著作，时间跨度从先秦开始，一直到当代社会，分古代、近代、现代和当代四个部分，图料之充实也属国内首次。编纂了教育部高等学校广告学系列教材《中外广告史》等；发表《中国广电媒介三十年变迁的产业化解析》《我与广告 20 年》等论文。

2005 年，黄升民和丁俊杰、刘立宾作为首倡者向广告业同仁提议，建立中国广告博物馆。致力于中国广告业历史、现状的梳理研究，广告专业理论的研究与教学科普，行业前沿理论、业界创新实践的研究。谈及建设博物馆的动因和思路，黄升民认为一个学科知识的沉淀、积累和管理体系的搭建都离不开一个储量丰富的知识库，同时这一体系的搭建也是为自己学术寻根的过程。中国广告博物馆自 2014 年 9 月 20 日正式开馆以来，已经举办 16 次大型专业展览，包括“中国广告——当代中国社会文化和消费生活的镜像与流变”主题展览、“浮光掠影广告流年——年历中的广告印迹”博物馆开馆展暨赵琛藏品展、IAI 国际广告奖全国广告展等以及国际化论坛与讲座十多场。

（2）在消费者研究方面。黄升民所带领的相关学术团队于 1994 年成立了 IMI 消费者研究所，从 1995 年开始在北京、上海、广州三个城市实行年度的大规模消费者调查，调查从最早的 3 个城市，逐渐扩充到现在的 21 个城市，一直致力于中国城市居民消费行为与生活形态的研究。从 2002 年开始每年编辑出版《IMI 消费行为与生活形态年鉴》；2007 年，针对移动人群出版了《IMI 城市受众移动生活形态与新媒体接触研究报告》；连续十年出版《多种形态的中国城市消费者》和《多种形态的中国城市家庭消费》等专著，前者是对中国消费者分类的重要尝试，后者第一次将研究视角深入到以家庭为单位的消费角色中去；同时发表《社会意识的表皮与深层——中国受众广告态度意识考察》等论文；2010 年，与全球著名市场调查公司尼尔森集团共同建立尼尔森网联媒介数据服务公司，针对新媒体领域消费者数据采集与海量信息处理进行产业研究实践，该公司是目前国内唯一从事数字电视数据监测与研究的专业化数据服务提供商。

（3）在媒介经营与新媒体研究方面。作为在报社和电视台都有过较长时间工作经历的黄升民而言，他对中国媒介经营的方方面面有着超于常人的了解。媒介的产业化研究最早是从 1996 年黄升民带领团队为广州电视台做诊断开始，逐渐进入媒介产业经营研究的腹地。黄升民带领学术团队于 2001 年组建了媒介研究所，追随产业经营的发展步伐和媒介环境的不断变化，围绕着媒体产业的基础研究、媒体内容产业研究、区域媒体研究、媒体受众研究等四大领域，不断深化与开拓，先后出版《中国数字新媒体发展战略研究》《广电媒介区域化进程研究》《家庭信息平台：数字电视运营模式新突破》《下一代广播电视网发展战略研究》等著作，编纂教育部“十一五”规划教材《媒体策划与营销》；发表《报业转型：从“全媒体”到“全媒体营销”》《三网融合：构建中国式“媒・信产业”新业态》《“互联网思维”之思维》等论文；2009 年开始切入内容银行研究领域，获得中华人民共和国科学技术部国家科技支撑计划项目，出版《内容银行：数字内容产业的核心》等著作；2001 年作为总编辑创办《媒介》杂志并运营至今。

（4）在广告生态与广告主营销传播研究方面。1991 年，黄升民发表了《中国广告的消失和复兴》一文，对恢复时期的中国广告市场特点及成因做了深刻剖析。1993 年，在参与国家工商总局培训教材的编写过程中，走访各地的广告公司，让黄升民对中国广告市场生态第一次有了深刻的认识。20 世纪 90 年代初期，黄升民已经参与许多企业的广告宣传活动，如长城电脑、万宝电器、海王等，90 年代中期开始系统地、全面地介入企业经营领域，代表性的作业就是湖南华天、清华紫光等策划营销活动，在实践过程中，黄升民觉察到中国的企业对于广告学术存在很大的市场需求，于是 2002 年带领他的第一个博士生杜国清开始创办广告主研究所，同年创办《广告主》杂志，2005 年出版中国第一部广告主蓝皮书。自 2005 年起，研究所连续出版年度《广告主蓝皮书：中国广告主营销传播趋势报告》共 8 本。从 2003 年开始至今，每年执行中国广告协会委托课题“中国广告市场生态调查”，每年形成广告市场生态研究系列报告。发表《广告市场环境的变化与营销应对》等论文。2008年作为主编推出了中国第一部全面剖析县域市场内核与居民生活形态的报告《县域市场研究白皮书》，2015年4月发布了《2015中国县域市场研究蓝皮书》，此为这一研究的第三本县域研究报告。2015年黄升民还带领团队完成了“广告产业发展‘十三五’规划”和“互联网对广告业态环境的改变及其广告监管路径研究”两大课题研究工作。

（5）在广告创意思维领域。黄升民带领学员研究团队数年来坚持举办大学生广告创意作品展、国家大师作品展，如“纸上的舞台”、《中国东西》等，论文《从广告作品解读社会文化》《大国图腾：承载六十年国家理想的公共图像》均在国际学术会议上发表并受到认可。并且带领团队从2010年开始建设中国首个《广告创意作品库》，该数据库至今完成了对13万条规模的广告创意作品的高效化采集、数字化处理、标签化存储、按需性检索、便捷性调用等功能。确立了最高的专业数据建设标准，实现对海量数据的分类管理；对广告作品进行价值体系建构，形成规模性创意数据库；自主开发完成了从采集生产到应用产出的工具系统。可以满足广告学习者、广告从业者等机构和个人对创意资源的查询、分析、评价和研究梳理展示等需求。该平台目前正在转型升级为“中国广告产业创意引擎云平台”工程，此项目于2016年7月获得文化部国家文化创新工程项目。

2014年9月，黄升民卸任广告学院院长以后，已经具备独立生存，创新创业能力的团队和学院一如既往地开拓向前。黄升民本人则不渝不辍，在践行专业主义理想的路上，永不停歇。比如黄升民带领的学术团队即将上马动工的“中国广告四十年四个伟大工程”从四个角度，用影像的方式记录与呈现伟大的广告产业、伟大的媒体、伟大的品牌和伟大的人民四十年里的变化与发展，再现中国广告四十年的点点滴滴，记录百姓生活、社会变化和国家崛起。这是一项向中国广告业致敬与继往开来的伟大工程。还有切中内容产业运营核心的内容银行，在带领团队完成概念落地、系统实践，推出一系列专利成果和著作成果之后，即将开始国家内容银行实验室的正式实施和搭建。这些立足于行业研究的最体系化的平台和和产业研究的最前沿阵地，都将继续锻造黄升民的学子和团队在广告学专业学习和研究的路上更加百折不挠，百炼成钢。

有人问黄升民做人的终极理想是什么，他说“做事，做大事，只有做事才能拥有无边的想象空间，我的理想没有尽头，就是一直在路上……”

黄升民在广告这片田间，耕耘近30载，众多弟子从进校时的懵懂青涩，到后来的独当一面，对这位亦师亦友的学者和师者表示了他们发自心底的敬意。这些学子们曾集体撰文评价过他们的导师：“一般来说，都是老师为学生在毕业后所取得的成绩而感到骄傲，而黄老师却是让所有学生走出校门后依然以他为傲的老师。这样的老师其实不多，需要实力和持续领先的研究水准。学术中国之发展，除规矩体系，更需碰撞、交融，大胆创新。抡起板斧，披荆斩棘者，并非莽夫，较小步踥蹀者，心存大智慧也。”

（黄爱武）

6.2.8　丁柏铨：南京大学的新闻教育与学科建设

丁柏铨教授（1947—　），江苏无锡人，是中国恢复高考后的首届大学生，南京大学新闻与传播学院早期的主要领导人。1986 年担任中文系副系主任，1992 年 11 月，担任刚刚建系的新闻传播学系的系主任，到 2003 年的 4 月卸任。见证、经历了中国新闻传播教育辉煌。丁柏铨不仅是一位优秀的教育管理者，而且也是一个富有洞见的新闻学者（见图 6-16）。

图 6-16　原南京大学新闻学系主任丁柏铨教授

1. 背景：经历了不少曲折和坎坷

许松（以下简称“许”）：丁老师，院里委托我做关于您的专访，做成口述史。我觉得很荣幸，由此获得了向您请教的机会。

丁柏铨（以下简称“丁”）：不客气。我先介绍一下我个人的经历和背景吧。

我于 1977 年参加高考，是恢复高考后的首届大学生。我们这批人在看《历史转折中的邓小平》时就特别有感触。还有一部电影，叫《高考：1977》，就是讲我们这一批人的经历的。我记得影片是在改革开放 30 周年的时候公映的。对于我来说，如果不是邓小平果断拍板、决定恢复高考制度，这辈子就和大学无缘了。

我是无锡市一中 1966 届高中毕业生，当时离高考已经很近了，但这时“文化大革命”开始了。这就把我的大学梦给搅了。我当时离大学只有一步之遥。无锡市一中从 1960 年开始进行五年一贯制的试点，把初高中的学制从六年改成五年，初高中不分段。无锡有两所学校进行了这样的试点，一所是市一中，一所是一女中。1963 年，一女中继续进行试点，市一中恢复六年制。和我们同一年进中学的一女中的学生，1965 年就高中毕业考上大学了，而我们在高中毕业时赶上了“文革”，从此和她们有了天壤之别。

“文革”开始后，到 1968 年 10 月 30 日，在这个时间段里就是参加所谓的“文化大革命”。之后是从无锡到苏北盐城的滨海插队。滨海是盐城地区的一个贫困县。那天是在无锡的西门桥上的轮船，历经三天三夜，到了滨海的通榆港。县里用汽车把我们送到插队地点。上山下乡的生活由此揭开了序幕。

1976 年 1 月，我回到了无锡，在无锡港务处第六作业区工作，做码头工人，经常性的活是在码头上装卸石子等。但不久后，我又被借调到无锡市交通局宣传科工作。

许：那后来怎么上的大学呢?

丁：邓小平拍板，做出大学恢复招生的重大决策以后，我是在无锡市交通局报名参加考试的。当时的高考录取率大概是百分之四点几，最后是二十几个人中取一个。

我当时就读南京大学中文系汉语言文学专业。毕业时间是 1982 年的 1 月。我们这一届比较特殊，春季入学、冬季毕业。我毕业后留校任教。此后比较顺利。1986 年当上讲师；1988 年晋升副教授；1993 年晋升正教授，同年享受国务院“政府特殊津贴”；2001 年开始招博士生。我从讲师到副教授，花了两年时间，属于破格，而且是“大破”。

2. 转型：现在想起来真有些“后怕”

许：您是如何从中文系转到新闻系的呢?

丁：1986 年担任中文系副系主任，而后，1992 年 11 月，担任刚刚建系的新闻传播学系的系主任，到 2003 年的 4 月卸任。在任 10 年半左右的时间。对我来说，从中文到新闻，是一次转型，有人开玩笑是“华丽转型”。哪儿的话?事后想想，还真有点“后怕”呢，因为转型有可能成功，也可能失败。失败也非小概率。

当然，如果现在转型，难度更大，因为博士越来越多，那个时候的博士特别是新闻的博士是很少的。到 2010 年以后，博士开始多起来了。

我在中文系任教的时候，主要是从事文艺理论、中国现当代文学教学和研究。在中国现代文学研究中，专攻茅盾研究；在中国当代文学研究中，主要从事文学评论。在茅盾早期思想研究方面，出了专著，反响还不错。2014 年，台湾花木兰出版社出的“茅盾研究 80 年书系”，收了 60 部著作，我的专著也被收入其中。这本著作名为《茅盾早期思想新探》。

我还主编了一本《中国新时期文学词典》，近百万字。丁和根老师写了有十一二万字。他是很出色的撰稿人。这本词典，到现在还被人提起、被人引用。当时，在编写“新时期作家词条”时，我们给作家们一一发信联系，收到了许多名作家回复的亲笔信。这部词典出版后获得好评。书评家徐雁（笔名秋禾），还专门发表文章加以推介。

许：从中文到新闻后，您一直还是对中国现当代文学难以割舍吧？

丁：说难以割舍，有一点；不过基本上是远离了，但没有完全放弃。

许：您从中文转到新闻，事后想想有点“后怕”。您觉得两个学科有哪些不同呢？

丁：毕竟是两个不同的学科。文学是人学，新闻是对事实的报道和传播学。文学讲塑造形象，新闻讲客观真实。两者区别很大。

但是，我觉得进行新闻研究和进行文学研究有相通之处。比如说在学术功底、理论素养等方面的要求是相通的，都要讲逻辑、讲学理，都要想得深、说得透。要把道理讲得头头是道，且前后没有矛盾，还要争取有新的发现，争取有所创新。这些都是相通的。而做过文学评论，也有利于做新闻作品评论和媒介批评。这些，都有比较多的相通之处。

我当时的一个想法是要充分利用在中文系那么多年的理论积累、思想积累、知识积累，把它嫁接到对新闻的研究上去。当时，我确立了如下理念：要找大家处于同一起跑线的研究课题和研究领域。其实，新的、老的新闻院系的不同年龄层次的老师，在对某些问题的研究上，都处在同一起跑线上。

我记得1993年，新闻传播学系刚建立不久，当时申报国家社科基金课题，我没有以自己的名义报，而是极力动员我们系的一个老师，由他来报。我帮助确定的选题是：“市场经济条件下新闻基本理论研究”。在我看来，新闻基本理论，在计划经济条件下和在市场经济条件下是有很大不同的。由计划经济体制到市场经济体制是一种重大转型。随着这种转型，新闻的基本理论会更新、须修正，将出现很大的创新空间。后来，我和几位老师一起认真做了申报材料，果不其然，获准立项。这对一个年轻的学系来讲，无疑是一件大喜事；而对我个人来说，则是从中获得了转型的信心。

3. 探索：在学科建设和学系建设上潜心思考

许：您一直保持着一种对理论前沿的密切关注和洞察。

丁：有段时间，网上对我有一个评价，叫“剑走偏锋”，说得有点道理。如果做的是别人已经做得很成熟的研究内容，那么，你只能在后面追赶，你就难有“出头”的日子。后来，我的这个思路越来越明确。我把它抽象和提升为“现实重大新闻传播理论研究”。

事实证明，在这一方面用力是对头的。当然，在此过程中，要“恶补”许多东西，毕竟我是从一个自己比较熟悉的学科跨到一个自己比较陌生的学科，在理论知识和思维方式等等方面，要弥补许多不足。

我在刚当系主任的一两年里，坚持不出去开会，而是在家潜心做学问，不断探索学术研究、学科建设和学系建设的路。一直到1996年，教育部在四川大学召开新闻院系负责人会议，我才去参加。

在会上，我作了一个发言，引起比较大的反响。我讲了我们建系以来所做的一系列事情，当时归结为“五个一”工程，借用了中宣部“五个一”工程的提法。

我们系的“五个一”工程包括：每年出一批教材，每年出一批专著，每年出一辑大型学术年刊《新闻传播论坛》，每年举行一次有影响的学术研讨会，每年资助一批研究项目。我还讲了建设学系和建设学科的理念。院长、系主任们听了以后，深以为然。后来就有了复旦大学新闻学院一行26名教师来南京大学新闻系参观和交流的趣事。

此外值得一提的是《新闻传播论坛》，这份大型学术年刊一共出了8辑，每辑40万字，由南京大学出版社出版。我提出的办刊理念是：瞄准学科前沿，体现学术前瞻，追求见解深刻，展现开阔视野；对有见地的文章，篇幅上不设限制，超长的文章可一次刊出。童兵教授、陈力丹教授等著名学者是《新闻传播论坛》的经常性作者。他们给予我的帮助、支持，令人感佩。为了保证年刊质量，我坚持自己看每一辑每一篇文章的校样，逐字逐句、从头至尾地看，要看三次校样。

许：丁老师，您是否可以谈一谈，当时建系之初的一些情况呢？

丁：新闻系的前身是南京大学中文系的新闻学专业。设置专业须经教育部批准。教育部要审批是否具备建专业的条件；而建系则不需要教育部审批，只要学校自己批准即可。

1986年，南京大学中文系新闻学专业获教育部批准。新闻学专业的专业主任是裴显生教授。

1992年10月，学校发文，批准新闻学专业从中文系独立出来，升格为系，当年11月，学校任命为我为首任系主任。

建系之初，条件非常艰苦，可支配的经费，第一年是9990元，1万差10元。我们当时就是在这样一个起点上建系的。办公室是一大间加一小间，仅几十平米。你在南京大学校园里，不知有没有留意过西南楼。我们原来的办公室就在那个楼里。后来，学校给我们增加了一点办公用房。当时的蒋树声校长从生物系那里，为我们增加了一小间办公室。办公条件和现在比真是不可同日而语。

建系时，教职员工总共9人，其中专任教师7人。9人中现在有好几人已经退休了。

老师们承担了新闻系所要开设的主要课程。师资力量不够，就只能向外部借力。有些课请系外的老师上。你的导师丁和根老师，当时是中文系吴新雷教授的博士生，我就把他请过来为学生讲授古代文学作品选等课程。

刚才我讲到一个理念，就是要寻找大家都在同一起跑线上的研究领域。我的另一个理念是“弯道超车”。

许：这个词，经营性单位、媒体企业好像用得比较多。

丁：其实，办新闻院系也有这个问题，自己有点基础了，要寻找机会，抓住一个机遇点，超越人家。

许：“弯道超车”的话，应该会有一个标杆吧，那当时您心目中是否有这样一个标杆呢？

丁：心里肯定有的，但是，这个标杆不便明说。其实，我经常在审视本系的短板弱项和提升空间，经常在思考兄弟新闻院系的优长和值得学习之处。我说的“弯道超车”，其意是注重于平时在某些研究方向上的积累，形成后发优势，然后争取超过前面的“车辆”。

2005 年，教育部评选国家级的优秀教学成果奖，我系获得了一个二等奖。新闻传播学没有一等奖，获二等奖的总共是 3 项：一个是北京广播学院高晓红老师主持的成果，她报的是电视新闻；一个是厦门大学的陈培爱老师主持的成果，他报的是广告学；一个是我主持的成果，我报的是新闻学。我主持的这项成果，题目是：“坚持抓好实践教学环节，培养高素质新闻人才”。我们的团队一共 5 人：丁柏铨、刘源、韩丛耀、胡翼青、周海燕。

建设学系，必须以学科建设为龙头；为此，就必须大力引进人才。要尽各种可能、想各种方法引进高层次人才。我在担任系主任的 10 年半时间中，花精力最多的就是引进人才。邓利平老师在中国人民大学获得博士学位。在他毕业之前，我去拜访他，邀请他到南京大学工作。经过考虑，他答应了。这是我系引进的第一个新闻学博士。为了让他没有后顾之忧，我多次和人事处交涉：同公共外语部联系，解决他爱人的工作；请校长办公室出面和南大附中协调，帮助解决好他儿子的就读问题。当时引进或留下的人才，后来成了学科建设的中坚力量。我的体会是：引进人才是最重要的工作，也是最难做的工作。

许：在您此前的访谈中，谈到一块很重要的内容就是理论与现实对接，比如，您对党报的研究就很深入。

丁：党报研究是我研究的几个方向中的一个。我们一共开过 10 次党报研讨会。这是“五个一工程”中的一项：每年开一次有影响力的学术研讨会。党报在那个时候处境不像现在那么艰难。即使是现在，它依旧是主流媒体，这个地位没有动摇，但是，要发挥主流的作用，难度就增大了。

我们当时是每年围绕一个主题开会进行研讨，但是，10 年下来，基本主题是不变的，那就是：党报的改革与发展。这是母题，而每年则讨论一个子题。我提出：要实现四个“方面军”的大汇聚：一是学界，二是业界，三是研究界，四是期刊界。研究界，是指中国社会科学院新闻研究所那样的研究机构。学界主要是指新闻院系的学者；业界是指新闻媒体中人；再一个就是学术期刊，我们每一次开会，都邀请期刊的主编或是责任编辑参加。这样就实现了 4 个“方面军”的大会师。4 个“方面军”的大汇合很有好处，可以以“头脑风暴”法思考一些问题，从而产生许多好的想法。

第一次研讨会，由我们系和南京日报社联合主办；第二次，是和常州日报社一起办的；第三次和南通日报社联办；第四次和连云港日报社联合主办；第五次好像是和无锡日报社联办的。盐阜大众报社、宿迁日报社、苏州日报社、扬州日报社等也和我们联合举办过研讨会。与常州日报社、南通日报社、连云港日报联办的研讨会，会后都出了论文集。每次开会都是越开大家越觉得兴味十足，意犹未尽，纷纷要求申办下一次研讨会。我开玩笑说，这就像是申办“奥运”。几家同时提出要求，希望下一次一定要到他们那里去举办。应该说，这种系列性的会议开得真是热气腾腾。

后来，中国传媒大学办了“共和国党报论坛”，现在还在办，也是一年一次，水平很高。我们如果一直办下去的话，也应该会更“高大上”一点。这是我们在科研方面着力抓的一项工作。

2002 年前和 2002 年，我们系有一个比较大的动作：出一套丛书，由新华出版社出版，丛书名为“新闻传播学前沿丛书”，其中有杜骏飞、胡翼青两位老师合著的《深度报道原理》，周海燕老师的《调查性报道采访与写作》，王雄老师的《新闻舆论研究》，邓利平老师的《审美视野中的新闻传播》，段京肃老师的《传播学基础理论》，潘知常老师的《传播批判理论》，陈堂发老师的《授权与限权：新闻事业与法治》，还有我的《中国新闻理论体系研究》。当时，虽然系里经费捉襟见肘，但是我提出来，要用创收所得的可支配的资金反哺科研，把有限的经费用到最需要用钱的地方。系里对每一部专著，资助 3 万元。通过这一举措，推出了一批学术著作。这个也是“五个一”工程中的一项工程。

在推出老师们的专著的同时，我对教材建设也很重视。我认为，一个学系，应该有几本标志性的教材。我自己就是朝这方面努力的。陕西师范大学出版社出了我主编的《当代新闻文体写作》《当代广告文案写作》。复旦大学出版社李华老师看到了我的《当代广告文案写作》后，特地到南京来向我约稿。后来我主编了《广告文案写作教程》。此外，我主编的《新闻采访与写作》由高等教育出版社出版。这是一本“十五”国家级规划教材。2004 年出了第一版，2009 年出了修订版，2014 年再次修订。有不少学校把它作为本科生教材和研究生入学考试指定参考书。这本教材，被评为江苏省高等学校精品教材。十多年来，它的销售情况不错。正因为如此，出版社才会要求每五年修订一次。这本教材里有大量的鲜活案例。找案例是一件很费时间的事情，往往好不容易找到一些，结果觉得这也不行、那也不行，不断甄选，不断淘汰。对任课老师来讲，他们最需要的就是鲜活的案例。2002 年，我还在复旦大学出版社出了另一部著作——《中国当代理论新闻学》。这是由复旦大学新闻学院李良荣教授任总主编的一套书里的一本。我将它定位为专著型的教材，对市场经济条件下的新闻基本理论问题进行学理思考。这部著作经国务院学位委员会学科评议组召集人会议审定，入选教育部推荐的“研究生教学用书”。

4. 感慨：从容面对“三座大山”的“压迫”

丁：我当系主任十年半，深感“双肩挑”的艰辛。“双肩挑”，一个肩膀挑教学科研的重担，另一个肩膀挑行政工作的重担。我戏称压在我头上的有“三座大山”：教学、科研和行政。虽然学校对“双肩挑”的系主任没有坐班的要求，但我总觉得有做不完的事情在等着我。早上离开家的时候计划好要抽空写文章的某一段，或者是要找某些资料，或者是要思考某个问题。结果一到办公室，往往计划全落空。一会儿这个来找，一会儿那个来找；一会儿这个来电话，一会儿要去开那个会；一会儿要接待个什么人，一会儿要拜访什么人。在若干年时间里，我一年只休息一天，用大年初一的时间给亲友拜年。那段时间真是苦不堪言。

即使是行政工作占用了我大量的时间的情况下，我论文的刊发量并没有下降。现在想想确实是够艰苦的。为了保持科研的状态，我把别人喝咖啡的时间都用来做学术研究了。

我的爱人很支持我，她承担了全部家务，使我能全身心地对付“三座大山”。因此，我一直说，军功章里有一半是她的。

另外，我也谋求掌握一些新的“技术”，以改进生产工具的方式提高“生产力”，用技术换时间。我那几年使用了 IBM 语音中心开发的软件，感觉很爽。我只要动动嘴巴，它能把我说的话转化为文字。

我觉得，很重要的是要养成琢磨教学科研中值得琢磨的问题的习惯。在科研上，就要琢磨选题，有的是写论文所需要的选题，有的是报项目所需要的选题。我比较幸运，拿到国家社科规划重点项目 3 项。其中，2001 年一项，2005 年一项，2011 年一项。2016 年 11 月，拿到了一个重大项目。2001 年和 2005 年重点项目的最终成果，分别获得教育部优秀人文社会科学成果奖三等奖和二等奖。重大课题招标一年一次。在论证选题阶段，我认真研究了历年的重大项目选题，然后反复琢磨选什么样的题目进行论证为好。我最后选定了“十八大以来中国共产党新闻舆论观研究”这样一个题目，报了选题论证材料。到7月中旬，指南公布，我报的选题被收入。我和同仁受到很大鼓舞。然后就花大力气进行论证，填写申报表。到11月15日，结果出来，我和同仁们拿到了这个项目。我深感，平时经常地思考问题，特别是思考选题非常重要，这是一个方面。另一方面，为申请到这个重大项目，我事先做了许多准备工作。项目需要有前期成果的支撑。如果论证材料做得不错，但没有前期成果支撑，还是拿不到这个项目。我写了一系列与课题研究相关的论文，为课题研究奠定了一定的基础。这些就是我对科研项目和论文选题的琢磨。这种琢磨的工作是需要经常进行的。

与学科建设同等重要的，是人才培养。在教学方面，我还经常琢磨：怎样把课堂教学延伸到课堂之外去？新闻学子，确实不能仅限于看书、听课。听完老师讲解、看完课本所述，要在此基础上，去动手操作并力求有所体悟。在中国，还要深入了解和研究国情。到工厂、农村去，到基层去，接触基层的民众，这样，新闻才有源头活水。当然，新闻学子并不就是新闻人。但学新闻，从课堂内延伸到课堂外是完全有必要的。延伸，一是延伸到校园，二是延伸到社会。

然后要琢磨对接。这个对接，包含如下内容：与新闻实践对接，与新闻单位需要对接，与教学对象需求对接。这样的对接，有着丰富的内涵。在指导学生学习的过程中，要让他们进行“实操”。新闻学科是应用性很强的学科。学新闻和学文学大不一样。关于新闻和文学的区别，我在前面已经谈及，这里就不再重复了。

我经常琢磨在我的“新闻写作”课程中怎么让学生进行“实操”。我逐渐摸索出了一些道道。在课程中，我总是会安排为期3天的课程实习。我以及我的博士生、硕士生，会带着我的本科学生到某地去进行实地采访。我曾经带学生到无锡去采访，无锡日报给予了很大的帮助。此外，还在连云港日报社、南通日报社、苏州日报社、盐阜大众报社的帮助下在当地采访。到后来，盐阜大众报社和我们联手指导学生实习就搞得很规范了。第一天下午，由报社老总给学生做一个既高屋建瓴又接地气的讲座；第二天一整天，带领学生到由报社预先精心选择的点上去采访。学生被分成3个或4个小分队。盐阜大众报社安排妥帖到什么程度？报社的4位副总编辑每人带领一个小分队，既当向导又当教练。在现场教学生怎么观察、怎么发现、怎么提问。我觉得，这个格局就很理想了，等于我们和报社的资深记者联合指导学生，他们把学生当自己报社的年轻记者，手把手教他们采访。而报社的一把手则和我一起，到4个点上去，分别给予指导。回到学校后，学生在网上把作业提交给我。我从作业中选取消息、通讯中有较好基础的作品，指导作者进行反复修改，定稿后推荐给报社编辑、刊登。对图片中的佳作，也一并予以推荐。有一年，《盐阜大众报》分 6 次发了学生的实习作品，有一整版，也有大半版。对于绝大多数学生来说，自己的作品上报纸，这是生平第一次，初尝了发表作品的甘甜和快乐。

这个是课程实习。然后是大二的暑期实习，最后是大四的为期一个学期的“大实习”。新闻实践就分为这么三个台阶：课程实习、暑期实习和大实习。这就确保了他们能不断地增强动手能力。

如何激励学生学习的积极性和主动性，也是我经常琢磨的一个问题。“新闻写作”课程作业的批改，是一件费时伤神的事情。通常的情况是：主讲教师让助教批改学生作业；助教写几句简单的批语再打个分数了事。这样做作业，是一次完成的，对学生帮助不大。我觉得应该想方设法将学生写作和修改的积极性充分调动起来。我尝试用网络配合新闻写作教学。有个叫“中国数字大学城”的网站，提供了相应的方便条件：学生可在网上提交作业、我可在网上批改作业。提交和发还可在瞬间完成。我规定学生一学期写两篇消息、两篇通讯。我要使学生一篇作业由一次轻松完成变成多次修改艰难完成。于是，我进行了学生作业批改方式和评估方式的改革。在开学之初，我就向学生承诺：对于提交的作业，你们如果对文本不满意，对得分不满意，可以反复修改，直至改到满意为止。这样，学生的积极性就被充分调动起来了。

有一个学生，写了一篇通讯，第一次得了 73 分。他很优秀，对这个成绩自然不满意。于是作了一番修改，我看后觉得有提高，就给他增加了分数。我还指出了尚存在的不足，建议他继续修改。就这样，他一共改了 7 遍，由 73 分增至 90 分。这个分数不是我白送给他的，而是他经过自己的努力获得的。我后来形成了这样一个理念：“老师要盘活手中掌握的分数资源。”如果说我一开始就给他 90 分，这显然是不合理的（因为他的作品还没有达到这个水平）；再说，他恐怕就没有不断修改的积极性了。

对于培养硕士生，我琢磨出了一个办法：跟我带的每一个学生合作写一篇论文。我出一个题目，大略地告诉学生应该怎么写，让他们写出初稿来，然后指导他们一遍遍地进行修改。其实，修改是很花时间的，甚至比自己写还费时间。一开始，初稿往往写得不尽如人意。但指导修改则很能见效。学生改一遍就提高一次。有一个硕士研究生名叫李卫红，当时是解放军政治学院新闻系的教师。我指导她写了一篇关于时政新闻改革方面的论文。在我指导下，她数易其稿，最后写得相当不错。我就把我指导的硕士生、博士生集中起来，开了一个“李卫红作品研讨会”。事先把她的初稿、数次修改稿和终稿打包发给这些学生，让他们阅读、思考。开会时，李卫红先谈写作体会，然后其他同学再发表自己的见解。这样指导学生写作论文就很实在，因为，从理论上讲无非就是那么几句话。开展研讨就不一样。我们经常说：选题要好。那么，什么样的选题才算是好的选题？更重要的是，怎样才能找到好的选题？李卫红在这个方面有体会可谈。同样重要的问题还有：怎样通过反复修改，把有毛病的地方改掉、改好？这些毛病或者是语法上的，或者是逻辑上的，或者是内容上的；有些毛病是隐蔽的，不易发现，但有关专家一眼就能看出来。有的专家的眼光特别敏锐，一般人看不出来，他就能看出来。如果能够消灭这类隐蔽的问题，那么就能进入论文写作的比较高的境界。还有就是把那些说得不那么妥帖、不那么准确、不那么严谨、不那么巧妙的话，说得比较妥帖、比较准确、比较严谨、比较巧妙。我觉得，通过研讨这种方式，可以让学生们在思维方式和写作技巧方面得到启发。经过这样的指点，学生就能学到不少课堂上学不到的东西。

许：那么，在博士生的培养上，您是否可以谈一谈您的心得呢？

丁：博士生，我一般就不和他们合写文章了。我带硕士生，自立一条规矩：坚持和每一个学生合写一篇文章，不是要掠人之美，而是有“带路”和手把手教的意思，目的是让他们感知一篇好的论文应该怎么写、不应该怎么写，让他们从中获得切身体验。和硕士研究生合作写文章，题目由我出，框架由我定或由我和硕士生商量着定，初稿由硕士生写，然后我指导他们一遍遍地修改，最后由我亲自修改定稿。这样做其实比我自己操刀还累，但我觉得可以使学生从中获益。博士生本身是以科研为主的，共同探讨科研怎么做，会涉及写论文选题、报项目选题，报项目怎么论证，论文选题确定以后怎么从调研开始、进行分析研究，提出一些什么样的学术观点，怎样让这些学术观点能够持之有据、言之成理。和博士生主要是展开一些研讨，而且，我的博士生，多是在职的。我挂在社会学系带博士生，入学的时候有一门课叫“社会调查统计方法”，这门课有一道大题，40 分，涉及高等数学，弄不好这 40 分可能会一分都拿不到，因此，对文科的考生来说，可能会大大失分，能够考进来的，都是相当不错的。

有一个从温州大学来的，叫夏雨禾，他现在是温州大学人文学院的教授，主管科研的副院长。他当时在温州大学做行政工作，考取以后就离开了温州大学，全脱产学习。用三年时间完成了学业。他的研究能力很强，我经常和他切磋一些学术上的问题。他做的博士学位论文是关于《人民日报》“三农”报道研究。为了完成学位论文，春节期间，他全身心地投入研究和写作，每天一大早就把车开到荒僻没人的地方，然后就在车里写作。结果是论文顺利完成、答辩顺利通过。他在《文艺研究》《新闻与传播研究》等一流期刊上都发表过文章，他写的关于微博研究的论文发在《新闻与传播研究》上，被引用率很高。像这样的人才，一是很睿智、二是很勤奋，两条结合起来，其学术道路就会比较顺畅。两条中缺了哪一条都不行。

（问：许松　答：丁柏铨）

6.2.9　王振铎：亲历河南大学编辑出版专业的创建与发展

王振铎（1936—　），河南洛阳偃师人（见图6-17）。1959年毕业于河南大学中文系，毕业留校后任教，先后任《河南大学学报》编辑部主任、主编，河南大学郑州分校校长等职。长期从事新闻学与编辑出版学的教学研究与编辑工作。主持创办了河南大学编辑出版专业，是河南大学编辑出版学科的带头人，对国内编辑出版学科的发展作出了贡献。

图6-17　王振铎教授

河南大学编辑出版专业是在《河南大学学报》编辑部的实践阵地上发展起来的，我于1975年开始在《河南大学学报》编辑部从事编辑工作，在高校的平台上一方面进行理论研究，一方面锻炼编辑实践能力，成为我国20世纪七八十年代既有学术基础又有编辑经验的编辑人。

1. 专业创建的背景与契机

20世纪80年代初，编辑出版领域的学术思想，教育发展和编辑出版产业飞速发展，共同形成了一个编辑出版的高潮期。从1983开始，出版社机构改革，采用分而治之的办法，把大的出版社社分散成许多小的出版社，使得全国出版社的数量在两年内飞速增长，原来全国200家出版社两年内就发展为500多家。例如，当时河南省就从仅有的一家人民出版社，划分为十家出版社，这是我国出版史上了不起的飞跃。出版社数量增多但是编辑队伍一时难以迅速壮大，编辑人才奇缺，当时省委宣传部高度重视编辑人才问题，从社会各界调人才填补编辑队伍的空缺，没有编辑理论和实践基础。同时随着改革开放的深化，我国文化事业大发展，各类出版物的数量、版面也骤然增加，例如报纸版面的拓展，种类的增多，高校的学报数量增多，《河南大学学报》就增加了社会版，还增加了《语文教学》《英语园地》《自然科学学报》等刊物。以前编辑需要做一份工作，现在要变成两倍甚至几倍的工作量，任务加重，编辑人才又稀缺，国家人才队伍建设步伐一时跟不上时代发展的需要。

当时国家编辑队伍建设上，出版社缺人力、编辑者缺才智和能力。新编辑急需培养编辑知识和实践能力，进行初步培训；老编辑需要适应时代发展的需要，补充新的营养。人才的培训工作，人才的实用问题一下子摆到了眼前。省委宣传部此时高度重视编辑人才问题，不仅从社会各界调人才壮大编辑队伍，而且开始鼓励高校进行编辑培训工作。

当时河南没有编辑出版专业，只有一个专科出版学校，规模很小，教学质量也不高，严重不符合社会发展的需求、媒介发展的需要。《河南大学学报》编辑部在经历几十年的流亡演变恢复后，积累了一批优秀的编辑理论和编辑业务相结合的人才，在省委宣传部的指示下，受新闻出版局，河南日报社等几大报社和出版社的委托，《河南大学学报》编辑部开始开办编辑培训班。培训班以短训班的形式，从 1983 年开始，第一期培训班招收的学员有来自河北、青岛、海南、云南等全国各地出版领域的业务人员。

培训班的任课教师都是学报编辑部的教授兼编辑，有实践经验，也做过编辑出版的相关研究；但是编辑教学还是第一次，都没有经验。当时教师们都采用分任务的形式，根据自己的研究问题，自己的编辑经验，自己关注的领域，每人分一个题目进行研究，先写成文章，把各自的研究成果写出来，然后在每周四下午业务讨论时间时，进行集体讨论，讨论结果出来，综合多方意见修改完善后，再给学员们讲课，学员们也会根据相关问题提出自己的看法，形成争鸣。当时，我在学报期间主编文科，不仅管自然版学报的校对审查，也是整个社会版的编稿，审稿主编之一。根据我在编辑实践中问题的需要，结合自己研究的问题写了一篇《文科学术论文的鉴审问题》，经过学报教授编辑们讨论后，作为上课的教案给学员们上课，主要论述编辑怎么审稿，怎么编辑，这是我在培训班上讲的第一个课题。这种教学和研究形式在全国影响力很大，在社会上形成了编辑出版研究高潮，为编辑出版学建设打下了基础。

编辑部的各个教师们根据自己的研究领域各有分工，例如司锡明教授讲自然学术类论文的编辑问题，胡玉祥讲史学编辑的问题，宋应离教授讲学报本身的编辑问题和学报史。除此之外，编辑部利用当时培训班在全国的热潮，请各地业界的名家来讲课，如光明日报社和红旗日报社的编辑来讲报刊编辑实践，河南大学出版社的总编讲地方志的编辑业务。这第一期的编辑培训班在全国产生了很大的影响。1984 年和 1985 年全国开始办学报编辑培训班，各个地方邀请《河南大学学报》的教授和教师们去全国各地讲课，我们几位教授的研究成果印成讲稿发放给全国各地学员。

在此基础上，《河南大学学报》编辑部为了提高编辑培训班的影响力和教学质量，在郑州开办了全国性的会议，邀请当时出版界、新闻界、教育界等各个媒体的编辑人来参加，这其中水平高的请他们讲课，年轻或者刚参加编辑工作没有编辑经验的，让他们参加学员班听课。会议还邀请了全国出版界的领导人、河南省相关部门的领导人的人讨论编辑培训教育工作。学报编辑部办的培训班总体上采用已老带青的方式，培养了一大批社会急需的编辑专业人才。

1984 年 3 月至 6 月，时任中央政治局委员的胡乔木在讲话中多次提出在我国部分高校开办编辑专业的建议。1985 年，编辑专业首先在北京大学、南开大学、复旦大学试办。《河南大学学报》编辑部的几位教授们也打算借此东风，筹备开办编辑出版专业。招生前夕，我和司锡明教授去北京大学、南开大学、复旦大学等高校进行了考察，分析这些试点学校的办学状况，发现编辑学本科生教学中普遍存在很多问题，一方面本科生缺乏编辑的专业基础，没有深入开展研究的能力和热情，另一方面老师没有来自精通各个专业的全才，不能胜任本科编辑专业的教学任务。因此学报编辑部决定先在和河南大学招收编辑学研究生。

1986 年，经河南省教委批准，《河南大学学报》编辑部开始在全国范围内面向理工农医的各类专业招收编辑学硕士研究生，第一年录取了李频、王衍诗、何玉冰三名研究生，分别挂靠在文学、教育、地理硕士学位点。研究生考试的初试挂靠在各个专业上进行考试，复试考验学生的编辑学知识。

2. 学科建设与特色形成

当时我们编辑学人才培养理念主要是培养带有学术研究能力的高层次学术编辑，将学术人才具体化，“学”就是编辑学，“术”就是编辑术，高层次的学术编辑就是要理论和实践相结合。当时共有三个教授和三个副教授给研究生讲课。研究生教材的准备工作大约用了两年，每写一篇文章，在会议上探讨、修改。我编写《编辑学通论》，宋应离教授编写《中国学报史》，胡益祥教授执笔《中国编辑出版史》。编辑学研究生的课程共有理论、历史、实践、编辑技巧等 6 门课，我和司锡明讲授编辑学理论课程，宋应离和胡益祥讲授编辑史课程，张如法和吴永玉讲授编辑学应用相关课程。

河南大学的编辑学研究起初偏重编辑事业研究，主攻编辑学学理。包括编辑学理论、编辑学史、编辑学应用技能等，研究的媒介都是书报刊等传统媒体。编辑学理念最初是由我研究的文化缔构编辑观，我和司锡明教授共同研究的信息智化编辑观。教授们大都在课上一边讲课，一边讨论与学生一起讨论，和学生们一起研究，一起讨论，集思广益。

“文化缔构编辑观”总体概括一切编辑活动，在人类社会文化发展中起到了积极的作用。这一研究着力于编辑科学的学科建设，使编辑科学在理论上确定了独立地位。司锡明教授提出的信息智化编辑观也是学科建设初期河南大学编辑出版专业研究的主要编辑理念，后来在我的持续研究下，发展成为一种具有代表性的研究成果。文化缔构编辑观和信息智化编辑观在研究中不断成熟。我出版的《编辑学原理论》就是主要讲这门普遍通用的“编辑学理论”。传播学刚刚传入中国，当它还没有落地生根时，我们当然应当以基于中国传统研究图书媒介的目录学、校雠学、版本学、文献学等而逐渐形成中国社会发展需要的现代“编辑学”，并以此作为这门新兴学科的命名。首先，这门学科的研究对象是编辑活动。这种活动是基于编辑、作者、读者三种主体与稿本、编本、文本三种客体，相互叠加交叉运行的六大主要元素，缔构成以编辑学理为思想中枢的“六元”文化活动场域，并借鉴阿布拉姆斯的《镜与灯》和刘若愚先生《中国文学理论》一书中对其三角形形理论模式的椭圆形改造，以图示的方式表现出一个“六元文化活动场”，展开分析讨论。其次，这个以编辑为中枢的六元文化活动，是编辑创造文化媒介的活动，称为“文化缔构编辑观”，以便与“以作者为中枢的创造作品”的活动区别开来，也与“以读者为中枢的阅读批评”活动区别开来，还与专门以“作家作品为中心”的文学媒介评论活动区别开来。至于对作品的社会反映或作品自身的命运及其传播效果则另有专业媒介学所论。编到媒介属于纯正的媒体发生学、媒介社会学或媒介环境学的范围。包括书报刊的出版，广播影视的拷贝，磁带光盘传媒与网络在线的荧屏媒体传播等。再次，这个“六元活动”，是遵循着文化缔构、信息传播、符号建模三条原理或规律而运动和发展的。其科学发展的结果，形成了我们编辑学的历史观，即编辑发展史观。20 世纪 90 年代以后的编辑学研究，成果很多。我于 2010 年出版了一本《编辑学理与媒体创新》，收录 57 篇论文，分为“出版文化史观”“编辑学理”“媒体创新”“编辑出版教育”“编辑审读与评论”5 个部分。比较深入地探讨了“编辑主体创构媒介的理论和实践问题”。中国编辑学会邵益文等主编了一本《普通编辑学》，由中国人民大学出版社正式出版发行，许多大学作为编辑学理论教材使用。这些都成为河南大学编辑出版专业学理研究的代表性成果。

3. 不懈探索中的稳步发展

1990 年，中文系从汉语言文学教育专业 88 级本科生中选拔一批优秀学生作为第一届编辑学专业本科生，学报编辑学研究室的教授们参与教学工作。1992 年，河南大学向河南省教委申请设立编辑学本科专业获得批准。1993 年，河南大学中文系正式招收第一届编辑学本科生，按照非师范专业培养，毕业后颁发文学学士学位。1997 年，我从《河南大学学报》主编岗位上退休至河南大学中文系，中文系从学报编辑部接手编辑学研究生招生工作，并成立“新闻·编辑·出版科学研究所”，由我担任所长。1998 年，经国务院学位委员会批准，河南大学获得新闻学（编辑出版方向）硕士学位授予权，编辑出版学专业教育从此迈向了新台阶。自 1998 年以来，学校为《大河报》、河南教育杂志社、大象出版社和青岛科技编辑协会等单位举办在职研究生班，同时还与北京印刷学院联合办班，在社会上产生了很大影响。2002 年，河南大学新闻与传播学院成立，编辑出版专业移置新闻与传播学院，我和宋应离开等几位老师被返聘到学院继续从事编辑出版专业硕士研究生培养工作。2010 年，河南大学编辑出版学成为河南省省级特色专业，并在同年申报全国首批出版硕士专业学位点成功获批。

河南大学编辑出版专业的创建与发展经历了一个艰难曲折的过程，至今有 30 余年的历史。作为这个专业的创建者之一，我深深地感到编辑出版教育的发展要走的路还很长。尽管我们取得了一点成绩，积累了很多经验。这些成绩和经验主要是，要有开放鲜明专业的办学理念，要让编辑出版专业的设置，包括人才培养、课程体系、师资队伍方方面面都站在时代的前列和行业的前列，以“得天下英才而育之”的理念来承担起编辑出版教育的历史使命。真正地给国家和行业培养出知识扎实、思想活跃和专业功底深厚的复合型创新型人才。我们 30 多年的办学经验，还有重要的一点就是以学生为本，真正地热爱学生、培育学生和成就学生。一切做到以学生为中心并不容易，但是正确地处理好学生与老师的关系，的的确确是我们必须处理的重要问题。我在 1986 年招生的 3 个硕士研究生，其中有的已经成为国家编辑出版研究的佼佼者。比如中国传媒大学的李频同志，在国内期刊研究上很有建树，早就走上了博士生导师的岗位，继承了我们编辑出版教育的使命。他给我说，最感恩河南大学的就是河南大学当年的老师悉心育人的精神。当然，悉心育人是一个重要方面，另外所有的教师还要搞好自己的学术研究。大学，大师之大也。我们可能未必都能成为大师，但都要有大学问，要有高深的学术，真正能够在思想上方法上解决现实编辑出版产业的问题，并让这些成为学生成长的精神之光。也必须看到，当今媒介大变革，新的媒介形态层出不穷，新的媒介技术更迭变换，新的媒介生产模式和运营模式都在不断重构。面对这些新问题，编辑出版研究工作者应该进行深入系统科学的研究，并在研究的基础上努力推进编辑出版教育的变革，使得我们的教育跟上媒介变革的进程，使得我们的人才培养适应媒介发展的现实要求。中国现在已经在体制改革上实行了大部制，设立了“新闻出版广播电视影视总局”，最近又发布了《关于推动传统媒体和新兴媒体融合发展的指导意见》。在思想基础与制度条件上，已为形成新型的立体多样、融合发展的现代化编辑传媒体系，做好了战略准备。

在创造传统媒体的编辑基因传承上，我们经过近半个世纪的编辑学研究，已经掌握了编辑创建和构造媒介的基本理论和观念，能够自觉和自信地协同作者（记者、著者）读者（观众、听众）等文化主体，负责任地担当起创造性加工文图稿本，并编排构成有序的媒介定本，保证内容质量并付诸复制或拷贝。依法发行，进行市场营销。

4. 新的方向与发展空间

虽然在新型立体网络媒介与传统平版媒介的转换交互方面，我们编辑思维和缔结构造方法还有许多不熟练、不巧妙、不完美之处。但只要勤于学习，善于学习，认真训练，特别是新老不同媒体的编辑肯于和乐于相互协同学习、协作训练、协调从事编辑工作，就不难将方法不同、技巧差异、设备有别的操作缺陷相互补强、相互连接，协调发展，完成多种媒介的技术转换任务。目前，已有不少传媒集团、网络企业乃至高等院校的教育网站、社会市场上的网商公司，已经联合起来，互动互补地进行媒介运作。手机屏幕上可以看报、读书。杂志上可以投稿、收稿、改稿、发稿。还有人提出“三网合一”或“三屏流转”，新与老、新与新、老与老的媒介联合，作者、编者、读者之间的主体交互，稿本、编本、文本等客体对象之间，交叠与流转都开始成为新型媒介的生存与活动现实。尽管其中还有不少新问题、新缝隙，时时出现困境。但随着时代的转型和社会文化的发展，我们的媒介生活还是会越来越趋于和谐、完美。

当前数字化技术的发展不仅是媒介融合的动力，而且是媒介融合的必然结果。正如文字图符的发明创造，是推动人类从手势、音韵语调和思想意义等浑声语言的热媒介，走向文图线块切割碎片化的冷媒介的转换那样。数字化的发展又会推动文图冷媒逆转，而走向热度更高的“众声喧哗”式的视听触受的浑圆媒介。这是人类触受最深、热度强烈，激情振荡的教育娱乐行动浑然一体的全媒介交流状态。

喜创新闻汇、新概念、新术语和新比喻、新观点、新理论的 M. 麦克卢汉曾在 1964 年，就以他深邃的学术眼光观察、思考、探知过冷媒介与热媒介之间逆转、杂交、糅合、交汇和融合以及多种媒介给人类大众传递的视觉、听觉、触觉和心灵感知等体验，如麻木、自恋等（见商务印书馆 2000 年出版何道宽翻译的《理解媒介》第一部，特别是其中的第 2~6 小节）。他用的这些词语本身，在电子媒介刚刚问世的当时，读者十分惊愕，许多人误解或不解。对此，他也早有预见，但不作解释，连一个注释都没有。他的思想理论，全靠其身后几十年媒介快速演变、空前发展的生产生活实践，证明了其预言的科学性和正确性。

其实，新闻媒介早于麦氏之前，就讨论过德裔美籍传播学者韦尔伯·施拉姆编的整体一本书中的论文提出的新闻软硬说。软新闻与硬新闻之分，也是从人的整体触觉体验来划分新闻媒介传递给人的浑整的感知。硬新闻好像媒介硬件载体带有硬壳，传给人们的是碰触或逃避。软新闻则像春风细雨抚摸人体，让人舒舒服服感知于心。新闻是软还是硬的问题在中国曾有过两次大讨论。一次发生在 20 世纪二三十年代，由于机械媒介一统天下，讨论无果而终。第二次讨论发生于 20 世纪五六十年代，由《新民晚报》主编赵超构发表的《软些再软些》《软些，软些，再软些》等文章，引起北京新闻学派与上海新闻学派的大辩论。事情闹到毛泽东的书案上，批示曰："该硬就硬，该软就软。"意谓新闻嘛，上情下达，下情上达，适中而已。媒介传播之事，要看何时、何地、何人对何对象传达何种事情或信息，并达到何等预期效果，而采取软硬不同或软硬兼施的方式。倘使对敌斗争，不免硬些，假如处理人民内部矛盾，则当软些。总之，视交流双方需要而巧妙使用多种手段。麦克卢汉正是在这个时期研究和撰写他的《理解媒介》，其中屡屡讲到中国文化，但不知道关注到这场软硬新闻之辩的讨论没有。他只管独辟蹊行，高调发表他的冷热媒介论，并预言媒介发展的未来必将交互，走向融合。当前，伴随着世界经济一体化、国际政治联合化和文明走向和谐化与技术进步通用化，一步一步的实践路径，媒介融合将趋于使梦想成真。当然，这也是在同"文明冲突"论、政治霸权论、经济主导论与武器恐怖论的斗争中逐步发展的。我们研究一切学术课题均当如是观之。我已经退休多年有余，现在仍然坚持学术研究，也很关注和支持学院编辑出版专业发展。我衷心地希望河南大学新闻与传播学院的领导能够重视我们已有的编辑出版学术研究传统，真正地把这个专业建设好传承好，更好地服务国家出版行业建设，为国家和民族作贡献。

（口述：王振铎　记录：段乐川）

6.2.10　赵传蕙：不舍初衷，成就专业重建梦

赵传蕙（1942—　），出生于河北省抚宁县。1979 年主持天津师范学院新闻专业恢复重建，开创天津师范大学新闻专业本科教育，曾获首届全国优秀新闻工作者称号。经国务院批准为国家有突出贡献的专家，享有政府特殊津贴。曾任中国新闻教育学会理

事、天津市新闻工作者协会理事、天津新闻摄影学会理事、天津公共关系协会常务副会长兼秘书长；中国公关协会常务理事、学术委员会委员、中国国际公关协会理事、学术委员会委员；曾多次出任国家教委（教育部）社科（新闻）评审专家；天津市社科评审、评奖专家；2006 年获中国公关 20 年杰出贡献奖；2014 年获全国新闻教育杰出贡献奖。曾先后教授新闻采访学、新闻写作学、新闻摄影学、公共关系学、基础写作学、逻辑学等课程；出版论著 160 多万字，并多次获奖（见图 6-18）。

图 6-18　1979 年，赵传蕙教授在中国人民大学访学时在东校门前留影

1942 年，赵传蕙出生在河北省抚宁县的一个知识分子家庭。初中二年级时因父亲工作调动，一家人来到天津，并就读于天津市第三十六中学。

童年时代的赵传蕙就曾怀有记者情结，这竟成为他一生的追求。1961 年高中毕业时，学校政教处主任保荐他报考中国人民大学新闻系，然而将中国人民大学新闻系作为第一志愿的赵传蕙，却被刚刚创建新闻专业班不久的天津师范学院给挑走了。“天津师范学院从 1959 年开始操办新闻专业班，1960 年招收第一届学生。那时候天津师院还归河北省招生委员会管，但是天津市委为了向天津市的各家媒体输送专业人才，跟河北省招生委员会取得联系，在正式招录之前，直接调过来了一批高考本科上线学生的档案，由老师们精心挑选录取。”赵传蕙回忆道。“据说为了招我们那届学生，当时从高招办要来了上百份远远高出本科录取分数线的学生档案，最后选了 26 名高考生，再加上 10 名调干生，最终一共是 36 名学生组成了 1961 级新闻专业班。尽管我最初并不太喜欢师范院校，况且师院当时创办的新闻专业班还是专科，但是，新闻专业毕竟是我魂牵梦萦的啊。”正如其所言，心怀新闻梦想的赵传蕙，服从了组织的安排，走上了为之奋斗一生的新闻事业。

然而，因为特殊的历史原因，刚刚创办的天津师范学院新闻专业班，却不得不在 1962 年秋季停办。“为此，天津市委当时做出了一个决定，我们 61 级新闻专业班这批通过高考本科高分入学的学生，可以在师范学院的文科范围内任意选择一个专业继续攻读本科。因为我将来是想做记者的，所以 1962 年 9 月我就转到天津师范学院中文系，直到 1965 年本科毕业。”毕业后，赵传蕙留在了中文系写作教研室任教，可是，恢复重建师院新闻教育的心愿，他却一刻也没有淡忘。

从 1959 年的着手创建到 1962 年的停办，天津师范学院新闻教育事业的挫折是时代与大环境的客观结果。但是，挫折与低谷消磨不了有心人的志气，赵传蕙一直都在为学院寻找着重建新闻专业的时机。1972 年，天津市人民政府邀请赵传蕙为市直机关干部进行为期半年的新闻培训，有着很强新闻敏感的赵传蕙洞察到了国家新闻人才的短缺和发展新闻教育的重要性。“与此同时，天津师院开始招收工农兵大学生，我就和学校领导商量，希望能招一个新闻专业班。当时正值‘文革’后期，因为我曾被调到学校的教育革命组（相当于教务处）工作，与市教委的领导也比较熟悉，就跟他们提起来能不能在天津的各个部队里（当时市教委领导是部队干部），把一些将来有苗头做新闻干事的人才招上来开办一个新闻专业班。我说我来办这个事情，一定把它办好。这个提议很快就得到了市教委领导和师院领导的支持。于是，停办了十年的新闻专业班在 1972 年又招收了一届工农兵大学生，将近 40 人，定向为部队培养新闻干事。由于当时师资力量比较匮乏，除了基础课由中文系的老师来讲授之外，几乎所有的专业课程都是由我来教，包括新闻采访、新闻写作、新闻编辑还有新闻摄影。让人欣慰的是，这些学生在毕业回到部队之后，都发展得很好，”赵传蕙面露笑意。

“1972 年小试锋芒的恢复招生之后，新闻专业班却没能够继续下去。还是教育体制和教育观念的原因，”赵传蕙对此颇感无奈。即便如此，赵传蕙却并未灰心，依然抱着极大的热情为新闻教育事业锲而不舍地奔走着、求索着。

“‘文革’结束后，我去找教育思想非常超前、一直想要把师院办成综合性大学的李继之老校长，希望他能帮助我们恢复重建新闻学专业，并且得到了老校长的全力支持。他说，‘你就去办，全权去办，我支持你！’于是，1979 年，我就使出‘洪荒之力’开始重建新闻专业。”赵传蕙颇有兴致地回忆道：“而且，不只是重建，还要创建。我当时一心就想创建一个真正的本科新闻专业，而不再是过去的新闻专科班。”他感慨道：“这里面牵扯到一个国家招生计划的门槛问题。由于专业招生名录是由教育部、人事部、财政部共同制定的，但是国家并不负责专科生。因为在计划经济年代，本科学生在毕业的时候由人事部分配职位，财政部发放工资，教育部颁发文凭。而我们的新闻专业如果是专科，就不能进入国家的专业招生名录，培养的学生就不具备以上这些资格。所以，创建本科层次的新闻专业虽然难上加难，但是为了使更多像我一样拥有新闻梦想的年轻人实现梦想，我还是选择迎难而上。”

“那时候，人们有一种很强烈的意识，那就是师范与非师范之间有着非常严格的界限。当时教育部有一个师范司，专门负责全国师范院校，另外还有一个高教一司负责全国综合院校的文科专业，高教二司负责全国综合院校的理科专业。我先是直接去找高教一司司长，向他介绍了我们的办学条件，同时又跟师范司的司长辩论师范院校也不是绝对不能办非师范专业的，并且还向他们举出了北京师范大学地球物理专业的例子。”赵传蕙补充道：“正是在这些客观条件下，我不断克服困难、争取支援，最终获得了教育部高教一司、中宣部新闻局以及新闻局负责新闻教育的洪一龙老师的支持与帮助。”

“固然，我们在1980年之所以能够重建，还离不开当时的一个大环境。”赵传蕙不无欣慰地回忆道，“改革开放之后，发展新闻教育这项事业，又开始进入了人们的思考范围和议事日程。1979年、1980年、1983年，在胡乔木和邓力群两位政治局委员的倡议并参与下，连续召开了三届全国新闻教育座谈会，一次是在北京大学，一次在中国人民大学，还有一次是在中南海的一个小礼堂，这三次会议我都参加了。1979年在北大召开的那次座谈会，全国一共只有14所新闻院校参加，其中就包括我所代表的天津师范学院，并且我们还是全国唯一的一家师范院校。这14所院校中，有7所是还没有获得办学许可的，也包括我们天津师院。所以在1980年的那次座谈会上，我就代表这七家单位做了个发言，呼吁国家尽快给我们颁发‘营业执照’，支持我们走向正规，支持我们发展新闻教育事业，更好地为国家培养新闻人才。1980年2月，我们终于被正式列入了教育部的专业名录。当年4月，天津市委给天津师院下发了一个正式文件。就在那一年暑假，我们正式招收了80级新闻专业本科班”。

谈及这个在天津新闻教育史上意义特殊的80级新闻专业本科班，赵传蕙说：“80级的学生，是我亲自招收来的非常优秀的一批学生，他们的高考分数要比同校同届的其他专业至少高出100分。我当时就想，学生这么好，不能误人子弟啊，可是怎么才能让他们接受到最好的教育呢？所以，我就得邀请最优秀的外援。”赵传蕙介绍道：“我首先想到了我的忘年交、天津新闻界的泰斗石坚同志。他当时任天津日报社社长兼总编辑（后升任为天津市人大常委会副主任），我到他家中拜访，聘请他担任天津师大新闻专业名誉主任。天津师大新闻专业和我一直都得到他的很多支持与帮助。又因为天津距离北京很近，有一定的地缘优势，再加上我们一直和中国社科院研究生院新闻系、人大新闻系、广院新闻系都有着非常密切的联系，和他们各领域的领导、教师都建立了非常好的关系，所以我就经常去各学校拜访沟通，请他们的名师来给我们的学生讲课，请张之老师讲播音，杨伟光老师讲广播电视……在当年任课教师的名单上，不仅有一大批中央电视台、中央人民广播电台、中国社会科学院研究生院新闻系、《人民日报》、中宣部新闻局、中国人民大学新闻系的专家学者，还有《天津日报》《今晚报》、天津电视台、天津人民广播电台的优秀记者、编辑。他们定期来校为学生授课，开设讲座，让学生受到了当时最前沿的新闻理论和新闻实践的教育，给他们打下了坚实的专业基础。他们中的很多人都成为了今天天津乃至全国新闻界各条战线的中流砥柱。”

除了极力邀请外援之外，赵传蕙还组建自己的教师团队，培养师资力量。“1980年虽然招生了，但专业教师队伍基本上就我一个人唱独角戏。1981年，马艺和宋世佶从中文系调过来了。1982年，刘卫东和刘鹤文从中文系毕业后留到了新闻专业。那一年，孙瑞祥从复旦大学新闻系毕业回津，他本来要分配到《天津日报》，也被我要过来了。”不仅如此，在短短的几年时间内，赵传蕙又在全国各地遴选，陆续从社科院研究生院以及自己培养的优秀毕业生中留下了几位突出的年轻人作为专业师资，并安排年轻教师到人大、广院、社科院新闻系以及新闻机构进修、实习一至两年。在此基础上，赵传蕙还争取到了杨世珍副校长的支持，购置了摄影器材、实验设备，建起了新闻专业实验室，在国内各地选购新闻专业书籍，建起了新闻专业资料室。自此，师资、图书、设备这办学的三要素基本完善，天津师范大学新闻专业重建的雏形已经形成。

事实上，赵传蕙对专业重建的贡献还不仅止于组织者的身份，他既当团队领跑者，又做学术带头人。因为经常要与国内新闻学界、业界的领导、专家、学者们打交道，所以身为学者型干部的他，对于自己的学术研究和实践专长也丝毫不敢懈怠与放松。他撰写论文、著书立说，不仅实现了多学科开设课程，科科出学术成果，并且带领学生和教师积极活跃在新闻和公关实践第一线，他采写并发表了相当数量的新闻、通讯和图片。在新闻学界，赵传蕙很快成长为学术带头人，参与全国19所新闻院校统编新闻采访、新闻写作、新闻作品赏析教材的编撰，并担任总主编和分册主编。另外，在人才济济的公共关系学界，他同时兼任中国公共关系协会、中国国际公共关系协会这两大协会的学术委员会委员，并且从第一届开始连任多届，直至退休后多年。赵传蕙编著的《新闻写作》《新闻摄影》《逻辑学》《公共关系学》等专著和教材，至今还在一些高校使用；他在著作中对公共关系的定义，成一家之说，被国内学界所认可。1996年，他荣膺英国国际名人传记中心“新闻学与公共关系学领域杰出成就”荣誉证书，业绩收入《国际名人传记大辞典》。1997年，他应邀赴台湾参加首届海峡两岸公共关系学术暨实务研讨会，交流公关教育并发表论文。可以说，这一切不仅为他个人，更为天津师大新闻教育事业在其后几十年的长线发展奠定了稳固的基石。

尽管如此，草创初期的天津师大新闻专业依旧面临着大环境与小环境的各种考验。“因为那个年代要负责学生分配，考虑到天津市的具体情况，新闻专业起初限制招收外地学生，同时又规定隔年招生。后来又因为各种经济形势和政治形势的原因，1986 年之后就再次停止招生了，一直到 90 年代中期才又重新恢复。”正是在这一新闻教育和个人发展的低迷形势下，赵传蕙于 1987 年底调往南开大学分校着手创建天津市第一个公共关系专业。1992 年，南开大学分校并入天津师范大学，赵传蕙再次返回天津师范大学，并于 2003 年正式荣休。

回顾前半生的经历，赵传蕙说：“过去我一直讲，天津师范大学新闻教育事业的历史，在某种意义上也就是天津新闻教育事业的历史，甚至在很长的一段时间里，他也是天津新闻教育的唯一。不仅如此，作为从旧教育体制中脱颖而出的先行者，天津师范大学第一个在师范院校中开办新闻学这一非师范类专业，并且还是全国高等师范院校中第一个被列入教育部专业名录的新闻学本科专业。尽管在全国新闻教育的行列中，我们不是第一，但是在相当长的一段时间里，我们曾经是全国师范院校中的第一和唯一，是冲破旧体制、旧观念的先驱者。也正是因为如此，我个人在 1984 年 11 月还被评为了首届全国优秀新闻工作者，而在当年 40 多万新闻大军里，当年入选的 302 位优秀新闻工作者中，只有 4 位是做新闻教育的，其中一位是北京广播学院的齐越，一位是中国人民大学的方汉奇，一位是广西大学的教师，还有一位就是我。可以说，在师范学院创建新闻学专业是具有开拓性意义的，并且国家和新闻界也认可了这一贡献。1992 年，国务院又评选我为‘国家有突出贡献的专家’，给我颁发了政府特殊津贴。”2014 年，赵传蕙在天津师范大学新闻专业 55 周年庆典之际重返母校，并被中国新闻教育学会授予“全国新闻教育杰出贡献奖”。

2015 年 4 月，这位天津师范大学新闻专业改革开放以来恢复重建后的首任主任，将自己珍藏了半个世纪的图书及档案资料共计 2236 册（件）全部捐献给了他的母校。在捐赠仪式上，赵传蕙这样说道：“今年是我从原天津师院本科毕业 50 周年，也是我实现新闻梦想的第 54 个年头。在这样的日子里，我把珍藏了半个多世纪的全部藏书，包括新闻、公关、摄影、逻辑、文学、语言等专业书籍和珍贵的历史档案文献，无偿捐赠给新闻学院，捐赠给我的母校，以表达我对母校培养、教育我的感恩之情，望能对师大新闻学院的建设、发展再尽绵薄之力。”

（陈娜　张嘉芮）

第7章 教授名录

蔡铭泽

蔡铭泽，1956年11月出生，湖南岳阳人，暨南大学新闻与传播学院教授。本科和研究生毕业于湘潭大学历史系，获历史学学士学位（1982）和法学硕士学位（1987）；博士研究生毕业于中国人民大学新闻学院，获法学（新闻学）博士学位（1993）。先后在湘潭大学、中国人民大学、广州师范学院、暨南大学任教。1995年4月至1999年5月，任广州师范学院新闻传播系副主任（主持工作）。2000年3月至2006年9月，任暨南大学新闻学系主任、新闻与传播学院院长、暨南大学首批特聘教授，2001年11月，被推选为国家“千百十”工程省级学科带头人培养对象。现任暨南大学新闻与传播学院教授、博士生导师，曾兼任国家教育部高等学校新闻学学科教学指导委员会委员、中华全国新闻工作者协会特邀理事、中国新闻史学会副会长、中国新闻教育学会常务理事、广东省新闻学会副会长、广东省广播电视协会副会长、广州市新闻学会副会长、河南大学兼职教授。已发表学术论文近百篇，出版专著5部，主编教材1部，参撰专著与教材6部。其中，《中国国民党党报历史研究》（北京团结出版社1998年出版）、《新闻传播学》（暨南大学出版社2003年出版）、《向导周报研究》（福建人民出版社2004年出版）、《新时期广东报业发展研究》（福建人民出版社2006年出版）获学界好评。教学科研之余，将治学、为人、处世之心得著述为文，在《南方日报》《羊城晚报》和《广州日报》等报刊发表。其主要篇章已收入《新闻细语》（南方日报出版社2007年出版）一书。

蔡　勇

蔡勇，1966年5月出生，云南大学新闻学院教授。主持课题多项，发表论文多篇、专著多部，《美的诉说：基于媒介演变的图像传记》由中国传媒大学出版社2013年出版，《消费者发现与主体性缺席——现代广告理论及运用史评》由中国传媒大学出版社2008年出版，《简单即真诚：走出后现代传播语境的悖论——哲学反思与理论构建》由中国传媒大学出版社2008年出版，《简单：整合营销传播的一个关键词——理论模式及运用》由中国传媒大学出版社2008年出版。《简单：整合营销传播的一个关键词——理论模式及运用》获云南省第十三次哲学社会科学优秀著作三等奖。

曹　茹

曹茹，1963年生，河北省滦县人，中共党员。1982年考入河北大学中文系新闻专业，1986年7月大学毕业，获文学学士学位，并留校任教。2003年考入中国传媒大学（时为北京广播学院）电视与新闻学院应用传播专业，2006年博士研究生毕业，获得文学博士学位。现为河北大学新闻传播学院教授，硕士生导师。现担任河北大学新闻传播学院新闻系主任、传播心理研究所所长、中国社会心理学会理事、中国社会心理学会传播心理专业委员会委员等职。主要研究方向为应用传播学、传播心理、网络舆论。

从事新闻传播学教学与研究近30年。为本科生主讲“传播学概论”“新闻心理学”等课程，为研究生主讲“新闻传播理论”“新闻心理研究”等课程，为博士生讲授“新闻传播学前沿”“多维视角下的新闻传播”等课程。主持、参与多项科研项目，包括国家级、省部级、厅级以及横向课题。主持并完成教育部人文社会科学一般项目《基于网民心理的网络舆论引导研究》，出版专著《心理学视野中的网络舆论引导研究》（人民出版社2013年10月出版），获得河北省第十五届社会科学优秀成果二等奖（2016年）；基于博士论文撰写的专著《新闻从业者职业倦怠研究》（中国传媒大学出版社2008年8月出版），获河北省第十二届社会科学优秀成果二等奖（2010年）。《河北省新闻舆论监督状况》（合著）（《新闻文摘》2000年第4期全文转载）一文获得河北省第七届社会科学优秀成果二等奖，基金项目“河北省党报新闻改革研究”（第二名）获得第五届河北省社会科学基金项目优秀成果二等奖。在省级以上学术刊物上发表论文30余篇。

曹毅梅

曹毅梅，女，出生于1972年1月。江苏无锡人，文学博士。河南大学新闻与传播学院教授、硕士生导师，河南大学传媒研究所兼职研究员。兼任中国高等院校影视学会影视教学专业委员会第一届理事会理事。

长期从事广播电视专业教育，研究方向为影视理论、影视文化传播。主持河南省哲学社会科学规划项目3项、厅级项目3项。出版专著《中国大陆电影的类型、市场和商业化》，主编《新世纪影视理论研究与案例分析》《电视文化学》等著作、教材5部。在学术期刊上发表论文20余篇。研究成果曾获河南省社会科学优秀成果奖、河南省教育厅人文社会科学研究成果奖、河南省素质教育理论与实践优秀教育教学成果奖、中国高等院校影视学会“学会奖”多次。

巢乃鹏

巢乃鹏，1972年11月出生，南京大学新闻传播学院教授、院长助理、传播学专业硕士生导师，南京大学青年骨干教师（2008），南京大学优秀中青年学科带头人（2011），上海师范大学教育部社会科学重点研究基地都市文化研究中心兼职研究员，中国新闻史学会网络传播史研究委员会副会长，《中国网络传播研究》（CSSCI来源）集刊执行主编，香港城市大学、加拿大西蒙菲沙大学访问学者。

主要研究方向为网络与新媒体传播研究、人际传播研究，主持江苏省教育厅重点项目、教育部社科基金项目、江苏省哲学社会科学基金项目、国家社科基金重大项目、国家社科基金委托项目、南京市委宣传部/政府新闻学研究所的课题等重要课题和项目，包括“移动互联新媒体的采纳与使用研究”“网络传播中的失范行为研究”等；出版了《网络受众心理行为研究：一种信息查寻的研究范式》《网络广告原理与实务》《网络媒体经营与管理》等著作与教材；在《当代传播》《新闻记者》《中国社会科学报》等期刊上发表多篇论文，同时发表了The Internet Ecology Perception，Political Trust and Political Efficacy of Chinese Netizens等数篇SSCI论文；开设“网络传播”“新媒体广告”“人际传播”“新媒体传播”等课程，专著《网络受众心理行为研究：一种信息查寻的研究范式》获南京大学第四届人文社会科学成果二等奖，网络传播课程（主讲人之一）被列为2008年“国家精品课程”。

陈峻俊

陈峻俊，女，1974年12月出生，湖北荆门人，中共党员，中南民族大学文学与新闻传播学院新闻学教授，博士，副院长，传播学硕士生导师；中国高校影视学会民族影视专委会理事，中南民族大学民族文化传播研究中心副主任，中南民族大学民族文化传播团队主要成员，湖北省网络文化协会会员，其所在学院为中国新闻史学会少数民族新闻传播史研究会副会长单位，湖北省新闻传播教育学会副会长单位。1996年毕业于中南民族学院汉语言文学专业，获得本科学士学位，1999年毕业于华中师范大学新闻学专业，获得硕士研究生学位，2008年毕业于武汉大学新闻传播学院，获得博士研究生学位。2011年、2012年在美国威斯康星普拉特维尔分校（UWP）和中国台湾世新大学做文化交流。长期从事民族文化传播与媒介理论方向的研究，出版专著《符号的魅惑：网络消费文化研究》，主编《现代媒介与民族文化传播》《现代媒介与民族文化传播》（第三辑），参编《民族文化传播研究（2015）》，在CSSCI和省级以上期刊发表论文

30余篇，参与国家社科基金重大项目“中华优秀传统文化传承体系研究”与“日本馆藏近代以来中国留日文艺理论家文献资料整理与研究”，主持省部级项目5项，参与省部级项目2项，获得湖北省教学成果二等奖1次，湖北省第三届青年学者论坛二等奖1次，湖北省大中专暑期三下乡社会实践活动先进工作者1次，中南民族大学十佳青年教师1次，中南民族大学创新科技活动优秀指导教师7次。

丁和根

丁和根，江苏东台人，文学博士。南京大学新闻传播学院教授、南京大学媒介经济与管理研究所所长、博士生导师。兼任中国新闻史学会传媒经济与管理研究委员会副会长、中国中外文艺理论学会文化与传播符号学分会副会长、《传媒经济与管理研究》(集刊）主编、《中国社会科学》通讯评审专家、《中国大百科全书》（第三版，新闻学卷）“新闻体制”分卷副主编等。曾任南京大学党委宣传部副部长、《南京大学报》主编。2006年，入选教育部“新世纪优秀人才”。

主要从事新闻传播理论、媒介经济与管理、传播符号学等方面的研究。承担并参与多项南京大学人文社科规划项目、教育部“九五”人文社科规划项目、全国“十五”社科规划重点项目、江苏省“十五”社科规划重点项目等；出版了《中国传媒制度绩效研究》《传媒竞争力——中国媒体发展核心方略》等著作；在《南京大学学报》《江苏社会科学》《新闻与传播研究》等期刊上发表多篇论文与报告；开设有新闻学概论、媒介经营管理、传播符号学、中国古代文选等课程。2005年12月，参与研究的《加入WTO与中国新闻传播业》一书，获江苏省第九届哲学社会科学优秀成果三等奖、第四届教育部中国高校人文社会科学研究优秀成果三等奖；2006年4月，专著《传媒竞争力——中国媒体发展核心方略》获第五届南京大学人文社会科学研究优秀成果一等奖，同年12月，该书获第五届江苏省高校人文社会科学研究优秀成果一等奖；2007年3月，入选教育部2006年度“新世纪优秀人才支持计划”。

杜　浩

杜浩，1964年生，河北省保定人，中共党员。现任河北大学新闻传播学院副院长，河北省文化产业发展研究中心（省级智库）主任，河北大学文化创意产业研究中心主任，教授，硕士生导师。1986年毕业于河北大学中文系汉语言文学专业，1988年、2000年分别在中国社会科学院研究生院、北京大学光华管理学院学习硕士研究生课程，2011年就读河北大学古典文学博士研究生至今。长期从事文化创意产业策划与研究。任河北省第十四届社科奖评审专家、中国创意传播大奖评审专家、《21世纪营销》专家委员会委员、保定市环首都经济圈发展规划委员会专家委员、河北保定市规划委员会专家委员。1989年获河北省优秀教学成果一等奖，2000年获中国美容化妆品十大策划专家称号。三次获得中国创意传播大奖。

承担教育部课题“京津冀文化产业协同的困境与突围”以及多项省级课题，出版《文化创意产业营销与传播》《营销策划与传播》等著作6部，论文数十篇。曾在美国华盛集团、加拿大TZF投资控股集团、深圳新海控股公司、北京新大地集团等大型上市企业担任过营销策划与传播顾问。

范 军

范军，1961年2月出生。湖北省荆门市人，历史学博士。新闻传播学院教授（二级）、博士生导师，2016年10月调任《华中师范大学学报（人文社会科学版）》主编，华中师范大学出版科学研究中心主任，华中师范大学文化产业研究中心兼职教授。曾任华中师范大学出版社总编辑、社长、董事长，华大宏图文化事业发展公司董事长。兼任全国高等学校出版专业教学指导委员会委员、中国新闻史学会编辑出版研究委员会副会长、湖北省编辑学会副会长。

长期从事出版实践和出版教育，致力于出版文化与产业、出版史、文化传播学的研究。主持教育部人文社会科学基金、湖北省社会科学基金课题多项，以及科技部“十二五”国家科技支撑计划项目、中央国有资本经营预算重大技术创新及产业化资金预算项目多项。已出版的主要著作有：《出版文化散论》《中国出版文化史研究书录（1978—2009）》《中国出版文化史论稿》《中国诗歌编辑史专题研究》《现代书业广告二十家》《中国共产党出版史研究综论（1921—1949）》《出版文化与出版产业专题研究》（合著）、《商务印书馆企业制度研究（1897—1949）》（合著）等。在CSSCI来源期刊上发表论文100余篇。研究成果曾经获得湖北省社会科学成果奖、武汉市社会科学成果奖多项，并有20多篇文章被《新华文摘》《人大复印报刊资料》全文转载。2005年，入选湖北省宣传文化系统首批“五个一批”人才；2008年，入选国家新闻出版总署首批“全国新闻出版行业领军人才”（学术类）；2009年，获中国大学出版社首届高校出版人物奖。

范志忠

范志忠，教授，博士生导师，传媒与国际文化学院影视艺术与新媒体系主任，广播电影电视研究所所长，浙江大学影视国际研究院常务副院长。主要社会兼职有教育部高校戏剧与影视学教指委委员、中国电影家协会理论评论工作委员会副会长、北京电影学院影视基地研究员、中央电视台节目评奖专家、浙江省电影电视剧审查委员会委员、浙江省文艺评论家协会副主席、浙江省电影家协会主席团委员。主要研究领域为影视剧创作与批评，担任编剧、总策划、艺术总监、制片人等创作影视剧100多集，在《当代电影》《新闻与传播研究》《求是》等核心期刊发表学术论文50多篇，出版学术专著10部，获中国电视剧飞天奖、中国文联文艺评论奖、中国金鸡百花电影节优秀论文奖等荣誉。

冯　原

冯原，1964年3月出生，广州美术学院版画系硕士学位，2004年获华南理工大学建筑学院博士学位。现任中山大学传播与设计学院教授，硕士生导师。

作为空间设计师和形象策划人、艺术策展人，在城市导向设计、空间标识设计、景观与公共艺术上均有代表性创作。2005年起承担的“广州市行人指示标识系统设计”示范区域已建成，2010年完成了广东省住建厅委托的“广东省立绿道标识系统设计”，并为广州亚运会设计了动态景观“风动红棉”。

长期从事建筑历史与城市学理论研究、视觉文化研究、设计教育研究。自2000年以来在《U+A中文版》《文艺研究》《DOMUS中文版》《美术观察》等重要的中文专业媒体上有专文发表，并于2009年出版专著《样式的对策：建筑的符号生产与象征的策略》，获得广东省哲学与社会科学基金。曾为《上海东方早报》《羊城晚报》和《艺术世界》撰写大量专栏文章，是城市形象、建筑、艺术领域的建筑批评家和媒体代言人。

2004年起，任中山大学传播与设计学院艺术设计学系主任后，致力于探索在综合性大学创办设计教育。2005—2008年，与中山大学工学院合作创建了“广州市工业产品设计服务平台”项目；2011年，主持的“大学城轨道交通规划与设计”课程获广东省专利局颁发的金奖，并申请了专利号。曾多次带领学生与香港中文大学建筑系合作，举办国际学术研讨会，在以设计为主导的综合素质教育方法上有丰富的实践经验。

付晓静

付晓静，女，1976年出生，黑龙江鹤岗人，1998年毕业于武汉大学，获得文学学士与经济学学士双学位，2001年获得武汉大学文学硕士学位，2008年获得武汉大学新闻传播学博士学位。2009年入选国内青年骨干教师访问学者计划，于中国人民大学新闻学院访学，主修网络传播。

现为武汉体育学院新闻传播学院教授，硕士生导师，主要从事网络与新媒体类课程的教学，曾获得武汉体育学院青年教师基本功大赛一等奖、武汉体育学院“师德标兵”等荣誉。近年来主攻科研方向为体育新媒体、公益传播。曾在核心期刊《现代传播》《当代传播》《新闻界》《武汉体育学院学报》等发表论文20余篇，其中1篇论文被“中国人民大学报刊复印资料”全文转载。出版专著《1990年代以来媒介体育传播的民族主义话语建构》，主编教材1部，参编教材2部。现主持国家社会科学基金课题1项，省部级课题5项。

庚钟银

庚钟银，博士，教授，1962年10月出生于大连。先后毕业于东北师范大学、北京师范大学。现任辽宁大学广播影视学院院长，兼任北京师范大学中国文化国际传播研究院研究员、贵州民族大学客座教授、泰国博仁大学兼职教授、中国高等教育学会影视教育专业委员会副会长、中国电视艺术家协会高校专业委员会常务理事、辽宁省人民政府学科评议组成员、辽宁省高校戏剧与影视学类专业教学指导委员会主任委员、辽宁省电影电视剧审查委员会委员等职。曾任教育部精品教材、优秀博士论文、重点实验室、学科评估等评审工作的专家，中国大学生电视节、中国大学生戏剧节、中国广播电视学会、中央电视台等大赛或节目评比活动评委。辽宁大学广播影视学院前身广播电视系的创始人之一。

从教以来，主编《影视传媒书系》《高等学校播音与主持专业应用创新型人才培养系列教材》，主审《DV制作》等教材。指导的研究生发表多篇专业评论及学术论文，多部影视原创作品获国际级、国家级竞赛奖项。

主要研究领域为传媒及艺术教育、传播伦理、纪录片创作、影视美学、文化创意等，主持过20余项省级课题，在多种报刊发表关于文学、戏剧、电影、电视、文化产业的论文及评论百余篇。担任策划、编导或主持的电视作品在中央电视台、辽宁广播电视台等播出百余部。成果获得省级或省级以上教学奖、科研奖或创作奖多项。

顾 黎

顾黎，1958年3月出生，浙江常山人。1976年2月参军入伍，1983年7月哈尔滨师范大学政治教育系本科毕业，同年进入解放军南京政治学院任教。2004年至2012年任军事新闻传播系主任。2010年评为教授，2014年担任新闻学专业博士生导师，2013年被解放军总政治部聘为全军常备外宣专家，教学与研究的主要方向为新闻学理论与军事外宣。先后开设“马克思主义新闻思想与当代新闻传播理论”“马克思主义新闻思想”“军事外宣概论”等课程。发表的主要论文有：《大众传媒在军事对外传播中的功能及其实现》《以强化先进文化传播为基点 进一步提升我军外宣影响力》《对加强强军目标对外传播的思考》《完善军事新闻发布制度，增强我军国际话语权》《论全球化背景下军事外宣人才的专业素质》《以坚定的理论自信推进新闻传播事业不断创新》《中国共产党新闻思想的“读者观”与西方“受众观”之比较》等。主持的国家社科基金军事学课题“我军先进军事文化对外传播研究”即将结项。合作完成的“探索构建‘教、学、研、训’四环联动教学模式”等教学成果，获军队级优秀教学成果奖。因工作成绩突出，2013 年获军队优秀专业技术岗位三类津贴，2014 年获军队院校育才奖银奖，先后 3 次荣立三等功。

顾　铮

顾铮，1959 年生于上海，复旦大学新闻学院教授、广告学系主任，复旦大学信息与传播研究中心研究员。1998 年毕业于日本大阪府立大学人类文化研究科比较文化研究专业，获学术博士学位。学术兴趣：中国当代摄影与艺术研究，视觉文化与传播理论研究、中外摄影史、平面设计史等。著有《国外后现代摄影》（2000）、《自我的迷宫——艺术家的“我”》（2003）、《城市表情——20 世纪都市影像》（2003）、《世界摄影史》（2005）、《现代性的第六张面孔—当代视觉文化研究》（2007）、《Chinese Contemporary Photographic Art（中国当代摄影艺术）》（2011，中文版与法文版）、《顾铮摄影文论选》（2012）、《印刻时代风潮流——海报中的 20 世纪》（2012）、《摄影的人，在路上》（2013，台北）、《生命剧场——扬·索德克的世界》（2015）、《来自上海——摄影现代性检证》（2016）、《没有美满结局的童话——图像、战争与宣传》（2017）等。主编有《西方摄影文论选》（2005）、《摄影·社会·空间》（2010）、《中国摄影理论大系·理论卷》（共同主编，2013）等。合著 *The Chinese Photobook：From the 1900s to the Present*（2015，NY）。主持并完成若干科研项目，如教育部重大项目“中国媒介文化三十年”。担任《中国摄影》《欧洲摄影》（柏林）等专业刊物编委，并担任《光圈》（纽约）杂志供稿编辑。曾任第 56 届（2013 年）世界新闻摄影比赛（荷赛）终审评委。获得中国摄影金像奖（理论评论）（2001）及第一届沙飞摄影奖学术奖（2007），策划第一届亚洲摄影双年展“生活在城市”（2001，首尔）、首届北京国际摄影双年展（2013）等。

郭建斌

郭建斌，教授、博士、博士生导师，云南大学民族文化与传播研究所所长。主持国家社科基金项目、教育部人文社会科学重点研究基地重大项目、国家广播电影电视总局社科研究项目和云南省社科规划项目多项，发表论文多篇。其中，《如何理解“媒介事件”和“传播仪式观”——兼评〈媒介事件〉和〈作为文化的传播〉》，被2014年“中国人民大学复印报刊资料”《新闻与传播》全文转载，《在场：民族志视角下的电视观看活动——独乡田野资料的再阐释》发表于《传播与社会学刊》（香港），（总）第六期；代表性著作有《中国白族村落影像文化志·沙朗东村》《边缘的游弋：一个边疆少数民族村庄近60年变迁》（云南人民出版社）、《新闻采访写作基础》《独乡电视：现代传媒与少数民族乡村日常生活》《传播与民族发展：云南少数民族地区信息传播与社会发展关系研究》《现代新闻采访写作教程》等。曾任第九届全国青联委员，被评为“云南省哲学社会科学优秀社科专家”，获“云南省高等学校教学、科研带头人”称号，获教育部“高等学校科学研究优秀成果奖（人文社会科学）”三等奖，云南省第10届社会科学成果奖（2005）二等奖。

何扬鸣

何扬鸣，出生于1957年7月，浙江诸暨人。历史学博士，浙江大学新闻与传播学系教授，博士生导师，从事新闻事业史的教学与研究，主持过国家社会科学基金、浙江社会科学基金重点项目等多个科研项目，有论著在海内外刊发和出版，如《民国杭州新闻史稿》《〈东南日报〉南京大屠杀报道研究》等。

胡舒立

胡舒立，女，1953年生于北京，现任财新传媒总编辑，中山大学传播与设计学院教授、学术委员会主席，博士生导师。

1982年在中国人民大学获得新闻学士学位，1985年受美国世界新闻研究所的邀请前往美国访问。1994年获得斯坦福大学新闻学院奈特奖学金，攻读发展经济学。2016年5月获得普林斯顿大学荣誉法学博士学位。同时担任国际新闻记者中心（ICFJ）顾问委员会委员、路透采编顾问委员会委员。

自1982年起在《工人日报》担任国际新闻编辑和记者。1992—1998年，就职于《中华工商时报》，任国际新闻部主任和首席记者。2001年曾在香港凤凰卫视担任财经新闻节目总监。

1998年创办《财经》杂志，担任主编11年，2008年推出的《财经网》，成为传统媒体向新媒体转型的成功典范。

2001年，入选美国《商业周刊》年度五十名“亚洲之星”。2003年，被《世界新闻评论》授予“年度国际编辑”的称号。2006年，入选英国《金融时报》和《华尔街日报》“中国最具影响力的专栏作家”和“亚洲最值得关注的十位女性”。2007年，获得哈佛大学尼曼基金会颁发的年度“刘易斯·李仰士新闻责任与正义奖”。2009 年和 2010 年，两度获评美国《外交政策》杂志“世界百名思想者”。2011 年，登上美国《时代》杂志“全球最具影响力百人榜”；同年 10 月，所带领的财新传媒团队作为“独立媒体的先锋”，获得斯坦福大学颁发的“肖伦斯特新闻奖”；同年 11 月，荣获星云真善美新闻传播奖。2012 年，荣获“密苏里新闻事业杰出贡献荣誉奖章”。2014 年，荣获“拉蒙·麦格赛赛奖”。

黄少华

黄少华，出生于 1963 年 4 月。浙江诸暨人，法学博士。浙江大学宁波理工学院教授，浙江大学传媒与国际文化学院博士生导师。曾任教于西安交通大学社会科学系和兰州大学哲学社会学院。兼任中国社会学会网络社会学专业委员会副会长、浙江省社会学会常务理事、宁波市社会学会会长。

长期从事社会学和新闻传播学教育，致力于青少年网络行为、新媒体与社会、网络政治传播研究。主持国家社会科学基金项目、教育部哲学社会科学基金项目、甘肃省哲学社会科学基金项目多项。出版《网络空间的社会行为：青少年网络行为研究》（人民出版社）、《中国公民网络政治参与行为研究》（科学出版社）、《网络社会学：学科定位与议题》（中国社会科学出版社）、《网络社会学的基本议题》（浙江大学出版社）学术专著十余部，在《新闻与传播研究》《自然辩证法研究》《现代传播》等学术期刊发表论文 100 余篇，其中 30 余篇被《新华文摘》《中国社会科学文摘》和人大复印报刊资料《新闻与传播》《社会学》《青少年导刊》《心理学》《中国政治》《外国哲学》《文化研究》等转载。研究成果曾经获得甘肃省社会科学成果奖 6 项、宁波市社会科学成果奖 2 项。主讲“网络社会学”“网络传播学”“社会调查方法”“SPSS”等课程，教学改革项目获得甘肃省普通高等学校教学成果奖。

黄迎新

黄迎新，1970 年 11 月出生，1992 年本科毕业于厦门大学，2002 年硕士毕业于中南民族大学，2008 年博士毕业于武汉大学。

中南民族大学教授，硕士生导师；历任中南民族大学广告学系主任、文学与新闻传播学院副院长、教学质量监控评估中心主任。现为中南民族大学民族文化传播研究团队负责人，湖北省名师工作室成员，中国高校影视学会民族影视专业委员会副理事长兼秘书长。主要研究方向为广告学理论、民族文化传播。

出版学术专著 2 部；主编教材等 3 部。在《新闻大学》《中国媒体发展研究报告》

等学术期刊发表论文30余篇。主持教育部人文社科基金项目“数字技术背景下中国电视产业发展：问题与对策”（2009）；主持国家民委社科基金项目“武陵山区少数民族非物质文化遗产生产性保护对策研究”（2013）；主持湖北省教育厅科研指导性项目“网络广告的现状和前景”（2000）；主持湖北省教研项目“多元一体化背景下民族院校广告教学特色及案例教学创新研究”（2008）。主持并成功申报民族文化影像传播实验中心为湖北省重点实验教学示范中心（2015）。指导学生参加“全国大学生广告艺术大赛”、全国大学生计算机设计大赛等竞赛，获得20多项国家级奖项。曾连续10年获“中南民族大学科技创新活动优秀指导教师”，连续5年被评为“湖北省优秀学士学位论文指导教师”。其编写的《电视广告实务》获得中国高校影视学会第九届“学会奖”教材类二等奖。

贾　宁

贾宁，1957年3月生于天津，祖籍河北青县。天津师范大学新闻传播学院播音与主持艺术系主任，教授，专业带头人，传播学及广播电视艺术学硕士生导师。现为中国高等教育学会播音与主持教育专业委员会常务理事，中国广播电视协会播音主持委员会常务理事，国家级普通话水平测试员，天津市语言文字工作培训测试中心兼职研究员、监测视导员，播音指导。

1974起，任天津人民广播电台播音员、主持人、播音组长、节目监制。主持天津广播电视系统优秀名牌节目《天津新闻》《枫叶正红》《大流通》《亲亲热热一家人》等，播音作品多次获中国广播政府奖、专家奖的一、二等奖及天津市一等奖，所著播音学论文获3次全国一等奖，5次二等奖，10余次天津市级一等奖。2001年被评为天津人民广播电台首届十佳播音员主持人，2002年晋升播音指导。

2003年4月，调天津师范大学任播音与主持艺术系任系主任。讲授“播音与主持艺术概论”“播音文体与语体”等，领衔校级精品课程“播音创作基础”。著有《21世纪播音与主持艺术专业规划教材》《播音员主持人稿件表达方法与技巧》，参与编写《天津通志 天津广播电视电影志》《播音创作理论基础》，发表多篇学术论文。指导学生多次获得“齐越节”中国大学生朗诵大赛、“夏青杯”中央人民广播电台朗诵大赛、中央人民广播电台全国大学生主持人大赛、中国（杭州）国际动漫节声优大赛等及省市级大赛优异成绩，指导本科生多次获校级优秀毕业论文奖。

江作苏

江作苏，生于1953年9月，复旦大学本科，中央党校研究生。华中师范大学新闻传播学院院长、教授、博士生导师；高级记者；武汉大学博士生导师，客座教授。“长江韬奋奖”获得者，获首届“全国百佳新闻工作者”（1995年）称号，获国务院特殊津贴。湖北省劳动模范、省有突出贡献中青年专家，湖北省首届政府出版奖获得者。研究方向为媒介伦理与新闻实务。

在新闻界耕耘30年，从一线记者成长为大型传媒集团一把手、湖北省记协主席。在长期新闻实践中，曾经3次获得中国新闻奖一等奖和十次湖北新闻奖一等奖。锐意改革，努力提高省级党报的舆论传播效果，受到中宣部的表彰，获得湖北省思想理论创新成果一等奖。在业界工作之时，亦担任湖北省社科领导小组副组长，致力于理论探讨和学术研究，提出的“责任造就公信力”观点及涉及媒介伦理和信用的系列成果，在新闻业界和理论界具有影响力。当选“2001—2010年中国传媒领军人物”“2009—2010中国传媒创新年度人物”。

2013年担任华中师范大学新闻传播学院首任院长后，获国家社科基金后期资助项目一项，在SSCI等国内外学术期刊上发表论文15篇，出版《新闻法治论》等专著二部，主编华中师范大学新闻传播学文库一套，主编教材《实用新闻采访教程》《媒介伦理》。主讲课程“新闻采访理论与实践”获得校级本科教学一等奖。创办学术期刊《华中传播研究》，任编委会主任。现任中国新闻史学会媒介伦理与法规研究委员会副会长、中国新闻史学会媒介经济与管理研究委员会副会长。

蒋含平

蒋含平，女，安徽巢湖人，中共党员，文学硕士。安徽大学新闻传播学院副院长、教授、硕士生导师。中国新闻史学会中国新闻传播教育史研究委员会常务理事；安徽大学学位委员会委员。长期致力于新闻传播教育，并着重于中国新闻事业史、民国时期报人、近代安徽区域新闻史的研究。在《新闻与传播研究》《国际新闻界》《新闻大学》等新闻学核心刊物发表论文多篇。主持并完成国家社科基金项目“民国时期名记者群体研究”以及省部级科研项目数项。主持 安徽大学“新闻学国家级特色专业建设”项目与多项省级教研项目；获得“省属211综合性大学新闻传播学人才培养”省级教学成果特等奖等奖励。主编多部教材、文集，其中《简明中外新闻事业史》先后入选国家普通高等教育“十一五”“十二五”规划教材。先后被评为安徽大学教书育人先进个人、安徽大学优秀共产党员、安徽省女教职工工作先进个人。2015年获宝钢教育基金会“宝钢优秀教师奖”。

金兼斌

金兼斌，1968年7月生，浙江诸暨人，清华大学新闻与传播学院教授，博士生导师。1991年7月毕业于清华大学材料系获得工学士学位，1992年7月在清华大学中文系获得文学士学位（第二学士学位），1997年3月毕业于清华大学经济管理学院管理工程系获得工学硕士，2002年毕业于香港浸会大学传播学院获得博士学位。2001年9月—12月赴香港城市大学英文与传播系合作研究（高级副研究员）；2006年5月—2007年1月，牛津大学互联网研究所访问学者。主要讲授“传播学研究方法”“新媒体研究”“媒介调查与统计”等课程。

主持国家社科基金一般项目“社会网络中的舆情演变机制研究”，主持韩国国家研究基金（NRFK）项目“东亚创意一代比较研究：聚焦中韩两国”（中方负责人PI）；担任国家自然科学基金重点项目“面向Web的社会网络理论与方法研究”、全国哲学社会科学重点基金项目“基于大规模社交媒体的汉语模因传播机理量化研究”子课题负责人；目前作为总负责人承担国家重大专项课题“转基因生物技术发展科普宣传与风险交流”。出版专著《我国城市家庭的上网意向研究》《技术传播：创新扩散的观点》，译著《大众媒介研究导论》《大众传播研究方法》，在国内外期刊、会议上发表论文数十篇。

2007年入选教育部“新世纪优秀人才支持计划”。曾获得第三届中国高校人文社会科学优秀成果奖三等奖；北京市普通高等学校教学成果一等奖；清华大学教学成果奖一等奖等奖励。现为中国新闻史学会网络传播史研究会副会长、中国科技新闻学会科技传播研究会副会长、中国传播学会常务理事、北京网络媒体协会理事，并担任SSCI期刊*Journalism and Mass Communication Quarterly*和*Asian Journal of Communication*的编辑部成员，以及*Observatorio*（*OBS*＊）*Journal*和*Global Media & China*编委，担任《传播与社会学刊》、*Technovation*、*Journal of Computer-mediated Communication*，*Asian Journal of Communication*等海外学术期刊审稿人。

孔正毅

孔正毅，安徽肥西人，安徽大学新闻传播学院教授、编辑出版系主任、博士生导师。安徽大学新闻传播学院编辑出版学专业负责人。主要研究领域为中国新闻出版史、编辑出版学、中西新闻比较。中国新闻史学会会员，中国编辑学会会员。

1990—1993年在安徽大学中文系攻读古代文学硕士，获文学硕士学位。1993—1998年在安徽大学中文系任教。1998年至今在安徽大学新闻传播学院任教。2008—2011年在中国人民大学清史所攻读博士，获历史学博士学位。

在《新闻与传播研究》《国际新闻界》《新闻大学》《出版发行研究》《中国出版》《出版科学》等专业权威核心刊物上发表学术论文30多篇。出版《艺术传播概论》《比较新闻传播导论》《新中国60年：学界回眸——新闻发展卷》等著作6部。主持国家社科项目“中国古代官报史”，主持省教育厅项目“近代报刊与近代文化思潮研究”。

雷建军

雷建军，出生于1972年8月。山西平遥人，文学博士。清华大学新闻与传播学院教授。兼任中国新闻史学会视听传播研究委员会副会长、中国人类学民族学研究会民族影视与影视人类学专业委员会副主任、中国人类学民族学研究会发展人类学专业委员会秘书长。长期从事影视传播教育，致力于纪录片、视觉人类学研究。主持教育部、文化部、北京市等多项课题。出版《纪录片：影像意义系统》《生活而已：2000年后中国独立纪录片导演研究》《视频互动媒介》《四个中国人》等多部专著，主编《清影纪录中国》系列丛书，发表CSSCI期刊论文20余篇。主持拍摄《一张宣纸》《2008纪》《我在故宫修文物》《喜马拉雅天梯》《飞鱼秀》等纪录电影，共获得国际国内数十项大奖。主讲“纪录片创作与研究”“清影工作坊”等课程。

李　彬

李彬，出生于1959年1月。新疆乌鲁木齐市人，中国人民大学法学（新闻学专业）博士。清华大学新闻与传播学院教授、博士生导师、学术委员会主任。1978年3月考入郑州大学中文系（新闻方向）。1984年开始从事新闻教育。曾任郑州大学新闻系副教授、副主任；中国青年政治学院新闻与传播学系副教授、主任。2001年调入清华大学，2002年晋升教授，2005年任副院长（2010年辞任）。兼任河南大学黄河学者，天津师范大学、宁夏大学、西北政法大学、西安政治学院、山东师范大学兼职教授，澳门科技大学博士生导师，中信改革发展研究基金会咨询委员会委员、中信改革发展研究院资深研究员。

获得“范敬宜新闻教育奖”、清华大学优秀班主任一等奖、研究生“良师益友”称号；主讲“中国新闻传播史”获批国家精品课；《全球新闻传播史》获批国家精品教材；《中国新闻社会史》获得北京市精品教材和清华大学优秀教材一等奖；主编《大众传播学》获得教育部普通高等学校优秀教材二等奖；《传播学引论》获得教育部人文社会科学优秀成果三等奖。

主要著述：《传播符号论》《传播学引论》《新中国新闻论》《唐代文明与新闻传

播》《全球新闻传播史》《中国新闻社会史》《清潭杂俎——新闻与社会的交响》《水木书谭——新闻与文化的交响》；主编《大众传播学》《百年中国新闻人》《新闻人生——名记者清华演讲录》《清华新闻与传播学前沿讲座录》《马克思主义新闻观十五讲》《欧洲传播思想史》；译著《关键概念：文化与传播研究词典》。

李建新

李建新，出生于1964年4月。山西代县人，工学士、哲学硕士、教育学博士、新闻传播学博士后，美国密苏里大学新闻学院访问学者。上海大学新闻传播学教授、博士生导师、国际新闻传播教育研究中心主任、《棋友》杂志社副总编。曾任太原理工大学学报编辑部主任、执行主编，挂职过《中国改革报·新财富周刊》执行主编、《中国企业报·新闻周刊》副主编等职。中国新闻史学会新闻传播教育史研究委员会副会长。

在新闻史、新闻理论、新闻业务等新闻学三个主要的学科领域有突破性、首创性的研究成果，《人民日报》记者以“新闻学研究的全能专家”为题进行过报道。新华社、《人民日报》《中国社会科学报》《中国新闻出版报》《新华每日电讯》《文汇报》人民网、光明网、新浪网等对李建新的研究成果有过报道。

长期研究国内外新闻传播教育，三次入选教育部新闻传播教育研究的课题组；在新闻与哲学、新闻与社会、国家形象的塑造与传播、中华文化的对外传播、突发事件报道、文体报道、人物专访、媒介战略、新闻评论、企业媒介应对、媒介融合教育、新媒体环境下的新闻实务等方面均有独到的研究成果。

完成国际资金资助的项目1项，主持完成省部级课题3项、承担国家哲社重大项目研究1项，完成其他横向课题30多项。独立撰写出版新闻传播学专著9部，合作出版相关专著8部，总计17部，发表各类学术论文130余篇，在《人民日报》《圣路易新闻报》等发表各类新闻类作品200多篇。

李庆林

李庆林，山西寿阳人，1968年9月24日生，广西大学新闻传播学院副院长，教授，博士，硕士研究生导师。1990年毕业于中国青年政治学院，获教育学学士学位；2001年毕业于广西大学新闻系，获新闻学硕士学位；2006年毕业于中国传媒大学，获传播学博士学位。长期为本科生和研究生开设“新闻传播基础理论研究”“大众传播与社会”“马列新闻原著选读”等课程。先后发表学术论文40余篇，其中核心期刊10篇，被《新华文摘》全文转载1篇，被“中国人民大学报刊复印资料”《新闻传播学》全文转载1篇，观点摘录1篇，索引摘录5篇。获广西第十一次社会科学优秀成果奖三等奖

1次，二等奖1次。主持完成广西哲学社会科学“十一五”规划立项课题“文化体制改革背景下的广西传播产业发展研究”（06BXW003）。目前主持项目：①2011年教育部人文社科西部项目“马克思、哈贝马斯和麦克卢汉的传播观比较研究”（11XJA860001）；②2012年国家社科基金一般项目“中国—东盟传媒合作的现状、问题与对策研究”（12BXW032）。此外还参与（排名第二）了2015年国家自然科学基金项目“文化外交网络在地缘经济区的溢出效应及其机制研究”（批准号：41561026）。兼任广西大学东盟传媒研究所所长，广西艺术广告协会副会长。

李正良

李正良，出生于1963年11月。湖南宁乡人，硕士。湖南大学新闻传播与影视艺术学院教授，硕士生导师，院教学指导委员会主任。主要研究方向为广告传播、文化产业。

在《中国广告》《现代广告》等刊物上发表论文20余篇，出版著作2部，2次荣获湖南省教学成果奖，主持6项国家级与省级科研项目，完成了2014年、2015年度湖南省广告业发展报告，起草了湖南省、河南省的“广告产业十三五发展规划”初稿。主讲中国大学MOOC“广告创意学”，国家级视频精品公开课“烦人的广告并不凡”，注重研究性教学、注重课堂互动，教学效果好。

林升栋

林升栋，出生于1976年11月。福建莆田人，法学博士。厦门大学新闻传播学院教授、博士生导师、副院长。曾为中美富布莱特访问学者（2013—2014）、伊利诺伊大学香槟分校佛雷曼访问学者（2007—2008）。兼任全国新闻与传播专业学位研究生教育指导委员会委员、中国广告协会学术委员会副主任、中国中外文艺理论学会文化与传播符号学分会常务理事、《现代广告》（学刊）执行主编、厦门市民进市委副主委、厦门市政协委员、厦门大学品牌与广告研究中心副主任。

长期从事广告学教育，致力于文化间传播、社交媒体用户行为的研究。主持国家自然科学基金两项、福建省软科学课题一项。出版《跨文化传播研究文集（第一辑）》《20世纪上半叶：品牌在中国》等学术专著、教材，在*Journal of Cross-Cultural Psychology*、《新闻与传播研究》《社会学研究》《心理学报》等刊物上发表论文。主讲“广告综合实务”“研究方法”等课程。2012年获评福建省高校新世纪优秀人才，2013年获评厦门市重点人才。

刘宝珍

刘宝珍，女，湖北十堰人。湖北大学新闻传播学院教授，硕士研究生导师。是中国新闻史学会媒介法规与伦理研究委员会常务理事，全国礼仪培训教师。曾任湖北师范大学文学院新闻传播系主任、院教学指导委员会委员。

从教以来，先后担任过广播电视文稿写作、新闻语言学、电视专题与电视栏目、新闻美学、中国新闻史、广播电视播音主持、普通话语音与播音发音、播音发声学、朗读艺术、礼仪美学等课程的教学工作。曾获高校中青年教师讲课比赛一等奖、湖北省普通话优秀测试员、复旦大学优秀访问学者等荣誉称号。

主要研究方向为媒介法规与伦理、中国新闻传播史、广播电视播音主持艺术。先后在学术期刊上发表论文50余篇，主编《新闻传播理论探索与实践研究》（华中科技大学出版社2015年版），另作为副主编和撰稿人编辑出版著作和教材4部。

先后主持湖北省教育厅人文社会科学研究、教学研究、湖北省实习实训示范基地、湖北省研究生工作站及横向课题等多个研究项目。成果获湖北省人民政府颁发的教学成果一等奖、第三届全国素质教育教研成果一等奖等。指导学生获中华诵经典诵读大赛湖北赛区一等奖、全国大学生广告艺术大赛影视类全国赛三等奖、全国高校美育成果展评学生组摄影技术二等奖，并多次指导学生毕业论文获湖北省优秀学士学位论文。

刘 超

刘超，1974年出生，广东外语外贸大学新闻与传播学院教授、学术委员会委员，城市传播与文化创意产业方向的学科带头人，广州市人文社会科学重点研究基地“广州国际城市创新传播研究中心”常务副主任，广外—羊晚全媒体与国际传播研究院“区域形象与品牌策划咨询研究所”所长。曾任广东外语外贸大学新闻与传播学院副院长。企业管理、工商管理硕士、新闻与传播专业硕士三个专业的硕士生导师。广东省高等学校“千百十工程”省级培养对象，中山大学管理学博士（营销学方向），中国软科学研究会理事，国家传播学会理事，中国环境社会学会理事，中山大学中国营销研究中心研究员，教育部区域与国别研究培育基地加拿大研究中心研究员，英国兰卡斯特大学、中国人民大学访问学者，广东省软科学项目评审专家，管理学、传播学权威期刊《南开管理评论》、*Applied Environmental Education and Communication* 匿名评审专家。主持国家级、省部级、市厅级等各类纵向课题、以及企事业单位咨询课题30余项。

主要从事营销传播与广告、区域形象与城市营销、文化创意产业等领域的研究工作，承担市场营销学、广告策划与创意、文化创意产业专题研究、社会科学研究方法等本科生和研究生课程。出版《中国老年消费者行为：西方理论与中国实证》《中国啤酒营销战》等专著与教材 4 部，在 *Chinese Journal of Population Resources and Environment*、《国际新闻界》《外国经济与管理》等权威核心期刊发表中英文学术论文 50 余篇（CSSCI 期刊 10 余篇），专著曾获广东省 2008—2009 年度哲学社会科学优秀成果奖三等奖。

刘建明

刘建明，出生于 1964 年 6 月。湖北枣阳人，武汉大学历史学世界历史专业学士、硕士，武汉大学新闻学博士。武汉大学新闻与传播学院教授。曾在美国天普大学做访问学者。曾任武汉大学新闻与传播学院广播电视系主任、中国新闻史学会理事、中国广播电视史学会理事、中国新闻史学会新闻传播教育史研究委员会副会长。

长期从事新闻传播教育，主要致力于传播理论、广播电视研究。主持原广电总局项目“提升广播电视在群体性事件中的舆论引导能力研究”、教育部人文社科重点研究基地重大项目子课题“新媒体环境下新闻传播效果评估的创新研究”、部校共建项目等研究项目。在《新闻与传播研究》《现代传播》《国际新闻界》等 CSSCI 期刊发表论文 30 余篇。在欧洲电视跨文化传播、英美广播电视制度差异性根源比较，以及仪式传播研究领域有较深入、较全面的研究。主讲过中外新闻史、广播电视史、新闻学概论、广播电视概论、舆论学、公共关系、广播电视运营与管理、影视创意经济等十余门不同课程。荣获过武汉大学优秀教学成果奖特等奖、湖北省普通高等学校优秀教学成果奖一等奖、教育部普通高等学校优秀教学成果奖二等奖等。

刘　荃

刘荃，1972 年 2 月生，南京人。2008 年毕业于南京师范大学中文系，获得影视文学博士学位。美国北卡罗来纳大学教堂山分校新闻传播学院访问学者，香港浸会大学传理学院访问学者、博士后。现为南京师范大学新闻与传播学院教授，博士生导师，副院长。中国高校影视学会理事、中国高校影视学会青年理事会常务理事、中国高校影视学会网络视听学会副秘书长、中国少年儿童电影学会会员。入选南京师范大学“青蓝工程”青年骨干教师。

主要从事广播电视艺术、媒介文化与产业、健康传播等方面的教学与研究。独立或联合出版《电视艺术影像思维论》《电视摄像艺术》《影视后期特效理论与实践》《影视艺术摄像》等学术专著和教材 8 部，在《新闻与传播研究》《中国电视》《现代传播》《体育与科学》《艺术百家》《电影艺术》《中国广播电视学刊》《电视研究》等期刊发表（全文转载）学术论文30余篇。其中《农村儿童在少儿电视节目中的缺位现象分析》获得中国广播电视协会“海宁潮·天通杯”广播电视农村服务年征文评选一等奖，《微言大义——评〈微讲堂〉的文化意义》获得国家新闻出版广电总局第四届星光电视文艺优秀评论三等奖。主持完成省级和厅级社科基金项目3项。目前主持江苏社科基金重点项目“江苏省非物质文化遗产的影像留存与数字偏向研究”，并主持2014年度国家社科基金艺术学重大项目“戏曲艺术当代发展路径研究”子课题一项。

刘行芳

刘行芳，出生于1953年2月，湖北省天门市人。历任《天门日报》总编辑、淮阴师范学院信息传播与技术系副主任、江苏师范大学传媒与影视学院副院长；现为江苏师范大学新闻传播研究所所长、教授、研究生导师。兼任中国高等教育学会新闻学与传播学分会理事、中国广播电视协会电视学研究会常务理事、中国高等教育学会广播电视学与新媒体研究会常务理事、中国高校影视学会民族影视学分会理事、郑州大学穆青研究中心研究员、南京师范大学媒介与社会发展研究中心特邀研究员、商丘学院讲座教授、江苏省重点专业新闻传播学（类）建设负责人。

长期从事新闻传播实务和新闻传播教育，致力于新闻理论、新闻法治与新闻伦理、公共舆论学等方面的研究。主持国家社会科学基金项目2项，其中重点项目1项，主持江苏省社会科学基金项目、江苏省高校重点项目多项。出版专著《西方传媒与西方新闻理论》《信息公开与农村信息体系建构》《社会情绪的网络扩散及其治理》等；主编《新闻编辑原理与实务》《新闻法治与新闻伦理》《西方新闻理论概论》《新媒体概论》等多部教材。在各类学术期刊上发表论文80余篇。研究成果先后获得中国高校影视学会一等奖1项，江苏省精品教材1项，江苏省高校社会科学成果奖多项。主讲外国新闻传播史、西方新闻理论、公共舆论学等课程。主持的教学改革项目获江苏省普通高等学校教学成果二等奖。

陆 晔

陈晔，女，生于1963年1月，复旦大学新闻学院教授，教育部人文社科重点研究基地复旦大学信息与传播研究中心副主任，复旦大学学术规范委员会委员，中华全国新闻工作者协会理事，上海市新闻工作者协会女记者工作委员会理事。1983年华中理工大学工学学士，1988年北京广播学院法学（新闻学）硕士，1994年复旦大学法学（新闻学）博士。1998年美国南加州大学富布莱特访问学者。主要研究领域为媒介组织与新闻生产、新闻专业主义、影像与日常生活、受众研究。主持教育部重大攻关项目“媒介素质教育理论与实践研究”、复旦大学211三期重点学科建设项目“新传播形态下的中国受众”大型全国调查、教育部人文社科重点研究基地重大项目“传统的消逝：影像传播与日常生活”、国家科技重大专项“转基因生物技术发展科普宣传与风险交流”子项目“中国科学传播能力评估”等。代表性论文有《成名的想象：社会转型过程中新闻从业者的专业主义话语建构》《媒介使用、社会凝聚力、国家认同：理论关系的经验检视》《媒介使用、媒介评价、社会交往与中国社会思潮的三种意见趋势》《“液态”的新闻业：新传播形态与新闻专业主义再思考》、Media Use，Social Cohesion，and Cultural Citizenship：An Analysis of a Chinese Metropolis、Mass Media，New Technology and Ideology：An Analysis of Political Trends in China 等，代表性著作有《媒介素养：理念、认知、参与》（经济科学出版社2010年版）、《新传播形态下的中国受众》（复旦大学出版社2013年版）。

罗坤瑾

罗坤瑾，女，1978年出生，现任广东外语外贸大学新闻与传播学院教授，硕士生导师；政府传播与国际舆情研究中心主任；担任广东省新闻奖评审；曾为贵州省省管专家，“西部之光”访问学者；贵州财经大学传播学学术带头人；贵阳市科技特派员；贵州省哲社课题评审专家；贵州省哲学社成果奖评审专家；贵州省新闻记者高级职称评审专家。研究方向为传播学理论、网络舆论传播。学术特长：融合社会学、政治学等社会学科对网络舆情作定性研究，也擅长做问卷调查及其他社会调查。目前涉猎的研究领域主要在网络传播、舆情研究及媒体分析。拓展性研究方向：在此基础上广泛涉猎舆情与政府形象研究、舆情与公民素养研究。主持完成国家社科基金项目：“网络舆情监控与构建公共信息空间研究”，结项成果《从虚拟幻象到现实图景：网络舆论与公共领域的构建》荣获贵州省第十次哲学社会科学优秀成果奖专著类一等奖；荣获全国第二届新闻学青年学者优秀学术奖；在国内外期刊发表论文近30篇（其中CSSCI期刊10篇，1篇被《新华文摘》摘登）。此外，还出版专著《贵州省网络舆情发展研究报告（2013—2014）》。

骆正林

骆正林，1969年出生，安徽省繁昌县人，2008年毕业于南京师范大学，获文学博士学位。现任南京师范大学新闻与传播学院副院长、教授，南京师范大学校级教学团队“新闻学专业教学团队”带头人（2015）。兼任中国舆论学研究委员会常务理事、外国新闻史研究委员会常务理事、江苏省新闻道德委员会委员。曾主持国家社科基金项目

"大数据时代网络舆情和社会治理研究""新形势下的舆论引导新格局研究"；江苏省社科基金项目"提高党政领导干部新闻素养和应用新闻媒体能力研究"；江苏省高校哲学社会科学研究重点项目"社会舆论引导与政府行政能力建设研究"等各类课题12项。出版《舆论传播：基本规律与引导艺术》《选举传播与契约精神》和《媒介素养与政治传播》等专著6部。在各类期刊发表学术论文260多篇。主讲课程"新闻理论"被评为江苏省成人高等教育精品课程（2011），"新闻理论研究"被评为江苏省优秀研究生课程（2016），《新闻理论教程》获江苏省高等学校重点建设教材（2016）。参与的教改项目获江苏省教学成果一等奖（2013，排名第3）。曾独立获得江苏省高校哲学社会科学优秀成果二等奖、江苏省教育科学研究成果奖二等奖等各类省厅级科研奖励5项。

主要从事政治传播、体育传播和传媒经营与管理三个方面的研究和教学任务，其中政治传播是研究的重点，体育传播和传媒经营与管理是研究的两个侧翼。

吕 萌

吕萌，女，安徽合肥人，中共党员，文学硕士。现任安徽大学新闻传播学院教学副院长，教授。第二届全国广播电视理论研究百优工作者。全国新闻传播学教育学会理事、全国广播电视新闻学教育学会理事。安徽大学教学委员会委员、安徽大学中青年骨干教师。

主要从事广播电视新闻和节目的教学，电视文化方面的研究。在核心刊物发表相关论文十数篇。主持省级项目三项："电视传播的社会价值取向"（1998）、"电视传播在社会文化建设中的作用"（2001）、"媒介形态变化与文化消费的关系研究"（2004）。出版专著《媒介形态变化与电视文化传播》等获得学界好评，牵头的教研项目"综合性大学新闻传播人才培养模式的构建"2006年获安徽省教学成果二等奖，主编教材《当代广播电视学概论》获安徽省"十一五"规划教材。获得过安徽省陈香梅教育奖；安徽大学第三届青年教师教学优秀二等奖、安徽大学211工程建设先进个人、校教学成果特等奖和二等奖。

吕尚彬

吕尚彬，出生于1962年8月。陕西南郑人，文学（新闻学）博士，武汉大学新闻与传播学院教授、博士生导师，教育部重点人文社会科学研究基地武汉大学媒体发展研究中心副主任。兼任中国传媒经济与管理学会副会长、中国新闻史学会传媒经济研究委员会副会长、国际华莱坞学会副会长，中国广告协会学术委员、日本吉田秀雄纪念事业财团客座研究员、日本广告学会会员、《中国媒体发展研究报告》执行主编、《中国报业》学术顾问等职。

长期从事广告传播与传媒经营管理、传媒发展研究，主持承担教育部重点研究基地重大攻关课题、国家社科基金项目、湖北省社科基金项目、武汉市社科基金项目和政府、企业重大委托课题等各类重要研究课题20余项。出版《中国大陆报纸转型》《中国报业：在市场与互联网视域下的转型》《策划大武汉》《快乐长沙——城市形象定位与魅力表达》《广告文案教程》等学术专著、论文集、教材10种。在国内外学术期刊发表论文110余篇，有10余篇论文被《新华文摘》、“中国人民大学报刊复印资料”《新闻与传播》等全文转发。获教育部第四届哲学社会科学优秀科研成果二等奖（2009）、金长城传媒奖之学术贡献人物奖（2010）、武汉大学优秀人文社会科学成果一等奖（2011）、第八届湖北省哲学社会科学优秀科研成果二等奖（2013）、中国传媒经济2015年度观点奖、中国传媒经济学科杰出贡献奖（2015）、中国传媒经济学科杰出贡献奖（2016）等奖励。主讲“传媒经营与管理”“广告文案”“现代传媒前沿”等课程。

吕　艺

吕艺，出生于1954年11月，贵州息烽人。北京大学新闻与传播学院教授，新闻系主任，文学博士。自本科至博士研究生，一直在北京大学中文系就读。先后在北京大学中文系、信息管理系和新闻与传播学院任教。

主要研究领域包括：新闻实务（新闻采写和新闻编辑）、中国古典文献学、中国文化史、基础语言学与传媒语言、文章写作等。在北京大学新闻与传播学院为本科及研究生开设当代新闻学发展前沿、新闻学案例研究、新闻编辑等课程，出版和发表论作数十篇（部）。近年来在《新闻战线》《中国记者》《新闻与写作》《中国广播》等核心期刊发表的主要相关论作有：《关于党报视觉传播问题的探讨》《对于新技术条件下新闻价值观和道德观的思考——基于英国“窃听门”事件的反思》《试论报纸信息传播的符号要素及与传播力之间的关系》《对业务性失实应有辩证认识——马克思“报刊有机运动”理论当代意义之探讨》《“大数据新闻”的应用与误区》《试论新闻客户端“个性化服务”的前景与困惑》《从“新华体”到“新新华体”——浅析新华社报道文风创新的实践与意义》《遵循新闻传播规律，开创主流媒体发展新局面——写在天津广播“百名记者在基层”活动十周年之际》等。

马二伟

马二伟，出生于1976年11月。河南驻马店人，文学博士，重庆工商大学文学与新闻学院教授、硕士生导师、广告学系主任。中国高等教育学会广告教育专业委员会理事、重庆市委宣传部新闻阅评专家，重庆市广告协会学术委员会常务委员、重庆市教育文化研究会理事。

长期从事新闻传播教学，致力于广告学、媒介经济学的研究。主持国家社科基金和重庆市教委人文社科项目各一项，主研省部级项目十余项。出版专著《大数据时代广告产业发展研究——基于技术与市场的双重逻辑分析》、合作编著《策动传媒》，参与编写教材3本。在《国际新闻界》《现代传播》等各类学术刊物上发表论文30余篇，其中EI收录1篇。科研成果获重庆市第七次社会科学优秀成果三等奖。主讲“广告学”“广告心理学”等本科课程和“广告经营管理研究”“媒介经营管理研究”等研究生课程。指导学生参加各类学科竞赛，获国家级和省部级奖励多项，获全国大学生广告艺术大赛重庆赛区优秀指导教师。

马嘉

马嘉，女，1971年1月出生，中共党员。2003—2006年就读于华中科技大学新闻与信息传播学院，获博士学位。先后工作于沈阳大学师范学院、南京师范大学新闻与传播学院、沈阳师范大学文学院新闻系、浙江万里学院文化与传播学院。曾任辽宁教育电视台新闻部兼职记者、沈阳师范大学硕士研究生导师、辽宁省教指委新闻传播学专业副主任委员。

2004年10月至2005年1月，在日本龙谷大学国际文化学院研究日本新闻教育；2013年7月至10月，到日本兵库县立大学研究日文报纸《满洲日日新闻》。主讲过“新闻学概论”“新闻评论学”“马克思主义新闻思想”“媒介与社会”“新闻摄影学”“中国传媒研究”等课程。主要研究方向为新闻学理论、东北新闻史、新闻教育。先后主持辽宁省社科基金项目“辽宁省近代新闻史研究”、2013年辽宁省教育厅人文社会科学项目“满洲日日新闻个案研究”、2011年辽宁省高等教育学会“十二五”高等教育科研项目“重学轻术：日本高等新闻教育思想研究”。主要成果有专著《学术与职业——日本高等新闻教育研究》，论文《媒介批判：新闻专业教育之诉求》《日本新闻教育制度解读》《中日新闻教育的发生学研究——文化比较的视角》《媒介融合时代的日本新闻教育特色分析》《日本侵华与东北日文报纸的舆论导向研究》等。专著《学术与职业——日本高等新闻教育研究》获得2010年辽宁省教育科学研究优秀成果三等奖，沈阳市社会科学优秀学术成果优秀奖。论文《中日新闻教育的发生学研究》获得2010年辽宁省高等教育学会优秀学术成果三等奖。

马　艺

马艺，出生于1951年10月。北京市人，大学学历。1981年步入新闻学教育工作，1987年起先后任天津师范大学文学院新闻专业主任、新闻系主任、新闻传播学院副院长、教授、新闻学硕士授予点带头人、天津地方新闻史研究所所长。兼任中国新闻教育学会（后更名为中国高等教育学会新闻与传播委员会）理事、教育部新闻学科教学指导委员会委员、中国新闻史学会新闻传播教育史研究委员会常务理事、天津新闻工作者协会理事等职。

长期从事新闻传播教育，致力于中国新闻传播史论的研究。主持完成国家社会科学基金项目、教育部人文社会科学基金项目、天津市哲学社会科学研究规划资助项目。在多年从事教学与科研工作中，出版了《中国新闻报刊史简论》《中国当代新闻传播史论稿》《天津新闻传播史纲要》《中国新闻传播史论稿》《天津新闻史》等学术专著，参编《中国新闻史》《中国现代新闻史》，主编《广告法规与管理》等教材，在国内学术期刊和国内外学术研讨会上发表论文、报告100余篇。研究成果曾经荣获多项省部级的一、二、三等奖。主讲中国新闻传播史、中国名记者研究、广告法规与管理等课程。2008年荣获天津师范大学名师称号，2014年荣获天津师范大学优秀研究生指导教师荣誉。

南长森

南长森，陕西师范大学新闻与传播学院教授、硕士研究生导师，武汉大学新闻与传播学院传播学博士，新闻出版总署高等学校出版专业教学指导委员，中国传播学学会常务理事，延安大学兼职教授。曾任陕西师范大学继续教育学报编辑部主任、副编审，2000年转任陕西师范大学新闻与传播学院从事教学科研工作，先后任编辑出版系主任、教学副院长。现任新闻学、传播学、新闻与传播专业硕士、出版硕士专业研究生导师，曾在《新闻与传播研究》《现代传播》《新闻大学》《当代传播》《出版发行研究》《电视研究》《编辑之友》《中国编辑》《中国出版》《陕西师范大学学报》等发表论文104篇，在中国社会科学出版社出版《新闻思维与主体运筹》、世界图书贸易公司西安分公司出版《品牌在成长——华商晨报的市场动力与文化走向》、陕西师范大学出版社出版《西北地区少数民族新闻传播与国家认同研究》3部专著。主持国家社科基金“边疆地区少数民族媒介变迁与国家安全意识研究”、教育部“西北少数民族信息需求与传媒信息供给及舆论导向研究”、陕西省社科项目、西安市社科项目等国家级、省部级、市级、校级课题8项。2005年获陕西省第七次哲学社会科学优秀成果一等奖、2012年第十次哲学社会科学优秀成果三等奖、2011 年奖获陕西省高校人文社会科学成果二等奖。

聂静虹

聂静虹，女，中山大学传播与设计学院教授，硕士生导师，研究领域为政治传播、传播政策与法规、危机传播管理。

1994 年获河南大学历史系获历史学学士学位，1996 年于武汉大学新闻系获新闻学第二学士学位，2002 年获中山大学政务学院行政管理系管理学硕士学位，2009 年于武汉大学新闻传播学院获文学博士学位。

1996—2009 年在中山大学政务学院工作，2009 年至今在中山大学传播与设计学院工作，2011—2012 年，在英国格拉斯哥大学访学。主要著作有《公共政策制定中的大众媒体功用研究》《政府公共关系》《传媒的宣导抚慰功能研究》，论文有《论政治传播中的议题设置、启动效果和框架效果》《“第五媒体时代”的政府公共关系刍议》《论传媒政治时代的媒体关系管理》等。

先后主持 2011 年度国家社科基金一般项目“微观动员与话语空间建构：都市集体行动的另类传播”、教育部青年项目“新闻生产中的话语建构：大众媒体都市集体行动报道机制研究”、广东省哲学社会科学“十一五”规划 2010 年一般项目“大众传媒与都市集体行动互动机制研究”等课题。

2011 年撰写的《政府议题管理之媒体关系管理》荣获中国高等教育学会第十三届学术年会论文三等奖，参与的“公共关系创新人才培养模式研究”获广东省 2010 年教学成果一等奖。专著《公共政策制定中的大众媒体功用》获校“985 工程”资助。《传媒政治时代的传媒关系管理》被《新华文摘》部分转载。

欧阳明

欧阳明，1957 年 10 月生于辽宁省铁岭市，文学博士；曾就职于湖北省武汉市新闻出版局、武汉出版社；现为华中科技大学新闻与信息传播学院教授、博士生导师，系全国编辑出版学研究会副会长，中国新闻史学会、中国写作学会、湖北省电影评论学会等学会理事，湖北省委宣传部新闻阅评小组阅评员。

2014—2016 年期间主持湖北省委宣传部重点科研基金项目、武汉市社会科学基金项目、中央高校基本科研经费资助项目与横向科研基金项目等社会科学科研课题多项。长期从事应用新闻学、新闻史研究，出版《新闻报道叙事原理研究》（华中科技大学出版社）、《深度报道采写概论》（清华大学出版社）、《深度报道作品评析原理》、（北京交通大学出版社）《宏观新闻编辑学》、（华中科技大学出版社）《书刊编辑学》（华中科技大学出版社)、《外国新闻传播史稿》(武汉大学出版社)等专著、教材。公开发表学术论文逾百篇。早年公开发表小说、散文、随笔与文艺评论近百篇。

针对本科生、研究生主讲的课程主要有“中西新闻业务比较研究”“深度报道”“编辑原理与方法”“中西新闻传播史比较研究”“外国新闻史”等。

彭焕萍

彭焕萍，1973 年生，河北省滦南县人，文学博士，中共党员。1991 年 9 月进入河北大学中文系新闻专业学习，1995 年 6 月毕业留校。1995—1998 年、2004—2007 年先后在四川大学攻读研究生，分别获得硕士和博士学位。现为河北大学新闻传播学院副院长，教授，硕士生导师。目前主要研究方向为新闻实务、媒介伦理与法规、文化研究。主讲课程“新闻采访与写作”被评为省级精品课程(2008)和河北省高等学校省精品资源共享课(2013)。主要学术兼职：中国新闻史学会公共关系学会常务理事；河北省哲学社会科学基地传媒与社会发展研究中心副主任；河北电视台节目评议专家；河北省新闻奖审读工作委员会副主任；保定市第二届社科优秀青年专家提名。

主持国家社科基金项目“网络空间未成年人保护的法律规制研究”，主持完成省级课题 3 项，参与完成省部级课题 6 项，出版学术著作 2 部，发表学术论文 40 余篇。著作《当代新闻写作》获得届河北省社会科学优秀成果奖一等奖；论文《传媒低俗化现状及成因调查》获得河北省社会科学优秀成果奖二等奖；著作《媒介与商人——1983—2005〈经济日报〉商人形象话语研究》获得河北省社会科学优秀成果奖三等奖；主持的省社科项目“电视信息服务类节目与社会核心价值观建构”获得河北省社科基金项目优秀成果三等奖；参与的教改项目“河北大学新闻学专业特色的培育与创新”，获得河北省高等教育教学成果二等奖。

彭祝斌

彭祝斌，出生于 1964 年 9 月。湖南武冈人，经济学博士。现任湖南大学新闻传播与影视艺术学院院长、教授、博士生导师，湖南大学文化创意产业研究中心主任，教育部新世纪优秀人才、全国新闻出版行业领军人才、国家社科基金重大项目首席专家。兼任教育部新闻与传播学类专业教学指导委员会委员、全国新闻与传播专业学位研究生教育指导委员会委员、中国高等教育学会新闻学与传播学专业委员会理事、湖南省文化产业研究基地首席专家、湖南省记协常务理事、湖南省电视艺术家协会副主席、湖南省广告协会常务副会长、湖南大学学术委员会委员等职。主要研究方向为媒介经营管理、文化产业，近年来多次应邀赴美国、韩国，以及我国台湾、香港等地从事学术文化交流和讲学。

先后承担国家社科基金艺术学重大项目、国家社科基金一般项目、教育部引智重点项目、湖南省社科基金重大项目、中国创意产业研究中心委托项目、湖南文化创意产业研究中心重点项目等科研项目20多项。出版《中国电视内容产业建设发展研究》《中国电视内容产业链成长研究》《电视内容产业核心竞争力研究》《媒介经营论》等学术专著，主编出版《文化产业研究系列丛书》《媒介经营管理专业系列教材》。在国内外学术期刊公开发表论文60多篇，论文被《新华文摘》、“中国人民大学报刊复印资料”等收录10余篇次。获第六届高等学校科学研究优秀成果奖（人文社会科学）三等奖、湖南省第八届、第十一届哲学社会科学优秀成果二等奖、湖南省教学成果一等奖。

冉 华

冉华，女，1961年12月生，四川蓬溪人。博士，武汉大学新闻与传播学院教授、博士生导师。现任武汉大学广播电视系主任，武汉大学媒体发展研究中心（教育部人文社科重点研究基地）媒介理论研究室主任，中国新闻史学会视听传播研究委员会副会长，中国西部传媒与社会发展研究院副院长。

主要从事传播理论与媒介发展研究。近年主持国家社科基金后期资助项目《中国传媒产业发展与制度演进研究》、教育部人文社科重点研究基地重大项目“国家经济发展战略框架下中国传媒经济发展的理论与实践研究”“文化体制改革与中国传媒产业发展”，教育部人文社科博士点基金项目“中国农村大众传播的现状及对农村社会发展的影响研究”，湖北省社会科学基金项目“中国十五大传媒集团发展报告”。出版论著《报业数字化生存与转型研究——基于产业发展的视角》《传媒风云：来自武汉传媒市场的报告》，译著《数字媒介社会》。在国内CSSCI学术期刊发表研究论文60余篇。系列论文“文化体制改革与中国传媒发展”获湖北省社会科学优秀成果三等奖，《报业数字化生存与转型研究——基于产业发展的视角》，2011年武汉大学第十二届人文社科优秀成果奖二等奖。主讲的本科生课程“大众传播学概论”被评为湖北省精品课程，另外还主讲研究生和博士生的“现代媒介前沿”“广告与媒介经济研究前沿”等课程。研究领域涉及媒介经营与管理研究、媒介发展研究、传播理论研究等方向。

单晓红

单晓红，女，1965年出生，云南大学新闻学院副院长（主持工作），教授。主持省级课题5项，国家社科重点项目1项，横向委托课题多项，发表论文多篇，其中《欲望都市：大众传播中的女性话语表达》被《新华文摘》摘录；代表性著作有《传播学：

民族的与世界的》《媒介素养通论》等。是云南省省级精品课程“传播学引论”负责人和云南省省级教学名师（云南省高等学校高层次人才教学名师特殊支持项目）。先后获云南省社科第八次优秀成果三等奖、中国传播学论坛学术奖、云南省省级教学成果一等奖、云南大学红云红河优秀教师奖和伍达观优秀教师奖。近年来，多次参加中国少数民族传播与社会发展论坛、中国传播学论坛、海外华文媒体与中国社会变迁等重要学术会议。

尚恒志

尚恒志，出生于1963年8月，河南灵宝人。工学学士，法学学士。河南工业大学新闻与传播学院院长、教授、硕士生导师。曾任郑州粮食学院校办产业管理处副处长、科技开发总公司副总经理，郑州工程学院工商管理系副主任，2003年7月调任河南工业大学新闻与传播学院。社会兼职有中国高等教育学会新闻学与传播学专业委员会理事、中国广告教育研究会常务理事、中国广播电视与新媒体研究委员会常务理事、中国公共关系学会常务理事、中国新闻史学会新闻传播教育史研究委员会常务理事、河南省广告传媒业商会副会长暨高校专家委员会主任、河南省广告协会学术委员会副主任、中原文化创意研究院研究员等。

长期从事大学教育与管理工作，主讲“管理沟通”“公共关系学”“媒介经营与管理”等课程，以品牌策划与传播、媒介经济与管理为研究对象，主持或参与教育部人文社会科学研究项目、河南省哲学社会科学规划项目、河南省人民政府决策研究招标课题、河南省高等教育教学研究课题、河南省教育教学质量工程项目、河南省教育科学规划课题等省部级以上教科研项目20余项，发表论文30余篇，出版教材和学术著作7部。2013年12月获河南省自然科学学术奖二等奖，2012年获河南省高等教育教学成果一等奖，2005年获河南省科技进步三等奖，2012年9月获河南省教育科学研究优秀成果二等奖。

同时获得省、市及学校等部门授予的优秀共产党员、优秀教育工作者、优秀教师等荣誉称号多项。

石长顺

石长顺，出生于1952年10月。湖北钟祥人，法学硕士。华中科技大学新闻与信息传播学院教授、博士生导师、“华中学者”特聘教授、湖北广播电视台长江传媒特聘讲座教授。曾任华中科技大学新闻与信息传播学院副院长、教育部新闻传播学专业教学指导委员会委员、中国新闻史学会新闻传播教育史研究委员会会长。兼任中国广播电视学与新媒体研究会副会长、中国电视艺术家协会电视节目研发委员会副主任、湖北省新闻与传播教育学会会长。

长期从事新闻与传播教育，致力于广播电视学、视听新媒体传播的研究。主持国家社会科学基金重点项目、教育部人文社会科学基金一般项目、湖北省社会科学基金重点课题，及中央电视台课题多项。出版《电视传播学》《公共电视》《电视话语的重构》《中国广播电视公共服务》《融合新闻学导论》等学术专著，及国家“十二五”规划教材《电视专题与专栏》等。在学术期刊上发表论文150多篇。研究成果曾经获得省部级奖多项，其中获中国广播电视协会全国广播电视学术论文一等奖、中国高等院校影视学会“学会奖”论文类、专著类一等奖、湖北新闻工作者协会论文一等奖共9项。获湖北省人民政府颁发的省级教学成果一等奖3项。主编教材《电视专题与专栏》获中国大学出版协会优秀教材一等奖。

史安斌

史安斌，出生于1971年6月，江苏南京人，北京大学英美文学学士/硕士，美国宾州大学比较文化和传播学博士、文学博士。清华大学新闻与传播学院副院长、教授、博士生导师，教育部“青年长江学者”，清华—爱泼斯坦对外传播研究中心执行主任，清华苏世民学院（Schwarzman College）双聘教授。2002年10月回国至今在清华大学新闻与传播学院工作。兼任中国新闻史学会秘书长兼常务理事、中国应急管理学会舆情专业委员会主任委员、联合国教科文组织新闻教育与文明对话专家委员会委员、世界媒体峰会（WMS）全球新闻奖评委，中宣部国际传播能力建设专家咨询委员会委员，国务院新闻办新闻发布和对外出版专家委员会委员，教育部人文社科重大课题攻关项目首席专家、中央外宣办/国务院新闻办人事局“全国新闻发言人培训班”和“全球传播高级研讨班”主讲教授等职。

在国内新闻传播学界内较早开展新闻传播与公共政策、战略传播、危机传播、新闻发布制度等方面的前沿课题的研究。其中，《危机传播与新闻发布》一书首次将“危机传播”的理念引入内地学术界，这也是第一本在学理和实践层面上探讨新闻发布制度的专著。

在国际新闻传播、跨文化传播和国家形象塑造等方面的研究成果，收录于《全球传播与新闻教育的未来》和《国际传播前沿研究》两本文集中。

主持中宣部教育部在清华设立的“国际新闻传播人才后备班”、招收国际学生的新闻学位项目——“全球财经新闻”硕士。发表中英文专（编）著6部，论文百余篇。

舒咏平

舒咏平，出生于1953年4月。安徽徽州人，先后就读于安徽师范大学汉语言文学与南京大学文艺学专业。华中科技大学新闻与信息传播学院二级教授、博士生导师、品牌传播研究中心主任、“华中学者”特聘教授。曾任安徽师范大学新闻系主任、华中科技大学新闻与信息传播学院副院长。为广告与媒介经济博士点学术带人，研究方向为广告与品牌传播。兼任中国广告学会副会长。

长期从事广告与品牌传播教育与研究，是国内较早对品牌传播系统展开研究的学者，同时为“新媒体广告”最先进行系统研究并开展教学与实践运用的专家。曾在《中国社会科学》《现代传播》《新闻大学》《国际新闻界》《光明日报》等报刊上发表论文160余篇；著有《品牌聚合传播》《品牌传播策略》《品牌传播与管理》《品牌传播论》《中国大品牌》《品牌传播教程》《新媒体广告传播》《新媒体与广告互动传播》《新媒体广告》《广告传播与公共信任》等著作教材20余种。主持国家重点课题“中国国家形象建构中自主品牌传播困境与对策”、省部级课题“广告社会效果与公信力建设”“新媒体环境下的品牌传播研究”“新媒体广告传播研究”等。研究成果曾多次获得省社会科学优秀成果奖，被评为省级优秀教师。曾在北京大学汇丰商学院、上海交通大学、澳门科技大学等进行系统讲座。作为学院派品牌传播专家，主持、参与政府或企业咨询课题多项。

孙发友

孙发友，1956年10月出生；湖北黄石人，语言学博士，华中科技大学新闻与信息传播学院教授，博士生导师；曾经在媒体工作十多年，1998年5月调入华中科技大学新闻与信息传播学院；华中科技大学新闻与信息传播学院地市传媒研究所所长，中国散文学会会员。

曾从事新闻实践十多年，当过记者、编辑、专业报总编辑。期间采写了大量新闻报道和报告文学，作品获全国、全省新闻奖10多次。1998年调入华中科技大学任教，主讲“新闻写作”“中西新闻业务比较研究”“新闻评论名家名作评析”等课程，参与的“新时期大学新闻评论特色教育”获湖北省高等学校教学成果三等奖。他长期致力于新闻实务、大众传媒、新闻文本研究，出版专著5部，发表论文80多篇。其中专著《新闻报道写作通论》（人民出版社2005年出版）被评为“第六届湖北省社会科学优秀成果三等奖”，被江西师大、河南师大、江汉大学等10多所高校列为教材；专著《新闻文本与文化生态——媒介话语的框架性解读》（人民出版社2009年出版），是国家“985”

工程二期项目、华中科技大学主持的重大课题“科技进步与人文精神”成果之一。近十几年来，他主持纵、横向课题10多项。

孙 玮

孙玮，女，1964年出生。1983—1990就读于复旦大学新闻学院，获学士、硕士学位；1990年留校任教至今；1998年于复旦大学新闻学院获博士学位。现任复旦大学新闻学院教授、博士生导师、副院长，复旦大学信息与传播研究中心研究员。主要研究领域：城市传播研究、新媒体理论、媒介文化研究。主要论著：《现代中国的大众书写：都市报的生成、发展与转折》《作为媒介的城市：传播意义再阐释》《传播：编织关系网络——基于城市研究的分析》《作为媒介的外滩：上海现代性的发生与成长》《微信：中国人的“在世存有”》《从新媒介通达新传播：基于技术哲学的传播研究思考》等。在研课题：教育部重点研究基地重大项目“中国都市研究——从报纸到因特网”；国家社科重点基金项目“新媒体环境下的城市传播”。

孙信茹

孙信茹，女，1976年6月出生，教授、博士生导师，云南大学网络与新媒体系主任。主持国家级科研课题3项，其中国家社科基金青年项目（2010）1项，中国博士后科学基金会第52批面上资助项目（2012）一等奖立项和中国博士后科学基金会第六批特别资助项目（2013）立项。参与国家社科基金一般项目（2010）1项，教育部人文社会科学重点研究基地重大项目（2010）1项和教育部规划基金一般项目（2013）1项。2010年以来，发表学术论文34篇，其中CSSCI收录期刊上发表论文13篇，在香港中文大学学术期刊发表论文2篇。主要发表刊物为《现代传播》《当代传播》《国际新闻界》《思想战线》、香港《传播与社会学刊》等；出版专著3部，其中《广告与民族文化产业》在人民出版社出版，论著总字数约100万字。专著和论文连续获得云南省第十六、十七次哲学社会科学优秀成果三等奖、第二届“全国新闻学青年学者优秀学术成果”奖（2014）、获得中国广播电视协会主办的主题征文优秀论文三等奖、云南大学“红云园丁优秀教师奖”等。2011年成为复旦大学新闻学院传播学博士后流动站研究人员，2013年被聘为复旦大学新闻传播与媒介化社会研究国家创新基地研究员。入选云南大学第四批中青年骨干教师培养计划、第二批“青年英才培育计划”和云南省高等学校卓越青年教师特殊培养项目。

谭　天

谭天，1955 年 4 月出生，广东湛江人，暨南大学新闻与传播学院教授。1978 年考取湛江师范学院物理系，后留校任教。1986—1994 年，调入湛江市广播电视局工作，历任湛江人民广播电台记者、编辑，湛江市广播电视局总编室兼培训中心副主任，湛江电视台总编室主任、经济部主任、新闻评论部主任、新闻中心副主任；同时攻读了中山大学汉语言文学和中央党校经济管理专业学位。由记者转变到学者型记者。论文《中国电视呼唤名记者——兼论电视新闻记者的角色定位》荣获首届全国优秀电视论文一等奖；论文《试论因特网冲击下的传统媒体》荣获广东新闻奖新闻论文三等奖和广东省广播电视学术论文三等奖。2001 年，其著作《电视策划学》荣获第四届中国广播电视学术专著二等奖。2004 年 8 月至今，谭天在暨南大学新闻与传播学院工作，历任广播电视系主任，广播电视研究中心主任，新媒体研究中心主任，兼任中国广播电视学会电视学研究委员会理事、广东省广播电视学会理事、广东省电视艺术家协会纪录片委员会主任委员等。主要研究领域为电视实务与理论、媒介经营管理、新媒体、纪录片等，主持过 10 项课题，为本硕博学生讲授“广播电视传媒研究”“新媒体研究”“电视节目专题研究”“纪录片研究”“媒介经营管理”等课程，陆续出版《批评与建构——聚焦中国电视》《港澳台广播电视》《纪录片制作教程》《电视节目策划实务》《广播电视新闻研究》《新媒体新论》等学术著作，曾获评全国“百优”广播电视理论人才。

田欣欣

田欣欣，女，1963 年 12 月生，河南省开封市人，中共党员，理学学士学位，现当代文学研究生学历。现为河南大学新闻与传播学院教授、硕士生导师、河南大学传媒研究所研究员、河南大学国家级新闻与传播教学示范中心实验室主任，兼任中国摄影家协会会员、河南省高校摄影学会理事、河南省广告传媒业商会高校专家委员会委员。

多年来，注重本学科领域的基础理论与专业知识的学习和研究，在丰富的学术实践基础上形成了稳定的研究方向和系统的研究成果。主要研究方向：传播学、视觉文化与图像传播研究、广告研究。为新闻传播学研究生开设专业课程“视觉文化传播研究”。主持完成了国家社科基金艺术学项目：《当代摄影艺术的数字化生存与文化传播研究》；主编出版的教材《现代广告摄影教程》入选普通高等教育“十二五”国家级规划教材。曾获河南省教育科学研究成果一等奖；河南省社会科学优秀成果二等奖；河南省高等教育教学成果二等奖；河南省高等教育教学改革二等奖；河南省创新教育教学成果三等奖；河南省教育厅论文报告类一等奖；河南大学教学质量考评一等奖等教改和科研奖项。2012 年，荣获第四届“中国摄影教育优秀理论奖”；2016 年，荣获第七届“中国摄影教育红烛奖”。

汪 磊

汪磊，广西大学新闻与传播学院教授，广西师范学院政治教育系毕业。现主要从事影视文化传播、影像方志和新闻发布会的理论研究、教学和实践工作。担任国内和广西区微电影、纪录片、公益广告评委；广西地方志办公室特聘专家，广西文化产业专家。

2012 年，在英国威斯敏斯特大学做访问学者，2014 年 9 月，应泰国孔子学院邀请为泰国三所高校作“中国当代影视文化”讲座。所授的课程主要有“电视节目制作”“广播电视新闻采写”“电视节目研究”“电视纪录片”等。主编教材《电视节目制作教程》，参编教材《实用新闻发布学》。

主持国家级课题“抗战时期广西新闻出版事业研究”子课题——“抗战时期广西广播事业研究”；主持教育部课题“西南少数民族纪录片的文化传承与传播研究”；主持广西社科课题“马克思主义影视化传播研究”及“广西影像方志研究”等，在学术刊物上发表论文 20 余篇。

历任柳州有线电视台副台长、柳州市政府新闻办副主任。先后有多部电视作品在国内外电视台播出，代表作品有短纪录片《柳州琴童》（获“金桥奖”）；新闻纪录片《抗洪抢险保畅通》获中国广播电视节目奖；大型地方影像志《广西之最》《广西古建筑志》的主创人员及艺术总监。

王传宝

王传宝，1968 年 4 月生，安徽省全椒县人。1985 年毕业于巢湖师范专科学校中文系，1995—1998 年，在解放军南京政治学院新闻系攻读硕士学位，毕业后留校任教至今。2006 年获得政治学博士学位，2011 年担任南京政治学院军事新闻传播系教授，2015 年担任博士生导师。军队技术职务等级 6 级。研究方向为军事新闻理论。先后被评为江苏省 333 人才，学院优秀教师、优秀共产党员。获军队院校育才银奖。荣立三等功 1 次。被聘为军队网络舆论引导专家库专家、中国新闻史学会媒介法规与伦理研究委员会常务理事。

主要承担“马克思新闻思想与当代新闻传播理论”“新闻学概论”“新闻评论”“新闻理论专题”“传播学概论”等专业课程教学。发表学术论文 80 余篇，主持参与并完成全国重点课题、总政重点课题 5 项。在全国各大报刊发表新闻评论作品 1000 余篇，获得各类评论奖 10 余次。

王　雷

王雷，女，中共党员，1969 年 12 月出生，江苏昆山人，管理学博士，现为武汉体育学院新闻传播学院教授，硕士生导师。

1993—2007 年在武汉体育学院科研处从事科研管理工作，期间公派至国家体育总局科教司科技处工作一年，2007 年至今转入武汉体育学院新闻传播学院任专职教师，并于 2010 年 9 月赴武汉大学新闻与传播学院作国内骨干青年教师访问学者一年；2014 年 7 月至 8 月在加拿大 UBC 大学进修运动心理学。

在教学方面，主讲“体育新闻摄影”“体育品牌战略”“消费心理学”“科研方法”等课程。

在科研方面，专门从事体育品牌自主创新和广告心理学方面的研究。迄今出版《体育品牌广告创意设计与策划》等 3 本专著，编著《体育品牌战略》等 3 本教材。现主持国家社会科学基金项目“大数据时代我国体育品牌的自主创新研究”，曾主持或参与省部级以上科研课题 25 项，在核心和权威期刊上发表学术论文 20 余篇。

在获奖方面，参与《地理信息技术在后奥运会时期体育场地使用中的应用研究（研究报告）》等获得省部级三等奖 4 项。

在学术交流方面，多次参加各级学术交流，2012 年在英国奥科会上作《提升中国体育品牌创新力的研究》和《发展创新型体育产业的政策环境研究》口头报告，2016 年在巴西奥科会作《大数据时代体育品牌自主创新研究》口头报告。

王梅芳

王梅芳，1958 年生，女，教授。现任东华大学人文学院院长、教授委员会主任；东华大学时尚传播研究中心主任，时尚传播与上海市时尚之都建设研究中心主任。

学术兼职有：上海市新闻传播学类专业教育指导委员会委员、中国高等教育学会新闻学与传播学专业委员会理事、中国新闻史学会公共关系学研究会常务理事、中国新闻史学会舆论研究会常务理事、上海市炎黄文化研究会理事、上海市公共管理教育指导委员会委员。

研究领域为理论新闻学、文化传播等。主持完成了教育部人文社科规划项目，并出版专著《舆论监督与社会正义》，在《现代传播》《当代传播》《武汉大学学报》《南京社会科学学报》等核心刊物发表论文。在全国高校成立首个以时尚传播为内容的学术研究机构——“东华大学时尚传播研究中心”；主持完成教育部人文社科基金项目“时尚文化传播的价值导向研究”；主持完成上海市人民政府决策咨询项目“上海建设‘国际时尚之都’的具体目标和评价体系研究”。从2013年发起并每年连续召开“时尚传播论坛”，形成鲜明而富有特色的学科平台；主持创办时尚传播专业方向，获得“上海市卓越新闻传播人才培养基地”建设项目，2014年主持的“以时尚传播为特色的卓越新闻传播人才培养模式改革与创新”项目获得全国新闻传播学教育创新项目。

王秋菊

王秋菊，女，1964年生，河北省保定市人，教育学硕士，现为河北大学新闻传播学院教授，网络新闻方向硕士研究生导师，主要研究方向为新媒体和社会舆情。主要社会兼职有：中国网络传播学会常务理事，中国舆论研究会常务理事，新浪微博社区委员会专家成员，艾利艾（IRI）咨询特约分析师（2015—2016），河北省青少年理论研究会理事，中国编辑学会电子与网络编辑专委会常务委员。2013—2014年度被评为河北大学模范教师、“三育人”先进教职工。

著有专著《解密网编：网络编辑职业调查与解析》《网络舆论生成机制与引导研究》，出版教材《多媒体及常用软件应用》，主持“网络舆情研判与风险规避研究”“河北省网络文化产业创新发展策略研究”“网络舆论生成机制与引导规律研究”“微博舆情研判与疏导机制研究”等项目；在核心期刊发表了《Alexa在媒体网传播效果分析中的应用》等系列论文。著作《网络舆论生成机制与引导研究》获2012年网络传播学会年度学术大奖、第十四届河北省社科优秀成果奖。

王天根

王天根，1971年生，安徽芜湖人。现任安徽大学新闻传播学院教授，博士生导师，教育部“新世纪优秀人才支持计划”入选者，中国报刊与社会历史研究所常务副所长。在广西师范大学获得历史学硕士（2000）、北京师范大学获得历史学博士学位（2003），2005—2007年在复旦大学新闻学院传播学流动站做博士后研究，2007年破格评为安徽大学教授。2010—2011年，在英国威斯敏斯特大学从事访问研究。曾在《新闻与传播研究》《近代史研究》《史学史研究》《史学理论研究》《清史研究》《史学月刊》《光明日报》、*Frontiers of History in China* 等刊物上发表学术论文80余篇，已出版专著《〈天演论〉传播与清末民初社会动员》《晚清报刊与维新舆论建构 》等。现从事中国报刊史、中国近代史研究。

系列专著《中国近代报刊史探索第一卷（晚清报刊与维新舆论建构）、第二卷（清末民初报刊与革命舆论的媒介建构）》获得教育部第六届高校科学研究优秀成果奖（人文社会科学）二等奖。主持国家社科基金一般项目："近代报刊与社会重构中的传媒镜像"，主持国家社科基金一般项目："近代报刊与社会重构中的传媒镜像"，主持国家社科基金重大项目："不列颠图书馆藏中国近代珍稀文献辑录、校勘并考释"等。

王艳玲

王艳玲，女，出生于 1967 年 1 月。内蒙古鄂伦春自治旗人，文学博士。天津师范大学新闻传播学院教授、硕士生导师。天津师范大学"戏剧与影视学"硕士一级学科带头人、天津师范大学艺术硕士专业学位评定分委员会委员；兼任中国高等院校影视学会第五届理事会理事、北京电影学院中国电影教育研究中心特聘研究员、天津师范大学马季艺术研究会理事、九三学社天津师范大学委员会第二届委员会委员。

长期从事广播电视传播教育，致力于影视艺术批评、文艺学、新媒体、戏曲理论研究。主持完成了国家社会科学基金项目 1 项、教育部规划课题 1 项、省级哲学社会科学课题 3 项，1 项天津社科重点项目在研。曾在《新闻与传播研究》《现代传播》《新闻大学》《当代传播》《文艺理论与批评》《戏曲艺术》等核心期刊及部分高校学报发表学术论文 100 余篇；出版了《在无序中探索有序——20 世纪 90 年代中国电视文艺批评理论研究》《电视文艺学导论》《新闻学概论》（合著）、《电视文艺概论》4 部书籍，主编或参与编撰图书 8 部。论文《组织议程设置模式与数据分析——以大堡礁招聘事件为例》，荣获天津市第三届教育科研优秀成果三等奖。

韦　路

韦路，美国华盛顿州立大学传播学博士，现为浙江大学传媒与国际文化学院教授，博士生导师，副院长，新闻传媒与社会发展研究所所长，浙江大学"求是青年学者"，浙江大学人文学部传媒青年学者研究团队"文化产业评价研究中心"召集人，教育部新世纪优秀人才，浙江省"151"人才，浙江省"五四"青年奖章获得者。主要研究领域为新媒体的采纳、使用和社会影响、政治传播、媒介社会学、媒介心理学等。曾在 *Journal of Computer-Mediated Communication*、*Mass Communication and Society*、*Information Research*、*Telematics and Informatics*、*Newspaper Research Journal*、《新闻与传播研究》和《传播与社会学刊》等国内外权威刊物上发表学术论文。

夏倩芳

夏倩芳，女，出生于1966年1月。武汉大学新闻与传播学院教授、博士生导师、珞珈特聘教授，兼任教育部人文社会科学重点研究基地武汉大学媒介发展研究中心研究员，复旦大学信息与传播研究中心兼职研究员，《新闻与传播评论》副主编，武汉大学互联网治理研究中心副主任、研究员。曾在美国北卡罗来纳大学新闻与大众传播学院（1998—1999）、加拿大西安大略大学信息与媒介中心（2002）、香港浸会大学林思齐东西方学术交流中心（2008）访问进修。2009年入选教育部“新世纪优秀人才扶持计划”。

夏倩芳的教学与科研生涯开始于1993年，最初在武汉大学台港澳研究中心从事台湾电视研究，此后的研究兴趣集中在传播与社会冲突、新闻职业群体研究、新闻生产研究、媒介政策与法规等方面。主持过教育部人文社会科学重点研究基地重大项目、广播电视总局重大研究项目、新世纪人才扶持项目、国家211工程重大项目子课题，以及政府和企业的多项委托研究。在《新闻与传播研究》《现代传播》《开放时代》《新闻学研究》（台湾）与《传播与社会学刊》（香港）等重要学术刊物上发表近40篇论文。曾获颁（首届）“全国新闻传播学2012年度优秀论文”奖、2016年第二届新闻传播学学会奖之“新闻传播优秀学术奖一等奖”。

向志强

向志强，出生于1967年5月。苗族，湖南邵阳市人，经济学博士。教授，博士生导师。中国民主建国会会员。现任湖南大学新闻传播与影视艺术学院副院长，民建湖南省委委员、民建湖南大学基层委员会主委，中国新闻史学会应用传播学研究委员会常务理事，中国新闻史学会新闻与传播教育史研究委员会理事，湖南省文化产业研究基地秘书长，湖南省青年骨干教师培养对象，湖南省政协委员，湖南省政协理论研究会理事。

长期以来致力于媒介经济、媒介经营管理、文化产业、传播学、出版管理、网络与新媒体等方向的研究。近几年主持国家社科基金1项，教育部人文社科规划课题1项，国家社科基金重大招标项目子项目1项，教育部人文社科规划重大招标项目子项目1项，省级重点课题1项，部省级一般课题6项，参与包括国家自然科学基金在内的各级各类课题13项，其中国家级课题6项。已出版专著6部，参著4部，副主编教材1部，参编教材2部。在《新闻与传播研究》《国际新闻界》《现代传播》《人民日报》（理论版）等国家级核心刊物上发表论文80多篇，其中CSSCI源期刊60多篇，《新华文摘》转载及摘要2篇，《中国社会科学文摘》转载1篇，“中国人民大学报刊复印资料”转摘 7 篇。2006 年，《传媒产品创新研究》获湖南省第八届哲学社会科学成果奖二等奖；2012 年，《中国电视内容产业发展研究》获湖南省第十一届哲学社会科学成果奖二等奖，获教育部第六届人文社科成果奖三等奖。

肖　峰

肖峰，出生于 1956 年 6 月。湖北宜昌人，文学博士。中国地质大学（武汉）艺术与传媒学院新闻传播系教授、硕士生导师，新闻传播学一级学科“新闻理论与实务”方向学科带头人。曾任宜昌人民广播电台副台长、高级记者，2004 年 3 月调任现职。兼任全国新闻学研究会理事、中国传播学会理事、中国新闻史学会新闻传播教育史研究委员会理事。

长期致力新闻业务、新闻学与传播学基础理论、危机传播、新闻教育的研究。已发表论文 200 余篇，出版《新闻人才论》《名记者研究》《马克思主义新闻观新论》《肖峰杂文随笔选》《广播新闻业务教程》《广播节目制作》著作，有新闻作品和论文分别获得国家和省部级一、二等奖，是全国首届百优广播电视理论工作者。为本科生、硕士研究生开设广播新闻业务、新闻编辑与评论、危机传播、名记者研究、新闻学理论研究、传播学理论研究、中外新闻史等课程，是校级精品课程《广播新闻业务》的主讲教授。主持完成了湖北省教育厅科研课题“中国大陆新闻传播人才培养与教育模式研究”，校级科研课题“马克思主义新闻观与网络时代舆论引导艺术研究”“提高新闻传播学青年教师教学水平及与学生沟通能力研究”。指导本科生毕业论文获 2010 年、2014 年省级优秀学士学位论文指导教师奖。作为教师获得了学院年度人物奖、被评为优秀共产党员，获得校级大学生科研工作优秀指导老师奖，并且获得湖北新闻工作“建设者奖”荣誉证书和奖章。

肖焕禹

肖焕禹，出生于 1953 年 9 月。吉林人，教育学博士。上海体育学院体育新闻传播与外语学院教授、博士生导师。2002 年至 2012 年曾任上海体育学院体育新闻系主任、体育人文学院院长。兼任中国体育科学学会理事、中国体育科学学会体育新闻传播学会副会长、中国体育科学学会体育史分会副会长、上海市体育科学学会理事、上海市新闻学会理事。

先后主持完成国家社会科学基金项目“当代中国社会阶层与体育人口分层发展对策的研究”“当代中国城市中间阶层体育休闲方式的研究”“构建和谐社会背景下城市化人口流动与体育发展对策研究”，上海市哲学社会科学课题“长三角大中城市不同阶层人群体育消费行为的研究”，上海市科委项目“上海市老年人群体育生活方式与体质干预的研究”，国家体育总局社会科学项目“建国以来全运会新闻报道特征、效果及未来走向研究”，上海市教委重点项目“体育新闻专业创新精神和实践能力人才培养研究”等课题30余项。

出版《体育传播学》《上海市老年人体育生活方式构建》《体育新闻传播实训教材》《中老年科学健身教程》等著作。在国内外学术期刊发表论文、报告120余篇。研究成果曾获得国家体育总局体育社会科学研究成果奖5项，上海市优秀教材奖1项，上海市政府决策咨询研究成果奖1项。主讲“体育传播学”“体育文化传播”等课程，其中，“体育传播学”入选上海市精品课程。主持完成的教学改革项目获上海市教学成果奖。

薛国林

薛国林，1954年2月出生，河南南阳内乡人，暨南大学新闻与传播学院教授，博士生导师。1975年华中师范大学中文系毕业。1975—1992年，在中南财经政法大学从事汉语写作教学，任讲师，1985—1986年在武汉大学学习写作学硕士生主要课程。1992—1997年在暨南大学中文系担任汉语写作和文学写作课程，任副教授。1995—1998年在暨南大学新闻系学习新闻学硕士生课程。1997年6月至今，在暨南大学新闻与传播学院新闻系担任新闻写作等课程的教学工作。主要从事“新闻写作”“新闻采写研究”“传媒文化”等课程教学，致力于新闻写作学、媒介文化的研究，尤其精于专副刊学、娱乐新闻的研究，对报业文化有自己独到的见解；在《新闻大学》《新华文摘》《华中师范大学学报》《暨南学报》等杂志上发表数十篇学术论文；2001—2004年，主持国家社科基金项目“报纸副刊文化与社会主义精神文明建设”；2006—2008年，主持国家社科基金项目“正面人物宣传报道的社会效果研究”；出版教材、专著有《当代新闻写作》《中国报纸专副刊文化》等；其代表性论文《舆论“引导”与舆论“监督”的关系新解——马克思主义舆论观当代价值与实践发展诠释》（《新闻与传播研究》2009年第6期）获得“广东省2008—2009年度哲学社会科学优秀成果论文类一等奖”。

严　励

严励，女，出生于1964年1月。河南驻马店人，文学硕士。河南大学新闻与传播学院副院长、教授、硕士生导师，河南大学国家级新闻与传播实验教学示范中心副主任。兼任中国新闻史学会新闻传播教育史研究委员会常务理事、中国新闻史学会舆论学研究委员会常务理事、中国新闻史学会网络传播史研究委员会常务理事、河南省文史艺术类硕士专业学位教育指导委员会委员。

长期从事新闻传播教育，致力于网络传播、新闻实务的研究。主持教育部人文社会科学基金、新闻出版广电总局人文社会科学基金、河南省人文社会科学基金课题多项。出版《网络新闻编辑学》《网络传播学概论》《中国互联网品牌栏目评析》，在国内学术期刊上发表论文30余篇。研究成果获河南省社会科学优秀成果奖、河南省教育厅社会科学优秀成果奖多项。主持的教改项目“新闻传播实验课程的整合与创新研究”获2013年河南省教学成果二等奖。

杨翠芳

杨翠芳，女，湖北武汉人，文学硕士。湖北大学新闻传播学院教授，副院长，湖北大学媒介研究中心执行主任。社会兼职有中国新闻史学会理事、中国新闻史学会外国新闻传播史研究会常务理事、湖北省新闻与传播教育学会理事、全国新闻学研究会理事；湖北省委宣传部湖北省宣传思想工作智库专家；《家长报》特约编辑、特约撰稿人；湖北人民广播电台新闻综合频道“人文百家”栏目策划人等。

主要为本科生、研究生讲授舆论学、新闻写作、媒介发展史研究、中外新闻传播史等课程，是湖北省精品资源共享课“新闻写作”的主讲教授之一。曾获湖北省人民政府高校教学成果一等奖。作为“湖北传媒发展研究”团队主要成员获选湖北大学创新团队支持计划。

研究方向为媒介发展、新闻传播与社会文化建设。主持过湖北省社科基金、武汉市社科基金、湖北省教育厅关于媒体融合与城市形象宣传、媒介素养教育与和谐湖北建设、大众传播对武汉城市圈建设的作用与影响、新闻传播学课程体系建设等研究项目，参与过教育部人文社科基金项目的研究工作。在《中国广播电视学刊》《湖北大学学报》《人民日报》（理论版）等报刊上发表论文80余篇，其中部分论文被《新华文摘》、人大报刊复印资料《新闻与传播》转载或论点摘编。著有《媒体融合发展综论》（人民出版社2015年版），作为副主编出版《新时期典范新闻作品导读》《媒介融合环境下的新闻传播教学》《新闻春秋》（第十五辑）等。曾获“湖北新闻奖”（论著类）三等奖、湖北省社科期刊专题优秀文章等奖项。

杨先顺

杨先顺，1963年2月出生，安徽芜湖人，暨南大学新闻与传播学院教授、博士生导师。1985年7月毕业于阜阳师范学院中文系，中山大学逻辑与认知研究所博士毕业。2001年9月起担任广告学硕士生导师，2007年晋升为教授，2013年被遴选博士生导师。2006年起任暨南大学新闻与传播学院副院长，2011年至今，任暨南大学新闻与传播学院党委书记兼副院长。主要研究领域为广告学和逻辑学，从事汉语修辞、逻辑学、广告文案写作、广告传播与策划等课程的教学研究工作。曾主持国务院侨办人文社会科学基金项目“两岸三地广告创作比较研究”、教育部中国广告人才培养基金项目（重大项目）“中国广告创新型教育模式研究”等；发表学术论文30多篇，代表作有：《港台电视广告的后现代叙事话语》《技术异化中的人性残缺——对当前网络广告的追问和反思》《差异与融合：两岸三地广告语创作比较》《当代中国广告语创作的发展轨迹》《语用否定的逻辑分析》等，出版《广告文案写作原理与技巧》等著作。曾指导学生获得2010年上海世博会志愿者主题口号征集一等奖（采用奖），兼任中国广告协会学术委员会委员、中国大学生广告艺术大赛评委、广东省优秀广告作品奖评委、中国大学生广告艺术大赛评委、南方都市报“责任中国”公益广告大赛评委会主席、广东省广告协会新媒体专业委员会主任等社会职务。2014年，参与的教改项目“强化实践教学平台建设，创新传媒人才培养模式”获第七届广东省教学成果奖一等奖。

易文

易文，女，传播学博士。广西大学新闻传播学院教授，硕士生导师。

博士论文为《革新时期越南新闻传媒研究》，为此于2007年2—6月曾在越南国家大学人文社科大学国际教育中心学习越南语，并多次赴越南调研。通晓越南语。主持国家社科基金项目“越南革新时期新闻传媒研究”、广西壮族自治区哲学社科课题“越南华文媒体与广西媒体合作前景研究”等多项课题，在学术刊物上发表论文20余篇。出版专著《当代越南新闻传媒研究》。多次作为越南问题学者接受国内外媒体的采访。其中作为特约撰稿员在《凤凰周刊》《瞭望东方周刊》发表关于越南问题的文章。

2015年9月—2016年9月，在英国威斯敏斯特大学媒体、艺术与设计学院中国传媒研究中心做访问学者。从事高校教师工作以来，一直讲授“应用写作”“大学语文”“古代文学作品选读”等基础性课程，1997年12月转到新闻专业后，教学研究方向为言语运用、中外传播史及东盟传媒。长期讲授“世界传播史”“东盟传媒研究”“言语运用艺术”课程。

殷莉

殷莉，女，出生于1966年3月，甘肃酒泉人，文学博士。天津师范大学新闻传播学院教授，硕士生导师，广电系主任。兼任中国新闻史学会视听传播研究委员会常务理事、媒介法规与伦理研究委员会理事。1988年毕业于中国人民大学新闻系，获法学学士学位；1996年就读于中国社会科学院研究生院新闻系，1999年获文学硕士学位；

2006年毕业于中国人民大学新闻学院，获文学博士学位；2007年就读于复旦大学新闻学院，2010年博士后出站。主要研究方向是传媒伦理与新闻规制、信息公开与新闻发布、区域形象传播、媒介素养。近年来，作为负责人主持了省部级及以上项目4项：中国博士后科学基金资助项目“中国近现代新闻法制研究”、教育部规划项目“中国近现代新闻出版立法研究”、天津市哲学社会科学研究规划项目“天津市外宣工作创新研究”、天津市哲学社会科学研究规划资助重点项目“舆论引导与构建社会主义和谐社会研究”等，作为骨干参与国家社科重点项目“党报与国家信息文化安全研究”，第一参与人、国家九八五创新基地项目“新闻传媒在风险社会中的功能定位”，以及部委和省级宣传部委托项目2项，它们分别是国家广播电影电视总局委托项目“关于我国广播电视系统职业道德与行业作风现状、问题及对策研究”和中国天津市委宣传部项目“关于完善我市重大突发事件新闻报道快速反应机制的调查研究”。

出版专著有《中国近现代新闻出版法制研究》（上、下）、《清末民初新闻出版立法研究（1898—1926）》《新闻发布案例透视》《区域形象传播的塑造和传播》；发表论文56篇。主讲“传媒伦理与新闻规制”“新闻学原理”“舆论学”等课程。

于德山

于德山，1968年9月出生，天津人。2003年毕业于南京大学中文系，获得文艺学博士学位。美国西北大学传播学院访问学者。现为南京师范大学新闻与传播学院教授，博士生导师。国家新闻学特色专业学术带头人，文化与出版传播研究所所长，南京师范大学舆情与社会治理研究中心常务副主任，《江苏政务舆情（旬刊）》执行主编。入选南京师范大学“青蓝工程”青年骨干教师、江苏省新闻出版领军人才、中宣部和教育部高等学校与新闻单位从业人员互聘“双千人才”计划。

主要从事媒介文化、新闻出版与图像传播、网络传播等方面的教学与研究。出版《当代媒介文化》《中国图像叙述传播》《缔造东方新主流：新闻期刊的传播理念与实践》《当代媒介文化导论》《共识与分歧：网络舆论的信息传播研究》等学术专著，在《南京大学学报》《社会科学战线》《中国电视》《江海学刊》《现代传播》《体育科学》《中国农村观察》《中国出版》《出版科学》《新华文摘》等期刊发表（全文转载）学术论文50余篇。其中，《中国图像叙述传播》获得江苏省高校第七届哲学社会科学研究优秀成果奖二等奖。主持完成省级和厅级社科基金项目5项。目前主持国家社科基金重点项目“新媒体视觉文化传播研究”和江苏省社科基金项目“新媒体舆情场域与社会公共信息治理研究”，并主持国家社科基金重大项目“多卷本中国新闻技术史”和国家新闻出版广电总局“十二五”国家重点出版物出版规划项目“中华图像文化史”的子课题各1项。

俞 虹

俞虹，女，1955年8月出生，浙江新昌人，文学博士。北京大学新闻与传播学院副院长、教授、博士生导师，北京大学电视研究中心主任。国务院学位办艺术专业硕士指导委员会委员、教育部影视戏剧教育指导委员会委员、中国广播影视联合会学术委员会委员、中国文联电视艺术家协会主持人专业委员会副主任、中国高等教育学会影视协会理事。

主要致力于视听传播研究、媒介文化与媒介影响研究。出版著作《电视受众社会阶层研究》《节目主持人通论》等，主编出版《影视受众研究丛书》（一套七本）、《中国传媒新起点》和《跨世纪中国城市电视发展与展望》等，在核心期刊发表学术论文70余篇。作为课题负责人主持多项省部级课题，参与国家重点课题并承担子项目的负责工作，包括“中国电视艺术发展”课题子项目“电视节目主持人发展卷”“中国影视民族化研究”“公共服务视角的电视研究”“电视传播与国家影响力发展战略研究”和“媒介融合与创新机制研究”等。多篇论文获省部级优秀论文奖和飞天奖等。专著《节目主持人通论》获中国广播电视学会第三届优秀专著奖二等奖、中广学会节目主持人委员会首届专著奖一等奖、中国高教影视学会教材一等奖。2009年获评北京大学十佳教师。

袁 静

袁静，女，出生于1962年11月。四川南充人，重庆工商大学文学与新闻学院教授，硕士研究生导师，校级学术骨干。曾任重庆卫视《经典电影》栏目撰稿人。

近年来主要从事新闻传播教育，致力于影视传播研究。主持国家社科基金艺术类文化艺术科学研究项目1项（《制片人中心制对我国影视业的影响及对策研究”》），主持、主研省部级课题10余项。在CSSCI、核心期刊等刊物发表论文10余篇，一些论文为“中国人民大学报刊复印资料”和相关报刊全文转载。科研成果“文化体制改革背景下重庆传媒产业发展研究”获“重庆市第七次社会科学优秀成果奖三等奖”。主讲“影像文化研究”“中外电影史”“国际电影节文化”“电影艺术鉴赏”等课程。教改成果获学校教学成果三等奖。荣获重庆工商大学首届中青年教师优秀科研成果三等奖。

岳 淼

岳淼，女，出生于1967年4月。博士，教授，博士生导师。1989年毕业于中国传媒大学电视系，获学士学位，同年7月分配至厦门大学新闻传播学院任教至今。在厦门大学获新闻学硕士学位和传播史博士学位。

长期从事电视新闻、传媒管理和台湾传媒研究。曾在《新闻与传播研究》《现代传播》《电影艺术》《光明日报》理论版等核心报刊发表学术论文。已出版的学术著作有《影视传播概论与技巧》《中国影视传播史纲》《中国电视新闻节目发展史研究》《应用电视新闻学》等。参与主创了大型电视纪录片《中国闽南》等。主持了国家博士后基金课题和多项横向课题；入选厦门大学第六批青年骨干教师；曾获厦门大学“清源奖”、厦门大学新闻传播学院青年教师教学奖。香港浸会大学访问学者。2009 年至今，受邀担任中国新闻奖、长江韬奋奖专家评委。

岳淑珍

岳淑珍，女，出生于 1963 年 4 月。河南长葛人，古典文献学博士。河南大学新闻与传播学院教授，硕士生导师。为中国编辑学会会员，兼任中国词学研究会常务理事、中国文章学会理事。

长期从事版本目录学及古代文学的教育教学工作，致力于编辑出版史、编辑出版思想、词学文献的研究。主持国家社会科学基金、教育部人文社会科学基金、全国高等院校古籍整理研究、河南省社会科学普及规划课题多项。出版专著《金元明人词话》《杨慎词品校注》《明代词学批评史》等学术专著、教材 6 部，在国内学术期刊上发表论文 30 余篇。研究成果获得河南省社会科学成果奖、河南省教育厅人文社科奖多项。教书育人，曾获得“河南省教学标兵”称号。

张兵娟

张兵娟，女，出生于 1963 年 5 月。山西翼城人，文学博士。郑州大学新闻与传播学院教授、硕士生导师。中国高教影视学会理事，长期致力于中国电视本土传播特色与理论的研究，先后主持国家社会科学基金“电视媒介仪式与文化传播”“中国礼文化传播与认同建构研究”，主持河南省社科项目“河南电视文化产业核心竞争力研究”以及河南基础重大招标课题“河南北宋礼文化传播与当代价值研究”等，并参与教育部课题多项。出版《电视剧叙事：传播与性别》《全球化时代：传播、现代性与认同》《电视媒介仪式与文化传播》等专著；主编教材《电视专题与电视栏目》，在《现代传播》《当代传播》《中国广播电视学刊》《电视研究》《新闻爱好者》等刊物发表论文近 30 篇，多篇论文被《新华文摘》论点摘编及“中国人民大学报刊复印资料”《新闻与传播》《影视艺术》全文转载。在研究中充分运用影视艺术学、文化学、人类学、传播学、社会学理论，建构了自己独具特色的融微观与宏观于一体，集理论与实践为一身的电视文化传播研究体系，对中国传播理论的本土化作出了自己的贡献。

在传播理论方面，明确提出“仪式文化传播”概念，认为仪式文化传播不仅是一套行为准则，一种文化范式，一套价值体系，更是一种传播理念。其中蕴含着丰富的传播思想和传播价值，是中国传播思想及理论中最重要、最具特色的组成部分。对确立中国传播研究主体意识，建设有中国特色传播理论起到了推动作用。

张力奋

张力奋，复旦大学新闻学院特聘教授，博士生导师。毕业于复旦大学新闻系，留校并攻读硕士研究生。中英友好奖学金得主，获英国莱斯特大学传播学博士学位。在英国广播公司（BBC）工作10余年，历任电视助理制作人、广播记者、广播资深制作人、新闻节目资深培训师、BBC中文台新闻时事主编；加盟英国《金融时报》后，出任FT中文网创刊总编辑，历时12年，后升任FT副主编。其间，还创办“FT睿”杂志，出任总编辑。目前还兼任中国最大的财经传媒集团——第一财经传媒的首席顾问。曾多次获国际新闻奖，包括BBC Onnasis旅行奖、道富机构新闻杰出贡献奖（State Street Award for Outstanding Contributions in Institutional Journalism）。曾任台湾政治大学、香港浸会大学、上海复旦大学、香港大学客座教授、世界经济论坛（World Economic Forum）传媒领袖。2016年初重返母校复旦大学任教。研究领域包括：英国新闻制度史、BBC与公共广电制度、国际传播与地缘政治、媒体的组织、生产与监督、“新媒体主义”、媒介素养与公民权、中国传媒的体制转型等。

张涛甫

张涛甫，文学博士、新闻传播学博士后，复旦大学新闻学院教授、博士生导师、副院长，复旦大学国家文化创新研究中心副主任，复旦大学传播与国家治理研究中心研究员，《新闻大学》主编。先后入选上海市浦江人才计划、教育部新世纪人才计划、教育部长江学者特聘教授。

1993—1996年在苏州大学师从范伯群教授攻读中国现当代文学硕士学位；1998—2001年在复旦大学师从陈思和教授攻读中国现当代文学博士学位；2002—2004年在复旦大学新闻学院博士后流动站师从李良荣教授从事博士后研究。2007年8月至2008年8月韩国首尔大学高级访问学者。主要研究领域：新闻传播理论、政治传播、中国传媒改革、传媒文化等。出版《报纸副刊与中国知识分子的现代转型》《表达与引导》《大时代的旁白》《中国梦的文化解析》等著作。在《新闻与传播研究》《复旦学报》《新闻大学》《现代传播》《国际新闻界》《二十一世纪》（香港）、《新闻记者》《当代传播》《人民论坛》《新闻战线》《新闻与写作》《中国传媒报告》等学术期刊发表论文两百余篇。其中有多篇被《新华文摘》、“中国人民大学报刊复印资料”等刊物全文转载。主持国家社科规划重点项目、教育部人文社科项目、上海市哲学社会科学项目等十余项。此外，在《人民日报》《环球时报》《光明日报》《新京报》《中国教育报》《天津日报》《解放日报》《文汇报》《新民晚报》《东方早报》《南方都市报》、澎湃新闻网、上海观察、凤凰网等发表随笔、时评、专栏文章数百篇。

张咏华

张咏华，女，1955 年 1 月生。上海市松江人，文学博士（传播学）。上海大学上海电影学院（原名影视学院）教授、博士生导师。曾任上海外国语大学教授、新闻学硕士点负责人；曾为教育部人文社科研究基地复旦大学信息与传播研究中心兼职研究员。2004 年 1 月，应邀调任上海大学影视学院教授，后成为该院传播学博士点首批博士生导师之一，并从 2008 年起一度担任该院新闻传播系主任，后任美国肯塔基大学孔子学院中方院长。兼任北京外国语大学媒介融合研究中心高级研究员、中国新闻文化促进会传播学分会常务理事、中国新闻史学会外国新闻史研究会副会长。

从 2003 年起，从事新闻传播教育并以双语授课。主持过国家社科基金、教育部人文社科基金、上海市社科基金课题数项，目前主持国家社会科学基金项目 1 项，并参与清华大学郭镇之教授主持的国家社科基金重大项目的研究工作。先后出版新闻传播学科著作和教材 18 部（包括合作），其中独著《大众传播学》《大众传播社会学》《西欧主要国家的传媒政策及转型》等 6 部著作；撰写国家级和省部级项目研究报告 3 部；发表学术论文 120 多篇。教学与科研成果获上海市育才奖，上海市教育基金科研三等奖，上海外国语大学和上海大学多项教学奖与科研奖及科研成果奖，其中包括上海大学王宽诚教育奖和上海大学名师奖。是国务院特殊津贴获得者（1997）。

曾在国外英文刊物 *Intercultural Communication Studies*，*Media Asia*，*Development Communication*，*Australian Communication Review* 和 *World Communication* 上发表英文论文。曾到澳大利亚、美国、英国、瑞典、意大利、韩国，以及我国香港、澳门及台湾地区进行学术交流。

赵建国

赵建国，1972 年出生，湖北当阳人，历史学博士，曾在复旦大学新闻学院从事博士后研究工作，现任广东外语外贸大学新闻与传播硕士教育中心主任、硕士生导师、校级重点研究基地“政府传播与国际舆情研究中心”研究员。主要研究领域包括近代中国新闻传播史、传播思想史，独立完成教育部人文社科项目“近代新闻团体研究（1950—1937）”和中国博士后基金项目“上海新闻团体的兴起与发展（1905—1937）：以新闻职业化为视角”，主持国家社科基金项目“多卷本中国报刊阅读史”子课题一项。

在《新闻与传播研究》《新闻大学》《学术月刊》等期刊发表学术论文数十篇，主要代表作有《全国报界联合会述论》《上海新闻记者联欢会与近代新闻业的职业化》《报刊地理：广州租界与近代报刊（1872—1912）》《中国报界俱进会与近代报界群体意识的自觉》《清末民初的新闻界与国民外交》。其中，有多篇文章被《新华文摘》、“中国人民大学报刊复印资料”、《新闻与传播》以及《中国社会科学文摘》全文转载。发表专著有《分解与重构：清季民初的报界团体》等。

赵　蕴

赵蕴，女，中共党员，1959 年 8 月出生。先后毕业于武汉体育学院、华中科技大学，分获教育学士、哲学硕士学位。曾任武汉体育学院期刊社社长、总编，《武汉体育学院学报》《体育成人教育学刊》常务副主编职务。现为武汉体育学院三级教授、硕士生导师。

1982 年 1 月在武汉体育学院参加工作至今。2003—2012 年担任社长期间，《武汉体育学院学报》入选教育部“名栏工程”；学报连续三届荣获教育部“中国高校优秀科技期刊奖”；个人先后荣获教育部中国高校科技期刊“杰出主编”奖、“中国知网杯高校科技期刊突出贡献奖”、全国高校社科期刊优秀主编“玉笔奖”“中国科技期刊金牛奖”“湖北省期刊优秀社长、主编奖”“湖北省十佳女编辑”等荣誉称号。2011 年，享受湖北省政府津贴。

在教学方面，主讲“媒介经营与管理”“传播学”“跨文化传播学”“体育科研与论文写作”“体育与文化”等课程。

在科研方面，专事学术期刊等媒介的研究及体育文化传播规律的研究。主持国家社科基金项目 2 项。出版《期刊编辑概论》《科技编辑系统方法研究》《体育与社会发展前沿》《中国体育发展与法制化建设》等专著、教材 7 部。在核心和权威期刊上发表论文 50 余篇。曾先后于 2008 年、2011 年、2013 年 3 次荣获湖北省社科成果三等奖。

现为湖北省期刊协会顾问委员会成员。曾任中国高校科技期刊研究会理事、全国体育院校学报研究会副理事长、湖北省社会科学期刊研究会副会长、湖北省高校学报研究会副主任、中国成协成人体育高等教育专业委员会秘书长等职。

赵振祥

赵振祥，出生于1963年8月。内蒙古赤峰人，文学博士，教授。曾任厦门大学新闻传播学院副院长、博士生导师、厦门理工学院副校长、福建省社科基地厦门理工学院文化产业研究中心主任。2008年，获教育部“新世纪优秀人才”。兼任教育部高等学校教学指导委员会新闻传播学类专业教学指导委员会委员、国家社科基金学科规划评审组专家、中国新闻史学会副会长。曾任中国新闻史学会台湾与东南亚华文新闻传播史研究委员会首任会长、福建省新闻学会副会长。

长期从事新闻业务、媒体关系和文化传播研究，并在国内最早招收媒体关系研究方向的博士生。出版《媒体关系管理——理论与实战》《新闻评论学》《唐前新闻传播史论》《传播与保密》《菲律宾华文报史稿》等多部著作，并发表《媒体关系的概念内涵、关系形态及其它》《菲华社会的路向之争与文化反思》等论文多篇，先后主持国家社科基金课题“台岛舆情监测与引导机制研究”“菲律宾华文报刊与中国文化传播研究”，福建省社科重点课题“媒体关系学研究”，福建省社科重大课题“闽台文化保税区研究”等，研究成果曾获厦门市社科优秀成果一等奖。曾为国台办、解放军某部、创维集团、TCL集团、广州本田、上海通用等企业提供咨询报告若干篇。多项研究报告获国台办和福建省、厦门市等相关领导的批示。主讲“媒体关系研究”“新闻采访写作”“新闻评论”等课程，为国家部委、各级政府及警务、税务、质检、银行等行业和企业开展讲座两百余场。

赵振宇

赵振宇，1949年出生，满族，辽宁省瓦房店人。华中科技大学新闻评论研究中心主任、教授、博士生导师；武汉市人民政府参事、国务院政府特殊津贴专家、中央马克思主义理论研究和建设工程首席专家。兼任中共湖北省委和武汉市委宣传部新闻阅评专家、湖北省新闻传播法学会副会长、武汉市社会学会副会长。曾任《长江日报》评论理论部主任，《文化报》总编辑、高级编辑。在报社工作期间，有多篇作品获全国好新闻一等奖、湖北省好新闻一等奖、特别奖。组织多次策划报道和活动，受到中宣部的表扬。

2001年组织创建大学生新闻评论团，2005年开设新闻评论方向班，2006年成立学校新闻评论研究中心，均为全国首创。连续举办6届新闻评论高层论坛和新闻评论教学研讨会。被评为华中科技大学教学名师、“华中学者”特聘教授、“宝钢教育奖”优秀教师奖。

2005年主持并完成国家社会科学基金政治学课题并出版《程序的监督与监督的程序》，2011年完成新闻传播学重点课题并出版《应对突发事件：舆论引导系统论》。主持并完成多项省部级课题。出版《新闻报道策划》和《现代新闻评论（第二版）》并入选国家“十一五”规划教材，讲授“社会进程中的公民表达”并入选教育部视频公开课。还出版了《我们说了些什么——一个新闻学教授的历史回眸》《新闻评论研究引论》和《新闻评论通论》等著作。教学之余，应邀为大学、媒体、机关、企业作政治学、管理学和新闻传播学专题讲座。

赵志刚

赵志刚，1958年4月生，山东省博兴县人。1974年到山西农村插队。曾任某集团军政治部新闻干事。1986年毕业于南京政治学院政工系。2004年担任南京政治学院军事新闻传播系教授，2008年担任博士生导师。军队技术职务等级4级。研究方向为军事电子媒介与新闻传播。中国传媒大学特聘教授、南京艺术学院电影电视学院硕士研究生导师（特聘）。被评为学院优秀教师、优秀共产党员。获军队院校育才银奖。荣立三等功4次，获第二届全国广播电视理论工作者“百优”称号。中国新闻奖评委，江苏省传媒艺术研究会常务理事，江苏省朗诵协会理事，江苏省、南京市文广新局专家组成员。

主要承担“马克思新闻思想与当代新闻传播理论”“军队电子媒介新闻传播研究”“军事广播电视作品研究”“播音与节目主持”“网络新闻传播”“电视纪录片研究”“中外广播电视传播研究”“战时广播电视报道研究”“军队政治传播研究”“军队网络宣传工作研究”等课程。出版著作、教材20余部，主要有：《广播电视教程》《电视专题创作》《广播电视学导论》《播音主持简明教程》《凝视生活的镜头——当代生活纪录片创作》《军事电子媒介新闻传播》等。发表学术论文150余篇，主持、参与并完成全国重点课题、总政重点课题、江苏省重点课题10余项。获国家、总政、江苏省、学院科研精品一、二、三等奖等30项。

朗诵播音作品上千部，出版音像作品近百部。代表作有：《真相——侵华日军南京大屠杀》《碧血雨花》《铁的新四军》等。

郑　欣

郑欣，1973年10月出生，江苏扬州人，1993—2003年就读于南京大学社会学系，获社会学博士学位。2003年7月留校任教，南京大学新闻传播学院教授、博士生导师。教育部新世纪优秀人才支持计划入选者。

研究方向为传播社会学、乡村政治传播、青年文化、应用传播研究、青年文化及生活形态研究。主持并参与南京大学、南京市委宣传部、教育部人文社会科学研究规划基金项目、国家社会科学基金项目等，目前在研课题为国家社科基金重点课题“传播学视角下的青少年网络语言生活方式研究”，著有《空间的分割：新媒体广告效果研究》《平民偶像崇拜：电视选秀节目的传播社会学研究》《批判与倾听：电视节目低俗化研究》《乡村政治中的博弈生存——华北农村村民上访研究》等6部著作，在《新闻与传播研究》《中国青年研究》《当代中国研究》《社会学》《南京社会科学》《南京大学学报》等期刊上发表30多篇学术论文及报告，开设了“消费者行为学”“社会学”“社会研究方法”等本科生课程，以及“传播与社会研究”“质化研究方法”等研究生课程。专著《乡村政治中的博弈生存：华北农村村民上访研究》入选中国社会科学博士论文文库，并获第五届南京大学人文社会科学研究成果二等奖。

周葆华

周葆华，生于1979年11月，江苏南通人。现为复旦大学新闻学院教授、院长助理，新媒体传播专业硕士项目主任，兼任复旦大学传媒与舆情调查中心副主任，教育部文科重点研究基地复旦大学信息与传播研究中心研究员等。2005年，在复旦大学获得传播学博士学位。美国宾夕法尼亚大学、香港中文大学、城市大学、浸会大学访问学者。2014年获得国家万人计划“青年拔尖人才”称号，2016年获聘教育部首批青年“长江学者”。

主要研究兴趣为新媒体与社会、受众与传播效果、社交媒体数据挖掘、舆论学等。主持国家社科基金、教育部人文社科、教育部文科重点研究基地、上海市哲学社科等省部级以上课题8项。出版《传播效果：人类传受观念与行为的变迁》等著作。在SSCI期刊发表New Media Use and Subjective Social Status，Expressive Behaviors across Discursive Spaces and Issue Types等多篇论文，在《传播与社会学刊》等海外中文期刊发表《内外之间的关联政治：中国电视国际新闻研究》《从“后台”到“前台”：新媒体技术环境下新闻业的“可视化”》等多篇论文，在《新闻与传播研究》等CSSCI期刊发表《新媒体使用与主观阶层认同：理论阐释与实证检验》等30多篇论文。

曾获教育部人文社科优秀成果二等奖，上海市哲学社科优秀成果一等奖、二等奖，霍英东教育基金会全国优秀青年教师奖，新闻传播学国家级学会“杰出青年奖”，全国新闻学与传播学优秀论文奖，全国新闻学青年学者优秀学术成果奖，中国传播学会优秀论文奖，上海市决策咨询优秀成果奖，上海新闻奖，上海新闻论文奖，上海市晨光学者，曙光学者，浦江人才等数十项学术奖励。

周海燕

周海燕，女，出生于1972年，社会学博士，南京大学新闻传播学院新闻系教授，硕士研究生导师，南京大学传媒教学示范中心新闻采编实验室主任，复旦大学信息与传播中心特邀研究员。2013—2014年哈佛燕京访问学者，曾前往美国哈佛大学、英国拉夫堡大学、德国弗赖堡大学等高校进行学术访问。

长期从事大众媒体与社会记忆研究、新闻采写业务、新闻伦理与法规等方向的研究，开设新闻基础采写、中外经典新闻作品选读、大众媒介与集体记忆等课程，主持基于民族认同感的两岸媒体抗日集体记忆话语研究、国家社科基金重大项目“网络游戏对青少年发展的影响与引导研究”子课题“网游内容及其对青少年的文化影响研究”、“现代中国公共记忆与民族认同研究”子课题“国家传播与民族认同”等课题；在《新闻与传播研究》《当代传播》《新闻记者》《江苏社会科学》等期刊上发表多篇论文；2003年，《调查性报道：采访与写作》获江苏社科成果二等奖；2013年，专著《记忆的政治》获江苏社科成果三等奖，博士论文《记忆的政治——大生产运动再发现》获台湾思源出版社社会学门优秀博士论文奖；2015年，《记忆的政治》获新闻传播学“国家级学会奖”一等奖。

周建明

周建明，中国人民大学新闻学院教授，博士生导师。1982年8月起在中国人民大学任教。日本关西学院大学社会学部访问学者。主要研究方向是新闻评论、新闻法制、新闻发布制度、民族宗教新闻传播。主讲本科课程“新闻评论”“新闻发布制度与发言人”，硕士研究生课程“新闻评论研究”“新闻法制研究”等。担任主讲的“新闻评论”于2005年被评为中国人民大学、北京市和国家精品课程。

曾担任中国人民大学副秘书长、校长助理、副校长、纪委书记，新疆财经学院副院长，首届国家汉语水平考试委员会委员、中国教育审计学会副会长、北京市教育纪检监察研究会常务理事。现任中国人民大学马克思主义新闻观研究中心主任。教育部马克思主义理论研究和建设工程“新闻评论”项目主要成员。

2005年被评为“新疆维吾尔自治区直属单位援疆工作先进个人”。2006年被教育部评为“对口支援西部地区高等学校工作先进个人”，2011年被教育部评为“对口支援西部高校工作十周年突出贡献个人”。2015年享受国务院政府特殊津贴。

先后主持和参加国家社科基金和省部级科研项目10项。主要著作有《新疆新闻发展战略研究》（主编）、《新闻传媒与和谐社会建设》（合著）、《中国新闻评论发展研究》(合著)、《中国社会》(合著、日文版);教材《新闻评论写作——理论与实例》《新闻法制学概论》(合著)、《传播学——以人为主体的图像世界之谜》(合著);译著《中国人口问题》《现代社会学》(合译)。发表学术论文50余篇。

周小普

周小普，博士，中国人民大学新闻学院教授，博士生导师。

自1986年6月起在中国人民大学新闻学院任教，主要研究方向为广播电视新闻。主讲本科生课程“广播新闻报道”“广播电视深度报道”，硕士研究生课程“广播电视媒介批评”；曾讲授过“广播电视概论”“新闻播音与主持”“广播电视新闻研究”等课程。担任课程负责人的“广播电视概论”2008年被评为校级精品课程。1994—2009年，担任广播电视教研室主任。

兼任中国人民大学新闻与社会发展研究中心研究员，中国教育学会广播电视与新媒体分会副会长，中国广播电影电视社会组织联合会理事，中国广播电影电视社会组织联合会学术委员会委员。

教材《广播新闻与音响报道》获北京市教委“2004年北京市高等教育精品教材”奖。2004年，获中国广播电视学会“广播电视理论工作者‘百优’”称号。2001年，获得由中经报联和中国人民大学共同颁发的“中经报联基金优秀教师奖”。1993年，获得人大优秀教学成果二等奖。电视专题片《大学，还上得起吗?》获1994年度全国优秀电视经济节目专题类一等奖。

代表性专著有《广电传统的缔造者》《公共广播服务的神话》《全球化媒介的奇观》，代表性教材有《广播新闻与音响报道》《广播电视概论》。

发表《英美数字媒体内容规制初探》《中国广播：现状与前瞻》《我国广播电视新媒体发展现状及未来趋势》《中国对外报道现状分析与国家形象建构》《电视节目收视率价值再辨析》等学术论文70多篇。

周宇豪

周宇豪，出生于1969年9月。河南鄢陵人，传播学博士。郑州大学新闻与传播学院教授，博士生导师，学院工会主席，新闻系主任，2015年度河南省高校哲学社会科学年度人物，河南省教育厅学术技术带头人。2000年5月—2006年1月赴德国杜伊斯堡—埃森大学东亚研究所学习。曾经担任郑州大学物理系政治辅导员，郑州大学团委宣传部长，河南省临颍县政府党组成员、副县长，德国杜伊斯堡—埃森大学中国留学生会主席。2006年1月调任现职。兼任中国新闻史学会媒介法规与伦理研究会副会长、郑州市社会学会副主席。

致力于马克思主义新闻思想史、政治传播学和媒介伦理的教学和科研工作。近年来主持国家社科基金重点项目“习近平总书记对外传播思想研究”1项，另主持河南省社科规划项目3项，河南省教育厅社科规划重点项目1项；出版《作为社会资本的网络媒介研究》《利益攸关——中美关系的过去、现在和未来》等学术专著，主编《政治传播学》等高校教材3部，在中文核心期刊和其他前发表学术论文30余篇；研究成果获得河南省社科优秀成果二等奖和三等奖各1项，河南省发展研究奖二等奖和三等奖各1项，河南省教育厅社科优秀成果特等奖1项；主讲课程“政治传播”被立项为河南省高校双语教学示范课程。

朱 颖

朱颖，女，1978年出生，江西萍乡人，博士，教授，硕士生导师，广东省优秀青年教师计划入选者，现为广东外语外贸大学新闻系主任，公共传播与危机管理咨询实训中心主任。主要教授新闻传播理论、新闻法规与职业道德、新闻评论、影视艺术、马列新闻思想研究等本科生和研究生课程。主要研究方向为新闻传播理论、政府传播与危机管理、新闻法规与伦理。主持完成教育部人文社科规划项目1项，人事部中国博士后基金项目1项，广东省和江西省社科规划项目各1项，及其多个副省级和厅级项目。发表学术论文50余篇（其中CSSCI期刊18篇），出版专著《守望正义：法治视野下的犯罪新闻报道》《新闻舆论监督与公共权力运行》，主编教材《新媒体时代领导干部的媒介素养——新闻发言人实用技能培训讲座》等。

邹 军

邹军，1972年12月生，河南省新县人，博士，教授，硕士生导师。1993年毕业于陕西师范大学电化教育专业，获学士学位。1998—2000年和2005—2008年分别在南京大学、复旦大学学习，获新闻学硕士和博士学位。香港城市大学（2011年3月）、美国威斯康星大学麦迪逊分校（2013年9月—2014年9月）、香港中文大学（2017年1月）访问学者。现任南京师范大学新闻与传播学院新媒体系主任、新媒体研究所所长，中国新闻史学会媒介法规与伦理研究委员会常务理事、秘书长，江苏省公共关系协会新媒体专业委员会主任。曾入选南京师范大学“青蓝工程”青年骨干教师。

主要研究方向为新媒体传播、互联网政策与网络治理。是国内较早关注网络舆论的研究者，以此为主题的博士论文亦是国内较早的相关研究成果，获评为上海市优秀毕业论文。出版专著《看得见的声音——解码网络舆论》，合著或参编《媒介融合导论》

《网络传播法规与道德教程》《解码新媒体》等著作多部；主持国家社科基金规划课题、江苏省社科规划基金课题、南京师范大学哲学社会科学跨学科重大招标课题、江苏省研究生教改项目各1项。在《新闻与传播研究》《现代传播》《新闻大学》《当代传播》《新闻记者》等杂志发表学术论文20余篇，其中多篇论文被《中国社会科学文摘》、“中国人民大学报刊复印资料”转载。

第 8 章　新院长施政方略

8.1　陈昌凤：可有“三心”，绝不“二意”

一直犹豫是否写这篇约稿，但是经不住主编张昆院长的不断“催逼”，何况新闻教育史学会的年鉴也是张会长为中国新闻史学会做出的创举，写篇心得义不容辞（见图 8-1）。

本人从 22 岁开始在大学任职，韶华之年进入了满目银发的新闻史学术圈子，当年只是想好好学习，学做学问，当个好老师。没想到自己先后有机会在 4 个新闻院系长时间浸淫，还在一个国际关系学院工作过 5 年，其间有近 20 年时间，先后在北京大学参与创建新闻与传播学院，并管理北京大学和清华大学的新闻与传播学院的教学工作。如今接任管理清华大学新闻与传播学院的工作并不久，只能说些观察、思考和愿望。

图 8-1　清华大学新闻与传播学院常务副院长陈昌凤教授

无论是哪个学科，作为学院负责人，都有相通的素质。当年我在北京大学国际关系学院工作的时候，担任常务副院长的是潘国华教授（院长是钱其琛副总理），有我眼里，潘院长是最成功的院长之一，他不只为学院争取到了很多政经资源，更把学院文化建设得井然有序、和谐融洽，教师在其中都有自己充分的发展空间。我作为一名青年教师在其中感觉到非常幸福，以至于在此后的多年里，我一直试图将当年北京大学国际关系学院的学院文化介绍到后来的工作单位。但是，经过十几年的观察和思考，我发现每个学院基础和条件不同、组成各异，学院领导唯有因地制宜，建设一个适合本身条件的学院文化，才是现实可行的。

我之前十几年担任副院长的经历，增强了我的事业心、协作精神和创新能力，也磨砺了我应对困难的意志勇气、解决矛盾的决断信心，增添了我对纷纭人事世事的平常心。“日久见人心”，这是过去我常说的话，用我现在的搭档胡钰书记总结的话是：“历事识人，历事见人。”副职上要对一把手负责、下要对师生负责，自然是要兢兢业业去做，但是遇到重要的事还是有“高个儿”顶着的，心情比较放松。一旦成为正职，自己需要做那个高个儿，去顶各种事情，职责和使命就更大了。

作为一名合格的机构负责人，当然应当政治水平高、思想新、业务精、作风正。从另一个角度谈做一位优秀的新闻与传播学院的院长，我个人以为可以有以下“三心”：

8.1.1　须有事业心

事业心相当于成就动机，有了事业心，你才会确定明确的目标信念、才能有满腔的热情、战胜困难的勇气和不屈不挠的决心。我小时候在每一本书、每一个本儿的扉页上都写上“有志者事竟成”，大概就是人们所说的“座右铭”。在我纯挚的时代，我能感受到“座右铭”的力量，在一些困难和关口，它是给予我力量的。当年所立的“志”，主要是成长为一个有益于国家和人民的人、一个对己对人负责守信的人，一个有追求有抱负的人。

事业心首先包括明确的信念、目标和方向。清华大学新闻与传播学院在前辈范敬宜院长时代，即已确立了“素质为本、实践为用，面向主流、培养高手”的宗旨，我认为这 16 字方针仍然是我们的目标和方向。每个单位都有自己的基础和条件，最好的是因地制宜谋求发展。现任柳斌杰院长明确了现阶段我们的建设目标：建设中国特色的新闻学科。如今我和清华的同事们正在设计的，是要把学院建设成国际视野、水平一流、特色鲜明、服务于党和人民的新闻与传播学院。

事业心需要你有积极投入的热忱，它驱动你不辞辛苦去付出、让你不畏困难去建设，让你不知疲倦去发现。我觉得教育和研究应该承担的一个重要责任就是引领，引领是需要前沿的，应当让传播前沿的实践风暴般地轰炸你的头脑，让你的头脑运转，给你指出努力的方向。前沿的观察和研究是非常重要的。偶尔发现 7 年前保存的一段与一位毕业生的电子对话——“与 Y……交流新闻教育”：

陈昌凤：我管教学，是时刻瞄着传媒业界的，这个很重要。对业界要有感觉，才能做好教学。

学生 Y：是的，跟业界保持近距离甚至无缝对接太重要了，不然的话，说得刻薄一点，就像美术系的学生不是跟画家学画画，而是全跟艺术批评家学了。

陈昌凤：《法制晚报》的王林曾经为北京大学第一届新闻本科生点燃了新闻理想。我读了《北京青年报》年轻记者曾鹏宇的几篇深度报道，便想法把他请到课堂，学生果然深受他的鼓励。在央视广告的黄金时代，我也想办法跑到央视广告招标会上，直接把拍卖师“劫”到了课堂做讲座……似乎新闻激情是与机会、年龄、时代都密切相关的。我需要去感受和了解新一代的人，你们这一代可能正是。

学生 Y：我也觉得您之前的做法中，跟业界建立密切联系是最重要的做法之一。我至今对（《京华时报》）朱德付等人的讲座印象深刻，跟您去见（《经济日报》）冯并总编也记忆犹新。

陈昌凤：最近有记者来采访范院长的事迹，看他们浮皮潦草的劲儿，真是太让人沮丧。某记者也就来了 10 分钟吧，新闻事实都没搞清，写出的报道几行字里就有好几个错误。很担心学生将来也这样，只当职业而不是当专业了。

Y：对，曾鹏宇那次谈的是深圳市委副书记李意珍女儿的电影梦的稿子，那次是记者节邀请的吧，我也印象深刻。确实，新闻专业主义很重要，采写浮躁跟专业主义无关，跟职业要求和水准有关。

新闻传播教育要时刻与实践保持着密切的联系，这个是毋庸置疑的，但是如何做呢？就是要投入地做。对话中提及的《经济日报》总编冯并老师，当时正在尝试一场业务改革，我便请他到课堂，并且几次带学生去报社拜访他——Y 提及的那一次，应当是一个六一儿童节，因为我那天只陪儿子过了半天节日。

有了事业心，就会有平常心：担责，但不唯权。“事业是一切，名号只是虚声。”宇宙那么大，地球人也只是一小群生命体而已；世事多复杂，每个人在其中也不过是一颗小小螺丝钉罢了，咱也不要太把自己当回事儿，院长也不是个什么官儿。我们学院的柳斌杰院长是位正部级领导，他说过：部委随便一个看大门的、取报纸的，都可能是个处级干部。

8.1.2　须有公心

公心需要公正、公平待人待事，公心更需要担当和责任。在此说句玩笑，这个世界上，最复杂的莫过于人心，最最复杂莫过于知识分子之心，最最最复杂的就在于高级知识分子之心。按照中国哲学智慧，“大道至简”，我们也可以：化繁为简，秉持公心。

不少院长都有一个共同的感受：明明自己是好人，做了院长便难为好人。大家都会有利益、有诉求，你不可能满足每一种利益、每一个诉求，所以，最好的方式是以规则和公心去对待。公心首先要有完善的制度保障，处事要有规则；公心要有善恶之辨，需要自己的道德立场；公心还要不畏难、不怕事，该有态度即有态度。说实话，我这样从小处世温和、追求和谐的人，遇麻烦肯定会犯怵的，但是到了职业的份儿上，唯有迎难而上了。

想起我第一次与世界的高声对抗。那时我已经大学毕业了，在南京的上海路菜市场，我推着的自行车车把不小心碰到了一个中年男子的胳膊。这位男子那天不知有什么糟心事儿，竟然就紧抓我的车把儿不放手、没完没了地“碎碎念”起来，抱怨我没长眼睛，任凭我怎么说“对不起”他都不停歇，周围的人开始注视起我们。这时的我，竟然忽然间高声嚷了起来：“你是一朵凤仙花碰不得呀，碰一下怎么了?”我感觉我热血上涌，一定是面红耳赤。这是我成年后第一次与我的环境的高声对抗……它的效果是显而易见的：温和的人，也能争执了！在这个矛盾是普遍存在的世界，斗争还是必要的，只是出发点是与人为善、有理有节；对于“无厘头”的人和事，也许就是我那样嚷一声“你是凤仙花么?”历事识人，也就罢了。

8.1.3　须有爱心

对于世界，我们要永葆善意和热爱，永怀感恩和诚挚。我们不仅应感激照耀的阳光，感激每一张笑脸，感激盛放的花朵，感恩师长同事的每一分关爱帮助，感恩每一次飞机的平安降落……更要心怀大爱——爱世界、爱国家、爱他人，永怀悲天悯人的情怀。

爱心让人宽怀，让世界美好，让你宽宏豁朗。事业心令人包容厚道、不嫉贤妒能，爱心则让人兼怀天下、拥贤爱能；事业心令人志向高远，爱心能使你心胸宽广。说到这里，我忽然想起当年为了争取调入两位教授，跑上跑下，自己代做材料，找人为其推荐，自己甘心做个副教授；我还想起当年为了让一位犹豫中的重量级人才加入我们单位，给领导出主意说：如果他愿意，我把副院长的职位让给他！虽然有点简单好笑，但是我的心愿是真挚的。有群贤毕至、有同道共舟，才会有事业。

作为一名教师，要善于以爱去对待学生、用爱去教导学生。我之所以从小立志要做教师，就是因为我在小学的时候就遇到了极有爱心的老师，而中学的班主任则用爱感动了我们每一位同学。生活于爱，你会舒展自信、心理健康；让他人生活于爱，你的世界便会阳光灿烂、充满正能量。

院长是个阶段性的职位，在一段时间内多做些公共服务。我不想因了这个职位而异化了自我，我还是要做个好教师、做个好学者。我很崇尚《周易·大有》中的一句话：

“君子以遏恶扬善，顺天休命。”要学太阳照耀万物的精神，止恶扬善，顺应天道、顺应自然，让世界充满爱和正能量。

（陈昌凤，清华大学新闻与传播学院教授、常务副院长（正职），博士生导师，中国新闻史学会会长，国务院学位委员会新闻传播学科评议组委员，教育部高等学校新闻学科指导委员会副主任委员）

8.2　喻国明：互联网，新闻传播学教育的基本逻辑

8.2.1　新闻传播学需要重新认识互联网

记者：随着新技术的不断产生和应用，社会迈入了人人都有麦克风的时代，您觉得现在的新闻传播学教育有没有存在新的挑战？造成这一挑战的因素是什么？（见图 8-2）

喻国明：这要回到互联网对于我们现实的新闻传播实践以及由此带来的对新闻传播研究和教育的影响。

图 8-2　北京师范大学新闻与传播学院院长喻国明教授

首先，互联网不是单纯的一个传播渠道和传播手段，而是一种重新构造市场、构造现实的结构性力量。从这个角度来说，它使我们现实的环境和规则，都有了一种翻天覆地的变化。

其次，从新闻传播这个理论的学术逻辑角度来说，其实也同样存在着这种困顿和危机，也要求我们的教学和实践以及研究要做出相应的解决方案，采取相应的行动逻辑。从传播学、国际传播学发展角度来说，20 世纪 80 年代提出第三人效应之后，基本上在整个国际传播学界都没有那种有带动性的、主流的传播理论和学术成果的出现，只有一些局部的、零散的进展。学科的总体发展，其实是处在一种困顿状态当中。而这种困顿的状态，其实到现在为止，已经有 30 多年了。这实际上也引起了我们这些做传播学研究的人的思虑。而造成这种情况，在我看来，至少有两个原因。

第一，传播实践的主流媒介，或者叫做带头性媒介，已经历史性地开始由过去的报纸、电视等传统媒体，转移到了互联网。谁能抓住互联网研究，谁就能够引领传播学。今天在传媒领域的主导性媒介已经历史性地从报纸电视转向互联网。而我们现在对于互联网的认识、解读和把握，还存在着巨大的问题和缺陷，不少认识是肤浅甚至错误的，缺少应有的理论把握力。

第二，传统的研究方法遭遇到瓶颈期。传统方法有自身的价值和作用，但是这种作用对于当下传播学科的突破、发展，已经显得力不从心了。所以需要在方法论以及研究范式、理论范式方面，有一个大的突破，才能够使传播学的学术发展有一个比较明晰的进展。

因此，从互联网本身对社会和传播领域的重构角度和传播学自身发展角度来说，双重的困扰和困境，导致新闻传播学教学、新闻传播学研究面临着一个深刻的革命性改变。这种革命性改变，其实就是它的基本逻辑和基本规则，与传统的发展逻辑、运动逻辑有很大的不同之处。它是一种根本性改变。

记者：在新闻学教育和学科建设上，国外是否也遇到类似的情况和问题呢？对我们有什么启发吗？

喻国明：其实这种困扰和挑战，在十几年以前就已经出现。比如说在美国，以哥伦比亚大学新闻学院、密苏里新闻学院等 15 个新闻传播院系组成的一个联盟，进行了长达 10 年的关于新闻教育体系和方法创新改变的尝试。

比如说，他们对于介质的研究和教学，有比较大的变化。在数字化革命的背景之下，我们过去传统地认为稀缺的传播介质，现在已经大众化、普遍化，也就是说万物皆为媒介。无论是手机、客户端，它只是表达信息千千万万的、丰富的形式中的一种。如果我们把教学研究仅仅集中在介质形态，那么我们就会失去在互联网新格局下，对一些更加关键问题的把握。

所以我们会发现在这一点上，其实是走过了一段弯路和误区的。比如说，在网络刚刚兴起的时候，全国的新闻院系当中，有一些学校就开始做基于介质的媒介研究。例如网络传播学、网络采访学、网络编辑学、网络经营学等，一系列大概八本、十本教材。但你把这个网络都去掉的话，其实和编辑学、采访学没有什么太多的区别，只是增加了一些跟网络技术相关的新章节而已。而那些跟互联网深层逻辑相关的东西，才值得我们更加去注意。

8.2.2　新闻传播学自身的深层逻辑

记者：在您看来，好的新闻传播学教育，或者说未来的新闻传播学教育应该是什么样的？它的要素有哪些？

喻国明：我想应该是两个方面。一方面，任何学科发展、社会发展、人文发展，其实都有一脉相承的东西，这些东西是比较稳定的。只要新闻传播的社会价值存在，对它的某些深层要求就应该是不变的。另一方面，就是创新的部分，需要抓住三个重点：

第一，就是理解互联网这个重点。换句话说，互联网不仅是一种传播的工具、手段和渠道，它更是一种精神逻辑、一种改变社会的结构性力量，是一种赋权的新范式。对互联网这种深层理解、把握和认识，其实会成为未来新闻传播教育能不能上一个台阶，能不能突破传统格局的一个很重要的突破口。

第二，就是方法论的突破。由于互联网所带来的社会现实、实践模式、效果模式以及盈利模式等，都发生了复杂变化。所以，对复杂理论、认知神经科学、大数据方法等一些新的理论和研究方法的理解和把握，显得非常重要。

第三，对传媒业未来发展的判断。传媒业今天的发展，表现为一种颠覆性的，或者叫断裂式的发展。很难用我们过去所习惯的，依照昨天、今天来推明天的这种趋势外推法进行预测。因此关于未来媒体的研究对于我们把握当下是非常重要的。

记者：一些传统院校更加侧重新闻传播理论的教学，而一些新兴传媒院校的建设则更加强调新闻操作层面，在新闻理论和新闻实践层面有着明显的不同侧重点。通过您的介绍，可以看出您非常注重新闻实践和操作领域，您是否更加倾向这种教育理念，而不是仅仅停留在纯粹的理论构建呢？

喻国明：理论有理论的价值，实践有实践的价值。但是今天的这种实践要求所有培养出来的专业人才，都应该既具有理论的把握能力、洞察能力和分析能力，同时又要有大量的可以学以致用的具体技能和方法。所以，我们其实是想透过这种理论创新，以及基础理论、基础研究的提升，培养我们的学生在把握现实操作的时候，能具有应对互联网时代专业工作要求的基本行动框架、基本专业技能、基本工作规范。所以这两项东西，我们是希望能够比较完美地结合在一起的。

从我们研究体会的角度来说，今天的实践前沿问题，也同时表现为重大的理论问题。而重大理论问题的解决，其实对于现实问题解决具有直接性的助力，两者结合在一起的程度是非常紧密的。不像过去住在象牙塔里边做一项研究，可以跟一些社会实践几乎不关联。今天，在我看来，现实问题跟理论问题的纠结，是没有任何一个时代能使两者变得如此浑然一体。所以我们也会在我们研究教学当中，体现这种浑然一体的要求。

8.2.3　新的研究土壤中的努力与尝试

记者：自 2014 年 11 月正式成立，北京师范大学新闻传播学院可以说是一所非常年轻的新闻传播学院，在您担任北京师范大学新闻传播学院执行院长后，这里也将是您进行新闻教育和研究的一片新土壤。那么，您觉得北师大的新闻传播学教育有哪些优势？

喻国明：新闻传播在北师大研究序列中，是一个新兴的学院。相对来说，底子比较薄，没有太多的学科积累。但是它也有两个方面的好处：第一，在一个没有太多传统束缚的平台上起步，学科搭建的自由度相对大一些。第二，北师大是中国最好的学校之一，它的特点在于学科配置相对完整，而这些恰恰就是新闻传播教育、新闻传播研究在今天的发展中上一个台阶所需要的最重要的技术和方法支撑。

像方法论角度的突破，认知神经科学的方法，应该视为是现在对于整个传播学学科重建的一个基础性研究范式。北师大在这一点上，它的条件相对好一些。所以我们也准备在这方面，建立认知神经传播学实验室，以便在教学、科研两个方面都有所突破。

记者：基于北师大的资源和学科优势，您希望在新闻传播学教育方面做哪些探索和尝试？

喻国明：第一，从教学的角度来说，我们想先从专业硕士角度来培养未来具有认知体验测定能力的专业技术人才。用用户体验来统合相应的服务资源和技术资源，是互联网产品构建的关键。同时，可以做大量的基础性传播学的基于认知神经科学研究的案例，也会对学术研究起到一种基础性的支撑作用。

第二，我们要做社会舆情的大数据实验平台，建立价值挖掘和国家级宏观舆情形势的分析发布平台。我们希望基于这样一种大数据的舆情挖掘平台，建立社会舆情的宏观形势报告制度，为各级领导部门，或者相关研究室，提供最基础性的，关于社会舆情的重点问题、症结所在的宏观报告。

第三，我们要做未来媒体的研究。比如，VR 技术、机器人新闻写作、无人机技术、大数据可视化技术等方面，我们都会在研究和教学体系中体现出来，以便我们培养的人和科研成果，能够跟当下发展的逻辑和现实更接近。

记者：学科的发展离不开人，新闻传播学教育也围绕的是人，那么对于人才培养，您有什么构想呢？

喻国明：在学生培养方面，我们更加注重的是如何发挥本科生、研究生的这种主动性、创造性，让他们更加自觉地去学习和把握。以教学案例为例，教师提供的案例难免有局限，我们就希望形成一个新闻传播的案例库。让学生通过更加广泛、丰富的案例，去做更多的观察和思考的话，那么实际上，这对于学生的主动性、创造性和把握知识盲区更有好处。

在教师和科研队伍的培养方面，北师大的整个教学队伍、研究队伍本身数量不大，到现在为止 21 个人，以后我们还会再进一步扩张到 30 多个人，甚至到 40 人左右。另外，我们会聘请一批博士后研究人员，用比较快速的方式提升我们的科研能力。还有，我们也会在国际上走出去和请进来，请一些一流的大师来给我们做更多的学术交流和学术合作。

（原文发表于《新闻战线》2016 年 7 月号上，执笔：《人民日报》记者张天培）

8.3　强月新：围绕质量与特色　促进学科建设上台阶

武汉大学新闻与传播教育始于 1983 年的新闻系，2000 年 12 月新闻与传播学院成立。2003 年，武汉大学新闻与传播学院获得了新闻传播学一级学科博士学位授予权，2007 年获批新闻传播学博士后科研流动站。2004 年 12 月，学院媒体发展研究中心获批为教育部人文社会科学重点研究基地，同年，由学院单独组织申报的国家“985 工程”二期建设项目“新闻传播与媒介化社会”也获准成为国家“985 工程”哲学社会科学创新基地。在 2012 年教育部学科评估中，武汉大学新闻传播学科得分排名第三，位列第四。30 多年来，学院在学科建设、人才培养、社会服务、文化传承等方面取得了巨大进步，已成为我国新闻传播教育的重镇之一。在学院“十三五”规划中，将以人才培养、科学研究、教师队伍建设为中心，围绕质量与特色，促进学科建设上台阶（见图 8-3）。

图 8-3　武汉大学新闻与传播学院院长强月新教授

8.3.1　人才培养始终是学院办学的根本任务

回顾30多年的办学实践，武汉大学新闻与传播学院坚持社会主义办学方向，高度重视各层次人才培养，并逐步形成了培养“有思想的新闻人，负责任的传媒人”的办学理念，为业界培养了一大批优秀人才。如今，我们正处在一个变革的时代，互联网加速重构着媒体格局和舆论生态，万物皆媒的智能时代已经来临，对新闻传播人才的培养也提出了新的要求和挑战。面对时代新挑战，学院将从以下三个方面出发，始终坚持人才培养是学院办学的根本任务，创新人才培养模式，培养适应未来媒介生态、满足社会需求的新型传媒人才。

第一，重新修订学院本硕博各层次人才培养方案，提高人才质量。人才培养方案是各专业人才培养的逻辑起点，是根据专业培养目标和培养规格所制定的实施人才培养活动的具体方案。学院将根据当下媒体格局和舆论生态新要求，重新修订人才培养方案，提高人才培养质量，凝练人才培养特色。对于本科生人才培养，学院在率先设置具有独立学分的专业实践课程基础上，加强拟态实践教学活动，完善实践教学体系；对于研究生人才培养，学院更强调学术基础及科研创新能力的培养。总的来说，学院在修订各层次人才培养方案时，将继续坚持三个并重，即坚持平台课程建设与专业课程建设并重；坚持人文理论类课程与技术实践类课程并重；坚持新闻传播专业人才培养与公共人才培养并重。

第二，不断完善人才培养质量保障与监控体系，改进教风学风。学院为切实保证人才培养质量，将不断完善人才培养质量保障和监控体系，建立教学质量检查制度，形成教学质量监督小组，将教学工作评估常态化、日常化，以监督促教学，不断改进学院教风。研究生教学将突出质量和特色要求，在“质量、规模、效益”中寻求平衡，加强培养过程管理。此外，学院还将加大毕业生论文质量检查力度，将本科生毕业论文纳入查重范围；适当提高本硕博学生毕业要求，提高学生创新创业能力；调动学生学习积极性，形成优良学风。

第三，继续强化学院教学基础设施建设，营造一流教学环境。对于应用性较强的新闻传播类专业来说，教学基础设施建设是人才培养的物质保障。目前，学院教学实验设施先进齐备，建有全国高校第一家传媒类国家级实验教学示范中心。在此基础上，学院在2016年新投资1000多万元建设高标清演播室，并将于2017年正式投入使用。同时，学院将加强教学改革与研究，不断完善教材、案例库建设，积极征集传媒类创新性教学项目选题，针对当前媒体生态变化，不断探索新媒体背景下的人才培养创新模式，改革教学内容和教学方法，培养合格的全媒型、专家型的新闻舆论工作者。

8.3.2　科学研究是学院建设的重中之重

学术研究与创新是学科建设的龙头，是创新性人才培养的基础，也是学院工作的重中之重。经过多年积累，学院已成功建设了一批特色优秀学科，即新闻传播与媒介发展创新研究、媒介化社会与跨文化传播研究、广告与媒介经济研究。整体来看，武汉大学新闻与传播学院业已成为全国一支重要的科研力量。下一步，学院将为实现建设国内一流、国际知名新闻传播学科的目标继续努力。

第一，依托原有特色优势学科，结合国家战略，树立问题意识，组建新的科研平台。学院现有的特色优势学科资源及科研平台建设为学院科学研究发展打下了坚实基础，提供了宝贵经验。学院将在原有优势资源的基础上，以国家目标和战略需求为导向，积极响应我国“十三五”规划纲要中对“构建政产学研用一体的创新网络，支持一批高水平大学和科研院所组建跨学科、综合交叉的科研团队”的号召，树立问题意识，组建新的科研平台。学院将通过统一的顶层科研设计确定具体科研方向，整合本院及院外乃至校外的科研力量，组织有特色的科研平台。对于新的科研平台，学院将加大建设力度，给牌子，给经费，但同时也给任务给订单，对其施行动态管理和年度考核制度，重点考核平台的团队建设情况、标志性成果质量及社会影响力，根据科研贡献配置科研经费和资源。

第二，充分发挥基地资源优势，打造标志性学术成果，提高科研影响力。2004 年，武汉大学媒体发展研究中心设立，这是我国新闻传播学科第四家教育部重点研究基地。近年来，基地在科学研究方面，产出了一系列优秀的学术成果，已成为学院学术研究的高地、学科建设的支撑。学院希望在未来发展中，充分发挥教育部重点研究基地资源优势，整合研究队伍，凝练研究方向，推出学术精品，扩大社会影响。在基地学术研究特色基础上，进一步关注现实并服务于国家新闻传播发展战略，发挥基地智库功能，坚持以国家战略为导向，提高学术成果转化率，为国家发展提供理论资源、智力支持和决策咨询。

第三，依托部校共建及现有期刊资源，争取公开刊号，组建正式期刊社。2013 年 12 月，武汉大学新闻与传播学院作为第一批部校共建试点单位，由湖北省委宣传部与武汉大学共建。部校共建工作对学院科学研究提出了较高的要求，也提供了丰富的资源，共建协议提出用五年左右时间将新闻与传播学院建设成为马克思主义新闻观的教育高地、培训高地和理论高地，在全国发挥示范、引领和辐射作用。对此，学院将充分利用部校共建资源优势，在学院现有的两个 CSSCI 来源集刊（《新闻与传播评论》《中国媒体发展研究报告》）的基础上，争取公开刊号，组建正式的期刊社。期刊社将组建专门机构负责进行集约化管理和专业化运营，以保证各编辑部能集中精力专职负责学术业务工作，提升期刊质量，争取进入 CSSCI 期刊源刊。

8.3.3　教师队伍建设是学院可持续发展的有力保障

2016 年 12 月 7 日，习近平在全国高校思想政治工作会议上指出，教师是人类灵魂的工程师，肩负着重要使命，要加强高校师资队伍建设，努力培养造就一支党和人民满意的具有中国特色的社会主义高校教师队伍。学院始终坚持“百年大计，教育为本；教育大计，教师为本”的发展方针，将教师队伍建设视作学院可持续发展的有力保障。学院现有专任教师 54 人，教授 21 人（含博导 17 人）、其中 90%以上的教师具有博士学位以及在国外或境外学习、访问、交流或讲学的经历。学院教师中已出现了一批在全国范围内颇有影响的学术带头人，有 1 位国家级教学名师；1 位长江学者特聘教授，多位教育部新世纪优秀人才、楚天学者。此外，学院还聘请了 50 多位海内外知名的新闻传播学者和业界人士担任学院的兼职教授或客座教授。

“十三五”期间，学院还要从以下三个方面，进一步加强教师队伍建设。

第一，着重培养青年教师人才，继续推进“双一工程”。学院将继续深入推进“双一工程”，即每年拨出专项经费，资助 1975 年以后出生的青年教师，鼓励青年教师攻读学位，到国外一流大学进修学习一年，到新闻传播业界挂职锻炼一年，并把参与这一计划作为教师晋升副高级以上职称的必备条件之一。“双一工程”是学院教师队伍建设的战略性设计，已进行多年，并在全国产生较大影响。“十三五”期间我们将完成“双一工程”，并加强对青年教师参与“双一工程”的过程管理和考核工作，取得实效。

第二，加强学院高端人才引进力度，优化升级教师结构。2017 年是武汉大学“人才强校年”，学院将充分响应学校人才引进政策，积极对外招才引智。学院将充分发挥本院新闻传播学博士后科研流动站的平台优势，增加博士后进站人数，对出站成果考核优秀人才予以留院录用；加大海内外优秀青年学者引进，增派招聘团队前往海外各知名高校开展招聘活动；学院将对新进人员采取“3+3 合同聘期制”，在大力引进高端人才的同时，建立岗位明确、职责清晰、注重绩效的管理体系，保证队伍活力。

第三，充分调动教师对教学科研的积极性和创造性，建设风清气正的学院文化。“十三五”期间，学院将按照学校统一部署，通过人事制度改革和绩效工资改革，建立科学规范、富有活力的人才管理制度。完善奖惩机制，加大对科研成绩的奖励力度，充分调动教师对教学科研的积极性和创造性。实行人才队伍由规模增长向质量提升的有效转移。除了在物质上的激励之外，学院要不断加强制度建设和程序正义建设，形成风清气正、健康向上的学院文化，为教师成长提供优质环境。

（强月新）

8.4　韩立新：凝聚学术特色　建设区域智库　培养新型人才

河北大学新闻学专业始建于 1981 年，1982 年开始招生，1995 年正式成立新闻系，2000 年成立新闻传播学院。2011 年 3 月，学院被国务院学位委员会增列为一级学科博士点授予单位。2007 年，新闻学专业被教育部评为国家级首批特色专业。教育部学位中心 2013 年 1 月 29 日公布的 2012 年全国学科排名中，河北大学新闻传播学院新闻学专业位居并列第 8 名（单列第 16 名）。学院现设有 5 个研究所，3 个省级研究基地。2014 年 5 月 4 日，成为河北省部校共建新闻传播学院单位。36 年来，在人才培养、学术研究、社会服务和学科建设等方面取得了显著成绩，被称为中国新闻传播教育的重镇之一。依据国务院学位委员会发布的新闻传播学一级学科博士、硕士学位基本要求和传媒业发展趋势，我们以跨界、跨域和跨代为理念，在凝聚学术特色，建设区域智库和培养新型人才等方面进行探索（见图 8-4）。

图 8-4　河北大学新闻与传播学院院长韩立新教授

8.4.1　对当前新闻传播教育形势的认识

传媒业态变化是新闻教育当前面临的最紧迫问题。这一问题表现在建立在传统媒体基础上的职业价值和社会美誉度的下降，以及职业前景模糊等方面。传统媒体作为喉舌和守望者的社会角色，被赋予了很高的职业价值，并成为社会美誉度的源泉，也成为新闻教育的道德高地。然而，当前高度商业化和先进传播技术相结合的新媒体，将资本的欲望与用户的需求、媒介的先进性相融合，营造出一个社交化的个人化的传播平台和传播机制，在这个新的业态环境中，资本和技术的合谋，借助媒介技术先进性的外壳，挟裹着商业信念，如奔泻的浊流，严重地侵蚀了新闻业建构的职业价值。职业价值的下降是传媒教育面临的深刻的环境危机。当前一些传媒机构在媒介融合过程中，为新媒体恣肆的商业信念所惑，缺乏对传媒业职业价值的坚守和发展，缺乏考量地向商业信念的指向转型，这样很可能加剧这一危机的蔓延。①

新闻教育既要适应这个时代，又要引领这个时代。

2013年，国务院学位委员会、教育部联合发布的新闻传播学一级学科《博士、硕士学位基本要求》中说："新传播技术型塑了新的新闻传播形态、关系、格局，在这样的背景下，不仅新闻学和传播学的界限变得模糊，而且新闻传播学的很多问题已经不能在原来划分的范围内得到回答。打破新闻传播学科内不同领域的界限，甚至打破新闻传播学与其他学科之间的界限，成为一种较为普遍的新的思考方式。"我们认为新传播技术对传播形态、关系和格局的影响主要表现在三个方面：一是嵌入性的媒介形态对独立性的媒介形态产生影响。二是传播主体的社会化、（UGC）、专业化（PGC）对传播主体的职业化（OGC）产生剧烈冲击。这是新闻/信息生产主体的社会化、专业化对职业化的影响，是社会化媒体营造的"社会化信息流"和"专业化信息流"对传统媒体营造的"职业化信息流"的影响。三是信息采集和制作中的"技术流"和"知识流"促使"新的职业高地"出现和形成。与这三个变化相对应的是新闻学和传播学人才能力结构的变化，这主要表现在以下方面：一是数字化创新能力；二是现代新闻意识和较强的新闻文字写作能力；三是"新闻+"的知识结构和能力向度。

新闻学专业一直随着社会实践和媒介技术的发展，将新的知识和技能不断地注入新闻学专业的知识体系中，这就是"新闻+"。"新闻+"不是复合型人才培养模式，而是

---

①　艾涓．新闻传播教育的探索者和实践者——访河北大学新闻传播学院院长韩立新教授［J］．今传媒，2016（9）．

为复合型人才培养提供知识体系及知识体系建构的思想，是以新闻学知识体系为主体的知识体系整合的理论思维。“新闻+”思想主要包括三个层面的内涵，一是坚持新闻是一种公共产品的原则，确立复合过程中的新闻原则主体地位；二是新闻学知识体系复合建构的三个维度：跨界、跨域与跨代；三是新闻呈现方式是职业性、技术性、专业性和文化性多重组合的产物，不固守传统意义上的新闻样式和新闻形态。

从媒介形态变化的角度来看，嵌入性媒介形态传播内容包含的跨学科知识数量和质量更高，这反映着知识与传播的融合趋势，对新闻教育中的学科基础课的预设提出了新的要求，增设与报道领域和传播内容相对应的学科课程成为必需。从新闻/信息生产主体的社会化、专业化和职业化的角度看，新闻传播教育的职业高地在哪里成为一个问题：是舆论的引导者、市场利益的追逐者还是公共利益的维护者？曾经可以三位一体的复合体面临着分化为不同社会角色的可能，新闻教育到了重新描述职业高地的历史时刻。

8.4.2　在学术研究和人才培养上大胆探索

凝聚学术特色是推进学院发展的首要之举。36 年来，河北大学新闻传播学院高度重视学术研究，以学术研究带动人才培养质量的提升。2014 年度“中国人民大学报刊复印资料”转载学术论文指数排名及分析报告显示，学院在“高等院校二级院所分学科转载率”排名“新闻传播学”中列第六位，综合指数排名第八。结合新媒体发展的趋势和学院实际，我们提出了跨界、跨域和跨代理念，来推进学术特色的进一步培育。跨界是指基于学科交叉的发展，是相对于“融媒体”说法的“融学科”；跨域是指基于地域因素的学术研究；跨代是指传播在时间上的跨代性。在凝聚学术特色方面，我们将从以下二个方面着手聚力共谋：

第一，建设学研一体的“跨界传播”教学和科研团队。我们在院内提出了“跨界传播”的概念，作为我们凝聚学术特色和提升新闻人才培养水平的指导。“跨界传播”指传播内容和传播过程具有跨学科属性，这种属性对传播有着深刻的意义和影响。跨界传播有两种向度，一种是技术流，新闻信息与计算机技术和智能技术的结合；另一种是知识流，新闻信息与报道对对象对应学科知识的结合。

2011 年韩立新的论文《建设与“新闻报道领域”相一致的新闻学课程体系》提出“建立完善机动的专业分流机制，形成细分的本科教学对象，并在这一模式下建构特色课程体系”的观点。在这一理念的指导下，我们将在以下几个方面展开探索：

①数字媒体实验班。2016 年上半年，河北大学新闻传播学院在学校领导的支持下，联合计算机科学与技术学院、电子信息工程学院等学校相关学科着手筹办数字媒体实验班，着力培养运用新技术进行新闻创新的跨学科人才。“数字媒体实验班”将进行新闻

学知识体系和信息技术知识体系的融合及交叉培养。目前实验班已进入实施阶段。这项创新与“网络与新媒体专业”的区别在于，数字媒体实验班将实现技术和内容跨专业的培养，培养学生超越制作新媒体内容的理念，深入掌握新媒体技术。

②成立“跨界新闻工作坊”，通过指导学生的创作实践，描述知识对新闻报道的意义和图景；

③成立“HBU—VR 工作坊”，通过指导学生的创作实践，描述技术对新闻报道的意义和图景；

④进一步建设“美传互动工作室”，通过指导学生的创作实践，描述媒介创意和广告创意的意义和图景。

⑤培养有国际视野的传播人才，与美国密苏里新闻学院签订 2+2 办学协议，与美国太平洋大学展开国际传播学术合作。

第二，建立跨域研究平台。其一是建立以城市传播和传播地理学为研究目标的“雄安新区传播研究中心”。雄安新区的建设是千年之计，是开展跨域研究的历史性良机，我们正在组建学术团队，将此作为学院今后一段时间学院学术研究的中心工作予以推进，努力建设成有影响的学术机构。其二是进一步建设以文化传播为研究目标的“伊斯兰国家社会发展研究中心”，目前该中心已承办多次国际学术会议，并成立了一带一路沿线国家智库联盟。

第三是建立跨代研究平台。河北省拥有丰富的传统文化资源，一是源流悠久的古代文明，二是丰富的红色新闻资源。对此，我们重点从三个方面展开建设，其一是进一步建设文化创意产业研究中心，该中心已成为河北省委宣传部批准成立的九家首批新型智库试点单位之一；其二是组建中国传播思想研究团队，开展“中国传播思想文献梳理研究工作”；其三是组建马克思主义新闻观与红色新闻研究团队，开展“太行山地区红色新闻史料整理研究工作”。

河北大学新闻传播学院依托综合性大学学科齐全的优势，按照全面素质教育的思路调整了课程体系，不仅加大了哲学、中文、经济、历史、法律等学科的课程，而且还增设了高等数学与统计分析等理科课程，同时制订了综合素质指标测评体系。此体系实施 20 余年来，效果明显，毕业生后劲十足，获得用人单位的好评。36 年来，已培养本专科毕业生和研究生共计 9000 余人。

今天，面对传媒业发展的趋势，河北大学新闻传播学院在坚持优良的人才培养传统的同时，面向未来，通过凝聚学术特色的引领，努力在培养新型传媒人才上有所作为。

（韩立新）

8.5　张晓峰：聚人心、夯内涵、谋发展

2016 年 12 月，经过民主推荐、组织考察等程序，我从南京师范大学人文社会科学研究院副院长的岗位回到新闻与传播学院，担任自 1995 年新闻与传播学院成立以来的第五任院长。

经过 20 多年的建设，新闻与传播学院已经有了丰厚的积累，但更多的是面临着转型、创新、跨越发展的挑战，高等教育的新使命、新要求，新闻传播的新技术、新形态，都迫切要求新闻传播教育能够与时俱进。作为一名“70 后”的“管理者”，深感经历与阅历尚有不足，责任与使命却不会因此而减弱。如何带领学院应对变革、创新发展，既需要个人能够“理”清各种关系，认清工作职责；更需要从集体层面“管”好学院大局，抓好发展重点（见图 8-5）。

图 8-5　南京师范大学新闻与传播学院院长张晓锋教授

8.5.1　珍惜服务机会，厘清各种关系

珍惜合作共事的人生缘分，处理好收获与奉献的关系。学院成立那年，我有幸留校。从此，新闻与传播学院就成了我的“家”。如今，我已经在这个家里度过了人生的将近一半岁月，从助教到教授，我在学院的培育和见证下一步步成长，得到了每一位老师的关心、帮助和扶持。因此，回到学院是我回馈家庭、服务学院、奉献大家的机会。相聚是缘，相守是福，今后我会更加珍惜与大家共处一个大家庭的缘分，更加珍惜在此收获的一切，摆正位置，奉献家庭，是我作为其中一分子义不容辞的职责。

珍惜来之不易的发展成果，处理好传承与创新的关系。我们的新闻专业已经走过了超过半个世纪的历程，也培养了一批令我们十分自豪的业界和学界精英。20 多年前的春天，学校开风气之先，在全国率先成立新闻与传播学院，我们在欣喜中艰难起步。我有幸见证和参与了学院从无到有、从小到大的建设过程。建院之初，老院长郁炳隆教授常常告诫我们，一个无学位点、无重点学科、无重点实验室的“三无”学院“麻袋上

绣花底子太差”，勉励大家努力奋进。10 年前，在第三任院长方晓红教授的带领下，我们一举拿下新闻学博士点，有幸跻身方汉奇先生赞誉的“全国新闻传播教育第一方阵”。用了十年时间，我们学院拥有了一个博士点、三个学术硕士点、两个专业硕士点、一个国家特色专业、一个省重点学科和一个省级实验教学示范中心等具有较高显示度的指标，可谓异军突起。这些辉煌与荣光凝聚了每一位成员的智慧和汗水，积累了新闻与传播学院事业发展的优良传统，求真、善学，成为我们学院的良好风尚。我们既要向历史致敬，发扬传统，更要对现实负责，开拓创新，于我们这一代新传院的管理者而言，如何在传承中求创新显得尤为重要。

珍惜道远任重的工作岗位，处理好权力与责任的关系。表面上看，学校赋予了我们管理学院的权力，但实质上意味着必须肩负起历史的使命和沉甸甸的责任。交给我们这一代的历史“接力棒”，凝聚着学校的信任和期待，凝聚着新传人的殷切期盼。接过这一棒，我们一定倍加珍惜组织的信任和机会，倍加珍视大家的期待和重托，如何带领全院师生再攀新高，唯有将管理的权力转化为服务和引领大家的责任。

8.5.2　认真发展形势，抓住发展重点

坚持求真务实抓发展。直面现实，我们忧心难免。如今，我们学院的发展正遭遇前所未有的瓶颈。一个不得不承认的严峻事实是，我们已经从曾经的第一方阵悄然退出，无论是从学科排名，还是真实内涵，都难与“第一方阵”的称号匹配。这其中既有兄弟院校百舸争流、群雄并起，也有我们自身不经意的懈怠、迷茫乃至停滞。逆水行舟，不进则退。曾几何时，全国新闻传播学界，一谈“南师”就啧啧称赞，可是今天人们问的是，你们的声音去哪儿了？扪心自问，我们的声音去哪儿了？我们的出路在哪里？我们该何去何从？我们的荣誉光环已经褪去，值得我们深深反思。应当说，我们的教师队伍在年龄、职称、学历与学缘结构方面有了非常大的改观，在新闻传播史尤其是民国新闻史、媒介法规与伦理、农村传播学等领域取得了不俗的成果，但是与高水平大学的目标和要求仍有一定的差距。我们必须求真务实，脚踏实地，分析不足，扬长避短、取长补短，才有可能迎头赶上，推动学院获得新发展。

坚持教学并举促发展。我们不仅要脚踏实地，也需要仰望星空。未来的工作中，我们将以教师的职业成长为本，以学生的学业成才为要，进而推进教学与科研齐头并进，从整体上推动学科建设。

一方面，突出学科建设这个中心。学科建设不是一句空洞的口号，它包含了科研方向、学术团队和学位点等具体的内涵，因此没有高水平师资、高层次项目、高质量成果和高水准学生，学科建设将只是虚无缥缈的空中楼阁。学科与学院、学者是相互依存

的，同命运共呼吸。学院必须充分认识到教师队伍的重要性，并投入更多更有效的关注和精力。

另一方面，充分认识到人才培养的核心地位。学生是我们的衣食父母，只有向社会输送优质的人才，我们的学院、学科、学者乃至专业与学位点建设才有价值，也才能更好地反哺学院发展。因此加强人才培养模式改革，从“四级递进、两翼开放、产学协同”的复合型新闻传播人才培养模式改革的实施和推进，再到新闻传播研究生培养“金字塔”培养模式（一个目标、二大支持、三种资源、四维路径）的探索，都需要我们在未来更科学的论证、更宏观的规划、更具体的实施。

8.5.3　激活内外资源，坚持开拓创新

坚持开拓创新谋发展。站在新的历史起点上，机遇与挑战并存，能不能在“双一流”和江苏高水平大学建设计划中谋求一席之地，需要我们付出更加艰辛的努力。因此，我们必须围绕学科建设“一个中心”，抓好教师队伍和人才培养“两个重点”，做实教学，做活科研，做强团队，在教学与科研中找差异，求特色，增优势。初步规划实施“五项计划”：

一是师资队伍优化计划，引培并举，既内挖潜力，激活存量，又外引贤才，拓展增量。师资队伍是学院事业发展的核心，在努力改善和提升现有队伍的基础上，着力引进高层次、国际化的专业人才，从整体上提升师资队伍的专业化、国际化。

二是科研水平提升计划，质量并重，既努力提高科研成果、项目、获奖等数量，又愈加注重精品力作的培育。注重对科研项目、成果的扶持和培育，切实提升科研能力和素养，着力推进科研成果系列化、高端化。

三是学术交流推进计划，内外并进，既强化学院内部的科研氛围，又加强对外交流扩展学术影响。确立以重要学术会议为牵引，以学术讲座（学界专家“随园传媒讲坛”、业界精英“传媒论见”）为主干，以学术沙龙（求真教师沙龙、善学研究生沙龙）为依托的“三位一体”的学术活动，营造“学习+学术”的育人和科研氛围。同时，积极拓展国际交流，资助教师访学，鼓励学生交流。

四是科学研究增效计划，研用并肩，既保持基础理论研究的特色和优势，又深化服务社会的应用研究和决策咨询功能。积极开展纵向和横向科学研究，立足江苏、放眼全国、面向世界，全面深入开展马克思主义新闻观的理论研究，开展江苏区域文化特色的新闻传播基础研究，开展其他新闻传播理论与应用研究，突出对江苏实践的历史经验总结和现实问题回应，积极推进科学研究的团队化、特色化。

五是学科专业整合计划，点面并行，强化内涵建设，突出重点和品牌领域，做到以

点带面，层层推进。努力创造条件实现学科建设的新突破，在建设好现有新闻学博士点的基础上，积极申报新闻传播学一级学科博士点，并由此带动学科学位点、专业的转型与建设。

在今后的工作中，我想我个人非常乐意成为一块砖，不是我们大楼改头换面的砖，而是一块能够为学院综合实力提升的助推之砖，是一块能够为老师们职业生涯发展的服务之砖，是一块能够抛砖引玉之砖，也是一块可以供大家随时“拍砖”之砖。期待在未来的工作中能够不时得到同仁们的提点和提醒，这样一定有助于我们决策的科学化、民主化，也有助于我们服务的针对性、实效性。

我深知自己的能力、水平、经验还有限，同大家对我的期待还有很大的距离，但我一定会不忘初心，竭尽全力，克己奉公，恪尽职守，不辜负岗位和时代赋予的使命和责任。同时，在学校领导的指导和支持下，团结全体老师，凝心聚力，奋力开拓，争取把我院的事业推上一个新的台阶。

（张晓锋）

第9章 中国新闻传播教育史钩沉

9.1 关于新闻传播学学科评议组成立前后的回忆

1981 年，国务院学位委员会组建学科评议组。当时的新闻学属法学门类一级学科社会学内的二级学科，后划归文学门类一级学科中国语言文学内的二级学科。复旦大学新闻系主任王中教授作为新闻学方面的代表，参加第一、第二届学科评议组活动。在其任内，1981 年中国人民大学、复旦大学和中国社会科学院研究生院获新闻学硕士学位授予权。1984 年，中国人民大学、复旦大学获新闻学博士学位授予权，北京广播学院获新闻学硕士学位授予权。1986 年，武汉大学、暨南大学、广西大学和四川省社科院获新闻学硕士学位授予权。1992 年后，由中国人民大学新闻学院方汉奇教授继任第三届学科评议组成员。在其任内，1993 年、1996 年相继新增加南京大学、厦门大学、清华大学、华中理工大学等 11 个新闻学硕士点。

1996 年春，国务院学位委员会办公室提出将研究调整一级学科设置问题。当时，方汉奇在文学学科评议组内提出，新闻学应当成为文学门类中与中国语言文学并列的一级学科。这个建议得到文学学科评议组的一致同意，并上报国务院学位委员会。与此同时，复旦大学丁淦林教授在教育部人文社科研究专家咨询委员会中也呼吁此事。我于同年 6 月 17 日，致函国务院学位办，提出将新闻学学科列入一级学科的建议。1997 年 5 月，国务院学位委员会组建第四届学科评议组时，决定将新闻学由二级学科提升为一级学科，定名为新闻传播学，下设新闻学、传播学两个二级学科，并组建首届新闻传播学学科评议组，聘请方汉奇教授为评议组召集人，丁淦林教授和我为评议组成员。我们首先拟定了新闻传播学学科简介。该届任内召开过两次评议组会议，第一次是 1998 年 5 月，国务院学位委员会学科评议组第七次会议期间，此次评审通过了北京广播学院和中国社科学院研究生院为新闻学博士点，复旦大学和中国人民大学增设传播学博士点。另增列河北大学等 6 个新闻学博士点和中国人民大学、复旦大学和北京广播学院等 9 个传播学硕士点。增列的博士点和硕士点为历届之最。1999 年 1 月 18 日《中华新闻报》头版头条以“新闻传播学由二级学科升至一级学科”为题作了报道。第二次是 2000 年 9 月，国务院学位委员会学科评议组第八次会议期间，讨论评审新闻传播学一级学科点事，中国人民大学、复旦大学和北京广播学院成为首批新闻传播学一级学科授权点，武汉大学获新闻学博士点。另，从该届起，新闻传播学类的硕士点评审改由有关高校所在地评审，上报学位办批准公布。两次会议期间，我们 3 人留下了一张合影，遗憾的是当时未注明日期。2003 年春的第九次会议因“非典”肆虐改为通讯评议。我受聘担任复评专家。复评结束，武汉大学获新闻传播学一级学科授权点，华中科技大学获新闻学博士点。该届评议组于 2003 年 6 月换届，我们 3 人均不再担任学科评议组成员。

附：

关于将新闻学学科列入一级学科的建议

国务院学位委员会办公室：

近闻今年学位办将研究一级学科设置的调整问题。现根据本人从事新闻学教学和研究工作三十多年的认识和体会，提出将新闻学学科列入一级学科的建议，望予考虑。

1990 年国务院学位委员会第九次会议通过的《授予博士、硕士学位和培养研究生学科、专业目录》（以下简称《目录》）中将新闻学列入文学门类一级学科中国语言文学内，与中国现当代文学、中国古代文学、语言学、现代汉语、汉语史等并列为二级学科。

改革开放以来，我国新闻事业蓬勃发展，从业人员已达 50 万人左右，报刊、广播、电视、通讯社等新闻媒介在社会生活各方面的影响和作用日趋扩大。与此同时，新闻学教育和研究事业也有了很大的发展和进步，面对新闻事业（包括新闻教育在内）的新形势，我和我的许多同事越来越感到新闻学学科在《目录》中的地位与上述情况及相关情况有不少不适应之处，例如：

第一，与新闻高等教育的发展不相适应。我国高校的新闻专业点在 1983 年以前只有人民大学、复旦大学、北京广播学院等三四家，目前，据中国新闻教育学会调查，全国设有新闻学类专业点的院校已有六七十家，专业点近百个，建有新闻学院（或新闻传播学院）的高校也有十来所，并设有新闻研究所（室）10 个左右，估计全国从事新闻学教研工作的教授、副教授在 200 人左右。在国家教委 1993 年 7 月颁布的普通高校本科专业目录中，新闻学类已被列入文学门类的一级学科，包括新闻学、广播电视新闻、国际新闻、广告学、播音和体育新闻等 6 个专业。

第二，与新闻学研究事业的发展不相适应。改革开放十多年来，新闻学研究已逐步形成包括高校新闻学院系、中国社科院及地方社科院的新闻研究所（室）、中央和省级新闻单位的新闻研究所（室）等几支大军组成的研究队伍，专职研究人员估计有数百人，其中高级职称人员也有百人左右。“八五”期间，全国社科规划办主持的国家社科基金项目中已将新闻学科与哲学、经济学、法学、中国文学、语言学等 17 个学科并列，并设有新闻学学科规划、评审组，每年负责评审新闻学学科申报的科研课题，并提出新闻学学科课题指南。

第三，与新闻学学科在国家标准《学科分类与代码》中的地位不相适应。1992 年 11 月，国家技术监督局发布的国家标准《学科分类与代码》中已将“新闻学与传播学”与哲学、语言学、文学、艺术学、历史学、经济学、政治学、法学等同看待，均列为一级学科。其下所属二级学科有新闻理论、新闻史、新闻业务、新闻事业经营管理、广播与电视、传播学等。这表明，新闻学学科已得到社会和学术界的认可。

第四，与新闻学科十多年来的发展状况不相适应。我国的新闻学教育和研究始于 1918 年的北京大学新闻学研究会。自那时开始到 1978 年三中全会前，新闻学研究进展缓慢而曲折，据统计 60 年间出版的新闻学著作不超过 400 多种，而 1979 年以来的十多年间出版的新闻学著作已超过 1000 种，内容包括新闻理论、新闻史、新闻业务、新闻人物、新闻法规、新闻工具书、外国新闻理论与实务译著等。其中有不少代表性的上乘之作。经过最近十多年的努力，新闻学已趋于成熟，其内部体系结构和相关学科已基本形成，所谓“新闻无学”的说法已经不再有市场了。

鉴于上述情况，我郑重建议在修订《目录》时将新闻学学科由二级学科调整为一级学科，以促进新闻学教育和研究的进一步发展，同时也有利于更好地培养新闻学研究生。对于新闻学学科所属的二级学科，本人认为可以包括新闻理论、新闻史、新闻业务、广播电视、传播学等。究竟确定哪些作为新闻学的二级学科，建议组织专家专门论证，以使其符合于《目录》的总体要求。

以上建议仅供参考，不妥之处，请指正。

赵玉明

1996 年 6 月 7 日

（赵玉明）

9.2　我与传播学大师面对面

——纪念威尔伯·施拉姆访华35周年

虽为一面之缘，却长久念兹在兹，此话用在我身上十分贴切。那段发生在1982年春季的难忘记忆就印证了这一点。

在中国传播学发展史上，有一位扮演“布道者”角色的关键人物，他就是美国传播学“鼻祖”威尔伯·施拉姆（Wilbur Schramm，1907—1987）。1982年4月至5月间，施拉姆由他的学生。香港中文大学余也鲁教授陪同访问中国，先后到访广州、上海和北京，开启了“传播学进入中国的破冰之旅”（余也鲁言）。机缘巧合的是，当时正在复旦大学新闻系读书即将毕业的我，有幸在上课的教室里与这位传播学大师面对面，并且给他拍了照。学生时期的这段难忘经历，使我和我所在的“7813”（复旦大学新闻系1978级序列号）群体成为传播学在中国发展的亲历者、见证人（见图9-1）。

图9-1　威尔伯·施拉姆

复旦大学新闻系1978级学生　陈小鹰　摄影

2017年是施拉姆访华35周年，也是他仙逝30周年。在这一特殊时刻，在中国传播学兴盛发展的今天，在这一即将问世的《中国新闻传播教育年鉴（2017）》平台上，回忆并记录这段与施拉姆的一面之缘，别有一番滋味与意义。

其实，在见到大师本人以前，传播学以及施拉姆本人的大名我们已有耳闻，这应该得益于我们是复旦大学新闻系的学生，近水楼台先得月。复旦大学新闻系创建于1929年，是中国历史最悠久、名扬海内外的新闻教育机构之一。早在建系之初，第一任系主任谢六逸教授即提出“期与国外大学新闻学科媲美”的办学目标。1935年，新闻系举办“世界报纸展览会”，展出了33个国家的2000多种报纸，被誉为“中国新闻史上的创举”。复旦大学老校长、著名教育家陈望道教授于1941年出任新闻系主任，把“好学力行”作为系铭，并由他发起创办“新闻馆”。“复旦新闻馆，天下记者家”这副对联，一时间闻名遐迩。能够进入复旦大学新闻系读书，不知是多少年轻人的梦想。我们这批

1978级大学生是幸运的。作为“文革”后首次全国统考招录，全国有近600万人参加考试，只录取了27万人，其中就包括我们7813班61名幸运儿。

对知识的渴望和对大学时光的珍惜，使同学们入学伊始就一头扎进图书馆、阅览室饱读群书。我清楚地记得，在新闻系资料室书架上陈放着一套1956年创办的介绍国外新闻学研究成果与动向的内刊《新闻学译丛》。我从其中刘同舜和郑北渭两位老师的文章中，第一次读到了一个完全陌生的词汇“群众思想交通”。这是一篇介绍有关Mass Communication的文章，当时这个词汇被译为“群众交通”或“群众思想交通”，这应该是我见到的国内最早介绍传播学相关知识的文章了。

传播学在中国的发展可谓一波三折。记得我的恩师丁淦林先生当年曾提及，我们的系主任王中先生早在1957年初就在课堂上引用过大众传播学的有关知识。但随着反右斗争的开展，传播学译介工作被迫中断。1977年后，随着高考制度改革和学术研究的回归，传播学研究逐渐得到复兴。就在我们即将进入大学之际，1978年7月，郑北渭老师在系编《外国新闻事业资料》第1期上发表了翻译文章《公众传播工具概论》《美国资产阶级新闻学：公众传播》。同年11月，《外国新闻事业资料》第2期又刊登了陈韵昭老师译自美国传播学家埃德温·埃默里的文章《公众传播的研究》。1981年6月，居延安老师完成了国内首篇以传播学为题的硕士论文《美国传播理论研究》并通过答辩。特别值得一提的是，1980年陈韵昭老师为我们班开设了介绍西方新闻学、传播学的选修课程，1981年她在系编《新闻大学》上连载《传播学讲座》，深受同学们欢迎。王中先生和葛迟胤先生在给我们开设的新闻理论研究课程上，也提到过一些传播学知识。

追忆这段历史是要表明，作为新闻学专业学生，我们从1978年入学伊始就开始接触了解传播学，对施拉姆其人其事也有了一定印象。但在改革开放之初那个特定年代里，我们从未奢望有一天能亲眼见到这位大洋彼岸的传播学大师。

施拉姆此次破冰之旅，源自当年在广州举办的全国“电化教育讲习会”。1978年我国电化教育重新起步后，教育部组团到香港考察。在香港中文大学传播研究中心参观时，传播系主任余也鲁教授介绍了传播理论、媒介与教育的关系。同行的广东省高教厅领导深受启发，随即邀请余也鲁到华南师范大学作学术报告。余教授欣然接受，并提出到美国邀请他的老师施拉姆一同前来。经过两年多的准备，师生二人终于成行。

1982年4月21日，时任美国夏威夷大学东西方研究中心传播研究所主任的威尔伯·施拉姆携夫人一道来华，由余也鲁陪同，在广州举办了为期一周的全国“电化教育讲习会”，主要介绍现代传播和媒体教育。施拉姆的“教育传播理论”不是在美国，而是首先在中国公开发表，之后又在余也鲁教授协助下建立了中国特色的“教育传播理论”。不曾想，此次讲习会的消息迅速传到了上海和北京。复旦大学、中国社会科学院新闻所、中国人民大学等单位随即邀请他们访问上海和北京。几经商讨，他们最终决定延长留华时间至5月初，这就促成了我们与传播学大师在上海的一面之缘。

这里要记录一段小插曲。人们常用“宣伟伯”来称呼施拉姆，很多人只知道这是余也鲁先生给他取的中文名，但取名的具体由来和寓意却鲜为人知，我也没有在公开发表的文献中找到相关说法。在我的记忆中，余也鲁先生是向我们做过解释的。余到美国邀请施拉姆一同访华，启程前他对老师说，我们要去的中国是一个神秘的国度，他们拥有悠久的传播历史。但是在汉语中并没有“传播”这一词汇，对传播学概念更是陌生。作为传播学家你要去中国演讲，必须让他们能够产生亲近感，给你取一个中文名字便于交流。施拉姆欣然接受了这一建议。余也鲁说，中国有一个家喻户晓的词汇与传播的含义最接近，那就是“宣传”，你就叫宣伟伯吧。也就是说你是在宣传研究方面的一位伟大的长者（施拉姆来华时已75岁高龄）。我听说他中文名字还有一个写法是“宣伟博”，意为施拉姆是在宣传研究方面的一位伟大的博士，这也是说得通的。之所以我对余也鲁讲的取名字的故事印象深刻，是因为当时我就在想，他们不愧为研究传播学的大师，取名字本身不就是一种传播的行为和艺术么！

施拉姆一行在复旦大学主要有两场学术活动，一次是在4月29日举办的大型报告会，在一个可容纳300人的阶梯教室进行，我看到有学者在文章里对此次报告会有所提及。但事实上在报告会以前还举办过一次小范围座谈会，似乎没有文章提到过这次座谈会，我借此机会做一个补记。

我班同学李晓露对施拉姆复旦之行至今记忆深刻。据他回忆，那次座谈会也就二三十人参加，包括我们班和77级部分同学。我的印象中还有王中、郑北渭、舒宗侨、陈韵昭等几位老师在场。记得座谈会是在4月28日，一个阳光明媚的上午，地点在第三教学楼南面的一间教室里，讲桌上摆放着鲜花。施拉姆和余也鲁步入教室时向同学们挥手致意，同学们鼓掌欢迎。他们师生二人西装革履，笑容可掬，分坐在一对藤椅上。施拉姆满面红光，仪表堂堂，瘦高个，很精神，但说起话来有点柔声细气，与外貌似乎不大般配。余也鲁个头稍显矮小，戴副眼镜，显得精明干练。当时有同学戏言他不像是教授，那做派很像是十里洋场的一个洋买办。我们当时都学过专业摄影，学校发给我们每人一部海鸥135单反相机用于实习。那天我和几位同学都给他们拍了照片，珍藏至今。印象中我班陈小鹰同学拍的照片最好，抓到了施拉姆演讲时那眉飞色舞的精彩瞬间。

据李晓露同学回忆，座谈会伊始余也鲁首先讲话，他十分幽默地说，天不怕地不怕就怕广东人说普通话，我做不得翻译，请贵系陈韵昭女士代劳吧，谢谢，随即起身鞠躬。座谈会从始至终气氛热烈亲和，互有问答。记得李晓露同学当场提问：传播与宣传的关系若何？如果说传播是“客观”性质的信息广播行为，那么，是否宣传不算其内？施拉姆谈了自己的观点，并且说这个问题很好，值得研究。

在 4 月 29 日的报告会上，施拉姆和余也鲁分别发表演讲。施拉姆讲的主题为“报纸的力量和电视的力量”，同时对美国传播学研究的情况做了一些介绍。记得他说，传播是人类的天性，人是最讲究传播的动物。婴儿呱呱坠地时第一声啼哭，就是一种传的行为，宣示一个新生命的开始。施拉姆一个半小时的演讲结束后，余也鲁开始第二讲。他利用电视纪录片的形式介绍了香港中文大学新闻传播系的教学情况，并就“在中国有无进行传播研究的可能”谈了看法，首次提出了“中国传播学研究”这一主题。

与大师面对面无疑是兴奋的。那时的大学生多有记日记习惯，我也不例外。其中就有那天与施拉姆一行见面的记录，原文是这样的：

> 今天上午，美国东西方研究中心博士、传学奠基人宣伟伯和他的大弟子香港中文大学传播系教授（主任）余也鲁来到我系，与我班见面并讲话“电视与报纸”。
>
> 宣伟伯的传学理论三年级时陈韵昭副教授给我们讲过，虽然目前在我国有些理论还不适用，但理论本身是很有价值的。那时就想见见这位传学大师。
>
> 宣伟伯今年 75 岁，但看上去最多 60 岁，满面红光，瘦高个，很精神，长得有点像美国总统里根。他讲话时有个习惯动作，双手总爱做成一个“A”金字塔形，而且挤眉弄眼很风趣。
>
> 余也鲁做翻译。他们说是第一次合作，常常出现戏剧性场面，往往是余的中文还未译完，宣就开讲了。最后不得不采用拍桌子为号的方法。
>
> 讲演后，同学们递条子提问题。刘晓红提了两个，其中一个是宣传与“魔弹说”的关系。宣说这个问题提得好，可得个“A”。
>
> 如果说在学生时代我就对传播学有什么深刻理解，甚或说对施拉姆来华意义有何洞见，那是言过其实。但作为新闻学专业即将毕业的大四学生来说，能有这样一个与大师面对面的机会确实是备感荣耀的，这大概就像今天年轻人那种“粉丝”或“追星”的感觉吧。

施拉姆复旦之行是短暂的，从 4 月 27 日抵沪到 4 月 30 日离沪赴京不过三天多时间，但一面之缘给我的记忆却是长久而深刻的。应该说施拉姆在中国对传播学的布道，对我们那一代年轻人产生了直接或间接影响。我们班上著名的“三剑客”祝建华、陈怀林、赵心树就在毕业不久赴美攻读传播学博士，他们以后的学术生涯与传播学研究结下了不解之缘。我本人在大学从事新闻传播教学科研至今已整整 35 年，施拉姆传播学思想对我产生的影响也是潜移默化的。记得我入职天津师范大学新闻学专业后首次登台讲授“新闻采访学”，就组织了一次模拟新闻发布会。我运用拉斯韦尔“五 W 模式”分析发布会质量，同学们感到耳目一新。

如果今天让我归纳施拉姆那次破冰之旅的意义及其影响，我想用“顶天立地”四个字概括。所谓顶天，就是传播学作为“舶来品”最终与新闻学一并晋升为一级学科，意味着传播学在中国的学科地位得到确立与公认。所谓立地，就是中国人一向陌生的传播概念从此脱去神秘，走向日常，成为大众生活实践的一部分。施拉姆来华当年的 11 月 23 日至 25 日，首次全国传播学座谈会（后统称为第一次全国传播学研讨会）在北京召开。会议提出对西方传播学要“系统了解，分析研究，批判吸收，自主创造”，这就是后来人们所称的“十六字方针”，由此中国掀起了传播学研究的第一次高潮。在 2012 年施拉姆访华 30 周年之际，多位学者撰文纪念。随着传播学在中国逐渐成为显学，人们越发深刻认识到 1982 施拉姆中国之行的开创性意义。

白驹过隙，转眼已经 35 年。一面之缘，终身受益。如今，每每和学生们谈及这段历史，我都有一种荣耀之感。作为传播学中国发展的见证人和参与者，我有责任把这段历史和感受记录下来，也算是对施拉姆中国之行 35 周年、仙逝 30 周年的一个纪念吧。

2017 年是传播学集大成者和创始人威尔伯·施拉姆访华 35 周年。

（孙瑞祥）

9.3　余也鲁与传播学的引入

传播学在中国的出现是“西学东渐”的结果。事实上，早于 20 世纪 50 年代，当传播学在美国成为一门学科后不久，便有一些学者将其译介至中国大陆，但在当时的政治氛围下，这种引入并未形成规模，也没有产生大的影响。目前，学者们公认的传播学在中国内地的开端始于 20 世纪 80 年代初，余也鲁则被视为推动中国传播学发展的标志性人物。

余也鲁为江西奉新人，抗战期间在西南联大修读社会学，后毕业于中央政治大学新闻系，并于 20 世纪 60 年代赴美国斯坦福大学跟随威尔伯·施拉姆（Wilbur Schramm）攻读传播学硕士学位。至 1966 年，余也鲁自美国学成返回香港后创办了香港浸会学院（后改称浸会大学）传理系，下设新闻、广播电视、广告公关与电影四个专业，此后又于 1975 年出任香港中文大学传播学讲座教授，兼任传播研究中心主任与传播系系主任。他是最早到传播学发源地美国学习传播学的中国学者，也是最早将传播学引介到香港乃至亚洲的学者，曾主编英文《传播季报》，著有《杂志编辑学》《门内门外——与现代青年谈现代传播》，译著有《传媒、信息与人：传学概论》《美国史纲》《顽童流浪记》等，并编有英文《亚洲的妇女与媒介》（Women and Media in Asia）、《香港传播资料索引》等论著。

9.3.1　传播学在中国的“破冰之旅”

在改革开放后带来相对宽松的社会环境下，时任香港中文大学讲座教授与传播系系主任的余也鲁与他在斯坦福大学研读传播学时的导师施拉姆于 1982 年春天一道来到中国大陆开办了一些传播学短期讲学班及研讨会，此行被余也鲁称为传播学进入中国大陆的“破冰之旅”。①

余也鲁与施拉姆一行先是于 1982 年 4 月在广州举办了为期一周的全国“电化教育讲习会”，介绍现代传播和媒体教育。而后，他们又在上海复旦大学作了主题为“报纸的力量和电视的力量”的讲座，介绍了美国与香港的传播学研究及教学情况，并且首次提出了“中国传播学的研究”这个主题。此后，他们再赴北京，在人民日报社、中国社科院以及中国人民大学开展了一系列的讲座及交流活动，数次阐明了传播对国家发展、社会变革的意义。在 5 月 3 日与社科院新闻研究所的学者讨论新闻学与传播学的区别时，余也鲁认为“它们大不同，范围也不同，内容也不同，圈子也不同。我说（传播学）那根本就是一个新的门、一个新的领域了，新闻只是传播里面的一部分”②。而在 5 月 5 日于中国人民大学新闻系所作题为《传学的发展状况》报告中，施拉姆和余也鲁更进一步指出，“在未来的一百年中，分门别类的社会科学——心理学、政治学、人类学等等——都会成为综合之后的一门学科。在这门学科里面，传的研究会成为所有这些基本学科的基础，研究讲话、编写、广播这些技术都同传的过程密不可分。因为要牵涉到这些基本的技术问题，所以综合之后的社会科学会非常看重传播学的研究，它将成为综合之后的新科学的一个基本学科”③。这是中国内地的新闻传播学研究者们第一次与西方传播学者直接接触与对话，余也鲁与施拉姆对传播学的引介打破了中国大陆长期

---

①　余也鲁. 传播学与“中国传”在中国破冰之旅［D］. 王怡红、胡翼青编. 中国传播学 30 年. 北京：中国大百科全书出版社，2010：609.

②　余也鲁，施清彬，崔煜芳，章琪琦. 中国传播学研究破冰之旅的回顾——余也鲁教授访问记［J］. 新闻与传播研究，2012（4）.

③　陈崇山. 施拉姆的理论对我的指引［J］. 新闻与传播研究，2012（4）.

以来为党报理论统领的新闻学研究的拘囿，拓宽了学者们的学术眼界，在当时的中国大陆学术界“引起不小的震动”。

破冰之旅后，传播学在中国大陆引发学界、业界乃至政府部门的高度关注，迅速发展起来。1982 年 11 月，由中国社会科学院牵头，中国人民大学、复旦大学和《新闻战线》杂志社等单位联合召开了首次全国性的传播学研讨会，对传播学产生的历史背景和社会条件，与新闻学的关系以及基本理论与方法进行了讨论分析，确立了国内发展传播学的 16 字方针，即“系统了解、认真研究、批判吸收、自主创造”。1983 年，中国社会科学院新闻研究所编著的《传播学》由人民出版社出版，这是中国大陆第一本关于传播学的书，其中采用了 22 个版面刊登了余也鲁翻译的施拉姆所著的《传媒、信息与人：传学概论》一书的摘要。第二年，余也鲁翻译的《传媒、信息与人：传学概论》① 在中国大陆由新华出版社出版。此后，一大批传播学的译著及论著纷纷面世，由此开启了传播学在中国的大发展，并直接为改革开放后发生的新闻改革提供了理论支持。

9.3.2　传播学中国化议题的提出

余也鲁对传播学在中国大陆发展的贡献不仅体现在将西方传播学理论的引入与介绍，还体现在他极力倡导传播学研究的中国化与本土化。

余也鲁对传播学中国化的关注源于其导师施拉姆。1977 年，施拉姆在香港中文大学讲学及对中国文化探讨的过程中，“发现‘中国人在数千年有记录的历史中，和比有记录的历史更悠久的传统中，一定经历了一切人的传统的经验与尝试’。他认为凡是会在一个社会中发生的事，几乎全在中国发生过。中国人在传统方面发展出来的观念，得到深刻的体认，尝试过的方法，以及接受或者拒绝这种方法的经验，不仅可以促进传播学思想在亚洲的发展，也可以大大供西方学者借鉴。他像我一样深信：从具有这么悠久历史的中国文化中，一定可以找出不少亮光，让我们可以更清楚地认识人类的传的行为”②。这一观点得到了余也鲁的传承，在余也鲁为《传媒、信息与人：传学概论》写作的代序《中国文化与传统中传的理论与实际的探索》中，他指出：“我们除了可以在中国的泥土上学习与复验这些理论外，以中国人的智慧，应该可以从中国的历史中找到许多传的理论与实际，用来充实、光大今天传学的领域。”而在施拉姆访学的第二年，余也鲁就分别于香港和台湾两地举办了为期一周的“中国文化与传统中传的理论与实

① 该书最早于 1977 年由余也鲁翻译为中文，并由香港海天书楼出版.

② 余也鲁. 中国文化与传统中传的理论与实际的探索［M］. 宣伟伯著，余也鲁译述. 传媒、信息与人：传学概论（最新增订本）. 北京：中国展望出版社，1985：Ⅹ-Ⅺ.

际”研讨会，找出了传播学中国化研究的“12 个探索的入口”，包括传与创新、政治传通的结构与途径、传与革命、人际传播的特征、说服的理论与实际、环境与传通、符号与传、民间传通途径、传播工具及其影响、中外文化接触中的“传”的活动、从语言的浓缩与过滤中找“传”的原理、基本的传的观念的研究。

在余也鲁和施拉姆 1982 年访华时，这种对传播学中国化的倡导贯穿始终，尤其在北京发表的《在中国进行传播学研究的可能性》的报告中，余也鲁从传播学视角对王安石变法以及运河对国家的贡献予以解读，从中归纳得出“中国的文化遗产里面有相当丰富的知识的积累……中国传播学的研究应该是非常有意义的，是我们的力量能够做的，而外国人不能做。因为他们要从中国的文学、历史、哲学的书籍里面看到我们的弦外之音……恐怕是很难的，他们的文字知识再好也不成”的见解。①

这些关于传播学中国化的观点得到了中国大陆学者的认同与支持，如此前文提及的首次传播学研讨会确立的“系统了解、认真研究、批判吸收、自主创造”的 16 字方针就体现出大陆学者对西方传播学批判性引入及中国传播学自主性建立的认识。在 1986 年召开的第二次全国性的传播学研讨会上，更为明确的“建立有中国特色的传播学”则成为与会代表共同认可的传播学在中国的发展目标。

此后十余年，余也鲁继续致力于推动传播学的中国化。他于 1993 年在厦门组织召开“海峡两岸中国传统文化中传的探索座谈会”，会上来自社会学、历史学、新闻学等不同学科的学者共同探讨中国传统文化中传的理论与实践议题。1994 年，余也鲁又与徐佳士、郑学檬、孙旭培和郑松锟在厦门召开了碰头会并组成一个委员会，全面推动传播中国化研究。1997 年由人民出版社出版的《华夏传播论》，以及由北京文化艺术出版社出版的《说服君主——中国古代的讽谏传播》《汉字解析和信息传播》以及《传在史中——中国传统社会传播史料初编》组成的华夏传播研究丛书都是这次会议直接促成的结果。在余也鲁等人的推动下，不少内地学者纷纷进入传播学中国化的研究领域，中国特色传播学的建设也成为中国传播学发展的重要使命。

9.3.3　传播学教育建制化历程的开启

改革开放后，新闻改革的深入以及新闻业、广告业的蓬勃发展产生了大量的人才需求，而余也鲁与施拉姆的“破冰之旅”中对美国及香港传播学教学及研究进展的介绍促进了中国大陆创建传播系观念的萌生，特别是他们在北京与国家领导人见面时更是直接谈及在中国大陆开设传播学课程及专业的想法。

---

① 余也鲁. 在中国进行传播研究的可能性［J］. 新闻学会通讯，1982（17）.

当时厦门为改革开放设立的特区，对新鲜事物的接受度较高，也就成为中国大陆将传播学纳入国家高等教育体制内的首块“试验田”。1983年，厦门大学新闻传播系正式成立，下设三个专业：国际新闻，为国家培养驻外记者和对外信息刊物的采编人才；广播电视，培养电子媒体的采编与制作人才；广告公关，为企业培养公共信息制作与传播人才。厦门大学新闻传播系创办后，余也鲁即任客座教授，并在其建设初期给予大力支持。为了给厦门大学新闻传播系提供更好的教育资源，余也鲁在香港争取到海天基金在内的各种资助，形成了一个5年共25万美元的教育支持计划，主要用来为厦门大学新闻传播系从海外购买专业书籍，聘请香港美国传播学者前来讲学，并选派厦门大学青年教授赴香港、美国学习。① 在各方的支持帮助下，厦门大学新闻传播系成长迅速，已发展成为国内知名的新闻传播学院，且广告专业已是国家级特色专业。

另外，值得一提的是，除了厦门大学，中国大陆另一所学校传播类专业的发展也与余也鲁密切相关，它就是位于广州的华南师范大学。1982年，余也鲁与施拉姆访华的首场报告即发表于华南师范大学，报告讲稿整理后于1988年由高等教育出版社以《传媒·教育·现代化：教育传播的理论与实践》为名出版。此后，余也鲁还进一步参与到该校传播与教育方面的学科发展中，如选派教师赴香港或美国进修或攻读学位，邀请美国教师到该校授课，以及参与该校电化教育本科专业建设。目前，该校传播类学科建设已初现规模。

迄今，在中国大陆，传播学已成为一门“显学”，传播学教育也呈现一派欣欣向荣的景象，其中余也鲁的贡献值得铭记。

（殷　琦）

9.4　激情澎湃的岁月

——忆1983年“人大”新闻系教师进修班

时光荏苒，岁月如歌，34年一晃而去，但回首1983年“人大”新闻系教师进修班的情景，仍恍如昨日，历历如在眼前。当年曾担任中国新闻史主讲教师的方汉奇先生，在2015年庆祝中国人民大学新闻系建系60周年大会上的讲话中，深情地回忆道：“20

① 胡百精. 中国公共关系史［M］. 北京：中国传媒大学出版社，2014：48-49.

世纪 80 年代是中国新闻教育大发展的时期，‘人大’新闻系配合中宣部创办了专门培养新闻史论教学师资的教学班，为全国新闻教育机构输送有生力量。当年这两个班的不少学员，现在已经成为今天新闻学界的骨干力量、领军人物。”无论从改革开放 30 多年中国新闻事业大发展，还是从新闻教育事业大发展的角度看，1983 年“人大”新闻系教师进修班都是一个标志性事件。

9.4.1　进修班开办缘起

1983 年在中国新闻教育事业发展史上有着重大的意义。在当年的 5 月 25 日至 6 月 1 日，中宣部和教育部首次联合召开新闻教育座谈会，会上着重讨论了新时期我国新闻教育事业的发展规划和新闻教育的改革问题。9 月 10 日，中宣部和教育部联合发出《关于加强新闻教育工作的意见》（1983 年 8 月）等重要文件［俱载于《新闻业务》1983 年第 7 期及《中国新闻教育年鉴》（1984 年卷）］，要求各地有条件的高校创办新闻学系科。因此，从 1983 年下半年起，我国高校出现了第一个创办新闻系科的热潮。当年全国新增设新闻系或新闻专业的高等院校就有吉林大学、兰州大学、新疆大学、宁夏大学、武汉大学、华中工学院（华中科技大学前身）、厦门大学（当时该校新设了全国第一家“传播系”，由香港中文大学新闻传播学系主任、传播研究中心负责人余也鲁促成创办）等，从而使全国设有新闻系、新闻专业的高等院校达到 21 个，包括新闻专业点 33 个、国际新闻专业点 5 个、广播电视新闻专业点 5 个、新闻摄影专业点 3 个、播音专业点 2 个、广告学专业点 2 个、广播电视专业点 1 个；专职教师共计 880 人，包括教授 40 多人，副教授 240 多人，讲师 300 多人，助教 260 多人；在校生共计 5000 多人。

全国新闻座谈会刚刚结束，鉴于当时全国各大学新创办新闻系师资力量紧缺的情况，教育部剑及履及，马上委托中国人民大学新闻系负责开办教师进修班，为全国各地大学新开办的新闻系及专业点培训师资。

笔者当年的所在单位武汉大学，也在那年的 6 月底开始筹办新闻系。当时武大校长是著名教育家刘道玉。刘校长请当时在学校宣传部工作的吴高福老师牵头筹建武大新闻系。吴老师当时单枪匹马、光杆司令一个。他找到了当时在武大中文系古汉语教研室任教的笔者和萧有成老师，问我们愿不愿意转到新闻系工作。当时，笔者和萧老师参编 8 年的国家重大文化工程项目——《汉语大字典》已杀青。经过考虑后，我俩就一口答应了。这样，我们仨实际上就成了武大新闻系的始作俑者。7 月，学校派笔者和萧老师参加“人大”的教师进修班学习。办妥了诸项入学手续（包括转粮油关系、户口）后，9 月初我俩便乘火车赶赴北京。

进修班于1983年9月10日正式上课，学时一年，学员都是来自全国大学新创办的新闻系的教师，共计25人。进修班采取自学、听课和专题研究相结合的方式进行学习。学员在进修期间还要结合专题研究写出部分讲稿，并进行试讲。经过一学年即两学期的强化培训后，于1984年7月结业。学员们回到各自大学后，立马顶上去，投入紧张的“新闻理论”“新闻史”课程教学中。

9.4.2　“同学少年多不贱”

当时“人大”新闻系教师进修班分为新闻史班和新闻理论班两个小班，他们都是由全国各地著名大学中刚刚创办新闻系（或新闻专业）的大学，选派到“人大”新闻系进修学习的。其中，新闻史班共8人，他们是：龚文灏（华中科技大学，后调到上海纺织工业大学），白润生（中央民族大学）、乔云霞（河北大学）、曾宪明（郑州大学，后调至湖北大学）、刘家林（武汉大学，后调至暨南大学）、陈华（暨南大学，已去世）、李文（兰州大学，后调至陕西师范大学）、钟启元（山西大学，后调至山西党史研究室）。班主任是陈业劭老师，主讲教师为方汉奇老师，班长为龚文灏。新闻理论班17人，分别是：萧宝航（宁夏大学）、萧有成（武汉大学，后调至深圳警察学校，已去世）、黄旦（杭州大学，后调至复旦大学）、段京肃（兰州大学，后调至南京大学）、芮必峰（安徽大学）、刘滢（宁夏大学，后调至工人日报社）、纪华强（厦门大学，后调至复旦大学）、华义兴（后任苏州纪元铸压厂董事长）、李广增（河北大学，已去世）、薛宝生（后调至中央政策研究室）、董炜（后调至最高人民法院）、崔永泉（吉林大学，后调至长春电视台）、阎建设（新疆大学）、孙振斌（后到哈佛大学）、祝昌泽（暨南大学，后调至广州电视台）、张晓谦（江西大学，后调至江西省委宣传部）、戚海龙（华中工学院）。新闻理论班班主任是成美老师，班长萧宝航。

教师进修班同学结业后，大部分同学一直坚守在大学新闻传播学理论、实务及新闻传播史学教学、科研岗位上，并终身以之。随后，有的同学出国深造，专攻新闻传播学；有的考博攻读学位。此后，他们都先后成为各校新闻传播学科的骨干和领军人物，也是新闻传播学科较早的一批硕导、博导。其中佼佼者如新闻传播理论班的黄旦、段京肃、芮必峰，他们都在各自的研究领域，奋斗拼搏，学术成就卓著。新闻史班的白润生、乔云霞、曾宪明、李文、刘家林等则在中外新闻传播史研究的园地里，辛勤劳作、硕果累累。犹记白润生老师当时是最年长的学员，笔者当时刚进30岁，他已是44岁了，年长14岁。他当时已经出版了研究报告文学史的专著。我俩当时同居一室，他勤奋至极，每晚阅读到深夜。以后，白老师专攻少数民族新闻传播史，数十年孜孜不倦，潜心著述，是这一研究领域的开拓者和权威学者。乔云霞、曾宪明老师则专门从事中国新闻界人物研究。笔者研究领域则较为驳杂，主要从事中国新闻史、中外广告史及新中国新闻传播史的研究。而最早在武汉大学中文工作时，笔者是在古汉语教研室任教，故 30 多年来，一直坚持为本科生讲授古代汉语课。

人生易老，岁月无情，34 年弹指一挥间，当年进修班同学中，几位年长的同学，如白润生、乔云霞老师等，现都已退休了，但“老骥伏枥，志在千里；烈士暮年，壮心不已”，他们的心永远年轻，他们退而不休，仍然在从事新闻学术的研究工作。当年进修班里的几位“小”字辈同学，如黄旦、段京肃、李文、纪华强、刘家林等，虽然也已年届花甲，但都还在岗，仍奋斗在新闻传播学教学、科研第一线，还在暮色苍茫中加紧脚步赶路……

9. 4. 3　“大鱼前导，小鱼尾随”

当时的中国人民大学新闻系（系主任何梓华、副系主任秦珪）对这个教师进修班是非常重视的，配备了强大的导师阵容，如甘惜分、方汉奇、张隆栋、陈业劭、成美、郑兴东、郑超然、傅显明、姜克安（梅珞）、张之华、赵玉明（时在北京广播学院）、童兵、谷长岭、俞家庆等老师都曾担任过进修班各门课程的主讲教师。还聘请业界名报人、名记者如刘尊棋（英文《中国日报》总编辑）、顾行（《北京晚报》总编辑）、柏生、金凤（《人民日报》名记者）、贾培信（《中国农民报》名记者）、洪一龙（中宣部新闻局）等来校举办专题讲座（见图 9-2）。使用的教材，新闻史方面是方汉奇先生刚出版的大作《中国近代报刊史》（上下册）。这部书是新中国成立后，中国大陆第一部近代报刊史专著，当时影响巨大，2 年多时间 3 次再版。新闻理论方面使用的教材是甘惜分先生的《新闻理论基础》。该书是新中国成立后，中国大陆第 ·部新闻理论专著，出版后也影响巨大，多次再版，发行量达十几万册。

从新闻史班的角度看，方汉奇老师主讲中国新闻史，赵玉明老师主讲广播电视史，他们两位给我们新闻史班学员印象最深、影响最大。

早年的清华大学校长梅贻琦曾说：“学校犹水也，师生犹鱼也，其行动犹游泳也；大鱼前导，小鱼尾随，是从游也。”梅氏用“大鱼前导，小鱼尾随”的“从游论”来形容老师对学生的引导影响，实在是太妙、太生动传神了。当年方老师、赵老师对我们的影响又何尝不是这样呢？

回想起来，当年方老师对我们影响，印象最深的有以下三个方面。

关于教学：老师多次谈到，要讲好课，必须先备好课，准备充分，写好讲稿。一堂课要消耗 4000~5000 字，因此讲稿要准备充裕些，宽打窄用。讲课要有条理、层次分明；语速适中，让人听懂，方便学生做笔记。板书要端正，强调重点。一堂好课，笔记

图 9-2　中国人民大学新闻系老师领导与进修班学员的合影

下来，稍加整理就是一篇好文章。

关于治学：老师强调做学问要广泛地全面地搜集资料、积累资料、占有资料，尤其是第一手资料。搜集资料、积累资料就要做卡片，老师一生做卡片数以十万计。卡片要随时加以整理，分门别类，否则就乱了套。在治学上提倡“板凳宁坐十年冷，文章不写一句空”（范文澜语）的精神，沉下心来，耐得住寂寞；要有坐十年冷板凳的毅力和读书精神。此外老师还多次强调要朝斯夕斯、念兹在兹的专注精神与耐力；要有“博观而约取，厚积而薄发”的精品意识。

关于做人：方老师处世为人，宽容厚道，有高尚的人格魅力。笔者看过好多篇他为人家著作写的序言，他都对原作做了深入的分析，充分肯定作者的学术成就，奖掖有加。笔者拙著《新中国新闻传播 60 年长编》出版后，呈老师赐教，老师给予了很高的评价，令笔者汗颜。老师的待人接物，用八字可以概括之——与人为善、成人之美。

曾记得萧军论鲁迅时说：鲁迅是他的导师、恩人。早年的他就像一盆稀汤样的豆浆，后来结识了鲁迅，鲁迅则像卤水一样，点化了他，使他变成了一块有模有样、方方正正的“豆腐”。我们 1983 年新闻史班的同学对方老师、赵老师，也有同样的感情，是他们“点化”了我们，“型塑”了我们，使我们终生受益、终生难忘。

（刘家林）

9.5　“世界华文媒体与华夏文明传播国际学术研讨会”琐忆

算起来，我投身新闻传播教育和研究 35 年了，期间自然留下了许多记忆深刻的事情，而 2001 年的“世界华文媒体与华夏文明传播国际学术研讨会”就是其中之一。时至今日，虽然已经过去 16 年了，但曾经参加过那次会议的众多海内外朋友见到我，仍然会兴奋地谈起当时的情况和感受，并始终给予高度的评价。在 2017 年中国新闻传播教育年鉴编纂即将结束的时候，张昆院长致电与我，希望我能写一点关于那次会议的文字。其实张昆院长当时因为另有公务，并没有参加那次的会议，但他从不同朋友的口中多次听到过对那次会议的介绍，也是他因为没有参加而感到遗憾的事情。他交代的这个任务又把我的思绪拉回了 20 年前。关于那次会议的学术研讨情况，黄瑚教授在当年的《新闻记者》杂志上发表过会议综述，会议的论文集后来也由兰州大学出版社出版，在此就不再赘述。我只就会议召开前后的过程做一些回忆性的讲述。

9.5.1　会议的缘起：一波三折，拖延 7 年

事情要从 1995 年说起。那一年由中国新闻史学会、新加坡南洋理工大学、华中理工大学共同发起并主办，华中理工大学信息与新闻传播学院承办的“95 世界华文报刊与中华文化传播学术研讨会”在武汉和长江三峡的游船上举行，会议开得十分成功，激发了海内外学者继续深入研究交流世界华文媒体的兴趣和积极性。会议结束时，议定今后每两年举行一次同主题会议。在确定下次会议（1997 年）的举办地点和承办单位时，中国新闻史学会会长方汉奇教授建议是否可以考虑在西北的丝绸之路沿线举行，以黄河文化呼应长江文化。时任兰州大学新闻传播系主任的刘树田教授代表兰州大学新闻传播系接受了委托，表示第二次会议由兰州大学新闻传播系承办，1997 年在兰州举行。

刘树田主任回来后即向大家传达了这一消息，全系师生都很振奋，对于地处偏僻地区的我们来说，能够承办这么一个高档次的学术会议是莫大的荣幸，随即便开始了相应的筹备过程。海内外的学者们也在期待会议的召开。可是没想到事情却发生了变化，1996 年年初，兰州大学新闻传播系领导班子换届，刘树田教授因到年龄退休，不再担任兰州大学新闻传播系主任，这一工作便被搁置了。这一搁就是 5 年。期间几乎每次参加国内学术界会议或见到海内外同行时不断有人询问此事，方汉奇会长、丁淦林副会长、吴廷俊副会长等学会领导和新加坡南洋理工大学传播学院郭振宇教授也表示过相应的关切。更有一些愿意承办后续会议的兄弟院系的领导表示了急切的心愿，我常常无以

言对。一直到 1999 年年底，兰州大学新闻传播系领导班子再次换届，我担任了系主任职务，这一遗留的工作便落在了新一届班子的身上。2000 年开始重启会议的筹备工作。经请示方汉奇会长，并同华中科技大学（华中理工大学此时已合并更名）信息与传播学院院长吴廷俊教授、新加坡南洋理工大学传播学院院长郭振宇教授商议，会议的最终时间确定在 2001 年暑期。这个时间距离第一次的会议已经 7 年了。

会议的筹备得到发起三方的鼎力支持，多次以书面和电子邮件进行汇报和沟通，得到了从会议规模、出席人员、会议主题、内容到会议议程的许多指示和建议，给我们指明了会议筹备的正确方向。特别是新加坡南洋理工大学传播学院专派徐小鸽老师奔赴兰州，就许多的细节问题进行详细的沟通，并在会议的经费方面提供了大力支持。

9.5.2　会议名称：扩展内涵，排列顺序

会议筹备中，关于会议的名称进行了多次的讨论。本来应该延续第一次会议的名称，仍然以“华文报刊”为主题词。但我们考虑到当时世界互联网已经进入普及阶段，况且世界范围内华语的广播电视媒体也早就有长足的发展和较大的规模，这些媒体已经成为传播华夏文明的重要载体，如果继续使用“世界华文报刊”则不能全面反映会议的主题和所研讨的内容。同时考虑到与会者来自海内外不同国家和地区，属于国际性学术研讨会，也应在会议名称中有所反映。最终在征得会议各主办方的同意后正式定名为“世界华文媒体与华夏文明传播国际学术研讨会”。后来根据与会代表提供的论文情况看，这一改动是合适的。由于是前次会议的延续，故将此次会议排列为“第二届”。这一名称便成为这一定期性会议的统一名称一直被使用。只是在后来的香港会议时，大家觉得这个名称过长，才进行了一点修改，但基本的意思没有改变。将对华文报刊的研究扩展到对华文媒体的研究，将这一后来在华人传播学界有影响的研讨会排序，是兰州会议的一点贡献。

9.5.3　会议的审批：一个会议，两个批件

会议的时间定下来以后即进入了筹备的操作阶段，在较大范围内发出了会议的征稿通知，并向一些知名学者发出了重点的邀请函，在很短的时间内得到了众多学者的积极响应，也进一步激发了我们筹办会议的热情和积极性。因为是档次高、规模又很大的会议，自然要向兰州大学有关领导和主管部门报告。学校领导和相关部门也很支持我们承办这一会议，但同时提醒我们，既然邀请的与会人员中有外籍嘉宾，那么就属于“国际会议”了，按有关规定需要向上级主管部门申报并获得批准后方可举行。当时我们对这些程序完全没有经验，根本不知道向谁申报、如何申报。在学校领导和社科处、外事办

领导的指点下才知道，有两个申报渠道。那么到底向哪个部门申报合适呢。反复商议后认为，为保险起见，同时向两个部门申报。于是便通过学校外事办和社科处分别提交了申办此次会议的报告。事后证明，同时向两个部门申报是正确的。报告上去后一个星期了没有任何动静，时间已经是 4 月底了，没有批复就不能发出正式的会议通知和外宾邀请函，着急呀。于是便通过熟人分别向两个部门打听，回复是一致的，他们也不能决定，已经将报告转报他们的上级。我们的心里已经是惴惴不安了，觉得事情似乎搞大了。这么一个纯学术的会议需要如此被重视，事先没有想到。终于，在 4 月底的时候外事办打电话传来好消息，外交部批复同意举办此次会议。心里的一块石头落地了。筹办的节奏立即加快，首先就是向海外嘉宾和国内学者发出了邀请函，接受海内外学者的会议论文。按照惯例，海外学者的论文由新加坡南洋理工大学传播学院负责接受和评审，大陆学者论文则分别由华中科技大学新闻与信息传播学院和兰州大学新闻传播学系负责接收和评审。最终大会收到经过评审的论文达 90 篇。进入 5 月后另一个部门的批件也到了，内容是“不拟安排”。有些尴尬的向学校主管领导报告了此事，领导说，既然外交部批了，也筹备得差不多了，你们就开吧。尘埃落定，会议如期举行。

9.5.4　会议的兰州阶段：内容丰富，气氛热烈

8 月下旬，是甘肃最好的季节，天高气爽，瓜果飘香，无风少雨，气候宜人。当然对于来自南方的嘉宾而言，感觉已有几分秋意。20—26 日，来自海内外高等院校、科研机构和大众传播媒体等 37 个单位的 80 多位新闻传播学专家聚首甘肃。这是甘肃有史以来规模最大、规格最高的一次新闻传播学国际学术研讨会，受到当地各方的高度关注和支持。

为保证会议的顺利进行和与会嘉宾的圆满接待，兰州大学新闻传播学系全体教工和研究生全部投入了会务工作，成立了秘书组负责会议各种材料的准备，接待组负责与会嘉宾的接机接站和食宿安排，后勤组负责会场的安排和相关的采购工作，外事组负责同相关部门的联络和协调。

参加会议的有来自境外包括港台以及新加坡、日本、美国等地学者达 20 多人，超过会议正式代表的四分之一，是一次名副其实的“国际学术研讨会”。列席会议的有在兰中央、省市媒体的负责人和在兰高校新闻传播系、专业的部分教师，兰州大学相关专业的教师，省市委宣传部门的领导，参会总人数达 120 多人。特别是方汉奇、郭振羽、李瞻、朱立、卓南生、丁淦林、赵玉明、罗文辉、陈韬文、彭家发、李少南、孙旭培、陈力丹、吴廷俊等知名教授的莅临为会议的高水平研讨大大增色。当时在国内学术界已经崭露头角的青年学者也成为此次会议的主要成分。郭振宇教授在会议总结中说：“可

以说是八方豪杰，论学丝路，是兰州新闻传播学界空前的盛事。”中国新闻史学会会长、新闻学前辈方汉奇教授说，这次会议必然会在新世纪2001年中国新闻传播史留下记录。

这次会议分为前后两个阶段进行。第一阶段在兰州大学逸夫科学楼举行，主要内容是大会主题报告和分专题论坛。第二阶段在丝绸之路的甘肃西段举行，由兰州至敦煌，主要内容是对丝绸之路的历史文化传播遗迹、遗址的考察、考证。

这次大会的主题是世界华文媒体和华夏文明的传播 ，具体研讨内容涉及网络传播、传播学基础理论、新闻传播事业史、海外华文媒体、欠发达地区新闻传播事业、华文地区新闻传播教育乃至海内外有关中美撞机事件的报道。中国新闻史学会会长方汉奇教授、新加坡南洋理工大学传播学院院长郭振羽教授担任大会主席并在开幕式上分别作了热情洋溢的致辞。兰州大学党委副书记、副校长甘晖，副校长杨恕，校纪委书记周玲等领导出席开幕式，杨恕副校长代表学校致辞。

两天的会议研讨共有大会主题报告三场，海内外学者发表论文十余篇。分专题论坛15场，海内外学者发表论文70余篇。会议气氛热烈，节奏紧张，大家各有收获，深感过瘾。

研讨会最大的亮点是有关网络信息科技的论文，达24篇之多，超过论文总数的四分之一，成为这次研讨会的重要议题。其中包括网络传播的使用模式和发展趋向，以及有关的法规和政策等。除此之外，也有不少篇论文分析网络传播在文化、社会及政治方面的影响，以及对其他媒体的冲击。郭振宇教授在会议总结时认为，如此集中的讨论这个问题表明：“网络传播已经是传播研究的显学，过去几年明显在国际传播学会议中成为主要课题。硕士、博士论文以网络传播作为研究题目的，不计其数。现在看来，这个课题已经引起国内学者的注意，以后这方面的研究，还会越来越多。这当然是因为网络科技确有重要影响，我们应该增加了解，才能采取适当措施，谋其利而避其害。”对于研讨会的筹备和顺利进行，郭教授代表会议主办三方也给予高度评价：“整体而言，这次兰州之会，不论用参与人数，参与地区，或论文数量，论文课题来衡量，都是极丰富，极成功的。”

两天的兰州研讨活动得到兰州媒体和兰州大学的积极支持，《兰州晨报》《兰州晚报》和甘肃电视台等媒体分别宴请了与会正式代表，大家就甘肃媒体的发展状况和未来趋势进行了深入交流，外地学者特别是海外学者带来了包括互联网媒体在内的许多新信息、新理念、新做法，使甘肃新闻界同仁感到大开眼界。当时在内地已经十分流行的“哈韩”“哈日”等现象和热词，我们许多当地人还是第一次知道，感到非常新鲜。而许多的海外嘉宾和内地嘉宾是第一次到大西北，第一次到甘肃，第一次到兰州，也感到十分地新鲜和意外。兰州的城市建设和兰州大学的发展状况同他们原先的预想有很大的差别，使他们对经济欠发达地区有了一些新的感受。为表示东道主的盛情，我们专门采购了许多兰州的特产水果白兰瓜、黄河蜜瓜、旱地西瓜和白粉桃送到大家下榻的房间，各位品尝后赞不绝口。西北干旱，昼夜温差大，水果的糖分高，内地的水果很难与之媲美。《兰州晨报》还为代表们提供了具有甘肃特色的小纪念品夜光杯，大家爱不释手。8 月 21 日晚，安排大家沿黄河岸浏览兰州夜景，对狭长的兰州滨河公园彩灯齐放、山河并行的景色众人均感颇为美观，很大程度上改变了原先对兰州的认知。

9.5.5　会议的丝绸之路阶段：长途跋涉，友谊长存

会议的第二个高潮是丝绸之路阶段。8 月 22—26 日，有 4 天的时间是全体与会学者朝夕相处的日子，许多人留下了难忘的记忆。特别是对于第一次到西北的学者来说，他们真实地感受了大漠、戈壁、雪山、绿洲的自然风貌，零距离接触了西部边关风情、文化宗教的粗犷大气和西北人热情好客的古道热肠。

从兰州到敦煌当时的铁路还不能直达，公路的距离是一千多公里。为了使大家对丝绸之路文化有切身的感受，也为了对古代丝绸之路文化的传播媒介有直观的认知，我们一开始就决定了乘汽车沿途考察的方式，丝绸之路的几个重镇是考察的重点：武威、张掖、酒泉、嘉峪关、安西、敦煌。为了沿途的顺利，我们委托了一家资质较高的旅行社负责组织和安排，对方派出了副总经理带队的强大导游团队。8 月 22 日大早，一行 120 多人三辆大巴浩浩荡荡从兰州出发。沿途交流不断、歌声不断、笑声不断。许多细节令人尴尬也令人回味。

考虑到众多学者年事已高，且大多数学者来自内地，对内陆干旱气候不适应，专门请校医院一位医生随行，她带了常用药和急救药，还带了两个鼓鼓的氧气袋，放在车上甚为显眼。有年轻学者觉得我们有些小题大做，说是沿途城市都有医院，即使有事，直接去医院就可以了，何必辛苦医生同行。但我还是坚持必须有医生。我从小生活在河西走廊，知道路途的遥远和辛苦。事实证明带医生是对的，途中还真有人身体不适，又是吃药，又是打针的。令人意外的是，方汉奇、李瞻等几位年龄较大的学者却一路无事，长途旅行后仍然精神矍铄，谈笑风生。我们一众年轻人自叹不如。

三辆大巴，安排海外和港台学者乘坐的是进口旅游车，一路顺利。而国内学者乘坐的是兰州大学的校车，虽是新车，却沿途状况不断。特别是行进在气候炎热的戈壁滩上时，我乘坐的三号车空调坏了，密闭的车辆没有空调，全车人大汗淋漓，昏昏沉沉。海外学者们知道后，唏嘘不已。

上厕所，本是极为平常的事情，可行走在当时的丝绸之路上却令人大为头疼。当时西北地区没有高速公路，我们沿 312 国道西行，途中没有服务站，而河西走廊的城市之

间距离都在200公里以上，一般要3个多小时才能到达，中途的“方便”自然成了问题。河西走廊的地貌是“两山夹一川”，公路两侧视野开阔，无遮无挡。无奈我们给大家介绍了当地人解决问题的经验，每当有需要时车队停车，以车为界，“男左女右”，大家各自在公路两旁的戈壁滩上就地解决。男士们比较容易，背身即可。苦了女士们，不得已拿出数把雨伞，有人打伞并以身体做“墙”发挥遮挡作用。河西走廊少雨，那一路雨伞的最大作用便是担此大任。来自海外和港台的学者们大概是平生第一次有了如此“豪放”的经历。每当停车的时候，听着几乎异口同声的“男左女右”调侃声，人人乐不可支，成了消除旅途疲劳的有效手段。

同行的台湾同胞中，有当时在大陆名声极大的著名歌手齐秦的母亲和姐姐齐湘（时任香港中文大学助理教授），刚到兰州时，他们曾担心出现在大陆时被媒体关注过分的场景，所以悄悄告诉我们不要透露他们的身份，我们自然也就守口如瓶。后来证明大可不必担心，几乎没有人想到我们这一支学术研讨的队伍中会有如此名人，她们并没有被认出，也没有被任何媒体关注。即使是同行的众多内地学者也只是认为她们就是来自台湾的学者而已，一路上她们没有受到任何的干扰。迄今为止，当时参会的大多数人也不知道那次的兰州和丝绸之路行的队伍中有她们二位。

9.5.6　尾声

会议的闭幕式26日晚上在下榻宾馆的餐厅举行，郭振宇教授做了会议总结。大家边吃边聊。几天下来，来自不同地方的原先不甚熟悉的众多学者已经成为朋友。同行之间在几天的朝夕相处中的深度交流，是本次会议的重要收获。它不同于许多学术会议的每人发言几分钟，然后大家并匆匆告别的那种形式。会上议定，下一届研讨会两年后在海上丝绸之路的重镇厦门举办，由厦门大学新闻传播学院承办。厦门大学陈培爱教授向大家发出盛情邀请，大家相约两年后厦门再见。

对我个人来说，这次会议还有另外一个特殊的意义。在敦煌告别了众多学者后，我们兰州大学新闻传播学系的与会老师和我们特别邀请的几位外地学者沿国道215线从敦煌南下由青海返回兰州，途中在青海湖停留一天。那天的下午我和孙振斌、程曼丽、陆晔等朋友在一个湖边帐篷里边喝当地的酥油茶边聊天，因为我已经流露过离开兰州大学的想法，最后，我下了离开兰州的决心。这次会议成为我人生的一个转折点——半年后我离开了兰州。

（作者：段京肃，本文在写作过程中，李惠民、王天定、王锡苓教授提供了帮助）

9.6　中国广告协会与日本吉田秀雄纪念事业财团广告教育与研究合作项目（2002—2008）回顾

1996 年 9 月，中国教育部与日本电通株式会社在北京大学、中国人民大学、北京广播学院（即现在的中国传媒大学）、中央工艺美术学院（即现在的清华大学美术学院）、复旦大学、上海大学六校实施“中日广告教育交流项目”，标志着中国广告教育正式开启了对日合作交流的新阶段。2002 年，中国广告协会与日本吉田秀雄纪念事业财团联合实施的广告教育与研究合作项目进一步深化了中国和日本在广告教育与研究领域的合作与交流。

吉田秀雄纪念事业财团（Yoshida Hideo Memorial Foundation）是为纪念日本电通公司第四任社长吉田秀雄先生对日本广告所作出的杰出贡献而于 1965 年 9 月 24 日创立的财团法人团体（后变更为公益法人团体）。吉田秀雄纪念事业财团的宗旨是资助和振兴市场营销，尤其是作为市场营销重要环节的广告的有关研究和开发；致力于市场营销，特别是以广告为中心的有关理论和技术的普及和应用；推动学术、经济和文化向前发展。具体来讲，吉田秀雄纪念事业财团主要从事以下几个方面的工作：向从事与市场营销，特别是与广告有关的研究机构的研究者提供研究经费；收集和展示与市场营销，特别是与广告有关的图书、资料和文献，以供人查阅；举办与市场营销，特别是与广告有关的讲座、研究会等。吉田秀雄纪念事业财团下设有一个 AD MUSEUM TOKYO（简称ADMT）。ADMT 分为两部分：广告图书馆和广告作品展示部。广告图书馆最早是作为纪念吉田秀雄先生活动的一部分而于 1966 年设立的，据悉是世界唯一的广告专业图书馆。它收藏有日本和世界其他国家出版的广告图书、期刊、作品集（包括音像作品）、广告业考察报告、与广告有关的法律法规文献以及吉田秀雄纪念事业财团资助的各类研究报告等。广告作品展示部又分为常设展和定期展两部分。常设展展出的是从日本明治时代到现在的各个不同时期的广告作品实物。定期展则轮流展出日本各种主题的广告作品以及来自中国大陆和中国台湾等地的广告大赛获奖作品。

中国广告协会与日本吉田秀雄纪念事业财团广告教育与研究合作项目是日方称为“亚洲项目”的一部分，因为“亚洲项目”除面向中国大陆高校的广告学者之外，还面向韩国和中国台湾高校的广告学者。

在项目筹备期，中国广告协会和日本吉田秀雄纪念事业财团进行了广泛的研讨和密切的磋商，最后就项目的人员选拔机制、研究项目的确定、中方研究人员在日期间的生活、研究安排等达成了一致。

为了促成和推进此项目，中日双方都竭尽全力，表现出一种高瞻远瞩的战略眼光与不惧艰难，勇于面向未来的胸襟与气魄。在项目筹备和实施的过程中，以时任中国广告协会会长杨培青女士、副会长兼秘书长时学志先生为首的中国广告协会的领导都对此项目寄予了厚望，并对项目的进展时刻表达了关注。中国广告协会的何其源先生、程庄庄女士、关瑞鸿女士在与日方的工作衔接与联络、赴日人员的选拔等方面，做了大量繁重而默默无闻的工作。

当然，日本吉田秀雄纪念事业财团方面在项目的策划与实施方面也发挥了重要作用。日本人行事的严谨、守时、礼貌给各方人士留下了十分深刻的印象。这里应该特别提到日本吉田秀雄纪念事业财团时任常务理事藤谷明先生以及亚洲项目主管铃木健一先生、曹德华小姐等。当然，还包括许许多多为此默默付出的其他日方人员，如木村庸利先生、八木信人先生、石渡贤一先生、河波凉香小姐等。吉田秀雄纪念事业财团时任常务理事的藤谷明先生早年曾任电通法务室室长，后在电通从事日中广告教育文化交流工作。为配合整理此文，本文作者曾利用2016年赴日参加学术会议的机会，专程拜访了藤谷明先生。他以书面的形式回顾了策划该项目的背景及运作过程，也回答了我们的问题。他写道，“（我）曾参与过为纪念电通创立100周年而开展的‘支援中国广告教育和人才培养项目’”，“2000年10月，我接到从电通广告公司转任到当时的‘财团法人吉田秀雄纪念事业财团’（现公益财团法人吉田秀雄纪念事业财团）的任命”，“我想，财团也应该加强与紧邻国家和地区的民间交流”，“邀请东亚国家和地区的广告研究者作为客座研究员来财团，通过研究活动加强与日本学者的交流，同时，亲身体验日本社会及日本人的生活，该活动以‘亚洲项目’作为名称进行了实施”。

中国广告协会与日本吉田秀雄纪念事业财团广告教育与研究合作项目从2002年3月实施，到2007年3月项目结束，共有9批次21位来自中国大陆17所高校的广告学者赴日以“日本吉田秀雄纪念事业财团客座研究员”身份，参与该项目（见表9-1）。

表9-1　**电通广告教育与研究合作项目**

研究批次	研究者	在日时间	研究题目	所在学校
1	欧阳康	2002. 3—2002. 8	日本电视与电视广告	深圳大学
	傅根清		日本广告伦理的现状与中国广告伦理的未来	中国海洋大学

续表

研究批次	研究者	在日时间	研究题目	所在学校
2	李　杰	2002. 9—2003. 3	东方智慧与符号消费：DIMT 模式下的日本茶饮料广告	四川大学
	胡晓云		日本的广告效果研究与实战	浙江大学
3	阿伦娜	2003. 3—2003. 9	中日报纸广告比较研究	内蒙古师范大学
	张　翔		客户关系管理	北京工商大学
4	罗子明	2003. 9—2004. 3	消费者信息渠道与品牌形象研究	北京工商大学
	薛　可		日本强势汽车品牌	深圳大学
5	范志国	2004. 4—2005. 3	关于日本广告监管的研究	天津理工大学
	崔莉萍	2004. 4—2004. 9	广告对经济的拉动作用	南京财经大学
6	范志国	2004. 4—2005. 3	关于日本广告监管的研究	天津理工大学
	何鹄志	2004. 10—2005. 3	中日广告史比较研究	湖南商学院
7	李　苗	2005. 4—2005. 9	作为广告媒介的第三代携带电话	暨南大学
	吕尚彬		日本农产品品牌传播研究	华中农业大学
8	王瑞龙	2005. 10—2006. 3	中日广告创意知识产权保护的比较研究	中南民族大学
	卢山冰		日本媒体伦理问题研究	西北大学
9	李兴国	2006. 4—2006. 9	日本组织识别系统（CIS）研究	北京联合大学
	刘　强		广告中的品牌策略及其运用	浙江传媒学院
	星　亮		日本的品牌价值评价模型研究	暨南大学
10	王俊荣	2006. 10—2007. 3	日本广告的法律规制	西北政法大学
	毕小青		广告产业演化与企业战略调整	天津理工大学
	赵　琛		日本在华品牌与广告研究（清末—民国时期）	东北大学

注：所在学校系指研究者赴日从事学术研究时的所属学校。

客座研究员老师的研究选题，财团方面一直持开放态度。不过，从选题来看，客座研究员老师的研究绝大多数与日本广告有关。所有客座研究员均按时完成了研究，所有的研究报告均存放在东京广告图书馆中（见图 9-3）。

中国广告协会与日本吉田秀雄纪念事业财团广告教育与研究合作项目让所有的客座研究员老师收获颇丰。这些客座研究员老师回国后，绝大部分成为各自学校的教学骨干和教学管理者。

中国海洋大学傅根清老师在吉田秀雄纪念事业财团 2008 年东亚广告研究论坛官方

图 9-3　电通广告教育与研究部分成果

会议材料《链接 30 颗心的纽带》中，饱含深情地写道："该合作项目，不仅架起了中国广告教育界人士与吉田秀雄纪念事业财团之间的友谊、沟通的桥梁，而且势必会在中日两国之间源远流长的友好交往的历史上增添新的光彩。"他还赋诗一首，以纪念这一合作项目：

往昔扶桑何迥阔，归帆仲麿但信风。
今朝瀚海鲸波息，浩气凌云万里空。
富士长江相映照，一船明月一帆风。
相连衣水渊源久，离恨无须鸿雁通。

2008 年，即合作项目圆满结束的第二年，吉田秀雄纪念事业财团又将中国大陆、中国台湾和韩国的客座研究员老师召集到东京，与日本广告学者一道，以"思考当今的广告传播"为题，召开了"东亚广告研究交流论坛"，开展了为期 2 天的广告学术交流（见图 9-4）。

图 9-4　“东亚广告研究交流论坛”现场

作为合作项目日方最主要的管理者和推动者，藤谷明先生至今仍然对该项目感慨颇深。藤谷明先生在书面回复我们的采访里写道：“通过国际交流撒下的种子，究竟多大程度能够发芽，并不清楚。但是，通过半年在日本的生活，正确理解日本社会是不容置疑的。”他还写道：“当得知，不同时期、不同国家和地区的学者们回去后，作为同窗好友加深了交流，我感到非常高兴。”

（何鹄志　范志国）

下篇　成果与政策

第10章　学科与专业建设

10.1　教育部对口支援西部新闻传播学科概览（2001—2016）

西部发展的滞后影响西部高等教育的质量和人才储备，人才培养质量的欠缺持续削弱西部持续发展的潜力。这不仅对国家均衡发展和社会安全构成巨大威胁，同时也实际上撕裂了东西的社会心理和民意。为了避免出现此种局面，国家提出“西部大开发”战略，试图均衡东西部社会发展水平。经济发展，教育先行。积极发展西部地区高等教育，加快培养急需的高级专门人才，是实施西部大开发战略的重要任务。在此大战略背景下，为贯彻落实科学发展观和西部大开发战略，推动西部地区高等教育事业发展，提高西部地区高等学校教育质量，教育部于2001年6月启动了“对口支援西部地区高等学校计划”（教高〔2001〕2号）。

从2001年到2005年，是对口支援计划实施的探索阶段，不管是支援高校、受援高校还是教育部都在不断探索和试验各种具体的支援实施途径和措施。2005年，教育部对前五年的对口支援工作进行了全方位的总结，提出了一些行之有效的对口支援工作原则，从2006年开始对口支援逐步将西部高校尤其是新疆高校作为对口支援的工作重点，从2006年到2009年这四年，对口支援工作的主要工作途径和措施基本定型。2010年后，对口支援工作出现了新的变化，最大的改变是确立了多所高校组成支援团队对口支援一所高校的工作原则，并一直保持至今，2010年后对口支援工作逐步常态化，形成了一种较为稳定的东西部教育资源交流的形态。

10.1.1　对口支援初启和探索阶段（2001—2005）

根据西部地区重点建设高校（简称受援高校）的学科特点和意愿，北京大学（对口支援高校为石河子大学，括号内为受援高校，下同）、清华大学（青海大学）、中国农业大学（内蒙古农业大学）、北京师范大学（西北师范大学）、复旦大学（云南大学）、上海交通大学（宁夏大学）、南京大学（西北大学）、浙江大学（贵州大学）、中国科学技术大学（西南科技大学）、华中科技大学（重庆医科大学）、华南理工大学（广西大学）、西南交通大学（西藏大学）、西安交通大学（新疆大学）等26所东西部高校相互结成了“对子”。支援高校采取一对一的方式，实施“对口支援计划”，以人才培养工作为中心，以学科专业建设、师资队伍建设、学校管理制度与运行机制建设为重点，争取用五年的时间，使受援高校的教学、科研和管理水平有较大提升，为受援高校的长远发展奠定坚实基础。对口支援计划启动后，支援高校与受援高校都抓紧启动并积极开展相关工作，在深入调查研究和充分协商的基础上，较快地签订对口支援协议，并由教育部审批备案。

在此阶段，对西部新闻传播学科的支援力度不大，仅有浙江大学、中国人民大学和复旦大学等东部高校对西部地区的新闻传播学科进行了一定的支援。2002年暑期，由浙江大学党委副书记庞学铨率人文社科青年教授访问团赴贵州大学，为贵州大学教师开设了“新闻评论”“新闻学”“传播学”“网络传播”等专题讲座。2004年年底，经教育部学位办批准，中国人民大学新闻学院还专门针对新疆财经大学开办了新闻学教师硕士学位培养班，接收了6名青年教师攻读硕士学位。复旦大学新闻学院、信息与传播研究中心同中国新闻教育学会传播学研究分会、云南大学文学与新闻学院于2004年8月联合举办了“媒体化社会：现状与趋势——2004中国传播学论坛”。

10.1.2　对口支援定型和强化阶段（2006—2009）

教育部在2005年全面总结了第一阶段的对口支援工作，对第二阶段的工作做出了一些新的设想，决定在2010年以前，将西部7个省市的100多所本科院校实现对口支援。① 同时教育部也意识到原有的“一对一支援”的原则存在不足，主要是因支援学校学科等因素的限制，支援学校不能完全满足受援学校的要求。因此，教育部欢迎和支持受援学校与其他中东部高校进行广泛的校际联系，从而得到更多、更有效的援助。另外，在特殊情况下，对个别受援学校，教育部也考虑安排第二所支援学校。随后教育部就根据新疆大学和石河子大学的特殊情况，增加武汉大学和天津大学分别为新疆大学和石河子大学的第二所支援学校。

---

① 吴启迪．吴启迪在对口支援西部地区高等学校工作情况新闻发布会上的讲话［EB/OL］. http：//www. moe. edu. cn/publicfiles/business/htmfiles/moe/moe_744/200506/8173. html，2005-02-25.

经过第二个 5 年的对口支援实践，教育部逐步达成了以新疆高校为重点，西部高校全范围覆盖的预定目标。对口支援工作逐渐成为东部高校和西部高校的常规工作，政策的延续性得到保障，西部高校的人才培养质量和学科建设水平有显著提升。更多东部高校的新闻传播学院和西部高校的新闻传播学科和院系建立了对口支援合作关系。一般的合作项目多为支援高校教师支援授课、讲座，手把手帮助受援高校进行学科建设和师资培养；优先接受受援高校教师进修和考博；接受受援高校本科牛插班学习；优先接收受援高校毕业生攻读硕士研究生。这一阶段新闻与传播学科的东西部高校对口支援工作主要形式仍然是以教学和学科建设为主，在学术研究和社会转化方面的合作开展较少。在新疆高校的新闻传播学科中，新疆大学新闻与传播学院 2005 年开始得到了武汉大学新闻与传播学院的对口支援，这是新疆新闻与传播学科和中东部高校建立全面对口支援合作关系的新起点。

10.1.3　对口支援常态化阶段（2010 年至今）

2010 年教育部在全面总结前十年对口支援工作的前提下，连续出台了多个重要对口支援的文件，从政策上确保了对口支援工作的可持续性和长效性。教育部《关于进一步推进对口支援西部地区高等学校工作的意见》（简称《意见》）既是对过去对口支援工作的总结也为未来工作建构了工作准则和框架，意见旨在形成一个“以政策为支撑，以各支援与受援高校为主体，以科学管理和长效机制为保障”的对口支援体系。《意见》明确指出了对口支援工作的核心工作是“加强受援高校教师队伍建设，提高受援高校核心办学能力”。

新疆“7·5”事件后，教育部出台了《关于加强对口支援新疆大学、石河子大学和塔里木大学的通知》（教高函〔2010〕10 号），再次强调了以新疆高校作为对口支援工作的重中之重。该通知特别就新疆的三所主要高校石河子大学、新疆大学和塔里木大学做出了加强对口支援的决定；要求以北京大学、清华大学和中国农业大学为组长单位的支援高校，“采取超常规办法”，“将对口支援工作作为自己的社会责任和历史使命，无私支援和无私奉献”，“要完成好这一政治任务”。对口支援工作首次出现了团队式对口支援的新局面，采用名校牵头、多所一流大学参与、高校团队化工作组的新模式进行。具体如下：

1. 加强对口支援新疆大学工作组

组长单位：清华大学

副组长单位：西安交通大学、武汉大学、中南大学

成员单位：北京师范大学、北京外国语大学、大连理工大学、中国矿业大学、同济大学、东华大学

2. 加强对口支援石河子大学工作组

组长单位：北京大学

副组长单位：华中科技大学、华东理工大学、华中农业大学

成员单位：重庆大学、江南大学、对外经济贸易大学、南京师范大学、华南农业大学

3. 加强对口支援塔里木大学工作组

组长单位：中国农业大学

副组长单位：浙江大学、华中农业大学

成员单位：北京化工大学、东华大学

教育部为了落实对口支援中的核心工作——师资培养的相关政策，专门设立了对口支援定向博士、硕士研究生单独招生指标。在每年8月底之前，支援高校与受援高校共同商定申请下一年度定向培养博士、硕士研究生的数额，经教育部汇总研究后，将确定的各支援高校定向培养博士、硕士研究生单独招生指标编入下一年度研究生招生总体计划。单独招生指标专项专用。① 受援高校一般还会统筹使用国家针对西部和少数民族地区高层次人才培养的相关政策，使国家的各种政策协同发挥作用。这些文件的出台和实施对第三阶段的对口支援工作起到了实质性的保障和推动作用。经费和有效的政策支持对对口支援工作影响巨大。②

在第三阶段的对口支援工作中，以复旦大学、中国人民大学、华中科技大学为代表的中东部新闻传播学科重镇都根据教育部的要求竭力做好对口支援工作。大量优秀的一线教师走向了西部高校的教学科研平台，更多的西部高校教师得以到东部攻读博士学位和进修学习。东西部新闻传播学科建设和教育交流更为密切和频繁。正是通过对口支援这一平台，中国的新闻传播学科东西部大交流、大互动得以实现。

如，中国人民大学新闻学院2007年正式确立与西藏民族大学新闻传播学院的对

① 教育部办公厅关于对口支援高校申请定向培养博士、硕士研究生单独招生指标办法等有关工作的通知（教高厅〔2010〕4号）.

② 段鸿斌，苟彦忠. 教育部对口支援西部地区高校计划对新疆高等教育影响的实证研究［J］. 新疆社会科学（汉文版），2010（4）.

口支援关系，至今近 10 年来，新闻学院在学科建设、教师培训、学生培养、科研合作等方面给对方提供了大量支持。中央财经大学从 2005 年开始对口支援新疆财经大学，从最初的对口支援应用经济学和工商管理学两个学科逐步扩展到法学、新闻传播学等一级学科。中央财经大学每年在国家下达的博士研究生招生计划内，同等条件下，优先招收符合条件的新疆财经大学教师。中央财经大学每年还派出 2～5 人次相关学科带头人及高级职称教师到新疆财经大学讲学或授课；免收新疆财经大学教师到中央财经大学攻读学位的学费，免收新疆财经大学博士后进站人员管理费、教师进修、访学的住宿和学习费用等。华中科技大学对口支援石河子大学医学和新闻传播学两个学科，除了每年接收石河子大学的本科生推免读研、教师单招考博外，还派出优秀教师支教和挂职。目前石河子大学医学和新闻传播学科的骨干教师多是华中科技大学培养的博士。清华大学和武汉大学对口支援新疆大学，瞄准法学、数学、文学、新闻与传播等几个学科方向进行“深耕细作”。

客观地审视教育部实施的对口支援工作，可以直观地发现对口支援工作的实施和深入对西部高校的新闻与传播学科的发展产生了很多积极的培育功能和引领作用。西部高校尤其是新疆高校的新闻与传播学科在对口支援下都得到了长足的发展，地处新疆塔里木盆地、发展较为滞后地区的塔里木大学的新闻与传播学科在对口支援的帮助下实现了新闻与传播专业硕士点的突破，这足以说明对口支援的积极作用。越来越多西部高校的新闻和传播学科的教师和学生得到了更多在中东部知名高校深造和学习的机会，客观上促进了中国新闻和传播教育资源的交流和整合，促进了整体教育水平的提升。

与此同时，也必须看到，教育公平虽然始终是我国教育的重要目标，但从现状分析，高等教育资源配置还不够合理，东西部教育发展还不够均衡，东西部新闻与传播学科的发育水平和发展状态差距依然很大。2001 年对口支援工作开始时，基本模式是“一对一”，当时确定了清华大学、北京大学等 13 所高校对口支援发展相对滞后的 13 所西部高校。2010 年开始，教育部采取“多对一”模式，支援高校的名单逐步拉长。但是，西部新闻传播学科自身的发展水平过低制约了对口支援效果。西部的新闻传播学科起点过低，积累过少，除了新疆大学新闻传播学科有一定的历史积淀，绝大多数西部高校的新闻传播学科较为薄弱。这在客观上导致了学科建设和教育质量的提升受到更多制约。

（张　洁）

10.2　电通·中国广告教育合作项目20年

20世纪90年代，中国的市场经济逐渐发展起来，广告行业也获得了快速的成长。在这样的市场环境之下，社会对于专业广告人才的需求与日俱增。同时，在1993年，国家确定了广告业是知识密集、人才密集、技术密集的高新技术产业，对于负责培养广告人才的大学来说，迅速提高广告教育的教学质量成为了当务之急。但是，当时国内的广告教育环境从广告教员、教材、资金，到广告教育的观念和方法上都与国外有较大的差距。而日本电通公司在中国进入改革开放新时期后，就一直希望将发展范围拓展到中国的广告市场。在这样的大背景下，1996年9月，日本电通公司在当时中国国家教育委员会的协助下，与中国6所大学就5年内合作开展“中日广告教育交流项目”一事达成协议，项目正式启动。

电通·中国广告教育合作项目自1996年起发展至今，共经历了三个阶段：第一阶段从1996年到2001年，为起步时期；第二阶段从2001年到2005年，为持续发展时期；第三阶段从2005年至今，为不断创新时期。

10.2.1　第一阶段（1996—2001）：起步时期

1996年9月，日本电通公司与北京大学、中国人民大学、中央工艺美术学院（现清华大学美术学院）、北京广播学院（现中国传媒大学）、复旦大学、上海大学6所大学就5年内合作开展“中日广告教育交流项目”一事达成协议，并举行了“中日广告教育交流项目”签字仪式。该项目具体包含集中讲座、留学研修等内容。

1. 集中讲座

1996年10月，电通以中国6所大学——北京大学、中国人民大学、中央工艺美术学院（现清华大学美术学院）、北京广播学院（现中国传媒大学）、复旦大学、上海大学的广告系或广告专业的学生为对象，举办以大量介绍广告个案为特色的集中型讲座，该讲座于2001年6月结束。

在该项目实施期间，日本电通每年都分别在6所大学进行为期两周的讲座，各大学都将此讲座作为带有学分的正规授课科目纳入教学计划。讲座的形式基本上是每周五天，每天两讲，每次讲座的时间为3个小时左右。该讲座计划主要包括以下两方面的内容：

（1）全方位信息交流服务的特点，主要包含以下内容：

- 广告、媒介、调查、公关、促销、宣传活动等的综合性战略方案的策划和实施；
- 市场调研、战略提案、新产品开发、交通战略；
- 公司各种信息交流的主管部门如何进行全面策划；
- 如何处理广告客户的所有往来相关业务；
- 与大众传播公司共同开发新媒介、电视节目和出版物；
- 运用丰富的信息，对市场、产业以及消费者动向进行多种多样的调查。

（2）全方位信息交流服务的经验，主要包括：

- 在大众传播媒介、大型宣传活动、体育比赛活动等全方位媒介业务上所积累的专业经验；
- 全方位组织策划经验：从策划方案到实施以及事后评价的一系列作业经验；
- 全方位筹划协调经验：通过广告客户、媒介、合作公司及电通工作人员共同努力来策划和推进项目；
- 全方位网络经验：国内网络和世界主要城市的营业点所构成的国外网络；
- 全方位资讯经验：营业部门人员运用 90 多年来的工作经验和积累下来的信息资源，来回答广告客户所提出的所有问题。

在这 5 年中，共有 284 名电通的广告人在讲座中担任讲师，各大学听讲学生超过 2500 人。为了保证教学质量，日本电通在讲课时都会准备中文教材，并配备翻译。同时，也会在每学期做一次专门的问卷调查，以便及时掌握学生的动态，并随时调整教学方法。每年电通都会派遣超过 100 人的员工到中国参与和支持这一项目。

2. 留学研修

电通留学研修项目于 1997 年 4 月开始，每年从中国 6 所大学的广告专业中选拔骨干教师到东京电通总部进行为期 6 个月的研修，主要内容为“何谓电通向客户提供的全方位沟通服务”，以及日本的经济、文化、艺术与广告间的密切关系，讲师全部由电通人员担任。

从 1997 年 4 月第一期五名留学研修人员到访日本开始，在项目期间，共有 56 名中国教师接受过留学培养。电通为研修学员们制定了周密的学习计划，使他们能接触到日本的方方面面。例如到许多城市和地区进行专项业务考察和人文考察，参观丰田汽车厂、索尼公司、麒麟啤酒厂、朝日新闻社等企业，参观日本新闻协会、杂志协会和有关监督机构等。

10.2.2　第二阶段（2001—2005）：持续发展时期

2001年8月31日，电通和上述6所高校在北京饭店签署了“中日营销研究交流项目”的相关协议，项目发展进入第二阶段。“中日市场营销研究交流项目”是在前5年项目发展良好的基础上，日方通过与中国磋商，将该项目作为电通公司成立100周年的纪念事业的结果。在保持原有合作的基础上，这一阶段还增加了在2002—2005年间举办的“中日企业交流研讨会”和“协助吉田秀雄纪念事业财团的委托研究项目”两项内容，日本电通公司负责国外集团公司培训的“国际研修部”主持了该项目。

1. 联合讲座

从2002年起，电通广告讲座变每期每所高校的单独讲座为每期多所学校的联合讲座，每年一次在北京和上海举办为期一周的联合广告讲座。3年期间约有60名电通骨干担任了讲师，听课学生共计约1500人。电通广告讲座面向广大广告专业的师生，立足行业前沿，力图将行业最新的应用理论和操作经验，以及精彩案例分享给中国师生。

2. 新留学研修制度

在原有的研修制度基础上，电通将此次新的留学研修制度分为两种形式进行：一种是以年轻教员为对象，主要学习广告基础知识的6个月课程；另一种是以资深教员为对象的三个月课程。从2002年4月第一期新留学研修制度学员到访日本开始，该项目前后共邀请了33名教师参与研修。

3. “中日企业交流研讨会”

中日企业交流研讨会由中国广告协会和电通联合主办，每年在北京和上海各举办一次。研讨以“品牌与沟通”为主题，双方交流中日产业界最新营销信息，并探讨中国产业界应采取的营销及沟通战略。该研讨会的目的在于促进中国产业界市场营销及传播水平的提升，促进在华三资企业与中国企业市场营销及传播部门人士之间的相互交流。例如，2002年举办了主题为“中国广告界二十一世纪发展战略”的研讨会，邀请了NTT DoCoMo董事长大星公二、步步高电子工业有限公司总经理段永平、海王集团董事长张思民、加州大学伯克利分校David A. Aaker教授、瑞士IMD商学院的MBA课程负责人Dominique Turpin教授等中外工商界和学界名流作演讲。

4. “协助吉田秀雄纪念事业财团的委托研究项目”

从 2001 年开始，由上述 6 所大学广告学专业负责人组成的研究项目小组接受日本吉田秀雄纪念事业财团的委托与资助，开始进行有关中国广告的研究。研究的总课题是“中国广告活动的现状与未来”，6 所高校有关教师分别负责“消费与广告”“媒体与广告”“广告与表现”“品牌与广告”“中日广告的比较”等子课题的研究。研究活动为期 3 年，共完成了对 18 个子项目的研究，形成了由 18 本书组成的研究成果（见表 10-1）。

表 10-1　**吉田秀雄纪念事业财团委托研究 18 个子项目及其成果**

研究系列	参与高校	课题名称	成果名称
媒体研究	北京大学	中国新媒体广告研究	《新媒体与广告》
		中国报纸广告研究	《中国报纸广告研究》
		中国户外广告研究	《中国户外广告研究》
	中国传媒大学	中国广电媒体数字化研究	《数字化时代的中国广电媒体》
消费者研究	复旦大学	大学生消费群体研究	《消费者洞察——走进当代大学生》
		中学生消费群体研究	《未成年消费群——解读当代中学生》
		新消费主义与中国市场研究	《新消费主义与中国市场》
	中国传媒大学	中国城市消费者研究	《多种形态的中国城市消费者》
		中国城市家庭研究	《中国城市家庭研究》
广告创意表现研究	清华大学	广告与视觉传达研究	《广告与视觉传达》
		广告表现与认知度研究	《广告表现与认知度》
		广告创意与表现研究	《广告创意与表现》
广告活动研究	上海大学	中国品牌与广告研究	《中国东部品牌研究》
			《中国西部品牌研究》
			《中国中部品牌研究》
	中国人民大学	日本企业在华广告活动研究	《日本企业在华广告 20 年》
		中日公益广告比较研究	《广告新天地——中日公益广告比较》
		中日广告比较研究	《中日广告比较》

从 2002 年开始，吉田秀雄纪念事业财团还实施了为期 5 年的“亚洲项目”。在此期间，共邀请了 30 名中国学者做财团的客席研究员。

10.2.3　第三阶段（2005 年至今）：不断创新时期

进入 2005 年，为进一步推进对中国大学的广告教育和人才培养的支持，电通与中国教育部共同设立了电通·中国广告人才培养基金项目。在电通广告讲座和留学研修的基础上，增加了中国广告人才培养研讨会、委托研究、翻译出版广告书籍、电通·中国广告教育高端论坛、派遣客座讲师、举办创新人才培训营等新的内容。整个阶段由三次基金项目组成。

1. 第一次基金项目

第一次基金项目从 2005 年 3 月开始至 2008 年 2 月结束。此次项目新增中国广告人才培养研讨会、委托研究和翻译出版广告书籍等三项内容。

（1）电通·中国广告人才培养研讨会。电通·中国广告人才培养研讨会旨在提高大学广告教育的水平，以中国各大学中担任广告学课程的年轻老师为对象，由活跃在广告商务第一线的电通广告人和中国广告教育界的学者担任讲师，每年在中国举办一次大规模的以广告为主题的研讨会。研讨会由两部分组成：一是由中国学者从理论角度对广告教育和广告业界的现状及课题进行阐述；二是由电通广告人介绍电通所负责的广告案例和最新理论及理念。

（2）“委托研究”。为了支援广告教师在广告学方面的科研工作，“电通·中国广告人才培养基金项目”于 2007 年展开了针对广告教师的“委托研究”资助计划，以高等院校从事广告教育的教师为对象，募集对提高中国广告教育有参考价值的研究课题，由电通·中国广告人才培养基金项目提供赞助。第一次申报和结项研究课题如表 10-2 所示。

表 10-2　　**第一次委托研究课题、委托大学及研究人员名单**

委托研究课题	委托大学	研究人员
中国广告创新型教育模式研究	暨南大学	杨先顺
企业广告人才需求研究	北京工商大学	罗子明
中国广告教育模式研究	宜春学院	殷娟娟
广告社会学研究	福建师范大学	刘　泓
中外广告人才培养模式比较研究	天津理工大学	范志国
我国广告教育状况研究	厦门大学	黄合水

续表

委托研究课题	委托大学	研究人员
广告专业理论与实践互动教学法研究	南京师范大学	陈正辉
“三合一”多元集成式广告人才培养模式研究	武汉科技学院	徐　红
全球化对我国高校广告教育发展的影响 ——实证分析与对策研究	西北工业大学	常　玉
全球化对中国公共关系教育发展的影响 ——基于专业教学改革的调查	湖南师范大学	胡建新

(3) 翻译出版广告书籍。为高校广告教育提供优质的广告教材，电通公司专门为中国的大学编写了《实践广告》《促销活动》《关于博览会》《广告用语手册》《广告用语辞典》等教材和工具书（见图 10-1）。

图 10-1　电通编写的教材

2. 第二次基金项目

由于第一期基金项目成绩斐然，电通与中国教育部从 2008 年 3 月开始，启动了第二次基金项目，面向开设广告教育课程的中国各所高校开展活动。第二次基金项目持续至 2011 年 2 月。

在此期间，“电通 · 中国广告人才培养研讨会”的成功举办使得这一项目成为“电通 · 中国广告人才培养基金项目”中最具影响力和知名度的品牌项目，受到了中国教育部和中国广告教育界的一致好评。从第一届到第五届，参会大学共达 900 多所，参会教师超过 2000 人次。

3. 第三次电通・中国广告人才培养基金项目

2011 年 4 月，第三次电通・中国广告人才培养基金项目启动，项目仍旧面向全国开设广告教育课程的高校展开，但对项目形式和内容进行了创新。

（1）电通・中国广告教育高端论坛。在原有“电通・中国广告人才培养研讨会”的基础上，设立电通・中国广告教育高端论坛，旨在通过日本电通公司第一线广告业界骨干和中国广告教育界的学术专家就新媒体环境下广告传播领域所面临问题进行研讨。自 2011—2014 年，共举办了四届。

（2）派遣客座讲师项目。向大学派遣客座讲师项目作为“电通・中国广告人才培养基金项目”的试验性子项目始于 2012 年，与电通学生广告讲座的不同点在于电通讲师作为特定大学的客座讲师被派遣至该大学举办一段期间的特别讲座，该讲座被学校纳入正式课程，出席讲座的学生可以获得学分。自 2012 年的第一次以后，又于 2013 年、2014 年连续举办了两次。

（3）电通・创新人才培训营。互联网和社交媒体的发展给全球的广告传播领域带来了深刻的变化，这种世界性的浪潮不可避免地也给中国的广告业界和广告教育界产生了巨大的影响。在中国政府大力鼓励和提倡“大众创业、万众创新”的大环境下，创业和创新已成为中国高校的新风尚。为在项目中体现这种精神，发挥电通在广告传播领域的创新优势，使项目的各项活动能够更加切合中国人才培养的实际需要，经教育部和日本电通协商决定，作为项目的拓展板块，2015 年夏季开始举办电通・创新人才培训营，每年一届，旨在为中国高校学生提供创新指导。

20 年来，电通在本项目的总投入累计达 30 亿日元（约合人民币 2 亿元）。电通项目在奠定中国高校广告教育的基础，提高教育水平方面发挥了巨大的作用。项目的覆盖范围已扩展到全国设有广告专业的所有大学，截至 2015 年 11 月，通过研修培训和参加研讨会、论坛等形式从项目获益的教师已达 2000 多人次，通过参加电通讲座获益的学生超过 1 万人次。

为表彰电通公司多年来在推动中国广告教育方面所作出的突出贡献，中国教育部先后授予电通公司“捐资助教特殊贡献奖”和“最佳合作伙伴”称号。

（刘英华　刘勇锃）

第 11 章　本科人才培养

11.1　课程建设

国家级课程主要包括国家级精品课程、国家级精品资源共享课、国家视频公开课程、中国大学慕课（MOOC）等四类。

2003—2010 年，为切实推进教育创新，深化教学改革，共享优质教学资源，全面提高教育教学质量，教育部在“高等学校教学质量与教学改革工程”中开展了精品课程建设工作，共组织建设了 3909 门国家精品课程，750 余所高校教师参与了课程建设。2012 年起，教育部将原国家精品课程择优升级改造为精品资源共享课，从原国家精品课程以高校教师为服务主体转型为以高校师生和社会学习者为本，以提升教学效果和学习效果为目标。自 2013 年以来，教育部共分四批批准了 2911 门“国家级精品资源共享课”立项建设①，2016 年 7 月，2686 门课程被评为第一批“国家级精品资源共享课”②。经过 5 年建设，已有 992 门精品视频公开课陆续在“爱课程”网和网易等网站上架③，免费向社会开放。

“国家视频公开课”由科学、文化素质教育网络视频课程与学术讲座组成，以高校学生为主要服务对象，同时面向社会公众免费开放。主讲教师既有两院院士，也有国家级教学名师。2011 年 11 月 9 日，由北京大学、清华大学等 18 所知名大学建设的首批 20 门“中国大学视频公开课”免费向社会公众开放。首批上线课程以讲授中国传统文

---

① 数据来源：http://www.moe.gov.cn/srcsite/A08/s5664/s7209/s6872/201607/t20160715_271959.html.

② 数据来源：http://www.moe.gov.cn/srcsite/A08/s5664/s7209/s6872/201607/t20160715_271959.html.

③ 数据来源：http://www.moe.gov.cn/srcsite/A08/s5664/s7209/s6871/201602/t20160223_230198.html.

化的课程为主，后逐步扩展到其他学科领域。

2010—2015 年新闻传播学科国家级课程的开设情况，在《中国新闻传播教育年鉴（2016）》中已加以介绍。本章主要介绍的是 2016 年新闻传播学科新增的国家级课程。

2016 年，新闻传播学科无新增的国家级精品课程、国家精品资源共享课程。国家视频公开课程增加了一门，具体情况如表 11-1 所示：

表 11-1　**2016 年新闻传播学科视频公开课**

课程名称	所属学校	负责人	课程介绍
微博："微写"与"博识"	暨南大学	喻季欣	课程名称巧借"微""博"二字："微写"强调微博的写作特质与制作方法，"博识"涵括认知微博的平台与路径；在"微"与"博"、"识"与"写"的有机对立统一中，形成对微博认知、写作和制作的整体阐释与方法应用，把普遍关注的社会热点提升为具有普遍意义的文化素质课程

截至 2016 年，中国大学慕课（MOOC）开设课程 5 门，其具体情况见表 11-2：

表 11-2

课程名称	所属学校	负责人	课程概述
新媒体素养	中山大学	张志安	该课程探讨新媒介环境下网络如何建构世界，以及这种建构对媒介内容、公共舆论、政府决策、公众心理尤其是弱势群体权利的影响。在此基础上，课程试图探讨公民使用网络进行有效沟通、公共表达、公益动员、社会参与的可能。这门课程不仅适合身处媒介化社会中的大学生们作为人文通识教育课选修，也适合所有网络社会中的公民来选修，具有广泛的社会需求和重要的教育意义
新媒体概论	浙江大学	韦路	该课程主要探讨新媒体与社会之间的互动关系，一方面关注各种社会力量对新媒体的塑造，另一方面讨论新媒体对社会各个层面的影响。课程在探讨新媒体的概念、特征、形式、内容和历史的基础上，同时关注新媒体的采纳、扩散、伦理和法制，以及新媒体在政治、经济、文化和社会结构上对社会的影响。该课程有助于学生掌握新媒体的相关概念和理论，理解新媒体在社会控制和社会变迁中的重要角色，成为新媒体时代具有批判能力和责任意识的现代公民

续表

课程名称	所属学校	负责人	课程概述
网络与新媒体应用模式	华中科技大学	李卫东	该课程全面深入地归纳了信息获取、电子商务、互动交流和网络娱乐四类一级应用模式的基本概念、发展现状、发展趋势和原子应用模式类型，详细讲述了各一级应用模式所包含的原子应用模式的基本原理和运营战略，囊括了最新的、最具创新性的、最具发展潜力的典型应用模式和应用产品
数字营销：走进智慧的品牌	暨南大学	谷虹	这是一门连接“技术”与“创意”的课程。该课程探寻技术发展背后的人文基因、哲学脉络和商业逻辑，还展现技术为创意带来的各种可能性。这是一门连接“理论”与“实务”的课程。该课程探讨数字营销理论的溯源、传承和发展，人工智能如何与品牌营销传播结合，未来的智慧的品牌将是怎样的，它也是一门连接“案例”与“行业”的课程。该课程剖析近年数百个国内外数字营销的金奖案例，带领学生走进数字营销的前沿公司，访谈先锋代表人物，从高端访谈中洞悉行业发展的趋势
广告创意学	湖南大学	李正良 江绍雄	该课程坚持学理性和实践性相结合，专业性和通识性相统一，运用大量优秀广告作品和实践案例，趣味十足地讲述广告创意知识，展现广告创意魅力

（刘颂杰）

11.2　教学改革成果

2016 年“中国新闻学与传播学教学改革创新项目”共计 10 项，为 10 所高校所获得。这些项目内容主要涉及对新闻传播学教学方法的创新与改革、学生专业能力培训、学生毕业形式的创新等方面，内容丰富多样，体现了我国各大高校对于新闻传播学的进一步思考和创新改革。下面就是对这 10 所获奖学校创新项目的介绍。

11.2.1　广西大学新闻传播学院——开放式读书教学活动

根据中共中央宣传部、教育部印发的《关于地方党委宣传部门与高等学校共建新闻学院的意见》，在自治区党委宣传部指导下，广西大学新闻传播学院与2014年9月开展了部校共建以来的首个大型区级文化精品活动——“开放式读书教学活动”。

1. 项目实施方法及过程

（1）以马克思主义新闻观教育为主题，深化教学模式改革。2014年7月，广西壮族自治区党委宣传部与广西大学共建新闻传播学院。在自治区党委宣传部的指导下，学院开展了部校共建以来的首个省（区）级大型文化精品活动——“开放式读书教学活动”，将马克思主义新闻观教育融入学生生活中。活动采取学生自主读、老师指导读、业界协同读、读书与实践相结合的教育模式，将“开放式教育活动”设定为必修课，列入新闻学专业的学生培养方案，每学期0.5学分，共4学分。

现已向全院师生4200多人次发放《习近平总书记系列重要讲话读本》《西式民主怎么了》《中国改革三步走》《一篇读罢头飞雪：重读马克思》《习近平治国理政》等13本书指定书籍。

（2）以活动为载体，线上线下互动读书。为传播实现“中国梦”的能量源泉与信念，弘扬当代大学生积极向上的精神风貌，提供实践马克思主义新闻观的广阔平台，广西大学新闻传播学院举办了“读书好声音”演讲比赛。“读书好声音”演讲比赛是同学们展示自己在读书活动中获得成果的一项重要方式，也是同学们分享自己在读书中所获见解的有益途径。全体学生均可自愿报名参加。“读书好声音”演讲比赛拟分为初赛和决赛两个阶段，最终评选出在读书活动中心得体会具有一定代表性的学生予以奖励。在读书教学活动进行过程中，同时开展线上互动环节，充分利用新媒体和网络媒体，在微博上围绕主题开展讨论、分享心得、互相点评。

（3）以读书为平台，丰富互动内涵。以学生为主体，由学生自我组织、策划和实施各自寝室、班级和年级三个层面的读书会，分享自身学习心得、体会和认识，在良好的学习氛围中促进同学们深入学习书籍内容。读书会内容丰富、形式多样，同学们不仅开展阅读、讨论、辩论、知识竞答等室内活动，还将活动空间扩展至室外，结合学科专业特点，进行诗朗诵、话剧等活动。所有读书会均会有班主任参与、指导，并通过会议记录、摄影、摄像等多种方式记录活动全过程，所有材料最终存档。

（4）以评选为方式，分享先进学习成果。每学期末，学院师生将阅读后的所感、所悟和所得撰写一篇3000字以上的读书报告。之后通过本班读书报考评议小组推选出班级总人数的30%参与学院评审。教育活动开展至今，共产生863多篇学生优秀读书报告，汇编成册，结集出版。采取线上线下互动读书的方式，在学院新浪官方微博开设话题，浏览量最高达到65万次，全国同类话题排名第四。

（5）以宣传为手段，巩固活动优秀成果。广西大学新闻传播学院在 2015 年 1 月对前期成果进行整理、归纳，奖获奖同学的读书心得制作成宣传海报，展示于学校主要干道。宣传海报的展出吸引了许多同学驻足观看，引起了全校上下热烈的反响，为建设文化精品活动和打造校园文化活动品牌奠定了良好的基础。专业学生团队对此次活动进行全程拍摄记录，并计划制作一部约 30 分钟长的纪录片《读书活动中的新闻学院》，目前正在整理素材。全院同学的读书报告经指导修改后，已整理成册，目前正在刊印，将于近期分发至每位同学。

2. 项目特点与创新点

（1）紧密依托共建平台。开放式读书活动以转变学生阅读方式为切入点，将马克思主义新闻观融入学生生活之中，使学生在转变生活方式的同时对马克思主义新闻观做到“真懂、真信、真用”。

（2）发挥学生主题作用。整个活动以学生为主体，由学生组织、策划和实施，充分发挥了学生的主观能动性，极大丰富了活动的内涵和形式。演讲、摄影、读书晚会、读书报告比赛等多种活动不仅激发了学生的读书热情，而且让同学们接受了富有专业特色的思想政治教育。

（3）强化教师引导作用。教师的参与同样是此次活动取得成功的重要因素。专业教师的指导、参与不仅能够使活动形式与学科专业特色深度结合，而且能够让活动内涵得到提升。

3. 项目成效及经验

（1）一个优质共建课群。在自治区党委宣传部积极协调各方资源情况下，开放式读书教学活动项目还与共建单位拓展了 11 门专业技术课。聘请了社会著名学者、专家、资深记者、编辑、工程师来主讲，对应着当前业界和学界的重要课题。既解决原来新闻传播学科明显存在的教材陈旧、体系不科学、课程设置单一的问题，又促成了学界与业界相融合的双轨教学模式。它们贴近社会、内容鲜活、紧跟新技术。实施两年来，深受学生喜爱，成为新闻传播专业优质共建课程群。

（2）一个协同育人平台。在自治区党委宣传部的指导下，学院以开放式读书教育活动为起点，搭建起一个为省（区）级协同育人平台。通过开放式读书教育活动拓展渠道，积极协调各方资源，实行广西大学与新闻单位从业人员互聘工作，聘请了 21 名知名学者、专家资深记者、编辑为学院硕士生导师。每年选派不少于 9 名新闻单位优秀编辑记者到校兼职或挂职授课，选派不少于 3 名学院骨干教师到新闻单位兼职或挂职；

选聘 2 名外籍教师，选派 7 名教师国外访学。通过联合办学、外请内派，协同培养人才，共建师资队伍，开展精品课程，共建协同育人平台。

（3）一批区域特色基地。自读书活动开展以来，新闻传播学院根据区域特色，搭建起一批覆盖全区的学生校外实践教学基地和国内领先的全媒体实训中心。学院与自治区党委宣传部、人民网、新华网、广西日报传媒集团等单位共建校外实践基地，形成覆盖全区新闻媒体的基地网络。同时依托中国—东盟文化产业（传媒）人才培养基地，举办学术会议、资助优秀课题、互派优秀学者和学生交流访问等方式，建构中国—东盟文化产业研究的学术资源网络和思想库，使一批区域特色实践基地成为服务东盟的科研智库和创新之源。

（4）一个服务地方智库。开放式读书教育活动开展至今，通过培养师资，狠抓科研，已建立起一个服务地方的高端研究智库。2014 年，马克思主义新闻观研究与实践基地获得广西壮族自治区宣传部 2014 年文化精品立项，科研经费 50 万元，为自治区党委宣传部新闻宣传和舆论引导方面重要决策部署提供政策研究和分析报告。

11.2.2　北京师范大学新闻传播学院 ——基于校媒共建的新闻与传播专业硕士联合培养基地建设

1. 项目实施方法及过程

（1）基地建设内容。根据新闻与传播专业学位的特点和培养目标，围绕媒体行业的人才需求，在规定时间内，努力建成满足人才培养需求的规范基地。与此同时，学院将进一步与光明日报社进行深度合作，建立健全基地管理制度。双方各有一名专人负责基地运行，以推动基地科学化管理，明确双方的责权。

根据现有的培养方案，结合基地实际，把实践作为新闻传播人才培养的根本手段，坚持新闻实践和理论学习各占一半学时，在夯实学生人文素养的基础上，重点培养学生的实践能力和全媒体素质。同时，加强对基地培养过程的监督。在现有的 19 名兼职教授的基础上，将进一步从光明日报集团扩大兼职教授的数量，统一签订聘用协议，建立基地导师定期培训、考核和退出制度，有针对性地提升基地导师实践指导能力和水平。

建立校内外导师定期交流合作机制，共同参与指导研究生培养全过程，构建分工明确、优势互补、通力合作的“双师型”团队，实现新闻与传播专业硕士人才培养规格与媒体行业人才需求之间的有机衔接。

（2）建设目标。学院将以光明日报社作为联合培养基地为先导，积极发挥学界与业界资源与人脉优势，进一步拓展一系列校外实习基地，形成“1+N”的新闻传播实习基地新格局。坚持将实践延伸到新媒体探索研发的第一线，让师生真正成为“融媒体”时代的引领者，成为新型媒体业态的开创者，使学生永远站在新闻传播领域的最前沿。学院秉承“双轮驱动”的发展战略，坚持教学与实践并重、基础研究与应用研究相结合的发展理念，进行学院建设与人才培养，以专业的业界敏感度把握时代前沿发展点，以深厚的人文底蕴和独到的行业洞察强化媒介素养教育、培养符合融合媒介时代需要的高层次、创新型、复合型新闻人才。

(3) 基地建设的实施方案：第一，在目前双方共建合作的基础上，进一步强化联合培养基地的规范化，制度化工作，通过制定完善一些规章制度，推动基地科学化管理，双方各出一名工作人员，专门负责联络实施基地的日常运行工作，同时明确细化双方的责权。以保证基地建设的有效性和可持续性。

第二，在人才培养的过程中，双方领导要根据培养方案，结合基地实际，制定研究生在基地期间的培养细则。明确培养考核要求，落实学生在基地的时间分配和具体培养内容，加强对研究生实践能力的培养，同时加强对基地培养过程的监督。

第三，学院将加强联合培养基地的工作机制建设，加大外聘导师的经济投入，划拨专项经费，为外聘导师提供充足的教学和科研经费，确保双导师培养机制优势的进一步发挥。从联合培养基地中，遴选一批思想政治素质过硬、师德高尚、实践经验丰富和学术水平较高的人员担任专业学位研究生的校外兼职导师。签署聘用协议，建立基地导师定期培训、考核和退出制度，有针对性地提升基地导师实践指导能力和水平。

第四，进一步完善校内外导师定期交流合作机制，通过双方结对子的形式，让校内外导师共同参与指导研究生培养全过程，充分发挥各自的学科、实践经验优势，构建一支分工明确、优势互补、通力合作的“双师型”团队，实现新闻与传播专业硕士人才培养规格与媒体行业人才需求之间的有机衔接。

2. 项目成效

目前，新闻传播学院的新闻与传播专业学位硕士的联合培养基地主要有三个，分别是：光明日报社、北京师范大学出版集团、北京出版集团。

在管理上，新闻传播学院与光明日报社实践基地实行学院与报社双重管理制度。新闻传播学院负责学生的初选、推荐等工作，光明日报社负责实习学生的终选、岗位分配等工作。学生实践期间，报社根据实习生数量灵活调配包括电脑、摄影摄像设备、演播室、影视频工作设备的种类和数量。学生工作安排等服从光明日报社管理，学业安排归新闻传播学院管理。

光明日报社拥有针对实习生的知识产权保护机制和成果转化机制。学生实习期间，创作的稿件、文案、创意等，一经光明日报社或光明网发表或采用，知识产权归光明日报社所有，作者本人享有署名权。所有工作成绩一并写入实习证明。

光明日报社为北京师范大学新闻与传播学院专业硕士实习投入专门的人、财、物力。强化实践技能培养，新闻传播学院与光明日报社合力打造“双师型”师资队伍。通过“知名记者、编辑进课堂、教师学生进媒体”，搭建起兼顾业界前沿与媒体实践的导师团队。

2015 年 12 月，新闻传播学院正式聘请了 19 名具有正高级专业技术职称和丰富实践经验的指导教师参与专业硕士的培养。作为学院的兼职教授，大多数指导教师在过去三年，分别参与了专业学位研究生的培养计划、课程教学、见习实习、毕业论文指导、答辩全过程。

11.2.3 怀化学院文学与新闻传播学院——校媒协同构建层级性专业能力培养体系的探索与实践

1. 项目实施背景

在地方高校转型发展成为高等教育结构调整的核心内容和战略突破口的背景下，地方本科院校应从自身实际和传媒类专业的特性出发，以培养高素质的应用型传媒人才为目标。

怀化学院广播电视学专业自创办以来，从自身的办学条件和办学环境出发，在校媒联合培养应用型传媒人才方面进行了有效探索。尤其在 2013 年“怀化学院—怀化市广播电视台文学实践教育基地”被教育部批准为地方所属高校“本科教学工程”大学生校外实践教育基地后，按照“共同建设、共同管理、实现双赢”的合作原则，成立了“校台协作管理工作组”和“校台合作教学指导委员会”，协同构建了层级性的专业能力培养体系。

2. 项目实施方法及过程

（1）层级一：协同构建专业基本技能实训平台“GTV”，营造专业氛围。在“校台合作教学指导委员会”的指导下和怀化市广播电视台资深媒体人的参与下，按照电视节目生产流程，协同构建了 GTV 基本技能实训平台。在节目编排上，完全模拟电视台的“节目+广告+节目”的播放模式，将学生创作的大学生广告艺术大赛获奖作品穿插播放。GTV 是以学分驱动、大二学生全员参与的基本技能实训平台，每个学生在上、下学期均需独自承担一天 3 个栏目的制作任务，基本涵盖了广电专业所有的基本技能训练项目，让学生对专业实践内容有一个直观的认知，还鼓励学生用专业的态度做新闻，以年轻的视角看世界。此外，“新闻播报”“YOUNG 视界”栏目涉及国内外时事，以此营造浓厚的专业氛围。

（2）层级二：协同构建专业能力提升平台“影像艺术节”，拓宽技能适应面。怀化学院影像艺术节被誉为广电专业学生的“成人礼”，每一届都以当年大三学生为创作主体。从 2013 年开始，为了有效提升影像艺术节的专业能力培养层次和学生作品质量，在“校台协作管理工作组”的协调下，怀化电视台影视技术制作公司的资深媒体人开始参与指导，与校内教师共同组成影像艺术节指导团队，除了高水准地指导学生创作新闻题材之外的其他影视作品外，还系统指导学生进行主题开幕式晚会、影视作品展播、闭幕式暨颁奖晚会等项目的策划实训。活动内容与专业人才培养目标对接，锤炼的专业能力。校媒协同构建的影像艺术节已成为广电专业学生提升专业能力，训练各类新闻、影视作品策划与创作能力，从而拓宽技能适应面的重要实训平台。

（3）层级三：协同构建生产性实训平台，培养专业创新能力。从新闻传播学的专业特性和可操作性出发，校媒基于生产性实训项目而非工作过程的平台建设思路，协同构建了生产性实训平台——传媒类专业大学生创新训练中心，以此作为开发、运行生产性实训项目的平台。真实性的生产性实训项目对影视节目和新闻节目的创意、艺术性等要求较高，着重培养学生在创意策划、文稿撰写、拍摄制作等方面的专业创新能力。

（4）层级四：协同构建职业能力实训平台，锤炼职业实践能力。校台双方共建了怀化学院—怀化市广播电视台文学实践教育基地，怀化市广播电视台下属的各频道、电台、公司均是广电专业学生的职业能力实训平台。学生需在大四进入实践教育基地完成毕业实习环节。他们作为创作主体，在指导教师的指导下，以怀化市广播电视台记者的身份深入真实的新闻现场进行采访，制作的节目在舆论导向、选题方向、节目质量等方面必须达到广播电视台的播出标准，必须在规定时间按照标准完成节目制作，或以各单位工作人员的身份完成单位交给的真实任务，使学生进入了真实的职业角色，专业实践能力的培养与职业岗位能力的需求实现了无缝对接，锤炼了学生的职业实践能力。

3. 项目成效及经验

校媒协同构建层级性专业能力培养体系 3 年多来，学生的专业能力乃至公共能力得到了全方位的综合训练，取得了很好的成效，并产生了一定的示范、辐射效应。

（1）协同构建的生产性实训平台设计的生产性实训项目实现了人才培养与社会服务的“双效”统一。生产性实训项目“千年湘西 · 古城古镇古村行”系列文化纪录片的摄制，第一次对怀化地区的古城古镇古村群落及其蕴含的建筑文化、民族文化和民俗文化等进行了系统、完整的影像记录和挖掘，形成了22集系列文化纪录片。同时，这一生产性实训项目培养了学生的平民视角，他们开始扛着摄像机、拿起手中笔走出校园，下到基层，深入民间，主动去寻找、记录老百姓中平凡而伟大的故事，创作出了一部部带有温度的优秀作品，在各种赛事中取得了不俗的成绩。

（2）学生实践成果丰硕，专业能力、创新能力得以大幅提升。近3年来，依托协同构建的职业能力实训平台，广电专业在怀化市广播电视台各频道、电台发表作品3200多篇（件）；依托协同构建的专业能力提升平台“影像艺术节”，拍摄制作各类影视作品300余部；依托协同构建的生产性实训平台，拍摄制作专业级的纪录片、专题片、宣传片60余部；依托协同构建的专业基本技能实训平台“GTV”，共制作、播放了544期节目。

层级性的专业能力培养体系使学生的专业能力得以大幅提升。同时，学生在考研中也有不俗的表现，近3年来，每届有20%左右的毕业生考取硕士研究生继续深造。

层级性的专业能力培养体系使学生的创新能力得以大幅提升。近3年来，广电专业学生积极申报大学生研究性学习和创新性实验计划项目，2个项目获批为国家级大学生创新创业训练计划项目，2个项目获批为湖南省大学生德育实践项目。

（3）校媒协同构建层级性专业能力培养体系的实践，促进了深层次的教学改革实践与研究。校媒协同构建层级性专业能力培养体系的实践，有效推动了深层次的教学改革。首先，在校媒协同实践的过程中，激发了对建立校媒沟通、管理与运行机制的思考，据此申报的教改项目“地方本科院校传媒类专业校媒协同育人机制的研究与实践”获得湖南省普通高等学校教学改革研究项目立项。其次，努力深化层级性专业能力培养体系中各个平台的功能，使其成为建设专业文化、传承专业精神的重要载体。再次，根据影像艺术节的实践，撰写的论文《大学校园文化艺术活动专业指向性的探索与思考》，获湖南省第四届高等学校艺术教育科研论文三等奖。

（4）校媒协同构建的层级性专业能力培养体系，已产生一定的示范、辐射效应。目前，已着手将校媒协同构建层级性专业能力培养体系的经验，运用到与不同类型的媒体组织或单位协同构建生产性实训平台的工作中。

校媒协同构建层级性专业能力培养体系的探索，受到了学界专家的肯定，中国高等教育学会新闻学与传播学专业委员会理事长、中国人民大学新闻学院高钢教授高度评价了校媒协同开发民族民间文化纪录片《千年湘西·古城古镇古村行》的实践。2015年10月，在中国人民大学召开的中国高等教育学会新闻学与传播学专业委员会年会上，就这一探索做了专题经验分享，引起兄弟院校的关注。湖南大学新闻传播与影视艺术学院实践教学部、湖南科技学院传媒学院、邵阳学院中文系等单位领导前来指导、交流。

11.2.4　深圳大学传播学院：以专业主义和社会实战双轮驱动、以综合毕业设计改革为突破口

面对媒介环境的剧烈变革，大学本科层次的新闻专业教学如何才能贴近实际、贴近社会，培养实战型的高素质专业人才？深圳大学传播学院新闻系历经 7 年的努力，探索开创了一套以综合毕业设计为核心的实践教学新模式。

1. 项目实施方法及过程

（1）指导思想与总体原则。深圳大学新闻学专业的教学改革创新强调以高等教育的育人本质为引领，坚持专业主义不动摇，全面强化社会实战，以“专业主义”和“社会实战”这两个轮子驱动专业教学内容的改革、教学方式方法的创新、人才培养模式的改进和人才培养效果的提升。

在这一思想指导下，院系两级领导研究确定了本轮教学改革与创新的总体原则：①与新闻生产的专业主义要求对接；②与新闻舆论工作的人文关怀和社会责任对接；③与传统媒体如火如荼的数字化转型对接；④与新媒体的创新呈现方式对接。

（2）制度建设与过程管理。历经多次反复论证和 7 年的实践摸索，该专业已经形成了一套相当完整的综合毕业设计管理制度。

第一，完善了《深圳大学传播学院新闻学专业本科毕业设计方案》（以下简称《方案》）。《方案》尊重学生独立完成个人毕业论文的权利，但明确了先决条件和水平要求。然后对小组项目的选题和类型、内容和形式、考核内容及评分标准、进程与时间安排、指导教师安排以及诚信与版权等纪律要求，作出了全面详细的规定和说明。

第二，制定了一系列过程性的考核细则和详细分类的评分标准。考核涵盖了项目的初期、中期、项目文本终稿以及最终的公开答辩四个环节，以保证各小组在项目实施过程中持续发力，不断进步。

第三，逐步推进双导师制和引入业界专家答辩，深化学以致用，强调落地检验。从 2014 届首次邀请两位业界资深记者与专任教师联合指导小组毕业设计，到 2016 届增加到 8 位，双导师制稳步发展。

（3）一个平台，多元实战。为使专业教学高度实战，紧跟多变的媒介环境和人才需求，学院以“学生立场、时代潮流”为办报宗旨，创办了学生报纸《新新报》。《新新报》一开始就不囿于传统的纸质媒体，而是强调物尽其用、一专多能，先后建成了报纸的微博平台、微信公众号，报纸 APP。近两年，在大力引导学生在办好报纸的同时，

强化微信公众号的运作，加推动态图片、语音播报。目前正在尝试开发视频新闻的制作和微信推广。

国内学生报纸少见的对开八版，半月一期，最大程度贴近媒体实务，锻炼学生的实战能力。报纸依托“新闻工作坊”这门实践类课程，学生自由申报加入各个部门，自主独立完成每一期报纸的采访、写作、编辑、排版、发行，更新微博，推出微信。在新闻资源有限、完全无薪无酬的情况下，学生们完全出于专业主义的情怀和追求，奔波于校园内外，忙碌到没日没夜。

2. 项目成效及经验

历经 7 年的不懈努力，创新成果丰硕，改革成效显著，人才培养质量位居广东省前列，在业界、教育界和社会上都有一定影响。

（1）毕业设计引领潮流，广受效仿。在全国新闻学专业里面率先引入综合毕业设计，以多媒体的新闻大制作替代毕业论文，全面检验和锤炼学生的综合新闻实战传播素质。截至 2016 年 6 月，总计 42 份综合毕业设计作品。学生作品的专业性、创新性、新闻深度及人文情怀越来越突出，作品整体越来越成熟，越来越多的优秀作品直接被媒体全文刊发。

（2）《新新报》新锐突进，成为学生专业实力的名片。5 年来共出版 80 期，形成了纸质版、微博版、微信版和校媒 APP 四维空间、合力传播的媒体矩阵。借助这些实战平台，学生们锻炼掌握了新闻的采访、写作、编辑、排版、设计、印刷、发行的全流程业务，以及微信内容生产与推送，专业 APP 设计、制作与推广等新媒体业务能力。报纸连续三年在全国校报评比和香港两岸四地校报竞赛中获得冠军奖和第一名。在专业实习和应聘就业环节中，学生在这些平台的表现情况成为不少用人单位考虑的一个重要因素。

（3）专业实践打出了人才品牌。新闻学专业递进式综合性的实训教学，培养了学生高水平的专业素质和执行能力，在各种专业实践当中的突出表现赢得了用工单位的高度赞赏。例如 2009 级新闻系学生在 2011 年第 26 届世界大学生运动会期间，承担了大运会官方网站 80%以上的内容编辑与发布工作，几乎包揽了全部主要场馆的新闻助理工作，受到了大运会新闻中心的郑重表扬。不少学生在专业实习中发表多达三四十篇新闻稿件，个别还在报纸头版或者电视黄金时段播出。

（4）专业教学创新及人才培养质量受到新闻业界和教育界的关注与好评。新闻学专业在教学改革创新方面的持续发力和突出成效，在国内外新闻业界、教育界和用人单位获得了好评。《中国新闻出版报》、腾讯网、凤凰网、《深圳特区报》《深圳晚报》深圳电视台等权威媒体都对本专业的综合毕业设计模式进行了长篇报道或作品转载。腾讯公司、凤凰传媒、益田假日集团、中国银行等多家用人单位对本专业的人才培养质量都给予了肯定。

11.2.5　中国政法大学光明新闻传播学院——学界、业界共建“职业规范课程”教学改革与创新项目

依托中国政法大学法科强校的学科优势，光明新闻传播学院将“职业规范”（新闻伦理+传播法）类课程列为教学重点，组建了“‘职业规范课程’教学改革与创新项目”团队。目前，学院职业规范课程已达 7 门（本科 4 门、研究生 3 门）。经过十多年的努力探索，目前已形成了一支稳定的教师团队。

1. 项目实施方法及过程

1）教学模式的改革创新

（1）教学理念的更新。从 2002 年开始，中国政法大学设置新闻学专业。2003 年即将“新闻伦理课”单独设课。2005 年新闻职业传播规范课程即成为新闻传播学本科全体学生的必修课。

新闻职业规范教育就是价值观教育、意识形态教育，这已成为学界、业界共识。作为反映社会现实环境的“拟态环境”塑造者，只有规范地传播信息，才能够成为合格的传播者，成为社会秩序的维护者，成为社会主义核心价值观的有效传播者。因此，培养具有崇高的职业理想、坚定的职业信念的新闻传播人才；培养具有价值主体性思考角度，“识大体、持正论”的职业传播者，始终是中国政法大学光明新闻传播学院的办院宗旨和教学理念，也是该项目开设的初衷和人才培养目标。

（2）教学模式：与业界合作互动的教学模式。根据新闻传播学实践性强的特点，目前形成了“与业界合作互动，共塑职业信仰”的教学模式，光明新闻学院也成为中宣部重点联系的十所新闻学院之一。

①院报共建职业规范课堂。2014 年，新闻学院成为全国第一家高校与中央级媒体共建的新闻教学单位。《光明日报》与新闻学院教师互聘，开设理论与实践的专业课程。启动了“新闻学院与《光明日报》共建课”的教学模式。

②邀请业界知名记者授课。该模式启动后，每个学期都会在课程中加入两次业界嘉宾授课。业界知名记者、编辑、主编都曾来我院授课。授课嘉宾讲述自己在新闻报道中进行价值选择的真实故事，给课堂增加了更多“接地气”的传奇故事，也传递了“爱新闻、爱传播”的职业热情。

2）课程体系的改革创新

（1）课程体系：体系完整、各有侧重。经过多年的努力，该项目已经形成了一个完整的新闻伦理、传播法课程体系，包括“新闻伦理学”“新闻侵权”“新闻伦理学案例”“新闻法实务研究”“传播伦理研究”“版权法研究”等。

（2）教学团队：分工合理、合作良好。该项目中的5位教师中，专职教师4人，兼职教授1人；4位专职教师中，教授1人、副教授2人，讲师1人；5位教师中，具有博士学位4人，占教师的80%。团队人员年龄结构合理，学术专长各有侧重。已经建成一支分工合理、相互协作、专职教师和学界力量彼此协作，共同致力于职业规范教学的教师团队。

3）教学方法的改革创新

（1）情境讨论式教学法：探索观点背后的价值选择。新闻伦理课、传播法课均是对新闻专业课的“横向打通”，几乎包括新闻传播流程中选题、策划、采访、编辑、写作等所有环节。这类课程具有很强的“情境性”。即，课堂并不需要过多的宏大、抽象理论，更多需要类型化、具有典型特征的前沿、经典案例、法院判例和热点事件。课堂上，对这些现实中的案例展开讨论和争论，让学生和老师、学生和学生之间的观点形成交锋，探讨发现每个观点背后所依据的价值理念、选择标准。

（2）课堂效果评估创新：议程设置如何影响价值观变化。课程内容的安排是一种有意识有目的的“议程设置”。美国科罗拉多州立大学教师帕特里克（Patrick）提出，课堂设置的内容及强调的重点与价值选择的行为呈正相关。因此，该项目组通过集体讨论、集体备课，确定各门课程教学大纲的讲授内容、各项主题的比例安排、精心挑选相关判例、案例和事件，通过照顾全面、兼顾前沿、突出重点等方式，实现教学目标和人才培养目标。

（3）教学手段创新：让社交媒体服务于课堂教学。“出勤率”和“抬头率”均是考察课堂教学内容和形式吸引力的指标。该项目熟谙媒介规律，因势利导，利用学生对社交媒体的兴趣，在课上“面对面建群”，将课上的阅读内容、相关案例、研讨内容发到群里。激发学生的学习兴趣；同时，培养学生的开放性思维、传播实践兴趣。在这样的影响下，更多的学生通过开设微信公号参与新闻传播实践，学习新媒体传播技术、锻炼适应新媒体平台传播的业务能力。

2. 项目成效及经验

该项目实施多年来，重点布局课程体系、突出强调培养目标、努力创新课程模式，以教师团队建设为保障，不断加大学科投入。目前，新闻伦理系列课程、传播法系列课程在教学理念、教学模式、教师队伍、教学成果、人才培养等方面都打下了良好的基础。

（1）培养了 700 多名具有职业传播理念的本科生。自 2003 年起，中国政法大学的新闻专业就开始设置新闻伦理、传播法等课程。截至 2017 年，中国政法大学新闻学院已经为社会培养了 700 多名具有开放性思维、能够多角度看问题的职业传播者、自媒体传播者，他们有一个共通的特点，就是具有职业理念、懂得职业规范。

（2）成为中国政法大学重点扶持的“交叉学科项目”及“精品课程”。经过近十年的发展，“新闻伦理”“传播法学”被中国政法大学列入重点扶持的“交叉学科建设项目”，成立了中国政法大学“传播法研究中心”。“传播法学”“新闻伦理研究”各自获批中国政法大学 2015 年、2016 年校级精品课程，获得了更多的支持和发展资源，逐渐成为中国政法大学的优势学科和优秀课程。

（3）出版了一批教材和参考书籍。学院编著了《媒体人新闻业务守则》《〈媒体人新闻业务守则〉释义》《选择的智慧：职业传播者网络传播伦理问题、案例与对策》《探索第三种规范：对媒体法与伦理结合模式的研究》《法律传播学》《中国新闻侵权的第四次浪潮》《暗访与偷拍，记者就在你身边》《法律评论》《网络侵权类型化研究》等。

（4）发表了一系列教学和科研论文。该项目的 5 位教师，近年来专注于该项目的教学和科研工作，在新闻伦理、网络传播伦理、网络法、新闻侵权等教学和研究领域，均取得了比较丰硕的学术成绩，出版和发表了一批有影响的教学和科研论文。总数近 50 篇，其中在核心期刊以上杂志发表的 20 余篇。

（5）成功申报一批相关的科研项目。光明新闻传播学院成功申请了很多科研项目，其中纵向课题包括：

校级项目“国内外一流新闻院系新闻伦理课程与我校相应课程建设比较研究”（2012）、教育部社科规划一般项目“网络传播伦理案例、问题与对策”（2012）、国家社会科学基金一般项目“网络媒体伦理规范研究”（2016）、国家社会科学基金一般项目“新媒体环境下传媒与司法关系问题研究”（2014）、北京市社科项目“互联网产业发展和依法治理的重要指引”（2013）等。

主持横向课题经费多达百万元，如：“规范媒体对案件报道研究”（2016）、“中外媒体伦理案例研究”（2015）、“新媒体舆论生态研究”（2015）、“中国互联网信息服务法”（2013）、“网络名誉侵权案件法律分析”（2014）、“大学生社交媒体行为准则”（2011）等。

咨询报道类、立法建议类科研成果：《关于报道刑事案件的建议》，最高人民法院司改办，2014 年；《关于加强高校传播伦理、传播法课程的建议》，中宣部，2014 年；《网络侵权司法解释》，最高人民法院，2013 年等。

11.2.6　暨南大学教学改革创新项目：公益性传媒领袖讲习班——高层次传媒人才联合培养模式创新的探索

为创新高层次传媒人才培养模式，提升高层次传媒人才培养质量，在广东省教育厅的支持与指导下，暨南大学于 2008 年与南方报业传媒集团、羊城晚报报业集团、广东电视台、广州日报报业集团等媒体共建广东省第一个文科研究生创新培养基地——“华南新闻传媒研究生创新培养基地”。2011 年，暨南大学再次与广东主流媒体合作，申报获批了首批广东省联合培养研究生示范基地。2013 年 5 月 14 日，教育部副部长、国务院学位办主任杜占元一行在广州考察“华南新闻传媒联合培养研究生示范基地”，充分肯定了研究生联合培养模式。2015 年 4 月，在示范基地基础上创建“华南新闻传媒协同育人中心”获批为广东省省级协同育人平台。“传媒领袖讲习班”就是基地和协同育人平台建设的核心项目。

1. 项目实施背景及概况

该项目由暨南大学新闻与传播学院策划实施，根据基地工作计划，每年举办面向全国青年学者、博士生、硕士生的高层次、高水平暑期讲习班，邀请国内外知名媒体老总、资深媒体人士以及著名专家学者前来暨南大学做专题讲座，并与学员讨论交流。讲座内容与时俱进，涉及传媒整体变革、传统媒体创新、新媒体发展、三网融合、网络传播、新闻专业主义、舆论监督、调查报道、危机管理与媒体应对等多方面议题，既有对新时期传媒的发展探讨，又有对传统媒体出路的思考；既有新闻业务的经验阐释，也有前沿理论的探讨，还有港澳台及海外媒体发展态势的理论剖析。

2008—2016 年，“传媒领袖讲习班”共举办了 9 期，吸引了国内多所新闻院系的青年教师、博士生、硕士生，以及部分新闻媒体从业人员共计 3600 余人参加。讲习班的举办也得到了传媒业领军人物的大力支持，境内外知名媒体高层、资深媒体人士，以及学界部分知名学者，依据各自在新闻传播前沿领域的探索与研究，为学员精心准备和讲授内容丰富的专题课，让研究生及青年教师了解传媒业界的最新发展态势，深化对新闻传播实践与理论问题的认识，分享和领略传媒领袖的智慧、学识及风采，为推进传媒业改革创新和新闻传播的学科建设培养生力军。

9 年来，讲习班在传媒高层次人才培养模式方面取得了创新性成果，已成为暨南大学研究生创新人才培养模式的一个品牌项目，受到了传媒业界学界的广泛关注，并在媒体中产生了良好的反响，《南方日报》《广州日报》、新华网等 20 多家媒体对讲习班的举办及其产生的社会效益等给予了高度评价。

2. 项目特点与创新点

（1）传媒实践与学术研究的紧密结合。“传媒领袖讲习班”作为高水平的学习与研讨平台，广泛邀请国内外知名媒体高层、资深人士以及著名专家学者，主要以专题系列讲座的形式，进行为期一周至十天的密集型集中授课。授课专家学者与学员一起分享传媒业界的改革创新实践探索与经验智慧，深入探讨新闻传播学科前沿的“热点”问题，是难得的实践与理论兼备的“传媒盛宴”与“学术盛宴”。

（2）学员互动交流制度。项目组织多种形式的交流讨论：除了白天集中进行的专题系列讲座安排学员与专家学者互动外，还利用晚上举行不同专题小型座谈会、咖啡自由交流会 2~3 场，学员可自由选择参加，增进彼此之间的交流。

（3）撰写学习心得制度。每位学员在讲习班结束前提交一份学习心得体会，除结业典礼时在大会交流外，还鼓励学员在博客、微博上进行现场和后续的互动与交流。

（4）学员主持点评制度。每堂讲座安排一人主持、一人点评。点评者为老师，主持者为在学的硕士研究生。让研究生组成团队参与演讲主持、进行现场各项事宜的协调，且在全程结束后由研究生写出总结性的文章，综述各专家的观点在刊物上发表。既使学生得到锻炼又扩大了社会影响。

（5）公益性与学术性相协调。“传媒领袖讲习班”属纯公益性质，不向学员收取任何费用，凸显其学术性。听课者报名编班，结束时除了本院作为主办方要进行总结之外，学员也要派出代表在总结会上谈体会，这不但要认真听讲，还要开动脑筋思考，使其学习收到实效。

3. 项目成效

讲习班从 2008 年暑期开始，参照教育部暑期学校的形式，每年举办一期。截至 2016 年 7 月共举办了 9 期，吸引了全国各地众多新闻院系的青年教师、博士生、硕士生和媒体从业人员等 3600 多名学员报名参加。受邀讲学的境内外业界学界专家学者超过 130 人次。

经过 9 年的探索与实践，“传媒领袖讲习班”为创新传媒高层次人才培养模式积累了丰富的经验。目前，“传媒领袖讲习班”已成为暨南大学研究生创新人才培养模式的一个品牌项目，而且具有一定的影响力，受到了传媒业界学界的广泛关注，并在媒体中产生了良好的反响，《南方日报》《广州日报》、新华网等多家媒体对讲习班的举办及其特色给予多次报道和高度评价。

（1）汇集国内外业界学界高水平师资。“传媒领袖讲习班”的师资，既有学界的著名专家，更有业界的执牛耳者，他们来自境内外传媒的不同领域，为学员们带来传媒界最新的思想动态和业务发展情况。自2008年暑期举办“传媒领袖讲习班”以来，国内外知名媒体的领军人物、资深人士，如，马胜荣、魏文彬、胡舒立、陈锡添、范以锦、杨兴锋、张惠建、王春芙、吴松营、林任君、刘春、李文、伍皓、陆小华、胡锡进、杨锦麟、邱震海、阎丘露薇、向熹、鄢烈山、王克勤等，以及高校的知名专家学者喻国明、胡智锋、黄升民、范东升等，先后前来讲学。

（2）学员来源多样且深度参与。学员来自于中国人民大学、复旦大学、中国传媒大学、清华大学、武汉大学、华中科技大学、南京大学、浙江大学、厦门大学、暨南大学等五六十所高校新闻传播院系的硕士生、博士生及青年教师，以及部分媒体从业人员，共计3600余人先后参加了传媒领袖讲习班的学习研讨。

讲习班鼓励多元化的交流和表达，其目的重在拓展视野、增长知识、启迪思维，激发兴趣，而不是简单地讲授灌输，或提供一种单一的可以照搬的模式。随着传媒格局的剧变，在全媒体时代，新闻传播高层次人才培养不仅要紧跟前沿，密切联系传媒变革实际，还要具备更富远见卓识的学术眼光，超越当下的传媒实践，把握发展新趋势。

在“传媒领袖讲习班”的教学中，除了课堂讲授外，还通过选拔研究生担任讲座和沙龙主持人、学员联欢和交流、学员提交学习报告等多种形式，增强研究生的参与度，锻炼和提高其学习、研究和表达等多种素质能力。

（3）学员受益面广满意度高。讲习班自开班以来，深受国内新闻传播院校青年学子的欢迎。国内学界亦给予高度评价，充分肯定讲习班对于提升高层次人才培养质量的重要作用。

暨南大学希望通过举办暑期学校“传媒领袖讲习班”，使学员在学习中领略和汲取传媒领袖的学识与智慧，培养传媒精英意识，从而达到高层次传媒人才培养模式创新及推动传媒业界学界良性互动等目的。

（4）社会影响大，形成品牌效应。讲习班受到众多新闻媒体的高度关注和学员的好评。第五至七期讲习班录音稿，已结集出版《传媒领袖演讲录》（南方日报出版社）、《传媒领袖演讲录2》（经济日报出版社）。《南方日报》《广州日报》、新华网等20多家媒体对讲习班的举办及产生的效益给予了高度评价。

暨南大学公益性“传媒领袖讲习班”，已成为国内高校新闻传播学研究生的“第二课堂”，而且是具有影响力的知名品牌。

11. 2. 7　华中科技大学教学改革创新项目："V-Fun" 团队——一种广播影视实践教学的创新模式

1. 项目实施背景及概况

"V-Fun 第二视觉影视创新团队"（简黍"V-Fun"团队）最初是由华中科技大学新闻与信息传播学院广播电视系创办的一个学生影视创作团队。其目的是希望在老师指导下，通过理论教学和学生的影视创作实践活动相结合的方式，培养学生的综合创新能力，提高影视创作水平。

V-Fun 团队成立于 2009 年 5 月，团队成员主要以新闻学院各专业的学生为主，同时也吸纳了部分华科大其他院系热爱影视创作的学生。8 年来，积极参与团队活动的学生已累计达到了数百人。目前有 3 名专业教师负责团队的理论教学和指导学生的创作实践。通过 7 年多来的积累和探索，V-Fun 团队已不再是一个简单的学生创作社团，而是成为了承载新媒体时代背景下探索新闻传播实践教学创新改革的一个新型项目，在人才培养的框架中具有重要的现实意义。

2. 项目特点与创新点

（1）以学生为主体，以兴趣、志向为导向对学生进行个性化的培养。由于受到传统的专业设置模式的限制，一些爱好影视创作或准备在未来从事影视职业的学生（包括一些非广播电视类专业的学生）往往感到相关课程尤其是实验性课程课时安排不足，只能完成"作业"，不能生产"作品"。因此，在完成正常教学计划的同时，该项目探索出以学生的兴趣、志向为导向，采用学生社团的模式，打破专业和年级的限制，主要利用课余时间进一步对学生进行以实践性课程和项目为主的个性化培养的新路径，探索多样化的实践项目类型，重点关注学生跨媒体的适应能力和多种主题、多种内容的创造能力，拓宽学生视野，改变以往传统新闻实验教学中的单一媒体、单一内容和单一过程的简单训练项目类型以及封闭式自我评价标准，鼓励学生参与类型丰富、内容复杂、规格高端、面向真实的社会实践项目，并以动态的、具有社会效益的真实评价标准来评估实践项目的效果。

（2）注重学生"领导力"的培养。视频作品的创作需要进行专业分工和协作，影视剧的创作更是一项综合复杂的"大工程"。而传统的新闻传播专业教育主要侧重于对学生较为简单的操作技能的培养，例如：新闻采访、广播电视摄像、编辑、多媒体技术等，但对于如何培养学生进行有效的团队协助、掌握批判性思维和与他人及外界进行有效沟通的技能等“领导力”素质的培养则关注不够。

在当今媒介产业转型和围绕新媒体而进行的创业活动日益兴盛的形势下，“领导力”对于学生未来职业生涯发展也就显得越来越重要。因此国外新闻传播学者认为，必须把领导力的培养融入新闻传播教育之中，把为传媒业培养未来的领导者作为新闻传播教育目前最为迫切的改革任务之一。在作品的创作过程中，V-Fun 团队组织管理人员、主创人员都由学生担任，对外联络、宣传、寻求赞助、作品发行等活动也全部都由学生负责。通过这些实践活动，不仅使学生的专业技能得到了进一步的锻炼，而且对于学生学习和加深理解影视作品创作的实际工作流程和“领导力”的培养也都起到了积极的作用。

（3）加强对学生创新能力的培养。相对于电视新闻的采编，影视剧的拍摄过程更为复杂，对学生的能力要求特别是综合素质和协同能力的要求更高。

从国内目前的情况看，虽然在省级卫视台，电视剧的播出时间占到了全天播出时间的近 80%，但国内电视剧生产总量与播出总量之间存在供大于求的状况，精品电视剧却又供不应求，这导致电视台在黄金档时间经常出现重播剧。造成这种状况的主要原因之一是缺少创新型的影视剧创作人才。这种情况在电视娱乐节目中的表现也同样十分突出。

V-Fun 团队对学生创新能力的培养涵盖了从题材策划、剧本创作、艺术表现、新媒体新技术应用到宣传推广、广告营销全流程，真题实战，将传统专业教育的合理内核与新的时代背景和社会语境相结合，全方位综合培养学生的创新能力。

（4）按照“顶点体验课程”的模式，培养学生对于理论知识的综合应用能力。新闻传播教学一般把学生需要掌握的知识和技能分散在不同课程之中，例如电视新闻的采、写、编、评、摄等。这样虽然能够让学生在不同课程中专注于某一个特定领域的基础训练，但这也会造成对学生整合应用所学知识的能力缺少训练等问题。

目前国外高校一般会采用设置“顶点体验课程”的方法去弥补这一缺陷。所谓顶点体验课程，指的是在学生完成所有基础训练后开设的一门终极课程，希望学生在这门课程中能够把在专业课程所学到所有的知识进行整合、拓展、批判和应用，国内高校在新闻传播教育中开设顶点体验课程的还比较少见。V-Fun 团队借鉴了国外高校的经验，每年都以四年级学生为主体，组织拍摄一部时长超过一个小时的“毕业电影”，让学生进行了一次“顶点体验”。

3. 项目成效

项目前后开展了 8 年，参与项目的学生多达数百人，以新闻传播专业学生为主，也辐射了其他不同专业的部分学生。该项目成效，主要体现在以下几个方面：

（1）教学改革研究方面的成效。该项目在 2014 年被华中科技大学列为校级教改课题，同年也被获批为 2014 年湖北省高等学校省级教学研究项目。

（2）文化校园文化建设方面的成效。2014 年获得学校大学生科技创新优秀团队，2015 年该项目获评华中科技大学校园文化建设优秀成果二等奖；2016 年作为华中科技大学“十三五校园文化品牌建设”立项项目，排名第三，获得重点支持，为期五年。

（3）人才培养及获奖方面的成果。8 年来，参与本项目并在其中获得锻炼成长的学生多达数百人，他们留下了不少佳作，获得了不少奖项，并产生了一定的社会影响。

国内高规格影视方面的比赛，如全国大学生计算机设计大赛（媒体设计类）、全国大学生广告艺术大赛以及各类 DV 大赛、纪录片大赛等，团队学生每年都有大奖收入囊中。国际大奖方面，2011 年，团队学生覃旦获得第八届全球华语大学生影像奖“最佳编剧奖”和多项提名奖（由香港浸会大学主办）。

自 2011 年起，受国外大学顶点体验课程理念的启发，团队开始发起组织学生拍摄大电影（时长超过 100 分钟）的实践创作活动，当年拍摄完成了华中科技大学第一部全部由学生创作完成的校园大电影《断弦》并在毕业季公映，时任校长李培根及学校其他相关部门领导参加了首映仪式，从此拉开了该校毕业电影创制的序幕，该部电影已被华中科技大学校史馆收藏，武汉市各大媒体均有报道，网络点击量累计过百万人次。

从 2011 年到 2016 年，该教学团队指导学生一共拍摄了六部毕业电影，这些电影在线上线下都得到了大力推广，毕业季看毕业电影已然成为华中科技大学校园毕业季一道靓丽的文化风景。2015 年的毕业电影《和你在一起》还获得了第 23 届北京大学生电影节大学生原创影片剧情类入围奖，从海内外高校 4000 多部影片中脱颖而出，成为 200 部获入围奖作品之一，殊为不易。

除了在内容的创意策划、拍摄制作全部由学生担纲完成之外，每年毕业电影的拍摄经费也全部由学生通过争取社会赞助获得，同时宣传推广也做得有声有色，取得了良好的宣传效果。

总之，在真题实战中，在第一课堂与第二课堂之间，学生们在跨媒体、多主题、多内容、全过程的、理论联系实际的创新实践中，赋予了传统新闻传播教育全新的内涵；同时，在创新决策，人际网络，克服困难创造性地解决问题，团队协作等方面，学生们的综合能力得到了真实有效的锻炼，综合素质得到全面提升。

（4）社会服务方面的成效。除了上述成果之外，该项目还在服务校园服务社会方面取得了一定成效，校方、院系及企业拍摄了大量的专题片和宣传片。

11.2.8　云南大学教学改革创新项目：新闻传播类专业研究型教学的理念、路径与实践

“研究型教学”可以概要表述为，在新闻传播类专业人才培养过程中，以专业课程教学为基础，以凸显“研究性的要素和特征”来设计课程教学流程和教学模式，并通过专业教师团队的协同配合开展课内外多类型的学术训练活动，促进教师与学生之间、专业课程教学之间、课上与课下之间互补融通，由此激发学生在专业学习中发现问题、思考问题、研究问题的主动性和创造性，提高学生的学术意识、学术素养和学术能力，最终培养学生的创新精神和形成良好的专业创新性思维，同时也能有效散发教师团队的创新意识和能力。在这一教学模式中，“显现研究性的要素与特征”作为专业教学的核心手段与方法，发挥着连接与贯穿教学过程的重要作用。

1. 项目实施背景及概况

新闻传播学科既具有系统的理论性，又具有突出的实践性，这就要求在人才培养过程中强调“学理阐释”与“技能提升”并重。基于这种认知，项目组在专业教学中探索实现“传道”与“授术”均衡发展、有机融合的教学理念和模式，探索以培养学生专业创新性思维模式与创新能力为核心的教学方法和手段。研究型教学的开展，就是一种有益的尝试和可能的路径。

项目的研究实践始于 2008 年 1 月，迄今已达 8 年，经过 2008—2011 年的研究型教学实践探索阶段和 2011—2016 年的实践与理论相结合阶段，立足于新闻学院的专业课程教学实践，涵盖新闻学、广播电视新闻学（广播电视学）和网络与新媒体 3 个本科专业以及学术型、专业型硕士，涉及教学团队教师所承担的近 10 门本科专业课程和 3 门研究生课程，实践对象包括 2004 级至 2014 级的本科学生和多届研究生。

经过 8 年多的实践与探索，该项目取得了较为丰富的实践与理论成果，对研究型教学的理念、展开的基本路径和实践模式，形成了较为系统的总结。

2. 项目特点与创新点

1）提出研究型教学的核心理念

（1）创造性理念。相较于注重实践性、应用性的学科特征而形成的能力培养模式，研究型教学更趋向于学理性与实践性的结合，并体现出鲜明的“观念教育”的色彩。在这一转换过程中，无论是探究过程本身，还是探究的最终走向，都有赖于主体创造性的体现，主体想象力的释放，因此，创造性理念必然成为研究型教学实践的首要法则 。

（2）开放性理念。研究型教学的过程，是不同思想、观点得以自由表达的过程。唯有如此，才能让教师与学生的主体性和能动性得到激活和体现。因此，多学科的视野，多维度的观照，多视点的考察，才能使得研究型教学变得丰富和立体，而这些，正是研究型教学开放性理念的重要体现。

（3）协同性理念。在研究型教学中，协同性理念和协同模式是组织和实施教学过程的准则。通过教师间的协同，学生间的协同，学生与教师的协同等多种形式，可以使教与学的主体性同时得到充分体现，让探究与讨论的过程得以多向度地顺畅展开，丰富研究型教学的层次和拓展“研究”的空间。

（4）融合性理念。融合的教学理念与实践已成为新闻传播类专业教育的取向。在以“探究" 为主线的教学活动中，教学过程要更加注重发现不同教学信息之间的关联以及可能挖掘出来的新的意义。比如理论性内容与实践性内容之间的互补互构，不同教学方法的有机配合等。

在研究型教学理念中，创造性理念是发挥统领作用的核心理念，开放性理念主要指向教学情境的生成，协同性理念主要指向教学组织和实施过程，融合性理念则主要指向教学内容和教学方法。显然，它们是相互作用于研究型教学活动中，体现出鲜明的系统性特征。

2）打造研究型教学的实践路径

研究型教学实践过程，能形成一个有机的系统，也体现出一定的模式特征。概而言之，其特征主要表现在：一是打破专业课程教学中教师“单兵作战”的局限，实现课程间的借力和互补，实现教学资源共享和整合；二是建构教与学的多向度交流互动格局，体现出教学相长的教学理念；二是教学实施中贯穿了学生本位的意识，让学生的主动性、参与性学习成为主导，并容易在教学班级中形成良好的学习氛围；四是教学目标明确指向学生的专业创造性思维的培育，实现“传道”与“授术”的均衡与融合；五是有效促进教师团队的学术协作与科研水平的提升。

3. 项目成效

（1）教学研究论文成果。该项目共发表教学研究论文 6 篇，分别是《云南新闻教育发展的态势与面向》《研究型教学的理念与实践模式——以新闻传播类专业教学为例》《研究型教学互动论》《研究型教学中的“问题导向”》《首要教学原理指导下的混合学习教学策略的运用——以省级精品课程“应用电视学”为例》《双语教学策略的协力效应——“传播学引论”双语教学的案例分析》，这些文章均刊载于《新传播时代的新闻教育》一书中，该书由云南大学出版社 2016 年 7 月出版。

项目进行期间，分别调研了武汉大学、华中科技大学、中山大学和华东师范大学4所高校的新闻传播院系，完成了4篇调研性论文，分别为《本科生研究型教学特色探析——武汉大学新闻与传播学院案例》《研究型教学的互通之道——华中科技大学新闻与信息传播学院案例》《建构本科研究型教学的活性机制——华东师范大学传播学院案例》和《研究式教学的互动与和创新——中山大学传播与设计学院案例》，并公开发表。

（2）指导学生研究成果。在开展研究型教学实践中，项目组指导研究生、本科生开展学术训练活动，取得了突出的成果。2008—2009年，指导学生撰写学术论文20余篇，其中有1篇获得第三届全国新闻学子优秀论文奖二等奖，9篇获得云南省年度新闻理论论文奖一、二、三等奖，这也是云南省内新闻理论研究的最高奖项。

在指导学生申报大学生课外创新训练计划项目中，教学团队共指导学生申报并获立项6项，其中国家级、省级项目4项，校级项目2项。

（3）师生合作研究成果。教学团队积极指导和吸纳同学参与学术研究，并产生了良好的学术研究成果。截至2016年，师生合作研究论文有4篇发表于CSSCI来源期刊，包括《新闻与传播研究》《当代传播》等，指导学生独立发表论文3篇。

（4）教学团队合作研究成果。在科研项目方面，教学团队共申报并立项课题7项，其中国家社科基金项目2项，教育部哲学社会科学规划项目2项，省社科规划重点项目1项，省社科规划普及项目1项，云南大学校级教学改革重点项目1项。其中，团队成员孙信茹教授还入选云南省青年骨干教师特殊培养项目和云南大学“青年英才”培养计划项目。

在著作论文方面，教学团队出版合作研究学术著作1部，30余万字，由民族出版社于2015年出版，该著作也是学生广泛参与调查的集体成果。发表合作研究论文14篇，其中有10篇发表于CSSCI来源期刊，涵盖了《新闻与传播研究》《现代传播》《新闻大学》《国际新闻界》《当代传播》等核心期刊，产生了良好的学术影响。

在科研获奖方面，教学团队三人共获得15项省级学术成果奖励，包括云南省哲学社会科学优秀成果奖5项，云南省新闻论文奖一、二等奖6项，其他省级奖4项。

11.2.9　浙江大学城市学院教学改革创新项目——以名师工作室为载体，开展“创意创作型”微电影人才培养模式研究

目前传媒业正在经历一场前所未有的大变革，以移动媒体为代表的新媒体正引领潮流，进入现代人生活。而微电影是当前比较流行且符合互联网新媒体传播特征，并为广大青年喜爱的一种创意创作型节目形态，也是广电传媒类专业综合性训练的重要内容；

微电影创作群体正在不断扩大，据不完全统计近年来绝大部分高校新闻、艺术类院系均开设微电影创作课程；全国各种类型的微电影大赛，特别是冠以大学生为名的大赛数量众多；微电影产业规模已超过院线大电影，2017 年预计突破 700 亿（大电影为 500 亿）。因此，培养新媒体时代应用型、复合型、创新型传媒人才需要不断探索实践。为适应这一变革，该项目通过“以名师工作室为载体，开展‘创意创作型’微电影人才培养模式研究”，较系统地提出了新媒体时代微电影创意+创作型人才培养的理念、规格及途径。

1. 项目实施背景及概况

从 2012 年 9 月起，以广电专业为基础，成立浙江大学城市学院微电影创作室，以微电影创作为纽带与抓手，串联并发挥传媒与人文分院五大专业优势——广电专业的制作力、新闻专业的掘取力、广告专业的创意力、会展管理专业的策划力、中文专业的编写力，将微电影创作贯穿到课堂教学、学科竞赛、行业比赛、毕业作品、社会公益服务、商业制作等一系列实践教学环节中，激发学生创意、创作的兴趣及热情。在形成学院综合优势和集聚效应的基础上彰显各专业特色，进一步提升了传媒人才的实践教育质量，为着力培养“创意创作型”微电影新媒体人才提供了新思路、新模式。然后在这一成果的基础上，于 2015 年 9 月再上一个层次，成功申报为杭州市名师工作室：“冷冶夫蒙太奇微电影创作室。”以此为载体，进一步开展新媒体时代微电影创意+创作型人才培养模式的理论研究与实践探索。

为了做实“创意创作型”微电影乃至新媒体人才培养规格，工作室聘请中国著名纪录片导演、央视高级编辑、中国国际影视文化交流协会会长、中国影视艺术协会副主席冷冶夫指导本项目及成果实施。并由浙江大学城市学院网络传播所所长、资深媒体工作者金月成教授担任项目实施第一负责人，组建起一支经验丰富、结构合理、专兼结合的微电影创作教师队伍。通过开设微电影创作课程，教授学生微电影创作的理论知识、技能技巧，重点建设“微电影创作、电视专题片、电视纪录片”，“影视导演、剧本创作、营销策划”，“电视摄像、非线编辑、特技制作”三组核心课程群，打造特色与亮点。改革毕业论文方式，鼓励学生以微电影、纪录片等原创作品替代毕业论文写作，彰显应用性特色，提升实践教育质量。组织学生开展学科竞赛，并向专业、行业大赛推荐参送参评作品；与境内外高校及业界等开展微电影教学改革研讨及学术交流活动。与浙江在线等网络影视传媒、微电影行业协会和产业组织对接，寻找创作题材、实训实战平台与营销窗口。带领师生团队创意、创作、播营销微电影作品，开办培训班，开展为社会服务工作。

经过四年的努力，已摸索出一套利用名师工作室开展微电影创意创作，激发学生学习兴趣，产学研有机结合，推进传媒类专业实践教育的教学实践实战及运作模式，并培育了一支省微电影行业内有一定知名度的创研团队。

2. 项目特点与创新点

（1）把准传媒类专业在“创意创作型”人才培养过程中的结合点，寻找文创产业突破口。微电影创作正好从技术层面，作为纽带和结合点，串联、融合、推进、深化各专业教学。将涉及创意、创作、制作的那部分内容整合、对接到文化创意产业中去，微电影正是一个理想的突破口。

（2）充分发挥工作室校内外结合优势。一是双师型师、社会资深人士组成的工作室体制，保证了微电影教学创作中完成理论与实践的密切交流。二是与省、市产业组织的有效对接，较好地寻找到题材、实战平台与营销窗口。三是引入国际微电影教学理念，主动与海内外高校及业界学术交流。

（3）采取“点—线—面”相结合的教学创作方法。“点”是以创作类、策划类、创意类等特色组队，重点优秀作品予以突破性助力。“线”则是以“策划—拍摄—制作—营销”的链式人才模式以培养。“面”是指院系整合，以各学科优势特色，以微电影创作教学为整合平台。

3. 项目成效

（1）该项目较早、较系统地提出“创意创作型”微电影乃至新媒体人才概念及培养模式，并通过微电影工作室这个平台作有效的探索，为做实“创意+创作”型新媒体人才培养理念、方式、规格等作出积极贡献，相关成果获学院教学成果奖；并成功申报成功相关研究课题，如微电影与城市品牌的构建与传播等地厅级课题，在一级、核心刊物发表微电影的困惑及价值重构等论文 3 篇，编写微电影教材 1 部，视频课件 1 门。

（2）实践了以新闻传播为主体，人文与技术为两翼的办学理念。从技术和实践层面寻找 5 个专业的有效结合点，激发学生创作兴趣，推动了几组传媒大类核心课程的建设与深化。如摄影摄像基础、非线、专题纪录片、表演、影视编导、文案策划、写作等。有效地整合了师资力量。

（3）对改革毕业论文形式起到示范作用。率先在广电专业中用微电影创作替代毕业作品，这些经验、模式、方法已应用到其他专业。

（4）学生创作热情高涨、成果丰硕。以据初步统计，共创作各类微电影近 300 部：其中纪实类微电影 200 余部，剧情类 80 余部、动漫类 20 余部，此外还拍摄数字电影一部“飘动的红丝带”、电视情景剧52集。在省级以上学科竞赛及各类微电影大赛中获奖近作品80部，其中获浙江省大学生多媒体大赛等省级奖50部，获全国校园DV、摄影作品大赛等国家级奖3部，获黑山国际电影节、中国·西安国际民间影像节、中国大学生微电影盛典、万峰林国际微电影盛典等国际级奖26项。

（5）利用微电影平台积极参与社会服务。该工作室结合课程，带领师生，先后为政府、企事业单位、公益组织制作10多部微电影作品。如教字电影《飘动的红丝带》《水之道》《浙江孝贤人》《我想有个家》等。

（6）成功经验得到推广。此成果已应用到杭州市新闻出版系统传媒人才培训杭州市青少年媒介素养培训等项目中，并分别在中国万峰林微电影盛典、中国大学生微电影明星盛典、全国微电影产业联盟大会上以及浙江部分高校中介绍、交流。

11.2.10　陕西师范大学教学改革创新项目：传媒专业马克思主义新闻观“三位一体”教育模式的建构与实践

1. 项目实施背景

在新闻传播学科体系中，马克思主义新闻观是马克思主义关于新闻传播现象和新闻传播活动的总的观点与看法。马克思主义新闻观教育在高校传媒专业的培养体系中应占据指导地位，落实在系统的课程群与专业实践教学中。

教育部、中共中央宣传部在《关于加强高校新闻传播院系师资队伍建设实施卓越新闻传播人才教育培养计划的意见》对培养新闻传播后备人才的第一任务就是加强马克思主义新闻观教育。

2. 项目特点与创新点

借助于学校推行“2+2”教学模式改革中培养方案调整的契机，学院在2010年课程体系建设中系统规划了马克思主义新闻观的内容，设计了知识·体验·实践“三位一体”的马克思主义新闻观教育模式：

（1）以基础课程群与拓展课程群为特点的马克思主义新闻观课程体系构建与实践。学院以马克思主义新闻观课程群建设为立足点，在新闻传播学的培养方案中将新闻学概论、马克思主义新闻经典导读、新闻法规与职业道德、新闻从业实训列为必修课，同时开设名记者研究、新闻政策导读等选修课。

（2）以马克思主义新闻观的中国化实践系列课题研究为推手，促进科学研究与课堂授课之间的良性互动。学院先后主持国家社科基金项目抗战时期陕甘宁边区中国共产党媒体的社会动员研究（许加彪教授）、陕甘宁边区新闻事业史研究（李文教授）、省社科基金项目延安时期新闻传播史研究（许加彪教授）、省重点项目马克思主义新闻观的时代化研究（滕朋副教授）、省重点项目延安时期媒体社会动员机制与马克思主义新闻观中国化经验研究（许加彪教授）等。学院教学团队申请立项并研究省部级以上的有关课题7项，这促进了科学研究与课堂授课之间的良性互动，深化了马克思主义新闻观教育。

（3）以延安新闻传播专业思想教育基地为保障，每年定期或不定期安排师生赴延安参观、学习、采访等。学院充分发挥与挖掘了地缘优势与地域特色，重点打造了新闻专业延安红色教育基地，与延安新闻纪念馆、延安革命纪念馆以及当地媒体签订了新闻传播专业思想教育与实习基地协议，使学生在获得专业实践能力的同时，也加强了马克思主义新闻观教育。

（4）以面向西部基层地区的专业见习为突破点，有效利用地缘优势，使国情教育和实践教学相结合，强化学生自主动手能力。为了让学生更好地接受国情与专业教育，曾集中采访过陕西延安、青海合作、宁夏同心、内蒙古阿拉善、四川汉川、山西大同、安徽六安、四川凉山等地，返校后编制多期见习杂志《初习》、摄影册和专题片。

面向基层、面向现实是国情实践教育的初衷，也是选择实践地点的标准，让学生感受到中国国情现实的一面，同时认识到新闻传播之于国家发展、社会和谐的重要性，树立正确的传播发展观。

（5）借助校外优质资源，通过“双师双挂”与“新闻梦工厂”凝练特色教学团队。学院以多种形式加强与新闻业界的联合，许多新闻工作者走上讲台讲授业界鲜活的马克思主义新闻观。通过开办“新闻梦工厂”系列讲座，2005年以来先后邀请几十位传媒领袖、业界精英到学院演讲。在海外师资利用方面，通过合作交流、短期访学、邀请讲座、暑期学校等形式为学生提供学习机会。

（6）以舆情调查实验室等有关大学生创新课题为指引，以大学生暑期社会三下乡实践为补充，提高学生获取知识自觉性及关联知识的综合能力。

鼓励学生利用假期踊跃参加社会实践，每年的考察题目都紧紧抓住社会热点。自2008年以来，学生获批各级开放性、创新型实验项目共110多项。2013年暑期三下乡采访安康市“大爱清尘”公益组织。2014年暑期三下乡主题为“丝绸之路经济带文化建设与传播战略调研”，深入考察现存文化建设项目及创新发展。

简而言之，该模式如图11-1所示：

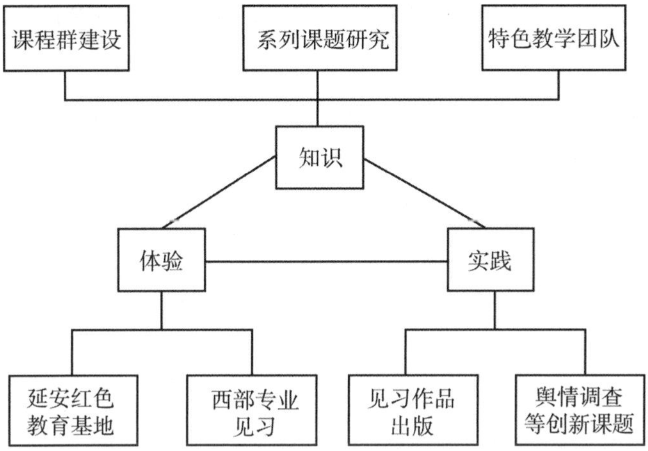

图 11-1　“三位一体”的马克思主义新闻观教育模式

3. 项目成效

陕西师范大学新闻与传播学院的人才培养已基本形成了以马克思主义新闻观为指导，文理艺多学科、理论教学与实践教学、课程教学与媒体实践、中国西部现实与国际化标准相互融合与借鉴的，适应于“厚基础、宽口径、高素质、强能力”的复合型现代传媒人才培养创新体系。

（1）理论和实践教学的系统改革显著提升了学生的创新能力。教师把科研中取得的新成果及时反馈、充实到课堂教学和实验教学中去，使授课和实验内容得到更新。许加彪、李文、锥社阳、裴晓军等教授在核心期刊上发表了许多学术研究文章。有些本科生在与导师合作，在《当代传播》等 CSSCI 刊物上发表了论文。

（2）因地制宜，推进基地教育机制创新。学院历年来建设实习基地共 26 个，陕西师范大学与陕西卫视共建的新闻传播人才实践教育基地 2013 年获批省级大学生校外实践教育基地。学院重点打造延安“红色新闻教育基地”，将红色传统教育、国情教育和实践教育融为一体，贯通新闻观、新闻史和新闻业务等教育。

（3）在西北首次创建系统的马克思主义新闻观课程群。这些课程在帮助学生理解马克思主义新闻观的基本原理，感受马克思主义魅力的同时，也让学生认识到马克思主义新闻观在中国的传承与发展，以及新媒体时代如何将马克思主义新闻观落实到日常的新闻实践中。从理论解读、原著阅读、专题研究三个层面使学生全面学习马克思主义新闻观的丰富含义，为学生在实践中践行马克思主义新闻观奠定了理论基础。

（4）教学团队快速成长。师资队伍包括省级教学名师、教育部教学指导委员会委员、高等学校出版专业教学指导委员、教育部新世纪人才、教育部“马工程”重点教材编写专家、中国摄影金像奖获得者、金话筒奖获得者、全国“百优”广播电视理论人才、全国优秀编辑与优秀主编。这些师资学历层次高，学缘结构合理。

（5）教学改革新模式引领和辐射效果显著。数字媒体技术国家级实验教学示范中心是西北地区唯一的传媒类国家级实验教学示范中心，在西北地区发挥了较大的辐射和示范作用，为兰州大学、西藏民族大学、内蒙古师大、青海师范大学、新疆师范大学、延安大学等多家西部院校联合培养学生、培训实验教学师资。

（庄德莹　何金穗　秦璇）

第12章　研究生教育

2016年，中国新闻传播学研究生教育平稳运行，在动态调整中有序发展，硕士和博士研究生教育均体现出新特色。

12.1　2016年新闻传播学硕士研究生教育

2016年，按照国务院学位委员会布置，新闻传播学硕士研究生教育的关键词是“动态调整”和“学位评估”。

2015年年底，国务院学位委员会召开第31次会议，总结前期试点工作经验，对《博士、硕士学位授权学科和专业学位授权类别动态调整办法（试行）》进行了修订，形成了《博士、硕士学位授权学科和专业学位授权类别动态调整办法》（学位〔2015〕40号），决定自2016年起，将博士、硕士学位授权学科和专业学位授权类别动态调整工作的实施范围扩大到全国。

2016年1月8日，国务院学位委员会第三十二次会议在北京召开，会议传达了学位点调整与评估的各项精神。

2016年3月，教育部发布了经国务院学位委员会第三十二次会议审议通过的《关于下达2014年学位授权点专项评估结果及处理意见的通知》（学位〔2016〕5号）。通知规定，评估结果为“合格”的学位授权点，可继续行使学位授权；评估结果为“不合格”的学位授权点，自发文之日起撤销学位授权；评估结果为“限期整改”的学位授权点，即日起要进行为期2年的整改。根据该通知所附评估结果统计，共有42所高校的50个博士、硕士和专业学位授权点被评估为“不合格”，被黄牌警告要求限期整改的学位点有95个。根据通知，评估结果为“不合格”、被撤销学位授权的学位授权点，5年之内不得重新申请。2016年招生工作结束后不得招生，在学研究生按原渠道培养、授予学位。评估结果为“限期整改”的学位授权点，自发文之日起，进行为期2年的整改，2016年招生工作结束后暂停招生。整改结束后将接受复评，复评结果为“合格”

的恢复招生，复评结果达不到“合格”的撤销学位授权。除了首都师范大学新闻传播学一级硕士学位授权点评估结果为“不合格”外，其他54个硕士学位授权点均评估为“合格”。当然也有北京大学主动提出放弃了“出版硕士”学位授权点资格。详情见表12-1。

表12-1　　**2014年中国新闻传播硕士学位授权点专项评估结果表**

类别	序号	学位授予单位名称	学科名称	评估结果
硕士学位授权点	1	首都师范大学	新闻传播学	不合格
	2	北京外国语大学	新闻传播学	合　格
	3	中山大学	新闻传播学	合　格
	4	北京交通大学	新闻传播学	合　格
	5	广西艺术学院	新闻传播学	合　格
	6	新疆财经大学	新闻传播学	合　格
硕士专业学位授权点	1	北京大学	新闻与传播	合　格
	2	中国人民大学	新闻与传播	合　格
	3	清华大学	新闻与传播	合　格
	4	北京印刷学院	出　版	合　格
	5	北京师范大学	新闻与传播	合　格
	6	中国传媒大学	新闻与传播	合　格
	7	南开大学	新闻与传播	合　格
	8	天津师范大学	新闻与传播	合　格
	9	河北大学	新闻与传播	合　格
	10	山西大学	新闻与传播	合　格
	11	内蒙古大学	新闻与传播	合　格
	12	辽宁大学	新闻与传播	合　格
	13	吉林大学	新闻与传播	合　格
	14	东北师范大学	新闻与传播	合　格
	15	黑龙江大学	新闻与传播	合　格
	16	复旦大学	新闻与传播	合　格
	17	上海交通大学	新闻与传播	合　格

续表

类别	序号	学位授予单位名称	学科名称	评估结果
硕士专业学位授权点	18	华东师范大学	新闻与传播	合　格
	19	上海大学	新闻与传播	合　格
	20	南京大学	新闻与传播	合　格
	21	苏州大学	新闻与传播	合　格
	22	南京师范大学	新闻与传播	合　格
	23	浙江大学	新闻与传播	合　格
	24	安徽大学	新闻与传播	合　格
	25	中国科技大学	新闻与传播	合　格
	26	厦门大学	新闻与传播	合　格
	27	南昌大学	新闻与传播	合　格
	28	江西师范大学	新闻与传播	合　格
	29	山东大学	新闻与传播	合　格
	30	山东师范大学	新闻与传播	合　格
	31	郑州大学	新闻与传播	合　格
	32	河南大学	新闻与传播	合　格
	33	武汉大学	新闻与传播	合　格
	34	华中科技大学	新闻与传播	合　格
	35	华中师范大学	新闻与传播	合　格
	36	湖南大学	新闻与传播	合　格
	37	湖南师范大学	新闻与传播	合　格
	38	暨南大学	新闻与传播	合　格
	39	广西大学	新闻与传播	合　格
	40	重庆大学	新闻与传播	合　格
	41	西南政法大学	新闻与传播	合　格
	42	四川大学	新闻与传播	合　格
	43	电子科技大学	新闻与传播	合　格
	44	云南大学	新闻与传播	合　格
	45	西北大学	新闻与传播	合　格

续表

类别	序号	学位授予单位名称	学科名称	评估结果
硕士专业学位授权点	46	西安交通大学	新闻与传播	合　格
	47	陕西师范大学	新闻与传播	合　格
	48	兰州大学	新闻与传播	合　格
	49	新疆大学	新闻与传播	合　格

2016年9月23日，国务院学位委员会关于下达《2016年动态调整撤销和增列的学位授权点名单的通知》（学位〔2016〕23号），并以附件的形式发布了《2016年经动态调整撤销的学位授权点清单（分省）》和《2016年经动态调整增列的学位授权点清单（分省）》，共有25个省份的175所高校大幅撤销576个学位点，共有25个省份的178所高校增列了366个学位点。2016年新闻传播学硕士点撤销和新增列名单如表12-2所示：

表12-2　**2016年新闻传播学硕士点撤销和新增名单表**

单位名称	主管部门	增设学位点类型	撤销学位点名称
中南大学	教育部	一级硕士点	新闻传播学
单位名称	主管部门	增设学位点类型	增列学位点名称
华侨大学	国侨办	硕士专业学位授权点	新闻与传播
青岛大学	山东省	硕士专业学位授权点	新闻与传播
河南工业大学	河南省	硕士学位授权一级学科	新闻传播学
河北师范大学	河北省	硕士专业学位授权点	新闻与传播

根据各个新闻院校提供的数据和新闻传播学科评议组委托中国传媒大学学科建设办公室提供的资料，笔者初步整理出2016年新闻传播学硕士学位授权点情况，包括学科名称、授权类别、招生和毕业人数，详情见表12-3：

表12-3　**2016年新闻传播学硕士学位授权点名单表**

序号	一、二级学科代码及名称	授权单位名称	授权类别	招生人数	毕业人数
1	0503 新闻传播学	北京大学	硕一	77	102
2	0503 新闻传播学	中国人民大学	硕一	140	137

续表

序号	一、二级学科代码及名称	授权单位名称	授权类别	招生人数	毕业人数
3	0503 新闻传播学	清华大学	硕一	124	92
4	0503 新闻传播学	北京交通大学	硕一	13	8
5	0503 新闻传播学	北京工商大学	硕一	38	21
6	0503 新闻传播学	北京邮电大学	硕一	14	18
7	0503 新闻传播学	北京印刷学院	硕一	不详	不详
8	050302 传播学	中国农业大学	硕二	7	9
9	0503 新闻传播学	北京师范大学	硕一	54	50
10	0503 新闻传播学	北京外国语大学	硕一	21	21
11	0503 新闻传播学	中国传媒大学	硕一	345	299
12	0503 新闻传播学	中央民族大学	硕一	52	29
13	0503 新闻传播学	中国政法大学	硕一	40	不详
14	0503 新闻传播学	南开大学	硕一	44	不详
15	0503 新闻传播学	天津师范大学	硕一	55	50
16	0503 新闻传播学	河北大学	硕一	107	139
17	0503 新闻传播学	山西大学	硕一	32	不详
18	0503 新闻传播学	内蒙古大学	硕一	52	46
19	0503 新闻传播学	吉林大学	硕一	73	69
20	0503 新闻传播学	辽宁大学	硕一	84	68
21	0503 新闻传播学	大连理工大学	硕一	28	16
22	0503 新闻传播学	渤海大学	硕一	25	不详
23	0503 新闻传播学	吉林大学	硕一	18	不详
24	0503 新闻传播学	东北师范大学	硕一	35	15
25	0503 新闻传播学	黑龙江大学	硕一	92	115
26	0503 新闻传播学	复旦大学	硕一	98	118
27	0503 新闻传播学	同济大学	硕一	23	20
28	0503 新闻传播学	上海交通大学	硕一	45	不详
29	0503 新闻传播学	上海理工大学	硕一	76	46
30	0503 新闻传播学	华东师范大学	硕一	90	58

续表

序号	一、二级学科代码及名称	授权单位名称	授权类别	招生人数	毕业人数
31	0503 新闻传播学	上海师范大学	硕一	27	19
32	0503 新闻传播学	上海外国语大学	硕一	46	42
33	0503 新闻传播学	上海财经大学	硕一	18	不详
34	050301 新闻学	上海体育学院	硕二	10	不详
35	0503 新闻传播学	上海大学	硕一	137	78
36	0503 新闻传播学	南京大学	硕一	86	92
37	0503 新闻传播学	苏州大学	硕一	60	58
38	050302 传播学	南京理工大学	硕二	8	11
39	0503 新闻传播学	河海大学	硕一	11	不详
40	0503 新闻传播学	南京师范大学	硕一	77	69
41	0503 新闻传播学	浙江大学	硕一	58	43
42	0503 新闻传播学	浙江工业大学	硕一	23	不详
43	0503 新闻传播学	安徽大学	硕一	110	106
44	0503 新闻传播学	中国科学技术大学	硕一	不详	不详
45	0503 新闻传播学	安徽师范大学	硕一	42	22
46	0503 新闻传播学	厦门大学	硕一	86	67
47	0503 新闻传播学	福建师范大学	硕一	22	18
48	0503 新闻传播学	南昌大学	硕一	92	74
49	0503 新闻传播学	江西师范大学	硕一	45	51
50	0503 新闻传播学	江西财经大学	硕一	27	11
51	0503 新闻传播学	山东大学	硕一	48	45
52	0503 新闻传播学	山东师范大学	硕一	15	不详
53	0503 新闻传播学	郑州大学	硕一	86	91
54	0503 新闻传播学	河南大学	硕一	104	128
55	0503 新闻传播学	武汉大学	硕一	183	157
56	0503 新闻传播学	华中科技大学	硕一	86	不详
57	0503 新闻传播学	中国地质大学	硕一	11	不详
58	0503 新闻传播学	武汉理工大学	硕一	59	不详

续表

序号	一、二级学科代码及名称	授权单位名称	授权类别	招生人数	毕业人数
59	050302 传播学	华中农业大学	硕二	7	5
60	0503 新闻传播学	华中师范大学	硕一	90	85
61	0503 新闻传播学	湖北大学	硕一	37	21
62	0503 新闻传播学	中南财经政法大学	硕一	43	28
63	050302 传播学	中南民族大学	硕二	51	15
64	0503 新闻传播学	湘潭大学	硕一	53	不详
65	0503 新闻传播学	湖南大学	硕一	122	101
66	0503 新闻传播学	中南大学	硕一	32	32
67	0503 新闻传播学	湖南师范大学	硕一	102	100
68	0503 新闻传播学	中山大学	硕一	80	62
69	0503 新闻传播学	暨南大学	硕一	219	211
70	0503 新闻传播学	汕头大学	硕一	12	8
71	0503 新闻传播学	华南理工大学	硕一	75	58
72	050302 传播学	华南师范大学	硕二	54	16
73	0503 新闻传播学	广东技术师范学院	硕一	0	0
74	0503 新闻传播学	深圳大学	硕一	41	28
75	0503 新闻传播学	广西大学	硕一	94	110
76	050301 新闻学	广西师范学院	硕二	16	16
77	0503 新闻传播学	广西艺术学院	硕一	15	不详
78	0503 新闻传播学	四川大学	硕一	67	140
79	0503 新闻传播学	重庆大学	硕一	73	83
80	0503 新闻传播学	西南交通大学	硕一	22	不详
81	0503 新闻传播学	电子科技大学	硕一	16	10
82	050302 传播学	成都理工大学	硕二	32	不详
83	0503 新闻传播学	西南大学	硕一	68	51
84	0503 新闻传播学	西南政法大学	硕一	73	71
85	0503 新闻传播学	成都体育学院	硕一	10	不详
86	050301 新闻学	贵州大学	硕二	7	不详

续表

序号	一、二级学科代码及名称	授权单位名称	授权类别	招生人数	毕业人数
87	0503 新闻传播学	云南大学	硕一	61	65
88	050301 新闻学	云南师范大学	硕二	19	27
89	0503 新闻传播学	西北大学	硕一	78	53
90	0503 新闻传播学	西安交通大学	硕一	29	17
91	0503 新闻传播学	陕西师范大学	硕一	117	123
92	0503 新闻传播学	西北政法大学	硕一	56	20
93	0503 新闻传播学	兰州大学	硕一	75	76
94	0503 新闻传播学	新疆大学	硕一	60	53
95	0503 新闻传播学	新疆财经大学	硕一	65	7
96	0503 新闻传播学	广州大学	硕一	40	21
97	0503 新闻传播学	中国青年政治学院	硕一	36	23
98	0503 新闻传播学	重庆工商大学	硕一	27	34
99	0503 新闻传播学	河北经贸大学	硕一	12	不详
100	0503 新闻传播学	中国科学院大学	硕一	不详	不详
101	050302 传播学	中国社会科学院研究生院	硕二	7	4
102	050301 新闻学	上海社会科学院	硕二	4	4
103	050301 新闻学	四川省社会科学院	硕二	12	不详
104	0503 新闻传播学	南京政治学院	硕一	23	25
105	0503 新闻传播学	东北财经大学	硕二	30	0
106	0503 新闻传播学	海南师范大学	硕二	14	0
107	0503 新闻传播学	广东外语外贸大学	硕二	52	0
108	0503 新闻传播学	北京体育大学	硕二	31	31
109	0503 新闻传播学	华侨大学	硕二	0	0
110	0503 新闻传播学	青岛大学	硕二	0	0
111	0503 新闻传播学	河南工业大学	硕二	15	0
112	0503 新闻传播学	河北师范大学	硕二	10	0
113	0503 新闻传播学	四川外国语大学	硕二	29	10

经过 2016 年新闻传播学硕士点动态调整，目前全国拥有 113 个新闻传播学硕士授权点。新闻传播学硕士点招生规模扩大，尤其是新闻与传播硕士（MJC）增长较为明显。毕业人数也随着新闻与传播硕士（MJC）招生人数的增长而增加。

（邓绍根）

12.2　2016 年新闻传播学博士研究生教育

2016 年，中国新闻传播学博士研究生教育有序发展，格局基本不变。目前，中国拥有 19 家新闻传播学博士点。在 19 家新闻传播学博士点中，有 16 个新闻传播学一级博士点，分别是：中国人民大学、中国传媒大学、复旦大学、武汉大学、清华大学、华中科技大学、北京大学、四川大学、浙江大学、暨南大学、厦门大学、上海大学、华东师范大学、山东大学、河北大学、南京大学；3 家新闻传播学二级博士点，分别是中国社会科学院、南京师范大学、解放军南京政治学院；另外还有上海交通大学和苏州大学 2 家新闻传播学交叉学科博士点；没有新闻传播学博士点的高校通过挂靠在其他学科博士点招生，尝试开展博士研究生教育，其数量从去年年鉴统计的 15 家高校增加到 21 家。原来 15 所高校分别是：安徽大学、华中师范大学、吉林大学、云南大学、北京师范大学、陕西师范大学、河南大学、湖南大学、北京外国语大学、湘潭大学、中国科技大学、中山大学、湖南师范大学、重庆大学、西南大学；现在新增南昌大学、江西师范大学、辽宁大学、湖北大学、西安交通大学、中南大学 6 所高校。详情分别见表 12-4 至表 12-7：

表 12-4　**2016 年新闻传播学一级博士点招生情况**

序号	单位名称	招生人数	毕业人数
1	中国人民大学	37	33
2	中国传媒大学	80	81
3	复旦大学	15	19
4	武汉大学	28	29
5	清华大学	22	13

续表

序号	单位名称	招生人数	毕业人数
6	华中科技大学	17	10
7	北京大学	10	19
8	四川大学	14	6
9	浙江大学	14	10
10	暨南大学	15	9
11	厦门大学	11	8
12	上海大学	14	9
13	华东师范大学	11	5
14	山东大学	7	0
15	河北大学	5	6
16	南京大学	12	2

表 12-5　**2016 年新闻传播学二级博士点招生情况**

序号	单位名称	招生人数	毕业人数
1	中国社会科学院	5	4
2	南京师范大学	4	3
3	南京政治学院	3	5

表 12-6　**2016 年新闻传播学交叉学科博士点招生情况**

序号	单位名称	招生人数	毕业人数
1	上海交通大学	11	4
2	苏州大学	5	3

表 12-7　**2016 年新闻传播学挂靠博士点（专业方向）招生情况**

序号	单位名称	博士点（专业方向）名称	招生人数	毕业人数
1	安徽大学	媒介文化	1	1
2	华中师范大学	文化传播学	3	0
3	吉林大学	文学传播与媒介文化	6	1

续表

序号	单位名称	博士点（专业方向）名称	招生人数	毕业人数
4	云南大学	文化传播	2	0
5	北京师范大学	现代出版与文化传播	6	0
6	陕西师范大学	文艺与文化传播 媒介与社会变迁	3	3
7	河南大学	跨文化传播	0	0
8	湖南大学	文化传播	2	0
9	北京外国语大学	国际传播	4	0
10	湘潭大学	新闻哲学与媒介文化	不详	不详
11	中国科技大学	科技传播、传媒管理	不详	不详
12	中山大学	政治传播	3	5
13	湖南师范大学	中国近现代新闻传播史	3	0
14	重庆大学	新闻法学	5	0
15	西南大学	传媒文化	3	1
16	南昌大学	传媒管理学	2	0
17	江西师范大学	文化艺术与传播	0	0
18	辽宁大学	文学传播与媒介文化	2	0
19	湖北大学	文化与传播	1	0
20	西安交通大学	新闻传播理论与实践研究	7	3
21	中南大学	文化产业	3	2

2016 年，教育主管部门加强了对新闻传播学博士研究生教育的指导和管理工作，博士点之间的建设经验交流活动增多。

2016 年 3 月，教育部召开国务院学位委员会第三十二次会议，审议通过学位〔2016〕5 号文件《国务院学位委员会关于下达 2014 年学位授权点专项评估结果及处理意见的通知》，公布了 2014 年学位授权点专项评估结果。其中，新闻传播学一级博士点评估结果不佳，河北大学和山东大学评估结果分别是“合格”“限期整改 ”。通知规定：评估结果为“限期整改”的学位授权点，自发文之日起进行为期 2 年的整改，2016 年招生工作结束后暂停招生。整改结束后接受复评，复评结果为“合格”的恢复招生，复评结果达不到“合格”的撤销学位授权。

2016年12月9日，新闻传播学科评议组在华中科技大学召开全国新闻传播学博士课程设置交流会，来自北京大学、中国人民大学、北京师范大学、中国传媒大学、华东师范大学、南京大学、山东大学、武汉大学、华中科技大学、中国社会科学院研究生院、上海大学、暨南大学、南京师范大学、河北大学14所高校机构的新闻传播学科负责人及代表出席交流会。中国传媒大学学科建设办公室主任王宇教授首先就此次交流会召开的背景进行了简要介绍，代表们就课程设置、博士点建设、博士生培养与管理等具体事项进行了交流探讨。

2016年，中国新闻传播学博士毕业生人数增多。中国人民大学新闻学院有33人毕业，武汉大学29人，复旦大学和北京大学均为19人。博士毕业生们勤奋努力，积极探索，认真研究，涌现出一大批优秀博士学位论文。这些博士毕业生大部分去了高校从事新闻传播学的教学科研工作。2016年新闻传播学博士生学位论文和毕业去向情况见表12-8：

表12-8 **2016年新闻传播学博士生学位论文篇目**

学校名称	姓　名	年　级	博士论文题目	毕业去向
中国人民大学新闻学院	柯慧琳	2008	《华侨日报》兴衰史（1925. 6. 5—1995. 1. 12）	高　校
	贾　茜	2012	中国社区媒体的合作发展策略研究	高　校
	王彬彬	2012	基于双层博弈框架的中国气候传播策略研究	高　校
	任天浩	2010	健康理念的组织传播研究——以医疗组织场域内康复理念的传播为例	高　校
	彭　彦	2011	出版企业基于价值网络的商业模式创新演进研究	高　校
	金　韶	2012	移动互联网环境下营销传播的创新机制研究	高　校
	王　群	2012	互联网语境下医患传播研究	高　校
	安　平	2009	新闻理论视野中的公共性研究	公　司
	李刚存	2012	范式增益：中国新闻学反思与超越	高　校
	刘双庆	2012	建构主义视角下医患暴力冲突议题的新闻生产研究	高　校
	杨迪雅	2012	教育网络舆情研究	高　校
	林荧章	2013	网络舆情事件的传统媒体建构	高　校
	余　玉	2013	上海《时报》新闻业务变革研究	高　校
	姚晓鸥	2013	苏联新闻体制的构建与转型研究	高　校
	叶　俊	2013	现代化与正当性：中国共产党宣传观念变迁研究	研究机构
	胡晓娟	2013	传媒变局中新闻从业者职业认同研究	高　校

续表

学校名称	姓　名	年　级	博士论文题目	毕业去向
中国人民大学新闻学院	刘晓雪	2009	媒体融合背景下的电视媒体转型发展研究	高　校
	钱　婕	2011	网络时代基督教宗教权威的消解与建构 ——基于山东省基督教会的研究	高　校
	张　军	2011	移动互联网对传播方式变革的影响研究	高　校
	尕藏草	2012	介入现代性：新媒体影响下的藏区宗教社会	高　校
	李　彦	2012	国家与社会关系视阈下的互联网行政管理体制研究（1994—2015）	高　校
	廖金英	2013	电影作为世俗弥赛亚——本雅明媒介技术观研究	高　校
	万新娜	2013	乡村青少年日常生活中的手机使用与现代体验——基于六营村中学生的田野研究	高　校
	杨春华	2013	中国网络空间的内容规制研究 ——以规制行动者关系为视角	媒　体
	董俊祺	2013	广告定制化传播研究——观念、应用与实践	高　校
	于美娜	2013	内容与效果的失衡：中国对外传播的现状、困境与创新	高　校
	刘琳琳	2013	新媒体背景下中国环境传播中的议程建构研究	高　校
	朱瑞娟	2013	流动的空间与固化的阶层：新媒体环境下进城家政女工社会资本研究	媒　体
	陈　硕	2013	中国政府白皮书传播研究（1949—2015）	研究机构
	钟悠天	2013	网络舆情的逆向选择与治理——博弈论与信息经济学视角	政府部门
	杨　雅	2013	现象学视域下“在场”效应的多重维度研究	高　校
	韩瑞娜	2013	中国电视媒体与商业视频网站竞争关系研究	高　校
	汤　璇	2013	21 世纪以来中国政府对国际组织的话语认同与重构研究	高　校

续表

学校名称	姓　名	年　级	博士论文题目	毕业去向
复旦大学新闻学院	常姗姗	2010	国家形象的跨文化传播研究——以《纽约时报》2015“他塑”为例	高　校
	田新玲	2013	中国文化创意产品“走出去”策略研究——基于“价值链”的视角	高　校
	阿慕由	2011	对视与沟通：西非经济共同体视域中的中国形象	创　业
	于嵩昕	2013	作为话语的“中国”——基于《经济学人》（1993—2015）中国封面故事的研究	高　校
	黄　艳	2013	媒体融合环境下中国视频网站研究	高　校
	华汝国	2013	合法性视角下台湾《自由时报》“九合一”选举报道研究	高　校
	夏　冰	2013	早期《申报》报人新闻伦理认知及实践研究（1872—1898）	高　校
	宁　威	2013	社会转型期乡村节庆民俗组织化传播研究	高　校
	季凌霄	2012	消闲公共性：从《游戏报》（1897—1901）到《大世界》（1917—1927）	博士后
	郑博斐	2013	网络社会中的新媒体中介化在场	科研机构
	左　志	2013	国际电信联盟与中国崛起——四十年来国际电信联盟与中国电信政策	政府部门
	钟　怡	2013	空间“可沟通性”：网络时代的上海人民广场	博士后
	汪　伟	2011	看得见的革命：中国革命的视觉象征（1937—1949）	高　校
	张昱辰	2013	作为媒介的地铁：传播视野中的上海轨交与都市生活	高　校
	林光耀	2013	“流动的地方”：远洋船员的传播关系与空间实践	企　业
	林颖颖	2013	“扩招”后上海报纸高校新闻生产研究——以《解放日报》、《文汇报》、《新民晚报》、《新闻晨报》为研究个案	高　校
	陆　臻	2011	中国大陆网络文学商品化进程考察	高　校
	段书晓	2012	“列强”形象考：近现代媒体图像中的“列强”表征（1840—1937）	不　详
	钟天祥	2010	明报、星洲日报、南洋商报的中华情与本土性研究	高　校

续表

学校名称	姓　名	年　级	博士论文题目	毕业去向
中国传媒大学	李立军	2008	媒介融合时代日本广播发展路径研究	高　校
	张彦春	2009	媒介新格局下《人民日报》新闻改革研究	媒　体
	何淑燕	2011	中国暴力恐怖事件新闻报道研究	高　校
	王凯山	2012	媒介融合背景下的政府新闻发布研究	高　校
	齐亚宁	2013	新世纪以来中国大陆电视新闻评论研究	政府部门
	陈佳沁	2013	日本纸媒的战后大气污染报道	高　校
	杜　哲	2012	移动互联网背景下中国报纸移动传播研究	企业公司
	郭泽德	2013	灾难记忆传播研究——以唐山大地震为例	政府部门
	贾　亮	2012	媒体有机运动略论——基于马克思报纸有运动的研究	政府部门
	夏吉宣	2008	全球化语境下的中国国际广播发展研究	政府部门
	李慧敏	2013	中央级党报新闻评论版研究	政府部门
	段　卉	2013	小众文化媒介建构研究——以丁蜀镇紫砂文化传播为例	高　校
	龚险峰	2011	中央人民广播电台网络发展与转型研究	政府部门
	雷　扬	2013	《人民日报》视域中的国企改革图景研究（1978—2015）——基于当代中国企业史的演进轨迹	政府部门
	王嘉婧	2013	故事研究——基于媒介融合背景下的非虚构类视频探究	高　校
	陈佳宁	2013	移动互联网时代音频媒体发展策略研究	媒　体
	周　彬	2013	大数据背景下的网络信息传播研究	公司企业
	李　娜	2013	社会公共服务视角下的媒介功能演进研究	政府部门
	魏　婷	2013	新媒体时代的名声传播研究	高　校
	赵婷婷	2013	中国摄影画报史论	高　校
	贺鸣明	2013	中国纪录片的国际传播策略研究	高　校
	吴雨蓉	2013	纪录片话语意义的生成与表达——叙事学视阈下的苏联纪录电影研究	政府部门
	赵　鑫	2013	中国文化人类学纪录片史论（1957—2015）	高　校
	陈　怡	2013	国际电视新闻频道的媒介生态进化与重构	新华社

续表

学校名称	姓　名	年　级	博士论文题目	毕业去向
中国传媒大学	杨　帆	2008	新媒介环境下媒介事件研究	政府部门
	许海滨	2008	媒介环境学视野下的网络表达研究	高　校
	张雪梅	2008	“回归的螺旋”：传媒产品与大众文化消费的互动关系 ——以电视地面频道为例	媒　体
	魏金梅	2012	社会控制视角下的媒介人物评选——以《感动中国》为例	政府部门
	唐　苗	2012	文化的全球在地化——英国真人秀节目模式的跨文化生产	政府部门
	武继贤	2012	主体、话语与权力——以中国女性导演纪录片为考察对象	高　校
	路　鹏	2008	新媒体传播中隐私权的权益演变及侵权救济研究	高　校
	李　波	2008	篝火与媒介：鄂伦春族在现代化转型中的民族认同研究	高　校
	唐爱华	2008	新媒体时代下中国国家形象的传播与塑造	高　校
	周　萃	2008	《华尔街日报》涉华经济报道研究（2011—2015）	媒　体
	梁　颐	2009	媒介技术与环境关系研究——以媒介环境学派理论为视角	高　校
	马　宁	2012	SoLoMo 场景的兴趣社群平台研究	高　校
	马克秀	2012	互联网与乡村社会结构变迁：以山东“丁村”为个案的研究	高　校
	吴　迪	2012	中国大众媒体健康传播研究	政府部门
	胡　婧	2012	中国公共外交媒介化研究	媒　体
	李　霞	2012	美国战争中的舆论动员与媒介控制研究	政府部门
	郑笑眉	2012	当代英国新闻文化研究	高　校
	王德平	2012	环境风险议题中邻避事件的舆论引导研究——基于报纸报道的话语分析（2005—2015）	高　校
	徐晨霞	2012	网络舆论引爆点研究	政府部门
	刘　毅	2012	基于“类生物”视角的舆论发酵研究	高　校

续表

学校名称	姓　名	年　级	博士论文题目	毕业去向
中国传媒大学	白志如	2013	网络社会的参与式逻辑探讨——基于虚拟品牌社区的产消变迁	高　校
	田　园	2013	听觉生态位的拓展与超越——广播媒体生存空间研究	媒　体
	王小节	2013	国际传播视域下的首都媒介形象构建研究——以中央电视台新闻报道	媒　体
	信莉丽	2013	全球化语境下社会化媒体对国家文化安全的影响——基于境外媒体新浪微博账户的研究	政府部门
	邵　瑞	2013	全球传播视阈下我国文化认同危机与重构——基于媒介素养视角	高　校
	何欣蕾	2013	中国电视法制节目专业化发展研究（1985 至 2015）——基于分众传播的视角	政府部门
	王瑞奇	2013	技术革新与隐私权理论的演变	高　校
	石　亮	2013	中国传媒体制变革研究——基于权力与传媒关系的视角	政府部门
	陈　枫	2013	媒介融合背景下的中国对外新闻生产研究	企业公司
	车　玥	2013	新媒体环境下的舆论场域分化研究	高　校
	宋嘉庚	2013	自出版管理问题研究	政府部门
	Saleh Yussuf Mnemo	2013	Performance Analysis of the CRISS Programs：A Perspective of Program Quality. Case of 99. 7 FM Zanzibar	不　详
	查　谦	2009	冷战时期美国华文媒体生态研究	高　校
	杨竞博	2011	回归后香港华语（文）传媒格局变化及社会功能研究——媒介社会学的视角	高　校
	吴　倩	2012	沈力电视节目主持风格研究	高　校
	徐　力	2013	体育解说创作及新中国体育解说形态发展研究	高　校
	王　梓	2013	网络自制节目主持人核心竞争力研究	媒　体
	赵若竹	2013	技术条件下播音主持形态发展研究	高　校
	黄　蜜	2011	抗战时期报纸广告中的重庆社会镜像研究	高　校

续表

学校名称	姓　名	年　级	博士论文题目	毕业去向
中国传媒大学	顾远萍	2011	基于电视和网络视频媒体的广告态度及其影响因素研究	高　校
	巴　丹	2012	新媒体环境下中国电影产业转型研究	高　校
	俄秦钰	2012	责任归因视域下的医疗纠纷新闻报道框架分析	政府部门
	易晓辉	2008	概念、操作、体系：新传播环境下原生广告发展研究	政府部门
	陈柏霖	2013	关系视阈下的社交媒体人际交往与信息传播研究	高　校
	王　斌	2008	电视媒体对维吾尔族观众的影响力研究	高　校
	张　艳	2013	《申报》征婚广告：媒介呈现、生产与文化透析研究（1912—1949）	高　校
	吴殿义	2013	基于全媒体大数据的视频内容评估模型建构——以内容银行内容评估体系为例	高　校
	朴俊丽	2012	中国移动互联网广告发展研究	政府部门
	闫凌竹	2010	农村产业集群形成中的传播研究——以江苏省沙集镇为例	政府部门
	苏品晶	2010	媒体融合背景下政府新闻网站体制机制改革问题研究	政府部门
	郭修远	2012	传媒企业利他行为研究	政府部门
	代　魁	2013	基于系统时代经济人假设的我国传媒产业经济系统研究	企业公司
	高　超	2013	影视剧本开发运营研究—基于价值链和组织创造力理论	政府部门
	刘丹丹	2013	数字视听内容版权交易平台商业模式构建研究	企业公司
	郑丹琪	2011	中外国家形象片比较研究—以框架理为视域	高　校
	范玉明	2013	新疆少数民族媒介形象建构研究——以《人民日报》（1949—2015）的新闻报道为例	高　校
	韩　啸	2012	欧洲人权的理论及实践——以《欧洲人权公约》第十条为视角	不　详
	常启云	2012	互联网群体传播与社会认同	不　详
	王春美	2013	中国广播经营变迁研究——起源、演进、特征与趋向	媒　体

续表

学校名称	姓　名	年　级	博士论文题目	毕业去向
北京大学新闻与传播学院	刘京雷	2009	移动通信用户的身份识别及使用行为研究	中国联通
	郝建峰	2011	境外社会化媒体在中国社会运动中的作用机理研究——以香港"占中事件"为例	中直机关
	黃兆璽	2011	基于创意传播管理理论的高等教育机构声誉建设研究	台　湾
	王舒怀	2008	微博编辑部场域中的新闻生产与权力实践——基于人民日报微博的实证研究	媒　体
	权玹廷	2008	中国旅游形象传播研究——以韩国人来华旅游为例	韩　国
	陈　冰	2009	西方报人与清末政治：外报首位驻华记者莫理循研究（1897—1912）	高　校
	王成文	2012	基于互联网产品视角的中美互联网产业发展研究（1994—2014）	高　校
	陳靖霖	2012	台湾电影产业发展策略研究——基于跨国集团与本土企业、政府关系之嬗变	台　湾
	胡　鹏	2012	传播学视角下的公共文化服务体系构建研究——以北京市的实践为例	媒　体
	安　静	2012	社会化媒体用户影响力研究	波士顿大学
	刘志一	2012	资本运营影响下的中国广告产业发展研究（2001—2013）	台　湾
	蘇怡和	2012	台湾学院式广告教育学科发展研究	台　湾
	逯义峰	2012	中美跨国公司社交媒体组织——公众关系策略研究	高　校
	李　玥	2012	广播与移动互联网融合策略研究	媒　体
	謝雅卉	2012	两岸妈祖文化的传播路径与发展研究	台　湾
	匡　野	2012	我国传统节日对外传播战略研究	高　校
	黃薏文	2012	Cosplay 的价值建构	台　湾
	余　点	2012	美国独立电影行业融资与发行渠道研究	公　司

续表

学校名称	姓 名	年 级	博士论文题目	毕业去向
清华大学新闻与传播学院	李宏刚	2011	国难时期的边疆动员——《新疆日报》抗战宣传研究	高 校
	王笑楠	2012	地缘政治与文化全球化的角力：国际电影节体系的建构	
	陈国权	2012	中国报纸形态演化进程研究	
	李寅飞	2012	民间说唱艺术的都市传播路径	
	郑维雄	2012	华语影片国际传播能力建构研究	
	万 婧	2012	媒介化表演：恐怖组织的宣传策略演进	高 校
	公 文	2012	中国老年人健康信息获取研究——基于东城社区的调查	
	赵 璞	2013	新媒介环境下医生自我赋权与医患沟通研究	
	刘 滢	2013	虚拟世界主义视阈下的全媒体新闻研究	
	黄雅兰	2013	信息传播技术背景下女性华人移民的身份协商	高 校
	马 萍	2013	争议性新闻传播中的敌意媒介效果与意见表达研究	
	郭旭魁	2013	新生代农民工媒介使用中的自我身份建构研究	
	游淳惠	2013	网络知识建构对受众的态度行为影响——以转基因技术为例	
中国社会科学院研究生院新闻学与传播学系	张灵敏	2012	工伤疾痛经验的建构与传播——基于贵州、重庆两地返乡工伤者的田野调查	高 校
	陈雪丽	2012	当代中国新闻法制理论的文献基础研究	事业单位
	张冬冬	2013	网络表达的注意义务研究	高 校
	朱巧燕	2013	中国社会转型期科学传播行动主义研究	高 校
华中科技大学信息与新闻传播学院	周 钢	2008	困境与裂变：省级党报集团融合发展战略研究	媒 体
	董 朝	2012	媒介镜像与自我表演：网络受众的身份认同研究	出 国
	杨敏丽	2012	自主品牌构建国家形象的逻辑起点	高 校
	张 凌	2012	政府传播对政府公众关系的影响研究	高 校
	赵 尚	2013	我国古代官方信息传播的伦理性特征研究——以信息传播意义上“保”“报”关系为中心的考察	高 校
	徐基中	2013	上海新闻记者职业团体研究（1921—1937）	高 校
	张 洁	2013	游戏理论视角下的综艺真人秀节目研究	高 校
	吴 瑶	2013	媒介环境学视阈下的数字阅读研究	高 校
	戴世富	2013	中国品牌国际传播中的自媒体研究——基于企业官网英文版和 Twitter 的内容分析	高 校
	陈 欢	2013	跨文化视域下的当代中国形象研究——基于 BBC 与 NHK 涉华纪录片的分析（2000—2016）	高 校

续表

学校名称	姓　名	年　级	博士论文题目	毕业去向
武汉大学新闻学院	何　江	2010	新媒体环境下满族文化传播研究	民　企
	谢伍瑛	2010	媒介形态研究	高　校
	张瑜烨	2011	媒介融合背景下中国报业体制变革研究	高　校
	邓　为	2012	失衡与再平衡：市场化背景下荆楚网的新闻生产研究	政府部门
	龚芳敏	2012	民族地区居民媒介使用对健康行为的影响——基于湘西州的实证研究	高　校
	李　凯	2012	互联网自然灾害风险信息对个体风险感知的影响机理研究	高　校
	姜可雨	2012	美食中国的形象建构与意义输出——《舌尖上的中国》的跨文化解读	高　校
	辛文娟	2012	居住空间分异与交流重构：基于对三矿居民生活区的考察	高　校
	杨志开	2012	新媒体环境事件的群体间传播研究——以茂名反 PX 事件为例	高　校
	袁　满	2013	大数据背景下我国经济新闻生产研究——以财新网为例	高　校
	李文冰	2013	当代浙商媒介形象呈现研究：基于《方正 apabi 报纸资源数据库》（1992—2014）的分析	高　校
	刘欣雅	2013	逃避孤独：乡镇退休老人的日常交流与再社会化	民　企
	黄　钦	2013	系列反 PX 事件的网络抗争研究	高　校
	王　敏	2013	大数据时代个人隐私的分级保护研究——基于传播法规和伦理的视角	博士后
	王丹艺	2013	新媒体赋权视角下我国网民言论表达及其权力规制研究	民　企
	林　颖	2013	媒介“家居化”：传播技术与中国的家庭空间建构	高　校
	王　润	2013	超越公民文化：结构化视角下我国网络公民文化研究	高　校
	李　镓	2013	微信使用与环境风险传播的话语互动研究	高　校
	王凤仙	2013	媒介化政治：社交媒体场域中传媒话语关系研究	高　校

续表

学校名称	姓　名	年　级	博士论文题目	毕业去向
武汉大学新闻学院	秦祖智	2013	媒介融合路径研究——基于中国报业媒介融合现状的考察与分析	高　校
	戴山山	2013	中国视频网站内容生产研究	高　校
	王　佳	2013	认同与忠诚：在线品牌社群社会资本的作用机制研究	高　校
	蔡立媛	2013	大数据时代广告的变革与重构	高　校
	李孝祥	2013	1910—1950年代美国社会学者传播研究的反思性考察	高　校
	李倩岚	2013	“他者”的纪实影像——以当代中国题材欧美纪录片为例	高　校
	张发林	2004	风险社会视域下的网络舆情治理研究	高　校
	王俊荣	2006	我国网络隐私信息传播：问题与对策研究	高　校
	杜永利	2007	当代美国大众传播史学研究：基本脉络与观念批评	高　校
	胡　瑛	2006	跨国婚姻的文化适应与社会支持	高　校
暨南大学新闻与传播学院	周占武	2007	中国新闻类电视谈话节目研究	媒　体
	刘　佩	2009	中国“走出去”大型企业海外公关——以关系生态学为研究视角	高　校
	马持节	2009	区域重点新闻网站战略转型研究——以广东为例	高　校
	盛竹玲	2007	台湾解严后媒体健康传播的发展历程与困境	外招生
	颜南源	2010	文化传播视阈下澳门形象的定位与传播研究	外招生
	杨荆荪	2009	台湾电视新闻频道发展20年（1994—2013）	外招生
	王志永	2011	视觉文化语境中的网络原创视频研究	高　校
	王明亮	2013	中共在国统区及海外统战宣传之研究（1937.07—1947.02）	高　校
	吴自力	2013	中共中央南方局报人群体研究	高　校

续表

学校名称	姓　名	年　级	博士论文题目	毕业去向
厦门大学新闻传播学院	叶秀端	2012	台湾电视综艺节目与政治关系研究——以政治模仿秀中的政治人物形象为例	其　他
	徐增展	2013	台湾广告教育研究（1949—2015）	高　校
	李　啸	2013	美国记者俱乐部研究	高　校
	罗志超	2013	中国广告职业专业化发展轨迹研究——基于专业社会学的视角	高　校
	刘　毅	2013	中国公民主观话语权的影响因素及影响效应	高　校
	鄭昭鈴	2007	台湾广告代理商选择社群媒体研究	高　校
	黄　勇	2009	台湾漫画的艺术传播研究——基于产业发展的分析视角	高　校
	沈志洋	2009	营销组合影响品牌偏好的研究——品牌资产的中介效应验证	企　业
四川大学文学与新闻学院	李　朗	2012	“互联网+”时代下的电视传播理念嬗变	
	罗子欣	2010	社交媒体中科学信息分享研究	
	张　晴	2013	美国大学对社交媒体的使用研究——以Facebook为例	
	冯结兰	2010	“美丽乡村”建设背景下的乡村传播研究——以浙江省安吉县为例	
	谭　舒	2008	电视参与社会纠纷解决的机理与实践研究	
	蒋诗萍	2013	品牌生成机制与传播的符号学研究	
浙江大学传媒与国际文化学院	周　烨	2011	文化空间集群与媒介传播——城市文化建设的“齿轮效应”研究	
	姚锦云	2012	沟通的演化：春秋释《易》与德性交往观的形成	高　校
	诸葛达维	2013	情感交往与社群团结研究——以电子游戏玩家的互动仪式链为视角	高　校
	蔡馥谣	2013	“中国梦”的媒体建构——以德国媒体对“中国梦”的报道为例	高　校
	刘　丹	2013	断裂与重建——网络化时代中国新工人阶级的传播与社会交往	高　校

续表

学校名称	姓　名	年　级	博士论文题目	毕业去向
浙江大学传媒与国际文化学院	张纾舒	2013	认知、情绪和视觉规律——移动互联网媒介体验的实验研究	
	王誉俊	2013	国际眼光：电影的内容分级之于华莱坞的可持续发展	高　校
	胡雨濛	2013	同病相怜：艾滋病在线话语实践——基于“知艾家园”的网络民族志研究	高　校
	傅正科	2013	社会网络、自我传播网络与孤独感	高　校
	戴颖洁	2013	冲突与共谋：全球模式节目本土化生产的权力博弈	高　校
南京师范大学新闻与传播学院	胡　颖	2013	我国互联网上公民话语力量与政府权力的博弈	高　校
	钱　珺	2013	著名作家的侧面：“新闻人”林语堂研究	高　校
	李金宝	2012	奥运知识产权传播过程中的公共性与垄断性问题研究	高　校
南京政治学院新闻学系	付广军		好莱坞战争片中美军形象建构研究（1986—2016）	高　校
	郭　洁		亲历式报道研究	部　队
	肖　瑶		《解放军报》、《长征》副刊研究	部　队
	孙亦祥		网络涉军舆情风险应对研究	高　校
	孙慧妍		网络新闻文风论——基于民间网络新闻的探讨	政府部门
上海大学电影学院	牛海坤	2010	离散—解域的异乡家园——在华德文报刊发展轨迹研究（1886—1945）	高　校
	王殿英	2011	媒介在社会道德恐慌中的角色	高　校
	张军锐	2011	颠覆与重构——数字交往时代的主体性研究	高　校
	余　越	2011	国际非政府组织战略传播研究——以绿色和平组织为例	高　校
	祝璇璇	2012	新世纪英美非主流媒体形态及其社会影响研究	高　校
	蔡维友	2012	上海南京东路空间传播的多维度研究	企　业
	李　洋	2012	民国时期上海报刊广告插图的视觉传播研究（1912—1937）	高　校
	孟　茹	2013	美英新媒体广告自律规制研究	高　校
	戴　进	2013	国际足球报道研究	媒　体

续表

学校名称	姓　名	年　级	博士论文题目	毕业去向
华东师范大学传播学院	徐幼雅		当代中国电影中的“中产阶层”影像	高　校
	蒙建军		沈尹默承传书法研究	
	高云微		突发公共卫生事件危机话语研究——以埃博拉为例	高　校
	厉国刚		中国当代广告“健康”话语变迁研究（1979—2014）	高　校
	周　佳		都市感知与空间实践：夏衍及中国现代影剧人的文化上海	
河北大学新闻传播学院	王释云	2012	澳大利亚媒体法保障表达自由研究	高　校
	金　强	2013	中国大陆媒体对伊斯兰国家报道研究（2001—2015）	高　校
	高　菲	2013	《纽约时报》受众拓展研究	高　校
	任瑞娟	2013	数据新闻研究	高　校
	李占军	2013	大众媒体对科学的误读与重建问题研究	媒　体
	艾　诺	2013	土耳其执政党（正义与发展党）与大众媒体的关系研究（2002—2016）	博士后
南京大学新闻传播学院	赵梦溪		舆情：概念的转型及其话语研究	高　校
	李　兰		弱力量：当代中国网络集群行为研究	高　校
中山大学传播与设计学院	宋嘉伟	2011	独立纪录影像实践与另类公共性的建构——基于“民间记忆计划”的案例研究	高　校
	张明羽	2012	互联网时代新闻作品版权的法律保护问题研究	高　校
	曾丽红	2013 行政管理专业公共传播管理方向	转型社会政务微信创新扩散的影响因素与机制研究——基于广东区县级政府的实证考察	高　校
	吴　涛		媒体公关化：组织变迁中的舆情业务及影响研究	高　校
	郑梓煜		隐形的暴力：作为视觉表象的阶级斗争（1927—1976）	媒　体
苏州大学凤凰传媒学院	詹益锦	2011	媒介生态学视角下的台湾电视新闻同质化现象研究	高　校
	庞志龙	2011	文化认同：台湾妈祖文化传播与“两岸”关系互动研究	高　校
	张丽燕	2012	场域理论视角下网络公共意见建构	高　校

续表

学校名称	姓　名	年　级	博士论文题目	毕业去向
陕西师大新闻传播学院	冶进海	2012 文艺与文化传播学	变革中的视听媒体发展格局与传播形态	
安徽大学新闻与传播学院	房金环	2013 中国现当代文学专业	学术之辩与中国新闻教育的发展	高　校
吉林大学	顾颉琛	2013 文学传播	雍正朝公文传播研究	
西安交通大学新闻与新媒体学院	申　楠	2012 马克思主义理论专业（新闻传播理论与实践研究方向）	全球化时代女性意识的消解与重构——以中英女性调查分析为例	高　校
	蒙胜军		社交媒体的舆论引导研究：理论分析、效果影响因素与实践模式	高　校
	李天龙		农业信息传播体系研究：理论模型、实证分析与重构策略	高　校
西南大学新闻传媒学院	蒋舟遥	2013 教育技术学（传媒文化产业）	开放教育资源（OER）研究——数字时代大学核心竞争力新要素	高　校
上海交通大学媒体与设计学院	肖志涛	2012 工商管理（媒介管理）	基于融合视角的中国广播发展战略研究	不　详
	山　峰		突发危机中非官方正能量信息的挖掘与传播研究	不　详
	王丽丽		社会化媒体背景下的核心污名企业社会责任传播效果研究	不　详
	付茜茜		立体电影观影形态演化研究	不　详

（邓绍根）

12.3　2016 年博士后流动站

截至 2016 年 1 月初，我国已建成 3011 个博士后科研流动站、3405 个博士后科研工作站，累计招收了 14 万余名博士后研究人员，其中在站 5 万余人，出站 9 万余人。

1999 年，复旦大学新闻学院设立了新闻传播学博士后流动站，开始了中国新闻传播学博士后的培养。此后，中国人民大学新闻学院、中国传媒大学、清华大学先后建立了博士后流动站。2015 年设站单位达到了 14 家。2016 年，中国新闻传播学博士后培养取得新进展，表现出新特点。

第一，中国新闻传播学博士后规模稳中求进。

据不完全统计，至目前为止，已有 17 家新闻院校设立了新闻传播学博士后流动站，具体博士后设站单位和进出站情况如表 12-9 所示：

表 12-9　**2016 年中国新闻传播学博士后进站出站情况表**

序号	设站单位名称	在站人数	进站人数	出站人数
1	复旦大学	38	12	6
2	中国人民大学	7	5	2
3	中国传媒大学	16	3	3
4	清华大学	26	8	7
5	暨南大学	15	7	2
6	华中科技大学	7	0	0
7	上海大学	4	0	0
8	武汉大学	3	1	1
9	北京大学	5	1	1
10	厦门大学	2	1	0
11	中国社会科学院	3	1	1
12	四川大学	22	3	1
13	山东大学	6	4	1
14	浙江大学	5	1	0
15	北京师范大学	3	3	0

续表

序号	设站单位名称	在站人数	进站人数	出站人数
16	中山大学	1	1	0
17	苏州大学	1	1	1

第二，新锐新闻院校高度重视新闻传播学博士后培养。

新锐新闻院校高度重视新闻传播学博士后培养。北京师范大学新闻学院在文学院中国语言文学博士后流动站里设立“新闻传播学”研究方向，开始尝试新闻传播学博士后培养；中山大学传播与设计学院则打破传统，大力发展新闻传播学博士后培养。2016年3月，中山大学传播与设计学院发布招聘启事，2016年拟招聘博士后18名，并公布了各方向详细招聘条件及任务。

第三，新闻传播学博士后培养做出新调整，待遇保障大为改善。

2015年11月30日，国务院办公厅以国办发〔2015〕87号印发《关于改革完善博士后制度的意见》。2016年，各个博士后设站单位都按照《关于改革完善博士后制度的意见》作出新调整。

厦门大学提高标准，新闻传播学博士后待遇可达每年16万元。中山大学博士后一般分为每年12万和16万两档，并享有公费医疗、养老保险、住房公积金及租房补贴等福利待遇，国外获得博士学位的特别优秀的博士，则通过“博士后国际交流计划”引进项目，每年可获30万元左右的资助。暨南大学新闻传播学博士后研究人员待遇根据《暨南大学全面深化博士后工作改革办法（试行）》的基本精神，分三个层级，详情见表12-10。

表12-10　**暨南大学新闻传播学博士后流动站博士后基本工资层级表**

层级及要求 / 学科类别	Ⅰ级	Ⅱ级	Ⅲ级
	13万元/年	18万元/年	28万元/年
新闻传播学	在A3类期刊至少发表1篇论文	在A2类期刊至少发表1篇论文，或在A3类期刊上至少发表2篇论文	在A1类中文期刊至少发表1篇论文（外文期刊另行规定），或主持1项国家项目

（资料来源：http：//xwxy. jnu. edu. cn/html/yjs/boshihouzhan/2015/1106/530. html ）

第四，积极申报新闻传播学博士后基金项目，成效显著。

2016 年，各设站单位的新闻传播学博士后积极申报中国博士后科学基金。2016 年 5 月 11 日，中国博士后科学基金第 59 批面上资助对 3060 名拟资助博士后研究人员进行了公示，该批次实际资助博士后研究人员 3044 人（其中 2 名博士后研究人员已退站，14 名博士后研究人员已获选“2016 年博士后国际交流计划”派出项目，按规定不再予以资助）。其中一等资助 1036 人，每人 8 万元；二等资助 1968 人，每人 5 万元；“西部地区博士后人才资助计划”40 人，每人 5 万元。6 月 12 日，中国博士后科学基金第九批特别资助对北京大学李育等 1033 名拟资助博士后研究人员进行了公示，每人资助 15 万元。11 月 10 日，中国博士后科学基金第 60 批面上资助对北京大学李波等 3072 名拟资助博士后研究人员进行了公示，本批次实际资助博士后研究人员 3070 人（其中 2 名博士后研究人员已退站）。其中一等资助 862 人，每人 8 万元；二等资助 2208 人，含“西部地区博士后人才资助计划”40 人，每人 5 万元。在中国博士后科学基金公布了第九批特别资助获资助人员名单和第 59、60 批面上资助获资助人员名单中，共有 27 名新闻传播学博士后获得资助，其中特别资助 4 人，一等面上资助 6 人（包括工商管理 1 人），二等面上资助 17 人。2016 年批准的新闻传播学博士后基金项目的详细情况见表 12-11。

表 12-11　**2016 年批准的新闻传播学博士后基金项目表**

序号	姓名	设站单位名称	博士后编号	一级学科	资助等级
1	刘泱育	复旦大学	147012	新闻传播学	特别资助
2	彭桂兵	华东政法大学	144614	新闻传播学	特别资助
3	郭恩强	华东政法大学	141142	新闻传播学	特别资助
4	宾　晟	青岛大学	158099	新闻传播学	特别资助
5	王　艳	北京绿色印刷包装产业技术研究院有限公司	160567	新闻传播学	1 等
6	胡　栓	复旦大学	155866	新闻传播学	1 等
7	王苗苗	四川大学	159812	新闻传播学	1 等
8	杨　雅	北京师范大学	174727	新闻传播学	1 等
9	杨　颖	清华大学	167832	新闻传播学	1 等
10	陈　瑞	厦门大学	164804	工商管理	1 等

续表

序号	姓名	设站单位名称	博士后编号	一级学科	资助等级
11	侯欣洁	北京绿色印刷包装产业技术研究院有限公司	149089	新闻传播学	2等
12	葛明驷	清华大学	164096	新闻传播学	2等
13	孙 平	清华大学	146683	新闻传播学	2等
14	张 华	复旦大学	158486	新闻传播学	2等
15	毛延生	华东师范大学	164711	新闻传播学	2等
16	陈印昌	浙江大学	162473	新闻传播学	2等
17	齐二娜	华中科技大学	159285	新闻传播学	2等
18	资武成	武汉大学	167344	新闻传播学	2等
19	国 威	四川大学	156241	新闻传播学	2等
20	战 迪	四川大学	155525	新闻传播学	2等
21	曹光煜	北京师范大学	167436	新闻传播学	2等
22	曹继华	北京师范大学	176956	新闻传播学	2等
23	韩 磊	吉林大学	164565	新闻传播学	2等
24	陈 蕾	复旦大学	173961	新闻传播学	2等
25	黄 华	复旦大学	172538	新闻传播学	2等
26	张武桥	武汉理工大学	173307	新闻传播学	2等
27	徐 婧	西安交通大学	171937	新闻传播学	2等

（以上数据根据中国博士后科学基金第九批特别资助获资助人员名单和中国博士后科学基金第59、60批面上资助获资助人员名单整理）

（邓绍根）

第13章 获奖情况

13.1 中国新闻史学会“新闻传播学学会奖”

2015年3月，中国新闻史学会联合教育部高等学校新闻传播学类专业教学指导委员会设立“新闻传播学国家学会奖”，旨在鼓励和奖励我国新闻传播学学者，尤其是青年学者以严谨的态度和科学的精神开展本学科领域的基础研究和前沿研究，并同时提升我国新闻传播学学术体系的本土意识和国际视野，促进中国新闻与传播学的深入开展。8月21日，在华中科技大学召开的第九届“世界华文传媒与华夏文明”国际学术研讨会闭幕式上举行了首届新闻传播学国家级学会奖颁奖典礼（见表13-1）。

表13-1 **2015年首届“新闻传播学国家学会奖”**

奖 项	获奖者	获奖作品
终身成就奖	方汉奇	—
	甘惜分	—
	宁树藩	—
卓越学术奖	方汉奇	《中国新闻事业通史》（英文版）十卷本
优秀学术一等奖	周海燕	《记忆的政治》（中国发展出版社，2013年）
优秀学术二等奖	何扬鸣	《Hangzhou, the Origins of the World Press and Journalism?》（*Journalism Studies*, Jul 2014）
	姜 红	《“黄帝”与“孔子”——晚清报刊“想象中国”的两种符号框架》（《新闻与传播研究》2014年第1期）
	刘泱育	《治学与治己：方汉奇学术之路研究》（中国书籍出版社，2013年）

续表

奖　项	获奖者	获奖作品
优秀学术三等奖	卞冬磊	《古典心灵的现实转向：上海新闻纸与中国现代性的发生》（《二十一世纪》，2014 年）
	邓绍根	《论哥伦比亚大学新闻学院与民国新闻界的交流合作及其影响》（《新闻与传播研究》，2014 年第 12 期）
	刘继忠	《新闻与训政：国统区新闻事业研究（1927—1937）》（台湾花木兰文化出版社，2014 年）
	廖声武	《民国时期新闻团体的新闻教育实践及成就》（《湖北大学学报（哲学社会科学版）》2014 年第 5 期）
	齐　辉	《伪满时期日本对东北的新闻监管与舆论控制——以伪满弘报处为中心讨论》（《国际新闻界》2013 年第 7 期）
	庞荣棣	《史量才研究选粹》（上海交通大学出版社，2014 年）
杰出青年奖	韦　路	—
	张志安	—

2015 年 12 月 15 日，中国新闻史学会发布通知，将“新闻传播学国家学会奖”改名为“新闻传播学学会奖”，评选对象扩展至新闻传播学整个领域的学术论文和著作，同时在“优秀学术奖”中设立“方汉奇奖”（新闻史专项），以中国新闻史学会创始人方汉奇先生命名的此奖项，目的是鼓励新闻与传播史的研究。2016 年 2 月 29 日截止征集，4 月 5 日前完成了专家双盲式评审，4 月 9 日学会奖定评会在清华大学举行，4 月 23 日评选结果在厦门召开的常务理事会上审议通过。2016 年 4 月 29 日，第二届“新闻传播学学会奖”评选结果公布。6 月 25 日上午，“2016 年中国新闻史学会学术年会暨第二届新闻传播学学会奖颁奖典礼”隆重举行（见表 13-2）。

表 13-2　**2016 年中国新闻史学会“新闻传播学学会奖”**

奖　项	获奖者	获奖作品
终身成就奖	何梓华	—
	赵玉明	—

续表

奖　项	获奖者	获奖作品
组委会特别成就奖	于　友	—
卓越学术奖	卓南生	《中国近代报业发展史 1815—1874》（中国社会科学出版社，2015 年）
组委会特别奖	白润生	《守护好我们的精神家园——白凯文少数民族文化文选》（人民日报出版社，2014 年）
	冯雪松	《寻找方大曾》（纪录片）（中国摄影出版社，2000 年）；《方大曾：消失与重现》（著作）（上海世纪出版集团，2014 年）
优秀学术一等奖“方汉奇奖”（新闻史专项）	胡太春	《中国近代新闻思想史》（增订本）上、下卷两册（东方出版社，2015 年）
优秀学术一等奖（新闻学与传播学）	夏倩芳 袁光锋	《“国家”的分化、控制网络与冲突性议题传播的机会结构》《开放时代》（2014 年第 1 期）
优秀学术二等奖“方汉奇奖”（新闻史专项）	俞　凡	《再论新记〈大公报〉与蒋政府之关系——以吴鼎昌与蒋介石的交往为中心的考察》（《新闻与传播研究》2015 年第 1 期）
	李杰琼	《半殖民主义语境中的“断裂”报格：北方小型报先驱〈实报〉与报人管翼贤》（中国社会科学出版社，2015 年）
优秀学术二等奖（新闻学与传播学）	许正林	《基督教传播与大众媒介》（上海人民出版社，2015 年）
	黄顺铭 李红涛	《在线集体记忆的协作性书写——中文维基百科“南京大屠杀”条目（2004—2014）的个案研究》（《新闻与传播研究》2015 年第 1 期）
	吴　瑛 李　莉 宋韵雅	《多种声音 一个世界——中国与国际媒体互引的社会网络分析》（《新闻与传播研究》2015 年第 9 期）
优秀学术三等奖“方汉奇奖”（新闻史专项）	李　春	《当代中国传媒史 1978—2010》（漓江出版社，2014 年）
	妥超群 韩　亮	《从“Thibet”到“Tibet”：近现代美国入藏考察与〈纽约时报〉涉藏报道》（《新闻与传播研究》2015 年第 1 期）

续表

奖　项	获奖者	获奖作品
优秀学术三等奖“方汉奇奖”（新闻史专项）	向　芬	《台湾民主转型中新闻传播的变迁与发展——项基于对台湾新闻传播界深度访谈的研究》（《厦门大学学报（哲学社会科学版）》2015 年第 3 期）
	祝　帅	《耶路撒冷与麦迪逊大道有何相关——李尔斯关于美国广告文化起源的新教伦理阐释》（《国际新闻界》2015 年第 11 期）
优秀学术三等奖（新闻学与传播学）	曾繁旭	《媒体作为调停人：公民行动与公共协商》（上海三联书店，2015 年）
	邓理峰	《声音的竞争：解构企业公共关系影响新闻生产的机制》（中国传媒大学出版社，2014 年）
	刘　涛	《社会化媒体与空间的社会化生产——列斐伏尔和福柯“空间思想”的批判与对话机制研究》（《新闻与传播研究》2015 年第 5 期）
	李　沁	《泛在时代的“传播的偏向”及其文明特征》（《国际新闻界》2015 年第 5 期）
	张明新 叶银娇	《新媒体技术采纳的“间歇性中辍”现象研究：来自东西方的经验证据》（《新闻与传播研究》2014 年第 6 期）
	赵云泽	《记者职业地位的陨落：“自我认同”的贬斥与“社会认同”的错位》（《国际新闻界》2014 年第 12 期）
杰出青年奖	周葆华	—

中国新闻史学会“新闻传播学学会奖”由中国新闻与传播学界唯一国家一级学会中国新闻史学会主办，由教育部高等学校新闻传播学类专业教学指导委员会合办。评审委员会（包括盲审与定评）由中国新闻史学会、教指委、协办方推荐的专家组成，名单如下：

主席：程曼丽（北京大学教授、北京大学国家战略传播研究院院长，中国新闻史学会名誉会长，教育部新闻传播学教育指导委员会委员）

委员：（按姓氏拼音排序）

陈昌凤（清华大学教授，新闻与传播学院常务副院长，中国新闻史学会会长，教育

部新闻传播学教育指导委员会副主任委员，国务院学位委员会新闻传播学科评议组第七届成员）

陈力丹（中国人民大学责任教授，国务院学位委员会新闻传播学科评议组第六届成员）

丁俊杰（中国传媒大学教授，广告学院院长，国家广告研究院院长，中国新闻史学会副会长）

杜骏飞（南京大学教授，新闻传播学院执行院长）

郭镇之（清华大学教授）

黄旦（复旦大学教授，教育部人文社科重点研究基地“复旦大学信息与传播研究中心”主任，国务院学位委员会新闻传播学科评议组召集人）

李彬（清华大学教授）

林爱珺（暨南大学教授）

刘昶（中国传媒大学教授，新闻与传播学部副部长，新闻学院院长）

史安斌（清华大学教授，新闻与传播学院副院长，中国新闻史学会秘书长，青年长江学者）

唐绪军（中国社会科学院新闻与传播研究所研究员、所长，国务院学位委员会新闻传播学科评议组第七届成员）

王润泽（中国人民大学教授，中国新闻史学会副会长）

王晓红（中国传媒大学教授，新闻传播学部副学部长）

吴飞（浙江大学教授，传媒与国际文化学院院长）

吴靖（北京大学教授，新闻与传播学院副院长）

徐慨（南京大学教授，紫金传媒研究院副院长）

展江（北京外国语大学教授）

（邓绍根）

13.2　宝钢教育基金会优秀教师奖

宝钢教育基金会于 2005 年 5 月 17 日获民政部批准，原始基金 5000 万元。2005 年 9 月宝钢再投入 5000 万元，使基金增加到目前的一亿元。该项基金是国有企业出资设立，政府支持指导，专家咨询策划，高校积极参与的全国最具知名度的教育奖项之一。2016年，该奖项共有5人获得，如表13-3所示：

表13-3 **2016年获奖情况**

姓名	性别	奖项	申报单位	获奖单位	获奖年度
陈信凌	男	优秀教师奖	南昌大学	南昌大学	2016
薛　可	女	优秀教师奖	上海交通大学	上海交通大学	2016
赵　蔚	女	优秀教师奖	东北师范大学	东北师范大学	2016
陈　虹	女	优秀教师奖	华东师范大学	华东师范大学	2016
童　兵	男	优秀教师奖	复旦大学	复旦大学	2016

获奖人简介

陈信凌

陈信凌，教授，南昌大学新闻与传播学系主任，新闻学博士，教育部广播影视类专业教学指导委员会副主任委员，兼任中国新闻史学会常务理事、江西传播学会副会长，长期从事新闻学与传播学教学与研究。先后主持、完成国家社科基金重点项目、一般项目、教育部人文社科基金项目各1项，江西省社科基金及高校人文基金等项目8项，曾获江西省社科、省高校优秀成果奖、省优秀教学成果奖等共9项。入选“赣鄱英才555工程”人文学科领军人才培养计划，享受政府特殊津贴。现任南昌大学新闻与传播学院院长，兼任国家教育部新闻与传播类学科教学指导委员会（2013—2017）委员、中国新闻史学会常务理事、中国新闻与传播教育学会理事，江西省人民政府学位委员会第一届学科评议组成员、江西省人民政府学位委员会硕士专业学位专业委员会专家、江西传播学会副会长、南昌大学学术委员会委员，以及燕京创意文化产业学刊编委、暨南大学媒介批评研究中心学术顾问、大江舆情中心顾问等。

薛　可

薛可，女，教授，上海交通大学媒体与设计学院新闻与传播系主任、博士生导师，复旦大学经济学硕士，南开大学管理学博士，上海交通大学管理科学与工程博士后（一站），北京大学工商管理学博士后（二站）。Leaders for Global Operation，Massachusetts

Institute of Technology（MIT，2014—2015）；Sauder Business School，University of British Columbia（UBC，2009—2010）、University of California，San Diego（UCSD，2008）访问学者；日本电通公司特聘客座研究员（2003—2004）。获教育部“新世纪优秀人才计划”资助、上海市教育系统“三八红旗手”、Outstanding Academic Papers on 4th Globe Communication Forum、上海市新闻奖、深圳市哲学社会科学优秀成果“新人新作”奖、上海市教学成果二等奖，上海交通大学“最受学生欢迎教师”“十佳优秀教师”“十佳班主任”“优秀教师特等奖”等各种奖励 30 多项。主持、参与了课题 20 多项，其中包括：国家社科基金、教育部人文社科课题、上海市决策咨询研究专项课题、上海教委重点课题；微软（中国）、上海文广集团（SMG）品牌栏目等的品牌传播与战略策划等。主编教材、出版著作共 11 部。在 *Public Relations Review*、*Quality & Quantity*、*Communication & Society*、《上海交通大学学报（自科版）》《上海交通大学学报（社科版）》《新闻与传播研究》《同济大学学报》《新闻大学》《国际新闻界》《现代传播》《新闻记者》《当代传播》《东岳丛刊》等中外学术核心期刊上发表 SSCI、CSSCI、EI 论文 50 余篇。主要研究方向：人际传播与社会化媒体、公共关系与广告、品牌传播与管理、危机管理。

赵　蔚

赵蔚，女，东北师范大学传媒科学学院副院长、中国电子学会高级会员。曾先后就读于东北师范大学物理系、吉林大学电子科学系半导体物理和半导体器件物理专业和天津大学电子与信息工程学院信号与信息处理专业，分别获得理学学士、理学硕士和工学博士学位。2001 年在英国佩斯利大学（Paisley University）进行短期访问进修和合作研究，从事虚拟学习环境（Virtual Learning Environment）方向的科学研究工作。曾经承担过八门本科生和研究生课程。参加过国家自然科学基金项目、国家“863”高技术青年基金项目，现主持吉林省科技发展计划项目、吉林省教育科学规划项目等。已在《计算机辅助设计和图形学学报》《中国图像图形学报》《中国电化教育》《电化教育研究》等核心学术期刊上发表论文 50 余篇。

陈　虹

陈虹，女，华东师范大学教学委员会委员，教授、博士生导师，华东师范大学传播学院副院长。兼任教育部戏剧与影视学类教学指导委员会委员，中国新闻史学会舆论学研究委员会副会长，中国新闻史学会公共关系史研究委员会常务理事，《新媒体与社会》《舆论学研究》辑刊主编，中国电视艺术家学会节目主持人委员会执行理事、上海专家组成员，上海市演讲与口语传播研究会常务理事、学术部主任，人民网新媒体智库顾问，华东师范大学——密苏里新闻学院全球战略传播研究中心主任。曾任美国杜克大学访问学者（2007）、香港中文大学访问学者（2013）。入选上海市浦江人才计划（2010），教育部新世纪优秀人才支持计划（2011）。曾获得全国金话筒奖银奖（1999）、全国百佳节目主持人（1999）、上海市促进就业先进个人（2005）、华东师范大学杰出新人奖（2014）、亚洲舆论学会最佳论文奖（2015）、明德教育基金会明德教师奖（2016）、宝钢优秀教师奖（2016）等奖项。主要研究领域为新媒体与社会发展、公共舆论与战略传播、广播电视理论与实务。出版著作4部，译著1部。主编《新媒体与社会》《舆论学研究》辑刊。多篇论文发表于 *Telematics and Informatics*，*Asian Journal for Public Opinion Research*、《传播与社会》（香港）、《新闻与传播研究》《国际新闻界》《现代传播》《新闻记者》《新闻大学》《当代传播》《编辑之友》等境内外重要学刊，多篇论文被《新华文摘》、"中国人民大学报刊复印资料"全文转载。主持国家社科重大项目子课题、教育部哲社重大攻关项目子课题、国家社科后期资助项目和多项省部级课题。

童　兵

童兵，教授，复旦大学新闻学院学术委员会主任，中国人民大学新闻与社会发展研究中心学术委员会副主任，美中传媒交流研究中心理事。浙江大学、南京大学、四川大学、兰州大学、华中科技大学、厦门大学、暨南大学、南京师范大学、天津师范大学、华南师范大学、湖南师范大学、河北大学、湘潭大学、郑州大学、南昌大学、汕头大学等校兼职教授和客座教授。北京大学新闻与传播学院发展指导委员会委员，清华大学新闻与传播学院顾问委员会委员。主讲新闻传播学理论、马克思主义新闻思想研究、马克思主义新闻原著选读、中西新闻传播比较、大众传播与中国社会、新闻思潮等课程。出版著作、教材、辞书共24部，其中著有《马克思主义新闻思想史稿》《马克思主义新闻经典教程》《理论新闻传播学导论》《新闻理论》《比较新闻传播学》《中西新闻比较论纲》《主体与喉舌——共和国新闻传播轨迹审视》《新闻传播学名家自选本——新闻科学：观察与思考》等，主编《中国监督学大辞典·社会监督卷》《企业报理论与实践》《新闻传播学学科综合水平全国统一考试大纲及指南》等，合作著有《20世纪中国新闻学与传播学·理论新闻学卷》《新闻理论教程》《新闻理论简明教程》《新闻事业概论》等。发表学术论文400余篇。主持国家教委"七五"课题"马克思主义新闻学理论研究"（已完成）、国家社会科学研究基金"八五"课题"中西新闻比较研究"（已完成）、国家教委"九五"课题"中西新闻理论与方法的比较研究"（已完成）。主持编写教育部《新闻学与传播学科“十五”研究规划及课题指南》（草案）。现主持教育部“十五”重大课题”中国新闻传媒舆论监督历史使命及操作机制研究”、211工程二期中国传媒体制改革研究课题、985工程二期国家重点研究基地课题，以及复旦大学“新闻舆论导向与公民环境意识”等研究课题。

（刘颂杰）

13.3 第四届范敬宜新闻教育奖

范敬宜新闻教育基金由人民日报社、经济日报社、国家外文局、山东大众报业集团、辽宁日报传媒集团、海南日报报业集团和清华大学新闻与传播学院7家单位共同发起成立，于2013年开始评选“范敬宜新闻教育奖”，每年评选一次。该奖项分为三类：新闻教育学子奖、新闻教育良师奖和新闻教育良友奖，学子奖奖励具有新闻理想的品学兼优的学生，良师奖奖励在新闻教育领域德艺双馨的教师，良友奖奖励长期支持新闻教育的新闻业界人士。范敬宜新闻教育基金理事会理事长和新闻教育奖评选委员会主任是清华大学新闻与传播学院院长柳斌杰。

在过去的三届评选中，范敬宜新闻教育奖得到了新闻学界、业界的大力支持，基金额度不断增长，参评人不断增加，影响力不断扩大，这些都使得范敬宜新闻教育奖逐渐成为中国新闻教育领域具有标志意义的奖项，这一奖项标志着新闻学界和新闻业界的联合，标志着新闻行业共同体的认同，标志着中国新闻事业的繁荣。

2016年第四届范敬宜新闻教育奖的评选工作，从9月份正式启动。9月1日，评委会向全国30所重点高校发送评奖公告，同时通过微博、微信向社会发送相关信息，评奖公告在人民网上登载。

截至9月30日，评委会共收到来自31所高校及媒体的申请及推荐材料86份。其中新闻学子奖71份，新闻教育良师奖10份，新闻教育良友奖5份。在71名新闻学子奖的申请者中，单位推荐33名，个人申报38名；新闻教育良师奖及良友奖的申请者多为高校或媒体推荐。

10月19日，在清华大学召开了第四届范敬宜新闻教育奖专家评审会，共有7名来自学界、业界的专家参会。在对材料（申请表及代表新闻作品）进行认真审阅后，采用无记名投票的方式分别对三个奖项进行投票。

投票结束后，评委会将专家评审意见及申请者材料报送基金理事会成员审定，形成最后的获奖名单人选。

11 月 14 日至 23 日，在清华大学新闻与传播学院网站和人民网同时对获奖名单进行公示，广泛听取社会意见。这是该届评选新增加的一个环节，是为了确保评奖的公开性和公正性。在 10 天的公示期内，组委会没有收到异议。

该届评奖活动的主要特点：一是新闻学界、业界参评的热情度高，申请者总数较上届增加了 17%，所涉及的单位数较上年增加了 29%；二是媒体融合实践的参与度高，从申报新闻学子奖的材料中明显看出，同学们的媒体实践已经从过去的单一传统媒体走向了全媒体的实践，许多同学提交的作品覆盖各类媒体形式；三是评委会对获奖者的共识度高，在评审会中，采取无记名投票的方式进行评选，三个奖项的结果都是一轮投出。颁奖仪式于 11 月 29 日在清华大学隆重举行。全国人民代表大会教育科学文化卫生委员会主任委员、范敬宜新闻教育基金理事会理事长、清华大学新闻与传播学院院长柳斌杰，人民日报副社长张建星，中国记协党组书记、常务副主席、书记处书记胡孝汉和清华大学党委副书记邓卫等出席会议并致辞。颁奖仪式后举行了第二届媒体总编与新闻传播学院院长高层论坛，论坛的主题是：融媒体时代的新闻担当和新闻教育及人才培养。来自业界的媒体总编、部分新闻院系的院长、第四届范敬宜新闻教育奖的获得者及部分师生代表共 150 多人出席颁奖典礼和论坛。

经资格审查、专家评审和范敬宜新闻教育基金理事会通过，第四届范敬宜新闻教育奖获奖者名单及对其的评论如下：

（按姓氏音序排列）

新闻学子奖（8 名）

孟　哲	男	中国传媒大学新闻传播学部	硕士研究生
田媛媛	女	清华大学新闻与传播学院	硕士研究生
王　倩	女	暨南大学新闻与传播学院	硕士研究生
肖亚洲	男	清华大学新闻与传播学院	本科生
姚怡云	女	北京大学新闻与传播学院	硕士研究生
张　宇	女	华中科技大学新闻与信息传播学院	硕士研究生
郑薛飞腾	男	复旦大学新闻学院	硕士研究生
左　潇	男	中国人民大学新闻学院	硕士研究生

新闻教育良师奖（2名）

高晓虹	女	中国传媒大学新闻传播学部	教授
刘海贵	男	复旦大学新闻学院	教授

新闻教育良友奖（2名）

曹景行	男	原凤凰卫视资讯台副台长	资深媒体人
姜　微	女	新华社上海分社社长、党组书记	高级记者

第四届范敬宜新闻教育奖评审专家名单

主　　任：	柳斌杰	清华大学新闻与传播学院	教授
执行主任：	崔士鑫	人民日报社	高级编辑
	胡　钰	清华大学新闻与传播学院	教授
委　　员：	蔡　雯	中国人民大学新闻学院	教授
	童　兵	复旦大学新闻学院	教授
	王晓红	中国传媒大学	教授
	武　力	经济日报社	高级编辑
	刘万永	中国青年报社	高级编辑

获奖者简介

（按获奖者姓氏首字母音序排列）

新闻学子奖

孟哲（中国传媒大学新闻传播学部）

坚守中国立场，发出中国声音，孟哲感触颇深。在中央电视台北美分台实习，他刚到华盛顿就“零时差”投入工作，首个采访对象就是美国前国务卿鲍威尔，半年采编新闻达128条。

他在美国第一个月报道了3次枪击案，随后半年走访美国大部分地区，在看似自由的国度克服众多采访障碍，主创拍摄7集纪录片《枪口下的美利坚》，深入揭示美国枪支泛滥的深层次原因。

他牢记心中那盏理想的灯，寻找现实与理想的桥梁，为时代而呐喊。

田嫒嫒（清华大学新闻与传播学院）

田嫒嫒曾获全额资助在美国广播公司实习，她克服了语言与文化的诸多障碍，全面参与新闻线索搜集、联系采访对象、视频音频剪辑、撰写新闻稿件等，首次实现了实习生独立录播节目的突破。

她入选了由中宣部委派、国家留学基金委资助的“全国优秀国际传播专业硕士研究生海外实习项目”，赴人民日报社德国分社实习，在此期间发表署名文章20余篇，被多家主流媒体转载。

她走出国门用自己的脚步探索、感知、纪录周围的世界。她期待自己能够成为一名国际新闻的记者，为讲好中国故事不懈努力。

王倩（暨南大学新闻与传播学院）

与绿色新闻结缘，王倩用她勤奋的学习、扎实的调研和锲而不舍的追踪精神抵抗目前社会中频发的虚假新闻、反转新闻报道。天津爆炸事故一周年回顾、受污染土壤的修复，转基因、蓝藻治理等事关民生的大事报道她都参与其中。

她说，我要关注960万平方公里上每个人赖以生存的水、空气和食品，因为它们是一切崇高价值的基础。我也希望自己能在这一领域深耕，日后成为一名优秀的新闻工作者。

祝福王倩在民生与环保新闻领域深耕细作，捧出更多新闻与学术食粮。

肖亚洲（清华大学新闻与传播学院）

勿忘黄土地，离基层越近，离真理越近。老院长范敬宜的教导，鞭策了肖亚洲等一届届清新学子。

大一暑假，他深入江汉平原农村调研，在《人民日报》刊发文章《泥土芬芳抵挡骄娇二气》。

从大二开始，他七次深入黄土高原，穿沟壑、睡窑洞，从黄土地上“抠”出了28万字，捧出《厚土：一个清华学子对晋西农村的调查纪实》一书。《中国教育报》刊发头版评论《大学生当有肖亚洲的追求》及专访文章，《这个90后的社会人文沉思录》

引发强烈社会反响。

姚怡云（北京大学新闻与传播学院）

专业综合成绩第一，获国家奖学金、北京大学五四奖学金，姚怡云无疑是一名优秀的新闻学子。

在《人民日报》政治文化部实习期间，《互联网+，国学走进寻常百姓家》《分享经济，长大还需过三关》等6篇特稿刊发于《人民日报》文教版头条。

专业实践之外，姚怡云还展现了较强的新闻研究能力，撰写的6篇论文发表于CSSCI来源期刊，对媒介融合、新媒体技术、媒体国际传播的转型等话题都有自己的思考。

姚怡云，祝她在新闻路上走得更远。

张宇（华中科技大学新闻与信息传播学院）

丰富的校园媒体实践和社会媒体经历，为张宇的新闻梦想打下了扎实的基础。

在《中国青年报》《南方周末》《湖北日报》《羊城晚报》等多家媒体实习期间，张宇发表了多篇深度调查性报道，涵盖山西官场反腐、马航失联、“裸官”治理、医患纠纷等社会热点事件，体现了强烈的社会责任感。

在《中国青年报》实习期间，她发表稿件27篇，近10万字，其中4篇获得总编辑周奖，8篇获评A稿，体现了较强的专业素质。

做有新闻理想的记者，张宇用一篇篇扎实的新闻报道捍卫职业荣光。

郑薛飞腾（复旦大学新闻学院）

在城市、郊区、乡村、海岛等不同地域，郑薛飞腾如蛟龙般留下新闻实践的脚印。

在社会、文化、时政、科技等不同领域，他如探险家般充满好奇，体察社会，记录瞬间，积淀历史。

他是《复旦青年》的常务副主编，是《人民日报》、澎湃新闻等媒体的实习生，他有很好的文字、摄影、摄像等融媒体能力，发表稿件逾百篇，总字数达30万字。

“今天的新闻是明天的历史”，他愿意肩负起“新闻”这份沉甸甸的历史责任。

左潇（中国人民大学新闻学院）

用镜头记录社会，讲好中国故事，反映百姓心声，从本科到硕士，左潇从未间断过电视新闻报道的实践，多个省级电视台都留下了她的声音和身影。

她积极投入融媒体、全媒体、多工种、跨平台的报道，作为唯一在校生参与《人民日报》2016 年奥运融媒体直播报道。

她爱岗敬业、任劳任怨，经常加班到深夜。

她坚信，一名好记者，每条稿子都是新闻专业知识的完美演绎。

她坚信，新闻专业的学习是学术与实践的交汇，更是对自我的不断刷新与升级。

新闻教育良师奖

高晓虹（中国传媒大学新闻传播学部）

高晓虹教授，是 34 年如一日、润物无细声的新闻教育工作者，是学科建设者和带头人，是长江学者、国家级教学名师和“全国三八红旗手”。

她开设了国家级精品课程，主持国际新闻传播后备人才培养工作，三次获得国家级教学成果奖，带领团队荣获全国教学系统先进集体。

尽管荣誉众多，但她不断创新前行。她的课程是直播而不是重播，总在刷新总是爆满。

她培养出了一批活跃在国家主流媒体的优秀新闻工作者。

高晓虹教授，如拂晓彩虹般挥洒出一位新闻教育良师的光荣与梦想。

刘海贵（复旦大学新闻学院）

刘海贵教授，从事新闻传播教育工作逾 40 年。他兢兢业业，言传身教，桃李芬芳！他的名字和中国新闻教育事业紧紧相连。

在复旦，他将心掏给学生、将智慧贡献给学术。他不遗余力地培养了一代一代青年教师并长年任劳任怨地承担行政管理工作。

他主编的《新闻采访与写作》教材迄今发行近 60 万册，是全国 700 余家新闻传播院系同类课程的首选教材。

刘海贵教授硕果累累、荣誉等身，然而教书育人、与辛苦和清贫为伴，始终是他人生无悔的选择。

新闻教育良友奖

曹景行（原香港凤凰卫视）

曹景行先生被誉为“新闻雷达”，开创了国内时事评论的先河。

他连续九年在清华大学担任高级访问学者，开设多门电视新闻课程，其中课程“镜头下的战争与国际关系”创造性地将战地报道与国际新闻紧密结合起来。

他还常年担任上海外国语大学“全球重大事件多语种全媒体报道”课程辅导老师，多次带领学生实地采访报道如美国大选等国际重大事件，开创了国际新闻教育的重大新闻现场教学模式。

曹景行先生，多年持之以恒，不知疲倦，通过口传身教，为培养国际电视新闻人才作出贡献。

姜微（新华社上海分社）

姜微自 20 世纪 80 年代末复旦新闻系毕业以后，一直在新华社上海分社工作，目前担任社长、党组书记。

她是当下中国新闻业的骨干力量之一，也是一届一届复旦新闻学子的“大师姐”——多年来她不遗余力地担任校外导师，在指导新闻业务的同时，和学生聊学业、聊生活、聊发展，她注重培养青年人的新闻职业使命感和价值观，是真正意义上的“导师”！她所指导的优秀毕业生已分赴新华社、《人民日报》、中央电视台等主流媒体供职。

姜微在新闻业界和学界之间搭起桥梁，为新闻人才的培养作出贡献。

（王健华）

第14章 学生竞赛

14.1 全国大学生广告艺术大赛

全国大学生广告艺术大赛（以下简称：大广赛）是由教育部高等教育司指导，教育部高等学校新闻传播学类专业教学指导委员会、中国高等教育学会广告教育专业委员会共同主办，中国传媒大学、全国大学生广告艺术大赛组委会承办的全国高校文科大赛。大广赛是迄今为止全国规模大、覆盖高等院校广、参与师生人数多、作品水准高的国家级大学生赛事。大广赛旨在提高大学生的创新精神和实践能力，激发大学生的创意灵感，促进大学新闻传播、广告、艺术教育的人才培养模式的改革，同时对于课程设置、教学内容和方法的出新起到了推动作用，极大地提高了大学生的动手能力、实践能力、策划能力和综合能力。参赛作品共分为平面类、视频类、动画类、互动类、广播类、策划案类、营销创客类7大类。

表14-1～表14-7是全国新闻传播类院校学生参加2016年第八届全国大学生广告艺术大赛中一等奖的获奖名单（该届动画类一等奖空缺）：

表14-1 **平面类一等奖**

序号	参赛编号	作品名称	所属院校	作者姓名	指导教师
1	A01-01-002-0005	告别不快 动物篇	中国人民大学新闻学院	陈敏华 杜偲偲	王树良
2	A01-09-004-0001	够快才畅快	同济大学传播与艺术学院	李梦竹	蔡 涛
3	A04-19-008-0015	夜深了	深圳大学传播学院	蒋雅涵	胡 莹

续表

序号	参赛编号	作品名称	所属院校	作者姓名	指导教师
4	A05-24-004-0038	洁婷透气型卫生巾平面	昆明理工大学艺术与传媒学院	陈　珊	王坤茜
5	A08-20-022-0100	美丽来自于细节	广西艺术学院影视与传媒学院	陈成杰　朱健萍	翟　灿
6	A09-03-066-0005	前胸篇、后背篇	保定职业技术学院传媒艺术系	窦朝晖　靳雅暄	李　毅
7	A11-06-060-0020	喝启力，倒不了！	沈阳工学院艺术与传媒学院	周　卓	王　瑶
8	A13-08-031-0005	美味！享不停！	哈尔滨华德学院艺术与传媒学院	才佳佳	范　薇
9	A14-06-060-0004	666	沈阳工学院艺术与传媒学院	张迎娣	寇大巍

表 14-2　**视频类一等奖**

序号	参赛编号	作品名称	所属院校	作者姓名	指导教师
1	B01-06-060-0008	告别不快	沈阳工学院艺术与传媒学院	王　巍　李东煜　王志鹏	郑成阳　王　瑶
2	B04-17-001-0008	妈妈的爱，三九的暖	武汉大学新闻与传播学院	秦　爽　乐　章　涂玥伲　董昕祎　周怡乐	土　晔
3	B05-17-001-0003	豌豆公主	武汉大学新闻与传播学院	云梦霏　邓汉昕　刁慧琳　蒋兰心　郝昱佳	陈　瑛
4	B09-11-044-0010	不 FIT 我不要	浙江传媒学院文化创意学院	覃诗雯　徐　玥　陈子萌　王思远　张　浩	杨乃近
5	B15-20-022-0023	“关注”	广西艺术学院影视与传媒学院	何源应　卓　洋　李雨薇　潘　颖　孙　阳	张兴动　王廷飞

表 14-3 **动画类一等奖**

空缺

表 14-4 **互动类一等奖**

序号	参赛编号	作品名称	所属院校	作者姓名	指导教师
1	D01-20-022-0003	怪兽鳗入侵!	广西艺术学院影视与传媒学院	杨泽邦 李 杰	周景秋

表 14-5 **广播类一等奖**

序号	参赛编号	作品名称	所属院校	作者姓名	指导教师
1	E05-20-001-0016	洁婷天气预报	广西大学新闻传播学院	何 郝 宋安琪	黄海珠
2	E08-20-023-0122	碧玉相逢	贺州学院文化与传媒学院	林珍妮	叶翰宸

表 14-6 **策划案类一等奖**

序号	参赛编号	作品名称	所属院校	作者姓名	指导教师
1	F08-14-034-0001	定制未来	宜春学院文学与新闻传播学院	王紫藤 谢若诗 刘辉英 徐慧敏 尹 杰	吕 洁 原永涛
2	F10-14-014-0001	试试就有了	江西师范大学传播学院	王潇潇 曾宝莹 刘 芳 朱丽萍 陈 婧	黄清华

表 14-7 **营销创客类一等奖**

序号	参赛编号	作品名称	所属院校	作者姓名	指导教师
1	G02-18-007-0001	立本立人我型我范	吉首大学文学与新闻传播学院	夏 钰 向武胜 向 朝 杨 桦 胡强辉	吴象枢 蒋 辉

（谢 明）

14.2 中国大学生计算机大赛

2016年中国大学生计算机大赛共分9大类，此处只计算一等奖获奖名单，如表14-8所示。

表14-8　　**2016中国计算机大赛一等奖获奖名单**

作品编号	大类	小类	作品名称	参赛院校	作者	指导教师
24046	计算机音乐(普通组)	视频配乐	数青蛙	中国政法大学	黄汉东　程　晴　夏　霜	王立梅　宗恒
24075	计算机音乐(普通组)	视频配乐	绿色校园	江西师范大学	陈　飞　黎嘉鸿	王　萍
23836	计算机音乐(普通组)	原创	不羁的日子	东南大学	傅金鑫　张鼎恒	陈亮均　方　方
25185	计算机音乐(普通组)	原创	乐说楼兰	辽宁石油化工大学	米卡依·阿不都热依木　依尔盼·吐鲁洪　王迦欣	王宇彤　郭　刚
25068	计算机音乐(专业组)	创编	潘多拉的魔盒	中国传媒大学	周玉雪	王　铉
25069	计算机音乐(专业组)	原创	嘀嗒	中国传媒大学	张铭轩	王　铉
25422	软件服务外包	大数据分析(企业命题)	互联网新闻推荐系统	惠州学院	胡　宇　林妙鸿　梁展翅	赵义霞　刘　利
24693	软件服务外包	大数据分析(自主命题)	基于智慧校园卡的大数据分析与可视化动态展示	上海大学	吴　婷　龚　成　金安琪	高　珏
17883	软件服务外包	电子商务(自主命题)	北方特色农产品展销平台	沈阳农业大学	晚进军　杨　柳　刘昂致	李竹林　金　莉

续表

作品编号	大类	小类	作品名称	参赛院校	作者	指导教师
24812	软件服务外包	人机交互应用（自主命题）	纸书科学计算器	东华大学	张　弘　马　镇　顾　欣	杜　明
25105	软件服务外包	人机交互应用（自主命题）	基于 Kinect 与 Unity3D 的文物交互系统	西安电子科技大学	白义东　何建武　许　龙	李隐峰
17338	软件服务外包	物联网应用（自主命题）	基于树莓派的空气质量监测系统	东南大学	李嘉文　姜　越　陈含璐	倪庆剑　陈　伟
18113	软件服务外包	物联网应用（自主命题）	DM 智能家居系统	淮阴工学院	徐维林　嵇华东　钱雯雯	刘金岭
24836	软件服务外包	物联网应用（自主命题）	基于自动导航及跌倒检测的智能安全鞋	西南石油大学	陈庙红　吴豪杰	梁宗文
17211	软件服务外包	移动终端应用（自主命题）	印象手语	江苏科技大学	王亚楠　王怡婷　马　文	
18365	软件服务外包	移动终端应用（自主命题）	微南医	南京医科大学	戚天豪　余　威　沈露萍	
23857	软件服务外包	移动终端应用（自主命题）	笑递	重庆大学	王　雪　赵　静　董俊伟	曾　一
25106	软件服务外包	移动终端应用（自主命题）	基于图像和语音识别的智能校园服务 APP	西安电子科技大学	宋佩阳　吴格荣　李菁菁	李隐峰
25338	软件服务外包	移动终端应用（自主命题）	电梯综合维保管理平台	运城学院	王小兵　尚书飞　郭勤燕	王　琦
25407	软件服务外包	移动终端应用（自主命题）	基于微信的域名交易系统	中国人民大学	瞿靖东　白雪芳　刘　颖	焦　敏　唐文易

续表

作品编号	大类	小类	作品名称	参赛院校	作者	指导教师
25430	软件服务外包	移动终端应用（自主命题）	游鱼（一游一语）	兰州大学	潘沪生 邱 潇	刘 阳
17320	软件应用与开发	数据库应用	深度云笔记	东南大学	吕 炀 陈雄辉 李昌懋	丁 彧 陈 伟
20637	软件应用与开发	数据库应用	考场监考管理软件	辽宁工业大学	齐 刚 李鉴恕 陈私雨	褚治广 李 昕
21982	软件应用与开发	数据库应用	云端智慧家庭	河北建筑工程学院	侯磊磊 鲁阿皓 王 朔	
22165	软件应用与开发	数据库应用	课堂签到锁屏助手	武汉理工大学	袁盼飞 瞿毅力 陈 钊	段鹏飞
23147	软件应用与开发	数据库应用	iHome——基于物联网的智能家居系统	中南财经政法大学	李蕊伶 陈瑞民 何世亮	屈振新
24713	软件应用与开发	数据库应用	我的生活地图	上海商学院	王安迪 盛杰瑜 李徐志	谈 嵘 司 文
16755	软件应用与开发	网站设计	高校开放实验管理系统	淮海工学院	马 翔 沈燏辉 丁帮锋	施 珺
17319	软件应用与开发	网站设计	matc	东南大学	陈陌信 张 霓 林天乙	丁 彧 陈 伟
17496	软件应用与开发	网站设计	逛哪儿生活导航网	淮阴工学院	甄宏彪 魏 坤	
21947	软件应用与开发	网站设计	班级圈	山西财经大学	胡 桥 吴林鹏 程 龙	肖 宁
22039	软件应用与开发	网站设计	OCW课件共享平台	北京科技大学	曹宇宁 王梧蓉 白思琦	
23143	软件应用与开发	网站设计	数字化猪场生产过程管理系统	天津农学院	李 丹 冀会洁 仉佳鑫	
24646	软件应用与开发	网站设计	微佳微信营销系统	河南理工大学	刘汉宁 张 鹏 王建忠	

续表

作品编号	大类	小类	作品名称	参赛院校	作者	指导教师
24691	软件应用与开发	网站设计	校园云盘	上海大学	蔡　哲　储诚益　刘　鑫	单子鹏
24804	软件应用与开发	网站设计	HelloMarker	东华大学	李瞻文　廖祯昊　唐豪杰	
25094	软件应用与开发	网站设计	双向服务型“农村+”大学生实践平台——千村信息港	上海财经大学	余　帝　黎晋轲　侯炜健	韩冬梅
25306	软件应用与开发	网站设计	“结婚啦”360°一站式云商平台	吉林化工学院	于泽声　卢　超　李　晨	李双远　赵　亮
22144	软件应用与开发	虚拟实验平台	SimuBlocks	武汉理工大学	刘俊杰　孙　瑞　李愿平	王红霞
23391	软件应用与开发	虚拟实验平台	Pacman 编程对抗平台	北京大学	周昊宇　周昱杉	刘志敏
23420	软件应用与开发	虚拟实验平台	计算机组成原理模拟实验系统	中国民航大学	王怡康　田　宇　李　潘	郭　航
24500	软件应用与开发	虚拟实验平台	LED 特性测试虚拟实验平台	河北大学	安烁羽　杨　冬　李俊辉	
25025	软件应用与开发	虚拟实验平台	小型无人机低空航测系统	西北工业大学	王逸帆　孙　鹏	高　逦　邓正宏
25257	软件应用与开发	虚拟实验平台	Chembook 化学助手	华东理工大学	俞哲轩　张斌杰　方艺伟	文欣秀
22998	数媒设计动漫游戏组	动画（企业命题）	小武侠	北京工业大学	杨金香　彭　越	李　智　张　朋
22158	数媒设计动漫游戏组	动画（自主命题）	格林的种子	武汉理工大学	梁慧婷　戴馨茹　王高翔	毛　薇　郑则凌

续表

作品编号	大类	小类	作品名称	参赛院校	作者	指导教师
24551	数媒设计动漫游戏组	动画（自主命题）	定格动画《土地》	厦门理工学院	刘也枭　曲炆成　陈家驹	杨　东
24433	数媒设计动漫游戏组	动漫衍生品（自主命题）	创意兽装	福州外语外贸学院	陈　询　张倩文　王　明	
21026	数媒设计动漫游戏组	数字平面（企业命题）	大学那些人	辽宁工业大学	班蕴怡　王晓云　陈　楷	杨天明　杨　帆
24254	数媒设计动漫游戏组	数字平面（企业命题）	北冥有鱼	吉林大学	于　莹　吴晓明　丁　珂	徐　昊　赵焕宇
21440	数媒设计动漫游戏组	数字平面（自主命题）	自然幻想曲——绿之灵	东北大学	王凤琦　潘竞苏　李泽华	霍　楷
23297	数媒设计动漫游戏组	游戏与交互（自主命题）	幻境 Xanadu	华中师范大学	林尚靖　许文涛　王　鑫	姚　璜
23390	数媒设计普通组	DV 影片	时光相机	北京大学	谢　菁　李雪妍　刘　筠	苏　祺
23922	数媒设计普通组	DV 影片	守护绿城	浙江科技学院	刘雪纯　张　越　茹南杰	
22671	数媒设计普通组	动画	绿色希望	中华职业学院	李睿胤　杨　江　郑文智	王　良　邓　平
23911	数媒设计普通组	动画	极东之夜	浙江科技学院	胡中天　陶芝松	
24702	数媒设计普通组	动画	乐园 Utopia	上海海关学院	石晓桐	
24948	数媒设计普通组	动画	绿影	解放军第二军医大学	杨伟鹏　王胤丞　李舒航	郑　奋
23056	数媒设计普通组	交互媒体	Rou——多肉植物明信片交互 APP	云南师范大学	王光耀　张　虞　章志鹏	杨婷婷
24673	数媒设计普通组	交互媒体	青蝶一梦	华东师范大学	朱炎玮　汪逸苗　苏顺顺	白　玥　陈志云

续表

作品编号	大类	小类	作品名称	参赛院校	作者	指导教师
24717	数媒设计普通组	交互媒体	桃花源记	上海商学院	李 黎 唐 薇 杨玲俐	张 萍
25144	数媒设计普通组	交互媒体	忧绿	解放军空军工程大学	贺启坤 白一平 范绍君	
18553	数媒设计普通组	图形图像设计	绿色世界	南京理工大学紫金学院	田春玲 曹 玺	朱惠娟
19926	数媒设计普通组	图形图像设计	地球之痛	辽宁大学	李书曼	
20346	数媒设计普通组	图形图像设计	原上草	大连工业大学	诺 敏	康 丽 王美航
22287	数媒设计普通组	图形图像设计	消失的绿色	华侨大学	何嘉涛 谢思宗 谢嘉豪	柳 欣 彭淑娟
17328	数媒设计普通组	游戏	Recycle	东南大学	窦 颢 庄亦舟 马 筱	姚 莉 陈 伟
22293	数媒设计普通组	游戏	HeliTree	华侨大学	谢思宗 张超阳 何嘉涛	柳 欣 彭淑娟
23527	数媒设计微电影组	国画、汉字、汉字书法、年画、剪纸、音乐、戏剧、戏曲、曲艺	倒糖“人”	武汉体育学院	丁小艺 张欣晨	刘 静
23867	数媒设计微电影组	国画、汉字、汉字书法	岁月有戏	怀化学院	彭际蓉 田毅涛 何日辉	
24603	数媒设计微电影组	国画、汉字、汉字书法	追梦金钱板	西华师范大学	罗照民	王 亮
19847	数媒设计微电影组	优秀的传统道德风尚	皮囊	中国人民解放军陆	朱家磊 孙晓明 李泽晖	周丽媛 王 欢
22923	数媒设计微电影组	优秀的传统道德风尚	信	西北民族大学	祁子翾 王 衡 任彦斌	张辉刚 祁 媛
24174	数媒设计微电影组	优秀的传统道德风尚	爱，联系	广州大学华软软件	许晓娜 张素鑫 焦梓欣	曹陆军

续表

作品编号	大类	小类	作品名称	参赛院校	作者	指导教师
22139	数媒设计微电影组	自然遗产与文化遗产	山·茶·恋	武汉理工大学	吴 迪 王渊博 周 翔	李 宁
22140	数媒设计微电影组	自然遗产与文化遗产	一布之瑶	武汉理工大学	唐新锴 陈相宇 谌悦飞	吴旭敏
23545	数媒设计微电影组	自然遗产与文化遗产	德夯遗韵	吉首大学	彭友芬 温义佳 管锡宝	林 磊 杨 波
23839	数媒设计微电影组	自然遗产与文化遗产	彝乡如绣	盐城师范学院	杨清越 唐梦翠 王瑞敏	岳 峰 姚永明
24167	数媒设计微电影组	自然遗产与文化遗产	狮出无名	广州大学华软软件	陈星兆 梁浩宏 黄绍恩	曹陆军
24550	数媒设计微电影组	自然遗产与文化遗产	前世今生子冈玉	厦门理工学院	王尧永 李鑫雨	刘景福
19835	数媒设计中华民族文化组	动画	《盛世大唐千年风华》大明宫建筑群漫游动画	东北大学	段 贺 蒲 犇 马心博	霍 楷 李宇峰
20975	数媒设计中华民族文化组	动画	遗世神话之古刹奉国	辽宁工业大学	王 未 韩 镇 叶红建	刘 耘
21339	数媒设计中华民族文化组	动画	追寻历史，传承文化——阿房宫建筑群漫游动画	东北大学	刘 璐 郭淑近 钱丛丛	霍 楷 李宇峰
22321	数媒设计中华民族文化组	动画	鲤城之魂	华侨大学	黄诗琪	柳 欣 萧宗志
17333	数媒设计中华民族文化组	交互媒体	山中留客	东南大学	陈建蓉 魏远卓 刘 宝	陈 伟 鹿 婷
20994	数媒设计中华民族文化组	交互媒体	带着行走的建筑	辽宁工业大学	吴 蕾 袁 浩 毛洪健	王小丽

续表

作品编号	大类	小类	作品名称	参赛院校	作者	指导教师
21279	数媒设计中华民族文化组	交互媒体	内蒙古自治区将军衙署交互式导览漫游	东北大学	米庆巍　滕云飞　徐宏坤	于瑞云　谢　青
22709	数媒设计中华民族文化组	交互媒体	皮影戏	北京邮电大学世纪学院	林冠宇　戎茂达　马驰原	
24492	数媒设计中华民族文化组	交互媒体	“霓裳羽衣”APP—基于AR的民族服装交互展示	深圳大学	李敏嘉　张婷婷　陈淳烨	
24722	数媒设计中华民族文化组	交互媒体	游惠夷屋	上海商学院	刘俊廷　丁菁春	
19830	数媒设计中华民族文化组	图形图像设计	盛京皇城	东北大学	董树祎　昌　进　贾品第	霍　楷
21128	数媒设计中华民族文化组	图形图像设计	民族建筑元素博物馆设计	安徽大学江淮学院	王叶琳　李　红　葛卉慧	马小娅　闻　佳
22681	数媒设计中华民族文化组	图形图像设计	族女红妆	云南民族大学	资小娇　尹　梦　杨艳清	吴化雨
24907	数媒设计中华民族文化组	图形图像设计	《时间物语》旅游文化纪念品包装设计	成都大学	余紫潺	张鸶鸶
25010	数媒设计中华民族文化组	图形图像设计	二十四节令	西北大学	刘　晨　任呢喃　王洁茹	张　辉
18019	数媒设计专业组	DV影片	绿色守望者	辽宁师范大学	冯　时　孙　凯　徐莹莹	
19558	数媒设计专业组	DV影片	上春风的课	安徽大学	李宗颢　曹思宇　黄吉亮	韩　斌

续表

作品编号	大类	小类	作品名称	参赛院校	作者	指导教师
23920	数媒设计专业组	DV 影片	绿色的轮回	浙江科技学院	夏　玲　欧余琴　邹曰杰	刘省权
24300	数媒设计专业组	DV 影片	大山里的传承	三明学院	黄志伟　许志桑　林莹莹	张　帅　陈　勤
16762	数媒设计专业组	动画	《企鹅快飞》的设计与制作	哈尔滨工业大学	李航前　蔡慧文　夏鹤阳	李松林　胡　郁
18702	数媒设计专业组	动画	绿色未来	南京信息工程大学	彭可兴　张学坤　蔡慧文	陈　曦　韩　帆
22401	数媒设计专业组	动画	坐井观天	中南民族大学	康亚丽　徐　月　华冠宇	夏　晋　邵　竹
22403	数媒设计专业组	动画	未来绿色世界	中南民族大学	马良岩　王焯钰　田雨辰	赖义德　龚　唯
23889	数媒设计专业组	动画	能量大作战	重庆大学	黄文杰　刘　艺　蒋陈晨	朱媛媛
21043	数媒设计专业组	交互媒体	秘密花园	大连东软信息学院	田　媛　徐　惠	李婷婷　刘　石
23744	数媒设计专业组	交互媒体	绿色世界——心树	中北大学	李　莹	
24485	数媒设计专业组	交互媒体	濒客星球	深圳大学	郑琳怡　蔡诗毓　周丹丹	
17434	数媒设计专业组	图形图像设计	一叶一生命	安徽建筑大学	刘　畅	
19831	数媒设计专业组	图形图像设计	绿·和	东北大学	陈钰函　靳　鑫　李　颖	霍　楷
21127	数媒设计专业组	图形图像设计	Hi，世界	安徽大学江淮学院	张你婷　高孝蓉　葛卉慧	闻　佳　马小娅
21129	数媒设计专业组	图形图像设计	希望	安徽大学江淮学院	张你婷　王　群　高孝蓉	闻　佳　马小娅
22548	数媒设计专业组	图形图像设计	处世自然	中华女子学院	陈栗子	乔　希　宁　玲

续表

作品编号	大类	小类	作品名称	参赛院校	作者	指导教师
24135	数媒设计专业组	图形图像设计	浊·污·浑	广州大学华软软件学院	何紫盈	杜　凯
21275	数媒设计专业组	游戏	绿色重现	东北大学	匡华峰　王国旭　江欣蓓	谢　青
24209	数媒设计专业组	游戏	垃圾公敌	浙江传媒学院	石凌轩　宋子龙　田　静	张　帆　李铉鑫
19882	微课与课件	Internet 应用	享你所想——在局域网环境下共享设备资源教学	沈阳建筑大学	张珂汇　李白雪　高　睿	
25161	微课与课件	Internet 应用	二维码	解放军空军工程大学	张宸桢　于庆灏　朱诗剑	
18352	微课与课件	多媒体应用	微课——用手机拍出最美的旅行	南京晓庄学院	邱　阳　仇　元	赵彦彪
21101	微课与课件	多媒体应用	追忆似水年华——老照片换新颜	沈阳师范大学	曹雪雪　徐　响　魏　鑫	宋　倬　邹丽娜
22517	微课与课件	多媒体应用	重塑科技生活：虚拟现实（VR）解析	江汉大学	赵一丁　崔煜昕　余华栋	黄　卫　魏　星
17254	微课与课件	汉语言文学	《春江花月夜》——意象意境赏析	安徽大学	侯　瑶　胡　杰　江晨晨	吕　萌　李小军
21922	微课与课件	汉语言文学	《老绍兴 醉方言》	德州学院	平力俊　杨敏红　王　冰	
23797	微课与课件	汉语言文学	从军行	武警后勤学院	高子涵　胡赛姿　林翰轩	程　慧　孙纳新

续表

作品编号	大类	小类	作品名称	参赛院校	作者	指导教师
17504	微课与课件	计算机应用基础	动画如此简单！PPT'S LINE	淮阴工学院	李　乾　李文婷	
19554	微课与课件	计算机应用基础	PPT 变形全面解析	江苏开放大学	李奕繁　万　笑　邱　冬	范　宇　赵书安
23326	微课与课件	计算机应用基础	你了解你的“对　象”吗？——面向对象程序设计的三大特征	华中师范大学	柯俊豪　乐惠骁　龚礼林	杨九民
25208	微课与课件	计算机应用基础	支付小宝	解放军空军工程大学	史红亮　丰　浩　李文元	张红梅　崔　琳
16321	微课与课件	中华优秀传统文化元素	春意浓浓话对联	海南师范大学	陈林晨　林蕴臻　杨　鑫	罗志刚
17993	微课与课件	中华优秀传统文化元素	中国智慧文化遗产——珠算	辽宁师范大学	黄咏怡　唐丽香　白慧慧	刘　陶
20410	微课与课件	中华优秀传统文化元素	一脉相承“咏春”华	沈阳工学院	冯　琦　王奕皓　安洪钰	赵云鹏
22463	微课与课件	中华优秀传统文化元素	吆喝	北京体育大学	周烨玲　李子薇　李文文	邵　恩
17268	微课与课件	中小学数学及自然科学	5.0	安徽大学	葛水仙　康晓怡　年乐怡	岳　山　王铁冰
21680	微课与课件	中小学数学及自然科学	来自地球深处的焰火——火山爆发	华中科技大学	殷钰婷　余筱璇　胡小萌	王朝霞
21689	微课与课件	中小学数学及自然科学	光污染	华中科技大学	彭麒玮　洪煜东　戴湘市	王朝霞

续表

作品编号	大类	小类	作品名称	参赛院校	作者	指导教师
22545	微课与课件	中小学数学及自然科学	走进细菌的世界	中华女子学院	陈玉菲　管如月　赵海燕	李　岩　刘开南
23009	微课与课件	中小学数学及自然科学	微课游戏之中小学性启蒙教育微课	华侨大学	董晓雨　张继文　任昊天	郑　光
24216	微课与课件	中小学数学及自然科学	绿娃娃	岭南师范学院	赖玉珍　庄情妹　黄美琼	袁　旭　徐建志

（何志武）

14.3　中国大学生广告艺术节学院奖

14.3.1　概述

中国大学生广告艺术节学院奖是目前国内唯一由国家工商总局批准、中国广告协会主办、广告人文化集团协办、创意星球网承办的国家级大学生广告大型活动，内容涵盖学术研讨、创意大赛、娱乐评选以及人才交流等方面，充分利用各方社会资源，搭建高端选拔平台，注入新鲜娱乐元素，在同类活动中独占鳌头。

1999 年由厦门大学提议、中国广告协会作为主办单位创建了中国大学生广告艺术节学院奖这一评选活动。从 1999 年至 2005 年的 5 届活动，先后由厦门大学、南京财经大学、江苏广播电视总台、中国传媒大学等单位承办。

自 2007 年开始，中国广告协会委托广告人文化集团承办该项赛事，至今连续成功举办了第 6~14 届竞赛活动，并从第 13 届开始举办秋季赛赛事。近 10 年间，广告人文化集团致力于重塑学院奖的品牌价值，目前已经成为高校广告创意赛事中的佼佼者。

14.3.2　活动规格

中国大学生广告艺术节，集结了众多著名高校广告专业学生的热情参与，在企业招商、嘉宾邀请、环节设置和活动内容上都做到了高水平、高规格。参与企业多为国内外知名品牌，多数品牌本身就具有巨大的社会影响力。始终强调以企业的实际需求为出发点发布命题，坚持“让命题品牌和产品与创作者真实接触”的宗旨，用广告行业的真实标准来评审作品，力图为大学生打造一个模拟就业实战的真实场景，让大学生通过比赛就能获得真实的工作经验，并通过比赛直接获得进一步的发展机会。多年来，已有多件学院奖优秀的获奖作品被企业改造并应用到实际的市场中去，有许多优秀的学生通过赛事获得了进入企业实习和就业的机会。

所邀嘉宾均为行业内知名学者和具有多年实战经验的行业领军人，组建业界最高规格的“明星金牌讲师团”担任巡讲嘉宾及作品评审，众多广告大师级人物为盟给学院奖真正搭建了从学习到实战的高端平台。

14.3.3 奖项影响

中国大学生广告艺术节学院奖以其广泛的触达面、卓越的影响力、超长的曝光度以及良好的反响力塑造出了优秀的品牌形象，为中国的大学生广告赛事带来许多可喜成就。

1. 倾力参与的高校学子

整个中国大学生广告艺术节活动通过各种线上媒体和线下活动，直接影响全国866所高校，1200多个院系，超过50万广告、市场营销、新闻传播、艺术设计等专业的师生参与。艺术节的主要项目“学院奖”广告创意大赛每年收到作品超过20万件，全年30多座城市超过70场地面活动，全国巡讲活动每年吸引近5万人现场参与，终端触达500万学子，其中54万直接参赛，历时近半年的各种活动使得中国大学生广告艺术节在高校和社会中均形成了强大的规模效应。

此外，2013年第11届学院奖创纪录地收到单件作品超过10万件，已经创下由世界纪录协会颁发的“世界上年度作品量最多的学生广告比赛”。第12届和第13届学院奖作品量则连续打破该项目自己保持的纪录，第14届学院奖春季赛更是收获了138889件参赛作品，创造了新的辉煌！目前，学院奖春秋双赛季全年参赛作品总量已经突破20万件，成为学生创意比赛中获奖数量最多的活动。

2. 深远的教育意义

中国的广告教育目前处于新的阶段，需要广告教育工作者们在实践和实战之中进行探索。学院奖这一平台是一个航空母舰级的人才集散地，对于广告教学也有着深远的影响。它为教育界引进了业界的案例与产品的主张，然后通过学生的创意反过来推动老师的思考与研究，加强了老师对学生的指导，让教与学在这一点上达到了高度的融合，由此再来提升教学的理念、内容和教学的系统性，通过参与学院奖，可以给高校学生和老师一个教育与实战相结合的指导与培训，有利于助推中国广告教育的进步与发展。

另外，通过学院奖这个平台可以让高校和企业进行有效的人才对接，可以使企业广告的效益面向新的市场、新的产品和新的技术。依托这样的平台，教学与实践相结合的广告教育就能拥有实际效果，同时也有利于缩短磨合期，让学生在进入社会后更快地适应工作。

3. 巨大的媒体影响力

(1)线上线下的多维关注。学院奖顺应新媒体时代的社交工具发展，在每一个有影响力的社交平台中都设立账号，方便参赛者互动交流。活跃在学院奖众多社交工具上的粉丝，是在数十万参赛者中接受学院奖信息最直接快速的一群人，这个群体不但自身关注学院奖的进程，他们还利用自媒体对学院奖进行二轮传播。

每年学院奖官方网站都会积累超过 70 万独立访客的近 2000 万次点击，通过微信、微博、QQ 群等互动方式直接影响超过 32 万人，通过学院奖官网、门户网站等常规网络媒体直接影响超过 72 万人，通过参与报道巡讲的电视媒体和报纸媒体直接或间接影响超过 1500 万受众。

在学院奖的整个活动过程中，有数十家报纸、电视台、网络媒体和高铁媒体连续报道，根据频道平均覆盖人口、到达率、收视率，报纸发行量粗略估算，学院奖的报道共覆盖影响超过 1500 万受众。

学院奖的媒介策略依据整合传播的原则，做到全媒体覆盖，传统媒体和新媒体结合，兼顾线上传播和线下活动配合。

在传播节奏上以配合全年比赛不同阶段活动为主，线性传播与点装推广相结合，兼顾不同活动内容的前期预告、当期报道和后期总结，内容上兼顾活动本身的介绍和命题单位的品牌曝光。

(2)高潮迭起的年度活动。中国大学生广告艺术节，在近 8 个月的活动进程周期中，积极开展活动推广、深化品牌传播，通过活动营销、线下宣传、新闻公关以及其他渗透式的延伸服务，提升艺术节活动品牌以及众多命题企业产品在学生中的知名度和提及率，提升活动品牌和企业形象的新闻曝光率和大众影响力，已经形成了终端品牌导入+线上整合传播+线下校园活动“三位一体”的校园营销模式。同时，依附于广告人文化集团强大的行业平台和媒体集群的巨大影响力，学院奖作为校园营销平台的实效性和高端性特点日益凸显。

中国大学生广告艺术节由“学院奖”创意大赛、高校巡讲、就业平台、高端论坛和创意盛典等几大活动组成，各项活动既独具特色，又串珠成链，共同构成了以“学院奖”为中心的系列学生创意与实践活动，持续数月的各项活动将在全国高校中掀起一波又一波的狂潮，令学子们感受无穷的广告魅力！

(3) 根植人心的权威品牌。中国大学生广告艺术节活动的举办，在社会中产生了良好的反响。很多命题企业的品牌专家都对学生的创意作品欣赏有加，他们认为获奖作品的可实施度极高，称赞这的确是一项富有实效意义的活动。众多知名的 4A 广告公司创意人在学院奖评审过程中对学生作品的评价是：后生可畏！而专家学者们也认为学院奖这不但是一个颇具权威的奖项，更是一次成功的活动营销，还是高校教育与实践结合的典范。许多获奖的莘莘学子也被众多广告企业聘用，如今回味起来，他们都觉得参与这样的赛事是他们迈出事业成功的第一步！

中国大学生广告艺术节历经 14 届不断发展，已经成为国内同类活动的翘楚，在比赛规模和影响力上都达到了一个前所未有的高度，已经超越其角色本身的价值，成为一个学生展现自身才华、寻找就业出路的巨型舞台，一个促进广告教育实务发展的多元化讲台，一个企业广泛影响大学生群体的品牌展台，一个兼具公益与商业价值的共赢平台。

（穆虹　袁健）

第15章 科学研究

15.1 国家级科学基金课题

15.1.1 2016年国家级科学基金项目涉及新闻传播的立项综述

关于2016年国家级科学基金课题立项，若采取“关键词”的方法，则2016年度我国新闻传播学和新闻传播教育的科研项目立项的成果共含7个板块：国家社会科学、教育部人文社会科学、国家新闻出版广播电视总局科研项目、国家外文局项目、国家社会科学基金文库、国家艺术基金、全国教育科学规划。现将这些项目立项的年度特点进行整理、评析。

1. 媒介融合和转型依然是研究热点

自21世纪初提出“三网融合”至今，多媒体日益兴起，功能一体化的趋势愈加强烈，其对传统媒体的冲击更为明显，使得媒介的融合与转型成为一条必由之路。依靠新媒体建立多渠道的媒体内容运营平台，顺应时代潮流，满足受众的多元化信息需求，实现各媒体的价值。新媒体技术的不断发展促使媒介形态的变革与整合，无论在学界还是在业界，媒介融合的发展思路都得到广泛认可。围绕着媒介融合基本理念，2016年，云媒体仍然是研究者关注的重点领域，对于媒介融合的未来发展趋势和社会影响研究也在进一步深入和细化。如河北大学新闻传播学院杨状振的研究立项“‘三网融合’背景下网络电视台的建设、发展与影响研究”、湖南师范大学新闻与传播学院肖赞军的项目“媒介融合时代的传媒规制政策研究”、中国传媒大学张国涛的项目“媒介融合时代视听内容生产研究”、浙江传媒学院李睿渊的“媒体融合背景下新型主流媒体建构及绩效评价研究”等。

2. 国家形象建构研究力求探讨新的价值共识

当前，中国形象面临窘境的情况以及信息化浪潮波涛汹涌的时代愈演愈烈，作为国家综合国力的"软实力"——国家形象引起了越来越多的关注。至此，塑造国家形象成为当下维护国家利益的重要手段。涉及此领域的研究立项有：山东师范大学杨永军的立项"中国文化传播与国家软实力"。国家外文局通过符号学着力解决中国形象建构等问题，该项目将输出俄、韩2个文种版本来对外打造中国形象，以新闻生产和传播流程的模式，强化特色中国、品牌中国的对外形象，以期有效提升中国形象的传播效率和传播效果。

在"一带一路"战略的驱动下，有学者希望通过个案分析，研究中国国家形象的呈现，如新疆艺术研究所苏海龙的研究立项"'一带一路'背景下新疆少数民族非物质文化遗产数字影像记录与传播研究"、广西艺术学院罗奕的"'一带一路'背景下中国在东盟地区的国家话语权建构和战略传播研究"、云南财经大学和览的项目"中国国际形象在国外社交网站中的投射及软实力塑造：以Quora及Reddit为例"等。

3. 电视节目、娱乐节目及电视纪录片立项：数量大，视角多

在信息需求多元化的驱使下，各类题材的电视节目层出不穷，大到人文历史价值观，小到都市情景再现，不断贴合新媒体时代下观众的审美偏好和口味。2016年度的纪录片研究立项有：上海政法学院陈婷的研究项目"中国电视纪录片中的国家形象研究"、辽宁大学王鑫的"BBC中国题材纪录片与中华文化对外传播话语体系研究(2000—2015)"等。就娱乐节目来讲，自20世纪90年代开始，电视与娱乐快速结合推动着电视娱乐节目的发展。湖南卫视曾抓住娱乐发展先机，确立了娱乐霸主地位。然而，在电视娱乐业市场化的激烈竞争中，湖南卫视娱乐节目发展的优势地位逐渐被其他综合频道赶超。在竞争过程中，电视娱乐的问题也开始凸显。在收视率的指挥棒下，娱乐节目热衷于"八卦"他人隐私，导致低俗化。节目制作时有抄袭模仿，跟风购买海外节目版权等现象，加剧了同质化。2011年10月，国家广电总局发布"限娱令"着手调整内地电视娱乐节目的发展。关于娱乐节目的研究立项如，国家新闻出版广播电视总局卜彦芳的立项"娱乐类节目的内容引导与跨屏传播管理研究"等。公共视听载体如雨后春笋般拔地而起，车载移动电视和楼宇、户外电视等视听新媒体形态渗透到各种公共场所，各大视听客户端行业进入群雄竞逐时代。在人们对新闻和信息的注意力愈来愈稀释的今天，媒体如何才能吸引而且持续地拥有受众的注意力？在昔日被动的受众已是积极和自由的用户的新媒体环境下，媒体如何才能保持和弘扬自己的传播优势？这些问题是每一个媒体组织和从业人员都需要认真思考的。内容处于视听新媒体价值链的首端，内容需求与服务

的不断创造是拉动整个视听新媒体价值链不断扩展、衍生、优化、升级的引擎。可见“内容为王”，在视听新媒体时代依然通行，这方面的研究立项如“媒介融合时代视听内容生产研究”“网络自制综艺节目传播研究”“广播电视节目中低俗化问题和净化传媒视听环境研究”等。

4. 舆情引导机制与规制研究立项：扩大化和复杂化趋势

2016 年，有关舆论及舆论引导的研究立项，涉及新媒体舆论的传播与舆情监测、网络谣言的治理与媒介公信力构建等问题。解读在大数据时代下，网络舆情和社会治理研究等问题，同时也立足于舆情生态治理下的政务新媒体传播路径及效果研究。

2016 年，微传播在中国进一步发展。而微传播时代的网络谣言及其治理成为中国传媒乃至社会领域中的绝对热点。谣言可谓低门槛的网络传播时代的顽疾，尤其是随着微博、微信等社交传播形态的热兴，当前网络谣言日益呈现社会化传播特征。微媒体借助社交化的传播渠道呈现极强的传播效果，使得网络传播生态日益复杂，并进一步加剧了网络谣言的危害。微传播使得舆论生态更为复杂，尤其是网络谣言和有害非法信息已泛滥为严重公害。在微传播时代，主流媒体加强信息公开，优化辟谣新闻，提高网络谣言治理水平具有现实的必要性。针对以上问题，2016 年，整治网络谣言成为中国互联网治理的一个重要研究内容。此方面的立项包括：四川传媒学院刘彤的研究立项网络“‘正能量谣言’的舆论生成与治理对策研究”、湖北师范大学黄芙蓉的“基于‘互联网+’重大舆情引导创新与协同治理研究”、安徽省社会科学院方金友“微传播的舆情分析与治理路径研究”、中国人民武装警察部队学院马龙的立项“‘两微一端’时代反沉默螺旋传播及网络舆情引导机制研究”、南京师范大学骆正林的“大数据时代网络舆情和社会治理研究”、青岛科技大学索琪的“超网络中舆情传播动力学及引导机制研究”、常州大学薛健飞的研究项目“网络谣言叙事范式及网络文化安全体系构建研究”、人民网股份有限公司余清楚的“社交网络信息扩散机理与舆论引导机制研究”等。

5. 媒介素养与培养模式研究主要关注大学生群体

媒介素养，一个亟待重视的全民教育课题。随着媒介生态剧烈变革，大学生群体已经成为网民的最主要群体，他们媒介素养的高低直接影响着互联网环境。如何培养我国大学生网民媒介素养就显得更加重要，如研究立项“大学生网络公共传播行为与网络媒介素养教育研究”便聚焦于此，因此提高大学生的网络媒介素养的认知和媒介使用能力，是公民在现代社会生存的基本技能，也是构建和谐网络空间的基本前提。

然而，对我国公民而言，“媒介素养”还是一个较为陌生的名词，与此相对应的，却是我国的传媒业在规模、品种、信息量、信息覆盖面等方面的高速发展。面对形形色色传媒的重重包围，面对汹涌澎湃的信息浪潮冲击，在强调“新闻出版、广播电视、文学艺术、社会科学，要坚持正确导向，唱响主旋律”的同时，也必须加强国民的“媒介素养教育”。这方面的研究立项如“台湾大学生的媒介素养与政治认同研究”。

因为，一方面，公众媒体素养的提高将意味着对媒介活动和媒介所传播信息的鉴别、鉴赏能力的提高，意味着公众的信息吸纳能力和使用能力的提高，也意味着公众对媒介的专业与职业道德水平的要求将不断提高；另一方面，在市场经济条件下，即便是作为舆论阵地的主流媒体也是讲成本和效益的，更多的媒介则走向市场和商业化，为适应公众对媒介不断提高的要求，媒介自然要不断地有所调整和发展，媒介与媒介之间的竞争也会更加激烈，那些不能随着受众的变化而调整自己的传播行为，不能在新的传播环境中不断提升自己的职业水准和人文素养的媒介将被时代淘汰。这样，在大众媒介素养不断提高的基础上，竞争中的媒介水平将整体提高，从而真正对促进社会进步和提升公民素质发挥媒介应有的和重要的作用。因此，“媒介素养”是全体公民都应该具有的基本品质，加强“媒介素养教育”对于提高国民的整体素养、对于社会的健康良性发展具有重要意义。

6. 危机传播关注网络，关注网络问政

20 世纪 90 年代开始出现的一种新型的社会管理方式，即网络问政，指网民通过网站、论坛、博客、微博等各种网络渠道对社会热点、党务政务、城市建设、经济发展等进行参政议政的现象。其背景是中国互联网的迅速发展，政府社会管理能力及透明度的提升。2009—2012 年是中国网络问政研究被学术界高度关注的几年。2012 年大量的政府机构进驻微博平台，成为网络问政研究的高峰年。从 2013 年开始，网络问政的学术关注度有下降的趋势，2016 年的关注度又回落到 2010 年的水平，但依然属于新媒体的研究领域，这说明，在移动互联网进入全民时代的背景下，得益于各类政务机构的积极推进和网络用户的监督，网络问政已经逐渐规范化、常态化，只有在偶然的突发事件后才会因某些个别不当的表现引发社会的关注度。其次，互联网渗透到各个领域，“网络问政”已显现出多元化，这就不再是“问”的问题，而更多地被“新媒体语境下的国家治理/社会治理”取代。网络问政已从单纯地线上政府工作移植到线上线下深度结合，各自发挥优势，优化党和政府的服务功能。如西南科技大学政治学院陈文胜的研究立项“‘微博问政’与党的建设创新研究”。同时，网络是一个众声喧哗的地方，众多网民的不同话语呈现方式对一些突发的公共事件起到不同影响，或干扰到政务微博对事件的处理方式。这方面的研究立项如“网络公共事件中政府舆论传播的受众反向认知研究”“突发公共事件应急管理协调处置机制研究”“大数据时代网络突发事件社会情绪演变的治理模式研究”等。

7. 学科交叉与借鉴继续深化

2016年，关于新闻传播学的研究立项继续呈现出与其他学科交叉的特点，比如社会学、教育学、心理学、法学等。这其中交叉研究的一个焦点是传媒与政治的关系。当前，社交媒体对政治的渗透和影响日益突出，正在改变着各国民众政治参与的模式、国际政治的话语空间以及个体政治的行为能力。这方面的研究立项如“西方媒体在国际政治中的角色与作用研究”“国家领导人形象在网络社群中的传播效果研究”“台湾政党变革对报业发展的影响研究”“二十一世纪以来中外领导人的国事访问的媒介再现研究”等。

2016年传播学的学科交叉研究还体现在学科内部领域之间的融合。这一融合集中体现在新媒体、大数据研究与舆论、媒介素养和新闻传播教育研究等方面的融合。在交叉融合的背景之下，一些与现实问题相关的学术名词也进入了学者的研究视野：如“十八大以来中国共产党新闻舆论观研究”“大数据时代网络舆情与高校应对策略研究”“中国西部民族地区媒介素养培养模式研究”“网络新闻框架对大学生政治参与影响和引导机制研究”等。

8. 从不同层面关注话语权的建构与表达

（1）国家层面：提高对外传播能力，打造对外话语体系，是顺应时代潮流、参与全球治理、捍卫国家利益的迫切需要。有学者关注了当前我国打造国际话语权体系面临的重要机遇与现实困境问题，这方面的研究立项有“‘一带一路’背景下中国在东盟地区的国家话语权建构和战略传播研究”“对外传播中的译语话语权研究”等。

（2）个人层面：在建构主义的视角下，新闻是被建构的现实，是一种社会话语实践。转型期的中国，冲突性事件和争议性议题频频出现，大众媒体的构建在矛盾解决中发挥重要作用。媒体提供的公共平台对性别议题的讨论、解决无甚助益，而是再次重复对女性群体的话语宰制。无论是传统媒体的传播者，还是新媒体的使用者，他们对话语不平等状况的自觉意识、主动改变不可能一蹴而就。话语不平等状况将在较长时间内持续。性别意识是文化规范的产物，当代大众传媒操纵其传播内容、语言模式和传播过程，最终达到操控社会文化规范的目的；大众传媒由于其公共性与影响力，具有建构性别模式的功能。大众传媒淡漠、推波助澜于性别歧视是一种带有全球性、流行性的传媒病态，20世纪70年代在西方遭到了女性主义者们的强烈批判，逐渐成为媒介批评的一个独特视角；20世纪80年代末，开始在中国受到关注；20世纪90年代，随着文化研究在中国的兴起，女性主义开始进入媒介批评领域。随着传媒科技的不断发展尤其是因特网在中国的兴起，大众传媒影响受众乃至整个社会的社会心理与价值观念的深度和广度不容小觑，其巨大影响是一柄双刃剑，既可以为善，也可以为恶。大众传媒既可以张扬真善美，注重其“社会效果”，也可能在受众市场竞争日趋激烈、受众需求日益难以迎合的不良生态环境下，牺牲社会效益而趋经济效益，或以经济效益损害社会效益。涉及此方面的研究立项如“性别议题的媒体表达与提升国际话语权研究”“社会性别视角下的媒介暴力及其话语研究”等。

（卞丽敏　惠珊　张琳　周德仓）

15.1.2 2016年国家级、相关部委科学基金涉及新闻传播的项目立项情况

根据全国哲学社会科学规划办公室提供的数据可知，2016年，全国新闻传播教育界无论是是在项目数量，还是项目重要性方面，均取得了丰硕的成果。①

1. 2016年度国家社科基金重大项目立项名单(见表15-1)

表15-1　**2016年国家社科基金重大项目**

序号	批准号	课题名称	首席专家	责任单位
1	16ZDA215	十八大以来中国共产党新闻舆论观研究	丁柏铨	温州大学
2	16ZDA216	G20峰会国家对外传播理念与机制研究	胡邦胜	中国国际广播电台
3	16ZDA217	中俄媒体交流、战略传播与全球治理中制度性话语权的构建研究	赵永华	中国人民大学
4	16ZDA218	当代中国文化国际影响力的生成研究	黄会林	北京师范大学
	16ZDA219		许正林	上海大学
5	16ZDA220	海外华人社区中华文化传承研究	陈奕平	暨南大学
6	16ZDA221	孔子学院跨文化传播与管理研究	安　然	华南理工大学
7	16ZDA222	多卷本《中国报刊阅读史》	蒋建国	华南理工大学

① 数据均来源于全国哲学社会科学规划办公室官网，此处只是作了部分整理，数据未改动，HTTP：//WWW. NPOPSS-CN. GOV. CN/.

2. 2016 年国家社科基金年度项目立项名单(见表 15-2)

表 15-2　**2016 年国家社科基金年度项目**

序号	课题名称	负责人	工作单位	项目类别	批准号
1	移动传播背景下的新闻理论更新与实践对策研究	谢金文	上海交通大学	重点项目	16AXW001
2	新媒体生态下党报评论的国际传播与效果评估研究	卢新宁	人民日报社	重点项目	16AXW002
3	主流媒体运用移动传播、推动媒体融合发展的现状、前景及其影响和对策研究	杜飞进	人民日报社	重点项目	16AXW003
4	中国出版人口述史研究及数据库建设	魏玉山	中国新闻出版研究院	重点项目	16AXW004
5	中国对缅甸国际传播效果评估研究	单晓红	云南大学	重点项目	16AXW005
6	国外互联网治理的理念、模式及借鉴研究	王四新	中国传媒大学	重点项目	16AXW006
7	海外华文传媒促进“一带一路”信息互联互通的机制创新研究	彭伟步	暨南大学	重点项目	16AXW007
8	新媒体视觉文化传播研究	于德山	南京师范大学	重点项目	16AXW008
9	从苏区到延安时期马克思主义新闻思想中国化的历程及经验研究	张品良	江西财经大学	一般项目	16BXW001
10	社会底层青年群体心理极化的传媒干预研究	李春雷	江西师范大学	一般项目	16BXW002
11	大数据时代青少年诚信发展及培育机制研究	吴月华	上海交通大学	一般项目	16BXW003
12	严肃游戏传播社会主义核心价值观的设计策略与运行模式研究	陈月华	哈尔滨工业大学	一般项目	16BXW004
13	网络新闻框架对大学生政治参与影响和引导机制研究	靳雪莲	重庆邮电大学	一般项目	16BXW005
14	“新报刊史”视阈下革命文化的城市传播史研究(1949—1966)	董　倩	上海社科院	一般项目	16BXW006

续表

序号	课题名称	负责人	工作单位	项目类别	批准号
15	基于民族认同感的两岸媒体抗日集体记忆话语研究	周海燕	南京大学	一般项目	16BXW007
16	抗战大后方新闻史研究(1937—1945)	蔡　斐	西南政法大学	一般项目	16BXW008
17	抗战时期日本在华新闻侵略与殖民传播研究(1931—1945)	齐　辉	重庆大学	一般项目	16BXW009
18	冷战时期两岸文宣研究(1949—1991)	向　芬	中国社科院	一般项目	16BXW010
19	新中国连环画传播史研究	蒋新平	广西民族大学	一般项目	16BXW011
20	中国近现代媒介批评的逻辑与范型研究	胡　丹	南昌大学	一般项目	16BXW012
21	清末明初日本在华报纸研究(1901—1921)	曹晶晶	苏州大学	一般项目	16BXW013
22	基于大数据的政府网络传播力评估与研究	谭　天	暨南大学	一般项目	16BXW014
23	基于公众低碳态度与行为的政府气候传播机制研究	徐　红	中南民族大学	一般项目	16BXW015
24	媒介融合深化背景下“数据驱动的新闻生产”之现状、趋势及支持生态系统研究	邓建国	复旦大学	一般项目	16BXW016
25	我国社会性科学议题的科学传播模式与公众认知模式的偏差研究	吴琦来	中国科学技术大学	一般项目	16BXW017
26	我国数据新闻的理念、实践及其人才培养模式研究	许向东	中国人民大学	一般项目	16BXW018
27	新媒体编辑的叙事规律研究	李建伟	河南大学	一般项目	16BXW019
28	大数据与国家品牌形象的构建研究	段淳林	华南理工大学	一般项目	16BXW020
29	当代英国纸质媒体中的中国形象研究(1950—2015)	胡衬春	南通大学	一般项目	16BXW021
30	提高我国藏区党媒“两微一端”的传播力研究	詹　恂	电子科技大学	一般项目	16BXW022
31	舆情生态治理下的政务新媒体传播路径及效果研究	邹　煜	中国传媒大学	一般项目	16BXW023

续表

序号	课题名称	负责人	工作单位	项目类别	批准号
32	媒介融合背景下我国新型主流媒体的竞争力构建与评价研究	操　慧	四川大学	一般项目	16BXW024
33	“互联网+”时代传媒产业价值链重构与生态化转型研究	吴玉玲	北京工商大学	一般项目	16BXW025
34	新媒体时代的媒体商业模式创新研究	张建中	西安外国语大学	一般项目	16BXW026
35	移动互联网时代传统媒体移动化转型路径及策略研究	官建文	人民网股份有限公司	一般项目	16BXW027
36	资本、技术、制度影响下的网络媒体内容生产研究	申玲玲	西北政法大学	一般项目	16BXW028
37	《辞源》百年编修出版研究	彭小琴	河南科技大学	一般项目	16BXW029
38	出版生态视野下数字阅读消极影响的消解路径研究	周　斌	北京印刷学院	一般项目	16BXW030
39	数据资产视角下出版大数据的构建与应用模式研究	张　博	上海理工大学	一般项目	16BXW031
40	数字出版视阈下的公有领域问题研究	刘蒙之	陕西师范大学	一般项目	16BXW032
41	学术著作出版机制建设研究	刘永红	人民出版社	一般项目	16BXW033
42	民营影视产业发展研究	詹成大	浙江传媒学院	一般项目	16BXW034
43	中国电视剧规避“文化折扣”的策略研究	李法宝	华南师范大学	一般项目	16BXW035
44	中国话语电视节目在海外受众中的传播效果研究	刘燕南	中国传媒大学	一般项目	16BXW036
45	BBC 中国题材纪录片与中华文化对外传播话语体系研究(2000—2015)	王　鑫	辽宁大学	一般项目	16BXW037
46	基于泛在媒体网络的中国电影跨文化绩效提升途径研究	李　敏	南京航空航天大学	一般项目	16BXW038
47	微电影价值引导及创作传播机制研究	徐　莹	浙江理工大学	一般项目	16BXW039
48	新媒体时代中国广播剧振兴路径研究	徐伟东	东北师范大学	一般项目	16BXW040
49	战后日本二战题材的纪录片研究	崔亚娟	北京联合大学	一般项目	16BXW041
50	大数据时代网络舆情和社会治理研究	骆正林	南京师范大学	一般项目	16BXW042

续表

序号	课题名称	负责人	工作单位	项目类别	批准号
51	“网络欺凌治理”的国际经验及其对我国网络治理的启示研究	王哲平	浙江工业大学	一般项目	16BXW043
52	中国礼文化传播与认同建构研究	张兵娟	郑州大学	一般项目	16BXW044
53	健全社会公共事件网络舆情监控、预警及治理机制研究	涂　艳	中央财经大学	一般项目	16BXW045
54	讲好中国故事的“元叙事”传播战略研究	陈先红	华中科技大学	一般项目	16BXW046
55	大数据对心理战信息传播的影响及对策研究	张前承	解放军西安政治学院	一般项目	16BXW047
56	数字代沟、数字反哺与老龄化社会媒体素养提升研究	周裕琼	深圳大学	一般项目	16BXW048
57	网络政治传播与青年政治认同研究	吕催芳	广西大学	一般项目	16BXW049
58	新媒体情境下的宗教传播研究	张少科	中山大学	一般项目	16BXW050
59	当代日本对华舆论形成的结构和机制研究	周维宏	北京外国语大学	一般项目	16BXW051
60	对外传播中的译语话语权研究	熊　欣	广西科技大学	一般项目	16BXW052
61	基于大数据的中国大陆英文媒体“中国梦”对外传播效果及叙事策略研究	程　维	北京第二外国语学院	一般项目	16BXW053
62	媒介化公共外交的机制与运用策略研究	赵鸿燕	对外经济贸易大学	一般项目	16BXW054
63	中医药文化在欧美传播的话语体系研究	吴　凯	云南中医学院	一般项目	16BXW055
64	微传播的舆情分析与治理路径研究	方金友	安徽省社科院	一般项目	16BXW056
65	新媒体时代证券市场舆论引导研究	刘瑾鸿	中央民族大学	一般项目	16BXW057
66	“两微一端”时代反沉默螺旋传播及网络舆情引导机制研究	马　龙	武警部队学院	一般项目	16BXW058
67	本土媒体报道国际新闻的跨文化伦理问题与解决路径研究	唐佳梅	广东外语外贸大学	一般项目	16BXW059
68	媒介形态变迁背景下的受众研究	陈　静	浙江财经大学	一般项目	16BXW060

续表

序号	课题名称	负责人	工作单位	项目类别	批准号
69	“一带一路”背景下中国对东盟地区的国家形象传播战略研究	吴献举	广东财经大学	一般项目	16BXW061
70	“一带一路”沿线国家汉语教材中国形象传播策略研究	樊小玲	华东师范大学	一般项目	16BXW062
71	中国与“一带一路”沿线支点国家文化产业优先合作领域的战略选择研究	冯根尧	绍兴文理学院	一般项目	16BXW063
72	中华蚕桑文化传播融入“一带一路”话语体系构建研究	陶　红	西南大学	一般项目	16BXW064
73	近现代回族报刊与回族国家认同构建研究	刘　莉	宁夏大学	一般项目	16BXW065
74	融媒时代社会群体性突发事件信息传播及负面效应控制机制研究	熊　萍	湖南第一师范学院	一般项目	16BXW066
75	社会思潮视阈下突发公共事件中的话语竞争与价值引领研究	王玉玮	暨南大学	一般项目	16BXW067
76	媒介接触与使用对流动儿童社会化的影响研究	王　倩	山东师范大学	一般项目	16BXW068
77	网络空间未成年人保护的法律规制研究	彭焕萍	河北大学	一般项目	16BXW069
78	性别议题的媒体表达与提升国际话语权研究	刘利群	中华女子学院	一般项目	16BXW070
79	全媒体语境下宗教极端思想“伊吉拉特”在新疆的传播及其应对策略研究	罗小东	新疆大学	一般项目	16BXW071
80	社会化媒体传播对西北回族地区文化生态影响机制研究	顾广欣	宁夏大学	一般项目	16BXW072
81	微博语境下西南边疆地区党报舆论正向引导机制研究	周燕琳	广西财经学院	一般项目	16BXW073
82	维吾尔族青年网络政治参与及话语表达研究	金玉萍	新疆大学	一般项目	16BXW074
83	乡村传播学视野下的乡村文化建设路径创新研究	谢太平	西南政法大学	一般项目	16BXW075

续表

序号	课题名称	负责人	工作单位	项目类别	批准号
84	新媒体语境下“河西走廊”多民族地区政治传播研究	朱　杰	西北民族大学	一般项目	16BXW076
85	新闻传播对藏羌彝文化产业走廊的协同创新作用研究	俞运宏	西南民族大学	一般项目	16BXW077
86	社会动员中的网络情绪研究	周　莉	华中师范大学	一般项目	16BXW078
87	社交媒体环境下的政治传播研究	彭　剑	四川省社科院	一般项目	16BXW079
88	移动互联网背景下新型农业科技传播模式及网络构建研究	李天龙	西安邮电大学	一般项目	16BXW080
89	扶贫传播与革命老区贫困人口社会发展研究	张瑜烨	湖北大学	一般项目	16BXW081
90	社会性别视角下的媒介暴力及其话语研究	范红霞	浙江大学城市学院	一般项目	16BXW082
91	基于新媒体的民意表达与公共政策的互动机制研究	何志武	华中科技大学	一般项目	16BXW083
92	新广告法语境下中国互联网广告监管制度研究	唐　英	成都理工大学	一般项目	16BXW084
93	新环保法下我国民族地区企业环境信息公开与舆论监督问题研究	颜春龙	贵州民族大学	一般项目	16BXW085
94	中国当代广告口述史(1979—2010)	祝　帅	北京大学	一般项目	16BXW086
95	中国互联网广告监管制度研究	廖秉宜	武汉大学	一般项目	16BXW087
96	基于大数据分析的社交网络用户身份构建研究	吕宇翔	清华大学	一般项目	16BXW088
97	集体行动论下的新媒体社群组织研究	张传香	天津师范大学	一般项目	16BXW089
98	社交媒体传播与“健康中国”构建研究	赵高辉	东华大学	一般项目	16BXW090
99	移动传播的现状、前景及其影响和对策研究	黄楚新	中国社科院	一般项目	16BXW091
100	大数据与个人信息隐私安全研究	申　琦	华东师范大学	一般项目	16BXW092
101	基于门槛分布规律的谣言扩散模式与引导机制研究	陈雪奇	四川大学	一般项目	16BXW093
102	网络媒体伦理规范研究	阴卫芝	中国政法大学	一般项目	16BXW094

续表

序号	课题名称	负责人	工作单位	项目类别	批准号
103	微博民间舆论场发育、构建与风险规避研究	鲁佑文	湖南大学	一般项目	16BXW095
104	中国动画产业创新发展研究	耿　蕊	长沙理工大学	一般项目	16BXW096
105	青少年网络族群冲突的驱动机制研究	胡菡菡	南京大学	一般项目	16BXW097
106	传播学视阈下中国留学生政治观念及行为的影响因素研究	林功成	中山大学	青年项目	16CXW001
107	台湾大学生的媒介素养与政治认同研究	罗　慧	厦门大学	青年项目	16CXW002
108	知识社会学视角下争议性科学议题的多元建构与传播研究	高芳芳	浙江大学	青年项目	16CXW003
109	东北地区革命文化传播史研究(1905—1949)	田　雷	黑龙江大学	青年项目	16CXW004
110	民国报刊新闻述评的发生研究(1911.10—1949.9)	刘英翠	河南大学	青年项目	16CXW005
111	党报在移动智能终端上的传播效果研究	张梓轩	北京交通大学	青年项目	16CXW006
112	大数据时代新闻业的发展形态与发展趋势研究	周海晏	复旦大学	青年项目	16CXW007
113	应对城市大型集会舆情风险的政府危机传播困境及对策研究	刘　路	四川师范大学	青年项目	16CXW008
114	党管媒体原则在国有传媒企业治理中的实践路径及效应研究	殷　琦	厦门大学	青年项目	16CXW009
115	媒体融合背景下新型主流媒体建构及绩效评价研究	李睿渊	浙江传媒学院	青年项目	16CXW010
116	传统媒体和新兴媒体融合发展中的版权授权机制研究	付继存	清华大学	青年项目	16CXW011
117	数字出版模式下少数民族地区文化传承的版权问题研究	张慧春	内蒙古大学	青年项目	16CXW012
118	“互联网+”时代电视媒体的转型研究	柴巧霞	湖北大学	青年项目	16CXW013
119	中国电视纪录片中的国家形象研究	陈　婷	上海政法学院	青年项目	16CXW014

续表

序号	课题名称	负责人	工作单位	项目类别	批准号
120	中国文化人类学纪录片创作理念的嬗变研究(1957—2015)	赵　鑫	曲阜师范大学	青年项目	16CXW015
121	基于社交媒体的健康传播话题与趋势监测研究	何　睿	上海财经大学	青年项目	16CXW016
122	基于移动互联网的信息传播路径与扩散模式研究	易　龙	中南大学	青年项目	16CXW017
123	争议性科技议题的公众参与科学传播研究	胥琳佳	中国科学院大学	青年项目	16CXW018
124	移动互联时代信息传播动力学模型构建及应用研究	宋广华	中南财经政法大学	青年项目	16CXW019
125	新媒体环境下以"标志性建筑"为对象的中国国家形象传播研究	李凌燕	同济大学	青年项目	16CXW020
126	基于"情感"视角的当代中国公共舆论研究	袁光锋	南京大学	青年项目	16CXW021
127	网络公共事件中政府舆论传播的受众反向认知研究	刘　锐	上海交通大学	青年项目	16CXW022
128	我国法律引入"被遗忘权"的可行性研究	李　兵	浙江工业大学	青年项目	16CXW023
129	"一带一路"背景下中国在东盟地区的国家话语权建构和战略传播研究	罗　奕	广西艺术学院	青年项目	16CXW024
130	丝绸之路文化的网络符号生产与认同机制研究	王小英	西北师范大学	青年项目	16CXW025
131	中国语境下媒体参与构建和谐劳动关系的理念与路径研究	吴　麟	中国劳动关系学院	青年项目	16CXW026
132	精准扶贫政策信息的多级流动与数字化传播对策研究	孟　伦	河海大学	青年项目	16CXW027
133	乡村文化符号传播中的时间介质研究	彭凌玲	大连理工大学	青年项目	16CXW028
134	网络动员在国外社会骚乱事件中的作用机制与管理模式研究	张恒山	南京财经大学	青年项目	16CXW029

续表

序号	课题名称	负责人	工作单位	项目类别	批准号
135	老年群体社交媒体使用困境及其社会支持研究	石晋阳	扬州大学	青年项目	16CXW030
136	基于多点民族志方法的农村互联网实践及其社会生活影响研究	冯　强	武汉大学	青年项目	16CXW031
137	民族地区公众网络参与社会政策与社会认同度提升的关系研究	杨逐原	贵州民族大学	青年项目	16CXW032
138	中日动漫文化价值导向及其传播效果比较研究	邓　进	广西师范大学	青年项目	16CXW033
139	大数据背景下恐怖主义信息的新媒体传播及其应对研究	石小川	武汉大学	青年项目	16CXW034
140	移动互联网时代青年网民的公共舆论事件参与研究	李先知	首都经济贸易大学	青年项目	16CXW035
141	新常态背景下中国网络社会心态演进研究	郑　雯	复旦大学	青年项目	16CXW036
142	自媒体侵犯名誉权的归责问题研究	李　洋	西北大学	青年项目	16CXW037

3. 2016 年度国家社科基金西部项目立项名单(见表 15-3)

表 15-3　　**2016 年度国家社科基金西部项目**

序号	项目名称	负责人	工作单位	所在省市	预期成果	批准号
1	同质化背景下人文社会科学学术期刊品牌建设水平诊断及提升路径研究	王红君	重庆文理学院	重庆	研究报告	16XXW001
2	中国新闻立法的法理研究	蒙晓阳	西南政法大学	重庆	研究报告 专题论文集	16XXW002
3	移动互联网时代青海藏区成人非正式学习研究	卜　红	青海广播电视大学	青海	研究报告	16XXW003
4	暴恐事件网络舆情传播的风险放大效应研究	张武桥	六盘水师范学院	贵州	专著	16XXW004

续表

序号	项目名称	负责人	工作单位	所在省市	预期成果	批准号
5	对外援助视野下中国“负责任大国”形象建构研究	刘祥平	贵州民族大学	贵州	研究报告	16XXW005
6	微公益传播的多元框架及动员机制研究	张　琛	甘肃政法学院	甘肃	专题论文集 研究报告	16XXW006

4. 2016 年度国家社科基金艺术学项目名单(见表 15-4)

表 15-4　　**2016 年度国家社科基金艺术项目**

序号	项目名称	申报人	所在单位	项目类别
1	新媒体语境下纪录片类型与风格的多元发展研究	牛光夏	山东艺术学院	一般项目
2	媒介融合时代视听内容生产研究	张国涛	中国传媒大学	一般项目
3	当代中国电视娱乐节目的文化价值导向及传播研究	游　洁	中国传媒大学	一般项目
4	自媒体环境下的互动广告模式优化研究	杨思杰	安徽工程大学	一般项目
5	“一带一路”背景下新疆少数民族非物质文化遗产数字影像记录与传播研究	苏海龙	新疆艺术研究所	西部项目

5. 2016 年国家社科基金后期资助项目立项名单(见表 15-5)

表 15-5　　**2016 年度国家社科基后期资助项目**

序号	项目名称	项目批准号	项目负责人	工作单位
1	中国文化传播与国家软实力	16FXW001	杨永军	山东师范大学
2	华夏传播观念研究	16FXW002	邵培仁	浙江大学
3	颠覆与重构：危机沟通新论	16FXW003	陈　虹	华东师范大学
4	两种范式的对话：西方媒介效果研究的历程与转向	16FXW004	张　卓	武汉大学

续表

序号	项目名称	项目批准号	项目负责人	工作单位
5	世博会在中国近代百年传播研究(1851—1949)	16FXW005	魏殿林	中国计量大学
6	中国近代书刊形态变迁研究	16FXW006	沈　珉	浙江工商大学
7	互联网时代媒体平台经济发展的理论与实践	16FXW007	林　翔	武汉工商学院
8	中国网民网络媒介素养实证研究	16FXW008	王天德	浙江传媒学院
9	互联网时代的影像新闻研究	16FXW009	彭华新	深圳大学
10	政府门户网站公众满意度概念模型研究	16FXW010	李海涛	中山大学
11	会议新闻传播活动论	16FXW011	李春雨	绥化学院
12	中国西部民族地区媒介素养培养模式研究	16FXW012	李　苓	四川大学

6. 2016年国家社科基金中华学术外译项目立项名单(见表15-6)

表15-6　　**2016年国家社科基金中华学术外译项目**

序号	项目名称(中文)	项目批准号	项目负责人	资助文版	原著作者或主编
1	符号中国	16WXW001	中国人民大学出版社	韩　文	隋岩
2	符号中国	16WXW002	中国人民大学出版社	俄　文	隋岩

7. 全国教育科学“十三五”规划2016年度课题立项结果(见表15-7)

表15-7　　**2016年全国教育科学“十三五”规划题**

课题批准号	课题类别	课题名称	姓名	单位
BIA160137	国家一般	大学生网络公共传播行为与网络媒介素养教育研究	罗雁飞	郑州大学
EEA160434	教育部青年	微博舆论传播集群行为与青年网民自律教育引导研究	张素华	江西理工大学

8.2016年度教育部人文社会科学研究项目立项名单(见表15-8)

表15-8　**2016年教育部人文社会科学研究项目**

序号	项目名称	项目类别	项目批准号	申请人	学校名称
1	"互联网+"背景下苏南地区手工艺类非物质文化遗产传播研究	规划基金项目	16YJA860012	邢丽梅	常州工学院
2	数据新闻可视化传播对策研究	规划基金项目	16YJA860008	苏　状	东华大学
3	习近平新闻思想视阈下的舆论引导机制创新研究	规划基金项目	16YJA860007	莫继严	广东财经大学
4	基于"互联网+"重大舆情引导创新与协同治理研究	规划基金项目	16YJA860005	黄芙蓉	湖北第二师范学院
5	民族复兴语境中的媒介偶像创新性建构研究	规划基金项目	16YJA860013	尹金凤	湖南师范大学
6	基于大数据的社会心态与舆论研究	规划基金项目	16YJA860001	曾凡斌	暨南大学
7	经济新常态下新闻出版企业多元化战略、公司治理与公司绩效研究	规划基金项目	16YJA860015	朱乃平	江苏大学
8	互联网+背景下数字出版产品研发风险识别及预警研究：基于竞争情报视角	规划基金项目	16YJA860014	张毅君	山东工商学院
9	新媒体对城市老人社会适应的影响及引导机制研究	规划基金项目	16YJA860003	丁卓菁	上海工程技术大学
10	媒介融合趋势下新闻生产的社会学分析	规划基金项目	16YJA860009	王海燕	深圳大学
11	网络"正能量谣言"的舆论生成与治理对策研究	规划基金项目	16YJA860006	刘　彤	四川传媒学院
12	新媒介影像传播与文化创新研究	规划基金项目	16YJA860004	杜志红	苏州大学
13	基于移动互联网的西北地区农民信息传播路径与扩散模式研究	规划基金项目	16YJA860010	王小宁	西安石油大学

续表

序号	项目名称	项目类别	项目批准号	申请人	学校名称
14	中国电视体制创新的理念与路径研究	规划基金项目	16YJA860002	邓文卿	中国传媒大学
15	中国广播电影电视税制史研究规划基金项目	规划基金项目	16YJA860011	王晓生	中南大学
16	近代上海报业采访研究(1872—1927)	青年基金项目	16YJC860007	刘丽	安徽大学
17	社会化媒体环境下的城市阶层互动与空间建构	青年基金项目	16YJC860001	陈静茜	北京交通大学
18	社交媒体平台上的中国形象与国际传播策略研究：基于Twitter的大数据分析	青年基金项目	16YJC860003	李　冰	北京交通大学
19	风险管理视角下的科学信息传播与危机沟通研究	青年基金项目	16YJC860018	王　理	电子科技大学
20	晚清民国女性报刊对国民性别观的现代性启蒙研究	青年基金项目	16YJC860019	温彩云	东北师范大学
21	数据新闻在中国的本土化问题研究：现状、困境及路径选择	青年基金项目	16YJC860029	张淑玲	对外经济贸易大学
22	移动互联网视角下的城市老年居民与社会支持研究	青年基金项目	16YJC860023	尹　杭	广州大学
23	移动互联环境下我国媒介素养的测评及影响因素研究	青年基金项目	16YJC860004	李金城	杭州电子科技大学
24	基于文化自觉的中国数字娱乐产业发展研究	青年基金项目	16YJC860006	李　婷	杭州电子科技大学
25	大数据视阈下影视产业发展战略研究	青年基金项目	16YJC860020	吴卫华	湖州师范学院
26	中国近代新闻记者的职业生涯研究(1911—1937)——基于工作社会学的视角	青年基金项目	16YJC860012	路鹏程	华东师范大学
27	媒介融合背景下的数据新闻生产与传播策略研究	青年基金项目	16YJC860013	孟　笛	华东师范大学

续表

序号	项目名称	项目类别	项目批准号	申请人	学校名称
28	少数民族题材电视剧的叙事模式与国家认同研究	青年基金项目	16YJC860011	刘晓伟	华南师范大学
29	新媒体使用对新生代农民工社会融入的影响研究	青年基金项目	16YJC860014	乔同舟	华中农业大学
30	国家形象视域下的中国企业海外危机传播研究	青年基金项目	16YJC860002	陈欧阳	华中师范大学
31	移动互联网时代下的数字阅读研究 青年基金项目	青年基金项目	16YJC860021	吴瑶	黄冈师范学院
32	民族话语的网络传播与建构研究	青年基金项目	16YJC860015	粟幸福	吉首大学
33	20世纪80年代丛书出版、传播与阅读研究	青年基金项目	16YJC860031	张文彦	青岛大学
34	法律外的秩序：版权作品使用共识研究	青年基金项目	16YJC860024	尤　杰	上海大学
35	“一带一路”国际舆情的生成演变机制及引导策略	青年基金项目	16YJC860017	万旋傲	上海交通大学
36	民国报刊的客观性观念研究	青年基金项目	16YJC860016	孙　健	上海政法学院
37	印度主流英文报刊对“一带一路”倡议的认知研究	青年基金项目	16YJC860030	张旺斌	太原理工大学
38	现行全球互联网治理模式研究	青年基金项目	16YJC860027	张建军	天津师范大学
39	国家领导人形象在网络社群中的传播效果研究	青年基金项目	16YJC860022	熊　蕾	武汉纺织大学
40	西方主流媒体话语中的“中国制造”形象研究	青年基金项目	16YJC860005	李秋杨	湘潭大学
41	旅游外交2.0：旅游目的地形象的境外社交媒体传播战略研究	青年基金项目	16YJC860009	刘　曦	浙江理工大学
42	社交媒体中抑郁症社群的互动行为及影响研究	青年基金项目	16YJC860025	张晨	中国海洋大学
43	台湾政党变革对报业发展的影响研究	青年基金项目	16YJC860032	张彦华	中国矿业大学

续表

序号	项目名称	项目类别	项目批准号	申请人	学校名称
44	跨媒体网络事件检测与跟踪研究	青年基金项目	16YJC860026	张承德	中南财经政法大学
45	互联网影响下编营分离制度的变迁与重构研究	青年基金项目	16YJC860008	刘颂杰	中山大学
46	风险争议中的认知差异与风险沟通研究——以食品安全事件为例	青年基金项目	16YJC860028	张　洁	中山大学
47	突发公共事件的非线性病毒式传播模型及其网络舆情应对策略研究	青年基金项目	16YJC860010	刘小洋	重庆理工大学

9. 2016 年度教育部哲学社会科学研究后期资助项目立项名单(见表 15-9)

表 15-9　　**2016 年教育部哲学社会科学研究后期资助项目**

序号	项目名称	项目类别	项目批准号	负责人	学校
1	互联网群体传播引发的社会问题研究	重大项目	16JHQ011	隋　岩	中国传媒大学
2	抗战时期桂林新闻出版编年史(1937—1944)	一般项目	16JHQ041	吴永贵	武汉大学
3	琉球官话课本整理与研究	一般项目	16JHQ042	范常喜	中山大学

10. 2016 年新闻出版广电总局新闻出版课题立项名单(见表 15-10)

表 15-10　　**2016 年新闻出版广电总局出版课题**

序号	课题名称	负责人	单　　位
1	落实“五大”发展理念推动新闻出版产业提质增效研究	衣凤鹏	北京印刷学院
2	知识产权强国框架下版权强国建设相关问题研究	宋　伟	中国科学技术大学
		王宏军	天津商业大学法学院

续表

序号	课题名称	负责人	单　　位
3	书香社会指标体系研究	张志强	南京大学
		魏玉山	中国新闻出版研究院
4	图书出版单位社会效益评价指标体系的构建与应用研究	何国军	湖北第二师范学院
5	网络文学网站社会效益评价体系研究	欧阳友权	中南大学
6	财政产业引导资金在新闻出版业转型发展中杠杆作用研究	张　娜	北京交通大学
7	虚假新闻综合治理制度研究	邹迎九	广西壮族自治区经济管理干部学院
8	中华优秀传统文化出版传播研究	任　健	上海理工大学出版学院
9	中西部贫困地区中小学阅读扶助机制研究	谢　巍	北京印刷学院
10	出版物发行业标准化体系研究	艾立民	中国书刊发行业协会
11	国民听书率研究	蔡　翔	中国传媒大学
12	我国印刷业技术发展路线研究	陆长安	中国印刷及设备器材工业协会
13	国有著作权管理研究	叶文芳	北京印刷学院
14	新形势下报刊行政管理创新研究	钱永红	广东省新闻出版广电局
15	周边国家中国出版品牌策略研究	李永强	中国人民大学出版社
16	西方国家意识形态管理研究	赵　亮	首都师范大学
17	两岸新闻出版法规比较研究	雷　磊	湘潭大学文学与新闻学院
18	时政社科类数据库进口监管问题研究	黄　松	中国对外翻译有限公司

11. 2016 年度国家新闻出版广电总局广播影视部级社科研究项目立项名单(见表 15-11)

表 15-11　**2016 年国家新闻出版总局广播影视部级社科研究项目**

序号	课 题 名 称	申报人
1	大视频时代电视媒体融合发展路径研究	李春良
2	我国传媒产业统计评价体系的构建与应用研究	寿剑刚
3	视听新媒体内容创作生产与引导研究	彭　锦
4	社会资本介入影视业对中国传媒经济影响力研究——以浙江为例	詹成大

续表

序号	课 题 名 称	申报人
5	视听新媒体新业态发展与管理研究	刘剑秋
6	关于媒体融合中电视广告经营的创新策略研究	任学安
7	电视剧与互联网融合发展趋势与管理对策研究	李　昕
8	通过儿童观众测试辅助制定儿童节目标准、评估节目效果	王异芳
9	中国电影技术编年史(1949—2016)研究	张　伟
10	基于大数据的电影项目风险评估与风险控制研究	司　若
11	广播影视基本公共服务标准化均等化研究	刘文岚
12	网络自制综艺节目传播研究	孙文涛
13	新形势下广电主持人培养模式研究与实践探索	倪琦珺
14	媒介融合背景下电视新闻舆论传播力引导力影响力公信力研究——基于《新闻联播》38年数据库的分析	李　风
15	“广电+”——广播电视在“互联网+”时代的发展形态与趋势研究	郑思慧
16	媒体融合背景下纪录频道专业化发展策略研究	肖党荣
17	基于大数据分析的广电用户文化消费需求挖掘和应用示范	聂克庆
18	融合背景下广电媒体舆论引导能力建设研究——基于广电APP产品的视角	林小勇
19	广播电视公益广告播出现状与促进建议	莫晓俊
20	媒介融合背景下广电行业新秩序构建研究	苏会军
21	广电媒体与智慧城市建设研究	张建红
22	推进融合发展打造新型主流媒体研究	刘晓龙
23	媒介融合背景下城市广电媒体改革发展研究	王晓红
24	中国电影国际传播研究	黎　煜
25	电影大国向电影强国嬗变中的中国电影“走出去”战略研究	乐可锡
26	融媒时代加强影视精品创作研究	司安民
27	中国传统戏曲节目在新兴媒体时代的生产机制和传播机制研究——从文化自觉到文化自信与文化自强	曹　毅
28	融媒体时代电视节目创新创优研究	孙宝国
29	新疆基层广播电视服务及需求调查研究	林　涛
30	视听新媒体新业态发展与管理研究	陈小锐

续表

序号	课 题 名 称	申报人
31	广播影视企事业单位法律顾问制度初探	仇　刚
32	多级联动应急广播体系预案及运行机制研究	刘超靖
33	新媒体下广播影视业在精准扶贫中的作用研究——以甘肃为例	管钰年
34	“互联网+”时代新型主流广播媒体的构建	薛　可
35	“一带一路”战略视野下广播影视对外传播研究	刘　娜
36	中国电视节目在国际市场的开拓与创新	陈永庆
37	广电媒体与新兴媒体融合发展中的版权问题研究——以湖南的实证调研为进路	何炼红
38	媒介融合背景下广电媒体报道未成年人新闻守则研究	王伟亮
39	西北边疆广播电视核心能力建设对策研究	姚爱民
40	“互联网+”时代地方广播影视发展研究	白妙青
41	闽南话播音主持水平测试标准	赵铁骑
42	电视重大主题宣传创新研究	刘若欠
43	“互联网+”时代广电媒体公共文化服务供给创新研究	高慧军
44	VR 影视的视听规律和发展形态研究	刘　辉
45	娱乐类节目的内容引导与跨屏传播管理研究	卜彦芳
46	广播影视企业社会效益评价考核体系建设研究	包国强
47	中波台在应急广播体系建设中的职责探析	李　钢
48	网络小说改编的电影研究	周　夏
49	“互联网+电影”中国电影产业运营模式改革与创新研究	吴曼芳
50	全球化视阈和“一带一路”战略下亚洲电影产业竞争力与创作影响力研究	张　燕

（卞丽敏　张琳　惠珊　周德仓）

15.2　中国高校新闻传播学学科国内外权威及重要期刊发表论文数排名

2016年4月22日，教育部学位与研究生教育发展研究中心向高校发出《全国第四轮学科评估邀请函》，在《第四轮学科评估指标体系及有关说明》中列出了人文社会学科“A类期刊”，新闻传播学学科的“A类期刊”有《新闻与传播研究》《新闻大学》《国际新闻界》《现代传播》4种期刊。后来因为“A类期刊”的遴选方式在高校和学界引来质疑。5月6日，教育部学位与研究生教育发展研究中心发出《关于全国第四轮学科评估补充事项的函》，决定仍沿用上轮的评估方式，暂不增列“A类期刊”指标。不过，《新闻与传播研究》《新闻大学》《国际新闻界》《现代传播》4种期刊在新闻学界具有较大的影响。通过对2012—2015年间各高校在“A类期刊”上发表的论文数量做了统计，我们选取了各个高校新闻传播学学科在《新闻与传播研究》《新闻大学》《国际新闻界》《现代传播》4种以及国外“A类期刊”发文量排名数据，仅供参考。

近日，全国第四轮学科评估工作正式启动。新一轮评估指标体系中最受瞩目的改进之一是人文社科领域“A类期刊”指标的确立。教育部学位中心在“第四轮学科评估指标体系及有关说明”中指出，对学科的评价应有效借鉴国外学科评估经验，重视并引导高水平论文的发表。“A类期刊”这一评价体系的确立意味着新一轮学科评估对人文社会学科的评价重心将会向科研质量倾斜。

此次教育部学位中心发布的“A类期刊”名单共涉及人文社会学科23个，包括哲学、理论经济学和应用经济学、法学、政治学和马克思主义理论、社会学、民族学、教育学、心理学、体育学、中国语言文学、外国语言文学、新闻传播学、考古学、中国史和世界史、管理科学与工程和工商管理、农林经济管理、公共管理、图书情报与档案管理、统计学。教育部学位中心遵循国内与国外相结合的方式，所有学科的“A类期刊名单”中均涵盖国内外期刊，其中国内和国外期刊所占比例分别为46%和54%。

毋庸置疑，在“A类期刊”上的发文表现会对第四轮学科评估的结果产生重要影响。那么综合来看，究竟哪所大学最有可能脱颖而出成为第四轮学科评估的大赢家呢？最好大学网严格按照第四轮学科评估的统计口径，收集整理了2012—2015年各高校在“A类期刊”上发表的论文数（国外期刊仅统计类型为Article、Review、Letter的论文），得到了国内高校在各个学科的“A类国内期刊”排名和“A类国外期刊”排名。①

以下是各个高校新闻传播学学科“A类期刊”发文情况排名，仅供参考（见表15-12）。

表15-12 **0503 新闻传播学**

序号	校名	A类国内期刊		A类国外期刊	
		论文数	排名	论文数	排名
1	中国传媒大学	748	1	1	4
2	中国人民大学	238	2		
3	复旦大学	189	3	3	1
4	华中科技大学	99	4		
5	暨南大学	93	5		
6	清华大学	90	6		
7	武汉大学	75	7		
8	北京大学	73	8	2	2
9	厦门大学	61	9		
10	北京师范大学	57	10	1	4
11	上海交通大学	55	11	2	2
12	华东师范大学	52	12		
13	四川大学	51	13		
14	中山大学	51	13	1	4
15	南京大学	47	15	1	4
16	浙江大学	42	16	1	4
17	南京师范大学	41	17		
18	上海大学	31	18		
19	深圳大学	31	18		
20	湖南大学	29	20		
21	湖南师范大学	29	20		
22	山东大学	26	22		

① 数据来源：最好大学网，http：//www. zuihaodaxue. cn/news/20160503-191. html.

续表

序号	校名	A类国内期刊		A类国外期刊	
		论文数	排名	论文数	排名
23	重庆大学	25	23		
24	华南理工大学	24	24		
25	上海外国语大学	23	25		
26	苏州大学	21	26		
27	安徽大学	19	27		
28	江西师范大学	19	27		
29	兰州大学	19	27		
30	北京交通大学	18	30		
31	广东外语外贸大学	17	31		
32	西南大学	17	31		
33	天津师范大学	16	33		
34	北京工商大学	15	34		
35	陕西师范大学	15	34		
36	同济大学	14	36		
37	中南财经政法大学	14	36		
38	河南大学	13	38		
39	西北大学	13	38		
40	北京语言大学	12	40		
41	首都师范大学	12	40		
42	四川师范大学	12	40		
43	中南民族大学	12	40		
44	北京邮电大学	11	44		
45	福建师范大学	11	44		
46	西北师范大学	11	44		
47	西南政法大学	11	44		
48	新疆大学	11	44		
49	郑州大学	11	44		

续表

序号	校名	A 类国内期刊		A 类国外期刊	
		论文数	排名	论文数	排名
50	首都经济贸易大学	10	50		
51	云南大学	10	50		
52	安徽师范大学	9	52		
53	北京外国语大学	9	52	1	4
54	对外经济贸易大学	9	52		
55	黑龙江大学	9	52		
56	山东师范大学	9	52		
57	山西大学	9	52		
58	扬州大学	9	52		
59	华南师范大学	8	59		
60	江南大学	8	59		
61	上海财经大学	8	59		
62	上海师范大学	8	59		
63	中央财经大学	8	59		
64	广西大学	7	64		
65	华中师范大学	7	64		
66	南京财经大学	7	64		
67	四川外国语大学	7	64		
68	武汉体育学院	7	64		
69	西安外国语大学	7	64		
70	浙江工业大学	7	64		
71	中国地质大学	7	64		
72	北京电影学院	6	72		
73	电子科技大学	6	72		
74	东华大学	6	72		
75	华东政法大学	6	72		
76	吉林大学	6	72		

续表

序号	校名	A类国内期刊		A类国外期刊	
		论文数	排名	论文数	排名
77	江苏师范大学	6	72		
78	辽宁大学	6	72		
79	浙江师范大学	6	72		
80	中国科学技术大学	6	72		
81	中央民族大学	6	72		
82	东北师范大学	5	82		
83	贵州民族大学	5	82		
84	河北大学	5	82		
85	内蒙古大学	5	82		
86	汕头大学	5	82	1	4
87	上海理工大学	5	82		
88	上海体育学院	5	82		
89	烟台大学	5	82		
90	中国海洋大学	5	82		
91	中国政法大学	5	82		
92	广州大学	4	92		
93	海南大学	4	92		
94	湖北大学	4	92		
95	南京航空航天大学	4	92		
96	南京理工大学	4	92		
97	南京信息工程大学	4	92		
98	新疆财经大学	4	92		
99	中南大学	4	92		
100	河海大学	3	100		
101	江西财经大学	3	100		
102	南昌大学	3	100		
103	南开大学	3	100		

续表

序号	校名	A 类国内期刊		A 类国外期刊	
		论文数	排名	论文数	排名
104	曲阜师范大学	3	100		
105	三峡大学	3	100		
106	天津外国语大学	3	100		
107	西南石油大学	3	100		
108	浙江工商大学	3	100		
109	中国矿业大学	3	100		
110	中国农业大学	3	100		
111	中央戏剧学院	3	100		
112	重庆邮电大学	3	100		
113	北方工业大学	2	113		
114	北京服装学院	2	113		
115	北京科技大学	2	113		
116	北京林业大学	2	113		
117	北京体育大学	2	113		
118	成都体育学院	2	113		
119	大连理工大学	2	113		
120	广东工业大学	2	113		
121	哈尔滨工业大学	2	113		
122	哈尔滨师范大学	2	113		
123	杭州师范大学	2	113		
124	河南工业大学	2	113		
125	华侨大学	2	113		
126	济南大学	2	113		
127	江苏大学	2	113		
128	鲁东大学	2	113		
129	南京邮电大学	2	113		
130	沈阳大学	2	113		

续表

序号	校名	A 类国内期刊		A 类国外期刊	
		论文数	排名	论文数	排名
131	天津工业大学	2	113		
132	西安交通大学	2	113		
133	西北民族大学	2	113		
134	西南财经大学	2	113		
135	西南交通大学	2	113		
136	西南科技大学	2	113		
137	云南师范大学	2	113		
138	浙江财经大学	2	113		
139	北京工业大学	1	139		
140	常州大学	1	139		
141	大连工业大学	1	139		
142	东北财经大学	1	139		
143	东北农业大学	1	139		
144	东华理工大学	1	139		
145	东南大学	1	139		
146	广西民族大学	1	139		
147	桂林电子科技大学	1	139		
148	哈尔滨商业大学	1	139		
149	海南师范大学	1	139		
150	杭州电子科技大学	1	139		
151	河北师范大学	1	139		
152	河南师范大学	1	139		
153	湖南工业大学	1	139		
154	湖南科技大学	1	139		
155	华北电力大学	1	139		
156	华南农业大学	1	139		
157	华中农业大学	1	139		

续表

序号	校名	A类国内期刊		A类国外期刊	
		论文数	排名	论文数	排名
158	江西理工大学	1	139		
159	江西农业大学	1	139		
160	昆明理工大学	1	139		
161	闽南师范大学	1	139		
162	南京工业大学	1	139		
163	南京农业大学	1	139		
164	南京艺术学院	1	139		
165	宁波大学	1	139		
166	青海师范大学	1	139		
167	山东财经大学	1	139		
168	山东理工大学	1	139		
169	山东农业大学	1	139		
170	陕西科技大学	1	139		
171	上海戏剧学院	1	139		
172	上海音乐学院	1	139		
173	上海中医药大学	1	139		
174	石河子大学	1	139		
175	首都医科大学	1	139		
176	天津财经大学	1	139		
177	天津体育学院	1	139		
178	外交学院	1	139		
179	温州医科大学	1	139		
180	武汉工程大学	1	139		
181	武汉理工大学	1	139		
182	西安建筑科技大学	1	139		
183	西南民族大学	1	139		

续表

序号	校名	A 类国内期刊		A 类国外期刊	
		论文数	排名	论文数	排名
184	湘潭大学	1	139		
185	燕山大学	1	139		
186	云南财经大学	1	139		
187	长安大学	1	139		
188	浙江理工大学	1	139		
189	中国音乐学院	1	139		
190	重庆交通大学	1	139		

（牟婧雯）

15.3 2016 年新闻传播教育研究的回顾与展望

近年来，中国传媒产业正在经历前所未有的变革，给新闻传播教育带来巨大的挑战。为了应对传媒变革，新闻传播教育界一方面积极探索新闻传播教育创新，以便跟上媒介发展变化的趋势，另一方面不断加强新闻传播教育研究，力求在理论上有新的突破，在业务上相互交流，共同助推新闻传播教育迈向新的台阶。

15.3.1 研究现状

2016 年，新闻传播教育界围绕新闻传播教育理念、教育模式、教学方式、实践教学、他国教育经验、新闻传播教育史等方面展开讨论，取得了丰硕的研究成果。具体来讲，研究主题大致可以分为以下几个方面：

1. 转换教育理念，应对媒介变革

2016 年，新闻传播学界不断反思新闻传播教育与传媒变革如何对接，不少学者在新闻传播教育理念上展开讨论，提出了可供参考的真知灼见。目前，中国新闻传播教育规模庞大，一片繁荣。截至 2015 年年底，我国共有 681 所高校开设了新闻传播学类相关专业，7 个专业布点数达到 1244 个，在校本科生约 23 万人。① 但繁荣表象之下也暴露出一些问题，主要表现在一些矛盾关系的轻重失衡：一是重物质轻精神；二是重技巧轻操守；三是重知识轻道德；四是重现实轻理想。鉴于此，新闻传播教育应该将铸魂作为教育的天职，从新闻人才的责任感、使命感、信仰、理想、价值观、道德、人格、理性等方面来培养新闻学子的专业之魂。② 高校新闻传播教育规模的急剧增长给学生就业带来较大压力，需要根据媒介变革的实际情况重塑人才培养体系，注重学科交叉，坚持理论结合实际，培养学生融合技能。在教学中，要强化通识教育，提升学生的文化底蕴。要加强新闻传播学专业学生的毕业观、择业观教育，使其正确地对待新形势下的择业与就业。③ 新媒体环境下，新闻传播教育的整体范式需要从面向"新闻传播"转向"公共传播"，具体体现为三种观念转型：一是运用传播学的学科体系来重构新闻学的理论、研究及教学；二是面向社会培养公共传播人才，而非只是面向机构培养职业新闻人才；三是以传播学的"经验性理论"来改造新闻学的"规范性理论"可以成为教育改革的良好契机。④

新闻传媒的变革给新闻传播教育带来一定的冲击，这方面的理论探讨成为当下的热点话题。新闻人才与高校新闻人才供给之间存在的矛盾引起学界的关注。新时期新闻传媒人才面临结构错位、数量错位、类型错位、能力错位等问题，因而要在新闻传播教育中开展"供给侧结构改革"。一是要放缓新闻传播专业布点和招生步伐，在现有规模基础上逐年降低增长速度，集中资源和力量提升教育质量。二是树立"大开放观"，从被动和封闭转向主动和融通，用开放的理念长期指导教育改革，高校新闻传播教育应根据传媒格局的演变与转型对人才供给进行适应性调整。三是实现"转型再平衡"，即使人才培养的供给侧与需求侧在最大程度上实现对接，也即实现人才培养的理念、动力和机制的彻底转接，实现新闻传播人才供需契合的常态化。⑤ 新闻教育不是新闻院系的独角戏，既要发挥新闻院系在新闻教育中的主导作用，又要将业界的宝贵经验吸引到学界来，共同培养新闻人才。具体来讲，主要包括新闻院系与新闻机构全方位共建模式、学

---

① 胡正荣，冷爽. 新闻传播学类学生就业现状及难点 [J]. 新闻战线，2016 (1).

② 张昆. 铸魂——新闻传播教育的天职 [J]. 新闻与写作，2016 (9).

③ 胡正荣，冷爽. 新闻传播学类学生就业现状及难点 [J]. 新闻战线，2016 (1).

④ 张志安. 从新闻传播到公共传播——关于新闻传播教育范式转型的思考 [J]. 暨南学报（哲学社会科学版），2016 (3).

⑤ 赵雅文. 以"供给侧改革"创新驱动我国高校新闻传播教育的"新常态" [J]. 现代传播，2016 (12).

校主导、媒体配合模式、项目合作模式、合作定制培养模式与双向交流模式等。① 新媒体背景下，新闻传播教育要坚持一个核心，抓住两个支撑，实现三位一体，即以创新能力培养为核心，以理论教学与实践教学相互结合为支撑，实现技能学习、创新训练与社会服务三位一体，相互融通，培养适合时代需求的新闻传播人才。② 在互联网时代，应该根据新闻传播的实际情况实行“分层化教育”，即针对不同的人群进行目标明确、重点突出的新闻传播教育。③ 有学者提出，媒介融合背景下，新闻传播教育理念分化成两个阵营，即紧跟技术潮流和强调人文担当两种取向。有必要对技术和人文进行区隔，使新闻学教育回归以人为本的价值本位。④

不同类型学校的新闻传播学专业的教学理念不尽相同。国外很多一流大学没有设置新闻传播类本科专业，这与其“学术型研究型”办学定位有关。而目前中国大陆排名前十位的大学都设置了新闻传播学本科教育。这些学校的新闻传播学教育面临这样的困惑：作为研究型学术型大学，新闻传播类专业从事的是职业型教育，而评价体系又是学术导向。师资的配备与学生的培养中均存在着结构性的矛盾。办好研究型传媒职业教育应从以下方面努力：以研究生教育为主，本科生少而精；实行学术硕士与专业硕士分流，以学术硕士为主；实施双师制和分类管理；产学联通，组建利益共同体。⑤ 高晓红教授提出了新闻传播教育的“五条线”教学体系，在教学中将理论线、创作线、观摩线、写作线和外语线等五个方面有机结合起来，凸显新闻传播人才培养的系统性、时代性和创新性。⑥ 部分高校与宣传部门开展部校共建工作，成为新时期新闻传播教育改革的重要举措，借助部校共建，探索马克思主义新闻观和教育模式创新，为马克思主义新闻观理论中国化、当代化寻找新路径。⑦ 民族院校的新闻学专业教学有其自身的特点，中央民族大学新闻学（藏语基地班）的人才培养理念是：培养“懂国情、厚基础、宽视野、强双语、重实践”的复合型人才，在教学中应坚持四个结合：国家认同与民族认

---

① 周舟. 论我国新闻教育中学界与业界的合作［J］. 编辑之友，2016（9）.

② 顾理平. 新媒体环境下新闻传播教育的核心、支撑与融通［J］. 现代传播（中国传媒大学学报），2016（8）.

③ 庹继光. 互联网时代新闻传播教育“分层”初探［J］. 中国记者，2016（10）.

④ 郑宇丹. 人文与技术的紧张对新闻教育的影响［J］. 编辑之友，2016（4）.

⑤ 张昆. 一流大学传媒教育定位的困惑与思考［J］. 新闻记者，2016（2）.

⑥ 高晓虹，赵希婧. 新时期新闻传播教育的理念与方法创新——以中国传媒大学新闻传播教育为例［J］. 新闻与写作，2016（1）.

⑦ 尹明华. 三位一体：推动部校共建迈上新台阶［J］. 新闻战线，2016（15）.

同相结合，专业教育与通识教育相结合，理论与实践相结合，因材施教和个性化培养相结合。①

2. 拓展教学模式，转变教学方法

近年来，各个新闻院系不断探索新的教学模式。主要有交叉学科培养模式、跨国合作培养模式和部校、校媒共建培养模式等。② 这些创新举措为新闻传播教育注入活力，使新闻传播教育有力地推动了跨专业、跨国、跨行业合作，提升了新闻传播教育的层次与内涵。西安交通大学新闻与新媒体学院积极探索新的新闻传播教育模式，形成了“精约融合+技术偏向+创业创新”的教学体系、“本土视角+交叉范式+服务地方”的科研体系、“教研结合+案例更新+中国特色”的教材体系。武汉体育学院积极探索“三双式”教学理念，在教学改革中通过“双融式”“双主式”“双联式”实践教学模式，构筑实践教学体系。③ 指实践教学既要与业界的前沿运作融合，又要与所在高校的办学特色融合；实践教学要以教师为主导，以学生为主体；在教学改革中，以一个学校牵头，联合多所高校共同建设省级教学名师工作室，共同建设省级实习实训示范基地，以此构建实践教学目标体系。④ 地方院校要充分发挥地方的资源优势，提升新闻传播学专业办学水平。通过推动“校地合作”的办学理念，建立多层次实践体系、多范畴实践内容、多元化评价机制，构建地方院校应用技术型新闻人才培养模式。⑤

近年来，有的教师在新闻传播学教学中不断改进教学方法，取得了较好的效果。中国人民大学的赵云泽（2016）在新闻史教学中探索翻转课堂的应用，从实施的情况来看，这种方法有助于打破传统的“重教轻学”的模式，取得明显的教学成效。⑥ 北京外国语人学新闻教学改革中推出“模拟融合新闻媒体”的教学方式，由师生共同探索一体化的模拟新闻媒体作品，激发学生的学习热情。数据新闻教学成为近年来教育界探索的新热点，叶韦明、岳汀（2016）探讨了数据新闻教学的方法，提出了“概念—现象、

---

① 赵丽芳，钟进文，扎巴. 坚守与创新：民族院校新闻传播教育发展路径新探［J］. 现代传播，2016（12）.

② 蔡雯，邝西曦. 新闻传播教育改革热点观察——基于近五年新闻教育改革研究成果的综合检索［J］. 当代传播，2016（3）.

③ 李明德，刘婵君，张立. 构建富有特色的新闻传播教学科研体系［J］. 西安交通大学学报（社会科学版），2016（5）.

④ 张德胜. 新闻传播学“三双式”教学体系构建与实施［J］. 青年记者，2016（9）.

⑤ 庄美连. 校地合作理念下的应用技术型新闻人才培养实践模式研究［J］. 鸡西大学学报，2016（9）.

⑥ 赵云泽. 中国新闻史教学改革的新探索：翻转式课堂的应用［J］. 新闻大学，2016（2）.

人群—社区、时间—空间、网络—关系、互动—故事”十元素模型，引导学生进行创新性实践。① 有教育者将美国高峰体验课程运用于新闻传播教育中，获得初步成效，其“教学预设”与“学生预期”均能够与“学生学成与收获”相吻合。②

3. 改革实践教学，提升实践能力

当前，新闻传播教育中存在培养目标的滞后、师资结构的不合理、课程设置的偏颇性和实践平台的单一性等问题。针对上述问题，应该明确适应新媒体时代的培养目标，建设具有核心竞争力的课程体系，探索“以学生为中心”的教学模式，培养符合新媒体时代需求的新闻人才。③ 在媒介融合背景下，新闻院系应该进一步优化实践教学模式，摆脱过去单项地从媒体获取教学资源的状况，而应该适度地介入媒体业务，与传媒业界在教师教学、学生学业评价体系以及资源匹配上有效连接。④

在实践教学改革方面，复旦大学新闻学院试图在常规的专业实习和暑期实践之外，探索新的专业实践模式：直接与新闻媒体联手，把媒体请进来，联合设计专业实践议程。该校经与澎湃新闻网反复沟通、商讨，联手推出了“记录中国”暑期专业实践项目，取得较为丰富的实践成果。⑤ 重庆大学以传媒工作坊的形式开设了创新性实践项目，学生分组开展各种实践活动，取得了很好的成效。⑥ 暨南大学积极推动“我行我动”实践育人培养模式，以“师傅带徒弟”的方式，手把手教学生到新闻现场开展新闻实践活动，通过这种模式拓展马克思主义新闻传播人才培养新途径。⑦

随着媒介技术的不断拓新，新闻传播实践教学方式也不断发生变化。无人机新闻正逐渐成为新闻实践领域中的一种新模式，并不断地革新大场景报道、新闻直播等。尽管无人机新闻实践方面有一些进展，但无人机新闻教育及其相关研究则略显滞后，今后亟

① 叶韦明，岳汀. 社会科学和计算机辅助的故事：数据新闻教学逻辑初探［J］. 新闻春秋，2016（4）.

② 邓惟佳. 美国高峰体验课程在中国新闻传播教育中的应用与评估——一项针对本科专业课程的田野调查［J］. 高教发展与评估，2016（1）.

③ 单晓颖，赵永华. 当前中国新闻教育面临的问题及改革途径［J］. 新闻春秋，2016（40）.

④ 郝永华，曹曦晴. 融合背景下新闻教育与媒体业务的连接［J］. 传媒，2016（6）.

⑤ 张涛甫. 打开新闻传播教育直通社会的通道［J］. 新闻战线，2016（21）.

⑥ 董天策. 探索媒体融合时代新闻传播教育的改革与创新——重庆大学新闻学院的认识与实践［J］. 中国记者，2016（2）.

⑦ 颜海波，喻季欣. 马克思主义新闻人才培养的新模式——解读暨南大学“我行我动”实践育人培养模式［J］. 新闻与写作，2016（8）.

待结合媒介技术变革更新教学内容与方法。① 不少学校为了加强新闻传播教育的国际化程度，积极推动学生到境外开展新闻传播实践，为培养国际新闻传播人才提供了很好的实战机会。② 目前，广告学实践教学与广告业界的对接方面还存在不足，今后需要加强与业界的合作。③

4. 借鉴域外经验，引入先进理念

当前传媒行业的不断变化推动着世界各国的新闻传播教育变革，其他国家的新闻传播教育经验对于我们有着积极的参考意义。美国密苏里大学新闻学院的办学实践表明，获取和传播真相的能力，是当今新闻教育必须代代相传的新闻基因。西方发达国家的部分新闻院校在与时俱进和价值坚守方面能够很好地取舍和平衡，这些做法值得深思与借鉴。④ 俄罗斯大学新闻传播专业为学生补充跨学科课程，大学四年级开设了跨教研室课程，主要有产业方面和题材方面的课程，前者包括报刊、电视等产业平台方面，后者包括政治、商业、体育等题材方面。⑤ 日本新闻传播人才培养模式是“二元并行”机制，一方面，在校期间坚持“重学轻术”，即重视新闻传播理论学习，不太强调实践技术能力的培养；另一方面，在企业中实行“师傅带徒弟”的培养模式，提高学生的实践操作能力。⑥

与传统的课程教学模式相比，美国弗吉尼亚联邦大学（Virginia Commonwealth University）理查德·罗伯逊媒介与文化学院（The Richard T. Robertson School of Media and Culture）的特色创新课程“移动与社交媒体新闻学”在教学理念、课程大纲、教学模式、教学方法、学生考核等方面都有一些突破，为国内新闻传播学教学适应媒介变革提供了很好的参考。⑦ 哥伦比亚大学新闻学院开设的 TOW 数据新闻中心以及 LEDE 项目课程构建了全新的数据新闻教学体系，对中国更新数据新闻教学内容，改进教学策略具有一定的参考价值。⑧ 美国广告学专业的课程设置体现出层次性和多元化的特点，有

---

① 邵鹏，左蒙. 无人机新闻与新闻教学中的创新探索［J］. 中国成人教育，2016（18）.

② 董光鹏，宋欣政. 境外实习：高校新闻教育的国际化实践［J］. 青年记者，2016（24）.

③ 廖秉宜. 数字时代的广告教育变革［J］. 新闻春秋，2016（1）.

④ 辜晓进. 媒体育成与新闻基因传承——兼论高校新闻教育改革中的创新与坚守［J］. 新闻大学》，2016（3）.

⑤ 贾乐蓉. 新闻教育应当与日俱进——莫斯科大学新闻系系主任瓦尔塔诺娃教授谈俄罗斯新闻教育［J］. 新闻春秋，2016（3）.

⑥ 邓圆. 新媒体环境下日本新闻人才培养模式［J］. 传媒，2016（22）.

⑦ 逯义峰. 课程创新与实践：新媒体时代美国新闻教育改革发展趋势［J］. 新闻界，2016（2）.

⑧ 陈积银，杨廉. 哥大新闻学院数据新闻教学的解读与借鉴［J］. 新闻大学，2016（5）.

助于拓展学生的视野。① 总体上来看，美国新闻传播学教育非常重视国际化，通过各种交流项目、实习项目、课程改革等方式提高国际化程度。

15.3.2　研究特点

综上所述，2016年，国内学者对新闻传播教育研究充满热情，取得了较丰富的成果，相关研究呈现出如下特点：

1. 研究主题：关注内容广泛，凸显传媒变革

2016年，中国新闻传播教育界所关注的话题涉及面很广，既有宏观层面教育理论、教育原则等方面的思考，又有微观层面教学方法、教学改革方面的探讨；既有国内新闻传播教育的问题讨论与反思，又有国外先进教育经验的引进与消化；既有新闻传播教育历史的回顾，又有当下新闻传播教育现实的展望，等等。总之，新闻传播教育研究的主体极为分散，内容庞杂。不同层次的新闻传播院校所面临的问题存在较大的差异，不同课程的任课教师对于新闻传播教育的理解也存在一定的差异，因而学者们的研究取向、对问题的判断等方面均表现出一定的分散性和广泛性。

尽管学者们对新闻传播教育的研究涉及面非常广，但是多数学者不约而同地将研究聚焦于新媒体、媒介融合、全媒体等背景之下，主动探讨应对传媒生态变革的方略。从现有的研究成果来看，纯粹的新闻传播教育理论研究较少，多数研究者将目光集中于媒介变革背景下新闻实务教学中所面临的问题及对策。这些研究成果现实针对性强，应用价值较大，为教学改革提供了参考。

2. 研究方法：经验描述为主，理论思辨不足

从已有的研究成果来看，部分研究者对新闻传播教育中呈现出的各类问题进行较深入的剖析。在研究方法上，不少学者采取案例分析法、比较分析法、调查法、访谈法等研究方法，分析新闻传播教育中的新现象、新问题、新变化等。总体上来说，现有的研究以经验性描述为主，主要分析各个院校在新闻传播教育中所面临的问题、采用的方法及所获得的成效。新闻传播教育研究毕竟不是纯粹的学术研究，因而，大多数研究者关注的是现实问题，而非理论问题。研究的目的是推进新闻传播教学改革，提升办学水平，培养适应当下传媒需求的专业性新闻传播人才。从这个角度来讲，对成果的经验性描述往往更具有可操作性，有助于其他高校效仿，在短期内推动新闻传播教育的拓新。

---

① 查灿长，李洋. 美国高校广告教育的课程体系与师资构成刍议 [J]. 新闻大学，2016 (2).

在传媒转型大背景下，开展新闻传播实务教学方面的探讨显得尤为必要。但是，我们不能因此降低对新闻传播教育理论的深层思考。目前，关于新闻传播教育理论方面的研究成果还比较欠缺。其实，越是在传媒激荡改革的背景下，越需要加强新闻传播教育理论方面的探讨。这样，才能够在百家争鸣的环境下，更好地引领新闻传播教育改革。同时，新闻传播教育理论的提升，也是整个学科教育能否上台阶的重要标志之一。

3. 学者态度：饱含多重忧虑，期待推陈出新

对于当前的新闻传播教育，学者们有明显的问题意识，同时也饱含忧虑意识。学者们的忧虑主要表现在以下几个方面：一是当前传媒变革一日千里，新闻传播教育理念和实践不可能随着业界的变化而迅速做出调整。教育有其自身规律，其人才培养方案具有一定的稳定性和周期性，很难亦步亦趋地紧随业界的变化。二是传媒业界的变化对新闻院校师资结构调整带来一定的挑战。很多高校的新闻传播学教师是依据传统媒体设置的，而当前传统媒体正在转型，新兴媒体呈井喷式增长态势，师资结构调整遇到较大压力。三是学生如何平衡理论学习与新闻实践之间的关系，一直是学者们关注的话题。学校办学定位不同、师资力量不同等因素都会影响这一问题的解决。

针对当前新闻传播教育界所遇到的问题，学者们持谨慎的乐观态度。多数研究成果认为，新闻传播教育应该顺应时代的变革，教育者应该加大改革力度，不断推陈出新。一方面，要根据各自的办学条件推动教学改革，提升办学能力；另一方面，要借鉴国外优秀的办学经验，加强与国外相关新闻院系的交流，凸显国际化办学特点，提升新闻传播教育水平。

15.3.3 研究趋势

在今后的新闻传播教育研究中，要进一步加强新闻理论的深层挖掘，主动应对传播教育变革，提出切实可行的对策。同时，在研究方法上，也要有所突破，为开展创造性的研究奠定基础。

1. 加强理论建设，提倡深度挖掘

新闻传播教育理论建设是中国新闻教育研究的短板。一直以来，中国新闻传播学教育界对教师的考核中，以科研考核为主，轻视新闻传播教学方面的考核。这加剧了学者们重视科研的倾向，对教学研究方面的投入力度远远不够，不少研究只是为了完成相应的教学研究任务。因此，需要加强新闻传播教育研究，尤其是加强新闻传播教育理论方面的拓展与创新。一个学科的教育理论研究应该是教学实践的升华，缺乏深度的教育理念很难有效地指导教育实践。可喜的是，有一些有担当的新闻学者正在不断追问新闻传播教育理论，其研究成果值得期待。

2. 转变被动观念，推动教育创新

中国新闻传播教育与新闻传播业界之间存在一定的距离，主要表现在：传媒的发展变化比较快，而新闻传播教育具有一定的滞后性，因为后者需要沉淀，并在一定程度上给传媒发展提供理论支撑。在当前传媒迅猛发展的情况下，两者的距离感更加明显。新闻传播教育一味地等待传媒发展变化之后再做出回应，而应该有提前的预判，主动求变，以应对新的格局下新闻传播人才的需求。新闻传播教育研究不仅仅是对已经做过的教育进行总结、评价与提升，还要对未来需要改进的地方进行思考与指引，体现新闻传播教育研究的主动性和引导力。

3. 研究方法多元，彰显实用价值

在新闻传播学学术研究中，学者们表现出宽广的视野和勇于创新的精神，将其他学科的研究方法大胆地引入新闻传播理论和实务研究中。然而，在当前的新闻传播教育研究中，学者们所采取的方法相对较为单一，以文献资料法、案例研究法、访谈法等研究方法为主，较少采用实证分析、统计分析、控制分析等方法。可以借鉴教育学、社会心理学等一些成熟学科中的研究方法来分析新闻传播教育中的问题，有助于发现新的问题，找到新的解决思路，为新闻传播教育改革提供参考。

（陶喜红　丁兰兰）

15.4　新闻传播教育论文目录（2016）

[1] 杨梅. 新媒体时代新闻人才培养现状及思考［J］. 中国报业，2016（24）.
[2] 刘威. 中国新闻传播教育历史与现实画卷的力作《中国新闻传播教育年鉴2016》首发［J］. 出版发行研究，2016（12）.
[3] 赵雅文. 以“供给侧改革”创新驱动我国高校新闻传播教育的“新常态”［J］. 现代传播，2016（12）.
[4] 赵丽芳，钟进文，扎巴. 坚守与创新：民族院校新闻传播教育发展路径新探［J］.

现代传播，2016（12）.
［5］温雅. 论媒介融合视野下地方高校新闻人才培养模式——以河池学院为例［J］. 河池学院学报，2016（6）.
［6］王萍. 媒体转型与新闻传播教育改革——《评媒体融合时代的新闻传播教育》［J］. 中国教育学刊，2016（12）.
［7］孙涛. 全媒体时代大学新闻教育核心问题与应对策略探究［J］. 新闻研究导刊，2016（23）.
［8］张德胜. 新闻传播学“三双式”教学体系构建与实施［J］. 青年记者，2016（9）.
［9］周怡. 新媒体时代新闻传播教学的变与不变［J］. 新余学院学报，2016（6）.
［10］孙美玲. 数字营销环境下发展广告学理论与广告教育的创新实践——第八届中国发展广告学论坛综述［J］. 广告大观（理论版），2016（6）.
［11］廖声武，罗以澄. 中国新闻学教育中课程设置的历史考察［J］. 现代传播，2016（10）.
［12］杨柳. 移动互联网时代新闻传播教学新模式——基于深度学习理论［J］. 新闻传播，2016（23）.
［13］王婧雅. 探究全球新闻传播和新闻教育的现状与前景——评《全球传播与新闻教育的未来》［J］. 新闻记者，2016（12）.
［14］张江彩. 融合新闻教育的发展与启示［J］. 咸阳师范学院学报，2016（6）.
［15］邓圆. 新媒体环境下日本新闻人才培养模式［J］. 传媒，2016（22）.
［16］李煜. 数据新闻时代，新闻教育还需要新闻史吗？——以新闻史教学实践为中心的探究［J］. 现代传播，2016（11）.
［17］张昆. 新闻传播教育年鉴编纂的必要性论析［J］. 现代传播，2016（11）.
［18］吴小坤，童峥. 数据新闻教学的本土化实践与探索［J］. 教育传媒研究，2016（5）.
［19］单晓颖，赵永华. 当前中国新闻教育面临的问题及改革途径［J］. 新闻春秋，2016（4）.
［20］叶韦明，岳汀. 社会科学和计算机辅助的故事：数据新闻教学逻辑初探［J］. 新闻春秋，2016（4）.
［21］刘雪英. 媒体融合时代新闻传播教育的改革与创新探索［J］. 新媒体研究，2016（21）.
［22］王晓洁. 试论英语新闻教学对英语文化传播的作用［J］. 新闻研究导刊，2016（21）.

[23] 陈云萍. 国际传播教育及课程设置研究［J］. 新闻研究导刊，2016（21）.
[24] 张涛甫. 打开新闻传播教育直通社会的通道［J］. 新闻战线，2016（21）.
[25] 传馨. 行走在文学教育与新闻教育的沃土上——访延安大学文学与新闻传播学院院长梁向阳教授［J］. 今传媒，2016（11）.
[26] 吕强，张怡，苏丹. 何微与西北政法大学的新闻教育［J］. 新闻界，2016（20）.
[27] 彭可. 媒介融合与新闻传播教育“融合”探究［J］. 新闻研究导刊，2016（20）.
[28] 胡婷婷，李秋实. 媒介融合环境下我国高校新闻教育的现状和发展路径探究［J］. 新闻研究导刊，2016（20）.
[29] 张宏怡. 马星野与甘惜分新闻教育思想比较［J］. 新闻研究导刊，2016（20）.
[30] 崔筱青. 新闻教育培训应注重思维能力训练——浅议不断深化“三项学习教育”培训活动［J］. 新闻窗，2016（5）.
[31] 毕春富. 用全新的人才培养模式塑造“全媒型”新闻人才［J］. 新闻爱好者，2016（10）.
[32] 张睿. 新时代高等广告教育教学改革与创新研究［J］. 继续教育研究，2016（10）.
[33] 关永凤. 新媒体环境下新闻与传播教育的变革探析［J］. 视听，2016（10）.
[34] 李俊. 媒介融合环境下影视广告教学改革探索［J］. 艺术科技，2016（10）.
[35] 陈积银，杨廉. 哥大新闻学院数据新闻教学的解读与借鉴［J］. 新闻大学，2016（5）.
[36] 张早. 媒介融合背景下应用型新闻教学改革的路径分析［J］. 西部广播电视，2016（19）.
[37] 孙杨. 浅析全媒体时代新闻人才的培养［J］. 西部广播电视，2016（19）.
[38] 钟之静. 新媒体语境下高校新闻传播教育困境与革新路径［J］. 今传媒，2016（10）.
[39] 庹继光. 互联网时代新闻传播教育“分层”初探［J］. 中国记者，2016（10）.
[40] 丁伟. 全媒体时代体育新闻教育的走向研究［J］. 产业与科技论坛，2016（18）.
[41] 邵鹏，左蒙. 无人机新闻与新闻教学中的创新探索［J］. 中国成人教育，2016（18）.
[42] 高玲丽. 媒介融合时代地方高校新闻教育人才培养的分析［J］. 西部广播电视，2016（18）.
[43] 相德宝. 世界新闻教育的十大议题：问题和建议——第四届世界新闻教育大会会议综述［J］. 新闻界，2016（18）.

[44] 衣扬，魏冬松，赵思瑶. 数字化媒体环境下对新闻教育的思考 [J]. 新闻研究导刊，2016 (18).
[45] 庄美连. 校地合作理念下的应用技术型新闻人才培养实践模式研究 [J]. 鸡西大学学报，2016 (9).
[46] 李建波. 媒介融合背景下复合型新闻人才的培养初探 [J]. 视听，2016 (9).
[47] 李明德，刘婵君，张立. 构建富有特色的新闻传播教学科研体系 [J]. 西安交通大学学报 (社会科学版)，2016 (5).
[48] 陈刚. 走向数字营销实战的广告教育创新 [J]. 青年记者，2016 (25).
[49] 修斌. 大变局时代新闻传播教育的变革与坚守 [J]. 青年记者，2016 (25).
[50] 吴锋，张佳慧. 港台新闻传播教育的现状与发展趋向——基于港台6所新闻传播院系的调查研究 [J]. 传媒，2016 (17).
[51] 张昆. 铸魂——新闻传播教育的天职 [J]. 新闻与写作，2016 (9).
[52] 张昆. 一流大学传媒教育定位的困惑与思考 [J]. 新闻记者，2016 (2).
[53] 周舟. 论我国新闻教育中学界与业界的合作 [J]. 编辑之友，2016 (9).
[54] 艾涓. 新闻传播教育的探索者和实践者——访河北大学新闻传播学院院长韩立新教授 [J]. 今传媒，2016 (9).
[55] 陈国强. 一名电视体育记者转型新闻教育的观察和思考——从业界到学界的转型中，我看到了什么？[J]. 中国记者，2016 (9).
[56] 董光鹏，宋欣政. 境外实习：高校新闻教育的国际化实践 [J]. 青年记者，2016 (24).
[57] 何勇，邵水兵，王太刚，郭绍朋. 新媒体融合环境下电视新闻人才培养研究 [J]. 西部广播电视，2016 (16).
[58] 贾乐蓉. 新闻教育应当与日俱进——莫斯科大学新闻系系主任瓦尔塔诺娃教授谈俄罗斯新闻教育 [J]. 新闻春秋，2016 (3).
[59] 顾理平. 新媒体环境下新闻传播教育的核心、支撑与融通 [J]. 现代传播，2016 (8).
[60] 黄爱武. 连接广告教育的昨天，今天与明天——“电通·中国广告教育合作项目”20周年活动采撷 [J]. 中国广告，2016 (8).
[61] 秦芹. 数字媒体背景下高校新闻人才的培养研究 [J]. 新闻研究导刊，2016 (15).
[62] 白净. 除了记者，新闻传播教育还能培养什么人 [J]. 青年记者，2016 (22).
[63] 柳斌杰. 共建高水平新闻学院　培养高素质新闻人才 [J]. 新闻战线，2016

(15).
[64] 杨丽娜. 新媒体背景下地方院校应用型新闻人才创新培养路径研究 [J]. 新闻传播，2016 (15).
[65] 李宏伟. 网络新闻传播教学改革研究——评《网络新闻传播学》[J]. 传媒，2016 (15).
[66] 颜海波，喻季欣. 马克思主义新闻人才培养的新模式——解读暨南大学“我行我动”实践育人培养模式 [J]. 新闻与写作，2016 (8).
[67] 陆高峰. 新闻传播教育如何应对需求之变 [J]. 青年记者，2016 (21).
[68] 陈玥. 从搭建“自媒体”平台开始——对互联网时代新闻传播教学的思考 [J]. 教育教学论坛，2016 (30).
[69] 苏小美. 幼儿园引入新闻教育的实践研究 [J]. 中国报业，2016 (14).
[70] 吴果中，何艳玲. “新湖南”媒介工作室的创建与新闻传播教育的新路径 [J]. 西部学刊（新闻与传播），2016 (7).
[71] 阳海洪，娄思雨. 论民族主义与成舍我新闻教育思想的话语建构与实践 [J]. 西部学刊（新闻与传播），2016 (7).
[72] 田磊. 完善广播电视新闻人才培养的措施分析 [J]. 人才资源开发，2016 (14).
[73] 王勇. 民办高校如何面对“新媒体”时代——关于“全媒型”新闻人才培养的思考 [J]. 新闻爱好者，2016 (7).
[74] 代玲玲，倪万. MOOC 方式下的数据新闻教学 [J]. 青年记者，2016 (20).
[75] 滑晓军，阚莉莉. 青年马克思主义新闻人才培养机制 [J]. 青年记者，2016 (20).
[76] 樊水科. 我们的新闻教育缺失了什么 [J]. 青年记者，2016 (20).
[77] 黄洪珍，颜开，朱虹缙. 职业传播者　职业经理人　全媒体记者——“互联网+”时代的新闻人才培养走向 [J]. 新闻前哨，2016 (7).
[78] 阳海洪，卢小燕. 论民国新闻教育思想的建构路径 [J]. 绵阳师范学院学报，2016 (7).
[79] 廖雪琴. 媒介融合背景下我国新闻教育改革思考 [J]. 新媒体研究，2016 (13).
[80] 刘琳. 自媒体时代下高职院校新闻人才培养探析 [J]. 才智，2016 (19).
[81] 汤景泰，黄雪姣. 媒体融合背景下新闻传播教育的供给侧改革 [J]. 青年记者，2016 (18).
[82] 敖姗. 广东地区媒体人才需求及对新闻教育的启发 [J]. 青年记者，2016 (18).
[83] 范珊珊，周德仓. 少数民族新闻传播教育人才培养目标探析 [J]. 新闻论坛，

2016（3）.
[84] 刘琴. 数据新闻人才培养的框架设置与实践体系探究［J］. 东南传播，2016（6）.
[85] 苏常. 融媒时代新闻教育改革的“加减乘除法”：来自地方院校的实践和构想［J］. 东南传播，2016（6）.
[86] 辜晓进. 媒体育成与新闻基因传承——兼论高校新闻教育改革中的创新与坚守［J］. 新闻大学，2016（3）.
[87] 冉荣，卢存. 媒介融合视野下广西高校复合型新闻人才培养探究［J］. 广西科技师范学院学报，2016（3）.
[88] 张少君. 自媒体语境下媒介融合对大陆传播教育与实践的挑战［J］. 采写编，2016（3）.
[89] 张菊样. 民族院校新闻人才培养模式差异化定位的探索——以北方民族大学为例［J］. 新闻研究导刊，2016（11）.
[90] 李冰. 关于博物馆现代信息化传播教育探讨［J］. 新丝路（下旬），2016（4）.
[91] 杨芳秀，张涛甫，周勇. 关于新闻教育改革的对话［J］. 新闻战线，2016（11）.
[92] 吴妍. 高校中华优秀传统文化传播教育活动载体研究［J］. 求知导刊，2016（13）.
[93] 秦静，潘玉. 全球化时代新闻传播全英文教学实践与省思——“华语世界英文传播教育的经验与想象”研讨会综述［J］. 新闻记者，2016（6）.
[94] 传馨. 在实践中开拓新闻教育的未来——访天津师范大学新闻传播学院院长孙瑞祥教授［J］. 今传媒，2016（6）.
[95] 计冬梅. 自媒体时代新闻教育创新研究［J］. 学周刊，2016（15）.
[96] 汪新叶. 探析全媒体时代广告教育改革模式［J］. 出版广角，2016（6）.
[97] 祁乐乐. 网络时代新闻教育教学中存在的问题及对策［J］. 记者摇篮，2016（5）.
[98] 李永凤. 新闻实践的“变”与“不变”——新闻教育改革的现实依据［J］. 黑龙江教育（理论与实践），2016（5）.
[99] 蔡雯，邝西曦. 新闻传播教育改革热点观察——基于近五年新闻教育改革研究成果的综合检索［J］. 当代传播，2016（3）.
[100] 张星，杨亚琪. 媒介融合背景下的新闻教育改革探析［J］. 新闻知识，2016（5）.
[101] 米莉. 数字媒体环境下对新闻教育的思考［J］. 新闻传播，2016（9）.
[102] 李建新. 民国时期新闻教育思想的多元呈现［J］. 学术交流，2016（5）.
[103] 阳海洪，曾译萱. 论知识共同体与民国新闻教育思想的建构［J］. 学术交流，

2016（5）.
［104］纪德君. 以习总书记的新闻思想指导高校的新闻人才培养［J］. 新经济，2016（13）.
［105］朱春玲. 新闻教学的价值，内容及策略——以语文版修订教材《语文》为例［J］. 语文建设，2016（13）.
［106］王克强. 依体导学——探究有效的新闻教学策略［J］. 语文建设，2016（13）.
［107］胡勤. 新媒体新闻教学探索［J］. 语文建设，2016（13）.
［108］程少华. “互联网+”时代新闻传播教育应把握好“四个关系”［J］. 北方传媒研究，2016（2）.
［109］王琳. 案例教学法在《CI 与网络广告》教学中的应用［J］. 亚太教育，2016（12）.
［110］陈孟达. 新媒体时代下新闻教育的创新思考［J］. 新闻研究导刊，2016（8）.
［111］胡春秀，宋闯. 团结协作、科研创新，共同努力发展与繁荣川渝新闻传播教育［J］. 新闻界，2016（8）.
［112］廖雪琴. 媒介融合时代高校新闻教育人才培养研究［J］. 西部广播电视，2016（8）.
［113］杨金曜. 新媒体对于传统新闻教育的影响［J］. 新媒体研究，2016（8）.
［114］占自华. 当前独立院校新闻教育的改革方向——对广东财经大学华商学院新闻专业毕业生的调查［J］. 青年记者，2016（11）.
［115］金妍. 融媒态势下地方院校新闻传播教育转型探析［J］. 视听，2016（4）.
［116］查灿长，李洋. 美国高校广告教育的课程体系与师资构成刍议［J］. 新闻大学，2016（2）.
［117］杨慧霞. 论悬念式教学法在新闻教学中的使用［J］. 新闻前哨，2016（4）.
［118］叶艳芳，张鸿. 浅谈中美新闻教育的源流关系——以“密苏里模式”对中国新闻教育的影响为例［J］. 郧阳师范高等专科学校学报，2016（2）.
［119］王婷婷，林文，孙志伟，骆雁. “互联网+”背景下新闻教育教学改革研究［J］. 齐齐哈尔大学学报（哲学社会科学版），2016（4）.
［120］范玉吉. 专业新闻教育与新闻业的未来［J］. 青年记者，2016（10）.
［121］胡正荣，冷爽. 新闻传播学类学生就业现状及难点［J］. 新闻战线，2016（1）.
［122］郑宇丹. 人文与技术的紧张对新闻教育的影响［J］. 编辑之友，2016（4）.
［123］陈俊峰. 从专业化危机谈新闻教育的创新及创业模式［J］. 新闻界，2016（6）.
［124］李建新. 民国时期上海新闻教育的史论理析［J］. 新闻与传播研究，2016（3）.

[125] 郝永华，曹曦晴. 融合背景下新闻教育与媒体业务的连接［J］. 传媒，2016（6）.
[126] 许同文. “内容渠道为王”背景下的新闻教育改革［J］. 青年记者，2016（8）.
[127] 谢小红. 新媒体冲击下日本新闻传播教育的坚守与变革［J］. 出版广角，2016（2）.
[128] 侯琰婕，余岩波. 信息可视化在新闻教学中的应用研究［J］. 中国报业，2016（5）.
[129] 张志安. 从新闻传播到公共传播——关于新闻传播教育范式转型的思考［J］. 暨南学报（哲学社会科学版），2016（3）.
[130] 金梅珍，丁迈. 我国数据新闻教育的困境与对策［J］. 现代传播，2016（3）.
[131] 涂凌波. 实用主义影响下学理与术业之并重：再论20世纪初中国新闻教育观念［J］. 现代传播，2016（3）.
[132] 何志武. 新闻传播教育，转型还是坚守？［J］. 青年记者，2016（7）.
[133] 黄丹玮. 成舍我的德智兼修新闻教育理念论略［J］. 新闻世界，2016（3）.
[134] 徐阳. 大数据时代的数据新闻与新闻教学［J］. 安庆师范学院学报（社会科学版），2016（1）.
[135] 段诗萌，黄玲. 新媒体时代地方高校新闻教育改革路径探讨［J］. 今传媒，2016（3）.
[136] 王江涛. 部校共建：理论实践融合视野下的新闻教育模式创新——以暨南大学新闻与传播学院为案例［J］. 西部学刊，2016（2）.
[137] 李明德. 新闻教育差异——访美印象［J］. 西部学刊，2016（2）.
[138] 李雪. 新闻传播教育的现状、问题及发展方向［J］. 西部广播电视，2016（4）.
[139] 叶玢. 发挥网络优势 推进新闻教学改革［J］. 求知导刊，2016（2）.
[140] 常江，杨奇光. 美国主流国际传播教育模式探究与思考［J］. 对外传播，2016（2）.
[141] 朱晓莉. 坚持新闻专业理念 强化实践性教学——“互联网+”时代新闻教育改革的新思考［J］. 东南传播，2016（2）.
[142] 廖秉宜. 数字时代的广告教育变革［J］. 新闻春秋，2016（1）.
[143] 徐阳. 高校新闻人才培养策略——以“长江韬奋”获奖者群体素质特征为视角［J］. 安顺学院学报，2016（1）.
[144] 孙愈中. 地方高校新闻与传播教学的业界视角探讨［J］. 采写编，2016（1）.
[145] 赵寰，郑梦茹，腾岩. 新媒体环境下的高校广告教育革新［J］. 新闻研究导刊，

2016（3）.
［146］邓庄. 技术逻辑的强化与新闻教育的应对［J］. 新闻研究导刊，2016（3）.
［147］宋妍. 新媒体时代新闻教学转型的方向与路径［J］. 亚太教育，2016（4）.
［148］思涵. 新媒介环境下的新闻教育观念——访安徽大学新闻传播学院院长姜红教授［J］. 今传媒，2016（2）.
［149］董天策. 探索媒体融合时代新闻传播教育的改革与创新——重庆大学新闻学院的认识与实践［J］. 中国记者，2016（2）.
［150］邓惟佳. 美国高峰体验课程在中国新闻传播教育中的应用与评估——一项针对本科专业课程的田野调查［J］. 高教发展与评估，2016（1）.
［151］管琼. "互联网+"时代应用型高校新闻教育改革探析［J］. 新闻研究导刊，2016（2）.
［152］逯义峰. 课程创新与实践：新媒体时代美国新闻教育改革发展趋势［J］. 新闻界，2016（2）.
［153］刘建新，李勇. 湖北省新闻与传播教育学会 2015 年年会在三峡大学召开［J］. 三峡论坛（三峡文学·理论版），2016（1）.
［154］邢雪. 大学生社交媒体依赖对新闻传播教育的影响［J］. 青年记者，2016（2）.
［155］华汝国. 绵延薪火：民治新专新闻教育理想的历史践行［J］. 新闻知识，2016（1）.
［156］邓涛. 新媒体时代新闻传播教育大变革［J］. 现代视听，2016（1）.
［157］蔡雯. 新闻传播教育的使命与创新——基于中国人民大学新闻学院教改实践的思考［J］. 青年记者，2016（1）.
［158］刘银娣. 欧美数据新闻人才培养路径探析［J］. 中国出版，2016（1）.
［159］杜瑶，赵寰. 全媒体营销趋势下的广告教育革新［J］. 新闻传播，2016（1）.
［160］高晓虹，赵希婧. 新时期新闻传播教育的理念与方法创新——以中国传媒大学新闻传播教育为例［J］. 新闻与写作，2016（1）.
［161］蔡秀亮. 关于融合时代的新闻传播教育的分析［J］. 西部广播电视，2016（1）.
［162］张晋升. 今天如何培养出新闻实践需要的人才——融合转型中未来的新闻传播教育［J］. 中国记者，2016（1）.
［163］赵云泽. 中国新闻史教学改革的新探索：翻转式课堂的应用［J］. 新闻大学，2016（2）.
［164］蔡雯，翁之颢. 融合转型的传媒业需要什么样的新闻传播人才？——对近年传媒

业人才需求状况的观察与分析 [J]. 新闻记者，2016 (12).
[165] 许向东. 对中美数据新闻人才培养模式的比较与思考 [J]. 国际新闻界，2016 (10).
[166] 徐雅琴. 媒介融合时代新闻实验教学平台建设 [J]. 实验科学与技术，2016 (1).
[167] 郑保卫. 加快构建中国特色社会主义新闻学学科体系和教材体系 [J]. 新闻论坛，2016 (3).
[168] 许建平. 虚拟演播室系统在传统教学演播室中的应用 [J]. 中国现代教育装备，2016 (9).
[169] 郑保卫，叶俊. 马克思主义新闻观教育的形成、推进及意义 [J]. 中国大学教学，2016 (12).
[170] 甘险峰，张成良. 新媒体素养教育的自组织境域研究 [J]. 现代传播，2016 (5).
[171] 窦锋昌. 媒体人工匠精神的缺失与再培育 [J]. 青年记者，2016 (16).
[172] 尹明华. 三位一体：推动部校共建迈上新台阶 [J]. 新闻战线，2016 (15).
[173] 王宇. 对三所高校新闻学院新闻理论课程的考察与思考 [J]. 新闻爱好者，2016 (4).
[174] 龚隽鹏，任文，张鹏洲. 机器写作在新闻领域应用的思考 [J]. 中国传媒科技，2016 (5).
[175] 高晓虹. 新时期新闻传播人才培养的契机与挑战 [J]. 青年记者，2016 (4).
[176] [比] 弗朗索瓦·汉德雷克斯，赵如涵. 新闻传播学教育的全球挑战 [J]. 教育传媒研究，2016 (3).
[177] 郑旭. 协同创新理念下高校新媒体专业的人才培养 [J]. 今传媒，2016 (11).
[178] 牛慧清. 电视节目制作实战训练教学模式的探索——以中国传媒大学电视台节目制作为例 [J]. 教育传媒研究，2016 (3).
[179] 胡钰. 马克思主义新闻观教育的着力点 [J]. 现代传播，2016 (7).
[180] 谢庆立. 把“模拟融合媒体”引入课堂——以北外新闻采写课程教学改革为例 [J]. 新闻战线，2016 (9).

(陶喜红)

15.5　新闻传播教育专著介绍（2016）

（1）王晓红，陈欣钢，田维钢．媒介融合语境下的新闻传播教育改革［M］．中国传媒大学出版社，2016.

简介：该书讨论了在新的媒介环境下，我国的新闻传播教育面临的新形势、新挑战，如何在新形势下开展传媒教育，培养适合新形势的新闻人才。该书汇集了首都各新闻传播院系一线教育者的经验教训，从不同视角分析和阐释了新闻传播教育的新动态、新发展、新思路，以期启迪思维，培养与时俱进的新闻人才（见图 15-1）。

（2）杜友君．三十而立——中国体育新闻教育 30 年［M］．上海交通大学出版社，2016.

简介：该书回顾和总结近 30 年体育新闻的成就和经验，对 30 年来中国体育新闻发展不同阶段的历史特点进行了概括，同时对中国特色体育发展道路的主要特征进行了阐述，对群众体育、竞技体育、体育产业等各个领域的发展状况进行了系统总结，并站在新的历史高度对体育新闻事业发展面临的机遇和挑战以及今后的发展趋势进行了分析和展望（见图 15-2）。

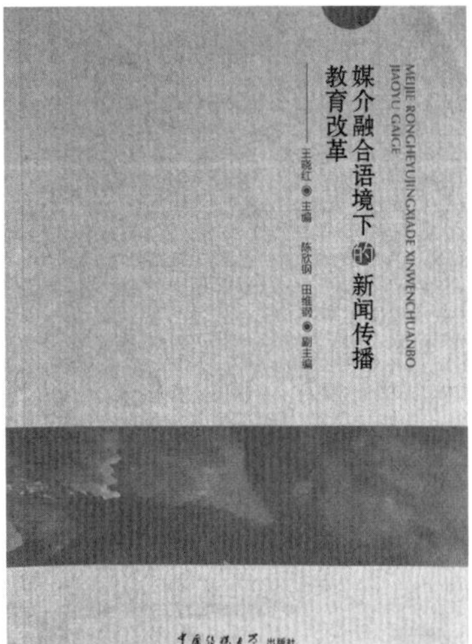

图 15-1　媒介融合语境下的新闻传播教育改革

图 15-2　三十而立——中国体育新闻教育 30 年

（3）郝雨，白净. 媒体大变局与传媒教育改革［D］. 上海大学出版社，2016.

简介：在互联网颠覆式创新的冲击下，传媒产业也正经历着不可逆转的深刻变革。在这样的大背景下，延续多年的传统媒体的制作、传播以及经营思维已不再适用。而大数据时代以及媒介融合的实践对新闻教育也带来了结构性深层次的冲击，甚至已经是刻不容缓地倒逼新闻人才培养模式的彻底变革。该书为传播教育改革研讨会论文集，主要就大数据时代及媒介融合的实践对新闻教育的结构性深层次冲击背景下，探讨了新闻传播人才培养模式与大数据时代对接，与移动互联网对接，与互联网思维对接，汲取时代营养，让新闻教育突破陈旧落后思维模式的樊笼，促进新闻传播事业的健康有序发展（见图 15-3）。

（4）中国新闻史学会新闻传播教育史研究委员会. 中国新闻传播教育年鉴（2016）［M］. 武汉大学出版社，2016.

简介：该年鉴由中国新闻教育史学会组编而成，全书共 126 万字，集结全国新闻传播院系 100 多位教师，耗时一年多完成。该书分为总论篇、平台与人物篇、成果与政策篇三大部分，记录了中国新闻传播教育从创办到发展的历史，新闻传播教育近百年来所涌现的教育家、新闻工作者等。展现了中国当代新闻传播教育的发展状况，各级各类新闻院系的教学科研、特色学科的建设情况，全国新闻传播教育专业招生情况以及学生发展情况，全面展现了中国新闻传播教育的面貌（见图15-4）。

图 15-3 媒体大变局与传媒教育改革

图 15-4 中国新闻传播教育年鉴（2016）

（5）秦学智. 传媒教育学：普通素养篇［M］. 中央编译出版社，2016.

简介：该书是新闻传播学研究领域传媒素养教育的基本理论著作。系统深入地阐释了传媒素养教育的基本规律、特点、原理和教学法等内容，为传媒素养教育研究与实践领域的理论著作。该书从理论与实践层面，对传媒素养教育的性质、本质规律和特征进行了尽可能全面系统的论述，为传媒素养教育领域提供了重要的理论支撑和参考（见图 15-5）。

图 15-5　传媒教育学：普通素养篇

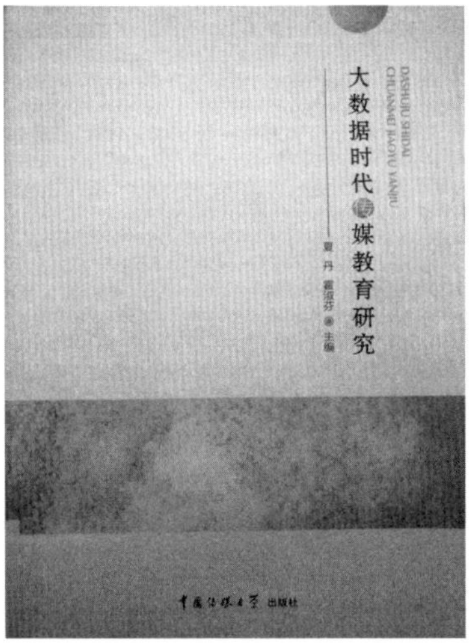

图 15-6　大数据时代传媒教育研究

（6）夏丹，霍淑芬. 大数据时代传媒教育研究［M］. 中国传媒大学出版社，2016.

简介：该书主要内容包括：播音主持的实践教学，面向翻译硕士的中国影视英译课程构建，针对不同专业的现代汉语类课程的教学改革与探索，“语境”对“西方文化概论”课堂教学方法的改进，全媒体时代传统学科互动式教学模式改革的思考，表演元素训练阶段的教学实践与思考，新闻传播学科视角下对移动互联网课程与教学的思考，对我国新媒体专业建设之路的阶段总结和反思等（见图 15-6）。

（7）廖声武. 媒介融合环境下的新闻传播教学［D］. 世界图书出版公司，2016.

简介：该书为论文集，共收入 24 篇新闻传播教育论文，分为 7 个部分：教育教学模式改革、教学方法创新、课程教学改革、实践教学改革、新媒体技术教学应用、域外传媒教育撷英和思政教育与研究生教育。该书对媒介融合环境下新闻传播教育理念问题进行深入分析，提出建构全媒体人才教学体系问题。研究了专业课程实践教学改革和方法创新问题，并对新技术在新闻传播教学中的应用进行较深入的探讨（见图 15-7）。

（8）吴卫华. 新媒体语境下的新闻传播教育与影视创作［D］. 华中师范大学出版社，2016.

简介：该书为论文集，共分为三编，分别为：新媒体语境下的传媒教育、互联网时代的传媒变革与发展、影视创作与媒介传播。在传媒迅速发展的背景下，探讨新闻传播教学改革举措及创新路径，互联网时代电视媒体的转型。通过影视剧创作与传播的研究，认识影视剧的形式与内容在当代的重要影响，分析了影视文化在推动社会发展中的重要作用（见图 15-8）。

图 15-7　媒介融合环境下的新闻传播教学　图 15-8　新媒体语境下的新闻传播教育与影视创作

（陶喜红）

15.6　新闻传播教育会议综述（2016）

2016 年，我国的新闻传播教育事业依旧稳步向前发展。这一年，全国各新闻传播教育组织与院校积极响应习近平总书记讲话的重要精神，将马克思主义舆论观作为新闻传播教育工作的指导方向，将创新贯穿于新闻传播教育中。新闻传播教育综合改革进一步深化，对研究生培养的基本条件和影响研究生培养质量的核心要素有了明确要求。在中国新闻教育史学会2016年学术年会中，第一部梳理和记录中国新闻传播教育近百年历史与现实画卷的力作——《中国新闻传播教育年鉴（2016）》举行了首发仪式。这一年，全国各大新闻传播院校也不断完善学科建设，积极推进共建工作。清华大学新闻与传播学院与人民日报社合作，中国人民大学与蓝色光标集团成立了“中国未来学堂”，为培养更高水平的人才奠定了基础。与此同时，中国人民大学和中国传媒大学全面促进和深化与其他国家在新闻传播教育领域的交流合作，走在全国新闻传播院校的前列。

15.6.1　新闻传播教育组织

1. 教育部高等学校新闻学学科教学指导委员会（以下简称教指委）

2016年6月24日下午，2013—2017年教指委第七次全体会议在中国传媒大学举行。会上，胡正荣教授介绍了当前新闻传播学类本科专业的基本情况以及教育部深化新闻传播教育综合改革的具体举措，并按照教育部学位管理与研究生教育司的要求布置了新闻传播学研究生课程调研、学位授予申报条件研讨等相关工作。

2. 国务院学位委员会新闻传播学学科评议组

2016年6月18日下午，国务院学位委员会第七届新闻传播学学科评议组（以下简称学科评议组）与2013—2017年教指委联席会议，在中国传媒大学举行。此次学科评议组工作会议的主要内容是讨论、编写新闻传播学《博士硕士学位授权点申请基本条件》（以下简称《基本条件》）。会上，学科评议组结合新闻传播学学科特点，对支撑研究生培养的基本条件和影响研究生培养质量的核心要素提出了明确要求。《基本条件》是学位授权审核的重要依据，是学位授权审核改革的重要基础，对保证我国学位与研究生教育基本质量具有重要意义。

3. 中国高等教育学会新闻学与传播学专业委员会

（1）中国高等教育学会新闻学与传播学专业委员会第七届理事会第五次会议。2016年11月12日—11月13日，中国高等教育学会新闻学与传播学专业委员会第七届理事会第五次全体会议暨学术研讨会在浙江工业大学召开。此次会议由主题为跨媒体、跨学科、跨文化：新闻传播教育的变革与创新。会议研讨了新传媒格局下我国新闻传播学科发展和新闻传媒教育创新问题，并进行了“中国新闻教育贡献人物”和“中国新闻学与传播学教学改革创新项目”的表彰。

（2）2016年第9届中国新闻学会年会。2016年9月24日上午，第九届（2016年）中国新闻学年会在浙江传媒学院召开。该届年会由中国高等教育学会新闻学与传播学专业委员会新闻学组、浙江大学传播与国际文化学院、浙江传媒学院新闻与传播学院联合主办。会议首度邀请外国学者，并首次举办媒体论坛。此次年会的主题为“中国新闻学的未来发展之路”。

中国人民大学郑保卫教授以习近平总书记在2016年2月19日、5月17日的重要讲话作为背景和契机，提出要在媒体融合的背景下，找到符合中国国情的新闻学科建设的未来方向及路径。浙江省宣传部副部长琚朝晖指出，要坚持复合型人才的培养，才能更好地推动新闻事业和人才发展。

来自俄亥俄大学克里普斯学院的 Robert Stewart 教授以该大学新闻专业学生必须选修除新闻学专业外的多种课程为例，分析新闻学教育的现状及未来趋势，对国内新闻与传播学教育提出建议。

（3）第12届全国网络编辑年会暨2016年数字出版与新媒体研讨会。2016年8月20日，第12届全国网络编辑年会暨2016年数字出版与新媒体研讨会在长春举行。此次大会由中国编辑学会主办，吉林工程技术师范学院承办。会议的主题为“数字出版与新媒体”，集中业界中坚力量共同探讨新媒体的专业教育和学科建设等问题。

吉林工程技术师范学院校长栾立明重点阐明学校应用型转型试点专业——编辑出版学专业的办学特色，即与地方媒体行业、企业深度结合，教学与科研并重，协同创新培养人才。此次研讨会，对吉林省数字出版与新媒体实践、教学、科研工作以及高校的新闻传播学学科和传媒类专业建设工作都起到了重要的助推作用 。

（4）2016年中国广播电视学与新媒体研究会年会。2016年5月21日，中国广播电视学与新媒体研究会年会在华南理工大学召开。此次年会主论坛以“引领新常态，融合促发展”为主题。

会议中，高晓虹教授表示，习近平总书记在哲学社会科学工作座谈会上发表重要讲话，为广播电视新媒体的研究和高等教育提供了重要思路：发展我们自己的媒体教育应该立足于中国特色理论和实践体系，在提升“制度自信、理论自信、道路自信、文化自信”方面多下工夫。

4. 中国高等教育学会广告教育专业委员会

2016年12月11日，中国广告教育学术年会暨第三届新媒体发展与创新国际论坛在华南理工大学举行。此次会议以“使命与责任：中国广告的创新与未来”为主题。与会学者深入讨论了广告人才培养模式与教学方法创新等前沿话题。

此次会议由中国广告教育研究会主办，采用“三所高校、两大平台”的承办方式，旨在汇聚国内外优秀学者，深入探讨中国广告发展变革与走向相关理论话题，构建广告学领域产学研生态圈，推动相关领域的理论创新与研究方法创新。

5. 中国高等教育学会公共关系教育专业委员会

（1）中国高等教育学会公共关系教育专业委员会四届四次理事长工作会议。2016年6月3日至4日，中国高等教育学会公共关系教育专业委员会四届四次理事长工作会议于北京召开。会议议定中国高等教育学会公共关系教育专业委员会第十八届学术年会主题为“公关教育的机遇与挑战”，8月上旬适时于贵阳市举行。

（2）中国高等教育学会公共关系教育专业委员会第十八届学术年会。2016年8月5日至7日，中国高等教育学会公共关系教育专业委员会第十八次学术年会在贵州财经大学召开。该届学术年会以“公共关系教育的机遇与挑战”为主题，会上，副理事长冯培教授和副理事长彭向刚教授分别作了题为《移动互联网时代的公共关系教育》和《公共关系教育面临的机遇与挑战》的主题报告。

6. 中国新闻史学会

2016年6月25日，中国新闻史学会学术年会暨第二届新闻传播学学会奖颁奖典礼在暨南大学举行。此次会议由中国新闻史学会、暨南大学主办，暨南大学新闻与传播学院承办。此次会议以“中国气派 世界眼光：新媒体时代的新闻与传播研究”为主题，论题涉及中外新闻史、台湾与东南亚华文新闻传播史、少数民族新闻传播史、新丝路、马克思主义新闻观教育等近几年的学术研究热点。

7. 中国新闻史学会新闻传播教育史研究委员会

2016年11月4日至5日，由中国新闻传播教育史学会、辽宁大学新闻与传播学院、复旦大学新闻传播与媒介化社会研究国家哲学社会科学创新基地共同主办的中国新闻传播教育史学会2016年学术年会暨马克思主义新闻理论研讨会在沈阳召开。来自全国20余所高校和科研机构的百余名专家学者就当代中国马克思主义新闻理论与教育实践研究、中国新闻传播教育史专题研究、中国新闻传播教育改革前沿研究等话题展开讨论。

开幕式上，第一部梳理和记录中国新闻传播教育近百年历史与现实画卷的力作——《中国新闻传播教育年鉴（2016）》举行了首发仪式。《中国新闻传播教育年鉴（2016）》的编撰和出版，梳理了中国大陆新闻传播教育演进的历史脉络；摸清了专业布局、学科点布局、各校招生及师资情况；充分展示了中国新闻传播教育的不同流派和风格；解读了政策，提供了中国新闻传播教育相关重要政策的原始文本和深入解读，是一本具有资料性、权威性、政策性、及时性的信息密集型工具书。

15.6.2 新闻传播教育院校

1. 清华大学新闻与传播学院

（1）人民日报社与清华大学共建清华大学新闻与传播学院工作委员会会议。2016年7月12日下午，人民日报社与清华大学共建清华大学新闻与传播学院工作委员会会议在清华大学举行会上，新闻与传播学院常务副院长陈昌凤、人民日报社研究部主任崔世鑫代表共建双方就共建课程、共建人才队伍、共建研究智库、范敬宜新闻教育奖评选等工作进行了研究讨论，对下一阶段共建工作提出可操作化建议。

共建委员会人民日报社方主任吕岩松在讲话中指出，要认真学习习近平总书记在党的新闻舆论工作座谈会上的讲话，夯实新闻事业人才基础；要把握共建核心，创新共建内容形式，发挥好“共建”的示范效应，培养出更多优秀的新闻后备人才。

（2）第七届传媒发展论坛暨《中国传媒产业发展报告（2016）》发布会。2016年5月6日，由清华大学新闻与传播学院主办，社会科学文献出版社、中国新闻史学会传媒经济与管理学会联合承办的“第七届传媒发展论坛暨《中国传媒产业发展报告（2016）》发布会”在清华大学举行。此次论坛的主题定为“影响未来的力量”，重点围绕互联网发展讨论影响未来社会发展和传媒发展的各种要素和力量。

会上，袁驷指出，清华大学新闻与传播学院新闻传播学科与计算机通信、财经、信息、艺术设计相关领域技术相结合，融汇交叉发展，形成清华特色和品牌，培养了具有全球视野，懂得现代传播规律，又能掌握现代传播技术高素质复合型人才。在全球化发展中新闻与传播教育必须不断创新，形成立体化融合发展现代传播体系，培养具备复合型知识背景新闻传播人才，最关键的是要注重媒介融合的理论与实践，加强文理工渗透性融合，发展交叉学科。

此次论坛的研讨成果对信息时代学科交叉式发展及人才培养有积极的推动意义。

2. 中国人民大学新闻学院

（1）中国人民大学“未来传播学堂”成立仪式暨“数字传播精英人才培养论坛”。2016年7月21日上午，中国人民大学“未来传播学堂”成立仪式暨“数字传播精英人才培养论坛”在京举行。

中国人民大学“未来传播学堂”由中国人民大学新闻学院与蓝色光标传播集团共同建设，旨在探索培养数字传播时代的精英人才，根据协议，蓝色光标传媒集团将在未来十年向中国人民大学进行累计1亿元人民币的资金投入，用于“未来传播学堂”建设和数字传播时代精英人才的培养。

此次合作专门针对人才培养和本科教学，对学校创建一流大学、一流学科的“双一流”工作起到了很大的导向和示范作用，能督促学院进行新闻教学的改革，培养更高水平的新闻人才。中国人民大学和蓝色光标共建未来传播学堂，是中国大陆传播企业与传播院系首个深度合作项目，对于新闻传播院系学生、传播企业，甚至整个传播行业的发展都具有里程碑的意义。

（2）中国人文社会科学论坛暨“中俄新闻教育高校联盟”成立大会。2016年7月9日，“中国人文社会科学论坛2016：中俄新闻教育与传媒发展”暨“中俄新闻教育高校联盟”成立大会在中国人民大学举办。论坛旨在全面促进和深化两国在新闻传播教育领域的交流合作。来自中俄35所高校的200余位师生代表和中俄媒体界相关人士参加仪式。

孔诺夫参赞表示，中俄新闻教育高校联盟的成立将有助于加强中俄两国在媒体领域的联系，培养两国高水平专业人才，提升两国媒体对对方的报道力度。通过联盟，双方可以定期举行学术研讨会，使之成为教师和学生交流的有效平台。赵启正主任表示，中俄新闻教育高校联盟的主旨在于促进新闻教育的协同创新，在新闻人才培养和科学研究方面彼此增益，造就更多更有效的文化交流使者。

此次活动为“中俄媒体交流年”的重要活动之一，是中俄人文交流机制在新闻传播教育领域的重要成果，彰显了新形势下中俄全面战略协作伙伴关系的重要意义。

（3）“中国人民大学马克思主义新闻观研究中心”揭牌仪式暨“马克思主义新闻观与当代中国新闻业论坛”。2016年10月22日上午，“中国人民大学马克思主义新闻观研究中心”揭牌仪式暨“马克思主义新闻观与当代中国新闻业论坛”在中国人民大学召开。

中国人民大学党委常务副书记张建明教授表示，中心的成立意味着北京市委宣传部与中国人民大学的“部校共建”工作有了标志性的、突破性的进展。在随后召开的“马克思主义新闻观与当代中国新闻业”主论坛上，重庆大学新闻学院院长董天策教授提出要进一步发挥马克思主义新闻观教育在新闻传播专业人才培养中的统领作用，深化马克思主义新闻理论体系的教学，把马克思主义新闻观教育贯穿到专业课程教学和专业实践中，在人才培养的改革和创新中体现马克思主义新闻观的思想指导与价值引领。

3. 中国传媒大学

（1）电通·中国广告教育合作项目”20 周年国际论坛。2016 年 5 月 28 日，“电通·中国广告教育合作项目”20 周年国际论坛在中国传媒大学举行。来自教育部以及日本电通公司专家、中国广告学者等多方人士共同探讨广告发展趋势，广告人才培养与学科建设等方面的话题，为推动中国广告产业和广告教育的发展贡献力量，并推动一流学科建设和“大众创业、万众创新”的发展。

论坛中，中国传媒大学广告学院院长丁俊杰教授强调广告教育不应停留于关注行业表面的变化，而是要保持教育的本质，思考学界如何引导业界朝着更好的方向发展。

（2）2016“广播电视学学科建设”学术研讨会。2016 年 10 月 15 日，2016“广播电视学学科建设”学术研讨会在中国传媒大学召开。此次会议由中国传媒大学、中国新闻史学会主办。会议围绕赵玉明教授主持的重大项目“广播电视学学科体系研究”终期成果《广播电视学学科体系建设研究》（中国广播影视出版社 2015 年版）进行了讨论，并探讨了新媒体环境下广播电视学学科的定位及发展等前沿问题。

中国传媒大学新闻传播学部党委副书记刘自雄教授也表示，现阶段广播电视学学科建设中应强调基础研究，以平衡当前广播电视学术研究的浮躁氛围。

4. 华中科技大学新闻与信息传播学院

2016 年 10 月 19 日上午 9 点，新闻评论开放教育建设会在华中科技大学国际交流中心召开，此次研讨会由华中科技大学和阿里巴巴集团联合举办，华中科技大学新闻学院承办。会议围绕着新媒体环境下评论人才培养的主题，为当下新闻评论教育建言献策。

5. 暨南大学新闻与传播学院

2016 年 6 月 25 日下午，广东省新闻传播学类专业教学指导委员会会议在暨南大学新闻与传播学院会议室召开。来自广东省各个新闻院校教学指导委员会的委员们围绕马克思主义新闻观教育主题展开讨论和交流。

广东省新闻传播学类专业教学指导委员会主任、暨南大学党委书记林如鹏教授认为：媒体融合对高校意识形态主阵地、新闻传播教学、学生“知识”和“能力”都产生深刻影响。他强调新闻院校应强化马克思主义新闻观教育，将之融入新闻传播人才培养的全过程，并对教学团队发展模式、人才培养方案、人才培养模式、实践教学、教育资源共建共享模式实施改革。他希望新闻传播教育必须立足创新发展，要适应互联网+和媒体融合的发展趋势，树立面向未来培养人才的理念，只有这样新闻院系才能为守卫意识形态主阵地提供源源不断的具有创新意识和创造能力的可靠人才。

6. 华东师范大学新闻与传播学院

2016 年 4 月 16 日，“华语世界英文传播教育经验与想象——上海卓越新闻传播人才教育基地教学研讨会”在华东师范大学举行，研讨会邀请全国一流传播教育专家，共同探讨和交流全英文传播专业课程教育的经验和心得。

综上可以看到，2016 年我国的新闻传播教育硕果累累。新闻传播教育组织和队伍的建设逐渐完善，学术交流的平台不断拓展。全国各大新闻院校管理机制不断进步，教育教学水平提高，培养模式也在寻求突破。信息的发展为新闻传播教育提供了有利的条件和广阔的前景，也向新闻传播教育提出了挑战，优秀传播人才和互联网技术注定是影响未来十年的重要力量，而其应对之策就是改革创新。要高度重视马克思主义在我国哲学社会科学领域的指导地位，结合中国特色社会主义的伟大实践，加快构建中国特色哲学社会科学的战略任务。顺应全球化发展趋势，加强国际交流与合作，共享学科建设经验。要建立新闻传播学科与多学科之间的结合通道，加强学科之间的渗透性融合，建立交叉学科，共建特色学院，重构面向未来的新闻传播教育体系，找到符合中国国情的新闻传播学学科建设的未来方向及路径，才能更好地推动新闻传播事业和人才发展，才能在如今媒体融合的背景下，培养出具有全球视野，懂得现代传播规律，又能掌握现代传播技术的高素质复合型人才。

（李文　苏清华）

第 16 章　他山之石：国外新闻传播教育最新动态扫描

16.1　美国新闻传播教育最新动态——以哥大新闻教育为例

自 1908 年，美国密苏里大学创立世界上第一所新闻学院以来，美国的新闻教育已有百余年的历史。这期间，美国各个层次的高等教育机构陆续开设了各具特色的新闻教育课程。而当今最具有世界性影响力的当属普利策在 1912 年创立的哥伦比亚大学新闻学院。探析哥伦比亚大学新闻学院的新闻教育历史和现状，可以勾勒出美国新闻教育的概貌，为我们开展中国特色新闻教育提供域外视角和他山之石。

16.1.1　哥伦比亚大学新闻学院的历史①

1912 年 9 月 30 日，经过十多年的筹划，当时美国报界大亨约瑟夫·普利策出资百万美元，在位于纽约曼哈顿的哥伦比亚大学内创办起了新闻学院，实现了他一生的夙愿。1912 年哥伦比亚大学新闻学院正式招生，共有 79 位本科生和研究生被录取，其中包括 12 名女生。由于当时新闻学院的教学楼仍在建，学生们上课地点分散在校区的各个地方。次年，新闻学院有了自己的教学楼——普利策大楼。而在 1917 年的时候，第一届普利策奖颁发，这也成为后来世界上新闻界最高奖项，被称为新闻界的“诺贝尔奖”。

1935 年，哥伦比亚大学新闻学院迎来了一次重要的变革。当时的院长卡尔·W. 阿克曼，也是最早的 9 名新闻学院毕业生之一，牵头将学院改变成了美国第一所新闻研究生院。经过数年的沉淀，哥伦比亚大学新闻学院积累起了良好的声誉，并且学校的课程设置也从最初的报业和广播业，扩充到了电视和纪录片。而在 1961 年的时候，《哥伦比亚新闻评论》（*Columbia Journalism Review*，简称 CJR）创办，这本评论在日后也成为业

---

① Columbia Journalism School—Our History.

界权威刊物。

哥伦比亚大学新闻学院在创办的第 6 个 10 年进入高速发展时期。学院添置了一个新闻编辑室，1966 年的时候，学院邀请前 CBS 主席弗莱德·弗莱德利（Fred Friendly）加入学院，并开设了一个新的广播新闻实验室。哥伦比亚大学新闻学院一直具备创新意识，在 1960 年到 1970 年之间，学院定下了基本课程的蓝图，并将“报道和写作 1”（Reporting and Writing 1）作为获得理学硕士（Master of Science）学位的一门基础课程。随着计算机的发展，学院也意识到这将对新闻业起到重要作用，于是在 1980 年到 1990 年，院方一直保证为学生提供最前沿的技术和首屈一指的广播实践经历。

21 世纪伊始，哥伦比亚大学新闻学院开设博士项目。2005 年设立文学硕士（Master of Arts）学位，2006 年开设托尼·斯台比尔调查新闻中心，2010 年时应科技和社会发展，开设了数据新闻中心，并向学生提供了一个新的理学双硕士学位——计算机科学和新闻学。

哥伦比亚大学新闻学院的发展从一开始就秉承创始人和捐助人普利策先生的名言：倘若一个国家是一条航行在大海上的船，新闻记者就是船头的瞭望者。经过百年的发展，它已经成为世界新闻教育的领导者。

16.1.2 独具特色的教育模式

哥伦比亚大学的发展和时代的发展密不可分，经过百年的发展，哥伦比亚大学新闻学院的教育模式呈现出以下几点主要特色：

1. 硕士学位主要分为 MS 和 MA 两种

和大多数新闻学硕士拿的是文学硕士学位不同，在哥伦比亚大学有理学硕士（Master of Science）和文学硕士（Master of Arts）两种。这两种学位面向的学生群体不同。理学硕士学位主要针对的是具有极少新闻实践经验的学生，或者是此前从未接触过新闻专业或工作，希望通过该项目来换工作，或者是希望增强新闻技能，来谋求更高的职位。这个学位提供 10 个月的全职学习（Full Time）或者是两年内完成边工边读（Part Time）。而文学硕士学位在招生时，更倾向于招收有 3~15 年工作经验的学生，并准备在某个专业领域深耕。

同时，哥伦比亚大学新闻学院也提供多种双学位，譬如前文提到较早时间开设的新闻学和计算机科学（Journalism & Computer Science）的双学位，现如今还和法学、商科、国际公共事务甚至宗教挂上了钩。当然，哥伦比亚大学新闻学院也提供博士学位，但这不一一赘述。

2. 课程设置丰富

由于学位设置不同，也使得两个学位的学生在申请时候就会接触到不太一样的课程。

（1）理学硕士课程提供学习各种新闻技巧、收集评估信息、艺术和新闻道德方面的知识。学生通常要掌握 4 门课程：法律、商业、道德和新闻史；进行大量的写作和报道，从短篇新闻到长篇大论般的新闻特写等，以掌握如何辩证深刻地思考问题，更像是一个记者训练营。毕业之前，学生需要参加以下三个模块中至少一门课程：

①文字（The Written Word）：如何在规定的时间内进行各种新闻稿的写作。

②图像和声音（Image and Sound）：视频、音频、照片和可视化数据的课堂形式。

③观众和参与（Audience and Engagement）：类似记者的社交媒体及数字媒体设计课程。

另外，理学硕士还可以在 3 个方向中再选择自己感兴趣的一个，包括数据新闻（Data Journalism）、调查性报道（Stabile Center for Investigative Journalism）和纪录片项目（The Documentary Project ）。

（2）文学硕士的课程和理学硕士的课程不同之处在于，它是按照报道领域划分的（譬如政经、环境、商业等），而理学硕士更多的是按照传播媒介。并且，就读文学硕士的学生相较于理学硕士的学生有更多的实践经验，所以课程的侧重点在于帮助他们更好地掌握一些特别的新闻报导技巧，比如：政治、科学、商业以及文艺等方面的特殊报道方法。学生可以在艺术与文化（ARTS & CULTURE）、商业与经济学（BUSINESS & ECONOMICS）、政治和全球事务（POLITICS AND GLOBAL AFFAIRS）以及科学、环境与医药（SCIENCE，ENVIRONMENT & MEDICINE）四个方向中选择其一。

与此同时，硕士课程也包含了硕士论文（Master's Thesis）、证据和推理（Evidence & Inference）、课外课程（Outside Courses）等。硕士论文的要求是一篇 8000～10000 字的长篇新闻作品或者其他介质的等值作品，证据和推理则是以系统的的“新闻法”学习，从提出假设，认识故事可以歪曲事实的方式，以确认报道内容的真实及合理性。最后，课外课程是一个 3 个学期的课程，学生可以报名参加几乎所有的整个哥伦比亚大学的其他研究生课程（包括其他学院）。

3. 侧重业务训练的教学模式

从课程设置中，我们也可窥见虽然两种学位提供的课程有所不同，但并非是纸上谈兵式的授课，而是非常注重实践的。第一，课程设置完全以新闻业务为核心，全年的课程列表唯一有点理论色彩的必修课是秋季学期为全体学生开设的“ 新闻、法律和社会”，此外还有选修课“美国政治和媒体”“媒体和现代化社会”偏理论。

第二，课堂较小，以保证教师对每一个学生都能细致指导 。新闻学院楼里有许多像小会议室一般的教室，配有多媒体教学设备。学生和老师围坐成一圈上课，每门课学生也不过十几人，工作室的课程都在实验室上，所有实验室基本与报社、电台、电视台的工作室无异。

第三，学生的学习任务极重，连双休日也排满了。该学院的同学说，他们每天只能睡很少的时间，因为有大量的采访任务，还有大量的专业书要读 。连学生咖啡屋里都设了几部电话，不少学生在课间休息之余还惦记着打电话做采访 。

曾经在哥伦比亚大学新闻学院就读的中国学生吴亦欢写下这么一段话：和一般两年的硕士相比看似节约时间，但这背后是高强度的学习，每周 7 天，基本上每天都有高强度的工作，如 3 天上课（朝九—晚六），2 天外出报道，2 天写作剪辑。与人交往也要尽量跟自己的“线人”，在自己报道的区域内，才能保证有故事素材。重压之下，开学不久便有本土同学退学。

另外，新闻学院对新闻实践的强调还表现在学生媒体的管理上。该院办有一张社区小报《布朗克斯节奏》（*The Bronx Beat*），每周发行一次 。总编辑是一名女教授，还有几个教授担任报社的编辑和版面设计工作，学生主要负责写作、报道和摄影。这份报纸在媒介竞争异常激烈的纽约不可能自负盈亏，办报的经费由学院支付。

4. 学生来源多元化　老师经验老到

学院每年招收大约 200 名学生，来自全球 86 个国家和地区，年龄跨度从 20 出头到 60 开外。在每年录取的学生中，其中三分之一刚从大学毕业，还有三分之一的学生有过新闻工作经验，剩下三分之一的学生，打算改变自己原有的职业，他们过去当过商务律师、医生、教 师、士兵、厨师等。

除了学生的多元化之外，师资力量也很丰富。学院固定的全职教师只有 20 多人，但从各大新闻媒体聘请的兼职教授超过 80 位，许多主干课程也是由兼职教师担任。这些兼职教师具有丰富的实践经验，并且在一流媒体从事一线工作。学院对教授没有研究方面的要求，但有很严格的发表作品方面的要求，希望他们能定期出书，但是，不是关于理论的书，也不是教科书，而是关于新闻的书籍，深度的、非虚构的、需要作者本人进行大量报道的书籍。

16.1.3 普利策奖和《哥伦比亚新闻评论》

哥伦比亚大学新闻学院的引人瞩目之处，在于拥有一个世界闻名的新闻文学类奖项——普利策奖，以及一份非常权威专业的《哥伦比亚新闻评论》。

1. 普利策奖

2016年恰逢普利策奖100周年，随着百年的发展，它已经成为一项全球性的奖项。这个奖项是根据约瑟夫·普利策的遗愿所设立的，最初的50万基金也来自于他的捐赠。

一个世纪以来，普利策奖一直是新闻业的标杆，与美国社会一同经历了战争硝烟、政治丑闻和错综复杂的社会问题。从最初的新闻奖，普利策奖现在还设立了包括文学、艺术在内的综合奖项，其影响力历久不衰。

普利策奖包括14项新闻类奖项和7项创作类奖项组成，新闻类奖项的获奖者不限国籍，但必须在美国媒体中发表过作品。其中新闻奖主要有：公共服务奖、报道奖、社论奖、漫画奖、批评评论奖、通讯奖、特写奖、新闻摄影奖等。该奖由包括哥伦比亚大学校长在内的16人组成的普利策奖金评选委员会评选，每年一次，评选结果一般在4月份中旬的一天由哥伦比亚大学校长宣布，5月份颁奖。

2.《哥伦比亚新闻评论》

《哥伦比亚新闻评论》是业内著名的权威新闻学研究刊物，它不仅为媒体从业人员提供专业意见，对媒体业做出评论，也给传媒专业以及和传媒有关行业的人员提供了专业意见。不仅关注新闻报刊、广播、影视等传统媒体，还关注互联网、数字报刊、手机短信、移动电视等新技术支撑体系下出现的媒体形态。

《哥伦比亚新闻评论》在2007年决定推出中文版，面向世界中文媒体市场。2008年3月，哥伦比亚大学新闻评论中文网站 cjrchinese. com 测试版推出。2008年5月，《哥伦比亚新闻评论》中文印刷版正式出版，中文网站正式开通。

16.1.4 坚守并改革

随着新媒体的发展，哥伦比亚大学也不得不跟上发展的脚步，从注重“内容为王”的教育方式，转而将技术培养移植进去。

首先，设立各种新媒体研究中心，例如 Two 数据新闻中心和布朗媒介创新中心。前者关注技术发展对新闻业及新闻消费的影响，尤其是数字时代，新闻消费者如何看待新闻的标准、可信度等；后者则提供教师和资金，孵化有利于未来新闻业的各种技术创新。

其次，进行数字化课程改革，并在2013秋季正式生效。但即使这样，它“内容为主，技术为辅”的理念并没得到动摇，技术的引进和传授也是在“为新闻内容生产服务”的指导原则下进行的。实际上，从哥伦比亚大学新闻学院近年来毕业的学生的职业表现来看，技术并没有代替而是提升了它们的内容生产。①

百余年以来，哥伦比亚大学新闻学院坚守“内容为王”的教学理念，让学生直接到纽约这座大熔炉里去翻找新闻，坚持培养学生的核心新闻素养：新闻敏感性和准确判断能力；信息的获取、甄别和分析能力；新闻伦理；新闻采写编评的能力。

16.1.5 结语

哥伦比亚大学新闻学院的成立和发展使得美国新闻业获得了更加合法的职业地位，确立了美国新闻学教育的实践取向和培养模式，也因此改变了美国的，乃至世界的新闻业。

在其一百多年的发展中，成为无数学子的向往之地，也颇受业界尊重，但随着这几年的变革，我们也能看出它的发展并非是一帆风顺的，而是充满争议的，尤其是关于其存在有何意义，是否遵照了当年普利策捐资建院、培养记者的愿景，各方意见不一。②

“A journalist is the lookout on the bridge of the ship of state,” Joseph Pulitzer wrote. “The power to mould the future of the Republic will be in the hands of the journalists of future generations.” 百年前，普利策写下这行话，也为哥伦比亚大学新闻教育打上了一个注脚，记者是瞭望者，未来也掌握在他们手中。

（陈世华）

16.2 英国新闻传播教育最新动态

16.2.1 英国大学新闻传播教育的历史

英国是近代新闻传播业的发源地，也是老牌的高等教育强国，拥有丰富的新闻传播

① 邓建国．传统与变革：数字时代老牌新闻学院的变与不变［J］．新闻大学，2014（6）．

② 蔡雯，周欣枫．美国新闻教育改革经典个案——对美国哥伦比亚大学新闻学院的调研报告［J］．新闻教育，2005（5）．

教育改革实践。

英国在全球新闻传播领域占有举足轻重的地位。高度发达的新闻传播业为英国新闻传播教育创造了良好条件。英国的新闻教育最早可追溯到《每日电讯报》记者大卫·安德森（David Anderson）于 1887 年在伦敦开办的伦敦新闻学校（London School of Journalism），它是英国第一所新闻职业培训学校，尽管该校因经费问题于 1897 年停办，但其倡导的新闻职业主义理念给英国新闻教育打上了深深的烙印。1919 年，伦敦大学（The University of London）开设新闻文凭课程，虽然并不授予正式学位但它开创了英国现代高等新闻教育的先河。1939 年二战全面爆发后，英国的新闻教育被迫中断，并一直延续到 20 世纪 60 年代。20 世纪 70 年代初，卡迪夫大学率先开启新闻学研究生教育，1976 年伦敦城市大学也开办了研究生教育。20 世纪 90 年代中期，英国的新闻传播本科教育获得快速发展，最终形成了包含本科—硕士—博士在内的完整的新闻传播教育体系。目前英国开展新闻传播专业教育的高校约 90 家，规模居欧洲各国之首。

英国高校新闻传播院系设置秉持"统合主义"理念，即主张新闻传播教育与人文、艺术、社会学等传统强势学科院系统合而设，以促进学科交叉，便于吸收传统优势学科深厚的知识底蕴。在英国，独立的新闻传播院系设置并非主流。在统计的 10 所大学中，有 5 所新闻传播专业教育从属于人文艺术学院（Faculty of Arts and Humanities），2 所从属于社会科学学院（Faculty of Social Science），只有 3 所大学设有专门的新闻传播院系（Department of Journalism Studies）——谢菲尔德大学新闻研究学院（The University of Sheffield）、卡迪夫大学新闻传媒与文化研究学院（The Cardiff University）和莱斯特大学媒体与传播系（The University of Leicester）。此外，英国的新闻传播教育大多设在综合类大学，这也有利于学科的大跨度交叉。

16.2.2　英国大学新闻教育的特点与现状

1. 新闻教育特点

（1）教学注重实用性。大多数学者认为，英国新闻学课程最成功的一个重要特征就是实用性强。这主要是因为在英国的新闻传播学教育中，就业导向一直很明显，大多数新闻专业宣称它们与业界联系密切，致力于培养满足业界需要的毕业生。而掌握实用的新闻技能的最好办法就是实践，因此各个院校都不断强调其专业的实践性。新闻学教育的实践性从英国各传媒院系的专业设置就已能窥其一二。谢菲尔德大学的新闻传播学院研究生教育就按媒介细分了专业方向，如广播新闻学、杂志新闻学、网络新闻学等，然后再根据专业方向设置不同的实训课程。进入 20 世纪 90 年代后，数字技术的来临使得英国新闻的教育工作也发生了一些变化。现在英国大多数新闻专业课上，学生们除了制作广播电视节目、编辑报纸杂志外，还要学习制作网页。这些实践课程使大多数英国新闻学学生毕业后都能自信地走上新闻工作岗位，胜任自己的工作。

不过，也有许多大学认为，仅有新闻实践或是新闻教育对于本科阶段的学生来说是不够的。因此，有些大学开设了双学位课程，使学生在学新闻的同时，可以同时学习另一个专业如现代史、社会学、经济学、心理学等。

（2）授课方式多样化。英国高校的上课形式除了最传统的“老师讲，学生听”的课堂讲座外，还包括许多特色的教学方式，如研讨会（work-shop）、团队合作（Teamwork）、讲习班（Seminar）、小组辅导（Tutorial）、个人辅导等各种形式。

课堂讲座和国内大学上课形式基本相近。但英国的教育体系非常严谨，课程安排、课前需了解的资料，学校会预先通知学生让学生准备。在学期开始前，授课老师通常会发一份课程说明，上面有详细的课程计划、上课内容、考核评估方式等内容，而且每单元的课程后会附一份详尽的阅读书单，包括书、期刊、网络资讯等。由于每堂课的信息量大，因此学生通常需要课前做大量阅读功课。

英国的教学非常重视小班教学，在课堂上也多采用课堂讨论的方式。由老师提出主题，学生围坐在一起讨论，大家轮番发表意见，没有固定统一的答案。从谢菲尔德大学传媒专业的讨论议题中可以看出，议题更多地涉及传媒、经济、文化、政治、社会、民族等多个领域，通过不断跟进和讨论，学生得以深化对事物的认识和理解。小班教学保障了每个学生都能得到充分的指导，并且能充分调动学生的积极性，促使学生主动思考，同时也利于开阔思路、集思广益。

（3）师资队伍复合化。由于英国各传媒院系都积极地与媒体产业保持联系，因此经常有媒介机构、企业、政府和国际组织任职的高管们来为学生开讲座或者授课。他们讲座内容经常涉及实际工作中遇到的案例，亟待解决的当前热点难点问题等，很受学生欢迎。同时各学校也常邀请一些产业实践者和在各媒体工作的校友回母校与学生交流，这对学生了解媒体工作的方式以及职业生涯的规划大有裨益。

普遍而言，英国高校在引进教师时会采用“双轨制”，也就是招聘具有博士学位、以理论研究见长的教师，同时也招聘具有多年从业经验、以实务见长的教师，并且对两类教师采取不同的考核和评估标准。这种复合型的师资队伍能有效地减轻困扰传播学教育业界和学界难融合的现象。另外，英国的师资构成较为国际化，其学生结构更呈现出国际化特征，约50%的研究生是外国留学生。对于新闻与传播学教育而言这一特征也成为一定的优势，一方面，学生构成的国际化特点带来的文化间的相互融合，增加了彼此了解不同文化的机会，有助于培养学生的国际化视野，以及对于新闻与传播学领域的重要概念的多元文化理解；另一方面，新闻传播学科本身具有非常鲜明的跨学科性质，而国际化的趋势更有利于培养宽口径、复合型的传媒人才，也有利于对于传媒实践的深刻理解。

2. 新闻教育现状

（1）在学位设置方面，首先表现在：结构多样且层次分明。与我国新闻传播学中清一色的文学学位设置不同，英国新闻传播教育的学位更强调多样性。统计表明 10 所大学中多数设置了本、硕、博三个层次的学位。新闻传播本科教育大多颁发文学学士，但有多样化的细分设置，如莱斯特大学媒体与传播系分别设有媒体与传播文学学士、媒体与社会文学学士、电影与媒体文学学士 3 种类型。硕士教育的学位呈多元化之势，通常有新闻学硕士、理学硕士、文学硕士、工商管理硕士 4 种。如卡迪夫大学新闻传媒与文化研究学院在硕士阶段设置了 9 种硕士学位类型。博士学位是最高层次的学位教育，各校根据自身特色设置特定的博士项目，如玛丽皇后学院（Queen Marry，University of London）以电影与德语语言研究见长，在博士生培养层次上设有媒体与艺术技术的博士学位，这个独特的四年制博士项目，是一个艺术、科学和技术交叉的复合型创新培养计划，在英国享有盛誉。

其次表现在：共性与个性并存。研究发现，各院系的新闻传播专业设置既有共性，又有各自的特色。就共性来说，多数院系在本科阶段开设的专业较少，在研究生阶段设置的专业相对较多；不论是本科教育还是研究生教育，专业设置均强调跨学科交叉，注重扩宽学生的知识面，凸显了英国高校“博雅教育”之传统。就个性来说，各个院校的新闻传播专业设置保持了各自的特色，主要有两种取向。·是偏向于基础理论教学，侧重于通识教育。拉夫堡大学（The Lough Borough University）社会科学学院的通信和媒体专业，本科阶段的学习期限为 3 年，第一年的必修专业课为通信和媒体研究概论、媒体和广播研究、媒体和通讯、媒体景观等，第二年的必修专业课为通信、媒体和文化理论、研究媒体和通信，第三年的专业课为通信和媒体研究。该专业设置偏重于理论知识传授和学术研究能力的培养，属于传统的精英主义培养路线。二是偏向于实践教学，侧重于应用技能培养。谢菲尔德大学的新闻研究学院，本科阶段分设三个等级，从基础知识到实践能力逐步递进，最先学习资料收集和写作技巧，然后开始从事广播新闻的技术实践，最后培养学生在电视拍摄以及后期处理编辑等方面的技能。这类专业设置彰显了应用实践的重要性，注重动手操作能力的训练，强调教育与传媒产业的互动衔接，属于大众教育的培养路线。

（2）在课程设置方面。新闻传播类专业在英国大概可以归纳为三个方向：媒体

(Media)、新闻(Journalism)和传播(Communication)。媒体类专业更侧重于文化广告创意，例如华威大学(The University of Warwick)的媒体类专业开设的创意性课程Creativity and Organization和莱斯特大学(The University of Leicester)开设的New Media and Society等。新闻类专业则更侧重于实践能力的培养，除了学习基础课程外，还会要求学生在学习过程中参与到相关媒体实际操作中去，技术性更强。例如卡迪夫大学(The Cardiff University)新闻类专业的必修课Information Gathering and Analysis、威斯敏斯特大学(The University of Westminster)开设的课程International Journalism以及伯恩茅斯大学(The University of Bournemouth)开设的Multimedia Journalism。传播类专业则更注重理论能力的培养，平时对读写的训练要求更高，例如利兹大学(The University of Leeds)传媒类专业开设的Communication Studies和Political Communications和莱斯特大学开设的Mass Communications等。

同时，在课程设置上英国新闻传播教育还呈现出以下特点：

第一，影视创意课程处于核心地位。英国是老牌的电影强国，有一大批天才演员和导演、强大的技术人员和制作队伍及先进的音响设备，但自20世纪90年代以来受到了美国好莱坞电影的挑战。调查发现，尽管英国新闻传播相关专业的课程设置非常宽泛，但影视特别是电影课程占据较大比重，在传统新闻学、编剧、出版、影视音乐制作、创意文化产业、融合媒介等专业中占据核心位置。华威大学本科专业就开设有电影研究、电影与文学、法国的电影研究、德国的电影研究等专业课程，这已经成为华威大学的一大特色。东安格利亚大学(The University of East Anglia)设置了电影、电视和媒体研究专业，课程涉及英国电影和电视、影视与性别、各国电影、恐怖电影、喜剧、好莱坞、科幻、电影受众等，课程细分更深入。新闻传播教育对电影课程的重视，在一定程度上保护了英国的传统历史文化，维护了英国电影产业的利益。

第二，支撑产业发展，凸显创意引领。英国是全球最早提出“创意产业”，并从国家战略层面推动创意产业发展的国家，发达的创意产业背景催生了英国的“创意教育体系”。英国新闻传播教育课程的设置特别强调创意的引领地位，注重对学生创意能力的培养。伦敦国王学院(Kings College，University of London)的研究生品牌专业为文化和创意，定位于世界领先的研究文化、媒体、历史和分析特定创意的跨学科专业，主干课程包括：文化工作、创意城市、视觉文化、流行文化、文化和创意产业政策、文化管理、企业家精神和文化生产、文化再生、文化历史等。在创意理念的统摄下，英国新闻传播专业的课程设置视野十分开阔，注重大学科的交叉融合，纳入了法学、政治学、医学、犯罪学、心理学和教育学等课程，人文、艺术和社会学领域的课程所占比重较大，而纯粹的新闻传播课程所占比例较低，形成了一个典型的跨学科课程体系。

第三，适应产业潮流，提升数字媒体课程的地位。近年来，基于移动互联网的数字媒体产业发展迅速，在传统教育中加大数字媒体内容，显得尤为迫切。调查显示，数字媒体课程在英国新闻传播教育中的地位日益突出，在本科、硕士和博士研究阶段，各院系均将其列为核心课程。卡迪夫大学新闻传媒与文化研究学院最近推出数字媒体和社会专业课程，伦敦国王学院在本科阶段设有数字文化专业课程，华威大学研究生阶段设有数字创新技术专业课程，拉夫堡大学在本科和研究生阶段均设有数字媒体和社会专业课程，玛丽皇后学院在博士阶段设有交互设计和数字媒体处理、生产和录音技术等专业课程。新闻传播教育中注重培养数字媒体领域的新兴人才，为英国传统媒体转型提供强大的智力支撑，适应了媒体融合发展的潮流。

（3）在师资配备方面。师资队伍呈“金字塔”结构，“双轨制”引进教师。英国新闻传播师资结构呈“金字塔”形，极少数教授和副教授位于金字塔顶端，大量的高级讲师、讲师及其他成员位于金字塔中下部。这种结构源于英国特殊的职称制度，传统大学通常对教授岗位有严苛的数量限制，原则上每个学科或方向仅设 1 名教授，以保障其学术权威地位。在统计的 7 所院系中，师资队伍以讲师和高级讲师为主，高级职称教师占比较低。除卡迪夫大学的新闻传播专业高级职称教师超过 10 人外，其他院系相关专业高级职称教师均较少。

英国新闻传播教师队伍建设采用“双轨制”，既招聘以理论研究见长的学术型教师，又招聘具有多年从业经验、以新闻传播业务见长的实务型教师，并对两类教师采取不同的评估标准。一方面，经常有一些媒介机构、传媒名企的老总来高校为学生授课，涉及的内容经常是实际工作中遇到的各种实例及最新时事热点等，学校也会经常邀请一些实践者和在各大媒体机构工作的校友回母校与学生交流，如谢非尔德大学，会有常任的 8 位来访教授和导师，培养学生的新闻专业技巧，使得学生更加了解媒体工作的方式，并形成在未来职业生涯中的具体规划。另一方面，高校有一批高学历、高职称的教师，以理论学养深厚、科研成果丰硕、学术声誉卓著见长，这类老师虽然亦需承担部分教学任务，但侧重于科研任务，且高级职称教师享受终身教职待遇。这种复合型的双轨制师资队伍组建模式能有效化解新闻教育界和传媒界的融合难问题，不仅有利于优化师资队伍结构，符合新闻传播专业教育实际，而且有利于学生的成长。

英国高校的师资队伍实行分组团队管理的方式，在某个学科专业下设若干个研究小组（团队），学校聘任团队责任人（责任教授）后，由其对该组的研究事务和参与课题研究的研究生进行日常管理。以卡迪夫大学新闻传媒与文化研究学院为例，学院共设有 5 个研究团队，即数字媒体和社会学团队，新闻学研究团队，媒介冲突团队，种族、代表和文化政策团队，冲突、科学、健康和媒介团队。

英国新闻传播院校师资队伍有三个基本特征。其一，学术型教师普遍具有博士学位，且部分高级职称教师具有国外学习经历。教师的学历种类丰富，除哲学博士学历外，还吸纳理学硕士（MSc）、哲学硕士（MPhil）等不同学科背景的教师，以促进学科交叉融合。其二，实务型教师一般是业内的资深人士，有的曾在知名媒体担任过高级记者、编辑或主管。其三，采用团队小组的师资运营模式，为实施“师徒制”教学管理创造了条件。英国高校中盛行的师徒制，是一种强调导师引领、亲身传承、师徒互动的小规模精英教学模式，它不仅有利于资深老教师和新教师之间的合作，形成搭配合理的教师梯队，而且各层次学生也有机会参与老师的学术活动，保障师生的高效互动，建立了卓越人才的培养模式。

16.2.3 英国部分新闻传播院系介绍

1. 伦敦政治经济学院（London School of Economics and Political Science）

伦敦政治经济学院（简称 LSE）与牛津大学、剑桥大学、帝国理工学院、伦敦大学学院并称“G5 超级精英大学”，也是英国金三角名校和罗素大学集团成员。学生国际化是学院的特色之一。伦敦政治经济学院的校园位于伦敦市的法律中心 Holborn，毗邻皇室法庭、英国广播公司和伦敦四大法律学院，界于 West End 和 City 之间，大英博物馆、伦敦大学总部、Senate House 图书馆和小型专业图书馆都离该校不远。距离该校园不到一英里就是主要的政府、法律、金融和传媒中心所在地。对于新闻传媒学生而言，这样得天独厚的地理位置绝对是一大优势。

伦敦政治经济学院的新闻与传播专业的课程设置非常完善，而且其全球化研究是非常出名的，所以如果学生对文化全球化这一个媒体热点问题感兴趣的话，这里就会是一个很好的选择。

伦敦政治经济学院新闻传播教育就专业而言大致分为三个方向：媒体（Media）、新闻（Journalism）和传播（Communication）。简单地说，媒体和传播专业学的东西比较宽泛，内容可以包括文化、广告、公关等方面的理论性知识。但新闻专业学习的就比较具体，要学的除了一些理论知识外，更包括大量的实践：如新闻写作、新闻报道、出镜等。有时还需要学生学习语言及文学、信息传递及社会组织机构，以及人与人之间的或人与组织之间的行为科学方面的专业知识。在硕士研究生培养阶段，伦敦政治经济学院主要设置 6 个硕士学位：MSc in Global Media & Communications；MSc in Media & Communications（including Research track）；MSc in Media & Communications（Communications

Governance)；MSc in Media & Communications (Data & Society)；MSc in Media, Communication & Development 以及 MSc in Politics & Communication。

MSc in Global Media & Communications 双学位课程。该专业为时两年，其中一年学生可以选择在南加利福尼亚大学或者复旦大学进行学习。该专业偏向招收不同文化、工作背景学生，旨在在学习过程中体验跨文化交流。同时该专业招收本科背景非新闻传媒类学生，这对于许多硕士换专业的学生而言无疑是个利好。

MSc in Media & Communications (including Research track)。该专业为期一年，同样招收本科背景非新闻传媒类学生。这个专业竞争力度大，学院一般更建议有传播或者有社科工作背景的来申请。

MSc in Media & Communications (Communications Governance)。该专业为期一年，因为涉及管理，在学习过程中会有与商科交叉的课程。

MSc in Media & Communications (Data & Society)。该课程主要是数据处理和通过大数据进行分析。

MSc in Media, Communication & Development。该专业学制一年，偏向于传播理论的学习。申请人数偏少，但录取比率相对也较低。

MSc in Politics & Communication。该专业学制一年，对申请人本科专业背景较高，基本上只招收收 Social Science 背景或者有媒体工作背景的。

2. 谢菲尔德大学 (The University of Sheffield)

谢菲尔德大学位于英国南约克郡的谢菲尔德。谢菲尔德大学由 3 所当地学院发展而成：谢菲尔德医学院（成立于 1828 年）、港湾学院（1879）与谢菲尔德技术学院（1884）。1897 年这 3 所学院合并而成谢菲尔德大学学院，后于 1905 年获得皇家特许状，晋升为谢菲尔德大学。一个多世纪以来，谢菲尔德大学的声誉与规模都得以不断提高，现在已成为一所国际知名的教育机构。该校共有 2 万 5 千多名学生，其中 3200 多名是来自 115 个国家的国际学生。

谢菲尔德大学新闻传播学院成立于 1994 年，是英国传播学研究和新闻教育领域的顶尖学院。该学院的专业齐全，与英国传媒业联系紧密。学院颁发的学士学位是唯一一个获得英国三个新闻行业机构：BJTC（英国记者培训协会）、NTCJ（全国记者培训委员会）、PTC（期刊培训委员会）认可的证书。谢菲尔德大学的新闻学专业，以其卓越的教学质量和行业内良好的口碑获得广大中国学生的青睐。

在本科阶段，谢菲尔德大学传媒类专业仅开设了新闻研究（BA Journalism Studies）

一个本科专业。主修课程包括：新闻技能（Journalism Skills）；伦理与新闻（Ethic and Journalism）；理解媒体（Understanding the Media）；广播新闻学（Broadcast Journalism）；媒体法（Media Law）；杂志新闻和写作（Magazine Journalism and Feature Writing）等。

在研究生阶段，谢菲尔德大学的专业设置更加趋向系统化和专业化。新闻学共设置四个应用型硕士，即更加注重学术研究和分析的 MA in Global Journalism；已获得的国家记者培训协会（NCTJ）认证的 MA in Print Journalism；获得期刊培训协会（PTC）认证的 MA in Magazine Journalism，以及获得广播传媒培训协会（BJTC）认证的 MA in Broadcast Journalism。

MAin Global Journalism。此专业更加注重新闻类基础理论方面的研究，因此课程设置也更为侧重理论体系建构和方法论培养。其主修课程包括：Global Journalism；Journalism，Globalization and Development；Communicating with the Media；Research Methods 等。

MA in Print Journalism。此专业教授如何撰写故事，如何掷地有声，字字一针见血，能够得到读者的认同。以及安排一些 practical 的真实事件的报道，比如：法庭审判、地方政客关于民生问题的决议等。其主修课程包括：Writing News；Law for Journalism；Ethics and Regulation；Power and Society 和 Advanced Print Journalism 等。

MA in Magazine Journalism。此专业教授如何撰写，设计带有个性特色的纸质杂志，以及电子杂志所需的技巧。培养学生对现行社会流行话题的关注，其主修课程包括：Law for Journalism；Ethics and Regulation；Power and Society 和 Advanced Magazine Journalism 等。

MA in Broadcast Journalism。此专业会讲授广播电视以及新闻稿撰写技巧，培养自我挖掘素材的能力。学校配有符合行业标准的广播无线电设备以及一流的数字声频处理设备，学生可以学习制作适合网络用途的音频、视频，以及学习如何在高清电视上截取有用信息等。其主修课程包括：Law for Journalism；Ethics and Regulation；Power and Society 和 Advanced Broadcast Journalism 等。

从专业角度来讲，谢菲尔德大学的新闻学课程不仅为学生提供了专业的知识和技能，同时，又让学生充分理解当代新闻学的相关热点研究及议题。该校新闻研究系的老师都有着丰富的实践经验，有些老师更是在 BBC 工作多年，与当地电视台保持者良好的联系，该校新闻专业毕业生已经得到了诸如《泰晤士报》《卫报》等知名报社电台的认可，因此谢大学生不仅可以在配有最先进的数码媒体的新闻中心实习，面对严格且高要求的挑战，更有出版新杂志、图书、音乐专辑、电视节目的机会。

3. 华威大学（The University of Warwick）

华威大学位于英国工业城市考文垂（Coventry）地区，自 1965 年成立以来，历经持续不懈的努力，在较短时间内即成功跻身于世界一流大学之列。现有 22000 余名在校生及近 5000 名教职人员，包括来自 120 多个国家和地区的 6000 余名海外留学生。

华威大学在 2014 年英国官方的卓越研究框架（REF）科研水平评估中继续位列全英第 7 名，在 2015/16 泰晤士英国大学排名中位列第 6 名，在 2015/16QS 世界大学排名中位列第 48 名。据 2014/15 年 High Flier 调查，华威大学毕业生名列英国顶尖企业雇主重点聘用第 3 名。

华威大学共有三个传媒类专业：MA in Creative and Media Enterprises、MA in Global Media and Communication 和 MA in International Culture Policy and Management。前两门专业是华威大学传媒专业的热门专业。

MA in Creative and Media Enterprises。创意与媒体企业这个专业关注的是媒体企业的创造性与想象力以及战略管理的联系。学习过程中前半年为基本课程学习，后半年为实习和独立研究阶段。

MA in Global Media and Communication。全球媒体与通信专业关注的是当今媒体经济对世界发展的影响，以后在管理层面上所要应对的挑战，因为媒体的力量正不断地影响着权力和政治。

MAin International Culture Policy and Management。国际文化政策与管理这个专业是关注在不同文化背景下的政策制定与管理问题，面对着众多多元文化的企业，国际文化政策与管理可以非常有效地减少不同文化之间的相互摩擦，有效地提升工作效率，减少企业内耗，增加企业效益，是无论私营企业还是国有企业都非常需要的一门管理科学，具有广阔的发展前景。

华威大学传媒专业的最大特色，就是没有纯媒体专业。华威大学所涉及的专业都是和媒体打了个擦边球，不是和管理策略层面挂钩，就是文化创意相结合。在这个每所大学几乎都有新闻学院的时代，华威大学恰恰特立独行，不仅没有专门的新闻学系，还利用本来学校的所长为传媒产业增加附加值。作为一个可以和不同领域结合，且实践性强的新闻专业来说（除新闻理论研究外），这无疑是在新闻专业饱和的情况下，另辟蹊径，独树一帜。

（付方达　杨庐峰）

16.3　日本新闻传播教育最新动态

日本高等新闻教育以“重学轻术”著称。作为科技大国、媒介大国，日本的高等新闻教育在应对传媒业的巨大变化，解决媒介发展与人才培养之间关系等问题上的方略，可以为当下我国新闻教育转型提供思路和镜鉴。

在日本，可供各个高校毕业生选择的大众传播业相关产业统称为“信息通信业”，包括固定·移动电子通信业、公共·民间有线广播电视业、软件业、信息处理·提供服务业、网络服务业、影视信息制作·供给业、语音信息制作业、报纸、出版、广告制作等诸多行业。结合各大学毕业生就职具体情况，可将影视编导、播音主持、艺术设计等与“信息通信业”统称为全媒体领域。为了便于考察日本高校新闻人才培养的全媒体目标，我们以是否有毕业生到全媒体领域就职为第一检索要件，共检索到181所大学，选取了其中145所大学作为研究样本。同时，日本文部省会在每年3、4月期间发布高校上一个年度的就职状况，高校也会在5月份的网站上公布前一年的毕业生去向，一些就业培训机构更是及时更新各个企业用人情况。本节结合上述资料将2015年日本145所高校毕业生的媒体就职特点归纳为以下两个方面：

16.3.1　大型传统媒体企业的名校取向与地方高校的区域性选择

大型的媒体企业在日本主要是指NHK、富士电视台、日本电视广播网、《朝日新闻》《每日新闻》、电通公司等。从目前状况来看，最受他们欢迎的毕业生多来自区域性的国公立大学和东京的私立大学。近5年来，各个高校在这几家大型媒体企业就职情况如表16-1所示：

表16-1　**2011—2015年各大媒体企业用人毕业院校情况统计表**

	NHK	富士电视台	日本电视广播网	朝日新闻	每日新闻	电通公司	合计
早稻田大学	234名	41名	24名	58名	33名	124名	514名
庆应义塾大学	138名	28名	33名	35名	4名	169名	407名
东京大学	79名	3名	9名	24名	8名	69名	192名

续表

	NHK	富士电视台	日本电视广播网	朝日新闻	每日新闻	电通公司	合计
明治大学	35 名		5 名	10 名	11 名		61 名
京都大学	34 名	3 名		13 名	6 名	31 名	87 名
法政大学	30 名		6 名				36 名
立教大学	29 名	4 名		11 名	6 名	18 名	68 名
上智大学	25 名	7 名			7 名	11 名	50 名
中央大学	24 名		6 名	12 名	4 名		46 名
立命馆大学	24 名	4 名			11 名		39 名
青山学院大学		4 名				15 名	19 名
东京外国语大学			3 名				3 名
神户大学				12 名			12 名
同志社大学				9 名	6 名		15 名
大阪大学				11 名	18 名		29 名
关西大学					5 名		5 名
九州大学					4 名		4 名
日本大学					4 名	11 名	15 名
一桥大学						14 名	14 名
多摩美术大学						11 名	11 名
合计（20 所）	652 名	94 名	86 名	195 名	127 名	473 名	1627 名

数据来源：http：//shukatsu-road. com/category/大手企業採用大学別就職者数（過去 5か年）

表 16-1 显示，早稻田大学的毕业生在 6 家大企业就职的超过 31%，庆应义塾大学占 25%，而这两所大学和闻名欧美的上智大学一起被称为“早庆上”，是日本最高水平私立大学的代表，在 2016 年 QS 亚洲大学排名中分列 41、42 位。QS 亚洲大学排行榜中东京大学排名 13，京都大学排名 15，大阪大学 17，九州大学 32，神户大学排名 85，一桥大学排名 88。日本著名的“MARCH”是东京都内 5 大名门学府的统称，它们分别是

明治大学、青山学院大学、立教大学、中央大学和法政大学，悉数上榜。这些名牌大学是日本媒体企业用人首选目标，企业非常重视毕业生的出身，其他名不见经传的学校的毕业生则很难有机会跻身其中。

正因为如此，不少地域性大学另辟蹊径，为学生选择地方媒体、小型媒体、新媒体作为就业方向，以便增加就业机会。在检索到的以日本东北学院大学为首的佐贺大学、大分大学、骏河台大学、北海道教育大学等 30 余所地区性大学就明确表示以培养本地区媒体所需人才为目标，规避与一流大学的竞争，以区域性、灵活性取胜。截至 2016 年 5 月，北海道教育大学应届毕业生非教育相关岗位就职 76 人，其中 9 人在信息通信领域就职，主要单位是本地区的秋田放送、北海道兼职信息公司、富士通系统东部公司、北海道新闻社、北海道放送、日本 IBM 解决方案服务有限公司、SOC 软件开发有限公司。同在北海道的北海道大学设有教育学院，虽然以培养服务教育行业的人才为主，但也有毕业生在大众传播领域就职，就职人数仅次于教育行业，职位集中在地方媒体，如北海道文化放送、北海道新闻社、静冈新闻社、东海电视台、福岛电视台等。

16. 3. 2　艺术类和理工类专业毕业生全媒体就职有优势

随着新媒体的个性化发展，艺术专业毕业生以艺术设计优势，理工科专业毕业生以技术技能优势在应聘时独得先机。在上述 145 所大学中包含艺术专业 11 个，理工专业 13 个，艺术类专业以美术为主，只有仙台大学体育学院设有体育信息大众媒体专业，培养体育新闻记者。美术专业毕业生深受图书设计、广告设计、电通（艺术）、NHK（艺术）、影视制作、动画设计、网络设计等公司的欢迎。

武藏野美术大学创立于 1929 年，是一所在日本具有代表性的美术与造型设计多学科综合性大学。学校的教育理念为“培养具有高度综合文化素质的艺术家”以及“抵达人性的真正自由之美术教育”；近年来在宽视野、精专业的理念基础上开拓新的媒介领域，培养社会适用人才。例如造型学院的视觉传达设计系、影像艺术学系、艺术文化学系、设计信息学系毕业生在大众传播业应聘时就具有明显的竞争优势。2016 年全院 1000 多名学生的就业率是 91. 3%，在印刷、广告、出版、设计、影视以及信息通信等领域的就业率是 61. 1%，具体就职领域分布情况如图 16-1 所示。

理工科大学毕业生以科技为依托成为信息行业的新宠。东京工科大学最早在日本建立的传媒学院，学院除了基础媒体课程外还分设媒体内容、媒体社会、媒体技术三个系列课程讲座，突出了媒介研究的三个核心问题。2015 年传媒学院就业率 91. 99%，在全媒体领域就职的占 51%，其中信息服务类 37%，广告、印刷类 4%，影像制作类 10%，如图 16-2 所示。

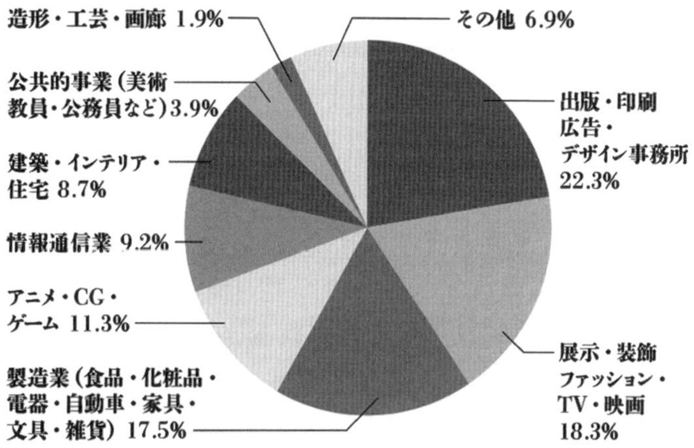

图 16-1　武藏野美术大学 2016 年就职领域统计图

数据来源：http：//www. musabi. ac. jp/career/alumni/data/#anchor4

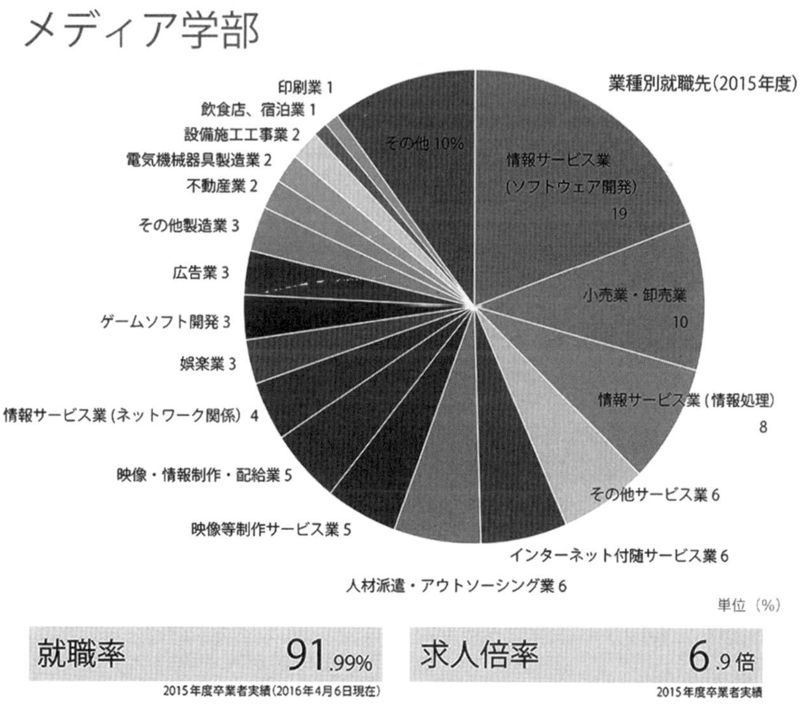

图 16-2　东京工科大学 2015 年就职分布情况统计图

数据来源：http：//www. teu. ac. jp/employment/emp_common/images/ms-graph. jpg

在武藏野美术大学能与传媒学院的技术优势比肩的是设计学院的艺术优势，其2015年的就业率是93.33%，其中印刷、广告出版、影像制作占到18%，网络13%。设计学院的学生凭借学校的工科背景和专业的设计能力获得了30%以上的全媒体就职机会。

另外，比较一下上智大学的新闻学系和理工学系，我们更容易看到理工专业学生受欢迎的程度。2015年上智大学整体就业率为98.1%，为近三年来最高。文学院就业率为89.4%，其中88人在信息通信业就职，约占19.1%，其中新闻学系有33人，占到37.5%，信息理工学系有34人到信息通信岗位就业，占比38.6%。上智大学几乎每个学系都有毕业生到信息通信业就职，但新闻学系并不是最多的，信息理工学系以其技术优势名列榜首。具体如表16-2所示。

表16-2　**上智大学各学系毕业生信息通信行业就职统计**

学院	学系	信息通信业人数	占比（%）
神学院	神学系	3	0.9
	合计	3	0.9
文学院	哲学	12	3.6
	史学	2	0.6
	国文学	12	3.6
	英文	15	4.6
	德文	4	1.2
	法文	10	3.1
	新闻学系	33	10.1
	合计	88	27
综合人类科学院	教育学	6	1.8
	心理学	7	2.1
	社会学	11	3.4
	社会福祉学	4	1.2
	看护学		
	合计	28	8.6

续表

学院	学系	信息通信业人数	占比（%）
法学院	法学系	22	6.7
	国际关系法学系	9	2.8
	地球环境法学系	7	2.1
	合计	38	11.7
经济学院	经济学系	24	7.4
	经营学系	20	6.1
	合计	44	13.5
外语学院	英语学系	24	7.4
	德语学系	9	2.8
	法语学系	4	1.2
	西班牙语学系	6	1.8
	俄罗斯语学系	2	0.6
	葡萄牙语学系	6	1.8
	合计	51	15.6
国际教养学院	国际教养学系	20	6.1
	合计	20	6.1
理工学院	物质生命理工学系	10	3.1
	机能创造理工学系	9	2.8
	信息理工学系	34	10.4
	电气电子工学系	1	0.3
	合计	54	16.6
合计		326	100

数据来源：根据《上智大学 2015 年度卒業・修了者進路状況報告書》整理

上述毕业生就业特点与全媒体背景下高校的教育理念、培养方案、人才培养目标密不可分的。就业方向和就业率是教育理念的最终呈现，也是人才培养目标是否与社会需要、市场需求吻合的评价指标。日本高校新闻教育应对全媒体市场需求主要体现在以下 4 个方面：

（1）更新人才培养观念，扩展全媒体就职领域。从历史上看，日本高校的新闻传播研究经历了新闻学研究、传播学研究、大众传播学研究、社会信息学、灾情信息研究等几个主要阶段，人才培养一直秉承“重学轻术”的理念。直到2004年东京大学社会信息研究所并入信息学院，高校新闻教育逐渐式微，2005年4月日本最早开设与本科教育相衔接的新闻学硕士研究生课程的京都同志社大学的新闻学专业更名为“媒体学系”，突出了大学的社会服务职能，传统的以“新闻学”命名学系的三足鼎立之势（上智大学新闻学系、同志社大学新闻学专业、日本大学新闻学系）被破解，只剩下最古老的上智大学文学院新闻学系和年轻的日本大学法学院新闻学系。十年后的今天虽然基本格局未变，但是以媒体命名的院系骤增，传统的重视学理的新闻教育理念已经悄然转向服务社会的应用型理念，高校新闻教育正在走出象牙塔。下面我们以上智大学新闻学系为例看看新闻教育理念是如何变化的。

上智大学文学院新闻系是日本最早以培养新闻记者为目的建立起来的正规高等新闻教育机构，虽然“以培养新闻记者为唯一目的”，但一直以来并不重视采、写、编、评等新闻实务技术的教学，而是以培养学生的社会批判能力和监督社会的使命感为己任。在2005年高校改革的大背景下，作为一个转折点新闻学系的培养目标发展为“重视具有正确判断能力社会人的培养”。而今，新闻学系强调根据“既不偏重理论也不偏重实践的广泛教育”理念，力争在高度媒体化社会，从理论和实践两个方面均衡地扩展新闻事业、传播、媒体、信息等领域的专业知识，扩展新闻研究的对象，提出了全媒体的概念，即以报纸、广电、出版、影视、广告等大众媒体以及电信、互联网等新媒体为对象，研究它们的社会责任、职能、产生的社会影响等问题。

上智大学在2011—2015年的5年间有50人在各大媒体就职，如表16-1所示，其中2015年《朝日新闻》《日本经济新闻》《读卖新闻》5人，广告公司4人，而在全媒体概念下的信息通信领域就职的总计有323人，也就是说，相较传统媒体新媒体更需要大学毕业生。新闻学系的培养目标迎合了媒介市场这一新需要，提出面向所有媒体培养人才的理念。新闻学系现任主任音好宏教授表示，毕业生确立的就职目标除了传统的报纸、广电、电影、出版、广告等大众媒介企业之外，还有像通信、调查、网络等相关的广义的媒体信息产业。据统计，新闻学系每年在传统媒体（报纸、广电、出版、广告）就职的占40%左右，有50%则在网络新媒体、一般企业、行政、非营利组织就职，10%的学生选择考研深造。这些数字虽然并不直接代表新闻学系的培养方向，但是总体来看，新闻学系毕业生就业领域的宽泛性特点更能说明其教育理念与新媒体时代社会需求的相关性，也是提升与理工类、艺术类毕业生竞争力的结果。

（2）人才培养方式灵活，重视校企衔接。日本大学法人化改革以来，不论私立大学还是国公立大学都在寻求更大的就业市场，以就业为目标的人才培养方式更注重与企业的合作共赢。日本的企业具有家族式特点，单独组织聘用考试，人才聘用标准也不尽相同，所以学校邀请各大媒体工作人员为毕业生开设应聘指导讲座成为人才培养的重要环节。企业的需求影响大学人才培养目标的制定，学生的需求成为大学人才培养的出发点。为此，各个大学尽量提高培养方式的丰富性、课程设置的灵活性。例如御茶水女子大学，并没有新闻传播学相关教育，但是近 3 年各个学院都有到著名的日本广播协会就业的毕业生，而且 2015 年信息通信领域就业率理学院以 36.4%高居榜首，文教育学院为 22.4%，生活科学学院为 16.7%。学校在专业教育的初级阶段推出了“文理融合 Liberal Arts（公共课教育）”的教养教育内容，打通文理界限，建构学生完备的知识底蕴。为了培养学生的自信、交往能力、跨领域的视野和对变化的判断力，学校从 2011 年开设了“多种课程选修”制度，学生可以灵活地将“主干课程”“强化课程”“辅修课程”“跨学科课程”联系起来，可以不局限于目前为止所学的知识深度，自由而系统地学习与自己需求相符合的知识、技能。

在上述 145 所高校中，设有大众传播学相关学院建制有 13 所大学，设立相关学系的有 33 所大学，单独设立专业的有 4 所大学，开设相关课程（“コース”）的有 5 所大学。一些大学没有大众传播专业的相关建制，但是会开设各种讲座课程（“講座”），如有 28 所大学开设大众传播就业指导讲座，有 11 所大学开设相关系列媒体讲座课程，5 所大学开设大众传播研讨学习班（“ゼミ”），还有 4 所开设相关专业课外培训班（“塾”）。也有一些大学不仅有完备的院系建制、相关课程而且也开设相关就业指导讲座，如早稻田大学、上智大学等。

也可以说，在 145 所大学里只有 34.5%的学校设有专业以上的大众传播学建制，更多学校的相关课程是通过各种讲座，甚至是收费性质的培训班完成教学的。比如京都精华大学通过开设“精华媒体学校”大众传播讲座，聘请业界精英为学生提供就职指导，该校不仅人文学院的毕业生可以到电通公司、讲谈社、工业日报社、宙出版社等媒体企业就职，而且艺术学院的毕业生到广告、印刷、舞美音响等文化传播制作行业就职的也很多。再如上智大学文学院，2015 年有 88 名毕业生到全媒体领域就职，占了全院毕业生总数的 27%。学院为帮助学生就职，除了培养学生超强的学习能力、语言技能以及利用首都的地理优势之外，会定期为学生举办大众媒体就职洽谈会、就业援助计划“媒体研究”系列研讨会，设置了研究广播、出版、广告等媒体行业的研讨班，以及由各家公司组织的媒体公司说明会等，实现学生与用人单位的无缝对接。人才培养的最后 1 米距离应该是架起在校企之间的桥梁，而这一做法与十年前大相径庭。

（3）转向媒体、信息研究，突出应用特色。在调查的 145 所高校中，开设与新闻传播学相关的院系、专业、讲座多以“信息”“大众传播”“媒体”“影视”等命名，设有相关学院的 13 所大学分别是立命馆大学影视学院、东京工科大学媒体学院、群马大学社会信息学院、四国大学经济信息学院、长崎县立大学国际信息学院、筑波大学信息学群知识信息图书馆学类、青山学院大学社会信息学院、驹泽大学全球·媒体·明星学院、北海道大学国际宣传媒体·观光学院、未来大学系统信息科学学院、骏河台大学媒体信息学院、文教大学信息学院、江户川大学媒体传播学院。其中以“媒体”命名的有5所，以“信息”命名的有7所，可见，“媒体”与“信息”已经成为日本高校新闻教育目标的新方向。这种转向在教师的研究领域中也有所体现，我们以上智大学新闻学系为例，将各位教授的研究方向归纳如表16-3所示：

表16-3　　**上智大学新闻学系各位教授的研究方向**

教授	碓井広義	媒体与文化、节目制作论
教授	小此木潔	新闻业在解决危机和社会问题中的责任
教授	音好宏	媒体论、信息化与社会变动、信息产业论
教授	鈴木雄雅	媒体学、新闻学的历史·社会史、大洋洲地区研究
教授	田島泰彦	媒体伦理法规中表达自由、人权研究
教授	水島宏明	电视、网络等的新闻理论、贫穷与媒体
教授	渡邊久哲	舆论研究、社会调查、营销管理、广播电视理论
副教授	阿部るり	种族、性别视角的媒体社会学研究
副教授	柴野京子	以出版为中心的近现代媒体产业、流通、文化研究

资料来源：http://www.sophia.ac.jp/jpn/program/UG/UG_Human/UG_Human_journalism，人名未翻译

新闻学系的教授们努力地将研究方向向媒体靠拢，是学术研究整体风向的转变，也是新闻专业教育市场定位的必然追求。新闻学系虽然并未像同志社大学那样更名为媒体学系，但是研究内容和课程内容却基本转向了媒体学领域。

课程是实现教育目标的具体过程，从课程设置上来看，上智大学新闻学系媒体实践课程的比重也明显增加。2016年，新闻学系增加了媒体研究内容，并设置“媒介传播”“新闻事业”“信息社会·信息文化”3个讲座课程，着重培养媒介所需人才，扩展新闻专业领域成为当前的首要任务目标。一年级学习传播学的基础理论，在研讨Ⅰ（媒体设计、媒体系统）报纸、广播、电视课程基础上开设资料调查、电视节目制作课程；二年级开始的必修科目包括新闻事业和大众传媒的历史、原理，以及国际传播论等。研讨课程Ⅱ～Ⅳ也是从二年级开始，采用小班制授课，着重在学生各自的研讨论题中养成学生

批判性的思考方式、研究能力以及实践能力。与 10 年前相比，增加了媒体业务课程，并将电视节目制作提前到了一年级，突出了媒介实践内容的地位。在新闻学系的限定选修课程模块中我们可以看到 A-C 模块以报纸、广电、出版的制作方法、国外新闻事业、新闻报道英语等为主，D 模块安排的是接触专业知识、实践的课程。与 10 年之前的模块设计相比较来看，A 群课程中增加了出版领域的内容，扩大了大众传播业的外延，并且增加了 D 群的实践课程。

扩展新闻教育领域，转向关注媒体与信息领域，增加实践应用内容，是日本新闻教育选择应对非传统新闻专业的就职挑战的首要策略；因为各个专业都已经将触角伸入到了以信息通信为核心的全媒体领域，传统的新闻教育调整策略，利用现有传播领域的优势满足媒介市场需求是其发展的必由之路。

（4）坚持综合素质养成教育，提升就业几率。尽管当下传统的新闻教育转向了全媒体教育，重视新闻专业课程的应用性内容，为学生就职提供服务，但在日本高校中仍有一些教育内容从未改变过，那就是综合素质的养成教育，不同时期对综合素质的内涵有不同的表述，但是综合素质教育从来都不曾中断。当下的媒体环境不同于传统媒体时代，媒体概念外延扩大，任何媒体专业技能都无法满足媒介日渐张扬的个性化、即时性、交互性以及迅猛发展的媒介科技的需要。所以，在拓展研究领域，为学生提供全媒体知识技能的同时，日本高校还坚持把具有提升学生潜质功能的综合素质作为培养目标之一。

在全媒体时代，综合素质不仅包括基础知识、科学素养、意志品质，媒介素养也成为必要的素质。对于非新闻传播专业的学生来说，综合素质是应对新媒体更新、更快发展的基础，也是适应社会的基本条件；而对于新闻专业的学生来说，要求在掌握技术同时还要具有一定的发展潜力，用以进一步接受新媒体、使用新媒体、研发新媒体技术，甚至是批判新媒体。

新闻学具有跨学科的性质，不论任何时期，广博的基础知识一直都是各个大学新闻学系主要的教学内容。上智大学新闻学系主任音好宏教授指出，新闻学系学习的是民主主义社会必不可少的，理解新闻事业、媒体世界必须具备的，在媒体世界能够更好生活的知识、能力，也是现代高度发达的信息化社会中作为社会人所必需的能力即媒介素养。新媒体时代，通过部分课程的微观调整，新闻学跨学科的特色和国际性成为上智大学新闻学系这一阶段的一大特色，不仅仅研究报纸、广播电视，还结合了与此相关联的传播理论、心理学、社会学、社会心理学、历史学、政治学、经济学、文化人类学、哲学等，从而提升学生的综合素养。上智大学新闻学系的培养目标也从新闻记者、社会人扩展到全媒体人、普通工人、社会人，突出了媒体的社会影响力，新媒体的深入发展迫使学生只有学习更丰富的媒介知识才能适应现实生活。

另外，在抽样的 145 所大学中有 44 所大学（占总数 30%）虽然没有相关专业、课程，甚至也没有讲座，但是仍有毕业生在全媒体领域就业，这与用人单位的企业文化有关，更与高校的媒介素养教育有关。对于非新闻专业的学生，很多高校提供媒介素养教育，比如日本国际基督教大学、一桥大学等没有大众传播相关本科专业，但是全媒体就业率却是一直领先，究其主因就是它们都非常重视对学生综合素质教育。

国际基督教大学是一所宗教大学，但也是一所著名的综合大学，该校强调全球化无国界的教育理念。综合判断能力、创造性的思考能力、高水准的语言能力以及快速应对社会变化的能力，是其人才培养的目标。尽管学校没有大众传播相关教育，但是学校注重培养学生对大众传播知识的兴趣，对客观事物丰富的好奇心，结合判断能力、思考能力、语言能力的培养，2015 年就业率为 95. 1%，全媒体就业率为 24. 7%，其中大众传播业 8. 2%，信息通信业 16. 5%，具体职业以记者、评论员、播音员居多（如图 16-3 所示）。

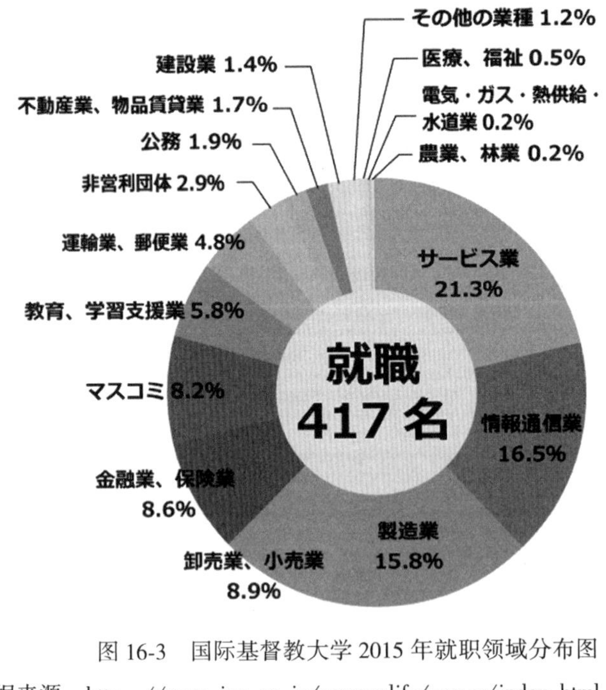

图 16-3　国际基督教大学 2015 年就职领域分布图

数据来源：http：//www. icu. ac. jp/campuslife/career/index. html

到媒体就业不一定要在新闻专业学习，一直以来都是日本社会的共识，因为媒体企业更看重毕业生的综合素质，而不是所学专业。一桥大学也没有全媒体教育，但学校一直饱有热爱新闻事业的传统，学生们热心地区公益活动、关心社会问题、自办刊物，因而社会学院的毕业生非常受媒体的青睐。可以说，日本高校选择以坚持素质教育来应对飞速发展的媒介技术，应对媒体市场目标的变化，在培养普通公民和就职者方面都非常具有现实意义。

◎参考文献：

[1] 上智大学 2015 年度卒業・修了者進路状況報告書 . 35.

[2] 武藏野美术大学進路・就職状况，http：//www. musabi. ac. jp/career/alumni/data/#anchor4.

[3] 東京工科大学進路・就職状況，http：//www. teu. ac. jp/employment/emp_ common/images/ms-graph. jpg.

[4] 上智大学進路・就職状況，http：//up-j. shigaku. go. jp/school/category04/00000000261801000. html.

[5] お茶の水女子大学就職・資格・進学，http：//manabi. benesse. ne. jp/daigaku/school/1130/syusyoku/index. html.

[6] 上智大学文学部新聞学科 . 上智大学新聞学科五十年の記録［M］. 東京：三美印刷株式会社，1981：34-60.

（马　嘉）

第 17 章　中国新闻传播教育大事记（2016）

1月

1 月 7 日，清华大学新闻与传播学院官网报道，该院纪录片《喜马拉雅天梯》被《人民日报》列为五部年度电影之一。《人民日报》盘点 2015 年国产电影的成绩，由清华大学新闻与传播学院清影工作室制作的纪录电影《喜马拉雅天梯》《刺客聂隐娘》《烈日灼心》《狼图腾》《大圣归来》五部影片被列为年度电影。该片在全国公映时引起了强烈反响，也成为该年度票房收入最高的纪录电影之一。该片由清华大学新闻与传播学院常务副院长院尹鸿教授任总策划、雷建军老师任制片人、梁君健老师联合导演。在 2015 中国纪录片学院奖中，该片还获得了最佳摄影奖。

1 月 8 日夜，新中国新闻教育和研究的奠基者、新中国舆论学理论研究和舆情调查的开拓者、著名新闻理论家和教育家、中国人民大学荣誉一级教授甘惜分教授逝世，享年 100 岁。从 1 月 9 日开始，微博、微信上出现了大量的虚拟悼念仪式；1 月 14 日上午，甘惜分教授遗体告别仪式在北京市八宝山殡仪馆举行。

甘惜分 22 岁奔赴延安，战争年代投身新闻工作。20 世纪 50 年代，新中国急需培养一批新闻工作者，甘惜分成为中国第一个新闻学副教授，撰写了第一本新闻学教材。他曾培养了新中国第一届新闻理论专业硕士，主编我国第一部大型新闻学辞书。2015 年，他获颁“中国人民抗日战争胜利 70 周年纪念章”。

1 月 9 日，由全国高等学校教学研究中心、“爱课程”网主办的中国大学 MOOC 2015 年度工作研讨会在京召开，来自全国 40 余所高校的 200 余位课程主讲教师代表、教学管理者代表与会。中国大学慕课“网络素养”课程主持人张志安教授获评“中国大学 MOOC2014—2015 年度优秀教师”称号。

1 月 13 日下午，清华大学新闻与传播学院人事制度改革启动仪式举行。校党委副书记、副校长姜胜耀出席会议并讲话，启动仪式由院党委书记金兼斌主持。姜胜耀代表学校对新闻与传播学院人事制度改革工作的正式启动表示热烈祝贺，对学院全体教师以行动支持学校整体人事制度改革表示衷心的感谢。院党委书记金兼斌教授代表全院教师向学校和人事处在两年多时间里对学院人事制度改革所给予的支持、指导和帮助表示感谢。他指出，随着互联网和新媒体的迅速发展，新闻传播学科正在面临着全新挑战，新闻传播学科的发展将以人事制度改革为契机，做好长远规划，形成一支具有突出的教学能力、一流的科研水平、较大国内外学术影响和社会影响的教师队伍，为建设与国家发展需要相适应的具有中国特色的国际一流、国内领先的新闻传播学科提供坚实基础。

1 月 11 日，中国人民大学新闻学院官网发布消息，自 2016 年起，人民大学新闻学院博士生招生考试实行“申请—审核—复试（综合考试）”制选拔模式。

阿里巴巴首届全国大学生新闻评论大赛评选结果于 1 月 18 日揭晓：浙江大学的黄琬钧、河南大学的王铭洲、中山大学的陶鋆和郭嘉聪、浙江传媒学院的叶梦晗等 5 位同学喜收金奖。此外有 10 篇作品获银奖，20 篇作品获铜奖，21 篇作品获优胜奖。阿里巴巴评论大赛由中国国家互联网信息办公室指导，浙江大学新闻与传播学系和《钱江晚报》社合作主办，旨在增强学业两界合作，发现潜在优秀评论人才。

1 月 25 日，教育部人文社科重点研究基地中国传媒大学广播电视研究中心联合国家语言资源监测与研究有声媒体中心在京发布了《中国企业国际传播力（2015）》研究报告。该报告为首部研究中国企业国际传播力的报告，报告指出：2015 年中国企业国际传播力整体偏弱，BAT 的提及量名列前三强；中国企业整体呈现“新”“最大”“国有”“亚洲的”“全球的”“在线”“移动”七大特征；2015 年中国企业的英文媒体关注度整体很低，彭博社、路透社和《华尔街日报》网站的提及量最高。

2 月

2 月 19 日，中共中央总书记、国家主席、中央军委主席习近平在北京主持召开党的新闻舆论工作座谈会并发表重要讲话。他强调，党的新闻舆论工作是党的一项重要工作，是治国理政、定国安邦的大事，要适应国内外形势发展，从党的工作全局出发把握定位，坚持党的领导，坚持正确政治方向，坚持以人民为中心的工作导向，尊重新闻传播规律，创新方法手段，切实提高党的新闻舆论传播力、引导力、影响力、公信力。习近平在讲话中强调，新闻观是新闻舆论工作的灵魂。要深入开展马克思主义新闻观教育，引导广大新闻舆论工作者做党的政策主张的传播者、时代风云的记录者、社会进步的推动者、公平正义的守望者。

3 月

3 月 4 日至 15 日，中央广播电台“中国之声”栏目在全国两会期间推出的特别节目——《直通北上广》每晚在黄金 7 点播出。节目在北京、上海和广州三地，邀请复旦大学、中国人民大学和中山大学的新闻传播学科学生作为志愿者，通过街访的方式收集“北上广”群众的真实声音。

3月7日，PP体育与上海外国语大学新闻传播学院共建签约揭牌仪式举行。PP体育CEO张讯、新闻传播学院副院长严怡宁共同为共建项目揭牌，在PP体育工作的上外校友徐隽以及24位新传学院的同学参与了揭牌仪式。

3月7日，教育部批准的“中传—密苏里传播学中外合作办学本科”正式揭牌。这是美国新闻传播学最具影响力的密苏里新闻学院在我国首个联合开设的本科传播学学位。

3月8日，美国密苏里大学新闻学院院长戴维·柯皮尔斯（David Kurpius）博士、副院长弗里兹·克罗普（Fritz Cropp）博士和环球交流项目部中国合作项目主任章于炎（Ernest Zhang）博士一行来清华大学新闻与传播学院参观访问，就院系合作和联合培养等合作项目进行了座谈。

3月8日上午，中国传媒大学新闻传播学部国际新闻传播硕士班6名同学前往梅地亚新闻中心，参加了十二届全国人大四次会议的外交部记者会，这是国新硕士班的学子第二年深入两会现场。在记者会现场，同学们与现场的各大媒体记者共同聆听了外交部长王毅就有关“中国的外交政策和对外关系”的答记者内容，观摩一线记者的工作状态。

3月21日，美国康奈尔大学终身教授Marianne E. Krasny做客清华大学新闻与传播学院，与同学们交流了她在MOOC平台上开设公民环境教育课程的经验。

3月24日，俄罗斯报社社长巴维尔·涅戈伊察访问中国人民大学新闻学院。俄罗斯报社副社长兼国际项目主任叶甫盖尼·阿波夫、《透视俄罗斯》驻华代表亚娜一同来访。双方就“中国人文社会科学论坛2016：中俄新闻教育与传媒发展”的合作以及人员培训、学生实习等事宜进行了磋商。

3月25日，由复旦大学新闻学院新媒体传播专业硕士项目与财新传媒合作的首届“复旦—财新VR内容创作工作坊”在新闻学院举行。财新传媒视频部总监邱嘉秋及其团队受邀参与了本次活动。新媒体传播专业硕士项目主任周葆华教授主持，学院30多位师生聆听、参加了活动。

3月26日，由南京大学新闻传播学院主办的中国新闻史学会新闻传播思想史研究委员会成立大会暨第三届中外新闻传播思想史高峰论坛在南大鼓楼校区举行。来自清华大学、复旦大学、南京大学、中国人民大学等国内知名高校新闻传播学院的一百余位学者出席此次盛会。此次会议探讨的主题包括“传播思想的尺度问题”“跨文化传播视野中的他者化难题”“新媒体环境下的传播观念”等传播思想史领域的重要问题。

3 月 26 日，由中国新闻史学会舆论学研究委员会主办、人民网舆情监测室承办的第二届中国舆论学论坛在人民日报社召开。论坛开幕式由人民网副总编辑、舆情监测室副主任、人民在线总经理董盟君主持。舆论学研究委员会会长谢耘耕教授在致辞中指出，当下应协同创新，创立和完善我国舆论学学科体系，使之朝着成熟化、系统化、科学化、规范化方向快速发展。谢耘耕教授对中国舆论学科体系的建设提出初步构想，其中包括加强舆论学理论框架的创新，完善舆论学研究方法体系，出版会刊、教材、专著，培养复合型舆论创新人才和应用人才，建立学术规范，行业标准以及从业人员职业道德准则，构建舆论支持系统，设立舆论学学会奖等。

3 月 26 日，中国新闻史学会新闻传播思想史研究委员会成立大会暨第三届中外新闻传播思想史高峰论坛在南京大学举行。中国传媒大学陈卫星教授当选为新闻传播思想史研究委员会首任会长。

2 月 29 日，中国人民大学新闻学院承办的“理解中国、增进中非关系”主题课程培训班开班仪式举行。新闻学院党委书记蔡雯、外交部新闻司公共外交处处长王晓峰、中国人民大学国际交流处副处长李贞实、国际关系学院教授王义桅以及 22 名非洲记者等出席了开班仪式。

4月

4 月 8 日，上海外国语大学新闻传播学院与上海唯众传媒股份有限公司签署合作共建协议，双方将在人才培养和节目研发等方面开展深度合作。

4 月 16、17 日，2016 年清华大学新闻传播学博士生学术论坛在清华大学举办。论坛的主题为“传播权力转移与传播理论想象”。

4 月 16 日，“2016 年中国体育电视发展论坛”在中国人民大学新闻学院举行，此次论坛由中广联合会体育传播工作委员会与中国人民大学新闻学院联合主办，中国人民大学新闻学院广电系承办。论坛由中国人民大学新闻学院“91 届”毕业生、著名主持人张斌主持，中央电视台体育频道总监江和平、副总监方钢，北京电视台体育节目中心主任焦少波，广东广播电视台体育频道总监周纯，上海五星体育总经理翁伟民，《昆仑决》创始人、昆尚传媒董事长姜华，宏泰基金创始人盛希泰，探路者体育事业群总裁张涛，冠军 VC 创始人卞光明，中国人民大学新闻学院副院长周勇出席了此次会议。

4 月 19 日，外交部“周边外交进校园”活动走进中国传媒大学，也为该校跨部院组织的媒介与公共事务系列高端讲座第三季拉开了帷幕。当日下午，该校 200 名师生首先参观了“2015 周边外交成果展”，此后共同聆听了外交部亚洲司杨宇参赞的主题演讲。

4月25日，教育部学位中心评估处发布了“全国第四轮学科评估工作正式启动”的公告，其中附件2发布了各学科的A类期刊名单。进入A刊名单的新闻传播学国内期刊为：《新闻与传播研究》《国际新闻界》《现代传播和新闻大学》4家期刊；国外期刊为：*Communication Research*，*Journal of Communication*，*Journalism and Mass Communication Quarterly*，*Communication Theory*，*New Media & Society*，*Public Opinion Quarterly*，*Journalism Studies*，*Communication Monographs*（前四家为美国期刊，后四家为英国期刊）。因社会争议热烈，评估中心最终放弃了将A刊作为评估的重要标准，但A刊在新闻传播学术研究中依然产生了重要的影响。

4月26日，由复旦大学新闻学院、财新数据可视化实验室以及中美教育基金会联合举办的第二届“高校数据新闻报道比赛”颁奖典礼在复旦大学隆重举行。此次会议为聚焦环保主题的六项数据新闻佳作颁发了奖项，并围绕数据新闻领域的前沿发展进行了充分研讨。

4月26日，新疆大学新闻传播人才培训与咨询中心成立，该中心是新疆维吾尔自治区党委宣传部、自治区教育厅与新疆大学新闻与传播学院共建的项目成果之一。中心成立当天就开展了首项工作，即进行了“马克思主义新闻观教育培训班”开班典礼。来自自治区主流媒体的负责人、业务骨干，以及新疆大学新闻与传播学院、新疆财经大学新闻与传媒学院、新疆艺术学院的师生代表参加了为期2天的培训。

4月29日，中国新闻史学会官网公布了第二届“新闻传播学学会奖”获奖名单。优秀学术奖一等奖获奖名单：胡太春、夏倩芳、袁光锋；卓越学术奖：卓南生；杰出青年奖：周葆华；终身成就奖：何梓华、赵玉明；组委会特别奖：白润生、冯雪松；组委会特别成就奖：于友。“学会奖”由中国新闻与传播学界唯一国家一级学会中国新闻史学会主办，由教育部高等学校新闻传播学类专业教学指导委员会合办。

5月

5月6日，由清华大学新闻与传播学院主办，社会科学文献出版社、中国新闻史学会传媒经济与管理学会联合承办的“第七届传媒发展论坛暨《中国传媒产业发展报告（2016）》发布会”在清华大学举行。此次论坛的主题定为“影响未来的力量”，重点围绕互联网发展讨论影响未来社会发展和传媒发展的各种要素和力量。

5月6日，由中国传媒大学新闻传播学部师生团队设计制作的“民族团结一家亲”微信表情包正式在微信客户端上线，这是微信表情商店中首组以“民族团结”为主题的表情包。这一民族团结表情包以四名新疆小伙为动画人物原型，故事讲述的是2016年春节期间，四名新疆小伙在河南高速公路上看到一起交通事故，立即下车救助伤者一家，随即新疆小伙走红网络，他们的事迹感动了全国人民，入选“中国好人榜”。

5 月 14 日，中国新媒体传播学年会在杭州紫金港国际饭店隆重召开。此次年会由中国新闻史学会网络传播史研究委员会主办，浙江大学传媒与国际文化学院承办，年会的主题是“移动互联与传播创新”。

5 月 20 日，《中国新闻法制通史》出版研讨会在中国人民大学新闻学院召开。研讨会由中国新闻史学会主办，来自京津地区的十余位专家学者出席研讨会。《中国新闻法制通史》系 2007 年度国家社科基金重点项目和 2014 年度国家出版基金项目的终期成果，由南京师范大学出版社出版。作为首部全景式叙述中国新闻法制发展的专题性通史，共 6 卷 8 册，包括古代卷、现代卷、当代卷、港澳台卷、史料卷（2 册）、年表索引卷（2 册），总字数 595 万字。“中国新闻法制发展史研究”项目负责人倪延年教授任总主编，张晓锋教授等担任分卷主编。

5 月 20 日，云南日报报业集团与云南师范大学签署战略合作协议，成立南亚东南亚国际传播人才培训中心。根据协议，该培训中心将以长期学历教育和短期在职培训两种方式，培养南亚东南亚国际传播人才。为保障培训中心的顺利运转，双方拟将培训中心建设纳入各自领域的“十三五”规划建设项目，并开展分工与协作。

5 月 29 日，由南京大学媒介经济与管理研究所与江苏广播电视总台战略规划与媒体融合研究中心联合主办的首届江苏传媒产业发展论坛在费彝民楼举行。来自全省主流媒体（集团）和相关高校传媒学院的 50 多位专家学者齐聚南大新闻传播学院，对江苏传媒产业发展的热点、焦点和难点问题进行研讨，为江苏传媒业界创新发展提供智力支持。

6月

6 月 3 日，复旦大学、清华大学共建的“中国特色社会主义新闻学教学研究基地”在复旦大学新闻学院揭牌。中国特色社会主义新闻学教学研究基地由清华大学新闻与传播学院院长柳斌杰教授、复旦大学新闻学院院长尹明华教授担任联合主任。基地将致力搭建全国新闻传播理论工作者的交流平台，聚全国之力、共同探讨中国特色社会主义新闻学理论体系建设与理论内容创新。

6 月 6 日，武汉传媒学院正式揭牌，成为我国继中国传媒大学、浙江传媒学院、河北传媒学院、四川传媒学院、山西传媒学院、辽宁传媒学院后，第七所传媒本科院校。武汉传媒学院于 2004 年建校，前身为教育部批准成立的华中师范大学武汉影视工程学院；2007 年 3 月 26 日更名为华中师范大学武汉传媒学院。2016 年 4 月 21 日，教育部正式批准同意华中师范大学武汉传媒学院转设为武汉传媒学院，6 月 6 日正式揭牌。

6月8日，美国国务院主管公共外交与公共事务的次国务卿理查德·斯坦格尔（Richard Stengel）率团访问中国人民大学新闻学院，并就“中美人文交流新趋势与媒体角色”话题与学院师生座谈。

6月6日，上海市教育局公布了2016年度10个本科预警专业，它们是英语、国际经济与贸易、法学、工商管理、物流管理、新闻学、旅游管理、信息管理与信息系统、市场营销、行政管理。新闻学列入上海市预警专业，随后引起新闻教育界的关注和热议。

6月10日，经济日报报业集团《经济》杂志社与哈尔滨华德学院共建“大学生创新创业实践基地”揭牌，双方签署了“因为有你”全国大学生创新创业大赛实践基地战略合作协议。

6月12日，2016中国纪录片海外传播与翻译论坛在上海外语教育出版社大楼会议厅正式拉开帷幕。此次论坛由文化部、国家广播电视总局主办，上海外国语大学承办，北京语言大学协办。来自海内外30个国家的专家学者汇聚一堂，共同探讨中国纪录片的海外传播、翻译的历史、现状及未来的发展问题。

6月13日，国务院颁布《关于取消一批职业资格许可和认定事项的决定》（国发〔2016〕35号），决定取消47项职业资格许可和认定事项，目的是降低制度性交易成本、推进供给侧结构性改革，为大中专毕业生就业创业和去产能中人员转岗创造便利条件。取消的47项职业许可证包括数字视频合成师、网络编辑员、录音师等。

6月14日，国务院学位委员会、教育部、人力资源社会保障部联合发布《关于全国金融等28个专业学位研究生教育指导委员会换届的通知》，通知公布了新一届28个专业研究生教育指导委员会组成名单。其中，全国新闻与传播专业学位研究生教育指导委员会主任委员为孙寿山（现任国家新闻出版广电总局副局长），秘书处设在北京大学；全国出版专业学位研究生教育指导委员会主任委员为孙寿山，秘书处设在南京大学；全国艺术专业学位研究生教育指导委员会主任委员为董伟（现任文化部副部长），下设三个分委员会（包括戏剧戏曲与广播影视分委员会），秘书处设在中央音乐学院。

6月14日，由中国人民大学新闻学院主办的“国际传播学协会2016年会·北京后续会议”（ICA 2016 Beijing-Post Conference）在中国人民大学举行。会议吸引了来自美国、英国、德国以及国内高校的一众专家学者参加，主题为“媒介传播理论的反思与创新：比较作为权力的理论和作为理论的权力”。

6月16日，“2016第四届数字营销传播研究与应用国际研讨会”在暨南大学召开。此次会议邀请了众多学界业界重量级人物，是2016年全球数字营销传播产、学、研共襄盛举的一次大会，吸引了韩国东艺大学，以及中国的香港浸会大学、北京大学、武汉大学、华南理工大学、中国传媒大学、暨南大学、深圳大学等数十所高校的广泛参与。另外，凯洛媒体、凤凰数字科技、蓝色光标、时趣互动、互动派、钛铂新媒体、珍岛集团、牵牛科技、维拉沃姆、南康网络、云自媒科技、无忧我房、蜃境科技等知名企业积极参与。

6 月 17 日，中宣部、教育部在郑州召开 2016 年部校共建新闻学院工作推进会，深入学习贯彻习近平总书记系列重要讲话特别是在党的新闻舆论工作座谈会上重要讲话精神，总结交流部校共建经验做法，研究深化共建工作有效举措，更好培养造就高素质新闻后备人才。会上，新华社原总编辑、郑州大学新闻与传播学院院长南振中介绍了部校共建以来学院的发展情况。人民日报社、新华社、安徽省委宣传部、重庆市委宣传部、郑州大学、四川大学、暨南大学等部门单位相关负责人作了会议交流。

6 月 18 日，国务院学位委员会第七届新闻传播学学科评议组与 2013—2017 年教育部高等学校新闻传播学类专业教学指导委员会联席会议，在新国际交流中心举行。此次学科评议组工作会议的主要内容是讨论、编写新闻传播学《博士硕士学位授权点申请基本条件》（以下简称《基本条件》）。《基本条件》是学位授权审核的重要依据，是学位授权审核改革的重要基础。国务院学位委员会委托学科评议组编写《基本条件》，对保证我国学位与研究生教育基本质量具有重要意义。会前，学科评议组秘书处已向国内部分新闻传播学博士、硕士学位授权学科点及其所属单位征集《基本条件》编写意见，尽可能地在全面客观把握新闻传播学现有学位点基本状况的基础上，增强《基本条件》的科学性和可操作性。

第二届传播与公共性国际会议："身体、生活空间与移动媒体"于 2016 年 6 月 18—19 日在北京宾大沃顿中国中心举行。会议由浙江大学传媒与国际文化学院、宾夕法尼亚大学安娜伯格传播学院和威斯康星大学传播艺术系联合主办，由中国社会科学院新闻与传播研究所协办。来自全球各地的近 30 位学者参加了研讨。传播与公共性国际会议于 2015 年在浙江大学召开第一届会议，目的是为浙江大学与 SAGE 联合出版的英文期刊 *Communication and the Public* 提供一个国际学术交流平台。

由中国传媒大学新闻传播学部与美国国家传播学会联合举办的"全球化时代的传播、媒介与政府治理"国际学术论坛于 6 月 18 日在中国传媒大学隆重举行。来自中国、美国、芬兰、巴基斯坦等海内外高校百余名学者齐聚一堂，围绕新媒体环境下管理机构如何与时俱进、加深合作，实际有效地应对传播中的压力与挑战进行了深入探讨与交流，论坛为期两天。

6 月 18 日，由北京大学、美国夏威夷大学、北京环球时报公益基金会共同举办的第三届中美媒体论坛在北京大学燕京学堂报告厅举行。该届论坛聚焦中美媒体对话，剖析政治、经济、外交三大话题，是巩固中美之间人文交流的重要活动之一。

6月24日，中国传媒大学胡正荣副校长会见了来访的加纳国家媒体委员会主席瓦茨·格安·阿彭腾（Kwasi Gyan-Apenteng）一行，双方并就两国传媒人才培养合作等事宜举行了会谈。

6月25—26日，中国新闻史学会外国新闻史研究委员会学术年会在广州暨南大学召开，此次年会以“新媒体、新挑战、新机遇”为主题。中国新闻史学会在会议期间颁发了第二届“新闻传播学学会奖”，并对外国新闻传播史研究委员会、新闻教育史研究委员会、网络传播史研究委员会3个“优秀二级分会”进行了表彰。

6月26日，湖北省委宣传部与武汉大学共建新闻学院院务委员会第二次会议暨省新闻宣传与舆论引导座谈会在武汉大学召开。部校共建的湖北省新闻传播能力建设研究中心正式成立。该中心挂靠新闻与传播学院，由湖北省委宣传部与武汉大学共同建设。中心以湖北省新闻宣传、舆论引导、传播创新、新媒体发展、媒体融合等领域研究为核心，以增强和提升湖北省新闻传播能力为重点，努力打造立足湖北、面向全国、着眼世界的新闻传播能力建设研究基地和国家新型智库，为湖北省和国家开展新闻宣传、舆论引导和对外传播工作提供科学的理论指导和坚实的决策支持。

6月25日，中国新闻教育史学会第二届第四次常务理事会暨中国新闻传播教育年鉴编委会第二次会议在石河子大学文学艺术学院召开。会议主要总结了中国新闻教育年鉴2016年版的编撰经验，研讨了《中国新闻传教育年鉴（2017）》的主要内容和编撰分工。

6月27日，复旦新闻学院官网发布消息：在上海市委宣传部和学校领导的关心支持和统筹下，复旦大学上海新媒体实验中心开始推进建设，中心的项目运行已经有了实质性启动。以新闻学院图书馆为基础设施空间的新媒体实验中心，将以大数据分析为核心，对应于互联网时代正在发生的社会生活变化和需求，推进新闻教学科研转型、服务于媒介、用户、社区、社会和城市建设。建成后的中心是一个服务教学科研、促进学界业界交流融合、面向国家新媒体发展战略的多功能开放式跨界创新平台。拟建有全媒体内容实践区、数据采集汇聚分析区、可视化传播实验区、创新展示体验区、远程连线空间、新媒体创新工作室等功能平台，预计于2017年全面启用。作为上海市委宣传部和复旦大学共建的重要项目，中心实行边创建、边运行。中心的功能设计曾经广泛听取了国内外100多位来自学界、业界和跨学科专家、学者的意见和建议。工作团队也先后到密苏里大学未来实验室、哥伦比亚大学布朗中心、宾州大学新媒体项目研究中心、英国牛津大学互联网研究中心和香港城市大学新媒体实验室，以及国内著名大学的实验室考察学习，并建立了专家顾问团和高级研究员团队。

6 月 28 日，教育部办公厅公布了第一批“国家级精品资源共享课”的名单。自 2013 年以来，教育部共分四批批准了 2911 门“国家级精品资源共享课”（包括教师教育、本科教育、高职教育、网络教育课程）立项建设，建设课程陆续在“爱课程”网免费向社会开放。教育部组织各省级教育行政部门、全国高校现代远程教育协作组、高等教育出版社有限公司等对精品开放课程建设与共享项目建设工作进行总结，并对已经上网使用的本科教育、高职教育以及网络教育国家级精品资源共享课立项建设课程进行审核，此次确定北京大学“理论语言学”等 2686 门课程为第一批“国家级精品资源共享课”并对名单予以公布。“国家级精品资源共享课”称号有效期 5 年。其中新闻传播类国家级精品资源共享课如表 17-1 所示：

表 17-1　**2016 年新闻传播类国家级精品课**

学校名称	课程名称	课程负责人
北京师范大学	中国电影艺术史	周　星
中国传媒大学	新闻理论	雷跃捷
中国传媒大学	传播学概论	胡正荣
中国传媒大学	广告学概论	丁俊杰
南京师范大学	视觉文化与媒介素养	张舒予
聊城大学	电视教材编导与制作	李焕勤
武汉大学	新闻采访学	夏　琼
华中科技大学	外国新闻传播史	张　昆
暨南大学	新闻事业经营管理	林如鹏
华南师范大学	电视教材编导与制作	徐福荫

6 月 29 日，作为全国食品安全宣传周食品药品监管总局主题日活动之一，第二届“食药安全与传播创新青年学者论坛”在中国人民大学新闻学院举行。论坛由国家食品药品监督管理总局指导，中国人民大学新闻学院、食品药品安全新闻传播青年学者联盟和中国人民大学食品安全治理协同创新中心联合主办，中国医药科技出版社协办。

6 月 30 日，清华大学新闻与传播学院举行全体教职工会宣布党政班子换届结果。校党委组织部部长许庆红代表学校宣读了党政班子换届的结果：肖红缨、陈昌凤、赵曙光、胡钰、梁君健为学院新一届党委委员，胡钰任书记，梁君健任副书记；陈昌凤为新一任常务副院长，崔保国、史安斌、周庆安为副院长。

7月

7月1日，新华报业传媒集团与南京财经大学共建的江苏传媒产业研究院揭牌成立，这是一家集品牌价值评估、新媒体发展、舆情研究、财经智库、传媒管理培训于一体的区域性“产学研”相结合的科研机构。

7月4日，四川大学文学与新闻学院和中国中外文艺理论学会文化与传播符号学会联合举办了“2016年四川大学传播符号学高层论坛”，来自清华大学、南京大学、浙江大学、中国人民大学、中国传媒大学等单位80余位传播符号学领域的学者专家参与了此次论坛。该论坛为期两天，围绕“传播学与符号学的融合与发展”的主题展开，就传播学与符号学学术范畴与学理关系、中国传播符号学的历史与现状以及传播符号学的应用与发展为议题，旨在探索传播学与符号学学科融合发展，以促进传播符号学的学科建设。

7月5日，浙江省高校新闻院系马克思主义新闻观研讨班在杭州开班。此次研讨班由浙江省委宣传部、浙江省教育厅、浙江省记协主办，由浙江大学传媒与国际文化学院承办，会期3天。杭州、宁波、湖州、绍兴市委宣传部分管副部长和新闻处处长，省内高校新闻院系主要负责人和承担专业课教学的骨干教师等近200名学员参加了研讨班。

7月6日上午，中国公共外交协会“中非新闻交流中心”的20余位非洲记者一行来中国传媒大学访问交流。胡正荣副校长，新闻传播学部党委副书记、传播研究院非洲传媒研究中心主任张艳秋等与来访记者团一行举行了座谈交流。

7月9日，中国人民大学主办了“中国人文社会科学论坛2016：中俄新闻教育与传媒发展”国际学术会议。论坛期间，中俄双方学者围绕“融媒体时代中俄新闻教育创新和人才培养合作”“丝绸之路经济带与欧亚经济联盟战略对接中的传媒合作”等议题展开了深入的交流与广泛的讨论。开幕式上，由中国人民大学发起，包括北京大学、莫斯科国立大学、圣彼得堡国立大学等中俄两国35所高校组成的“中俄新闻教育高校联盟”宣告正式成立。“中俄新闻教育高校联盟”发表了《北京宣言》。该宣言指出，联盟将秉承“开放包容、平等对话、互助互利、合作共赢”的原则，竭力打造中俄传媒发展和文化交流领域的高端智库，共同推动中俄人文交流合作。

7月10日，中国应急管理学会舆情专业委员会成立大会在北京召开，来自中央网信办、国家食药监局、海关总署、国家信访局、中国铁路总公司、中煤能源集团，以及地方政府、科研院校、媒体等舆情管理领域的相关负责人、学者和专业人士出席成立大会。

7 月 10 日，中国应急管理学会舆情专业委员会成立，由新华网、清华大学新闻与传播学院、中山大学传播与设计学院、浙江大学传媒与国际文化学院和天津社科院舆情研究所发起。

7 月 15 日，中国国际广播电台和云南省委宣传部合作共建的云南大学南亚东亚国际传播学院、云南民族大学南亚东亚国际传播学院揭牌。两所学院从 2016 年开始招生。

7 月 16 日，内蒙古新闻传播学高等教育联盟在内蒙古师范大学成立。参加成立大会的有：内蒙古大学、内蒙古师范大学、内蒙古民族大学、内蒙古科技大学、包头师范学院、呼伦贝尔学院、河套学院、锡林郭勒职业学院、赤峰学院、呼和浩特民族学院、集宁师范学院、内蒙古师范大学鸿德学院等。内蒙古师范大学新闻传播学院陶格图被选为联盟会长。

7 月 16 日至 17 日，以“全球网络化与大数据时代的文化认同与区域发展”为主题的第七届全球传播论坛在贵阳举行，这是该论坛首次来到中国西部地区。此次论坛由上海交通大学与贵州民族大学、贵州省传播学学会、云南大学、四川大学、台湾世新大学，以及美国普渡大学、丹麦哥本哈根商学院、国际传播学会（ICA）等共同举办。来自美国、新加坡、日本，以及中国香港、台湾等国家和地区的 120 余名传播领域专家学者参会。全球传播论坛的发起人、上海交通大学全球传播研究院院长张国良表示，此论坛来到贵阳举行，目的是为西部的发展尽一点微薄的力量。拟为中国西部地区与中国其他地区以及世界各地之间的传播研究与教育的合作，搭建桥梁。

7 月 18 日，由中国社会科学院新媒体研究中心、上海交通大学新媒体与社会研究中心、《新闻与传播研究》杂志社与中国新闻史学会舆论学研究会共同主办的“新媒体与国家治理工作坊”在上海交通大学开幕。来自全国部分高校、科研机构的专家学者，围绕“新媒体与国家治理”进行了深刻探讨，推动了新媒体与国家治理研究，促进了学术进步。

7 月 19 日，教育部人事司发布消息，现任中国传媒大学副校长的胡正荣教授被确定为中国传媒大学校长考察对象。

7 月 19 日，清华大学“大篷车课堂”结束赴俄罗斯萨哈林的考察，顺利返京。在十天的考察时间内，队员们白天进行考察和采访，晚上齐聚一堂交流学习，并完成每天 600 字的行程笔记。过去的 17 年里，李希光教授创建的清华大篷车课堂每年都带学生去北疆和西域读书、采访和写作。他多次带学生深入中国北疆边地、蒙古和西伯利亚上课，如贝加尔湖、哈卡斯草原、唐努乌梁海、乌苏里江河谷等地。李希光几乎把在清华的 17 个寒暑假全部投入到大篷车课堂上。他累计带领了 500 多名学生用自己的双脚丈量大地，用双眼和大脑去采访和写作亚洲边地的故事。他把十几年来学生在路上的优秀作品选编成《写在亚洲边地》一书出版。

7 月 19 日，北京师范大学少年传媒学院揭牌，隶属于北京师范大学新闻与传播学院。学院将通过科学研究、课程资源研发、人才培养创新、少年传媒训练营、工作坊等形式，增强青少年的媒介运用能力，提升青少年的现代媒介素养，探索建立未来媒体从业人员的早期选拔和培训机制。

7 月 21 日，由中国人民大学新闻学院与蓝色光标传播集团共建的未来传播学堂成立。未来 10 年，学堂将斥资 1 亿元启动“未来传播英才培养计划”，以造就厚基础、国际化的精英传播人才。

7 月 28 至 31 日，首届“数据与媒介发展论坛”在北京顺利举行。该论坛由武汉大学媒体发展研究中心、武汉大学新闻与传播学院主办，新华网融媒体未来研究院、武汉大学镝次元数据传媒实验室联合主办，武汉大学新闻与传播学院广播电视系承办，并由北京捷泰天域信息技术有限公司、天眼查、滴滴媒体研究院参与协办。

中国传媒大学官网 7 月 29 日报道，第十二届北京市高等学校教学名师奖获奖名单正式公布，该校播音主持艺术学院曾志华教授、艺术学部周涌教授名列其中。两位教授均以教书育人为己任，积极投入本科教学第一线，深受广大师生好评，充分发挥了带头示范作用。

8月

8 月 2 日，上海市教委与上海报业集团签订战略合作协议，双方将共同加强教育新闻宣传报道，加强对舆情监测和舆论引导的协作，推动新媒体平台建设与合作、合作开展教育智库建设，促进教育与文化产业协同发展等。

“新西行漫记”全国青年大学生西部参访交流活动于 8 月 15 日在北京正式起程，此次活动由北京大学国家战略传播研究院、北京大学爱基金，携手清华大学新闻与传播学院、中国人民大学新闻学院、香港浸会大学传理学院、澳门大学、台湾交通大学、台湾辅仁大学等 10 所高校共同发起，来自全国的百余名传媒院系的大学生们沿着 80 年前美国记者埃德加·斯诺的足迹，重温中华民族近代史上的苦难与辉煌。

8 月 24 日，来自国家新闻出版广电总局宣传管理司和北京大学、清华大学、中国人民大学、北京师范大学、中国传媒大学、中国社会科学院的著名专家以及陕西广播电视台、《人民日报》《光明日报》《中国新闻出版报》《中国广播电视学刊》《中国广播影视》《现代传播》等媒体的负责人齐聚浙江大学蒙民伟楼，就新媒体形势下中国电视节目的创新问题展开了广泛深入的研讨。

8 月 25 日，暨南大学新闻与传播学院广告系主任星亮带领广告系师生代表团访问了韩国东义大学，双方就两校的教学现况和交换生合作项目进行深入交谈，并在访问期间完成了校际合作框架协议的签署工作。

9月

9 月 8 日，尼泊尔布班查尔大学谢伯德学院代表团一行 17 人来中国人民大学新闻学院访问。该代表团由谢伯德学院副院长卡贝塔·沙曼女士带领，成员都是该学院的专职或兼职教师。

9 月 8 日，厦门大学新闻与传播学院官网发布消息：2016 年夏季学期伊始，厦门大学新闻传播学院一年级同学迎来了一门别开生面的课程。这门名为“马克思主义新闻理论与实践”的课程汇集了国内学界、政界和新闻业界的五位专家，他们以马克思主义新闻观为指导，从国情、理论到实务操作等方面，给大学生们带来了一场场思想洗礼。五位讲授人分别是南京大学新闻传播学院教授丁柏铨、中国人民大学新闻学院教授郑保卫、人民日报社驻美首席记者温宪、中央台办（国台办）宣传局（新闻局）局长马晓光和人民日报社内参部主编王赐江。

9 月 9 日，中国传媒大学官网报道，该校收到国家工商行政管理总局商标局颁发的“白杨网”“现代出版”“CUCP”“CDRC”商标注册证书。“白杨网”在 9 大类商品和服务项目上注册成功并取得商标注册证书，在这些商品和服务项目获得法律保护，这 9 大类分别是第 9、16、36、37、38、39、40、42、45 类。“现代出版”在第 16 类、“CUCP”在第 16 类和第 41 类、“CDRC”在第 41 类商品和服务项目上注册成功并取得商标注册证书。这一批商标的注册成功，标志着该校无形资产的保护工作又向前迈进了一大步。

9 月 9 日，天山网与新疆艺术学院、新疆财经大学战略合作签约仪式举行，将在人才培养、专业建设、学校推广、项目合作等方面加强深度交流。

9 月 14 日，山东大学新闻传播学院成立，原山东广播电视台党委书记、台长吕芃任院长，王德胜任党委书记。

9 月 14 日，中国高校传媒联盟第一档面向全国网友的高校新闻节目《高校新闻联播》开播。该节目由中国青年报社、“北京时间”和中国高校传媒联盟联合推出，内容全部由全国各高校校园媒体采编完成，旨在打造属于大学生的视频新闻阵地。

9 月 18 日，由中国传媒大学与美国 SAGE（世哲）出版公司联合举办，*Global Media and China* 英文期刊编辑部、移动互联与社会化媒体研究中心承办的“*Global Media and China* 英文期刊首发仪式暨大数据时代的机遇与挑战高峰论坛”在中国传媒大学举行。

9 月 20 日，由美国广播公司、美国全国广播公司、KUOW 公共电台、《洛杉矶时报》《政客杂志》《赫芬顿邮报》等美国主流媒体资深记者及编辑组成的交流团一行 6 人来清华大学新闻与传播学院参观访问并与师生代表座谈。

2016 年 9 月 24 日，由中国传媒大学、中国社会心理学会传播心理专业委员会、河北大学共同主办的第十届新闻与传播心理研讨会在河北保定召开，来自国内外高等院校、研究机构和媒体的近百位代表参会。

9 月 25 日，第一届计算传播学论坛在南京大学费彝民楼成功召开。此次计算传播学论坛由百度与南京大学联合主办，南京大学双创示范基地国际合作“创新创业支持平台”、南京大学计算传播实验中心、南京大学新闻传播学院共同承办。40 多位国内以及海外专家学者积极发言、数百名莘莘学子热情参与。

9 月 27 日下午，中国传媒大学在实验教学楼报告厅召开了全校干部教师大会。王立英同志代表教育部党组宣布了任命胡正荣同志为中国传媒大学校长的决定。

华东师范大学传播学院官网 9 月 27 日发布消息：9 月，澳大利亚皇家墨尔本理工大学（RMIT）媒体与传播学院院长 Martyn Hook 及副院长 Laurene Vaughan 到访华东师范大学。在此之前，RMIT 媒体与传播学院副院长 Peter Ling 来访，两校已就硕士双学位合作达成了共识。此次会谈进一步推进对接事宜，将“ECNU-RMIT 广播电视艺术硕士双学位项目”落到实处。这是传播学院继英国利兹大学、美国西北大学等合作之后又一次重要的国际合作，也是第一次将硕士双学位项目推进到了澳洲。

9 月 30 日，新疆大学新闻与传播学院“VR 工作坊”正式成立运行。“VR 工作坊”的设立是中国人民大学新闻学院以新媒体技术创新援疆工作的阶段性成果。工作坊由新疆大学新闻与传播学院院长张允教授牵头，中国人民大学新闻学院援疆教师于东东（现任新疆大学新闻与传播学院副院长）负责规划、运营，集结新大新传学院影视、广告、播音主持专业的部分骨干师生形成若干实验研究团队，从 VR 技术应用实验和理论两方面进行深入研究。

10 月

10 月 15 日，以“未来媒体：机遇与挑战”为主题的“2016 新媒体国际论坛”在上海交通大学媒体与设计学院举办。200 余位中外嘉宾齐聚上海，针对国际新媒体前沿问题开展全面深入的探讨。论坛由上海交通大学媒体与设计学院、国际传播学会（ICA）共同主办，这也是双方连续第四年联袂举办新媒体国际论坛。来自美国、英国、德国、新加坡等国的学者，国内新闻传播学院院长，传播学科 SSCI 杂志主编，人民网、央视、百度等业界代表，以及来自 57 所大学和研究院的学者出席论坛。

10 月 15 日，2016“广播电视学学科建设”学术研讨会在中国传媒大学国际交流中心召开。来自中国人民大学、中国传媒大学、华中科技大学、中央人民广播电台、光明日报社等高校和媒体的数十位专家学者，围绕赵玉明教授主持的教育部人文社科重点研究基地——中国传媒大学广播电视研究中心重大项目“广播电视学学科体系研究”终期成果《广播电视学学科体系建设研究》（中国广播影视出版社，2015 年）进行了热烈讨论，并探讨了新媒体环境下广播电视学学科的定位及发展等前沿问题。

10 月 18 日，教育部社会科学司下发了《关于部分高校人文社会科学重点研究基地更名的通知》。中国传媒大学唯一一家教育部人文社科重点研究基地——广播电视研究中心正式更名为“国家传播创新研究中心”。

10 月 19 日，新闻评论开放教育建设会在华中科技大学国际交流中心召开，此次研讨会由华中科技大学和阿里巴巴集团联合举办，华中科技大学新闻学院承办。来自全国各地的业内专家和高校学者齐聚一堂，围绕着新媒体环境下评论人才培养的主题，为当下新闻评论教育建言献策。

10 月 22 日，第十四届海峡两岸文化创意产业高校研究联盟论坛在杭州白马湖建国饭店召开。该届论坛由中华全国台湾同胞联谊会、中国宋庆龄基金会指导，中国传媒大学文化发展研究院与杭州市文化创意产业研究中心共同承办。来自全国多所高校、科研机构、行业协会及文化创意企业的百余位代表参加了此次论坛。海峡两岸文化创意产业高校研究联盟立足于两岸高校的学术研究与实践交流合作，以务实的理论探讨、学术交流和政产学研对话为基础，开展一系列主题活动，旨在促进全球华人文化创意领域的跨界合作与交流。

10 月 22 日，暨南大学新闻与传播学院与网易传媒签订战略合作协议。

10 月 22 日，新华文轩出版传媒股份有限公司与四川大学签署人才战略合作框架协议，双方就培养人才队伍建设、创建国家级“双创”示范基地达成共识，联合培养出版、传媒人才。

10 月 22 日，“中国人民大学马克思主义新闻观研究中心”揭牌仪式暨“马克思主义新闻观与当代中国新闻业论坛”在中国人民大学国学馆 116 报告厅召开。中国人民大学党委书记靳诺、北京市委宣传部副部长严力强等领导和嘉宾出席仪式，北京市主要新闻媒体负责人、国内各大新闻院校的领导和专家学者、中国人民大学新闻学院师生 150 余人参加了此次活动。

10 月 22—23 日，中国高校影视学会第十六届年会暨第九届中国影视高层论坛在山西传媒学院成功举办。该届论坛的主题为“图景与前景：‘互联网+’时代的中国影视”。全国 150 多所高校、500 余位专家学者莅临盛会。

10 月 23 日，西交利物浦大学同声传译实验室揭幕，该校于 2016 年新设中国大陆首个大众传媒翻译硕士专业，培养精通双语传播和传媒翻译的专业人才。

10 月 26 日，由中国传媒大学媒介与公共事务研究院、中央电视台广告经营管理中心联合主办的“2016 国家品牌盛典启动仪式暨高峰论坛”在中国传媒大学国际交流中心举行。

10 月 27 日，网易传媒与暨南大学新闻与传播学院战略合作签约仪式举行，旨在实现传媒业界、学界资源的交流，为传媒界输送更多人才。

10 月 28 日，瑞力文化教育产业基金在上海举行揭牌仪式。瑞力文化教育产业基金目标总规模为 30 亿元，将以文化内容制造为核心投资对象，重点投资影视、演艺、体育、艺术教育、数字娱乐等产业。作为瑞力文化教育产业基金的发起基金，瑞力投资成立于 2011 年。在 2015 年 6 月，随着上海新一轮国资国企改革，瑞力投资以上海报业集团、上海实业集团、上海国际集团三大国资集团为基石，引进优质民营战略投资人和管理层持股，转型发展成为以新兴产业投资和创业发展为特色的基金管理平台。

10 月 31 日，海南日报社与海南大学举行战略合作框签约仪式，双方将通过共建教学与实习基地和联合攻关等途径，为报业和学校的发展提供强有力的人才、技术和舆论支持。

10 月 31 日，由中国人民大学新闻学院承办的 2016 非洲记者“中国发展研究与媒体交流”主题培训结业仪式举行，28 名来自 27 个非洲国家主流媒体的记者获颁结业证书。

11月

11 月 1 日，2016 年澳大利亚沃克利新闻奖获奖记者团来访中国人民大学新闻学院并与师生座谈。澳大利亚沃克利基金会 CEO、代表团团长 Jacqueline Patricia Park，澳大利亚驻华使馆公共事务与文化部高级干事 Joanna Bayndrian；中国记协国际部刘瑞；中国人民大学新闻学院党委副书记张辉锋教授，院长助理、国际事务部主任钟新教授，贾文山教授，外事秘书赵晋博士；四位巴基斯坦访学记者以及中国人民大学新闻学院国际新闻硕士班的同学们参加了此次座谈。

11 月 2 日，《南方都市报》（南都报系）与碧桂园教育集团签署战略合作协议，双方将在提升品牌价值和提供优质教育资源方面实现双赢，共同打造教育与媒体的跨界融合新时代。

11 月 2 日，复旦大学新闻学院与网易传媒战略合作签约仪式在学院办公楼会议室举行。复旦大学新闻学院党委书记周桂发与网易传媒副总编辑高文作为双方代表签署了协议。此次，复旦大学新闻学院和网易传媒强强联合，正是为了能够汇聚双方优势，连接业界和学界优势互补、资源共享，为学生的新媒体业务实践能力的培养和社会合作资源的良性对接提供重要实践平台。

11 月 3 日，应中国记协的邀请，以澳大利亚沃克利基金和总裁杰奎琳・帕特里西亚・帕克（Jacqui Park）为团长的澳大利亚沃克利新闻奖记者团一行四人，在澳大利亚驻华使馆新闻官蓓筠（Joanna Bayndrian）和中国记协国际部干部刘瑞的陪同下，到暨南大学新闻与传播学院参观访问。

11 月 4 日至 11 月 8 日，复旦大学新闻学院第二期数据新闻工作坊成功举办。复旦大学第二期数据新闻工作坊由复旦大学新闻学院和复旦大学上海新媒体实验中心主办、中美教育基金会协办。此期工作坊邀请了两位讲师联合授课：Matt Stiles，曾任美国国家公共电台（NPR）和堪萨斯论坛网（The Texas Tribune）数据编辑、曾供职于《华尔街日报》，数据可视化网站 TheDailyViz. com 创办者；吕妍，澎湃新闻数据新闻栏目主编，数据新闻网（djchina. org）早期成员之一，曾供职于美国国家公共电台（NPR）华盛顿总部和北京新浪新闻。在为期 5 天的培训中，30 位来自业界、学界等不同专业背景的学员齐聚一堂，在两位老师的悉心教授下，就数据获取、网络数据抓取、数据清理、数据库管理工具、数据分析、可视化工具、地理信息数据处理等关键命题进行了学习和探讨。

11 月 5 日，厦门大学新闻传播学院与复旦大学新闻学院、复旦大学台湾研究中心联合举办的传播与两岸关系论坛顺利地在复旦大学复宣酒店揭开帷幕。此次参会人员共计 40 余人，来自复旦大学、厦门大学与港澳台地区多所高校的教授与学生共聚一堂，在这场学术盛宴上进行了热烈的讨论与交流。

11 月 5 日，在辽宁大学举办的中国新闻教育史学会 2016 年年会上，第一部梳理和记录中国新闻传播教育近百年历史与现实画卷的力作——《中国新闻传播教育年鉴（2016）》举行了首发式。新闻教育界的前辈专家何梓华、赵玉明、童兵、罗以澄、吴高福、邱沛篁、郑保卫、刘建明诸位先生，与来自全国高校的 100 多位新闻教育工作者代表一道，满怀期待地见证了它的首发。《中国新闻传播教育年鉴（2016）》由中国新闻传播教育史学会组织编撰。它集结了全国新闻传播院系 100 多位教师，耗费一年多时间完成，全书约 126 万字。

11 月 5—6 日，“第六届全国广播学术研讨会”在中国传媒大学国际交流中心举行，来自全国各地的 50 多家广电媒体及新闻院系代表近 200 人参加了此次会议。11 月 10 日—13 日，对美国宾夕法尼亚大学展开了为期 4 天的正式访问，就师生交流、合作研究等议题与对方进行了深入的交流与磋商，达成多项共识。

11 月 7—9 日，浙江大学传媒与国际文化学院院长吴飞教授、副院长韦路教授等一行应邀访问美国威斯康星大学。双方探讨了未来合作的各种形式，并重点商谈了师生交流和合作研究等议题。

11 月 9 日，“中央编译局马克思主义传播研究基地”在中国传媒大学正式成立。中央编译局魏海生副局长、中央编译局马列主义文献信息部赖海榕主任，中国传媒大学陈文申书记、刘守训副书记、廖祥忠副校长参加成立揭牌仪式。

11 月 9 日，中国传媒大学举办“马克思主义的世界传播”高端论坛，此次论坛是中央编译局马克思主义传播研究基地成立后主办的首次论坛，旨在研究马克思主义的世界传播经验，总结马克思主义的世界创新规律，把握马克思主义国际发展的方向，推进马克思主义的中国化、时代化、大众化。

11 月 10 日，暨南大学新闻与传播学院与 21CN 产学研合作签约仪式举行，双方携手成立了场景营销研究中心。

11 月 11 日至 11 月 17 日，华中科技大学新闻与信息传播学院院长张昆教授、副院长陈先红教授、广电系龚超老师一行三人赴美参访，先后与国际中华传播学会、密歇根州立大学传播艺术与科学学院、伊利诺伊大学厄巴纳-香槟分校媒体学院就搭建国际科研平台、高端人才引进、合办国际学术会议、本科生 3+2 项目、暑期联合课程、教师互访等签署合作协议或达成实质性合作意向。

11 月 11 日、12 日、13 日连续三晚 22：00，由中国传媒大学国际传媒教育学院与北京市朝阳区科委共建的数字融媒体技术与艺术创新基地（以下简称“国传融媒体创新基地”）协拍并担任后期制作的三集国家重点工程纪录片《精诚笃爱——孙中山与宋庆龄》在中央电视台中文国际频道成功播出，并获得央视同时段收视第一的不俗成绩。11 日晚，中央电视台综合频道《新闻联播》、国际频道《中国新闻》播报了节目相关预告。

11 月 12 日至 13 日，“中韩传媒产业论坛　2016 Sino-Korean Media Industry Forum”在中国传媒大学顺利举行。“中韩传媒产业论坛”是中国教育部与韩国文化体育观光部作为指导单位发起，中国传媒大学与韩国艺术综合大学主办、驻华韩国文化院与韩国文化产业振兴院共同协办、中国传媒大学艺术学部与北京国传星徽文化有限公司共同承办的中韩高端文化交流论坛，韩国驻华大使馆与韩国著作权委员会是此次活动的后援单位。

11 月 12 日，由中国新闻史学会与南京师范大学共同主办的第三届民国新闻史研究高层论坛在南京师范大学随园校区举行。论坛共收到应征论文 70 余篇，经论坛筹委会秘书处聘请专家经过两轮认真遴选，62 篇论文入选参会。入选论文反映了我国学术界尤其是新闻史学界在“民国新闻史研究”领域的最新进展和成果，呈现出一种更加开放、多元和深入的趋势。

11 月 13 日，由中国传媒大学高教传播与舆情监测研究中心与人民日报社下属《民生周刊》杂志社联合主办的“《中国高等教育舆情报告 2016》暨全国百所示范性高职院校影响力排行榜与第一届中国高职院校影响力高峰论坛新闻发布会”在人民日报社举行。

11 月 15 日，由复旦大学新闻学院主办的“发现、重构和共享：国际互联时代的新闻与传播人才培养”国际论坛在复旦大学举行。来自美国、法国、澳大利亚、日本和中国的 30 位院长和专家在论坛上发言，分享办学理念，介绍办学经验，分析办学困境，共商新闻与传播学科人才培养大计。

11 月 16 日，“金飞燕”第三届海峡两岸微电影高峰论坛在华中科技大学八号楼成功举办，在鄂影视专业人士、学者与学生等近百人参会，与华中科技大学新闻学院师生一起，针对两岸微电影的现状与未来发展进行讨论。

11 月 16 日，“与非洲记者面对面”媒介沙龙在中国人民大学新闻学院举行。来自非洲各国主流新闻媒体的 10 名记者与新闻学院部分师生进行了一次近距离交流。非洲记者主要包括：尼日利亚《太阳报》主编 Ikenna Emewu、坦桑尼亚《公民报》首席政治记者 Elias Mhegera、利比里亚 In Profile 报记者 Fredrick Gaye、津巴布韦《先驱报》新闻主编 Lovemore Chikova、马拉维“时代集团”高级经济记者 Kingsley Jassi、马里《发展报》记者 Seydou Tangara、冈比亚《每日观察者报》记者 Mariatou Ngum、尼日尔《萨赫勒报》记者 Laouali Souleymane、肯尼亚 K24 电视台新闻编辑 Caroline Mwangi、塞拉利昂《阿沃克报》高级新闻编辑 Alhaji Kamara 等。

11 月 16 日，300 名与会者起立高唱中国和巴基斯坦两国国歌，为清华大学新闻学院李希光教授等著的《中巴经济走廊——中国“一带一路”旗舰项目研究》首发式拉开了序幕。中巴两国的学者、外交官、企业家和大学生聚集在巴基斯坦信息科技大学礼堂热烈祝贺第一本关于中巴经济走廊的学术专著出版。

11 月 16 日，光明网报道：由西北政法大学联合清博大数据建立的大数据与新媒体教学实习基地及西北地区大数据与舆情监测研究基地日前正式成立。清博大数据常务副总裁蔡幼林介绍，此次成立的研究基地将着重解决大型复杂课题，培养专业的新媒体及舆情研究人才，促进西北地区新媒体及网络舆情的发展。据了解，清博大数据独有的清博舆情系统以海内外全网数据监测、智能语义分析、危机传播管理为技术支撑，全方位整合传统媒体、门户网站、微博、微信、论坛、外媒等舆情信息矩阵，目前已收录 1800 万多微信数据、1.5 亿多微博数据、93 万多 APP 数据，以及知乎、论坛、电子报、海外媒体等在内的海量数据。

第五届两岸四地“校园学报新闻奖”颁奖典礼11月17日在香港举行。香港特别行政区财政司司长曾俊华以及来自全国各地的高校师生共同出席了颁奖典礼。“校园学报新闻奖”作为专门针对全国各地传媒与新闻专业学子而搭建的平台，在学子们新闻素养锻炼以及相互间交流方面起到了良好的作用。此次活动吸引了来自全国各地28所大学参赛，收到超过600份参赛作品，其中包括新闻或特写稿件、学报版面等，此外还有关注社会热点问题的新闻图片与视频作品。

11月17日，新华社独家拍摄的《太空一日・航天员给青少讲科普》正式开讲，乐视视频纪录片频道全屏独家上线。身处太空之中的航天员景海鹏、陈冬将“现身说法”，为用户带来最炫酷、最直观的太空公开科普课。

11月17日，中国网发表《中国记协列网络低俗用语清单 倡议媒体不用不传播》一文，新闻称：日前，中国记协新闻道德委员会召开网络文明用语专题评议会，中国记协道德委委员、有关专家学者等对网络不文明用语进行专题评议，最终票选出17条建议禁用的网络不文明用语。

11月18日，上海闵行房地（集团）有限公司与上海交通大学媒体与设计学院捐赠备忘录签字仪式成功举行。上海闵行房地（集团）有限公司向媒体与设计学院捐赠大额资金，用于设立“媒体与设计学院专项建设与奖励发展基金项目”。

11月18日，由中国传媒大学中国广告博物馆、国家广告研究院和行业组织中国商务广告协会共同倡导创设的中国广告名人堂在北京隆重举行了第二届入选名人的颁奖典礼。此次入选名人一共有8位，分别是：厦门大学新闻传播学院教授、博导陈培爱；中国商务广告协会副会长、上海梅高创意咨询有限公司董事长高峻；中国广告协会原副会长洪一龙（已故）；北京电通广告公司副董事长姜弘 ；分众传媒董事长兼CEO江南春；俊珀传播联合创始人兼首席执行官、利欧数字首席创意官林俊明；原国家工商局党组书记、中国广告协会会长杨培青；广州市广告行业协会原会长张小平（已故）。

11月18日，中国高校校报协会2016年年会暨首届中国高校传媒发展高端论坛在杭州举行。来自全国330多家高校的500多名宣传工作者参加会议，深入探讨高校传媒发展与媒体融合。

11月19日，由武汉大学新闻与传播学院新闻系承办的全国“网络时代的新闻传播”博士论坛暨第七届华中地区研究生新闻传播学术论坛，在武汉大学新闻与传播学院成功举行。

11月19日，中国新闻史学会媒介法规与伦理研究委员会成立大会在南京师范大学随园校区举行。来自清华大学、北京大学、复旦大学、南京大学、中国传媒大学等全国近 70 所高校的专家学者共聚一堂，见证大会的成立。随着我国法治现代化建设不断推进，新媒体时代下的新闻失范现象层出不穷，媒介法规与伦理研究委员会应运而生。

11 月 19 日，由中国新闻史学会及台湾与东南亚华文新闻传播史研究委员会共同主办，云南大学新闻传播学院承办的“海外华文传媒与跨文化传播”学术研讨会在云南大学翠湖校区顺利召开。此次研讨会吸引了来自境内外的近 20 所高校的新闻传播学者以及业界专家参与，各与会学者代表分别在“海外华文媒体发展与华认身份认同”“海外华文媒体现状与转型”“海外华文媒体个案研究”“跨文化传播的传播学解读”“跨文化传播与新媒体应用”“跨文化传播与新闻生产”六大分论坛就各自学术研究成果与议题展开了分组研讨。“台湾与东南亚华文新闻传播史研究委员会”是隶属中国新闻史学会的国家级二级分会，2011 年 11 月 19 日在马尼拉成立，学会设在厦门大学新闻传播学院，其办会宗旨是组织国内外有志于从事研究我国台湾与东南亚地区以及海外华文传媒的学者，打造海外华文传媒研究与交流的平台，推动海外华文传媒的发展，推动海外华文传媒在“向世界说明中国”、宣传中国的和平发展中发挥更加重要的作用。

11 月 20 日，江苏省第三届传媒学科研究生论坛在南师大随园校区拉开帷幕。该届论坛以“‘互联网+’与大数据：新技术孕育新生态”为主题，遴选出 85 篇论文的学者参会。在当前“互联网+”新的社会形态下，全国近 50 家高校学子对传媒行业凸显出的新生态展开理性探讨，带来了一场学思碰撞的盛宴。

11 月 22 日，中国传媒大学文法学部网络法与知识产权研究中心以及腾讯研究院安全研究中心合办的“网络直播法律规制研讨会”在中国传媒大学召开。国家互联网信息办公室移动局、政策法规局的领导，中国政法大学、南开大学、中国传媒大学等高校的学者，中国三大互联网公司（腾讯、阿里和百度）的安全、内容和法务总监，新华网、人民网、CIBN 互联网电视、央视网等主流媒体的法务主管、内容总监等，中国互联网协会、网络空间安全协会的秘书长，北京市中院和海淀区法院的法官，北京安博律师事务所、圣运律师事务所的律师以及国广东方网络（北京）有限公司、华壹（北京）国际影视文化传媒有限公司、北京网梦天伟文化发展有限公司的董事长等嘉宾，齐聚中国传媒大学，就网络直播法律规制问题展开研讨。

11 月 22 日，由中国传媒大学广告学院主办、《媒介》杂志承办的 2016 中国互动营销趋势论坛在北京国际会议中心举行。此次论坛邀请到了来自鲁花、蒙牛达能、微鲸科技、阿里妈妈、河南都市频道、凯络中国、国双科技等不同领域的一线互动营销实践者，畅谈营销的趋势动向、方法创新，揭示变化背后的核心逻辑。

11 月 22 日至 30 日，应巴西南大河州联邦大学和秘鲁国家文化部的邀请，中国传媒大学袁军副校长率团前往进行了友好访问。访问受到巴西南大河州联邦大学和秘鲁国家文化部的高度重视，取得了丰硕成果。巴西南大河州联邦大学（UFRGS）是巴西历史最悠久的高等学府之一，名列巴西200余所公立大学前三甲，始建于1895年。目前，在校生和教授总数皆居南大河州之冠。中国传媒大学于2011年获批与该校合作建立孔子学院，2012年该孔子学院正式揭牌成立。

11月27日上午，第一届“讲好中国故事创意传播国际大赛”新闻发布会在第四届国家传播战略高峰论坛上隆重举行。此次大赛旨在贯彻习近平总书记“讲好中国故事，传播中国声音”的战略思想，由中国外文局、教育部高等教育司、湖北省委宣传部和湖北省委统战部作为指导单位；中国外文局对外传播研究中心、华中科技大学新闻与信息传播学院、中国新闻史学会公共关系分会为主办单位，面向国内外民众征集国际社会“愿意听”“听得懂”“乐分享”的中国故事，目的在于创造性地发掘、凝聚、培育真正的“中国故事·世界话语”，从而提高中国国际话语权、增强中国国际传播能力、塑造中国国家形象。

11月27日，中国高等院校影视产业与管理研究会成立大会在四川成都召开，清华大学新闻与传播学院影视传播中心主任尹鸿教授当选研究会会长。来自清华大学、中国传媒大学、北京电影学院、四川大学等40所高校和研究机构的专家学者，以及来自峨影集团、爱奇艺等影视行业的资深从业者，汇聚一堂，共贺研究会成立。中国高等院校影视学会是在民政部登记注册的国家一级学会，此次正式批准成立的影视产业与管理专业委员会（Chinese Collegial Committee for Film & Television Industry and Management Research，CFTIM）是中国高等院校影视学会下设的专业委员会。

11月29日，中国人民大学新闻学院国际发表工作坊第三期暨“中国新闻传播学术研究成果的国际出版与发表之路：如何与国际知名出版社对接?”交流会举行。受主持人中国国家千人计划专家、中国人民大学新闻学院贾文山教授邀请，来自Routledge出版社北京办事处出版经理孙炼女士就Routledge出版社出版计划、选题侧重、稿件质量要求，以及作者申请书号程序等内容与新闻学院部分师生进行了一次近距离交流，并对与会者就国际出版和发表所提出的问题做出解答。

11月29日，第四届范敬宜新闻教育奖颁奖仪式暨第二届媒体总编与新闻学院院长高层论坛在清华大学举行。来自业界的媒体总编、部分新闻院系的院长、第四届范敬宜新闻教育奖的获得者及部分师生代表共150多人出席颁奖典礼和论坛。此届范敬宜新闻教育奖的“良师奖”授予高晓虹（中国传媒大学教授）、刘海贵（复旦大学教授）两位长期从事新闻传播教育的教师；“良友奖”授予原凤凰卫视资讯台副台长、资深媒体人曹景行，新华社上海分社社长、党组书记、高级记者姜微；“学子奖”授予孟哲（中国传媒大学）、田媛媛（清华大学）、王倩（暨南大学）、肖亚洲（清华大学）、姚怡云

（北京大学）、张宇（华中科技大学）、郑薛飞腾（复旦大学）、左潇（中国人民大学）8 位在校学子。

12月

12 月 2 日，教育部人事司对 2016 年度“长江学者奖励计划”建议人选进行公示。因其中没有新闻与传播学学科的学者，随后新闻与传播学界各大微信群均对此有热议。

在 12 月 2 日举办的“《钱江晚报》创刊 30 周年见证大会”上，《钱江晚报》与浙江大学传媒与国际文化学院共同签订合作备忘录，共建“24 小时新闻实验室”。双方希望通过此次共建实验室的契机，探索大数据、人工智能、虚拟现实等前沿科技在新闻生产中的应用于实践，探索数据可视化、游戏化新闻等新媒体产品的开发与应用，探索互联网时代复合型新闻人才的培养模式。

12 月 3 日，来自全国 17 个省市 40 多所高校的 78 名研究生齐聚暨南大学，参加了“广东省研究生论坛”之“全国新闻传播类专业研究生论坛”。

12 月 3 日，中国新闻史学会编辑出版研究委员会成立大会暨河南大学编辑出版教育 30 年高层论坛举办，来自全国各地的学界、业界代表齐聚古城开封，共襄盛举。中国传媒大学蔡翔副校长任会长，河南大学李建伟教授任常务副会长，武汉大学方卿教授、南京大学张志强教授等 9 人任副会长。

12 月 4 日，彭拜新闻网报道新闻《新闻学界 3 天内痛失两学者：陕师大裴晓军、福师大谭华孚病逝》，其中陕西师范大学新闻与传播学院副教授裴晓军同志，因病医治无效，于 12 月 2 日不幸去世，享年 46 岁；福建师范大学传播学院谭华孚教授因突发脑溢血，经多方全力抢救无效，于 12 月 4 日凌晨逝世，享年 59 岁。随后，中国新闻史学会、传播思想史学会、中国新闻教育史学会等微信群转发消息，引来新闻传播学界大批学者的微信悼念和评论。学者们纷纷议论高校教师的过重教学与科研压力。

12 月 10 日至 11 日，首届中国舆论学年会在上海召开。来自全国 50 多所高校、中国社科院、中央网信办、北京网信办、人民网等单位的 100 多位专家学者云集上海交通大学，交流舆论学的学术研究，推动中国舆论学事业的发展。此次年会由中国新闻史学会舆论学研究委员会（CAPOR）、上海交通大学舆论学研究院共同主办。

12 月 10 日，暨南大学新闻教育迎来了她的 70 华诞，庆典仪式暨第五届南方传媒学术论坛开幕式在该校举行。暨南大学新闻教育源于 1946 年诞生在上海宝山路的暨南传媒学堂。

12 月 12 日，上海交通大学媒体与设计学院与韩国汉阳大学两所学院——传媒与社会科学学院及设计学院的学生互换与科研交流合作协议成功签署。汉阳大学传媒与社会科学学院院长 Sanpil Han 和设计学院院长 Jaewhan Lee 与媒体与设计学院院长李本乾代表签字。协议旨在推进上海交通大学媒体与设计学院与汉阳大学传媒与社会科学学院以及设计学院的交换生项目和科研交流项目，促进双方在教育和科学研究领域的合作，推动双方的国际交流。

12 月 17 日，南京大学中国智库研究与评价中心和光明日报智库研究与发布中心发布了双方共同研发的我国首个智库垂直搜索引擎和数据管理平台 CTTI。CTTI 发布了首批 489 家来源智库（2017—2018）入围名单，其中高校智库共有 255 家，占 52%；党政部门智库 68 家，占 15%；社科院智库 46 家，占 9%；党校行政学院智库 44 家，占 9%；社会智库 36 家，占 7%；媒体智库 11 家，占 2%。

12 月 17 日，方汉奇新闻史学思想研讨会暨方汉奇从教 65 周年纪念大会在中国人民大学文化大厦举行，大会由中国人民大学新闻学院、中国新闻史学会和北京大学新闻学研究会共同主办。

12 月 17 日，“2016 清华国家形象论坛”在清华大学主楼接待厅举行。此次论坛为清华大学国家形象传播研究中心成立后的第三届年会，以“创新与融合——国家形象与战略传播”为主题。

12 月 19 日，教育部“长江学者”特聘教授胡智锋赴任北京师范大学，担任艺术与传媒学院院长一职。胡智锋教授多年供职于中国传媒大学，之前担任中国传媒大学学报《现代传播》主编，中国传媒大学传媒艺术与文化研究中心主任，同时他还兼任国家一级学会中国高等院校影视学会会长。北京师范大学艺术与传媒学院原院长系周星教授，书记为著名文化学者于丹教授。

12 月 24 日，中国全媒体高峰论坛暨浙江大学新闻传播教育 58 周年庆典在浙江省杭州市西溪宾馆隆重举行。论坛由浙江大学传媒与国际文化学院与腾讯集团联合主办，围绕“泛内容时代媒体生态系统再造”展开主题研讨，共有全国超过 130 余家顶尖媒体单位的业界领袖、资深主编及知名学者出席。

（骆正林）

附录　2016年度国家领导人相关讲话

习近平：坚持正确方向创新方法手段 提高新闻舆论传播引导力

习近平在党的新闻舆论工作座谈会上强调

坚持正确方向创新方法手段　提高新闻舆论传播力引导力

刘云山出席

新华社北京2月19日电（记者李斌　霍小光）　中共中央总书记、国家主席、中央军委主席习近平19日在北京主持召开党的新闻舆论工作座谈会并发表重要讲话。他强调，党的新闻舆论工作是党的一项重要工作，是治国理政、定国安邦的大事，要适应国内外形势发展，从党的工作全局出发把握定位，坚持党的领导，坚持正确政治方向，坚持以人民为中心的工作导向，尊重新闻传播规律，创新方法手段，切实提高党的新闻舆论传播力、引导力、影响力、公信力。

党的十八大以来，以习近平同志为总书记的党中央高度重视党的新闻舆论工作，多次研究有关问题，作出重要部署。召开这次座谈会，目的是推动新闻舆论战线适应形势发展积极改革创新，全面提高工作能力和水平。

为召开这次座谈会，习近平到人民日报社、新华社、中央电视台等3家中央新闻单位进行了实地调研。

中共中央政治局常委、中央书记处书记刘云山陪同调研并出席座谈会。

19日上午，习近平首先来到人民日报社调研。编辑楼内，一块块展板、一幅幅照片展示了党中央对人民日报的关怀，反映了人民日报社走过的不平凡历程。习近平一边观看，一边听汇报，他充分肯定人民日报创刊68年来为党和人民事业作出的重要贡献。在总编室夜班平台，习近平看编辑排版，同大家亲切交流，勉励他们不忘初衷、坚定信念，把报纸办得更好，为全国人民提供更多更好的精神食粮。习近平走进新媒体中心，在大屏幕前听取微博、微信、客户端工作介绍，并在一台电脑前坐下，通过新媒体平台发送语音信息，向全国人民致以元宵节的问候和祝福。

随后，习近平来到人民网演播室，通过视频同人民日报记者连线，同福建宁德市赤溪村村民交流。赤溪村过去是个特困村，多年来在习近平亲自关心和指导下脱贫成效显著，习近平 2015 年 1 月 29 日在一份反映该村扶贫工作的材料上作出重要批示，强调脱贫攻坚要“艰苦奋斗、顽强拼搏、滴水穿石、久久为功”。在视频里，习近平先后同村党支部书记杜家住、长期关心支持赤溪村扶贫的退休干部王绍据对话，他向乡亲们问好，叮嘱他们保护好绿水青山，走出一条绿色发展、生态富民的路子。

10 时许，习近平来到新华社，观看了新华社“历史与发展”主题展览。装毛主席手稿的箱子、延安时期的手摇马达……他不时驻足，询问有关情况。新华社负责同志介绍，他们正加快媒体融合发展，每天用 8 种文字向世界提供全媒体新闻和信息产品，习近平对此表示肯定。

在新闻信息发稿中心，习近平通过视频同正在河南兰考县采访的新华社记者连线。记者向总书记汇报采访中看到的基层干部转变作风新面貌，习近平鼓励记者多深入基层、深入群众，及时发现和宣传基层干部先进典型。看了新华丝路数据库、中国照片档案馆数据管理系统等新闻信息产品展示，习近平点击手机屏幕，通过新华社客户端为全国新闻工作者点赞。在国内部，一位刚从河北正定县“走基层”回来的记者向总书记汇报塔元庄村的新变化，习近平请他转达对乡亲们的问候。习近平还走进国际部、参编部等工作平台，同一线编辑记者交流，向大家表示慰问。

临近中午，习近平来到中央电视台。他听取中央电视台板块业务、媒体融合等情况介绍，到总控中心观看电视传播能力建设视频展示，在《新闻联播》演播室、导控室向主持人和工作人员了解新闻制作导播流程，并亲自切换按钮体验模拟播出。习近平指出，中央电视台每天面对数亿观众，一定要紧跟时代、放眼全球，多设计一些融思想性、艺术性于一体的好栏目，多创办一些脍炙人口、寓教于乐的好节目。

得知中央电视台海外业务发展很快，已形成全球化的采编和传播网络，习近平通过视频连线中央电视台北美分台负责人，询问他们在外工作情况，希望他们用好国际化传播平台，客观、真实、生动报道中国经济社会发展情况，传播中国文化，讲好中国故事，促进外国观众更多更好了解中国。

当天下午，习近平在人民大会堂主持召开党的新闻舆论工作座谈会。会上，人民日报社社长杨振武、新华社社长蔡名照、中央电视台台长聂辰席和编辑代表范正伟、记者代表李柯勇、主持人代表康辉分别发言，他们谈认识、讲工作、提建议，习近平边听边记，不时插话交流。

在听取他们发言后，习近平发表重要讲话。习近平指出，长期以来，中央主要媒体与党和人民同呼吸、与时代共进步，积极宣传马克思主义真理、宣传党的主张、反映群众呼声，在革命建设改革各个历史时期发挥了十分重要的作用。党的十八大以来，中央主要媒体突出宣传党的十八大和十八届三中、四中、五中全会精神，阐释党中央重大决策和工作部署，反映人民伟大实践和精神风貌，唱响了主旋律，传播了正能量，有力激发了全党全国各族人民为实现中华民族伟大复兴的中国梦而团结奋斗的强大力量。

习近平强调，做好党的新闻舆论工作，事关旗帜和道路，事关贯彻落实党的理论和路线方针政策，事关顺利推进党和国家各项事业，事关全党全国各族人民凝聚力和向心力，事关党和国家前途命运。必须从党的工作全局出发把握党的新闻舆论工作，做到思想上高度重视、工作上精准有力。

习近平指出，在新的时代条件下，党的新闻舆论工作的职责和使命是：高举旗帜、引领导向，围绕中心、服务大局，团结人民、鼓舞士气，成风化人、凝心聚力，澄清谬误、明辨是非，联接中外、沟通世界。要承担起这个职责和使命，必须把政治方向摆在第一位，牢牢坚持党性原则，牢牢坚持马克思主义新闻观，牢牢坚持正确舆论导向，牢牢坚持正面宣传为主。

习近平强调，党的新闻舆论工作坚持党性原则，最根本的是坚持党对新闻舆论工作的领导。党和政府主办的媒体是党和政府的宣传阵地，必须姓党。党的新闻舆论媒体的所有工作，都要体现党的意志、反映党的主张，维护党中央权威、维护党的团结，做到爱党、护党、为党；都要增强看齐意识，在思想上政治上行动上同党中央保持高度一致；都要坚持党性和人民性相统一，把党的理论和路线方针政策变成人民群众的自觉行动，及时把人民群众创造的经验和面临的实际情况反映出来，丰富人民精神世界，增强人民精神力量。新闻观是新闻舆论工作的灵魂。要深入开展马克思主义新闻观教育，引导广大新闻舆论工作者做党的政策主张的传播者、时代风云的记录者、社会进步的推动者、公平正义的守望者。

习近平指出，新闻舆论工作各个方面、各个环节都要坚持正确舆论导向。各级党报党刊、电台电视台要讲导向，都市类报刊、新媒体也要讲导向；新闻报道要讲导向，副刊、专题节目、广告宣传也要讲导向；时政新闻要讲导向，娱乐类、社会类新闻也要讲导向；国内新闻报道要讲导向，国际新闻报道也要讲导向。

习近平强调，团结稳定鼓劲、正面宣传为主，是党的新闻舆论工作必须遵循的基本方针。做好正面宣传，要增强吸引力和感染力。真实性是新闻的生命。要根据事实来描述事实，既准确报道个别事实，又从宏观上把握和反映事件或事物的全貌。舆论监督和正面宣传是统一的。新闻媒体要直面工作中存在的问题，直面社会丑恶现象，激浊扬清、针砭时弊，同时发表批评性报道要事实准确、分析客观。

习近平指出，随着形势发展，党的新闻舆论工作必须创新理念、内容、体裁、形式、方法、手段、业态、体制、机制，增强针对性和实效性。要适应分众化、差异化传播趋势，加快构建舆论引导新格局。要推动融合发展，主动借助新媒体传播优势。要抓住时机、把握节奏、讲究策略，从时度效着力，体现时度效要求。要加强国际传播能力建设，增强国际话语权，集中讲好中国故事，同时优化战略布局，着力打造具有较强国际影响的外宣旗舰媒体。

习近平强调，媒体竞争关键是人才竞争，媒体优势核心是人才优势。要加快培养造就一支政治坚定、业务精湛、作风优良、党和人民放心的新闻舆论工作队伍。新闻舆论工作者要增强政治家办报意识，在围绕中心、服务大局中找准坐标定位，牢记社会责任，不断解决好“为了谁、依靠谁、我是谁”这个根本问题。要提高业务能力，勤学习、多锻炼，努力成为全媒型、专家型人才。要转作风改文风，俯下身、沉下心，察实情、说实话、动真情，努力推出有思想、有温度、有品质的作品。要严格要求自己，加强道德修养，保持一身正气。要深化新闻单位干部人事制度改革，对新闻舆论工作者在政治上充分信任、工作上大胆使用、生活上真诚关心、待遇上及时保障。

习近平指出，加强和改善党对新闻舆论工作的领导，是新闻舆论工作顺利健康发展的根本保证。各级党委要自觉承担起政治责任和领导责任。领导干部要增强同媒体打交道的能力，善于运用媒体宣讲政策主张、了解社情民意、发现矛盾问题、引导社会情绪、动员人民群众、推动实际工作。

王沪宁、刘延东、刘奇葆、栗战书和中央有关部门负责同志分别陪同参加调研和座谈会。中央新闻舆论单位负责同志、北京市有关方面负责同志、中央新闻单位编辑记者代表约 180 人参加座谈会。

习近平总书记在网络安全与信息化工作座谈会上的讲话

新华社北京 2016 年 4 月 25 日电

在网络安全与信息化工作座谈会上的讲话

2016 年 4 月 19 日

习近平

今天，我们召开一个网络安全和信息化工作座谈会。这个会，我一直想开。党的十八大以来，我国互联网事业快速发展，网络安全和信息化工作扎实推进，取得显著进步和成绩，同时也存在不少短板和问题。召开这次座谈会，就是要当面听取大家意见和建议，共同探讨一些措施和办法，以利于我们把工作做得更好。

刚才，几位同志讲得很好，分析了当前互联网发展新情况新动向，介绍了信息化发展新技术新趋势，提出了很好的意见和建议，听了很受启发。你们的发言，体现了务实的态度、创新的精神、强烈的责任感，也体现了在互联网领域较高的理论和实践水平，对我们改进工作很有帮助。有关部门要认真研究大家的意见和建议，能吸收的尽量吸收。下面，我谈几点意见，同大家交流。

第一个问题，讲讲推动我国网信事业发展，让互联网更好造福人民。

听了大家发言，我有一个总的感觉，就是对互联网来说，我国虽然是后来者，接入国际互联网只有 20 多年，但我们正确处理安全和发展、开放和自主、管理和服务的关系，推动互联网发展取得令人瞩目的成就。现在，互联网越来越成为人们学习、工作、生活的新空间，越来越成为获取公共服务的新平台。我国有 7 亿网民，这是一个了不起的数字，也是一个了不起的成就。

从社会发展史看，人类经历了农业革命、工业革命，正在经历信息革命。农业革命增强了人类生存能力，使人类从采食捕猎走向栽种畜养，从野蛮时代走向文明社会。工业革命拓展了人类体力，以机器取代了人力，以大规模工厂化生产取代了个体工场手工生产。而信息革命则增强了人类脑力，带来生产力又一次质的飞跃，对国际政治、经济、文化、社会、生态、军事等领域发展产生了深刻影响。

当前和今后一个时期，我国发展的目标是实现“两个一百年”奋斗目标。我说过，建设富强民主文明和谐的社会主义现代化国家，实现中华民族伟大复兴，是鸦片战争以来中国人民最伟大的梦想，是中华民族的最高利益和根本利益。今天，我们 13 亿多人的一切奋斗归根到底都是为了实现这一伟大目标。

我国曾经是世界上的经济强国，后来在欧洲发生工业革命、世界发生深刻变革的时期，丧失了与世界同进步的历史机遇，逐渐落到了被动挨打的境地。特别是鸦片战争之后，中华民族更是陷入积贫积弱、任人宰割的悲惨状况。想起这一段历史，我们心中都有刻骨铭心的痛。经过几代人努力，我们从来没有像今天这样离实现中华民族伟大复兴的目标如此之近，也从来没有像今天这样更有信心、更有能力实现中华民族伟大复兴。这是中华民族的一个重要历史机遇，我们必须牢牢抓住，决不能同这样的历史机遇失之交臂。这就是我们这一代人的历史责任，是我们对中华民族的责任，是对前人的责任，也是对后人的责任。

党的十八届五中全会提出了创新、协调、绿色、开放、共享的新发展理念，这是在深刻总结国内外发展经验教训、深入分析国内外发展大势的基础上提出的，集中反映了我们党对我国经济社会发展规律的新认识。按照新发展理念推动我国经济社会发展，是当前和今后一个时期我国发展的总要求和大趋势。古人说："随时以举事，因资而立功，用万物之能而获利其上。"我国网信事业发展要适应这个大趋势。总体上说，网信事业代表着新的生产力、新的发展方向，应该也能够在践行新发展理念上先行一步。

我国经济发展进入新常态，新常态要有新动力，互联网在这方面可以大有作为。我们实施"互联网+"行动计划，带动全社会兴起了创新创业热潮，信息经济在我国国内生产总值中的占比不断攀升。当今世界，信息化发展很快，不进则退，慢进亦退。我们要加强信息基础设施建设，强化信息资源深度整合，打通经济社会发展的信息"大动脉"。党的十八届五中全会、"十三五"规划纲要都对实施网络强国战略、"互联网+"行动计划、大数据战略等作了部署，要切实贯彻落实好，着力推动互联网和实体经济深度融合发展，以信息流带动技术流、资金流、人才流、物资流，促进资源配置优化，促进全要素生产率提升，为推动创新发展、转变经济发展方式、调整经济结构发挥积极作用。

网信事业要发展，必须贯彻以人民为中心的发展思想。这是党的十八届五中全会提出的一个重要观点。要适应人民期待和需求，加快信息化服务普及，降低应用成本，为老百姓提供用得上、用得起、用得好的信息服务，让亿万人民在共享互联网发展成果上有更多获得感。相比城市，农村互联网基础设施建设是我们的短板。要加大投入力度，加快农村互联网建设步伐，扩大光纤网、宽带网在农村的有效覆盖。可以做好信息化和工业化深度融合这篇大文章，发展智能制造，带动更多人创新创业；可以瞄准农业现代化主攻方向，提高农业生产智能化、经营网络化水平，帮助广大农民增加收入；可以发挥互联网优势，实施"互联网+教育"、"互联网+医疗"、"互联网+文化"等，促进基本公共服务均等化；可以发挥互联网在助推脱贫攻坚中的作用，推进精准扶贫、精准脱贫，让更多困难群众用上互联网，让农产品通过互联网走出乡村，让山沟里的孩子也能接受优质教育；可以加快推进电子政务，鼓励各级政府部门打破信息壁垒、提升服务效率，让百姓少跑腿、信息多跑路，解决办事难、办事慢、办事繁的问题，等等。这些方面有很多事情可做，一些互联网企业已经做了尝试，取得了较好的经济效益和社会效益。

有专家提出，我们的国家治理中存在信息共享、资源统筹、工作协调不够等问题，制约了国家治理效率和公共服务水平。这个问题要深入研究。我们提出推进国家治理体系和治理能力现代化，信息是国家治理的重要依据，要发挥其在这个进程中的重要作用。要以信息化推进国家治理体系和治理能力现代化，统筹发展电子政务，构建一体化在线服务平台，分级分类推进新型智慧城市建设，打通信息壁垒，构建全国信息资源共享体系，更好用信息化手段感知社会态势、畅通沟通渠道、辅助科学决策。

第二个问题，讲讲建设网络良好生态，发挥网络引导舆论、反映民意的作用。

互联网是一个社会信息大平台，亿万网民在上面获得信息、交流信息，这会对他们的求知途径、思维方式、价值观念产生重要影响，特别是会对他们对国家、对社会、对工作、对人生的看法产生重要影响。

实现“两个一百年”奋斗目标，需要全社会方方面面同心干，需要全国各族人民心往一处想、劲往一处使。如果一个社会没有共同理想，没有共同目标，没有共同价值观，整天乱哄哄的，那就什么事也办不成。我国有 13 亿多人，如果弄成那样一个局面，就不符合人民利益，也不符合国家利益。

凝聚共识工作不容易做，大家要共同努力。为了实现我们的目标，网上网下要形成同心圆。什么是同心圆？就是在党的领导下，动员全国各族人民，调动各方面积极性，共同为实现中华民族伟大复兴的中国梦而奋斗。

古人说：“知屋漏者在宇下，知政失者在草野。”很多网民称自己为“草根”，那网络就是现在的一个“草野”。网民来自老百姓，老百姓上了网，民意也就上了网。群众在哪儿，我们的领导干部就要到哪儿去，不然怎么联系群众呢？各级党政机关和领导干部要学会通过网络走群众路线，经常上网看看，潜潜水、聊聊天、发发声，了解群众所思所愿，收集好想法好建议，积极回应网民关切、解疑释惑。善于运用网络了解民意、开展工作，是新形势下领导干部做好工作的基本功。各级干部特别是领导干部一定要不断提高这项本领。

网民大多数是普通群众，来自四面八方，各自经历不同，观点和想法肯定是五花八门的，不能要求他们对所有问题都看得那么准、说得那么对。要多一些包容和耐心，对建设性意见要及时吸纳，对困难要及时帮助，对不了解情况的要及时宣介，对模糊认识要及时廓清，对怨气怨言要及时化解，对错误看法要及时引导和纠正，让互联网成为我们同群众交流沟通的新平台，成为了解群众、贴近群众、为群众排忧解难的新途径，成为发扬人民民主、接受人民监督的新渠道。

网络空间是亿万民众共同的精神家园。网络空间天朗气清、生态良好，符合人民利益。网络空间乌烟瘴气、生态恶化，不符合人民利益。谁都不愿生活在一个充斥着虚假、诈骗、攻击、谩骂、恐怖、色情、暴力的空间。互联网不是法外之地。利用网络鼓吹推翻国家政权，煽动宗教极端主义，宣扬民族分裂思想，教唆暴力恐怖活动，等等，这样的行为要坚决制止和打击，决不能任其大行其道。利用网络进行欺诈活动，散布色情材料，进行人身攻击，兜售非法物品，等等，这样的言行也要坚决管控，决不能任其大行其道。没有哪个国家会允许这样的行为泛滥开来。我们要本着对社会负责、对人民负责的态度，依法加强网络空间治理，加强网络内容建设，做强网上正面宣传，培育积极健康、向上向善的网络文化，用社会主义核心价值观和人类优秀文明成果滋养人心、滋养社会，做到正能量充沛、主旋律高昂，为广大网民特别是青少年营造一个风清气正的网络空间。

形成良好网上舆论氛围，不是说只能有一个声音、一个调子，而是说不能搬弄是非、颠倒黑白、造谣生事、违法犯罪，不能超越了宪法法律界限。我多次强调，要把权力关进制度的笼子里，一个重要手段就是发挥舆论监督包括互联网监督作用。这一条，各级党政机关和领导干部特别要注意，首先要做好。对网上那些出于善意的批评，对互联网监督，不论是对党和政府工作提的还是对领导干部个人提的，不论是和风细雨的还是忠言逆耳的，我们不仅要欢迎，而且要认真研究和吸取。

第三个问题，讲讲尽快在核心技术上取得突破。

20 多年来，我国互联网发展取得的显著成就中，包括一批技术方面的成就。目前，在世界互联网企业前 10 强中，我们占了 4 席。在第二届世界互联网大会期间，我去看了“互联网之光”博览会，来自全球的 250 多家企业展出的 1000 多项新技术新成果中，我们也占了不少，这令人高兴。同时，我们也要看到，同世界先进水平相比，同建设网络强国战略目标相比，我们在很多方面还有不小差距，特别是在互联网创新能力、基础设施建设、信息资源共享、产业实力等方面还存在不小差距，其中最大的差距在核心技术上。

互联网核心技术是我们最大的“命门”，核心技术受制于人是我们最大的隐患。一个互联网企业即便规模再大、市值再高，如果核心元器件严重依赖外国，供应链的“命门”掌握在别人手里，那就好比在别人的墙基上砌房子，再大再漂亮也可能经不起风雨，甚至会不堪一击。我们要掌握我国互联网发展主动权，保障互联网安全、国家安全，就必须突破核心技术这个难题，争取在某些领域、某些方面实现“弯道超车”。

核心技术要取得突破，就要有决心、恒心、重心。有决心，就是要树立顽强拼搏、刻苦攻关的志气，坚定不移实施创新驱动发展战略，把更多人力物力财力投向核心技术研发，集合精锐力量，作出战略性安排。有恒心，就是要制定信息领域核心技术设备发展战略纲要，制定路线图、时间表、任务书，明确近期、中期、远期目标，遵循技术规律，分梯次、分门类、分阶段推进，咬定青山不放松。有重心，就是要立足我国国情，面向世界科技前沿，面向国家重大需求，面向国民经济主战场，紧紧围绕攀登战略制高点，强化重要领域和关键环节任务部署，把方向搞清楚，把重点搞清楚。否则，花了很多钱、投入了很多资源，最后南辕北辙，是难以取得成效的。

什么是核心技术？我看，可以从 3 个方面把握。一是基础技术、通用技术。二是非对称技术、“杀手锏”技术。三是前沿技术、颠覆性技术。在这些领域，我们同国外处在同一条起跑线上，如果能够超前部署、集中攻关，很有可能实现从跟跑并跑到并跑领跑的转变。我国网信领域广大企业家、专家学者、科技人员要树立这个雄心壮志，要争这口气，努力尽快在核心技术上取得新的重大突破。正所谓“日日行，不怕千万里；常常做，不怕千万事”。

我国信息技术产业体系相对完善、基础较好，在一些领域已经接近或达到世界先进水平，市场空间很大，有条件有能力在核心技术上取得更大进步，关键是要理清思路、脚踏实地去干。

第一，正确处理开放和自主的关系。互联网让世界变成了地球村，推动国际社会越来越成为你中有我、我中有你的命运共同体。现在，有一种观点认为，互联网很复杂、很难治理，不如一封了之、一关了之。这种说法是不正确的，也不是解决问题的办法。中国开放的大门不能关上，也不会关上。我们要鼓励和支持我国网信企业走出去，深化互联网国际交流合作，积极参与“一带一路”建设，做到“国家利益在哪里，信息化就覆盖到哪里”。外国互联网企业，只要遵守我国法律法规，我们都欢迎。

现在，在技术发展上有两种观点值得注意。一种观点认为，要关起门来，另起炉灶，彻底摆脱对外国技术的依赖，靠自主创新谋发展，否则总跟在别人后面跑，永远追不上。另一种观点认为，要开放创新，站在巨人肩膀上发展自己的技术，不然也追不上。这两种观点都有一定道理，但也都绝对了一些，没有辩证看待问题。一方面，核心技术是国之重器，最关键最核心的技术要立足自主创新、自立自强。市场换不来核心技术，有钱也买不来核心技术，必须靠自己研发、自己发展。另一方面，我们强调自主创新，不是关起门来搞研发，一定要坚持开放创新，只有跟高手过招才知道差距，不能夜郎自大。

我们不拒绝任何新技术，新技术是人类文明发展的成果，只要有利于提高我国社会生产力水平、有利于改善人民生活，我们都不拒绝。问题是要搞清楚哪些是可以引进但必须安全可控的，哪些是可以引进消化吸收再创新的，哪些是可以同别人合作开发的，哪些是必须依靠自己的力量自主创新的。核心技术的根源问题是基础研究问题，基础研究搞不好，应用技术就会成为无源之水、无本之木。

第二，在科研投入上集中力量办大事。近年来，我们在核心技术研发上投的钱不少，但效果还不是很明显。我看，主要问题是好钢没有用在刀刃上。要围绕国家亟需突破的核心技术，把拳头攥紧，坚持不懈做下去。

第三，积极推动核心技术成果转化。技术要发展，必须要使用。在全球信息领域，创新链、产业链、价值链整合能力越来越成为决定成败的关键。核心技术研发的最终结果，不应只是技术报告、科研论文、实验室样品，而应是市场产品、技术实力、产业实力。核心技术脱离了它的产业链、价值链、生态系统，上下游不衔接，就可能白忙活一场。

科研和经济不能搞成“两张皮”，要着力推进核心技术成果转化和产业化。经过一定范围论证，该用的就要用。我们自己推出的新技术新产品，在应用中出现一些问题是自然的。可以在用的过程中继续改进，不断提高质量。如果大家都不用，就是报一个课题完成报告，然后束之高阁，那永远发展不起来。

第四，推动强强联合、协同攻关。要打好核心技术研发攻坚战，不仅要把冲锋号吹起来，而且要把集合号吹起来，也就是要把最强的力量积聚起来共同干，组成攻关的突击队、特种兵。我们同国际先进水平在核心技术上差距悬殊，一个很突出的原因，是我们的骨干企业没有像微软、英特尔、谷歌、苹果那样形成协同效应。美国有个所谓的“文泰来”联盟，微软的视窗操作系统只配对英特尔的芯片。在核心技术研发上，强强联合比单打独斗效果要好，要在这方面拿出些办法来，彻底摆脱部门利益和门户之见的束缚。抱着宁为鸡头、不为凤尾的想法，抱着自己拥有一亩三分地的想法，形不成合力，是难以成事的。

一些同志关于组建产学研用联盟的建议很好。比如，可以组建“互联网+”联盟、高端芯片联盟等，加强战略、技术、标准、市场等沟通协作，协同创新攻关。可以探索搞揭榜挂帅，把需要的关键核心技术项目张出榜来，英雄不论出处，谁有本事谁就揭榜。在这方面，既要发挥国有企业作用，也要发挥民营企业作用，也可以两方面联手来干。还可以探索更加紧密的资本型协作机制，成立核心技术研发投资公司，发挥龙头企业优势，带动中小企业发展，既解决上游企业技术推广应用问题，也解决下游企业“缺芯少魂”问题。

第四个问题，讲讲正确处理安全和发展的关系。

网络安全和信息化是相辅相成的。安全是发展的前提，发展是安全的保障，安全和发展要同步推进。我们一定要认识到，古往今来，很多技术都是“双刃剑”，一方面可以造福社会、造福人民，另一方面也可以被一些人用来损害社会公共利益和民众利益。从世界范围看，网络安全威胁和风险日益突出，并日益向政治、经济、文化、社会、生态、国防等领域传导渗透。特别是国家关键信息基础设施面临较大风险隐患，网络安全防控能力薄弱，难以有效应对国家级、有组织的高强度网络攻击。这对世界各国都是一个难题，我们当然也不例外。

面对复杂严峻的网络安全形势，我们要保持清醒头脑，各方面齐抓共管，切实维护网络安全。

第一，树立正确的网络安全观。理念决定行动。当今的网络安全，有几个主要特点。一是网络安全是整体的而不是割裂的。在信息时代，网络安全对国家安全牵一发而动全身，同许多其他方面的安全都有着密切关系。二是网络安全是动态的而不是静态的。信息技术变化越来越快，过去分散独立的网络变得高度关联、相互依赖，网络安全的威胁来源和攻击手段不断变化，那种依靠装几个安全设备和安全软件就想永保安全的想法已不合时宜，需要树立动态、综合的防护理念。三是网络安全是开放的而不是封闭的。只有立足开放环境，加强对外交流、合作、互动、博弈，吸收先进技术，网络安全水平才会不断提高。四是网络安全是相对的而不是绝对的。没有绝对安全，要立足基本国情保安全，避免不计成本追求绝对安全，那样不仅会背上沉重负担，甚至可能顾此失彼。五是网络安全是共同的而不是孤立的。网络安全为人民，网络安全靠人民，维护网络安全是全社会共同责任，需要政府、企业、社会组织、广大网民共同参与，共筑网络安全防线。这几个特点，各有关方面要好好把握。

第二，加快构建关键信息基础设施安全保障体系。金融、能源、电力、通信、交通等领域的关键信息基础设施是经济社会运行的神经中枢，是网络安全的重中之重，也是可能遭到重点攻击的目标。“物理隔离”防线可被跨网入侵，电力调配指令可被恶意篡改，金融交易信息可被窃取，这些都是重大风险隐患。不出问题则已，一出就可能导致交通中断、金融紊乱、电力瘫痪等问题，具有很大的破坏性和杀伤力。我们必须深入研究，采取有效措施，切实做好国家关键信息基础设施安全防护。

第三，全天候全方位感知网络安全态势。知己知彼，才能百战不殆。没有意识到风险是最大的风险。网络安全具有很强的隐蔽性，一个技术漏洞、安全风险可能隐藏几年都发现不了，结果是“谁进来了不知道、是敌是友不知道、干了什么不知道”，长期“潜伏”在里面，一旦有事就发作了。

维护网络安全，首先要知道风险在哪里，是什么样的风险，什么时候发生风险，正所谓“聪者听于无声，明者见于未形”。感知网络安全态势是最基本最基础的工作。要全面加强网络安全检查，摸清家底，认清风险，找出漏洞，通报结果，督促整改。要建立统一高效的网络安全风险报告机制、情报共享机制、研判处置机制，准确把握网络安全风险发生的规律、动向、趋势。要建立政府和企业网络安全信息共享机制，把企业掌握的大量网络安全信息用起来，龙头企业要带头参加这个机制。

有专家反映，在数据开放、信息共享方面存在着部门利益、行业利益、本位思想。这方面，要加强论证，该统的可以统起来，发挥 1+1 大于 2 的效应，以综合运用各方面掌握的数据资源，加强大数据挖掘分析，更好感知网络安全态势，做好风险防范。这项工作做好了，对国家、对社会、对企业、对民众都是有好处的。

第四，增强网络安全防御能力和威慑能力。网络安全的本质在对抗，对抗的本质在攻防两端能力较量。要落实网络安全责任制，制定网络安全标准，明确保护对象、保护层级、保护措施。哪些方面要重兵把守、严防死守，哪些方面由地方政府保障、适度防范，哪些方面由市场力量防护，都要有本清清楚楚的账。人家用的是飞机大炮，我们这里还用大刀长矛，那是不行的，攻防力量要对等。要以技术对技术，以技术管技术，做到魔高一尺、道高一丈。

目前，大国网络安全博弈，不单是技术博弈，还是理念博弈、话语权博弈。我们提出了全球互联网发展治理的“四项原则”、“五点主张”，特别是我们倡导尊重网络主权、构建网络空间命运共同体，赢得了世界绝大多数国家赞同。

第五个问题，讲讲增强互联网企业使命感、责任感，共同促进互联网持续健康发展。

我国互联网企业由小到大、由弱变强，在稳增长、促就业、惠民生等方面发挥了重要作用。让企业持续健康发展，既是企业家奋斗的目标，也是国家发展的需要。企业命运与国家发展息息相关。脱离了国家支持、脱离了群众支持，脱离了为国家服务、为人民服务，企业难以做强做大。

今年全国“两会”期间，我在参加全国政协十二届四次会议民建、工商联界委员联组会时强调，实行公有制为主体、多种所有制经济共同发展的基本经济制度，是中国共产党确立的一项大政方针，是中国特色社会主义制度的重要组成部分，也是完善社会主义市场经济体制的必然要求；我们党在坚持基本经济制度上的观点是明确的、一贯的，而且是不断深化的，从来没有动摇，这是不会变的，也是不能变的。我不仅讲了话，而且很快就把我的讲话公开发表了，这就是要让广大企业家吃个“定心丸”。

我们国家这么大、人口这么多，要把经济社会发展搞上去，需要各方面齐心协力干，公有制经济、非公有制经济应该相辅相成、相得益彰，而不是相互排斥、相互抵消。非公有制企业搞大了、搞好了、搞到世界上去了，为国家和人民作出更大贡献了，是国家的光荣。党和政府当然要支持，这一点是毫无疑义的。

在我国，7亿多人上互联网，肯定需要管理，而且这个管理是很复杂、很繁重的。企业要承担企业的责任，党和政府要承担党和政府的责任，哪一边都不能放弃自己的责任。网上信息管理，网站应负主体责任，政府行政管理部门要加强监管。主管部门、企业要建立密切协作协调的关系，避免过去经常出现的“一放就乱、一管就死”现象，走出一条齐抓共管、良性互动的新路。

第一，坚持鼓励支持和规范发展并行。企业直接面向市场，处在创新第一线，处在掌握民众需要第一线，市场感觉敏锐，创新需求敏感，创新愿望强烈。应该鼓励和支持企业成为研发主体、创新主体、产业主体，鼓励和支持企业布局前沿技术，推动核心技术自主创新，创造和把握更多机会，参与国际竞争，拓展海外发展空间。

当前，我国互联网市场也存在一些恶性竞争、滥用市场支配地位等情况，中小企业对此意见不少。这方面，要规范市场秩序，鼓励进行良性竞争。这既有利于激发企业创新活力、提升竞争能力、扩大市场空间，又有利于平衡各方利益、维护国家利益、更好服务百姓。要加大知识产权保护力度，提高侵权代价和违法成本，震慑违法侵权行为。党的十八届四中全会提出健全以公平为核心原则的产权保护制度，加强对各种所有制经济组织和自然人财产权的保护，清理有违公平的法律法规条款。这些要求要尽快落实到位。

第二，坚持政策引导和依法管理并举。政府要为企业发展营造良好环境，加快推进审批制度、融资制度、专利制度等改革，减少重复检测认证，施行优质优价政府采购制度，减轻企业负担，破除体制机制障碍。党的十八届三中全会以后，党中央成立了全面深化改革领导小组，我当组长，已经推出的很多改革方案都同这些方面有联系。改革要继续推进，也就是我说的要敢于啃硬骨头，敢于涉险滩、闯难关。

同时，要加快网络立法进程，完善依法监管措施，化解网络风险。前段时间发生的 e 租宝、中晋系案件，打着“网络金融”旗号非法集资，给有关群众带来严重财产损失，社会影响十分恶劣。现在，网络诈骗案件越来越多，作案手段花样翻新，技术含量越来越高。这也提醒我们，在发展新技术新业务时，必须警惕风险蔓延。

要依法加强对大数据的管理。一些涉及国家利益、国家安全的数据，很多掌握在互联网企业手里，企业要保证这些数据安全。企业要重视数据安全。如果企业在数据保护和安全上出了问题，对自己的信誉也会产生不利影响。

第三，坚持经济效益和社会效益并重。一个企业既有经济责任、法律责任，也有社会责任、道德责任。企业做得越大，社会责任、道德责任就越大，公众对企业这方面的要求也就越高。我国互联网企业在发展过程中，承担了很多社会责任，这一点要给予充分肯定，希望继续发扬光大。

“行生于己，名生于人。”我说过，只有富有爱心的财富才是真正有意义的财富，只有积极承担社会责任的企业才是最有竞争力和生命力的企业。办网站的不能一味追求点击率，开网店的要防范假冒伪劣，做社交平台的不能成为谣言扩散器，做搜索的不能仅以给钱的多少作为排位的标准。希望广大互联网企业坚持经济效益和社会效益统一，在自身发展的同时，饮水思源，回报社会，造福人民。

第六个问题，讲讲聚天下英才而用之，为网信事业发展提供有力人才支撑。

人才是第一资源。古往今来，人才都是富国之本、兴邦大计。我说过，要把我们的事业发展好，就要聚天下英才而用之。要干一番大事业，就要有这种眼界、这种魄力、这种气度。

“得人者兴，失人者崩。”网络空间的竞争，归根结底是人才竞争。建设网络强国，没有一支优秀的人才队伍，没有人才创造力迸发、活力涌流，是难以成功的。念好了人才经，才能事半功倍。对我国来说，改革开放初期，资本比较稀缺，所以我们出台了很多鼓励引进资本的政策，比如“两免三减半”。现在，资本已经不那么稀缺了，但人才特别是高端人才依然稀缺。我们的脑子要转过弯来，既要重视资本，更要重视人才，引进人才力度要进一步加大，人才体制机制改革步子要进一步迈开。网信领域可以先行先试，抓紧调研，制定吸引人才、培养人才、留住人才的办法。

互联网是技术密集型产业，也是技术更新最快的领域之一。我国网信事业发展，必须充分调动企业家、专家学者、科技人员积极性、主动性、创造性。我早年在正定县工作时，为了向全国一流专家学者借智，专门聘请华罗庚等专家学者给我们县当顾问，有的亲自到正定指导工作。企业家、专家学者、科技人员要有国家担当、社会责任，为促进国家网信事业发展多贡献自己的智慧和力量。各级党委和政府要从心底里尊重知识、尊重人才，为人才发挥聪明才智创造良好条件，营造宽松环境，提供广阔平台。

互联网主要是年轻人的事业，要不拘一格降人才。要解放思想，慧眼识才，爱才惜才。培养网信人才，要下大功夫、下大本钱，请优秀的老师，编优秀的教材，招优秀的学生，建一流的网络空间安全学院。互联网领域的人才，不少是怪才、奇才，他们往往不走一般套路，有很多奇思妙想。对待特殊人才要有特殊政策，不要求全责备，不要论资排辈，不要都用一把尺子衡量。

要采取特殊政策，建立适应网信特点的人事制度、薪酬制度，把优秀人才凝聚到技术部门、研究部门、管理部门中来。要建立适应网信特点的人才评价机制，以实际能力为衡量标准，不唯学历，不唯论文，不唯资历，突出专业性、创新性、实用性。要建立灵活的人才激励机制，让作出贡献的人才有成就感、获得感。要探索网信领域科研成果、知识产权归属、利益分配机制，在人才入股、技术入股以及税收方面制定专门政策。在人才流动上要打破体制界限，让人才能够在政府、企业、智库间实现有序顺畅流动。国外那种“旋转门”制度的优点，我们也可以借鉴。

我国是科技人才资源最多的国家之一，但也是人才流失比较严重的国家，其中不乏顶尖人才。在人才选拔上要有全球视野，下大气力引进高端人才。随着我国综合国力不断增强，有很多国家的人才也希望来我国发展。我们要顺势而为，改革人才引进各项配套制度，构建具有全球竞争力的人才制度体系。不管是哪个国家、哪个地区的，只要是优秀人才，都可以为我所用。这项工作，有些企业、科研院所已经做了，我到一些企业、科研院所去，也同这些从国外引进的人才进行过交谈。这方面要加大力度，不断提高我们在全球配置人才资源能力。

同志们！今年是“十三五”开局之年，网络安全和信息化工作是“十三五”时期的重头戏。希望同志们积极投身网络强国建设，更好发挥网信领域企业家、专家学者、技术人员作用，支持他们为实现全面建成小康社会、实现中华民族伟大复兴的中国梦作出更大的贡献！

习近平对新闻记者提出四点希望　做党和人民信赖的新闻工作者

2016 年 11 月 08 日　　来源：中国记协网

习近平在会见中国记协第九届理事会全体代表和中国新闻奖、长江韬奋奖获奖者代表时强调

做党和人民信赖的新闻工作者

刘云山参加会见并在会上代表党中央致词

新华社北京 11 月 7 日电（记者吴晶　王思北）在第十七个中国记者节到来之际，中华全国新闻工作者协会第九届理事会第一次会议暨中国新闻奖、长江韬奋奖颁奖会 7 日在京举行。中共中央总书记、国家主席、中央军委主席习近平亲切会见理事会全体代表和获奖者代表，并发表重要讲话。他强调，做好党的新闻舆论工作，营造良好舆论环境，是治国理政、定国安邦的大事。党中央高度重视新闻舆论工作，对做好党的新闻舆论工作提出了明确要求，大家要抓好落实，把中央主要媒体和各级媒体越办越好，为党和人民作出更大贡献，做党和人民信赖的新闻工作者。

中共中央政治局常委、中央书记处书记刘云山参加会见。

上午 9 时 30 分，习近平等来到人民大会堂金色大厅，同代表们亲切握手，并合影留念。

在热烈的掌声中，习近平发表重要讲话，代表党中央，向理事会的召开表示热烈的祝贺，向各位代表和全国广大新闻工作者致以诚挚的问候，希望这次会议开成团结奋进的会议、继往开来的会议，进一步统一思想、提高认识、推进工作。

习近平指出，党的新闻舆论工作是党的工作的重要组成部分。在革命建设改革各个历史时期，新闻舆论战线与党和人民同呼吸、与时代共进步，积极宣传党的主张、深入反映群众呼声、主动开展决策调研，发挥了十分重要的作用。

习近平强调，党的十八大以来，新闻舆论战线认真贯彻党中央的决策部署和工作要求，突出宣传党的十八大和十八届三中、四中、五中、六中全会精神，全面反映推进“五位一体”。

总体布局和“四个全面”战略布局的进展成效，深入宣传广大干部群众团结奋斗的精神风貌，唱响了主旋律，传播了正能量，有力激发了全党全国各族人民团结奋斗的信心和力量。广大新闻工作者牢记职责、奋发有为，用智慧、汗水乃至生命为党的新闻舆论工作作出了重大贡献。实践证明，我们的新闻工作队伍是一支可靠的、高素质的、能打硬仗的队伍，同志们工作很辛苦、很有成效，党和人民感谢你们。

习近平对广大新闻记者提出 4 点希望。

一是要坚持正确政治方向，同党中央保持高度一致，坚持马克思主义新闻观，坚守党和人民立场，坚持中国特色社会主义，做政治坚定的新闻工作者。

二是要坚持正确舆论导向，深入宣传党的理论和路线方针政策，深入宣传全国各族人民为实现“两个一百年”奋斗目标、实现中华民族伟大复兴中国梦进行的奋斗和取得的成就，弘扬主旋律，释放正能量，做引领时代的新闻工作者。

三是要坚持正确新闻志向，提高业务水平，勇于改进创新，不断自我提高、自我完善，做业务精湛的新闻工作者。

四是要坚持正确工作取向，以人民为中心，心系人民、讴歌人民，发扬职业精神，恪守职业道德，勤奋工作、甘于奉献，做作风优良的新闻工作者。一句话，就是要做党和人民信赖的新闻工作者。

习近平指出，中国记协是党领导的人民团体，是党和政府联系新闻界的桥梁和纽带。希望中国记协再接再厉，保持和增强政治性、先进性、群众性，更好把广大新闻工作者凝聚起来，真正成为“记者之家”。

刘云山出席会议，并代表党中央致词。他表示，习近平总书记亲切会见与会同志并发表重要讲话，充分肯定广大新闻工作者在服务党和国家事业发展中发挥的重要作用，对做好新闻舆论工作提出明确要求并寄予殷切希望，充分体现了党中央对新闻舆论战线的高度重视和亲切关怀，我们要认真学习领会、很好贯彻落实。

刘云山指出，新闻舆论战线要深入学习宣传贯彻党的十八届六中全会精神，深入学习宣传贯彻习近平总书记系列重要讲话精神，坚定维护以习近平同志为核心的党中央权威，自觉在思想上政治上行动上同以习近平同志为核心的党中央保持高度一致，切实履行新闻舆论工作肩负的职责使命，为推进伟大事业、建设伟大工程、夺取伟大斗争胜利提供有力思想舆论支持。

要坚持正确政治方向和舆论导向，坚持党管媒体原则，树立以人民为中心的工作导向，弘扬主旋律、传播正能量，以改革创新精神提高舆论引导水平，为统筹推进“五位一体”总体布局和协调推进“四个全面”战略布局营造良好舆论氛围。

要坚守社会责任，带头践行社会主义核心价值观，始终把社会效益放在首位，严肃认真考虑新闻报道的社会效果，更好发挥新闻舆论工作成风化人的重要作用。

要落实全面从严治党要求，加强新闻单位党的建设，推动新闻舆论战线领导班子和干部队伍强起来。

中国记协要加强对新闻工作者的思想政治引领，深化马克思主义新闻观教育和“走转改”活动，提升联系服务新闻工作者的能力，扎实推进记协组织改革，抓好记协组织自身建设，更好推动党的新闻事业发展进步。

会上，中国记协主席田聪明致开幕词，中国文联党组书记赵实代表人民团体致贺词。会议为第二十六届中国新闻奖、第十四届长江韬奋奖获奖者代表颁奖。

刘奇葆、赵乐际、栗战书、吉炳轩、张庆黎参加上述活动。

中央和国家机关有关部门负责同志，中华全国新闻工作者协会第九届理事会全体代表和中国新闻奖、长江韬奋奖获奖者代表等参加活动。

本年鉴的编纂获得了以下单位的资助：

河北大学新闻传播学院
广西大学新闻传播学院
中南民族大学文学与新闻传播学院

在此一并表示感谢！

中国新闻传播教育年鉴编辑委员会
2017年7月12日